Findbuch zum Bestand Dortmund-Hörder Hüttenunion AG
und Vorläuferunternehmen, Band II

Findbuch zum Bestand Dortmund-Hörder Hüttenunion AG und Vorläuferunternehmen (1841–1966)

Band II

Bearbeitet von Dietmar Bleidick

Herausgegeben von Manfred Rasch und Andreas Zilt

Aschendorff Verlag

Umschlagabbildung:
Werk Hörde der Dortmund-Hörder Hüttenunion AG, 1952. Im Vordergrund die Hörder Burg,
thyssenkrupp Konzernarchiv, Hoesch-Archiv, Duisburg.

Die Veröffentlichung dieses Buches unterstützten freundlicherweise:
Stiftung zur Industriegeschichte Thyssen, Duisburg
TKS-Förderverein für Kultur und Soziales e. V., Duisburg

Veröffentlichungen aus dem Archiv der thyssenkrupp AG, 7

Umschlag: Aschendorff Verlag
Layout und Satz: Lena Kohnen, thyssenkrupp Steel Europe AG, Digital-/Printmedien
Druck: thyssenkrupp Steel Europe AG, Digital-/Printmedien

Verlag: Aschendorff Verlag GmbH & Co. KG, Münster
www.aschendorff-buchverlag.de

Printed in Germany

ISBN 978-3-402-24657-3

Inhalt

Band II

VII. Deutsch-Luxemburgische Bergwerks- und Hütten-AG Abteilung Dortmunder Union (1910–1926)

1. Deutsch-Luxemburgische Bergwerks- und Hütten-AG
   1.1 Satzung und Geschäftsberichte ... 654
   1.2 Unternehmensleitung
      1.2.1 Hauptversammlung ... 654
      1.2.2 Aufsichtsrat und Vorstand ... 656
   1.3 Kaufmännische Verwaltung und Finanzen
      1.3.1 Unternehmensfinanzierung ... 656
      1.3.2 Bilanzen, Bilanzunterlagen und Revisionsberichte ... 660
      1.3.3 Handelsregister ... 662
      1.3.4 Sonstiges ... 662
   1.4 Tochtergesellschaften, Abteilungen und Beteiligungen
      1.4.1 Eisenwerk Rothe Erde AG, ab 1916 Deutsch-Lux Dortmunder UnionWerk Rothe Erde
         1.4.1.1 Konkurs und Übernahme durch die Deutsch-Lux ... 663
         1.4.1.2 Neubau, Energieversorgung und Versicherungen ... 664
      1.4.2 Deutsch-Lux Abteilung Horst, [Essen-]Horst
         1.4.2.1 Versicherungen ... 666
         1.4.2.2 Neubau und Grundstückswesen ... 666
         1.4.2.3 Sonstiges ... 668
      1.4.3 Hohenzollernhütte AG und Deutsch-Lux Abteilung Nordseewerke, Emden
         1.4.3.1 Unternehmensleitung und Unternehmensfinanzierung ... 668
         1.4.3.2 Grundstücke und Pachten ... 669
      1.4.4 Rümelinger und St. Ingberter Hohöfen und Stahlwerke AG und Deutsch-Lux Abteilung Differdingen ... 673
      1.4.5 Weitere Beteiligungen und Erwerbe ... 674
   1.5 Verbände und Vereinigungen ... 678
   1.6 Verkaufsvereinigungen und Kartelle ... 678
2. Deutsch-Lux Abteilung Dortmunder Union
   2.1 Kaufmännische Verwaltung und Finanzen
      2.1.1 Unternehmensfinanzierung ... 681
      2.1.2 Produktvertrieb
         2.1.2.1 Eisenbahnoberbaumaterial ... 682
         2.1.2.2 Rollendes Eisenbahnmaterial ... 684
         2.1.2.3 Eisenbahnwagen und Zubehör ... 688
         2.1.2.4 Brücken- und Stahlbau ... 689
         2.1.2.5 Wasserbaumaterial ... 690
         2.1.2.6 Schlacke ... 693
         2.1.2.7 Vertriebsorganisation und Lieferbedingungen von Kunden ... 693
      2.1.3 Sonstiges ... 695

2.2 Recht und Versicherungen
2.2.1 Prozesse ... 695
2.2.2 Patente und Lizenzen ... 699
2.2.3 Steuern ... 700
2.2.4 Versicherungen ... 700
2.2.5 Grundstücke und Pachten
2.2.5.1 Haus- und Grunderwerb ... 702
2.2.5.2 Haus- und Grundverkauf ... 711
2.2.5.3 Pachten und Verpachtungen ... 712
2.2.5.4 Sonstiges ... 713
2.3 Technik, Produktion und Neubau
2.3.1 Produktions- und Betriebskostenstatistik ... 713
2.3.2 Betriebsorganisation und -technik ... 715
2.3.3 Energie- und Wasserwirtschaft ... 716
2.3.4 Rohstoffversorgung
2.3.4.1 Erwerb von Grubenfeldern ... 717
2.3.4.2 Sonstiges ... 717
2.3.5 Neubau
2.3.5.1 Allgemeines ... 718
2.3.5.2 Werksanlagen ... 718
2.3.5.2.1 Hochöfen und Koksseparation ... 718
2.3.5.2.2 Stahlwerke ... 720
2.3.5.2.3 Walzwerke ... 721
2.3.5.2.4 Gießereien, Schmiede-, Hammer- und Presswerke ... 722
2.3.5.2.5 Weitere Produktionsstätten ... 722
2.3.5.2.6 Werkstätten und Adjustage ... 723
2.3.5.2.7 Hämmer und Zerkleinerungsanlagen ... 727
2.3.5.2.8 Lager ... 729
2.3.5.2.9 Verwaltungsgebäude ... 733
2.3.5.2.10 Werkseingänge ... 734
2.3.5.2.11 Waschkauen, Toiletten und Aufenthaltsräume ... 734
2.3.5.2.12 Energiewirtschaft ... 738
2.3.5.2.13 Transport und Verkehr ... 741
2.3.5.2.14 Einfriedungen ... 745
2.3.5.2.15 Sonstiges ... 746
2.3.5.3 Wohnungsbau ... 747
2.3.5.4 Kriegsgefangenenlager und Notwohnungen ... 748
2.3.6 Technische Überwachung ... 748
2.4 Belegschaft
2.4.1 Lohnstatistik ... 749
2.4.2 Sonstiges ... 750

VIII. Gelsenkirchener Bergwerks-Aktien-Gesellschaft
1. Haus- und Grundsteuern ... 751
2. Sonstiges ... 754

IX. Vereinigte Stahlwerke AG Dortmunder Union-Hoerder Verein (1926–1933/1945)
1. Vereinigte Stahlwerke AG Rechtsabteilung Dortmund
1.1 Gründung der Vereinigte Stahlwerke AG 755
1.2 Unternehmensfinanzierung 756
1.3 Grundstücke und Pachten
1.3.1 Dortmund 760
1.3.2 Emden 762
1.3.3 Raum Hagen 763
1.3.4 Sonstiges 764
1.4 Haus- und Grundsteuern
1.4.1 Dortmund 765
1.4.2 Siegerland 767
1.4.3 Sonstiges 768
1.5 Prozesse
1.5.1 Forderungen und Finanzen 770
1.5.2 Mitarbeiter 772
1.5.3 Umweltschäden 773
1.5.4 Sonstiges 773
1.6 Beteiligungsverwaltung
1.6.1 Gründungsgesellschaften der VSt und Konzernneuordnung 1933/34 774
1.6.2 Produktions- und Vertriebsgesellschaften 777
1.6.3 Erzbergbau und Rohstoffe 779
1.6.4 Wohnungswirtschaft 781
1.6.5 Sonstige Beteiligungen 784
1.7 Sonstiges 786
2. Vereinigte Stahlwerke AG Dortmunder Union-Hoerder Verein
2.1 Vereinigte Stahlwerke AG Dortmunder Union
2.1.1 Produktvertrieb
2.1.1.1 Wasserbaumaterial 788
2.1.1.2 Brücken und Stahlbau 792
2.1.1.3 Sonstiges 793
2.1.2 Technik, Produktion und Neubau
2.1.2.1 Produktions- und Betriebsstatistik 793
2.1.2.2 Neubau 794
2.1.3 Belegschaft 796
2.1.4 Sonstiges 797
2.2 Vereinigte Stahlwerke AG Hoerder Verein
2.2.1 Versicherungen 798
2.2.2 Technik, Produktion und Neubau
2.2.2.1 Produktions- und Betriebsstatistik 798
2.2.2.2 Werksbahnbetrieb 798
2.2.2.3 Technische Ausschüsse, Forschung und Patente 801
2.2.2.4 Neubau 802
2.2.2.4.1 Hochöfen 802
2.2.2.4.2 Kokerei und Kohlenaufbereitung 803
2.2.2.4.3 Energie- und Wasserwirtschaft 805

2.2.2.4.4 Werksbahn ... 806
2.2.2.4.5 Krane und Förderanlagen ... 807
2.2.2.4.6 Lager ... 808
2.2.2.4.7 Werkseingänge und Einfriedungen ... 809
2.2.2.4.8 Kanalanschlüsse und Kamine ... 809
2.2.2.4.9 Sonstiges ... 810
2.2.3 Belegschaft
2.2.3.1 Lohnstatistik ... 812
2.2.3.2 Personalwesen ... 812
2.2.4 Beteiligungen, Verbände und Vereinigungen
2.2.4.1 Verein Deutscher Eisen- und Stahlindustrieller ... 813
2.2.4.2 Vereins zur Wahrung der gemeinsamen wirtschaftlichen Interessen in Rheinland und Westfalen ... 814
2.2.4.3 Sonstiges ... 815

X. Dortmund-Hoerder Hüttenverein AG (1933–1951)
1. Dortmund-Hoerder Hüttenverein AG
1.1 Gründung und Geschäftsberichte ... 816
1.2 Unternehmensleitung ... 816
1.3 Kaufmännische Verwaltung und Finanzen
1.3.1 Unternehmensorganisation und Rechnungswesen ... 817
1.3.2 Bilanzen und Revisionsberichte ... 817
1.3.3 Sonstiges ... 818
1.4 Recht
1.4.1 Prozesse ... 819
1.4.2 Patente und Lizenzen ... 821
1.4.3 Grundstücke und Pachten ... 823
1.5 Nationalsozialismus und Zweiter Weltkrieg ... 823
1.6 Entflechtung und Neuordnung/Demontage ... 828
1.7 Beteiligungen ... 829
1.8 Verbände und Vereinigungen
1.8.1 Wirtschaftsvereinigungen und -verbände ... 830
1.8.2 Sonstige Vereine und Verbände ... 832
1.9 Produktion und Betrieb
1.9.1 Produktions- und Betriebsstatistik
1.9.1.1 DHHV (Werke Dortmund und Hörde) ... 832
1.9.1.2 DHHV und Vorläuferunternehmen ... 834
1.9.2 Produktions- und Betriebsplanung ... 834
1.10 Belegschaft
1.10.1 Lohn und Gehalt ... 835
1.10.2 Freiwillige Leistungen ... 836
1.10.3 Personalakten ... 837
1.10.4 Werkswohnungen ... 843
1.10.5 Sonstiges ... 843
2. Dortmund-Hoerder Hüttenverein AG Werk Dortmund (1934–1947/51)
2.1 Technik, Produktion und Neubau ... 845

2.1.1 Produktions- und Betriebskostenstatistik 845
2.1.2 Neubau
2.1.2.1 Werkstätten und Adjustage 846
2.1.2.2 Presswerke 846
2.1.2.3 Lager 847
2.1.2.4 Waschkauen, Toiletten und Aufenthaltsräume 848
2.1.2.5 Garagen 851
2.1.2.6 Energiewirtschaft 853
2.1.2.7 Werkseingänge und Einfriedungen 854
2.1.2.8 Kanalanschlüsse 856
2.1.2.9 Speisesäle 857
2.1.2.10 Kriegsgefangenen- und Zwangsarbeiterlager 857
2.1.2.11 Gebäudeabbruch 859
2.1.2.12 Sonstiges 860
2.2 Belegschaft
2.2.1 Lohn- und Belegschaftsstatistik 862
2.2.2 Belegschaft des Laboratoriums von DHHV Werk Dortmund bzw. DHHV 863
2.2.3 Sonstiges 863
3. Dortmund-Hoerder Hüttenverein AG Werk Hörde (1934–1947)
3.1 Technik, Produktion und Neubau
3.1.1 Produktions- und Betriebskostenstatistik 864
3.1.2 Produktionsgenehmigungen und Produktionsplanung 865
3.1.3 Werksbahnbetrieb 867
3.1.4 Neubau
3.1.4.1 Hochöfen 871
3.1.4.2 Kokerei 872
3.1.4.3 Stahl- und Walzwerke 874
3.1.4.4 Werkstätten und Adjustage 874
3.1.4.5 Lager 875
3.1.4.6 Waschkauen, Toiletten und Aufenthaltsräume 878
3.1.4.7 Transport und Verkehr 880
3.1.4.7.1 Werksbahn 880
3.1.4.7.2 Krane und Förderanlagen 881
3.1.4.7.3 Garagen 882
3.1.4.8 Energiewirtschaft 883
3.1.4.9 Qualitätswesen und Forschung 886
3.1.4.10 Werkseingänge und Einfriedungen 887
3.1.4.11 Luftschutz 888
3.1.4.12 Schießstände und Sprengstofflager 890
3.1.4.13 Kriegsgefangenen- und Zwangsarbeiterlager 891
3.1.4.14 Sonstiges 895
3.2 Belegschaft
3.2.1 Lohn- und Belegschaftsstatistik 897
3.2.2 Lohnwesen 898
3.2.3 Betriebliche Berufsausbildung 899
3.2.4 Betriebsrat 899

3.2.5 Werkswohnungen ... 900
3.2.6 Sonstiges ... 900

XI. Hüttenwerk Hörde AG (1947–1951)
1. Entflechtung und Neuordnung ... 903
2. Unternehmensleitung
2.1 Hauptversammlungen ... 904
2.2 Aufsichtsrat ... 905
2.3 Unternehmensorganisation ... 906
3. Revisionsberichte ... 906
4. Produktions- und Betriebsstatistik ... 907
5. Besatzung und Demontage ... 908
6. Wiederaufbau und Neubau ... 909
7. Belegschafts- und Sozialwesen ... 911
8. Sonstiges ... 912

XII. Stahltreuhändervereinigung, Sekretariat Friedrich Harders (1949–1952)
1. Gesetze und Verordnungen zur Entflechtung der Eisen- und Stahlindustrie und des Kohlenbergbaus ... 913
2. Verwaltung der Stahltreuhändervereinigung ... 914
3. Fachausschüsse der Stahltreuhändervereinigung ... 915
4. Entflechtung und Neuordnung der Eisen- und Stahlindustrie
4.1 Branche und Konzerne ... 917
4.2 Unternehmen ... 925
5. Investitionsplanung und Investitionsgenehmigungen
5.1 Investitionsplanung ... 928
5.2 Investitionsbewilligungen ... 929
5.3 Investitionen ... 935
6. Sonstiges ... 938

XIII. Dortmund-Hörder Hüttenunion AG (1951–1970)
1. Dortmund-Hörder Hüttenunion AG
1.1 Gründung und Satzung ... 940
1.2 Geschäftsberichte (Entwürfe) ... 941
1.3 Fusion mit der Hoesch AG ... 941
1.4 Unternehmensleitung
1.4.1 Hauptversammlungen ... 944
1.4.2 Aufsichtsrat
1.4.2.1 Sitzungen ... 948
1.4.2.2 Sonstiges ... 952
1.4.3 Vorstand ... 953
1.4.4 Sonstiges ... 953
1.5 Kaufmännische Verwaltung und Finanzen
1.5.1 Unternehmensfinanzierung
1.5.1.1 Dortmund-Hörder Hüttenunion AG ... 954
1.5.1.2 Auslandsschulden der Vereinigte Stahlwerke AG ... 958
1.5.2 Unternehmensorganisation und -planung ... 962

1.5.3 Betriebsergebnis 964
1.5.4 Betriebskosten 965
1.5.5 Bilanzen und Bilanzunterlagen 968
1.5.6 Revisionsberichte 969
1.5.7 Investitionen und Investitionsplanung 971
1.5.8 Reiseberichte 972
1.5.9 Produktvertrieb 973
1.5.10 Öffentlichkeitsarbeit und Marketing 974
1.5.11 Sonstiges 975
1.6 Recht und Versicherungen
1.6.1 Steuern und Versicherungen 976
1.6.2 Patente 977
1.6.3 Pachten 978
1.7 Technik und Produktion
1.7.1 Betriebs- und Produktionsplanung 978
1.7.2 Werksbahnbetrieb 981
1.7.3 Energiewirtschaft 983
1.7.4 Forschung und Entwicklung 984
1.7.5 Rohstoffversorgung 987
1.7.6 Sonstiges 987
1.8 Belegschaft
1.8.1 Lohn- und Belegschaftsstatistik 989
1.8.2 Lohnwesen 990
1.8.3 Arbeitszeit 993
1.8.4 Tarifverträge 994
1.8.5 Unfall- und Sozialversicherung 995
1.8.6 Personalakten 996
1.8.7 Arbeitssicherheit 1011
1.8.8 Betriebliche Berufsausbildung 1014
1.8.9 Fortbildung 1015
1.8.10 Ausländische Arbeitnehmer 1019
1.8.11 Jubiläumsfeier 1952 1019
1.8.12 Weihnachtsfeier 1957 1021
1.8.13 Sonstiges 1022
1.9 Tochtergesellschaften und Beteiligungen
1.9.1 Beteiligungsverzeichnisse 1024
1.9.2 Arbeitsgemeinschaft Exploration 1024
1.9.3 Barbara Erzbergbau AG bzw. GmbH, Siegen/Düsseldorf 1025
1.9.4 Bergbau- und Industriewerte AG, Düsseldorf 1030
1.9.5 Blefa, Blechwaren und Faßfabrik GmbH, Kreuztal 1031
1.9.6 Celler & Co GmbH, Dortmund 1032
1.9.7 Dolomitwerke GmbH, Wülfrath 1035
1.9.8 Dortmunder Eisenhandel GmbH, Dortmund 1036
1.9.9 Dortmunder Thomasschlackenmahlwerk GmbH, Dortmund 1037
1.9.10 Dortmund-Hörder Hüttenunion Unterstützungskasse GmbH 1038
1.9.11 Eisenwerk Rothe Erde GmbH, Dortmund 1040

1.9.12 Establech Export GmbH bzw. Hansa-Stahlexport GmbH, Düsseldorf ... 1046
1.9.13 Establech Gesellschaft für Eisen-, Stahl- und Blecherzeugung mbH bzw. Hansa-Stahl GmbH, Düsseldorf ... 1046
1.9.14 Friedrichshütte AG, Herdorf/Sieg ... 1053
1.9.15 Gebrüder Credé & Co. GmbH, Kassel ... 1055
1.9.16 Gesellschaft Hütten-Kasino, Dortmund ... 1058
1.9.17 Gesellschaft zur Förderung der Spektrochemie und angewandten Spektroskopie e. V., Dortmund ... 1059
1.9.18 Gewerkschaft Exploration, Düsseldorf ... 1059
1.9.19 Handelsunion AG, Düsseldorf ... 1059
1.9.20 Hans Kaupmann GmbH, Wanne-Eickel ... 1060
1.9.21 Hansa Bergbau AG, Dortmund ... 1062
1.9.22 Hausgrundstück Lohengrinstraße Düsseldorf GmbH, Düsseldorf ... 1065
1.9.23 Hüttenwerke Siegerland AG, Siegen ... 1065
1.9.24 Kettenwerke Schlieper GmbH, Grüne bei Iserlohn bzw. Letmathe-Untergrüne ... 1076
1.9.25 Konsortium Goa, Düsseldorf, und Sesa Goa Limitada, Genua ... 1080
1.9.26 MIFERMA und Konsortium Fort Gouraud, Fort Gouraud ... 1082
1.9.27 Rennanlage Salzgitter-Ruhr GmbH, Salzgitter ... 1082
1.9.28 Rheinisch-Westfälische Kalkwerke AG, Dornap ... 1084
1.9.29 Schwerter Profileisenwalzwerk AG, Schwerte ... 1089
1.9.30 Unifer S. A., Brüssel ... 1095
1.9.31 Vereinigte Ton- und Quarzitbetriebe GmbH, Siegen ... 1096
1.9.32 Wohnungsbaugesellschaften ... 1097
1.9.33 Weitere Beteiligungen ... 1098
1.9.34 Sonstiges ... 1100
1.10 Verbände, Vereinigungen und Verkaufsgesellschaften
1.10.1 BV-Aral AG bzw. Aral AG und Bochumer Verbände ... 1102
1.10.2 Delkrederestelle (Eisen und Stahl) ... 1106
1.10.3 Export-Gemeinschaft deutscher Schiffbaustah-Hersteller bzw. Schiffbaustahl-Export-Kontor GmbH ... 1107
1.10.4 Gesellschaft für Stromwirtschaft mbH ... 1108
1.10.5 Gesellschaft für Wasserwirtschaft ... 1109
1.10.6 Hütten- und Walzwerks-Berufsgenossenschaft ... 1109
1.10.7 Konsortium für Kurssicherung ... 1110
1.10.8 Office Commun des Consommateurs de Ferraille und Caisse de Péréquation des Ferrailles Importées ... 1111
1.10.9 Thomasschlackenvertriebsgesellschaften ... 1112
1.10.10 Weitere Verbände und Vereinigungen ... 1115
1.11 Sonstiges
2. Dortmund-Hörder Hüttenunion AG Werk Dortmund
2.1 Technik, Produktion und Neubau
2.1.1 Produktions- und Betriebsstatistik ... 1116
2.1.2 Betriebsbeschreibungen ... 1117
2.1.3 Neubau ... 1118
2.2 Belegschaft
2.2.1 Lohnentwicklung ... 1118

2.2.2 Belegschaft des Laboratoriums ... 1119
2.2.3 Sonstiges ... 1119
3. Dortmund-Hörder Hüttenunion AG Werk Hörde
3.1 Technik, Produktion und Neubau
3.1.1 Produktions- und Betriebsstatistik ... 1120
3.1.2 Betriebsbeschreibungen ... 1122
3.1.3 Betriebsorganisation und -planung ... 1123
3.1.4 Neubau
3.1.4.1 Werksanlagen ... 1123
3.1.4.2 Wohnungsbau ... 1125
3.2 Belegschaft
3.2.1 Lohn- und Belegschaftsstatistik ... 1126
3.2.2 Lohnwesen ... 1127
3.2.3 Sozial- und Sonderleistungen ... 1129
3.2.4 Unfall- und Sozialversicherung ... 1131
3.2.5 Verbesserungsvorschläge ... 1131
3.2.6 Arbeitssicherheit ... 1132
3.2.7 Betriebliche Berufsausbildung ... 1132
3.2.8 Sonstiges ... 1134

XIV. Betriebskrankenkassen
1. Werksbereich Hörde
1.1 Satzungen ... 1135
1.2 Geschäftsberichte ... 1136
1.3 Kassenleitung ... 1136
1.4 Bilanzunterlagen und Finanzen
1.4.1 Vermögen ... 1137
1.4.2 Forderungen ... 1138
1.4.3 Revisionsberichte ... 1138
1.4.4 Mitglieder und Beiträge ... 1139
1.4.5 Kassenleistungen ... 1140
1.4.6 Sonstiges ... 1141
1.5 Hüttenhospital Hörde ... 1142
1.6 Sonstiges ... 1146
2. Werksbereich Dortmund
2.1 Satzungen ... 1148
2.2 Geschäftsberichte ... 1150
2.3 Kassenleitung ... 1150
2.4 Bilanzunterlagen und Finanzen
2.4.1 Bilanzen und Bilanzunterlagen ... 1151
2.4.2 Beiträge und Forderungen ... 1151
2.4.3 Kassenleistungen ... 1152
2.5 Mitglieder- und Krankenstatistik ... 1153
2.6 Sonstiges ... 1154
3. Verband der Betriebskrankenkassen von Dortmund und Umgegend ... 1155
4. BKK der Schwerter Profileisenwalzwerk AG ... 1155

XV. Geschichtliche Ausarbeitungen und Materialien
1. Gesamtunternehmen ... 1157
2. Werksbereich Dortmund ... 1158
3. Werksbereich Hörde ... 1160
4. Biografische Unterlagen ... 1162
5. Sonstiges ... 1163

C Sammlungen

I. Filme 1166

II. Firmenschriften
1. Hoerder Bergwerks- und Hütten-Verein ... 1168
2. Union AG für Bergbau, Eisen- und Stahl-Industrie ... 1168
3. Phoenix AG für Bergbau und Hüttenbetrieb ... 1169
4. Vereinigte Stahlwerke AG Dortmunder Union ... 1170
5. Vereinigte Stahlwerke AG Hoerder Verein ... 1171
6. Dortmund-Hoerder Hüttenverein AG ... 1171
7. Hüttenwerk Hörde AG ... 1172
8. Dortmund-Hörder Hüttenunion AG ... 1173

III. Fotoalben
1. Hoerder Bergwerks- und Hütten-Verein ... 1176
2. Union AG für Bergbau, Eisen- und Stahl-Industrie ... 1176
3. Deutsch-Luxemburgische Bergwerks- und Hütten-AG ... 1176
4. Vereinigte Stahlwerke AG Dortmunder Union-Hoerder Verein ... 1178
5. Dortmund-Hoerder Hüttenverein AG ... 1179
6. Hüttenwerk Hörde AG ... 1180
7. Dortmund-Hörder Hüttenunion AG ... 1180

IV. Karten und Konstruktionszeichnungen
1. Hoerder Bergwerks- und Hütten-Verein ... 1186
2. Phoenix AG für Bergbau und Hüttenbetrieb Abteilung Hoerder Verein
   2.1 Hoerder Verein ... 1188
   2.2 Hüttenhospital ... 1192
3. Vereinigte Stahlwerke AG Dortmunder Union-Hoerder Verein ... 1193
4. Dortmund-Hoerder Hüttenverein AG
   4.1 Werk Dortmund ... 1194
   4.2 Werk Hörde ... 1198
5. Dortmund-Hörder Hüttenunion AG
   5.1 Werk Dortmund ... 1199
   5.2 Werk Hörde ... 1200
   5.3 Hüttenhospital ... 1203
6. Sonstiges ... 1209

D Anhang

I. Aufsichtsräte und Vorstände der behandelten Unternehmen 1212
1. Hoerder Bergwerks- und Hütten-Verein ... 1212
2. Phoenix AG für Bergbau und Hüttenbetrieb ... 1213
3. Union AG für Bergbau, Eisen- und Stahl-Industrie ... 1215
4. Deutsch-Luxemburgische Bergwerks- und Hütten-AG ... 1217
5. Dortmund-Hoerder Hüttenverein AG ... 1220
6. Hüttenwerk Hörde AG ... 1221
7. Dortmund-Hörder Hüttenunion AG ... 1221

II. Abkürzungen 1223

III. Register 1227

VII. Deutsch-Luxemburgische Bergwerks- und Hütten-AG Abteilung Dortmunder Union (1910–1926)

1. Deutsch-Luxemburgische Bergwerks- und Hütten-AG

1.1 Satzung und Geschäftsberichte

2580 Entwürfe zu Geschäftsberichten der Deutsch-Lux.
1905–1914
Geschäftsberichte der Deutsch-Lux, 1905/06 (Typoskript, mit handschriftlichen Änderungen), 1906/07 (Druckfahne und Typoskript), 1907/08, 1909/10, 1910/11, 1912/13, 1913/14 (Typoskripte).

2562 Satzungen der Deutsch-Lux.
1925–1926
Satzung mit eingeklebten Änderungen, o. D.; Satzung vom 25.02.1925, mit notariell beglaubigtem Änderungsvermerk vom 12.04.1926.

1.2 Unternehmensleitung
1.2.1 Hauptversammlung

1732 Außerordentliche Hauptversammlung der Deutsch-Lux am 19.12.1901.
19.12.1901
Niederschrift der Hauptversammlung zur Änderung der Satzung, Erhöhung des Grundkapitals von M 100.000 auf M 24.000.000 und Wahl zum Aufsichtsrat (gedruckt).

219 Hauptversammlung der Deutsch-Lux am 18.11.1905.
1905
Anträge zur Hauptversammlung; Bericht des Vorstands.

2579 Hauptversammlung der Deutsch-Lux am 30.11.1907.
1906–1907
Notariell beglaubigte Niederschrift, mit Aufstellung der angemeldeten Aktien; Geschäftsbericht, 1906/07.

2578 Hauptversammlung der Deutsch-Lux am 03.10.1908.
1908
Niederschrift (Typoskript und Manuskript, Durchschläge); Einladung; Bilanz zum 30.06.1908 (gedruckt und Manuskript).

2581 Ordentliche und außerordentliche Hauptversammlung der Deutsch-Lux am 26.10.1909.
1908–1909

Notariell beglaubigte Niederschriften, mit Aufstellung der angemeldeten Aktien; Geschäftsbericht des Vorstands, 1908/09 (Typoskript); Bilanz zum 30.06.1909 (gedruckt und Typoskripte).

2582 Außerordentliche Hauptversammlung der Deutsch-Lux am 16.04.1910 zur Kapitalerhöhung um M 15.000.000 auf M 65.000.000 zwecks Erwerbs von Aktien von Saar- und Mosel-Bergwerks-Gesellschaft und Gewerkschaft Kaiser Friedrich.
1909–1910
Notariell beglaubigte Niederschrift, mit Aufstellung der angemeldeten Aktien (Typoskript); Einladung; Geschäftsbericht des Vorstands, 1909/10 (Typoskript, mit handschriftlichen Entwürfen).

2583 Ordentliche und außerordentliche Hauptversammlung der Deutsch-Lux am 08.09.1910 zur Fusion mit der Union AG.
1909–1910
Notariell beglaubigte Niederschriften (Abschriften); Einladung; Geschäftsbericht des Vorstands, 1909/10 (gedruckt).

959 Verschmelzungsvertrag zwischen Union AG und Deutsch-Lux vom 09.08.1910 (notariell beglaubigte Abschrift).
1910

2584 Außerordentliche Hauptversammlung der Deutsch-Lux am 24.06.1911 zur Interessengemeinschaft mit der Société Anonyme des Hauts-Fourneaux et Aciéries de Rumelange-St. Ingbert.
1911
Notariell beglaubigte Niederschrift, mit Aufstellung der angemeldeten Aktien (Typoskript); Einladung; Bericht des Administrationsrats der Société Anonyme des Hauts-Fourneaux an die Aktionäre des Unternehmens zur Interessengemeinschaft, o. D. (gedruckt); Entwurf eines Interessengemeinschaftsvertrags (Typoskript).

899 Hauptversammlung der Deutsch-Lux am 27.11.1911.
1911
Notariell beglaubigte Niederschrift, mit Aufstellung der angemeldeten Aktien; Geschäftsberichte von Deutsch-Lux sowie Saar- und Mosel-Bergwerks-Gesellschaft, 1910/11; Zeitungsausschnitt.

2585 Hauptversammlung der Deutsch-Lux am 27.11.1911.
1910–1911
Notariell beglaubigte Niederschrift, mit Aufstellung der angemeldeten Aktien; Zeitungsausschnitt zur Einladung; Geschäftsberichte von Deutsch-Lux und Saar- und Mosel-Bergwerks-Gesellschaft, 1910/11.

2586 Außerordentliche Hauptversammlung der Deutsch-Lux am 24.06.1912 zur Kapitalerhöhung um M 30.000.000 auf M 130.000.000.
1912
Notariell beglaubigte Niederschrift, mit Aufstellung der angemeldeten Aktien (Typoskript) und Anwesenheitsliste; Zeichnungsschein für Aktien.

2587 Hauptversammlung der Deutsch-Lux am 22.11.1912.
1911–1912
Notariell beglaubigte Niederschrift, mit Aufstellung der angemeldeten Aktien und Anwesenheitsliste; Geschäftsbericht des Vorstands der Deutsch-Lux; Geschäftsberichte von Deutsch-Lux und Saar- und Mosel-Bergwerks-Gesellschaft, 1911/12.

2588 Hauptversammlung der Deutsch-Lux am 31.10.1916.
1916, 1923, 1926
Notariell beglaubigte Niederschrift (Abschrift), mit Anwesenheitsliste.
Darin auch: Anwesenheitsliste der Hauptversammlung am 22.03.1923 (Typoskript); Einladung zur außerordentlichen Hauptversammlung am 25.02.1926 zur Fusion auf die VSt (gedruckt).

1.2.2 Aufsichtsrat und Vorstand

2592 Aufsichtsrat der Deutsch-Lux.
1906–1921
Einladungen, Tagesordnungen, Teilnahmelisten und einzelne Niederschriften von Aufsichtsratssitzungen; Geschäftsberichte des Vorstands zu Hauptversammlungen, 1912/13, 1914/15 und 1915/16 (Typoskripte); Bilanz der Gewerkschaft Tremonia zum 31.12.1914; Bilanz der Deutsch-Lux Dortmunder Union zum 30.06.1915; notariell beglaubigte Niederschrift der Aufsichtsratssitzung am 11.05.1918 zur Berufung von Adolf Klinkenberg zum Vorstandsmitglied.

1434 Schriftwechsel von Reinhard Eigenbrodt.
1910–1916
Schriftwechsel zwischen Eigenbrodt, Fritz Sellge (Deutsch-Lux Differdingen) und Hugo Stinnes bzw. Hugo Stinnes GmbH zu Personal-, Verkaufs- und Vertriebsfragen, insbesondere zu Grey-Trägern.

2589 Bestellung von Aufsichtsrats- und Vorstandsmitgliedern.
1911–1912
Notariell beglaubigte Niederschriften der Aufsichtsratssitzungen der Deutsch-Lux am 24.06.1911 zur Bestellung von Oscar Kraemer, am 31.05.1912 zur Bestellung von Philipp von Klitzing und am 22.11.1912 zur Bestellung von Karl Schmidt zu Vorstandsmitgliedern sowie Wiederwahl von Hugo Stinnes zum Aufsichtsratsvorsitzenden und von Maximilian von Klitzing zum stellvertretenden Vorsitzenden.

1.3 Kaufmännische Verwaltung und Finanzen
1.3.1 Unternehmensfinanzierung

555 Rückzahlung der Teilschuldverschreibung der Union AG von 1893 in Höhe von M 18.000.000.
1893, 1910–1926
Schriftwechsel zwischen Deutsch-Lux Dortmunder Union, Deutsch-Lux, Direction der Disconto-Gesellschaft und den Amtsgerichten Hattingen und Dortmund über Auslosung und Einlösung der fälligen Zinsscheine, Veröffentlichung der Auslosungstermine und -ergebnisse und Aufwer-

tung der Anleihe; Zeitungsausschnitte; Erklärung der Disconto-Gesellschaft zur Emission und den Anleihebedingungen vom 11.07.1893 (Abschrift).

1352 Emission von Anleihen und Aktien durch Deutsch-Lux und Union AG.
1894–1896, 1902–1914
Prospekte der Deutsch-Lux zur Emission von M 7.075.000 Aktien und M 17.100.000 Anleihen vom September 1902, M 19.000.000 Aktien vom Februar 1905, M 18.000.000 Aktien und M 8.000.000 Anleihen vom Dezember 1908, M 8.000.000 Aktien vom November 1909, M 13.500.000 Aktien und M 6.190.000 Anleihen vom Juni 1910, M 36.000.000 Aktien vom Oktober 1910, M 30.000.000 Aktien vom Dezember 1912 und M 25.000.000 Anleihen vom April 1914; Prospekte der Union AG zur Emission von M 4.900.000 Anleihen vom Januar 1894, M 18.000.000 Anleihen vom Oktober 1908 und M 5.199.000 Anleihen vom Juli 1910.
Darin auch: Prospekt der Actiengesellschaft Zeche Dannenbaum zur Emission von M 1.250.000 Anleihen vom Dezember 1896.

2596 Emission von Anleihen und Aktien durch die Deutsch-Lux.
1906–1910, 1914
Prospekte der Deutsch-Lux zur Emission von jeweils M 5.000.000 Aktien vom Februar 1906 und Februar 1907, M 18.000.000 Aktien und M 8.000.000 Anleihen vom Dezember 1908, M 8.000.000 Aktien vom Oktober und November 1909, M 13.500.000 Aktien und M 6.190.000 Anleihen vom Mai und Juni 1910 (gedruckt) sowie M 25.000.000 Anleihen vom April 1914 (Entwurf, Typoskript); einzelne Schreiben zwischen Deutsch-Lux und Bank für Handel und Industrie zu den Prospekten.

574 Rückzahlung der Teilschuldverschreibung der Union AG von 1900 in Höhe von M 6.000.000.
1906–1922
Notariell beglaubigte Urkunden über die Auslosungen der einzulösenden Stücke am 10.05.1906, 10.05.1907, 11.05.1908, 12.05.1909, 10.05.1910, 10.05.1911, 10.05.1912, 09.05.1913, 11.05.1914, 10.05.1915, 10.05.1916, 10.05.1917, 10.05.1918, 17.05.1919, 05.05.1920, 06.05.1921 und 05.05.1922; Verzeichnisse der eingelösten Stücke.

543/1 Rückzahlung der Teilschuldverschreibung der Union AG von 1900 in Höhe von M 6.000.000.
1906–1911
Schriftwechsel zwischen Union AG bzw. Deutsch-Lux Dortmunder Union, Deutsch-Lux und verschiedenen Banken, insbesondere Direction der Disconto-Gesellschaft, Norddeutscher Bank, Sal. Oppenheim Jr. & Cie. und Allgemeiner Deutscher Creditanstalt Abteilung Becker & Co. sowie Zeitungen über Auslosung und Einlösung der fälligen Zinsscheine und Veröffentlichung der Auslosungstermine und -ergebnisse.

543/2 Rückzahlung der Teilschuldverschreibung der Union AG von 1900 in Höhe von M 6.000.000.
1906–1916
Schriftwechsel zwischen Union AG bzw. Deutsch-Lux Dortmunder Union, Deutsch-Lux und verschiedenen Banken, insbesondere Direction der Disconto-Gesellschaft, Norddeutscher Bank, Bankhaus Carl Neuburger und Allgemeiner Deutscher Creditanstalt Abteilung Becker & Co. sowie Zeitungen und Inhabern der Teilschuldverschreibungen über Auslosung und Einlösung der fälligen Zinsscheine und Veröffentlichung der Auslosungstermine und -ergebnisse; Zeitungsausschnitte.

543/3 Rückzahlung der Teilschuldverschreibung der Union AG von 1900 in Höhe von M 6.000.000.
1910–1912
Schriftwechsel zwischen Union AG bzw. Deutsch-Lux Dortmunder Union, Deutsch-Lux und Direction der Disconto-Gesellschaft über Konvertierung bzw. Erneuerung der Anleihe mit reduziertem Zinssatz sowie Zeitungen zur Annoncierung des Vorgangs.

543/4 Rückzahlung der Teilschuldverschreibung der Union AG von 1900 in Höhe von M 6.000.000.
1912–1919
Schriftwechsel zwischen Deutsch-Lux Dortmunder Union, Deutsch-Lux und verschiedenen Banken, insbesondere Direction der Disconto-Gesellschaft, Norddeutscher Bank, Dresdner Bank und Allgemeiner Deutscher Creditanstalt Abteilung Becker & Co. sowie Zeitungen über Auslosung und Einlösung der fälligen Zinsscheine und Veröffentlichung der Auslosungstermine und -ergebnisse.

543/5 Rückzahlung der Teilschuldverschreibung der Union AG von 1900 in Höhe von M 6.000.000.
1915–1918, 1926
Schriftwechsel zwischen Deutsch-Lux Dortmunder Union, Deutsch-Lux und verschiedenen Banken, insbesondere Direction der Disconto-Gesellschaft, Norddeutscher Bank und Allgemeiner Deutscher Creditanstalt Abteilung Becker & Co., sowie Zeitungen über Auslosung und Einlösung der fälligen Zinsscheine und Veröffentlichung der Auslosungstermine und -ergebnisse; Eintragung einer Sicherungshypothek für die noch nicht ausgezahlten Anteile durch die VSt Rechtsabteilung Dortmund, 1926.

575 Umwandlung der Teilschuldverschreibung der Union AG von 1900 in Höhe von M 6.000.000.
1910–1918
Prospekt zur 5-prozentigen, vom 1. April 1911 ab auf 4,5 % Zinsen herabgesetzten hypothekarischen Teilschuldverschreibung der Union AG über M 5.199.000 vom 21.06.1910; Prospekt zur 4,5-prozentigen, zu 103 % rückzahlbaren Hypothekar-Anleihe der Union AG über M 18.000.000 vom November 1908; Schriftwechsel zwischen Union AG und Direction der Disconto-Gesellschaft zur Konzeption von Anleihe und Prospekt; Aufstellungen über Bilanzwerte, Anlagevermögen, Schulden, offene Rechnungen und zu begleichende Zahlungen für Bergschäden der Zechen Adolf von Hansemann, Glückauf Tiefbau und Carl Friedrichs Erbstolln; Schriftwechsel zwischen Deutsch-Lux und Deutsch-Lux Dortmunder Union über Verwaltungszuständigkeiten und die Einlösung von Zinsscheinen; Zeitungsausschnitte.

2590 Rückzahlung von Obligationen der Deutsch-Lux.
1908–1911, 1916–1920, 1925
Zeitungsausschnitte zur Annoncierung und Aufstellungen ausgeloster Nummern; notariell beglaubigte Niederschrift der Auslosung am 12.05.1917.

972 Einführung einer zentralen Vermögensverwaltung bei der Deutsch-Lux.
1924–1925
Schriftwechsel zwischen Deutsch-Lux Dortmunder Union und Deutsch-Lux sowie Aktennotizen über die Konzeption einer zentralen Vermögensverwaltung, bisherige Zuständigkeiten und Verrechnungsmodalitäten, die Behandlung von Devisenkonten und des Auslandsgeschäfts, Bankguthaben sowie die künftige Behandlung von Tochtergesellschaften.

729 Schuldverschreibung von Bochumer Verein, Deutsch-Lux und GBAG über US$ 6.000.000.
1925
Treuhandvertrag zwischen Bochumer Verein, Deutsch-Lux und GBAG sowie den Treuhändern Central Union Trust Company of New York und Deutsche Kreditsicherung AG (englische Druckfassung und beglaubigte deutsche Übersetzung, Typoskript) vom 01.04.1925; Sicherungsvertrag zwischen den Unternehmen und der Deutsche Kreditsicherung AG vom 22.04.1925, mit Beglaubigung des Consulate General of the United States of America, Berlin, vom 24.04.1925.

941 Schuldverschreibung von Bochumer Verein, Deutsch-Lux und GBAG über US$ 6.000.000.
1925
Treuhandvertrag zwischen Bochumer Verein, Deutsch-Lux und GBAG sowie Central Union Trust Company of New York und Deutsche Kreditsicherung AG vom 01.04.1925 zur Ausgabe und Sicherung der Schuldverschreibung (englisches Original und beglaubigte Übersetzung).

1709 Aufnahme eines Kredits in Höhe von US$ 6.000.000 durch Bochumer Verein, Deutsch-Lux und GBAG.
1925
Vertrag zwischen Bochumer Verein, Deutsch-Lux und GBAG sowie Dillon, Read & Co. zur Aufnahme des Kredits vom 26.03.1925 (englisch); Entwürfe zu Nachtragsverträgen zum Kreditsicherungsvertrag zwischen Bochumer Verein, Deutsch-Lux und GBAG sowie Deutsche Kreditsicherung AG vom 22.04.1925; Zeitungsausschnitte zu Anleihen deutscher Unternehmen in den Vereinigten Staaten von Amerika; Stellungnahme des Rechtsanwalts Georg Ebers zum Vertrag, mit Zustimmungsvermerk von Hans Fusban und Detmar Philippi (Abschrift der Endfassung und Entwürfe); Schriftwechsel zwischen den Vertragspartnern und anderen Banken zu Kreditaufnahme, Handel von Obligationen und Aktien deutscher Unternehmen an US-amerikanischen Börsen und zu den Möglichkeiten einer Emission von Schuldverschreibungen.

13 Konzeption einer Amerika-Anleihe der Rheinelbe Union GmbH.
1925-1926
Schriftwechsel zwischen Bochumer Verein, Deutsch-Lux, GBAG, Siemens & Halske AG und Siemens-Schuckertwerke GmbH sowie verschiedenen Banken über die Aufnahmemodalitäten (ein Betrag wird nicht genannt); Auszüge aus Geschäftsberichten, Vorstands- und Aufsichtsratsprotokollen, Vermögensaufstellungen und Handelsregisterauszügen der beteiligten Unternehmen; Berichte über Anleihen anderer Unternehmen, u. a. der Gutehoffnungshütte Oberhausen AG.

25 Amerika-Anleihe von Bochumer Verein, Deutsch-Lux und GBAG in Höhe von US$ 25.000.000, Frühjahr 1926.
1926
Entwurf eines Treuhandvertrags zwischen den beteiligten Unternehmen und The American Exchange-Pacific National Bank, New York (verschiedene Versionen in Kopie, Übersetzung aus dem Englischen); Entwurf eines Treuhandvertrags zwischen den beteiligten Unternehmen sowie The American Exchange-Pacific National Bank und Deutsche Kreditsicherung AG (gedruckte Fassung, Kopie einer Übersetzung aus dem Englischen).

1733 Hypothekarische Belastung von Grundstücken von Bochumer Verein, Deutsch-Lux und GBAG.
1926

Aufstellungen zu den hypothekarisch abgesicherten Anleihen der Deutsch-Lux, den aufzuwertenden Hypotheken und zum nicht zu belastenden Grundbesitz von Deutsch-Lux Bochum, Deutsch-Lux Dortmunder Union, Deutsch-Lux Nordseewerke, Deutsch-Lux Weber sowie von Bochumer Verein und GBAG.

1.3.2 Bilanzen, Bilanzunterlagen und Revisionsberichte

2595/1 Jahresabschluss der Deutsch-Lux zum 30.06.1906.
1906
Bilanzen von Deutsch-Lux, Deutsch-Lux Bochum, Deutsch-Lux Differdingen und Deutsch-Lux Mülheim zum 30.06.1906; Rietz: Prüfungsbericht zur Bilanz der Deutsch-Lux zum 30.06.1906 (Durchschlag); einzelne Aufstellungen zur Gewinn- und Verlustrechnung sowie Gewinnverteilung.

2595/2 Jahresabschluss der Deutsch-Lux zum 30.06.1907.
1907
Bilanz der Deutsch-Lux zum 30.06.1907. Rietz: Prüfungsbericht zur Bilanz der Deutsch-Lux zum 30.06.1907 (Durchschlag); Aufstellung der am 01.04.1907 noch zu erwartenden Kosten für Neubauten und Beteiligungen.

2595/3 Jahresabschluss der Deutsch-Lux zum 30.06.1908.
1908
Bilanz der Deutsch-Lux Bochum zum 30.06.1908; Rietz: Prüfungsbericht zur Bilanz der Deutsch-Lux zum 30.06.1908 (Durchschlag); Gewinn- und Verlustrechnungen von Deutsch-Lux und Deutsch-Lux Differdingen zum 30.06.1908.

2595/4 Jahresabschluss der Deutsch-Lux zum 30.06.1909.
1909
Bilanzen von Deutsch-Lux, Deutsch-Lux Bochum und Deutsch-Lux Differdingen zum 30.06.1909; Gewinn- und Verlustrechnungen von Deutsch-Lux und Deutsch- Lux Differdingen zum 30.06.1909.

2595/5 Jahresabschluss der Deutsch-Lux zum 30.06.1910.
1910
Bilanzen von Deutsch-Lux, Deutsch-Lux Bochum und Deutsch-Lux Differdingen zum 30.06.1910; Gewinn- und Verlustrechnungen von Deutsch-Lux, Deutsch-Lux Bochum und Deutsch-Lux Differdingen zum 30.06.1910; Aufstellung zu den Zeichnern der am 08.09.1908 von der Hauptversammlung der Deutsch-Lux beschlossenen Kapitalerhöhungen um M 4.000.000 und M 10.300.000 vom 08.09.1910.

2595/6 Jahresabschluss der Deutsch-Lux zum 30.06.1912.
1912
Bilanzen von Deutsch-Lux, Deutsch-Lux Bochum, Deutsch-Lux Dortmunder Union, Deutsch-Lux Mülheim, Deutsch-Lux Horst, Deutsch-Lux Differdingen sowie Saar- und Mosel-Bergwerks-Gesellschaft und Société Anonyme des Hauts-Fourneaux et Aciéries de Rumelange-St. Ingbert zum 30.06.1912; Carl Julius Meyer: Prüfungsbericht zu den Bilanzen der Deutsch-Lux sowie der Abteilungen Bochum, Differdingen, Dortmunder Union, Mülheim und Horst zum 30.06.1912 (Abschrift).

2595/7 Jahresabschluss der Deutsch-Lux zum 30.06.1913.
1913
Bilanzen von Deutsch-Lux, Deutsch-Lux Bochum, Deutsch-Lux Dortmunder Union, Deutsch-Lux Horst, Deutsch-Lux Differdingen, Deutsch-Lux Nordseewerke sowie Société Anonyme des Hauts-Fourneaux et Aciéries de Rumelange-St. Ingbert zum 30.06.1913.

343 Revisionsberichte zu Deutsch-Lux und Société Anonyme des Hauts-Fourneaux et Aciéries de Rumelange-St. Ingbert.
1913–1915
S. Cahen: Berichte über die Prüfung der Bilanz der Deutsch-Lux zum 30.06.1913 und 30.06.1915; Carl Julius Meyer: Bericht über die Prüfung der Bilanz der Deutsch-Lux zum 30.06.1914; S. Cahen: Berichte über die Prüfung der Bilanz der Société Anonyme des Hauts-Fourneaux et Aciéries de Rumelange-St. Ingbert zum 30.06.1913 und 30.06.1915.

2595/8 Jahresabschluss der Deutsch-Lux zum 30.06.1914.
1914
Bilanzen von Deutsch-Lux sowie Société Anonyme des Hauts-Fourneaux et Aciéries de Rumelange-St. Ingbert zum 30.06.1914; Gewinn- und Verlustrechnungen von Deutsch-Lux und Deutsch-Lux Bochum zum 30.06.1914.

2595/9 Jahresabschluss der Deutsch-Lux zum 30.06.1915.
1915
Bilanzen von Deutsch-Lux, Deutsch-Lux Bochum, Deutsch-Lux Mülheim, Deutsch-Lux Differdingen und Deutsch-Lux Nordseewerke zum 30.06.1915; Gewinn- und Verlustrechnungen der Abteilungen Bochum und Differdingen zum 30.06.1915; Betriebsberichte der Bereiche Brückenbau und Weichenbau der Deutsch-Lux Dortmunder Union vom 14.08.1915.

2595/10 Jahresabschluss der Deutsch-Lux zum 30.06.1916.
1915–1916
Bilanz der Deutsch-Lux zum 30.06.1916; Deutsch-Lux: Prüfungsbericht zur Bilanz der Deutsch-Lux zum 30.06.1916; Geschäftsbericht, 1915/16 (Typoskript); vergleichende Aufstellung der Überschüsse, 1911/12–1915/16; Aufstellung zu den am 01.07.1916 für Neubauten und Beteiligungserwerb vorhandenen Rückstellungen.

2595/11 Prüfungsbericht zur Deutsch-Lux.
1917
Deutsch-Lux: Prüfungsbericht zur Bilanz der Deutsch-Lux zum 30.06.1917.

2595/12 Jahresabschluss der Deutsch-Lux zum 30.06.1918.
1917–1919
Bilanzen von Deutsch-Lux Dortmunder Union, Deutsch-Lux Mülheim, Deutsch-Lux Nordseewerke, Deutsch-Lux Differdingen sowie Saar- und Mosel-Bergwerks-Gesellschaft zum 30.06.1918; Deutsch-Lux: Prüfungsberichte zu den Bilanzen von Deutsch-Lux sowie Rümelinger und St. Ingberter Hohöfen [!] und Stahlwerke AG zum 30.06.1918 (Durchschläge); Gewinn- und Verlustrechnung der Deutsch-Lux Dortmunder Union zum 30.06.1918 sowie Monatsbilanz August 1918, Erläuterungen zur Monatsbilanz November 1918 und Aufstellung der Bestände an Roh-

stoffen, Produkten und Effekten zum 30.06.1917; vergleichende Aufstellung der Überschüsse der Deutsch-Lux sowie der Abteilungen Bochum, Differdingen, Dortmunder Union, Mülheim und Nordseewerke, 1916/17 und 1917/18; Aufstellung zum Mittelbestand der Deutsch-Lux bei Banken am 12.08.1919.

2595/13 Jahresabschluss der Deutsch-Lux zum 30.09.1924.
1924
Bilanz zum 30.09.1924 und Reichsmark-Eröffnungsbilanz zum 01.01.1924; Deutsch-Lux: Prüfungsbericht zur Bilanz der Deutsch-Lux zum 30.09.1924 und zur Reichsmark-Eröffnungsbilanz zum 01.01.1924; Carl Julius Meyer: Prüfungsbericht zu den Bilanzen der Deutsch-Lux zum 30.06.1924 und 30.09.1924; Bericht von Vorstand und Aufsichtsrat zur Reichsmark-Eröffnungsbilanz und Bilanzumstellung.

2595/14 Jahresabschluss der Deutsch-Lux zum 30.09.1925.
1925
Bilanz zum 30.09.1925; Deutsch-Lux: Prüfungsbericht zur Bilanz der Deutsch-Lux zum 30.09.1925; Carl Julius Meyer: Prüfungsbericht zur Bilanz der Deutsch-Lux zum 30.09.1925.

1.3.3 Handelsregister

958 Handelsregisterauszüge der Deutsch-Lux.
1910.

346 Eintragung der Deutsch-Lux Dortmunder Union ins Handelsregister.
1910–1911
Anträge der Deutsch-Lux zur Eintragung ins Handelsregister beim Königlichen Amtsgericht zu Bochum (Entwürfe); Schriftwechsel zwischen Deutsch-Lux Dortmunder Union, Deutsch-Lux und Amtsgericht, auch über Korrekturen des Eintrags.

1.3.4 Sonstiges

298 Exportbedingungen von Grey-Trägern.
1907–1908
Sitzungsniederschriften der Conférence Internationale des Poutrelles vom 26.09.1907 und 29.11.1907 (mit deutscher Übersetzung); Niederschrift über die Verhandlungen der Stahlwerks-Verband AG mit österreichischen und ungarischen Eisen- und Stahlwerken am 10.09.1907; Aufstellung von Stahlwerks-Verband und Deutsch-Lux Differdingen über Lieferung von Grey-Trägern nach Niederlande, Frankreich, Belgien, Dänemark, Schweden, Norwegen, Großbritannien, Schweiz, Italien, Österreich und Ungarn; Schriftwechsel zwischen Deutsch-Lux Differdingen und Stahlwerks-Verband Abteilung Formeisen-Ausfuhr zu Exportfragen.

9 Schiedsgerichtssache von Actien-Gesellschaft Peiner Walzwerk und Rombacher Hüttenwerke gegen Deutsch-Lux und Stahlwerks-Verband AG wegen Herstellung breitflanschiger und parallelflanschiger Träger.

1907, 1911, 1915
Schriftsätze zur Klage von Peiner Walzwerk und Rombacher Hüttenwerke auf Feststellung, dass die vom Peiner Walzwerk hergestellten breit- und parallelflanschigen Träger nicht unter das Differdinger Abkommen des Stahlwerks-Verbands fallen und nicht die Grey-Patente der Deutsch-Lux verletzen, vom 10.04.1915 und 20.04.1915; Erwiderungsschriftsatz der Deutsch-Lux Dortmunder Union vom 14.06.1915 (Abschriften); Schriftwechsel zwischen den Beklagten und mit der Deutsch-Lux Differdingen zum Verfahren; Blaupausen, mit Trägerquerschnitten.
Darin auch: Otto Leitholf: „Breit und parallelflanschige Peiner Träger (D.R.G.M. Nr. 620.490)", in: Glasers Annalen für Gewerbe und Bauwesen 77 (1915), H. 7, S. 132 f.

618 Betriebsberichte des Stahlwerksbereichs der Deutsch-Lux.
1909–1910
Monats-Abschlüsse des Stahlwerks-Betriebes, August 1909 bis Juni 1910, mit Angaben zu Produktion, Verbrauch an Rohstoffen und Betriebsmaterialien, Betriebskosten, Lagerbeständen und Arbeitsschichten.

342 Grundstücksangelegenheiten der Vereinigte Walz- und Röhrenwerke AG vorm. Friedrich Boecker Philipp's Sohn & Co. und Friedrich Koenig in Hohenlimburg.
1910–1915
Auszüge aus Grundbuch, Grundsteuerrolle und Flurkarten der Gemeinde [Hagen-]Hohenlimburg.

949 Firmenkundliche Nachweise zu Deutsch-Lux, Hoesch AG und Phoenix AG.
1915
Kopien aus dem Handbuch der Deutschen Aktiengesellschaften 1914/15.

1.4 Tochtergesellschaften, Abteilungen und Beteiligungen

1.4.1 Eisenwerk Rothe Erde AG, ab 1916 Deutsch-Lux Dortmunder Union Werk Rothe Erde

1.4.1.1 Konkurs und Übernahme durch die Deutsch-Lux

309 Übernahme der Eisenwerk Rothe Erde AG i. L. durch die Deutsch-Lux.
1910–1911, 1916–1920
Entwürfe zu Kaufverträgen; Bericht des Konkursverwalters Hermann Gundlach; Aufstellung der Gläubiger und Forderungen; Geschäftsbericht der Eisenwerk Rothe Erde AG, 1910/11; Schriftwechsel zwischen Deutsch-Lux Dortmunder Union, Gundlach und Essener Credit-Anstalt über Kaufangebote sowie mit Gläubigern und Altaktionären über Begleichung von Forderungen; einzelne Schreiben zwischen Albert Vögler und Hugo Stinnes zum Erwerb.

1359 Übernahme der Eisenwerk Rothe Erde AG i. L. durch die Deutsch-Lux.
1916
Kaufvertrag zwischen Deutsch-Lux und Konkursverwalter Hermann Gundlach vom 27.05.1916.

338 Schiedsgerichtssache zwischen der Eisenwerk Rothe Erde AG i. L. und der Louis Schwarz & Co. AG wegen Vertragsbruchs.
1916–1917
Urteil des Schiedsgerichts Dortmund zur zwischen den Unternehmen vertraglich vereinbarten

Liefer- und Abnahmepflicht von Kokillenschrott aus der Liquidationsmasse vom 18.11.1916; Schriftwechsel zwischen Deutsch-Lux Dortmunder Union und Konkursverwalter Hermann Gundlach zum Verfahren.

1627 Steuer- und Gebührenangelegenheiten der Eisenwerk Rothe Erde AG i. L. nach Übernahme durch die Deutsch-Lux.
1916–1918
Verschiedene Steuer- und Gebührenbescheide; einzelne Schreiben zwischen Deutsch-Lux Dortmunder Union und Stadt Dortmund zur Veranlagung.

592 Konkurs der Eisenwerk Rothe Erde AG.
1922
Anfragen von ehemaligen Aktionären zum Verbleib des Unternehmens; standardisiertes Antwortschreiben der Deutsch-Lux Dortmunder Union über den Konkurs.

1.4.1.2 Neubau, Energieversorgung und Versicherungen

1686 Grunderwerb der Eisenwerk Rothe Erde AG in Dortmund.
1898–1902
Auszüge aus der Grundsteuerrolle; Lageplan, mit Werksumgebung und eingezeichneten Abwasserkanälen; Grundbuchauszüge; einzelne Schreiben zwischen Eisenwerk Rothe Erde AG, Verwaltung des Armenwesens Dortmund, Stadt Dortmund und weiteren Grundstückverkäufern zum Grunderwerb.

506 Bau von sieben Schornsteinen und Änderungen am Fabrikgebäude.
1901
Bauantrag der Eisenwerk Rothe Erde AG vom 02.09.1901, mit Baubeschreibung; statische Berechnungen; Grund- und Aufrisszeichnungen.

4948 Bau von Kaminen für die Schmiede.
1901, 1923
Bauantrag der Eisenwerk Rothe Erde AG vom 02.09.1901; Lageplan, Grund- und Aufrisszeichnungen sowie statische Berechnungen der Firma F. J. Collin, Dortmund; Lageplan der Deutsch-Lux Dortmunder Union Werk Rothe Erde, März 1923.

642 Stromversorgung.
1909, 1914–1921
Lieferverträge zwischen Deutsch-Lux Dortmunder Union und Städtischem Elektrizitätswerk Dortmund vom 18./24.04.1917 und 29.08./03.09.1918 sowie nicht parafierte Entwürfe, 1909, 1914, 1916; Schriftwechsel zwischen Deutsch-Lux Dortmunder Union, Deutsch-Lux, Städtischem Elektrizitätswerk und Westfälischem Verbands-Elektrizitätswerk AG über Lieferkonditionen, Preise, Verlegung von Versorgungsleitungen und Bau von Verteileranlagen, Kohlenlieferungen und Versorgungsengpässe; Aufstellungen über Kohlenlieferungen von Zechen der Deutsch-Lux an Städtisches Elektrizitätswerk und Elektrizitätswerk „Mark“, November 1916.

225 Wiederinbetriebnahme des Siemens-Martin-Stahlwerks.
1909, 1916–1919
Schriftwechsel zwischen Deutsch-Lux Dortmunder Union und Stadt-Ausschuss des Stadtkreises Dortmund zur Genehmigung von Umbaumaßnahmen; Genehmigung des Stadt-Ausschusses für die Eisenwerk Rothe Erde AG zur Errichtung des Stahlwerks vom 15.05.1909 (Kopie).

1566 Einbruchdiebstahlversicherung.
1911–1921
Versicherungspolicen von „Vaterländischer" und „Rhenania" Vereinigte Versicherungs-Gesellschaften Aktien-Gesellschaft, Aachener und Münchner Feuer-Versicherungs-Gesellschaft und Frankfurter Allgemeiner Versicherungs-Aktien-Gesellschaft, mit Anlage: Allgemeine Versicherungsbedingungen für die Versicherung gegen Einbruchdiebstahl; Schriftwechsel zwischen Deutsch-Lux Dortmunder Union und Versicherungsagenturen zur Verlängerung und Änderung von Verträgen.

980 Feuerversicherung.
1913–1918
Versicherungspolice der Magdeburger Feuerversicherungs-Gesellschaft vom 24.12.1913, mit Anlagen: Allgemeine Versicherungsbedingungen; Allgemeine Sicherheitsvorschriften für Fabriken und gewerbliche Anlagen; Vorsichtsbedingungen für elektrische Licht- und Kraftanlagen; Anweisung für das Betriebspersonal für elektrische Licht- und Kraftanlagen, 1910; Aufstellung über die Betriebsgebäude und -anlagen, mit Wertangabe; Schriftwechsel zwischen Deutsch-Lux Dortmunder Union und verschiedenen Versicherungen bzw. Versicherungsvertretern über Prämienzahlungen und Versicherungsleistungen; Rechnungen; Lagepläne des Werks.

589 Bau von Aufenthaltsräumen, einer Krananlage und einer Gebäudeerweiterung.
1918–1919
Baugenehmigung der Stadt Dortmund vom 02.01.1919; Lageplan; Aufrisszeichnung; Konstruktionszeichnung.

226 Errichtung eines Reserveteillagers für das Siemens-Martin-Stahlwerk.
1920
Baugenehmigung der Stadt Dortmund vom 07.06.1920; Lageplan; Aufrisszeichnung.

546 Umbauten im Siemens-Martin-Stahlwerk.
1920–1921
Statische Berechnungen zum Bauantrag der Deutsch-Lux Dortmunder Union zur Verlängerung der Muldenverteilungswinde und des 10-t-Laufkrans, mit Konstruktionszeichnungen.

537 Stromversorgung.
1921–1923
Schriftwechsel zwischen Deutsch-Lux Dortmunder Union, Städtischem Elektrizitätswerk Dortmund und Arbeitgeberverband für Dortmund und Umgegend e. V. über die Kündigung des Stromliefervertrags für das Werk Rothe Erde und Preise für Industriestrom; Blanko-Liefervertrag des Städtischen Elektrizitätswerks, mit Lieferbedingungen, 1921.

1.4.2 Deutsch-Lux Abteilung Horst, [Essen-]Horst

1.4.2.1 Versicherungen

1503 Feuerversicherung von Union AG Horst bzw. Deutsch-Lux Horst.
1908–1912
Versicherungspolicen der Preußischen National-Versicherungs-Gesellschaft, mit Anlagen: Allgemeine Versicherungsbedingungen; Besondere Versicherungsbedingungen für Fabriken und gewerbliche Anlagen; Vorsichtsbedingungen für elektrische Licht- und Kraftanlagen; Anweisung für das Betriebspersonal für elektrische Licht- und Kraftanlagen; Allgemeine Sicherheitsvorschriften für Fabriken und gewerbliche Anlagen, 1910; Aufstellung der versicherten Gebäude, Maschinen und Einrichtungsgegenstände zum 01.01.1908; Lageplan.

1504 Feuerversicherung von Union AG Horst bzw. Deutsch-Lux Horst.
1908–1912
Versicherungspolicen von Vaterländischer Feuerversicherungs-Actien-Gesellschaft (Elberfeld) und Preußischer National-Versicherungs-Gesellschaft, mit Anlagen: Allgemeine Versicherungsbedingungen; Besondere Versicherungsbedingungen für Fabriken und gewerbliche Anlagen; Vorsichtsbedingungen für elektrische Licht- und Kraftanlagen; Anweisung für das Betriebspersonal für elektrische Licht- und Kraftanlagen.

1535 Feuerversicherung von Union AG Horst bzw. Deutsch-Lux Horst.
1908–1912
Versicherungspolicen der Norddeutschen Versicherungs-Gesellschaft, mit Anlagen: Allgemeine Versicherungsbedingungen; Besondere Versicherungsbedingungen für Fabriken und gewerbliche Anlagen; Vorsichtsbedingungen für elektrische Licht- und Kraftanlagen.

1.4.2.2 Neubau und Grundstückswesen

1549 Grundstücksangelegenheiten der Deutsch-Lux in [Essen-]Freisenbruch und Horst.
1910–1912, 1915
Auszüge aus der Grundsteuerrolle; Grundbuchauszüge.

5399 Bau eines Gebläsehauses der Deutsch-Lux Horst.
1911–1912
Bauantrag der Deutsch-Lux FWH vom 08.07.1911; Baugenehmigung des Königlichen Regierungspräsidiums Arnsberg Bezirksausschuss vom 03.11.1911; Lageplan des Werks; Grund- und Aufrisszeichnungen; statische Berechnungen; einzelne Schreiben zwischen Deutsch-Lux FWH, Bezirksausschuss und Amt [Essen-]Königssteele zum Genehmigungsverfahren.

494 Verlegung eines öffentlichen Fußwegs am Betriebsgelände in [Essen-]Horst.
1912–1915
Auszüge aus der Grundsteuerrolle Horst; Grundbuchauszüge; Lagepläne, Katasterkarten; Schriftwechsel zwischen Deutsch-Lux Dortmunder Union, Deutsch-Lux Horst und Amt [Essen-]Königssteele zur Verlegung.

5404 Umbau der Erzbunkeranlage und Verstärkung einer Kranbahn der Deutsch-Lux Horst.
1912–1918
Bauantrag der Deutsch-Lux FWH vom 30.02.1912 zum Erzbunker; statische Berechnungen und Konstruktionszeichnungen der Firma Brand & Sohn zur Krananlage; statische Berechnungen, Grund- und Aufrisszeichnungen des Erzbunkers; Lagepläne; Schriftwechsel zwischen Deutsch-Lux Dortmunder Union, Deutsch-Lux Horst, Königlichem Regierungspräsidium Arnsberg Bezirksausschuss, Amt [Essen-]Königssteele und Kreis Hattingen zum Genehmigungsverfahren.

1751 Grundstücksverkauf der Deutsch-Lux in [Essen-]Horst.
1913–1915
Kaufvertrag zwischen Deutsch-Lux FWH und Königlicher Eisenbahndirektion Essen vom 16./28.05.1914, mit Entwürfen; Lageplan; Grundbuchauszüge; Auszüge aus der Grundsteuerrolle; Schriftwechsel zwischen Deutsch-Lux Dortmunder Union, Deutsch-Lux Horst, „Revision" Treuhand-Aktien-Gesellschaft und Direction der Disconto-Gesellschaft zu Vertragsmodalitäten, Grundstücksauflassung und Verwendung des Kaufpreises zur Tilgung von Anleihen.

5401 Umbau des Erzbunkers der Hochofenanlage.
1915–1916
Baugenehmigung des Königlichen Regierungspräsidiums Arnsberg Bezirksausschuss vom 16.02.1916; statische Berechnungen; Grund- und Aufrisszeichnungen; Lageplan.

4540 Neuzustellung von Hochofen II.
1917–1919
Bauantrag der Deutsch-Lux Dortmunder Union vom 11.07.1917; Baugenehmigungen des Königlichen Regierungspräsidiums Arnsberg Bezirksausschuss vom 07.10.1917 und 22.10.1917 (Abschrift); einzelne Schreiben zwischen Deutsch-Lux Dortmunder Union, Deutsch-Lux Horst und Bezirksausschuss zum Genehmigungsverfahren.

5400 Aufstellung von acht Riemenfallhämmern.
1917
Genehmigungsurkunde des Kreises Hattingen vom 08.09.1917.

5402 Neuzustellung von Hochofen II.
1917
Baugenehmigung des Königlichen Regierungspräsidiums Arnsberg Bezirksausschuss vom 15.12.1917; statische Berechnungen; Grund- und Aufrisszeichnungen; Lageplan.

5405 Bau eines Gewächshauses in der Gärtnerei.
1917
Baugenehmigung des Amts [Essen-]Königssteele vom 23.08.1917; statische Berechnungen; Grund- und Aufrisszeichnungen; Lageplan der Grundstücke der Abteilung Horst in [Essen-]Horst.

5406 Erweiterung des Gewächshauses.
1918
Baugenehmigung des Amts [Essen-]Königssteele vom 22.04.1918; statische Berechnungen; Grund- und Aufrisszeichnungen; Lageplan.

4558 Bau von Lager- und Umkleideräumen für Arbeiterinnen der Hochofenanlage.
1918
Bauantrag der Deutsch-Lux Horst vom 02.09.1918; Bauabnahmeschein vom 05.10.1918; einzelne Schreiben zwischen Deutsch-Lux Dortmunder Union, Deutsch-Lux Horst und Amt [Essen-]Königssteele zum Genehmigungsverfahren.

5403 Bau einer Werkstatt und eines Umkleideraums.
1918
Baugenehmigung des Amts [Essen-]Königssteele vom 02.09.1918; Grund- und Aufrisszeichnungen; Lageplan.

1.4.2.3 Sonstiges

1217 Stromversorgung der Deutsch-Lux Horst.
1917–1920
Vertragsentwürfe zwischen Deutsch-Lux Dortmunder Union und RWE über die Versorgung der Deutsch-Lux Horst mit Drehstrom; Liefervertrag des RWE vom Februar 1918 (gedrucktes Formular, blanko); Schriftwechsel zwischen Deutsch-Lux Dortmunder Union und RWE über Vertragsmodalitäten und Preise.

1.4.3 Hohenzollernhütte AG und Deutsch-Lux Abteilung Nordseewerke, Emden

1.4.3.1 Unternehmensleitung und Unternehmensfinanzierung

1692 Kapitalherabsetzung der Hohenzollernhütte AG, Emden.
1909, 1923
Entwurf einer Beschlussvorlage zur Hauptversammlung der Hohenzollernhütte AG am 10.01.1923; Aktionärsverzeichnis; Nummernverzeichnisse; Mitteilung der Hohenzollernhütte AG zur Kapitalerhöhung vom 15.05.1909 (gedruckt); Zeitungsausschnitte.

278 Kündigung einer Hypothek der Deutsch-Lux Nordseewerke.
1911–1913, 1922–1925
Schriftwechsel zwischen Deutsch-Lux Nordseewerke, Deutsch-Lux Dortmunder Union, Hohenzollernhütte AG sowie Rechtsanwälten über die vorzeitige Kündigung einer Kaufpreishypothek auf ein 1912 vom preußischen Staat erworbenes Grundstück zur Erweiterung des Betriebsgeländes; Kaufvertrag zwischen Stadt Emden, Rheinisch-Westfälischer Disconto-Gesellschaft und Barmer Bankverein Hinsberg, Fischer & Comp. als Verkäufer und Hugo Stinnes über Anlagen und Grundstücke der ehemaligen Nordseewerke Emder Werft und Dock AG vom 17.11.1911 (Abschrift); notariell beglaubigtes Protokoll zur Grenzbegehung eines Grundstücks am Königspolder in Emden durch Deutsch-Lux und Preußische Staatsbauverwaltung vom 04.04.1913, mit Lageplänen (Abschrift); Vereinbarung zwischen Deutsch-Lux und Preußischer Staatsbauverwaltung über die exakte Spezifizierung des zu verkaufenden Grundstücks vom 31.10.1912.

956 Generalversammlung der Hohenzollernhütte AG am 30.06.1915.
1914–1915

Notariell beglaubigte Niederschrift der Versammlung; Geschäftsbericht, 1914; Zeitungsausschnitt.

1693 Steuerangelegenheiten der Hohenzollernhütte AG, Emden.
1919–1925
Körperschaftssteuererklärungen, 1919, 1920 und 1922 (z. T. Abschriften); Kapitalertragssteuererklärungen, 1920 und 1922 (Abschriften); Vermögenssteuererklärung für den Veranlagungszeitraum 01.01.1923–31.12.1925 vom 24.04.1923; Merkblätter zu verschiedenen Steuerformen (gedruckt); einzelne Schreiben zwischen Hohenzollernhütte AG, Deutsch-Lux Dortmunder Union und Finanzamt Dortmund zu Erklärungen und Veranlagungen.

792 Sicherheiten der Deutsch-Lux Nordseewerke für Schiffbaudarlehn des Reichswirtschaftsministeriums an die Reederei Schröder, Hölken & Fischer, Hamburg.
1925–1926, 1932
Schiffbaudarlehnsvertrag zwischen Reichswirtschaftsministerium und Reederei zum Bau eines Frachtschiffes sowie Erklärung der Deutsch-Lux Nordseewerke zur Sicherheitsübereignung von Schiffen an das Deutsche Reich für den Bau der Frachtschiffe „Amrum" und „Borkum", 1925 (nicht parafierte Abschriften); Schriftwechsel zwischen Deutsch-Lux Dortmunder Union, Deutsch-Lux Nordseewerke, Reichswirtschaftsministerium und Reederei über die Vertragsmodalitäten; Schreiben des Landgerichts Hamburg zur Beschlagnahmung der Akten in einer Strafsache gegen die Reederei und Schreiben der VSt Nordseewerke, mit Aufstellung der Baukosten.

1219 Sicherheiten der Deutsch-Lux Nordseewerke für Schiffbaudarlehn des Reichswirtschaftsministeriums an die Reederei Schröder, Hölken & Fischer, Hamburg.
1925–1927
Schiffbaudarlehnsvertrag zwischen Reichswirtschaftsministerium und Reederei zum Bau eines Frachtschiffes, 1925 (nicht parafierte Abschriften); Schriftwechsel zwischen Deutsch-Lux Dortmunder Union, Deutsch-Lux Nordseewerke, Firma F. W. Dahlström & Co. und Reederei über die Modalitäten eines Vertrags für den Bau der Schiffe „Amrum" und „Borkum" unter Beteiligung der Deutsch-Lux Nordseewerke zur Sicherheitsübereignung an das Deutsche Reich; Besprechungsniederschriften und Aktennotizen; Niederschrift der außerordentlichen Hauptversammlung des Wirtschaftsausschusses der deutschen Werften am 29.01.1925 und der ordentlichen Hauptversammlung am 26.02.1925 sowie einer Sitzung des Seeschiffahrtserneuerungsfonds am 05.02.1925; gemeinsame Rundschreiben von Verein Deutscher Schiffswerften e. V., Wirtschaftsausschuss und Seeschiffbau-Leistungsverband e. V. zu Finanzierung von Schiffen durch die Produktive Erwerbslosenfürsorge, Besprechungen zwischen Werften und verschiedenen Reichsministerien und Geschäftsberichten des Wirtschaftsausschusses, 1925 und 1926.

1.4.3.2 Grundstücke und Pachten

1395 Zwei Lagepläne der Hohenzollernhütte AG.
o. D.

723 Grunderwerb der Deutsch-Lux in Emden.
1865–1918

Schriftwechsel zwischen Deutsch-Lux Dortmunder Union, Deutsch-Lux Nordseewerke, Maklern, Rechtsanwälten und Stadt Emden über die Modalitäten des Grunderwerbs von der Oberemsischen Deichacht und verschiedenen Verkäufern, Grundstückspreise, Grundbuchänderungen, Provisionen und Steuern; Verträge zwischen Deutsch-Lux sowie Geerd Westermann, Hinderk Westermann und Jakob Meiborg über den Erwerb von Weiderechten auf dem Deich an der Borssumer Schleuse vom 09.09.1912 sowie Beitrittserklärungen weiterer Berechtigter; Grundbuchauszüge; Lageplan des Hafen Emden; Auszug aus einer Flurkarte; Quittungsbuch über die Zahlung der Deichpacht, 1865–1912.

1705 Kolonie Friesland der Deutsch-Lux Nordseewerke in Emden.
1901, 1911–1918, 1927–1928, 1935
Ansiedlungsbedingungen der Stadt Emden für die Kolonie Friesland vom 04.03.1913; Bebauungsplan; Grund- und Aufrisszeichnungen von Wohnhäusern; Vertrag zwischen Deutsch-Lux Nordseewerke und Stadt Emden zur Aufhebung des Bebauungsverbots in dem für die Siedlung vorgesehenen Gebiet vom 05.11.1913 (Abschrift); Ortsstatut betreffend die Anlegung und Veränderung von Straßen und Plätzen in der Stadt Emden vom 01.07.1901 (gedruckt); Aufstellungen zu den Schul-, Kirchen, Polizei- und Armenlasten der Kolonien Adolf von Hansemann, Dortmund, Friedlicher Nachbar und Bruchstraße, beide Bochum, der Deutsch-Lux; Sonderheft der Hansa Automobil-Rundschau, Offizielle Nachrichten der Hansa Automobil-Gesellschaft mbH, 1911, zum Werkswohnungsbau des Unternehmens; Haus- und Straßenordnung für die Union-Vorstadt bei Dortmund, o. D. (gedruckt); Mietvertrag sowie Haus- und Straßenordnung für die Kolonie Friesland (gedruckt); Vertrag zwischen Königlichem Wasserbauamt Emden und Deutsch-Lux Nordseewerke zur Entwässerung der Werkskolonie Friesland und Beseitigung eines Grabens vom 16./19.01.1914 (Abschrift); Aufträge der Deutsch-Lux Nordseewerke an das Wasserwerk für das nördliche westfälische Kohlenrevier zum Bau der Wasserleitungen in der Kolonie vom 24.09.1913, mit Kostenaufstellung (Abschrift), sowie an den Bauunternehmer R. J. Neeland zum Bau von Häusern vom 05.11.1915 (Abschrift); Schriftwechsel zwischen Deutsch-Lux Dortmunder Union, Deutsch-Lux Nordseewerke, Stadt Emden, verschiedenen kirchlichen Stellen und einem Architekten zu Planung der Siedlung, Grunderwerb, Kosten, Anlage von Straßen und Kanalisation, Errichtung kirchlicher Infrastrukturen und Übernahme von Polizei- und Schulkosten.

737 Grunderwerb der Deutsch-Lux in Emden.
1905–1906, 1912
Kaufvertrag zwischen Deutsch-Lux und Ubbo Engelkes Groeneveld vom 03.09.1912; notariell beglaubigtes Verkaufsangebot von Mense Heeren Hülsebus als Vertreter der Oberemsischen Deichacht vom 07.09.1912 und Annahmeerklärung der Deutsch-Lux vom 10.09.1912; Verträge zwischen Deutsch-Lux sowie Geerd Westermann, Hinderk Westermann und Jakob Meiborg über den Erwerb von Weiderechten auf dem Deich an der Borssumer Schleuse vom 09.09.1912 sowie Beitrittserklärungen weiterer Berechtigter (Abschriften); Grundbuchauszug; Auszug aus der Grundsteuerrolle; Lageplan; Ordnung für die Erhebung der Kreissteuer vom Erwerbe von Grundstücken im Landkreise Emden vom 18.12.1906; Steuerordnung für die Erhebung einer Gemeindesteuer bei dem Erwerbe von Grundstücken im Bezirk der Gemeinde Borssum vom 09.09.1905.

31 Grundstücksangelegenheiten der Hohenzollernhütte AG bei Emden.
1906–1909
Erbbauvertrag zwischen Königlich Preußischer Staatsbauverwaltung und Hohenzollernhütte AG

für ein bei Emden am Dortmund-Ems-Kanal gelegenes Grundstück vom 16.02.1907 und Nachtrag vom 24.06.1909; Niederschrift einer Besprechung zwischen den Vertragspartnern am 28.11.1906 (Abschrift); Lageplan des Geländes; Grundbuchauszüge.

2051 Grunderwerb der Hohenzollernhütte AG in Emden.
1907–1912
Vertrag zwischen Hohenzollernhütte, Roer, König & Co. AG und Königlich Preußischer Staatsbauverwaltung über die Gewährung eines Erbpachtrechts für Grundstücke bei Emden vom 16.02.1907 (Abschrift); Aktenvermerke, Schriftwechsel und Niederschriften zu Besprechungen zwischen Vertretern von Hohenzollernhütte AG, Stadt Emden, Preußischer Staatsbauverwaltung, weiteren Behörden, Rechtsanwälten, Deutsch-Lux Dortmunder Union und Hugo Stinnes zu Änderung des Erbbauvertrags und Verkauf des Geländes (z. T. Abschriften).

1703 Grundstücksangelegenheiten von Hohenzollernhütte AG und Deutsch-Lux Nordseewerke in Emden.
1911–1912, 1920–1921, 1926
Pachtvertrag zwischen Deutsch-Lux als Verpächterin und Hohenzollernhütte AG über Grundstücke bei Emden vom 01./08.07.1921; Kaufverträge zwischen Staat Preußen als Verkäufer und Deutsch-Lux über Grundstücke bei Emden vom 17.12.1912, mit Lageplan des Hafens Emden; Vertrag zwischen Stadt Emden, Rheinisch-Westfälischer Disconto-Gesellschaft und Barmer Bankverein Hinsberg, Fischer & Comp. als Verkäufer sowie Hugo Stinnes über Anlagen, Maschinen und Erbbaurechte der „früheren Nordseewerke" vom 17.10.1911 (Abschrift); Abkommen zwischen Staat Preußen und Deutsch-Lux zur Grenzfeststellung; notariell beglaubigte Erklärung von Staat Preußen und Deutsch-Lux zur Grundbuchänderung vom 13.02.1926 (Abschrift); Lagepläne von Deutsch-Lux Nordseewerke und Hohenzollernhütte AG.

1704 Baugenehmigungen für Deutsch-Lux Nordseewerke bzw. VSt Nordseewerke in Emden.
1912–1914, 1928–1929
Bauerlaubnisschein für die VSt Nordseewerke zur Errichtung einer Brücke über den Vorflutkanal am Werksgelände vom 26.11.1929; Vereinbarung zwischen Preußischem Wasserbauamt Emden und VSt Nordseewerke über den Bau einer Uferbefestigung vom 19./24.10.1928; Vertrag zwischen Königlichem Wasserbauamt Emden und Deutsch-Lux Nordseewerke zur Entwässerung der Werkskolonie Friesland und Beseitigung eines Grabens vom 16./19.01.1914; Bauerlaubnisschein für die Deutsch-Lux Nordseewerke zur Verlegung eines Hochspannungskabels vom 19.10.1912; Lagepläne der Nordseewerke, des Werftgeländes und der Werkskolonie.

284 Grunderwerb der Deutsch-Lux in Emden.
1914
Kaufvertrag zwischen Deutsch-Lux sowie Djürke Ulferts und Johann van Ameren vom 03.03.1914; Schriftwechsel zwischen Deutsch-Lux Dortmunder Union, Deutsch-Lux Nordseewerke, Verkäufern, Stadt Emden und Königlicher Eisenbahndirektion Münster zu Erwerb und Abtretung eines Geländeteils an die Eisenbahndirektion; Auszug aus der Grundsteuerrolle Emden; Lageplan.

323 Grunderwerb der Deutsch-Lux in Emden.
1916–1918
Kaufvertrag zwischen Deutsch-Lux sowie Djürke Ulferts und Johann van Ameren vom 14.05.1917;

Schriftwechsel zwischen Deutsch-Lux Nordseewerke, Deutsch-Lux Dortmunder Union und Deutsch-Lux zum Erwerb und weiteren Ankaufplänen; Lagepläne; Zuwachssteuerbescheide.

790 Rückgabe eines Grundstücks in Emden an den preußischen Staat durch die Deutsch-Lux.
1917–1925
Vertrag zwischen Regierungspräsidium Aurich als Vertreter Preußens und Deutsch-Lux über die Rückgabe eines 1912 von dieser mit der Auflage erworbenen Grundstücks in Emden, dort bis 1917 ein Hochofenwerk für die Hohenzollernhütte AG zu errichten, wegen Nichterfüllung dieser Klausel vom 23.05.1925 (Abschrift); Schriftwechsel zwischen Deutsch-Lux, Deutsch-Lux Dortmunder Union, Deutsch-Lux Nordseewerke, Regierungspräsidium Aurich und Wasserbauamt Emden über die Aussetzung der Klausel bzw. Verlängerung der Gültigkeit des Vertrags von 1912; Niederschriften von Sitzungen zwischen Deutsch-Lux und Regierungspräsidium Aurich sowie Aktenvermerke; Zeitungsausschnitte zur wirtschaftlichen Situation der Deutsch-Lux Nordseewerke, 1925; Lagepläne.

653 Haus- und Grunderwerb der Deutsch-Lux in Emden für die Nordseewerke, Hafenstraße 5.
1918
Notariell beglaubigtes Kaufangebot der Deutsch-Lux an Cornelius Aubel und Jakobus von der Linde und Annahmeerklärung vom 07.02.1918 (Abschriften); Schriftwechsel zwischen Deutsch-Lux Nordseewerke und Deutsch-Lux Dortmunder Union über den Ankauf und andere geplante Ankäufe zur Einrichtung von Beamtenwohnungen.

288 Haus- und Grunderwerb (Beamtenhäuser) der Deutsch-Lux in Emden.
1918
Kaufverträge zwischen Deutsch-Lux, Karl Koch (Zeppelinstraße 38) vom 07.03.1918, Friedrich Bracht (Zeppelinstraße 34) vom 26.03.1918, Wilhelm Langheim (Schweckendickstraße 25) vom 07.03.1918, Familie Bauermann (Nordertorstraße 18) vom 02.04.1918, mit Kaufangeboten, auch an Adolf Philipson (Nesserlandstraße 32) (alle Kopie); Schriftwechsel zwischen Deutsch-Lux Dortmunder Union und Deutsch-Lux Nordseewerke zum Erwerb; Grundbuchauszüge.

1698 Gleisanschluss der Kesselschmiede der Deutsch-Lux Nordseewerke an den Bahnhof Emden.
1919–1923
Anschlussvertrag zwischen Deutsch-Lux Nordseewerke und Eisenbahndirektion Münster, o. D. (Abschrift) sowie Verlängerungsvertrag vom 03./06.03.1923; einzelne Schreiben zwischen den Vertragspartnern und der Deutsch-Lux Dortmunder Union zu Verträgen und Gebührenabrechnungen.

836 Grundverkauf und Grundstückstausch der Deutsch-Lux in Emden.
1921
Vertrag zwischen Deutsch-Lux und Eisenbahndirektion Münster über den Verkauf bzw. Austausch von Grundstücken zur Erweiterung des Bahnhofs Emden vom 21.06.1921; Schriftwechsel dazu zwischen Deutsch-Lux Dortmunder Union und Deutsch-Lux Nordseewerke; Lagepläne.

1719 Anpachtung von Grundstücken bei Emden durch die Hohenzollernhütte AG.
01./08.07.1921
Pachtvertrag zwischen Deutsch-Lux und Hohenzollernhütte AG.

1.4.4 Rümelinger und St. Ingberter Hohöfen und Stahlwerke AG und Deutsch-Lux Abteilung Differdingen

2591 Rümelinger und St. Ingberter Hohöfen und Stahlwerke AG.
1887, 1911–1917
Notariell beglaubigte Niederschrift der Generalversammlung der Commanditgesellschaft Gebrüder Kraemer, St. Ingbert, am 14.06.1887; Interessengemeinschaftsvertrag zwischen Deutsch-Lux und Société Anonyme des Hauts-Fourneaux et Aciéries de Rumelange-St. Ingbert, o. D. (Entwurf); Geschäftsberichte der Société Anonyme des Hauts-Fourneaux, 1911/12 (deutsch, gedruckt), 1912/13 und 1913/14 (französisch, gedruckt), 1914/15 und 1915/16 (deutsch, Typoskripte); Bilanz zum 30.06.1915 (gedruckt); Deutsch-Lux: Prüfungsberichte zu den Bilanzen der Rümelinger und St. Ingberter Hohöfen und Stahlwerke AG zum 30.06.1916 und 30.06.1917; Preisliste der Rümelinger und St. Ingberter Hohöfen und Stahlwerke AG Abteilung St. Ingbert vorm. Eisenwerk Kraemer, Ausgabe September 1913 (gedruckt).

1558 Einkommensteuerveranlagung von Deutsch-Lux Differdingen und Rümelinger und St. Ingberter Hohöfen und Stahlwerke AG.
1904, 1909, 1913–1919
Vereinbarung zwischen Preußischem Finanzministerium und Großherzoglich Luxemburgischem Generaldirektor der Finanzen zur Doppelbesteuerung vom 27.06.1904 (Abschrift); Auszüge aus dem Luxemburgischen Gesetz zur Doppelbesteuerung vom 25.07.1909 (Abschrift); Formular zur Steuererklärung der Einkünfte und Kapitalien zur Berechnung der Mobiliarsteuer für das Steuerjahr 1914, mit Erläuterungen (blanko, deutsch und französisch); Schriftwechsel zwischen Deutsch-Lux Dortmunder Union und Deutsch-Lux Differdingen über Abgabe der Steuererklärungen, Beschaffung und Bewertung von Informationen für den luxemburgischen Fiskus und Einsprüche gegen die Veranlagungen.

2566 Erwerb der Grube Perchesberg in Luxemburg durch die Deutsch-Lux.
1905, 1910–1911
Angebot des Verkäufers Michel Kayser zum Erwerb der Grube vom 07.02.1905; Annahmeerklärung der Deutsch-Lux vom 27.02.1905; notariell beglaubigte Erklärungen der Deutsch-Lux Differdingen zur Aufteilung des Grundbesitzes und Löschung von Hypotheken vom 20.10.1910 und 08.06.1911 (französisch); einzelne Schreiben zwischen Deutsch-Lux, Deutsch-Lux Differdingen, Kayser und Rechtsanwalt Joseph Neuman zum Verkauf (französisch und deutsch).

1394 Interessengemeinschaft zwischen Deutsch-Lux und Société Anonyme des Hauts-Fourneaux et Aciéries de Rumelange-St. Ingbert.
1911
Notariell beglaubigte Generalvertretungsvollmacht der Société Anonyme des Hauts-Fourneaux für die Deutsch-Lux vom 25.06.1911 (Abschrift, deutsch und französisch).

898 Interessengemeinschaft zwischen Deutsch-Lux und Société Anonyme des Hauts-Fourneaux et Aciéries de Rumelange-St. Ingbert.
1911–1919
Notariell beglaubigte Vollmachten der Société Anonyme des Hauts-Fourneaux für die Deutsch-Lux vom 25.06.1911 und 07.12.1912 zur Vertretung in allen Rechtsangelegenheiten (deutsch

und französisch, Abschriften 1912 und 1915); Urkunden der Deutsch-Lux zur Vergabe von Untervollmachten vom 29.01.1919 und 07.08.1919 (Abschriften); Vertragsentwurf zur Bildung einer Interessengemeinschaft beider Unternehmen vom 09.06.1911 (Durchschlag).

124 Konzessionierung des Eisenerzbergbaus der Deutsch-Lux Differdingen im Großherzogtum Luxemburg.
1913
Konzessionsvertrag zwischen Deutsch-Lux und Großherzogtum Luxemburg vom 24.06.1913 (Kopie, Übersetzung); Memorial des Großherzogtums Luxemburg/Mémorial du Grand-Duché de Luxembourg vom 29.11.1913, S. 1257–1258, mit entsprechendem Landesgesetz, geltend auch für GBAG Aachener Hüttenverein Esch, Eisen- und Stahlwerke Steinfort AG und Société Anonyme d'Ougrée-Marihaye Abteilung Rodingen; darin abgedruckt: Convention entre l'Etat du Grand-Duché de Luxembourg et la GBAG Aachener Hütten-Verein Esch à Esch-s.-Alz., au sujet d'une concession minière de trente-neuf hectares environ en deux lots distincts, 04.06.1913, S. 1258–1263; Convention entre l'Etat du Grand-Duché de Luxembourg et la Société anonyme des Hauts-Fourneaux et Aciéries de Steinfort à Steinfort au sujet d'une concession minière de trente-neuf hectares environ en deux lots distincts, vom 21.06.1913, S. 1263–1268; Convention entre l'Etat du Grand-Duché de Luxembourg et la Société Anonyme d'Ougrée-Marihaye Abteilung Rodingen au sujet d'une concession minière de trente-neuf hectares environ en deux lots distincts, vom 21.06.1913, S. 1268–1273; Convention entre l'Etat du Grand-Duché de Luxembourg et la Deutsch-Lux Differdingen au sujet d'une concession minière de trente-neuf hectares environ en deux lots distincts, vom 24.06.1913, S. 1274–1279.

531 Lieferungen der Deutsch-Lux Differdingen für den U-Bahnbau in Buenos-Aires.
1913
Schriftwechsel zwischen Deutsch-Lux Differdingen, Deutsch-Lux Dortmunder Union, Stahlwerks-Verband AG und Rechtsanwälten über Preisdifferenzen beim Verkauf (Produkt wird nicht genannt) und die Vorbereitung einer Klage gegen die Stahlwerks-Verband AG.

1391 Verkauf der Abteilung Differdingen durch die Deutsch-Lux.
1916–1919
Notariell beglaubigte Vollmacht der Deutsch-Lux für Hugo Stinnes jr. zum Verkauf der Deutsch-Lux Differdingen vom 11.01.1919; Geschäftsbericht der Rümelinger und St. Ingberter Hohöfen und Stahlwerke AG, 1916/17.

965 Liefer- und Erlösstatistik der Deutsch-Lux Differdingen.
1918–1919
Aufstellungen über die Lieferungen der Deutsch-Lux Differdingen von Stabeisen, Greyträgern und Walzdraht, mit Angaben zu belieferten Unternehmen und Regionen sowie zu Preisen und Materialgüten, Juli 1918 bis Januar 1919.

1.4.5 Weitere Beteiligungen und Erwerbe (Sortierung nach Unternehmen, A–Z)

2574 Beteiligungen der Deutsch-Lux Dortmunder Union.
1912, 1916, 1919–1920

Effekten- und Avalkonten, Aufstellungen zu den Material- und Produktbeständen der Deutsch-Lux Dortmunder Union zum 30.06.1912 sowie Aufstellungen der Beteiligungen zum 30.06.1916, 30.06.1919 und 30.06.1920.

2594 Beteiligungen der Deutsch-Lux.
1917–1918, 1924–1926
Effektenkonten sowie Aufstellungen der Beteiligungen der Deutsch-Lux und einzelner Abteilungen, u. a. Deutsch-Lux Bochum, Deutsch-Lux Differdingen und Deutsch-Lux Dortmunder Union, zum 31.03.1918 sowie Aufstellung über „verbliebene Beteiligungen", mit Einträgen aus den Jahren 1924–1926 (hier Brandschaden).

1351 Beteiligungsverzeichnis der Deutsch-Lux Dortmunder Union zum 31.03.1925.
1925

164 Erwerb der Firma Bangert & Groskurth Fabrik in Ketten aller Art für technische und landwirtschaftliche Zwecke, Belecke, durch die Deutsch-Lux.
1911, 1918–1919
Kaufvertrag zwischen Deutsch-Lux Dortmunder Union und Heinrich Groskurth vom 09.09.1918; Aktennotiz von Kurt Rummel über den Zustand des Unternehmens, mit Hinweisen auf die Kettenproduktion im Rahmen der Hausindustrie, für Albert Vögler und Genehmigung Vöglers zum Erwerb; Entwurf eines Kaufvertrags; Schriftwechsel zwischen Deutsch-Lux Dortmunder Union und Groskurth zum Erwerb; Belegschaftsliste.
Darin auch: Steuerordnung der Gemeinde Allagen, 1911 (Abschrift).

1552 An- und Verkauf von Aktien des Bochumer Vereins durch die Deutsch-Lux Dortmunder Union.
1920–1925
Schriftwechsel zwischen Deutsch-Lux Dortmunder Union, Wodan Handelmaatschappij N. V., Rotterdam, Bankhaus Droste & Tewes, Essen, Direction der Disconto-Gesellschaft, GBAG, M. M. Warburg & Co. und Deutsche Creditverein AG zu Geschäften, Depotfragen und Anmeldung von Aktien zur Hauptversammlung; Abrechnungen des Bankhauses Droste & Tewes; Satzung des Bochumer Vereins, o. D. (gedruckt).

524 Beteiligung der Deutsch-Lux an der Friedrich Thomée AG.
1920–1926
Geschäftsberichte der Friedrich Thomée AG, 1922/23–1924/25; Vertrag über die Bildung einer Interessengemeinschaft zwischen Deutsch-Lux Dortmunder Union und Friedrich Thomée AG zur exklusiven Versorgung der Friedrich Thomée AG mit Halbzeug, Stahlguss, Stabeisen und Blechen vom 14.03.1920; Schriftwechsel zwischen Deutsch-Lux Dortmunder Union und Simon Hirschland Bankgeschäft über den Erwerb von Aktien und Möglichkeiten zur Ausdehnung der Beteiligung sowie mit Friedrich Thomée AG und Westfälischem Bankverein Münster Filiale der Essener Credit-Anstalt AG über die Anmeldung von Aktien zu Hauptversammlungen; Zeitungsausschnitte, mit Bilanzauszügen und Ergebnissen der Hauptversammlungen.
Darin auch: Eintrittskarten der Darmstädter und Nationalbank KGaA für die Hauptversammlung der Stahlwerke Brüninghaus AG am 20.12.1924.

2570 Chancen einer Übernahme der Gebrüder Schöndorff AG, Düsseldorf, durch die Deutsch-Lux.
1918–1920
Aktenvermerk zur Übernahme von Alfred Häcker nach vertraulichen Informationen von Max von Rappard, Aufsichtsratsvorsitzender der Gebrüder Schöndorff AG, vom 03.03.1920; Geschäftsbericht der Gebrüder Schöndorff AG, 1918/19.

627 Erwerb der Gewerkschaft Eisengarten bei [Wissen-]Niederhövels durch die Deutsch-Lux.
1908, 1912
Notariell beglaubigte Niederschrift der Gewerkenversammlung am 05.12.1908 (Abschrift); Verkaufsangebot von Albert Dietrich an die Deutsch-Lux vom 07.05.1912 und Annahmeerklärung vom 21.09.1912; interner Bericht über Lagerungsverhältnisse und Erzvorräte; Aktenvermerke; Grundbuchauszüge; Schriftwechsel zwischen Deutsch-Lux Dortmunder Union, Dietrich, Katasterbehörden und Fürstlich Hatzfeld-Wildenburg'scher Rentei über den Verkauf, Grundbuchänderungen und die Weiterführung von Pachtverträgen.

120 Vorstand der Gewerkschaft Heinrich.
05.12.1912
Niederschrift der Gewerkenversammlung zur Bestellung von Friedrich Stürmann zum Repräsentanten der Gewerkschaft in Nachfolge von Wilhelm Braumüller.

291 Erwerb der Gewerkschaft Lückestall, Niederhonnefeld bei Siegen, durch Deutsch-Lux.
1914, 1919
Vertrag zwischen Johannes Uhrmacher und Ewald Giebeler als Vertreter der Firma Ernst Giebeler über die Gründung der Gewerkschaft Lückestall vom 11.03.1914 (Abschrift); Übertragungsurkunden der beiden Inhaber für die Deutsch-Lux vom 25./30.01.1919; Schriftwechsel zwischen Deutsch-Lux Dortmunder Union, Deutsch-Lux Dortmunder Union Bergverwaltung Siegerland und Firma Ernst Giebeler zum Erwerb; Lageplan; Grundbuchauszug.

625 Gewerkenversammlung der Gewerkschaft Lückestall am 11.03.1914.
11.03.1914
Niederschrift der Gewerkenversammlung zur Wahl von Ewald Giebeler zum Repräsentanten nach Gründung der Gewerkschaft am selben Tag.

621 Grubenrepräsentanten der Gewerkschaft Vereinigte Empel, Kreis Diedenhofen (Lothringen).
1893, 1902, 1910–1915, 1919
Niederschriften der Gewerkenversammlungen am 18.01.1893 zur Wahl von Hermann Brauns und am 13.10.1902 (Abschrift) zur Wahl von Hermann Mathies zu Repräsentanten; notariell beglaubigte Erklärung von Hermann Lenke als Vertreter des Lothringer Hüttenvereins Aumetz-Friede und Otto Springer als Vertreter der Deutsch-Lux zur Ernennung von Hermann Wenzel vom 11.11.1915; Schriftwechsel zwischen Union AG bzw. Deutsch-Lux Dortmunder Union, dem Mitgewerken Carl Spaeter, Lothringer Hüttenverein Aumetz-Friede und Kaiserlichem Bergrevier Metz über die Neuwahlen; Schreiben des Séquestre Général des Mines de Fer de Lorraine, mit Bitte um einen Auszug aus dem Gewerkenbuch, dazu auch Schreiben der Lothringer Hütten- und Bergwerks-Verein AG, 1919.

5 Landgesellschaft „Westmark" GmbH.
1917–1919
Vertrag über die Gründung der Landgesellschaft „Westmark" GmbH in Straßburg vom 20.12.1917 (Abschrift) durch Gewerkschaft Deutscher Kaiser, Hoesch AG, Phoenix AG, Fried. Krupp AG, GBAG, Lothringer Hüttenverein Aumetz-Friede, Rombacher Hüttenwerke, Bochumer Verein, Rheinische Stahlwerke, Harpener Bergbau AG und andere Unternehmen zum Erwerb von in französischem Besitz befindlichen Grundstücken durch Liquidation; Unterlagen zur Zeichnung eines Anteils von M 100.000 durch die Deutsch-Lux Dortmunder Union; Satzung (Entwurf); Liste der beteiligten Unternehmen; Vertrag über die Abtretung des Anteils der Deutsch-Lux Dortmunder Union an die Saar- und Mosel-Bergwerks-Gesellschaft vom 05.04.1918; Schriftwechsel u. a. zwischen Albert Vögler, Alfred Hugenberg als Generaldirektor der Fried. Krupp AG und Hugo Stinnes zur Gründung.

697 Promontana AG.
1921
Satzung, o. D.; Vertrag zwischen Rheinelbe-Union GmbH und Verkäufer Camillo Castiglioni über den Erwerb von 200.000 Aktien der Alpinen Montangesellschaft vom 11.03.1921 (Abschrift eines Entwurfs (?), von Castiglioni nicht parafiert); Vertrag zwischen Promontana AG sowie „Oberrhein" AG für Industriewerte, Schaffhausen, Deutsch-Lux und Siemens-Schuckertwerke GmbH über die Finanzierung des Erwerbs von 200.000 Aktien der Alpine Montangesellschaft für die Promontana AG durch die Vertragspartner über ein Darlehen vom 02.07.1921; Vertrag zwischen Promontana AG und Castiglioni über den Erwerb von 50.000 Aktien sowie Darlehensvertrag zur Stundung des Kaufpreises vom 28.04.1921; Aktennotiz über die Bereitstellung von Gründungskapital und Betriebsmitteln; Schreiben von Deutsch-Lux (?) an Siemens & Halske AG über die Gründungsmodalitäten (alle Abschriften, z. T. Entwürfe); Zeitungsausschnitt.

1676 Gesellschafterversammlung der Rheinelbe-Union GmbH am 30.12.1920.
1920–1921
Notariell beglaubigte Niederschrift der Sitzung zur Kapitalerhöhung und Änderung der Satzung.

2597 Beschlagnahmung des Aktienbesitzes der Deutsch-Lux an der Société des Mines de Moutiers, Lothringen.
1921–1922
Einzelne Schreiben zwischen Deutsch-Lux, Deutsch-Lux Dortmunder Union, Reichsfinanzministerium, Bank für Handel und Industrie und Direction der Disconto-Gesellschaft zu Anmeldung und Ablieferung der Aktien.

1222 Liquidation der Süddeutsche Union-Stahlgesellschaft mbH.
1921–1926
Schriftwechsel zwischen Deutsch-Lux, Deutsch-Lux Hauptfinanzverwaltung, Deutsch-Lux Dortmunder Union, Vereinigte Edelstahlwerke GmbH, Süddeutsche Union-Stahlgesellschaft mbH, Amtsgericht Mannheim und Liquidator M. Morguet über den Erwerb einer Beteiligung, Geschäftsergebnisse, Umstellung des Geschäfts auf eine reine Beratungstätigkeit und Liquidation; Aufstellungen zum Betriebsvermögen bzw. Inventar; Aktenvermerke und Besprechungsniederschriften; Bilanzen von Süddeutsche Union-Stahlgesellschaft mbH bzw. Süddeutsche Union-Stahlgesellschaft i. L. zum 31.12.1924 und 30.06.1925; Aufstellungen der Debitoren und Kreditoren; Grundbuchauszüge; Schuldurkunden.

2539 Verkauf der Anteile der Deutsch-Lux an der Zentral-Einkaufs-Gesellschaft mbH an das Deutsche Reich.
1926
Einzelne Schreiben zwischen Deutsch-Lux, Reichsfinanzministerium und Hugo Stinnes jr. zum Verkauf.

1.5 Verbände und Vereinigungen

983 Verbands- und Rechtsangelegenheiten des Ruhrbergbaus.
1907–1910, 1915–1919
Rundschreiben und Mitteilungen von Bergbau-Verein und Zechen-Verband an die Mitgliedsunternehmen; Gutachten des Bergbau-Vereins zum Entwurf einer allgemeinen Bergpolizeiverordnung vom 24.06.1909; Gutachten von Paul Kukuk zu Entschädigungsansprüchen von Straßenbahngesellschaften aus Bergschäden vom 21.01.1909; Satzung des Zechen-Verbands vom 12.10.1909; stenografischer Bericht über die Verhandlungen des Hauses der Abgeordneten zur Organisation des Arbeitsnachweises im Ruhrbergbau am 21./22.01.1910.

1688 Vereinigung zur Errichtung deutscher technischer Schulen in China.
1910–1914
Niederschrift einer Sitzung im Reichsamt des Innern am 14.12.1910 zur Gründungsfrage (gedruckt); Rundschreiben der Stahlwerks-Verband AG an die Mitglieder, mit Bitte um Beteiligung; vorläufige Zeichnungsliste vom Januar 1911; Geschäftsberichte, 1911 und 1914; einzelne Schreiben zwischen Deutsch-Lux Dortmunder Union, Deutsch-Lux, Stahlwerks-Verband und Phoenix AG Hoerder Verein zur Beteiligung.

2593 Sammlung von Unterlagen zur Organisation der Wirtschaft im Ersten Weltkrieg.
1914–1917
Bericht des VDES über die Ergebnisse einer Umfrage zu „Maßnahmen der Mitglieder des Vereins für die Versorgung der Arbeiter mit Lebensmitteln, Brennstoffen usw. im Kriege" vom Juni 1915 (gedruckt); einzelne Rundschreiben von Kriegsausschuss der deutschen Industrie und Nordwestlicher Gruppe des VDES zu Exportfragen und wirtschaftlicher Lage des Auslands; Zeitungsausschnitte; Niederschrift einer Sitzung von Mitgliedsunternehmen der Nordwestlichen Gruppe am 22.01.1917 zur „Erleichterung der Verkehrsnot" (Typoskript).

1.6 Verkaufsvereinigungen und Kartelle

1479 Stahlwerks-Verband AG.
1907
Verbandsvertrag zwischen Stahlwerks-Verband AG und den Mitgliedswerken, gültig ab 01.04.1907 (Ausgabe vom 25.07.1904), mit Aufstellungen zu Beteiligungsziffern ab 01.04.1907, 01.04.1909 und 01.04.1910, Frachtvor- und -nachteilen, Preisen und Zusatzbestimmungen für einzelne Unternehmen (alle gedruckt).

426 Lieferung von rollendem Eisenbahnmaterial über Verkaufsvereinigungen.
1910, 1916-1919
Vertrag zwischen Königlicher Generaldirektion der Sächsischen Staatseisenbahnen und Vereinigten Deutschen Radsatzwerken, vertreten durch die Fried. Krupp AG, über die Lieferung des gesamten Bedarfs der Staatsbahnen an Radsätzen bis 1915 vom 26.04.1910 (Kontophot); Vertragsverlängerung bis 1920 vom 12./14.02.1916 (Kontophot); Rundschreiben der Deutschen Stahlgemeinschaft GmbH an die Mitglieder der Deutschen Radsatz-Gemeinschaft zur Preisgestaltung.

709 Lieferung von rollendem Eisenbahnmaterial an die Deutsche Reichsbahn durch Mitgliedsunternehmen der Deutsche Radsatz-Gemeinschaft.
1910-1914
Nachtragsverträge vom Dezember 1910, 06.07.1911 und 27.08.1914 zwischen Deutscher Reichsbahn, Eisenbahn-Zentralamt, und den Mitgliedsunternehmen der Deutschen Radsatz-Gemeinschaft zur Neufassung des Wortlauts des Vertrags vom 30.09./04./21.10.1910 (Abschriften).

434 Lieferung von rollendem Eisenbahnmaterial über Verkaufsvereinigungen.
1910-1911, 1919
Vertrag zwischen Königlich Bayerischem Staatsministerium für Verkehrsangelegenheiten und Vereinigten Deutschen Radsatzwerken, vertreten durch die Fried. Krupp AG, über die Lieferung des gesamten Bedarfs des Ministeriums an Radsätzen bis 1917 vom 22.12.1911 (Kontophot); Vertrag zwischen Großherzoglicher Generaldirektion der Badischen Staatseisenbahnen, Fried. Krupp AG, VSt van der Zypen und Gutehoffnungshütte als Mitglieder der Deutschen Radsatz-Gemeinschaft über die Lieferung des gesamten Bedarfs an Radsätzen der Staatsbahnen bis 1911 vom 18./26.01.1910 (Kontophot); 5. Nachtrag zu einem Vertrag von 1908 (nicht in Akte enthalten) zwischen Generaldirektion der Badischen Staatseisenbahnen und Deutscher Radreifen-Gemeinschaft vom 30.10./29.11.1919 (Kopie).

427 Lieferung von rollendem Eisenbahnmaterial über Verkaufsvereinigungen.
1911-1917
Vertrag zwischen Königlich Bayerischem Staatsministerium für Verkehrsangelegenheiten und Vereinigten Deutschen Radsatzwerken, vertreten durch die Fried. Krupp AG, über die Lieferung des gesamten Bedarfs an Radsätzen der Staatsbahnen bis 1917 vom 22.12.1911; Vertrag zwischen Maschinenkonstruktionsamt der Königlich Bayerischen Staatseisenbahnen und Rheinischen Stahlwerken als Bevollmächtigte der Deutschen Radreifen-Gemeinschaft über die Lieferung des gesamten Bedarfs an Radreifen der Staatsbahnen bis 1923 vom 11./13.08.1913 und Nachtragsvertrag zur Preisanpassung vom 31.10.1917 (Kopien).

1478 Roheisen-Verband GmbH.
1911-1912, 1916-1918
Verbandsvertrag zwischen Roheisen-Verband GmbH und den Hochofenwerken vom 29.07.1911 (gedruckt); Verbandsvertrag zwischen Roheisen-Verband und Roheisen-Verkaufsvereinigung Luxemburg vom 10.12.1912, 1918 (gedruckt, mit handschriftlichen und maschinenschriftlichen Ergänzungen); Niederschrift der Gesellschafterversammlung am 25.07.1916 zur Verlängerung des Verbandsvertrags bis Ende 1920 (gedruckt); Entwurf eines Vertrags zwischen Roheisen-Verband und den südwestlichen Hochofenwerken, 1917 (Typoskript).

1515 Vertrieb von Radsätzen, Radreifen und Federn über die Deutsche Stahlgemeinschaft GmbH.
1912, 1921–1925
Aktennotizen der Deutsch-Lux Dortmunder Union sowie einzelne Schreiben mit anderen Mitgliedswerken der Deutschen Stahlgemeinschaft, insbesondere Bochumer Verein, über Preise, Preisdumping und das Konkurrenzverhalten zwischen den Unternehmen.

680 Lieferung von rollendem Eisenbahnmaterial durch die Deutsche Radsatz-Gemeinschaft.
1913
Vertrag zwischen Deutscher Radsatz-Gemeinschaft und Großherzoglicher Eisenbahndirektion Oldenburg vom 07.03./14.03.1913 (Abschrift).

357 Bildung einer zentralen Verkaufsstelle für Lokomotivradsätze durch verschiedene Hersteller.
1913–1919
Vertrag zwischen Aktiengesellschaft Charlottenhütte, Bochumer Verein, Deutsch-Lux Dortmunder Union, Fried. Krupp AG, Henschel & Sohn Abteilung Henrichshütte, Phoenix AG Hoerder Verein, A. Borsig Berg- und Hüttenverwaltung sowie Westfälische Stahlwerke AG vom 29.03.1913 über die Abwicklung von Verkäufen innerhalb des Deutschen Reiches und des Großherzogtums Luxemburg durch die Zentralstelle (nicht parafiert); Schriftwechsel zwischen verschiedenen Mitgliedsunternehmen und Georg Gutheil (Deutsch-Lux Dortmunder Union) als Geschäftsführer der Vereinigung über die Ausdehnung des Abkommens auf Auslandslieferungen und verschiedene Lieferfragen.

664 Verlängerungen des RWKS.
1914–1916, 1922
Syndikatsvertrag nach Feststellung der Zechenbesitzerversammlung vom 11.12.1914, o. D (gedruckt); Syndikatsvertrag vom 14.10.1916 (gedruckt); Aufstellung über Jahresbeteiligungsziffern des RWKS am 01.05.1922.

2598 Roheisen-Verband GmbH.
1916–1918
Niederschrift der Sitzung der Roheisen-Verband GmbH am 25.07.1916 zur Beschlussfassung über die Verlängerung des Verbands bis Ende 1920, mit Verbandsvertrag und Aufstellung der Beteiligungsziffern 1918–1920 (gedruckt); Aufstellung zu den Über- und Unterpreisen ab 01.01.1918 (Typoskript).

1614 Verteilungsplan der Stahlwerks-Verband AG für die Deutsch-Lux.
1917–1918
Aufstellungen der Stahlwerks-Verband AG zum Stand von Lieferpflichten, Lieferansprüchen und Lieferrückständen, aufgeschlüsselt nach einzelnen Produkten für Deutsch-Lux, Deutsch-Lux Differdingen, Deutsch-Lux Dortmunder Union und Deutsch-Lux St. Ingbert, Juli 1917 bis September 1918.

1013 Deutsche Stahlgemeinschaft GmbH.
1917–1923
Rundschreiben an die Mitglieder der Deutschen Stahlgemeinschaft GmbH; Schriftwechsel zwischen Deutsch-Lux Dortmunder Union und Deutscher Stahlgemeinschaft GmbH, insbesondere

Friedrich Haumann, sowie Fried. Krupp AG über Preise, Quoten und Personalfragen: Aufstellungen zur Quotierung der Deutschen Stahlgemeinschaft GmbH für Eisenbahnräder.

999 Vorbereitung der Vertragserneuerung der Deutschen Stahlgemeinschaft GmbH.
1923–1925
Niederschrift der Sitzung der Vertragserneuerungskommission am 13.06.1923; Niederschriften der Sitzungen der „Blockwerke" am 04.12.1924 und 17.12.1924; Rundschreiben an die Mitglieder der Deutschen Stahlgemeinschaft; Aufstellungen und Entwürfe zur Quotierung der Deutschen Radreifen-Gemeinschaft und der Deutschen Stahlgemeinschaft.
Darin auch: Kostenabrechnungen der Deutsch-Lux Carl Schlieper für August und September 1925.

713 Lieferung von rollendem Eisenbahnmaterial durch verschiedene Unternehmen (Poolvertrag) und Mitgliedsunternehmen der Deutsche Radreifen-Gemeinschaft.
1924–1926
Verträge zwischen Deutscher Reichsbahn, Eisenbahn-Zentralamt, und 17 Mitgliedsunternehmen der Deutschen Radreifen-Gemeinschaft, vertreten durch diese, über die Lieferung von 4.000, 22.000 und 18.000 Radreifen vom 11.11.1925, 12.12.1925 und 17.03.1926 (Abschriften, nicht parafiert von Deutscher Reichsbahn, Eisenbahn-Zentralamt); Nachtragsverträge zwischen Deutscher Reichsbahn, Eisenbahn-Zentralamt und Bochumer Verein, auch im Namen von Aktiengesellschaft Charlottenhütte, Borsigwerk AG, Deutsch-Lux Dortmunder Union, Fried. Krupp AG, Henschel & Sohn Abteilung Henrichshütte, Phoenix AG Hoerder Verein und Rombacher Hüttenwerke Abteilung Westfälische Stahlwerke über die Lieferung von Lokomotiv- und Tenderradsätzen vom 30.08./19.09.1924, 22.11./07.12.1924, 15./19.01.1925 und 27.11./04.12.1925 zur Neufassung der Preise (Abschriften).

2. Deutsch-Lux Abteilung Dortmunder Union

2.1 Kaufmännische Verwaltung und Finanzen

2.1.1 Unternehmensfinanzierung

2599 Investitionsplanung der Deutsch-Lux Dortmunder Union.
1915
Aufstellung zum Mittelbedarf der Deutsch-Lux Dortmunder Union für Anlagen- und Neubauten ab 01.07.1915.

542 Finanzierung der Eisenerzversorgung aus Schweden.
1917–1920
Wechselbürgschaften der Bank für Handel und Industrie, mit monatlichen Abrechnungen; Schriftwechsel zwischen Deutsch-Lux Dortmunder Union, Deutsch-Lux und Bank für Handel und Industrie über die Beleihung von Reichs- und Kriegsanleihen sowie Aktiendepots und mit der Direction der Disconto-Gesellschaft Zweigstelle Bochum über die Einrichtung eines Scheckkontos.

2.1.2 Produktvertrieb (Sortierung nach Datum des Vertrags)
2.1.2.1 Eisenbahnoberbaumaterial

1494 Lieferung von Eisenbahnoberbaumaterial in die Schweiz.
1905, 1911
Vertrag zwischen Deutsch-Lux Dortmunder Union und Schweizerischen Bundesbahnen über die Lieferung von 295 Schienenkreuzungen vom 13.01.1911, mit Konstruktionszeichnungen und Anlagen: Besondere Vorschriften für die Lieferung von Weichen, Stellböcken, Signalvorrichtungen, Kreuzungen und Zwangswinkeln, 1905; Allgemeine Bedingungen für die Lieferung von Oberbau-Materialien, 1905 (beide Schweizerische Bundesbahnen).

985 Belieferung der Deutsch-Lux Bochum mit Eisenbahnoberbaumaterial.
1910–1920
Schriftwechsel der beiden Abteilungen zu Angeboten, Bestellungen und Preisen.

1584 Lieferung von Eisenbahnoberbaumaterial und rollendem Eisenbahnmaterial nach Russland.
1914, 1921
Verträge zwischen Deutsch-Lux Dortmunder Union und Kaiserlich-Russischem Ministerium der Wege-Communicationen über die Lieferung von einfachen Weichen vom 26.03.1914 (gedruckt, deutsch und russisch) sowie Bevollmächtigtem des Rats der Volkskommissare der R.S.F.S.R. für Eisenbahnmaterial-Bestellungen im Auslande (Sovpra) über die Lieferung von 16.900 Spiral- und Tragfedern für Wagen und Lokomotiven vom 10.11.1921, mit Konstruktionszeichnungen (deutsch, Original und gedruckt).

681 Lieferung von Eisenbahnoberbaumaterial.
1915–1916
Aufträge der Deutschen Reichsbahn, Eisenbahn-Zentralamt, an die Deutsch-Lux Dortmunder Union zur Lieferung von Schrauben und Nägeln vom 25.09.1915, 25.10.1915 und 24.06.1916 (Abschriften).

687 Lieferung von Eisenbahnoberbaumaterial nach Dänemark.
1910, 1915–1919
Vertrag zwischen Deutsch-Lux Dortmunder Union und De Danske Statsbaner über die Lieferung von Kleineisenmaterial vom 09./14.07.1919 (dänisch), mit Konstruktionszeichnungen und Anlagen: Almindelige Betingelser for Arbejder og Leverancer, 1915 (Ministeriet for offentlige Arbejder); Fallesbetingelser for Leverancer til Statsbanernes Beneafdeling, 1915; Særlige Betingelser for Levering af Skinner, Lasker, Underlagsplader, Laskebolte med Møtrikker, Svelleskruer og Skinnespiger til de danske Statsbaner, 1910 (beide De Danske Statsbaner).

372 Lieferung einer Weichenanlage.
1913, 1919–1920
Vertrag zwischen Deutsch-Lux Dortmunder Union und Stadt Köln zur Lieferung einer Weichenanlage für den Hafen Köln vom 20.12.1919/25.01.1920, mit Konstruktionszeichnungen, Angebot und Anlagen: Besondere Bedingungen über die Lieferung von Weichen und Kreuzungen usw., 1919 (Direktion der städtischen Bahnen, Köln am Rhein); Bedingungen für die Bewerbung um

Leistungen und Lieferungen und allgemeine Vertragsbedingungen für die Ausführung von Leistungen und Lieferungen, 1913 (Stadt Köln).

250 Lieferung von Eisenbahnoberbaumaterial.
1919–1921
Vertrag zwischen Deutsch-Lux Dortmunder Union und Stadt Köln zur Lieferung von Weichenanlagen für den Neubau der Güterstrecke Frechen-Benzelrath vom 27.05./24.06.1921, mit Anlagen: Angebot; Materialverzeichnis; Allgemeine Bedingungen über die Lieferungen und Leistungen; Besondere Bedingungen über die Lieferung von Weichen und Kreuzungen, 1919 (Direktion der städtischen Bahnen Köln am Rhein).

469 Lieferung von Eisenbahnoberbaumaterial.
1923
Auftragsbestätigung der Finanzdeputation Hamburg über die Lieferung von Hakenschrauben und Laschenbolzen für die Gleisanlagen der Hamburger Hafenbahnen vom 19.06.1923, mit Lieferbedingungen.

699 Lieferung von Eisenbahnoberbaumaterial.
1903–1907, 1912, 1923–1924
Vertrag zwischen Deutsch-Lux Dortmunder Union und Eisenbahndirektion des Saargebietes über die Lieferung von Weichen und Gleisverbindungen für Zollbahnhöfe vom 08./15.08.1924, mit Anlagen: Allgemeine Vertragsbedingungen für die Ausführung von Leistungen oder Lieferungen; Besondere Bedingungen für die Lieferung von Schienen und Zungenschienen, 1923, von Radlenkern, von Laschen, Unterlagsplatten, Unterlagsplättchen, Schraubensicherungsplättchen, Hakenplatten, Klemmplatten und Seitenblechen, von Zungenkloben, Gleitstühlen, Zungendrehstühlen, Verschlusshaken und Verschlussstücken, von Zungenvorrichtungen F8 mit Hakenverschluss (alle Eisenbahndirektion des Saargebietes); Besondere Bedingungen für die Lieferung von Schienen aus besonders verschleißfestem Material, 1912, von Leitschienen, 1907, von Flussstahlherzstücken und Herzstückspitzen, 1903, von Weichenplatten, Herzstückplatten und Unterlagsplatten für Weichen, 1903, von Gussteilen: Hakenplatten für eiserne Schwellen an Wegeübergängen, Mutterstellkappen, Gussständer zu Weichenböcken, Gewichte zu Weichenböcken, Teile zu Weichenböcken, Teile zu Stellvorrichtungen, Unterlagsplatten, Hakenplatten und Futterstücke (1903), von eisernen Bahnschwellen und eisernen Weichenschwellen (1912) (alle Preußische Staatseisenbahnverwaltung).

1581 Lieferung von Eisenbahnoberbaumaterial.
1925–1926
Verträge zwischen Deutsch-Lux Dortmunder Union und Verwaltung der Duisburg-Ruhrorter Häfen über die Lieferung von Gleisverbindungen für die Hafenbahn vom 27.01./04.02.1925 und 23./30.10.1925 sowie von Weichen vom 23./30.10.1925 und 24./27.03.1926, mit Anlagen: Allgemeine Vertragsbedingungen für die Ausführung von Leistungen oder Lieferungen; Besondere Bedingungen für die Herstellung und Lieferung von Gleisverbindungen und Weichen für die Duisburger Hafeneisenbahn.

659 Lieferung von Eisenbahnoberbaumaterial.
1925

Vertrag zwischen Deutsch-Lux Dortmunder Union und Hafenbauamt Bremen über die Lieferung von Schwellen und Kleineisenzeug vom 28.08./04.09.1925, mit Ausschreibung und Angebot des Unternehmens.

374 Lieferung von Weichen.
1903, 1907, 1925
Vertrag zwischen Deutsch-Lux Dortmunder Union und Oberpräsident der Provinz Westfalen Wasserbaudirektion Münster über die Lieferung von Weichen und Zubehör vom 17./23.10.1925, mit Anlagen: Allgemeine Vertragsbedingungen über die Ausführung von Lieferungen und Leistungen; Besondere Bedingungen für die Lieferung von Zungenvorrichtungen F 8 mit Hakenverschluss, 1925 (Deutsche Reichsbahn); Besondere Bedingungen für die Lieferung von Flussstahlherzstücken, Herzstückspitzen und Herzstückplatten, Juli 1903, von Hakennägeln, Schwellenschrauben, Schwellenbezeichnungsnägeln, Unterlagsringen, Laschenschrauben, Hakenschrauben, Weichenschrauben, Stützknaggen, Sicherungsbolzen, Juli 1903 (beide Vereinigte Preußische und Hessische Staatseisenbahnverwaltung), von Laschen, Unterlagsplatten, Unterlagsplättchen, Schraubensicherungsplättchen, Hakenplatten, Klemmplatten, Seitenblechen, Oktober 1907, Radlenkern, Oktober 1907 (beide Vereinigte Preußische und Hessische Staatseisenbahnverwaltung).

2.1.2.2 Rollendes Eisenbahnmaterial

347 Lieferung von rollendem Eisenbahnmaterial nach Finnland.
1911-1914
Vertrag zwischen Deutsch-Lux Dortmunder Union und den Finnländischen Staatseisenbahnen über die Lieferung von Lokomotiv-, Tender- und Wagenradreifen für die Jahre 1914-1916 vom 16.06./13.07.1914, mit Anlagen: Bedingungen für die Ausführung und Lieferung von Radsätzen für Wagen nebst Anhang für Radreifen, Februar 1911 (Finnländische Staatseisenbahn) (deutsch und englisch); Konstruktionszeichnungen; Schriftwechsel zwischen Deutsch-Lux Dortmunder Union und M. Strukel, Helsingfors, zu Vertragsmodalitäten.

678 Lieferung von rollendem Eisenbahnmaterial an die Deutsche Reichsbahn durch verschiedene Unternehmen (Poolvertrag).
1908, 1912-1913, 1921
Vertrag zwischen Deutscher Reichsbahn, Eisenbahn-Zentralamt, und Bochumer Verein, auch im Namen von Aktiengesellschaft Charlottenhütte, A. Borsig bzw. Borsigwerk AG, Deutsch-Lux Dortmunder Union, Fried. Krupp AG, Henschel & Sohn Abteilung Henrichshütte, Phoenix AG Hoerder Verein, Westfälische Stahlwerke AG bzw. Rombacher Hüttenwerke Abteilung westfälische Stahlwerke, über die Lieferung von Lokomotiv- und Tenderradsätzen vom 01./23.08.1921 bzw. Einzelvertrag ohne Poolung vom Februar/April 1913 (beide Abschriften), mit Preislisten und Anlagen: Allgemeine Vertragsbedingungen für die Ausführung von Leistungen oder Lieferungen, 1912; Besondere Bedingungen für die Lieferung von Lokomotiven und Tendern, 1913; Vorschriften für die Beschaffenheit und Güteprüfung der beim Bau von Fahrzeugen nebst Zubehör verwendeten Materialien, 1908 und Nachtrag 1912 (beide Preußische Staatseisenbahnverwaltung).

679 Lieferung von rollendem Eisenbahnmaterial an die Deutsche Reichsbahn durch verschiedene Unternehmen.

1913–1919
Nachtragsverträge zum Vertrag vom Februar/April 1913 zwischen Deutscher Reichsbahn, Eisenbahn-Zentralamt, und Aktiengesellschaft Charlottenhütte, A. Borsig, Bochumer Verein, Deutsch-Lux Dortmunder Union, Fried. Krupp AG, Henschel & Sohn Abteilung Henrichshütte, Phoenix AG Hoerder Verein, Westfälische Stahlwerke AG bzw. Bismarckhütte Abteilung Bochum über die Lieferung von Lokomotiv- und Tenderradsätzen vom April/Juni 1914, 1917, Januar/Februar 1918, März/April 1919 sowie zwischen Deutscher Reichsbahn, Eisenbahn-Zentralamt, und Bochumer Verein im Namen aller vom 22.10./01.12.1919 (Abschriften) zur Neufestsetzung der Preise.

682 Lieferung von rollendem Eisenbahnmaterial an die Deutsche Reichsbahn durch verschiedene Unternehmen.
1919
Nachtragsvertrag zum Vertrag vom Februar/April 1913 zwischen Deutscher Reichsbahn, Eisenbahn-Zentralamt, sowie Aktiengesellschaft Charlottenhütte, A. Borsig, Bochumer Verein, Deutsch-Lux Dortmunder Union, Fried. Krupp AG, Henschel & Sohn Abteilung Henrichshütte, Phoenix AG Hoerder Verein und Bismarckhütte Abteilung Bochum über die Lieferung von Lokomotiv- und Tenderradsätzen vom März/April 1919 zur Neufestsetzung der Preise (Abschrift).

708 Lieferung von rollendem Eisenbahnmaterial an die Deutsche Reichsbahn durch verschiedene Unternehmen (Poolvertrag).
1920
Nachtragsvertrag zwischen Deutscher Reichsbahn, Eisenbahn-Zentralamt, und Bochumer Verein, auch im Namen von Aktiengesellschaft Charlottenhütte, A. Borsig, Bismarckhütte Abteilung Bochum, Deutsch-Lux Dortmunder Union, Fried. Krupp AG, Henschel & Sohn Abteilung Henrichshütte und Phoenix AG Hoerder Verein, über die Lieferung von Lokomotiv- und Tenderradsätzen vom 29.03./12.04.1920 zur Neufassung der Preise (Abschrift).

356 Lieferung von rollendem Eisenbahnmaterial an die Deutsche Reichsbahn durch verschiedene Unternehmen (Poolvertrag).
1920–1921
Nachtragsverträge zwischen Deutscher Reichsbahn, Eisenbahn-Zentralamt, und Bochumer Verein, auch im Namen von Aktiengesellschaft Charlottenhütte, Bismarckhütte GmbH als Rechtsnachfolgerin der Westfälischen Stahlwerke AG für die Abteilung Bochum, Borsigwerk AG (hier nach Hauptvertrag noch A. Borsig, Berg- und Hüttenverwaltung genannt), Deutsch-Lux Dortmunder Union, Fried. Krupp AG, Henschel & Sohn Abteilung Henrichshütte und Phoenix AG Hoerder Verein, zur Lieferung von Lokomotiv- und Tenderradsätzen vom 19.01./10.02.1920, 29.03./10.04.1920, 27.08./07.09.1920 und 01./12.04.1921, vor allem zur Neufassung der Preise; Preislisten.

412 Lieferung von rollendem Eisenbahnmaterial an die Eisenbahndirektion des Saargebietes.
1910, 1921
Vertrag zwischen Deutsch-Lux Dortmunder Union und Eisenbahndirektion des Saargebietes über die Lieferung von 2.600 Radreifen für Lokomotiven, Tender und Wagen vom 08.02.1921, mit Konstruktionszeichnungen und Anlagen: Allgemeine Vertragsbedingungen für die Ausführung von Leistungen oder Lieferungen (Eisenbahndirektion des Saargebietes); Besondere Bedingungen für die Lieferung von Achswellen, Radgestellen, Radreifen für Lokomotiven, Tender und Wagen, Bahnmeisterwagenrädern, 1910 (Preußische Staatseisenbahnverwaltung).

683 Lieferung von rollendem Eisenbahnmaterial an die Deutsche Reichsbahn durch verschiedene Unternehmen (Poolvertrag).
1922
Nachtragsvertrag zwischen Deutscher Reichsbahn, Eisenbahn-Zentralamt, und Bochumer Verein, auch im Namen von Aktiengesellschaft Charlottenhütte, Borsigwerk AG, Deutsch-Lux Dortmunder Union, Fried. Krupp AG, Henschel & Sohn Abteilung Henrichshütte, Phoenix AG Hoerder Verein und Rombacher Hüttenwerke Abteilung Westfälische Stahlwerke, über die Lieferung von Lokomotiv- und Tenderradsätzen vom 07./22.06.1922 zur Neufassung der Preise (Abschrift).

683 Lieferung von rollendem Eisenbahnmaterial an die Deutsche Reichsbahn durch verschiedene Unternehmen (Poolvertrag).
1922
Nachtragsvertrag zwischen Deutscher Reichsbahn, Eisenbahn-Zentralamt, und Bochumer Verein, auch im Namen von Aktiengesellschaft Charlottenhütte, Borsigwerk AG, Deutsch-Lux Dortmunder Union, Fried. Krupp AG, Henschel & Sohn Abteilung Henrichshütte, Phoenix AG Hoerder Verein und Rombacher Hüttenwerke Abteilung Westfälische Stahlwerke, über die Lieferung von Lokomotiv- und Tenderradsätzen vom 07./22.06.1922 zur Neufassung der Preise (Abschrift).

410 Lieferung von rollendem Eisenbahnmaterial an die Eisenbahndirektion des Saargebietes.
1910, 1922
Vertrag zwischen Deutsch-Lux Dortmunder Union und Eisenbahndirektion des Saargebietes über die Lieferung von 600 Radreifen für Wagen vom 14.07.1922, mit Konstruktionszeichnungen und Anlagen: Allgemeine Vertragsbedingungen für die Ausführung von Leistungen oder Lieferungen (Eisenbahndirektion des Saargebietes); Besondere Bedingungen für die Lieferung von Achswellen, Radgestellen, Radreifen für Lokomotiven, Tender und Wagen, Bahnmeisterwagenrädern, 1910 (Preußische Staatseisenbahnverwaltung).

803 Lieferung von rollendem Eisenbahnmaterial an die Eisenbahndirektion des Saargebietes.
1910, 1917, 1922
Auftrag der Eisenbahndirektion des Saargebietes an die Deutsch-Lux Dortmunder Union zur Lieferung von 400 Radreifen vom 19.10.1922, mit Konstruktionszeichnung und Anlagen: Allgemeine Vertragsbedingungen für die Ausführung von Leistungen oder Lieferungen (Eisenbahndirektion des Saargebietes); Besondere Bedingungen für die Lieferung von Achswellen, Radgestellen, Radreifen für Lokomotiven, Tender und Wagen und Bahnmeisterwagenrädern, mit Nachtrag, 1910, 1917; Gewichtstabellen für Radreifen (alle Preußische Staatseisenbahnverwaltung).

367 Lieferung von rollendem Eisenbahnmaterial nach Dänemark.
1923
Vertrag zwischen Deutsch-Lux Dortmunder Union und De Danske Statsbaner über die Lieferung von 406 Radsätzen mit Scheibenrädern vom 25./31.01.1923, mit Konstruktionszeichnungen und Anlagen: Bedingungen für Lieferung von Radsätzen für Wagen, 1923 (De Danske Statsbaner) (dänisch, englisch und deutsch); Allgemeine Bedingungen für Arbeiten und Lieferungen.

712 Lieferung von rollendem Eisenbahnmaterial an die Deutsche Reichsbahn durch verschiedene Unternehmen (Poolvertrag).
1922–1923

Vertrag zwischen Deutscher Reichsbahn, Eisenbahn-Zentralamt, und Bochumer Verein, auch im Namen von Aktiengesellschaft Charlottenhütte, Borsigwerk AG, Deutsch-Lux Dortmunder Union, Fried. Krupp AG, Henschel & Sohn Abteilung Henrichshütte, Phoenix AG Hoerder Verein und Rombacher Hüttenwerke Abteilung Westfälische Stahlwerke, über die Lieferung von Lokomotiv- und Tenderradsätzen, mit drei Nachtragsverträgen (alle handschriftlich datiert 14./24.02.1923, Datierung falsch) zur Neufassung der Preise für den Zeitraum Oktober 1922 bis Januar 1923 (Abschriften).

698 Lieferung von rollendem Eisenbahnmaterial.
1910, 1923
Auftrag der Eisenbahndirektion des Saargebietes an die Deutsch-Lux Dortmunder Union zur Lieferung von 300 Radreifen vom 20.03.1923, mit Anlagen: Besondere Bedingungen für die Lieferung von Achswellen, Radgestellen, Radreifen für Lokomotiven, Tender und Wagen und Bahnmeisterwagenrädern, 1910; Gewichtstabellen für Radreifen (beide Preußische Staatseisenbahnverwaltung); Allgemeine Vertragsbedingungen für die Ausführung von Leistungen oder Lieferungen (Eisenbahndirektion des Saargebietes).

1485 Lieferung von Eisenbahnoberbaumaterial.
1905, 1923
Vertrag zwischen Deutsch-Lux Dortmunder Union und Schweizerischen Bundesbahnen über die Lieferung von zwei Weichen vom 24.03.1923, mit Konstruktionszeichnungen und Anlage: Besondere Vorschriften für die Lieferung von Weichen, Stellböcken, Signalvorrichtungen, Kreuzungen und Zwangswinkel, 1905 (mit maschinenschriftlichen Ergänzungen).

366 Lieferung von rollendem Eisenbahnmaterial nach Dänemark.
1923
Vertrag zwischen Deutsch-Lux Dortmunder Union und De Danske Statsbaner über die Lieferung von 1.000 Tonnen Radreifen aus Siemens-Martin-Stahl vom 17.05./05.06.1923, mit Anlage: Bedingungen für Lieferung von Radreifen aus Spezial-Siemens-Martin-Stahl (De Danske Statsbaner) (dänisch, englisch und deutsch).

471 Lieferung von rollendem Eisenbahnmaterial.
1923
Vertrag zwischen Deutsch-Lux Dortmunder Union und Verkehrsministerium des Königreichs der Serben, Kroaten und Slowenen (später Jugoslawien) über die Lieferung von Achslagern, Achslagerkörpern und Bremsklötzen für Wagen (nicht parafierte und undatierte Kopie, französisch); Angebot der Deutsch-Lux Dortmunder Union vom 07.06.1923; Schriftwechsel zwischen Deutsch-Lux Dortmunder Union, Deutsch-Lux FWH und Deutsch-Lux Geschäftsstelle Berlin über Preise und Abrechnungsmodalitäten im Rahmen von Reparationsleistungen.

350 Lieferung von rollendem Eisenbahnmaterial an die Deutsche Reichsbahn durch verschiedene Unternehmen (Poolvertrag).
1923–1925
Vertrag zwischen Deutscher Reichsbahn, Eisenbahn-Zentralamt, und Bochumer Verein, auch im Namen von Aktiengesellschaft Charlottenhütte, Borsigwerk AG, Deutsch-Lux Dortmunder Union, Fried. Krupp AG, Henschel & Sohn Abteilung Henrichshütte, Phoenix AG Hoerder Verein, Romba-

cher Hüttenwerke Abteilung Westfälische Stahlwerke und Stahl- und Walzwerk Hennigsdorf AG, zur Lieferung von Lokomotiv- und Tenderradsätzen vom 19./21.07.1923; Nachtragsverträge vom 19./27.05.1924 (mit Entwürfen), 21./27.05.1924, 30.08./19.09.1924, 22.11./7.12.1924, o. D. [1925], vor allem zur Neufassung der Preise; Preislisten.

686 Lieferung von rollendem Eisenbahnmaterial nach Dänemark.
1915–1918, 1923–1924
Vertrag zwischen De Danske Statsbaner und der Firma A. C. Lemvigh-Müller, Kopenhagen, zur Beauftragung der Deutsch-Lux Dortmunder Union mit der Lieferung von 139 Radsätzen vom 01./05./07.02.1924 (dänisch, Abschrift), mit Konstruktionszeichnungen und Anlagen: Besondere Bedingungen für die Lieferung von Radsätzen für Wagen, 1918 (De Danske Statsbaner, dänisch, englisch, deutsch); Almindelige Betingelser for Arbejder og Leverancer, 1915 (Ministeriet for offentlige Arbejder).

371 Lieferung von rollendem Eisenbahnmaterial nach Dänemark.
1923–1925
Vertrag zwischen De Danske Statsbaner und der Firma A. C. Lemvigh-Müller, Kopenhagen, zur Übertragung einer für die Staatsbahnen bestimmten Lieferung der Deutsch-Lux Dortmunder Union von 244 Radsätzen auf die Firma A. C. Lemvigh-Müller vom 05.10.1925 (von A. C. Lemvigh-Müller und Deutsch-Lux Dortmunder Union nicht parafiert), mit Konstruktionszeichnungen und Anlagen: Bedingungen für Lieferung von Radsätzen für Wagen, 1923 (De Danske Statsbaner, dänisch, englisch und deutsch).

2.1.2.3 Eisenbahnwagen und Zubehör

234 Lieferung von Eisenbahnwagen nach Belgien.
1920
Entwurf eines Vertrags zwischen Deutsch-Lux Dortmunder Union und Staat Belgien (Ministerium der Eisenbahnen, Marine, Post und Telegraphie) über die Lieferung von 3.000 20-t-Kohlenwagen; Schreiben an die Belgische Staatseisenbahn vom 29.05.1920, mit mehreren Durchschlägen (deutsch, französisch).

464 Lieferung von Güterwaggons nach Belgien.
1920
Verträge zwischen Deutsch-Lux Dortmunder Union und dem belgischen Ministerium der Eisenbahnen, Marine, Post und Telegraphie über die Lieferung von 3.000 offenen Güterwagen von 20 Tonnen Ladegewicht (nicht parafiertes und undatiertes Kontophot) sowie von 1.500 Kohlenwagen von 20 Tonnen Ladegewicht vom 17./26.07.1920 (Kontophot).

710 Lieferung von Waggons.
1921
Vertrag zwischen Deutsch-Lux Dortmunder Union und Deutscher Reichsbahn, Eisenbahn-Zentralamt, über die Lieferung von 300 Güterwaggons, 1921 (nicht parafiertes Kontophot).

711 Dsgl., Vertrag über die Lieferung von 450 Waggons vom 05./25.07.1923.

411 Lieferung von Pufferteilen für Eisenbahnwagen.
1922
Vertrag zwischen Deutsch-Lux Dortmunder Union und Eisenbahndirektion des Saargebietes über die Lieferung von Pufferstangen vom 21.07.1922, mit Anlagen: Allgemeine Vertragsbedingungen für die Ausführung von Leistungen oder Lieferungen (Eisenbahndirektion des Saargebietes); Besondere Bedingungen für die Lieferung von Pufferhülsen, Pufferpfannen für Lokomotiven, Pufferstangen mit Tellern, Pufferstangen ohne Teller, Puffertellern, Pufferunterlagsplatten, Stoßpuffern für Lokomotiven, Schraubenkupplungen, Sicherheitskupplungen, Kupplungsspindeln, Zughaken, Zughakenführungen, Zugstangenmuffen, Schalenmuffen, 1921 (Preußische Staatseisenbahnverwaltung).
409 Dsgl., Vertrag vom 01.11.1922.
413 Dsgl., Vertrag vom 26.04.1924.

804 Lieferung von Spiralfedern für Puffer.
1910, 1922
Auftrag der Eisenbahndirektion des Saargebietes an die Deutsch-Lux Dortmunder Union zur Lieferung von 7.000 Spiralfedern für Wagenpuffer und 58 Spiralfedern für Lokomotivpuffer vom 01.12.1922, mit Konstruktionszeichnung und Anlagen: Allgemeine Vertragsbedingungen für die Ausführung von Leistungen oder Lieferungen (Eisenbahndirektion des Saargebietes); Besondere Bedingungen für die Lieferung von Spiralfedern, Federstahl und Stahl zu den Führungsleisten der Achshalter, 1910 (Preußische Staatseisenbahnverwaltung).

2.1.2.4 Brücken- und Stahlbau

474 Angebot für Brückenbauten in Berlin.
1912–1913, 1924–1926
Angebot der Deutsch-Lux Dortmunder Union für die Herstellung, Lieferung und Aufstellung der Eisenkonstruktionen einer Fahrbrücke im Zuge der Bornholmer Straße über die Gleise der Stettiner- und Nordbahn sowie über die Straße 4b und die Norweger Straße vom 09.12.1912, mit Anlagen: „Bietungsbedingungen"; Allgemeine Vertragsbedingungen (beide Bauverwaltung der Stadt Berlin); Besondere Bedingungen; Technische Vertragsbedingungen; Terminplan; Auszug aus der statischen Berechnung für die Eisenkonstruktion der Bornholmer Brücke; Wertverdingungsvertrag zwischen Deutsch-Lux Dortmunder Union und Städtischem Tiefbauamt III, Berlin, vom 03.05.1913; Preisangebot zu Herstellung, Lieferung und Aufstellung und Grundanstrich der gesamten Eisenkonstruktion der Charlottenbrücke über die Havel in Berlin, Bezirk Spandau, 23.03.1926 (nicht ausgefülltes Blankoformular des Brückenbauamts der Städtischen Tiefbaudeputation), mit Anlagen: Besondere Bedingungen für die Lieferung; Allgemeine Bedingungen der Stadt Berlin für die Vergebung, Ausführung und Berechnung von Bauleistungen, 1924.

470 Lieferung einer Hallenkonstruktion.
1920–1922
Vertrag zwischen der Firma Groenenberg, Kruithof & Sloet, Voorburg, sowie den Ingenieurbüros Professor W. Kreis und C. A. Jüngst in Gemeinschaft mit der Deutsch-Lux Dortmunder Union vom 07.05.1920 über die Lieferung und Montage der Eisenkonstruktion zur Erweiterung der Lokomotivwerkstatt in Zwolle der Maatschappij tot Exploitatie van Staatssporwegen, Utrecht (nieder-

ländisch, mit deutscher Kopie), mit Ausführungsbestimmungen vom 18.05.1920 und Nachtrag zwischen Groenenberg, Kruithof & Sloet und Deutsch-Lux Dortmunder Union vom 30.09.1922 über Zahlungstermine (niederländisch).

368 Lieferung von Brückenüberbauten und -anlagen.
1912, 1924–1925
Vertrag zwischen Deutsch-Lux Dortmunder Union und Reichsbahndirektion Königsberg über die Lieferung von Überbauten für die Straßen- und Eisenbahnbrücke über die Pregel und weitere Brücken sowie der maschinellen und elektrischen Einrichtungen der Drehbrücke in Königsberg vom 22./30.10.1925, mit Angebot, Konstruktionszeichnungen und Anlagen: Allgemeine Vertragsbedingungen für die Ausführung von Lieferungen und Leistungen, 1925; Allgemeine Vertragsbedingungen für die Ausführung von Staatsbauten, 1924; Besondere Vertragsbedingungen für die Anfertigung, Anlieferung und Aufstellung von Eisenbauwerken, 1912; vorläufige Fertigungsvorschriften für Eisenbauwerke, 1925; vorläufige besondere Bedingungen für die Entrostung und das Anstreichen von Eisenbauwerken, 1924; vorläufige besondere Bedingungen für die Lieferung von Farben für Eisenbauwerke (alle Deutsche Reichsbahn); Beschreibung der Straßen- und Eisenbahnbrücke.

414 Dsgl.

675 Lieferung einer Brückenkonstruktion.
1920–1925
Vertrag zwischen Deutsch-Lux Dortmunder Union und Eisenbahnbetriebsamt Dortmund bzw. Reichsbahndirektion Essen über Lieferung und Aufstellung der neuen sowie Abbruch der alten Brückenkonstruktion der Bahnstrecke Hochfeld (Süd)-Dortmund über die Märkische Straße in Dortmund vom 12./15.12.1925, mit Angebot des Unternehmens und Anlagen: Allgemeine Vertragsbedingungen für die Ausführung von Staatsbauten, 1925; vorläufige Fertigungsvorschriften für Eisenbauwerke, 1924; vorläufige Richtlinien für die Ausführung und Unterhaltung des Anstrichs von Eisenbauwerken; vorläufige besondere Bedingungen für die Entrostung und das Anstreichen von Eisenbauwerken (alle Deutsche Reichsbahn-Gesellschaft); „Bleimerkblatt" des Reichs- und Preußischen Arbeitsministeriums vom 27.01.1920; Richtlinien für die Herstellung hängender Gerüste zu Ausbesserungsarbeiten an Brücken und Ingenieurhochbauten, 1924.

2.1.2.5 Wasserbaumaterial

461 Lieferung von Spundwandeisen.
1919
Vertrag zwischen Deutsch-Lux Dortmunder Union und Wasserbauamt Meppen der Dortmund-Ems-Kanalverwaltung vom 20./21.08.1919 über die Lieferung von Spundwänden, System Larssen nietlos, für den Bau der zweiten Schleuse des Dortmund-Ems-Kanals bei Hüntel, mit Angebot, Konstruktionszeichnungen und Anlagen: Allgemeine Vertragsbedingungen für die Ausführung von Leistungen und Lieferungen; Besondere Bedingungen für die Lieferung von Spundwandeisen.

720 Lieferung von Wasserbaumaterial.
1921–1923
Verträge zwischen Deutsch-Lux Dortmunder Union und Wasserbauamt Duisburg-Meiderich über die Lieferung der eisernen Zuganker und der Spundwände der Baugrubenumschließung der Ruhr-

schleuse, zweite Mündung des Rhein-Herne-Kanals in den Rhein, vom 30.09./17.10.1921 und 15./17.03.1922, mit Konstruktionszeichnungen und Anlagen: Allgemeine Vertragsbedingungen für die Ausführung von Leistungen und Lieferungen; Besondere Vertragsbedingungen für die Anfertigung, Anlieferung und Aufstellung von Eisenbauwerken (Kanalbaudirektion Essen); Besondere Bedingungen für die Lieferung der eisernen Zuganker; Vertrag zwischen Deutsch-Lux Dortmunder Union und Kanalbauamt Duisburg über die Lieferung von Spundwänden, System Larssen, vom 17.01.1923, mit Anlage: Allgemeine Vertragsbedingungen über die Ausführung von Leistungen und Lieferungen.

417 Lieferung von Spundwandeisen.
1921
Vertrag zwischen Deutsch-Lux Dortmunder Union und Kanalbauamt Dorsten über die Lieferung von Spundwänden für die Baugruben der Eisenbahnbrücke über die verlegte Lippe bei Dorsten vom 07.11./02.12.1921, mit Anlagen: Allgemeine Vertragsbestimmungen für die Ausführung von Lieferungen und Leistungen; Besondere Vertragsbedingungen für die Anfertigung, Anlieferung und Aufstellung von Eisenbauwerken (Königliche Kanalbaudirektion Essen).

1496 Lieferung von Wasserbaustahl.
1922–1924
Verträge zwischen Deutsch-Lux Dortmunder Union und Wasserbauamt zu Hannover über die Lieferung von Spundwandeisen für das Wasserkraftwerk bei Ahlem vom 28.09./11.10.1922 und ein Leitwerk der Hafenschleuse Limmer vom 24./28.10.1924, mit Anlagen: Allgemeine Vertragsbestimmungen für die Ausführung von Staatsbauten; Besondere Vertragsbedingungen für die Ausfertigung, Anlieferung und Aufstellung von Eisenbauwerken (mit handschriftlichen Änderungen).

363 Lieferung von Spundwandeisen.
1922
Verträge zwischen Deutsch-Lux Dortmunder Union und Neckarbauamt Heidelberg zur Lieferung von Spundwandeisen, System Larssen Profil II, vom 06./15.05.1922 und 31.10./06.11.1922, mit Anlagen: Kostenvoranschläge der Deutsch-Lux Dortmunder Union; Allgemeine Vertragsbedingungen für die Ausführung von Lieferungen und Leistungen.

419 Lieferung von Schiffshaltekreuzen.
1923
Vertrag zwischen Deutsch-Lux Dortmunder Union und Kanalbauamt Duisburg über die Lieferung von eisernen Schiffshaltekreuzen für die Ruhrschleuse (2. Mündung des Rhein-Herne-Kanals) vom 20.04./03.05.1923, mit Konstruktionszeichnungen und Anlagen: Allgemeine Vertragsbestimmungen für die Ausführung von Lieferungen und Leistungen; Besondere Vertragsbedingungen für die Anfertigung, Anlieferung und Aufstellung von Eisenbauwerken; Besondere Bedingungen für die Lieferung der eisernen Schiffshaltekreuze für den Bau der Ruhrschleuse (beide Königliche Kanalbaudirektion Essen).

418 Lieferung von Spundwandeisen.
1924
Vertrag zwischen Deutsch-Lux Dortmunder Union und Kanalbauamt Duisburg über die Lieferung von Spundwänden für die Leitwerke der Einfahrten der Ruhrschleuse (2. Mündung des Rhein-Her-

ne-Kanals) vom 16./18.02.1924, mit Anlagen: Allgemeine Vertragsbestimmungen für die Ausführung von Lieferungen und Leistungen; Besondere Vertragsbedingungen für die Anfertigung, Anlieferung und Aufstellung von Eisenbauwerken; Besondere Bedingungen für die Lieferung von flusseisernen Spundbohlen für die Leitwerke der Ruhrschleuse (beide Kanalbaudirektion Essen).

1495 Lieferung von Baustahl für den Ausbau der Pregel (Ostpreußen).
1912, 1924–1925
Verträge zwischen Deutsch-Lux Dortmunder Union und Bauamt für den Pregelausbau (Insterburg) über Lieferung von Spundwandeisen für den Bau eines Wehres vom 15./20.05.1924 und für den Bau der Schleusenanlage bei Schwägerau vom 20./23.05.1925, mit Konstruktionszeichnungen, Lageplan und Anlagen: Allgemeine Vertragsbestimmungen für die Ausführung von Lieferungen und Leistungen; Besondere Bedingungen für die Lieferung von Spundbohlen; Besondere Vertragsbedingungen für die Ausfertigung, Anlieferung und Aufstellung von Eisenbauwerken, 1912 (mit handschriftlichen Änderungen).

230 Lieferung von Wasserbaustahl.
1922–1924
Vertrag zwischen Deutsch-Lux Dortmunder Union und Staatlichem Kanalbauamt zu Duisburg zur Anfertigung und Lieferung von Zangen und Ankern für die Ruhr-Schleuse des Rhein-Herne-Kanals (2. Mündung des Kanals) vom 04.09./12.09.1924, mit Anlagen: u. a. Allgemeine Vertragsbestimmungen für die Ausführung von Lieferungen und Leistungen; Besondere Vertragsbedingungen für die Ausfertigung, Anlieferung und Aufstellung von Eisenbauwerken, 1922/24 (Kanalbaudirektion Essen); Konstruktionszeichnung; Aufrisszeichnung.

466 Lieferung von Spundwandeisen.
1925
Vertrag zwischen Deutsch-Lux Dortmunder Union und Wasserstraßenamt Oldenburg vom 05./16.02.1925 über die Lieferung von Spundwandeisen, System Larssen, für den Anlegeplatz Kampe des Hunte-Ems-Kanals, mit Konstruktionszeichnungen.

231 Lieferung von Wasserbaustahl.
1922–1925
Vertrag zwischen Deutsch-Lux Dortmunder Union und Staatlichem Kanalbauamt zu Duisburg zur Anfertigung und Lieferung des Eisenzeugs der Zangen, Anker und Abdeckung für die untere Larssenleitwerkswand der Ruhr-Schleuse des Rhein-Herne-Kanals (2. Mündung des Kanals) vom 06.07./11.07.1925, mit Anlagen: Allgemeine Vertragsbestimmungen für die Ausführung von Lieferungen und Leistungen; Besondere Vertragsbedingungen für die Ausfertigung, Anlieferung und Aufstellung von Eisenbauwerken, 1922/25 (Kanalbaudirektion Essen); Konstruktionszeichnung; Aufrisszeichnung.

433 Lieferung von Spundwandeisen in die Niederlande.
1925
Vertrag zwischen Deutsch-Lux Dortmunder Union und Rykswaterstaat, Abteilung Roermond, über die Lieferung von Spundwänden vom 30.10./03.11.1925 (niederländisch).

430 Lieferung von Spundwandeisen in die Niederlande.
1926
Vertrag zwischen Deutsch-Lux Dortmunder Union und Rykswaterstaat, Abteilung Maastricht, über die Lieferung von Spundwänden vom 22./27.01.1926 (niederländisch).

429 Lieferung von Spundwandeisen in die Niederlande.
1926
Vertrag zwischen Deutsch-Lux Dortmunder Union und Rykswaterstaat, Abteilung Roermond, über die Lieferung von Spundwänden vom 11.02.1926 (niederländisch), mit Begleitschreiben.

428 Dsgl., Vertrag vom 26.02.1926 (niederländisch), mit Begleitschreiben.

477 Lieferung von Spundwandeisen.
1926
Vertrag zwischen Deutsch-Lux Dortmunder Union und Kanalbauamt Datteln vom 25.03./01.04.1926 über die Lieferung von Spundwänden für die Schleuse Flaesheim des Wesel-Datteln-Kanals, mit Konstruktionszeichnungen und Anlagen: Allgemeine Vertragsbedingungen für die Ausführung von Leistungen und Lieferungen.

660 Lieferung von Spundwandeisen.
1926
Vertrag zwischen Deutsch-Lux Dortmunder Union und Hafenbauamt Bremen vom 09./15.04.1926, mit Lieferbedingungen und Angebot des Unternehmens.

2.1.2.6 Schlacke

5360 Schlackenverkauf der Deutsch-Lux Dortmunder Union.
1911–1913
Verträge zwischen Deutsch-Lux sowie den Firmen Wilhelm Weber, Dortmund, und Theodor Stephan, Essen, vom 10.05.1911 über Schlackengewinnung auf der Schlackenhalde der Deutsch-Lux Dortmunder Union sowie Vertrieb frischer Schlacken; einzelne Schreiben zwischen den Vertragspartnern zur Vertragsverlängerung.

2.1.2.7 Vertriebsorganisation und Lieferbedingungen von Kunden

617 Sammlung von Konstruktionszeichnungen und Lieferbedingungen von Eisenbahnoberbaumaterial.
1899–1915
Konstruktionszeichnungen der Preußischen Staatseisenbahnverwaltung, insbesondere zu Kleineisenzeug; Allgemeine Vertragsbedingungen für die Ausführung von Lieferungen und Leistungen, o. D. (blanko); Besondere Bedingungen für die Lieferung von Hakennägeln, Schwellenschrauben, Schwellenbezeichnungsnägeln, Unterlagsringen, Laschenschrauben, Hakenschrauben, Weichenschrauben, Stützknaggen und Sicherungsbolzen vom Juli 1903 (Vereinigte Preußische und Hessische Staatseisenbahnverwaltung).

652 Sammlung von Lieferbedingungen zu Eisenbahnoberbaumaterial.
1903–1914, 1919
Besondere Bedingungen für die Lieferung von hölzernen, nicht getränkten Bahnschwellen und hölzernen, nicht getränkten Weichenschwellen, Juli 1914, eisernen Bahnschwellen und eisernen Weichenschwellen, April 1912, Schienen und Zungenschienen, März 1912, Schienen aus besonders verschleißfestem Material, März 1912, Radlenkern, Oktober 1907, Leitschienen, Oktober 1907, Spurrillenschienen, Januar 1914, Laschen, Unterlagsplatten, Unterlagsplättchen, Schraubensicherungsplättchen, Hakenplatten, Klemmplatten und Seitenblechen, Oktober 1907, Schienenklemmen, o. D., Hakennägeln, Schwellenschrauben, Schwellenbezeichnungsnägeln, Unterlagsringen, Laschenschrauben, Hakenschrauben, Weichenschrauben, Stützknaggen und Sicherungsbolzen, Juli 1903, Zungenkloben, Gleitstühlen, Zungendrehstühlen, Verschlusshaken und Verschlussstücken, Juli 1903, Flussstahlherzstücken und Herzstückspitzen, Juli 1903, unbearbeiteten Weichenplatten, Herzstückplatten und Unterlagsplatten für Weichen, Juli 1903, Gussteilen: Hakenplatten für eiserne Schwellen in Wegeübergängen, Mutternstellkappen, Gussständer zu Weichenböcken, Gewichte zu Weichenböcken, Teile zu Weichenböcken, Teile zu Stellvorrichtungen, Unterlagsplatten, Hakenplatten, Futterstücke, Juli 1903, Weichensignalböcken mit Erdfuß, Weichenböcken, Weichenböcken mit Verschlussvorrichtung, Juni 1904, Federvorrichtungen zu Herzstücken mit beweglicher Knieschiene, Juni 1913, Weichenlaternen, Juli 1906, Stellvorrichtungen zu Weichen, Juli 1903, Zungenvorrichtungen, Juli 1903, Zungenvorrichtungen, April 1909, Federzungenvorrichtungen, Oktober 1919 (alle Vereinigte Preußische und Hessische Staatseisenbahnverwaltung).

811 Bedingungen der Großherzoglichen General-Eisenbahndirektion Schwerin für Radsatzlieferungen der Deutschen Radsatz-Gemeinschaft.
1914
Typoskript vom Juli/05.09.1914.

460 Handelsvertretung der Deutsch-Lux Dortmunder Union in Herzogtum Braunschweig und Provinz Hannover.
1915
Vertretervertrag zwischen Deutsch-Lux Dortmunder Union und Hans Boettcher vom 08.01./08.02.1915 für Federn, Stahlguss, Schmiedestücke, Radsätze, Weichen, Waggons, Eisenkonstruktionen und Brücken, Kleineisenzeug und Spundwandeisen.

1481 Generalvertretung der Deutsch-Lux in Niederländisch-Indien (Indonesien).
21.02.1921
Vertrag zwischen Deutsch-Lux sowie W. Kreis und C. A. Juengst über die Generalvertretung vom 21.02.1921.

688 Gemeinsamer Vertrieb von Eisenbahnoberbaumaterial, rollendem Eisenbahnmaterial und Waggons in Südamerika.
1921–1922
Vertrag zwischen Deutsch-Lux Dortmunder Union, Bochumer Verein und Fried. Krupp AG über die gemeinsame Behandlung und gegenseitige Verrechnung von Lieferungen an öffentliche Eisenbahnen in Argentinien, Paraguay und Uruguay vom 29.11.1921 (Abschrift); dsgl. zwischen AG Hugo Stinnes für Seeschiffahrt und Überseehandel und Firma Staudt & Co. als Handelsvertretun-

gen der Vertragspartner für Argentinien vom 13./15.12.1921, mit Bestätigung der Deutsch-Lux Dortmunder Union vom 12.04.1922 (Abschrift).

873 Handelsvertretung der Deutsch-Lux Dortmunder Union in Brasilien.
1921
Vertretervertrag für Brasilien zwischen Deutsch-Lux Dortmunder Union, GBAG und Siemens-Schuckertwerke GmbH vom 29.11.1921 (nur von Siemens-Schuckertwerke GmbH parafiert); Richtlinien für den Warenverkehr zwischen Companhia Brasileira de Electricidade Siemens-Schuckertwerke und den „Montanwerken der I. G." [GBAG] vom 29.11.1921 (Abschrift).

874 Gemeinsames Vorgehen von Siemens-Schuckertwerke GmbH und Meguin AG bei Geschäften in China.
1922
Vertrag zwischen Siemens-Schuckertwerke GmbH und Meguin AG vom 11.05.1922 (Abschrift); Schreiben der Siemens-Schuckertwerke an die Deutsch-Lux Dortmunder Union zur Information über das Abkommen.

689 Stahl-Finanzierungs-Gesellschaft mbH.
1923
Vertrag über die Gründung der Stahl-Finanzierungs-Gesellschaft mbH zwischen August Thyssen-Hütte, Gewerkschaft, Deutsch-Lux Dortmunder Union, Hoesch AG, Fried. Krupp AG, Gutehoffnungshütte, Klöckner-Werke AG, Mannesmannröhren-Werke AG, Phoenix AG, Rheinische Stahlwerke und Stumm-Konzern GmbH vom 17.03.1923; Vertrag zwischen Stahl-Finanzierungs-Gesellschaft und Reichs-Kredit-Gesellschaft mbH über die Bereitstellung eines Diskontkredits in Höhe von M 300.000.000 zugunsten ihrer Gründungsgesellschaften vom 14.04.1923; Vertrag zwischen Stahl-Finanzierungs-Gesellschaft und Gründungsgesellschaften über die Bedingungen der Abnahme der von diesen nicht absetzbaren Roheisen-, Eisen-, Stahl- und Walzwerksproduktion, o. D. (Abschriften); Rundschreiben an die Mitglieder; Sitzungsniederschrift vom 21.04.1923.

2.1.3 Sonstiges

1539 Postverkehr und Telefonie der Deutsch-Lux Dortmunder Union.
1911–1916
Schriftwechsel zwischen Deutsch-Lux Dortmunder Union sowie Kaiserlichem Reichs-Postamt Berlin, Kaiserlichem Telegraphenamt Dortmund und Kaiserlichem Postamt Dortmund über Anmeldung und Abmeldung von Telefonanschlüssen, Verlegung von Telefonnummern und Zustellung von Telegrammen und Briefen, auch für Deutsch-Lux Differdingen und Deutsch-Lux Horst.

2.2 Recht und Versicherungen

2.2.1 Prozesse

1551 Verwaltungsgerichtsverfahren der Deutsch-Lux gegen die Gemeinde [Siegen-]Eiserfeld wegen Veranlagung zur Gemeindeumsatzsteuer.

1910, 1916–1920
Auszüge aus der Grundsteuerrolle; Wertzuwachssteuerordnung der Gemeinde Eiserfeld vom 30.05.1910 (gedruckt); Schriftwechsel zwischen Deutsch-Lux Dortmunder Union und Fritz Tölle über den Erwerb der Erzgruben Vereinigtes Bergmannsglück, Consolidiertes Umweg und Auguste Moll; Grundbuchauszüge; Gemeindeumsatzsteuerbescheid vom 04.12.1916; Einspruch der Deutsch-Lux Dortmunder Union vom 11.12.1916; Ablehnungsbescheid der Gemeinde Eiserfeld vom 05.02.1917; Schriftsätze der Verfahrensgegner; Beschluss des Kreisausschusses Siegen vom 03.12.1917; einzelne Schreiben zwischen Deutsch-Lux Dortmunder Union, Deutsch-Lux Bergverwaltung Siegerland, Kreis Siegen und Gemeinde Eiserfeld zum Verfahren.

1353 Zivilprozesse der Deutsch-Lux Dortmunder Union gegen Maschinisten wegen Sachbeschädigung im Rahmen eines Streiks.
1911–1913
Strafanzeige der Deutsch-Lux Dortmunder Union gegen mehrere Mitarbeiter wegen Sachbeschädigung vom 22.03.1911; Bericht der Deutsch-Lux Dortmunder Union über den Streik der Maschinisten für die Königliche Staatsanwaltschaft zu Dortmund vom April 1911; Urteil des Königlichen Landgerichts zu Dortmund zum Strafprozess gegen einen Maschinisten wegen fahrlässiger Tötung vom 26.01.1912; Ludwig Bernhard: „Die Zukunft der Sozialpolitik" (Sonderdruck aus der Zeitschrift „Stahl und Eisen" 32 (1912), H. 16); Ludwig Bernhard: „Sabotage in Deutschland", in: „Der Tag", Ausgabe B, Nr. 143 vom 21.07.1912; Zeitungsausschnitte; Schriftwechsel zwischen Deutsch-Lux Dortmunder Union, Arbeit Nordwest, RWHWB und Staatsanwaltschaft Dortmund zu den verschiedenen Zivil- und Strafprozessen.

1680 Klage der Deutsch-Lux Dortmunder Union gegen Maschinenfabrik Augsburg-Nürnberg AG Werk Gustavsburg und Grün & Bilfinger AG wegen Plagiierung ihres Entwurfs für eine Rheinbrücke in Köln.
1911–1913
Neun Gutachten von Sachverständigen, mit Aufriss-, Detail- und Konstruktionszeichnungen der konkurrierenden Brückenentwürfe sowie anderer, ähnlicher Brückenkonstruktionen (gedruckt); Ausschreibungsunterlagen der Stadt Köln für die Brücke (gedruckt).

1695 Klage der Deutsch-Lux gegen die Stahlwerks-Verband AG wegen Differenzen bei der Abrechnung von Lieferungen.
1911–1914
Schriftsätze der Prozessgegner; Niederschriften von Beweisaufnahme- und Zeugenvernehmungsterminen; Schriftwechsel zwischen Deutsch-Lux, Deutsch-Lux Dortmunder Union und Rechtsanwälten zum Verfahren.

1514 Zivilprozess der Providentia Allgemeine Versicherungsgesellschaft, Wien, gegen die Deutsch-Lux Dortmunder Union wegen Erstattung einer Versicherungsleistung.
1911, 1916–1919
Schriftsätze der Prozessgegner zur Klage wegen Zerstörung eines von der Weber & Stephan GmbH, Dortmund, genutzten Eisenbahnwaggons auf dem Werksgelände; Vertrag zwischen Deutsch-Lux Dortmunder Union und Firma Wilhelm Weber, Dortmund, über die Gewinnung von Schlacken auf der werkseigenen Schlackenhalde vom 15.05.1911 (Abschrift); Schriftwechsel

zwischen Deutsch-Lux Dortmunder Union, Frankfurter Allgemeiner Versicherungs-Aktien-Gesellschaft und Rechtsanwälten zum Prozess.

938 Zivilprozess der Deutsch-Lux Differdingen gegen die Firma S. Kyriazides & Co., Antwerpen, wegen Einhaltung eines Liefervertrags für Manganerz.
1913–1914
Klageschrift vom 18.10.1913; Schriftwechsel zwischen Deutsch-Lux Dortmunder Union, Deutsch-Lux Differdingen und Rechtsanwälten zu Vorbereitung der Klage und Vergleich mit der S. Kyriazides & Co.

1560 Zivilprozess der Sieg-Rhein Fabrik feuerfester Produkte GmbH gegen die Deutsch-Lux Dortmunder Union wegen Nichterfüllung eines Tonliefervertrags.
1914–1915
Einzelne Schreiben zwischen Deutsch-Lux Dortmunder Union und Rechtsanwälten zum Verfahren; Urteil des Königlichen Amtsgerichts Dortmund vom 12.03.1915.

1570 Vorbereitungen zu einem Zivilprozess der Deutsch-Lux Dortmunder Union gegen die Siegerländer Eisensteinverein GmbH wegen Erfüllung eines Erzliefervertrags.
1916
Einzelne Schreiben zwischen Deutsch-Lux Dortmunder Union und Rechtsanwälten zu den Chancen eines Verfahrens.

1441 Verwaltungsrechtsstreit der Deutsch-Lux Dortmunder Union gegen die Stadt Dortmund wegen Veranlagung zur Wertzuwachssteuer.
1917–1918
Zuwachssteuerbescheid für von Wilhelm Kohlpoth in Dortmund erworbene Grundstücke; Zuwachssteuererklärungen; Antrag der Deutsch-Lux Dortmunder Union auf Ermäßigung und Schriftsatz zur Klage vom 17.10.1917; Beschluss des Königlichen Regierungspräsidiums Arnsberg Bezirksausschuss vom 05.12.1917; Schriftwechsel zwischen Deutsch-Lux Dortmunder Union, Rechtsanwälten, Zuwachssteueramt Dortmund und Bezirksausschuss zu Verfahren und Einigung der Parteien.

37 Vertragsstreit um Lizenzzahlungen für ein „Scheibenspeichenrad" zwischen Deutsch-Lux Dortmunder Union und Patentinhaber Ignatz Urbaniak.
1918, 1924
Verträge zwischen Deutsch-Lux und Urbaniak vom 04.09.1918 und 18.09.1918 zur Übertragung des vorläufigen Patents (D.R.P. U 5827/20d) auf die Deutsch-Lux Dortmunder Union (Abschrift); Schriftwechsel zwischen Deutsch-Lux Dortmunder Union, Urbaniak und Patentanwälten wegen des Vorwurfs des Vertragsbruchs und angedrohter gerichtlicher Klage.

36 Zivilverfahren von Ignatz Urbaniak gegen die Deutsch-Lux wegen Schadensersatzzahlungen für die Nutzung des vorläufigen Patents über ein „Scheibenspeichenrad".
1918–1919, 1924–1926, 1947
Schriftsätze der Prozessbeteiligten (Abschriften und Entwürfe); Schriftwechsel zwischen Deutsch-Lux Dortmunder Union und Rechtsanwälten zum Verfahren; Urteile des Landgerichts Bochum und

des Oberlandesgerichts Hamm.
Darin auch: Schreiben von Urbaniak an die VSt von 1947 zu Schadensersatzforderungen.

821 Zivilprozess der Gewerkschaft Lohmannsfeld, Altenseelbach bei Burbach, gegen die Firma Alteisen- und Metallhandel Karl Fest wegen unerlaubten Abrisses einer Feldbahn auf dem Gelände der Grube Lohmannsfeld.
1918-1922
Schriftsätze der Prozessbeteiligten bzw. Anträge an das Königliche Amtsgericht Burbach; Beschlüsse des Amtsgerichts vom 26.07.1918, 17.09.1918 und 25.09.1918 sowie Urteil des Landgerichts Düsseldorf vom 26.11.1918 (Abschriften); Schriftwechsel zwischen Deutsch-Lux Dortmunder Union, Deutsch-Lux Bergverwaltung Siegerland, Gewerkschaft Lohmannsfeld und Rechtsanwälten zum Verfahren.

1443 Zivilprozess eines Arbeiters gegen die Deutsch-Lux Dortmunder Union wegen Lohnausfalls infolge defekter Maschinen.
1919-1920
Schriftsätze der Prozessbeteiligten zum Verfahren und Berufungsverfahren; Urteile von Gewerbegericht Dortmund vom 24.02.1919 und Landgericht Dortmund vom 26.01.1920; Niederschriften zur Beweisaufnahme und Zeugenbefragung; einzelne Schreiben zwischen Deutsch-Lux Dortmunder Union und Rechtsanwälten zum Verfahren.

154 Rechtsstreit zwischen Deutsch-Lux Dortmunder Union und Kurt Fischer (ehemaliger Geschäftsführer der Betriebskrankenkasse) über das Eigentum des Hauses in Dortmund, Brockhausweg 25.
1920-1925
Schriftwechsel zwischen Deutsch-Lux Dortmunder Union und Fischer sowie mit Rechtsanwälten, Handwerkern, Stadtverwaltung Dortmund und Gartenstadt Dortmund eGmbH über die Frage des rechtmäßigen Besitzes, Nutzungsrechte, Mietangelegenheiten, Hypotheken und Grundschulden, Renovierungsleistungen, Kaufoptionen, Räumungstermine u. a.
Darin auch: Erklärung zur Übernahme eines Geschäftsanteils in Höhe von M 300 an der Gartenstadt Dortmund eGmbH (Blankoformular).

273 Prozessunterlagen zur Schadensersatzklage der Deutsch-Lux Dortmunder Union gegen ehemalige Mitarbeiter wegen Streiks.
1924-1926, 1933
Schriftwechsel zwischen Deutsch-Lux Dortmunder Union, Gerichten, eigenen Rechtsanwälten und dem gegnerischen Rechtsanwalt Adolf Amecke über die Festsetzung des Streitwerts; Urteil des Oberlandesgerichts Hamm zum Streitwert vom 15.08.1924; Klage der Deutsch-Lux Dortmunder Union gegen Amecke wegen Verstoßes gegen die „guten Sitten" und „Bereicherung" sowie Anzeige bei der Anwaltskammer Hamm; Schriftsätze der Prozessgegner; Unterlagen zum Zwangsvollstreckungsverfahren gegen Amecke.

35 Zivilverfahren von Ignatz Urbaniak gegen die Deutsch-Lux wegen Schadensersatzzahlungen für die Nutzung des vorläufigen Patents über ein „Scheibenspeichenrad".
1925-1926
Schriftsätze der Prozessbeteiligten (Abschriften); Urteile des Landgerichts Bochum und des Oberlandesgerichts Hamm.

180 Zivilverfahren von Ignatz Urbaniak gegen die Deutsch-Lux wegen Schadensersatzzahlungen für die Nutzung des vorläufigen Patents über ein „Scheibenspeichenrad".
1925–1927
Schriftsätze der Prozessbeteiligten (Abschriften); Unterlagen zum Beweisaufnahmeverfahren; Schriftwechsel zwischen Deutsch-Lux Dortmunder Union und Rechtsanwälten zum Verfahren.

2.2.2 Patente und Lizenzen

312 Erwerb verschiedener Lizenzen der Stahlwerke Richard Lindenberg AG zur Elektrostahlerzeugung durch die Deutsch-Lux.
1911, 1914
Vertragsentwürfe; Schreiben von Richard Lindenberg an Albert Vögler zur Bestätigung von Vertragsabschlüssen über die Lizenzierung verschiedener Patente und Patentanmeldungen im Bereich der Erzeugung von Elektrostahl und Nutzung der Verfahren in den Werken der Deutsch-Lux in Luxemburg und im Deutschen Reich ohne Schlesien vom 08.02.1911 und 17.02.1911 sowie einzelne Schreiben zu Vertragsänderungen.

1012 Lizenzierung von Verfahren zur Bearbeitung von Metallen unter Wasser der Deutsch-Lux zum Vertrieb in Belgien, Frankreich und Luxemburg.
1912–1922
Schriftwechsel zwischen Deutsch-Lux Dortmunder Union, Rechtsanwälten und L'Oxydrique Internationale Société Anonyme, Brüssel, als Inhaberin verschiedener ähnlicher Patente in Belgien über Patentansprüche, Unterschiede der Verfahren, das Patentrecht in Belgien sowie die Vergabe und Übernahme von Lizenzen (deutsch und französisch); Verträge zwischen beiden Unternehmen über die Lizenzierung der Patente der Deutsch-Lux Dortmunder Union an die L'Oxydrique Internationale zum Vertrieb in Belgien, Frankreich und Luxemburg, o. D. (Entwürfe); verschiedene Patentschriften des Kaiserlichen Patentamts zu Patenten der Deutsch-Lux und anderer Erfinder im Bereich des Trennens und Schweißens von Metallen unter Wasser.

459 Erwerb einer Vertriebslizenz für einen „Pfahlzieher" durch die Deutsch-Lux Dortmunder Union.
15.01.1920
Vertrag zwischen Deutsch-Lux Dortmunder Union und Deutsche Maschinenfabrik AG vom 15.01.1920 über eine exklusive Vertriebslizenz für eine zum Patent angemeldete Vorrichtung zum Herausziehen von Pfählen und Spundwänden unter dem Namen „Demag-Union-Pfahlzieher".

420 Lizenzerwerb der Deutsch-Lux Dortmunder Union im Bereich der Riemenscheibenproduktion.
1920
Vertrag zwischen Deutsch-Lux Dortmunder Union und Skandinavisk Staalremskive-Fabrik Aktieselskab, Kopenhagen, über die Lizenzierung und den potenziellen Erwerb von Patenten im Bereich der Produktion von Riemenscheiben aus Stahlblech vom 29.05.1920 (nicht parafierte Kopie), mit Entwürfen, handschriftlichen Vermerken und Ergänzungen.

1440 Erwerb eines Patents zur Herstellung von Kraftfahrzeugscheibenrädern aus Stahlblech durch die Deutsch-Lux Dortmunder Union.
1920

Vertrag zwischen Deutsch-Lux Dortmunder Union und Max Schellberg & Co. GmbH, Karlsruhe, über den Erwerb aller Patent- und Gebrauchsmusterrechte unter Vorbehalt der Patenterteilung vom 03.12.1920.

465 Erwerb einer Produktions- und Vertriebslizenz für eine Blechschere durch die Deutsch-Lux Dortmunder Union.
1920–1921
Vertrag zwischen Deutsch-Lux Dortmunder Union und Walter Ciliax vom 30.6./14.07.1920 über eine Produktions- und Vertriebslizenz für eine „Schere zum Schneiden von Blech, Band- und Profileisen" (D.R.P. C 28158 I/49 b); Verträge zwischen Ciliax, Louis Dahlmann und Herbert Kalweit über die Gründung der Westfalen, Werkzeug- und Maschinengesellschaft mbH vom 19.02.1921 (Abschrift) sowie zur Ergänzung des Gründungsvertrags vom 25.02.1921 (Abschrift).

2.2.3 Steuern

1008 Sammlung von Gemeindesteuerordnungen und Ortsstatuten.
1895–1913
U. a. Kreise Arnsberg und Hattingen, Gemeinden [Wissen-]Blickhauserhöhe, [Dortmund-]Brünninghausen, [Bochum-]Dahlhausen, Dortmund, [Dortmund-]Eving, [Essen-]Freisenbruch, Groß-Döhren im Kreis Liebenburg, [Essen-]Horst, [Dortmund-]Hacheney, [Sprockhövel-]Haßlinghausen, [Sprockhövel-]Hiddinghausen, [Essen-]Königssteele, [Dortmund-]Kirchhörde, [Bochum-]Linden, [Dortmund-]Mengede, [Dortmund-]Oestrich, [Sprockhövel-]Obersprockhövel, Othfresen im Kreis Liebenburg, [Bochum-]Stiepel, [Herne-]Wanne, [Bochum-]Weitmar und Wenden im Kreis Olpe (gedruckt und Abschriften).

265 Gemeindeeinkommensteuer und Gewerbesteuer der Deutsch-Lux Dortmunder Union in der Gemeinde Balve (Bezirk Arnsberg).
1918–1921
Steuerbescheide; Schriftwechsel zwischen Deutsch-Lux Dortmunder Union, Deutsch-Lux und Gemeinde Balve zur Veranlagung.

2.2.4 Versicherungen

2603 Lebensversicherungen leitender Angestellter.
o. D.
Aufstellung zu den Zuschüssen der Deutsch-Lux zu den Versicherungsprämien.

1629 Feuerversicherung der Gruben Ver. Neuherzkamp und Neusprockhövel bei Sprockhövel.
1883–1919
Lagepläne; Aufstellungen zu Gebäuden, Maschinen und Betriebsanlagen der Gruben, mit Angaben zum Versicherungswert; Auszüge aus Versicherungspolicen (Abschriften); Anweisung für das Betriebspersonal für elektrische Licht- und Kraftanlagen; Vorsichtsbedingungen für elektrische Licht- und Kraftanlagen; Besondere Versicherungsbedingungen für Fabriken und gewerbliche Anlagen der Vaterländischen Feuerversicherungs-Actien-Gesellschaft, 1906 (gedruckt); Schriftwechsel zwischen Union AG bzw. Deutsch-Lux Dortmunder Union, Union AG Eisensteinbergbau

bzw. Union AG Bergbau 2 bzw. Deutsch-Lux Dortmunder Union Eisensteinbergbau zur Veränderung der Versicherungswerte und Zahlung von Prämien.

1517 Brandschäden bei Union AG bzw. Deutsch-Lux Dortmunder Union.
1908–1916
Aufstellungen zu den Brandschäden bei Union AG Dortmunder Hütten- und Walzwerke, Union AG Horst bzw. Deutsch-Lux Horst sowie den Zechen Adolf von Hansemann, Carl Friedrichs Erbstolln und Glückauf Tiefbau, mit Angabe der Schadenshöhe, Juli 1908 bis Juli 1916.

696 Feuerversicherung für zwei Gebäude der Grube Wohlverwahrt.
1910, 1915
Versicherungsschein der „Vaterländischen" und „Rhenania" Vereinigte Versicherungs-Gesellschaften AG vom 13./15.11.1915, mit Nachtrag und Allgemeinen Versicherungsbedingungen, 1910.

1002 Versicherung von Montagearbeitern.
1912–1914
Schriftwechsel zwischen Deutsch-Lux Dortmunder Union, Landesversicherungsanstalt Rheinprovinz und Landesversicherungsanstalt Westfalen über die Verwendung von Versicherungsmarken der Landesversicherungsanstalt Westfalen auch für Baustellen im Zuständigkeitsbereich der Landesversicherungsanstalt Rheinprovinz.

344 Brandschaden im Walzwerk II.
1913
Aktenvermerke der Deutsch-Lux Dortmunder Union über zuständige Versicherungen; Aufstellungen zu den zerstörten und beschädigten Gegenständen; Schadensgutachten des Sachverständigen Rudolf Kunsch vom 19.06.1913; Schriftwechsel, mit Schadensübernahmeerklärungen verschiedener Versicherungen.

345 Brandschaden im Umkleideraum des Presswerks.
1914
Aktenvermerke der Deutsch-Lux Dortmunder Union über den Schadenshergang; Aufstellung der zerstörten und beschädigten Gegenstände; Schriftwechsel, mit Schadensübernahmeerklärungen von verschiedenen Versicherungen.

1562 Einbruchdiebstahlversicherung.
1921–1922
Versicherungspolicen der „Vaterländischen" und „Rhenania" Vereinigte Versicherungs-Gesellschaften Aktien-Gesellschaft; einzelne Schreiben zwischen Deutsch-Lux Dortmunder Union und Aachener und Münchner Feuer-Versicherungs-Gesellschaft zur Erhöhung der Versicherungssumme der Deutsch-Lux Dortmunder Union Werk Rothe Erde.

2.2.5 Grundstücke und Pachten
2.2.5.1 Haus- und Grunderwerb

Dortmund

1442 Haus- und Grunderwerb der Deutsch-Lux in Dortmund, Sunderweg 50.
1858, 1898, 1918–1921, 1925–1926
Notariell beglaubigtes Kaufangebot von Franz Peis vom 11.02.1918; Annahmeerklärung der Deutsch-Lux vom 05.03.1918; Wertgutachten; Gemeindeumsatzsteuerbescheid; Auszüge aus dem Hypothekenbuch der Stadt Dortmund; Hypothekenbriefe; einzelne Schreiben zwischen Deutsch-Lux Dortmunder Union, Peis und Städtischer Sparkasse zu Dortmund über Verkauf, Grundbuchauflassung und Tilgung von Hypotheken.

318 Haus- und Grunderwerb der Deutsch-Lux in Dortmund, Sunderweg 52.
1861–1864, 1918–1921, 1925–1931
Kaufvertrag zwischen Deutsch-Lux und Caroline Rettberg vom 05.02.1918; Unterlagen zur Wertermittlung, auch für andere Grundstücke am Sunderweg; Grundbuchauszüge; Schriftwechsel zwischen Deutsch-Lux Dortmunder Union, Rettberg und Städtischer Sparkasse zu Dortmund über hypothekarische Lasten; Hypothekenbriefe; Schuldverschreibungen; Schriftwechsel zwischen VSt Grundstücksabteilung Dortmund, Sparkasse und Familie der Verkäuferin zur Aufwertung der Hypotheken.

1734 Haus- und Grunderwerb der Deutsch-Lux in Dortmund, Aachener Straße 9.
1868–1870, 1911, 1918–1920, 1925
Kaufvertrag zwischen Deutsch-Lux Dortmunder Union und Wilhelmine Hoyer vom 14.03.1918; Grundbuchauszüge; Gemeindeumsatzsteuerbescheid der Stadt Dortmund; Hypothekenbrief; notariell beglaubigte Erklärung von Wilhelm Hoyer über den Erhalt eines Darlehens von der Städtischen Sparkasse zu Dortmund vom 01.02.1870; Grund- und Aufrisszeichnungen des Hauses; Lageplan; einzelne Schreiben zwischen Deutsch-Lux, Deutsch-Lux Dortmunder Union, Sparkasse und Stadt Dortmund über Grundbuchauflassung, Zinszahlungen zur Hypothek und Steuerveranlagung.

256 Grunderwerb der Deutsch-Lux in Dortmund, Aachener Straße 17, 19 und 21.
1872–1877, 1896, 1905–1921, 1926–1927
Kaufvertrag zwischen Deutsch-Lux und Carl Schäfer vom 15.05.1913 (Kopie); Schriftwechsel zwischen Union AG bzw. Deutsch-Lux Dortmunder Union, Schäfer und seinen Bevollmächtigten über Preise und Verkaufsbedingungen sowie durch die Zeche Tremonia hervorgerufene Bergschäden, Erschütterungen durch den Fallhammer des benachbarten Werks der Deutsch-Lux Dortmunder Union und massive Rauchbelästigungen durch die Zechenbahn; Grundbuchauszüge; Schriftwechsel zwischen Deutsch-Lux Dortmunder Union bzw. VSt Grundstücksabteilung Dortmund, Stadt Dortmund und Städtischer Sparkasse Kamen zum Erwerb; Bestimmungen für die Benutzung der öffentlichen Wasserleitung der Stadt Dortmund vom 04.02.1896/20.03.1908; Wassergeldtarif vom 01.04.1909; Polizeiverordnung betreffend die Benutzung der öffentlichen Wasserleitung und des derselben entnommenen Wassers vom 07.12.1894; Policen der Berlinischen Feuer-Versicherungs-Anstalt, 1872 und 1877.

847 Grunderwerb der Deutsch-Lux in Dortmund, Leierweg 49.
1889, 1913–1914, 1920–1926
Angebot des Verkäufers Theodor Haurtmann vom 22.01.1920; Annahmeerklärung der Deutsch-Lux vom 28.02.1920; Schriftwechsel zwischen Deutsch-Lux Dortmunder Union, Haurtmann und Städtischer Sparkasse zu Dortmund über den Verkauf und die Aufwertung von Hypotheken; Grunderwerbssteuerbescheid; Hypothekenbriefe vom 24.09.1889 und 28.08.1913; Versicherungsschein der Vaterländische und Rhenania Vereinigte Versicherungs-Gesellschaften AG für eine Versicherung gegen Wasserleitungsschäden vom 16.01.1914 (Abschrift).

327 Haus- und Grunderwerb der Deutsch-Lux in Dortmund, Sunderweg 82.
1889, 1916–1920
Verkaufsangebot von Bernard Mönkebüscher vom 08.03.1917; Annahmeerklärung der Deutsch-Lux vom 14.03.1917; einzelne Schreiben zwischen Deutsch-Lux Dortmunder Union, Mönkebüscher und Städtischer Sparkasse zu Dortmund über Hypotheken; Grundbuchauszüge; Auszüge aus der Grundsteuerrolle Dortmund.

38 Hauserwerb der Deutsch-Lux in Dortmund, Huckarder Straße 88 und 90.
1895, 1921–1926
Kaufvertrag zwischen Deutsch-Lux und Friedrich Wilhelm Spennemann vom 27.10.1921 (Abschrift); Grundbuchauszüge; Schriftwechsel zwischen Deutsch-Lux Dortmunder Union und Sparkasse der Stadt Hörde zur Löschung von Hypotheken; Haftpflichtversicherungsscheine der Victoria zu Berlin Allgemeine Versicherungs-Actien-Gesellschaft für Carl Spennemann; Zinsen-Quittungsbuch der Sparkasse.

839 Haus- und Grunderwerb der Deutsch-Lux in Dortmund, Sunderweg 38–44.
1902, 1917, 1921–1927
Vertrag zwischen Deutsch-Lux und Josef Striewe vom 24.11.1917; Hypothekenbriefe; Schriftwechsel zwischen VSt Grundstücksabteilung Dortmund, Amtsgericht Dortmund, Rechtsanwälten und Witwe Minna Striewe über einen Vergleich sowie die Aufwertung und Eintragung von Hypotheken; Testament von Minna und Josef Striewe vom 16.05.1902 (Abschrift); Gutachten zum Friedenswert der Besitzung vom 25.06.1926; Grundbuchauszüge; Quittungen über Zinszahlungen der Städtischen Sparkasse zu Dortmund.

1755 Haus- und Grunderwerb der Deutsch-Lux in Dortmund, Sunderweg 56.
1903, 1913, 1917–1921
Kaufangebot der Firma Gebr. Eppinghausen, Dortmund, vom 19.04.1917; Annahmeerklärung der Deutsch-Lux Dortmunder Union vom 28.04.1917; Grundbuchauszug, Wertgutachten; Grund- und Aufrisszeichnung des Hauses; Gemeindeumsatzsteuerbescheid; Hypothekenbrief; einzelne Schreiben zwischen Deutsch-Lux Dortmunder Union, Gebr. Eppinghausen und Stadt Dortmund zu Verkaufsmodalitäten, Zahlung von Hypothekenzinsen, Löschung von Hypotheken und Begradigung von Fluchtlinien.

176 Hauserwerb der Deutsch-Lux in Dortmund, Poststraße 32.
1903–1904, 1909–1914, 1920–1921, 1926–1928
Schriftwechsel zwischen Deutsch-Lux Dortmunder Union, Verkäufer Carl Wilms, Stadt Dortmund sowie Mitteldeutscher Bodenkreditanstalt über Hypotheken und Steuerfragen; Auszüge aus der

Gebäudesteuerrolle; Grundbuchauszüge; Lagepläne; Grunderwerbssteuerbescheide; Hypothekenbriefe; Verträge von Wilms mit den Eigentümern von Nachbargrundstücken über gemeinschaftliches Eigentum von Gartenmauern, 1904.

2565 Haus- und Grunderwerb der Deutsch-Lux in Dortmund, Aachener Straße 14.
1904–1927
Grundbuchauszüge; notariell beglaubigtes Verkaufsangebot von Karl Heinrich vom 06.07.1920; Annahmeerklärung der Deutsch-Lux vom 31.07.1920; Hypothekenbriefe; Vertrag zwischen Carl Eickmeyer als Verkäufer und Heinrich über den Verkauf des Grundstücks vom 01.10.1909; Darlehensverträge von Germania Brauerei AG, Dortmunder Actien-Brauerei und Rheinisch-Westfälischer Boden-Credit-Bank; Vertrag zwischen Deutsch-Lux und Bernhard Müller über die Verpachtung der Gaststätte vom 15.01.1921; Schriftwechsel zwischen Deutsch-Lux, Deutsch-Lux Dortmunder Union und Darlehnsgebern über Darlehnstilgung, Hypotheken- und Grundbuchangelegenheiten.

287 Haus- und Grunderwerb der Deutsch-Lux in Dortmund, Huckarder Str. 150.
1907, 1912, 1921–1922, 1925–1926
Kaufvertrag zwischen Deutsch-Lux und August Kaiser vom 27.10.1921; Schriftwechsel zwischen Deutsch-Lux Dortmunder Union und Stadt Dortmund, u. a. über Müll- und Abwassergebühren; Aufstellung über den Hausbesitz der Deutsch-Lux in Dortmund, o. D.; Steuerbescheide; Grundbuchauszug; Auszug aus der Grundsteuerrolle Dortmund, mit Lageplan; Grund- und Aufrisszeichnung des Hauses; notariell beglaubigte Erklärung von Kaiser und seiner Mutter über ein Darlehn vom 04.10.1912.

295 Haus- und Grunderwerb der Deutsch-Lux in Dortmund, Huckarder Str. 152.
1907, 1921–1922
Kaufvertrag zwischen Deutsch-Lux und Maria Kuhlmann vom 01.08.1921 (nicht unterzeichnete Abschrift); Schriftwechsel zwischen Deutsch-Lux, Deutsch-Lux Dortmunder Union und Stadt Dortmund, u. a. über Müll- und Abwassergebühren; Steuerbescheide; Grundbuchauszug; Kaufvertrag zwischen Wilhelm Kuhlmann als Käufer und August Kaiser vom 19.07.1907.

1001 Grund- und Hauserwerb der Deutsch-Lux in Dortmund, Bismarckstraße 60.
1908, 1914–1918
Kaufvertrag zwischen Deutsch-Lux und Cäcilie Glum vom 19.10.1917; Grundbuchauszüge, Auszüge aus der Grundsteuerrolle; Aktenvermerke; Schriftwechsel zwischen Deutsch-Lux Dortmunder Union und Glum über Hypotheken- und Mietangelegenheiten.

635 Haus- und Grunderwerb der Deutsch-Lux in Dortmund, Prinz-Wilhelm-Straße bzw. Erzberger Straße 1.
1910, 1922–1928
Kaufvertrag zwischen Deutsch-Lux und August Dörken vom 03.06.1922 (Abschrift); Lageplan; Schriftwechsel zwischen Deutsch-Lux Dortmunder Union bzw. VSt Grundstücksabteilung Dortmund und Preußische Central-Bodenkredit-Aktiengesellschaft zur Aufwertung einer Hypothek; Hypothekenbrief; Grunderwerbssteuerbescheid.

613 Grunderwerb der Deutsch-Lux in Dortmund, Aachener Straße Ecke Huckarder Straße.
1911
Notariell beglaubigte Urkunde über ein Verkaufsangebot und ein Kaufangebot zwischen Alfred Brinkmann als Vertreter des Verkäufers Heinrich Schulte-Witten und dem Grundstücksmakler Jean Helmus als Käufer im Auftrag der Deutsch-Lux vom 20.04.1911; Wertzuwachssteuerbescheid; Grundbuchauszüge; Schriftwechsel zwischen Deutsch-Lux Dortmunder Union, Schulte-Witten bzw. H. Schulte-Witten'sche Rentei-Verwaltung und Steuerbehörden über die Höhe des Wertzuwachses und die Veranlagung sowie den Einspruch des Unternehmens; Lageplan.

1439 Haus- und Grunderwerb der Deutsch-Lux in Dortmund, Prinz-Friedrich-Karl-Straße 30.
1911–1913, 1916–1921
Kaufvertrag zwischen Deutsch-Lux und Julius Lazarus als Vertreter von Paul und Willy Rose vom 03.11.1916; Grundbuchauszüge; Lageplan; Auszüge aus der Grundsteuerrolle; Schriftwechsel zwischen Deutsch-Lux Dortmunder Union, Lazarus, Firma Rose & Co., Preußischem Beamten-Verein zu Hannover, Rechtsanwälten und Königlichem Amtsgericht Dortmund über Grundbuchauflassung und Tilgung von Hypotheken.
Darin auch: Haftpflichtversicherungsschein der Aktien-Gesellschaft vormals Versicherungs-Anstalten der Bayer. Hypotheken- u. Wechselbank für Walter Hültenschmidt vom 14.10.1913.

944 Grundbuchangelegenheiten der Deutsch-Lux in Dortmund.
1911–1918, 1923
Auszüge aus der Grundsteuerrolle; einzelne Schreiben zwischen Deutsch-Lux, Deutsch-Lux Dortmunder Union und Grundbuchbehörden über Änderungen; interne Zahlungsanweisungen für Grundbuchkosten; Aufstellung der Arbeiter- und Beamtenwohnungen der Deutsch-Lux Dortmunder Union in Dortmund.

263 Grunderwerb der Deutsch-Lux in Dortmund.
1911–1921
Kaufvertrag zwischen Deutsch-Lux und Heinrich Parnitzke vom 25.08.1913, mit Entwürfen; Auszug aus der Gebäudesteuerrolle; Grundsteuerveranlagungen; Grundbuchauszüge; Schriftwechsel zwischen Deutsch-Lux Dortmunder Union und Stadt Dortmund über Steuern, Müllabfuhr und Wasserkosten sowie Städtischer Sparkasse zu Dortmund über Hypothekentilgung.
Darin auch: Zinsen-Quittungsbuch der Städtischen Sparkasse zu Dortmund.

202 Haus- und Grunderwerb der Deutsch-Lux in Dortmund, Sunderweg 84 und Teichstraße 6.
1911–1921
Kaufvertrag zwischen Deutsch-Lux und Salomon Goldschmidt vom 23.04.1914; Grundbuchauszüge; Quittungen der Müllabfuhr; Versicherungsschein über eine Haftpflichtversicherung des Allgemeinen Deutschen Versicherungs-Vereins, 1911, mit Tarifbestimmungen und Satzung; Schriftwechsel zwischen Deutsch-Lux Dortmunder Union, Maklern, Mietern, Versicherungen, Stadt Dortmund, Städtischer Sparkasse zu Dortmund und Dortmunder Bank-Verein über Mietangelegenheiten, Versicherungsfragen, Steuern und Hypotheken.

6 Grunderwerb der Deutsch-Lux in Dortmund an der Emscher.
1912–1913

Anliegeratteste; Flurkarte (Blaupause); Grundbuchauszüge; Schriftwechsel zwischen Deutsch-Lux Dortmunder Union und Emschergenossenschaft zum Grunderwerb.

963 Grunderwerb der Deutsch-Lux in Dortmund, Rheinische Straße.
1912–1913
Sammlung von Kaufverträgen (Durchschläge, teilweise unleserlich verblasst); Vollmachten; Schriftwechsel zwischen Deutsch-Lux Dortmunder Union, Maklern, Behörden und Emschergenossenschaft über die Ankäufe; Lage- und Grunderwerbsplan der Emschergenossenschaft zur Verlegung des Flusses in Dortmund, 1912; Grundbuchauszüge; Auszüge aus der Grundsteuerrolle.

48 Grunderwerb der Deutsch-Lux in Dortmund, Rheinische Straße.
1913
Kaufvertrag zwischen Deutsch-Lux Dortmunder Union und Heinrich Schulte vom 08.09.1913.

967 Grunderwerb der Deutsch-Lux in Dortmund zur Anlage eines Rangierbahnhofs für die Abteilung Dortmunder Union.
1913, 1918
Pachtvertrag zwischen Deutsch-Lux und August Hanebeck als Vertreter der Firma C. Hanebeck vom 08.11.1913, mit Kaufoption und notariell beglaubigter Erklärung der Deutsch-Lux über die Nutzung der Option vom 30.11.1918; Postzustellungsurkunden.

1010 Grund- und Hauserwerb der Deutsch-Lux in Dortmund, Landgrafenstraße 125.
1913, 1922–1928
Schriftwechsel zwischen Deutsch-Lux Dortmunder Union bzw. VSt Grundstücksabteilung Dortmund, Stadt Dortmund, Banken und Verkäufer Alexander Groote zu Verkauf und Hypothekenangelegenheiten; Grunderwerbssteuerbescheid; Grundbuchauszüge; Hypothekenbriefe.

1737 Grunderwerb der Deutsch-Lux in Dortmund, Rheinische Straße.
1913–1917
Verkaufsangebot von Heinrich Schulte an Paul Lutter vom 09.09.1913; Grundbuchauszug; Erklärung der Stadt Dortmund vom 10.06.1914 zur Annahme des Verkaufsangebots Schultes vom 29.05.1914; Erklärung der Stadt Dortmund vom 21.07.1916 zur Abtretung der Rechte aus dem Kaufvertrag der Stadt mit Schulte an die Deutsch-Lux; Gemeindeumsatzsteuerbescheid; Schriftwechsel zwischen Deutsch-Lux Dortmunder Union, Stadt Dortmund und Schulte zu Kaufverhandlungen der Stadt im Auftrag der Deutsch-Lux, Erwerb und Auflassung des Grundstücks.

319 Grunderwerb der Deutsch-Lux zur Anlage einer Seilbahn und einer Wasserleitung zwischen Deutsch-Lux Dortmunder Union und Zeche Kaiser Friedrich.
1913–1920
Schriftwechsel zwischen Deutsch-Lux und Deutsch-Lux Dortmunder Union über Grunderwerbskosten und Angebote; Flurkarten; Auszüge aus den Grundsteuerrollen von Stadt Dortmund und Gemeinden [Dortmund-]Kirchhörde, Menglinghausen und Barop.

160 Grunderwerb der Deutsch-Lux in Dortmund, Sunderweg 58.
1913–1921
Kaufvertrag zwischen Deutsch-Lux Dortmunder Union und Stadt Dortmund vom 22.01.1917 (Kopie); Schriftwechsel zwischen Deutsch-Lux Dortmunder Union, Städtische Sparkasse zu Dortmund

und mehreren Maklern zum Erwerb; Grundbuchauszüge; Steuerbescheide; Quittungen.

1009 Grund- und Hauserwerb der Deutsch-Lux in Dortmund, Göbenstraße 30.
1914, 1920–1927
Kaufvertrag zwischen Deutsch-Lux und Walter Hültenschmidt vom 22.03.1920; Grundbuchauszüge; Hypothekenbriefe; Aktenvermerke; Aufstellung des Inventars; Schriftwechsel zwischen Deutsch-Lux Dortmunder Union bzw. VSt Grundstücksabteilung Dortmund, Stadt Dortmund, Banken und Hültenschmidt zu Verkauf, Hypothekenangelegenheiten und Ablösung von Bürgschaften; Grunderwerbssteuerbescheid; Versicherungsschein der Albingia Versicherungs-AG zu einer Wasserschadenversicherung vom 05.08.1918, mit Verlängerungsschein, Allgemeinen Versicherungsbedingungen und Prämienrechnung.

736 Grunderwerb der Deutsch-Lux in Dortmund, Kaiser-Wilhelm-Allee.
1914–1919
Schriftwechsel zwischen Deutsch-Lux Dortmunder Union, Albert Vögler und dem Verkäufer Hermann Mathies über Verkauf und Grundbuchänderungen, mit dem Ausschuss für Kleingartenbau in Dortmund über die landwirtschaftliche Nutzung der Grundstücke und der Städtischen Sparkasse zu Dortmund über die Hypothekentilgung; Aufruf des Ausschusses für Kleingartenbau, mit Beilage „Kleingartenbau und Kriegsfürsorge" (1914); Lagepläne; Steuerbescheid.

559 Grunderwerb der Deutsch-Lux in Dortmund, Hahnenmühlenweg.
1916, 1920–1921
Kaufvertrag zwischen Deutsch-Lux Dortmunder Union sowie Moritz Rosenberg, Louis Rosenberg und Albert Goldschmidt als Vertreter der Erben von Seligmann Rosenberg vom 15.12.1920 (Abschrift); Lageplan; Steuerbescheid; Schriftwechsel zwischen Deutsch-Lux Dortmunder Union und Stadt Dortmund zum Erwerb; Urkunde über die Bestellung der drei Verkäufer zu Testamentsvollstreckern vom 29.04.1916 (Abschrift).

724 Grunderwerb der Deutsch-Lux in Dortmund.
1916, 1922
Notariell beglaubigtes Kaufangebot von Auguste Schäfer, auch für weitere, nicht genannte Eigentümer vom 14.09.1916; Annahmeerklärung der Deutsch-Lux vom 26.09.1916 und Auflassungsbestätigung der Verkäufer (Abschriften); Grundbuchauszüge; Steuerbescheid; Schriftwechsel zwischen Deutsch-Lux Dortmunder Union und Hermann Schaeffer als Vertreter der Verkäufer über die Grundbuchänderung.

392 Grunderwerb der Deutsch-Lux an der Emscher in Dortmund.
1916–1918
Notariell beglaubigtes Kaufangebot von Louis Kramberg, Richard Winterkamp und Frieda Brockhaus als Erben von Dietrich Hallermann an Eduard Kallen, Beauftragter der Deutsch-Lux, und Erklärung Kallens über Annahme des Angebots vom 17.10.1916; Schriftwechsel zwischen Kallen und Deutsch-Lux Dortmunder Union über Verzögerung des Verkaufs und unklare Erbschaftsverhältnisse; Grundbuchauszüge; Steuerbescheide.

1722 Grunderwerb der Deutsch-Lux in Dortmund.
1916–1919

Grundbuchauszüge; Zuwachssteuerbescheid und Gemeindeumsatzsteuerbescheid der Stadt Dortmund; einzelne Schreiben zwischen Deutsch-Lux Dortmunder Union, den Verkäufern Bernhard Kress und Richard Buserath sowie Stadt Dortmund über Grundbuchauflassung, Rückzahlung eines hypothekarisch gesicherten Darlehens und Steuerveranlagung.

1505 Grunderwerb der Deutsch-Lux in Dortmund, Mallinckrodtstraße.
1916–1920
Kaufangebot von Henriette Kohlpoth vom 21.02.1916; Annahmeerklärung der Deutsch-Lux vom 13.11.1916; Auszug aus den Vorschriften des Zuwachssteuergesetzes vom 14.11.1911 (gedruckt); Grundbuchauszüge; Grundsteuerbescheid; Schriftwechsel zwischen Deutsch-Lux Dortmunder Union, Königlichem Amtsgericht Dortmund und Kohlpoth zu Vertragsmodalitäten, Tilgung von Hypotheken, Ratenzahlung und Grundbuchauflassung.

184 Hauserwerb der Deutsch-Lux in Dortmund, Göbenstraße 12.
1917, 1921–1927
Kaufvertrag zwischen Deutsch-Lux und Bankier Walter Meininghaus vom 15.10.1917; Schriftwechsel zwischen Deutsch-Lux Dortmunder Union und Meininghaus zum Erwerb; Hypothekenbrief; Unterlagen zum Hypothekenaufwertungsverfahren.
Darin auch: Aktenvermerk über die hypothekarische Gesamtbelastung von Deutsch-Lux, Bochumer Verein und GBAG vom 01.10.1925.

203 Wertermittlung von Gebäuden in Dortmund.
1917–1919
Wertgutachten für die Häuser Aachener Straße 10 und 12 sowie Alte Radstraße 3; Schriftwechsel zwischen Deutsch-Lux Dortmunder Union und Städtische Sparkasse zu Dortmund über einen Erwerb; Entwurf eines Kaufvertrags.

1218 Haus- und Grunderwerb der Deutsch-Lux in Dortmund, Prinz-Friedrich-Karl-Straße 48.
1917–1920
Kaufvertrag zwischen Deutsch-Lux sowie Carl Cludius und Fritz Gater vom 16.01.1917; Auszug aus der Gebäudesteuerrolle; einzelne Schreiben zwischen Deutsch-Lux Dortmunder Union, Stadt Dortmund und Fritz Gater & Comp. GmbH über Grundbuchänderungen, Feuerversicherung, Tilgung von Hypotheken und Steuerfragen.

307 Haus- und Grunderwerb der Deutsch-Lux in Dortmund, Sunderweg 74 und 74a.
1917–1920
Kaufvertrag zwischen Deutsch-Lux und Wilhelm Voigt vom 13.07.1917; Schriftwechsel zwischen Deutsch-Lux Dortmunder Union, Städtischer Sparkasse zu Dortmund und Stadt Dortmund zu Hypotheken und Grundbuchangelegenheiten; Grundbuchauszüge; Steuerbescheide.

1455 Haus- und Grunderwerb der Deutsch-Lux in Dortmund, Sunderweg 41, 43 und 60.
1918
Grundbuchauszug (Abschrift); Aufrisszeichnung der Häuser (Handzeichnung); einzelne Schreiben zwischen Deutsch-Lux Dortmunder Union und Verkäufer Otto Base.

285 Beabsichtigter Grunderwerb der Deutsch-Lux in Dortmund.
1918–1919
Entwurf eines Kaufvertrags zwischen Deutsch-Lux und Firma Carl Hanebeck über ein bereits von der Deutsch-Lux Dortmunder Union als Rangierbahnhof angepachtetes Gelände zwischen den Strecken von Rheinischer Eisenbahn und Bergisch-Märkischer Eisenbahn, o. D.; Schriftwechsel zwischen Deutsch-Lux Dortmunder Union und Firma Carl Hanebeck über Kaufpreis, Pachtzahlungen und Auflösung von Pachtverträgen anderer Nutzer.

1430 Grunderwerb der Deutsch-Lux in Dortmund, Prinz-Friedrich-Carl Straße 47.
1918–1919
Kaufvertrag zwischen Deutsch-Lux und Wilhelm Pieper als Bevollmächtigtem der Erben von Emil Hessler vom 28.06.1918 (Abschrift); Vollmachten; Grundbuchauszüge; Umsatzsteuerbescheid; Grundsteuerbescheid; Hypothekenbrief; einzelne Schreiben zwischen Deutsch-Lux Dortmunder Union, Pieper und Sparkasse zu Mengede zu Verkauf; Grundbuchauflassung und Tilgung von Hypotheken.

316 Haus- und Grunderwerb der Deutsch-Lux in Dortmund, Sunderweg 46.
1918–1919
Wertgutachten der Deutsch-Lux Dortmunder Union; Aktenvermerke der Deutsch-Lux Dortmunder Union zu Besprechungen mit dem Verkäufer August Lohmann.

722 Grund- und Hauserwerb der Deutsch-Lux in Dortmund, Huckarder Straße 134.
1918–1921
Notariell beglaubigtes Kaufangebot von Gustav Schade vom 18.02.1918 und Annahmeerklärung der Deutsch-Lux vom 08.03.1918; Auszüge aus Gebäudesteuerrolle und Flurkarte; Grundbuchauszüge; Steuerbescheid; internes Wertgutachten; Schriftwechsel zwischen Deutsch-Lux Dortmunder Union und Gustav Schade Maschinenfabrik für Aufbereitung und Bergbau über den Vertragsabschluss und Grundbuchänderungen sowie Schreiben an die Sparkasse Körbecke (Kreis Soest) zur Überweisung von Hypothekenzinsen.

8 Grund- und Hauserwerb der Deutsch-Lux in Dortmund, Leierweg 37, 39, 41, 47 und 47a.
1918–1921
Kaufvertrag zwischen Deutsch-Lux Dortmunder Union und Frau [!] Emil Schmidt vom 02.07.1918; Wertgutachten; Grundbuchauszüge; Schriftwechsel zwischen den Vertragspartnern sowie mit der Städtischen Sparkasse zu Dortmund zum Kauf.

324 Haus- und Grunderwerb der Deutsch-Lux in Dortmund, Knappenbergerstraße 50.
1922–1926
Kaufvertrag und Nebenvertrag zwischen Deutsch-Lux und Dortmunder gemeinnützige Bau-Aktiengesellschaft „Hellweg" vom 16.10.1922; Grundbuchauszüge; Lageplan; Auszug aus der Grundsteuerrolle; Schriftwechsel zwischen Deutsch-Lux Dortmunder Union und Bau-Aktiengesellschaft zum Erwerb.

Sonstiges

261 Grundstücksangelegenheiten der Eisensteingruben Carolus, Themis und Johann (Runkel, Kreis Oberlahn).
1909–1911
Grundbuchauszüge; Schriftwechsel zwischen Union AG bzw. Deutsch-Lux Dortmunder Union und Katasterbehörden.

1716/1 Grundbuchangelegenheiten der Deutsch-Lux nach Erwerb der Union AG.
1910–1911
Grundbuchauszüge; Schriftwechsel zwischen Deutsch-Lux, Deutsch-Lux Dortmunder Union und verschiedenen Grundbuchämtern zur Änderung der Grundbücher.

1716/2 Dsgl.

314 Grundbucheintragung der Eisenerzgrube Essinghausen III.
1912
Schriftwechsel zwischen Deutsch-Lux Dortmunder Union und Herzoglichem Amtsgericht Vechelde zu Grundbuchangelegenheiten.

725 Grunderwerb der Deutsch-Lux in [Wissen-]Blickhauserhöhe.
1913–1914
Kauf- und Pachtangebote von Peter Rödder vom 08./15.10.1913 und Annahmeerklärung der Deutsch-Lux vom 20.10.1913; Grundbuchauszüge; Steuerbescheid; Auszug aus der Grundsteuerrolle; Auszug aus einer Flurkarte; Schriftwechsel zwischen Deutsch-Lux Dortmunder Union und Rödder über die Grundbuchänderung.

1557 Haus- und Grunderwerb der Deutsch-Lux in Kleinenbremen bei Minden für die Grube Wohlverwahrt.
1914–1921
Auszüge aus der Grundsteuerrolle; Grundbuchauszüge; Kaufangebote von Friedrich Harting an die Deutsch-Lux vom 30.09.1914 und 27.03.1915; Annahmeerklärung vom 02.10.1915; Schriftsätze zum Verwaltungsgerichtsverfahren von Heinrich Heine gegen das Amt Hausberge bei Minden wegen Einziehung eines öffentlichen Wegs zugunsten der Grube Wohlverwahrt; Schriftwechsel zwischen Deutsch-Lux Dortmunder Union, Deutsch-Lux Dortmunder Union Eisenerzbergbau, Grube Wohlverwahrt, Amt Hausberge und Harting über Verkauf, Auflassung der Grundstücke, den durch einen Vergleich beendeten Verwaltungsrechtsstreit und die Verzinsung des nicht ausgezahlten Kaufpreises.

43 Grunderwerb der Deutsch-Lux in [Dortmund-]Deusen.
1916–1919, 1925
Vertragliches Angebot des Verkäufers Johann Heinrich Hermann Plaas an die Stadt Dortmund über ein Vorkaufsrecht vom 09.08.1916 (Kopie); Angebotsverlängerung bis 31.12.1925; Schriftwechsel zwischen Deutsch-Lux Dortmunder Union und Stadt Dortmund zum Erwerb.

895 Grundbuchangelegenheiten der Erzgrube Pfeifferszeche in [Wissen-]Blickhauserhöhe.
1920

Schriftwechsel zwischen Deutsch-Lux Dortmunder Union, Deutsch-Lux Bergverwaltung Siegerland und Amtsgericht Wissen über die Grundbuchänderungen nach Ankauf der Grube.

1500 Grunderwerb der Deutsch-Lux für die Grube Fortuna bei Othfresen, Kreis Goslar.
1920–1921
Kaufvertrag zwischen Deutsch-Lux sowie Heinrich Söchting, Ferdinand Haase, Wilhelm Achilles und Adele Biewendt vom 19.03.1920 (Abschrift); Schriftwechsel zwischen Deutsch-Lux Dortmunder Union, Amtsgericht Liebenburg, Oberbergamt Clausthal und Verkäufern über Vertragsabschlüsse, Enteignungsverfahren, Grundbuchauflassung und Steuerfragen; Grundbuchauszüge; Grundsteuerbescheid.

195 Grund- und Hauserwerb der Deutsch-Lux in [Dortmund-]Körne, Brinkstraße 3.
1921–1924
Vertrag zwischen Deutsch-Lux und Peter Lipphardt über die Übertragung des Eigentums von Grundstück und Gebäude der Gartenstadt Dortmund eGmbH in [Dortmund]-Körne vom 16.09.1922 (Abschrift); Vertrag zwischen Stadt Dortmund als Verkäufer, Lipphardt als Käufer sowie Gartenstadt Dortmund eGmbH über den Verkauf des Grundstücks und den Bau eines Hauses vom 02.07.1921 (Kopie); Grunderwerbssteuerbescheide; Grundbuchauszüge; Schriftwechsel zwischen Deutsch-Lux Dortmunder Union, Finanzamt des Stadtkreises Dortmund, Gartenstadt Dortmund eGmbH und Deutsch-Lux Carl Schlieper zum Erwerb.

835 Grunderwerb und Grundstückstausch der Deutsch-Lux am firmeneigenen Kalkwerk Sanssoucie in Balve.
1922–1924
Empfangsquittung der Interessengemeinschaft Balve über den Kaufpreis des von ihr verkauften Geländes vom 25.07.1922; Schriftwechsel zwischen Deutsch-Lux Dortmunder Union mit verschiedenen Mitgliedern der Interessengemeinschaft Balve und Behörden in Arnsberg über den Verkauf sowie mit der Eisenbahndirektion Elberfeld über den Tausch von Grundstücken; Lageplan von Kalkwerk und Bahnanlagen; Grundbuchauszüge.

1011 Grunderwerb der Deutsch-Lux in [Wissen-]Blickhauserhöhe.
1923
Kaufvertrag zwischen Deutsch-Lux sowie Matthias und Hermann Rödder Steckenstein vom 13.06.1923.

2.2.5.2 Haus- und Grundverkauf

2 Verkauf von Grundstücken der Union AG an die Dortmunder Actien-Brauerei.
1909–1919
Schriftwechsel zwischen Union AG bzw. Deutsch-Lux Dortmunder Union, Dortmunder Actien-Brauerei und Stadt Dortmund zu Verkaufsverhandlungen, Grundbuchfragen, Preisen, Steuern und Hypotheken; Kaufvertrag zwischen Union AG und Dortmunder Actien-Brauerei vom 13.07.1909 über Grundstücke in Dortmund, Flur 23 (Abschrift).

848 Grundstücksangelegenheiten der Deutsch-Lux in Kleinenbremen.
1921–1926
Schriftwechsel zwischen Deutsch-Lux Dortmunder Union und Friedrich Harting über die Rückgabe eines 1915 von ihm an das Unternehmen verkauften Grundstücks, dessen Weiternutzung durch Harting und die Aufwertung bzw. Umstellung von Hypotheken; Quittungen über Zinszahlungen.

646 Grundstücksverkauf der Deutsch-Lux in Dortmund, Dreihüttenstraße.
1922
Kaufvertrag zwischen Deutsch-Lux und Richard Foller vom 03.01.1922 (Abschrift); Grundbuchauszug; Lageplan.

2.2.5.3 Pachten und Verpachtungen

1017 Anpachtung von Haldenflächen bei [Clausthal-]Zellerfeld.
1900–1921
Pachtverträge zwischen Union AG bzw. Deutsch-Lux Dortmunder Union und Regierungspräsidium Hildesheim vom 16.11.1900, 23.03.1907, 06.03.1913 und 24.12.1918; Schriftwechsel zwischen Unternehmen und Forstbehörden in Clausthal zu Vertragsverlängerungen und Pachtzahlungen.

1406 Verpachtung von Gartengrundstücken in Dortmund, Remystraße.
1909–1921
Aufstellung zu verpachteten Grundstücken für den Zeitraum 01.11.1909–31.10.1910; Lagepläne; Quittungen zur Pachtzahlung; Pachtverträge, u. a. mit dem Nationalen Werkverein Union vom 30.06.1913; Aufstellungen über Pachteinnahmen; Aktenvermerke; einzelne Schreiben zwischen Deutsch-Lux Dortmunder Union und Pächtern zu Pachtzahlungen, Kündigungen und Vertragsangelegenheiten.

341 Verpachtung von Grabeland in Dortmund.
1915
14 Pachtverträge der Deutsch-Lux Dortmunder Union; Lageplan.

1431 Anmietung eines Kühlraumes im städtischen Kühlhaus.
1916–1919
Mietverträge zwischen Deutsch-Lux Dortmunder Union und Stadt Dortmund vom 14./29.07.1916 und 16.03.1918; einzelne Schreiben zwischen Deutsch-Lux Dortmunder Union und Stadt Dortmund zu Mietverhältnis und Mietzahlungen.

1473 Anmietung von Kellerräumen in Dortmund, Adlerstraße 20.
1918–1920
Mietvertrag zwischen Deutsch-Lux Dortmunder Union und Germania Brauerei AG vom 31.12.1918/15.01.1919. Einzelne Schreiben der Deutsch-Lux Dortmunder Union zur Zahlung der Miete und Beendigung des Mietverhältnisses.

2.2.5.4 Sonstiges

545 Hypothekenangelegenheiten der Münchner Familie Engelhardt in Dortmund.
1911
Beurkundung einer paritätischen Aufteilung von Hypotheken auf Grundstücke in Dortmund und [Dortmund-]Kirchlinde durch Anne Engelhardt für ihre minderjährigen Kinder Elisabeth, Hildegard und Heribert als Erben von Moritz Engelhardt vom 19.05.1911.

390 Beleihung von Hauseigentum durch die Deutsch-Lux.
1912–1913, 1922
Schriftwechsel zwischen Deutsch-Lux Dortmunder Union, Allgemeinem Knappschafts-Verein zu Bochum und Westfälischer Provinzial-Feuersozietät zu Beleihung von zwei Ledigenheimen und 14 Beamtenhäusern der Zeche Adolf von Hansemann in [Dortmund-]Mengede, Kirchhörde und Oestrich sowie Abschluss einer Feuerversicherung; Schuldurkunden der Deutsch-Lux über M 100.000 und M 200.000 vom 13.12.1913; Hypothekenbriefe; Grundbuchauszüge; Auszüge aus der Grundsteuerrolle [Dortmund-]Kirchhörde; Auszüge aus Flurkarten.

834 Gebietszusammenlegungsverfahren des Landeskulturamts Dortmund in [Dortmund-]Huckarde-Süd.
1920
Einzelne Schreiben zwischen Deutsch-Lux Dortmunder Union und Emschergenossenschaft zum Verfahren.

2.3 Technik, Produktion und Neubau
2.3.1 Produktions- und Betriebskostenstatistik

3105/1 Produktions- und Betriebskostenstatistik von Union AG Dortmunder Hütten- und Walzwerke bzw. Deutsch-Lux Dortmunder Union.
1910–1911
Monatliche Aufstellungen zu Produktion, Koks- und Erzverbrauch sowie sonstigen Produktions- und Betriebskosten von Hochöfen, Thomas-Stahlwerk, Siemens-Martin-Stahlwerk und Walzwerken, gegliedert nach einzelnen Produkten und Kostenarten, Juli 1910 bis Juni 1911, sowie der Deutsch-Lux Horst, März bis Juli 1911.

3105/3 Produktions- und Betriebskostenstatistik der Deutsch-Lux Dortmunder Union.
1913–1914
Monatliche Aufstellungen zu Produktion, Koks- und Erzverbrauch, Löhnen und Gehältern sowie sonstigen Produktions- und Betriebskosten von Hochöfen, Thomas-Stahlwerk, Siemens-Martin-Stahlwerk, Walzwerken, Presswerk, Erzgruben, Schraubenfabrik und Federnfabrik, gegliedert nach einzelnen Produkten und Kostenarten, Juli 1913 bis Juni 1914.

3105/4 Dsgl., Juli 1913 bis Juni 1914, sowie der Deutsch-Lux Horst.

3105/5 Dsgl., Juli 1914 bis Juni 1915.

3105/8 Dsgl., Juli 1915 bis Juni 1916.

31056/ Produktions- und Betriebskostenstatistik der Deutsch-Lux Dortmunder Union.
1914–1915

Monatliche Aufstellungen zu Produktion, Koks- und Erzverbrauch, Löhnen und Gehältern sowie sonstigen Produktions- und Betriebskosten von Hochöfen, Thomas-Stahlwerk, Siemens-Martin-Stahlwerk, Walzwerken, Presswerk, Erzgruben, Gießerei, Schraubenfabrik und Federnfabrik, gegliedert nach einzelnen Produkten und Kostenarten, Juli 1914 bis Juni 1915.

3105/7 Produktions- und Betriebskostenstatistik der Deutsch-Lux Dortmunder Union.
1913–1915
Monatliche Aufstellungen zu Produktion, Koks- und Erzverbrauch, Löhnen und Gehältern sowie sonstigen Produktions- und Betriebskosten von Thomas-Stahlwerk und Siemens-Martin-Stahlwerk, gegliedert nach einzelnen Produkten und Kostenarten, Dezember 1913 bis April 1915.

3105/9 Produktions- und Betriebskostenstatistik der Deutsch-Lux Dortmunder Union.
1916–1917
Monatliche Aufstellungen zu Produktion, Koks- und Erzverbrauch, Löhnen und Gehältern sowie sonstigen Produktions- und Betriebskosten von Hochöfen, Thomas-Stahlwerk, Siemens-Martin-Stahlwerk, Walzwerken, Presswerk, Erzgruben, Munitionsproduktion, Schraubenfabrik und Federnfabrik, gegliedert nach einzelnen Produkten und Kostenarten, Juli 1916 bis Juni 1917.
3105/10 Dsgl., Juli 1917 bis Juni 1918.
3105/11 Dsgl., Juli 1918 bis Juni 1919.

3091/1 Produktions- und Betriebskostenstatistik der Deutsch-Lux Dortmunder Union.
1919–1920
Monatliche Aufstellungen zu Produktion, Koks- und Erzverbrauch, Löhnen und Gehältern sowie sonstigen Produktions- und Betriebskosten von Hochöfen, Thomas-Stahlwerk, Siemens-Martin-Stahlwerk, Walzwerken, Gießereien, Presswerken und Erzgruben, gegliedert nach einzelnen Produkten und Kostenarten, Juli 1919 bis Juni 1920.
3091/2 Dsgl., Juli 1919 bis Juni 1920.
3091/3 Dsgl., Juli bis September 1920.
3091/4 Dsgl., Oktober 1920 bis September 1921.
3091/8 Dsgl., Oktober 1921 bis April 1922.

3091/6 Produktions- und Betriebskostenstatistik der Deutsch-Lux Dortmunder Union.
1920–1921
Monatliche Aufstellungen zu Produktion, Koks- und Erzverbrauch, Löhnen und Gehältern sowie sonstigen Produktions- und Betriebskosten von Hochöfen, Thomas-Stahlwerk, Siemens-Martin-Stahlwerk, Walzwerken, Gießereien, Presswerken, Schraubenfabrik, Federnfabrik und Erzgruben, gegliedert nach einzelnen Produkten und Kostenarten sowie mit Angabe monatlicher Durchschnittswerte, Juli bis November 1920.
3091/5 Dsgl., Oktober 1920 bis September 1921.
3091/9 Dsgl., Oktober 1921 bis September 1922.
3091/10 Dsgl., Oktober 1922 bis September 1923.
3092/1 Dsgl., Oktober 1923 bis September 1924.
3092/2 Dsgl., Oktober 1924 bis September 1925.
3092/3 Dsgl., Oktober 1925 bis Januar 1926.

3091/7 Produktions- und Betriebskostenstatistik der Deutsch-Lux Dortmunder Union.
1920–1921
Monatliche Aufstellungen zu Produktion, Koks- und Erzverbrauch, Löhnen und Gehältern sowie sonstigen Produktions- und Betriebskosten von Hochöfen, Juli 1920 sowie Oktober 1920 bis Juni 1921, Thomas-Stahlwerk und Siemens-Martin-Stahlwerk, Juli 1920, gegliedert nach Kostenarten.

2.3.2 Betriebsorganisation und -technik

4569 Seilbahnbetrieb der Deutsch-Lux Dortmunder Union.
1913–1914
Vorschlag von Betriebsbeamten der Hauptseilbahn zwischen Zeche Kaiser Friedrich, Zeche Glückauf Tiefbau, Zeche Tremonia und Huckarder Straße zur Betriebsorganisation; einzelne Schreiben zwischen Deutsch-Lux Dortmunder Union, Königlichem Bergrevierbeamten des Bergreviers Dortmund I und Betriebsbeamten zu deren Befähigung und Beschäftigung als Seilbahnmeister.

3144 Hochöfen und Kraftwerke der Deutsch-Lux Dortmunder Union.
1925–1926
Aufstellungen zu technischen Daten von Hochöfen I–V, Erzverladebrücken, Hängebahnen, Wasseraufbereitung, Maschinen und Motoren, Kesseln, Pumpen und Kraftwerken, mit Lageplan des Werks, Grundriss-, Profil- und Schnittzeichnungen von Hochöfen, Cowpern, Gas- und Dampfzentralen, Koksseparation, Krananlagen, Brikettfabrik und Steinfabrik sowie Leitungsplänen.

1398 Betriebsorganisation, Rationalisierung und Arbeitskräftebedarf der Deutsch-Lux Dortmunder Union.
1925–1927
Berichte von Karl Bretschneider und Fritz Schwirkmann an Adolf Klinkenberg über Vorschläge zur Einsparung von Arbeitskräften, Organisation der Betriebsabläufe und Umbau der Anlagen beim Verladen von Gütern, in Magazinbereich, Siemens-Martin-Stahlwerk, Thomas-Stahlwerk, Maschinenbetrieb der Stahl- und Walzwerke und in den Werkstätten, sowie zur Verringerung der Anzahl von Handwerkern, mit Aufstellung der Handwerker in Werkstätten, Elektrobetrieben, Kokerei, Hochofenanlage und Gaskraftzentrale; Bericht der Wärmestelle über Energieeinsparungsmöglichkeiten; Entwürfe zur Bilanz des Walzwerks für Januar 1926; vier Berichte von Ausschuss für Betriebswirtschaft und Wärmestelle des VDEh (gedruckt); Rundschreiben von Arbeitgeberverband für Dortmund und Umgegend und Wärmestelle über den Arbeitszeitbedarf in der Stahlindustrie; Lageplan sowie Grund- und Aufrisszeichnungen zum Umbau der Dolomitaufbereitung des Thomas-Stahlwerks; Berichte über den Personalabbau in einzelnen Betrieben vom 30.10.1925 sowie zur Arbeitszeiterfassung im Thomas-Stahlwerk am 29./30.06.1925, mit Angaben zu Betriebsstörungen; Formulare zur Betriebs- und Produktionsstatistik (blanko); Aktenvermerke; einzelne Schreiben zwischen Bretschneider, Klinkenberg und Schwirkmann zu genannten Themen.
Darin auch: Aufstellung zur Belegschaft der VSt Hoerder Verein, aufgegliedert nach einzelnen Betrieben, am 25.07.1927; einzelne Schreiben zwischen Schwirkmann und VDEh über einen defekten Autografen für die Chargierkräne des Siemens-Martin-Stahlwerks.

2.3.3 Energie- und Wasserwirtschaft

567 Wasserversorgung von Union AG bzw. Deutsch-Lux Dortmunder Union.
1894–1896, 1908–1920
Vertragsangebote des Städtischen Wasserwerks Dortmund; Schriftwechsel zwischen Union AG bzw. Deutsch-Lux Dortmunder Union, Hoesch AG und Städtischem Wasserwerk über Vertragsmodalitäten, den von Hoesch abgeschlossenen Liefervertrag und die Preisentwicklung, vor allem während des Ersten Weltkriegs (Verträge vom 04./05.01.1909 und 23./27.06.1911 fehlen); Geschäftsberichte des Städtischen Wasserwerks, 1910–1914, sowie Bericht über das dritte Quartal 1918; Zwei Schreiben von Friedrich Reese (Leiter des Wasserwerks) an Albert Vögler zur Information Vöglers über die städtische Planungskonferenz zur Elektrifizierung der Wasserpumpstation Hengsen, Kreis Hörde, die mögliche Preisgestaltung der Westfälisches Verbands-Elektrizitätswerk AG und einen Kostenvergleich zum Dampfbetrieb, 1912; Bestimmungen für die Benutzung der öffentlichen Wasserleitung der Stadt Dortmund vom 04.02.1896/20.03.1908, 02.03.1909 und 24.11.1919, mit Liefertarifen vom 01.04.1909 und 01.10.1919 sowie Polizei-Verordnung betreffend die Benutzung der städtischen Wasserleitung und des derselben entnommenen Wassers vom 07.12.1894 (gedruckt); Nachtragsverträge zwischen Deutsch-Lux Dortmunder Union und Städtischem Wasserwerk vom 18.06.1918 (nicht parafierte Abschrift) und 12.06.1919 (Abschrift) sowie Schriftwechsel über die Lieferbedingungen für die Zeche Tremonia; Rundschreiben mehrerer Wasserversorgungsunternehmen des Ruhrgebiets an die Verbraucher zur Preiserhöhung, März 1919.

614 Wasserversorgung der Dortmunder Thomasschlackenmahlwerk GmbH.
1894–1896, 1908–1912
Versorgungsanträge des Städtischen Wasserwerks Dortmund (teilweise ausgefüllt); Schriftwechsel zwischen Deutsch-Lux Dortmunder Union, Dortmunder Thomasschlackenmahlwerk GmbH, Städtischem Wasserwerk und Wasserwerk für das nördliche westfälische Kohlenrevier über Lieferkonditionen, auch für Wohnhäuser am Neuer Mühlenweg in Dortmund; Bestimmungen für die Benutzung der öffentlichen Wasserleitung der Stadt Dortmund vom 04.02.1896/20.03.1908 nebst Wassergeldtarif vom 01.04.1909 und Polizeiverordnung betreffend die Benutzung der städtischen Wasserleitung und des derselben entnommenen Wassers vom 07.12.1894.

313 Stromversorgung von Union AG bzw. Deutsch-Lux Dortmunder Union.
1906–1916
Schriftwechsel zwischen Union AG bzw. Deutsch-Lux Dortmunder Union und Städtischem Elektrizitätswerk Dortmund über Lieferverträge, Preise, Anlageninstallation, Lieferunterbrechungen und Netzüberlastung.

595 Elektrizitätsversorgung der Grube Friedrich der Deutsch-Lux Dortmunder Union in [Wissen-]Niederhövels.
1915–1922
Stromliefervertrag zwischen Deutsch-Lux Dortmunder Union und Elektrizitätswerk Siegerland GmbH vom 10./13.07.1915, mit Nachtrag vom 15.09.1918; Aufstellung über Stromabschaltungen in den Jahren 1920–1922; Aktenvermerke der Deutsch-Lux Dortmunder Union sowie einzelne Schreiben zwischen Deutsch-Lux Bergverwaltung Siegerland und Elektrizitätswerk Siegerland GmbH über Versorgungsprobleme und Verlegung einer neuen Zuleitung; Zeitungsausschnitt.

2.3.4 Rohstoffversorgung

2.3.4.1 Erwerb von Grubenfeldern

1538 Eisenerzfelder in Duttenstedt bei Peine.
1896–1899, 1907, 1910
Kaufvertrag zwischen Deutsch-Lux und Karl Röhrig über zwölf Felder vom 23.09.1910; Grundbuchauszüge; einzelne Schreiben zwischen Deutsch-Lux, Deutsch-Lux Dortmunder Union, Königlichem Amtsgericht Vechelde und Röhrig zu Vertragsabschluss und Grundbuchauflassung; Grundbuchauszüge.

581 Eisenerzfeld Rüper, Kreis Peine.
1912
Verleihungsurkunde des Königlichen Oberbergamts zu Clausthal vom 11.07.1912 für die Deutsch-Lux Dortmunder Union (Abschrift); Auszug aus dem Grundbuch des Kreises Peine.

549 Eisenerzfeld Union 2 im Kreis Altenkirchen.
1918
Verleihungsurkunde des Königlichen Oberbergamts Bonn vom 16.09.1918 für die Deutsch-Lux Dortmunder Union (Abschrift), mit Anschreiben des Königlichen Amtsgerichts Altenkirchen.

1432 Grubenfelder bei Wissen im Kreis Altenkirchen.
1918
Grundbuchauszug für das Grubenfeld Hindenburg II; einzelne Schreiben zwischen Deutsch-Lux Dortmunder Union und Königlicher Gerichtskasse Altenkirchen zur Zahlung der Gebühren; Amtsblatt der Königlichen Regierung zu Koblenz vom 28.09.1918 zur Verleihung der Felder Unionszeche und Union 2.

2.3.4.2 Sonstiges

932 Materialwirtschaft der Grube Große Burg, Neunkirchen, Kreis Arnsberg.
1915–1916
Aufstellung der Lieferanten; Bestellscheine.

401 Verwertung abgewrackter Kriegsschiffe durch die Deutsch-Lux Dortmunder Union.
1919
Vertrag zwischen Deutsch-Lux Dortmunder Union sowie den Handelsfirmen Schweitzer & Oppler, Berlin, und M. Stern, Gelsenkirchen, vom 25./30.11.1919 über die Gründung eines Konsortiums zur gemeinsamen Abwrackung der drei von der Norddeutschen Verwertungs-Gesellschaft mbH, Berlin, erworbenen Kriegsschiffe „Kaiserin Augusta", „Hagen" und „Beowulf" bei der Hohenzollernhütte AG, Emden.

475 Verwertung abgewrackter Schiffe.
1922
Entwürfe zu Verträgen zwischen Deutsch-Lux Dortmunder Union und Firma Klasmann & Lentze, Dortmund, über die Bildung einer gemeinsamen Gesellschaft zu Ankauf und Verwertung von abgewrackten Schiffen; Entwurf eines Vertrags zwischen Hohenzollernhütte AG und Firma Klas-

mann & Lentze über die kostenlose Bereitstellung eines von der Firma angepachteten Grundstücks in Emden für die Sauerstoffbetrieb GmbH.

2.3.5 Neubau
2.3.5.1 Allgemeines

2575 Baukosten der Deutsch-Lux Dortmunder Union und anderer Abteilungen der Deutsch-Lux.
1910–1912
Mittelbedarfsnachweise für Baumaßnahmen von Produktionsanlagen und Gebäuden der Deutsch-Lux Dortmunder Union zum 01.10.1910 und 01.04.1911 sowie Ausgabennachweis für den Zeitraum vom 01.07.1910–30.11.1910; Mittelbedarfsnachweise für Baumaßnahmen von Deutsch-Lux Differdingen und Deutsch-Lux Öttingen-Rümelingen zum 01.04.1912.

2568 Bautätigkeit der Deutsch-Lux Dortmunder Union.
1919
Tätigkeitsbericht der Abteilung Hochbau der Deutsch-Lux Dortmunder Union für das Geschäftsjahr 1918/19, o. D. (Typoskript).

2.3.5.2 Werksanlagen
2.3.5.2.1 Hochöfen und Koksseparation

1501 Neubau bzw. Umbau von Hochofen I.
1906–1908, 1911
Bauanträge von Union AG zum Neubau vom 22.02.1907 sowie Deutsch-Lux Dortmunder Union zur Änderung des Gichtverschlusses vom 13.02.1911; vorläufige Baugenehmigung und Baugenehmigung des Königlichen Regierungspräsidiums Arnsberg Bezirksausschuss vom 14.10.1907 und 22.04.1911; Bauabnahmeschein vom 24.04.1908; einzelne Schreiben zwischen Union AG, Bezirksausschuss und Stadt Dortmund zum Genehmigungsverfahren.

1502 Umbau von Hochofen II.
1909–1911
Bauanträge von Union AG zur Kapazitätserweiterung vom 09.09.1909 bzw. Deutsch-Lux Dortmunder Union zur Änderung des Gichtverschlusses vom 22.12.1910; vorläufige Baugenehmigung und Baugenehmigung des Königlichen Regierungspräsidiums Arnsberg Bezirksausschuss vom 02.02.1910 und 22.04.1911; einzelne Schreiben zwischen Union AG bzw. Deutsch-Lux Dortmunder Union, Bezirksausschuss und Stadt Dortmund zu den Genehmigungsverfahren.

4573 Umbau von Hochofen V.
1911–1913, 1917–1918
Bauanträge der Deutsch-Lux Dortmunder Union vom 28.07.1911 und 17.08.1917; Rechnungen von Baufirmen und Lieferanten, u. a. von Adolf Bleichert & Co.; einzelne Schreiben zwischen Deutsch-Lux Dortmunder Union, Königliches Regierungspräsidium Arnsberg Bezirksausschuss und Stadt Dortmund zu den Genehmigungsverfahren.

4737/1 Umbau von Hochofen V und Einbau einer neuen Begichtungsanlage in alle Hochöfen.
1911–1912
Baugenehmigung des Königlichen Regierungspräsidiums Arnsberg Bezirksausschuss vom 14.02.1912; Lagepläne; Grund- und Aufrisszeichnungen.

4737/2 Umbau von Hochofen V und Einbau einer neuen Begichtungsanlage in alle Hochöfen.
1911–1912
Grund- und Aufrisszeichnungen; statische Berechnungen.

4737/3 Dsgl.

4667 Bau von Hochofen VI sowie einer Kübelbegichtung für den Hochofen.
1912–1914, 1928
Bauantrag der Deutsch-Lux Dortmunder Union vom 20.12.1912; Baugenehmigung des Königlichen Regierungspräsidiums Arnsberg Bezirksausschuss vom 24.10.1913; Bauabnahmeschein vom 22.08.1914; einzelne Schreiben zwischen Deutsch-Lux Dortmunder Union bzw. VSt Dortmunder Union, Bezirksausschuss und Stadt Dortmund zu den Genehmigungsverfahren.

4566 Bau eines Kamins für Hochofen III.
1916–1919
Bauantrag der Deutsch-Lux Dortmunder Union vom 29.12.1916; Bauabnahmeschein vom 26.02.1919; einzelne Schreiben zwischen Deutsch-Lux Dortmunder Union, Stadt Dortmund und Königlichem Regierungspräsidium Arnsberg Bezirksausschuss zum Genehmigungsverfahren.

4705 Bau eines Kamins für Hochofen III.
1917
Baugenehmigung des Königlichen Regierungspräsidiums Arnsberg Bezirksausschuss vom 06.03.1917; Lageplan; Aufrisszeichnung; statische Berechnungen.

4776 Bau einer Kübelbegichtung für Hochofen IV (ehemals Hochofen V).
1916–1917
Bauantrag der Deutsch-Lux Dortmunder Union vom 17.08.1917; Baugenehmigung des Königlichen Regierungspräsidiums Arnsberg Bezirksausschuss vom 06.11.1917; Lageplan; Grund-, Aufriss- und Querschnittzeichnungen des Hochofens und der Begichtungsanlage; statische Berechnungen.

4604 Bau einer Kübelbegichtung für Hochofen III.
1919–1922
Lageplan der Hochofenanlage; Grund- und Aufrisszeichnungen des Hochofens (Detailzeichnungen); Baugenehmigung des Königlichen Regierungspräsidiums Arnsberg Bezirksausschuss vom 02.04.1919; Bauabnahmeschein vom 14.01.1922; einzelne Schreiben zwischen Deutsch-Lux Dortmunder Union, Bezirksausschuss und Stadt Dortmund zum Genehmigungsverfahren.

4654/1 Bau einer Koksseparation auf dem Gelände des neuen Werksbahnhofs.
1924–1925
Bauantrag der Deutsch-Lux Dortmunder Union vom 18.12.1924; Baugenehmigung der Stadt Dortmund vom 15.02.1925; einzelne Schreiben zwischen Deutsch-Lux Dortmunder Union und Stadt Dortmund zum Genehmigungsverfahren.

4654/2 Bau einer Koksseparation auf dem Gelände des neuen Werksbahnhofs.
1924
Statische Berechnungen und Konstruktionszeichnungen der Siemens Bauunion GmbH KG, Essen.

7.2.3.5.2.2 Stahlwerke

4577 Erweiterung des Thomas-Stahlwerks.
1911–1914
Bauantrag der Deutsch-Lux Dortmunder Union vom 25.04.1911; Einsprüche von Anliegern, auch beim Handelsministerium; Baugenehmigung der Stadt Dortmund vom 29.08.1911; Bauabnahmeschein vom 30.05.1912; einzelne Schreiben zwischen Deutsch-Lux Dortmunder Union, VDEh und Stadt Dortmund zu Einsprüchen und Genehmigungsverfahren.

4733 Bau einer Roheisenmischeranlage für das Thomas-Stahlwerk.
1911–1912
Baugenehmigung des Kreises Dortmund vom 09.09.1911; Lageplan; Grund- und Aufrisszeichnungen; statische Berechnungen.

4739/1 Neubau eines Siemens-Martin-Stahlwerks.
1912
Lageplan; Grund- und Aufrisszeichnungen; statische Berechnungen.
4739/2 Dsgl.

4541 Umbau des Siemens-Martin-Stahlwerks und der Stahlformgießerei.
1912–1913
Bauantrag der Deutsch-Lux Dortmunder Union vom 10.04.1912; Baugenehmigung der Stadt Dortmund vom 26.07.1912, mit Auszug aus der Baupolizeiverordnung; Bauabnahmeschein vom 15.07.1913; einzelne Schreiben zwischen Deutsch-Lux Dortmunder Union und Stadt Dortmund zum Genehmigungsverfahren.

4762 Bau eines Kamins für einen Siemens-Martin-Ofen.
1915
Baugenehmigung der Stadt Dortmund vom 17.04.1915; Lageplan; Aufrisszeichnung und statische Berechnungen der Firma Ernst Eckardt, Dortmund.

4806 Verlängerung des Stopfenhauses des Thomas-Stahlwerks.
1923
Baugenehmigung der Stadt Dortmund vom 14.05.1923; Lageplan; Grund- und Aufrisszeichnungen; einzelne Schreiben zwischen Deutsch-Lux Dortmunder Union und Stadt Dortmund zum Genehmigungsverfahren.

2.3.5.2.3 Walzwerke

4718 Umbau der Reversierwalzenstraße und Bau eines Maschinenhauses.
1904, 1912–1913, 1917
Baugenehmigungen von Stadt und Kreis Dortmund vom 14.12.1904, 26.07.1912, 06.11.1913 und 31.03.1917, z. T. mit Auszug aus der Baupolizeiverordnung; Lagepläne; Grund- und Aufrisszeichnungen.

4735 Bau einer Dachkonstruktion für das Blockwalzwerk.
1912
Statische Berechnungen.

4548 Bau eines Universalwalzwerks.
1912–1913
Bauantrag der Deutsch-Lux Dortmunder Union vom 29.01.1912; Bauabnahmeschein vom 24.06.1913; einzelne Schreiben zwischen Deutsch-Lux Dortmunder Union und Stadt Dortmund zum Genehmigungsverfahren.

4738 Bau eines Universalwalzwerks.
1912
Baugenehmigung der Stadt Dortmund vom 08.03.1912; Lagepläne; Grund- und Aufrisszeichnungen.

4550/1 Umbau von zwei Blockwalzstraßen.
1912–1913
Bauantrag der Deutsch-Lux Dortmunder Union vom 14.05.1912; Bauabnahmeschein vom 16.10.1913; einzelne Schreiben zwischen Deutsch-Lux Dortmunder Union und Stadt Dortmund zum Genehmigungsverfahren.

4550/2 Umbau von zwei Blockwalzstraßen.
1912–1913
Baugenehmigung der Stadt Dortmund vom 04.09.1912; Baubeschreibung; Grund-, Aufriss- und Konstruktionszeichnungen von Gebäuden und Anlagen.

4552 Bau eines Kamins für das Blockwalzwerk.
1913–1914
Bauantrag der Deutsch-Lux Dortmunder Union vom 22.08.1913; Bauabnahmeschein vom 03.02.1914; einzelne Schreiben zwischen Deutsch-Lux Dortmunder Union und Stadt Dortmund zum Genehmigungsverfahren.

4816 Bau eines Stoßofens im Walzwerk IV.
1925
Baugenehmigung der Stadt Dortmund vom 09.11.1925; Grund- und Aufrisszeichnungen der Friedrich Siemens KG.

2.3.5.2.4 Gießereien, Schmiede-, Hammer- und Presswerke

4740 Verlegung des Hammerwerks und Umbau der Bearbeitungswerkstatt für Stahlformguss- und Schmiedestücke.
1912
Baugenehmigung des Kreises Dortmund vom 10.09.1912; Lageplan; Grund- und Aufrisszeichnungen; statische Berechnungen.

4547 Bau eines Kamins für die Glühöfen der Stahlformgießerei.
1913
Bauantrag der Deutsch-Lux Dortmunder Union vom 11.03.1913; Bauabnahmeschein vom 30.07.1913; einzelne Schreiben zwischen Deutsch-Lux Dortmunder Union und Stadt Dortmund zum Genehmigungsverfahren.

4578 Bau einer Werkzeugschmiede für die Geschossdrehereien.
1917–1920
Bauantrag der Deutsch-Lux Dortmunder Union vom 24.05.1917; Baugenehmigung der Stadt Dortmund vom 02.07.1919; einzelne Schreiben zwischen Deutsch-Lux Dortmunder Union und Stadt Dortmund zum Genehmigungsverfahren.

4782 Bau einer Werkzeugschmiede.
1917–1919
Baugenehmigung des Königlichen Regierungspräsidiums Arnsberg Bezirksauschuss vom 12.01.1918 „für die Dauer des Belagerungszustandes" sowie des Kreises Dortmund vom 24.09.1919; Lageplan; Grund- und Aufrisszeichnungen; statische Berechnungen; Anlagenbeschreibungen; Fundamentpläne und Aufrisszeichnungen von Hämmern von Eulenberg, Monting & Co. GmbH und Billeter & Klunz AG.

4786 Erweiterung der Kesselschmiede.
1918
Baugenehmigung des Kreises Dortmund vom 25.11.1918; Lageplan; Grund- und Aufrisszeichnungen.

2.3.5.2.5 Weitere Produktionsstätten

4741/1 Bau einer Räderfabrik.
1912
Bauantrag der Deutsch-Lux Dortmunder Union vom 24.07.1912; Baugenehmigung der Stadt Dortmund vom 21.08.1912; Lageplan; Grund- und Aufrisszeichnungen; statische Berechnungen.

4741/2 Bau einer Räderfabrik.
1912
Grund- und Aufrisszeichnungen sowie Konstruktionszeichnungen und statische Berechnungen der Maschinenbau-Aktiengesellschaft Tigler.

4742 Bau eines Kanalanschlusses für die neue Räderfabrik.
1912
Baugenehmigung der Stadt Dortmund vom 04.11.1912; Lageplan; Grund- und Aufrisszeichnungen.

4758 Umbau der Schiffbauanstalt.
1914
Baugenehmigung des Kreises Dortmund vom 26.03.1914; statische Berechnungen; Aufrisszeichnung.

4671 Bau einer Geschossfabrik bei der Radsatzwerkstatt.
1915–1917
Bauantrag der Deutsch-Lux Dortmunder Union vom 09.02.1915; Rohbauabnahmeschein vom 06.10.1915; Maschinenanordnungsplan; einzelne Schreiben zwischen Deutsch-Lux Dortmunder Union und Stadt Dortmund zum Genehmigungsverfahren.

4768 Bau einer Geschossfabrik.
1915
Baugenehmigung der Stadt Dortmund vom 27.07.1915; Lageplan; Grund- und Aufrisszeichnungen; statische Berechnungen.

4772 Erweiterung der Räderfabrik.
1916
Baugenehmigung der Stadt Dortmund vom 28.07.1916; Lageplan; Grund- und Aufrisszeichnungen; statische Berechnungen.

4629 Bau einer Nieten- und Mutternfabrik für die Abteilung Brückenbau.
1919
Bauanträge der Deutsch-Lux Dortmunder Union vom 25.10.1919 und 19.06.1920; Baugenehmigung der Stadt Dortmund vom 17.04.1920; Lageplan; Grund- und Aufrisszeichnungen; Plan zur Maschinenanordnung in der Fabrik; statische Berechnungen; Bauabnahmeschein vom 31.01.1921; einzelne Schreiben zwischen Deutsch-Lux Dortmunder Union und Stadt Dortmund zum Genehmigungsverfahren.

4652 Erweiterung der Schlackensteinfabrik.
1923–1924
Bauantrag der Deutsch-Lux Dortmunder Union vom 15.05.1924; Baugenehmigung der Stadt Dortmund vom 10.06.1924; Bauabnahmeschein vom 30.08.1924; Lageplan; Grund- und Aufrisszeichnungen; einzelne Schreiben zwischen Deutsch-Lux Dortmunder Union und Stadt Dortmund zum Genehmigungsverfahren.

2.3.5.2.6 Werkstätten und Adjustage

4585 Bau eines Werkstattgebäudes.
1911–1912

Bauantrag der Deutsch-Lux Dortmunder Union vom 15.08.1911; einzelne Schreiben zwischen Deutsch-Lux Dortmunder Union und Stadt Dortmund zum Genehmigungsverfahren.

4734 Bau eines Werkstattgebäudes.
1911–1912
Bauantrag der Deutsch-Lux Dortmunder Union vom 15.08.1911; Baugenehmigung der Stadt Dortmund vom 16.09.1911; Lageplan; Grund- und Aufrisszeichnungen; statische Berechnungen.

4747/1 Umbau der Adjustagehallen von Walzwerk I und Bau einer Krananlage.
1912
Baugenehmigung der Stadt Dortmund vom 20.12.1912.

4747/2 Umbau der Adjustagehallen von Walzwerk I und Bau einer Krananlage.
1912
Grund- und Aufrisszeichnungen sowie statische Berechnungen der Dortmunder Brückenbau C. H. Jucho.

4561 Ersatz der Holzkonstruktion der Hallen der Schienenadjustage des Walzwerks I durch eine Eisenkonstruktion.
1912–1913
Bauantrag der Deutsch-Lux Dortmunder Union vom 20.09.1912; Bauabnahmeschein vom 20.09.1913; einzelne Schreiben zwischen Deutsch-Lux Dortmunder Union und Stadt Dortmund zum Genehmigungsverfahren.

4542 Verlegung der Werkstatt der Schiffbauanstalt.
1912–1914
Bauantrag der Deutsch-Lux Dortmunder Union vom 27.04.1912; Baugenehmigung der Stadt Dortmund vom 04.11.1912; einzelne Schreiben zwischen Deutsch-Lux Dortmunder Union und Stadt Dortmund zum Genehmigungsverfahren.

4674 Bau eines Kanalanschlusses für die neue Adjustage des Walzwerks I.
1913
Bauantrag der Deutsch-Lux Dortmunder Union vom 03.01.1913; Baugenehmigung der Stadt Dortmund vom 11.02.1913; Grund- und Aufrisszeichnungen der vier Adjustagehallen und eines projektierten Neubaus des Walzwerksbürogebäudes; einzelne Schreiben zwischen Deutsch-Lux Dortmunder Union und Stadt Dortmund zum Genehmigungsverfahren.

4757 Unterkellerung der neuen Bearbeitungswerkstatt und Einrichtung einer Waschkaue.
1913–1914
Baugenehmigung der Stadt Dortmund vom 17.02.1914; Lageplan; Grund- und Aufrisszeichnungen; statische Berechnungen der Stubbe und Schibli Norddeutsche Betonbaugesellschaft mbH.

4583 Erweiterung der Werkstätten von Weichen- und Waggonbau.
1913–1916
Bauanträge der Deutsch-Lux Dortmunder Union vom 14.07.1913 und 30.10.1914; Baugenehmigungen der Stadt Dortmund vom 06.10.1913 und 04.06.1915; Bauabnahmeschein vom

08.12.1915; einzelne Schreiben zwischen Deutsch-Lux Dortmunder Union und Stadt Dortmund zu den Genehmigungsverfahren.

4761 Verlängerung der östlichen Halle der Radsatzwerkstatt.
1915
Baugenehmigung der Stadt Dortmund vom 06.01.1915; Lageplan; Grund- und Aufrisszeichnungen; statische Berechnungen.

4555 Erweiterung der Elektrowerkstatt.
1915
Bauantrag der Deutsch-Lux Dortmunder Union vom 24.04.1915; Bauabnahmeschein vom 05.10.1915; einzelne Schreiben zwischen Deutsch-Lux Dortmunder Union und Stadt Dortmund zum Genehmigungsverfahren.

4763 Erweiterung der Werkstätten von Weichen- und Waggonbau.
1915
Baugenehmigung der Stadt Dortmund vom 09.07.1915; Lageplan; Grund- und Aufrisszeichnungen; statische Berechnungen.

4765 Bau einer provisorischen Elektrowerkstatt.
1915
Baugenehmigung der Stadt Dortmund vom 05.08.1915; Lageplan; Grund- und Aufrisszeichnungen; statische Berechnungen.

4769 Erweiterung der Radsatzwerkstatt.
1915–1916
Baugenehmigung der Stadt Dortmund vom 13.11.1915; Lageplan; Grund- und Aufrisszeichnungen; statische Berechnungen.

4549 Erweiterung der Schreinerei in der Union-Vorstadt.
1916–1918
Bauantrag der Deutsch-Lux Dortmunder Union vom 06.01.1917; Bauabnahmeschein vom 23.04.1917; einzelne Schreiben zwischen Deutsch-Lux Dortmunder Union und Stadt Dortmund zum Genehmigungsverfahren.

4950 Umbau der Schreinerwerkstatt in der Union-Vorstadt.
1917
Bauantrag der Deutsch-Lux Dortmunder Union vom 02.12.1917; Lageplan der Siedlung; Grund- und Aufrisszeichnungen.

4570 Bau eines Reparaturschuppens für die Kesselschmiede.
1918–1919
Bauantrag der Deutsch-Lux Dortmunder Union vom 17.07.1918; Baugenehmigung der Stadt Dortmund vom 20.09.1918; einzelne Schreiben zwischen Deutsch-Lux Dortmunder Union und Stadt Dortmund zum Genehmigungsverfahren.

4592 Bau einer Reparaturwerkstatt für die Hochofenanlage.
1920–1921
Bauantrag der Deutsch-Lux Dortmunder Union vom 16.08.1920; Rohstoffbedarfsnachweise; Grund- und Aufrisszeichnungen; Lageplan; statische Berechnungen; Baugenehmigung der Stadt Dortmund vom 28.10.1920; Bauabnahmeschein vom 15.07.1921; einzelne Schreiben zwischen Deutsch-Lux Dortmunder Union und Stadt Dortmund zum Genehmigungsverfahren.

4598 Erweiterung der Reparaturwerkstatt des Eisenbahnbetriebs.
1921–1922
Bauantrag der Deutsch-Lux Dortmunder Union vom 02.03.1921; Bauabnahmeschein vom 02.08.1922; einzelne Schreiben zwischen Deutsch-Lux Dortmunder Union und Stadt Dortmund zum Genehmigungsverfahren.

4620 Erweiterung der Werkstatt der Seilbahnstation in Dortmund, Neuer Mühlenweg.
1922
Bauantrag der Deutsch-Lux Dortmunder Union vom 24.10.1922; Lageplan; Grund- und Aufrisszeichnungen; statische Berechnungen; einzelne Schreiben zwischen Deutsch-Lux Dortmunder Union und Stadt Dortmund zum Genehmigungsverfahren.

4635 Erweiterung der Elektrowerkstatt.
1922–1925
Baugenehmigung der Stadt Dortmund vom 15.02.1922; Lageplan; Grund- und Aufrisszeichnungen; Bauabnahmeschein vom 18.10.1922; einzelne Schreiben zwischen Deutsch-Lux Dortmunder Union und Stadt Dortmund zum Genehmigungsverfahren.

4817 Neubau der Walzendreherei in Dortmund, Huckarder Straße.
1923
Grund- und Aufrisszeichnungen; statische Berechnungen.

4649 Erweiterung der Werkstatt der Koksseilbahn in Dortmund, Huckarder Straße 62.
1923–1924
Baugenehmigung der Stadt Dortmund vom 28.08.1923; Lageplan; Grund- und Aufrisszeichnungen; statische Berechnungen; Bauabnahmeschein vom 13.03.1924; einzelne Schreiben zwischen Deutsch-Lux Dortmunder Union und Stadt Dortmund zum Genehmigungsverfahren.

4650 Umbau der Werkstatt der Koksseilbahn in Dortmund, Huckarder Straße 62.
1923–1924
Baugenehmigung der Stadt Dortmund vom 01.06.1923; Lageplan; Grund- und Aufrisszeichnungen; Bauabnahmeschein vom 13.03.1924; einzelne Schreiben zwischen Deutsch-Lux Dortmunder Union und Stadt Dortmund zum Genehmigungsverfahren.

4653 Umbau der Gaszentrale I zur Hochofenwerkstatt.
1925
Bauantrag der Deutsch-Lux Dortmunder Union vom 15.01.1925; einzelne Schreiben zwischen Deutsch-Lux Dortmunder Union und Stadt Dortmund zum Genehmigungsverfahren.

2.3.5.2.7 Hämmer und Zerkleinerungsanlagen

4551 Bau eines Fallwerks in Dortmund, Westfaliastraße.
1911–1912
Bauantrag der Deutsch-Lux Dortmunder Union vom 12.01.1911; Baugenehmigung der Stadt Dortmund vom 11.03.1911; einzelne Schreiben zwischen Deutsch-Lux Dortmunder Union und Stadt Dortmund zum Genehmigungsverfahren.

4745 Bau eines Fallwerks zur Qualitätsprüfung von Achsen, Bandagen und Radscheiben.
1912–1913
Baugenehmigung des Kreises Dortmund vom 09.04.1913; Lageplan; Grund- und Aufrisszeichnungen; statische Berechnungen.

4746 Bau von zwei Luftdruckhämmern in der Radsatzwerkstatt.
1912–1913
Baugenehmigung des Kreises Dortmund vom 05.05.1913; Lageplan; Grund- und Aufrisszeichnungen; Maschinenbeschreibung der Billeter & Klunz AG, Aschersleben.

4568 Bau und Betrieb von Fallwerken zur Schrottzerkleinerung, Nähe Huckarder Straße und Neuer Mühlenweg 39.
1914–1921
Bauanträge der Deutsch-Lux Dortmunder Union vom 29.04.1914 und 19.02.1917; Einsprüche von Anwohnern; Bauabnahmeschein von 08.08.1917; Betriebsgenehmigung der Stadt Dortmund vom 11.12.1919; Schriftwechsel zwischen Deutsch-Lux Dortmunder Union, Stadt Dortmund und Kreis Dortmund zu Genehmigungsverfahren und Einsprüchen.

4567 Bau und Betrieb eines Fallwerks zur Schrottzerkleinerung auf dem Gelände des Rheinischen Bahnanschlusses.
1915–1921
Bauantrag der Deutsch-Lux Dortmunder Union vom 29.12.1916; Betriebsgenehmigung der Stadt Dortmund vom 10.01.1921; Schriftwechsel zwischen Deutsch-Lux Dortmunder Union, Stadt Dortmund und Kreis Dortmund zu Genehmigungsverfahren und Einsprüchen von Anliegern.

4791 Bau eines Fallwerks am Anschluss Rheinische Bahn.
1916, 1921
Baugenehmigung des Kreises Dortmund vom 14.03.1921; Lageplan; Grund- und Aufrisszeichnungen.

4783 Bau eines Fallwerks in Dortmund, Neuer Mühlenweg 39.
1917–1920
Baugenehmigung des Königlichen Regierungspräsidiums Arnsberg Bezirksausschuss für „die Dauer des Belagerungszustandes" vom 26.04.1917 und des Kreises Dortmund vom 16.09.1920; Lageplan des südlichen Werksgeländes und der angrenzenden Stadtteile bis Sonnenstraße/Hüttemannstraße; Grund- und Aufrisszeichnungen.

4788 Aufstellung eines Lufthammers in der Räderfabrik.
1919–1920

Baugenehmigung des Kreises Dortmund vom 20.03.1920; Lageplan; Grund- und Aufrisszeichnungen des Hammers; einzelne Schreiben zwischen Deutsch-Lux Dortmunder Union und Kreis Dortmund zu Genehmigungsverfahren und Einsprüchen von Anliegern gegen die Aufstellung.

4634 Umbau eines Gebäudes und Errichtung eines Fallwerks in Dortmund, Kanalstraße 85.
1921–1923
Baugenehmigungen der Stadt Dortmund vom 23.06.1921 und 01.11.1922; Lagepläne; Grund- und Aufrisszeichnungen von Gebäude und Fallwerk; Bauabnahmeschein vom 21.11.1922; einzelne Schreiben zwischen Deutsch-Lux Dortmunder Union und Stadt Dortmund zum Genehmigungsverfahren.

4803 Verlegung eines Federhammers von der Werkzeugschmiede zur Lehrwerkstatt.
1922
Baugenehmigung des Stadtkreises Dortmund vom 03.06.1922; Lageplan; Grund- und Aufrisszeichnung des Hammers.

4641 Bau einer Thomaschlackenmühle.
1922
Baugenehmigung der Stadt Dortmund vom 28.11.1922; Lageplan; Grund- und Aufrisszeichnungen von Gebäude und Transportkettenbahn; statische Berechnungen; einzelne Schreiben zwischen Deutsch-Lux Dortmunder Union und Stadt Dortmund zum Genehmigungsverfahren.

4624 Verlegung eines Federhammers von der Werkzeugschmiede zur Lehrwerkstatt.
1922–1923
Bauantrag der Deutsch-Lux Dortmunder Union vom 20.02.1922; Baugenehmigung der Stadt Dortmund vom 03.06.1922; einzelne Schreiben zwischen Deutsch-Lux Dortmunder Union und Stadt Dortmund zum Genehmigungsverfahren.

4644 Bau eines Fallwerks für das Siemens-Martin-Stahlwerk.
1922–1923
Baugenehmigung der Stadt Dortmund vom 03.11.1922; Lageplan; Grund- und Aufrisszeichnungen des Fallwerks und der Fallwerkskranbahn; statische Berechnungen der Firma Heinrich Berghaus, Dortmund, zur Kranbahn; einzelne Schreiben zwischen Deutsch-Lux Dortmunder Union und Stadt Dortmund zum Genehmigungsverfahren.

4657 Verlegung von zwei Lufthämmern zur neuen Walzendreherei.
1924–1926
Bauantrag der Deutsch-Lux Dortmunder Union vom 05.11.1924; Genehmigungsurkunde der Stadt Dortmund vom 14.01.1925; Lageplan; Grund- und Aufrisszeichnungen; Bauabnahmeschein vom 02.02.1926; einzelne Schreiben zwischen Deutsch-Lux Dortmunder Union und Stadt Dortmund zum Genehmigungsverfahren.

4814 Bau eines Fallwerks beim Koksbunker.
1925
Baugenehmigung der Stadt Dortmund vom 14.08.1925; Lageplan; Grund- und Aufrisszeichnungen.

4819 Bau einer Schlackenbrecheranlage an der Schlackensandsteinfabrik.
1925–1927
Baugenehmigung der Stadt Dortmund vom 15.06.1925; Lageplan; Grund- und Aufrisszeichnungen; Konstruktionszeichnungen der Aktiengesellschaft für Verzinkerei und Eisenkonstruktion vorm. Jacob Hilgers, Rheinbrohl; Bauabnahmeschein vom 20.10.1926.

2.3.5.2.8 Lager

4553 Bau und Verlegung eines Gerätelagers für die Brückenbauanstalt.
1909–1912
Bauanträge der Deutsch-Lux Dortmunder Union vom 09.08.1909 und 13.09.1911; Lageplan; Bauabnahmeschein vom 06.05.1912; einzelne Schreiben zwischen Deutsch-Lux Dortmunder Union und Stadt Dortmund zum Genehmigungsverfahren.

4559 Verlegung eines Materiallagers vom Presswerk zum Walzwerk.
1915
Bauantrag der Deutsch-Lux Dortmunder Union vom 28.01.1915; Bauabnahmeschein vom 05.10.1915; einzelne Schreiben zwischen Deutsch-Lux Dortmunder Union und Stadt Dortmund zum Genehmigungsverfahren.

4673 Bau eines Kanalanschlusses für das Ersatzteillager der Maschinenabteilung.
1915
Bauantrag der Deutsch-Lux Dortmunder Union vom 22.02.1915; Baugenehmigung der Stadt Dortmund vom 15.03.1915; Lageplan; einzelne Schreiben zwischen Deutsch-Lux Dortmunder Union und Stadt Dortmund zum Genehmigungsverfahren.

4770 Bau eines Karbidlagers in Dortmund, Unionstraße 1.
1916
Baugenehmigung der Stadt Dortmund vom 31.07.1916; Lageplan; Grund- und Aufrisszeichnungen.

4565 Bau von Lagerschuppen im Hafen Dortmund (Mathies-Hafen), Franziusstraße 120.
1917
Bauantrag der Deutsch-Lux Dortmunder Union vom 09.05.1917; einzelne Schreiben zwischen Deutsch-Lux Dortmunder Union und verschiedenen Genehmigungsbehörden zu Materialbedarf und Genehmigungsverfahren.

4777 Bau von zwei Lagerschuppen im Hafen Dortmund (Mathies-Hafen), Franziusstraße 120.
1917
Baugenehmigung der Stadt Dortmund vom 13.12.1917; Lageplan von Hafen und Union-Vorstadt; Grund- und Aufrisszeichnungen.

4580 Bau eines Spänesilos für die Wagenschreinerei.
1920
Bauantrag der Deutsch-Lux Dortmunder Union vom 23.06.1920; statische Berechnungen; Baugenehmigung der Stadt Dortmund vom 30.06.1920; Bauabnahmeschein vom 30.08.1920; einzelne

Schreiben zwischen Deutsch-Lux Dortmunder Union und Stadt Dortmund zum Genehmigungsverfahren.

4596 Bau eines Lagerschuppens in Dortmund, Speicherstraße 15.
1920–1921
Bauantrag der Deutsch-Lux Dortmunder Union vom 28.09.1920; Grund- und Aufrisszeichnungen; Baugenehmigung der Stadt Dortmund vom 02.11.1920; Bauabnahmeschein vom 12.07.1921; einzelne Schreiben zwischen Deutsch-Lux Dortmunder Union und Stadt Dortmund zum Genehmigungsverfahren.

4631 Bau eines Lagerschuppens der Eisenbahnabteilung für Sand und Briketts.
1920–1921
Bauantrag der Deutsch-Lux Dortmunder Union vom 29.12.1920; Baugenehmigung der Stadt Dortmund vom 11.02.1921 Lageplan; Grund- und Aufrisszeichnungen; einzelne Schreiben zwischen Deutsch-Lux Dortmunder Union und Stadt Dortmund zum Genehmigungsverfahren.

4588 Überdachung des Holzstapelplatzes am Wagenbau in Dortmund, Teichstraße 1.
1921
Bauantrag der Deutsch-Lux Dortmunder Union vom 17.01.1921; Baugenehmigung der Stadt Dortmund vom 16.02.1921; Bauabnahmeschein vom 16.09.1921; Lageplan; Grund- und Aufrisszeichnungen; einzelne Schreiben zwischen Deutsch-Lux Dortmunder Union und Stadt Dortmund zum Genehmigungsverfahren.

4590 Erweiterung des Lagerschuppens über der Bunkeranlage der Koksseilbahn in Dortmund, Huckarder Straße 62.
1921
Bauantrag der Deutsch-Lux Dortmunder Union vom 03.02.1921; Grund- und Aufrisszeichnungen; Baugenehmigung der Stadt Dortmund vom 02.03.1921; einzelne Schreiben zwischen Deutsch-Lux Dortmunder Union und Stadt Dortmund zum Genehmigungsverfahren.

4602 Bau eines Lagergebäudes für die Abteilung Maschinenbau im Hafen Dortmund (Kohlenhafen).
1921
Bauantrag der Deutsch-Lux Dortmunder Union vom 27.06.1921; Lageplan; Grund- und Aufrisszeichnung; Baugenehmigung der Stadt Dortmund vom 30.06.1921; einzelne Schreiben zwischen Deutsch-Lux Dortmunder Union und Stadt Dortmund zum Genehmigungsverfahren.

4615 Bau eines Lagergebäudes für die Abteilung Hochofen.
1921–1922
Bauantrag der Deutsch-Lux Dortmunder Union vom 13.06.1921; Baugenehmigung der Stadt Dortmund vom 23.07.1921; Lageplan; Grund- und Aufrisszeichnungen; Bauabnahmeschein vom 20.01.1922; einzelne Schreiben zwischen Deutsch-Lux Dortmunder Union und Stadt Dortmund zum Genehmigungsverfahren.

4611 Erweiterung eines Reserveteillagers des Hochofenbetriebs.
1921–1922
Bauantrag der Deutsch-Lux Dortmunder Union vom 26.07.1921; Baugenehmigung der Stadt Dort-

mund vom 09.09.1921; Bauabnahmeschein vom 07.01.1922; Lageplan; Grund- und Aufrisszeichnungen; einzelne Schreiben zwischen Deutsch-Lux Dortmunder Union und Stadt Dortmund zum Genehmigungsverfahren.

4621 Bau eines Lagergebäudes für feuerfeste Steine in Dortmund, Huckarder Straße 62.
1921–1922
Baugenehmigung der Stadt Dortmund vom 19.10.1921; Lageplan; Grund- und Aufrisszeichnungen; Bauabnahmeschein vom 06.02.1922; einzelne Schreiben zwischen Deutsch-Lux Dortmunder Union und Stadt Dortmund zum Genehmigungsverfahren.

4618 Bau eines Lagerschuppens in Dortmund, Teichstraße 2.
1922
Bauabnahmeschein vom 14.06.1922; einzelne Schreiben zwischen Deutsch-Lux Dortmunder Union und Stadt Dortmund zum Genehmigungsverfahren.

4794 Bau eines Lagerschuppens im Hafen Dortmund (Kohlenhafen), Kohlenweg 36.
1921–1922
Baugenehmigung der Stadt Dortmund vom 23.07.1921; Bauabnahmeschein vom 18.11.1922; Lageplan; Grund- und Aufrisszeichnungen; einzelne Schreiben zwischen Deutsch-Lux Dortmunder Union und Stadt Dortmund zum Genehmigungsverfahren.

4625 Erweiterung des Magazins der Elektroabteilung.
1921–1922
Bauantrag der Deutsch-Lux Dortmunder Union vom 12.10.1921; Baugenehmigung der Stadt Dortmund vom 02.11.1921; Lageplan; Grund- und Aufrisszeichnungen; Bauabnahmeschein vom 03.06.1922; einzelne Schreiben zwischen Deutsch-Lux Dortmunder Union und Stadt Dortmund zum Genehmigungsverfahren.

4623 Bau eines Steinschuppens für die Steinfabrik am Hafen Dortmund (Südhafen), Mallinckrodtstraße 441.
1922
Baugenehmigung der Stadt Dortmund vom 17.06.1922; Lageplan; Grund- und Aufrisszeichnungen; Bauabnahmeschein vom 10.08.1922; einzelne Schreiben zwischen Deutsch-Lux Dortmunder Union und Stadt Dortmund zum Genehmigungsverfahren.

4627 Bau eines Lagerschuppens für den Wagenbau in Dortmund, Teichstraße 2.
1922
Baugenehmigung der Stadt Dortmund vom 20.02.1922; Lageplan; Grund- und Aufrisszeichnungen; einzelne Schreiben zwischen Deutsch-Lux Dortmunder Union und Stadt Dortmund zum Genehmigungsverfahren.

4805 Bau eines Kohlenbunkers.
1922
Baugenehmigung der Stadt Dortmund vom 28.09.1922; Lageplan; Grund- und Aufrisszeichnungen; statische Berechnungen.

4642 Bau eines Lagergebäudes in Dortmund, Sunderweg 30.
1922–1923
Baugenehmigung der Stadt Dortmund vom 04.12.1922; Lageplan; Grund- und Aufrisszeichnungen; Bauabnahmeschein vom 07.03.1923; einzelne Schreiben zwischen Deutsch-Lux Dortmunder Union und Stadt Dortmund zum Genehmigungsverfahren.

4640 Bau einer Lagerhalle in Dortmund, Rheinische Straße 219.
1923
Grund- und Aufrisszeichnungen; einzelne Schreiben zwischen Deutsch-Lux Dortmunder Union und Stadt Dortmund zum Genehmigungsverfahren.

4645 Bau von zwei Lagergebäuden im Hafen Dortmund (Kohlenhafen), Kohlenweg 24.
1923
Baugenehmigung der Stadt Dortmund vom 16.05.1923; Lageplan; Grund- und Aufrisszeichnungen; einzelne Schreiben zwischen Deutsch-Lux Dortmunder Union und Stadt Dortmund zum Genehmigungsverfahren.

4647 Bau von zwei Lagergebäuden im Hafen Dortmund (Kohlenhafen), Kohlenweg 24.
1923
Lageplan; Grund- und Aufrisszeichnungen; einzelne Schreiben zwischen Deutsch-Lux Dortmunder Union und Stadt Dortmund zum Genehmigungsverfahren.

4665 Bau eines Benzin- und Benzollagers.
1923
Bauantrag der Deutsch-Lux Dortmunder Union vom 29.05.1923; einzelne Schreiben zwischen Deutsch-Lux Dortmunder Union und Stadt Dortmund zum Genehmigungsverfahren.

4648 Bau von drei Lagergebäuden im Hafen Dortmund (Kohlenhafen), Kohlenweg 24.
1923–1924
Baugenehmigung der Stadt Dortmund vom 04.09.1923; Lageplan; Grund- und Aufrisszeichnungen; Bauabnahmeschein vom 13.03.1924; einzelne Schreiben zwischen Deutsch-Lux Dortmunder Union und Stadt Dortmund zum Genehmigungsverfahren.

4651 Bau eines Lagergebäudes, Huckarder Straße 62, und Umbau eines Lokomotivschuppens, Sunderweg 30, zu einer Autogarage.
1923–1924
Baugenehmigungen der Stadt Dortmund vom 11.10.1923 und 20.05.1924; Lageplan; Grund- und Aufrisszeichnungen der Garage; statische Berechnungen; Bauabnahmeschein vom 21.11.1924; einzelne Schreiben zwischen Deutsch-Lux Dortmunder Union und Stadt Dortmund zu den Genehmigungsverfahren.

4810 Bau eines Lagerschuppens in Dortmund, Huckarder Straße 10.
1924
Baugenehmigung der Stadt Dortmund vom 28.11.1924; Lageplan; Grund- und Aufrisszeichnungen; statische Berechnungen.

2.3.5.2.9 Verwaltungsgebäude

4743 Bau eines Bürogebäudes in Dortmund, Huckarder Straße.
1912
Bauantrag der Deutsch-Lux Dortmunder Union vom 14.11.1912; Baugenehmigung der Stadt Dortmund vom 16.12.1912; Lageplan; Grund- und Aufrisszeichnungen; statische Berechnungen.

4539 Bau eines Verwaltungsgebäudes in Dortmund, Huckarder Straße 30.
1912-1913
Bauantrag der Deutsch-Lux Dortmunder Union vom 14.11.1912; Bauabnahmeschein vom 02.04.1913; einzelne Schreiben zwischen Deutsch-Lux Dortmunder Union und Stadt Dortmund zum Genehmigungsverfahren.

4771 Bau eines Verwaltungs- und Lagergebäudes beim Presswerk.
1916
Baugenehmigung der Stadt Dortmund vom 22.02.1916; Lageplan; Grund- und Aufrisszeichnungen; statische Berechnungen.

4572 Bau und Umbau einer Bürobaracke.
1918-1919, 1923
Bauantrag der Deutsch-Lux Dortmunder Union vom 20.04.1918; Baugenehmigungen der Stadt Dortmund vom 30.05.1918 und 16.03.1923; Lagepläne; Grund- und Aufrisszeichnungen; Bauabnahmeschein vom 26.02.1919; einzelne Schreiben zwischen Deutsch-Lux Dortmunder Union und Stadt Dortmund zu den Genehmigungsverfahren.

4626 Anbau eines Bürogebäudes mit Waschkaue an die Gaszentrale II.
1919-1922
Bauantrag der Deutsch-Lux Dortmunder Union vom 25.06.1920; Baugenehmigung der Stadt Dortmund vom 28.09.1920; Lageplan; Grund- und Aufrisszeichnungen; statische Berechnungen; Bauabnahmeschein vom 02.08.1922; einzelne Schreiben zwischen Deutsch-Lux Dortmunder Union und Stadt Dortmund zum Genehmigungsverfahren.

4591 Erweiterung des Bürogebäudes, Huckarder Straße.
1920-1921
Bauantrag der Deutsch-Lux Dortmunder Union vom 23.03.1920; Rohstoffbedarfsnachweise; Grund- und Aufrisszeichnungen; Lagepläne; statische Berechnungen; Baugenehmigung der Stadt Dortmund vom 08.06.1920; Bauabnahmeschein vom 06.08.1921; einzelne Schreiben zwischen Deutsch-Lux Dortmunder Union und Stadt Dortmund zum Genehmigungsverfahren.

4601 Bau eines Bürogebäudes im Hafen Dortmund (Mathies-Hafen), Franziusstraße 120.
1920
Bauantrag der Deutsch-Lux Dortmunder Union vom 24.03.1920; Lageplan; Grund- und Aufrisszeichnungen; Bauabnahmeschein vom 03.08.1920; einzelne Schreiben zwischen Deutsch-Lux Dortmunder Union und Stadt Dortmund zum Genehmigungsverfahren.

4787 Bau eines Bürogebäudes im Hafen Dortmund (Matthies-Hafen), Franziusstraße 120.
1920
Baugenehmigung der Stadt Dortmund vom 24.04.1920; Lageplan; Grund- und Aufrisszeichnungen.

4807/1 Bau von Bürogebäude und Werkstatt für den Elektrobetrieb in Dortmund, Rheinische Straße 219.
1923
Baugenehmigung der Stadt Dortmund vom 18.09.1923; Lageplan; Grund- und Aufrisszeichnungen; statische Berechnungen.

4807/2 Bau von Bürogebäude und Werkstatt für den Elektrobetrieb in Dortmund, Rheinische Straße 219.
1923
Statische Berechnungen zur Werkstatt.

2.3.5.2.10 Werkseingänge

4751 Bau eines Portiergebäudes, Sunderweg 10.
1913
Baugenehmigung der Stadt Dortmund vom 13.11.1913; Lageplan; Grund- und Aufrisszeichnung.

4546 Umbau eines Betriebsgebäudes des Wagenbaus, Sunderweg 10, zum Eingangsgebäude.
1913–1914, 1919
Bauanträge der Deutsch-Lux Dortmunder Union vom 24.10.1913 und 15.04.1919 zum erneuten Umbau; Baugenehmigung der Stadt Dortmund vom 09.05.1919; Bauabnahmeschein vom 03.02.1914; Lageplan; Grund- und Aufrisszeichnungen; einzelne Schreiben zwischen Deutsch-Lux Dortmunder Union und Stadt Dortmund zu den Genehmigungsverfahren.

4676 Bau eines Kanalanschlusses für das Portiergebäude, Sunderweg 10, und Pflasterung des Bürgersteigs.
1914
Bauantrag der Deutsch-Lux Dortmunder Union vom 07.01.1914; Baugenehmigung der Stadt Dortmund vom 04.04.1914; einzelne Schreiben zwischen Deutsch-Lux Dortmunder Union und Stadt Dortmund zum Genehmigungsverfahren.

2.3.5.2.11 Waschkauen, Toiletten und Aufenthaltsräume

4756 Bau eines Schalt- und eines Arbeiteraufenthaltsraumes im Presswerk.
1913
Baugenehmigung der Stadt Dortmund vom 16.12.1913; Lageplan; Grund- und Aufrisszeichnungen; statische Berechnungen.

4554 Bau einer Waschkaue für ein Werkstattgebäude.
1913–1914
Bauantrag der Deutsch-Lux Dortmunder Union vom 21.10.1913; Bauabnahmeschein vom

07.08.1914; einzelne Schreiben zwischen Deutsch-Lux Dortmunder Union und Stadt Dortmund zum Genehmigungsverfahren.

4545 Bau eines Schalt- und eines Arbeiteraufenthaltsraumes im Presswerk.
1913–1915
Bauantrag der Deutsch-Lux Dortmunder Union vom 08.09.1913; Baugenehmigung der Stadt Dortmund vom 16.12.1913; Bauabnahmeschein vom 07.08.1914; einzelne Schreiben zwischen Deutsch-Lux Dortmunder Union und Stadt Dortmund zum Genehmigungsverfahren.

4544 Bau einer Toilettenanlage an der Koksseilbahn in Dortmund, Hahnenmühlenweg.
1914
Bauantrag der Deutsch-Lux Dortmunder Union vom 16.02.1914; Bauabnahmeschein vom 15.09.1914; einzelne Schreiben zwischen Deutsch-Lux Dortmunder Union und Stadt Dortmund zum Genehmigungsverfahren.

4563 Bau eines Wärterhäuschens am Hochofen VI.
1914
Bauantrag der Deutsch-Lux Dortmunder Union vom 18.02.1914; Bauabnahmeschein vom 22.05.1914; einzelne Schreiben zwischen Deutsch-Lux Dortmunder Union und Stadt Dortmund zum Genehmigungsverfahren.

4759 Bau einer Toilettenanlage für die Anschlussstation II der Koksseilbahn in Dortmund, Hahnenmühlenweg.
1914
Baugenehmigung der Stadt Dortmund vom 02.04.1914; Lageplan; Grund- und Aufrisszeichnungen.

4789 Bau einer Waschkaue mit Arbeiteraufenthaltsraum im Walzwerk III.
1920
Baugenehmigung des Kreises Dortmund vom 15.07.1920; Lageplan; Grund- und Aufrisszeichnungen; Rohbauabnahmeschein vom 16.08.1920.

4593 Bau einer Waschkaue für das Thomas-Stahlwerk.
1920–1921
Bauantrag der Deutsch-Lux Dortmunder Union vom 08.03.1920; Rohstoffbedarfsnachweise; Grund- und Aufrisszeichnungen; Lageplan; statische Berechnungen; Baugenehmigung der Stadt Dortmund vom 19.05.1920; Bauabnahmeschein vom 28.09.1921; einzelne Schreiben zwischen Deutsch-Lux Dortmunder Union und Stadt Dortmund zum Genehmigungsverfahren.

4600 Bau einer Waschkaue für Walzwerk III.
1920–1921
Bauantrag der Deutsch-Lux Dortmunder Union vom 26.05.1920; Bauabnahmeschein vom 01.03.1921; einzelne Schreiben zwischen Deutsch-Lux Dortmunder Union und Stadt Dortmund zum Genehmigungsverfahren.

4608 Bau eines Arbeiteraufenthaltsgebäudes zwischen Hochofen II und III.
1921

Bauantrag der Deutsch-Lux Dortmunder Union vom 05.01.1921; Baugenehmigung der Stadt Dortmund vom 29.01.1921; Bauabnahmeschein vom 15.10.1921; Lageplan; Grund- und Aufrisszeichnungen; einzelne Schreiben zwischen Deutsch-Lux Dortmunder Union und Stadt Dortmund zum Genehmigungsverfahren.

4599 Bau eines Arbeiteraufenthaltsgebäudes.
1921
Bauantrag der Deutsch-Lux Dortmunder Union vom 17.01.1921; Lageplan; Grund- und Aufrisszeichnungen; Baugenehmigung der Stadt Dortmund vom 12.02.1921; Bauabnahmeschein vom 27.06.1921; einzelne Schreiben zwischen Deutsch-Lux Dortmunder Union und Stadt Dortmund zum Genehmigungsverfahren.

4597 Anbau eines Meisterzimmers an die Dampfzentrale in Dortmund, Unionstraße 1.
1921
Bauantrag der Deutsch-Lux Dortmunder Union vom 16.02.1921; Grund- und Aufrisszeichnungen; Baugenehmigung der Stadt Dortmund vom 02.03.1921; Bauabnahmeschein vom 31.05.1921; einzelne Schreiben zwischen Deutsch-Lux Dortmunder Union und Stadt Dortmund zum Genehmigungsverfahren.

4603 Bau eines Arbeiteraufenthaltsgebäudes für den Holzplatz im Hafen Dortmund (Mathies-Hafen), Franziusstraße 120.
1921
Bauantrag der Deutsch-Lux Dortmunder Union vom 04.06.1921; Lageplan; Grund- und Aufrisszeichnungen; einzelne Schreiben zwischen Deutsch-Lux Dortmunder Union und Stadt Dortmund zum Genehmigungsverfahren.

4792 Erweiterung des Arbeiteraufenthaltsgebäudes an der Gasreinigung.
1921
Baugenehmigung der Stadt Dortmund vom 30.06.1921; Lageplan; Grund- und Aufrisszeichnungen; Bauabnahmeschein vom 04.08.1921; einzelne Schreiben zwischen Deutsch-Lux Dortmunder Union und Stadt Dortmund zum Genehmigungsverfahren.

4796 Bau eines Arbeiteraufenthaltsgebäudes in Dortmund, Huckarder Straße.
1921
Baugenehmigung der Stadt Dortmund vom 16.09.1921; Lageplan; Grund- und Aufrisszeichnungen.

4612 Bau einer Waschkaue mit Markenkontrolle für die Seilbahnstation bei Zeche Tremonia.
1921–1922
Bauantrag der Deutsch-Lux Dortmunder Union vom 08.11.1921; einzelne Schreiben zwischen Deutsch-Lux Dortmunder Union und Stadt Dortmund zum Genehmigungsverfahren.

4797 Erweiterung des Arbeiteraufenthaltsgebäudes beim Schlackenbrecher, Mallinckrodtstraße 440.
1921–1922
Baugenehmigung der Stadt Dortmund vom 14.11.1921; Bauabnahmeschein vom 24.02.1922; Lageplan; Grund- und Aufrisszeichnungen; einzelne Schreiben zwischen Deutsch-Lux Dortmunder Union und Stadt Dortmund zum Genehmigungsverfahren.

4617 Bau eines Arbeiterunterkunftsraums für die Abteilung Hochofen.
1921–1922
Baugenehmigung der Stadt Dortmund vom 18.11.1921; Lageplan; Grund- und Aufrisszeichnungen; Bauabnahmeschein vom 21.07.1922; einzelne Schreiben zwischen Deutsch-Lux Dortmunder Union und Stadt Dortmund zum Genehmigungsverfahren.

4607 Renovierung der öffentlichen Toilettenanlage an der Unionstraße durch die Deutsch-Lux Dortmunder Union.
1921–1923
Einzelne Schreiben zwischen Deutsch-Lux Dortmunder Union und Stadt Dortmund zur Kostenübernahme.

4613 Bau von Arbeiterunterkunftsräumen für die Werksmontage bei Gasreinigung I.
1922
Bauantrag der Deutsch-Lux Dortmunder Union vom 02.03.1922; Baugenehmigung der Stadt Dortmund vom 16.03.1922; Lageplan; Grundrisszeichnung; einzelne Schreiben zwischen Deutsch-Lux Dortmunder Union und Stadt Dortmund zum Genehmigungsverfahren.

4802 Bau eines Arbeiteraufenthaltsgebäudes in Dortmund, Huckarder Straße 62.
1922
Baugenehmigung der Stadt Dortmund vom 16.03.1922; Lageplan; Grund- und Aufrisszeichnungen.

4800 Bau von Toilettenanlagen in Dortmund, Unionstraße 1 und Sunderweg 30.
1922
Baugenehmigungen der Stadt Dortmund vom 20.04.1922 und 29.04.1922; Grund- und Aufrisszeichnungen; einzelne Schreiben zwischen Deutsch-Lux Dortmunder Union und Stadt Dortmund zu den Genehmigungsverfahren.

4622 Bau eines Arbeiterunterkunftsraums für die Steinfabrik.
1922
Baugenehmigung der Stadt Dortmund vom 17.05.1922; Lageplan; Grund- und Aufrisszeichnungen; Bauabnahmeschein vom 04.08.1922; einzelne Schreiben zwischen Deutsch-Lux Dortmunder Union und Stadt Dortmund zum Genehmigungsverfahren.

4619 Bau einer Toilettenanlage in Dortmund, Sunderweg 30.
1922
Rohbauabnahmeschein vom 20.05.1922; einzelne Schreiben zwischen Deutsch-Lux Dortmunder Union und Stadt Dortmund zum Genehmigungsverfahren.

4632 Bau eines Arbeiteraufenthaltsgebäudes für die Montageabteilung.
1922–1923
Baugenehmigung der Stadt Dortmund vom 12.12.1922; Lageplan; Grund- und Aufrisszeichnungen; statische Berechnungen; einzelne Schreiben zwischen Deutsch-Lux Dortmunder Union und Stadt Dortmund zum Genehmigungsverfahren.

4614 Erweiterung von Arbeiterunterkunftsräumen für die Werksmontage.
1923
Bauantrag der Deutsch-Lux Dortmunder Union vom 13.03.1923; Baugenehmigung der Stadt Dortmund vom 12.04.1923; Lageplan; Grund- und Aufrisszeichnungen; einzelne Schreiben zwischen Deutsch-Lux Dortmunder Union und Stadt Dortmund zum Genehmigungsverfahren.

4655 Bau eines Arbeiteraufenthaltsgebäudes für die Hochofengießhalle III.
1924–1925
Bauantrag der Deutsch-Lux Dortmunder Union vom 04.12.1924; Baugenehmigung der Stadt Dortmund vom 16.12.1924; Lageplan; Grund- und Aufrisszeichnungen; einzelne Schreiben zwischen Deutsch-Lux Dortmunder Union und Stadt Dortmund zum Genehmigungsverfahren.

4658 Erweiterung eines Arbeiteraufenthaltsgebäudes für die Stahlformgießerei.
1925
Bauantrag der Deutsch-Lux Dortmunder Union vom 12.01.1925; einzelne Schreiben zwischen Deutsch-Lux Dortmunder Union und Stadt Dortmund zum Genehmigungsverfahren.

4811 Erweiterung des Arbeiteraufenthaltsgebäudes der Stahlformgießerei.
1925
Baugenehmigung der Stadt Dortmund vom 29.01.1925; Lageplan; Grund- und Aufrisszeichnungen; statische Berechnungen.

4815 Erweiterung der Meisterstube an der Gaskraftzentrale II.
1925
Baugenehmigung der Stadt Dortmund vom 14.11.1925; Lageplan; Grund- und Aufrisszeichnungen.

4818 Bau einer Waschkaue mit Aufenthaltsraum für die Stahlformgießerei.
1925–1926
Baugenehmigung der Stadt Dortmund vom 14.09.1925; Lageplan; Grund- und Aufrisszeichnungen; statische Berechnungen.

2.3.5.2.12 Energiewirtschaft

4736 Bau und Erweiterung der Gaskraftzentrale II.
1912, 1917
Baugenehmigungen des Königlichen Regierungspräsidiums Arnsberg Bezirksausschuss vom 19.01.1912 und 06.11.1917; Lagepläne; Grund- und Aufrisszeichnungen, auch eines Gasometers von 3.800 m3 Inhalt; statische Berechnungen.

4744 Verlegung von Reinigungsanlagen für Hochofengas.
1912–1913
Bauantrag der Deutsch-Lux Dortmunder Union vom 16.12.1912; Baugenehmigung des Königlichen Regierungspräsidiums Arnsberg Bezirksausschuss vom 10.04.1913; Lageplan des Werks; Grund- und Aufrisszeichnungen.

4560 Inbetriebnahme mehrerer Dampfkessel.
1914
Anträge der Deutsch-Lux Dortmunder Union auf Betriebsgenehmigung; einzelne Schreiben zwischen Deutsch-Lux Dortmunder Union und Stadt Dortmund zu den Genehmigungsverfahren.

4778 Erweiterung des Siemens-Martin-Stahlwerks um eine „aus dem besetzten Gebiet übernommene" Generatoranlage.
1917
Baugenehmigung des Kreises Dortmund vom 25.10.1917; Lageplan; Grund- und Aufrisszeichnungen.

4589 Bau eines Transformatorenhäuschens, Huckarder Straße 310.
1918–1921
Bauantrag der Deutsch-Lux Dortmunder Union vom 20.03.1918; Grund- und Aufrisszeichnungen; einzelne Schreiben zwischen Deutsch-Lux Dortmunder Union und Stadt Dortmund zum Genehmigungsverfahren.

4780 Bau eines Schalthauses in Dortmund, Huckarder Straße 310.
1918
Baugenehmigung der Stadt Dortmund vom 15.04.1918; Lageplan; Grund- und Aufrisszeichnungen; Bauabnahmeschein vom 10.08.1918.

4785 Aufstellung eines Acetylenerzeugers.
1918
Bescheinigung der Technischen Abnahme des Dampfkessel-Überwachungs-Vereins Dortmund e. V. vom 12.05.1918; Lageplan; Anlagenbeschreibung und Aushangtafel der Autogenwerk Sirius GmbH, Düsseldorf (gedruckt).

4663 Aufstellung von fünf Lokomobilen zur Dampferzeugung.
1918
Antrag auf Betriebsgenehmigung der Deutsch-Lux Dortmunder Union vom 31.08.1918; Betriebsgenehmigung der Stadt Dortmund vom 17.09.1918; Lageplan.

4636 Bau eines Arbeiteraufenthaltsgebäudes und eines Transformatorengebäudes sowie Verlegung eines Hochspannungskabels im Hafen Dortmund (Kohlenhafen).
1918–1921
Bauantrag der Deutsch-Lux Dortmunder Union vom 05.08.1918; Baugenehmigung der Stadt Dortmund vom 03.11.1920; Lageplan der Gebäude, Gleise und Entwässerungsanlagen sowie des Transformatorengebäudes; Grund- und Aufrisszeichnungen; Bauabnahmeschein vom 11.06.1920; einzelne Schreiben zwischen Deutsch-Lux Dortmunder Union und Stadt Dortmund zum Genehmigungsverfahren.

4784 Bau der Gaskraftzentrale III und Erweiterung der Gasgebläsemaschinenanlage.
1919–1920
Bauantrag der Deutsch-Lux Dortmunder Union vom 10.10.1919; Baugenehmigung des Königlichen Regierungspräsidiums Arnsberg Bezirksausschuss vom 26.06.1920; Lageplan; Grund- und Aufrisszeichnungen; statische Berechnungen.

4587 Erweiterung der Gasmaschinenzentrale III um zwei Gasmaschinen.
1919–1922
Bauantrag der Deutsch-Lux Dortmunder Union vom 14.07.1919; einzelne Schreiben zwischen Deutsch-Lux Dortmunder Union und Stadt Dortmund zum Genehmigungsverfahren.
Darin auch: Lageplan, Grund- und Aufrisszeichnungen zum Bau eines Unterkunftsraumes bei Walzwerk III und einer Waschkaue für das Thomas-Stahlwerk.

4579 Bau einer Tankanlage für 30.000 Liter feuergefährliche Flüssigkeiten.
1920–1921
Bauantrag der Deutsch-Lux Dortmunder Union vom 02.06.1920; Baugenehmigung der Stadt Dortmund vom 03.07.1920; Bauabnahmeschein vom 31.01.1921; einzelne Schreiben zwischen Deutsch-Lux Dortmunder Union und Stadt Dortmund zum Genehmigungsverfahren.

4571 Planung einer Gasleitung zwischen Zeche Hansa und Werksgelände.
1920–1921
Bauantrag der Deutsch-Lux Dortmunder Union vom 07.10.1920; einzelne Schreiben zwischen Deutsch-Lux Dortmunder Union, Stadt Dortmund, Emschergenossenschaft, Dortmunder Aktiengesellschaft für Gasbeleuchtung und Eisenbahndirektion Essen zur Bauplanung.

4798 Erweiterung der Gaskraftzentrale III.
1921
Baugenehmigung des Königlichen Regierungspräsidiums Arnsberg Bezirksausschuss vom 07.12.1921; Lageplan; Grund- und Aufrisszeichnungen; statische Berechnungen.

4790 Bau eines Transformatorenhäuschens im Hafen Dortmund (Kohlenhafen), Kohlenweg 39.
1921–1922
Bauabnahmeschein vom 16.09.1921; einzelne Schreiben zwischen Deutsch-Lux Dortmunder Union und Stadt Dortmund zur Grundsteuerveranlagung.

4809 Bau einer Ölreinigungsanlage am Siemens-Martin-Stahlwerk.
1924
Baugenehmigung der Stadt Dortmund vom 13.09.1924; Lageplan; Grund- und Aufrisszeichnungen.

4812 Umbau der Gaskraftzentrale I.
1925
Baugenehmigung der Stadt Dortmund vom 31.01.1925; Lageplan; Grund- und Aufrisszeichnungen; Maschinenanordnungsplan; statische Berechnungen.

4813 Bau einer Tankanlage in Dortmund, Mallinckrodtstraße 435.
1925
Baugenehmigung der Stadt Dortmund vom 15.06.1925; Lageplan; Grund- und Aufrisszeichnungen.

2.3.5.2.13 Transport und Verkehr

Werksbahn

4752 Verstärkung der Werksbahnbrücke über die Köln-Mindener-Eisenbahn.
1912
Bauantrag der Deutsch-Lux Dortmunder Union vom 20.12.1912; Baugenehmigung der Königlichen Eisenbahndirektion Essen vom 13.01.1913; Lageplan; Grund- und Aufrisszeichnungen sowie statische Berechnungen; einzelne Schreiben zwischen Deutsch-Lux Dortmunder Union und Eisenbahndirektion zum Genehmigungsverfahren.

4557 Bau einer Eisenbahnbrücke über die Huckarder Straße.
1912-1914, 1940
Bauantrag der Deutsch-Lux Dortmunder Union vom 12.10.1912; Baugenehmigung der Stadt Dortmund vom 13.11.1912; statische Berechnungen; Grund-, Aufriss- und Konstruktionszeichnungen; Lageplan; Bauabnahmeschein vom 23.04.1914; einzelne Schreiben zwischen Deutsch-Lux Dortmunder Union, Königlicher Eisenbahndirektion Essen und Stadt Dortmund zum Genehmigungsverfahren.

4670 Erweiterung und Änderung der Anschlussgleise an den Verschiebebahnhof Dortmund.
1912-1919
Bauantrag der Deutsch-Lux Dortmunder Union vom 15.06.1912; Baugenehmigung des Königlichen Regierungspräsidiums Arnsberg Bezirksausschuss vom 07.08.1912; Bauabnahmeschein vom 23.07.1914; Lageplan des Werksgeländes; Aufrisszeichnung; Schriftwechsel zwischen Deutsch-Lux Dortmunder Union, Königlichem Eisenbahnbetriebsamt Dortmund und Bezirksausschuss zum Genehmigungsverfahren.

4677 Bau eines Rangierbahnhofs beim Bahnhof Dorstfeld.
1913-1915
Bauantrag der Deutsch-Lux Dortmunder Union vom 18.03.1913; Baugenehmigungen der Königlichen Eisenbahndirektion Essen vom 19.06.1913 (Abschrift) und des Königlichen Regierungspräsidiums Arnsberg Bezirksausschuss vom 24.06.1914; Lagepläne; Bauabnahmeschein vom 14.09.1914; Schriftwechsel zwischen Deutsch-Lux Dortmunder Union, Eisenbahndirektion, Königlichem Eisenbahnbetriebsamt Dortmund, Bezirksausschuss und Stadt Dortmund zum Genehmigungsverfahren.

4766 Bau eines provisorischen Lokomotivschuppens.
1915
Baugenehmigung der Stadt Dortmund vom 09.12.1915; Lageplan; Grund- und Aufrisszeichnungen.

4574 Bau und Betrieb einer Schmalspurbahn auf dem Bürgersteig der Unionstraße.
1915, 1919-1921
Bauantrag der Deutsch-Lux Dortmunder Union vom 05.02.1915; Baugenehmigung der Stadt Dortmund vom 06.02.1915; einzelne Schreiben zwischen Deutsch-Lux Dortmunder Union und Stadt Dortmund zu Genehmigungsverfahren und Weiterbetrieb der Bahn nach Kriegsende.

340 Anlage einer Schmalspurbahn zwischen Deutsch-Lux Dortmunder Union und der ehemaligen Eisenwerk Rothe Erde AG.
1916–1917
Anfrage der Deutsch-Lux Dortmunder Union bei der Königliche Eisenbahndirektion Essen wegen Überlassung von Lageplänen und Antwortschreiben; Lageplan.

4666 Abbau der Schmalspurbahn auf dem Bürgersteig der Unionstraße.
1921
Einzelne Schreiben zwischen Deutsch-Lux Dortmunder Union und Stadt Dortmund zu Abbau und Wiederherstellung des Bürgersteigs; Rechnungen von Baufirmen.

4643 Einfriedung und Erweiterung des Stellwerks in Dortmund, Rheinische Straße 212.
1922
Baugenehmigung der Stadt Dortmund vom 17.05.1922; Lageplan; Grund- und Aufrisszeichnungen; einzelne Schreiben zwischen Deutsch-Lux Dortmunder Union und Stadt Dortmund zum Genehmigungsverfahren.

4656 Bau einer Werksbahnbrücke zwischen Werksgelände und Zeche Hansa über die Franziusstraße.
1924–1926
Vertrag zwischen Deutsch-Lux Dortmunder Union und Dortmunder Straßenbahnen GmbH über den Bau einer vorübergehenden Gleiskreuzung vom 20.11.1924; statische Berechnungen; Baugenehmigung der Stadt Dortmund vom 12.11.1924; einzelne Schreiben zwischen Deutsch-Lux Dortmunder Union bzw. VSt Dortmunder Union und Stadt Dortmund zum Genehmigungsverfahren.

4659 Bau eines Lokomotivschuppens.
1925
Bauantrag der Deutsch-Lux Dortmunder Union vom 20.04.1925; einzelne Schreiben zwischen Deutsch-Lux Dortmunder Union und Stadt Dortmund zum Genehmigungsverfahren.

4662 Verlegung eines provisorischen Gleises auf der Franziusstraße zum Materialtransport im Rahmen des Baus einer Werksbahnbrücke zwischen Werksgelände und Zeche Hansa über die Franziusstraße.
1925
Bauantrag der Deutsch-Lux Dortmunder Union vom 26.05.1925; Baugenehmigung der Stadt Dortmund vom 09.06.1925; einzelne Schreiben zwischen Deutsch-Lux Dortmunder Union und Stadt Dortmund zum Genehmigungsverfahren.

Straßen und Wege

4949 Bau einer Brücke über die Huckarder Straße.
1912
Lageplan, Grund- und Aufrisszeichnungen; statische Berechnungen.

4664 Bau einer Brüstungsmauer an der Dorstfelder Brücke in Dortmund.
1913

Bauantrag der Deutsch-Lux Dortmunder Union vom 13.06.1913; Baugenehmigung der Stadt Dortmund vom 28.06.1913; Lageplan; Aufrisszeichnung; einzelne Schreiben zwischen Deutsch-Lux Dortmunder Union und Stadt Dortmund zum Genehmigungsverfahren.

4582 Bau eines Stegs über die Emscher.
1914
Bauantrag der Deutsch-Lux Dortmunder Union vom 11.03.1914; statische Berechnung; Bauabnahmeschein vom 22.10.1914; einzelne Schreiben zwischen Deutsch-Lux Dortmunder Union und Stadt Dortmund zum Genehmigungsverfahren.

4760 Bau einer Fußgängerbrücke über die Emscher.
1914
Baugenehmigung der Stadt Dortmund vom 15.05.1914; Lageplan; Aufrisszeichnung; statische Berechnungen.

4576 Bau eines Fußgängerstegs an der Brücke über Alte Radstraße und Huckarder Straße.
1918
Bauantrag der Deutsch-Lux Dortmunder Union vom 02.02.1918; einzelne Schreiben zwischen Deutsch-Lux Dortmunder Union und Stadt Dortmund zum Genehmigungsverfahren.

4781 Bau von Schutzwänden an der Überführung der Rheinischen Straße über das Anschlussgleis an den Bahnhof Dorstfeld.
1918
Baugenehmigung der Stadt Dortmund vom 27.08.1918; Lageplan; Konstruktionszeichnung.

Seilbahnen und Förderanlagen

4753 Bau einer Kalkaufzuganlage im Thomas-Stahlwerk.
1912
Baugenehmigung der Stadt Dortmund vom 23.02.1912; Konstruktionszeichnung sowie statische Berechnungen der Firma Adolf Bleichert & Co., Leipzig.

4538 Bau einer Krananlage für die Adjustage.
1912
Bauantrag der Deutsch-Lux Dortmunder Union vom 15.05.1912; Baugenehmigung der Stadt Dortmund vom 28.05.1912, mit Auszug aus der Baupolizeiverordnung; Lageplan; einzelne Schreiben zwischen Deutsch-Lux Dortmunder Union und Stadt Dortmund zum Genehmigungsverfahren.

4749 Bau einer Aufzugsanlage in der Kupolofenhalle des Siemens-Martin-Stahlwerks.
1913
Baugenehmigung der Stadt Dortmund vom 25.08.1913; Lageplan; Grund- und Aufrisszeichnung sowie statische Berechnungen und Anlagenbeschreibung der Maschinenbau-Aktiengesellschaft Tigler.

4564 Inbetriebnahme eines Lastenaufzugs für die Kupolofenanlage des Siemens-Martin-Stahlwerks.
1913
Antrag der Deutsch-Lux Dortmunder Union auf Betriebsgenehmigung vom 11.08.1913; Betriebsgenehmigung der Stadt Dortmund vom 13.11.1913; einzelne Schreiben zwischen Deutsch-Lux Dortmunder Union und Stadt Dortmund zum Genehmigungsverfahren.

4804 Verlängerung der Kranbahn der Thomasschlackenmühle.
1922
Baugenehmigung der Stadt Dortmund vom 15.08.1922; Lageplan; Grund- und Aufrisszeichnungen.

4646 Bau einer Antriebsstation für die Rangieranlage des Schrottplatzes im Hafen Dortmund (Kohlenhafen), Kohlenweg 39.
1922–1923
Baugenehmigung der Stadt Dortmund vom 01.11.1922; Lageplan; Grund- und Aufrisszeichnungen; Bauabnahmeschein vom 29.06.1923; einzelne Schreiben zwischen Deutsch-Lux Dortmunder Union und Stadt Dortmund zum Genehmigungsverfahren.

4808 Bau einer Seilbahn zur Hochofenbegichtung sowie einer Hochbahn zum Schlackensandtransport.
1924
Baugenehmigung des Regierungspräsidiums Arnsberg Bezirksausschuss vom 01.02.1924; Lageplan; Grund- und Aufrisszeichnungen; statische Berechnungen.

Garagen und Ställe

4672 Bau eines Kanalanschlusses für eine Autogarage.
1911
Bauantrag der Deutsch-Lux Dortmunder Union vom 06.04.1911; Baugenehmigung der Stadt Dortmund vom 02.05.1911; Lagepläne; einzelne Schreiben zwischen Deutsch-Lux Dortmunder Union und Stadt Dortmund zum Genehmigungsverfahren.

4543 Bau eines Automobilschuppens.
1915
Bauantrag der Deutsch-Lux Dortmunder Union vom 30.06.1915; Bauabnahmeschein vom 05.10.1915; einzelne Schreiben zwischen Deutsch-Lux Dortmunder Union und Stadt Dortmund zum Genehmigungsverfahren.

4764 Bau einer Automobilgarage am Verwaltungsgebäude in Dortmund, Teichstraße 1.
1915
Baugenehmigung der Stadt Dortmund vom 22.07.1915; Lageplan; Grund- und Aufrisszeichnungen.

4767 Bau eines provisorischen Pferdestalls in Dortmund, Sunderweg.
1915
Baugenehmigung der Stadt Dortmund vom 23.12.1915; Lageplan; Grund- und Aufrisszeichnungen.

4584 Bau eines Pferdestalls in Dortmund.
1915–1916
Bauantrag der Deutsch-Lux Dortmunder Union vom 24.11.1915; einzelne Schreiben zwischen Deutsch-Lux Dortmunder Union und Stadt Dortmund zum Genehmigungsverfahren.

4594 Anpassung von Kraftfahrzeuggaragen an gesetzliche Vorschriften.
1920
Einzelne Schreiben zwischen Deutsch-Lux Dortmunder Union und Stadt Dortmund zum Genehmigungsverfahren.

4605 Bau eines Stalls in Dortmund, Huckarder Straße 165.
1921
Bauantrag der Deutsch-Lux Dortmunder Union vom 18.06.1921; einzelne Schreiben zwischen Deutsch-Lux Dortmunder Union und Stadt Dortmund zum Genehmigungsverfahren.

4633 Erweiterung der Kraftfahrzeuggarage in Dortmund, Sunderweg 10.
1922
Baugenehmigung der Stadt Dortmund vom 24.06.1922; Lageplan; Grund- und Aufrisszeichnungen; einzelne Schreiben zwischen Deutsch-Lux Dortmunder Union und Stadt Dortmund zum Genehmigungsverfahren.

2.3.5.2.14 Einfriedungen

4669 Bau einer Einfriedungsmauer am Portierhaus, Sunderweg 10.
1910–1914
Baugenehmigung der Stadt Dortmund vom 08.12.1910; Bauabnahmeschein vom 13.01.1914; Lageplan; Aufrisszeichnung; einzelne Schreiben zwischen Deutsch-Lux Dortmunder Union und Stadt Dortmund zum Genehmigungsverfahren.

4754 Bau einer Einfriedungsmauer am Thomasschlackenbunker.
1913
Baugenehmigung der Stadt Dortmund vom 02.12.1913; Lageplan.

4556 Bau und Erhöhung einer Mauer an der Huckarder Straße.
1913–1917
Bauanträge der Deutsch-Lux Dortmunder Union vom 17.11.1913 und 23.09.1916; Bauabnahmescheine vom 26.02.1914 und 24.01.1917; einzelne Schreiben zwischen Deutsch-Lux Dortmunder Union und Stadt Dortmund zu den Genehmigungsverfahren.

4773 Erhöhung der Einfriedungsmauer am Portiergebäude, Aachener Straße.
1916
Baugenehmigung der Stadt Dortmund vom 18.11.1915; Lageplan; Grund- und Aufrisszeichnungen.

4581 Bau einer Einfriedungsmauer an der Lagerhausstraße.
1919

Bauantrag der Deutsch-Lux Dortmunder Union vom 08.04.1919; Baugenehmigung der Stadt Dortmund vom 28.04.1919; Lageplan; Aufrisszeichnungen; Bauabnahmeschein vom 18.07.1919; einzelne Schreiben zwischen Deutsch-Lux Dortmunder Union und Stadt Dortmund zum Genehmigungsverfahren.

2.3.5.2.15 Sonstiges

4748 Bau eines Kamins.
1912–1913
Baugenehmigung der Stadt Dortmund vom 02.04.1913; Lageplan; Aufrisszeichnung und statische Berechnungen der Firma Ernst Eckardt, Dortmund.

4750 Bau eines Kamins.
1913
Baugenehmigung der Stadt Dortmund vom 08.09.1913; Lageplan; Aufrisszeichnung und statische Berechnungen der Firma Ernst Eckardt, Dortmund.

4668 Bau eines Eismaschinengebäudes am Portierhaus, Sunderweg 10.
1913–1914
Bauantrag der Deutsch-Lux Dortmunder Union vom 20.12.1913; Bauabnahmeschein vom 11.05.1914; statische Berechnungen; Grund- und Aufrisszeichnungen; einzelne Schreiben zwischen Deutsch-Lux Dortmunder Union und Stadt Dortmund zum Genehmigungsverfahren.

4755 Erweiterung des ehemaligen Portiergebäudes (Eismaschinenraum).
1914
Baugenehmigung der Stadt Dortmund vom 16.02.1914; Lageplan.

4774 Bau eines Gebäudes für eine Dörrmaschine in der Union-Vorstadt.
1916
Baugenehmigung der Stadt Dortmund vom 21.10.1916; Lageplan; Grund- und Aufrisszeichnungen.

4575 Bau einer Anlage zur Durchführung von Sprengproben an Geschützrohren.
1916–1917
Bauantrag der Deutsch-Lux Dortmunder Union vom 15.11.1916; Baugenehmigung des Königlichen Regierungspräsidiums Arnsberg Bezirksausschuss vom 22.02.1917; Lageplan; Grund- und Aufrisszeichnungen; einzelne Schreiben zwischen Deutsch-Lux Dortmunder Union, Bezirksauschuss und Stadt Dortmund zum Genehmigungsverfahren.

4586 Bau eines Gebäudes für eine Dörrmaschine in der Union-Vorstadt.
1916–1919
Bauantrag der Deutsch-Lux Dortmunder Union vom 09.09.1916; Baugenehmigung der Stadt Dortmund vom 14.09.1916; Bauabnahmeschein vom 23.04.1917; einzelne Schreiben zwischen Deutsch-Lux Dortmunder Union und Stadt Dortmund zum Genehmigungsverfahren.

4595 Bau einer Holztrocknungsanlage für die Waggonfabrik.
1921
Bauantrag der Deutsch-Lux Dortmunder Union vom 19.04.1921; Grund- und Aufrisszeichnun-

gen; Lageplan; Baugenehmigung der Stadt Dortmund vom 31.05.1921; Bauabnahmeschein vom 20.12.1921; einzelne Schreiben zwischen Deutsch-Lux Dortmunder Union und Stadt Dortmund zum Genehmigungsverfahren.

4610 Bau eines Kanalanschlusses für die Steinfabrik in Dortmund, Mallinckrodtstraße 440.
1921
Bauantrag der Deutsch-Lux Dortmunder Union vom 18.06.1921; Baugenehmigung der Stadt Dortmund vom 05.08.1921; Lageplan; Grund- und Aufrisszeichnungen; einzelne Schreiben zwischen Deutsch-Lux Dortmunder Union und Stadt Dortmund zum Genehmigungsverfahren.

4609 Bau eines Schutzhauses für einen Absperrschieber der Ruhrwasserleitung.
1921
Bauantrag der Deutsch-Lux Dortmunder Union vom 28.06.1921; Bauabnahmeschein vom 03.09.1922; Lageplan; Grund- und Aufrisszeichnungen; einzelne Schreiben zwischen Deutsch-Lux Dortmunder Union und Stadt Dortmund zum Genehmigungsverfahren.

4793 Bau eines Schutzhäuschens für Wasserleitungsschieber an der Dampfzentrale.
1921
Baugenehmigung der Stadt Dortmund vom 10.07.1921; Lageplan; Grund- und Aufrisszeichnungen.

4795 Bau einer Schrottpaketierpresse im Hafen Dortmund (Kohlenhafen), Kohlenweg 51.
1921
Baugenehmigung der Stadt Dortmund vom 20.07.1921; Bauabnahmeschein vom 23.12.1921; Grund- und Aufrisszeichnung; einzelne Schreiben zwischen Deutsch-Lux Dortmunder Union und Stadt Dortmund zum Genehmigungsverfahren.

4799 Bau einer Schrottschere im Hafen Dortmund (Kohlenhafen), Kohlenweg 51.
1922
Baugenehmigung der Stadt Dortmund vom 26.01.1922; Bauabnahmeschein vom 30.09.1922; Lageplan; Grund- und Aufrisszeichnung; einzelne Schreiben zwischen Deutsch-Lux Dortmunder Union und Stadt Dortmund zum Genehmigungsverfahren.

4801 Umbau und Umnutzung eines Gebäudes im Hafen Dortmund (Kohlenhafen), Kohlenweg 36.
1922
Baugenehmigung der Stadt Dortmund vom 01.02.1922; Bauabnahmeschein vom 20.02.1922; Grund- und Aufrisszeichnungen; einzelne Schreiben zwischen Deutsch-Lux Dortmunder Union und Stadt Dortmund zum Genehmigungsverfahren.

2.3.5.3 Wohnungsbau

4675 Bau eines Kanalanschlusses für das Wohnhaus in Dortmund, Mühlenweg 39.
1916–1917
Bauantrag der Deutsch-Lux Dortmunder Union vom 24.10.1916; Baugenehmigung der Stadt Dortmund vom 06.11.1916; Lageplan; einzelne Schreiben zwischen Deutsch-Lux Dortmunder Union und Stadt Dortmund zum Genehmigungsverfahren.

4606 Bau von sechs Doppelwohnhäusern in Dortmund, Hahnenmühlenweg.
1921
Baugenehmigung der Stadt Dortmund vom 08.07.1921; einzelne Schreiben zwischen Deutsch-Lux Dortmunder Union und Stadt Dortmund zum Genehmigungsverfahren.

2.3.5.4 Kriegsgefangenenlager und Notwohnungen

4630 Bau von fünf Kriegsgefangenenbaracken in Dortmund, Rheinische Straße 217/219, und Erweiterung des Lagers.
1915–1920
Bauanträge der Deutsch-Lux Dortmunder Union vom 13.11.1915 und 23.10.1916; Lageplan; Bauabnahmescheine vom 04.02.1916 und 26.02.1919 [!]; einzelne Schreiben zwischen Deutsch-Lux Dortmunder Union, Stadt Dortmund und Städtischem Elektrizitätswerk Dortmund zu Genehmigungsverfahren und Verlegung eines Stromanschlusses.

4775 Bau von zwei Baracken im Gefangenenlager in Dortmund, Rheinische Straße 217/219.
1916
Baugenehmigung der Stadt Dortmund vom 11.11.1916; Lageplan; Grund- und Aufrisszeichnungen der Firma Wilh. Becker & Co., Barmen.

4779 Bau einer Baracke im Gefangenenlager in Dortmund, Rheinische Straße 217/219.
1918
Baugenehmigung der Stadt Dortmund vom 06.04.1918; Lageplan; Grund- und Aufrisszeichnungen.

4628 Umbau von Kriegsgefangenenbaracken in Dortmund, Huckarder Straße 62.
1921–1922
Baugenehmigung der Stadt Dortmund vom 24.01.1922; Lageplan; Grund- und Aufrisszeichnungen; einzelne Schreiben zwischen Deutsch-Lux Dortmunder Union und Stadt Dortmund zum Genehmigungsverfahren.

2.3.6 Technische Überwachung

3128 Eichangelegenheiten von Union AG bzw. Deutsch-Lux Dortmunder Union.
1899–1925
Urteil des Königlichen Oberverwaltungsgerichts Berlin vom 04.10.1899 in der Verwaltungsstreitsache des Gussstahl-Werks Witten gegen den Oberpräsidenten der Provinz Westfalen wegen Eichangelegenheiten (Abschrift); Schriftwechsel zwischen Union AG bzw. Deutsch-Lux Dortmunder Union, Union AG Dortmunder Eisen- und Stahlwerke, Union AG Horst sowie Eichungs-Inspektion für die Provinz Westfalen zur Eichung von Waagen und Eisenbahnwaggons.

875 Abnahmeprüfung von Schweißgeräten.
1916
Bescheinigungen des Dampfkessel-Überwachungs-Vereins Dortmund e. V. über die Abnahmeprü-

fungen für zwei bewegliche Acetylenanlagen der Hersteller Weberwerke GmbH und Messer & Co. GmbH vom 25.02.1916, mit Betriebsbeschreibungen der Hersteller und Konstruktionszeichnung.

2.4 Belegschaft
2.4.1 Lohnstatistik

1446 Angestelltengehälter der Deutsch-Lux.
1913
Gehaltslisten der technischen und kaufmännischen Angestellten, untergliedert nach einzelnen Abteilungen und Betrieben, Juli 1913.

3105/12 Lohnstatistik von Union AG Dortmunder Hütten- und Walzwerke bzw. Deutsch-Lux Dortmunder Union.
1910–1911
Monatliche Aufstellungen zu Anzahl der Arbeiter, Gesamtlohn und Lohn pro Mann und Schicht, gegliedert nach einzelnen Betrieben, Juli 1910 bis Juni 1911.

3105/13 Lohnstatistik der Deutsch-Lux Dortmunder Union.
1911–1912
Monatliche Aufstellungen zu Anzahl der Arbeiter, Gesamtlohn und Lohn pro Mann und Schicht, gegliedert nach einzelnen Betrieben, Juli 1911 bis Juni 1912.
3105/14 Dsgl., Juli 1913 bis Juni 1914.

3105/15 Lohnstatistik von Union AG der Deutsch-Lux Dortmunder Union.
1915–1916
Monatliche Aufstellungen zu Anzahl der Arbeiter, Gesamtlohn und Lohn pro Mann und Schicht, gegliedert nach einzelnen Betrieben, Juli 1915 bis Juni 1916.
3105/16 Dsgl., Juli 1916 bis Juni 1917.
3105/17 Dsgl., Juli 1917 bis Juni 1918.
3105/18 Dsgl., Juli 1918 bis Juni 1919.

3091/11 Lohnstatistik der Deutsch-Lux Dortmunder Union.
1920
Monatliche Aufstellungen zu Anzahl der Arbeiter, Gesamtlohn und Lohn pro Mann und Schicht, gegliedert nach einzelnen Betrieben, Juli 1919 bis Juni 1920.
3091/12 Dsgl., Juli bis September 1920.
3091/13 Dsgl., Oktober 1920 bis September 1921.
3091/14 Dsgl., Oktober 1921 bis September 1922.
3091/15 Dsgl., Oktober 1922 bis September 1923.

206 Belegschafts- und Lohnstatistik der Deutsch-Lux Dortmunder Union.
1920–1923
Monatliche Aufstellungen, gegliedert nach einzelnen Betriebsabteilungen und Beschäftigungsstatus, Januar 1920 bis September 1923 (Kontophot).

1537 Belegschaftsstatistik der Deutsch-Lux Dortmunder Union.
1920–1925
Aufstellungen zur Belegschaft der Deutsch-Lux Dortmunder Union, aufgeschlüsselt nach Betrieben und Abteilungen sowie Arbeitern und Beamten, jeweils zum Monatsende September 1921, Juli 1922 bis Dezember 1922, Februar 1923, März 1923, September 1923 und Oktober 1923 sowie jeweils zum Monatsanfang Januar 1924 bis März 1924, Mai 1924, Juli 1924 bis Februar 1925; Vergleichsaufstellungen Oktober 1920 bis Februar 1925.

3092/10 Lohnstatistik der Deutsch-Lux Dortmunder Union.
1923–1924
Monatliche Aufstellungen zu Anzahl der Arbeiter, Gesamtlohn und Lohn pro Mann und Schicht, gegliedert nach einzelnen Betrieben, Oktober 1923 bis September 1924.

3092/11 Dsgl., Oktober 1924 bis September 1925.

3092/12 Dsgl., Oktober 1925 bis September 1926.

3092/13 Dsgl., Oktober 1925 bis Januar 1926.

3092/14 Dsgl., Oktober 1925 bis Februar 1926.

2.4.2 Sonstiges

922 Handelskammerumfragen zur Lehrlingsausbildung.
1907, 1912
Fragebogen der Handelskammer zu Bochum vom September 1907 zur Lehrlingsausbildung bei der Union AG Abteilung Horst (ausgefülltes Exemplar); Fragebogen der Handelskammer Dortmund vom April 1912 zur Gesellenprüfung bei der Deutsch-Lux Dortmunder Union (nicht ausgefülltes Exemplar).

988 Verleihung von Orden und Ehrenzeichen an Belegschaftsmitglieder.
1907–1918
Schriftwechsel zwischen Union AG, Union AG Abteilung Horst, Deutsch-Lux Dortmunder Union und zuständigen Behörden über die Verleihungen, u. a. anlässlich von Dienstjubiläen; Lebensläufe und von den Unternehmen zusammengestellte Informationen zu den persönlichen Verhältnissen der Empfänger.

VIII. Gelsenkirchener Bergwerks-Aktien-Gesellschaft

1. Haus- und Grundsteuern (Sortierung nach Orten, A-Z)

507 Grundsteuer der GBAG in [Bochum-]Somborn.
1904
Auszüge aus der Grundsteuerrolle.

515 Grundsteuer der GBAG in [Castrop-Rauxel-]Ellinghausen.
1904-1922
Auszüge aus der Grundsteuerrolle; Aufstellung über das Grundeigentum der GBAG in [Castrop-Rauxel-]Lindenhorst.

251 Grundsteuer der GBAG in Castrop, insbesondere für die Zeche Erin.
1908-1926
Aufstellungen zu den Steuerzahlungen; Veranlagungsbescheide; Lagepläne; Grundbuchauszüge; Schriftwechsel zwischen GBAG sowie Steuer- und Katasterbehörden; Lagepläne der Zeche Erin.

508 Grundsteuer der GBAG in [Castrop-Rauxel-]Ellinghausen.
1910-1913, 1917-1922
Auszüge aus der Grundsteuerrolle.

511 Gebäudesteuer der GBAG in [Castrop-Rauxel-]Westerfilde für die Siedlung der Zeche Erin.
1910-1922
Auszüge aus der Gebäudesteuerrolle.

26 Gebäudesteuer der GBAG in Dortmund.
1907-1915, 1923
Auszüge aus Gebäudesteuerrollen; Gebäudebeschreibungen; Schriftwechsel zwischen GBAG und verschiedenen Katasterämtern zur Veranlagung.

530 Grundsteuer der GBAG in Dortmund.
1913-1922
Auszüge aus der Grundsteuerrolle.

522 Grundsteuer der GBAG in [Dortmund-]Bövinghausen.
1910-1922
Auszüge aus der Grundsteuerrolle.

269 Grundsteuer der GBAG in [Dortmund-]Bövinghausen und Westrich.
1911-1917, 1922
Grundbuchauszüge.

496 Gebäudesteuer der GBAG in [Dortmund-]Bövinghausen, u. a. für Zeche Zollern II.
1911-1913, 1917-1922
Auszüge aus der Gebäudesteuerrolle.

523 Grundsteuer der GBAG in [Dortmund-]Bodelschwingh.
1904–1905, 1910–1922
Auszüge aus der Grundsteuerrolle.

178 Gebäudesteuer der GBAG in [Dortmund-]Bodelschwingh, u. a. für Zeche Westhausen.
1910–1923
Auszüge aus der Gebäudesteuerrolle Bodelschwingh, mit handschriftlichen Vermerken sowie Hinweisen auf Abbruch und Neubau von Gebäuden.

481 Gebäudesteuer der GBAG in der Gemeinde Dellwig (Landkreis Dortmund).
1905–1910
Auszug aus der Gebäudesteuerrolle.

497 Grundsteuer der GBAG in der Gemeinde Dellwig (Landkreis Dortmund).
1907–1924
Auszug aus der Grundsteuerrolle.

514 Grundsteuer der GBAG in [Dortmund-]Deusen.
1904–1911, 1916–1921
Auszüge aus der Grundsteuerrolle.

162 Gebäudesteuer der GBAG in [Dortmund-]Deusen.
1910–1911, 1915–1922
Auszüge aus der Gebäudesteuerrolle Deusen, mit handschriftlichen Vermerken sowie Hinweisen auf Neubau, Umbau und Abbruch von Gebäuden.

498 Grundsteuer der GBAG in [Dortmund-]Dorstfeld.
1912, 1922
Auszüge aus der Grundsteuerrolle.

483 Gebäudesteuer der GBAG in [Dortmund-]Holthausen.
1910, 1915, 1924
Auszug aus der Gebäudesteuerrolle.

516 Grundsteuer der GBAG in [Dortmund-]Kirchderne.
1907, 1924
Auszüge aus der Grundsteuerrolle.

509 Gebäudesteuer der GBAG in [Dortmund-]Kirchderne.
1910–1913, 1921–1924
Auszüge aus der Gebäudesteuerrolle.

510 Gebäudesteuer der GBAG in [Dortmund-]Kirchlinde, u. a. für Zeche Zollern I.
1895, 1907–1915, 1921–1925
Auszüge aus der Gebäudesteuerrolle.

513 Grundsteuer der GBAG in [Dortmund-]Kley.
1909-1913, 1919-1925
Auszüge aus der Grundsteuerrolle.

304 Gebäudesteuer der GBAG in [Dortmund-]Lindenhorst, u. a. für Zeche Vereinigte Stein und Hardenberg.
1910-1926
Auszüge aus der Gebäudesteuerrolle Lindenhorst mit handschriftlichen Vermerken sowie Hinweisen auf Abbruch und Neubau von Gebäuden.

521 Gebäudesteuer der GBAG in [Dortmund-]Lütgendortmund.
1905-1911, 1921-1925
Auszüge aus der Gebäudesteuerrolle.

501 Gebäudesteuer von GBAG bzw. VSt in [Dortmund-]Marten, Bezirk Wischlingen.
1917-1925, 1930
Auszüge aus der Grundsteuerrolle.

518 Grundsteuer der GBAG in der Gemeinde Nette (Kreis Dortmund Land).
1914-1922
Auszüge aus der Grundsteuerrolle.

517 Grundsteuer der GBAG in [Dortmund-]Oespel.
1911-1916, 1924-1925
Auszüge aus der Grundsteuerrolle.

499 Grundsteuer der GBAG in der Gemeinde [Dortmund-]Rahm, Amt [Dortmund-]Marten, u. a. für Zeche Germania.
1904-1908, 1917-1920, 1925
Auszüge aus der Grundsteuerrolle.

257 Grundsteuer der GBAG in [Dortmund-]Westerfilde.
1906-1923
Grundbuchauszüge.

306 Gebäudesteuer der GBAG in [Dortmund-]Westerfilde, Bodelschwingh und Westhausen.
1908-1923
Gebäudebeschreibungen für Neubauten; Schriftwechsel zwischen GBAG und den Steuerbehörden zur An- und Abmeldung von Gebäuden; Auszüge aus der Gebäudesteuerrolle; Steuerbescheide.

520 Grundsteuer der GBAG in [Dortmund-]Westrich.
1913-1918
Auszüge aus der Grundsteuerrolle.

2. Sonstiges

2054 Grunderwerb des Eschweiler Bergwerks-Vereins in Luxemburg.
1896–1900
Kaufverträge zwischen Eschweiler Bergwerks-Verein und zahlreichen Verkäufern über Grundstücke in Eich und Tetingen.

3331 Grunderwerb des Eschweiler Bergwerks-Vereins in Luxemburg.
1898
Niederschrift einer Versteigerung von Grundstücken in Eich und Tetingen am 16.04.1898.

971 Fusion der Hüstener Gewerkschaft AG auf die GBAG.
31.05.1916
Antrag von Vorstand und Aufsichtsrat der GBAG an die Hauptversammlung auf Genehmigung der Fusion (gedruckt).

IX. Vereinigte Stahlwerke AG Dortmunder Union-Hoerder Verein (1926–1933/1945)

1. Vereinigte Stahlwerke AG Rechtsabteilung Dortmund

1.1 Gründung der Vereinigte Stahlwerke AG

547 Gründung der VSt.
1926
Gesellschaftsvertrag, o. D. (gedruckt, zwei Versionen).

632 Gründung der VSt.
1926
Gesellschaftsvertrag, o. D. (gedruckt); Rundschreiben der VSt zur Mitteilung von Anschriften und Zuständigkeiten anlässlich der Gründung; Aufstellungen über Beteiligungen an Unternehmen und Verbänden; Schwarz, Goldschmidt & Co. (Hg.): Die Vereinigten Stahlwerke. Ihr Aufbau und ihre Bedeutung für Deutschland und die Weltwirtschaft, 2. Auflage, Berlin 1926.
Darin auch: Niederschrift über die Sitzung des Selbstverbrauchsausschusses des RWKS am 15.10.1926 (gedruckt).

1706 Gründung der VSt: Einbringung Bochumer Verein.
1926
Vertrag zwischen Bochumer Verein und VSt vom 06.05.1926 über die Einbringung von Werksanlagen, Grundstücken, Patenten, Lizenzen und Urheberrechten sowie Wertpapieren, mit Aufstellung der Beteiligungen, Grundstücke und Patente (gedruckt).

1617 Gründung der VSt: Einbringung Rheinische Stahlwerke.
1926
Vertrag zwischen Rheinischen Stahlwerken und VSt vom 05.05.1926 über die Einbringung von Werksanlagen, Grundstücken, Patenten, Lizenzen und Urheberrechten sowie Wertpapieren, mit Aufstellung der Beteiligungen, Grundstücke und Patente (Abschrift).

155 Gründung der VSt: Einbringung Thyssen & Co.
05.05.1926, 12.06.1926
Vertrag zwischen Thyssen & Co. AG und VSt über die Einbringung von Werksanlagen, Grundstücken, Patenten, Lizenzen und Urheberrechten sowie Wertpapieren vom 05.05.1926 (gedruckt), als Anlage zur notariell beglaubigten Bestätigung des Vertrags durch Carl Härle, Jean Maxrath, Hans Fusban und Friedrich Teichler für die Unternehmen vom 12.06.1926.

305 Gründung der VSt: Einbringung Thyssen & Co.
1926
Vertrag zwischen Thyssen & Co. AG und VSt vom 05.05.1926 über die Einbringung von Werksanlagen, Grundstücken, Patenten und Lizenzen und Urheberrechten sowie Wertpapieren, mit Aufstellung der Grundstücke, Patente und Beteiligungen.

293 Dsgl. mit Bestätigungsvertrag vom 12.06.1926.
603 Dsgl. mit Bestimmungen für die Bewertung von Neuanlagen.

1413 Hauptversammlung der Thyssen & Co. AG am 10.05.1926.
1926
Notariell beglaubigte Niederschrift der Versammlung zur Genehmigung des Einbringungsvertrags mit der VSt (Abschrift); Zeitungsausschnitt.

2528 Gründung der VSt.
1926
Aufstellungen zu den von der Thyssen & Co. AG in die VSt eingebrachten Grundstücken, mit Angaben zur hypothekarischen Belastung.

190 Gründung der VSt: Einbringung Aktiengesellschaft für Hüttenbetrieb.
05.05.1926
Vertrag zwischen Aktiengesellschaft für Hüttenbetrieb und VSt über die Einbringung von Hochofenanlage Meiderich, Eisen- und Walzengießerei Meiderich und Eisensteingruben im Siegerland in die VSt.

264 Gründung der VSt: Einbringung Aktiengesellschaft für Hüttenbetrieb.
1926
Niederschrift der Hauptversammlung der Aktiengesellschaft für Hüttenbetrieb am 10.05.1926 zur Einbringung von Werksanlagen und Beteiligungen in die VSt; Zeitungsausschnitte.

279 Gründung der VSt: Einbringung August Thyssen-Hütte.
05.05.1926
Vertrag zwischen August Thyssen-Hütte, Gewerkschaft, Gewerkschaft Friedrich Thyssen, Gewerkschaft Lohberg, Gewerkschaft Rhein I und VSt über die Einbringung von Werksanlagen, Grundstücken, Patenten, Lizenzen und Beteiligungen vom 05.05.1926, mit Verzeichnis von Grundstücken, Steinkohlenbergwerken und Erzgruben, Patenten und Beteiligungen (Kopie).

638 Grundbuchangelegenheiten im Rahmen der Gründung der VSt.
1926
Notariell beglaubigte Auflassungserklärungen zwischen VSt sowie Bochumer Verein und Deutsch-Lux vom 18.06.1926, Phoenix AG vom 19.06.1926, Aktiengesellschaft für Hüttenbetrieb und Thyssen & Co. AG vom 22.06.1926, Rheinischen Stahlwerken und GBAG vom 23.06.1926; Handelsregisterauszug der Gewerkschaft Zollverein vom 25.06.1926; Bestätigung der Bank für deutsche Industrie-Obligationen über den Übergang des Betriebsvermögens; Schriftwechsel zwischen VSt Hauptgrundstücksabteilung, VSt Rechtsabteilung Dortmund und Amtsgerichten über Grundbuchänderungen.

1.2 Unternehmensfinanzierung

789 Ermäßigung der Kosten für die Grundbucheintragung der Sicherungshypotheken zu den Amerika-Anleihen der VSt.

1925-1928
Notariell beglaubigte Erklärung von Bochumer Verein, Deutsch-Lux und GBAG vom 22.02.1926 über die gemeinsame Aufnahme einer Anleihe von US$ 25.000.000, mit Aufstellung der hypothekarisch zu belastenden Grundstücke (Abschrift); notariell beglaubigte Erklärung der VSt vom 06.07.1926 über die Aufnahme einer Anleihe von US$ 10.815.000, mit Aufstellung der hypothekarisch zu belastenden Grundstücke (Abschrift); Aufstellungen über das Grundeigentum von Bochumer Verein, Deutsch-Lux und GBAG, mit Angaben zur hypothekarischen Belastung und der zu zahlenden Aufwertungsbeträge; Schriftwechsel zwischen den drei Unternehmen und Deutsch-Lux Abteilung Dortmunder Union sowie VSt Rechtsabteilung Dortmund, VSt Hauptgrundstücksabteilung, Rechtsanwälten und Amtsgerichten über die steuerliche Behandlung der Verträge und die Ermäßigung der Gerichtskosten.
Darin auch: Vertragsentwurf zu einer Anleihe der Rudolph Karstadt AG über US$ 3.000.000, 1925 (Abschrift).

29 Staatliche Genehmigung der Amerika-Anleihen von Bochumer Verein, Deutsch-Lux und GBAG in Höhe von US$ 25.000.000 bzw. der VSt in Höhe von US$ 30.000.000 und US$ 10.815.000.
1925-1929, 1932
Genehmigungen des Preußischen Handelsministeriums vom 16.03.1926 und 18.09.1926 (Originale); Schriftwechsel zwischen Bochumer Verein, Deutsch-Lux, GBAG, Reichsministerium der Finanzen, Handelsministerium und verschiedenen Finanzämtern über Steuerfragen und Gebühren.
Darin auch: Muster einer Anleihe der Rheinelbe-Union GmbH vom 01.01.1926.

174 Hypothekarische Absicherung der Amerika-Anleihen der VSt.
1925-1926
Grundstücksverzeichnisse der VSt; Schriftwechsel zwischen VSt Rechtsabteilung Dortmund, VSt und verschiedenen Amtsgerichten über Auswahl der Grundstücke und Eintragung der Anleihe in Grundbücher.
Darin auch: Syndikatsvertrag des RWKS vom 30.04.1925 in der Fassung vom 10.09.1925; Merkblatt der Bank für deutsche Industrie-Obligationen „für die Behandlung der dinglichen Industrielast bei Grundstücksveräußerungen" vom 01.07.1926.

486 Planung der Amerika-Anleihen der VSt.
1926
Gründungsvertrag der VSt vom 14.01.1926 in der Fassung vom 08.02.1926 (Abschrift); Gesellschaftsvertrag der VSt; Börseneinführungsprospekte (Berliner Börse) über RM 800.000.000 auf den Inhaber lautende Stammaktien der VSt (gedruckte Entwürfe vom 01.07.1926 und 03.07.1926); Zeichnungsaufforderung auf einen Teilbetrag von nom. RM 90.000.000 einer zu 7 % hypothekarisch sichergestellten Anleihe im Gesamtbetrag von nom. RM 126.000.000 der VSt vom 03.07.1926, mit Anleihebedingungen; Informationsprospekt zur US$ 30.000.000 United Steel Works Corporation 25-Year 6 1/2 % Sinking Fund Mortgage Gold Bonds, Series A, 25.06.1926 (gedruckter Entwurf); Niederschrift über die Sitzung des Finanzausschusses der VSt am 18.06.1926; Berechnungen über Kapitalstruktur und einzubringende Werte der VSt; Besprechungsniederschriften und Schriftwechsel zwischen Detmar Philippi (VSt Rechtsabteilung Dortmund), VSt, ihren Gründungsgesellschaften, insbesondere Deutsch-Lux, GBAG und Phoenix AG, Cotton & Franklin (New York), Preußischem Handelsministerium, Preußischem Justizministerium und Reichsfinanzministerium über die mögliche Höhe, Genehmigung und hypothekarische Absicherung der geplanten Anleihen, Bewertung von

Grundstücken, Belastungen der deutschen Industrie aus dem Dawes-Plan, Steuerfragen und Zusammenstellung der benötigten Informationen.

23 Amerika-Anleihen der VSt.
1926
Telegrammverkehr der Konzernzentrale der VSt mit den Vorstandsmitgliedern Carl Rabes und Oskar Sempell in New York im Rahmen der Aufnahme der Anleihe.

44 Verträge zu den beiden Amerika-Anleihen der VSt über US$ 30.000.000 (Serien A und B) und US$ 10.815.000 (Serie C).
1926
Vertrag über eine Grundschuld in Höhe von M 4.200.000 zugunsten der Darmstädter und Nationalbank KGaA zwischen VSt, August Thyssen Hütte, Gewerkschaft, Gewerkschaft Friedrich Thyssen, Gewerkschaft Lohberg und Gewerkschaft Rhein I sowie Darmstädter und Nationalbank vom 06.07.1926 als weitere Sicherheit für die im Rahmen der Anleihe in Höhe von US$ 30.000.000 herauszugebenden Teilschuldverschreibungen in Höhe von M 126.000.000; Vertrag über eine Sicherungshypothek in Höhe von maximal M 151.200.000 zugunsten der Darmstädter und Nationalbank als Vertreterin der Gläubiger der Teilschuldverschreibungen im Rahmen der Anleihe in Höhe von US$ 30.000.000 zwischen den Unternehmen und der Darmstädter und Nationalbank vom 06.07.1926; Vertrag über eine Sicherungshypothek in Höhe von maximal US$ 12.978.000 zugunsten der Darmstädter und Nationalbank als Vertreterin der Gläubiger der Teilschuldverschreibungen im Rahmen der Anleihe in Höhe von US$ 10.815.000 zwischen Unternehmen und Darmstädter und Nationalbank vom 07.07.1926; Vertrag über die Bewilligung und Eintragung einer Sicherungshypothek in Höhe von maximal US$ 31.500.000 in Grundbücher und Berggrundbücher zugunsten der Darmstädter und Nationalbank als Vertreterin der Gläubiger der Teilschuldverschreibungen im Rahmen der Anleihe in Höhe von US$ 30.000.000 zwischen den Unternehmen und der Darmstädter und Nationalbank vom 16.07.1926 (Kopie).

602 Hypothekarische Absicherung der Amerika-Anleihen von VSt bzw. Vorläufergesellschaften.
1926
Aufstellungen über die im Rahmen der Anleihe belasteten Grundstücke; Grundbuchauszüge; notariell beglaubigte Erklärungen von Bochumer Verein, Deutsch-Lux und GBAG vom 30.03.1926 über die Berichtigung der zum Vertrag der Unternehmen untereinander vom 22.02.1926 über die Eintragung von Sicherungshypotheken für eine aufzunehmende Anleihe beigefügten Grundstücksaufstellung (Abschrift).

525 Hypothekarische Absicherung der Amerika-Anleihen von VSt bzw. Vorläufergesellschaften.
1926
Grundbuchauszüge; Schriftwechsel zwischen Bochumer Verein, Deutsch-Lux und GBAG mit verschiedenen Grundbuchämtern über die Eintragung von Sicherungshypotheken.

491 Amerika-Anleihen der VSt.
1926–1927
Börseneinführungsprospekte über RM 126.000.000 7 % hypothekarisch eingetragene Teilschuldverschreibung der VSt vom 01.09.1926 (Börsen Berlin, Düsseldorf, Essen, Frankfurt/Main, Hamburg und Köln) sowie dazugehöriger Treuhandvertrag zwischen VSt, Darmstädter und

Nationalbank KGaA und The National City Bank of New York; Börseneinführungsprospekt über RM 800.000.000 auf den Inhaber lautende Stammaktien der VSt vom August 1926; Schriftwechsel zwischen Detmar Philippi (VSt Rechtsabteilung Dortmund), VSt, VSt Hauptsteuerabteilung, VSt Hauptgrundstücksabteilung, Dillon, Read & Co., Darmstädter und Nationalbank und Deutsche Kreditsicherung AG, insbesondere über die Freigabe von durch die Anleihe belasteten Grundstücken, die Behandlung von Grundstücken des in die Mitteldeutsche Stahlwerke AG einzubringenden Stahl- und Walzwerks Weber und des in die Deutsche Edelstahlwerke AG einzubringenden Werks Stahlindustrie Bochum bzw. deren Austausch gegen Grundstücke der Westfälische Stahlwerke AG und die mögliche Zusammenfassung der Siegerländer Werke in einer neuen Gesellschaft.

268 Hypothekarische Absicherung der Amerika-Anleihen der VSt.
1926–1927
Grundbuchauszüge für Grundstücke von Deutsch-Lux und GBAG in Ruhrgebiet, Ostwestfalen und Siegerland.

153 Hypothekarische Sicherung der Amerika-Anleihe von Deutsch-Lux bzw. VSt in Höhe von US$ 30.000.000.
1926–1928
Schriftwechsel zwischen Deutsch-Lux Dortmunder Union, Deutsch-Lux Dortmunder Union Bergverwaltung Bayern, VSt, VSt Rechtsabteilung Dortmund, VSt Bergbau Gruppe Bochum untereinander sowie mit verschiedenen Amtsgerichten über die Eintragung der Anleihe in Grundbücher.

15 Sicherungshypotheken für die Amerika-Anleihen der VSt.
1926–1930
Wertgutachten; Grundbuchauszüge; Kostenrechnungen; Schriftwechsel zwischen VSt Grundstücksabteilung Dortmund, VSt Hauptgrundstücksabteilung und VSt Rechtsabteilung Dortmund, Grundbuchämtern und Amtsgerichten, insbesondere über Differenzen bei der Auslegung von Zahlungspflichten.

167 Sicherungshypotheken für die Amerika-Anleihen der VSt.
1927
Ermittlung des Werts der von Deutsch-Lux und GBAG in die VSt eingebrachten Grundstücke in Witten zur Ermittlung von hypothekarischer Belastbarkeit und Höhe der Grunderwerbssteuer; Schriftwechsel zwischen VSt Rechtsabteilung Dortmund, VSt Grundstücksabteilung Dortmund und anderen Konzernabteilungen zu Wertermittlung und Steuerfragen.

812 Amerika-Anleihen der VSt.
1927–1928
Entwürfe zu Treuhandverträgen für die Anleihe über US$ 30.000.000 zwischen VSt und American Exchange Irving Trust Company vom 15.07.1927 und 01.08.1927 sowie zu einem Vertrag mit Dillon, Read & Co. über die Modalitäten der Ausgabe vom 11.07.1927; Telegramme von Carl Rabes aus New York zu den Vertragsverhandlungen und Bestätigungen der VSt; einzelne Schreiben zwischen VSt Hauptrechtsabteilung, VSt Hauptsteuerabteilung und VSt Rechtsabteilung Dortmund zu den Verträgen.

173 Beschwerde der VSt gegen das Amtsgericht Hohenlimburg wegen Grundbucheinträgen im Rahmen der Amerika-Anleihen der VSt und der dabei zu ermittelnden Grundstückswerte in Hohenlimburg.
1927-1928
Beschluss des Landgerichts Hagen vom 30.11.1927; Wertgutachten des Architekten E. Eichelberg im Auftrag des Landgerichts Hagen vom 30.07.1927; Schriftwechsel zwischen VSt Rechtsabteilung Dortmund, VSt Wuragwerk, Amtsgericht Hohenlimburg und Landgericht Hagen zum Verfahren.

322 Sicherungshypotheken für die Amerika-Anleihen der VSt.
1927-1929
Sammlung von Grundbuchauszügen.

22 Sicherungshypotheken für die Amerika-Anleihen der VSt.
1928-1934, 1937-1940
Schriftwechsel zwischen VSt, VSt Grundstücksabteilung Dortmund, VSt Hauptgrundstücksabteilung und VSt Rechtsabteilung Dortmund über Zahlungen und Buchungsmodalitäten von Gerichtskosten für die hypothekarische Verpfändung von Grundstücken im Rahmen der Amerika-Anleihe.

2536 Kapitalerhöhung der VSt.
1935
Börsenprospekt zur Emission von RM 644.000.000 Inhaberaktien sowie diverser Schuldverschreibungen vom Januar 1935.

1.3 Grundstücke und Pachten
1.3.1 Dortmund

616 Grundbuchangelegenheiten der VSt in Dortmund.
1873-1923, 1927-1943
Grundbuchauszüge, 1927-1943; Hypothekenbriefe und Darlehensverträge ehemaliger Grundstückseigentümer, 1873-1923 (teilweise Abschriften).

188 Grundstücksverkauf der Phoenix AG Hoerder Verein in [Dortmund-]Kirchhörde.
1877, 1924-1928
Schriftwechsel zwischen Phoenix AG Hoerder Verein und VSt Grundstücksabteilung Dortmund sowie Gewerkschaft Gottessegen als Käuferin zum Erwerb; Lageplan; Kaufvertrag von 1877.

639 Grundbuchangelegenheiten der VSt in Dortmund.
1894, 1926-1927, 1932-1936
Hypothekenbriefe zur Absicherung der Anleihe der Gewerkschaft Ver. Wiendahlsbank über M 1.000.000 von 1894 zugunsten des A. Schaaffhausen'schen Bankvereins; Auszüge aus dem Berggrundbuch und dem Grundbuch.

624 Grundbuchangelegenheiten der VSt in Dortmund.
1904-1907, 1926-1931

Grundbuchauszüge; Hypothekenbrief und Darlehensverträge ehemaliger Grundstückseigentümer (Abschriften); Kaufvertrag zwischen Wilhelm Kutscher als Käufer und Wilhelm Prüssmann über das Grundstück in Dortmund, Aachener Straße 14, vom 14.12.1906 (Abschrift); Schriftwechsel zwischen GBAG und VSt Grundstücksabteilung Dortmund über Hypothekentilgung und Grundbuchänderungen.

308 Aufwertungshypothek für das Hauseigentum der VSt in Dortmund, Sunderweg 74.
1906, 1911, 1917, 1921–1928
Schriftwechsel zwischen VSt und VSt Grundstücksabteilung Dortmund zur Aufwertung; Kaufvertrag zwischen Deutsch-Lux Dortmunder Union und Wilhelm Voigt vom 13.07.1917; Hypothekenbriefe, auch von Voigt; Grundbuchauszüge.

649 Haus- und Grunderwerb der Deutsch-Lux in Dortmund, Vinckestraße 3.
1915, 1919–1921, 1925–1928
Kaufvertrag zwischen Deutsch-Lux und Ludwig Breuer vom 14.01.1921; Kaufvertrag zwischen Ludwig Breuer und Richard Langer vom 20.12.1919; Darlehensverträge zwischen Städtischer Sparkasse Dortmund sowie Langer und Breuer; Grundbuchauszüge; Grunderwerbs- und Zuwachssteuerbescheide; Schriftwechsel zwischen Deutsch-Lux Dortmunder Union bzw. VSt Grundstücksabteilung Dortmund, Sparkasse sowie Städtischem Wasserwerk Dortmund über Verzinsung und Aufwertung von Hypotheken, Wasserkosten und Grundbuchänderungen.

4182 Verzinsung des Werts der für den Übergabebahnhof Dortmunderfeld zur Verfügung gestellten Grundstücke.
1915–1942
Zinsberechnungen; Aufstellungen zu den genutzten Grundstücken; Lagepläne; Schriftwechsel zwischen Deutsch-Lux Dortmunder Union, Deutsch-Lux, Phoenix AG Hoerder Verein, VSt Dortmunder Union-Hoerder Verein bzw. DHHV, VSt Abteilung Bergbau Gruppe Dortmund und GBAG Gruppe Dortmund zur Abrechnung der Zinsen.

47 Aufwertungsverfahren für das Grundstück der VSt Dortmunder Union-Hoerder Verein in Dortmund, Sunderweg 58.
1917, 1921–1922, 1926–1927
Hypothekenbrief; Grundbuchauszüge; Schriftwechsel zwischen VSt Rechtsabteilung Dortmund, Stadt Dortmund und Städtischer Sparkasse zu Dortmund zum Verfahren.

281 Gestattungsrechte von GBAG bzw. VSt Bergbaugruppe Dortmund an Grundstücken fremder Eigentümer in Dortmund.
1917, 1925–1934
Grundbuchauszüge; Schriftwechsel zwischen VSt Grundstücksabteilung Dortmund, VSt Bergbaugruppe Dortmund, VSt, GBAG, Grundstücksbesitzern und verschiedenen Amtsgerichten zur Eintragung von Wege-, Verschmutzungs-, Beeinträchtigungs- und sonstigen Nutzungs- und Gestattungsrechten für benachbarte Grundstücke der Zechen Zollern, Hansa, Germania, Erin und Vereinigte Stein und Hardenberg sowie von Entschädigungshypotheken in Grundbücher.
Darin auch: Vertrag zwischen GBAG und Heinrich Plaas genannt Pütthoff über einen Grundstückstausch vom 14.12.1917 (Abschrift).

45 Grundstücksangelegenheiten von Deutsch-Lux Dortmunder Union bzw. VSt Dortmunder Union in Dortmund.
1924–1929
Schriftwechsel zwischen Deutsch-Lux Dortmunder Union bzw. VSt Dortmunder Union und Stadt Dortmund zu Eintragung und Löschung von Hypotheken; Grundbuchauszüge.

1 Grundstücksangelegenheiten der VSt in [Dortmund-]Oestrich.
1926–1928, 1931–1936
Grundbuchauszüge über Löschungen von Hypotheken, auch der Deutsch-Lux Dortmunder Union.

42 Grundbesitz der VSt in [Dortmund-]Huckarde.
1927–1938
Grundbuchauszüge; einzelne Schreiben des Amtsgerichts Huckarde an die VSt Grundstücksabteilung Dortmund zu Grundbuchangelegenheiten.

637 Grundbuchangelegenheiten der VSt in Dortmund-Aplerbeck.
1930–1931, 1935–1936
Grundbuchauszüge (z. T. Kopien).

867 Vermietung von Lagerflächen in Dortmund durch die VSt.
1932
Mietvertrag zwischen VSt und Deutscher Kreditsicherung Lagerei GmbH vom 03./08.10.1932.

1700 Verpachtung von Grundstücken in Dortmund durch die VSt.
1932–1933
Pachtverträge zwischen VSt und Deutscher Kreditsicherung Lagerei GmbH vom 30.03./08.04.1933 (Abschriften); Lagepläne der Grundstücke auf dem Gelände von VSt Dortmunder Union, VSt Hoerder Verein und im Hafen Dortmund.
Darin auch: Fotografie zu Bohrarbeiten an einem Berliner Kanal.

1.3.2 Emden

600 Grund- und Hauserwerb bzw. Hypothekenangelegenheiten von Deutsch-Lux Nordseewerke bzw. VSt Nordseewerke.
1906–1907, 1921–1928
Kaufverträge zwischen Deutsch-Lux sowie Alexander Kaune für das Grundstück Douwestraße 4 vom 19.03.1921, Wilhelm Friedrich für das Grundstück Zwischen beiden Bleichen 14 vom 07.06.1921, Anni Dirks für das Grundstück Neue Straße 47 vom 28.09.1921 und Bernhard Elfers für das Grundstück Neue Straße 50 vom 23.01.1922 (Abschriften); Grundbuchauszüge, Hypothekenbriefe; Schriftwechsel zwischen VSt Grundstücksabteilung Dortmund, GBAG, Schlesischer Boden-Credit-Actien-Bank, Hannoverscher Bodenkredit-Bank, Amtsgericht Emden und Rechtsanwälten über Aufwertung und Tilgung von Hypotheken, auch für andere Grundstücke in Emden.

1696 Pachtangelegenheiten von Deutsch-Lux Nordseewerke bzw. VSt Nordseewerke bzw. Nordseewerke Emden GmbH.

1925–1937
Pachtvertrag zwischen VSt als Verpächterin und Emder Heringsfischerei AG über ein Grundstück vom 26.07./01.08.1934 (Abschrift); Auszüge aus dem Geschäftsbuch der Deutsch-Lux Nordseewerke zur Verpachtung von Grundstücken am 03.02.1925 und 08.10.1925, mit Allgemeinen Pachtbedingungen (Abschriften); Pachtvertrag zwischen VSt Nordseewerke und G. M. Daneker & Söhne, Emden, über den Gutshof Friesland vom 27.10.1931; Schriftwechsel zwischen VSt Rechtsabteilung Dortmund, Finanzamt Dortmund, Deutsch-Lux Nordseewerke bzw. VSt Nordseewerke bzw. Nordseewerke Emden GmbH und Pächtern zu Pachtverträgen.

1697 Verhandlungen zum Verkauf des Geländes der ehemaligen Hohenzollernhütte AG in Emden an den Oberbefehlshaber der Kriegsmarine.
1937, 1941
Anfrage des Oberbefehlshabers der Kriegsmarine an die VSt zum Verkauf des Geländes vom 04.10.1937 (Abschrift); einzelne Schreiben zwischen VSt Rechtsabteilung Dortmund, VSt Hauptgrundstücksabteilung und Nordseewerke Emden GmbH zur Anfrage; Aktenvermerke zu Verkaufsverhandlungen.

1.3.3 Raum Hagen

1404 Grunderwerb der Rheinischen Stahlwerke in [Hagen-]Hohenlimburg.
1924–1927
Auszüge aus der Grundsteuerrolle; Lagepläne; Grundbuchauszüge; Grunderwerbsteuerbescheid; Gemeinsame Erklärung von Rheinischen Stahlwerken Abteilung „Wurag" und Gustav Lindig als Bevollmächtigtem des Verkäufers Heinrich König zur Umschreibung des Grundbuchs vom 05.06.1924; einzelne Schreiben zwischen Rheinischen Stahlwerken, Rheinischen Stahlwerken Abteilung „Wurag", König und Amtsgericht Hohenlimburg zu Vertragsmodalitäten, Steuern und Grundbuchangelegenheiten.

615 Grundstücksangelegenheiten von Boecker & Haver GmbH, VSt Westfälische Union Nachrodt und VSt Wuragwerk in Nachrodt-Wiblingwerde und [Hagen-]Hohenlimburg.
1927–1932
Grundbuchauszüge; Schriftwechsel zwischen den Unternehmen, VSt Grundstücksabteilung Dortmund und zuständigen Behörden über Grundstücksan- und -verkäufe, Grundbuchänderungen und Steuerfragen.

536 Grundstücksangelegenheiten der VSt in Altena.
1927–1936
Grundbuchauszüge.

503 Grundstücksangelegenheiten der VSt in den Gemeinden Dahl (Kreis Hagen), Berchum (Kreis Iserlohn), Wickede (Landkreis Dortmund) und [Hagen-]Hohenlimburg.
1927–1938
Grundbuchauszüge (z. T. Kopien); Schriftwechsel zwischen VSt Grundstücksabteilung Dortmund und Grundbuchämtern.

1.3.4 Sonstiges

740 Grundbuchangelegenheiten der VSt in Rützkausen, Kreis Mettmann.
1902, 1912, 1926–1927
Vertrag zwischen Karl Krüsselberg als Verkäufer und Wilhelm Hohl über Grundstücke in Rützkausen vom 21.01.1902 (Abschrift); Hypothekenbrief; Grundbuchauszug mit Löschung einer Hypothek.

610 Grundbuchangelegenheiten von VSt Metallweberei Brünn bzw. Westfälischer Union Metallweberei Brünn.
1910, 1928–1931, 1935–1938, 1943
Grundbuchauszüge; Schriftwechsel zwischen VSt Grundstücksabteilung Dortmund, VSt Metallweberei Brünn bzw. Westfälischer Union Metallweberei Brünn sowie Grundbuchämtern; Kaufvertrag zwischen Verkäufer Heinrich Mossler und Vereinigte Walz- und Röhrenwerke AG vorm. Friedrich Boecker Philipp's Sohn & Co. und Friedrich Koenig Abteilung Metallwerke Brünn über ein Haus und Grundstück in Brünn vom 10.06.1910 (Kopie einer Abschrift).

885 Auflassung von in die VSt eingebrachten Grundstücken durch die Gründungsgesellschaften.
1926–1928
Notariell beglaubigte Auflassungserklärungen von Aktiengesellschaft für Hüttenbetrieb vom 04.04.1927, August Thyssen-Hütte, Gewerkschaft vom 04.04.1927, Bochumer Verein vom 18.06.1926, Deutsch-Lux vom 18.06.1926 und 10.07.1926, GBAG vom 23.06.1926, 03.07.1926, 27.07.1927 und 21.05.1928, Phoenix AG vom 19.06.1926, 30.07.1927 und 25.08.1927, Rheinischen Stahlwerken vom 23.06.1926 und 10.05.1928 sowie VSt van der Zypen vom 18.06.1926, 05.07.1926 und 10.05.1928 (Abschriften und Druckversionen); Vollmachten.

2531 Grundstücksangelegenheiten der VSt in Wissen.
1926–1929
Grundbuchauszüge; Auszüge aus der Grundsteuerrolle; Lageplan der Grundstücke der VSt auf der „Alten Hütte"; Schriftwechsel zwischen VSt Grundstücksabteilung Dortmund, VSt Hauptgrundstücksabteilung und Amtsgericht Wissen zu Aufteilung von Grundstücken auf die VSt Rohstoffbetriebe, Auflassung und Umschreibung von Grundstücken und Steuerfragen.

558 Grundstücksangelegenheiten von Phoenix AG bzw. VSt in Lippstadt.
1926–1933
Grundbuchauszüge (auch Kopien und Abschriften).

7 Umschreibung und Bereinigung von Grundbüchern.
1929–1930, 1936–1937
Schriftwechsel zwischen VSt Grundstücksabteilung Dortmund und Hauptverwaltung der VSt sowie verschiedenen Amtsgerichten über die Notwendigkeit von Umschreibungen.
Darin auch: Referentenentwurf eines Gesetzes über die Bereinigung der Grundbücher, 1929 (Kopie).

583 Grundbuchänderungen für den Grundbesitz der konzerneigenen Eisenerzgruben im Rahmen der Neuordnung der VSt.
1934–1937

Auszüge aus Berggrundbüchern; Schriftwechsel zwischen VSt Grundstücksabteilung Dortmund, VSt Hauptgrundstücksabteilung und verschiedenen Grundbuchämtern über Änderungen und Erhebung von Grunderwerbssteuern.

534 Grunderwerb, Grundstückstausch und Grundsteuer der Gewerkschaft Haverlah in Salzgitter, Kniestedt und Gitter.
1936-1938
Kaufverträge zwischen Gewerkschaft Haverlah und Emma Koch vom 16.04.1937 und 31.07.1937 sowie mit der Mechanischen Leinenweberei Salzgitter AG vom 13.01.1937; Kaufangebote von Hermann Specht vom 09.07.1937, Heinrich Nedderhut vom 16.04.1937, August Blanke und Robert Blanke vom 13.10.1936, Kuno Sievers und Otto Hofmeister vom 09.01.1936 sowie Annahmeerklärungen der Gewerkschaft Haverlah vom 20.10.1936 und 25.02.1936; Steuerbescheide; Schriftwechsel zwischen VSt Grundstücksabteilung Dortmund und Kataster- und Steuerbehörden zum Erwerb.

577 Umbau der Betriebsgebäude der Grube Fortuna, Kreis Goslar, der Rohstoffbetriebe der VSt.
1938
Lagepläne; Grund- und Aufrisszeichnungen von Erzbunker, Verwaltungsgebäude, Schachthalle, Maschinenhaus, Lampenraum und Werkstätten.

827 Grundbuchangelegenheiten von GBAG und Rohstoffbetrieben der VSt.
1938-1942
Aufstellung über Grundbucheinträge, mit handschriftlichen Änderungen; einzelne Schreiben des Amtsgerichts Minden an die Rohstoffbetriebe der VSt zu Grundbuchangelegenheiten.

1.4 Haus- und Grundsteuern

1.4.1 Dortmund

163 Gebäudesteuer von GBAG bzw. VSt in [Dortmund-]Lütgendortmund.
1895, 1903, 1910, 1930
Auszüge aus der Gebäudesteuerrolle Lütgendortmund, mit handschriftlichen Vermerken der VSt Grundstücksabteilung Dortmund sowie Hinweisen auf Neubau von Gebäuden.

580 Haus- und Grundsteuer von GBAG bzw. VSt in [Dortmund-]Marten und [Dortmund-]Wischlingen, u. a. für die Zeche Germania.
1905, 1910-1912, 1922, 1939-1942
Auszüge aus den Grund- und Gebäudesteuerrollen Marten und Dortmund, mit Auszügen aus Katasterkarten.

177 Grundsteuerabgaben für die nach Gründung der VSt bei der Phoenix AG verbliebenen Grundstücke in Dortmund.
1907, 1923-1933
Steuerbescheide und Hebezettel der Stadt Dortmund; Schriftwechsel zwischen Phoenix AG und VSt Dortmunder Union-Hoerder Verein zu Steuerfragen; Nachweise der bei der Phoenix AG ver-

bliebenen Grundstücke, mit Aufstellung der Pachten und sonstigen Erträge (Grabeland und Kleingärten); Pachtverträge der Phoenix AG Hoerder Verein (Abschriften); Lagepläne.

156 Gebäudesteuer von GBAG bzw. VSt in [Dortmund-]Huckarde, insbesondere für Zeche Hansa.
1910–1911, 1929–1937
Auszüge aus der Gebäudesteuerrolle, mit zahlreichen handschriftlichen Vermerken und Berechnungen der VSt Grundstücksabteilung Dortmund sowie Hinweisen auf Neubau, Umbau und Abbruch von Gebäuden; Lageplan der Zeche Hansa.

611 Neuveranlagung der Eisenwerk Rothe Erde GmbH zur Grundvermögenssteuer.
1916, 1928–1935
Veranlagungsbescheid; interne Besprechungsniederschrift und Schriftwechsel zwischen VSt Grundstücksabteilung Dortmund und Eisenwerk Rothe Erde GmbH sowie mit den Steuerbehörden in Dortmund zur Veranlagung; Vertrag zwischen Hermann Gundlach als Konkursverwalter der Eisenwerk Rothe Erde AG und Deutsch-Lux über den Kauf der Eisenwerk Rothe Erde AG i. L. vom 27.05.1916 (Abschrift); Lageplan der VSt Dortmunder Union Beschlagteilfabrik Rothe Erde, 1931; Zeitungsausschnitt zur Gründung der Eisenwerk Rothe Erde GmbH.

585 Grund- und Hauszinssteuern der Zeche Glückauf Tiefbau in [Dortmund-]Wellinghofen.
1924–1929, 1936
Steuerbescheide; Schriftwechsel zwischen Deutsch-Lux bzw. VSt Grundstücksabteilung Dortmund und Amt Wellinghofen zu Veranlagung und Veränderungen im Hausbesitz.

199 Grundsteuer und Hauszinssteuer der VSt in [Dortmund-]Oespel, insbesondere für Zeche Germania.
1926–1933
Aufstellungen zu Steuerzahlungen; Veranlagungsbescheide; Schriftwechsel zwischen VSt Grundstücksabteilung Dortmund und Steuerbehörden zur Veranlagung.

648 Grund- und Hauszinssteuern von Phoenix AG Hoerder Verein bzw. VSt in Dortmund.
1926–1936
Veranlagungsbescheide; Auszüge aus der Grundsteuerrolle; Schriftwechsel zwischen Phoenix AG Hoerder Verein bzw. VSt Grundstücksabteilung Dortmund, Westfälische Werkswohnungs-AG und Steuerbehörden über Veranlagung, Vermögenswerte, Abbruch von Gebäuden sowie Erlass und Stundung von Steuern, insbesondere für Betriebsgebäude des stillliegenden Hochofenwerks Dortmund, Leierweg, und die Villa Beukenberg, Hansastraße 120.

192 Grundsteuer und Hauszinssteuer von Phoenix AG Hoerder Verein, VSt Dortmunder Union-Hoerder Verein bzw. DHHV in Dortmund-Wellinghofen.
1926–1937
Aufstellungen über die Steuerzahlungen; Veranlagungsbescheide; Schriftwechsel zwischen VSt Grundstücksabteilung Dortmund, VSt Hauptgrundstücksabteilung und Steuerbehörden zur Veranlagung.

32 Gebäudesteuer der VSt in Dortmund.
1927–1930

Auszüge aus den Gebäudesteuerrollen der Gemeinden [Dortmund-]Barop, [Dortmund-]Kirchhörde und [Dortmund-]Oespel.

532 Grundsteuer der VSt in Dortmund.
1927–1931
Auszüge aus der Grundsteuerrolle.

612 Neuveranlagung der Grundvermögens- und Hauszinssteuer für die Liegenschaften der ehemaligen Aplerbecker Hütte.
1928–1933
Auszüge aus der Gebäudesteuerrolle Dortmund; Schriftwechsel zwischen VSt Grundstücksabteilung Dortmund und Steuerbehörden über die Veranlagung; Lageplan der Westfälische Eisen- und Drahtwerke AG Aplerbecker Hütte, o. D. [vor 1925], mit Einzeichnung des „Stahlhelmheimes"; Lageplan des abgeräumten Geländes, o. D. [ca. 1932].

16 Aufwendungen der VSt Grundstücksabteilung Dortmund für verschiedene Steuern.
1928–1937
Aufstellungen über die Zahlungen der VSt Grundstücksabteilung Dortmund von Grundsteuern, Grundvermögenssteuern, Hauszinssteuern und andere Steuern.

1.4.2 Siegerland

179 Grundsteuer und Hauszinssteuer von Deutsch-Lux und Rohstoffbetrieben der VSt in den Gemeinden Eiserfeld und Eisern (Siegerland) für die Grube Eiserne Union.
1906, 1924–1938
Steuerbescheide; Schriftwechsel zwischen VSt Grundstücksabteilung Dortmund, VSt Hauptgrundstücksabteilung, VSt Bergverwaltung Siegerland, VSt und Steuerbehörden zur Veranlagung.
Darin auch: Grundbuchauszug der Stadt Dortmund, mit Auszug aus einer Flurkarte, 1906.

458 Grundsteuer und Hauszinssteuer von Deutsch-Lux und VSt in der Gemeinde [Wissen-]Blickhauserhöhe für die Grube Friedrich.
1923–1938
Aufstellungen über die Steuerzahlungen; Veranlagungsbescheide; Schriftwechsel zwischen VSt Grundstücksabteilung Dortmund und Steuerbehörden.

584 Grund- und Hauszinssteuern der Grube Stangenwage in den Gemeinden Haiger und Sechshelden (Dillkreis).
1926–1938
Steuerbescheide; Schriftwechsel zwischen VSt Grundstücksabteilung Dortmund, VSt Rohstoffbetrieben, Westfälischer Wohnstätten AG und Stadt Haiger über Veränderungen im Grundstücks- und Gebäudebestand und Steuerveranlagung.

181 Grundsteuer und Hauszinssteuer der VSt in der Gemeinde Rosbach-Dattenfeld (Siegerland).
1927–1932

Aufstellungen über Steuerzahlungen; Veranlagungsbescheide; Schriftwechsel zwischen VSt Grundstücksabteilung Dortmund, VSt und Steuerbehörden.

276 Grundsteuern der VSt in der Gemeinde Unterschützen, Kreis Hamm (Sieg).
1927-1935
Steuerbescheide; Schriftwechsel zwischen VSt Grundstücksabteilung Dortmund und städtischer Amtskasse zur Veranlagung.

28 Grundbesitzsteuern der Gruben Eisenhardter Tiefbau (Eisern/Obersdorf) und Knappschaftsglück (Neunkirchen) der VSt Bergverwaltung Siegerland und der Gewerkschaft Herkules (Eisern).
1927-1938
Steuerbescheide; Schriftwechsel zwischen VSt, VSt Bergverwaltung Siegerland, VSt Rohstoffbetrieben und Steuerbehörden.

152 Grundsteuer und Gebäudesteuer der VSt Bergverwaltung Siegerland in Siegen.
1927-1938
Unterlagen zur Bewertung des Grund- und Hausbesitzes der VSt Bergverwaltung Siegerland, u. a. für die Gruben Ameise, Eisenberg und Thalsbach; Schriftwechsel zwischen VSt Grundstücksabteilung Dortmund, VSt, VSt Bergverwaltung Siegerland sowie den Steuerbehörden der Stadt Siegen; Steuerzettel.

644 Steuerangelegenheiten der VSt in Neunkirchen und im Kreis Siegen.
1933-1936
Sollnachweise über Grund- und Hauszinssteuern der Gruben Bautenberg, Freiergrund und Heinrichsgrund.

183 Grundsteuer und Hauszinssteuer der HWS in der Gemeinde Hamm (Sieg).
1934-1938
Aufstellungen über die Steuerzahlungen; Veranlagungsbescheide; Schriftwechsel zwischen VSt Grundstücksabteilung Dortmund, HWS und Steuerbehörden zur Veranlagung.

1.4.3 Sonstiges

554 Besteuerung des Erwerbs der Gewerkschaften Braunschweig I und II durch die Gewerkschaft Schandelah.
1921-1926
Notariell beglaubigte Angebote der Gewerkschaften Braunschweig I und Braunschweig II über den Verkauf der gleichnamigen Eisenerzgruben an die Gewerkschaft Schandelah und Annahmeerklärung der Gewerkschaft Schandelah vom 22.11.1921 (Abschriften); Steuerbescheide; Schriftwechsel zwischen Steuerabteilung, Zweigstelle Wolfenbüttel und Hauptbuchhaltung der August Thyssen-Hütte, Gewerkschaft Schandelah, Firma Anton Raky Tiefbohrungen als ehemaliger Eigentümerin und verschiedenen Finanzämtern über den Wert der Gruben und die steuerliche Veranlagung des Verkaufs; Auszüge aus der Braunschweigischen Gesetz- und Verordnungssammlung.

4 Grundsteuern von Deutsch-Lux Gebrüder Knipping bzw. VSt Gebrüder Knipping bzw. Gebrüder Knipping Nieten- und Schraubenfabrik GmbH in Altena.
1923-1924, 1927-1938
Schriftwechsel zwischen den Unternehmen und der Stadt Altena über Grundsteuern und Hauszinssteuern; Veranlagungsbescheide; Zahlungsaufforderungen; Aufstellungen über Zahlungen.

158 Beiträge von Rheinischen Stahlwerken Abteilung „Wurag" bzw. VSt Wuragwerk zu Landwirtschaftlicher Berufsgenossenschaft der Provinz Westfalen und Landwirtschaftskammer Münster.
1924-1933
Abrechnungen; Hebezettel; Schriftwechsel zwischen Rheinischen Stahlwerken Abteilung „Wurag" bzw. VSt Wuragwerk, VSt Grundstücksabteilung Dortmund und verschiedenen Gemeinden zur Beitragserhebung.

626 Grundsteuern von Eisenwerk Kraft Abteilung Niederrheinische Hütte bzw. VSt Niederrheinische Hütte in Hardenberg-Neviges (Kreis Mettmann).
1924-1934
Grundbuchauszüge, Steuerbescheide; Aufstellungen über Steuerzahlungen.

845 Grundvermögenssteuerwert der von der Phoenix AG in die VSt eingebrachten Rohstoffbetriebe.
1926
Zwei Schreiben von VSt Grundstücksabteilung Dortmund und VSt Hauptgrundstücksabteilung, mit Aufstellung der auf einzelne Gemeinden entfallenden Werte.

151 Grundsteuer und Gebäudesteuer von Phoenix AG Westfälische Union bzw. VSt Westfälische Union bzw. Westfälischer Union in Belecke und Warstein.
1924-1938
Unterlagen und Aufstellungen zur Bewertung des Grund- und Hausbesitzes; Schriftwechsel zwischen VSt Grundstücksabteilung Dortmund, VSt Westfälische Union bzw. Westfälischer Union sowie Katasterämtern und Steuerbehörden; Steuerzettel.

198 Grundsteuer und Hauszinssteuer der VSt in Castrop-Rauxel, insbesondere für die Zeche Erin.
1926-1932
Aufstellungen zu Steuerzahlungen; Veranlagungsbescheide; Schriftwechsel zwischen VSt Grundstücksabteilung Dortmund, GBAG und Steuerbehörden zur Veranlagung.

39 Grundsteuer und Hauszinssteuer der VSt Westfälische Union in Hamm.
1926-1927, 1932
Aufstellungen über die Zahlungen 1927; Schriftwechsel zwischen VSt Grundstücksabteilung Dortmund und Steuerbehörden der Stadt Hamm; Aufstellung über die ab 01.04.1932 zu zahlenden Abgaben.

556 Besteuerung der Grube Fortuna (Kreis Goslar).
1926-1938
Steuerbescheide; Grundbuchauszüge (Kopien); Schriftwechsel zwischen VSt Grundstücksabteilung Dortmund, VSt Rohstoffbetrieben und verschiedenen Steuerbehörden über die Veranlagung zur Grund-, Grundbesitz- und Hauszinssteuer.

50 Grundsteuer und Gebäudesteuer der Quarzitbetriebe Hof-Theis GmbH.
1926-1938
Schriftwechsel zwischen VSt Rohstoffbetrieben, VSt Rohstoffbetrieben Bergverwaltung Westerwald und VSt mit Steuerbehörden über Zahlungen, Veranlagungen und Bewertungen.

272 Grundsteuer der VSt Rohstoffbetriebe.
1927-1928
Alphabetisches Verzeichnis der einzelnen Rohstoffbetriebe und der Grundsteuerhebestellen, mit Einträgen über die Zahlungen.

49 Materialsammlung zu Steuerfragen im Bereich der Grundstückswirtschaft.
1928-1937
Ausschnitte, Notizen und Abschriften aus Reichsgesetzblatt, Preußischer Gesetzsammlung und verschiedenen Tageszeitungen zu Grundsteuern Grundvermögenssteuern, Hauszinssteuern und Kleinwohnungen.
Darin auch: Schriftwechsel zwischen VSt Grundstücksabteilung Dortmund und Stadt Dortmund zu Steuernachlässen und Bewertungsfragen verschiedener Grundstücke.

645 Grundbuchangelegenheiten der VSt in Hagen-Hohenlimburg.
1928-1939
Grundbuchauszüge (z. T. Kopien).

396 Grund- und Hauszinssteuer von VSt Westfälische Union bzw. Westfälischer Union in Hamm.
1928-1939
Aufstellungen zu Haus- und Grundbesitz für die Veranlagung; Steuerbescheide; Schriftwechsel zwischen VSt Grundstücksabteilung Dortmund, VSt Westfälische Union bzw. Westfälischer Union, Westfälischer Werkswohnungs-AG und Steuerbehörden zur Veranlagung.

1.5 Prozesse

1.5.1 Forderungen und Finanzen

454 Zivilprozess von L. Grüter gegen die GBAG wegen offener Forderungen aus dem Verkauf seiner Anteile an der Ph. Weber GmbH, Brandenburg, an die Deutsch-Lux.
1916-1917, 1924-1928
Schriftsätze der Prozessgegner; Urteile des Oberlandesgerichts Hamm und des Reichsgerichts; Schriftwechsel zwischen VSt Rechtsabteilung Dortmund und Rechtsanwälten zum Verfahren; Besprechungsniederschriften; Aufstellungen über Schrottpreise; Auszüge aus den Bilanzen der Ph. Weber GmbH, 1916 und 1917.

14 Zivilverfahren der Königsberger Zellstoff-Fabriken und Chemische Werke Koholyt AG gegen die GBAG auf Einhaltung einer Kreditbürgschaft von Deutsch-Lux, GBAG, Hugo Stinnes GmbH und anderer Unternehmen für die Mologa-Holzindustrie AG.
1923-1924, 1928-1929
Schriftsätze von Königsberger Zellstoff-Fabriken und Chemische Werke Koholyt AG und GBAG

vom 14.05.1928, 26.06.1928, 15.10.1928 und 23.10.1928 (Kopien); Schriftwechsel zwischen den Prozessgegnern und Rechtsanwälten zum Verfahren.

962 Klage der Seereederei „Frigga" AG gegen Teilhaber der Reederei Schröder, Hölken & Fischer auf Einhaltung von Schuldverpflichtungen aus einem Schiffbaudarlehen des Deutschen Reichs für den Dampfer „Amrum".
1925–1928
Klageschrift der Seereederei „Frigga" AG vom 21.10.1928, mit Anlagen (Abschriften); Schriftwechsel zwischen VSt Rechtsabteilung Dortmund, Seereederei „Frigga" AG und Rechtsanwälten über Einlegung und Rücknahme der Klage sowie Einigung mit Schröder, Hölken & Fischer; Aktenvermerke.

12 Schiedsgerichtsklage von Hans Loof gegen die Rohstoffbetriebe der VSt wegen ausstehender Zahlungen für die Planung von Klärteichen für die Grube Ida in Othfresen.
1929–1932, 1936–1940
Schriftwechsel zwischen VSt Rechtsabteilung Dortmund, Rohstoffbetriebe der VSt, Loof, Rechtsanwälten und Schiedsrichtern zum Verfahren; Kostenvoranschläge, Entwürfe und Lagepläne der Kläranlage.
Darin auch: Deutscher Ausschuss für das Schiedsgerichtswesen: Schiedsgerichtsordnung vom 01.04.1925, Fassung vom 01.04.1929; Ausschuss für Gebühren-Ordnungen der Architekten und Ingenieure: Gebühren-Ordnung und Vertragsbestimmungen der Ingenieure, Fassung vom 01.03.1932 sowie Vertragsbestimmungen und Gebührenordnung der Ingenieure, Fassung vom 06.04.1937.

17 Zivilverfahren der Rohstoffbetriebe der VSt gegen Julius Dowideit wegen ausstehender Pachtzahlungen für das Landgut „Zum Kostenberg" bei Velbert.
1932–1944
Klageschriftsatz der Rohstoffbetriebe der VSt (Kopie); Schriftwechsel zwischen Rohstoffbetrieben und Rechtsanwälten, auch zum folgenden Zwangsvollstreckungsverfahren; Einzahlungsbelege.

27 Zivilverfahren der Deutschen Gesellschaft für öffentliche Arbeiten AG gegen die VSt wegen Darlehenserschleichung bei der Schiffsfinanzierung durch die Nordseewerke Emden GmbH.
1933–1934
Schriftsätze der Prozessgegner; Schriftwechsel zwischen VSt Rechtsabteilung Dortmund, Nordseewerke Emden GmbH, GBAG und Rechtsanwälten zum Verfahren.

910 Zivilprozess des Konkursverwalters des Deutsch-Osteuropäischen Wirtschaftsverbands e. V. gegen die Stahlwerke Brüninghaus AG wegen ausstehender Beitragszahlungen.
1934–1935
Rundschreiben des Deutsch-Osteuropäischen Wirtschaftsverbands zur Liquidation des Verbands; Zahlungsbefehle; Urteile von Amtsgericht Wuppertal vom 14.03.1935 und Landgericht Wuppertal vom 06.08.1935 und 22.10.1935; Schriftsätze der Prozessgegner; Schriftwechsel zwischen VSt Rechtsabteilung Dortmund, Stahlwerke Brüninghaus AG und Rechtsanwälten zum Verfahren und Berufungsverfahren.

1.5.2 Mitarbeiter

1587 Strafanzeige der VSt Dortmunder Union gegen den Ingenieur Kurt Schroeder wegen Verletzung der Erfinderklausel in seinem Arbeitsvertrag.
1928, 1931-1932
Schriftwechsel zwischen VSt Rechtsabteilung Dortmund, VSt Dortmunder Union, VSt Dortmunder Union-Hoerder Verein, VSt Patentabteilung, Rechtsanwälten und Schroeder zur Umschreibung von auf den Namen Schroeders angemeldeten Patenten auf die VSt, Herausgabe von Konstruktionszeichnungen und Abschluss eines Vergleichs; Arbeitsvertrag zwischen VSt Dortmunder Union-Hoerder Verein und Schroeder zur Anstellung in der Spundwandabteilung vom 27.06.1928.

274 Rechtsstreit des Arbeiters Christian Barg gegen die GBAG wegen Schadensersatzes für einen Unfall.
1930-1933
Urteile verschiedener Gerichte; Schriftsätze der Prozessgegner; Schriftwechsel zwischen GBAG, VSt Rechtsabteilung Dortmund, Rechtsanwälten sowie Allianz und Stuttgarter Verein Versicherungs-Aktien-Gesellschaft, Neuer Frankfurter Allgemeiner Versicherungs-Aktien-Gesellschaft und Stadt Essen über Lohnausfall, Schmerzensgeld, Gewährung von Armenrecht und Fürsorgeleistungen.

1512 Arbeitsgerichtsverfahren von Arbeitern gegen die VSt Dortmunder Union wegen falscher Berechnung von Akkordzuschlägen zum Arbeitslohn in der Abteilung Brückenbau.
1930-1933
Rundschreiben und Aktenvermerke der VSt Dortmunder Union-Hoerder Verein zur Einführung von Akkordlöhnen bei der VSt Dortmunder Union Abteilung Brückenbau; Aufstellungen und Tabellen zur Ermittlung von Lohnsätzen sowie zu den im April 1930 geleisteten Arbeitsstunden und ausgezahlten Lohnsummen, gegliedert nach Berufsgruppen; Flugblatt, mit Streikaufruf, o. D. [Oktober 1930], Zeitungsausschnitte; Urteile des Arbeitsgerichts Dortmund vom 04.03.1932 (Abschrift); Niederschriften von Sitzungen des Arbeiterrats mit Vorstandsmitglied Karl Bretschneider am 27.09.1930 und Betriebsleiter Peter Burgwinkel am 09.09.1931 (Abschriften); Schriftsätze der VSt Dortmunder Union-Hoerder Verein zu den Berufungsklagen gegen die Urteile; einzelne Schreiben zwischen VSt Dortmunder Union-Hoerder Verein, VSt Dortmunder Union Abteilung Brückenbau und Rechtsanwälten über Organisation des Lohnsystems, Auszahlung von Löhnen, Kündigungsfristen und die Verfahren.

966 Prozesse des Angestelltenrats der VSt Dortmunder Union gegen das Unternehmen wegen Kündigungseinsprüchen.
1931-1932
Klageschriften und Berufungsbegründungen des Angestelltenrats für mehrere Belegschaftsmitglieder (Abschriften); Urteile von Arbeitsgericht Dortmund vom 19.12.1931 und Landesarbeitsgericht Dortmund vom 15.03.1932 (Abschriften); einzelne Schreiben zwischen VSt Rechtsabteilung Dortmund und Rechtsanwälten zu den Verfahren.

1.5.3 Umweltschäden

46 Entschädigungsleistungen der VSt für Rauchschäden in den Wäldern der Standesherrlich Fürstlich Hatzfeld-Wildenburg'schen Rentei, Wissen.
1907, 1917, 1927–1929
Vertrag zwischen VSt van der Zypen und Rentei zu Entschädigungszahlungen über einen Zeitraum von zehn Jahren für den Röstofenbetrieb auf der „Alten Hütte" vom 04.07.1907 (Abschrift); Vertragsverlängerung über weitere zwölf Jahre vom 12.12.1917; Schriftwechsel zwischen VSt Bergverwaltung Siegerland, VSt Rechtsabteilung Dortmund und Rentei zu Bewertung der Schäden und weiterer Verlängerung des Vertrags; Gutachten des Kreisoberförsters über Rauchschäden.

320 Zivilverfahren von Wilhelm Teigeler gegen die VSt wegen Beeinträchtigung seines Hauses in Dortmund, Huckarder Straße 74, durch einen Gasometer der VSt Dortmunder Union.
1932–1934
Schriftsätze der Prozessgegner; Urteil des Landgerichts Dortmund vom 14.06.1933; Schriftwechsel zwischen VSt Rechtsabteilung Dortmund, VSt Dortmunder Union-Hoerder Verein, DHHV, Landgericht Dortmund, Rechtsanwälten und Teigeler zum Verfahren und Kauf des Hauses durch die DHHV.

986 Entziehung von Grundwasser durch den Betrieb der Gewerkschaft Porta in der Gemeinde Dützen, Kreis Minden.
1939–1940
Ortspolizeiliche Verfügung der Gemeinde Dützen vom 04./16.11.1939 an die Gewerkschaft Porta auf Sicherstellung der Wasserversorgung der Gemeinde durch eine Wasserleitung nach Versiegen des Grundwassers durch Wassereinbrüche im Grubengebäude; einzelne Schreiben zwischen Gewerkschaft Porta, Rohstoffbetrieben der VSt und zuständigen Behörden, mit Stellungnahme des Unternehmens und Vorschlägen zur Lösung der Situation.

1.5.4 Sonstiges

578 Prozessunterlagen zur Anfechtungsklage von Leopold Gottschalk gegen verschiedene Hauptversammlungsbeschlüsse im Rahmen der Gründung der VSt.
1928–1935
Urteil des Oberlandesgerichts Hamm vom 07.02.1928 zur Anfechtung der Hauptversammlungsbeschlüsse von Bochumer Verein, Deutsch-Lux und GBAG zur Übertragung des Vermögens beider Unternehmen auf die GBAG; Revisionsantrag Gottschalks beim Reichsgericht vom 01.09.1928; Urteil des Reichsgerichts vom 13.05.1929 (Abschriften); Schriftwechsel zwischen VSt Rechtsabteilung Dortmund, GBAG und Rechtsanwälten zum Verfahren; Abschriften aus verschiedenen juristischen Fachzeitschriften, Gesetzen und Gesetzeskommentaren.
Darin auch: Urteil des Reichsgerichts vom 09.10.1928 zur Anfechtungsklage der S. Frenkel oHG gegen den Hauptversammlungsbeschluss der Eisenhüttenwerk Keula bei Muskau AG vom 20.09.1926 zur Fusion mit der Firma Lauritz Mahler (Abschrift); Urteil des Reichsgerichts vom 15.01.1929 zur Anfechtungsklage von Friedrich Tenhaeff gegen den Hauptversammlungsbeschluss der Phoenix AG vom 10.03.1927 zur Änderung der Satzung (Abschrift).

727 Schiedsgerichtsverfahren der Firma Aug. Klönne und anderer Unternehmen gegen die Dortmunder Union Brückenbau-AG wegen Vertragsbruchs.
1933–1935
Schiedsgerichtsverfahren der Firma Aug. Klönne, auch im Namen von Firma C. H. Jucho, Gutehoffnungshütte Oberhausen AG, Hein, Lehmann & Co. AG und Maschinenfabrik Augsburg-Nürnberg AG, gegen die Dortmunder Union Brückenbau-AG als Rechtsnachfolgerin der VSt Dortmunder Union im Bereich Brückenbau wegen Verletzung des „Rheinbrückenabkommens" vom 23.08.1933 zwischen diesen Unternehmen und der Fried. Krupp AG Friedrich-Alfred-Hütte zur Verteilung aller Aufträge zum Neubau von Rheinbrücken nach einem festen Schlüssel durch eigenständigen Abschluss eines Vertrags mit der Stadt Krefeld über die dort zu bauende Brücke; Besprechungsniederschriften des Konsortiums, u. a. zu dessen Gründung; Schriftsätze der Dortmunder Union Brückenbau-AG zu den Vorwürfen; Niederschrift der Schiedsgerichtssitzung am 15.05.1934; Schriftwechsel zwischen Dortmunder Union Brückenbau-AG, VSt Rechtsabteilung Dortmund, Fried. Krupp AG Friedrich-Alfred-Hütte, Otto Petersen als Schiedsrichter der Dortmunder Union Brückenbau-AG und der Stadt Krefeld über das Verfahren, die Forderungen der Kläger und die Finanzierung der Brücke sowie ein weiteres Schiedsgerichtsverfahren der Firma C. H. Jucho gegen Dortmunder Union Brückenbau-AG und Fried. Krupp AG Friedrich-Alfred-Hütte wegen Bildung einer Montagegemeinschaft; Erwiderung der Dortmunder Union Brückenbau-AG gegen eine Eingabe des Deutschen Stahlbau-Verbands an seine Einigungsstelle wegen Preisgestaltung für geschweißte Trägerkonstruktionen.

1.6 Beteiligungsverwaltung

1.6.1 Gründungsgesellschaften der VSt und Konzernneuordnung 1933/34

1350 Fusion von Bochumer Verein und Deutsch-Lux auf die GBAG.
1920–1933
Satzungen der GBAG vom 09.12.1926, 02.08.1928, 22.07.1930 und 14.12.1932; Geschäftsberichte der GBAG 1923/24–1925/26, 1927/28 und 1930/31–1932/33; Antrag zur Tagesordnung der Hauptversammlung der GBAG am 14.12.1932 auf Satzungsänderung (gedruckt); Unterschriftenverzeichnisse der GBAG, Januar 1927 und April 1930 (gedruckt); Handelsregisterauszüge; Prospekt zur Emission von RM 118.400.000 neuer Stammaktien der GBAG, Februar 1927; Einladung der GBAG zu einem Abendessen für im Rahmen der Fusion ausgeschiedene Vorstandsmitglieder vom März 1927; Niederschrift der außerordentlichen Hauptversammlung der GBAG am 09.12.1926 zur Genehmigung der Fusion, Ausgabe neuer Aktien und Änderung der Satzung (Kopie); Verträge zwischen GBAG sowie Bochumer Verein und Deutsch-Lux vom 07.12.1926 zur Fusion (Abschriften); Vertrag zwischen den drei Unternehmen zur Aufnahme einer Anleihe in Höhe von US$ 25.000.000 vom 22.02.1926 (gedruckt); Satzung der Deutsch-Lux vom 25.01.1925; Niederschriften der außerordentlichen Hauptversammlungen von Deutsch-Lux und Bochumer Verein am 09.12.1926 zur Genehmigung der Fusion (Kopien und gedruckt); Gründungsvertrag der Siemens-Rheinelbe-Schuckert-Union GmbH zwischen GBAG, Deutsch-Lux, Elektrizitäts-AG vorm. Schuckert & Co. und Siemens & Halske AG, o. D. [Dezember 1920] (gedruckt); Geschäftsbericht der Deutsch-Lux, 1924/25; Aufstellung der von der Deutsch-Lux in die VSt eingebrachten Werke und Beteiligungen.

2534 Handelsregisterauszüge von Gründungsgesellschaften der VSt.
1925–1926

Auszüge, mit Angaben zu Vorstandsmitgliedern und Prokuristen von Aktiengesellschaft für Hüttenbetrieb, Bochumer Verein, Deutsch-Lux, GBAG, Gewerkschaft Lohberg, Gewerkschaft Rhein I, Rheinischen Stahlwerken, Thyssen & Co. AG und VSt; notariell beglaubigte Erklärung von Bochumer Verein, Deutsch-Lux und GBAG zur Korrektur der Grundstücksaufstellungen im Rahmen der Sicherungshypotheken für die geplante Anleihe von US$ 25.000.000 vom 30.03.1926.

979 Sammlung von Verträgen zur Organisation und Neuordnung der Beteiligungen der VSt.
1926–1927
Ca. 50 Verträge verschiedener Unternehmen (Abschriften).

490 Beteiligungen der GBAG.
1927
Beteiligungsverzeichnisse der GBAG, mit Vermerken über die weitere Verwaltungszuständigkeit; Geschäftsordnung für den Vorstand der GBAG vom 25.01.1927; Aufstellung der nicht von der VSt verwalteten Beteiligungen der Deutsch-Lux, o. D.

954 Gründung der Rohstoffbetriebe der VSt.
08.12.1933
Gründungsvertrag, mit Anlagen (Abschrift).

33 Handelsregisterangelegenheiten im Rahmen der Umorganisation der VSt.
1933–1934
Schriftwechsel zwischen verschiedenen Abteilungen der VSt und Rechtsanwälten über Gebühren und Modalitäten.

557 Neugründung der GBAG.
1933–1934
Gründungsvertrag und Satzung der GBAG vom 07.12.1933 (gedruckt); Unterschriftenverzeichnis (Stand Dezember 1933); Aufstellung der wichtigsten Unternehmensdaten (1 Blatt).

726 Gründung der „Union" Rheinisch-Westfälisches Drahtkontor GmbH.
1933–1934
Gründungsvertrag vom 08.12.1933 (Abschrift); Schreiben der VSt Rechtsabteilung Dortmund, u. a. an VSt Hauptrechtsabteilung und VSt Hauptsteuerabteilung zur Handelsregistereintragung.

289 Gründung der „Wurag" Eisen- und Stahlwerke AG.
1933–1934
Gründungsurkunde und Satzung vom 06.12.1933; Schriftwechsel zwischen VSt Rechtsabteilung Dortmund und „Wurag" Eisen- und Stahlwerke AG sowie u. a. mit einem Wirtschaftsprüfer zur Gründung; Unternehmensstammblatt, Stand 10.02.1934.

445 Unterschriftenverzeichnisse von Betriebsgesellschaften der VSt.
1933–1935
DHHV, Stand Januar und September 1934 sowie November 1935; Ruhrstahl AG, Stand Mai 1934; Nordseewerke Emden GmbH, Stand Januar 1934; Eisenwerk Wanheim GmbH, Stand Januar 1934; Kleineisen- und Schraubenfabrik Steele GmbH, Stand Januar 1934; Deutsche Röhrenwerke AG, Stand

Dezember 1933; HWS, Stand Januar 1934; Westdeutsches Feinblechkontor GmbH, Stand Dezember 1933; Dortmunder Union Brückenbau-AG, Stand Januar 1934; ATH, Stand Dezember 1933; Westdeutsches Bandeisenkontor GmbH, Stand Januar 1934; GBAG, Stand Dezember 1933; Walzeisenkontor GmbH, Stand Dezember 1933; Roheisenkontor GmbH, Stand Januar 1934; Westfälische Union, Stand Januar 1934; Bandeisenwalzwerke AG, Stand Januar 1934; Bochumer Verein, Stand Dezember 1933; „Union" Rheinisch-Westfälisches Drahtkontor GmbH, Stand Januar 1934.

504 Gründung der Rohstoffhandel der Vereinigten Stahlwerke GmbH.
1933-1948
Vertrag über die Gründung der Rohstoffhandel der VSt GmbH vom 08.12.1933 durch VSt und Eisen-Industrie zu Menden und Schwerte AG (Abschrift); Schreiben der VSt Hauptrechtsabteilung an Rohstoffhandel der VSt vom 14.12.1933 zur Bestätigung des Aufgabengebiets; Unterschriftenverzeichnis; Handelsregisterauszüge, mit Gebührenrechnungen; Niederschrift der Beiratssitzung am 07.02.1941; Schriftwechsel zwischen VSt Rechtsabteilung Dortmund bzw. DHHV Rechtsabteilung, Rohstoffhandel der VSt und Amtsgericht Dortmund zu Handelsregisterangelegenheiten.

825 Gründung der Dortmunder Union Brückenbau-AG.
1933-1950
Gründungsvertrag zwischen Eisen-Industrie zu Menden und Schwerte AG, Rheinisch-Westfälische Stahl- und Walzwerke AG, VSt und Westfälische Eisen- und Drahtwerke AG vom 07.12.1933 (gedruckt, Abschriften und Entwurf); Bilanzen der Dortmunder Union Brückenbau-AG zum 30.09.1933 (Abschrift), 30.09.1934, 30.09.1935 und 28.04.1939 (Zeitungsausschnitte); Niederschrift der Hauptversammlung am 31.03.1936 (Abschrift); Handelsregisterauszüge; Schreiben der VSt an die Rohstoffbetriebe der VSt vom 14.12.1933 zur Übertragung der Geschäfts- und Betriebsführung aller Rohstoffbetriebe auf die neue Gesellschaft zum 01.01.1934 (Abschrift); Steuerbescheide; Schriftwechsel zwischen VSt Rechtsabteilung Dortmund, Dortmunder Union Brückenbau-AG, Finanzbehörden und Amtsgericht Dortmund über steuerliche Fragen und Einsprüche gegen die Festsetzung von Gebühren für Änderungen des Handelsregisters.

823 Gründung der Kleineisen- und Schraubenfabrik Steele GmbH.
1934-1936
Gründungsvertrag zwischen VSt und Bochumer Verein vom 12.01.1934 (Abschrift); Rundschreiben zur Gründung; Handelsregisterauszüge.

394 Revisionsbericht zur August Thyssen-Hütte AG.
1941
VSt Bilanzbuchhaltung: Bericht über die Prüfung von Bilanz und Ergebnisrechnung der August Thyssen-Hütte AG zum 30.09.1941.

5516 Bilanzen der VSt zum 30.09.1941 und 30.09.1942.
1941-1942
Bilanzen und konsolidierte Bilanzen des Konzerns, mit Gewinn- und Verlustrechnung (Exemplar Nr. 1 für Albert Vögler).

2573 Revisionsbericht zur VSt.
1943

Peter van Aubel und Herbert Rätsch: Bericht über die Prüfung des Jahresabschlusses der VSt zum 30.09.1943 vom März 1944.

1.6.2 Produktions- und Vertriebsgesellschaften (Sortierung nach Unternehmen, A-Z)

623 Konkurs der Gewerkschaft Reckhammer, Duisburg, und Erwerb der Aplerbecker Hütte durch die VSt.
1928-1931
Bericht über die Gläubigerversammlung der Gewerkschaft Reckhammer am 28.12.1928; Sicherheits- und Übereignungsverträge der Gewerkschaft Reckhammer mit den Firmen A. & C. Heymann über die Verwertung von Gichtstaub vom 12.07.1928, mit Kaufmann & Lipmann über die Schlackenhalden der Aplerbecker Hütte, o. D., mit Fritz Grünwald über ein Darlehen vom 28.11.1928 und mit M. Stern AG über die Maschinen und Einrichtungsgegenstände der Aplerbecker Hütte vom 30.05.1928 (Abschriften); Schriftwechsel zwischen VSt Hauptrechtsabteilung, VSt Hauptrevision, VSt Drahtwerke Langendreer, Konkursverwalter Emil Backhaus, Rechtsanwälten, den Hauptgläubigern, darunter Westfälische Eisen- und Drahtwerke AG, Dortmunder Wasserwerks-Gesellschaft mbH, Heinr. Aug. Schulte Eisen-Aktiengesellschaft, M. Stern AG, und weiteren Gläubigern über den Verkauf der Aplerbecker Hütte durch die Westfälische Eisen- und Drahtwerke AG an die Gewerkschaft Reckhammer, Entstehung des Konkurses, Liquidation, Höhe und Begleichung von Forderungen, Behandlung oben genannter Verträge und Zwangsversteigerung; Schriftwechsel zwischen VSt Grundstücksabteilung Dortmund und VSt Hauptgrundstücksabteilung über die Grundbucheintragung der erworbenen Liegenschaften; Lagepläne der Aplerbecker Hütte, mit Kennzeichnung der Grundstücke der VSt; Grundbuchauszüge, Auszüge aus der Grundsteuerrolle; Grunderwerbssteuerbescheid; Aufstellungen über den Wohnungs- und Grundstücksbestand der VSt Drahtwerke Langendreer in Bochum-Langendreer, Bochum-Werne und Dortmund-Aplerbeck, mit Angaben zu Mieteinnahmen, Steuern und öffentlichen Abgaben, Stand Dezember 1930/Februar 1931.

185 Konkurs der Gewerkschaft Reckhammer, Duisburg.
1928-1931
Niederschriften der Sitzungen des Gläubigerausschusses am 30.10.1929 und 28.01.1930; Berichte des Konkursverwalters Emil Backhaus; Aufstellungen zu den Forderungen bzw. Schäden von Gesellschaften der VSt; Aufstellungen zu den verwertbaren Mobilien; Gerichtsurteile zu Klagen von Gläubigern auf Begleichung ihrer Forderungen und Zwangsversteigerungsverfahren; Vertrag zwischen Gewerkschaft Reckhammer und Gemeinde [Dortmund-]Aplerbeck über die Absicht, dort eine Betriebsanlage zu errichten, und eine Bankgarantie der Gemeinde vom 25./31.01.1928 (Kopie); Schriftwechsel zwischen VSt Hauptrechtsabteilung, VSt Rechtsabteilung Dortmund, VSt Grundstücksabteilung Dortmund, Backhaus, Amtsgericht Dortmund-Hörde, Stadt Dortmund, Rechtsanwälten und anderen Gläubigern zu Konkursverfahren, Abbruch von Betriebsanlagen der Aplerbecker Hütte, Verwertung der Schlackenhalde durch die Westfälische Eisen- und Drahtwerke AG und Beteiligung der Gewerkschaft Reckhammer an der Firma Vögler & Harras, Dortmund.

1396 Hauptversammlung der Hohenzollernhütte AG am 27.06.1928.
1908, 1926-1928
Satzung der Hohenzollernhütte AG, 1908 (gedruckt, mit eingeklebten maschinenschriftlichen Änderungen); notariell beglaubigte Niederschrift der Hauptversammlung; Bilanz sowie Gewinn- und

Verlustrechnung zum 31.12.1927; VSt Hauptrevision: Bericht über die Prüfung der Bilanz der Hohenzollernhütte AG zum 31.03.1926 im Rahmen der Einbringung des Unternehmens in die VSt.

1689 Bilanz der Hohenzollernhütte AG, Emden, zum 31.12.1927.
1926–1928
Bilanz sowie Gewinn- und Verlustrechnung; einzelne Schreiben zwischen Hohenzollernhütte AG und VSt zur Versendung von Bilanzunterlagen.

643 Liquidation der Hohenzollernhütte AG.
1928–1931
Liquidationsbilanzen zum 30.06.1928, 30.06.1929 und 30.09.1929; Niederschriften über die Hauptversammlungen am 11.04.1929 und 28.11.1929 (Abschriften); Bescheide zur Grundvermögens-, Vermögens- und Hauszinssteuer; Schriftwechsel zwischen VSt Rechtsabteilung Dortmund, VSt Nordseewerke, Rechtsanwälten, Amtsgericht Emden, Preußischem Wasserbauamt Emden, Finanzamt Dortmund und Liquidator Karl Windthorst über Vermögensfragen, Bilanzierung, Steuern, Versicherungen und die Aufhebung von Bauerlaubnisscheinen.
Darin auch: Fragebögen des VDEh über Betriebsanlagen für die Neuauflage der Gemeinfasslichen Darstellung des Eisenhüttenwesens (blanko).

196 Huckarder Ringofenziegelei GmbH.
1920–1932
Verträge zwischen Heinrich Hördemann und Ignatz Schilling als Verkäufer und Ignatz Dieckköfer über die Veräußerung von Geschäftsanteilen an der Huckarder Ringofenziegelei GmbH vom 20.10.1919 und 18.02.1920 (Dieckköfer ist nun Alleingesellschafter); Verträge zwischen Dieckköfer und GBAG zu Erwerb der Ziegelei vom 03.02.1921 und Berufung von Karl Müller zum Geschäftsführer vom 03.02.1921; Vertrag zwischen GBAG und VSt zur Einbringung der Ziegelei in die VSt vom 27.09.1926 (Abschrift); Handelsregisterauszüge; Unterlagen zur Goldmarkumstellung des Stammkapitals; VSt Hauptrevision: Bericht über die Prüfung des Jahresabschlusses der Huckarder Ringofenziegelei zum 30.09.1926; Schriftwechsel zwischen VSt Rechtsabteilung Dortmund, VSt Grundstücksabteilung Dortmund, VSt Abteilung Bergbau, verschiedenen Konzernabteilungen der VSt und Amtsgericht Dortmund zu Einbringung, Bewertung und Liquidation der Ziegelei sowie Steuerfragen.

20 Übertragung von Gesellschaftsanteilen der Waggon- und Lokomotiv-Beschlagteil-Lieferungsgesellschaft mbH auf VSt, Stahlwerke Brüninghaus AG und weitere Unternehmen.
1927–1928
Verträge über die Abtretung von Anteilen in Höhe von jeweils RM 500 von Max Gerstein auf die beteiligten Unternehmen vom 07.09.1927 und 09.09.1927; Niederschrift der Gesellschafterversammlung am 09.09.1927; Aufstellung über das Vermögen vom 01.08.1927; Schriftwechsel zwischen den beteiligten Unternehmen, VSt Dortmunder Union-Hoerder Verein und Rechtsanwälten, auch über Fragen des Beschlagteil-Verbands.
Darin auch: Artikel aus der Deutschen Bergwerkszeitung vom 03.07.1928: „Missstände im Reparationsgeschäft".

1.6.3 Erzbergbau und Rohstoffe (Sortierung nach Unternehmen, A-Z)

551 Bleierzgrube Bismarck 2 der VSt van der Zypen im Kreis Altenkirchen.
1915
Grundbuchauszug.

604 Erwerb von Eisenerzfeldern in und bei Siegen durch die Deutsch-Lux.
1924–1926
Vertrag zwischen Deutsch-Lux und Wilhelm Hermann Meyer über den Erwerb von sieben Grubenfeldern im Austausch gegen die Erzgrube Junkernberg und den Euphrosyne Erbstollen vom 12.08.1924 (Abschrift); Grundbuchauszüge; Schriftwechsel zwischen Deutsch-Lux Dortmunder Union Bergverwaltung Siegerland bzw. Rohstoffbetriebe der VSt Bergverwaltung Siegerland, Direction der Gesellschaft, Meyer und Rechtsanwälten über das Geschäft und die Auflassung der Grundstücke.
Darin auch: Handelsregisterauszug der Disconto-Gesellschaft, mit Aufstellung der zeichnungsberechtigten Vertreter vom 17.12.1924.

21 Iserlohner Kalkwerke GbR.
1920–1927, 1932–1933, 1936
Verträge über die Gründung der Iserlohner Kalkwerke GbR durch Deutsch-Lux, Georgsmarienhütte und Phoenix AG vom 02.08.1920 und 05.08.1920, mit Gesellschaftsvertrag (Abschriften); Bilanzen, 1920 und 1922–1925; Grundbuchauszüge; Schriftwechsel zwischen beteiligten Unternehmen, GBAG und Klöckner-Werke AG Abteilung Georgsmarienhütte zu Gründung und Übergang der Anteile von Deutsch-Lux und Phoenix AG auf die VSt, 1926.

266 Gründung des Konsortiums Finkenkuhle.
1867, 1935–1937
Vertrag über die Gründung des Konsortiums Finkenkuhle durch Hoesch AG, Fried. Krupp AG und Rohstoffbetriebe der VSt (Kopie); Verträge zwischen Konsortium Finkenkuhle sowie Gewerkschaft Salzgitter und Gewerkschaft Haverlah zur Überlassung von Grubenfeldern (Kopie); Niederschrift der Gewerkenversammlung der Gewerkschaft Finkenkuhle zur Beschlussfassung über die Umfirmierung in Gewerkschaft Haverlah und Neufassung der Satzung; Vertrag über den Verkauf von Eisenerzfeldern der Gruben Morgenröthe und Segen Gottes der Gewerkschaft Salzgitter an die Gewerkschaft Haverlah, mit Situationsrissen, 1867 (alle Verträge vom 06.11.1936, z. T. mit Entwürfen); Geschäftsordnung der Gewerkschaft Haverlah; Aktenvermerke, Besprechungsniederschriften und Schriftwechsel zwischen VSt Rechtsabteilung Dortmund, Rohstoffbetrieben der VSt und beteiligten Unternehmen zu Umgründung des Konsortiums Grube Fortuna in das Konsortium Finkenkuhle, Rechtsform der angegliederten Grubenfelder, Besitzverhältnissen, Steuerfragen und Ankauf von Grundstücken; „Denkschrift" von Heinrich Dinkelbach (VSt) zur Besprechung der Arbeitsgemeinschaft rheinisch-westfälischer Hüttenwerke über die Erschließung deutscher Eisenerzvorkommen im Raum Salzgitter (Schlattmann-Plan) zur Bildung von Rückstellungen und Erhebung einer Umlage auf die Rohstahlerzeugung am 02.10.1936 (Kopie).

901 Finanzierung der Mologa-Holzindustrie AG.
1925–1927
Urteil des Landgerichts Berlin vom 06.10.1926 zur Widerrufsklage der Gebr. Himmelsbach AG

gegen den Zeitungsredakteur Otto Fernbach zu dessen Vorwurf der „Schädigung deutscher Interessen" bei der Bereitstellung von Reparationsleistungen an Frankreich im Rahmen der Ruhrbesetzung durch das Unternehmen (gedruckt); Gesellschaftervertrag der Mologa-Holzindustrie AG, o. D. (Abschrift); Aktenvermerk zur Neuordnung der Beteiligungsverhältnisse unter den Gesellschaftern der Mologa-Holzindustrie AG vom 07.01.1925; Schriftwechsel und Aktenvermerke von Deutsch-Lux und VSt Rechtsabteilung Dortmund mit anderen Anteilseignern über die Situation der Gebr. Himmelsbach AG und Beschaffung von Krediten.

326 Verschiedene Rechtsangelegenheiten der Rheinische Kalksteinwerke GmbH.
1926–1936
Vertrag zwischen VSt und Fried. Krupp AG über eine Kapitalerhöhung der Rheinische Kalksteinwerke GmbH vom 08.08.1935 (Abschrift); Unterlagen zu Verhandlungen über den Verkauf der Gewerkschaft Hibernia, Wülfrath, an Friedrich Fix und Peter Fix, zur Übernahme von Geschäftsanteilen der Formsandwerke Hahnerhof GmbH und zum Zusammenschluss von August Zimmermann oHG und Formsandwerke Hahnerhof GmbH zur August Zimmermann GmbH; Entwurf eines Interessengemeinschaftsvertrags zwischen Rheinische Kalksteinwerke GmbH und VSt vom 04.03.1929; Schriftwechsel zwischen VSt Rechtsabteilung Dortmund und Rheinische Kalksteinwerke GmbH, auch zu anderen Rechtsangelegenheiten.

1407 Rheinisch-Westfälische Kalkwerke AG.
1923–1931, 1935, 1939
Beteiligungsstammblätter zum 01.11.1927, 01.01.1931 und 01.04.1935; Geschäftsberichte, 1923/24–1930/31; schriftliche Bestätigung eines Vertrags zwischen VSt Rohstoffbetrieben und Rheinisch-Westfälische Kalkwerke AG über die Anpachtung der Betriebe Wülfrath I und Wülfrath II vom 04.01.1931 (Entwurf zur Prüfung durch die VSt Rechtsabteilung Dortmund); notariell beglaubigte Niederschrift der Hauptversammlung am 09.11.1927 (Abschrift); Schreiben der Deutsch-Lux an Darmstädter und Nationalbank KGaA und RWKS zur Übertragung von Aktien der Rheinisch-Westfälische Kalkwerke AG auf die VSt vom 30.06.1926; Bericht von Vorstand und Aufsichtsrat der Rheinisch-Westfälischen Kalkwerke zur Goldmarkeröffnungsbilanz zum 01.07.1924 (Abschrift); Satzung vom 18.11.1926 (gedruckt); einzelne Schreiben zwischen Deutsch-Lux Abteilung Dortmunder Union bzw. VSt Rechtsabteilung Dortmund, VSt Hauptfinanzverwaltung und Rheinisch-Westfälische Kalkwerke zu Kalklieferverträgen und Beteiligungsfragen.

647 Erzbergbau der Rohstoffbetriebe der VSt in Luxemburg.
1941–1943
Anordnung des Chefs der Zivilverwaltung in Luxemburg über den Zusammenschluss von Bergbauberechtigten in Luxemburg vom 29.01.1943 (Abschrift und Zeitungsausschnitt); Unterlagen zur Zwangsintegration der Grube Steinberg, Rümelingen, und des gesamten luxemburgischen Erzbergbaus in die neu gegründete Gewerkschaft Lützelberg; Niederschrift der Gesellschafterversammlung der Gruben Steinberg und Herenterberg am 22.01.1943 (Abschrift); Rundschreiben und Erhebungsbogen des Beauftragten für die Eisenerzgewinnung Gruppe I Luxemburg-Longwy zur Ermittlung der Erzvorräte und anderer Betriebsdaten integrierter Gruben vom 16.02.1943 (blanko); Schriftwechsel zwischen VSt Rechtsabteilung Dortmund, Rohstoffbetrieben der VSt, Gutehoffnungshütte Oberhausen AG und Max Paul Meier in Luxemburg über die Gründungsmodalitäten der Gewerkschaft Lützelburg und Bereitstellung von Informationen für die steuerliche Veranlagung der Grube Steinberg in Luxemburg.

628 Besteuerung und Unternehmensorganisation der Grube Steinberg in Rümelingen, Luxemburg.
1913–1914, 1927–1940
Unterlagen zur Übertragung der Anteile der Phoenix AG an der Grube Steinberg auf die VSt sowie zur Belastung der Grube durch Steuern und insbesondere Stempelabgaben auf Aktien und Schuldverschreibungen; Aufstellungen über die Anleihen der VSt; Pläne zur Gründung einer Holding luxemburgischen Rechts zur Aufnahme der Gesellschaftsanteile und Sicherung der Vermögenswerte vor dem Zugriff ausländischer Gläubiger der VSt zur Kompensation von nicht erfüllten Tilgungsverpflichtungen aus den Auslandsanleihen; Schriftwechsel zwischen VSt Hauptrechtsabteilung, VSt Rechtsabteilung Dortmund, VSt Rohstoffbetrieben bzw. Rohstoffbetrieben der VSt, VSt Hauptfinanzverwaltung, Grube Steinberg, dem Mitgesellschafter Gutehoffnungshütte Oberhausen AG, Rechtsanwälten und den luxemburgischen Steuerbehörden über die Höhe der Abgaben, Bereitstellung von Informationen für die steuerliche Veranlagung, luxemburgisches Gesellschafts- und Steuerrecht und die Erörterung verschiedener Schutzmaßnahmen; Auszüge aus Gesetzestexten: Grand-Duché de Luxembourg, Administration de l'Enregistrement et de Domaines: Loi du 23. décembre 1913, concernant la révision de la législation qui régit les impôts dont le recouvrement est attribué à l'administration de l'Enregistrement et de Domaines (mit Anhängen); Textes législatifs concernant les Sociétés de participations financières (Holding Companies) avec les Travaux préparatoires de la loi du 31 juillet 1919, Luxemburg 1930.

271 Geplanter Ausbau des Kalkwerks Sötenich der Westdeutsche Kalkwerke AG zur Zementfabrik.
1925–1935
Schriftwechsel zwischen VSt Rechtsabteilung Dortmund, Rohstoffbetrieben der VSt, Westdeutscher Zement-Verband GmbH und Westdeutsche Kalkwerke AG zu Auslegung des Kartellvertrags zwischen Westdeutschem Zement-Verband und Hüttenzement-Verband GmbH, Ausbauverbot aufgrund des Kartellvertrags und Behandlung von Konzernwerken der VSt; Liefervertrag des Hüttenzement-Verbands vom 03.03.1927 (Abschrift).

1.6.4 Wohnungswirtschaft (Sortierung nach Unternehmen, A–Z)

1003 Rheinisch-Westfälische Heimstättenbau GmbH.
1919–1936
Gründungsvertrag zwischen Deutsch-Lux und Dortmunder Thomasschlackenmahlwerk GmbH vom 10.12.1919, mit Entwürfen; Handelsregisterauszüge; Niederschrift der Gesellschafterversammlung am 09.02.1925; Vertrag zur Einbringung des Geschäftsanteils der Deutsch-Lux in die VSt vom 06.08.1926; Liquidationsbeschluss vom 20.11.1933; Formulare des Stadtsteueramts Dortmund zur Lohnsummensteuer- und Gewerbesteuererklärung, 1934–1936 (blanko); Schriftwechsel zwischen VSt Rechtsabteilung Dortmund, VSt und Stadt Dortmund zur Liquidation; Zeitungsausschnitte.

622 Geschäfts- bzw. Tätigkeitsberichte von Ruhr-Lippe-Siedlungsgesellschaft mbH und Siedlungsgesellschaft „Mark" mbH.
1935–1941
Geschäftsbericht der Siedlungsgesellschaft „Mark", 1935, sowie Tätigkeitsberichte, 1936–1939; Tätigkeitsberichte der Ruhr-Lippe-Siedlungsgesellschaft, 1940–1941.

539 Ruhr-Lippe-Siedlungs-Gesellschaft mbH und Siedlungsgesellschaft „Mark“ mbH.
1935–1944
Niederschriften von Aufsichtsratssitzungen und Prüfungsausschusssitzungen der beiden Gesellschaften; Geschäftsordnungen für den Aufsichtsrat, o. D. (Abschriften); Dienstanweisungen für die Geschäftsführung, o. D. (Abschriften); Bilanzen; Organisationsplan zur Kooperation zwischen Ruhr-Lippe-Siedlungs-Gesellschaft und Westfälische Heimstätte GmbH (Entwurf); Nachweise über Baukosten, Entwicklung der Mieteinnahmen und Stand von Bauvorhaben; Haushaltspläne; Aufstellungen über das Wohnungseigentum; Lagepläne; Beschreibungen von Bauprojekten mit Finanzierungskonzepten, u. a. in Meschede für die Honsel-Werke AG, in Bochum für die Gewerkschaft ver. Constantin der Große, in Gelsenkirchen für die Bergwerksgesellschaft Dahlbusch, in [Hamm-]Bockum-Hövel für die Schachtanlage Radbod der Hoesch AG, in Menden für die Firma R. & G. Schmöle Metallwerke, in Hagen-Vorhalle für die Schamottewerke Klönne GmbH, in Wetter für die DEMAG AG und die Stahlwerke Harkort-Eicken GmbH, in Marl für die Rheinischen Stahlwerke Abteilung Brassert, in Recklinghausen für die Stadt Recklinghausen, in Castrop-Rauxel für die Stadt Castrop-Rauxel, in Unna für die Stadt Unna sowie in Dortmund für die Schachtanlage Kaiserstuhl der Hoesch AG; Schriftwechsel zwischen VSt Rechtsabteilung Dortmund und Ruhr-Lippe-Siedlungs-Gesellschaft über Bauvorhaben, Bestellung von Geschäftsführern, Differenzen mit der Westfälischen Heimstätte, Vermietungen und Leerstände.

336 Ruhrwohnungsbau-AG.
1921–1922, 1928–1939
Niederschriften von Aufsichtsratssitzungen, 1928/29, und der Hauptversammlungen am 03.12.1928 und 26.06.1929; Berichte des Vorstands zu Aufsichtsratssitzungen; Kostenplan für Bauvorhaben; Unterlagen zur Kapitalerhöhung 1928/29; Unterlagen zur Übernahme der von Westfälischer Heimstätte Wohnungsfürsorgegesellschaft mbH und Rheinischer Heimstätten Wohnungsfürsorgegesellschaft mbH gehaltenen Anteile des Aktienkapitals der Ruhrwohnungsbau-AG durch die Mitgesellschafter VSt, Hoesch AG, Fried. Krupp AG, Klöckner-Werke AG u. a.; Stellungnahme der Klöckner-Werke AG zum Bauvorhaben „Victor“ in Castrop-Rauxel; Aktenvermerke, Besprechungsprotokolle und Schriftwechsel zwischen VSt Rechtsabteilung Dortmund, Heinrich Dinkelbach, Ruhrwohnungsbau-AG und Siedlungsverband Ruhrkohlenbezirk zu verschiedenen Angelegenheiten der Ruhrwohnungsbau-AG.
Darin auch: Kaufvertrag zwischen Detmar Philippi, VSt Rechtsabteilung Dortmund, sowie Stadt Dortmund und Gartenstadt Dortmund eGmbH über das Grundstück in Dortmund, Wilsingweg 4, und dessen Bebauung vom 24.03.1921 (Abschrift); Vertrag zwischen Philippi und Deutsch-Lux über den Weiterverkauf des Grundstücks vom 16.09.1922 (Kontophot).

337 Ruhrwohnungsbau-AG.
1928–1941
Gründungsvertrag vom 10.03.1928 zwischen Hoesch AG, GBAG, Köln-Neuessener Bergwerksverein, Klöckner-Werke AG, Mannesmannröhren-Werke AG, VSt und Westfälischer Heimstätte Wohnungsfürsorgegesellschaft mbH; Satzungen vom 10.03.1928, 27.06.1932 und 01.07.1935; Ruhrwohnungsbau-AG: Die Ruhrwohnungsbau-AG, deren Entstehung und bisherige Entwicklung. Denkschrift gelegentlich der Besichtigungsfahrt der Mitglieder des Wohnungsausschusses des Reichstags im September 1929; Handelsregisterauszüge; Geschäftsordnungen für Vorstand und Aufsichtsrat; Niederschriften von Aufsichtsratssitzungen und Generalversammlungen; Berichte

des Vorstands zu Aufsichtsratssitzungen; Geschäftsberichte 1928, 1929, 1931, 1936, 1937, 1939, 1941, z. T. mit Entwürfen.

955 Bauprojekte der VSt.
1937
Aufstellung der VSt Hauptneubauabteilung zum Stand der Bauprojekte am 31.08.1937, mit Angaben zu bewilligten und ausgegebenen Beträgen, Abschreibungen sowie teilweise zur Fertigstellung.

502 Westfälische Heimstätte GmbH Provinzielle Treuhandstelle für Wohnungs- und Kleinsiedlungswesen, Dortmund.
1932–1941
Tätigkeitsberichte, 1932–1935 und 1940; Gesellschaftsverträge, o. D. (mit Entwurf 1933); Beteiligungsverzeichnis, 1940; Niederschriften der Gesellschafterversammlungen am 25.11.1932 und 30.06.1933 zur Neufassung des Gesellschaftsvertrags, am 07.12.1933 und 07.12.1934 zur Beschlussfassung einer Kapitalreduzierung, mit Gesellschafterverzeichnis; Schriftwechsel zwischen VSt Rechtsabteilung Dortmund und Westfälischer Heimstätte über Steuerfragen und die Versammlungen; Rundschreiben der Westfälischen Heimstätte an Anteilseigner; Westfälisches Wohnungsblatt. Zeitschrift für Wohnungswesen, Siedlung und Baupflege 23 (1933), H. 6; Berichte des Direktors der Westfälischen Heimstätte, Heinrich Vormbrock, zu seiner polizeilichen Vernehmung aufgrund eines Ermittlungsverfahrens wegen eines überhöhten Preises beim Verkauf seines Hauses in Münster an die Westfälische Heimstätte im Rahmen des Umzugs der Gesellschaft von Münster nach Dortmund, mit umfassender Stellungnahme von Detmar Philippi (VSt Rechtsabteilung Dortmund).

452 Wohnungsbaugesellschaft mbH Salzgitter.
1944–1945
Niederschrift der Gesellschafterversammlung am 16.08.1945 (Abschrift); Schreiben der Wohnungsbaugesellschaft an die Bürgermeister von Salzgitter und Lebenstedt über Errichtung von Behelfsheimen (Abschriften); einzelne Schreiben zwischen Karl Kaup (Rohstoffbetriebe der VSt) und VSt Rechtsabteilung Dortmund zur Lage des Unternehmens.

2535 Wohnungsbestand der VSt Westfälische Union.
1931
Aufstellungen zum Bestand an Arbeiter- und Beamtenwohnungen in Hamm, Belecke, Lippstadt, Warstein, Wesel und Osnabrück, mit Angaben zu Baujahr, Zustand, Anzahl von Wohnungen und Zimmern, Mieteinnahmen, Steuern und Abgaben.

548 Wohnungswirtschaft der VSt Wuragwerk.
1929
Gutachten der VSt Hauptrevision zur Situation des Wohnungswesens von VSt Wuragwerk Hohenlimburg und VSt Wuragwerk Wickede, mit Angaben zu Mieteinnahmen und Investitionen, Höhe der Mieten und Empfehlungen zur Weiterentwicklung sowie Aufstellung des gesamten Wohnungseigentums.

1.6.5 Sonstige Beteiligungen (Sortierung nach Unternehmen, A–Z)

290 Interessengemeinschaft zwischen Deutsch-Lux Dortmunder Union und Carl Berg AG.
1920, 1925–1928, 1941
Vertrag zwischen Deutsch-Lux Dortmunder Union und Carl Berg AG vom 01.06.1920 über die Bildung einer Interessengemeinschaft sowie vom 19./21.04.1926 zur Verlängerung (Kontophote); Vertrag über die Fusion von Carl Berg AG, Selve AG und C. Heckmann AG zur Berg-Heckmann-Selve AG vom 18.02.1927; Satzung der Berg-Heckmann-Selve AG, Fassung 1927; Verzeichnis der Zweigniederlassungen und Unterschriftenverzeichnis; Schriftwechsel zwischen Deutsch-Lux Dortmunder Union und Carl Berg AG zur Vertragsverlängerung sowie zwischen VSt, VSt Rechtsabteilung Dortmund, GBAG, anderen Konzernabteilungen und verschiedenen Banken über die Gründung der Berg-Heckmann-Selve AG, über eine Aktienpoolung mit der Vereinigte Aluminium-Werke AG, die Geschäftsordnung für den Vorstand, die Frage der Übertragung der Interessengemeinschaft auf die VSt sowie mit der DHHV Rechtsabteilung über die Rechtmäßigkeit der Auflösung, 1941; Aktennotizen und Besprechungsniederschriften, u. a. mit Carl Berg; Verzeichnis der zur Hauptversammlung der Berg-Heckmann-Selve AG am 02.02.1928 angemeldeten Aktionäre; Unternehmensstammblatt, Stand 30.12.1926 und 01.10.1927.

1007 Deutsche Luftschiffahrts-Aktiengesellschaft.
1906–1913, 1924–1928
Aufrufe des Gründungskommittes der „Motorluftschiff"-Studiengesellschaft mbH zur Zeichnung von Anteilen vom 30.04.1906 und 23.06.1906, mit namentlicher Aufstellung der bisher beteiligten Unternehmen und Satzungsentwurf; Bericht über die Aufsichtsratssitzung der Deutschen Luftschiffahrts-Aktiengesellschaft am 07.07.1910 (gedruckt); Geschäftsberichte 1913, 1924 und 1926; einzelne Schreiben zwischen Hoesch AG, Phoenix AG Abteilung Hoerder Verein und Union AG zur Abstimmung der Aktienzeichnung aller Unternehmen; Einladung zur Gründungsversammlung; Zeichnungsschein über M 10.000; einzelne Schreiben zwischen Deutsch-Lux Abteilung Dortmunder Union und VSt Rechtsabteilung Dortmund zur Einbringung der Aktien in die VSt.

446 Luftverkehrs Aktiengesellschaft Westfalen bzw. Westfälische Flughäfen AG.
1925–1938
Unternehmensstammblätter, Stand 10.09.1925, 01.06.1927, 15.07.1931, 01.07.1933, 01.07.1935 und 10.07.1937; Geschäftsberichte der Luftverkehrs Aktiengesellschaft Westfalen, 1925, 1926, 1928, 1930, 1931, 1932, 1934 und 1935 bzw. der Westfälische Flughäfen AG, 1936 und 1937; Bilanzen der Luftverkehrs Aktiengesellschaft Westfalen zum 31.12.1928, 31.12 1929, 31.12.1930, 31.12.1931, 31.12.1932 und 31.12.1933 bzw. der Westfälische Flughäfen AG zum 31.12.1936 und 31.12.1937; Bericht über die Auflösung der früheren deutschen regionalen Luftverkehrsgesellschaften, o. D.; Niederschriften der Hauptversammlungen am 27.05.1927, 17.06.1931, 18.06.1934, 19.06.1935, 29.05.1936, 30.06.1937 und 20.06.1938; Niederschrift der Gründungsversammlung der Luftverkehrs Aktiengesellschaft Westfalen am 25.05.1925 (Durchschlag); Satzungen vom Mai 1925 und 25.04.1930; Niederschriften zu Aufsichtsratssitzungen; Schriftwechsel zwischen Deutsch-Lux Dortmunder Union bzw. VSt, VSt Rechtsabteilung Dortmund, sowie Luftverkehrs Aktiengesellschaft Westfalen bzw. Westfälische Flughäfen AG zu Erwerb einer Beteiligung, Geschäftsergebnissen, Aufsichtsratsangelegenheiten, Unternehmensfinanzierung, Hauptversammlungen, Umwandlung der Luftverkehrs Aktiengesellschaft Westfalen in Westfälische Flughäfen AG 1936 und deren Auflösung 1938; Flugpläne der Deutsche Lufthansa AG, mit

Informationen zum Flugverkehr ab Dortmund und zum Streckennetz 1930 und 1931; Flugplan der Luftverkehrs Aktiengesellschaft Westfalen 1931.

826 Seismos GmbH zur Erforschung von Gebirgsschichten und nutzbaren Lagerstätten, Hannover.
1921–1936
Gründungsvertrag zwischen Ludger Mintrop, Deutsch-Lux, Hoesch AG, GBAG, Phoenix AG und Rheinischen Stahlwerken, 1921 (Abschrift); notariell beglaubigte Niederschrift der Gesellschafterversammlung am 03.11.1927 zur Kapitalerhöhung und Einbringung der Exploration Boden-Untersuchungs- und Verwertungs-GmbH, Hannover, durch die GBAG (Abschrift); Angebot der Seismos GmbH an die GBAG zur Übernahme eines Geschäftsanteils an der Exploration vom 19.12.1929 (Abschrift) und Annahmeerklärung vom 24.12.1929; Handelsregisterauszug; Bilanzen der Seismos GmbH zum 31.12.1924 und 30.06.1925 (Abschriften); Vertrag zwischen VSt und Stahlverein GmbH für Bergbau- und Industriewerte vom 20.06.1934 über den Verkauf des ehemaligen Phoenix-Anteils an der Seismos GmbH an diese (Abschrift); Angebot der Stahlverein GmbH an die ATH vom 21.06.1935 zum Verkauf ihres Anteils an der Seismos GmbH und von Kuxen der Gewerkschaft Roland an diese (Abschrift); Aktennotizen zu Gewinnen und Dividenden der Seismos GmbH; Schriftwechsel zwischen VSt Rechtsabteilung Dortmund, Seismos GmbH und den Anteilseignern zu den Verträgen und zum Verkauf der Anteile Mintrops sowie der Stahlverein GmbH an die ATH; Satzung der „Exploration" AG für Beteiligungen, Zug, vom 05.01.1924/30.04.1925 sowie Geschäftsbericht und Bilanz, 1928 (Abschriften); Erforschung von Gebirgsschichten und nutzbaren Lagerstätten nach dem seismischen Verfahren, Hannover 1922 (Mitteilungen der Seismos-Gesellschaft, H. 1); Ludger Mintrop: Zur Geschichte des seismischen Verfahrens zur Erforschung von Gebirgsschichten und nutzbaren Lagerstätten, Hannover 1930 (Mitteilungen der Seismos-Gesellschaft, H. 2, deutsche und englische Version).

2551 Versuchsanstalt für Kurzschlußwirkungen e. V.
1927–1928
Rundschreiben an die Mitglieder; Adolf Matthias: Ölschalter-Fragen, in: Elektrizitätswirtschaft, Mitteilungen der Vereinigung der Elektrizitätswerke e. V. 26 (1927), S. 333–342; Satzung vom 26.07.1927, mit Entwurf (Typoskripte); Werbeschreiben von Adolf Matthias zur Beteiligung an der Gründung und Mitgliederwerbung; Mitgliederverzeichnis vom 15.03.1928 (Typoskript); Adolf Matthias und H. Rengier: Entwurf zu einer Versuchsanstalt für Kurzschlußwirkungen, vorgelegt in der Mitgliederversammlung der Versuchsanstalt für Kurzschlußwirkungen e. V. am 17.04.1928 (Kurzversion, Typoskript); Adolf Matthias: Experimentelle Wege zur Klärung des Ölschalterproblems und verwandter Aufgaben (Sonderdruck aus dem Verhandlungsbericht der 36. Hauptversammlung der Vereinigung der Elektrizitätswerke e. V., Juni 1928); Werbeblätter und Mitgliedsantrag (blanko); einzelne Schreiben zwischen Georg Liss und Adalbert Flaccus über Mitgliedschaft und Höhe des finanziellen Engagements der VSt sowie mit verschiedenen Unternehmen zur Mitgliederwerbung.

2550 Versuchsanstalt für Kurzschlußwirkungen e. V.
1928
Adolf Matthias und H. Rengier: Entwurf zu einer Versuchsanstalt für Kurzschlußwirkungen, vorgelegt in der Mitgliederversammlung der Versuchsanstalt für Kurzschlußwirkungen e. V. am 17.04.1928 (Kurz- und Langversion) sowie vereinfachter Entwurf vom Oktober 1928 (Typoskripte).

1.7 Sonstiges

161 Gleisanschluss von Werk Graftig und Nietenwerk Rettelsiepen der VSt Gebrüder Knipping in Altena an die elektrische Kleinbahn Ihmert-Evingsen-Altena (Nettetalbahn) der Westfälische Kleinbahnen AG.
1917, 1921–1923, 1928
Verträge zwischen VSt Gebrüder Knipping und Stadt Altena zur Genehmigung des Baus für beide Werke vom 29.11./06.12.1928; Vertrag zwischen Stadt Altena, Gemeinde Dahle und Gemeinde Evingsen sowie Westfälische Kleinbahnen AG über den Bau der Kleinbahnstrecke Ihmert-Altena, 1917 (Entwurf, gedruckt und Typoskript); Vertrag zwischen Stadt Altena und ortsansässigen Industriebetrieben über die Kostenübernahme, 1917 (Entwurf, gedruckt und Typoskript); Betriebsgenehmigungen des Regierungspräsidiums Arnsberg, 1922; Lage- und Profilpläne.

2508 Werkstofftagung, Berlin 1927.
1926–1928
Paul Goerens: Die Werkstofftagung Berlin 1927 (Sonderdruck aus der Zeitschrift „Stahl und Eisen" 47 (1927), H. 24); Broschüre zur Werkstofftagung, mit Vortragsprogramm; Aktenvermerke von Vertretern der VSt zu Vorträgen und Exponaten; einzelne Schreiben zwischen VSt, VSt Hoerder Verein, VSt Hütte Ruhrort-Meiderich, VSt Westfälische Union und VDEh zur Beschickung der Tagung mit Ausstellungsstücken.

280 Übertragung von Hypothekendarlehen der Phoenix AG für Mitarbeiter auf die VSt.
1928, 1937–1938, 1941
Grundbuchauszüge; Schriftwechsel zwischen Phoenix AG, VSt und VSt Hauptgrundstücksabteilung zur Übertragung.

4314 Pensionsangelegenheiten A. Over.
1932
Einzelne Schreiben zwischen Hermann Wenzel, A. Over und VSt Bergverwaltung Siegerland zur Pensionshöhe Overs.

2789 VSt: Vorschrift für die Aufstellung der Monats- und Jahresbilanz, mit Wirkung vom 01.10.1932.
1932.

651 Erwerb des Anteils der Gutehoffnungshütte an der gemeinsamen Grubenanschlussbahn Rossbach-Raubach durch die Gewerkschaft der Tonzeche „Guter Trunk Marie", Oberdreis (Kreis Altenkirchen).
1933–1934
Kaufvertrag zwischen Gutehoffnungshütte und Gewerkschaft vom 24.04.1933 (Abschrift); Handelsregisterauszug der Gutehoffnungshütte (Amtsgericht Nürnberg) vom 24.04.1933; Grundbuchauszüge; Schriftwechsel zwischen den Vertragspartnern, VSt Rohstoffbetriebe Bergverwaltung Westerwald bzw. Rohstoffbetriebe der VSt Bergverwaltung Westerwald, VSt Rechtsabteilung Dortmund sowie verschiedenen Behörden über Grundbuchänderungen, Steuerfragen und die Begleichung des Kaufpreises.

892 Sozialwirtschaft der VSt.
1934, 1940-1941
Berichte der VSt Sozialwirtschaftliche Abteilung über die sozialwirtschaftliche Lage der VSt im Juli 1934, sowie für Mai bis September 1940, Oktober bis Dezember 1940 und Januar bis März 1941 (Typoskripte), mit Angaben zu Tariffragen, Arbeitsrecht, Sozialversicherungswesen, Lebensmittelversorgung, Wohnungswesen und Werksfürsorge.

2538 10 Jahre Zentralwerbestelle der VSt in Dortmund.
1936
Typoskript vom 04.06.1936, mit Anhang: Aufstellung der Messeteilnahmen und verfügbaren Werbegeschenke.

2533 „Ausgleich Düsseldorf": Verrechnung von Forderungen und Verpflichtungen zwischen Tochtergesellschaften und Beteiligungen der VSt.
1936
Richtlinien zum Arbeitsablauf des „Ausgleichs Düsseldorf" vom 01.08.1936, mit Vordrucken und Formularen (blanko).

741 Arbeitsgemeinschaft zur Errichtung der Elbehochbrücke, Hamburg.
1936-1940
Unterlagen zur Gründung einer Gesellschaft mit beschränkter Haftung durch Dortmunder Union Brückenbau AG, Maschinenfabrik Augsburg-Nürnberg AG, Werk Gustavsburg und J. Gollnow & Sohn KG zur Errichtung der Elbehochbrücke; Entwurf eines Gesellschaftsvertrags; Besprechungsniederschriften der Arbeitsgemeinschaft; Aktenvermerke; Schriftwechsel zwischen VSt Rechtsabteilung Dortmund und Dortmunder Union Brückenbau-AG über die geplante Gründung.
Darin auch: Von der Dortmunder Union Brückenbau-AG unterzeichneter Auftrag der Reichsautobahnen Oberste Bauleitung Frankfurt am Main über die Lieferung einer Eisenkonstruktion zur Unterführung von Bahnanlagen vom 17.12.1936/10.02.1937, mit Anlage über „Sozialpolitische Bedingungen".

2600 Warenzeichen der VSt.
14.02.1939
Bescheinigung des Reichspatentamts vom 14.02.1939 über die Eintragung des Warenzeichens (Kopie).

1639 VSt Zentralstelle für Betriebskrankenkassen.
1941
Bericht zum 15jährigen Bestehen der Zentralstelle vom 06.12.1941 (Typoskript, 15 S.), mit Aufstellungen zu Einnahmen und Ausgaben pro Kassenmitglied (aufgeschlüsselt nach Verwendungszwecken), Krankheitsfällen und -tagen sowie Beitragssätzen (Durchschnittswerte für alle Versicherungen), 1926-1940.

2. Vereinigte Stahlwerke AG Dortmunder Union-Hoerder Verein

2.1 Vereinigte Stahlwerke AG Dortmunder Union
2.1.1 Produktvertrieb
2.1.1.1 Wasserbaumaterial (Sortierung nach Datum des Vertrags)

1582 Lieferung von Eisenbahnoberbaumaterial und Spundwandeisen.
1921–1923, 1926
Verträge zwischen Deutsch-Lux Dortmunder Union und Verwaltung der Duisburg-Ruhrorter Häfen über die Lieferung von Weichen für die Hafenbahn vom 08./16.12.1921 und 19.12.1922/09.01.1923; Verträge zwischen VSt Dortmunder Union und Verwaltung der Duisburg-Ruhrorter Häfen über die Lieferung von Spundbohlen, Bauart Larssen, für die Sperrschleuse am Marientor vom 27.08.1926 und den Außenhafen vom 24./28.09.1926 sowie von Weichen vom 17./22.09.1926, mit Anlagen: Allgemeine Vertragsbedingungen für die Ausführung von Leistungen oder Lieferungen; Besondere Bedingungen für die Herstellung und Lieferung von Weichen für die Duisburger Hafeneisenbahn.

1585 Lieferung von Spundwandeisen.
1923–1926
Verträge zwischen Deutsch-Lux Dortmunder Union und Kanalbaudirektion Essen über die Lieferung von Spundbohlen für die Schleuse Flaesheim des Wesel-Datteln-Kanals vom 09./16.04.1923 sowie für die Schleuse Friedrichsfeld vom 04./07.12.1923; Vertrag zwischen VSt Dortmunder Union und Kanalbaudirektion Essen über die Lieferung von Spundbohlen für die Schleuse Datteln vom 19./30.08.1926, mit Konstruktionszeichnungen und Anlagen: Allgemeine Vertragsbedingungen für die Ausführung von Leistungen oder Lieferungen; Besondere Vertragsbedingungen für die Anfertigung, Anlieferung und Aufstellung von Eisenbauten (Kanalbaudirektion Essen).

473 Ausschreibungsunterlagen zur Lieferung von Schleusentoren nach Indien.
1925–1926
Ausschreibung des India Store Department über die Lieferung von Schleusentoren (Blankoformulare, Stempel der Firma Gossel & Son Ltd., London), mit Anlagen: Conditions of Contract (India Store Department); Specification for A. C. Drum Controllers and Resistances, 1926 (Office of the High Commissioner of India); Specification for Chain, Short Link Crane, all Service except Marine, 1926; Specification for Ropes, Wire, Acid, 1926; Specification for Machinery, 1926; Specification für Studs, Bolts, Nuts, Washers and Coach Screws, Iron or Steel, 1925; Specification for Starting Pillars for Alternating Current Motors, 1925; Standard Specification for Induction Motors, 1925.

701 Lieferung von Spundwandeisen.
1926
Vertrag zwischen VSt Dortmunder Union und Wasserbauamt Kiel über die Lieferung von Spundwänden, System Larssen, für eine Brückengründung vom 12./16.05.1926, mit Anlagen: Allgemeine Vertragsbedingungen für die Ausführung von Leistungen und Lieferungen; Besondere Bedingungen für die Lieferung von eisernen Spundbohlen.

431 Lieferung von Spundwandeisen.
1926

Vertrag zwischen VSt Dortmunder Union und Rykswaterstaat, Abteilung 's-Hertogenbosch (Niederlande), über die Lieferung von Spundwänden vom 16.08.1926 (niederländisch).

676 Lieferung von Wasserbaumaterialien durch die Fried. Krupp AG Friedrich-Alfred-Hütte.
1926
Angebot der Fried. Krupp AG Friedrich-Alfred-Hütte an das Kanalbauamt Datteln zur Lieferung der Verankerung der Leitwerkstände für die Schleusen Datteln und Flaesheim des Wesel-Datteln-Kanals vom 11.09.1926, mit Konstruktionszeichnungen und Anlagen: Allgemeine Vertragsbedingungen für die Ausführung von Leistungen und Lieferungen; Vorläufige Fertigungsvorschriften für Eisenbauwerke (Wasserbaudirektion Münster Kanalbauabteilung Essen); Besondere Bedingungen für die Herstellung und Lieferung der Verankerungseisen an den Schleusen Datteln und Flaesheim (Kanalbauamt Datteln).

488 Lieferung von Spundwandeisen.
1926
Vertrag zwischen VSt Dortmunder Union und Rheinbauamt Mannheim vom 21./22.09.1926 über die Lieferung von Spundwänden, System Larssen, mit Konstruktionszeichnung und Anlage: Allgemeine Vertragsbedingungen für die Ausführung von Leistungen oder Lieferungen.

432 Lieferung von Spundwandeisen.
1926
Vertrag zwischen VSt Dortmunder Union und Rykswaterstaat, Abteilung 's-Hertogenbosch (Niederlande), über die Lieferung von Spundwänden vom 24.09.1926 (niederländisch).

694 Lieferung von Bodengründungskonstruktionen.
1922-1926
Vertrag zwischen VSt Dortmunder Union und Hafenneubauabteilung Duisburg des Regierungspräsidiums Düsseldorf über die Lieferung von drei Aussteifungskonstruktionen für die Baugrube der Sperrschleuse am Marientor in Duisburg vom 22./28.09.1926, mit Konstruktionszeichnungen und Anlagen: Besondere Bedingungen für die Anfertigung, Lieferung und den Einbau; Allgemeine Vertragsbedingungen für die Ausführung von Leistungen oder Lieferungen, 1922.

876 Lieferung von Wasserbaumaterial.
1925-1926
Vertrag zwischen VSt Dortmunder Union und Kanalbauamt Datteln vom 11./17.10.1926 über die Lieferung der Verankerung der Leitwerkswände im unteren und oberen Vorhafen der Schleuse Datteln des Wesel-Datteln-Kanals, mit Kostenvoranschlag, Konstruktionszeichnungen und Anlagen: Allgemeine Vertragsbedingungen für die Ausführung von Leistungen und Lieferungen; Vorläufige Fertigungsvorschriften für Eisenbauwerke, 1925 (Wasserbaudirektion Münster, Kanalbauabteilung Essen); Besondere Bedingungen für die Herstellung und Lieferung der Verankerungseisen an den Schleusen Datteln und Flaesheim (Kanalbauamt Datteln).

479 Lieferung von Wasserbaumaterial.
1926
Vertrag zwischen VSt Dortmunder Union und Wasserbauamt Harburg vom 14./18.10.1926 über die Lieferung von Pollern, Schiffshalteringen und Steigeleitern für die Kaimauer an der Rethe (Hafen

Hamburg), mit Konstruktionszeichnungen, Lageplan und Anlagen: Allgemeine Vertragsbedingungen für die Ausführung von Leistungen oder Lieferungen; Besondere Lieferbedingungen.

365 Lieferung eines Brückenleitwerks aus Spundwandeisen, System Larssen.
1912, 1924-1926
Vertrag zwischen VSt Dortmunder Union und Reichsbahndirektion Königsberg über die Lieferung des Spundwand-Leitwerks der Straßen- und Eisenbahnbrücke über den Pregel in Königsberg vom 30.10./12.11.1926, mit Angebot, Konstruktionszeichnungen und Anlagen: [Lohn-]Sätze für besondere Leistungen auf Baustellen (Deutscher Eisenbau-Verband, Berlin); Vorläufige Fertigungsvorschriften für Eisenbauwerke, 1925; Vorläufige Vorschriften für die Lieferung von Eisenbauwerken aus hochwertigem Baustahl St 48, 1924; Besondere Vertragsbedingungen für die Anfertigung, Anlieferung und Aufstellung von Eisenbauwerken, 1912; Allgemeine Vertragsbedingungen für die Ausführung von Staatsbauten, 1925; Vorläufige besondere Bedingungen für die Entrostung und das Anstreichen von Eisenbauwerken, 1924; Richtlinien für die Herstellung hängender Gerüste zu Ausbesserungsarbeiten an Brücken und Ingenieurbauten (alle Deutsche Reichsbahn); Besondere Bedingungen für die Ausführung von Erd- und Wegebefestigungsarbeiten sowie von Brücken- usw. Bauten und Durchlässen des Bahnkörpers und der zugehörigen Nebenanlagen, 1925 (Reichsbahndirektion Königsberg).

373 Lieferung von Spundwandeisen.
1927
Vertrag zwischen VSt Dortmunder Union und Oberpräsident der Provinz Westfalen Wasserbaudirektion Münster über die Lieferung von 158 Tonnen Spundbohlen, System Larssen, für die Dorstener Schleuse des Wesel-Datteln-Kanals vom 18./26.02.1927, mit Anlagen: Allgemeine Vertragsbedingungen für die Ausführung von Lieferungen und Leistungen.

721 Lieferung von Spundwandeisen.
1922, 1927
Vertrag zwischen VSt Dortmunder Union und Duisburg-Ruhrorter Häfen AG über die Lieferung von Spundwänden für den Ausbau der Uferkonstruktion des Duisburger Außenhafens vom 21./22.01.1927, mit Preisverzeichnis und Lieferplan sowie Anlage: Allgemeine Vertragsbedingungen für die Ausführung von Leistungen oder Lieferungen, 1922.

719 Lieferung von Spundwandeisen.
1927
Nachtragsvertrag zwischen VSt Dortmunder Union und Kanalbauamt Duisburg über die Lieferung von Spundwänden vom 27./31.03.1927 zum Vertrag zwischen Kanalbauamt Duisburg und Deutsch-Lux vom 16./18./24.02.1924.

478 Lieferung von Wasserbaumaterial.
1922, 1927
Auftrag der Duisburg-Ruhrorter Häfen AG an die VSt Dortmunder Union vom 24.05.1927 laut Angebot vom 21.05.1927 über die Lieferung von Unterlagsplatten und Laschen für die Erweiterung der Uferkonstruktion des Duisburger Außenhafens, mit Anlagen: Allgemeine Vertragsbedingungen für die Ausführung von Leistungen oder Lieferungen, 1922; Besondere Lieferbedingungen.

487 Lieferung von Spundwandeisen.
1924-1927
Auftrag der Reichsbahndirektion Stettin vom 07.06.1927 sowie Bestätigung der VSt Dortmunder Union vom 29.06.1927 über die Lieferung von Spundwandeisen, System Larssen, für den Uferschutz von Widerlagern der Oderbrücke, mit Anlagen: Allgemeine Vertragsbedingungen für die Ausführung von Staatsbauten, 1925; Vorläufige Fertigungsvorschriften für Eisenbauwerke, 1924 (beide Deutsche Reichsbahn-Gesellschaft).

232 Lieferung von Baustahl für den Ausbau des Pregel (Ostpreußen).
1912, 1927
Vertrag zwischen VSt Dortmunder Union und Bauamt für den Pregelausbau (Insterburg) zur Lieferung von Spundwandeisen für die Staustufen Norkitten A und B vom 06.09./17.09.1927, mit Anlagen: Allgemeine Vertragsbestimmungen für die Ausführung von Lieferungen und Leistungen; Besondere Vertragsbedingungen für die Ausfertigung, Anlieferung und Aufstellung von Eisenbauwerken vom 14.06.1912 (Deutsche Reichsbahn, handschriftlich verändert); Konstruktionszeichnungen; Lagepläne.

877 Lieferung von Wasserbaumaterial.
1925-1927
Vertrag zwischen VSt Dortmunder Union und Kanalbauamt Datteln vom 12./15.11.1927 zur Festlegung der Preise für die Lieferung der Verankerung der Leitwerkswände an den Schleusen Datteln und Flaesheim des Wesel-Datteln-Kanals, mit Preisverzeichnis und Anlagen: Allgemeine Vertragsbedingungen für die Ausführung von Leistungen und Lieferungen; Vorläufige Fertigungsvorschriften für Eisenbauwerke, 1925 (Wasserbaudirektion Münster, Kanalbauabteilung Essen).

425 Lieferung von Spundwandeisen.
1927
Vertrag zwischen VSt Dortmunder Union und Rykswaterstaat, Abteilung Vlissingen (Niederlande) über die Lieferung von Spundwänden vom 25.11.1927, mit Konstruktionszeichnung (niederländisch).

695 Lieferung von Spundwandeisen.
1927-1928
Vertrag zwischen VSt Dortmunder Union und Neckarbaudirektion Stuttgart über die Lieferung von 1.636 Tonnen Spundwandeisen, System Larssen, vom 24./31.12.1927, mit Bedarfsliste des Bestellers.

349 Lieferung von Baustahl für den Ausbau des Pregel (Ostpreußen).
1912, 1928
Vertrag zwischen VSt Dortmunder Union und Bauamt für den Pregelausbau (Insterburg) zur Lieferung von Spundwandeisen für die Staustufen Norkitten A und B vom 10./19.01.1928, mit Anlagen: Allgemeine Vertragsbestimmungen für die Ausführung von Lieferungen und Leistungen; Besondere Vertragsbedingungen für die Ausfertigung, Anlieferung und Aufstellung von Eisenbauwerken vom 14.06.1912 (beide Deutsche Reichsbahn, handschriftlich verändert); Konstruktionszeichnungen.

668 Lieferung von Spundwandeisen.
1927–1928
Vertrag zwischen Firma A. C. Lemvigh-Müller, Kopenhagen, als dänischer Repräsentantin der VSt Dortmunder Union und Wasserbaudirektion Kopenhagen über die Lieferung von 1.784 Tonnen Spundwänden, System Larssen, vom 08./19.11.1928 (Original dänisch, Abschrift deutsch), mit Angebot der Firma A. C. Lemvigh-Müller und Anlage: Almindelige Betingelser für Arbejder og Leverancer vom 15.07.1927 (Ministeriet for offentlige Arbejder).

700 Lieferung von Spundwandeisen.
1929
Vertrag zwischen VSt Dortmunder Union und Wasserstraßenamt Kiel/Holtenau über die Lieferung von Spundwänden für eine Schiffsammelstelle am Kaiser-Wilhelm-Kanal vom 04./06.09.1929, mit Angebot des Unternehmens und Anlage: Besondere Vertragsbedingungen.

2.1.1.2 Brücken und Stahlbau

364 Lieferung von Brücken.
1912, 1924–1926
Vertrag zwischen VSt Dortmunder Union und Reichsbahndirektion Münster über die Lieferung und Aufstellung von zwei Eisenbahnbrücken über die Weser bei Dreye der Strecke Wanne-Bremen vom 29./30.12.1926, mit Anlagen: Vorläufige Fertigungsvorschriften für Eisenbauwerke, 1926; Vorläufige Vorschriften für die Lieferung von Eisenbauwerken aus hochwertigem Baustahl St 48, 1924; Besondere Vertragsbedingungen für die Anfertigung, Anlieferung und Aufstellung von Eisenbauwerken, 1912; Allgemeine Vertragsbedingungen für die Ausführung von Staatsbauten, 1925 (alle Deutsche Reichsbahn).

476 Lieferung von Brückenüberbauten.
1925–1926
Vertrag zwischen VSt Dortmunder Union und Deutscher Reichsbahngesellschaft Eisenbahnbauabteilung 3, Stettin, über die Lieferung von Überbauten für die Eisenbahnbrücke über die Oder bei Stettin vom 16./23.08.1926, mit Anlagen: Fertigungsvorschriften; Allgemeine Vertragsbedingungen für die Ausführung von Lieferungen und Leistungen, 1925; vorläufige Fertigungsvorschriften für Eisenbauwerke, 1925 (beide Deutsche Reichsbahn); Terminplan.

665 Lieferung von Eisenkonstruktionen für Gebäude.
1925–1926
Auftrag der Deutschen Reichsbahn-Gesellschaft zur Lieferung von Eisenkonstruktionen für Wagenhalle, Lackiererei und Werkstatt des Wagenausbesserungswerks in Niederschönweide vom 08.10.1926, mit Angebot der VSt Dortmunder Union (Abschrift) und Anlagen: Allgemeine Vertragsbedingungen für die Lieferung von Staatsbauten, 1926; Besondere und technische Bedingungen für Bauausführungen, 1925 (beide Deutsche Reichsbahn-Gesellschaft).

2.1.1.3 Sonstiges

462 Ausschreibungsunterlagen für die VSt Dortmunder Union zur Lieferung einer Sägemühle und einer Signalbrücke nach Indien.
1924-1926
Nicht ausgefüllte Ausschreibungsunterlagen der Firma Rendel, Palmer & Tritton (Consulting Engineers), Westminster, für The Madras and Southern Mahratta Railway Company Ltd., London, mit Anhang: Standard Specification for Girder Bridges, 1924; General Conditions of Contract, 1925 (beide The Madras and Southern Mahratta Railway Company Ltd., Unterlagen versehen mit Stempel der Firma Gossel & Son Ltd., London).

472 Ausschreibungsunterlagen für die VSt Dortmunder Union zur Lieferung von rollendem Eisenbahnmaterial nach Indien.
1925-1926
Ausschreibung des High Commissioner of India über die Lieferung von Achsen und Wagenrädern (Blankoformulare), mit Anlagen: Conditions of Contract (India Store Department); Specification for Wheels and Axles for Carriages and Wagons, 1925; Standard Specifications for Steel Good Wagons, 1925 (beide Indian State Railways).

463 Geplante Gründung einer Spurplättchen-Vereinigung.
1926
Gründungsvertrag zwischen Neunkircher Eisenwerk AG, vormals Gebr. Stumm, Fried. Krupp AG und VSt Dortmunder Union vom 15.06.1926 (nicht parafiert) zur Bildung einer Vereinigung mit dem Ziel einer Aufteilung des deutschen Spurplättchenmarkts unter den Mitgliedern.

2317 Vorschriften und Informationen zur Ermittlung und Abrechnung von Transportkosten und Eisenbahnfrachttarifen.
1926-1927
Rundschreiben der Stahlwerks-Verband AG an die Mitglieder sowie interne Rundschreiben und Mitteilungen von Phoenix AG bzw. VSt Volkswirtschaftliche Abteilung an die Tochtergesellschaften und Abteilungen zu Tarifierung, Gewichts- und Volumenermittlung, Verpackung und Export von Kohle, Erzen, Maschinen, verschiedenen Walzerzeugnissen und Nebenprodukten sowie deren Abrechnung.

2.1.2 Technik, Produktion und Neubau
2.1.2.1 Produktions- und Betriebsstatistik

3092/4 Produktions- und Betriebskostenstatistik.
1926-1927
Monatliche Aufstellungen zu Produktion, Koks- und Erzverbrauch, Löhnen und Gehältern sowie sonstigen Produktions- und Betriebskosten von Hochöfen, Thomas-Stahlwerk, Siemens-Martin-Stahlwerk, Walzwerken und Presswerken sowie zu H. Schlieper & Sohn GmbH und Firma Carl Schlieper, gegliedert nach einzelnen Produkten und Kostenarten sowie mit Angabe monatlicher Durchschnittswerte, Oktober 1926 bis September 1927.

3092/5 Dsgl., Oktober 1927 bis September 1928.

3092/6 Dsgl., Oktober 1928 bis September 1929.
3092/7 Dsgl., Oktober 1929 bis September 1930.
3092/8 Dsgl., Oktober 1930 bis September 1931.
3092/9 Dsgl., Oktober 1931 bis September 1932.
3093/1 Dsgl., Oktober 1932 bis September 1933.

2.1.2.2 Neubau

4616 Bau eines Gasometers von 100.000 m3 Inhalt in Dortmund, Huckarder Straße 62.
1921–1929
Bauanträge der Deutsch-Lux Dortmunder Union für zwei Gasometer von jeweils 60.000 m3 für Gicht- bzw. Kokereigas, Huckarder Straße 2, vom 06.10.1921 sowie zum Bau eines Gasometers von 100.000 m3 vom 07.10.1924 bzw. der VSt Dortmunder Union-Hoerder Verein zum Bau eines Gasometers von 100.000 m3 vom 15.09.1926; Einsprüche und Proteste von Anwohnern; Schriftsätze der VSt Dortmunder Union; Baugenehmigung des Regierungspräsidiums Arnsberg vom 26.10.1926; Fotografie des Gasometers und benachbarter Häuser; Bescheid des Handelsministeriums vom 21.05.1927 (Abschrift); Schriftwechsel zwischen Deutsch-Lux Dortmunder Union bzw. VSt Dortmunder Union, VSt Rechtsabteilung Dortmund und Genehmigungsbehörden zum Genehmigungsverfahren; „Was ist aus dem Gasbehälterunfall in Posen zu folgern?" Sonderdruck aus der Zeitschrift „Das Gas- und Wasserfach", H. 24/1926.

4821 Umbau der Elektrowerkstatt.
1926
Baugenehmigung der Stadt Dortmund vom 13.12.1926; Lageplan; Grund- und Aufrisszeichnungen.

4822 Bau einer Kranbahn in Dortmund, Rheinische Straße 219.
1926
Baugenehmigung der Stadt Dortmund vom 27.12.1926; Lageplan; Grund- und Aufrisszeichnungen, Statische Berechnungen.

4661 Bau einer Toilettenanlage für die Stahlformgießerei.
1927
Baugenehmigung der Stadt Dortmund vom 03.03.1927; Lageplan; Grund- und Aufrisszeichnungen; einzelne Schreiben zwischen VSt Dortmunder Union und Stadt Dortmund zum Genehmigungsverfahren.

4830 Bau einer Koks- und einer Gichtgasleitung zwischen Werksgelände und Kokerei Hansa.
1927–1928
Bauantrag der VSt Dortmunder Union vom 13.06.1927; Baugenehmigung der Stadt Dortmund vom 25.01.1928; einzelne Schreiben zwischen VSt Dortmunder Union, Emschergenossenschaft, Reichsbahndirektion Essen und Stadt Dortmund zum Genehmigungsverfahren.

4824 Bau einer Koks- und einer Gichtgasleitung zwischen Werksgelände und Kokerei Hansa.
1928

Nachtragsgenehmigung der Stadt Dortmund vom 23.02.1928; einzelne Schreiben zwischen VSt Dortmunder Union und Stadt Dortmund zum Genehmigungsverfahren.

4820 Überdachung der Hochofenwerkstatt.
1927
Baugenehmigung der Stadt Dortmund vom 14.07.1927; Lageplan; Grund- und Aufrisszeichnungen; statische Berechnungen.

4823 Bau eines Aufenthaltsgebäudes für Weichensteller in Dortmund, Huckarder Straße 50.
1927
Baugenehmigung der Stadt Dortmund vom 06.09.1927; Lageplan; Grund- und Aufrisszeichnungen.

4932 Bau eines unterirdischen Benzoltanks mit Tankanlage.
1928
Bauantrag der VSt Dortmunder Union vom 19.03.1928: Anlagenbeschreibung und Konstruktionszeichnungen der Firmen Arthur Solmitz, Köln, und Martini & Hünecke Maschinenbau-Aktien-Gesellschaft, Berlin; Lageplan; Grund- und Aufrisszeichnungen.

4825 Verbreiterung einer Brücke am Koksbunker in Dortmund, Huckarder Straße 62.
1928
Nachtragsgenehmigung der Stadt Dortmund vom 07.08.1928; Lageplan; statische Berechnungen; Grund- und Aufrisszeichnungen der Ludwig Mönnich Bauunternehmung GmbH; Bauabnahmeschein vom 19.10.1928.

4826 Bau einer Emscherwasser-Kläranlage für die Gasreinigung.
1929
Baugenehmigung der Stadt Dortmund vom 06.03.1929; Lageplan; statische Berechnungen, Grund- und Aufrisszeichnungen der Firma L. Schwarz, Dortmund; Bauabnahmeschein vom 06.08.1929.

4829 Umbau der Gichtgasreinigung und Installation einer Elektrofilteranlage.
1929
Baugenehmigung des Regierungspräsidiums Arnsberg vom 18.05.1929; Lageplan; Grund- und Aufrisszeichnungen sowie Konstruktionszeichnungen der Vereinigte Kesselwerke AG; statische Berechnungen.

4827 Bau eines Gebäudes für die Splittanlage der Schlackensteinfabrik in Dortmund, Mallinckrodtstraße 440.
1932
Baugenehmigung der Stadt Dortmund vom 25.08.1932; Lageplan; Grund- und Aufrisszeichnungen; statische Berechnungen; Bauabnahmeschein vom 24.10.1932.

4828 Neubau einer Mechanischen Werkstatt in Dortmund, Rheinische Straße 217.
1933
Baugenehmigung der Stadt Dortmund vom 24.07.1933; Bauabnahmeschein vom 10.11.1933; Lageplan; Grund- und Aufrisszeichnungen; statische Berechnungen.

4834 Ausbau der Toranlage „Heimstättenwerkplatz", Rheinische Straße 217.
1933
Bauantrag der VSt Dortmunder Union vom 19.04.1933; Baugenehmigung der Stadt Dortmund vom 24.05.1933; Bauabnahmeschein vom 10.11.1933; Lageplan; Grund- und Aufrisszeichnungen; einzelne Schreiben zwischen VSt Dortmunder Union und Stadt Dortmund zum Genehmigungsverfahren.

2.1.3 Belegschaft

1365 Betriebsrat der VSt Dortmunder Union.
1924, 1926–1933
Niederschriften zu den Sitzungen des Angestelltenrats am 11.04.1931, 17.04.1931 und 18.04.1931; Niederschriften zu den Sitzungen des Arbeiterrats am 08.11.1927, 22.11.1927, 13.12.1927, 03.01.1928, 17.01.1928, 24.01.1928, 31.01.1928, 03.04.1928, 19.06.1928, 26.06.1928, 03.07.1928, 10.07.1928, 31.07.1928, 16.10.1928, 23.10.1928, 30.10.1928, 11.12.1928, 28.05.1929 und 18.06.1929; Niederschriften zu den Sitzungen des Betriebsrats am 08.05.1928, 05.06.1928, 17.07.1928, 18.09.1928, 20.12.1928 und 16.07.1929; Niederschrift einer Besprechung zwischen Betriebsrat und Betriebsleitung am 04.04.1928; Geschäftsbericht der Vereinigung „Der deutsche Arbeiter", Ortsgruppe Dortmund, 1927/28 (Typoskript); Rundschreiben von Deutsch-Lux Dortmunder Union und VSt Dortmunder Union-Hoerder Verein an die Betriebsdirektoren zur Freistellung von Betriebsratsmitgliedern; Geschäftsordnungen des Betriebsrats vom 12.04.1928 und 12.04.1931; Handzettel zum Erscheinen der Zeitschrift „Echo der Knochenmühle Union", o. D. (Typoskript); Zeitungsausschnitte; Aufstellung zu den Zuständigkeiten von Betriebsratsmitgliedern für Werksabteilungen; Aktenvermerke; Rundschreiben von Arbeitgeberverband für Dortmund und Umgegend und Zechen-Verband zur Kündigung von Betriebsratsmitgliedern bei Stilllegungen; einzelne Schreiben zwischen VSt Dortmunder Union und Betriebsrat.

1556 Angestelltengehälter der VSt Dortmunder Union.
1926–1928
Aufstellungen zu Gehältern, Gehaltserhöhungen und Zulagen zum 31.07.1926, 01.06.1927, 01.01.1928 und 01.05.1928, gegliedert nach Betrieben und Abteilungen; Schreiben von Angestellten an die VSt Dortmunder Union, mit Bitte um Gehaltserhöhung; Aktenvermerke und Vorschlagslisten zu Gehaltserhöhungen.

4660 Betrieb des Werksbeamtenkasinos in Dortmund, Rheinische Straße 130/132.
1927
Betriebsgenehmigung der Stadt Dortmund vom 05.07.1927.

4290 Personalunterlagen Hitzigrath.
1927
Einzelne Schreiben zwischen VSt Dortmunder Union und GBAG zur Festlegung der Tantieme als Abteilungsleiter.

2577 Betriebsratswahlen bei der VSt Dortmunder Union am 25.03.1931-27.03.1931.
1931
Wahlplakat des Betriebsrats vom 03.03.1931; Wahlzeitung der Kommunistischen Partei Deutschlands.

742 Deutsche Vereinigung.
1931-1933
Verschiedene Druckschriften, Zeitschrift „Die Wacht" vom 16.10.1932, Rundschreiben und „Führerbriefe" Nr. 1 und 2 der Deutschen Vereinigung vom 08.10.1932 und 14.12.1932; Einladungen zu Versammlungen und Veranstaltungen sowie Bekanntmachungen (u. a. Plakat) der Dortmunder Ortsgruppen sowie der „Nationalen Angestellten und Arbeiter der Dortmunder Union".

1364 Betriebsratswahlen bei der VSt Dortmunder Union, 1931.
1931-1933
Vorschlagslisten für Angestellte und Arbeiter (Typoskripte und gedruckt); Einladungen zu Betriebs- und Bezirksversammlungen, u. a. des Deutschen Metallarbeiter-Verbands; Zeitungsausschnitte; Plakate zur Wahl; Protokolle und Bekanntmachungen zu den Wahlergebnissen; Einheitsstimmzettel; Fragebögen der Arbeit Nordwest zu den Wahlergebnissen, auch für VSt Hoerder Verein und VSt Dortmunder Union Beschlagteilfabrik Rothe Erde; Aufstellungen zu den Belegschaften der Betriebsabteilungen der VSt Dortmunder Union, Stand 01.02.1931 und 01.01.1932; einzelne Schreiben zwischen VSt Dortmunder Union, VSt Dortmunder Union-Hoerder Verein, VSt Sozialpolitische Abteilung, Arbeit Nordwest und Arbeitgeberverband für Dortmund und Umgegend zu den Wahlen.

900 Arbeitszeitregelung bei der VSt Dortmunder Union.
1931-1934
Aktenvermerke und einzelne Schreiben der VSt Dortmunder Union an den Staatlichen Schlichtungsausschuss Dortmund und Betriebsabteilungen zur Arbeitszeitregelung; Rundschreiben von Arbeit Nordwest; Arbeitszeitregelung der Gutehoffnungshütte Oberhausen AG zum 01.01.1932.

2.1.4 Sonstiges

1531 Verpachtung der Gaststätte „Zur deutschen Flotte" in Dortmund, Sunderweg 121.
1926, 1929-1930, 1934
Pachtvertrag zwischen VSt Dortmunder Union und Willy Schlingmann vom 17.09.1929; Schankerlaubnis für Gerhard Riedel vom 29.11.1926; Grundrisszeichnungen; einzelne Schreiben der VSt Rechtsabteilung Dortmund zum Pachtverhältnis.

2530 Verpachtung der Gaststätte in Dortmund, Aachener Straße 14.
1928, 1932
Pachtverträge zwischen VSt Dortmunder Union und Emil Brücher vom 12.07.1928, Luise Brücher vom 02.01.1932 und Heinrich Ortmeyer vom 17.09.1932 (Abschrift).

2.2 Vereinigte Stahlwerke Hoerder Verein
2.2.1 Versicherungen

2517 Brand- und Explosionsschäden.
1924–1930
Schriftwechsel zwischen Phoenix AG Hoerder Verein bzw. VSt Hoerder Verein, Betrieben, Mitarbeitern und Stahlunion-Schutz GmbH zu Explosionen, Bränden, Arbeitsunfällen, Entschädigungsleistungen und Schadensregulierung.

2521 Feuerversicherung der VSt Hoerder Verein.
1927–1930
Versicherungsscheine und -nachträge der Stahlunion-Schutz GmbH, mit Anlagen: Allgemeine Versicherungsbedingungen für Feuerversicherungen; Sonderbedingungen; Allgemeine Sicherheitsvorschriften für Fabriken und gewerbliche Anlagen; Sicherheitsvorschriften für elektrische Starkstromanlagen; Betriebsvorschriften für elektrische Starkstromanlagen (gedruckt); einzelne Aufstellungen zum Versicherungswert verschiedener Anlagen; Schriftwechsel zwischen VSt Hoerder Verein und Stahlunion Schutz GmbH zu Neufassung von Verträgen und Prämien.

2542 Feuerversicherung der VSt Hoerder Verein.
1930–1932
Aufstellung der versicherten Objekte zur Feuer- und Explosionsversicherung bei der Stahlunion-Schutz GmbH vom 30.06.1930, mit Nachtrag vom 15.08.1932.

2.2.2 Technik, Produktion und Neubau
2.2.2.1 Produktions- und Betriebsstatistik

3110/3 Produktions- und Betriebskostenstatistik der VSt Hoerder Verein.
1926
Monatliche Aufstellungen zu Produktion, Kohlen-, Koks- und Erzverbrauch, Löhnen sowie sonstigen Produktions- und Betriebskosten von Hochöfen, Thomas-Stahlwerk, Siemens-Martin-Stahlwerk, Walzwerken und Presswerk, gegliedert nach einzelnen Betrieben, Kostenarten und Produkten, Juli bis September 1926.
3110/4 Dsgl., Oktober 1926 bis September 1927.
3110/5 Dsgl., Oktober 1927 bis September 1928.
3110/6 Dsgl., Oktober 1928 bis September 1929.
3110/7 Dsgl., Oktober 1929 bis September 1930.
3111/1 Dsgl., Oktober 1930 bis September 1931.
3111/2 Dsgl., Oktober 1931 bis September 1932.
3111/3 Dsgl., Oktober 1932 bis September 1933.

2.2.2.2 Werksbahnbetrieb

4200 Anschlussbahn der Zeche Glückaufsegen (ehemals Zeche Crone) an den Bahnhof Hörde nach Stilllegung der Zeche.

1886-1889, 1927-1932, 1939, 1952
Niederschriften eines Ortsbesichtigungstermins zum Projekt eines Eisenbahnanschlusses der Zeche Crone an den Bahnhof Hörde am 25.06.1886 sowie des Bauabnahmetermins am 06.07.1889 (Abschriften); Vertrag zwischen Gewerkschaft der Zeche Crone und Landesdirektion der Provinz Westfalen zum Bau eines Bahnübergangs über die Hörde-Bochum-Essener Provinzialstraße vom 16.04.1889 (Abschrift); Lageplan der Anschlussbahn; einzelne Schreiben zwischen VSt Hoerder Verein, VSt Rechtsabteilung Dortmund, Landesbauamt Dortmund und Stadt Dortmund u. a. zur Schadensersatzforderung von Heinrich Vorderbrügge wegen Überschwemmung seiner Felder nach Verstopfung der Durchlässe unter der Bahntrasse, Sicherung der Kreuzung der Anschlussbahn mit der Provinzialstraße Hörde-Brünninghausen und zu fehlgeleiteten Waggons.

4241 Elektrolokomotive, AEG Aktiengesellschaft, Baujahr 1923, Nr. 102 der VSt Hoerder Verein.
1894, 1927
Technische Beschreibung; Aufrisszeichnung.
Darin auch: Schreiben der Firma Otto Nordhaus, Dortmund, an den Hoerder Verein zum Kauf einer Lokomotive vom 22.05.1894.

4220/1 Betrieb des Bahnanschlusses an den Bahnhof Hörde-Hacheney bzw. Dortmund-Hörde.
1921-1932, 1936-1939
Kostenvoranschlag zum Umbau von Gleisanlagen; Entwurf eines Vertrags zwischen Phoenix AG Hoerder Verein und Eisenbahndirektion Essen zur Kündigung des Anschlussvertrags zwischen Hoerder Verein und Rheinischer Eisenbahn-Gesellschaft vom 18.09./03.10.1874 und Neuabschluss; Allgemeine Bedingungen für die Zulassung von Privatanschlüssen (gedruckt); Allgemeine Bedingungen der Deutschen Reichsbahn für Privatgleisanschlüsse vom 01.07.1922 (gedruckt); Schriftwechsel zwischen Phoenix AG Hoerder Verein bzw. VSt Hoerder Verein, Eisenbahnbetriebsamt Dortmund und Reichsbahndirektion Essen zu Kündigung des Anschlussvertrags, Modalitäten des neuen Vertrags, Berechnung der Anschlusslängen unter Berücksichtigung der Nebenanschlüsse, Betriebssicherheit an einer Unterführung, Reparaturen, Betriebskosten, Abfertigung von Zügen mit Minettelieferungen, Aufschüttung eines Bahndammes, Bau eines Gleises, Umbenennung des Bahnhofs Hörde-Hacheney in Bahnhof Dortmund-Hörde und Schließung für den öffentlichen Verkehr.

4232 Kosten und rechtliche Rahmenbedingungen der Benutzung staatlicher Bahnanlagen.
1922-1928, 1937
Aufstellungen zu Nutzungsgenehmigungen für eisenbahnfiskalisches Grundeigentum von Hoerder Verein und Phoenix AG Hoerder Verein; Rundschreiben von VSt Volkswirtschaftliche Abteilung, RDI, Nordwestlicher Gruppe des VDES, Stahlwerks-Verband AG und Langnamverein zu Betriebskosten, Lagerplatzmieten und Nutzungsgebühren; Auszüge aus Nachweisen der Reichsbahndirektion Essen zur Erhöhung von Nutzungsvergütungen für Bahnanlagen; Lagepläne von Bahnanlagen; Urteil des Oberlandesgerichts Hamm zu einem Prozess der Essener Bergwerks-Verein König Wilhelm Aktiengesellschaft gegen die Deutsche Reichsbahn-Gesellschaft zum Abschluss eines Gestattungsvertrages vom 30.01.1923 (Abschrift); einzelne Schreiben zwischen Phoenix AG und Phoenix AG Hoerder Verein zu Gebührenfragen.

4216 Rechtliche Rahmenbedingungen für Privatbahnanschlüsse an das staatliche Eisenbahnnetz.
1922-1934

Deutsche Reichsbahn-Gesellschaft: Allgemeine Bedingungen für die Zulassung von Privatanschlüssen vom 01.07.1922 (gedruckt); Rundschreiben von Phoenix AG bzw. VSt an ihre Abteilungen sowie von Verbänden, u. a. Nordwestliche Gruppe des VDES, Langnamverein, Bergbau-Verein und Stahlwerks-Verband AG zu Änderung der Rechtslage von Privatanschlüssen, Erhöhung der Gebührensätze und Vertragsfragen; einzelne Schreiben zwischen VSt Dortmunder Union-Hoerder Verein, Deutscher Reichsbahn-Gesellschaft und Verlagen zur Bestellung von Exemplaren der Allgemeinen Bedingungen.

4224 Bahnanschluss der Zeche Glückaufsegen an das Werksbahnnetz.
1924–1930, 1937–1939
Vertragsangebot der Phoenix AG Hoerder Verein an die Bergwerksgesellschaft Glückaufsegen mbH zur Verlegung des Zechenbahnanschlusses an die Werksbahn und zum Austausch von Grundstücken vom 01.03.1924 sowie Annahmeerklärung der Bergbau-AG Lothringen vom 11.03.1924; Lagepläne des Hochofenwerks Hörde, mit Einzeichnung geplanter Hochöfen und Kokereianlagen, des Bahnanschlusses sowie der Zeche Glückaufsegen; Vertrag zwischen Deutscher Reichsbahn-Gesellschaft, Gewerkschaft des Steinkohlenbergwerks Graf Schwerin und VSt Dortmunder Union-Hoerder Verein über den Betrieb des Bahnanschlusses als Nebenanschluss vom 24.11./05./22./12.1930; Allgemeine Bedingungen der Deutschen Reichsbahn-Gesellschaft für Privatbahnanschlüsse vom 01.02.1922 (gedruckt); einzelne Schreiben zwischen Phoenix AG Hoerder Verein bzw. VSt Hoerder Verein, VSt Grundstücksabteilung Dortmund und Bergwerksgesellschaft Glückaufsegen zu Vertragsabschluss und Änderungsarbeiten.
Darin auch: Einzelne Schreiben zwischen DHHV, GBAG Gruppe Dortmund und Bergbau-AG Lothringen zur Verfüllung des Wetterschachts Felicitas der ehemaligen Zeche Glückaufsegen.

4223/1 Betrieb des Bahnanschlusses an den Bahnhof Hörde-Hacheney.
1924–1932
Nachweise zu den Pauschalvergütungen für den Bahnanschluss; Schriftwechsel zwischen Phoenix AG Hoerder Verein bzw. VSt Hoerder Verein, VSt Grundstücksabteilung Dortmund und Reichsbahndirektion Essen über Gebührenzahlungen und Betriebskosten.

4206/2 Betrieb des Bahnanschlusses des Hoerder Kohlenwerks an den Bahnhof Wickede-Asseln.
1926–1928
Nachweise zu den Pauschalvergütungen für den Bahnanschluss; Schriftwechsel zwischen Phoenix AG Hoerder Verein bzw. VSt Hoerder Verein, VSt Bergbau Gruppe Gelsenkirchen und Reichsbahndirektion Essen über Gebührenzahlungen, Betriebskosten und die rechtliche Trennung von Zeche und Hütte.

4225 Grundstücksangelegenheiten im Rahmen der Stilllegung des Bahnhofs Hörde-Hacheney.
1926–1931
Vertrag vom 17.03.1926 zwischen Deutscher Reichsbahn-Gesellschaft und Phoenix AG Hoerder Verein über die Abtretung von Bahngrundstücken an das Unternehmen und zum Verzicht der Phoenix AG Hoerder Verein auf die Unkündbarkeit des Anschlussvertrags zwischen Hoerder Verein und Bergisch-Märkischer Eisenbahn-Gesellschaft vom 26.07./26.08.1856; Lageplan der Grundstücke und Bahnanlagen; Schriftwechsel zwischen VSt Hoerder Verein, VSt Grundstücksabteilung Dortmund und Reichsbahndirektion Essen zu Ankauf, Mietangelegenheiten und Abriss von bahneigenen Häu-

sern am Bahnhof Hörde-Hacheney, Schließung des Bahnhofs, Optimierung des Werksbahnverkehrs und Beseitigung eines Zugangswegs durch das Werksgelände; Zeitungsausschnitte.

5028/1 Versorgung der Provinzial-Heilanstalt Dortmund-Aplerbeck über die Werksbahn.
1926-1933
Rechnungen von Phoenix AG Hoerder Verein bzw. VSt Hoerder Verein an die Provinzial-Heilanstalt über Transportkosten, Wagenstandgelder und Reparaturen.

4240 Elektrolokomotive, AEG Aktiengesellschaft, Baujahr 1923, Nr. 101 der VSt Hoerder Verein.
1927
Technische Beschreibung; Aufrisszeichnung; einzelne Schreiben zwischen VSt Hoerder Verein und Reichsbahndirektion Essen zur technischen Abnahmeprüfung.

4237 Vorschriften zur Umgrenzung des lichten Raumes für Normalspurbahnen.
1928-1932
Rundschreiben der Deutschen Reichsbahn-Gesellschaft an die Reichsbahndirektionen zur Durchführung einer Fragebogenaktion zur Einhaltung der Vorschriften; Fragebogen zu den vorläufigen Vorschriften für die Umgrenzung des lichten Raumes bei Normalspurbahnen und solchen Schmalspurbahnen, auf die Fahrzeuge mit Normalspur übergehen, 1928 (gedruckt, blanko); ausgefüllte Fragebögen der VSt Hoerder Verein für verschiedene Bahnanlagen; einzelne Schreiben zwischen VSt Hoerder Verein, Eisenbahnbetrieb des Unternehmens und Eisenbahnbetriebsamt Dortmund zur Umsetzung der Vorschriften.

4207/1 Betrieb des Bahnanschlusses des ehemaligen Hoerder Kohlenwerks an den Bahnhof Asseln.
1929-1934
Nachweise zu den Pauschalvergütungen für den Bahnanschluss; Schriftwechsel zwischen VSt Hoerder Verein bzw. DHHV Werk Hörde, VSt Grundstücksabteilung Dortmund und Reichsbahndirektion Essen über Gebührenzahlungen und Betriebskosten.

2556 Waggonreparaturkosten der VSt Hoerder Verein.
1931-1933
Beschädigungsberichte der Reichsbahndirektion Essen, mit Kostenangabe, November 1931 bis Dezember 1932; einzelne Schreiben zwischen VSt Hoerder Verein, Reichsbahndirektion Essen und Stahlunion-Schutz GmbH zur Kostenerstattung durch Haftpflichtversicherungen.

2.2.2.3 Technische Ausschüsse, Forschung und Patente

2472 Stahlwerksfachausschuss.
1926-1927
Niederschriften der Sitzungen des Stahlwerksfachausschusses der VSt am 19.11.1926, 15.02.1927, 13.05.1927 und 04.10.1927, mit Berichten und Referaten, u. a. von Fritz Beitter über Gießtemperaturen und Gießgeschwindigkeiten, Literatur zu Schlackeneinschlüssen im Stahl, primäre Kristallisation und Langrissbildung an Gussblöcken und den Einfluss von Teerölbeigaben zum Mischgas beim Betrieb von Siemens-Martin-Öfen sowie von Hermann Schenck über die

Anwendung der theoretischen Chemie auf einige für die Stahlerzeugung wichtige Vorgänge, z. T. mit Konstruktionszeichnungen.

2522 Fachausschuss der Versuchsanstalten und Laboratorien.
1926–1931
Richtlinien für die Erteilung von Aufträgen an die Versuchsanstalt der VSt Hoerder Verein vom 24.07.1926 (Typoskript); Richtlinien für die Erteilung von Aufträgen an die Versuchsanstalten und Laboratorien der VSt, Stand März 1927 (gedruckt); Niederschriften der Sitzungen des Fachausschusses am 23.11.1926, 28.02.1927, 26.01.1928, 05.06.1928, 26.06.1929, 07.10.1930 und 05.05.1931, mit Berichten und Referaten, u. a. zu Säurebeständigkeit von Stählen, Widerstandsmessungen an asphaltierten Rohrstücken, Kesselwerkstoffen, Korrosionsversuchen sowie Einfluss von Phosphor auf die Alterungsempfindlichkeit von Stählen, z. T. mit Fotografien; Niederschriften zu Sitzungen von Unterausschüssen des Fachausschusses, u. a. zur Prüfung von Rostschutzfarben am 14.01.1927 und 03.06.1927 sowie zur Heizwertbestimmung von Koksofengas am 24.01.1928; Richtlinien für die Untersuchung von Rostschutzfarben vom 25.02.1927 (Typoskript); Aufstellungen zur Geräteausstattung der Versuchsanstalten Hörde und Düsseldorf-Lierenfeld vom 14.11.1929 bzw. o. D. (Typoskripte).

3151 Patentanmeldungen fremder Unternehmen und Erfinder im Bereich der Kokereitechnik und Nebenproduktengewinnung.
1927–1929
Auszüge und Abschriften der VSt Patentabteilung von Patent- und Gebrauchsmusteranmeldungen für die VSt Hoerder Verein.

3152 Dsgl., 1928.

2487 Stahlwerksfachausschuss.
1928–1929
Niederschriften der Sitzungen des Stahlwerksfachausschusses am 07.02.1928, 08.10.1928 und 08.03.1929, mit Berichten und Referaten, u. a. zu Siemens-Martin-Schlacken, Gießen unter Luftabschluss, Zeitstudien und Untersuchung von Schmelzproben; Niederschriften der Sitzungen des Arbeitsausschusses des Stahlwerksfachausschusses am 20.06.1929 und 06.12.1929.

2548 VSt Forschungsabteilung.
1930–1931
Berichte der Forschungsabteilung, u. a. über Versuche zur Beseitigung von Rissen im Rundstahl, Glühen von Automobilblechen und chemische Gleichgewichtslehre; Rundschreiben der Forschungsabteilung zu Forschungsergebnissen; Schriftwechsel zwischen Forschungsabteilung und Versuchsanstalt der VSt Hoerder Verein zu Untersuchung von Materialproben, Forschungsergebnissen, technischen und Qualitätsfragen.

2.2.2.4 Neubau
2.2.2.4.1 Hochöfen

3619 Geplanter Bau eines neuen Hochofens V als Ersatz für den abgebrochenen Hochofen V.
1925–1931

Bauantrag der Phoenix AG Hoerder Verein vom 27.07.1925; Baugenehmigung des Regierungspräsidiums Arnsberg Bezirksausschuss vom 16.11.1926; Lageplan; Grund- und Aufrisszeichnungen sowie Konstruktionszeichnungen und statische Berechnungen von Dortmunder Brückenbau C. H. Jucho, J. Pohlig AG und Deutsche Maschinenfabrik AG; einzelne Schreiben zwischen Phoenix AG Hoerder Verein bzw. VSt Hoerder Verein und verschiedenen Behörden zu Genehmigungsverfahren, Verlängerung der Baugenehmigung und Emissionsschutz.
[Der Hochofen erhielt später die Nummer IV.]

3621 Bau eines Maschinenhauses für den Gichtaufzugantrieb von Hochofen III.
1927
Bauantrag der VSt Hoerder Verein vom 19.02.1927; Baugenehmigung der Stadt [Dortmund-] Hörde vom 29.03.1927, mit Auszug aus der Baupolizeiverordnung; Lageplan, Grund- und Aufrisszeichnungen; statische Berechnungen; Bauabnahmeschein vom 24.05.1927; einzelne Schreiben zwischen VSt Hoerder Verein und Stadt Hörde zum Genehmigungsverfahren.

3626 Umbau des Gichtaufzugs von Hochofen III.
1927
Bauantrag der VSt Hoerder Verein vom 05.09.1927; Baugenehmigung des Regierungspräsidiums Arnsberg Bezirksausschuss vom 14.10.1927; einzelne Schreiben zwischen VSt Hoerder Verein und Bezirksausschuss zum Genehmigungsverfahren.

3622 Anbau an die Unterstation von Hochofen VII.
1927
Bauantrag der VSt Hoerder Verein vom 19.02.1927; Baugenehmigung des Amts [Dortmund-] Wellinghofen vom 09.03.1927, mit Auszug aus der Baupolizeiverordnung; Lageplan, Grund- und Aufrisszeichnungen; statische Berechnungen; Bauabnahmeschein vom 15.09.1927; einzelne Schreiben zwischen VSt Hoerder Verein und Amt Wellinghofen zum Genehmigungsverfahren.

3145 Hochöfen der VSt Hoerder Verein.
1930
Aufstellungen zu technischen Daten von Hochöfen II-VII, Aufzug- und Erztransportanlagen, Wasseraufbereitung, Maschinen und Motoren, Kesseln und Pumpen, mit Lageplan des Werks, Grundriss-, Profil- und Schnittzeichnungen von Hochöfen, Cowpern, Bunkeranlagen, Granulation, Gas- und Dampfzentralen, Gasreinigung und Brikettfabrik.

2.2.2.4.2 Kokerei und Kohlenaufbereitung

3610/1 Bau eines Kohlenturms mit Kohlenmischanlage.
1924–1927
Bauantrag der Phoenix AG Hoerder Verein vom 25.01.1924; Baugenehmigung des Regierungspräsidiums Arnsberg Bezirksausschuss vom 22.09.1927; Lagepläne; Grund- und Aufrisszeichnungen, Konstruktionszeichnungen sowie statische Berechnungen der Wiemer & Trachte Ingenieure GmbH, Dortmund; Schriftwechsel zwischen Phoenix AG Hoerder Verein bzw. VSt Hoerder Verein, verschiedenen Behörden und Wiemer & Trachte Ingenieure GmbH zum Genehmigungsverfahren.

3610/2 Bau eines Kohlenturms mit Kohlenmischanlage.
1924
Statische Berechnungen der Wiemer Trachte Ingenieure GmbH zur Kohlenmischanlage.

3610/3 Bau eines Kohlenturms mit Kohlenmischanlage.
1927
Statische Berechnungen und Aufrisszeichnungen der J. Pohlig AG für die Transportbrücken der Mischanlage.

3610/4 Umbau eines Kohlenturms mit Kohlenmischanlage.
1904, 1927
Statische Berechnungen und Aufrisszeichnungen der Firma Gebrüder Kieler, Duisburg, für einen Kamin, 1904; Grund-, Aufriss- und Konstruktionszeichnungen der Kohlenmischtürme des Hoerder Vereins, 1904; Grund-, Aufriss- und Konstruktionszeichnungen der Gewerkschaft Schüchtermann & Kremer zum Umbau der Türme, 1927.

3627 Bau eines Gebäudes für einen Kokskohlenaufzug.
1927
Baugenehmigung des Amts [Dortmund-]Wellinghofen vom 24.11.1927, mit Auszug aus der Baupolizeiverordnung; einzelne Schreiben zwischen VSt Hoerder Verein und Dampfkessel-Überwachungs-Verein Dortmund e. V. zur Gebrauchsabnahme; Anweisung zur Herrichtung der Aufzüge für die amtlich vorgeschriebenen regelmäßigen Untersuchungen.

3632 Bau eines neuen Kokslöschturmes und Koksstapelbunkers für die Kokerei.
1927–1928
Baubeschreibung der VSt Hoerder Verein vom 11.07.1927; Baugenehmigung des Regierungspräsidiums Arnsberg Bezirksausschuss vom 20.06.1928; Lageplan; Grund- und Aufrisszeichnungen, Konstruktionszeichnungen und statische Berechnungen der Firmen Heinrich Koppers, Wiemer & Trachte Ingenieure GmbH und Wiemer & Trachte Eisenbetonbau, Dortmund.

3630 Bau einer Feinkokssieberei bei der Kokerei.
1928
Bau- und Betriebsgenehmigung des Regierungspräsidiums Arnsberg Bezirksausschuss vom 04.04.1928; Lageplan; Grund- und Aufrisszeichnungen, Konstruktionszeichnungen und statische Berechnungen von Maschinenfabrik Baum AG und Wiemer & Trachte Ingenieure GmbH.

3631 Bau einer Kläranlage für die Kokerei.
1928
Baugenehmigung des Regierungspräsidiums Arnsberg Bezirksausschuss vom 20.06.1928; Lageplan; Grund- und Aufrisszeichnungen, Konstruktionszeichnungen und statische Berechnungen der Dipl. Ing. Stock Betonbau GmbH.

2.2.2.4.3 Energie- und Wasserwirtschaft

3625 Aufstellung und Betrieb eines Acetylen-Erzeugers für ein Beagit-Schweißgerät im Hochofenwerk.
1927
Mitteilung der VSt Hoerder Verein über die Aufstellung an die Stadt [Dortmund-]Hörde vom 03.09.1927; Prüfbescheinigung des Bayerischen Revisions-Vereins; Gerätebeschreibung und Gebrauchsanweisung der Dr. Alexander Wacker GmbH.

3629 Bau einer zweiten Gichtgasleitung zwischen Hochofenwerk Hörde und Hermannshütte entlang der Eliasbahn.
1927-1928
Bauantrag der VSt Hoerder Verein vom 11.03.1927; Baugenehmigung des Regierungspräsidiums Arnsberg Bezirksausschuss vom 08.11.1927; Lagepläne; Fluchtlinienplan; Aufrisszeichnungen; Bauabnahmeschein vom 28.04.1928; einzelne Schreiben zwischen VSt Hoerder Verein, Bezirksausschuss und Stadt [Dortmund-]Hörde zum Genehmigungsverfahren.

3628 Bau und Erweiterung einer Sauerstofferzeugungsanlage im Hochofenwerk Hörde.
1927-1928, 1934
Bauanträge von VSt Hoerder Verein bzw. DHHV Werk Hörde vom 13.09.1927 und 07.02.1934; Baugenehmigungen von Amt [Dortmund-]Wellinghofen vom 12.11.1927, mit Auszug aus der Baupolizeiverordnung, sowie Stadt Dortmund vom 07.03.1934; Lageplan; Grund- und Aufrisszeichnungen sowie Konstruktionszeichnungen und statische Berechnungen von Dortmunder Behälterbau Wilh. Claaßen und Freier Grunder Eisen- und Metallwerke; Bauabnahmeschein vom 04.10.1934; einzelne Schreiben zwischen Antragstellern und Behörden zum Genehmigungsverfahren.

4048 Inbetriebnahme eines Acetylenerzeugers in der Mechanischen Werkstatt.
1927, 1930
Gerätebeschreibung und Gebrauchsanweisung der Weberwerke; Prüfurkunde des Dampfkessel-Überwachungsvereins Siegen vom 01.06.1927; Aktennotiz.

4047 Inbetriebnahme eines Acetylenerzeugers in der Zentralreparaturwerkstatt der Hermannshütte.
1927, 1930
Gerätebeschreibung und Gebrauchsanweisung der Messer & Co. GmbH; Prüfurkunde des Dampfkessel-Überwachungsvereins Frankfurt a. M. vom 26.09.1927; Aktennotiz.

4057 Bau eines Kühlturms am Siemens-Martin-Stahlwerk II.
1928-1929
Baugenehmigung der Stadt Dortmund vom 26.09.1928; Grund- und Aufrisszeichnungen sowie statische Berechnungen der DEMAG AG Abteilung Maschinenfabrik Thyssen und der Firma J. Möhring; Lageplan; Bauabnahmeschein vom 29.01.1929.

4055 Inbetriebnahme eines Acetylenerzeugers im Siemens-Martin-Stahlwerk II.
1928, 1930
Antrag der VSt Hoerder Verein auf Betriebsgenehmigung vom 29.09.1928; Gerätebeschreibung und Gebrauchsanweisung der Carl Schirmeyer KG, Erfurt; Prüfurkunde des Dampfkessel-Überwachungsvereins Halle/Saale vom 29.06.1928; Aktennotiz.

3380 Bau eines Transformatorenhäuschens an der Kreuzung der Zechenbahn mit der Marsbruchstraße in Dortmund-Aplerbeck.
1929
Bauantrag der VSt Hoerder Verein vom 27.07.1929; Baugenehmigung der Stadt Dortmund vom 23.09.1929; Lageplan; Konstruktionszeichnung; Bauabnahmeschein vom 17.10.1929; einzelne Schreiben zwischen VSt Hoerder Verein und Stadt Dortmund zum Genehmigungsverfahren.

4060 Bau einer Gasmischeranlage für das Siemens-Martin-Stahlwerk.
1929–1930
Bauantrag der VSt Hoerder Verein vom 17.12.1929; Baugenehmigung der Stadt Dortmund vom 19.02.1930; Grund- und Aufrisszeichnungen; statische Berechnungen; Lageplan; Bauabnahmeschein vom 06.03.1930.

2.2.2.4.4 Werksbahn

4236/1 Erneuerung der Brücke der Bahnstrecke Dortmund-Hörde über die Verbindungsbahn zwischen Hermannshütte und Hochofenwerk Hörde (Eliasbahn).
1869–1870, 1889, 1895–1897, 1925–1927
Kostenvoranschläge; Grund-, Aufriss- und Schnittzeichnungen der Brücke und der Brückenlager; Lagepläne; Schriftwechsel zwischen Phoenix AG Hoerder Verein bzw. VSt Hoerder Verein und Reichsbahndirektion Essen über Planung, Kosten und Baufortschritt; einzelne Schreiben zwischen Hoerder Verein und verschiedenen Bahnbehörden zur Übernahme von Baukosten (Abschriften).

4236/2 Erneuerung der Brücke der Bahnstrecke Dortmund-Hörde über die Verbindungsbahn zwischen Hermannshütte und Hochofenwerk Hörde (Eliasbahn).
1895, 1927–1928
Kostenvoranschläge zum Anstrich; Grund-, Aufriss- und Schnittzeichnungen der Brücke und der Brückenlager; Lagepläne, auch der neuen Gasleitung zwischen Kokerei und Hermannshütte; Aufstellung der Verträge und Vereinbarungen zwischen Hoerder Verein bzw. Phoenix AG Hoerder Verein und Königlicher Eisenbahndirektion Elberfeld und anderen Bahnbehörden zum Bahnbetrieb ab 1871; Schriftwechsel zwischen VSt Hoerder Verein und Reichsbahndirektion Essen über Planung, Kosten und Baufortschritt; einzelne Schreiben zwischen Hoerder Verein und Königlichem Eisenbahnbetriebsamt Dortmund zum Bahnbetrieb (Abschriften).

4173 Bergschäden an Gleisen und Brücken der Verbindungsbahn zwischen Hermannshütte und Hochofenwerk Hörde (Eliasbahn).
1921–1922, 1926–1930, 1934
Schriftwechsel zwischen Phoenix AG Hoerder Verein bzw. VSt Hoerder Verein, Zeche Freie Vogel & Unverhofft, Bergbau AG Lothringen als Eigentümerin der Zeche Vereinigte Schürbank & Charlottenburg und VSt Abteilung Bergbau Gruppe Dortmund für den ehemaligen Schacht Schleswig des Hoerder Kohlenwerks über Bergschäden, insbesondere an Brückengewölben an der Seekante, und Schadensersatzleistungen; Senkungsplan.

4535 Bau einer Brücke über das Anschlussgleis Glückaufsegen an den Bahnhof Hörde-Hacheney innerhalb des Hochofenwerks.

1922–1927
Vertrag zwischen Bergwerksgesellschaft Glückaufsegen mbH und Deutscher Patent-Wärmeschutz AG über die Anlage eines Nebenanschlussgleises vom 09./13.06.1925 (Abschrift); Pachtvertrag zwischen Bergwerksgesellschaft Glückaufsegen mbH und Fritz Leube zur Verpachtung des Nebengleisanschlusses der ehemaligen Zeche Felicitas vom 10.06./08.08.1922 (Abschrift); Lagepläne; statische Berechnungen; Kostenvoranschlag der Hochtief Aktiengesellschaft für Hoch- und Tiefbauten vorm. Gebr. Helfmann; einzelne Schreiben zwischen VSt Hoerder Verein und verschiedenen Genehmigungsbehörden zum Genehmigungsverfahren.

4536 Bau von Anschlussgleisen für die neue Kokerei des Hochofenwerks an das Anschlussgleis Glückaufsegen des Bahnhofs Hörde-Hacheney.
1926–1927
Lageplan des Hochofenwerks; einzelne Schreiben zwischen VSt Hoerder Verein und verschiedenen Genehmigungsbehörden zum Genehmigungsverfahren.

4235 Umbau der Brücke der Schlackenbahn über die Gleise der Bahnstrecke Dortmund-Hörde.
1926–1928, 1932–1933, 1942
Baubeschreibung und statische Berechnungen der VSt Dortmunder Union; Kostenvoranschlag der Steinwachs & Schöpper GmbH, Dortmund; Grund-, Aufriss- und Querschnittzeichnungen der Brücke; Schriftwechsel zwischen VSt Hoerder Verein, Reichsbahndirektion Essen und Steinwachs & Schöpper GmbH über Planung, Kosten und Baufortschritt.

4526 Erweiterung der Gleisanschlüsse der Kokerei des Hochofenwerks.
1926–1929
Baugenehmigung des Regierungspräsidiums Arnsberg Bezirksauschuss vom 28.07.1928 (Abschrift); Lagepläne; statische Berechnungen von Löschturm, Koksbunker und Feinkokssieberei; Schriftwechsel zwischen VSt Hoerder Verein und Bezirksausschuss zum Genehmigungsverfahren.

3381 Bau eines Schrankenwärterhauses an der Kreuzung von Marsbruchstraße und Alleestraße in Dortmund-Aplerbeck.
1932
Bauantrag der VSt Hoerder Verein vom 16.07.1932; Baugenehmigung der Stadt Dortmund vom 02.08.1932; Lageplan; Konstruktionszeichnung; Bauabnahmeschein vom 20.10.1932; einzelne Schreiben zwischen VSt Hoerder Verein und Stadt Dortmund zum Genehmigungsverfahren.

2.2.2.4.5 Krane und Förderanlagen

4052 Bau eines Lastenaufzugs für die Steinfabrik der Hermannshütte.
1928
Bauantrag der VSt Hoerder Verein vom 30.03.1928; Baugenehmigung der Stadt [Dortmund-]Hörde vom 14.04.1928; Grund- und Aufrisszeichnungen; Konstruktionszeichnungen der Fritz Voss GmbH; Lageplan von Hermannshütte und Hochofenwerk; Bauabnahmeschein vom 07.05.1928; einzelne Schreiben zwischen VSt Hoerder Verein, Dampfkessel-Überwachungs-Verein Dortmund e. V. sowie Stadt Hörde bzw. Stadt Dortmund zum Genehmigungsverfahren.

4054 Bau einer Spundbohlenkrananlage im Blockwalzwerk.
1928
Baugenehmigung der Stadt Dortmund vom 26.07.1928; Grund- und Aufrisszeichnungen sowie statische Berechnungen der VSt Dortmunder Union Abteilung Brückenbau; Lageplan; Bauabnahmeschein vom 31.08.1928; einzelne Schreiben zwischen VSt Hoerder Verein und Stadt Dortmund zum Genehmigungsverfahren.

4056 Verlängerung der Kranbahn an der Asphaltieranlage.
1928
Baugenehmigung des Amts [Dortmund-]Aplerbeck vom 28.09.1928; Grund- und Aufrisszeichnungen sowie statische Berechnungen der VSt Dortmunder Union Abteilung Brückenbau; Lageplan; Bauabnahmeschein vom 21.12.1928; einzelne Schreiben zwischen VSt Hoerder Verein und Amt Aplerbeck zum Genehmigungsverfahren.

4058 Bau einer Kranbahn für das Stahlwalzwerk.
1929
Baugenehmigung der Stadt Dortmund vom 08.08.1929; Grund- und Aufrisszeichnungen; statische Berechnungen; Lageplan; Bauabnahmeschein vom 10.09.1929.

4061 Bau einer Steinhebevorrichtung für die Steinfabrik der Hermannshütte.
1930
Bauantrag der VSt Hoerder Verein vom 12.02.1930; Bauabnahmeschein der Stadt Dortmund vom 03.06.1930; interne Schreiben zum Genehmigungsverfahren.

4062 Aufstellung einer von der VSt Weiß- und Feinblechwalzwerk Hüsten übernommenen Krananlage beim Feinwalzwerk.
1930
Bauantrag der VSt Hoerder Verein vom 01.05.1930; Grund- und Aufrisszeichnungen sowie statische Berechnungen der VSt Dortmunder Union Abteilung Brückenbau; Baugenehmigung der Stadt Dortmund vom 07.08.1930; Lageplan; Bauabnahmeschein vom 25.11.1930; einzelne Schreiben zwischen VSt Hoerder Verein und Stadt Dortmund zum Genehmigungsverfahren.

2.2.2.4.6 Lager

4053 Erweiterung des Magazingebäudes des Siemens-Martin-Stahlwerks I.
1928
Bauantrag der VSt Hoerder Verein vom 25.06.1928; Baugenehmigung der Stadt Dortmund vom 14.07.1928; Grund- und Aufrisszeichnungen; Lageplan; Bauabnahmeschein vom 31.08.1928; einzelne Schreiben zwischen VSt Hoerder Verein und Stadt Dortmund zum Genehmigungsverfahren.

3294 Bau eines Lagerschuppens für die Gärtnerei in Dortmund-Benninghofen.
1929
Bauantrag der VSt Hoerder Verein vom 05.03.1929; Baugenehmigung der Stadt Dortmund vom 13.04.1929; Bauabnahmeschein vom 30.04.1929; Grund- und Aufrisszeichnungen; einzelne Schreiben zwischen VSt Hoerder Verein und Stadt Dortmund zum Genehmigungsverfahren.

2.2.2.4.7 Werkseingänge und Einfriedungen

3954 Geplanter Bau einer Einfriedungsmauer für die Hermannshütte an der Emscherstraße.
1917–1934
Bauantrag der Phoenix AG Hoerder Verein vom 08.03.1917; Baugenehmigung der Stadt [Dortmund-]Hörde vom 13.10.1917; Grund- und Aufrisszeichnungen; Lageplan; einzelne Schreiben zwischen Phoenix AG Hoerder Verein bzw. VSt Hoerder Verein bzw. DHHV Werk Hörde und Stadt Hörde bzw. Stadt Dortmund zu Genehmigungsverfahren und regelmäßiger Verlängerung der Baugenehmigung.

3295 Bau einer Abgrenzungsmauer zum Krankenhaus Bethanien für das Gartengelände in Dortmund-Hörde, Burgunderstraße 18 (ehemals Sedanstraße).
1928–1929
Bauantrag der VSt Hoerder Verein vom 05.06.1929; Baugenehmigung der Stadt Dortmund vom 28.06.1929; Lageplan; Aufrisszeichnungen; einzelne Schreiben zwischen VSt Hoerder Verein, Krankenhaus Bethanien und Stadt Dortmund zum Genehmigungsverfahren.

3634 Bau eines Zugangstors zur Kokerei des Hochofenwerks an der Straße Dortmund-Hörde-Brünninghausen.
1930
Bauantrag der VSt Hoerder Verein vom 26.03.1930; Baugenehmigung der Stadt Dortmund vom 29.04.1930; Lageplan; Aufrisszeichnungen.

2.2.2.4.8 Kanalanschlüsse und Kamine

4046 Bau eines Kanalanschlusses für die Notwohnungen der Hermannshütte auf dem Gelände der ehemaligen Zeche Vereinigte Bickefeld Tiefbau an der Emscherstraße.
1914, 1927–1930
Auszug aus der Polizeiverordnung vom 02.04.1914 zur Entwässerung der Grundstücke im Stadtbezirk Hörde; Polizeiliche Aufforderung im Zwangsverfahren zum Anschluss vom 17.06.1927; Baugenehmigung der Stadt [Dortmund-]Hörde vom 11.01.1928; Grund- und Aufrisszeichnungen; einzelne Schreiben zwischen VSt Hoerder Verein und Stadt Hörde bzw. Stadt Dortmund zum Genehmigungsverfahren.

3289 Bau eines Kanalanschlusses für das Haus in [Dortmund-]Hörde, Burgstraße 11.
1927
Einzelne Schreiben zwischen VSt Hoerder Verein und Stadt Hörde zum Genehmigungsverfahren.

3291 Bau eines Kanalanschlusses für das Haus in [Dortmund-]Hörde, Hermannstraße 85.
1927
Einzelne Schreiben zwischen VSt Hoerder Verein und Stadt Hörde zum Genehmigungsverfahren.

3290 Bau eines Kanalanschlusses für das Haus in [Dortmund-]Hörde, Dortmunder Straße 26.
1927–1928
Bauantrag der VSt Hoerder Verein vom 29.06.1927; Baugenehmigung der Stadt Hörde vom

13.09.1927, mit Auszug aus der Polizeiverordnung über die Entwässerung der Grundstücke in Hörde; Bauabnahmeschein vom 22.03.1928; Grundriss- und Querschnittzeichnungen; einzelne Schreiben zwischen VSt Hoerder Verein und Stadt Hörde zum Genehmigungsverfahren.

3293 Bau eines Kamins im Haus Nr. 33 der Siedlung Neuer Klarenberg in [Dortmund-]Hörde.
1927–1928
Bauantrag der VSt Hoerder Verein vom 04.02.1928; Baugenehmigung der Stadt Hörde vom 10.02.1928; Bauabnahmeschein vom 30.04.1928; Grund- und Aufriss- sowie Querschnittzeichnungen; einzelne Schreiben zwischen VSt Hoerder Verein und Stadt Hörde zum Genehmigungsverfahren.

3292 Bau eines Kanalanschlusses für die Häuser in [Dortmund-]Hörde, Benninghofer Straße 50–56.
1927–1928, 1933
Bauantrag der VSt Hoerder Verein vom 23.02.1928; Baugenehmigung der Stadt Hörde vom 13.04.1928, mit Auszug aus der Polizeiverordnung über die Entwässerung der Grundstücke in Hörde; Grund- und Aufriss- und Querschnittzeichnungen; einzelne Schreiben zwischen VSt Hoerder Verein und Stadt Hörde bzw. Stadt Dortmund zum Genehmigungsverfahren.

2.2.2.4.9 Sonstiges

4030 Verlängerung der Hallen III und IV des Rohrwerks und der Formenhalle des Presswerks.
1923–1925, 1930–1931
Bauantrag der Phoenix AG Hoerder Verein vom 14.09.1923; Baugenehmigung der Stadt [Dortmund-]Hörde vom 04.10.1923, mit Auszug aus der Baupolizeiverordnung; Grund- und Aufrisszeichnungen; statische Berechnungen der Firma Brand Sohn, Dortmund; Lageplan; einzelne Schreiben zwischen Phoenix AG Hoerder Verein bzw. VSt Hoerder Verein sowie Stadt Hörde bzw. Stadt Dortmund zum Genehmigungsverfahren.
Pläne vielfach gerissen und gebrochen; unbenutzbar.

3623 Erweiterung des Sanitätsraums im Pförtnerhaus an Tor 1 des Hochofenwerks.
1927
Bauantrag der VSt Hoerder Verein vom 31.03.1927; Baugenehmigung der Stadt [Dortmund-]Hörde vom 06.04.1927, mit Auszug aus der Baupolizeiverordnung; Lageplan, Grund- und Aufrisszeichnungen; Bauabnahmeschein vom 13.05.1927; einzelne Schreiben zwischen VSt Hoerder Verein und Stadt Hörde zum Genehmigungsverfahren.

3624 Bau eines Wiegehauses für eine Doppelwaage im Hochofenwerk.
1927
Bauantrag der VSt Hoerder Verein vom 23.05.1927; Baugenehmigung der Stadt [Dortmund-]Hörde vom 25.05.1927, mit Auszug aus der Baupolizeiverordnung; Lageplan, Grund- und Aufrisszeichnungen; Rohbauabnahmeschein vom 29.07.1927; einzelne Schreiben zwischen VSt Hoerder Verein und Stadt Hörde zum Genehmigungsverfahren.

3679 Bau einer Teer-Makadam-Anlage auf dem Gelände des ehemaligen Hoerder Kohlenwerks, Schacht Schleswig.
1927

Bauantrag der VSt Hoerder Verein vom 08.06.1927; Baugenehmigung des Amts [Dortmund-]Brackel vom 04.07.1927; Lageplan; Grund- und Aufrisszeichnungen sowie Konstruktionszeichnung und statische Berechnungen der VSt Dortmunder Union Abteilung Brückenbau; einzelne Schreiben zwischen VSt Hoerder Verein und Amt Brackel zum Genehmigungsverfahren.

4049 Wiederaufbau des abgebrannten Teils der Steinfabrik der Hermannshütte.
1927–1928
Bauantrag der VSt Hoerder Verein vom 10.12.1927; Baugenehmigung der Stadt Dortmund vom 25.07.1928; Grund- und Aufrisszeichnungen sowie statische Berechnungen der Wiemer & Trachte Eisenbetonbau, Dortmund; Bauabnahmeschein vom 23.08.1928; einzelne Schreiben zwischen VSt Hoerder Verein, Stadt Hörde bzw. Stadt Dortmund zum Genehmigungsverfahren.

4051 Bau eines Schienenbiegemaschinengebäudes.
1928
Bauantrag der VSt Hoerder Verein vom 15.02.1928; Baugenehmigung der Stadt [Dortmund-]Hörde vom 21.02.1928; Grund- und Aufrisszeichnungen; Bauabnahmeschein vom 28.04.1928; einzelne Schreiben zwischen VSt Hoerder Verein und Stadt Hörde zum Genehmigungsverfahren.

4050 Bau eines Wiegehauses beim Blechwalzwerk.
1928
Bauantrag der VSt Hoerder Verein vom 13.01.1928; Baugenehmigung der Stadt [Dortmund-]Hörde vom 17.01.1928; Grund- und Aufrisszeichnungen; Bauabnahmeschein vom 07.03.1928; einzelne Schreiben zwischen VSt Hoerder Verein und Stadt Hörde zum Genehmigungsverfahren.

4059 Aufstellung von zwei demontierten Hallen der VSt Hütte Ruhrort-Meiderich in der Hermannshütte.
1929–1930
Bauantrag der VSt Hoerder Verein vom 01.11.1929; Baugenehmigung der Stadt Dortmund vom 04.04.1930; Grund- und Aufrisszeichnungen; statische Berechnungen der VSt Werk Wanheim; Lageplan; Bauabnahmeschein vom 19.06.1930; interne Schreiben zum Genehmigungsverfahren.

3296 Bau eines Zweifamilienhauses in Dortmund-Hörde, Schliggensiepen bzw. Wilhelm-Schmidt-Straße 16.
1929–1932
Bauanträge der VSt Hoerder Verein zum Kanalanschluss vom 03.12.1929 und 30.04.1930; Baugenehmigungen der Stadt Dortmund vom 01.03.1930 und 13.05.1930, mit Auszug aus der Baupolizeiverordnung; statische Berechnungen; Lageplan; Grund- und Aufrisszeichnungen; Schriftwechsel zwischen VSt Hoerder Verein und Stadt Dortmund zum Genehmigungsverfahren.

3633 Bau von Aufenthaltsgebäude, Umkleidekabinen und Einfriedungszaun für den Sportplatz des Werksportvereins am Schallacker.
1930–1932
Bauanträge der VSt Hoerder Verein vom 23.03.1930 und 25.04.1932; Baugenehmigungen der Stadt Dortmund vom 10.12.1929, 05.04.1930 und 27.05.1932; Lagepläne; Grund- und Aufrisszeichnungen; Bauabnahmescheine vom 13.02.1930 und 06.06.1932; einzelne Schreiben zwischen VSt Hoerder Verein und Stadt Dortmund zu den Genehmigungsverfahren.

3297 Geplanter Bau einer Kraftwagengarage in Dortmund-Hörde, Phoenixstraße.
1933
Bauantrag der VSt Hoerder Verein vom 05.09.1933; Lageplan; Grund- und Aufrisszeichnungen; einzelne Schreiben zwischen VSt Hoerder Verein und Stadt Dortmund zum Genehmigungsverfahren.

2.2.3 Belegschaft

2.2.3.1 Lohnstatistik

3110/8 Lohnstatistik von Phoenix AG Hoerder Verein bzw. VSt Hoerder Verein.
1925–1926
Monatliche Aufstellungen zu Anzahl der Arbeiter, Gesamtlohn und Lohn pro Mann und Schicht, gegliedert nach einzelnen Betrieben, Oktober 1925 bis September 1926.

3110/9 Lohnstatistik der VSt Hoerder Verein.
1926–1927
Monatliche Aufstellungen zu Anzahl der Arbeiter, Gesamtlohn und Lohn pro Mann und Schicht, gegliedert nach einzelnen Betrieben, Oktober 1926 bis September 1927.

3110/10 Dsgl., Oktober 1927 bis September 1928.
3110/11 Dsgl., Oktober 1928 bis September 1929.
3110/12 Dsgl., Oktober 1929 bis September 1930.
3111/5 Dsgl., Oktober 1930 bis September 1931.
3111/6 Dsgl., Oktober 1931 bis September 1932.
3111/7 Dsgl., Oktober 1932 bis September 1933.

2.2.3.2 Personalwesen

2526 Schwerbeschädigtenfürsorge.
1922–1931
Schriftwechsel zwischen Phoenix AG Hoerder Verein bzw. VSt Hoerder Verein, einzelnen Betrieben, Wohlfahrtsamt der Stadt Hörde bzw. Wohlfahrtsamt Dortmund sowie verschiedenen anderen Behördenstellen zu Einstellung und Entlassung von schwerbeschädigten Arbeitern sowie rechtlichen Rahmenbedingungen der Beschäftigung Schwerbeschädigter.

2395 Einstellung von Arbeitern.
1927
Bewerbungen von Arbeitern, insbesondere zur Wiedereinstellung; einzelne Schreiben zwischen VSt Hoerder Verein und Arbeitern zu den Bewerbungen; Aufstellungen zu den Bewerbern.

5031 Hypothekendarlehen für Belegschaftsmitglieder.
1927–1930
Aufstellungen zu vergebenen Darlehen; Schriftwechsel zwischen VSt Hoerder Verein, VSt, Amtsgericht Hörde und Darlehnsnehmern zu Darlehnsvergabe, Modalitäten, Aufwertungen, Verzinsung, Tilgung und Grundbuchangelegenheiten.

4380 Jahresabschlusstantiemen der VSt Dortmunder Union-Hoerder Verein.
1927-1932
Mitteilungen des VSt Personalsekretariat an die VSt Dortmunder Union-Hoerder Verein zur Anweisung von Tantiemen an Direktorium und Leitende Angestellte für die Geschäftsjahre 1926/27-1930/31; Aufstellungen zu Tantiemezahlungen; Mitteilungen der VSt Dortmunder Union-Hoerder Verein an die Empfänger.

2492 Bewerbungen von Arbeitern und Angestellten.
1928-1929
Bewerbungen und Absageschreiben der VSt Hoerder Verein sowie Auskünfte an Krankenkassen und Behörden zur Beschäftigung von Arbeitern, Januar 1928 bis März 1929.

2519 Bewerbungen von Arbeitern und Angestellten.
1929-1930
Bewerbungen und Absageschreiben der VSt Hoerder Verein sowie Auskünfte an Krankenkassen und Behörden zur Beschäftigung von Arbeitern, April 1929 bis September 1930.

2555 Diverse Personalangelegenheiten.
1930-1932
Bewerbungs- und Antragsschreiben von Arbeitern; Schriftwechsel zwischen VSt Hoerder Verein, Bewerbern und Angehörigen von Arbeitern bzw. ehemaligen Arbeitern sowie anderen Unternehmen zu Entlassung, Einstellung, Wiedereinstellung und Ausstellung von Arbeitszeugnissen.

2541 Beschäftigung Schwerbeschädigter.
1932-1938
Aufstellungen zu schwerbeschädigten Bewerbern; Wohnungsverzeichnis von Königswinter, 1934; Zeitungsausschnitte; Bericht über die Rheinfahrt der Schwerbeschädigten 1934 (Typoskript); Schriftwechsel zwischen VSt Hoerder Verein bzw. DHHV, einzelnen Betrieben, Wohlfahrtsamt Dortmund, Nationalsozialistischer Kriegsopferversorgung, Landeshauptmann der Provinz Westfalen Hauptfürsorgestelle sowie verschiedenen anderen Behördenstellen zu Einstellung und Entlassung von schwerbeschädigten Arbeitern, Wohnungsversorgung, rechtlichen Rahmenbedingungen der Beschäftigung Schwerbeschädigter sowie zur Organisation der Rheinfahrt.

2.2.4 Beteiligungen, Verbände und Vereinigungen

2.2.4.1 Verein Deutscher Eisen- und Stahlindustrieller

2478 Statistiken des VDES.
1924-1928
Rundschreiben des Statistischen Büros des VDES, mit Angaben zu den Beständen an Roheisen, Rohblöcken und Halbfabrikaten sowie zur Tagesleistung der Arbeiter, April 1925 bis Oktober 1928; Monatsaufstellungen zur Roheisengewinnung, Januar 1925 bis November 1928 (Lücken); Monatsaufstellungen zur Walzwerkserzeugung sowie der angeschlossenen Schmiede- und Presswerke im deutschen Zollgebiet, Dezember 1924 bis November 1928 (Lücken); Monatliche Mitteilungen der Phoenix AG Hoerder Verein zur Anzahl der an der Produktion beteiligten Arbeiter, April 1925 bis Januar 1926; VDES (Hg.): Deutschlands Gewinnung an Roheisen, Rohstahl und

Walzwerkserzeugnissen im Jahre 1927, Berlin März 1928; einzelne Schreiben zwischen Phoenix AG, Abteilung Hoerder Verein bzw. VSt Hoerder Verein und Statistischem Büro zur Bereitstellung von Informationen.

2543 Statistiken des VDES.
1928–1931
Rundschreiben des Statistischen Büros des VDES, mit Angaben zu den Beständen an Roheisen, Rohblöcken und Halbfabrikaten sowie zur Tagesleistung der Arbeiter, Dezember 1928 bis November 1931; Monatsaufstellungen zur Roheisengewinnung, Dezember 1928 bis November 1931; Monatsaufstellungen zur Walzwerkserzeugung sowie der angeschlossenen Schmiede- und Presswerke, Dezember 1928 bis November 1931; Monatsaufstellungen zur Rohstahlerzeugung, Dezember 1928 bis November 1931; VDES (Hg.): Deutschlands Gewinnung an Roheisen, Rohstahl und Walzwerkserzeugnissen im Jahre 1928, Berlin Februar 1929, sowie im Jahre 1930, Berlin Februar 1931; Aufstellungen der prozentualen Roheisenbestände und Rohstahlbestände jeweils am Monatsende der Jahre 1925–1929 im Vergleich zur Monatserzeugung; Aufstellungen der durchschnittlichen täglichen Roheisenerzeugung und der Rohstahlerzeugung in den Jahren 1924–1929, aufgerechnet nach einzelnen Monaten; Aufstellung zur Anzahl der bei der Rohstahlerzeugung im Monatsdurchschnitt beschäftigten Arbeiter sowie deren durchschnittlicher Tagesleistung in den Jahren 1925–1929; Aufstellung der durchschnittlichen arbeitstäglichen Produktion der Walzwerke in den Jahren 1924–1929, aufgerechnet nach einzelnen Monaten.

2.2.4.2 Verein zur Wahrung der gemeinsamen wirtschaftlichen Interessen in Rheinland und Westfalen

2479 Rundschreiben und Nachrichtendienst des Langnamvereins.
1927–1928
Rundschreiben an die Mitglieder, März 1927 bis Dezember 1928; Verzeichnisse der Rundschreiben und des Nachrichtendiensts, 01.07.1927–31.12.1927, 01.01.1928–31.7.1928 und 01.07.1928–31.12.1928 (gedruckt); Eugen Fischer: Rasse und Vererbung in ihrer Bedeutung für Volk und Wirtschaft (Sonderdruck aus der Zeitschrift „Stahl und Eisen" 48 (1928), S. 1-7); Werbung zum Deutschen Wirtschaftsatlas, herausgegeben vom RDI.

2379 Rundschreiben und Nachrichtendienst des Langnamvereins.
1929–1931
Rundschreiben und Nachrichtendienst an die Mitglieder, Januar 1929 bis Dezember 1930; Max Schlenker: Der Arbeitskampf in der Großeisenindustrie (Sonderdruck aus der Zeitschrift „Stahl und Eisen" 48 (1928), H. 46); Max Schlenker: Es wird Zeit (Sonderdruck aus der Zeitschrift „Ruhr und Rhein" 1929, H. 5); Werbebroschüre, mit Auszügen aus dem Ortsnummernverzeichnis des Deutschen Reiches, herausgegeben vom Ausschuss für wirtschaftliche Verwaltung beim Reichskuratorium für Wirtschaftlichkeit, Leipzig 1928; Halbjahresverzeichnisse der Rundschreiben und des Nachrichtendiensts, 1929 und 1930.

2525 Rundschreiben und Nachrichtendienst des Langnamvereins.
1931–1932
Rundschreiben an die Mitglieder, Januar 1931 bis April 1932; Verzeichnisse der Rundschreiben

und des Nachrichtendiensts, 01.01.1931–30.06.1931 (gedruckt) und 01.07.1931–31.12.1931 (Typoskript); Plakat von Nordwestlicher Gruppe des VDES, Bergbau-Verein und Langnamverein gegen sozialdemokratische Wirtschaftspolitik, Mai 1931; Langnamverein (Hg.): Warum arbeitslos?, August 1932 (Broschüre).

2.2.4.3 Sonstiges

5038 Gemeinnützige Heimstätten-Aktiengesellschaft Hörde.
1920–1931
Vertrag zwischen Phoenix AG Hoerder Verein, Gemeinnütziger Aktien-Gesellschaft für Angestellten-Heimstätten und Gemeinnütziger Heimstätten-Aktiengesellschaft Hörde über den Bau von 26 Wohnungen vom 06.09.1921 (Kopie); Vertrag zwischen Phoenix AG Hoerder Verein und Heimstätten-Aktiengesellschaft Hörde über den Verkauf von Grundstücken an die Baugesellschaft vom 02.09.1920 (Kopie); Aufstellung zu Beteiligungen und Zuschüssen der Phoenix AG Hoerder Verein an Wohnungsbaugesellschaften, o. D.; Aufstellung zur Anzahl der geförderten Wohnungen in den Jahren 1919–1922; Erklärung der Phoenix AG Hoerder Verein zur Förderung von Wohnungsbauten der Westfälischen Heimstätte Wohnungsfürsorgegesellschaft mbH in [Dortmund-]Berghofen vom 15.02.1922; Aktenvermerke und handschriftliche Notizen zur Entwicklung der Baukosten; Grundbuchauszüge; einzelne Schreiben zwischen Phoenix AG Hoerder Verein bzw. VSt Hoerder Verein, VSt, Aktien-Gesellschaft für Angestellten-Heimstätten und Heimstätten-Aktiengesellschaft Hörde zu Baukosten, Bauplanungen, Hypotheken und Grundbuchänderungen.

5036 Gemeinnützige Heimstätten-Aktiengesellschaft Hörde.
1922–1932
Niederschriften der Hauptversammlungen, mit Geschäftsberichten und Bilanzen, 1922–1932 (Typoskripte und Abschriften); Bericht des Aufsichtsrats zur Umstellung des Grundkapitals auf Goldmark, o. D.; Schriftwechsel zwischen Phoenix AG Hoerder Verein bzw. VSt Hoerder Verein, VSt und Gemeinnütziger Aktien-Gesellschaft für Angestellten-Heimstätten als zweiter Gesellschafterin der Heimstätten-Aktiengesellschaft Hörde zu Geschäftsergebnissen, Hauptversammlungen und Übernahme aller Anteile durch die Aktien-Gesellschaft für Angestellten-Heimstätten.

2480 Hütten- und Walzwerks-Berufsgenossenschaft.
1926–1928
Rundschreiben an die Mitglieder; Verwaltungsberichte für die Rechnungsjahre 1926 und 1927 (gedruckt); Niederschriften von Sitzungen des Genossenschaftsvorstands und der Genossenschaftsversammlung, 1926–1928 (gedruckt); Niederschrift einer Besprechung von Unternehmens- und Berufsgenossenschaftsvertretern zur Konzeption einer Unfallstatistik vom 27.12.1926; Unfallverhütung in Amerika [Vereinigte Staaten von Amerika] (Sonderdruck aus der Zeitschrift „Die Berufsgenossenschaft" (1926), H. 14–17); Technischer Bericht für 1926 und 1927 (gedruckt); Niederschrift einer Sitzung von Vertretern der Berufsgenossenschaft mit Sicherheitsingenieuren am 04.06.1928; Verband der deutschen Eisen- und Stahl-Berufsgenossenschaften (Hg.): Durchprüfung der Allgemeinen Unfallverhütungsvorschriften, Stand April 1928 (gedruckt); Schriftwechsel zwischen VSt Hoerder Verein und Berufsgenossenschaft zu den Rundschreiben, insbesondere zu Fragen der Arbeitssicherheit.

X. Dortmund-Hoerder Hüttenverein AG (1933–1951)

1. Dortmund-Hoerder Hüttenverein AG

1.1 Gründung und Geschäftsberichte

2567 Gründungsurkunde und Satzung der DHHV (gedruckt).
07.12.1933

1429 Geschäftsberichte der DHHV (Typoskripte, 1936 unvollständig).
1934–1936

1.2 Unternehmensleitung

5026 Handelsregisterangelegenheiten und Unterschriftenverzeichnisse von Phoenix AG, VSt und DHHV.
1919, 1924, 1934–1935, 1947
Handelsregisterauszug der DHHV vom 28.02.1947; Unterschriftenverzeichnisse von DHHV vom 01.09.1934 und 01.11.1935, VSt vom 01.07.1934 und Phoenix AG vom 01.09.1924 (gedruckt); Satzung der Phoenix AG, o. D. (Neudruck 1919); Geschäftsanweisung für den Vorstand der Phoenix AG, o. D. (Typoskript).

1362 Aufsichtsrat der DHHV.
1932–1944
Niederschriften der 1.–9. Sitzung am 20.04.1934, 12.02.1935, 22.01.1936, 07.01.1937, 13.01.1938, 25.01.1939, 31.01.1941, 30.01.1942 und 06.03.1942; Einladungen; Anwesenheitslisten; einzelne Schreiben zwischen DHHV und Aufsichtsratsmitgliedern; Geschäftsberichte von Vorstand und Aufsichtsrat für die Geschäftsjahre 01.01.1934–30.09.1934, 1934/35, 1936/37–1939/40 und 1941/42, zum Teil mit Quartalsberichten, Gewinn- und Verlustrechnungen sowie Bilanzen, 1936/37–1938/39 (gedruckt); Geschäftsordnung für den Aufsichtsrat, o. D. [1939]; Satzung für die Betriebsgesellschaften, o. D. [1938] (Entwurf); Aufstellungen zu Umsätzen, Produktion und Belegschaften; Pressemitteilung zur Aufsichtsratssitzung der VSt am 24.02.1932.

1740 Unterschriftenverzeichnis der DHHV, Stand 01.05.1938 (gedruckt).
1938

2806 Aufsichtsratsbericht der VSt, April bis Juni 1939 (gedruckt).
1939

2661 Trauerfeier für Albrecht Freiherr von Frankenberg und Ludwigsdorf.
1940
Album mit Todesanzeigen, Trauerreden von Adolf Wirtz und Heinrich van de Loo, Kondolenzschreiben (Kopien), Zeitungsausschnitten (Kopien) sowie Fotografien von von Frankenberg und der Trauerfeier.

889 „Werksbriefe" (interne Rundschreiben an Vorgesetzte) der DHHV.
1941–1944
Nr. 1, März 1941, bis Nr. 34, April 1944.

2609 Rundschreiben der Verwaltung an die Mitarbeiter und Betriebe der Werke Dortmund und Hörde.
1946
Rundschreiben und Bekanntmachungen der Unternehmensleitung zu Verwaltungs-, Betriebs- und Arbeitsorganisation sowie Personalia.

1.3 Kaufmännische Verwaltung und Finanzen

1.3.1 Unternehmensorganisation und Rechnungswesen

2653 Eisenhüttentechnik und Betriebsabläufe bei der DHHV.
o. D.
„Der Werdegang unserer Erzeugnisse". Bericht über den Verarbeitungsprozess in Hochöfen, Stahlwerken und Walzwerken der DHHV, o. D. (Typoskript).

2664/1 Werkskontenplan der DHHV.
1936
2664/2 Dsgl., 1937.

607 Organisationsplan der DHHV.
1946

2641 Geplante Zusammenlegung der Speditionsabteilungen der Werke Dortmund und Hörde der DHHV.
1946
Bericht der Abteilung Verfrachtung der DHHV Werk Hörde zur geplanten Zusammenlegung vom 05.04.1946, mit Stellungnahme vom 05.06.1946 und Aktennotiz vom 01.07.1946.

1.3.2 Bilanzen und Revisionsberichte

5513 Unterlagen zu den Jahresabschlüssen der DHHV zum 30.09.1935 und 30.09.1936.
1935–1936
Gewinn- und Verlustrechnungen von DHHV und der VSt Bilanzstelle bei der DHHV; Begründungen zu Rückstellungen, Wertberichtigungen und Rechnungsabgrenzungen.

2791 VSt Hauptrevision: Bericht über Bilanz und Ergebnisrechnung der DHHV zum 30.09.1936.
2792 Dsgl., Bericht zum 30.09.1937.
2794 Dsgl., Bericht zum 30.09.1938.
2795 Dsgl., Bericht zum 30.09.1940.

2793 VSt Hauptrevision: Bilanz der DHHV zum 30.09.1937.

5514 Bilanzen und Bilanzunterlagen der DHHV zum 30.09.1938.
1938
Handelsbilanz und Steuerbilanz, mit erläuternden Unterlagen und Bilanzbrücke.

2532 Ferdinand Gasters: Nachtrag zum Bericht vom 20.01.1942 über die Prüfung des Jahresabschlusses der DHHV für das Geschäftsjahr 1940/41 vom 19.03.1942.

5188 Westdeutsche Industrie-Treuhandgesellschaft mbH: Bericht über die Prüfung des Reichsmarkabschlusses der VSt Bilanzstelle bei der DHHV zum 20.06.1948.
5189 Dsgl., zu Hüttenwerk Hörde AG.

3024 Betriebsprüfung bei der Hüttenwerk Union AG.
1948–1951
Konzernbetriebsprüfungsstelle Münster der Oberfinanzdirektion Münster: Bericht über die Prüfung verschiedener Steuern, 1948–1951, vom 25.07.1957/25.02.1958.

5187 Westdeutsche Industrie-Treuhandgesellschaft mbH: Bericht über die Prüfung des Jahresabschlusses der DHHV zum 30.09.1949.
5191 Dsgl., zum 30.09.1950.

5235/1 Jens Peter Magnussen: Bericht über die Anlagensonderprüfung zur Globalbeschreibung der Anlagen der DHHV Werk Hörde zum 01.03.1950.
5235/2 Dsgl., Anlagenband mit Lageplänen von Werk und Grundstücken sowie detaillierter Aufstellung aller Gebäude, Maschinen und Anlagen.

5190 Jens Peter Magnussen: Bericht über die Anlagen-Sonderprüfung (Ergänzungsauftrag Nr. 26/1 der Stahltreuhändervereinigung) der DHHV zum 01.07.1951, mit Lageplänen von Werk und Betrieben.

3336 Betriebsprüfung bei der DHHV i. L.
1954
Konzernbetriebsprüfungsstelle Münster der Oberfinanzdirektion Münster: Teilbericht über die Betriebsprüfung bei der Bilanzstelle der VSt AG i. L. bei der DHHV i. L. für den Zeitraum 1948–1953.
3337 Dsgl., bei der DHHV (Betriebsgesellschaft) für den Zeitraum 1948–1954, 1957.

1.3.3 Sonstiges

5329 Bauinvestitionen.
1927–1934, 1938–1940
Einzelne Berichte der Bauabteilungen von VSt Dortmunder Union-Hoerder Verein bzw. DHHV über den Stand der Neubaumaßnahmen in den Werken Dortmund und Hörde (Kopien).

4325 Stahlverkauf der DHHV.
1934–1937
Monatsberichte der Abteilung Verkauf Qualitätsstahl an Karl Bretschneider zu den verkauften Mengen, aufgeschlüsselt u. a. nach Blechen, Eisenbahnoberbaumaterial, Schmiedestücken und

Qualitätsstahl, November 1934 bis April 1936, Juni bis September 1936 und November 1936 bis September 1937.

5510 Aktienbuch der DHHV, Stand 01.03.1935.

4359 Gewerbesteuer der DHHV.
1937–1953
Mitteilungen der VSt Rechtsabteilung Dortmund zur Veranlagung und zur Berechnung der Lohnsummensteuer; Aufstellungen und Berechnungen zu Lohnsummen und unter den Freibetrag fallenden Lohnaufwendungen; Zeitungsausschnitte zur Rechtslage.

5052 Lohnsteuer und „Ostarbeiterabgabe" der DHHV.
1942–1947
Schreiben der DHHV Lohnabteilung an verschiedene Abteilungen der DHHV zur Überweisung von Steuern und Abgaben an das Finanzamt Dortmund.

4364 Lohnsteuernachweise für Mitarbeiter der DHHV.
1946–1947
Lohnsteuerbescheinigungen und Lohnsteuerüberweisungsblätter.

4327 Interessenvertretung von DHHV und Hüttenwerk Hörde AG in Großbritannien.
1950
Vertrag zwischen Wagner & Co. Werkzeugmaschinenfabrik mbH und H. J. Searle über die Interessenvertretung des Unternehmens sowie von DHHV und Hüttenwerk Hörde AG in Großbritannien vom 04.08.1950 (Abschrift).

1.4 Recht
1.4.1 Prozesse

168 Zivilverfahren der Quarzitbetriebe Hof-Theis GmbH gegen die Deutsche Bodenschätze GmbH wegen einer Forderung von M 900 aus Grundbuchkosten.
1928–1937
Urteile von Landgericht Halle vom 22.01.1930 und Oberlandesgericht Naumburg vom 24.11.1930 sowie weitere gerichtliche Beschlüsse; Schriftsätze; Schriftwechsel zwischen VSt Rechtsabteilung Dortmund, DHHV Rechtsabteilung, VSt Rohstoffbetriebe, VSt Rohstoffbetriebe Bergverwaltung Westerwald und VSt sowie Rechtsanwälten und ehemaligen Mitarbeitern der Beklagten zum Verfahren.

186 Konkurs der Firma Heinrich Hommrichhausen Bergwerks- und Hüttenprodukte, Siegen.
1928–1938
Unterlagen zur Auflösung des zwischen VSt van der Zypen und Heinrich Hommrichhausen bestehenden Pachtvertrags für die Grube Ernestine, u. a. wegen Unvereinbarkeit mit den Bestimmungen der Siegerländer Eisensteinverein GmbH; Vertrag zwischen VSt Bergverwaltung Siegerland und Hommrichhausen über die Anpachtung der Grube Ernestine vom 16.05.1928 (nicht parafiert); Kündigungsschreiben der VSt Bergverwaltung Siegerland zum Vertrag vom 04.03.1930; Schrift-

wechsel zwischen VSt Rechtsabteilung Dortmund, DHHV Rechtsabteilung, VSt Bergverwaltung Siegerland, Rohstoffbetriebe der VSt, Gewerkschaft Eisensteingrube „Morgenröthe", Hommrichhausen bzw. seinen Erben und Rechtsanwälten zu Konkursabwicklung und Zwangsvollstreckung sowie noch ausstehenden älteren Forderungen des Erholungsheims Hohegrete; Grundbuchauszüge; Kartellvertrag zwischen Siegerländer Eisensteinverein GmbH sowie Bergbau AG Lothringen, Bergbau- und Hütten-AG „Friedrichshütte", Gewerkschaft Eisenzecher Zug, Gewerkschaft Pfannenberger Einigkeit, Gewerkschaft Wilhelmine, Gutehoffnungshütte Oberhausen AG, Henschel & Sohn GmbH, Mannesmannröhren-Werke AG, Siegener Eisenindustrie AG, Sieg-Lahn-Bergbau GmbH, Storch & Schöneberg AG für Bergbau und Hüttenbetrieb und VSt sowie dieser untereinander zur Eisenerzförderung in den Bergrevieren Siegen, Müsen, Burbach, Daaden-Kirchen, Arnsberg, Wied und Deutz-Ründeroth („Vertrag der Werksbesitzer"), gültig ab 01.07.1927.

166 Vergleichsverfahren der Deutsche Patent-Wärmeschutz AG, Dortmund, zur Abwendung des Konkurses.
1929–1938
Zwischenbilanz, Vermögensübersicht, Gewinn- und Verlustrechnung zum 23.07.1930; einzelne Schreiben der Dortmunder Treuhand Aktiengesellschaft an die Gläubiger; Schriftwechsel zwischen VSt Rechtsabteilung Dortmund und DHHV Rechtsabteilung sowie VSt, VSt Hüttenbetrieb Meiderich, VSt Dortmunder Union-Hoerder Verein, DHHV, ATH, Firma F. Willich, Dortmund, und Sterchamolwerke GmbH, Dortmund, über Tilgungsleistungen.

197 Zivilprozess der VSt wegen unerlaubter Verwertung von Betriebsgeheimnissen im Bereich der Walzstahlerzeugung.
1931–1935
Klage der VSt, vertreten durch VSt Dortmunder Union, auf Herausgabe von Betriebsunterlagen nach Verwendung für zwei wissenschaftliche Arbeiten zum Thema Spundwand und Stahlprofile, versuchter Patentanmeldung und Entlassung als Ingenieur bei der VSt Dortmunder Union am 01.09.1931; Schriftsätze der Prozessgegner; Eidesstattliche Erklärungen; Schriftwechsel zwischen VSt Rechtsabteilung Dortmund, DHHV Rechtsabteilung, Landgericht Dortmund und Rechtsanwälten zum Verfahren.

169 Zivilklage verschiedener, bei einem Verkehrsunfall Geschädigter.
1932–1934
Urteil des Amtsgerichts Witten vom 14.02.1934; Schriftwechsel zwischen VSt Rechtsabteilung Dortmund, DHHV Rechtsabteilung, Stahlunion-Schutz GmbH, Haftpflichtverband der deutschen Eisen- und Stahl-Industrie Versicherungsverein auf Gegenseitigkeit, sowie Rechtsanwälten zum Verfahren; Schriftsätze der Prozessbeteiligten; Schadensanzeigen; Krankengutachten.

1509 Strafprozess der DHHV wegen Betrugs durch Unterschlagung von Überstundenzuschlägen zugunsten der Dortmunder Union Brückenbau AG.
1934–1935
Schriftsätze von Rechtsanwälten zur Verteidigung; Niederschrift einer Sitzung zwischen Adolf Klinkenberg, Aufsichtsratsvorsitzender der Dortmunder Union Brückenbau AG, und Vertretern der Nationalsozialistischen Betriebszellenorganisation am 28.04.1934; Gutachten zum Sachverhalt; Erlass des Reichsjustizministeriums zur Beauftragung von Sachverständigen vom 10.12.1934 (Abschrift);

Urteil des Landgerichts Dortmund vom 26.10.1935; Zeitungsausschnitte; Aktenvermerke; einzelne Schreiben zwischen DHHV, Rechtsanwälten und Staatsanwaltschaft Dortmund zum Prozess.

453 Zivilprozess der Firma Paul Rosenkranz gegen die DHHV auf Schadensersatz wegen eines Unfalls mit der Werksbahn.
1934–1935
Schriftsätze der Prozessgegner; Urteil des Landgerichts Dortmund vom 10.10.1934 (Kopie); Schriftwechsel zwischen DHHV, Stahlunion-Schutz GmbH und Rechtsanwälten zum Verfahren; Aktennotizen; Zeugenaussagen.

172 Zivilprozess der „Wurag" Eisen- und Stahlwerke AG wegen Verletzung von Wasserrechten durch Ableitung des Nahmerbachs bei Hohenlimburg zur Bewässerung von Feldern.
1934–1935
Schriftsatz zur Unterlassungsklage vom 25.08.1934; Schriftwechsel zwischen „Wurag", DHHV Rechtsabteilung, Regierungspräsidium Arnsberg, Amtsgericht Lüdenscheid und dem Beklagten zum Verfahren.

267 Rechtsstreit der Rohstoffbetriebe der VSt gegen die Schallex Apparatebau GmbH auf Beendigung eines Pachtvertrags für Grundstücke der ehemaligen Gewerkschaft Pützhorn (Siegerland).
1939, 1943–1946
Schriftwechsel zwischen Rohstoffbetrieben der VSt Bergverwaltung Siegerland, VSt Rechtsabteilung Dortmund, DHHV Rechtsabteilung und Schallex Apparatebau zur Vertragskündigung wegen des ungenehmigten Baus einer Kartoffellagerhalle auf dem Gelände; Schriftsätze; Lagepläne.

1.4.2 Patente und Lizenzen

3103 Erwerb und Vergabe von Patenten und Lizenzen durch DHHV und Vorläufergesellschaften.
1918, 1927, 1934, 1943–1944
Vertrag zwischen Erfinder Ignatz Urbaniak und Deutsch-Lux vom 04./18.09.1918 über die Übertragung des vorläufigen Patents D.R.P. U 5827/20d zu einem Scheibenspeichenrad auf die Deutsch-Lux Dortmunder Union; Vertrag zwischen Firma Heinrich Zeiss und VSt über den Erwerb eines Druckverfahrens vom 22./28.09.1927; einzelne Schreiben zwischen Kurt Willner und VSt Rechtsabteilung Dortmund über den Erwerb einer Patentanmeldung zu Spundbohlen; Verträge zwischen DHHV und VDM-Luftfahrtwerke Steiermark GmbH als Lizenznehmerin vom 16.12.1943/06.01.1944 sowie mit der WUMAG Waggon- und Maschinenbau AG vom 20.04./01.05.1944 über eine Ofenanlage und ein Verfahren zur Verarbeitung von wolligen Metallspänen.

5408 Lizenznahme verschiedener Patente (Izett-Patente) der Fried. Krupp AG zur Erzeugung alterungsbeständiger Stähle durch die VSt.
1926, 1932–1944
Patentschrift des Reichspatentamts Nr. 545.166, Klasse 18b, Gruppe 10, für die Fried. Krupp AG zu einem „Verfahren zum Herstellen von alterungsbeständigem Eisen oder Stahl" vom 04.04.1926; einzelne Schreiben zwischen VSt, verschiedenen Abteilungen der DHHV und Fried. Krupp AG sowie Kohle- und Eisenforschung Forschungsgesellschaft der VSt zu Erwerb und Nutzung der Verfahren.

5409 Patentanmeldung D 78.028 VI/18b der DHHV zu einem „Verfahren zur Herstellung von Stahl in der Thomasbirne ohne Desoxydation".
1938–1944
Patentanmeldung vom 13.02.1939; Schriftwechsel zwischen DHHV Patentbüro sowie verschiedenen Abteilungen und Betrieben der DHHV, Reichspatentamt und Patentanwälten zu Anmeldung und Genehmigungsverfahren, auch in Belgien, Großbritannien, Frankreich und Luxemburg.

5412 Patentanmeldung D 86.787 VIIIa/21h der DHHV zu einer „Einrichtung zur Konstanthaltung von Strom und Spannung im Lichtbogen".
1941–1943
Patentbeschreibung; einzelne Schreiben zwischen DHHV Patentbüro und verschiedenen Abteilungen und Betrieben der DHHV zur Anmeldung.

4361 Erfindervergütung der DHHV für ein „Verfahren zur Gewinnung vanadinreicher Schlacke".
1941–1948, 1953
Gutachten der Kohle- und Eisenforschung GmbH zur Höhe einer angemessenen Erfindervergütung vom 28.06.1941; Schreiben der DHHV an die Erfinder Rudolf Frerich, Robert Hackert und Alfred Kauert zur Überweisung der Raten sowie mit dem VSt Personalsekretariat zu steuerlichen Fragen.

4362 Erfindervergütung der DHHV für einen „HPN- Stahl".
1941–1948, 1953
Schriftwechsel zwischen DHHV, den Erfindern Rudolf Frerich, Richard Helms und Walter Bertram sowie verschiedenen Finanzämtern zur Überweisung und Besteuerung der Raten.

5410/1 Gebrauchsmusteranmeldung 1.524.520 der DHHV zu einem Stempelhalter für das Einschlagen von Zeichen in Produkte.
1942–1945
Gebrauchsmusterbeschreibung; einzelne Schreiben zwischen DHHV Patentbüro, Erfinder Adalbert Reinke (Belegschaftsmitglied) sowie verschiedenen Abteilungen und Betrieben der DHHV zu Anmeldung und Vergütung des Erfinders.

5410/2 Dsgl., Konstruktionszeichnungen und Fotografien des Stempelhalters, 1944.

5407 Patentanmeldung D 89.771/30d der DHHV zu einem „Schweißschirm mit Frischzuführung".
1943–1944
Patentbeschreibung; einzelne Schreiben zwischen DHHV Patentbüro sowie verschiedenen Abteilungen und Betrieben der DHHV zur Anmeldung, auch in Luxemburg.

631 Lizenz- und Mietverträge der DHHV.
1944–1945
Mietverträge zwischen DHHV sowie dem Verpächter Dortmunder Hafen AG über Lagerplätze sowie für eine Teer-Makadamanlage und eine Agglomerieranlage im Hafengelände vom 05.05.1944, dem Mieter Kirchengemeinde St. Anna über Räume im Gebäude Rheinische Straße 170 vom 31.12.1944, dem Vermieter Peter Wißmann über einen Gartenbaubetrieb vom 10.01.1945, der Vermieterin Rose Freifrau von Bredow über Räume im Rittergut Wagenitz vom 22.07.1944, der Vermieterin Stadt Dortmund über ein Gelände an der Ruhrwaldstraße in Dortmund-Hacheney zur Errichtung eines Barackenlagers für Zwangsarbeiter vom 03.08.1944 (Vertragsbeginn

15.04.1943), der Vermieterin Gräflich von Wedel'sche Renteiverwaltung über Räume im Haus Ruhr vom 11.12.1943 (Originale und Kopien); Lizenzverträge über eine Ofenanlage der DHHV zur „Chargierfähigmachung" von Metallspänen (D.R.P. Nr. 47.123) u. a. mit Auto Union GmbH vom 28.07./21.08.1944, Daimler Benz Motoren GmbH vom 26.05./12.06.1944, Hoesch AG vom 15.05.1944, Waggon- und Maschinenbau Aktiengesellschaft vom 20.04./01.05.1944, Henschel & Sohn GmbH vom 16./24.03.1944, IG Farbenindustrie AG vom 18./29.03.1944 und Junkers Flugzeug- und Motorenwerke AG vom 15.02./22.03.1944 (Kopien); Aufstellungen zu Miet- und Lizenzverträgen, 1925–1944.

5411 Lizenznahme der Patentanmeldung T 58.759 VIa/18b der ATH zu einem Verfahren zur Gewinnung von vanadiumhaltiger Schlacke am Hochofen durch die DHHV.
1944–1947
Angebot der ATH vom 27.07.1944 zur Lizenznahme; einzelne Schreiben zwischen DHHV Patentbüro und Hochofenbetrieb der DHHV Werk Hörde zu Produktionszahlen.

1.4.3 Grundstücke und Pachten

5511 Grundbuchangelegenheiten von DHHV und Vorläufergesellschaften in Dortmund, Tremoniastraße.
1903, 1926, 1947–1949
Grundbuchauszüge im Rahmen der hypothekarischen Sicherung der Dollaranleihen der VSt.

884 Verpachtung des Hüttenkasinos in Dortmund, Burgstraße 11.
1931–1936
Bewerbungsschreiben für die Kasinoleitung, mit Lebenslauf von Wilhelm Beck; Pachtvertrag zwischen VSt Dortmunder Union-Hoerder Verein und Beck vom 01.11.1932; Gaststättenbetriebserlaubnis, mit Grundrisszeichnungen von 1. und 2. Etage des Kasinogebäudes; Schankerlaubnis; Schankerlaubnissteuerbescheid; Gewerbeanmeldebescheinigung; Schriftwechsel zwischen DHHV, Dortmunder Union-Brauerei AG, Gebr. Ueckermann Brauerei Felsenkeller und Beck über die Kündigung des Pachtvertrags, Gewährung eines Darlehens zur Übernahme des Hotels Korf in Schötmar bei Salzuflen durch Beck und Räumung des Kasinogebäudes; Postkarte des Hotels Korf.

1819 Pachtverzeichnis von VSt Dortmunder Union-Hoerder Verein bzw. DHHV.
1932–1934
Verzeichnis der Grundstückspachten für die Geschäftsjahre 1932/33 und 1933/34.

1820 Pachtverzeichnis der DHHV.
1934–1936
Verzeichnis der Grundstückspachten für die Geschäftsjahre 1934/35 und 1935/36.

1.5 Nationalsozialismus und Zweiter Weltkrieg

3101 Einrichtung und Betrieb von Zwangsarbeiterlagern durch die DHHV.
1921–1922, 1938–1946
Aktenvermerke, Mietverträge, Mietabrechnungen und Schriftwechsel zwischen DHHV, verschie-

denen Behörden und Vermietern über die Anpachtung von Gaststättensälen in Dortmund zu Unterbringung von Zwangsarbeitern und Lagerzwecken, Einrichtung und Betrieb von Kantinen, Entschädigungszahlungen und Renovierung der Räume nach Kriegsende; Schriftwechsel zwischen DHHV und Stadt Dortmund zum Ausbau von Kellern der ehemaligen Bürger-Brauerei, Huckarder Straße 8, zu Luftschutzräumen; Vertrag zwischen VSt und Polizeipräsidium Dortmund über Ausbau und Bereitstellung der Räume für den öffentlichen Luftschutz vom 30.03.1939; Grund- und Aufrisszeichnungen der Räume.
Darin auch: Aktenvermerke und einzelne Schreiben zwischen Deutsch-Lux, Deutsch-Lux Nordseewerke und Stadt Emden zur Beschlagnahmung von Grundstücken in Emden für Kleingartenzwecke.

817 Sammlung von Zeitungsausschnitten.
1933–1935
Zeitungsausschnitte zu Organisation der gewerblichen Wirtschaft, Sozialpolitik, Rolle des Unternehmertums, „Führerprinzip" und Belegschaftswesen.

822 Sammlung von Zeitungsausschnitten.
1933–1937, 1945
Zeitungsausschnitte, insbesondere des Dortmunder Generalanzeigers, über den „Streit" des Generalanzeigers mit der Dortmunder Zeitung über „nationale Gesinnung", Versammlungen nationalsozialistischer Organisationen in Dortmund, Wirtschaftsorganisation, Sozialpolitik, Dortmunder Industrie sowie Filmaufnahmen von der 15.000-t-Presse der DHHV; einzelne Schreiben der Westfälischen Landeszeitung Rothe Erde (Amtliches Blatt der NSDAP) an den DHHV.

2549 Deutsche Arbeitsfront.
1933–1939
NS-Gemeinschaft „Kraft durch Freude" (Hg.): „Schönheit der Arbeit", o. D.; Aushänge zur Einbehaltung der Beiträge zur Deutschen Arbeitsfront durch Personalabteilungen, u. a. vom 15.10.1934; Richtlinien über die Mitgliedschaft zur Deutschen Arbeitsfront vom 27.08.1934 (gedruckt); Musterlehrvertrag der Deutschen Arbeitsfront für Laboranten (blanko); NS-Gemeinschaft „Kraft durch Freude" (Hg.): „Schönheit der Arbeit durch gute Beleuchtung am Arbeitsplatz", Oktober 1935; Winterarbeitsplan 1935/36 für Kaufleute der Arbeitsschule der Deutschen Arbeitsfront Gau Westfalen-Süd, Kreiswaltung Dortmund (gedruckt); Betriebsappell aus Anlass des Kreistags der NSDAP in allen Dortmunder Betrieben im Juni 1937 (gedruckt); Einladungskarten zu Veranstaltungen; Schriftwechsel zwischen VSt Hoerder Verein bzw. DHHV Werk Hörde, Nationalsozialistischer Betriebszellenorganisation und Deutscher Arbeitsfront Gau Westfalen-Süd, hier insbesondere Rechtsberatungsstelle Dortmund, zu Veranstaltung von Geldsammlungen, Einstellung, Versetzung und Entlassung von Arbeitern, Auseinandersetzungen zwischen Arbeitern und Vorgesetzten, Lohnfragen, „Kraft durch Freude"-Veranstaltungen, Fortbildungsveranstaltungen und Freistellung von Arbeitern für Veranstaltungen nationalsozialistischer Organisationen.

940 Nationalsozialistische Betriebszellenorganisation der DHHV Werk Dortmund bzw. Ortsgruppe Dortmund.
1934–1935
Merkblatt zu Statut und Organisation der Nationalsozialistischen Betriebszellenorganisation in Dortmund, o. D.; Zeitschrift „Der Abstich. Kampfblatt der NSBO Dortmunder Union" vom

15.03.1934, 30.03.1934 und 15.04.1934; Rundschreiben der Nordwestlichen Gruppe des VDES vom 21.07.1934, mit Aufruf zum Eintritt in die Deutsche Arbeitsfront; Zeitungsausschnitte.

888 Ausgabe vergünstigter Rindfleischkonserven an die Belegschaft der DHHV auf Anordnung des Reichs- und Preußischen Ministeriums für Ernährung und Landwirtschaft.
1935–1936
Plakate, Handzettel, interne Rundschreiben und Aushänge zur Information von Belegschaft und Betriebsabteilungen; Gutschein; Schreiben der „Wehag" Westdeutsche Haushaltversorgung AG zur Durchführung der Aktion.

930 Auszeichnung von Belegschaftsmitgliedern für besondere Leistungen beim Werksluftschutz der DHHV.
1938–1945
Schriftwechsel zwischen DHHV und Reichstreuhänder der Arbeit für den Gau Westfalen-Süd bzw. Reichstreuhänder der Arbeit für das Wirtschaftsgebiet Westfalen-Niederrhein und VSt Sozialwirtschaftliche Abteilung sowie verschiedenen anderen Stellen zur Auszeichnung von Belegschaftsmitgliedern bzw. Zahlung von Prämien und Gewährung von „Ehrensold" sowie anderer Vergünstigungen; Rundschreiben der Bezirksgruppe Nordwest der Wirtschaftsgruppe Eisen schaffende Industrie; Mitteilungen der Kameradschaft der Inhaber des Preußischen Goldenen Militär-Verdienst-Kreuzes e. V., H. 2/1938.

929 Werksluftschutz der DHHV.
1940–1944
Dienstpläne für die Werksluftschutzleiter; Besetzungspläne für Brandwachen und Telefondienst; interne Rundschreiben und Dienstanweisungen zur Organisation von Luftschutz und Instandsetzungsarbeiten; Tätigkeitsberichte der Werksfeuerwehr und des Werksschutzes; Berichte über Fliegerangriffe.

828 Umsetzung der Verordnung über das „Eiserne Sparen" durch die DHHV.
1941–1942
Rundschreiben der DHHV an alle Betriebsabteilungen und Merkblätter zum „Eisernen Sparen"; Plakat zur Einrichtung einer Werkssparkasse durch die DHHV vom 17.09.1941; Plakat der Bezirksgruppe Nordwest der Wirtschaftsgruppe Eisen schaffende Industrie; Vertrag zwischen DHHV und Stadtsparkasse zu Dortmund über die Einrichtung einer Werkssparkasse vom 18.09.1941; Auszug aus dem Reichsgesetzblatt zur Durchführungsverordnung über das „Eiserne Sparen" vom 10.11.1941 laut Verordnung über die Lenkung der Kaufkraft vom 30.10.1941 (Abschrift); Zeitungsausschnitte, u. a. Fritz Reinhardt (Staatssekretär im Reichsfinanzministerium): „Die Durchführungsverordnung über das Eiserne Sparen", in: Deutsche Steuerzeitung und Wirtschaftlicher Beobachter 30 (1941), S. 589–595; Hubert Schmitt-Degenhardt und Walter Hankele (beide Reichsfinanzministerium): „Ich will Eisern Sparen", Berlin 1942 (Broschüre, 32 S.); Aufstellungen über die Anzahl der „Eisernen Sparer in den einzelnen Betrieben"; einzelne Schreiben zwischen DHHV, VSt Sozialwirtschaftliche Abteilung, Stadtsparkasse und anderen Banken sowie Bezirksgruppe Nordwest über Durchführung und Erfolg der Maßnahme.

2631 Hugo Klein: Die Hüttenwerke im Minettegebiet, in Belgien und Nordfrankreich.
1941–1942

Hugo Klein: Gutachten im Auftrag des Generalbevollmächtigten für die Eisen- und Stahlbewirtschaftung vom Juli 1942, mit Angaben zu Kapazitäten, Erz- und Brennstoffbedarf der Hochofen- und Hüttenwerke in Belgien, Lothringen, Luxemburg und Frankreich, Erzaufbereitung und Erzversorgung, Energiewirtschaft, Produkten, Qualitäten sowie Anlagen: Anordnungen des Generalbevollmächtigten zur Erstellung von Gutachten durch eine Kommission; Liste der Kommissionsmitglieder; Unternehmenskurzbeschreibungen; Aufstellung zu Walzstraßen.

2634 Hugo Klein: Berichte der „Kommission Klein" zur Besichtigung von Werken der Eisen- und Stahlindustrie in Belgien, Lothringen, Luxemburg und Nordfrankreich.
1941–1942
Berichte zu Reisen zwischen 05.10.1941 und 12.10.1941, 02.11.1941 und 09.11.1941 sowie 07.04.1942 und 17.04.1942, mit Kurzbeschreibungen der Hochofenanlagen, Stahlwerke, Kokereien und Walzwerke sowie technischer Beurteilung.

1397 Einsatz von Zwangsarbeitern, Zivilarbeitern und Kriegsgefangenen bei der DHHV.
1942–1945
Einzelne Rundschreiben verschiedener Dienststellen und Ausschüsse von Reichsministerium für Bewaffnung und Munition bzw. Reichsministerium für Rüstung und Kriegsproduktion sowie einzelne Schreiben zwischen DHHV und diesen, z. B. Hauptausschüsse Munition sowie Waffen beim Reichsministerium für Rüstung und Kriegsproduktion zum Zwangsarbeitereinsatz; einzelne Anforderungslisten bzw. Bedarfsscheine der DHHV, April 1944.

987 Einsatz von Zwangsarbeitern und Kriegsgefangenen bei der DHHV.
1942–1945
Schriftwechsel zwischen DHHV, Arbeitsamt Dortmund und anderen zuständigen Stellen über Zuweisung, Gesundheitszustand und ärztliche Versorgung, Verpflegung, Unterbringung und Misshandlungen von ausländischen Arbeitskräften; Aufstellungen über die Anzahl der beschäftigten Ausländer und Nachweis der Unterbringungsmöglichkeiten; Anweisung des Befehlshabers des Ersatzheeres Chef des Kriegsgefangenenwesens vom 03.12.1944 zur „Leistungssteigerung von Kriegsgefangenen" (Kopie, mit Fotonegativ).

3149 Einsatz von Kriegsgefangenen und Zivilarbeitern bei der DHHV Werk Hörde.
1942–1964
Aufstellungen zu Zwangsarbeitern und Kriegsgefangenen, o. D.; Aufstellung der DHHV Werk Hörde vom 09.08.1946 zu französischen Zwangsarbeitern, mit Angaben zu nicht ausgezahlten Löhnen; Beschäftigungszeugnisse; Schriftwechsel zwischen DHHV Werk Hörde und Arbeitsamt Dortmund zu Beschäftigungsgenehmigungen, medizinischer Betreuung, Todesfällen sowie Entlassung nach Kriegsende; einzelne Schreiben zwischen DHHV Werk Hörde bzw. Hüttenwerk Hörde AG bzw. DHHU Werk Hörde, ehemaligen Zwangsarbeitern und Kriegsgefangenen, Rechtsanwälten und Krankenkassen zur Ausstellung von Beschäftigungs- und Unfallnachweisen.

571 Einsatz von Zivilarbeitern und Kriegsgefangenen bei der DHHV.
1943–1945
Aufstellungen über Anzahl und Nationalität von Zivilarbeitern und Kriegsgefangenen und der vorhandenen Unterbringungsmöglichkeiten; Schriftwechsel zwischen DHHV und Arbeitsamt Dortmund zu verschiedenen Beschäftigungsfragen.

641 Luftangriffe auf die DHHV Werk Dortmund.
1943–1945
„Luftschutz-Tagesmeldungen" der DHHV Werk Dortmund, mit Beschreibung der Schäden, Angaben zur Dauer der Luftangriffe und Maßnahmen zur Beseitigung von Betriebsstörungen; Aufstellungen über Rückmeldungen von Belegschaftsmitgliedern nach den Angriffen und obdachlose Belegschaftsmitglieder; Berichte der DHHV Werk Dortmund an die DHHV über im Verlauf der Angriffe besonders engagierte Arbeiter, Zivilarbeiter und Kriegsgefangene, mit Vorschlägen zur bzw. Aufstellungen über Belohnung und Ehrung; Rundschreiben von Bezirksgruppe Nordwest der Wirtschaftsgruppe Eisen schaffende Industrie, Eisen- und Stahlwerksgemeinschaft in der Reichsvereinigung Eisen und Reichsvereinigung Eisen Außenstelle Nordwest sowie Schreiben der VSt zum Berichtswesen über Fliegerschäden.

2650 Beschäftigung von Zwangsarbeitern in den Werken Dortmund und Hörde der DHHV.
1944–1946
Bericht der DHHV über die Beschäftigung von Zwangsarbeitern und Kriegsgefangenen in beiden Werken, mit Angaben zu deren Anzahl und prozentualem Anteil an der Gesamtbelegschaft, Anteil der Zwangsarbeiter und Kriegsgefangenen, Nationalitäten, Geschlecht, Entlohnung, Unterkunft, Verpflegung, Bewachung, Gesundheitszustand, Todesfällen und Zuständigkeiten vom 01.03.1946; einzelne Schreiben von Insassen des Lagers Hermannstraße 138 in Dortmund-Hörde zur Entlastung des Lagerleiters vom August 1945 (Kopien und deutsche Übersetzung); Schreiben eines Franzosen nach seiner Rückkehr nach Frankreich sowie von Insassen des Lagers Huckarder Straße 137 zur Überweisung eines Geldbetrags für das Rote Kreuz an den Dortmunder Rechtsanwalt Reiff vom 26.05.1944 und 18.10.1944 (Abschriften).

3074 Beschäftigung von Kriegsgefangenen und Zivilarbeitern durch die DHHV Werk Hörde.
1944–1950, 1958, 1968–1969
Aufstellungen zu italienischen Kriegsgefangenen vom 31.01.1944; Beschäftigungszeugnisse; Schriftwechsel zwischen DHHV Werk Hörde, Betrieben und Arbeitsamt Dortmund zu Beschäftigungsgenehmigungen und „berufsrichtiger" Verwendung von Kriegsgefangenen und Zwangsarbeitern; einzelne Schreiben zwischen DHHV Werk Hörde bzw. Hüttenwerk Hörde AG bzw. Hoesch AG Hüttenwerke, ehemaligen Zwangsarbeitern und Kriegsgefangenen zur Ausstellung von Beschäftigungs- und Unfallnachweisen.

935 Einsatz von Kriegsgefangenen und Zwangsarbeitern bei der DHHV.
1946
Berichte der DHHV über die Beschäftigung von Kriegsgefangenen und Zwangsarbeitern in den Werken Dortmund und Hörde für alliierte Behörden, mit Angaben zu Anzahl der Arbeiter, Entlohnung, Unterbringung, Verpflegung, medizinischer Versorgung, Todesfällen, Zuständigkeiten, Aufsichtspersonal und Art der Arbeiten.

3075 Einsatz von Kriegsgefangenen und Zivilarbeitern bei der DHHV Werk Hörde.
1946–1952
Aufstellungen der DHHV Werk Hörde für das Statistische Amt der Stadt Dortmund zu Zivilarbeitern vom 18.07.1946 im Rahmen der Suchaktion zu vermissten Angehörigen der Vereinten Nationen sowie zu nicht ausgezahlten Löhnen von Zivilarbeitern vom 17.07.1946, beide untergliedert nach Nationalitäten; Aufstellungen der DHHV Werk Hörde für das 301 PWX Liaison Detachment,

Bad Godesberg, vom 26.09.1946 zu nicht ausgezahlten Löhnen für belgische, französische und russische Kriegsgefangene sowie den noch nicht beglichenen Abgaben an das Kriegsgefangenen-Mannschafts-Stammlager VI/D, Dortmund, für die Monate Januar bis März 1945; einzelne Schreiben zwischen DHHV Werk Hörde bzw. Hüttenwerk Hörde AG, Betrieben, 301 PWX Liaison Detachment und French Search and Tracing Section, Haltern, zu Erstellung der Aufstellungen und Beschäftigung französischer Kriegsgefangener.

2576 The United States Strategic Bombing Survey: Coking Plant Report No. 1 Section C: Hörde Coking Plant, Januar 1947.

1.6 Entflechtung und Neuordnung/Demontage

1490 Demontage bei der DHHV Werk Hörde.
1946–1947
Demontagebefehl für Maschinen der Mechanischen Werkstatt II vom 20.01.1947 (Abschrift, mit Aktenvermerk); Aktenvermerke zur Besichtigung der Werksanlagen sowie der Keller und Luftschutzkeller der Siemens-Martin-Stahlwerke II und III durch Demontagebehörden und zur Deklarierung von Rüstungsmaterial; handschriftliche Notizen.

570 Demontagen bei der DHHV.
1946–1951
Deutsche Übersetzung der Broschüre der Control-Commission for Germany British Element: „The Plan for Reparations and the Level of Post-War German Economy", Berlin 1946 (Abschrift); Schreiben der Betriebsvertretung der DHHV an Victor Agartz vom Zentralamt für Wirtschaft der britischen Zone zur Bitte um Unterredung über Stand und Zukunft des Unternehmens; Beschreibungen von für die Demontage vorgesehenen Werksanlagen des Werks Dortmund und ihrer Bedeutung für das Unternehmen, mit Angaben zur Deckung des Inlandbedarfs an Eisen und Stahl sowie Exporten, o. D.; Aufstellungen über Erzeugnisse und belieferte Kunden; Aktenvermerke, Abschriften und Entwürfe zu Schreiben von DHHV, IG Metall und des Betriebsratsvorsitzenden Dietrich Keuning, u. a. an das NRW-Wirtschaftsministerium, Ministerpräsident Karl Arnold, den britischen Premierminister Clemens Attlee, verschiedene ausländische Gewerkschaftler wie Walther P. Reuther, Präsident der United Automobile Aircraft Agricultural Implement Workers of America, und Zeitungen, insbesondere zur Demontage des Presswerks und der 10.000-t-Presse; Zeitungsausschnitte; Flugblätter und Plakate zur Anprangerung von Profiteuren der Demontage.

2646 Gründung der Hüttenwerk Hörde AG.
1947
Mitteilung der Treuhandverwaltung im Auftrage der NGISC an die DHHV vom 31.01.1947 zur Gründung einer Aktiengesellschaft für die DHHV Werk Hörde und Festlegung des Gründungstermins der Hüttenwerk Hörde AG auf den 10.02.1947 (Abschrift) sowie Antwortschreiben des Unternehmens.

550 Zur Frage der Demontagen in der Eisenindustrie/Problem of Dismantling Iron and Steel Plants.
1948
Memorandum der VSt (gedruckt, deutsch und englisch).

2656 Demontage auf den Werken Dortmund und Hörde der DHHV.
[1950]
Handschriftliche Aufzeichnungen zu Kriegsende, Besatzung, Verhaftung der Unternehmensleitung, Betriebsstilllegungen und Demontagen, o. D.

634 Gründung der DHHU.
1951
Alfred Brüninghaus: Ist ein Zusammenschluss der Hüttenwerke Hörde und Union, die früher zusammen die DHHV bildeten, zu einer neuen Kerngesellschaft zu empfehlen? Gutachten vom 13.01.1951 (Typoskript), mit Anlagen: Organigramme der Produktionsanlagen und Erzeugungsprogramme von Hüttenwerk Hörde AG und DHHV.

1.7 Beteiligungen

389 Kraftverkehrs AG Westfalen, Dortmund.
1934–1938
Mittel- und Westdeutsche Treuhand AG: Berichte über die Prüfung der Bilanzen zum 31.12.1934, 31.12.1935, 31.12.1936 und 31.12.1937; Geschäftsberichte, 1934–1937; Satzungsentwurf, 1935; Satzungen, o. D. und 1936; Anstellungsverträge des Geschäftsführers Gottfried Strommenger und Übertragung des Beschäftigungsverhältnisses auf den Verband Deutscher Kraftverkehrsgesellschaften, Berlin; Niederschriften zu Aufsichtsratssitzungen und Hauptversammlungen, 1934–1938; Schriftwechsel zwischen DHHV Rechtsabteilung (Detmar Philippi als stellvertretender Aufsichtsratsvorsitzender der Kraftverkehrs AG Westfalen), VSt, Karl Friedrich Kolbow (Landeshauptmann des Provinzialverbands der Provinz Westfalen und Aufsichtsratsvorsitzender) sowie anderen Aktionären zu Wechsel des Vorstandsmitglieds Reinhold von Bornhaupt zur Westfälischen Ferngas AG, Kapitalherabsetzung von RM 1.000.000 auf RM 80.000, Auszahlung der Aktionäre, Emission neuer Aktien sowie Erörterung einer Umwandlung in eine Gesellschaft mit beschränkter Haftung.

1004 Lippstädter Eisen- und Metallwerke GmbH.
1935–1951
Gründungsvertrag zwischen DHHV und Eisenwerk Rothe Erde GmbH vom 13.02.1935 (Abschrift); Niederschriften der Gesellschafterversammlungen am 11.07.1935 und 25.09.1936 zur Erhöhung des Stammkapitals (Abschriften); Gesellschafterbeschluss vom 17./20.06.1949 zur Liquidation; Schriftwechsel zwischen DHHV, VSt Hauptrechtsabteilung, VSt Rechtsabteilung Dortmund, Finanzämtern, Rechtanwälten und der Treuhandverwaltung im Auftrage der NGISC zu Gründung, Organisation des Unternehmens, Steuerfragen, Handelsregistereintragung, Bilanzen und Liquidation; Steuerbescheide; Aktenvermerke; Handelsregisterauszüge; Strafrechtliche Bestimmungen über Landesverrat, Verletzung der Geheimhaltungspflicht, Wehrmittelbeschädigung usw. zur Aushändigung an Gefolgschaftsmitglieder, ca. 1940 (Broschüre); Betriebsordnung der Lippstädter Eisen- und Metallwerke GmbH vom 01.07.1938, mit Änderungen vom 07.08.1940.

2658 Lippstädter Eisen- und Metallwerke GmbH.
1945
Erlaubnis der Militärregierung zur Wiederinbetriebnahme des Unternehmens vom 08.07.1945

(Abschrift); Aktenvermerk zu Zustand und Anlagenausstattung der Werke Nord und Süd, Aufräum- und Reparaturarbeiten sowie den noch im Lager anwesenden ehemaligen Zwangsarbeitern vom 12.08.1945; Lagepläne der beiden Werke.

1.8 Verbände und Vereinigungen

1.8.1 Wirtschaftsvereinigungen und -verbände

2068 Hütten- und Walzwerks-Berufsgenossenschaft.
1933–1938
Verwaltungsberichte für die Rechnungsjahre 1933–1938; Verwaltungsberichte der Berufsgenossenschaft Sektion 4 (Dortmund), 1934–1936; Niederschriften der 1.–8. Beiratssitzung; Technische Berichte, 1933–1937 (alle gedruckt).

2552 Auftragsregelung des Reichsbeauftragten für Eisen und Stahl.
1939
Anweisungen des Reichsbeauftragten für Eisen und Stahl; Rundschreiben und Mitteilungen von Grob- und Mittelblechkontor GmbH, Westdeutsches Feinblechkontor GmbH und Wirtschaftsgruppe Eisen schaffende Industrie Zweigstelle Düsseldorf zur Umsetzung der Anweisungen; Bedarfsträgerschlüssel der Stahlwerks-Verband AG vom März 1939 (gedruckt).

2558 Auftragsregelung des Reichsbeauftragten für Eisen und Stahl.
1940–1941
Anweisungen des Reichsbeauftragten für Eisen und Stahl; Rundschreiben der Wirtschaftsgruppe Eisen schaffende Industrie Zweigstelle Düsseldorf zur Umsetzung der Anweisungen, Juli 1940 bis Dezember 1941.

2439 Bezirksgruppe Nordwest der Wirtschaftsgruppe Eisen schaffende Industrie.
1940–1941
Rundschreiben an die Mitglieder, Januar 1940 bis Oktober 1941; einzelne Schreiben zwischen DHHV und Betrieben zur Umsetzung von Erlassen und Verordnungen, insbesondere zu Berufskleidung und Versorgung von Belegschaftsmitgliedern; Inhaltsverzeichnis des Rundschreiben- und Nachrichtendienstes der Bezirksgruppe Nordwest, 01.01.1940–31.03.1940, 01.07.1940–30.09.1940, 01.10.1940–31.12.1940, 01.01.1941–31.03.1941 und 01.04.1941–30.06.1941; Merkblätter des Reichsgesundheitsamts zur Händereinigung (gedruckt); Couvé: „Auf jeden Wagen kommt es an" (Sonderdruck aus der Zeitschrift „Die Reichsbahn", H. 34/35, 1940); Heinrich Cuntz: „Ziel, Wesen und Bedeutung der berufsordnenden Arbeiten der Reichsgruppe Industrie" (Sonderdruck aus dem Reichsarbeitsblatt, H. 29, 1940); Wilhelm Zangen: „Der Kriegseinsatz der deutschen Industrie", Vortrag am 07.02.1941 an der Universität Wien (gedruckt).

2559 Statistiken der Wirtschaftsgruppe Eisen schaffende Industrie.
1941–1942
Aufstellungen zur gesamten Schrottwirtschaft der Hochofenwerke, Stahlwerke und Stahlformgießereien, nach Sorten getrennt, im Deutschen Reich, einschließlich Elsass-Lothringen und Luxemburg, Mai bis November 1941; Aufstellungen zu den Beständen an Walzwerkserzeugnissen und Schmiedestücken der Warmwalzwerke, Hammer- und Presswerke im Deutschen Reich, Mai

bis November 1941; Aufstellungen zu den Beständen an Halbzeug bei den Stahl- und Warmwalzwerken sowie den Hammer- und Presswerken im Deutschen Reich, Mai bis August 1941; Aufstellungen zu Roheisenerzeugung, Roheisenbeständen und Betriebszustand der Hochöfen, Juni bis November 1941; Aufstellungen zu den Ergebnissen der Erhebung der Wirtschaftsgruppe Eisen schaffende Industrie über Roheisen und Vorschmelzstahl bei den Stahlwerken, Stahlformgießereien sowie mit ihnen örtlich verbundenen Eisen- und Tempergießereien im Deutschen Reich einschließlich Elsass-Lothringen und Luxemburg, Mai sowie Juli bis Oktober 1941, im Reichsprotektorat Böhmen-Mähren, Mai sowie Juli bis Oktober 1941, in Luxemburg, Mai sowie Juli bis Oktober1941, in Elsass-Lothringen, Mai sowie Juli bis Oktober 1941, in der Ostmark, Mai sowie Juli bis Oktober 1941, in Oberschlesien einschließlich Olsa und Dombrowa, Mai sowie Juli bis Oktober 1941, in Sachsen und Sudetengau, Mai sowie Juli bis Oktober 1941, in Nord-, Ost- und Mitteldeutschland, Mai 1941 sowie Juli bis September 1941, in Süddeutschland, Mai sowie August bis Oktober 1941, in Saar-Pfalz, Mai sowie August bis Oktober 1941, im Sieg-, Lahn- und Dillgebiet und Oberhessen, Mai sowie Juli bis Oktober 1941, in Rheinland und Westfalen, Mai sowie Juli bis Oktober 1941, im Generalgouvernement Polen, Januar bis August 1941, in den Niederlanden, Januar bis Mai 1941, in Meurthe et Moselle (Briey, Longwy, Département Ardennen und Nancy), Juli bis Oktober 1941; Aufstellungen zum Verbrauch an Roheisen, Vorschmelzstahl und Schrott bei der Gewinnung von Siemens-Martin-Stahl-Rohblöcken im Deutschen Reich einschließlich Elsass-Lothringen und Luxemburg, Juli 1941; Aufstellungen zur Rohstahlerzeugung, Juni bis November 1941; Aufstellungen zum Verbrauch an Roheisen bei den Stahlwerken und Stahlformgießereien im Deutschen Reich, Juni bis November 1941 (alle Aufstellungen z. T. mit monatlichen Vergleichszahlen des Vorjahreszeitraums sowie Quartalszahlen).

2557 Bezirksgruppe Nordwest der Wirtschaftsgruppe Eisen schaffende Industrie.
1941–1943
Rundschreiben an die Mitglieder, November 1941 bis November 1943.

2560 Statistiken der Wirtschaftsgruppe Eisen schaffende Industrie.
1941–1943
Aufstellungen zur gesamten Schrottwirtschaft der Hochofenwerke, Stahlwerke und Stahlformgießereien, nach Sorten getrennt, im Deutschen Reich, einschließlich Elsass-Lothringen und Luxemburg, November 1941 bis März 1942; Aufstellungen zur Herstellung von Walzwerkserzeugnissen sowie Press- und Schmiedestücken im Deutschen Reich, November 1941 bis März 1942, August und Oktober bis Dezember 1942 sowie Jahresübersicht 1942; Aufstellungen zu den Beständen an Halbzeug bei den Stahl- und Warmwalzwerken sowie den Hammer- und Presswerken im Deutschen Reich, November 1941 bis März 1942; Aufstellungen zu Roheisenerzeugung, Roheisenbeständen und Betriebszustand der Hochöfen, November 1941 bis März 1942; Aufstellungen zu den Ergebnissen der Erhebung der Wirtschaftsgruppe Eisen schaffende Industrie über Roheisen und Vorschmelzstahl bei den Stahlwerken, Stahlformgießereien sowie mit ihnen örtlich verbundenen Eisen- und Tempergießereien im Deutschen Reich einschließlich Elsass-Lothringen und Luxemburg, im Reichsprotektorat Böhmen-Mähren, in Luxemburg, in Elsass-Lothringen, in der Ostmark, in Oberschlesien einschließlich Olsa und Dombrowa, in Sachsen und Sudetengau, in Nord-, Ost- und Mitteldeutschland, in Süddeutschland, in Saar-Pfalz, im Sieg-, Lahn- und Dillgebiet und Oberhessen, in Rheinland und Westfalen, im Generalgouvernement Polen, in Meurthe et Moselle (Briey, Longwy, Département Ardennen und Nancy), jeweils November bis Dezember 1941, sowie in den Niederlanden, Juni bis Dezember 1941; Aufstellungen zur Rohstahlerzeugung,

Dezember 1941 bis März 1942, Oktober und Dezember 1942, Februar und März 1943 sowie Jahresübersicht 1942; Aufstellungen zur Möller- und Brennstoffwirtschaft sowie zu Betriebskennzahlen der Hersteller von Roheisen, Januar 1943 (Aufstellungen, z. T. mit monatlichen Vergleichszahlen des Vorjahreszeitraums sowie Quartalszahlen).

2102 Gemeinsame Statistik von Reichsvereinigung Eisen und Wirtschaftsgruppe Eisen schaffende Industrie.
1942–1943
Monatliche Statistiken zur Roheisen- und Rohstahlproduktion, Leistung der Warmwalzwerke sowie Möller- und Brennstoffwirtschaft der Roheisenerzeuger, Februar bis Mai 1943; Reichsvereinigung Eisen (Hg.): „Deutschlands Gewinnung an Roheisen, Rohstahl und Walzwerkserzeugnissen im Jahre 1942", Berlin März 1943 (Broschüre).

1.8.2 Sonstige Vereine und Verbände

5033 Spar- und Bauverein Dortmund-Hörde eGmbH.
1897, 1927–1940
Quittungsbuch, mit eingeklebten Wertmarken über M 900 Anteile des Hoerder Vereins am Spar- und Bauverein eGmbH zu Hörde vom 02.05.1897, mit Satzung; Quittungsbuch, mit Satzung des Spar- und Bauverein Dortmund-Hörde eGmbH vom 27.04.1930 für die VSt Hoerder Verein; Mustersatzung für Baugenossenschaften des Hauptverbands Deutscher Baugenossenschaften e. V. (mit handschriftlichen Eintragungen zum Bauverein); Aufstellung des Bauvereins vom 03.10.1927 über Anzahl der Wohnungen und Belegungsrechte der VSt Hoerder Verein, mit namentlicher Angabe der Mieter (Kopie); Zeitungsausschnitte zu Bilanzen, Gewinn- und Verlustrechnungen; Geschäftsberichte des Bauvereins 1929, 1930 (Kopien), 1931 (Typoskript), 1933 und 1934 (gedruckt); Schriftwechsel zwischen VSt Hoerder Verein bzw. DHHV und Bauverein zum Erwerb weiterer Anteile, Verwendung von Dividenden, Geschäftsergebnissen und Planung von Neubauprojekten.

2072 Verein deutscher Chemiker.
1916–1938
Rundschreiben an die Mitglieder; Einladungen zu Versammlungen, Tagungen und Veranstaltungen, auch des Bezirksvereins Rheinland-Westfalen; Mitgliedskarten; Besichtigungsprogramm zur 40. Hauptversammlung 1927 in Essen (gedruckt); Werbung für Fachliteratur und das Chemische Zentralblatt; einzelne Schreiben zwischen Phoenix AG Hoerder Verein bzw. VSt Hoerder Verein bzw. DHHV und Verein deutscher Chemiker zu Beitragszahlungen und Betriebsbesichtigungen.

1.9 Produktion und Betrieb

1.9.1 Produktions- und Betriebsstatistik

1.9.1.1 DHHV (Werke Dortmund und Hörde)

3111/14 Produktions- und Vertriebsstatistik der Werke Dortmund und Hörde der DHHV.
1935–1936
Monatliche Aufstellungen zu Produktion und Vertrieb von Walzstahl, Profilstahl und Halbzeug

sowie anderer Erzeugnisse, gegliedert nach einzelnen Produkten sowie mit Angabe der Versandkosten, Oktober 1935 bis September 1936, mit Gewinn- und Verlustrechnung, Produktionsstatistik, Versandstatistik, Rohstoffverbrauchsstatistik, Lohn- und Belegschaftsstatistik.

3111/15 Dsgl., Oktober 1936 bis September 1937.
3093/7 Dsgl., Oktober 1937 bis September 1938.
3093/8 Dsgl., Oktober 1938 bis September 1939.
3094/9 Dsgl., Oktober 1939 bis September 1940.
3094/10 Dsgl., Oktober 1940 bis September 1941.
3115/6 Dsgl., Oktober 1942 bis September 1943.
3095/6 Dsgl., Oktober 1943 bis September 1944.
3095/7 Dsgl., Oktober 1945 bis September 1946.

213 Produktionsstatistik der DHHV.
1942
Sammlung verschiedener Statistiken der Werke Dortmund und Hörde der DHHV zum Vergleich der Geschäftsjahre 1938/39 und 1941/42 (Typoskript, Besitzvermerk Albert Vögler).

212 Produktionsstatistik der DHHV.
1946
Sammlung verschiedener Statistiken der Werke Dortmund und Hörde der DHHV, 1938/39–1941/42 (Typoskript mit handschriftlichen Einträgen).
[Die Akte enthält die 1946 rekonstruierte Fassung eines Berichts von 1943.]

3095/3 Betriebskostenstatistik der DHHV.
1947–1948
Monatliche Aufstellungen zu Betriebskosten von Thomas-Stahlwerk, Siemens-Martin-Stahlwerk, Walzwerken, betrieblicher Energiewirtschaft, Werkstätten, Lagern, Nebenbetrieben, Transport- und Verkehrseinrichtungen, gegliedert nach Kostenarten, Oktober 1947 bis September 1948.

3095/5 Dsgl., Oktober 1948 bis September 1949.
3096/3 Dsgl., Oktober 1949 bis September 1950.
3096/4 Dsgl., Oktober 1949 bis September 1950.

3095/10 Umsatz- und Betriebserfolgsstatistik der DHHV.
1947–1948
Monatliche Aufstellungen zu Umsätzen und Betriebserfolg von Walzwerken, Werkstätten, Nebenprodukten, Konversionsprodukten und Transporteinrichtungen, gegliedert nach einzelnen Produkten sowie mit Gewinn- und Verlustrechnung, Oktober 1947 bis September 1948.

3095/11 Dsgl., Oktober 1948 bis September 1949.
3096/1 Dsgl., Oktober 1949 bis September 1950.

3095/4 Produktions- und Betriebskostenstatistik der DHHV.
1948–1949
Monatliche Aufstellungen zu Produktion sowie Produktions- und Betriebskosten von Hochöfen, Thomas-Stahlwerk, Siemens-Martin-Stahlwerk und Walzwerken, gegliedert nach einzelnen Produkten und Kostenarten sowie mit Angabe monatlicher Durchschnittswerte, Oktober 1948 bis September 1949.

3096/2 Dsgl., Oktober 1949 bis September 1950.

3096/5 Produktions-, Umsatz- und Betriebserfolgsstatistik der DHHV.
1950–1951
Monatliche Aufstellungen zu Produktion, Umsätzen und Betriebserfolg von Hochöfen, Thomas-Stahlwerk, Siemens-Martin-Stahlwerk, Walzwerken, Werkstätten und Nebenprodukten, gegliedert nach einzelnen Produkten, Oktober 1950 bis Juni 1951.

1.9.1.2 DHHV und Vorläuferunternehmen

215 Statistiken zur Rohstahlerzeugung.
1946
Sammlung verschiedener Statistiken der Werke Dortmund und Hörde der DHHV, ihrer Vorläuferunternehmen und anderer Rohstahlproduzenten in Dortmund, 1850–1945/46 (Jahreszahlen ab 1900, Monatszahlen ab Oktober 1926, Typoskript, mit handschriftlichen Einträgen und eingeklebten Kopien).
[Die Daten stammen hauptsächlich aus Geschäftsberichten, aber auch aus verschiedenen anderen Quellen, sind unvollständig und zum Teil geschätzt!]

216 Dsgl.
Darin auch: Rohstahlproduktion weltweit 1894–1938.

217 Statistiken zur Rohstahlerzeugung (englisch).
1946
Sammlung verschiedener Statistiken der Werke Dortmund und Hörde der DHHV, ihrer Vorläuferunternehmen und anderer Rohstahlproduzenten in Dortmund, 1850–1945/46 (Jahreszahlen ab 1900, Monatszahlen ab Oktober 1926, Typoskript, mit handschriftlichen Einträgen und eingeklebten Kopien).
Darin auch: Rohstahlproduktion weltweit 1894–1938.
[Die Daten stammen hauptsächlich aus Geschäftsberichten, aber auch aus verschiedenen anderen Quellen, sind unvollständig und zum Teil geschätzt!]

211 Produktionsstatistik der Walz- und Presswerke.
1948
Sammlung verschiedener Statistiken der Werke Dortmund und Hörde der DHHV und ihrer Vorläuferunternehmen (Jahreszahlen ab 1900, Monatszahlen ab Oktober 1926, Typoskript, mit handschriftlichen Einträgen und eingeklebten Kopien).

1.9.2 Produktions- und Betriebsplanung

2607 Betriebskosten der DHHV.
1946
Vergleichende Berichte des Betriebsrechnungswesens der DHHV zu Richt- und Istwerten des Betriebsergebnisses der Werke Dortmund und Hörde für das erste und zweite Quartal des Geschäftsjahres 1945/46 vom 25.05.1946 sowie des ersten bis dritten Quartals des Geschäfts-

jahres 1945/46 vom 12.08.1946 und 09.09.1946; Kostenabrechnungen des Fahrbetriebes Hörde, April 1946 bis August 1946; Aufstellungen und Kalkulationen zu Produktions- und Stillstandskosten sowie Kostenentwicklung verschiedener Betriebe; Aktenvermerke des Betriebsrechnungswesens zur Erstellung von Selbstkostenplänen und Fragen des Rechnungswesens.

2642 Investitions- und Betriebsplanung für die Werke Dortmund und Hörde der DHHV.
1946
Aktennotizen zu Bauarbeiten an den Hochöfen und Walzwerken der DHHV Werk Hörde vom 10.12.1946 und 28.11.1946; Antrag der DHHV bei der VSt Hauptneubauabteilung auf Mittel zur Beschaffung von „kleineren Einrichtungen und Maschinen" für die DHHV Werk Dortmund vom 25.11.1946; Besprechungsniederschrift zur Beschäftigung von Frauen in der Steinfabrik der DHHV Werk Hörde vom 19.07.1946; Berichte für Friedrich A. Springorum zur Verladung von Thomasmehl vom 15.06.1946 und zur Qualität des Roheisens vom 25.06.1946.

1.10 Belegschaft
1.10.1 Lohn und Gehalt

4366 Gehaltsstatistik der DHHV.
1938–1943
Monatliche Aufstellungen zu den Gehältern der von der Personalabteilung Dortmund geführten Angestellten von DHHV, Dortmunder Union Brückenbau-AG, deren Werk Orange, Eisenwerk Rothe Erde GmbH, verschiedenen Betriebsstellen der VSt sowie Sekretariat Albert Vögler, ohne Vorstandsmitglieder, September 1938 bis September 1943; Aufstellungen zu den Kontenbeständen von Konteninhabern, ohne Vorstandsmitglieder.

4372 Betriebsprämienabrechnung der DHHV.
1939–1941
Mitteilungen einzelner Betriebe und Werke, u. a. Eisenwerk Rothe Erde GmbH, Dortmunder Union Brückenbau-AG und deren Werk Orange, zu Umsätzen und zur Produktion von Rohstahl und Walzerzeugnissen, August 1939 bis Januar 1941, als Basis der Prämienberechnung; Mitteilungen der Personalabteilung an Leitende Angestellte zur Prämienauszahlung.

4373 Dsgl., Februar 1941 bis Dezember 1942.

4371 Dsgl., Januar 1943 bis Oktober 1946; Prämienkarten leitender Angestellter: Rudolf Baukenkroth, Ludwig Beiker, Ludwig Bosik, Heinrich Brinkmann, Emil Festor, Rudolf Frerich, Hans-Ulrich Freymark, Karl Haberäcker, Adolf Junius, Wilhelm Martini, Ernst Maurer, Walter Petry, Jakob Sprau, Franz Weinges, Gustav Wittenhagen und Fritz Zoepke.

4368 Gehaltsstatistik der DHHV.
1943–1949
Monatliche Aufstellungen zu den Gehältern der von der Personalabteilung Dortmund geführten Angestellten von DHHV, Dortmunder Union Brückenbau-AG, deren Werk Orange, Eisenwerk Rothe Erde GmbH, verschiedenen Betriebsstellen der VSt sowie Sekretariat Albert Vögler, ohne Vorstandsmitglieder, Oktober 1943 bis September 1949; Aufstellungen zu den Kontenbeständen von Konteninhabern, ohne Vorstandsmitglieder; Aufstellungen zu den Gehältern der Kraftfahrer, Oktober 1943 bis September 1948.

5016 Lohnentwicklung bei der DHHV.
1948-1951
Aufstellungen zur Lohnhöhe und Lohnentwicklung für einzelne Tätigkeiten im Siemens-Martin-Stahlwerk und Thomas-Stahlwerk; Anträge von Betriebsleitern auf Prämienauszahlung und Lohnerhöhungen, mit entsprechenden Anweisungen von Arbeitsdirektor Erich Dudziak; einzelne Schreiben sowie Niederschriften von Besprechungen zwischen Betrieben, Lohnbüro und Dudziak zu Anträgen und allgemeinen Lohnfragen.

5017 Lohnentwicklung bei der DHHV.
1948-1951
Aufstellungen zur Lohnhöhe und Lohnentwicklung für einzelne Tätigkeiten im Hochofenbetrieb; Anträge von Betriebsleitern auf Prämienauszahlung und Lohnerhöhungen, mit entsprechenden Anweisungen von Arbeitsdirektor Erich Dudziak; einzelne Schreiben sowie Niederschriften von Besprechungen zwischen Betrieben, Lohnbüro und Dudziak zu den Anträgen und allgemeinen Lohnfragen.

1.10.2 Freiwillige Leistungen

5248 Freiwillige Leistungen der DHHV für zum Militärdienst einberufene Mitarbeiter.
1939-1950
Personalkartei, gebunden, Buchstaben A-Ba.
5249 Dsgl., Buchstaben Ba-Be.
5250 Dsgl., Buchstaben Bes-Bo.
5251 Dsgl., Buchstaben Bo-Bu.
5252 Dsgl., Buchstaben C-Do.
5253 Dsgl., Buchstaben Doe-E.
5254 Dsgl., Buchstaben Fa-Fr.
5255 Dsgl., Buchstaben Fr-Goe.
5256 Dsgl., Buchstaben Go-Ha.
5257 Dsgl., Buchstaben Ha-He.
5258 Dsgl., Buchstaben He-Hoe.
5259 Dsgl., Buchstaben Hoe-J.
5260 Dsgl., Buchstaben Ka-Kle.
5261 Dsgl., Buchstaben Kle-Ko.
5262 Dsgl., Buchstaben Kr-Ku.
5263 Dsgl., Buchstaben Ku-Le.
5264 Dsgl., Buchstaben Li-Ma.
5265 Dsgl., Buchstaben Ma-Me.
5266 Dsgl., Buchstaben Mi-Mu.
5267 Dsgl., Buchstaben Mu-N.
5268 Dsgl., Buchstaben O-Pe.
5269 Dsgl., Buchstaben Pe-Q.
5270 Dsgl., Buchstaben Ra-Ri.
5271 Dsgl., Buchstaben Ri-Ru.
5272 Dsgl., Buchstaben Sa-Sie.
5273 Dsgl., Buchstaben Sie-Sz.

5274 Dsgl., Buchstaben Scha-Schi.
5275 Dsgl., Buchstaben Schi-Schn.
5276 Dsgl., Buchstaben Scho-Schwa.
5277 Dsgl., Buchstaben Schwa-Schwi und St.
5278 Dsgl., Buchstabe T.
5279 Dsgl., Buchstaben U-V.
5280 Dsgl., Buchstaben Wa-Wie.
5281 Dsgl., Buchstaben Wie-Z.

1.10.3 Personalakten (A-Z, hier gelten besondere Sperrfristen)

4258 Personalakte Adalbert Aumüller.
1935-1937
Bestätigung einer Vereinbarung zwischen DHHV und Aumüller vom 11.05.1935 als Ergänzung zu einem Vertretervertrag Aumüllers mit der Stahlunion-Export GmbH für Brasilien; Beitragsquittungen der Nordstern Lebensversicherungsbank AG; einzelne Schreiben zwischen DHHV, Aumüller und VSt Hauptfinanzverwaltung zu Auszahlung von Prämien, Währungs- und Versicherungsfragen.

4259 Personalakte Hermann Barschall.
1926-1935
Einzelne Schreiben zwischen VSt Dortmunder Union, DHHV, Kohle- und Eisenforschung GmbH und Barschall über die Höhe seines Gehalts als Patentanwalt und insbesondere dessen Reduzierung während der Weltwirtschaftskrise.

4264 Personalakte Ludwig Brüning.
1938-1948
Einzelne Schreiben zwischen DHHV, Rohstoffhandel der VSt und Brüning zu Gehaltsfragen und Tantiemen als Direktor der Rohstoffhandel der VSt GmbH.

4265 Personalakte Adolf von Bülow.
1936-1947
Vertrag zwischen DHHV und Major a. D. von Bülow als Vertreter von DHHV, Eisenwerk Rothe Erde GmbH und Lippstädter Eisen- und Metallwerke GmbH beim Oberkommando des Heeres vom 01./25.07.1936, mit Erfinderklausel; Erfinderklausel, 1941; Abrechnungen der DHHV zur Umsatzbeteiligung bei Lieferungen; einzelne Schreiben zwischen DHHV und von Bülow zu Abrechnung, Gewährung und Tilgung von Vorschüssen und Darlehn sowie Steuerfragen.

4356 Personalakte Adam Dalm (Niederländer).
1942-1943
Zeugnisse; Schriftwechsel zwischen Thomasmehlkontor GmbH, Raab Karcher GmbH und Dalm zur Ausbildung Dalms zum Auslandsvertreter für Thomasmehlprodukte, zu Kriegsgeschehen und Entwicklung des Auslandsgeschäfts; Schreiben der Nationaal-Socialistische Beweging in Nederland zur Teilnahme Dalms an einem Lehrgang.

4270 Personalakte Carl Diebel.
1899–1940, 1946–1947
Personalfragebogen; Bewerbungsschreiben Diebels vom 01.02.1899; Schreiben des Hoerder Vereins zur Anstellung Diebels als Buchhalter vom 22.02.1899 und Bestätigung Diebels vom 24.02.1899; Arbeitsverträge vom 12.04.1900, 23.07.1903, 06.07.1909, 08.07.1915 zur Bestellung zum Bürovorsteher der Hauptbuchhaltung der Phoenix AG Hoerder Verein, vom 06.07.1920 zum Handlungsbevollmächtigten sowie vom 30.06.1926 zum Abteilungsleiter der VSt Dortmunder Union-Hoerder Verein; Prospekt der Höheren Handelsschule zu Dortmund über die Wintervorlesungen 1906/07 für Kaufleute (gedruckt); Urlaubsscheine; Krankenscheine; Schriftwechsel zwischen Hoerder Verein bzw. Phoenix AG Hoerder Verein bzw. VSt Dortmunder Union-Hoerder Verein und Diebel zu Urlaubs- und Gehaltsfragen; einzelne Schreiben zwischen DHHV und Diebel zur Geschäftsführung des Hüttencasinos; Todesanzeige.

4274 Personalakte Eugen Eichacker.
1946–1951
Personalfragebogen; Fragebogen zur Entnazifizierung; Arbeitsvertrag der DHHV zur Anstellung Eichackers als Direktor der Abteilung Rechnungs- und Finanzwesen vom 02.08.1946; Kündigungsschreiben Eichackers vom 07.07.1947; Personalstammblatt; einzelne Schreiben zwischen DHHV und Eichacker zu Kündigung und Pensionsfragen.

4275 Guthaben von Reinhardt Eigenbrodt bei VSt Dortmunder Union-Hoerder Verein bzw. DHHV nach seinem Tod 1929.
1929–1941
Testamentseröffnungsprotokoll vom 09.04.1929 (Abschrift); Schreiben von VSt Dortmunder Union-Hoerder Verein bzw. DHHV an die Erben Bertha, Maria und Max Eigenbrodt zur Verzinsung und Auszahlung des Guthabens sowie Empfangsbestätigungen.

4354 Personalakte Arthur Einwächter.
1927, 1934, 1938–1945
Darlehensquittung; Personalfragebogen; einzelne Schreiben der DHHV an Neufang zu Lohnfragen als Angestellter der Thomasmehl GmbH sowie von Neufang mit Kriegsberichten.

4276 Personalakte Helmut Enders.
1927–1947
Fotografie, 1927; Personalbewertungsbogen; Lehrlingsberichte von Enders; Personalfragebogen; Zeugnisse bzw. Beurteilungen von Betriebsabteilungen der VSt Dortmunder Union; Unterlagen und Materialien zu Prüfungen; Einreihungsbescheid der Militärregierung Deutschlands vom 27.10.1947; Arbeitszeugnis von Max Paul Meier für Enders vom 08.08.1940 über dessen Leitung des Vorstandssekretariats und zur Funktion des Vorstehers der Personalabteilung der DHHV; Mitteilung der VSt Dortmunder Union-Hoerder Verein zur Einstellung als Bürogehilfe vom 31.03.1931; Urlaubsscheine; Lehrvertrag zwischen VSt Dortmunder Union-Hoerder Verein und Enders zur kaufmännischen Ausbildung vom 22.12.1927; Schulzeugnisse (Abschriften); Bewerbungsschreiben Enders vom 15.05.1927: Einzelne Schreiben zwischen VSt Dortmunder Union-Hoerder Verein bzw. DHHV und Enders zu Beförderungen, Gehaltsveränderungen, Versicherungsfragen und seiner Entlassung.

4278 Personalakte Hubert Froitzheim.
1923-1944
Arbeitsvertrag zwischen VSt Dortmunder Union-Hoerder Verein und Froitzheim zur Anstellung als Betriebsdirektor der Maschinenbetriebe der VSt Dortmunder Union vom 30.06.1926; Todesanzeigen; Kondolenzschreiben verschiedener Unternehmen; einzelne Schreiben zwischen VSt Dortmunder Union-Hoerder Verein bzw. DHHV und Frotzheim zu Gehaltsveränderungen.

4279 Personalakte Ludwig Gentz.
1946-1947
Mitteilungen der DHHV an Gentz zur Verleihung von Prokura und Direktoren-Titel vom 22.05.1946 und Übertragung der Leitung der Verkaufsstelle Düsseldorf vom 02.08.1946; Mitteilung der DHHV an die Stadt Düsseldorf zur Entnazifizierung; Zeitungsausschnitt.

4351 Personalakte Cäcilie Jung.
1937-1946
Personalstammblatt; einzelne Schreiben zwischen DHHV und Jung als Sekretärin der Thomasmehl GmbH zu Gehalts- und Versicherungsfragen sowie zur vorzeitigen Entlassung 1944.

4283 Personalakte Alfred Häcker.
1944-1947
Schriftwechsel zwischen DHHV, Häcker, Stahlunion-Schutz GmbH und Versicherungsunternehmen zur Zahlung verschiedener Versicherungsbeiträge Häckers durch das Unternehmen.

4352 Personalakte Wilhelm Heess.
1932-1940
Personalstammblatt; Bewerberfragebogen des Reichsbunds deutscher Diplomlandwirte e. V., mit Fotografie; Zeugnisse (Abschriften); einzelne Schreiben zwischen DHHV und Heess als Sachbearbeiter der Thomasmehl GmbH zu Einstellung und Entlassung 1940.

4288 Personalakte Rudolf Hennecke.
1915-1918, 1948-1950
Schreiben der Deutsch-Lux Dortmunder Union zur Einstellung Henneckes als Assistent in der Geschossfabrik vom 07.01.1915; Urlaubsschein; Personalfragebogen; Unfallsversicherungsschein des Haftpflichtverbands der deutschen Industrie Versicherungsverein auf Gegenseitigkeit vom 14.05.1948; einzelne Schreiben zwischen Deutsch-Lux Dortmunder Union bzw. DHHV und Hennecke zu Gehaltsveränderungen und Versicherungsfragen als Technischem Vorstandsmitglied der Hüttenwerk Union AG.

4291 Personalakte Heinrich Hoehle.
1926-1952
Personalstammblätter (Original und Kopie); Schreiben der DHHV zur Einstellung Hoehles als Bürovorsteher der Verkaufsabteilung vom 18.07.1946; Entnazifizierungsbescheid vom 03.01.1947; Mitteilung der DHHV zur Erteilung von Prokura vom 03.08.1948; Schreiben der DHHU zur Einstellung Hoehles als Abteilungsleiter der Verkaufsabteilung vom 28.02.1952; einzelne Schreiben zwischen DHHV und Hoehle zu Gehaltsveränderungen.

4304 Personalakte Gerhard Kyllmann.
1934-1937, 1941
Personalfragebogen; einzelne Schreiben zwischen Rohstoffbetrieben der VSt, DHHV und Kyllmann zu Gehaltsfragen.

4308 Personalakte Richard Lemaitre.
1900-1901, 1914, 1926, 1938-1943
Arbeitsvertrag zwischen Union AG und Lemaitre zur Anstellung als Beamter vom 06.01.1900; Mitteilung der Deutsch-Lux Dortmunder Union zur Bestellung Lemaitres zum Geschäftsführer der Dortmunder Thomasschlackenmühle vom 20.04.1914; einzelne Schreiben zwischen DHHV und Lemaitre zur Beratertätigkeit nach seinem Ausscheiden als Geschäftsführer der Thomasmehlkontor GmbH sowie zu Gehalts- und Versicherungsfragen.

4358 Personalakte Hans Martiny.
1927-1937, 1944
Bewerbungsschreiben; Referenzschreiben; Arbeitszeugnisse (Abschriften); Personalfragebogen; Mitteilung der VSt zur Erteilung der Handlungsvollmacht für die VSt Thomasschlackenmühlen vom 16.04.1936; einzelne Schreiben der Thomasmehlkontor GmbH zu Anschaffung eines Dienstwagens und Tantiemen.

4311 Personalakte Max Paul Meier.
1939-1944, 1950
Rechnungen zum Kauf eines Dienstwagens; einzelne Schreiben zwischen DHHV und Meier zur Nachsendung von Post, Begleichung von Vereinsrechnungen und Glückwunsch des Unternehmens zum 50. Geburtstag.

4312 Personalakte Josef Meiser.
1912-1919, 1926-1931, 1938-1947
Arbeitsvertrag zwischen Deutsch-Lux Dortmunder Union und Meiser zur Anstellung als Betriebsingenieur für die Block- und Fertigstraßen vom 25.11.1912; Personalfragebogen; Schreiben der VSt Dortmunder Union-Hoerder Verein zur Anstellung Meisers als Betriebsvorsteher im Walzwerk der VSt Dortmunder Union vom 30.06.1926, mit Erfinderklausel; Unfallanzeige des Unfallschadenverbands für Werksbeamte e. V.; Erfinderklausel, 1941; Aufstellung zu Lizenzeinahmen Meisers aus Spundwandpatenten; Schriftwechsel zwischen Deutsch-Lux Dortmunder Union bzw. VSt Dortmunder Union-Hoerder Verein bzw. DHHV und Meiser zu Gehaltsanpassungen und Versicherungsfragen sowie mit Adeline Meiser zu Versorgungsfragen nach dem Unfalltod Meisers.

4353 Personalakte Erich Neufang.
1927, 1936-1938
Personalfragebogen; Schreiben der VSt Dortmunder Union-Hoerder Verein vom 11.07.1927 zur Einstellung Neufangs als Handlungsgehilfe; Zeugnisse der DHHV zu Neufangs Tätigkeit als kaufmännischer Angestellter der Thomasmehl GmbH.

4317 Personalakte Carl Popp.
1938-1944

Arbeitszeugnis; einzelne Schreiben zwischen DHHV, Rohstoffbetrieben der VSt und Popp zu Gehalts- und Tantiemefragen.

4323 Personalakte Heinrich (Heinz) Raskop.
1923-1924, 1939-1950
Personalfragebogen; Abiturzeugnis (Abschrift); Arbeitszeugnis; Arbeitsvertrag zwischen DHHV und Raskop zur Anstellung als Assistent der Organisationsabteilung vom 16.09.1939; Erfinderklausel 1941; Mitteilung der DHHV zur Beförderung Raskops zum Stellvertreter von Direktor Reiff vom 07.09.1945; Fragebogen zur Entnazifizierung; einzelne Schreiben zwischen DHHV und Raskop zu Gehaltsanpassungen, Versicherungsfragen und Übernahme der Dienstwagenkosten nach Kündigung; Zeitungsausschnitte zu einem Finanzskandal beim Nordwestdeutschen Rundfunk und Raskops Funktion als Verwaltungsratsvorsitzender.

4357 Personalunterlagen Gerard Rubach und A. van Besouw (Niederländer).
1941
Bewerbung von van Besouw, mit Fotografie; einzelne Schreiben zwischen Thomasmehlkontor GmbH, Rubach und van Besouw zu den Beschäftigungsverhältnissen.

4326 Personalakte Wilhelm Sabelström.
1892-1948
Aufstellungen der Gehälter der Beamten des Hauptbüros des Hoerder Vereins vom 27.08.1895 und 29.10.1897; Arbeitsverträge zwischen Hoerder Verein bzw. Phoenix AG Hoerder Verein und Sabelström vom 04.11.1897, 15.01.1903, 12.12.1907, 05.05.1913 und 10.04.1918, mit Festlegung von Gehaltssteigerungen; Personalfragebogen; Mitteilung der Phoenix AG Hoerder Verein zur Erteilung der Prokura vom 10.02.1925; Urlaubsscheine; Krankmeldungen; Antrag auf Übersendung einer Glückwunschurkunde des „Führers und Reichskanzlers" aus Anlass der bevorstehenden Vollendung einer 50jährigen oder mehr als 50jährigen ununterbrochenen Arbeitszeit vom 25.02.1938; Unfallanzeige der Hütten- und Walzwerks-Berufsgenossenschaft; Personalstammblatt; Schriftwechsel zwischen Hoerder Verein bzw. Phoenix AG Hoerder Verein bzw. VSt Dortmunder Union-Hoerder Verein bzw. DHHV und Sabelström zu Gehaltsanpassungen, Darlehen, und Versicherungsfragen sowie zu seiner Pensionierung 1945 nach 57 Dienstjahren.
Darin auch: illustrativer Briefkopf des Hoerder Vereins, 1898.

4328 Tantiemezahlungen der VSt Rohstoffbetriebe an Schleifenbaum.
1926, 1929-1931
Zahlungsanweisungen von Hermann Wenzel; einzelne Schreiben zwischen Wenzel und Schleifenbaum, VSt Bergverwaltung Siegerland, zu den Zahlungen.

4329 Personalakte Adolf Schneider.
1918-1920, 1926, 1931-1932, 1938-1948
Personalfragebogen; Schreiben der Deutsch-Lux Dortmunder Union zur Anstellung Schneiders als Leiter der Versuchsanstalt vom 14.08.1918; Krankmeldungen; Urlaubsscheine; einzelne Schreiben zwischen Deutsch-Lux Dortmunder Union bzw. VSt Dortmunder Union-Hoerder Verein bzw. DHHV und Schneider zu Gehaltsanpassungen und Versicherungsfragen.

4331 Personalakte Bruno Schöne.
1898–1952
Personalfragebogen; Bewerbungsschreiben; Arbeitszeugnisse (Abschriften); Arbeitsvertrag zwischen Union AG und Schöne zur Anstellung als Betriebsingenieur vom 13.05.1908; Urlaubsscheine; Arbeitszeugnis; Arbeitsvertrag zwischen VSt Dortmunder Union-Hoerder Verein und Schöne zur Anstellung als Oberingenieur und Betriebsleiter der Elektrobetriebe der VSt Dortmunder Union vom 30.06.1926; Schriftwechsel zwischen Deutsch-Lux Dortmunder Union bzw. VSt Dortmunder Union-Hoerder Verein bzw. DHHV und Schöne zu Gehalts-, Tantieme- und Versicherungsfragen sowie zu seiner vorzeitigen Pensionierung.

4336 Personalakte Friedrich A[lfred] Springorum.
1945–1947
Personalstammblatt; Fragebogen zur Entnazifizierung; Mitteilung der DHHV zur Berufung Springorums zum Technischen Leiter und Direktor des Werks Hörde vom 14.07.1945; Arbeitsvertrag zwischen DHHV und Springorum zur Anstellung als Assistent des Technischen Leiters der Hochofen-, Stahl- und Walzwerksbetriebe des Werks Dortmund vom 22.03.1945; Personalfragebogen; einzelne Schreiben zwischen DHHV und Springorum zu Gehaltsfragen und zur Auflösung des Arbeitsverhältnisses zum 30.09.1947.

4338 Personalakte Adolf Stodt.
1922–1924, 1934–1946
Personalstammblatt; Personalfragebogen; Arbeitszeugnisse (Abschriften); Bewerbungsschreiben; Lebenslauf; Vertrag zwischen DHHV und Stodt zur Anstellung als Betriebsvorsteher im Presswerk des Werks Dortmund vom 17.07.1935; Lohnzettel; Urlaubsscheine; Mitteilung der DHHV zur Übernahme der Leitung der Geschossfabrik durch Stodt vom 21.12.1943; Arbeitszeugnis; Schriftwechsel zwischen DHHV und Stodt zu Gehalts-, Versicherungs- und Pensionsfragen sowie zu seinem Ausscheiden nach Ende des Zweiten Weltkriegs.

4342 Personalakte Paul Thümmel.
1929–1933
Einzelne Schreiben der Rohstoffbetriebe der VSt an Thümmel, Westdeutsche Kalkwerke AG, zu Tantiemezahlungen; Bescheinigung der Reichsversicherungsanstalt für Angestellte zur Befreiung von der Versicherungspflicht.

4340 Personalakte Paul Timme.
1932, 1939–1948, 1951
Personalfragebogen; Erfinderklausel, 1932 und 1941; Erklärung zur Geheimhaltung im Rahmen der Landesverteidigung vom 02.08.1939; Gehaltabrechnungen als Leiter des Technischen Büros Hamburg; Einreihungsbescheid der Militärregierung Deutschland; Schriftwechsel zwischen DHHV und Timme zu Gehaltsfragen und Umwandlung seines Angestelltenvertrags in einen Vertretervertrag.

4347 Personalakte Roland Wasmuht.
1937–1950
Lebenslauf; Empfehlungsschreiben; Verträge zwischen DHHV und Wasmuht zur Anstellung als Leiter der Abteilung Qualitätsberatung vom 11.06.1937 sowie der Qualitätsstelle vom 01.04.1940; Lohn-

zettel; Urlaubsscheine; Erfinderklausel, 1941; Fragebogen zur Entnazifizierung; Einreihungsbescheid des Sonderbeauftragten für die Entnazifizierung im Lande NRW; Schriftwechsel zwischen DHHV und Wasmuht zu Gehaltsanpassungen und seinem Ausscheiden aus dem Unternehmen.

1.10.4 Werkswohnungen

5374 Mietvertrag der Westfälische Werkswohnungs-AG für das Haus in Dortmund, Steinkühlerweg 49.
1935

387 Verschiedene Wohnungsangelegenheiten der DHHV.
1935-1939
Schriftwechsel zwischen DHHV sowie Westfälische Wohnstätten AG, Westdeutsche Wohnhäuser AG, VSt Grundstücksabteilung Dortmund, Maklern und Privateigentümern über Ankauf und Anmietung von Häusern und Wohnungen; Unterlagen zur Planung von Siedlungsneubauten in Dortmund; Wohnungsgesuche von Belegschaftsmitgliedern; Wertgutachten; Besprechungsniederschriften; Grundrisszeichnungen.

5035 Arbeitgeberdarlehen der DHHV für die Mühlenhofsiedlung in Dortmund-Benninghofen.
1936-1949
Anfragen der Personalabteilung der DHHV an die Betriebe zur Kreditwürdigkeit von Mitgliedern der Siedlergemeinschaft Benninghofen; Auszug aus der Mitgliederliste der Siedlergemeinschaft vom 21.12.1936 (Kopie); Arbeitgeber-Darlehensverträge zwischen DHHV und Heim- und Scholle GmbH Gemeinnützige Gesellschaft zum Bau von Kleinsiedlungen und Eigenheimen in Dortmund-Benninghofen; Grundbuchauszüge; Aufstellungen zu Zinszahlungen und Tilgung; Schriftwechsel zwischen DHHV, Heim- und Scholle GmbH, Westfälische Heimstätte GmbH Provinzielle Treuhandstelle für Wohnungs- und Kleinsiedlungswesen und Darlehensnehmern zu Darlehensvergabe, -sicherung, und -tilgung.

5040 Siedlung Am Ölpfad/Stiftskamp der Ruhrwohnungsbau-AG in Dortmund-Hörde.
1937-1941
Interne Mitteilungen der DHHV an einzelne Betriebe zur Zuteilung von Wohnungen in der Siedlung, mit Bitte um Vorschläge zur Vergabe; Lageplan; Grund- und Aufrisszeichnungen; Schriftwechsel zwischen DHHV Werk Hörde und Ruhrwohnungsbau-AG über Wohnungsbedarf und Neubauprojekte im Rahmen des Vierjahresplans sowie zu Bauplanung, Finanzierung und Mietangelegenheiten der Siedlung.

1.10.5 Sonstiges

441 Vertrauensratswahlen bei der DHHV.
1934-1935
Stimmzettel; Wahlplakate; Flugblätter; Kandidatenlisten; Aufstellungen zu Auszählungsergebnissen in einzelnen Wahllokalen und Gesamtergebnis; Zeitungsausschnitte; Rundschreiben von Arbeit Nordwest und Nordwestlicher Gruppe des VDES; einzelne Schreiben zwischen VSt und DHHV zu den Wahlen.

4360 Jubiläumsgeschenke an Mitarbeiter der DHHV.
1937–1946
Aufstellungen zu Zuwendungen an Leitende Angestellte; Anschreiben an Jubilare; Aktennotizen zu Steuerfragen und zur Berechnung der Höhe von Zuwendungen.

221 Sammlung für ein Weihnachtsgeschenk für einen erkrankten Kollegen im Walzwerkbüro der DHHV.
1938
Liste der Beitragenden; Dankschreiben von Erich Ohlenbostel.

1699 Personalangelegenheiten der Nordseewerke Emden GmbH im Rahmen der Rüstungsproduktion.
1940–1941
Schriftwechsel zwischen DHHV, insbesondere Karl Bretschneider, und Nordseewerke Emden GmbH, insbesondere Direktor Bruno Moeller, über die Abstellung qualifizierter Arbeitskräfte; Aktenvermerke Moellers zur Qualität der Belegschaft sowie zu Besprechungen mit Vertretern des Oberkommandos der Marine zu Kapazitätserhöhungen und Werksausbau.

605 Ausbildungsförderung der DHHV.
1941–1942
Bewerbungs- und Empfehlungsschreiben, mit Lebensläufen; Aufstellungen förderungswürdiger Belegschaftsmitglieder; Aktenvermerke über Fördergrundsätze und -leistungen; Zeitungsausschnitte; Schreiben der Deutschen Arbeitsfront Gau Westfalen-Süd Kreiswaltung Dortmund zur Begabtenförderung.

813 Jubilare der DHHV Werk Dortmund.
1944
Aufstellungen zu den 25-, 40- und 50-jährigen Dienstjubiläen.

3304 Beiträge von Ackerlandpächtern von DHHU und Vorläufergesellschaften zur Westfälischen landwirtschaftlichen Berufsgenossenschaft für die Provinz Westfalen.
1944–1952
Einzelne Schreiben zwischen DHHV bzw. Hüttenwerk Hörde AG bzw. DHHU und Pächtern zur Abrechnung der Beiträge.

2611 Verpflegungskosten der Werksküche der DHHV.
[1945]-[1946]
Aufstellung zu den täglichen und wöchentlichen Nahrungsmittelzuteilungen und Verpflegungskosten für Normalarbeiter und Schwerarbeiter, o. D. (1 S.).

3147 Dienstverpflichtungen von Arbeitern der Werke Dortmund und Hörde der DHHV zum Wiederaufbau.
1945–1946
Rundschreiben der DHHV Personal- und Verwaltungsabteilung an die Betriebe; Mitteilungen der einzelnen Abteilungen der Werke vom 28.04.1945 über entbehrliche Arbeitskräfte sowie vom 30.07.1945 zu Anzahl der beschäftigten Arbeiter und Arbeiterbedarf; Aufstellungen zu dienstverpflichteten Arbeitern; einzelne Schreiben zwischen Personal- und Verwaltungsabteilung, Betrieben und Arbeitsamt Dortmund zu Abstellung von Arbeitern für Wiederaufbauarbeiten in anderen Betrieben oder Werksteilen sowie Dienstverpflichtung für Wiederaufbauarbeiten der Stadt Dortmund.

2605 Freistellung von Belegschaftsmitgliedern der Werke Dortmund und Hörde der DHHV zur Beschäftigung durch die Stadt Dortmund.
1946–1947
Aktennotizen für Friedrich A. Springorum, Besprechungsniederschriften und interne Rundschreiben der DHHV sowie Zeitungsausschnitte (Abschriften) zur Stilllegung der Hüttenbetriebe der DHHV Werk Dortmund und Abstellung von Belegschaftsmitgliedern an das Arbeitsamt Dortmund, insbesondere zu Tiefbauarbeiten.

2. Dortmund-Hoerder Hüttenverein AG Werk Dortmund (1934–1947/51)

2.1 Technik, Produktion und Neubau

2.1.1 Produktions- und Betriebskostenstatistik

3093/2 Produktions- und Betriebskostenstatistik von VSt Dortmunder Union bzw. DHHV Werk Dortmund.
1933–1934
Monatliche Aufstellungen zu Produktion, Koks- und Erzverbrauch sowie sonstigen Produktions- und Betriebskosten von Hochöfen, Thomas-Stahlwerk, Siemens-Martin-Stahlwerk, Walzwerken und Presswerken, gegliedert nach einzelnen Produkten und Kostenarten sowie mit Angabe monatlicher Durchschnittswerte, Oktober 1933 bis September 1934.

3093/3 Dsgl. von DHHV Werk Dortmund, Oktober 1934 bis September 1935.

3093/4 Dsgl. von DHHV Werk Dortmund, Oktober 1935 bis September 1936.

3093/5 Produktions- und Betriebskostenstatistik der DHHV Werk Dortmund.
1938–1939
Monatliche Aufstellungen zu Produktion, Koks- und Erzverbrauch sowie sonstigen Produktions- und Betriebskosten von Hochöfen, Thomas-Stahlwerk, Siemens-Martin-Stahlwerk, gegliedert nach einzelnen Produkten und Kostenarten sowie mit Angabe monatlicher Durchschnittswerte, Oktober 1938 bis September 1939.

3094/1 Dsgl., Oktober 1939 bis September 1940.

3094/3 Dsgl., Oktober 1940 bis September 1941.

3094/5 Dsgl., Oktober 1941 bis September 1942.

3093/6 Produktions- und Betriebskostenstatistik der DHHV Werk Dortmund.
1938–1939
Monatliche Aufstellungen zu Produktion sowie Produktions- und Betriebskosten von Walzwerken und Presswerken, gegliedert nach einzelnen Produkten und Kostenarten sowie mit Angabe monatlicher Durchschnittswerte, Oktober 1938 bis September 1939.

3094/2 Dsgl., Oktober 1939 bis September 1940.

3094/4 Dsgl., Oktober 1940 bis September 1941.

3094/6 Dsgl., Oktober 1941 bis September 1942.

3095/8 Betriebskostenstatistik der DHHV Werk Dortmund.
1945–1946
Monatliche Aufstellungen zu Betriebskosten von betrieblicher Energiewirtschaft, Werkstätten, Lagern, Nebenbetrieben, Transport- und Verkehrseinrichtungen, gegliedert nach Kostenarten, Oktober 1945 bis September 1946.

3095/1 Produktions- und Betriebskostenstatistik der DHHV Werk Dortmund.
1945–1946
Monatliche Aufstellungen zu Produktion sowie Produktions- und Betriebskosten von Hochöfen, Thomas-Stahlwerk, Siemens-Martin-Stahlwerk und Walzwerken, gegliedert nach einzelnen Produkten und Kostenarten, Oktober 1945 bis September 1946.

3095/2 Betriebskostenstatistik von DHHV Werk Dortmund bzw. DHHV.
1946–1947
Monatliche Aufstellungen zu Betriebskosten von Thomas-Stahlwerk, Siemens-Martin-Stahlwerk, Walzwerken, betrieblicher Energiewirtschaft, Werkstätten, Lagern, Nebenbetrieben, Transport- und Verkehrseinrichtungen, gegliedert nach Kostenarten, Oktober 1946 bis September 1947.

5293 Spundwandeisen, Schienen und Profile der DHHV Werk Dortmund.
1934–1938, 1943
Konstruktionszeichnungen und Walzprofile von Spundwandeisen, Schienen und Profilen; Aufstellungen zu Personalbedarf und Lohnkosten von Richtarbeiten sowie zu Anzahl und Gewicht produzierter Stücke verschiedener Durchmesser und Längen pro Stunde.

2.1.2 Neubau (Sortierung nach Datum der Baugenehmigung)

2.1.2.1 Werkstätten und Adjustage

4847 Erweiterung des Justierraums des Radsatzbaus.
1935
Bauantrag der DHHV Werk Dortmund vom 11.10.1935; Baugenehmigung der Stadt Dortmund vom 23.10.1935; Bauabnahmeschein vom 06.11.1935; Lageplan; Grund- und Aufrisszeichnungen; einzelne Schreiben zwischen DHHV Werk Dortmund und Stadt Dortmund zum Genehmigungsverfahren.

4903 Erweiterung der Mechanischen Werkstatt.
1940
Bauantrag der DHHV Werk Dortmund vom 17.04.1940; Baugenehmigung der Stadt Dortmund vom 26.04.1940, mit Anlage: Merkblatt zur Reichsunfallversicherung; Lageplan; Grund- und Aufrisszeichnungen; einzelne Schreiben zwischen DHHV Werk Dortmund und Stadt Dortmund zum Genehmigungsverfahren.

4924 Erweiterung einer Werkstatt, Rheinische Straße 173, für die „Aktion 88".
1942
Baugenehmigung der Stadt Dortmund vom 26.08.1942; Lageplan; Grund- und Aufrisszeichnungen; statische Berechnungen; einzelne Schreiben zwischen DHHV Werk Dortmund und Stadt Dortmund zum Genehmigungsverfahren.

2.1.2.2 Presswerke

4831 Erweiterung des Presswerks.
1933–1934

Baugenehmigung der Stadt Dortmund vom 07.10.1933; Bauabnahmeschein vom 24.04.1934; Lageplan; Grund- und Aufrisszeichnungen; statische Berechnungen.

4833 Bau eines Kamins für das Presswerk.
1934
Bauantrag der DHHV Werk Dortmund vom 14.05.1934; Baugenehmigung der Stadt Dortmund vom 29.06.1934; Bauabnahmeschein vom 19.07.1934; Lageplan; Grund- und Aufrisszeichnungen; statische Berechnungen der Firma Carl Brand, Dortmund.

2.1.2.3 Lager

4832 Bau eines Schlackensandbunkers, Rheinische Straße 217.
1933–1934
Baugenehmigung der Stadt Dortmund vom 05.10.1933; Bauabnahmeschein vom 15.03.1934; Lageplan; Grund- und Aufrisszeichnungen; statische Berechnungen.

4883 Bau eines Lagerschuppens für die Thomasschlackenmühle.
1937–1938
Baugenehmigung der Stadt Dortmund vom 12.08.1937; Lageplan; Grund- und Aufrisszeichnungen; einzelne Schreiben zwischen DHHV Werk Dortmund und Stadt Dortmund zum Genehmigungsverfahren.

4889 Bau eines Reserveteillagers am „Dorstfeld-Tor".
1937–1940
Bauantrag der DHHV Werk Dortmund vom 20.09.1937; Baugenehmigung der Stadt Dortmund vom 14.10.1937; Bauabnahmeschein vom 23.01.1940; Lageplan; Grund- und Aufrisszeichnungen; statische Berechnungen der Glückauf-Bau-Aktiengesellschaft Zweigniederlassung Dortmund; einzelne Schreiben zwischen DHHV Werk Dortmund und Stadt Dortmund zum Genehmigungsverfahren.

4874 Erweiterung von Lagerhalle und Waschkaue an der Hochofenwerkstatt, Aachener Straße 23.
1937–1938
Bauantrag der DHHV Werk Dortmund vom 27.11.1937; Baugenehmigung der Stadt Dortmund vom 27.01.1938; Lageplan; Grund- und Aufrisszeichnungen; statische Berechnungen; Bauabnahmeschein vom 22.06.1938; einzelne Schreiben zwischen DHHV Werk Dortmund und Stadt Dortmund zum Genehmigungsverfahren.

4904 Bau eines Zementlagerschuppens am Fallwerk, Huckarder Straße 62.
1940
Baugenehmigung der Stadt Dortmund vom 07.03.1940, mit Anlage: Merkblatt zur Reichsunfallversicherung; Lageplan; Grund- und Aufrisszeichnungen; Bauabnahmeschein vom 11.07.1940; einzelne Schreiben zwischen DHHV Werk Dortmund und Stadt Dortmund zum Genehmigungsverfahren.

4916 Bau eines Schlackenbunkers in Dortmund, Mallinckrodtstraße 440.
1941

Baugenehmigung der Stadt Dortmund vom 08.03.1941; Lageplan von Teilen des Werks; Grund- und Aufrisszeichnungen; statische Berechnungen; einzelne Schreiben zwischen DHHV Werk Dortmund und Stadt Dortmund zum Genehmigungsverfahren.

4928 Bau eines Lagers für Sauerstoffflaschen, Sunderweg 30.
1942
Baugenehmigung der Stadt Dortmund vom 20.10.1942, mit Anlage: Merkblatt zur Reichssozialversicherung; Lageplan; Grund- und Aufrisszeichnungen.

2.1.2.4 Waschkauen, Toiletten und Aufenthaltsräume

4837 Bau einer Waschkaue mit Arbeiteraufenthaltsraum für das Trägerlager.
1934–1935
Bauantrag der DHHV Werk Dortmund vom 01.10.1934; Baugenehmigung der Stadt Dortmund vom 18.10.1934; Bauabnahmeschein vom 06.06.1935; Lageplan; Grund- und Aufrisszeichnungen; einzelne Schreiben zwischen DHHV Werk Dortmund und Stadt Dortmund zum Genehmigungsverfahren.

4835 Erweiterung der Waschkaue „Saure Ecke", Aachener Straße 23.
1934–1935
Bauantrag der DHHV Werk Dortmund vom 28.11.1934; Baugenehmigung der Stadt Dortmund vom 14.12.1934; Bauabnahmeschein vom 17.05.1935; Lageplan; Grund- und Aufrisszeichnungen; einzelne Schreiben zwischen DHHV Werk Dortmund und Stadt Dortmund zum Genehmigungsverfahren.

4836 Erweiterung der Waschkaue für Walzwerk IV, Aachener Straße 23.
1934–1935
Bauantrag der DHHV Werk Dortmund vom 28.11.1934; Baugenehmigung der Stadt Dortmund vom 17.12.1934; Bauabnahmeschein vom 01.06.1935; einzelne Schreiben zwischen DHHV Werk Dortmund und Stadt Dortmund zum Genehmigungsverfahren.

4854 Bau einer Toilettenanlage für den Radsatzbau.
1935
Baugenehmigung der Stadt Dortmund vom 28.05.1935; Bauabnahmeschein vom 10.07.1935; Lageplan; Grund- und Aufrisszeichnungen; einzelne Schreiben zwischen DHHV Werk Dortmund und Stadt Dortmund zum Genehmigungsverfahren.

4864 Bau einer Waschkaue am Lokomotivschuppen, Rheinische Straße 217.
1935–1936
Bauantrag der DHHV Werk Dortmund vom 04.06.1935; Baugenehmigung der Stadt Dortmund vom 24.01.1936; Bauabnahmeschein vom 30.09.1936; Lageplan; Grund- und Aufrisszeichnungen; einzelne Schreiben zwischen DHHV Werk Dortmund und Stadt Dortmund zum Genehmigungsverfahren.

4853 Erweiterung der Waschkaue des Radsatzbaus.
1935
Baugenehmigung der Stadt Dortmund vom 11.06.1935; Bauabnahmeschein vom 10.07.1935; Lageplan; Grund- und Aufrisszeichnungen; einzelne Schreiben zwischen DHHV Werk Dortmund und Stadt Dortmund zum Genehmigungsverfahren.

4856/1 Erweiterung des Lokomotivschuppens am „Dorstfeld-Tor" um ein Waschkauengebäude.
1935-1936
Baugenehmigung der Stadt Dortmund vom 18.07.1935; Bauabnahmeschein vom 29.06.1936; Lageplan; Grund- und Aufrisszeichnungen; statische Berechnungen der Dortmunder Union Brückenbau-AG; Werbung der Deutsche Asbestzement-AG, Berlin, zu Eternit und der Fried. Remy Nachfolger AG, Neuwied, zu einem Deckenbausystem; einzelne Schreiben zwischen DHHV Werk Dortmund und Stadt Dortmund zum Genehmigungsverfahren.

4856/2 Erweiterung des Lokomotivschuppens am „Dorstfeld-Tor" um ein Waschkauengebäude.
1935
Statische Berechnungen der Dortmunder Union Brückenbau-AG.

4859 Bau einer Waschkaue für die Lehrwerkstatt, Sunderweg 30.
1935-1936
Baugenehmigung der Stadt Dortmund vom 23.09.1935; Bauabnahmeschein vom 03.03.1936; Lageplan; Grund- und Aufrisszeichnungen; statische Berechnungen; einzelne Schreiben zwischen DHHV Werk Dortmund und Stadt Dortmund zum Genehmigungsverfahren.

4860 Bau einer Toilettenanlage für den Wagen- und Weichenbau.
1935-1936
Baugenehmigung der Stadt Dortmund vom 30.09.1935; Bauabnahmeschein vom 03.03.1936; Lageplan; Grund- und Aufrisszeichnungen; einzelne Schreiben zwischen DHHV Werk Dortmund und Stadt Dortmund zum Genehmigungsverfahren.

4865 Bau eines Arbeiteraufenthaltsgebäudes, Rheinische Straße 217.
1936
Baugenehmigung der Stadt Dortmund vom 20.02.1936; Bauabnahmeschein vom 07.05.1936; einzelne Schreiben zwischen DHHV Werk Dortmund und Stadt Dortmund zum Genehmigungsverfahren.

4868 Bau einer Toilettenanlage für Mechanische Werkstatt und Elektrowerkstatt.
1936
Bauantrag der DHHV Werk Dortmund vom 04.07.1936; Bauabnahmeschein vom 29.06.1936; Lageplan; Grund- und Aufrisszeichnungen; einzelne Schreiben zwischen DHHV Werk Dortmund und Stadt Dortmund zum Genehmigungsverfahren.

4862 Bau einer Toilettenanlage an der Rohrbrücke, Aachener Straße 23.
1936
Bauantrag der DHHV Werk Dortmund vom 11.07.1936; Baugenehmigung der Stadt Dortmund vom 23.07.1936; Bauabnahmeschein vom 03.03.1936; Lageplan; Grund- und Aufrisszeichnun-

gen; einzelne Schreiben zwischen DHHV Werk Dortmund und Stadt Dortmund zum Genehmigungsverfahren.

4861 Bau eines Aufenthaltsgebäudes mit Magazin zwischen Hochöfen und Bunkeranlage.
1936–1937
Baugenehmigung der Stadt Dortmund vom 25.07.1936; Bauabnahmeschein vom 27.01.1937; Lageplan; Grund- und Aufrisszeichnungen; einzelne Schreiben zwischen DHHV Werk Dortmund und Stadt Dortmund zum Genehmigungsverfahren.

4866 Erweiterung der Toilettenanlage, Aachener Straße 23, um einen Arbeiteraufenthaltsraum.
1936
Bauantrag der DHHV Werk Dortmund vom 26.11.1936; Baugenehmigung der Stadt Dortmund vom 09.12.1936; Lageplan; Grund- und Aufrisszeichnungen; einzelne Schreiben zwischen DHHV Werk Dortmund und Stadt Dortmund zum Genehmigungsverfahren.

4878 Bau einer Toilettenanlage im Kellergeschoss der Elektrowerkstatt.
1936–1937
Baugenehmigung der Stadt Dortmund vom 12.11.1936; Lageplan; Grund- und Aufrisszeichnungen; Bauabnahmeschein vom 27.07.1937; einzelne Schreiben zwischen DHHV Werk Dortmund und Stadt Dortmund zum Genehmigungsverfahren.

4900 Erweiterung der Waschkaue am Trägerlager, Mallinckrodtstraße 440.
1937–1938
Baugenehmigung der Stadt Dortmund vom 15.05.1937, mit Anlagen: Merkblatt zur Verwendung von Kupfer, Nickel und deren Legierungen; Richtlinien für die Einrichtung von Gasanlagen in Neu- und Umbauten; Merkblatt über die Reichsunfallversicherung; Lageplan; statische Berechnungen; Grund- und Aufrisszeichnungen; Bauabnahmeschein vom 13.06.1938; einzelne Schreiben zwischen DHHV Werk Dortmund und Stadt Dortmund zum Genehmigungsverfahren.

4880 Geplanter Bau eines Treppenhauses für die Waschkaue der Invalidenwerkstatt und Verlegung der Toilettenanlage des Erzlagerplatzes.
1937
Bauantrag der DHHV Werk Dortmund vom 28.06.1937; Lageplan; Grundrisszeichnungen; einzelne Schreiben zwischen DHHV Werk Dortmund und Stadt Dortmund zum Genehmigungsverfahren.

4877 Bau einer Waschkaue für die Hochofenmöllerung, Aachener Straße 23.
1937
Baugenehmigung der Stadt Dortmund vom 01.07.1937; Lageplan; Grund- und Aufrisszeichnungen; Bauabnahmeschein vom 08.10.1937; einzelne Schreiben zwischen DHHV Werk Dortmund und Stadt Dortmund zum Genehmigungsverfahren.

4918 Bau einer Toilettenanlage für Kriegsgefangene, Rheinische Straße 217.
1941
Bauantrag der DHHV Werk Dortmund vom 28.05.1941; Aufteilungsblatt für Stahl und Eisen zur Ausführung von Wehrmachtsaufträgen; Holzliste; Baugenehmigung der Stadt Dortmund vom 23.06.1941; Lageplan; Grund- und Aufrisszeichnungen; Bauabnahmeschein vom 15.12.1941;

einzelne Schreiben zwischen DHHV Werk Dortmund und Stadt Dortmund zum Genehmigungsverfahren.

4934 Bau einer Toilettenanlage, Aachener Straße 23.
1943
Baugenehmigung der Stadt Dortmund vom 19.03.1943; Lageplan; Grund- und Aufrisszeichnungen.

2.1.2.5 Garagen

4843 Bau von Automobilgaragen am „Dorstfeld-Tor", Rheinische Straße 219.
1934-1935
Baugenehmigung der Stadt Dortmund vom 11.01.1934; Bauabnahmeschein vom 02.02.1934; Lageplan; Grund- und Aufrisszeichnungen; einzelne Schreiben zwischen DHHV Werk Dortmund und Stadt Dortmund zum Genehmigungsverfahren.

4840 Überdachung des Hofes der Automobilwerkstatt.
1934
Baugenehmigung der Stadt Dortmund vom 13.02.1934; Bauabnahmeschein vom 10.03.1934; Lageplan; Grund- und Aufrisszeichnungen; einzelne Schreiben zwischen DHHV Werk Dortmund und Stadt Dortmund zum Genehmigungsverfahren.

4838 Bau von Automobilgaragen, Huckarder Straße 10.
1934
Baugenehmigung der Stadt Dortmund vom 17.03.1934; Bauabnahmeschein vom 24.04.1934; Lageplan; Grund- und Aufrisszeichnungen; einzelne Schreiben zwischen DHHV Werk Dortmund und Stadt Dortmund zum Genehmigungsverfahren.

4842 Bau von Automobilgaragen am „Dorstfeld-Tor", Rheinische Straße 217.
1934-1936
Baugenehmigung der Stadt Dortmund vom 17.08.1934; Bauabnahmeschein vom 10.03.1936; Lageplan; Grund- und Aufrisszeichnungen; einzelne Schreiben zwischen DHHV Werk Dortmund und Stadt Dortmund zum Genehmigungsverfahren.

4844 Bau von Automobilgaragen am Tor Aachener Straße.
1934
Bauantrag der DHHV Werk Dortmund vom 26.10.1934; Baugenehmigung der Stadt Dortmund vom 06.11.1934; Bauabnahmeschein vom 17.12.1934; Lageplan; Grund- und Aufrisszeichnungen; einzelne Schreiben zwischen DHHV Werk Dortmund und Stadt Dortmund zum Genehmigungsverfahren.

4851 Bau von Kraftfahrzeuggaragen am „Dorstfeld-Tor", Rheinische Straße 217.
1934-1938
Baugenehmigung der Stadt Dortmund vom 17.12.1935; Bauabnahmeschein vom 17.12.1938; Lageplan; Grund- und Aufrisszeichnungen; einzelne Schreiben zwischen DHHV Werk Dortmund und Stadt Dortmund zum Genehmigungsverfahren.

4867 Bau einer Kraftfahrzeuggarage im ehemaligen Treppenhaus der Reparaturwerkstatt des Weichenbaus.
1936
Bauantrag der DHHV Werk Dortmund vom 21.01.1936; Baugenehmigung der Stadt Dortmund vom 05.02.1936; Bauabnahmeschein vom 23.04.1936; Lageplan; Grund- und Aufrisszeichnungen; einzelne Schreiben zwischen DHHV Werk Dortmund und Stadt Dortmund zum Genehmigungsverfahren.

4871 Bau einer Kraftfahrzeuggarage beim Weichenbau.
1936
Baugenehmigung der Stadt Dortmund vom 10.08.1936; Bauabnahmeschein vom 23.10.1936; Lageplan; Grund- und Aufrisszeichnungen; einzelne Schreiben zwischen DHHV Werk Dortmund und Stadt Dortmund zum Genehmigungsverfahren.

4896 Bau einer Elektrokarrengarage beim Wagenbau.
1936–1937
Bauantrag der DHHV Werk Dortmund vom 16.12.1936; Baugenehmigung der Stadt Dortmund vom 24.12.1936; Bauabnahmeschein vom 22.04.1937; Lageplan; Grund- und Aufrisszeichnungen; einzelne Schreiben zwischen DHHV Werk Dortmund und Stadt Dortmund zum Genehmigungsverfahren.

4882 Bau einer Kraftfahrzeuggarage am „Dorstfeld-Tor".
1937–1938
Bauantrag der DHHV Werk Dortmund vom 26.07.1937; Baugenehmigung der Stadt Dortmund vom 04.10.1937; Bauabnahmeschein vom 17.11.1938; einzelne Schreiben zwischen DHHV Werk Dortmund und Stadt Dortmund zum Genehmigungsverfahren.

4892 Umbau eines Fahrradunterstandes zu Kraftfahrzeuggaragen, Rheinische Straße 217.
1937–1938
Bauantrag der DHHV Werk Dortmund vom 26.11.1937; Baugenehmigung der Stadt Dortmund vom 11.12.1937; Bauabnahmeschein vom 10.01.1938; Lageplan; Grund- und Aufrisszeichnungen; einzelne Schreiben zwischen DHHV Werk Dortmund und Stadt Dortmund zum Genehmigungsverfahren.

4899 Bau von Lastkraftwagengaragen am „Dorstfeld-Tor".
1937–1938
Bauantrag der DHHV Werk Dortmund vom 30.12.1937; Baugenehmigung der Stadt Dortmund vom 10.02.1938; Rohbauabnahmeschein vom 30.08.1938; Lageplan; Grund- und Aufrisszeichnungen; einzelne Schreiben zwischen DHHV Werk Dortmund und Stadt Dortmund zum Genehmigungsverfahren.

4908 Bau eines Fahrradstandes am „Tor Hochofen", Aachener Straße 23.
1940–1941
Bauantrag der DHHV Werk Dortmund vom 30.10.1940; Baugenehmigung der Stadt Dortmund vom 04.12.1940, mit Anlage: Merkblatt zur Reichsunfallversicherung; Lageplan; Grund- und Aufrisszeichnungen; Bauabnahmeschein vom 03.03.1941; einzelne Schreiben zwischen DHHV Werk Dortmund und Stadt Dortmund zum Genehmigungsverfahren.

4910 Bau einer Tankstelle am „Dorstfeld-Tor".
1940–1941
Bauantrag der DHHV Werk Dortmund vom 27.11.1940; Lageplan; Grund- und Aufrisszeichnungen; Konstruktionszeichnung der Zapfsäule; Rohbauabnahmeschein vom 23.04.1941; einzelne Schreiben zwischen DHHV Werk Dortmund und Stadt Dortmund zum Genehmigungsverfahren.

4911 Bau eines Fahrradstandes an der Waschkaue des Hochofenbetriebs.
1940–1941
Baugenehmigung der Stadt Dortmund vom 06.12.1940, mit Anlage: Merkblatt zur Reichsunfallversicherung; Lageplan; Grund- und Aufrisszeichnungen; statische Berechnungen; Bauabnahmeschein vom 18.07.1941; einzelne Schreiben zwischen DHHV Werk Dortmund und Stadt Dortmund zum Genehmigungsverfahren.

4943 Bau eines Pferdestalls in Dortmund-Huckarde, Oskarweg 38a.
1948
Baugenehmigung der Stadt Dortmund vom 09.06.1948; Lageplan.

2.1.2.6 Energiewirtschaft

4872 Erweiterung der Umformerstation der Gaskraftzentrale II.
1936
Bauantrag der DHHV Werk Dortmund vom 17.08.1936; Baugenehmigung der Stadt Dortmund vom 16.11.1936; Lageplan; Grund- und Aufrisszeichnungen; einzelne Schreiben zwischen DHHV Werk Dortmund und Stadt Dortmund zum Genehmigungsverfahren.

4884 Bau einer elektrischen Schaltanlage für die Dampfkraftzentrale.
1937–1938
Baugenehmigung der Stadt Dortmund vom 20.07.1937; Bauabnahmeschein vom 22.06.1938; Lageplan; Grund- und Aufrisszeichnungen; statische Berechnungen der Dortmunder Union Brückenbau-AG; einzelne Schreiben zwischen DHHV Werk Dortmund und Stadt Dortmund zum Genehmigungsverfahren.

4885 Bau einer Schaltanlage in Gaskraftzentrale III.
1937
Bauantrag der DHHV Werk Dortmund vom 02.04.1937; Baugenehmigung der Stadt Dortmund vom 28.07.1937; Bauabnahmeschein vom 08.10.1937; Lageplan; Grund- und Aufrisszeichnungen; statische Berechnungen; einzelne Schreiben zwischen DHHV Werk Dortmund und Stadt Dortmund zum Genehmigungsverfahren.

4894 Bau einer Schaltanlage bei Gaskraftzentrale III.
1937
Baugenehmigung der Stadt Dortmund vom 20.07.1937; Rohbauabnahmeschein vom 22.10.1937; Lageplan; Grund- und Aufrisszeichnungen; statische Berechnungen; einzelne Schreiben zwischen DHHV Werk Dortmund und Stadt Dortmund zum Genehmigungsverfahren.

4912 Bau einer Schaltstation für das Reserveteillager.
1940
Bauantrag der DHHV Werk Dortmund vom 14.11.1940.

4946 Bau einer Dampfkraftanlage für die Hülsenfabrik.
1940–1941
Baugenehmigungen der Stadt Dortmund vom 30.12.1940 und 21.05.1941; Lageplan; Grund- und Aufrisszeichnungen; Rohrleitungspläne; statische Berechnungen.

5375 Energieanlagen und Versorgungsleitungen der DHHV Werk Dortmund.
1945
Heft, mit Übersichtskizzen zu Fernheizung-, Druckluft-, Kokereigas- und Gichtgasleitungen auf dem Werksgelände sowie Grundrisszeichnungen der Gaskraftzentralen, Abhitzezentralen und Kesselhäuser, mit Aufstellungen zu technischen Daten und Baujahr der Maschinen.

2.1.2.7 Werkseingänge und Einfriedungen

4841 Verlegung des Pförtnerhauses, Sunderweg 28.
1934
Bauantrag der DHHV Werk Dortmund vom 07.07.1934; Baugenehmigung der Stadt Dortmund vom 16.07.1934; Lageplan; Grund- und Aufrisszeichnungen; einzelne Schreiben zwischen DHHV Werk Dortmund und Stadt Dortmund zum Genehmigungsverfahren.

4845 Neubau des Pförtnerhauses Huckarder Straße und einer Einfriedungsmauer.
1934–1935
Bauantrag der DHHV Werk Dortmund vom 01.11.1934; Baugenehmigung der Stadt Dortmund vom 13.11.1934; Bauabnahmeschein vom 06.11.1935; Lageplan; Grund- und Aufrisszeichnungen; einzelne Schreiben zwischen DHHV Werk Dortmund und Stadt Dortmund zum Genehmigungsverfahren.

4848 Neugestaltung des „Westfalia-Tores", Sunderweg 30.
1935–1936
Baugenehmigung der Stadt Dortmund vom 24.07.1935; Bauabnahmeschein vom 23.04.1936; Lageplan; Grund- und Aufrisszeichnungen; einzelne Schreiben zwischen DHHV Werk Dortmund und Stadt Dortmund zum Genehmigungsverfahren.

4945 Umbau von Toreinfahrt und Pförtnergebäude, Aachener Straße 23.
1935, 1940
Baugenehmigung der Stadt Dortmund vom 16.08.1935; Lageplan; Grund- und Aufrisszeichnungen; statische Berechnungen.

4869 Bau einer Waschkaue, Ausbau des Dachgeschosses des Walzwerksbüros und Umbau des Tores Aachener Straße 23.
1935–1936
Baugenehmigungen der Stadt Dortmund vom 19.02.1936 und 20.02.1936; Bauabnahmeschein

vom 30.10.1935; Lagepläne; Grund- und Aufrisszeichnungen; einzelne Schreiben zwischen DHHV Werk Dortmund und Stadt Dortmund zu den Genehmigungsverfahren.

4870 Bau einer Einfriedungs- bzw. Böschungsmauer an den Gleisen der Köln-Mindener-Eisenbahn.
1936
Bauantrag der DHHV Werk Dortmund vom 04.07.1936; Baugenehmigung der Stadt Dortmund vom 22.08.1936; Lageplan von Teilen des Werks; Grund- und Aufrisszeichnungen; einzelne Schreiben zwischen DHHV Werk Dortmund und Stadt Dortmund zum Genehmigungsverfahren.

4863 Umbau des Eingangstores, Mallinckrodtstraße 440.
1936
Bauantrag der DHHV Werk Dortmund vom 29.09.1936; Baugenehmigung der Stadt Dortmund vom 10.10.1936; Bauabnahmeschein vom 19.11.1936; Lageplan; Grund- und Aufrisszeichnungen; einzelne Schreiben zwischen DHHV Werk Dortmund und Stadt Dortmund zum Genehmigungsverfahren.

4873 Bau einer Einfriedungsmauer in Dortmund, Rheinische Straße 214.
1936-1937
Bauantrag der DHHV Werk Dortmund vom 16.12.1936; Baugenehmigung der Stadt Dortmund vom 08.01.1937; Lageplan; Grund- und Aufrisszeichnungen; Bauabnahmeschein vom 22.09.1937; einzelne Schreiben zwischen DHHV Werk Dortmund und Stadt Dortmund zum Genehmigungsverfahren.

4887 Bau einer Einfriedungsmauer an beiden Seiten der Franziusstraße.
1937
Bauantrag der DHHV Werk Dortmund vom 02.09.1937; Baugenehmigung der Stadt Dortmund vom 18.10.1937; Bauabnahmeschein vom 08.10.1937; Lageplan; Grund- und Aufrisszeichnungen; einzelne Schreiben zwischen DHHV Werk Dortmund und Stadt Dortmund zum Genehmigungsverfahren.

4895 Bau eines Pförtnergebäudes beim Kleinbau, Sunderweg 30.
1937-1938
Bauantrag der DHHV Werk Dortmund vom 26.11.1937; Baugenehmigung der Stadt Dortmund vom 11.12.1937; Bauabnahmeschein vom 15.03.1938; Lageplan; Grund- und Aufrisszeichnungen; einzelne Schreiben zwischen DHHV Werk Dortmund und Stadt Dortmund zum Genehmigungsverfahren.

4913 Neubau eines Pförtnerhauses, Huckarder Straße 2.
1940-1941
Bauantrag der DHHV Werk Dortmund vom 19.12.1940; Lageplan; statische Berechnungen; Eisenliste; Holzliste; Ablehnungsbescheid der Stadt Dortmund vom 22.01.1941; Antrag der DHHV Werk Dortmund zur Erteilung einer Ausnahmegenehmigung vom Neubauverbot vom 03.03.1941; einzelne Schreiben zwischen DHHV Werk Dortmund und Stadt Dortmund zum Genehmigungsverfahren.

4941 Bau einer Einfriedungsmauer, Rheinische Straße 173.
1947
Baugenehmigung der Stadt Dortmund vom 01.12.1947; Lageplan; Grund- und Aufrisszeichnung.

4942 Bau einer Einfriedungsmauer, Huckarder Straße 83.
1947
Baugenehmigung der Stadt Dortmund vom 22.11.1947; Lageplan; Grund- und Aufrisszeichnung.

2.1.2.8 Kanalanschlüsse

4852 Bau eines Kanalanschlusses für den Kleinbau.
1935
Baugenehmigung der Stadt Dortmund vom 16.04.1935; Bauabnahmeschein vom 31.05.1935; Lageplan; einzelne Schreiben zwischen DHHV Werk Dortmund und Stadt Dortmund zum Genehmigungsverfahren.

4857 Bau eines Kanalanschlusses für das Pförtnerhaus, Huckarder Straße 62.
1935
Baugenehmigung der Stadt Dortmund vom 20.07.1935; Bauabnahmeschein vom 02.10.1935; Lageplan; einzelne Schreiben zwischen DHHV Werk Dortmund und Stadt Dortmund zum Genehmigungsverfahren.

4858 Bau eines Kanalanschlusses für die Kraftfahrzeuggarage, Rheinische Straße 217.
1935
Baugenehmigung der Stadt Dortmund vom 06.09.1935; Lageplan; Grund- und Aufrisszeichnungen; einzelne Schreiben zwischen DHHV Werk Dortmund und Stadt Dortmund zum Genehmigungsverfahren.

4879 Bau eines Kanalanschlusses für Waschkaue und Toilettenanlage von Walzwerk I.
1937
Baugenehmigung der Stadt Dortmund vom 12.01.1937; Lageplan; Grundrisszeichnungen; einzelne Schreiben zwischen DHHV Werk Dortmund und Stadt Dortmund zum Genehmigungsverfahren.

4875 Bau eines Kanalanschlusses für die Dampfkraftzentrale, Aachener Straße 23.
1937–1938
Bauantrag der DHHV Werk Dortmund vom 18.03.1937; Baugenehmigung der Stadt Dortmund vom 27.04.1937; Lageplan; Grund- und Aufrisszeichnungen; Bauabnahmeschein vom 25.08.1938; einzelne Schreiben zwischen DHHV und Stadt Dortmund zum Genehmigungsverfahren.

4876 Bau eines Kanalanschlusses für die Werksdruckerei, Rheinische Straße 217.
1937
Bauantrag der DHHV Werk Dortmund vom 12.04.1937; Baugenehmigung der Stadt Dortmund vom 13.05.1937; Lageplan; Grund- und Aufrisszeichnungen; Bauabnahmeschein vom 04.06.1937; einzelne Schreiben zwischen DHHV Werk Dortmund und Stadt Dortmund zum Genehmigungsverfahren.

4909 Bau eines Kanalanschlusses für eine Baracke zur Unterbringung von Kriegsgefangenen, Rheinische Straße 212.
1940
Bauantrag der DHHV Werk Dortmund vom 24.09.1940; Baugenehmigung der Stadt Dortmund

vom 14.10.1940; Lageplan; Grundrisszeichnungen; einzelne Schreiben zwischen DHHV Werk Dortmund und Stadt Dortmund zum Genehmigungsverfahren.

2.1.2.9 Speisesäle

4881 Geplanter Bau eines Arbeiter- und Kinderspeisesaals sowie einer Lastkraftwagengarage.
1937
Bauantrag der DHHV Werk Dortmund vom 04.03.1937; Lageplan; Grund- und Aufrisszeichnungen; statische Berechnungen; einzelne Schreiben zwischen DHHV Werk Dortmund und Stadt Dortmund zum Genehmigungsverfahren.

4902 Bau von Speiseräumen am Tor Aachener Straße 23.
1940
Bauantrag der DHHV Werk Dortmund vom 16.04.1940; Baugenehmigung der Stadt Dortmund vom 24.04.1940, mit Anlage: Merkblatt zur Reichsunfallversicherung; Lageplan; Grund- und Aufrisszeichnungen; Bauabnahmeschein vom 11.07.1940; einzelne Schreiben zwischen DHHV Werk Dortmund und Stadt Dortmund zum Genehmigungsverfahren.

4925 Umbau einer Lagerhalle zu einem Speisesaal, Sunderweg 30.
1942
Baugenehmigung der Stadt Dortmund vom 06.10.1942; Grund- und Aufrisszeichnungen.

2.1.2.10 Kriegsgefangenen- und Zwangsarbeiterlager

4907 Bau einer Baracke zur Unterbringung von Kriegsgefangenen, Rheinische Straße 212.
1940
Baugenehmigung der Stadt Dortmund vom 02.10.1940, mit Anlage: Merkblatt zur Reichsunfallversicherung; Lageplan; Grund- und Aufrisszeichnungen; statische Berechnungen; einzelne Schreiben zwischen DHHV Werk Dortmund und Stadt Dortmund zum Genehmigungsverfahren.

4915 Einrichtung von Unterkünften für Zwangsarbeiter in ehemaligen Gaststätten.
1941
Bauanträge der DHHV Werk Dortmund für Gaststätten in Dortmund-Huckarde, Rahmer Straße 124, vom 11.02.1941 sowie Dortmund-Rahm, Rahmer Straße 208 und 243, vom 15.03.1941; Lagepläne; Grund- und Aufrisszeichnungen; Baugenehmigung der Stadt Dortmund vom 04.04.1941; Bauabnahmescheine vom 21.05.1941 und 20.09.1941.

4917 Bau einer Baracke für Wachmannschaften im Lager für Kriegsgefangene, Rheinische Straße 214.
1941
Baugenehmigung der Stadt Dortmund vom 26.06.1941; Lageplan; einzelne Schreiben zwischen DHHV und Stadt Dortmund zum Genehmigungsverfahren.

4919 Bau einer Krankenbaracke im Lager für Kriegsgefangene, Rheinische Straße 214.
1941

Bauantrag der DHHV Werk Dortmund vom 25.09.1941; Aufteilungsblatt für Stahl und Eisen zur Ausführung von Wehrmachtsaufträgen; Holzliste; einzelne Schreiben zwischen DHHV Werk Dortmund und Stadt Dortmund zum Genehmigungsverfahren.

4920 Bau eines Lagers für Kriegsgefangene im Hafen Dortmund (Kohlenhafen), Kohlenweg 40.
1941–1943
Bauantrag der DHHV Werk Dortmund vom 03.10.1941; Baugenehmigung der Stadt Dortmund vom 25.10.1941; Lageplan; Bauabnahmeschein vom 13.03.1943; einzelne Schreiben zwischen DHHV Werk Dortmund und Stadt Dortmund zum Genehmigungsverfahren.

4923 Bau eines Lagers für Zivilarbeiter [?] mit sechs Baracken, Huckarder Straße 135.
1941–1942
Bauantrag der DHHV Werk Dortmund vom 03.10.1941; Baugenehmigung der Stadt Dortmund vom 17.07.1942; Lageplan; Grund- und Aufrisszeichnungen; Bauabnahmeschein vom 17.11.1942; einzelne Schreiben zwischen DHHV Werk Dortmund und Stadt Dortmund zum Genehmigungsverfahren.

4926 Umbau der Gaststätte in Dortmund-Kirchlinde, Westerwicker Straße 59.
1942
Baugenehmigung der Stadt Dortmund vom 06.10.1942; Lageplan; Grundrisszeichnung; Bauabnahmeschein vom 11.12.1942.
[Wahrscheinlich Umbau zur Unterkunft für Kriegsgefangene oder Zwangsarbeiter.]

4927 Einrichtung einer Unterkunft für Zwangsarbeiter in einer Gaststätte in Dortmund-Kirchlinde, Egilmarstraße.
1942
Baugenehmigung der Stadt Dortmund vom 15.10.1942; Lageplan; Grundrisszeichnung; Bauabnahmeschein vom 19.11.1942.

4929 Bau eines Speisesaals für das Zwangsarbeiterlager, Huckarder Straße 166.
1942
Baugenehmigung der Stadt Dortmund vom 22.12.1942, mit Anlage: Merkblatt der Reichssozialversicherung; Lageplan; Grund- und Aufrisszeichnungen.

4931 Geplanter Umbau des Werkseingangs Huckarder Straße 135 zum Zwangsarbeiterlager.
1942–1944
Lageplan zu den Zwangsarbeiter- und Kriegsgefangenenlagern auf dem Werksgelände; Grund- und Aufrisszeichnungen; Anträge der DHHV auf Ausnahme vom Bauverbot.

4930 Bau eines Lagerraums für das Zwangsarbeiterlager, Huckarder Straße 166.
1943–1944
Baugenehmigung der Stadt Dortmund vom 02.02.1943, mit Anlage: Merkblatt der Reichssozialversicherung; Lageplan; Grund- und Aufrisszeichnungen; Bauabnahmeschein vom 11.01.1944.

4940 Umbau des Kriegsgefangenenlagers, Huckarder Straße 135, in ein Zwangsarbeiterlager.
1943

Bauantrag der DHHV vom 28.03.1943; Baugenehmigung des Baubevollmächtigten des Reichsministeriums Speer im Bezirk der Rüstungsinspektion VI vom 30.04.1943; Lageplan; Grund- und Aufrisszeichnungen.

4937 Bau eines Brennstoffschuppens für das Barackenlager, Lohstraße.
1943
Baugenehmigung der Stadt Dortmund vom 24.06.1943; Lageplan des Barackenlagers; Grund- und Aufrisszeichnungen des Architekten Jos. Frank, Dortmund.

4938 Bau eines Lagerkellers für das Barackenlager, Lohstraße.
1943
Baugenehmigung der Stadt Dortmund vom 29.06.1943; Lageplan des Barackenlagers; Antrag auf Ausnahme vom Bauverbot vom 04.05.1943; statische Berechnungen; Grund- und Aufrisszeichnungen des Architekten Jos. Frank, Dortmund.

4935 Bau einer „Entlausungsanstalt" beim Zwangsarbeiterlager, Huckarder Straße 135.
1943
Baugenehmigung der Stadt Dortmund vom 18.08.1943; Lageplan zu den Zwangsarbeiter- und Kriegsgefangenenlagern auf dem Werksgelände; Grund- und Aufrisszeichnungen.

4936 Wiederaufbau des Kriegsgefangenenlagers, Rheinische Straße 214.
1943
Baugenehmigung der Stadt Dortmund vom 28.09.1943; Kostenvoranschlag des Architekten Jos. Frank, Dortmund; Antrag auf Ausnahme vom Bauverbot; Lageplan; Grund- und Aufrisszeichnungen.

2.1.2.11 Gebäudeabbruch

4886 Abbruch der Lagerschuppen der ehemaligen Steinfabrik am „Dorstfeld-Tor".
1937
Abbruchantrag der DHHV Werk Dortmund vom 19.08.1937; Abbruchgenehmigung der Stadt Dortmund vom 24.08.1937; Lageplan eines Teils des Werks; einzelne Schreiben zwischen DHHV Werk Dortmund und Stadt Dortmund zum Genehmigungsverfahren.

4893 Abbruch von Ankerwerkstatt, Hochofenmagazin, Waschkaue und Feuerwache, Aachener Straße 23.
1938
Abbruchantrag der DHHV Werk Dortmund vom 13.01.1938; Abbruchgenehmigung der Stadt Dortmund vom 20.01.1938; Lageplan eines Teils des Werks; einzelne Schreiben zwischen DHHV Werk Dortmund und Stadt Dortmund zum Genehmigungsverfahren.

4906 Abbruch des Gebäudes der ehemaligen Gasreinigung.
1940
Abbruchantrag der DHHV Werk Dortmund vom 17.08.1940; Abbruchgenehmigung der Stadt Dortmund vom 02.09.1940; Lageplan; einzelne Schreiben zwischen DHHV Werk Dortmund und Stadt Dortmund zum Genehmigungsverfahren.

2.1.2.12 Sonstiges

974 Lageplan der DHHV Werk Dortmund.
[1932–1934]
Plan vom Juni 1932, mit handschriftlichen Einträgen.

4839 Bau eines Wiegehauses.
1934
Baugenehmigung der Stadt Dortmund vom 18.03.1934; Bauabnahmeschein vom 08.08.1934; Lageplan; Grund- und Aufrisszeichnungen; einzelne Schreiben zwischen DHHV Werk Dortmund und Stadt Dortmund zum Genehmigungsverfahren.

4849 Bau eines Laufstegs zwischen Stahlformgießerei und Walzwerk IV.
1935
Baugenehmigung der Stadt Dortmund vom 30.03.1935; Bauabnahmeschein vom 17.05.1935; Lageplan; Grund- und Aufrisszeichnungen; einzelne Schreiben zwischen DHHV Werk Dortmund und Stadt Dortmund zum Genehmigungsverfahren.

4846 Einrichtung eines Zerreißraumes im ehemaligen Pförtnergebäude des Wagenbaus.
1935
Baugenehmigung der Stadt Dortmund vom 29.05.1935; Bauabnahmeschein vom 05.07.1935; Lageplan; Grund- und Aufrisszeichnungen; einzelne Schreiben zwischen DHHV Werk Dortmund und Stadt Dortmund zum Genehmigungsverfahren.

4850 Bau einer Ausstellungshalle, Rheinische Straße 217.
1935–1936
Baugenehmigung der Stadt Dortmund vom 05.07.1935; Bauabnahmeschein vom 02.10.1935; statische Berechnungen; einzelne Schreiben zwischen DHHV Werk Dortmund und Stadt Dortmund zum Genehmigungsverfahren.

4855 Bau eines Straßenzugangs zum Sunderweg für einen Aufenthaltsraum des „Motorsturms der Hitler-Jugend".
1935
Bauantrag der DHHV Werk Dortmund vom 24.10.1935; Baugenehmigung der Stadt Dortmund vom 06.11.1935; Bauabnahmeschein vom 26.11.1935; Lageplan; einzelne Schreiben zwischen DHHV Werk Dortmund und Stadt Dortmund zum Genehmigungsverfahren.

4897 Umbau des Walzwerksbüros, Aachener Straße 23, und Einbau eines Luftschutzkellers.
1937
Baugenehmigung der Stadt Dortmund vom 10.02.1937; Rohbauabnahmeschein vom 19.07.1937; Lageplan; Grund- und Aufrisszeichnungen; einzelne Schreiben zwischen DHHV und Stadt Dortmund zum Genehmigungsverfahren.

6003 Schutzbau.
1913–1915, 1937–1938, 1944
Elf Fotoreproduktionen von Plänen zu Schutzbauten: Stolleneingang Verwaltungsgebäude 1 der

DHHV Werk Dortmund, Grundriss und Schnittzeichnung, o. D.; Werksluftschutzstollen am Verwaltungsgebäude 1 der DHHV Werk Dortmund, Befehlsstelle mit Sanitätsraum, Grundriss und Querschnitt, 1944; Zwickelbau im Presswerk, Zwickelbau im Presswerk Treppenhausquerschnitt, Luftschutzraum im Presswerk der Dortmunder Union, Zwickelbau im Presswerk Luftschutzkeller, Erweiterung Presswerk Werkstatt Grundriss Luftschutzkeller, hierzu fünf Zeichnungen von Polensky & Zöllner, 1937/38; Neubau des Büros für das Presswerk, Grundriss Erdgeschoss und erstes Obergeschoss, Zeichnung der Bauabteilung, 1915; Treppe für das Büro des Presswerks für die Union Dortmund, Zeichnung der Bauabteilung, 1915; Unterkellerung in der Bearbeitungswerkstatt Eisenwerk Union, Zeichnung Stubbe und Schibli, 1913; Wasch- und Umkleideraum in der neuen Bearbeitungswerkstatt, Deutsch-Lux, 1914; Karte von Dortmund (Teilstück), mit Kennzeichnung der Werksteile der VSt Dortmunder Union und angefügter Legende hierzu; handschriftliche Aufstellung zu Plänen von Schutzbauten.

4898 Umbau des Walzwerksbüros, Aachener Straße 23.
1937
Baugenehmigung der Stadt Dortmund vom 25.06.1937; Bauabnahmeschein vom 10.12.1937; Lageplan; Grund- und Aufrisszeichnungen; einzelne Schreiben zwischen DHHV Werk Dortmund und Stadt Dortmund zum Genehmigungsverfahren.

4888 Bau einer Ausstellungshalle auf dem Sportplatz, Rheinische Straße 248.
1937–1938
Baugenehmigung der Stadt Dortmund vom 26.10.1937; Rohbauabnahmeschein vom 23.04.1938; Lageplan; Grund- und Aufrisszeichnungen; einzelne Schreiben zwischen DHHV Werk Dortmund und Stadt Dortmund zum Genehmigungsverfahren.

4890 Bau einer Waage und einer Wasserausgabe in Dortmund, Mallinckrodtstraße 440.
1937
Bauantrag der DHHV Werk Dortmund vom 02.11.1937; Baugenehmigung der Stadt Dortmund vom 22.11.1937, mit Anlagen: Merkblatt zur Verwendung von Kupfer, Nickel und deren Legierungen sowie Merkblatt über die Reichsunfallversicherung; Lageplan; Grund- und Aufrisszeichnungen; einzelne Schreiben zwischen DHHV und Stadt Dortmund zum Genehmigungsverfahren.

4901 Bau einer Wagenbauhalle.
1938
Bauantrag der DHHV Werk Dortmund vom 21.03.1938; Baugenehmigung der Stadt Dortmund vom 23.09.1938; Lageplan; Grund- und Aufrisszeichnungen; statische Berechnungen der Dortmunder Union Brückenbau-AG; Bauabnahmeschein vom 15.12.1938; einzelne Schreiben zwischen DHHV Werk Dortmund und Stadt Dortmund zum Genehmigungsverfahren.

4921 Bau einer Schlackengießhalle, Mallinckrodtstraße 440.
1939–1941
Bauanträge der DHHV Werk Dortmund vom 20.12.1939 und 27.03.1940; Baugenehmigung der Stadt Dortmund vom 23.11.1940, mit Anlage: Merkblatt zur Reichsunfallversicherung; Lageplan; Grund- und Aufrisszeichnungen; statische Berechnungen; Bauabnahmeschein vom 31.07.1941; einzelne Schreiben zwischen DHHV Werk Dortmund und Stadt Dortmund zum Genehmigungsverfahren.

4933 Bau einer Überdachung für die Hofkranbahn des Radsatzbaus, Sunderweg 30.
1940
Baugenehmigung der Stadt Dortmund vom 03.05.1940; Lageplan; Grund- und Aufrisszeichnungen sowie statische Berechnungen der Dortmunder Union Brückenbau-AG.

4905 Bau einer Aufzugsanlage in der Werksdruckerei.
1940
Beschreibung der Aufzugsanlage und statische Berechnungen der Mannheimer Maschinenfabrik Mohr & Federhaff AG; Baugenehmigung der Stadt Dortmund vom 02.07.1940, mit Anlage: Merkblatt zur Reichsunfallversicherung; Lageplan; Grund- und Aufrisszeichnungen; einzelne Schreiben zwischen DHHV Werk Dortmund und Stadt Dortmund zum Genehmigungsverfahren.

4922 Bau einer Schlackengießhalle, Mallinckrodtstraße 440.
1940–1941
Baugenehmigung der Stadt Dortmund vom 17.01.1941, mit Anlage: Merkblatt zur Reichsunfallversicherung; Lageplan; Grund- und Aufrisszeichnungen; einzelne Schreiben zwischen DHHV Werk Dortmund und Stadt Dortmund zum Genehmigungsverfahren.

4914 Umbau der Werksbücherei, Rheinische Straße 130–132.
1941
Bauantrag der DHHV Werk Dortmund vom 11.02.1941; Eisenliste; Grund- und Aufrisszeichnungen der Qualitätsstelle; Antrag der DHHV Werk Dortmund auf Erteilung einer Ausnahmebewilligung vom Neubauverbot, o. D.; einzelne Schreiben zwischen DHHV Werk Dortmund und Stadt Dortmund zum Genehmigungsverfahren.

4939 Bau von Heizungsanlagen in den Gebäuden Huckarder Straße 151, 163 und 186.
1941
Baugenehmigung der Stadt Dortmund vom 08.10.1941; Lageplan; Grundrisszeichnungen.

4944 Bau eines Wiegehauses, Rheinische Straße 173.
1948
Baugenehmigung der Stadt Dortmund vom 14.12.1948; Lageplan.

2.2 Belegschaft

2.2.1 Lohn- und Belegschaftsstatistik

3094/7 Lohnstatistik der DHHV Werk Dortmund.
1939–1940
Monatliche Aufstellungen zu Anzahl der Arbeiter, Gesamtlohn und Stundenlohn, gegliedert nach einzelnen Betrieben, Oktober 1939 bis September 1940.
3094/8 Dsgl., Oktober 1942 bis September 1943.
3095/9 Dsgl., Oktober 1945 bis September 1946.

1487 Lohnstatistik der DHHV Werk Dortmund.
1927–1946

Aufstellungen zu den Lohnzahlungen, Durchschnittslöhnen, geleisteten Arbeitsstunden und Urlaubszeiten, aufgeschlüsselt nach einzelnen Betrieben, August bis Oktober 1946 (Kopie); Aufstellung der Durchschnittslöhne pro Stunde und pro Monat für VSt Dortmunder Union-Hoerder Verein, DHHV, DHHV Werk Dortmund und DHHV Werk Hörde für die Geschäftsjahre 1927/28–1945/46 sowie die Monate Oktober 1945 bis Oktober 1946.

2.2.2 Belegschaft des Laboratoriums von DHHV Werk Dortmund bzw. DHHV

5503 Schichten- und Lohnbuch des Laboratoriums, April 1932 bis September 1934.
1932–1934

5504 Lohnbuch des Laboratoriums, Dezember 1936 bis Juni 1939.
1936–1939
5505 Dsgl., Juli 1939 bis August 1941.

5346 Schichtenbuch des Laboratoriums, Mai 1938 bis September 1939.
1938–1939
5920 Dsgl., Oktober 1939 bis Januar 1941.
5347 Dsgl., Februar 1941 bis März 1942.
5348 Dsgl., April 1942 bis Mai 1943.
5319 Dsgl., September 1944 bis Dezember 1945.
5349 Dsgl., Januar 1946 bis Oktober 1951.

5506 Prämienbuch des Laboratoriums, Januar 1941 bis März 1945.
1941–1945
5507 Dsgl., April 1945 bis Dezember 1950.

2.2.3 Sonstiges

1638 Betriebssport bei der DHHV Werk Dortmund.
1937–1939
6. Rangliste der Teilnehmer am Betriebssportappell 1939 (Plakat); Rundschreiben der Betriebssportgemeinschaft DHHV Werk Dortmund an die Betriebs- und Abteilungsleiter sowie die Belegschaft der DHHV Werk Dortmund zur Organisation des Betriebssportappells 1939; Rundschreiben der Betriebssportgemeinschaft an „Sportwerbewarte" bzw. „Zellenwerbewarte" zur Organisation des Betriebssports und verschiedener Sportarten wie Schwimmen, Basketball, Fußball sowie des Kleinkaliberschießens; Bedingungen für das Reichssportabzeichen, o. D. (Typoskript); Eintrittskarte, Einladung und Programm zur Schlusskundgebung des Betriebssportappells 1938 (gedruckt); Plakate zu Ankündigung und Ergebnissen des Betriebssportappells 1938; Zeitungsausschnitte; Handzettel der Deutschen Arbeitsfront; einzelne Schreiben der Betriebssportgemeinschaft an die DHHV zur Freistellung von Arbeitnehmern für den Reichsentscheid 1939 und Kostenübernahme.

5910 Betriebliche Berufsausbildung bei der DHHV Werk Dortmund.
1945
Ausbildungsunterlagen der Lehrwerkstatt für Maschinenschlosser und Elektriker.

1489 Personaleinsatz der Maschinentechnischen Abteilung I der DHHV Werk Dortmund.
1946
Bericht über den Einsatz von Personal in Siemens-Martin-Stahlwerk, Thomas-Stahlwerk, Steinfabrik, Stahlgießerei und Fallwerk, mit Aufstellung der fest zugewiesenen Arbeitsstellen vom 15.11.1946; Schreiben der DHHV Werk Hörde an Direktor Friedrich A. Springorum zur Erzeugung von Elektrostahl.

68 Betriebsvereinbarung zwischen DHHV und Betriebsrat vom 06.12.1947.
06.12.1947.

3. Dortmund-Hoerder Hüttenverein AG Werk Hörde (1934–1947)

3.1 Technik, Produktion und Neubau

3.1.1 Produktions- und Betriebskostenstatistik

3111/4 Produktions- und Betriebskostenstatistik von VSt Hoerder Verein bzw. DHHV Werk Hörde.
1933–1934
Monatliche Aufstellungen zu Produktion, Kohlen-, Koks- und Erzverbrauch, Löhnen sowie sonstigen Produktions- und Betriebskosten von Hochöfen, Thomas-Stahlwerk, Siemens-Martin-Stahlwerk und Walzwerken, gegliedert nach einzelnen Betrieben, Kostenarten und Produkten, Oktober 1933 bis September 1934.

3112/1 Produktions- und Betriebskostenstatistik der DHHV Werk Hörde.
1934–1935
Monatliche Aufstellungen zu Produktion, Kohlen-, Koks- und Erzverbrauch, Löhnen sowie sonstigen Produktions- und Betriebskosten von Hochöfen, Thomas-Stahlwerk, Siemens-Martin-Stahlwerk und Walzwerken, gegliedert nach einzelnen Betrieben, Kostenarten und Produkten, Oktober 1934 bis September 1935.
3112/2 Dsgl., Oktober 1935 bis September 1936.
3112/3 Dsgl., Oktober 1936 bis September 1937.
3112/4 Dsgl., Oktober 1937 bis September 1938.
3113/1 Dsgl., Oktober 1938 bis September 1939.

3113/2 Produktions- und Betriebskostenstatistik der DHHV Werk Hörde.
1938–1939
Monatliche Aufstellungen zu Produktion, Kohlenverbrauch, Löhnen sowie sonstigen Produktions- und Betriebskosten der Walzwerke, gegliedert nach einzelnen Betrieben, Kostenarten und Produkten, Oktober 1938 bis September 1939.
3113/4 Dsgl., Oktober 1939 bis September 1940.
3114/2 Dsgl., Oktober 1940 bis September 1941.
3114/4 Dsgl., Oktober 1941 bis September 1942.

3113/3 Produktions- und Betriebskostenstatistik der DHHV Werk Hörde.
1939–1940
Monatliche Aufstellungen zu Produktion, Kohlen-, Koks- und Erzverbrauch, Löhnen sowie sonstigen Produktions- und Betriebskosten von Hochöfen, Thomas-Stahlwerk und Siemens-Martin-Stahlwerk, gegliedert nach einzelnen Betrieben, Kostenarten und Produkten, Oktober 1939 bis September 1940.

3114/1 Dsgl., Oktober 1940 bis September 1941.

3114/3 Dsgl., Oktober 1941 bis September 1942.

3114/6 Betriebskostenstatistik der DHHV Werk Hörde.
1940–1941
Monatliche Aufstellungen zu Betriebskosten von betrieblicher Energiewirtschaft, Werkstätten, Nebenbetrieben, gegliedert nach Kostenarten, Oktober 1940 bis September 1941.

3115/1 Produktions- und Betriebskostenstatistik der DHHV Werk Hörde.
1945–1946
Monatliche Aufstellungen zu Produktion, Kohlen-, Koks- und Erzverbrauch, Löhnen sowie sonstigen Produktions- und Betriebskosten von Hochöfen, Thomas-Stahlwerk, Siemens-Martin-Stahlwerk und Walzwerken, gegliedert nach einzelnen Betrieben, Kostenarten und Produkten, Oktober 1945 bis September 1946.

3115/5 Betriebskostenstatistik der DHHV Werk Hörde.
1945–1946
Monatliche Aufstellungen zu Betriebskosten von betrieblicher Energiewirtschaft, Werkstätten, Nebenbetrieben, Transport- und Verkehrsanlagen, gegliedert nach Kostenarten, Oktober 1945 bis September 1946.

3.1.2 Produktionsgenehmigungen und Produktionsplanung

2645 Lieferungen der DHHV Werk Hörde an Coutinho, Caro & Co.
1946
Grundzüge einer Außenhandelsplanung für die Britische Zone, 08.03.1946 (Entwurf des Vereins Hamburger Exporteure, Typoskript); Schriftwechsel zwischen Friedrich A. Springorum und Coutinho, Caro & Co., Zweigstelle Düsseldorf, über die Lieferung von Blechen, auch Panzerblechen, Halbzeug und Profilen und Übernahme von Lohnwalzungen durch die DHHV Werk Hörde sowie Tauschgeschäfte gegen Holz und Kartoffeln; Mitteilung der Deutschen Reichsbahn vom 22.02.1946 über die Ernennung der DHHV zur „Spezialfirma" für die Belieferung der Reichsbahn (Abschrift).

2648 Produktionsgenehmigungen für die DHHV Werk Hörde.
1946
Einzelne Production Permits for Industrial Plants des Military Government of Germany, April bis Juli 1946 (Abschriften).

2649 Produktionsmöglichkeiten der DHHV Werk Hörde für hochlegierte Edelstähle.
1946
Einzelne Aktenvermerke zu Produktionsmöglichkeiten, November und Dezember 1946.

2647 Anordnungen und Genehmigungen alliierter Behörden für die DHHV Werk Hörde.
1946–1947
Aktenvermerke von Otto A. Schneider-Lenné für das Direktorium der DHHV Werk Hörde über Besprechungen mit verschiedenen alliierten Behörden zu Produktionsplanung und -genehmigung, Brennstoffzuteilung, Arbeiterbedarf, Lagerung und Verschrottung von Rüstungsgütern sowie Anlagenreparaturen, März 1946 bis Januar 1947.

2606 Energieverbrauchsplanung der DHHV Werk Hörde.
1946–1947
Monatliche Pläne der Wärmestelle der DHHV Werk Hörde zur Energieverteilung auf die einzelnen Betriebe, März 1946 bis März 1947; Aktenvermerke der Wärmestelle zu Gesprächen mit Vertretern des Verwaltungsamts für Stahl und Eisen zur Brennstoffzuteilung sowie einzelne Berichte zur Energiewirtschaft.

2604 Produktions- und Energieverbrauchsplanung des Verwaltungsamts für Stahl und Eisen für die DHHV Werk Hörde.
1946–1947
Rundschreiben des Verwaltungsamts zur Festlegung von Produktionskapazitäten und Brennstoffzuteilung, Mai bis August, Oktober bis Dezember 1946 sowie Januar und Februar 1947; Aktennotizen zu Besprechungen von Unternehmensvertretern mit dem Verwaltungsamt im April und Mai 1946 über die Leistungsfähigkeit der Hochöfen bei ausschließlicher Verhüttung deutscher Erze.

2659 Rohstoff- und Brennstoffversorgung der DHHV Werk Hörde.
1946–1947
Aktenvermerke und Besprechungsniederschriften der Rohstoffabteilung der DHHV für die Direktion der DHHV Werk Hörde sowie einzelne Schreiben von North German Coal Distribution Office, Ruhrkohlen-Centrale und Verwaltungsamt für Wirtschaft des amerikanischen und britischen Besatzungsgebiets zur Rohstoff- und Brennstoffversorgung, Juni 1946 bis Januar 1947.

1493 Auftragssteuerung und Produktionsplanung bei der DHHV Werk Hörde.
1946–1947
Aufstellungen zum Auftragsbestand bei Walzprodukten am 01.02.1947, mit Vergleichsangaben zu den Lieferungen in den Quartalen 4/1945–4/1946, aufgeschlüsselt nach einzelnen Produkten und Lieferungen in die einzelnen Besatzungszonen; Produktionsplan für Dezember 1946 und Januar 1947; Aufstellungen der Lieferverpflichtungen für Oktober bis Dezember 1946 und des Gesamtauftragsbestands für verschiedene Walzanlagen am 02.11.1946; Aufstellung des Auftragsbestands der Stahlgießerei, April bis Juni 1946; Aufstellung zu nichtkontingentierten Lieferungen, April 1946; einzelne Schreiben zwischen DHHV Werk Hörde und DHHV sowie Berichte zur Regelung der Auftragssteuerung.

2644 Betriebsplanung, Betriebskosten und Produktion der DHHV Werk Hörde.
1946–1947

Monatliche Aufstellungen zur Produktion, Oktober 1946 bis März 1947, aufgeschlüsselt nach einzelnen Produkten; Aufstellungen zu Gesamtarbeitsstunden und Anzahl der Beschäftigten einzelner Betriebe, November 1946; Aufstellung zu Produktionskosten verschiedener Produkte, August 1946; Diagramme zu Brennstoffverbrauch der Rohstahlerzeugung, Bedarf an Arbeitern zur Produktion von Siemens-Martin- und Thomas-Stahl, Erzeugung von Blockwalzwerk und Stahlwalzwerk, September 1946; Aufstellungen zu den Verlustzeiten der Walzwerke, Juli 1946; Aufstellungen zu den durchschnittlichen Stundenlöhnen einzelner Betriebe, 1945-1946, sowie den Kosten für Instandhaltung und Reparaturen, April und Mai 1946 im Vergleich zu 1933; Aktenvermerke zur Produktionsplanung; Aufstellung zum Sonntagsstundenaufwand, Januar bis April 1946, im Vergleich zu Dezember 1931 sowie Januar und Februar 1932.

3.1.3 Werksbahnbetrieb

4169 Niveaukreuzung der Dortmunder Straßenbahn mit der Verbindungsbahn zwischen Hermannshütte und Schacht Schleswig des Hoerder Kohlenwerks an der Marsbruchstraße in Dortmund-Aplerbeck.
1860, 1873-1879, 1907-1941, 1948
Auszug aus der Bau- und Betriebsgenehmigung des Handelsministeriums für eine Pferdebahn vom 13.02.1860 (Abschrift); Genehmigung des Handelsministeriums zur Umstellung des Pferde- auf Lokomotivbetrieb vom 13.05.1861 (Abschrift); Aufstellung aller Behördenerlasse zu Bau und Betrieb der Verbindungsbahn zwischen Hermannshütte und Hoerder Kohlenwerk, o. D.; Polizeiverordnung für die Verbindungsbahnen des Hoerder Vereins vom 15.02.1879 (Typoskript, Abschrift aus dem Amtsblatt der Königlichen Regierung zu Arnsberg); Konstruktionszeichnung und Lageplan der Gleiskreuzung; Verträge zwischen Phoenix AG Bergwerksverwaltung und verschiedenen Straßenbahngesellschaften zu Gleiskreuzungen (Abschriften); Verträge zwischen Zeche Vereinigte Schürbank & Charlottenburg und verschiedenen Straßenbahngesellschaften, darunter Städtische Straßenbahnen Dortmund, zu Gleiskreuzungen (Abschriften); Niederschrift der bahnpolizeilichen Prüfung der projektierten Straßenbahnlinie von Dortmund nach Aplerbeck am 06.12.1912; Planfeststellungsbeschlüsse des Königlichen Regierungspräsidiums Arnsberg Bezirksausschuss vom 25.03.1913 und 14.08.1914; Beschwerde der Phoenix AG Hoerder Verein beim Ministerium der öffentlichen Arbeiten vom 09.10.1913 gegen den Planfeststellungsbeschluss; Niederschriften zu Ortsbesichtigungsterminen und Besprechungen; Niederschrift des Bauabnahmetermins der neuen Strecke am 20.08.1913; Verträge zwischen Phoenix AG Hoerder Verein und Städtischen Straßenbahnen Dortmund bzw. Dortmunder Straßenbahnen GmbH über den Kreuzungsbetrieb vom 10.09.1913 und 11.04./25.07.1921 (Abschriften); Beschluss des Ministeriums der öffentlichen Arbeiten zur Beschwerde vom 28.11.1913; Plan einer Gleisunterführung; Längen- und Höhenprofil sowie Lageplan der Verbindungsbahn; Kostenvoranschlag zur Hebung der Verbindungsbahn und zum Bau einer Straßenbahnunterführung; Schriftwechsel zwischen Phoenix AG Hoerder Verein bzw. VSt Hoerder Verein bzw. DHHV Werk Hörde, Amt [Dortmund-] Aplerbeck, Bezirksauschuss, Städtischen Straßenbahnen Dortmund bzw. Dortmunder Straßenbahnen GmbH über Genehmigungsverfahren und Bahnbetrieb; Zeitungsausschnitte.

4186 Betrieb des Übergabebahnhofs Dortmunderfeld.
1921-1936, 1941
Haftpflichtversicherungsschein der Frankfurter Allgemeine Versicherungs-Aktien-Gesellschaft

vom 26.02.1925 für die Deutsch-Lux Dortmunder Union, mit Antragsunterlage; Dienstanweisung für die im Eisenbahnbetrieb der VSt Abteilung Bergbau Gruppe Dortmund beschäftigten Personen; Bahnhofsdienstanweisung für den Gemeinschaftsbahnhof Dortmunderfeld und Dienstanweisung für die Bedienung der drei Privatanschlüsse Dortmunder Actien-Brauerei, Union Brauerei, Abteilung II, und Union Brauerei, Abteilung I, 1929 (gedruckt); Schriftwechsel zwischen Phoenix AG Hoerder Verein bzw. VSt Hoerder Verein bzw. DHHV Werk Hörde, Deutsch-Lux Dortmunder Union, Dortmunder Actien-Brauerei, VSt Abteilung Bergbau Gruppe Dortmund bzw. GBAG Gruppe Dortmund über Unfälle, Versicherungsfragen, Verbrauch an Betriebsmaterialien, Reparaturen, irrtümlich zugestellte Wagen und Betriebsanweisungen.

4172 Bahnübergänge und Anschlussgleise der Verbindungsbahn zwischen Hermannshütte und ehemaligem Schacht Schleswig des Hoerder Kohlenwerks.
1922, 1927–1929, 1939–1948
Vertrag zwischen Bergwerksgesellschaft Glückaufsegen mbH und Eisenbahndirektion Essen über den Gleisanschluss der Zeche Glückaufsegen an den Bahnhof Hörde-Hacheney vom 28.02./07.03.1922 (Abschrift); Schriftwechsel zwischen VSt Hoerder Verein und Reichsbahndirektion Essen über Kündigung des Anschlusses und Abrechnung der Pauschalvergütung; einzelne Schreiben zwischen Hüttenwerk Hörde AG und Kohlenhandelsgesellschaft Schürbank mbH über einen Nebenanschluss; Schriftwechsel zwischen DHHV Werk Hörde, Stadt Dortmund und Reichsbahnbetriebsamt Dortmund über Installation und Betrieb von Signalanlagen an den Gleisübergängen Brackeler Weg, Am Büter und Weserstraße; Schaltkreiszeichnungen von Schaltschränken; Beschreibung einer Warnlichtanlage der Vereinigte Eisenbahn-Signal-Werke GmbH (Typoskript); Lageplan der Verbindungsbahn.

4201 Nebenanschluss der Deutsche Patent-Wärmeschutz AG an den Bahnhof Hörde Hacheney bzw. Dortmund-Hörde über das Werksbahnnetz.
1922–1952
Vertrag zwischen VSt Hoerder Verein und Reichsbahndirektion Essen über die Gewährung des Nebenanschlusses der Deutschen Patent-Wärmeschutz AG nach Stilllegung der Anschlussgleise der Zeche Glückaufsegen vom 11./20.03.1931; Allgemeine Bedingungen der Deutschen Reichsbahn-Gesellschaft für Privatgleisanschlüsse, 1922 (gedruckt); Vertrag zwischen Bergwerksgesellschaft Glückaufsegen mbH und Deutscher Patent-Wärmeschutz AG über die Anlage eines Nebenanschlussgleises vom 09./13.06.1925 (Abschrift); Schriftwechsel zwischen VSt Hoerder Verein bzw. DHHV Werk Hörde bzw. Hüttenwerk Hörde AG und Patent-Wärmeschutz AG über die Weiterführung des Betriebs, Anschlussgebühren, Höhe der Betriebskosten und Kostenabrechnungen.

4190 Pauschalvergütungen an die Reichsbahndirektion Essen für die Gleisanschlüsse von Hermannshütte und Hochofenwerk Hörde an die Bahnhöfe Hörde und Hörde-Hacheney.
1923–1938
Vergütungsnachweise; Schriftwechsel zwischen Phoenix AG Hoerder Verein bzw. VSt Hoerder Verein bzw. DHHV Werk Hörde, VSt Grundstücksabteilung Dortmund und Reichsbahndirektion Essen zur Erhöhung, Abrechnung und Zahlung der Anschlussgebühren.

4185 Betriebskosten des Übergabebahnhofs Dortmunderfeld.
1924–1937
Abrechnungen zu den Betriebsjahren 1924/25–1936/37, mit Angaben zu Transportmengen, Wa-

genumlauf, Verzinsung und Tilgung der Baukosten sowie der Abgaben an die Reichsbahndirektion Essen für Phoenix AG Hoerder Verein bzw. VSt Hoerder Verein bzw. DHHV Werk Hörde, Deutsch-Lux Dortmunder Union, Dortmunder Union-Brauerei AG und Dortmunder Actien-Brauerei; einzelne Schreiben zwischen Phoenix AG Hoerder Verein bzw. VSt Hoerder Verein bzw. DHHV Werk Hörde, VSt Abteilung Bergbau Gruppe Dortmund bzw. GBAG Gruppe Dortmund und Deutsch-Lux Dortmunder Union zur Abrechnung der Kosten.

4202 Nebenanschluss der Deutsche Patent-Wärmeschutz AG an den Bahnhof Hörde-Hacheney bzw. Dortmund-Hörde über das Werksbahnnetz.
1925, 1934–1938, 1942–1954
Vertrag zwischen Phoenix AG Hoerder Verein und Deutscher Patent-Wärmeschutz AG über die Lieferung und Verarbeitung von Gichtgasschlämmen vom 31.07./04.08.1925 (Abschrift); Beschreibung der Werksanlagen der Patent-Wärmeschutz AG vom 12.07.1938, mit Wertgutachten; Vertrag zwischen Phoenix AG Hoerder Verein und Patent-Wärmeschutz AG zur Anlage eines Nebenanschlussgleises vom 09./13.06.1925 (Abschrift); Lageplan der Gasverteilungsanlagen der DHHV Werk Hörde; Schriftwechsel zwischen VSt Hoerder Verein bzw. DHHV, VSt Grundstücksabteilung Dortmund und Patent-Wärmeschutz AG über den geplanten Ankauf des Werksgeländes einschließlich aller Gebäude der Patent-Wärmeschutz AG zur Erweiterung der Lehrwerkstatt der DHHV Werk Hörde, Lieferung von Gichtgasschlämmen, Verlegung von Wegen im Rahmen des Baus von Hochofen V und der Zufahrten der Patent-Wärmeschutz AG zum Werksgelände, Sicherung des Eisenbahnbetriebs während des Kriegs sowie Verpflegung von Zivilarbeitern.

4167 Betrieb der Verbindungsbahn zwischen Hermannshütte und dem ehemaligen Schacht Schleswig des Hoerder Kohlenwerks.
1928–1950
Konstruktionszeichnungen und Rundschreiben der Deutschen Reichsbahn-Gesellschaft zu Warnkreuzen; Schriftwechsel zwischen VSt Hoerder Verein bzw. DHHV Werk Hörde, VSt Abteilung Bergbau Gruppe Dortmund, Bergrevier Kamen, Stadt Dortmund, Dortmunder Straßenbahnen GmbH und anderen Verwaltungsstellen zu Unfällen, Sicherungsmaßnahmen an Bahnübergängen, Reparatur- und Instandhaltungsarbeiten an Gleisen und Brücken, den Status der Anschlussbahn als Privatbahn, den Transport von Schlacke zur Halde Schleswig und den Betrieb einer Eisenbahnflak auf dem Anschlussgleis in Richtung Asseln.

4161/2 Betrieb der Verbindungsbahn zwischen Hermannshütte und Hochofenwerk Hörde (Eliasbahn).
1927–1939, 1945–1948
Schriftwechsel zwischen VSt Hoerder Verein bzw. DHHV Werk Hörde, Reichsbahndirektion Essen, Eisenbahnbetriebsamt Dortmund und Stadt Dortmund zu Straßenverkehrsfragen, Revisionen, Reparaturen und Instandhaltungsarbeiten an Brücken und Gleisanlagen.

4230 Bahnanschluss des Geländes der ehemaligen Zeche Glückaufsegen an das Werksbahnnetz.
1928–1932, 1937, 1942–1948, 1952–1953
Anschlussvertrag zwischen VSt Dortmunder Union-Hoerder Verein und Bergwerksgesellschaft Glückaufsegen mbH vom 10.02./09.03.1928 (Abschrift); einzelne Schreiben zwischen VSt Hoerder Verein bzw. DHHV Werk Hörde, GBAG Gruppe Dortmund, Bergbau-AG Lothringen und Gewerkschaft des Steinkohlenbergwerks Graf Schwerin über Betrieb und Kostenabrechnung des Bahnanschlusses, Wagenstandzeiten und Reparaturen.

5028/2 Versorgung der Provinzial-Heilanstalt Dortmund-Aplerbeck über die Werksbahn.
1934–1941
Rechnungen der DHHV an die Provinzial-Heilanstalt über Transportkosten, Wagenstandgelder und Reparaturen.

4223/2 Betriebskosten des Bahnanschlusses an den Bahnhof Hörde-Hacheney bzw. Dortmund-Hörde.
1934–1952
Nachweise zu den Pauschalvergütungen für den Bahnanschluss; Aufstellung aller Pauschalvergütungen Januar 1924 bis Juni 1952; Schriftwechsel zwischen DHHV Werk Hörde und VSt Grundstücksabteilung Dortmund über Gebührenzahlungen und Betriebskosten.

4207/2 Betrieb des Bahnanschlusses des ehemaligen Hoerder Kohlenwerks an den Bahnhof Asseln.
1934–1953
Nachweise zu den Pauschalvergütungen für den Bahnanschluss; Aufstellung aller Pauschalvergütungen, Januar 1929 bis Juni 1946; Schriftwechsel zwischen DHHV Werk Hörde und VSt Grundstücksabteilung Dortmund über Gebührenzahlungen und Betriebskosten.

4238 Schlackentransport vom Hochofenwerk zur Schlackenhalde beim ehemaligen Schacht Schleswig des Hoerder Kohlenwerks.
1938–1946, 1950–1952
Aufrisszeichnung und Fotografien von Schlackenwagen; Antrag der DHHV auf Transportgenehmigung bei Regierungspräsidium Arnsberg und Reichsbevollmächtigtem für Bahnaufsicht vom 12.08.1940; statische Berechnung sowie Lagepläne zur Unterführung der Holzwickeder Straße am Zechenbahnhof sowie der Unterführung an der Aldinghofer Straße; statische Berechnungen sowie Grund- und Aufrisszeichnungen der Dortmunder Union Brückenbau-AG zu Unterführungen an Seekante und Semerteichstraße; Transportgenehmigung des Regierungspräsidiums vom 29.11.1940; Lagepläne der Schlackenkippe; einzelne Schreiben zwischen DHHV, Regierungspräsidium und Reichsbevollmächtigtem zum Genehmigungsverfahren sowie mit GBAG Gruppe Dortmund und VSt Grundstücksabteilung Dortmund zu Bahnbetrieb und Anpachtung von Grundstücken zur Erweiterung der Kippe.

4191 Pauschalvergütungen an die Reichsbahndirektion Essen für die Gleisanschlüsse von Hermannshütte und Hochofenwerk Hörde an die Bahnhöfe Hörde und Hörde-Hacheney bzw. Dortmund-Hörde.
1938–1952
Aufstellungen zu den Zahlungen von DHHU Werk Hörde und Vorläufergesellschaften zwischen 1928 und 1952; Schriftwechsel zwischen DHHV Werk Hörde, VSt Grundstücksabteilung Dortmund und Reichsbahndirektion Essen zur Abrechnung und Zahlung der Anschlussgebühren, 1938–1947.

1488 Eisenbahnbetrieb der DHHV Werk Hörde.
1946–1947
Aufstellungen zu den Wagen und Lokomotivbeständen, mit Angaben zum Reparaturbedarf; einzelne Schreiben zwischen DHHV und VSt zu Lokomotivreparaturen.

3.1.4 Neubau (Sortierung nach Datum der Baugenehmigung)
3.1.4.1 Hochöfen

3637 Bau eines Kamins am Hochofen III.
1934–1935
Baugenehmigung der Stadt Dortmund vom 03.08.1934; Lageplan; Grund- und Aufrisszeichnungen sowie Festigkeitsberechnungen der Firma Carl Brandt; Bauabnahmeschein vom 29.05.1935; einzelne Schreiben zwischen DHHV Werk Hörde und Stadt Dortmund zum Genehmigungsverfahren.

3640/1 Umbau von Hochofen III.
1935
Baubeschreibung der DHHV Werk Hörde vom 07.10.1935; Baugenehmigung des Bezirksverwaltungsgerichts Arnsberg vom 03.12.1935; Lageplan; Konstruktionszeichnungen.

3640/2 Umbau von Hochofen III.
1935
Statische Berechnungen der Dortmunder Union Brückenbau-AG.

3665/1 Bau von Hochofen V.
1939–1940
Bauantrag der DHHV Werk Hörde vom 15.02.1939; Baugenehmigung des Regierungspräsidiums Arnsberg vom 03.09.1940; Lageplan; Grund-, Aufriss- und Konstruktionszeichnungen sowie statische Berechnungen von DEMAG AG, Dortmunder Union Brückenbau-AG, Dortmunder Union Brückenbau-AG Werk Orange und Firma Gottfried Bischoff, Essen, insbesondere zu Gasreinigung und Rohrleitungen.

3665/2 Bau von Hochofen V.
1939
Grund-, Aufriss- und Konstruktionszeichnungen sowie statische Berechnungen der Hochtief Aktiengesellschaft für Hoch- und Tiefbauten vorm. Gebr. Helfmann zu den Fundamenten.

3665/3 Bau von Hochofen V.
1939
Grund- und Aufrisszeichnung sowie statische Berechnungen der Wiemer Trachte Eisenbeton und Tiefbau für die Unterkellerung der Gießhalle.

3665/4 Bau von Hochofen V.
1939–1943
Grund- und Aufrisszeichnung sowie Konstruktionszeichnung und statische Berechnungen der DEMAG AG zum Schrägaufzug.
3665/6 Dsgl. zum Hochofen.

3665/5 Bau von Hochofen V.
1939
Grund- und Aufrisszeichnungen sowie Konstruktionszeichnung und statische Berechnungen von

Dortmunder Union Brückenbau-AG, Kölsch-Fölzer-Werke AG und A. Rübenkamp K.-G., Dortmund, zur Gasreinigungsanlage.

3655 Verstärkung der Fundamente der Möllerbrücke V.
1940–1941
Bauantrag der DHHV Werk Hörde vom 18.05.1940; Baugenehmigung der Stadt Dortmund vom 01.06.1940; Lageplan; Grund- und Aufrisszeichnungen; statische Berechnungen der Wiemer Trachte Eisenbeton und Tiefbau; Bauabnahmeschein vom 24.07.1941; einzelne Schreiben zwischen DHHV Werk Hörde und Stadt Dortmund zum Genehmigungsverfahren.

4530 Teilerneuerung einzelner Brückenfelder der Möllerbrücke V.
1940–1941
Bauantrag der DHHV Werk Hörde für einen Koksbunker vom 23.09.1940; Bauabnahmeschein vom 11.07.1941; statische Berechnungen; Grund- Aufriss- und Querschnittzeichnungen der Dortmunder Union Brückenbau-AG.

3666 Bau einer Zentralschlackengranulation für Hochofen V.
1941–1945
Baugenehmigungen von Stadt Dortmund vom 03.06.1941 und Regierungspräsidium Arnsberg vom 15.09.1942; Lageplan; Grund-, Aufriss- und Konstruktionszeichnungen sowie statische Berechnungen von Maschinenbau-AG Balcke, Bochum, und Glückauf-Bau-AG, Berlin; einzelne Schreiben zwischen DHHV Werk Hörde und Stadt Dortmund zum Genehmigungsverfahren.

1492 Wiederaufbau von Hochofen V.
1946
Einzelne Schreiben zwischen DHHV und Verwaltungsamt für Stahl und Eisen zu Personal- und Materialbedarf, Erteilung von Permits für Zulieferer und Terminfragen; Aktenvermerke, Mai bis September 1946.

3.1.4.2 Kokerei

3658/1 Bau einer Kokerei mit Nebenproduktengewinnungsanlagen.
1937–1939
Bauantrag der DHHV Werk Hörde vom 02.12.1937; Baugenehmigung des Bezirksverwaltungsgerichts Arnsberg vom 05.10.1939; Lageplan; Grund-, Aufriss- und Konstruktionszeichnungen der Didier-Kogag Koksofenbau und Gasverwertung AG.

3658/2 Bau einer Kokerei mit Nebenproduktengewinnungsanlagen.
1937–1938
Baubeschreibung; Lagepläne; Grund-, Aufriss- und Konstruktionszeichnungen (Ofenschnitt, Untermauerung, Batterieköpfe, Maschinenbahn, Schornstein, Stützmauern) sowie statische Berechnungen der Firmen Didier-Kogag Koksofenbau und Gasverwertung AG und Adolf Weishaar Industriebau, Essen.

3658/3 Bau einer Kokerei mit Nebenproduktengewinnungsanlagen.
1938-1939
Bauantrag der DHHV Werk Hörde für einen Kokslöschturm und eine Kläranlage vom 10.01.1939; Lagepläne; Grund-, Aufriss- und Konstruktionszeichnungen sowie statische Berechnungen der Didier-Kogag Koksofenbau und Gasverwertung AG in Arbeitsgemeinschaft mit Hinselmann Koksofenbaugesellschaft mbH und Holzbau Kübler Nachf. Phil. Hambach, Koblenz.

3658/4 Bau einer Kokerei mit Nebenproduktengewinnungsanlagen.
1938-1939
Bauantrag der DHHV Werk Hörde für eine Koksbandbrücke mit Sieb- und Koksbunkergebäude vom 28.10.1938; Lagepläne; Grund-, Aufriss- und Konstruktionszeichnungen sowie statische Berechnungen der Didier-Kogag Koksofenbau und Gasverwertung AG in Arbeitsgemeinschaft mit der Hinselmann Koksofenbaugesellschaft mbH.

3658/5 Bau einer Kokerei mit Nebenproduktengewinnungsanlagen.
1938-1939
Bauantrag der DHHV Werk Hörde für die Koksrampe mit Umkehr- und Spannstation vom 16.09.1938; Lagepläne; Grund-, Aufriss- und Konstruktionszeichnungen sowie statische Berechnungen der Didier-Kogag Koksofenbau und Gasverwertung AG in Arbeitsgemeinschaft mit der Hinselmann Koksofenbaugesellschaft mbH.

3658/6 Bau einer Kokerei mit Nebenproduktengewinnungsanlagen.
1938
Grund- und Aufrisszeichnung sowie statische Berechnungen der Didier-Kogag Koksofenbau und Gasverwertung AG in Arbeitsgemeinschaft mit der Hinselmann Koksofenbaugesellschaft mbH für das Maschinenhaus der Kondensationsanlage.

3658/7 Bau einer Kokerei mit Nebenproduktengewinnungsanlagen.
1938
Grund- und Aufrisszeichnung sowie Konstruktionszeichnungen und statische Berechnungen der Didier-Kogag Koksofenbau und Gasverwertung AG in Arbeitsgemeinschaft mit der Hinselmann Koksofenbaugesellschaft mbH sowie des Beratenden Ingenieurs Bruno Schneider und der Firma J. T. Wulf Kühlwerksbau für das Maschinenhaus der Kondensationsanlage.

3658/8 Bau einer Kokerei mit Nebenproduktengewinnungsanlagen.
1938-1939
Grund- und Aufrisszeichnungen sowie Konstruktionszeichnungen und statische Berechnungen der Didier-Kogag Koksofenbau und Gasverwertung AG und des Beratenden Ingenieurs Bruno Schneider für die Ammoniakfabrik.

3658/9 Bau einer Kokerei mit Nebenproduktengewinnungsanlagen.
1938-1939
Grund- und Aufrisszeichnung sowie Konstruktionszeichnungen und statische Berechnungen der Didier-Kogag Koksofenbau und Gasverwertung AG in Arbeitsgemeinschaft mit Hinselmann Koksofenbaugesellschaft mbH und Eisenhoch- und Brückenbau Storp & Co., Essen, für die Benzolfabrik.

3659 Bau eines Ventilatorengebäudes für die Kokerei.
1940–1941
Bauantrag der DHHV Werk Hörde vom 27.12.1940; Baugenehmigung der Stadt Dortmund vom 10.01.1941; Lageplan; Grund- und Aufrisszeichnungen; Bauabnahmeschein vom 17.04.1941; einzelne Schreiben zwischen DHHV Werk Hörde und Stadt Dortmund zum Genehmigungsverfahren.

3.1.4.3 Stahl- und Walzwerke

4083/1 Erweiterung des Grobblechwalzwerks.
1937–1938
Bauantrag der DHHV Werk Hörde vom 07.04.1937; Lageplan; Grund- und Aufrisszeichnungen; Baugenehmigung der Stadt Dortmund vom 14.04.1938 (Kopie); Lagepläne, Grund- und Aufrisszeichnungen der Dortmunder Union Brückenbau-AG.

4083/2 Erweiterung des Grobblechwalzwerks.
1937
Statische Berechnungen der Dortmunder Union Brückenbau-AG für die Warmbetthallen.
4083/3 Dsgl. für die Tiefofen- und Walzwerkshallen.
4083/4 Dsgl. für die Adjustagehalle.

4126 Umbau und Erweiterung des Thomas-Stahlwerks.
1940
Statische Berechnungen der Firma Gustav Schade.

3.1.4.4 Werkstätten und Adjustage

4064 Erweiterung der Adjustagehalle des Blechwalzwerks.
1934
Grund- und Aufrisszeichnungen sowie statische Berechnungen der Dortmunder Union Brückenbau-AG.

4080 Bau einer Schmiede und Werkzeugmacherei mit Kranbahn für die Räderfabrik.
1937–1938
Bauantrag der DHHV Werk Hörde vom 27.01.1937; Lageplan; Grund- und Aufrisszeichnungen; Baugenehmigung der Stadt Dortmund vom 27.04.1937; Bauabnahmeschein vom 09.04.1938; einzelne Schreiben zwischen DHHV Werk Hörde und Stadt Dortmund zum Genehmigungsverfahren.

4086/1 Verlegung und Erweiterung der Zentralreparaturwerkstatt.
1938–1943
Bauantrag der DHHV Werk Hörde vom 02.02.1938; Merkblatt zur Reichsunfallversicherung (gedruckt); Baugenehmigung der Stadt Dortmund vom 26.11.1938; Lagepläne, Grund- und Aufrisszeichnungen der Dortmunder Union Brückenbau-AG; Rohbauabnahmeschein vom 09.02.1939; Bauabnahmeschein vom 12.03.1943; einzelne Schreiben zwischen DHHV Werk Hörde und Stadt Dortmund zum Genehmigungsverfahren.

4086/2 Verlegung und Erweiterung der Zentralreparaturwerkstatt.
1938
Grund- und Aufrisszeichnungen sowie statische Berechnungen der Firmen Dortmunder Union Brückenbau-AG und J. Freundlieb, Dortmund.

4088 Erweiterung der Schmiede an der Radsatzwerkstatt.
1938
Merkblatt zur Reichsunfallversicherung (gedruckt); Baugenehmigung der Stadt Dortmund vom 24.08.1938; Lagepläne, Grund- und Aufrisszeichnungen; statische Berechnungen der Firma Gustav Gestring, Dortmund; Bauabnahmeschein vom 18.10.1938.

4093 Um- und Ausbau der Wagenreparaturwerkstatt.
1938-1941
Bauantrag der DHHV Werk Hörde vom 31.10.1938; Merkblatt zur Reichsunfallversicherung (gedruckt); Baugenehmigung der Stadt Dortmund vom 20.03.1939; Lagepläne, Grund- und Aufrisszeichnungen sowie statische Berechnungen der Firmen Dortmunder Union Brückenbau-AG und Röllecke & Co., Dortmund; Bauabnahmeschein vom 23.01.1941; einzelne Schreiben zwischen DHHV Werk Hörde und Stadt Dortmund zum Genehmigungsverfahren.

4085 Bau eines Sandstrahlgebläsehäuschens.
1938-1940
Bauantrag der DHHV Werk Hörde vom 11.11.1938; Merkblatt zur Reichsunfallversicherung (gedruckt); Baugenehmigung der Stadt Dortmund vom 03.12.1938; Lagepläne, Grund- und Aufrisszeichnungen; Bauabnahmeschein vom 30.05.1940.

4119 Umbau eines Lagerschuppens beim Lokomotivschuppen der Hermannshütte in eine Werkstatt.
1940-1941
Bauantrag der DHHV Werk Hörde vom 06.09.1940; Lageplan; Grund- und Aufrisszeichnungen; Baugenehmigung der Stadt Dortmund vom 30.09.1940; Merkblatt zur Reichsunfallversicherung (gedruckt); Bauabnahmeschein vom 30.04.1941; einzelne Schreiben zwischen DHHV Werk Hörde und Stadt Dortmund zum Genehmigungsverfahren.

4127 Bau einer Werkstatt im Erdgeschoss des Modelllagers.
1941-1942
Bauantrag der DHHV Werk Hörde vom 26.06.1941; Lageplan; Grund- und Aufrisszeichnungen; Baugenehmigung der Stadt Dortmund vom 19.07.1941; Merkblatt zur Reichsunfallversicherung (gedruckt); statische Berechnungen; Bauabnahmeschein vom 16.06.1942; einzelne Schreiben zwischen DHHV Werk Hörde und Stadt Dortmund zum Genehmigungsverfahren.

3.1.4.5 Lager

3638 Bau eines Lagergebäudes für Baumaterialien im Hochofenwerk.
1935
Bauantrag der DHHV Werk Hörde vom 24.05.1935; Baugenehmigung der Stadt Dortmund vom 27.06.1935; Lageplan; Grund- und Aufrisszeichnungen: Statische Berechnungen der Dortmunder

Union Brückenbau-AG; Bauabnahmeschein vom 22.07.1935; einzelne Schreiben zwischen DHHV Werk Hörde und Stadt Dortmund zum Genehmigungsverfahren.

4070 Bau eines Silizium- und Gerätelagers für das Siemens-Martin-Stahlwerk I.
1936–1937
Bauantrag der DHHV Werk Hörde vom 23.12.1936; Lageplan; Baugenehmigung der Stadt Dortmund vom 15.01.1937; Merkblatt zur Reichsunfallversicherung (gedruckt); Bauabnahmeschein vom 22.09.1937; einzelne Schreiben zwischen DHHV Werk Hörde und Stadt Dortmund zum Genehmigungsverfahren.

4075 Bau eines Lagerschuppens für feuerfeste Steine in der Hermannshütte.
1937
Bauantrag der DHHV Werk Hörde vom 23.03.1937; Lageplan; Grund- und Aufrisszeichnungen; Baugenehmigung der Stadt Dortmund vom 09.04.1937; Merkblatt zur Reichsunfallversicherung (gedruckt); Bauabnahmeschein vom 01.06.1937; einzelne Schreiben zwischen DHHV Werk Hörde und Stadt Dortmund zum Genehmigungsverfahren.

4087 Verlegung eines Siliziumschuppens in der Hermannshütte.
1938–1941
Bauantrag der DHHV Werk Hörde vom 20.12.1938; Merkblatt zur Reichsunfallversicherung (gedruckt); Baugenehmigung der Stadt Dortmund vom 10.03.1939; Materialliste; Lagepläne; Grund- und Aufrisszeichnungen; statische Berechnungen; Bauabnahmeschein vom 20.07.1940.

4094 Bau eines Lagerschuppens für Magnesitsteine beim Siemens-Martin-Stahlwerk II.
1939–1941
Bauantrag der DHHV Werk Hörde vom 24.05.1939; Merkblatt zur Verwendung von Nickel und Kupfer (Typoskript); Merkblatt zur Reichsunfallversicherung (gedruckt); Baugenehmigung der Stadt Dortmund vom 12.06.1939; Materiallisten; Lagepläne, Grund- und Aufrisszeichnungen; Bauabnahmeschein vom 23.10.1940; einzelne Schreiben zwischen DHHV Werk Hörde und Stadt Dortmund zum Genehmigungsverfahren.

4096 Bau eines Geräteschuppens für die Mechanische Werkstatt I.
1939–1940
Bauantrag der DHHV Werk Hörde vom 25.06.1939; Merkblatt zur Reichsunfallversicherung (gedruckt); Baugenehmigung der Stadt Dortmund vom 16.08.1939; Materiallisten; Lageplan, Grund- und Aufrisszeichnungen; Bauabnahmeschein vom 08.12.1939; einzelne Schreiben zwischen DHHV Werk Hörde und Stadt Dortmund zum Genehmigungsverfahren.

3678 Wiederaufbau der ehemaligen mechanischen Werkstatt zu einem Lagergebäude für die Schlackensteinfabrik auf dem Gelände des ehemaligen Hoerder Kohlenwerks, Schacht Schleswig.
1939–1942
Bauantrag der DHHV Werk Hörde vom 28.10.1939; Baugenehmigung der Stadt Dortmund vom 30.06.1940; Lageplan; Grund- und Aufrisszeichnungen; statische Berechnungen; Bauabnahmeschein vom 18.05.1942; einzelne Schreiben zwischen DHHV Werk Hörde und Stadt Dortmund zum Genehmigungsverfahren.

4100 Bau eines Lagerschuppens für Putzwolle für das Zentrallager der Hermannshütte.
1940
Bauantrag der DHHV Werk Hörde vom 22.01.1940; Merkblatt zur Reichsunfallversicherung (gedruckt); Materiallisten; Baugenehmigung der Stadt Dortmund vom 30.01.1940; Lagepläne, Grund- und Aufrisszeichnungen; Bauabnahmeschein vom 09.07.1940; einzelne Schreiben zwischen DHHV Werk Hörde und Stadt Dortmund zum Genehmigungsverfahren.

4108 Bau eines Geräteschuppens für die Bauabteilung der Hermannshütte.
1940
Bauantrag der DHHV Werk Hörde vom 23.03.1940; Lagepläne, Grund- und Aufrisszeichnungen; Materiallisten; Baugenehmigung der Stadt Dortmund vom 30.03.1940; Bauabnahmeschein vom 30.11.1940; einzelne Schreiben zwischen DHHV Werk Hörde und Stadt Dortmund zum Genehmigungsverfahren.

4110 Bau einer Tankanlage zur unterirdischen Lagerung von Waschbenzin und Gasöl in der Reparaturwerkstatt der Elektrotechnischen Abteilung der Hermannshütte.
1940
Bauantrag der DHHV Werk Hörde vom 23.03.1940; Lageplan, Konstruktionszeichnungen und Anlagenbeschreibung der Firma Wilhelm Ortmann, Dortmund; Materiallisten; Baugenehmigung der Stadt Dortmund vom 14.04.1940; Bauabnahmeschein vom 20.07.1940; einzelne Schreiben zwischen DHHV Werk Hörde und Stadt Dortmund zum Genehmigungsverfahren.

4115 Bau eines Lagerschuppens beim Hauptlager der Hermannshütte.
1940–1942
Bauantrag der DHHV Werk Hörde vom 11.07.1940; Lageplan, Grund- und Aufrisszeichnungen; Materiallisten; Baugenehmigung der Stadt Dortmund vom 20.07.1940; einzelne Schreiben zwischen DHHV Werk Hörde und Stadt Dortmund zum Genehmigungsverfahren.

4120 Umbau und Erweiterung des Kohlenlagers des Thomas-Stahlwerks.
1940–1941
Bauantrag der DHHV Werk Hörde vom 21.10.1940; Lageplan; Grund- und Aufrisszeichnungen; Baugenehmigung der Stadt Dortmund vom 05.11.1940; Merkblatt zur Reichsunfallversicherung (gedruckt); statische Berechnungen; einzelne Schreiben zwischen DHHV Werk Hörde und Stadt Dortmund zum Genehmigungsverfahren.

4130 Verlegung eines Lagers für feuerfeste Steine in der Hermannshütte.
1941–1942
Bauantrag der DHHV Werk Hörde vom 25.11.1941; Lageplan; Grund- und Aufrisszeichnungen; Baugenehmigung der Stadt Dortmund vom 22.12.1941; Bauabnahmeschein vom 03.06.1942; einzelne Schreiben zwischen DHHV Werk Hörde und Stadt Dortmund zum Genehmigungsverfahren.

4131 Bau eines Sandschuppens für die Steinfabrik der Hermannshütte.
1941–1942
Bauantrag der DHHV Werk Hörde vom 29.12.1941; Lageplan; Grund- und Aufrisszeichnungen; Baugenehmigung der Stadt Dortmund vom 30.01.1942; Bauabnahmeschein vom 11.06.1942; einzelne Schreiben zwischen DHHV Werk Hörde und Stadt Dortmund zum Genehmigungsverfahren.

3.1.4.6 Waschkauen, Toiletten und Aufenthaltsräume

3636 Bau eines Aufenthaltsraums mit Waschkaue im Hochofenwerk Hörde.
1935
Baubeschreibung der DHHV Werk Hörde vom 11.01.1935; Baugenehmigung der Stadt Dortmund vom 14.02.1935; Lageplan; Grund- und Aufrisszeichnungen; Bauabnahmeschein vom 18.05.1935; einzelne Schreiben zwischen DHHV Werk Hörde und Stadt Dortmund zum Genehmigungsverfahren.

4105 Bau einer Waschkaue mit Luftschutzkeller für die Asphaltieranlage der Hermannshütte.
1938–1939
Bauantrag der DHHV Werk Hörde vom 07.02.1938; Lagepläne, Grund- und Aufrisszeichnungen; Baugenehmigung der Stadt Dortmund vom 19.03.1938; statische Berechnungen der Firma Röllecke & Co., Dortmund; Bauabnahmeschein vom 16.03.1939; einzelne Schreiben zwischen DHHV Werk Hörde, Stadt Dortmund und anderen staatlichen Stellen zum Genehmigungsverfahren.

4091 Umbau der Waschkaue des Presswerks.
1939–1941
Bauantrag der DHHV Werk Hörde vom 11.03.1939; Merkblatt zur Reichsunfallversicherung (gedruckt); Baugenehmigung der Stadt Dortmund vom 03.05.1939; Materiallisten; Lageplan, Grund- und Aufrisszeichnungen; statische Berechnungen; Bauabnahmeschein vom 23.01.1940; einzelne Schreiben zwischen DHHV Werk Hörde und Stadt Dortmund zum Genehmigungsverfahren.

4092 Anbau einer Waschkaue an das Rohrwerk.
1939–1940
Bauantrag der DHHV Werk Hörde vom 08.03.1939; Merkblatt zur Reichsunfallversicherung (gedruckt); Baugenehmigung der Stadt Dortmund vom 03.05.1939; Materiallisten; Lageplan, Grund- und Aufrisszeichnungen; statische Berechnungen; Bauabnahmeschein vom 08.02.1940; einzelne Schreiben zwischen DHHV Werk Hörde und Stadt Dortmund zum Genehmigungsverfahren.

4099 Anbau von Meisterstuben an das Thomas-Stahlwerk.
1940
Bauantrag der DHHV vom 18.01.1940; Merkblatt zur Reichsunfallversicherung (gedruckt); Baugenehmigung der Stadt Dortmund vom 09.02.1940; Lagepläne, Grund- und Aufrisszeichnungen; Bauabnahmeschein vom 01.04.1941; einzelne Schreiben zwischen DHHV Werk Hörde und Stadt Dortmund zum Genehmigungsverfahren.

4102 Umbau der Waschkaue der Maschinentechnischen Abteilung in eine Kaue für Arbeiterinnen.
1940
Bauantrag der DHHV Werk Hörde vom 17.02.1940; Merkblatt zur Reichsunfallversicherung (gedruckt); Baugenehmigung der Stadt Dortmund vom 22.02.1940; Lageplan; Grund- und Aufrisszeichnungen; Bauabnahmeschein vom 30.05.1940; einzelne Schreiben zwischen DHHV Werk Hörde und Stadt Dortmund zum Genehmigungsverfahren.

4114 Umbau einer Meisterstube des Presswerks in eine Toilettenanlage für Frauen.
1940
Bauantrag der DHHV Werk Hörde vom 29.05.1940; Lageplan; Grund- und Aufrisszeichnungen;

Materiallisten; Baugenehmigung der Stadt Dortmund vom 20.06.1940; Merkblatt zur Reichsunfallversicherung (gedruckt); Merkblatt zu Gaseinrichtungen in Um- und Neubauten (gedruckt); Bauabnahmeschein vom 29.10.1940; einzelne Schreiben zwischen DHHV und Stadt Dortmund zum Genehmigungsverfahren.

4121 Bau einer Postenbude am Ilgner-Umformer der Hermannshütte.
1940-1941
Bauantrag der DHHV Werk Hörde vom 11.11.1940; Lageplan; Grund- und Aufrisszeichnungen; Baugenehmigung der Stadt Dortmund vom 28.11.1940; Merkblatt zur Reichsunfallversicherung (gedruckt); statische Berechnungen; Bauabnahmeschein vom 18.05.1941; einzelne Schreiben zwischen DHHV Werk Hörde und Stadt Dortmund zum Genehmigungsverfahren.

4124 Bau eines Schreibzimmers und eines Bades in der Mechanischen Werkstatt.
1941-1942
Bauantrag der DHHV Werk Hörde vom 18.01.1941; Lageplan; Grund- und Aufrisszeichnungen; Baugenehmigung der Stadt Dortmund vom 08.02.1941; Merkblatt zur Reichsunfallversicherung (gedruckt); statische Berechnungen; Bauabnahmeschein vom 01.08.1941; einzelne Schreiben zwischen DHHV Werk Hörde und Stadt Dortmund zum Genehmigungsverfahren.

3299 Bau einer Toilettenanlage für Wohnhäuser in Dortmund-Hörde, In der Delle 16.
1941
Bauantrag der DHHV Werk Hörde vom 14.02.1941; Baugenehmigung der Stadt Dortmund vom 03.03.1941; Bauabnahmeschein vom 08.08.1941; Lageplan; Grund- und Aufrisszeichnungen; einzelne Schreiben zwischen DHHV Werk Hörde und Stadt Dortmund zum Genehmigungsverfahren.

3663 Bau einer Toilettenanlage für Frauen im Hochofenwerk.
1943
Bauantrag der DHHV Werk Hörde vom 03.02.1943; Baugenehmigung der Stadt Dortmund vom 26.02.1943; Lageplan; Grund- und Aufrisszeichnungen; Bauabnahmeschein vom 21.09.1943; einzelne Schreiben zwischen DHHV Werk Hörde und Stadt Dortmund zum Genehmigungsverfahren.

4133 Bau einer provisorischen Toilettenanlage für ausländische Arbeiter der Hermannshütte.
1943
Bauantrag der DHHV Werk Hörde vom 10.02.1943; Lageplan; Grund- und Aufrisszeichnungen; Baugenehmigung der Stadt Dortmund vom 17.03.1943; Bauabnahmeschein vom 27.05.1943; einzelne Schreiben zwischen DHHV Werk Hörde und Stadt Dortmund zum Genehmigungsverfahren.

3664 Bau einer Toilettenanlage für Frauen an der Kokerei.
1943
Bauantrag der DHHV Werk Hörde vom 22.02.1943; Baugenehmigung der Stadt Dortmund vom 18.03.1943; Lageplan; Grund- und Aufrisszeichnungen; Bauabnahmeschein vom 21.09.1943; einzelne Schreiben zwischen DHHV Werk Hörde und Stadt Dortmund zum Genehmigungsverfahren.

4136 Bau von vier Wasch- und Umkleidebaracken für deutsche Arbeiterinnen in der Hermannshütte.
1943-1945
Bauantrag der DHHV Werk Hörde vom 21.04.1943; Lageplan; Grund- und Aufrisszeichnungen; Bau-

genehmigung vom 23.06.1943; Aktenvermerke zur Feuerschutzausstattung der Baracken; einzelne Schreiben zwischen DHHV Werk Hörde und Stadt Dortmund zum Genehmigungsverfahren.

3.1.4.7 Transport und Verkehr
3.1.4.7.1 Werksbahn

3644 Bau eines Stellwerk- und Aufenthaltsgebäudes im Hochofenwerk.
1936–1938
Bauantrag der DHHV Werk Hörde vom 02.06.1936; Baugenehmigung der Stadt Dortmund vom 17.06.1936; Lageplan; Grund- und Aufrisszeichnungen: Statische Berechnungen; Bauabnahmeschein vom 03.01.1937; einzelne Schreiben zwischen DHHV Werk Hörde und Stadt Dortmund zum Genehmigungsverfahren.

4527 Änderung der Gleisanlagen für die Neubauten von Siemens-Martin-Stahlwerk und Gießerei.
1937–1938
Bauantrag der DHHV Werk Hörde vom 05.04.1937; Lagepläne; statische Berechnungen der Dortmunder Union Brückenbau-AG für die Verlängerung des Stahlwerks; Bauabnahmeschein vom 18.02.1938; einzelne Schreiben zwischen DHHV Werk Hörde und verschiedenen Genehmigungsbehörden zum Genehmigungsverfahren.

4528/1 Änderung der Gleisanlagen der Erzbunkeranlagen des Hochofenwerks.
1937–1938
Baugenehmigung des Regierungspräsidiums Arnsberg Bezirksausschuss vom 11.01.1938 (Kopie); statische Berechnungen sowie Konstruktionszeichnungen der Dortmunder Union Brückenbau-AG zu den Bunkerauffahrten.

4528/2 Änderung der Gleisanlagen der Erzbunkeranlagen des Hochofenwerks.
1937
Statische Berechnungen sowie Grund-, Aufriss- und Konstruktionszeichnungen zu den Bunkerauffahrten.

4529 Profileinengung der Gleisanlagen der Kokerei.
1938–1940
Bauantrag der DHHV Werk Hörde für einen Koksbunker vom 28.10.1938; Bauabnahmeschein vom 23.01.1940 (Kopie); statische Berechnungen, Grund- Aufriss- und Querschnittzeichnungen der Didier-Kogag-Hinselmann GmbH für die Koksbandbrücke mit Sieberei und Koksbunker.

3383 Bau von Schutzwänden gegen herunterfallende Schlackenstücke an der Brücke Auf der Kluse/Aldinghoferstraße.
1938–1940
Bauantrag der DHHV Werk Hörde vom 14.11.1938; Baugenehmigung der Stadt Dortmund vom 19.12.1938; Merkblatt der Westfälischen Baugewerkschafts-Berufsgenossenschaft, Sektion Dortmund „Was der Auftraggeber von Bauarbeiten jeglicher Art über die Reichsunfallversicherung wissen muss“, o. D.; Lageplan; Aufriss- und Konstruktionszeichnungen.

4531 Erneuerung der Überführung eines Übergabegleises des Hochofenwerks über die Werksbahn zwischen Hermannshütte und Hochofenwerk (Eliasbahn).
1940–1941
Bauantrag der DHHV Werk Hörde vom 04.09.1940; Bauabnahmeschein vom 12.09.1941; statische Berechnungen, Grund- Aufriss- und Querschnittzeichnungen der Dortmunder Union Brückenbau-AG.

3660 Erneuerung der Auflagerbänke der Brücke des Übergabegleises im Hochofenwerk.
1941
Bauantrag der DHHV Werk Hörde vom 06.02.1941; Baugenehmigung der Stadt Dortmund vom 09.04.1941; Lageplan; Grund- und Aufrisszeichnung; Rohbauabnahmeschein vom 08.08.1941; einzelne Schreiben zwischen DHHV Werk Hörde und Stadt Dortmund zum Genehmigungsverfahren.

4532/1 Umbau der Gleisanlagen im südlichen Teil der Hermannshütte.
1939–1941
Bauabnahmeschein vom 10.02.1941; Lagepläne; statische Berechnungen der Dortmunder Union Brückenbau-AG für die Vergütung und die Mechanische Werkstatt II; einzelne Schreiben zwischen DHHV Werk Hörde und verschiedenen Genehmigungsbehörden zum Genehmigungsverfahren.

4532/2 Umbau der Gleisanlagen im südlichen Teil der Hermannshütte.
1939
Statische Berechnungen der Dortmunder Union Brückenbau-AG für Vergütung und Blockputzerei.

4533 Bau eines Verbindungsgleises zwischen den Mischergleisen der Hermannshütte und einem Gleis am Remberg.
1942–1944
Bauantrag der DHHV Werk Hörde vom 23.01.1942; Baugenehmigung des Reichsbevollmächtigten für Bahnaufsicht vom 19.02.1942 (Kopie); Bauabnahmeschein vom 20.03.1944; Lagepläne; einzelne Schreiben zwischen DHHV Werk Hörde und verschiedenen Genehmigungsbehörden zum Genehmigungsverfahren.

4534 Erweiterung der Gleisanlagen für die Granulation des Hochofenwerks.
1942–1943
Bauantrag der DHHV Werk Hörde vom 16.07.1942; Baugenehmigung des Reichsbevollmächtigten für Bahnaufsicht vom 06.08.1942; Bauabnahmeschein vom 27.10.1943; Lagepläne; statische Berechnungen der Glückauf-Bau-AG, Berlin; einzelne Schreiben zwischen DHHV Werk Hörde und verschiedenen Genehmigungsbehörden zum Genehmigungsverfahren.

3.1.4.7.2 Krane und Förderanlagen

4065 Bau einer Schlackenlagerkranbahn in der Hermannshütte.
1935
Bauantrag der DHHV Werk Hörde vom 14.02.1935; Grund- und Aufrisszeichnungen sowie statische Berechnungen der Dortmunder Union Brückenbau-AG; Baugenehmigung der Stadt Dortmund vom 21.03.1935; Merkblatt zur Reichsunfallversicherung; einzelne Schreiben zwischen DHHV Werk Hörde und Stadt Dortmund zum Genehmigungsverfahren.

4067 Bau einer Steinhebeanlage für die Steinfabrik der Hermannshütte.
1935
Bauantrag der DHHV Werk Hörde vom 14.02.1935; Grund- und Aufrisszeichnungen; Konstruktionszeichnungen, Anlagenbeschreibung und statische Berechnungen der Thiele & Maiwald GmbH; Lageplan der Hermannshütte; Baugenehmigung der Stadt Dortmund vom 09.03.1935; Merkblatt zur Reichsunfallversicherung; einzelne Schreiben zwischen DHHV Werk Hörde und Stadt Dortmund zum Genehmigungsverfahren.

4073 Umbau einer Kranbahn im Stahlwalzwerk.
1937
Statische Berechnungen der Dortmunder Union Brückenbau-AG.

4089 Erweiterung der Kranbahn im Feinwalzwerk.
1938–1939
Bauantrag der DHHV Werk Hörde vom 28.11.1938; Merkblatt zur Reichsunfallversicherung; Baugenehmigung der Stadt Dortmund vom 19.12.1938; Lageplan, Grund- und Aufrisszeichnungen; statische Berechnungen; Bauabnahmeschein vom 06.04.1939; einzelne Schreiben zwischen DHHV Werk Hörde und Stadt Dortmund zum Genehmigungsverfahren.

3.1.4.7.3 Garagen

3300 Bau einer Kraftwagengarage in Dortmund-Hörde, Burgunderstraße.
1936–1937
Bauantrag der DHHV vom 15.05.1936; Baugenehmigung der Stadt Dortmund vom 28.05.1936; Lageplan; Grund- und Aufrisszeichnungen; einzelne Schreiben zwischen DHHV und Stadt Dortmund zum Genehmigungsverfahren.

4078 Geplanter Bau einer Kraftwagenhalle hinter dem Verwaltungsgebäude der Hermannshütte an der Stahlstraße.
1937–1938
Bauantrag der DHHV Werk Hörde vom 09.05.1937; Lageplan; Grund- und Aufrisszeichnungen; statische Berechnungen der Firma Röllecke & Co., Dortmund; Baugenehmigung der Stadt Dortmund vom 18.06.1937; Richtlinien für die Einrichtung von Gasanlagen in Neu- und Umbauten (gedruckt); Merkblatt zur Reichsunfallversicherung; einzelne Schreiben zwischen DHHV Werk Hörde und Stadt Dortmund zum Genehmigungsverfahren.

4081 Bau eines Schuppens für Elektrokarren der Lademeisterei der Hermannshütte.
1938–1939
Bauantrag der DHHV Werk Hörde vom 08.02.1938; Lageplan; Grund- und Aufrisszeichnungen; Baugenehmigung der Stadt Dortmund vom 07.03.1938; Merkblatt zur Reichsunfallversicherung; Bauabnahmeschein vom 08.02.1939; einzelne Schreiben zwischen DHHV Werk Hörde und Stadt Dortmund zum Genehmigungsverfahren.

4090 Geplanter Bau von neun Automobilgaragen hinter der Hauptverwaltung der Hermannshütte an der Stahlstraße.

1939–1942
Bauantrag der DHHV Werk Hörde vom 28.02.1939; Merkblatt zur Reichsunfallversicherung (gedruckt); Baugenehmigung der Stadt Dortmund vom 20.03.1939; Lagepläne, Grund- und Aufrisszeichnungen; statische Berechnungen; einzelne Schreiben zwischen DHHV Werk Hörde und Stadt Dortmund zu Genehmigungsverfahren und Verlängerung der Baugenehmigung.

4097 Bau von vier Automobilgaragen auf dem Gelände der Hermannshütte an der Hörder Burgstraße/ Alter Markt.
1939–1941
Bauantrag der DHHV vom 18.09.1939; Merkblatt zur Reichsunfallversicherung (gedruckt); Baugenehmigung der Stadt Dortmund vom 12.09.1940; Lagepläne, Grund- und Aufrisszeichnungen; statische Berechnungen; einzelne Schreiben zwischen DHHV Werk Hörde und Stadt Dortmund zum Genehmigungsverfahren.

3.1.4.8 Energiewirtschaft

3635 Bau eines Heizungskellers für die Sauerstofferzeugungsanlage des Hochofenwerks.
1934
Bauantrag der DHHV Werk Hörde vom 07.03.1934; Baugenehmigung der Stadt Dortmund vom 27.03.1934; Lageplan; Grundrisszeichnungen; Bauabnahmeschein vom 17.10.1934; einzelne Schreiben zwischen DHHV Werk Hörde und Stadt Dortmund zum Genehmigungsverfahren.

4066 Bau einer Elektrizitätsverteilerstation für die Schlackenlagerkranbahn in der Hermannshütte.
1935
Bauantrag der DHHV Werk Hörde vom 20.03.1935; Grund- und Aufrisszeichnungen; Baugenehmigung der Stadt Dortmund vom 27.04.1935; Merkblatt zur Reichsunfallversicherung (gedruckt); Bauabnahmeschein vom 07.10.1935; einzelne Schreiben zwischen DHHV Werk Hörde und Stadt Dortmund zum Genehmigungsverfahren.

4071 Bau eines Transformatorengebäudes in der Hermannshütte sowie Einbau von Sicherungen gegen Bombentreffer.
1936–1940, 1944
Bauantrag der DHHV Werk Hörde vom 15.08.1936; Lageplan; Grund- und Aufrisszeichnungen sowie statische Berechnungen der Firmen Röllecke & Co., Heinr. Raacke Eisen- und Stahlbau-GmbH, Gelsenkirchen, und Dortmunder Union Brückenbau-AG; Baugenehmigung der Stadt Dortmund vom 30.09.1936; Merkblatt zur Reichsunfallversicherung; Bauabnahmeschein vom 08.02.1938; einzelne Schreiben zwischen DHHV Werk Hörde und Stadt Dortmund zum Genehmigungsverfahren.

4079 Bau eines Umspannhäuschens an der Bearbeitungswerkstatt der Hermannshütte.
1936–1937
Bauantrag der DHHV Werk Hörde vom 09.11.1936; Fundamentzeichnungen der Dortmunder Union Brückenbau-AG; statische Berechnungen der Firma J. Freundlieb, Dortmund; Baugenehmigung der Stadt Dortmund vom 23.11.1937.

4072 Bau eines Kabelkanals am Transformatorengebäude in der Hermannshütte.
1937–1938
Bauantrag der DHHV Werk Hörde vom 19.01.1937; Lageplan; Grund- und Aufrisszeichnungen der Wix & Liesenhoff AG; Baugenehmigung der Stadt Dortmund vom 01.06.1937; Merkblatt zur Verwendung von Kupfer- und Nickel (Typoskript); Merkblatt zur Reichsunfallversicherung (gedruckt); einzelne Schreiben zwischen DHHV Werk Hörde und Stadt Dortmund zum Genehmigungsverfahren.

3645 Umbau des Gebäudes der Gaszentrale des Hochofenwerks.
1938
Baugenehmigung der Stadt Dortmund vom 08.04.1938; Lageplan; Grund- und Aufrisszeichnungen; statische Berechnungen der Dortmunder Union Brückenbau-AG; Bauabnahmeschein vom 06.05.1938; einzelne Schreiben zwischen DHHV Werk Hörde und Stadt Dortmund zum Genehmigungsverfahren.

3646 Bau eines zweiten Sauerstoffgasometers bei der Sauerstofferzeugungsanlage im Hochofenwerk.
1938
Bauantrag der DHHV Werk Hörde vom 27.04.1938; Baugenehmigung der Stadt Dortmund vom 09.06.1938; Lageplan; Konstruktionszeichnung und statische Berechnungen der Dortmunder Behälterbau Wilh. Claaßen; Bauabnahmeschein vom 26.10.1938.

4084 Bau eines Umspannhäuschens im Stahlwalzwerk.
1938–1939
Bauantrag der DHHV Werk Hörde vom 28.06.1938; Merkblatt zur Reichsunfallversicherung (gedruckt); Baugenehmigung der Stadt Dortmund vom 05.09.1938; statische Berechnungen der Firma Heinrich Höppe, Dortmund; Lagepläne, Grund- und Aufrisszeichnungen; Bauabnahmeschein vom 23.02.1939.

3647 Bau eines Gichtgasventilatorengebäudes im Hochofenwerk.
1938–1939
Bauantrag der DHHV Werk Hörde vom 27.10.1938; Baugenehmigung der Stadt Dortmund vom 14.11.1938; Lageplan; Grund- und Aufrisszeichnungen; statische Berechnungen; Bauabnahmeschein vom 17.03.1939; einzelne Schreiben zwischen DHHV Werk Hörde und Stadt Dortmund zum Genehmigungsverfahren.

3652 Bau von zwei Kühltürmen für die Gasmaschinen der Elektrozentrale im Hochofenwerk.
1940–1941
Bauantrag der DHHV Werk Hörde vom 30.01.1940; Baugenehmigung der Stadt Dortmund vom 30.05.1940; Gestattungsvertrag zwischen Reichsbahnbetriebsamt Dortmund und DHHV über die Nutzung von Gleisanlagen und den Bau einer Verladebühne auf dem Bahnhof Hörde vom 09./10.07.1940; Lageplan; Grund-, Aufriss- und Konstruktionszeichnungen sowie statische Berechnungen der Firmen Wiemer & Trachte Eisenbeton und Tiefbau sowie Otto Estner, Dortmund; Aufstellungen der genehmigungspflichtigen Baustoffe; einzelne Schreiben zwischen DHHV, DHHV Werk Hörde, Wirtschaftsgruppe Eisen schaffende Industrie, Reichsbahndirektion Essen, dem Beratenden Ingenieur Hermann Bock und Stadt Dortmund zu Materialversorgung und Genehmigungsverfahren.

4112 Verlängerung eines Kabelkanals zwischen Transformatorengebäude, Emscherkanal und Rembergtor der Hermannshütte.
1940–1941
Bauantrag der DHHV Werk Hörde vom 08.02.1940; Lageplan, Grund- und Aufrisszeichnungen sowie statische Berechnungen der Wix & Liesenhoff Gesellschaft für Bauunternehmungen, Dortmund; Materiallisten; Baugenehmigungen der Stadt Dortmund vom 21.04.1940 und 14.08.1940; Merkblatt zur Reichsunfallversicherung (gedruckt); Bauabnahmescheine vom 13.01.1941 und 15.08.1941; einzelne Schreiben zwischen DHHV Werk Hörde und Stadt Dortmund zu den Genehmigungsverfahren.

3656 Erneuerung des Gasmaschinenfundaments III und Änderung der Hallenkonstruktion der Elektrozentrale im Hochofenwerk.
1940–1941
Bauantrag der DHHV Werk Hörde vom 29.07.1940; Baugenehmigung der Stadt Dortmund vom 03.10.1940; Lageplan; Grund- und Aufrisszeichnungen, Konstruktionszeichnungen und statische Berechnungen von Dortmunder Union Brückenbau-AG und Wiemer Trachte Eisenbeton und Tiefbau; Bauabnahmeschein vom 26.07.1941; einzelne Schreiben zwischen DHHV, DHHV Werk Hörde, Reichsamt für Wirtschaftsausbau, Wirtschaftsgruppe Eisen schaffende Industrie und Stadt Dortmund zum Genehmigungsverfahren.

4122 Erweiterung der Fernheizungsanlage der Hermannshütte.
1940–1942
Bauantrag der DHHV Werk Hörde vom 22.11.1940; Lageplan; Grund- und Aufrisszeichnungen; Materiallisten; Baugenehmigung der Stadt Dortmund vom 05.03.1941; Merkblatt zur Reichsunfallversicherung (gedruckt); statische Berechnungen; Bauabnahmeschein vom 16.02.1942; einzelne Schreiben zwischen DHHV Werk Hörde, Wirtschaftsgruppe Eisen schaffende Industrie, weiteren Genehmigungsbehörden und Stadt Dortmund zum Genehmigungsverfahren.

4125 Umbau und Erweiterung des Umspanngebäudes der Hermannshütte am Remberg.
1940–1945
Bauantrag der DHHV Werk Hörde vom 06.12.1940; Lageplan; Grund- und Aufrisszeichnungen; Materiallisten; Baugenehmigung der Stadt Dortmund vom 04.03.1941; Merkblatt zur Reichsunfallversicherung (gedruckt); statische Berechnungen; einzelne Schreiben zwischen DHHV Werk Hörde, Wirtschaftsgruppe Eisen schaffende Industrie, weiteren Genehmigungsbehörden und Stadt Dortmund zum Genehmigungsverfahren.

4128 Bau einer Ölaufbereitungsanlage beim Hauptlager der Hermannshütte.
1941–1942
Bauantrag der DHHV Werk Hörde vom 15.07.1941; Lageplan; Grund- und Aufrisszeichnungen; Baugenehmigung der Stadt Dortmund vom 08.08.1941; Merkblatt zur Reichsunfallversicherung; Bauabnahmeschein vom 26.01.1942; einzelne Schreiben zwischen DHHV Werk Hörde und Stadt Dortmund zum Genehmigungsverfahren.

3662 Erneuerung des Gasmaschinenfundaments VIII der Elektrozentrale im Hochofenwerk.
1941–1943
Bauantrag der DHHV vom 28.07.1941; Baugenehmigung der Stadt Dortmund vom 16.08.1941;

Lageplan; Grund- und Aufrisszeichnungen der Wiemer & Trachte Eisenbeton und Tiefbau; Aufstellung der genehmigungspflichtigen Baustoffe; Bauabnahmeschein vom 12.03.1943; einzelne Schreiben zwischen DHHV, Gebietsbeauftragtem des Generalbevollmächtigten für die Regelung der Bauwirtschaft, Wirtschaftsgruppe Eisen schaffende Industrie und Stadt Dortmund zum Genehmigungsverfahren.

3661 Erneuerung des Gasmaschinenfundaments IX der Elektrozentrale im Hochofenwerk.
1942–1943
Bauantrag der DHHV Werk Hörde vom 25.03.1943; Baugenehmigung der Stadt Dortmund vom 03.10.1943; Lageplan; Grund- und Aufrisszeichnungen der Wiemer & Trachte Eisenbeton und Tiefbau; Aufstellung der genehmigungspflichtigen Baustoffe; Schriftwechsel zwischen DHHV, DHHV Werk Hörde, Gebietsbeauftragtem des Generalbevollmächtigten für die Regelung der Bauwirtschaft bzw. Baubevollmächtigtem des Reichsministeriums Speer, Wirtschaftsgruppe Eisen schaffende Industrie und Stadt Dortmund zum Genehmigungsverfahren.

4138 Aufstellung von zwei Hochdruck-Acetylenentwicklern im Thomas-Stahlwerk.
1943
Abnahmebescheinigungen des Technischen Überwachungsvereins Frankfurt am Main; Gerätebeschreibung der Firma Carl Cloos, Haiger; Betriebsanzeige der DHHV Werk Hörde.

4139 Aufstellung von zwei Hochdruck-Acetylenentwicklern in der Hermannshütte.
1943
Abnahmebescheinigungen des Technischen Überwachungsvereins Essen e. V.; Gerätebeschreibung der Firma Weberwerke, Siegen; Betriebsanzeige der DHHV Werk Hörde.

4140 Aufstellung von zwei Hochdruck-Acetylenentwicklern in der Hermannshütte.
1943–1944
Abnahmebescheinigungen des Technischen Überwachungsvereins Essen e. V.; Gerätebeschreibung und Betriebsanleitung der Messer & Co. GmbH; Betriebsanzeige der DHHV Werk Hörde sowie einzelne Schreiben mit dem Verein zur Abnahme.

3.1.4.9 Qualitätswesen und Forschung

4077 Umbau und Erweiterung der Versuchsanstalt an der Hermannstraße.
1937–1938
Bauanträge der DHHV Werk Hörde vom 27.02.1937 und 05.04.1937 für den Kanalanschluss des Gebäudes; Lageplan; Grund- und Aufrisszeichnungen sowie statische Berechnungen der Firma Röllecke & Co., Dortmund; Baugenehmigungen der Stadt Dortmund vom 06.04.1937 und 28.04.1937; Merkblatt zur Verwendung von Kupfer und Nickel (Typoskript); Merkblatt zur Reichsunfallversicherung (gedruckt); Bauabnahmeschein vom 15.01.1938; einzelne Schreiben zwischen DHHV Werk Hörde und Stadt Dortmund zum Genehmigungsverfahren.

4076 Geplanter Bau eines Abnahmegebäudes mit Probenwerkstatt hinter dem Verwaltungsgebäude der Hermannshütte an der Stahlstraße.
1937–1938

Bauantrag der DHHV Werk Hörde vom 12.05.1937; Lageplan; Grund- und Aufrisszeichnungen sowie statische Berechnungen der Firma Röllecke & Co., Dortmund; Baugenehmigung der Stadt Dortmund vom 18.06.1937; Merkblatt zur Verwendung von Kupfer und Nickel (Typoskript); Merkblatt zur Reichsunfallversicherung; einzelne Schreiben zwischen DHHV Werk Hörde und Stadt Dortmund zum Genehmigungsverfahren.

4082 Umbau des ehemaligen Direktorenwohnhauses, Hörder Burgstraße 18, zu einem Abnahmegebäude und Anbau einer Probenwerkstatt.
1938–1939
Bauantrag der DHHV Werk Hörde vom 10.05.1938; Lageplan; Grund- und Aufrisszeichnungen; Baugenehmigung der Stadt Dortmund vom 08.07.1938; Merkblatt zur Verwendung von Kupfer und Nickel (Typoskript); Merkblatt zur Reichsunfallversicherung; Bauabnahmeschein vom 09.06.1939; einzelne Schreiben zwischen DHHV Werk Hörde und Stadt Dortmund zum Genehmigungsverfahren sowie Fritz Schupp zur Zusendung von Plänen.

4116 Erweiterung des Laboratoriums der Hermannshütte.
1940–1941
Bauantrag der DHHV Werk Hörde vom 27.07.1940; Lageplan; Grund- und Aufrisszeichnungen; statische Berechnungen; Materiallisten; Baugenehmigung der Stadt Dortmund vom 07.10.1940; Merkblatt zur Reichsunfallversicherung (gedruckt); Merkblatt zu Gaseinrichtungen in Um- und Neubauten (gedruckt); Bauabnahmeschein vom 31.10.1941; einzelne Schreiben zwischen DHHV Werk Hörde, Wirtschaftsgruppe Eisen schaffende Industrie und Stadt Dortmund zum Genehmigungsverfahren.

4129 Erweiterung des Erzprobenlaboratoriums beim Siemens-Martin-Stahlwerk II.
1941–1943
Bauantrag der DHHV Werk Hörde vom 25.11.1941; Lageplan; Grund- und Aufrisszeichnungen; Baugenehmigung der Stadt Dortmund vom 13.01.1942; Merkblatt zur Reichsunfallversicherung (gedruckt); Bauabnahmeschein vom 20.02.1943; einzelne Schreiben zwischen DHHV Werk Hörde und Stadt Dortmund zum Genehmigungsverfahren.

3.1.4.10 Werkseingänge und Einfriedungen

4069 Bau eines provisorischen Portierhauses für die Hermannshütte, Ecke Im Bickefeld/Hermannstraße.
1936–1937
Bauantrag der DHHV Werk Hörde vom 08.10.1936; Lageplan; Baugenehmigung der Stadt Dortmund vom 25.10.1936; Merkblatt zur Reichsunfallversicherung (gedruckt); Bauabnahmeschein vom 16.01.1937; einzelne Schreiben zwischen DHHV Werk Hörde und Stadt Dortmund zum Genehmigungsverfahren.

4074 Bau einer Einfriedungsmauer zwischen Hermannshütte und städtischer Gasanstalt.
1937–1938
Bauantrag der DHHV Werk Hörde vom 12.03.1937; Lageplan; Grund- und Aufrisszeichnungen; Baugenehmigung der Stadt Dortmund vom 30.03.1937; Merkblatt zur Reichsunfallversicherung

(gedruckt); Bauabnahmeschein vom 07.04.1938; einzelne Schreiben zwischen DHHV Werk Hörde und Stadt Dortmund zum Genehmigungsverfahren.

4095 Bau einer Einfriedungsmauer für die Hermannshütte am Remberg.
1939
Bauantrag der DHHV Werk Hörde vom 14.06.1939; Merkblatt zur Reichsunfallversicherung (gedruckt); Baugenehmigung der Stadt Dortmund vom 27.06.1939; Materiallisten; Lageplan, Grund- und Aufrisszeichnungen; Bauabnahmeschein vom 27.12.1939; einzelne Schreiben zwischen DHHV Werk Hörde und Stadt Dortmund zum Genehmigungsverfahren.

4113 Verlegung der Markenkontrolle am Aufenthaltsgebäude des Blockwalzwerks.
1940–1942
Bauantrag der DHHV Werk Hörde vom 29.05.1940; Lageplan, Grund- und Aufrisszeichnungen; Materiallisten; Baugenehmigung der Stadt Dortmund vom 28.06.1940; Merkblatt zur Reichsunfallversicherung (gedruckt); Bauabnahmeschein vom 19.01.1942; einzelne Schreiben zwischen DHHV Werk Hörde und Stadt Dortmund zum Genehmigungsverfahren.

4137 Bau einer provisorischen Einfahrt zur Hermannshütte zwischen den Häusern Weingartenstraße 32 und 34.
1943
Bauantrag der DHHV Werk Hörde vom 22.09.1943; Lageplan; Grund- und Aufrisszeichnungen; Baugenehmigung der Stadt Dortmund vom 08.10.1943; Bauabnahmeschein vom 16.11.1943; einzelne Schreiben zwischen DHHV Werk Hörde und Stadt Dortmund zum Genehmigungsverfahren.

3.1.4.11 Luftschutz

4106 Bau eines Luftschutzkellers für die Asphaltieranlage.
1938
Bauantrag der DHHV Werk Hörde vom 30.03.1938; Lageplan; Grund- und Aufrisszeichnungen; Baugenehmigung der Stadt Dortmund vom 19.04.1938; statische Berechnungen der Wix & Liesenhoff Gesellschaft für Bauunternehmungen, Dortmund; Bauabnahmeschein vom 17.03.1939; einzelne Schreiben zwischen DHHV Werk Hörde und Stadt Dortmund zum Genehmigungsverfahren.

3648 Umbau des Kokskohlenturmes der Kokereibatterie IV zu Luftschutzräumen.
1938–1939
Bauantrag der DHHV Werk Hörde vom 06.12.1938; Baugenehmigungen der Stadt Dortmund vom 21.12.1938 und 05.01.1939; Lageplan; Grund- und Aufrisszeichnungen; statische Berechnungen; einzelne Schreiben zwischen DHHV Werk Hörde und Stadt Dortmund zum Genehmigungsverfahren.

3649 Umbau des Kokskohlenturmes der Kokereibatterie IV zu Luftschutzräumen.
1939–1940
Bauantrag der DHHV Werk Hörde vom 07.08.1939; Baugenehmigung der Stadt Dortmund vom 08.02.1940; Lageplan; Grund- und Aufrisszeichnungen; statische Berechnungen; Bauabnahme-

schein vom 06.12.1940; einzelne Schreiben zwischen DHHV Werk Hörde und Stadt Dortmund zum Genehmigungsverfahren.

3650 Bau und Erweiterung von zwei Luftschutz-Beobachtungsständen im Hochofenwerk.
1939-1941
Bauanträge der DHHV Werk Hörde vom 07.08.1939, 24.02.1940 und 29.04.1940; Baugenehmigungen der Stadt Dortmund vom 08.02.1940, 11.03.1940 und 17.05.1940; Lagepläne; Grund- und Aufrisszeichnungen; statische Berechnungen; Bauabnahmescheine vom 02.12.1939 und 08.06.1940; Aufstellungen der genehmigungspflichtigen Baustoffe; einzelne Schreiben zwischen DHHV Werk Hörde und Stadt Dortmund zum Genehmigungsverfahren.

4109 Bau einer Verdunklungsanlage für den Kopf des Kamins von Konverter I des Thomas-Stahlwerks.
1940
Statische Berechnungen sowie Grund- und Aufrisszeichnungen des Ingenieurbüros Richard Mayerhofer, Dortmund.

4103 Bau einer Überdachung zwischen Gießhalle und Gebläsehaus des Thomas-Stahlwerks als Luftschutzmaßnahme.
1940
Bauantrag der DHHV Werk Hörde vom 17.02.1940; Merkblatt zur Reichsunfallversicherung; Baugenehmigung der Stadt Dortmund vom 08.03.1940; Lagepläne, Grund- und Aufrisszeichnungen; Bauabnahmeschein vom 20.07.1940; einzelne Schreiben zwischen DHHV Werk Hörde und Stadt Dortmund zum Genehmigungsverfahren.

3653 Bau einer Werkssanitätsstelle im Luftschutzraum 84 des Hochofenwerks.
1940-1941
Bauantrag der DHHV Werk Hörde vom 03.04.1940; Baugenehmigung der Stadt Dortmund vom 28.04.1940; Lageplan; Grundrisszeichnungen; Bauabnahmeschein vom 07.06.1941; einzelne Schreiben zwischen DHHV Werk Hörde und Stadt Dortmund zum Genehmigungsverfahren.

4104 Bau von Luftschutzräumen für die Mechanische Werkstatt I.
1940-1941
Baugenehmigung der Stadt Dortmund vom 09.04.1940; Lagepläne, Grund- und Aufrisszeichnungen; statische Berechnungen; Bauabnahmeschein vom 27.11.1941; einzelne Schreiben zwischen DHHV Werk Hörde, Stadt Dortmund und anderen staatlichen Stellen zum Genehmigungsverfahren.

3654 Bau einer Flakbatteriebefehlsstelle im Hochofenwerk.
1940
Bauantrag der DHHV Werk Hörde vom 30.04.1940; Baugenehmigung der Stadt Dortmund vom 16.05.1940; Lageplan; Grund- und Aufrisszeichnung; einzelne Schreiben zwischen DHHV Werk Hörde und Stadt Dortmund zum Genehmigungsverfahren.

4117 Überdachung der Blockkranbahn und der Blockputzerei als Luftschutzmaßnahme.
1940-1941
Bauantrag der DHHV vom 23.08.1940; Lagepläne; Grund- und Aufrisszeichnungen sowie statische Berechnungen der Dortmunder Union Brückenbau-AG; Materiallisten; Baugenehmigung der Stadt

Dortmund vom 17.01.1941; Merkblatt zur Reichsunfallversicherung; Bauabnahmeschein vom 23.08.1941; einzelne Schreiben zwischen DHHV Werk Hörde und Stadt Dortmund zum Genehmigungsverfahren.

4118 Bau einer Verdunklungsanlage für die Kräne 8 und 9 des Blockwalzwerks.
1940–1941
Bauantrag der DHHV Werk Hörde vom 31.08.1940; Lageplan; Grund- und Aufrisszeichnungen; statische Berechnungen; Materiallisten; Baugenehmigung der Stadt Dortmund vom 30.09.1940; Merkblatt zur Reichsunfallversicherung; Bauabnahmeschein vom 30.12.1940; einzelne Schreiben zwischen DHHV Werk Hörde und Stadt Dortmund zum Genehmigungsverfahren.

4123 Bau eines Luftschutzbeobachtungsstandes auf dem Turm der Hörder Burg.
1941
Bauantrag der DHHV Werk Hörde vom 09.01.1941; Lageplan; Grund- und Aufrisszeichnungen; Baugenehmigung der Stadt Dortmund vom 28.01.1941; Merkblatt zur Reichsunfallversicherung; statische Berechnungen; Bauabnahmeschein vom 18.04.1941; einzelne Schreiben zwischen DHHV Werk Hörde und Stadt Dortmund zum Genehmigungsverfahren.

3.1.4.12 Schießstände und Sprengstofflager

3604 Bau eines Sprengstofflagergebäudes an der Schlackenhalde (Gut Hympendahl) des Hochofenwerks Hörde.
1922–1923, 1929–1940
Bauanträge der Phoenix AG Hoerder Verein vom 15.02.1922 und 07.11.1922; Baugenehmigung der Stadt [Dortmund-]Hörde vom 07.04.1923, mit Auszug aus der Baupolizeiverordnung; Lageplan; Grund- und Aufrisszeichnungen; Schriftwechsel zwischen Phoenix AG Hoerder Verein bzw. VSt Hoerder Verein bzw. DHHV Werk Hörde sowie verschiedenen Unternehmen und Gewerbeaufsichtsbehörden zu Genehmigungsverfahren, Mitbenutzung des Lagers durch andere Unternehmen und Sicherheitsüberprüfungen.

3641 Bau, Erweiterung und Betrieb eines Schießstands auf der Schlackenhalde (Gut Hympendahl) des Hochofenwerks.
1936–1947
Bauanträge der DHHV Werk Hörde vom 23.05.1936 zur Errichtung, vom 30.11.1937 zur Errichtung von Schreibstube und Sprenggrube, vom 23.12.1937 zum Einbau von Munitionsschränken und vom 29.01.1938 zum Bau von zwei Sprenggruben und eines Sprengstofflagers; Baugenehmigungen der Stadt Dortmund vom 16.06.1936, 23.12.1937, 01.02.1938, 11.02.1938 und 30.03.1938 sowie des Regierungspräsidiums Arnsberg vom 28.04.1938; Lagepläne; Grund- und Aufrisszeichnungen; statische Berechnungen der Firma Heinrich Säck, Dortmund; Schriftwechsel zwischen DHHV Werk Hörde, Polizeipräsidium, Gewerbeaufsichtsamt und Baubehörden der Stadt Dortmund sowie Technischem Überwachungsverein Essen e. V., Dienststelle Dortmund zu Genehmigungsverfahren, Sicherheitsüberprüfungen, Genehmigung von Lagermengen und Situation der Anlage nach dem Zweiten Weltkrieg; Polizeiliche Schießmeisterbestätigungen; Sicherheitsbestimmungen für den Schießstand Hympendahl vom Januar 1940 (Typoskript): Merkblatt über die Verwendung von Kupfer, Nickel und anderen Legierungen, o. D.; Bauabnahmeschein vom 18.12.1938.

3642 Erweiterung und Betrieb eines Schießstands auf der Schlackenhalde (Gut Hympendahl) des Hochofenwerks.
1938–1942
Bauanträge der DHHV Werk Hörde vom 26.04.1938 zur Errichtung eines Munitionshäuschens, vom 13.09.1938 zur Errichtung eines Munitionslagers, vom 09.06.1939 zum Bau eines Lagergebäudes, vom 20.12.1938 zur Errichtung eines Schießstandes für Maschinengewehre sowie vom 29.09.1939 und 12.03.1941 zur Errichtung eines Lagerraums; Baugenehmigungen der Stadt Dortmund vom 15.10.1938, 12.06.1939, 20.02.1939, 18.10.1939, und 16.05.1941 sowie des Regierungspräsidiums Arnsberg vom 05.10.1938; Lagepläne; Grund- und Aufrisszeichnungen; statische Berechnungen: Schriftwechsel zwischen DHHV Werk Hörde, Polizeipräsidium, Gewerbeaufsichtsamt und Baubehörden der Stadt Dortmund sowie verschiedenen anderen Behörden zu Genehmigungsverfahren, Sicherheitsüberprüfungen, Genehmigung von Lagermengen und Zuteilung von Baustoffen; Bauabnahmescheine vom 03.08.1939, 16.12.1939, 03.01.1940 und 07.01.1942.

3643 Bau eines weiteren Sprengstofflagers auf der Schlackenhalde (Gut Hympendahl) des Hochofenwerks.
1939–1942
Bauanträge der DHHV Werk Hörde vom 12.12.1939 und 02.01.1940; Baugenehmigung des Regierungspräsidiums Arnsberg vom 18.03.1940; Lagepläne; Grund- und Aufrisszeichnungen; Schriftwechsel zwischen DHHV Werk Hörde, Polizeipräsidium, Gewerbeaufsichtsamt und Baubehörden der Stadt Dortmund zum Genehmigungsverfahren.

3657 Erweiterung und Betrieb des Schießstandes auf der Schlackenhalde (Gut Hympendahl) des Hochofenwerks.
1940–1943
Bauantrag der DHHV Werk Hörde vom 19.08.1940; Baugenehmigung der Stadt Dortmund vom 13.09.1940; Ausnahmegenehmigung vom Bauverbot des Gebietsbeauftragten des Generalbevollmächtigten für die Regelung der Bauwirtschaft vom 05.09.1940; Lagepläne; Grund- und Aufrisszeichnungen: Aufstellungen der genehmigungspflichtigen Baustoffe; statische Berechnungen; Bauabnahmeschein vom 03.11.1942; Schriftwechsel zwischen DHHV, DHHV Werk Hörde, Wirtschaftsgruppe Eisen schaffende Industrie, Gebietsbeauftragtem und Stadt Dortmund zu Genehmigungsverfahren und Wegerechten.

3.1.4.13 Kriegsgefangenen- und Zwangsarbeiterlager

3384 Bau einer Toilettenanlage und eines Kanalanschlusses im Kriegsgefangenenlager „Wiggerhaus" in Dortmund-Hörde, Stiftskamp 24.
1940–1943
Bauanträge der DHHV Werk Hörde vom 27.06.1940 und 03.02.1942; Baugenehmigungen der Stadt Dortmund vom 09.07.1940 und 26.02.1943; Bauabnahmescheine vom 28.04.1941 und 19.05.1943; Lagepläne; Entwässerungsplan.

3385 Bau verschiedener Anlagen im Kriegsgefangenenlager „Gaststätte Herkelmann" in Dortmund-Schüren, Meinbergstraße 20.
1940–1943

Bauanträge der DHHV Werk Hörde vom 08.07.1940, 20.12.1940, 11.01.1941, 09.05.1941 und 04.03.1943; Baugenehmigungen der Stadt Dortmund u. a. für eine Entwässerungsanlage vom 13.07.1940, eine Baracke als Kleiderkammer vom 04.03.1941 und eine Aufenthaltsbaracke für die Wachmannschaften vom 31.05.1941; Bauabnahmescheine vom 14.04.1941 und 17.07.1943; Lagepläne; Grund- und Aufrisszeichnungen; Schriftwechsel zwischen DHHV Werk Hörde, Stadt Dortmund und einem Nachbarn zu Genehmigungsverfahren und Entschädigungen wegen Unterschreitung des Mindestabstands zur Grundstücksgrenze.

4496 Bau und Erweiterung eines Kriegsgefangenenlagers für das Hochofenwerk auf dem Sportplatz an der Hochofenstraße in Dortmund-Hörde.
1940–1942
Bauanträge der DHHV Werk Hörde zur Errichtung einer Holzbaracke vom 29.07.1940, zu Umbauten am Haus Hochofenstraße 52 vom 15.08.1940, zum Bau einer weiteren Baracke vom 14.11.1940 und zum Bau einer Wachbaracke vom 23.07.1941; Aufstellungen des benötigten Baumaterials; Baugenehmigungen der Stadt Dortmund vom 08.08.1940, 26.08.1940, 26.11.1940 und 13.08.1941; Lagepläne; Grund- und Aufrisszeichnungen; Bauabnahmescheine vom 05.09.1940, 01.04.1941, 07.05.1941 und 26.01.1942; einzelne Schreiben zwischen DHHV und verschiedenen Genehmigungsbehörden zum Genehmigungsverfahren sowie mit der Rheinischen Dr. Penschuck-Schilling-Gesellschaft mbH zur Lieferung eines Fettabscheiders, mit Werbeblatt.

4481 Bau eines Lagers für italienische Zivilarbeiter in Dortmund-Hörde, Bruchheck 29.
1941
Bauantrag der DHHV Werk Hörde vom 05.05.1941; Grund- und Aufrisszeichnung einer Baracke; Lageplan; Baugenehmigung der Stadt Dortmund vom 27.05.1941; Bauabnahmeschein vom 18.09.1941; einzelne Schreiben zwischen DHHV Werk Hörde und verschiedenen Genehmigungsbehörden zum Genehmigungsverfahren.

4482 Bau eines Kanalanschlusses und eines Lagerschuppens für das Zivilarbeiterlager in Dortmund-Bennninghofen, Benninghoferstraße 146.
1941–1943
Bauanträge der DHHV Werk Hörde vom 05.05.1941 und 16.09.1942; Grund- und Aufrisszeichnungen; Lageplan; Baugenehmigungen der Stadt Dortmund vom 21.05.1941 und 08.10.1942; Bauabnahmeschein vom 10.04.1943; einzelne Schreiben zwischen DHHV Werk Hörde und verschiedenen Genehmigungsbehörden zu den Genehmigungsverfahren.

4483 Einrichtung und Kanalanschluss einer Zivilarbeiterunterkunft in einer ehemaligen Gaststätte in Dortmund-Bennninghofen, Benninghoferstraße 162.
1941–1943
Bauanträge der DHHV Werk Hörde vom 16.06.1941 und 12.05.1942; Grund- und Aufrisszeichnungen; Lageplan; Baugenehmigung der Stadt Dortmund vom 28.06.1941; Bauabnahmeschein vom 24.07.1941; einzelne Schreiben zwischen DHHV Werk Hörde und verschiedenen Genehmigungsbehörden zu den Genehmigungsverfahren.

4484 Einrichtung einer Unterkunft für Zivilarbeiter in einer ehemaligen Gaststätte in Dortmund-Berghofen, Berghofer Straße 166.
1941–1942

Bauantrag der DHHV Werk Hörde vom 11.08.1941; Grundrisszeichnung; Lageplan; Baugenehmigung der Stadt Dortmund vom 21.10.1941; Bauabnahmeschein vom 23.04.1942; einzelne Schreiben zwischen DHHV Werk Hörde und verschiedenen Genehmigungsbehörden zum Genehmigungsverfahren.

4497 Erweiterung des Kriegsgefangenenlagers für das Hochofenwerk in Dortmund-Hörde, Hochofenstraße 54.
1940–1943
Bauanträge der DHHV Werk Hörde zur Umsetzung einer Holzbaracke auf dem Gelände vom 04.09.1941, zur Umsetzung einer Baracke vom Lager Meinbergstraße 20 in Dortmund-Schüren vom 15.12.1941, zum Bau weiterer Baracken vom 10.04.1942, zum Bau einer Wachbaracke vom 01.09.1942 und zum Bau einer Kühlanlage vom 18.02.1943; Aufstellungen des benötigten Baumaterials; Baugenehmigungen der Stadt Dortmund vom 23.09.1941, 09.01.1942, 09.09.1942, 01.10.1942 und 18.03.1943; Lagepläne; Grund- und Aufrisszeichnungen; Bauabnahmescheine vom 08.01.1942, 23.12.1942, 23.12.1942 und 23.06.1943; einzelne Schreiben zwischen DHHV Werk Hörde und verschiedenen Genehmigungsbehörden zum Genehmigungsverfahren.

4485 Einrichtung einer Unterkunft für Zivilarbeiter in einer ehemaligen Gaststätte in Dortmund-Lücklemberg, Kirchhörder Straße 41.
1942
Bauantrag der DHHV Werk Hörde vom 13.02.1942; Grundrisszeichnungen; Lageplan; Baugenehmigung der Stadt Dortmund vom 09.04.1942; Bauabnahmeschein vom 06.06.1942; einzelne Schreiben zwischen DHHV Werk Hörde und Stadt Dortmund zum Genehmigungsverfahren.

4486 Bau einer Holzbaracke für Zivilarbeiter bei einer ehemaligen Gaststätte in Dortmund-Lücklemberg, Kirchhörder Straße 41.
1942–1943
Bauantrag der DHHV Werk Hörde vom 16.02.1942; Grundrisszeichnungen; Lageplan; Baugenehmigung der Stadt Dortmund vom 14.03.1942; Bauabnahmeschein vom 11.07.1942; einzelne Schreiben zwischen DHHV Werk Hörde und Stadt Dortmund zum Genehmigungsverfahren.

3301 Bau von Baracken für Zwangsarbeiter, mit Küche, Erweiterungsbauten, Kanalanschluss, Heizungsgebäude und Werkstatt in Dortmund-Hörde, Hermannstraße 138a.
1942–1944
Bauanträge der DHHV vom 17.02.1942, 18.02.1942, 15.07.1942, 27.07.1942, 06.10.1942, 09.12.1942, 21.05.1943, 27.10.1943 und 18.03.1944; Baugenehmigungen der Stadt Dortmund vom 14.03.1942, 23.03.1942, 26.08.1942, 30.10.1942, 15.12.1942, 30.12.1942, 29.06.1943, 17.11.1943 und 31.03.1944; Bauabnahmescheine vom 11.09.1942, 03.02.1943, 19.02.1943, 31.07.1943, 21.09.1943, 08.02.1944 und 02.06.1944; Lagepläne; Grund- und Aufrisszeichnungen; Schriftwechsel zwischen DHHV und Stadt Dortmund zu den Genehmigungsverfahren.

4487 Einrichtung einer Unterkunft für Zivilarbeiter in einer ehemaligen Gaststätte in Dortmund, Ardeystraße 91.
1942–1943
Bauantrag der DHHV Werk Hörde vom 08.05.1942; Grundrisszeichnungen; Lageplan; Baugeneh-

migung der Stadt Dortmund vom 12.08.1942; Bauabnahmeschein vom 08.12.1942; einzelne Schreiben zwischen DHHV Werk Hörde und Stadt Dortmund zum Genehmigungsverfahren.

4488 Einrichtung einer Unterkunft für Zivilarbeiter in einer ehemaligen Gaststätte in Dortmund-Kirchhörde, Weiße Taube 15.
1942–1943
Bauantrag der DHHV Werk Hörde vom 12.05.1942; Grundrisszeichnungen; Lageplan; Baugenehmigung der Stadt Dortmund vom 06.06.1942; Bauabnahmeschein vom 14.10.1942; einzelne Schreiben zwischen DHHV Werk Hörde und Stadt Dortmund zum Genehmigungsverfahren.

4489 Einrichtung einer Unterkunft für Zivilarbeiter in einer ehemaligen Gaststätte in Dortmund-Aplerbeck, Große Schwerter Straße 306.
1942–1943
Bauantrag der DHHV Werk Hörde vom 15.06.1942; Grund- und Aufrisszeichnungen; Lageplan; Baugenehmigung der Stadt Dortmund vom 30.07.1942; Bauabnahmeschein vom 14.01.1942; einzelne Schreiben zwischen DHHV Werk Hörde und Stadt Dortmund zum Genehmigungsverfahren.

4490 Einrichtung einer Unterkunft für Zivilarbeiter in einer ehemaligen Gaststätte in Dortmund-Aplerbeck, Köln-Berliner-Straße.
1942
Bauantrag der DHHV Werk Hörde vom 26.06.1942; Grundrisszeichnungen; Lageplan; Baugenehmigung der Stadt Dortmund vom 13.07.1942; Bauabnahmeschein vom 15.09.1942; einzelne Schreiben zwischen DHHV Werk Hörde und Stadt Dortmund zum Genehmigungsverfahren.

4491 Einrichtung einer Unterkunft für Zivilarbeiter in einer ehemaligen Gaststätte in Dortmund-Schüren, Schürener Straße 83.
1942–1943
Bauantrag der DHHV Werk Hörde vom 22.08.1942; Grund- und Aufrisszeichnungen; Lageplan; Baugenehmigung der Stadt Dortmund vom 07.10.1942; Bauabnahmeschein vom 07.12.1942; einzelne Schreiben zwischen DHHV Werk Hörde und Stadt Dortmund zum Genehmigungsverfahren.

4492 Einrichtung einer Unterkunft für Zivilarbeiter in einer ehemaligen Gaststätte in Dortmund-Aplerbeck, Marsbruchstraße 41.
1942–1943
Bauantrag der DHHV Werk Hörde vom 17.09.1942; Grundrisszeichnungen; Lageplan; Baugenehmigung der Stadt Dortmund vom 14.10.1942; Bauabnahmeschein vom 15.12.1942; einzelne Schreiben zwischen DHHV Werk Hörde und Stadt Dortmund zum Genehmigungsverfahren.

4493 Erweiterung der Unterkunft für Zivilarbeiter in einer ehemaligen Gaststätte in Dortmund, Ardeystraße 91.
1942–1944
Bauantrag der DHHV Werk Hörde vom 09.12.1942; Lageplan; Baugenehmigung der Stadt Dortmund vom 11.01.1943; Bauabnahmeschein vom 08.04.1944; einzelne Schreiben zwischen DHHV Werk Hörde und Stadt Dortmund zum Genehmigungsverfahren.

4134 Bau einer Baracke in der Hermannshütte.
1943
Bauantrag der DHHV Werk Hörde zur Aufstellung einer vom Reichsministerium für Bewaffnung und Munition zur Verfügung gestellten Baracke vom 10.02.1943.

4135 Bau einer Großküchenanlage für das Barackenlager an der Hermannstraße.
1943-1944
Lageplan des Lagers; Grund- und Aufrisszeichnungen; einzelne Schreiben zwischen DHHV Werk Hörde, Baubevollmächtigtem des Reichsministeriums Speer im Bezirk der Rüstungsinspektion VI und Stadt Dortmund zum Genehmigungsverfahren.

4494 Ausbau des Barackenlagers für Zivilarbeiter bei der ehemaligen Zeche Glückaufsegen.
1944-1945
Baugenehmigung des Luftgaukommandos VI, Münster, vom 27.04.1944 zum Bau von Baracken und Luftschutzgräben; einzelne Schreiben zwischen DHHV Werk Hörde und Stadt Dortmund zum Bau eines Kanalanschlusses.

4495 Verwertung von Baracken und Unterkünften für Zivilarbeiter nach Kriegsende.
1946
Vertrag zwischen DHHV Werk Hörde und Westfälische Wohnstätten AG vom 15.04.1946 über den Verkauf von Baracken an und Verwaltung von Baracken durch die Westfälische Wohnstätten AG, mit Aufstellung der Objekte und Angaben zum Wohn- und Erhaltungszustand; Aktenvermerke.

3.1.4.14 Sonstiges

3682 Bau eines Schwimm- und Heilbads am Schallacker.
1932-1938, 1947
Bauantrag der VSt Hoerder Verein vom 17.02.1933; Baugenehmigung der Stadt Dortmund vom 31.07.1933; Lagepläne; Grund- und Aufrisszeichnungen; statische Berechnungen; Bauabnahmeschein vom 04.05.1935; einzelne Schreiben zwischen VSt Hoerder Verein bzw. DHHV Werk Hörde bzw. Hüttenwerk Hörde AG sowie Stadt Dortmund und Hüttenhospital Hörde zu Genehmigungsverfahren und Wiederaufbau nach dem Zweiten Weltkrieg; Aufstellung der Schwefelbäder verordnenden Krankenkassen sowie der in den Jahren 1935-1937 verabreichten Heilbäder; Wasseranalysen.

3683/1 Geplante Erweiterung des Schwimm- und Heilbades am Schallacker.
1935-1939
Bauantrag der DHHV Werk Hörde vom 07.12.1935; Baugenehmigung der Stadt Dortmund vom 31.07.1933; Lagepläne; Grund- und Aufrisszeichnungen; statische Berechnungen; Schriftwechsel zwischen DHHV Werk Hörde, Stadt Dortmund, verschiedenen Architekten, darunter Fritz Schupp, sowie verschiedenen staatlichen Stellen zu Bauplanung und Genehmigungsverfahren; Aufstellungen der Schwefelbäder verordnenden Krankenkassen sowie der in den Jahren 1935-1937 verabreichten Heilbäder; Werbezettel des Heilbads.

3683/2 Wiederaufbau des Schwimm- und Heilbads am Schallacker.
1932-1951

Dienstanweisung für Bademeister, 1950; Schriftwechsel zwischen Hüttenwerk Hörde AG und Stadt Dortmund sowie interessierten Bürgern zu Genehmigungsverfahren, Datum der Wiederinbetriebnahme und Verpachtung der Kantine; Personalunterlagen des Pächters; Lagepläne; Grund- und Aufrisszeichnungen, 1937; Dankschreiben von Badegästen.

4063 Bau einer Halle beim Siemens-Martin-Stahlwerk II.
1934–1935
Bauantrag der DHHV Werk Hörde vom 16.08.1934; Grund- und Aufrisszeichnungen sowie statische Berechnungen der Dortmunder Union Brückenbau-AG; Baugenehmigung der Stadt Dortmund vom 28.09.1934; Bauabnahmeschein vom 12.12.1934; einzelne Schreiben zwischen DHHV Werk Hörde und Stadt Dortmund zum Genehmigungsverfahren.

3639 Bau und Erweiterung eines Gebäudes für die Permutit-Anlage im Hochofenwerk.
1936–1940
Bauanträge der DHHV Werk Hörde vom 14.01.1936 und 06.05.1940; Baugenehmigungen der Stadt Dortmund vom 28.03.1936 und 17.05.1940; Lagepläne; Grund- und Aufrisszeichnungen: Bauabnahmescheine vom 28.04.1936 und 02.12.1940; einzelne Schreiben zwischen DHHV Werk Hörde und Stadt Dortmund zum Genehmigungsverfahren.

4068 Bau eines Wiegehauses beim Blockwalzwerk.
1936
Bauantrag der DHHV Werk Hörde vom 27.02.1936; Grund- und Aufrisszeichnungen; Lageplan; Baugenehmigung der Stadt Dortmund vom 25.03.1936; Merkblatt zur Reichsunfallversicherung (gedruckt); Bauabnahmeschein vom 26.06.1936; einzelne Schreiben zwischen DHHV Werk Hörde und Stadt Dortmund zum Genehmigungsverfahren.

3298 Abriss des Arbeiterwohnheims (ehemaliges Hüttenhospital Hörde) in Dortmund-Hörde, Remberg 7 und 9, sowie der ehemaligen Lohgerberei Voß.
1937–1939
Abrissantrag der DHHV vom 13.12.1937; Abrissgenehmigung der Stadt Dortmund vom 08.01.1938; einzelne Schreiben zwischen DHHV und Stadt Dortmund zum Genehmigungsverfahren.

3651 Bau und Erweiterung von zwei Gebäuden für eine Granatenfüllanlage im Hochofenwerk.
1939–1941
Bauanträge der DHHV Werk Hörde vom 10.10.1939 und 05.04.1940; Baugenehmigungen von Reichs- und Preußischem Wirtschaftsministerium vom 19.02.1940 und Stadt Dortmund vom 08.11.1940; Lagepläne; Grund- und Aufrisszeichnungen; statische Berechnungen; Aufstellungen der genehmigungspflichtigen Baustoffe; Schriftwechsel und Besprechungsniederschriften zwischen DHHV Werk Hörde, Wirtschaftsministerium und Stadt Dortmund zum Genehmigungsverfahren.

4098 Bau eines Feuerwehrgeräteschuppens in der Hermannshütte.
1940
Bauantrag der DHHV Werk Hörde vom 15.01.1940; Merkblatt zur Reichsunfallversicherung; Baugenehmigung der Stadt Dortmund vom 23.01.1940; Lagepläne, Grund- und Aufrisszeichnungen; Bauabnahmeschein vom 30.05.1940; einzelne Schreiben zwischen DHHV Werk Hörde und Stadt Dortmund zum Genehmigungsverfahren.

4101 Erweiterung der Stopfenbude des Siemens-Martin-Stahlwerks II.
1940
Bauantrag der DHHV Werk Hörde vom 03.02.1940; Merkblatt zur Reichsunfallversicherung; Baugenehmigung der Stadt Dortmund vom 14.03.1940; Lagepläne, Grund- und Aufrisszeichnungen; Bauabnahmeschein vom 23.10.1940; einzelne Schreiben zwischen DHHV Werk Hörde und Stadt Dortmund zum Genehmigungsverfahren.

4107 Erweiterung des Verwaltungsgebäudes des Presswerks.
1940–1941
Bauantrag der DHHV Werk Hörde vom 01.02.1940; Lagepläne, Grund- und Aufrisszeichnungen; Materiallisten; statische Berechnungen; Baugenehmigung der Stadt Dortmund vom 01.03.1940; Bauabnahmeschein vom 23.10.1940; einzelne Schreiben zwischen DHHV Werk Hörde und Stadt Dortmund zum Genehmigungsverfahren.

4111 Erweiterung der Toilettenanlage und der Büroräume der Lehrwerkstatt.
1940–1941
Bauantrag der DHHV Werk Hörde vom 22.04.1940; Lageplan; Grund- und Aufrisszeichnungen; Materiallisten; Baugenehmigung der Stadt Dortmund vom 15.06.1940; Merkblatt zur Reichsunfallversicherung; Bauabnahmeschein vom 23.01.1941; einzelne Schreiben zwischen DHHV Werk Hörde und Stadt Dortmund zum Genehmigungsverfahren.

4132 Bau eines Telefonverteilerhäuschens beim Thomas-Stahlwerk.
1941–1942
Bauantrag der DHHV Werk Hörde vom 02.01.1942; Lageplan; Grund- und Aufrisszeichnung; Baugenehmigung der Stadt Dortmund vom 30.01.1942; Bauabnahmeschein vom 11.06.1942; einzelne Schreiben zwischen DHHV Werk Hörde und Stadt Dortmund zum Genehmigungsverfahren.

3.2 Belegschaft

3.2.1 Lohn- und Belegschaftsstatistik

3111/8 Lohnstatistik von VSt Hoerder Verein bzw. DHHV Werk Hörde.
1933–1934
Monatliche Aufstellungen zu Anzahl der Arbeiter, Gesamtlohn und Stundenlohn, gegliedert nach einzelnen Betrieben, Oktober 1933 bis September 1934.

3111/9 Lohnstatistik der DHHV Werk Hörde.
1934–1935
Monatliche Aufstellungen zu Anzahl der Arbeiter, Gesamtlohn und Stundenlohn, gegliedert nach einzelnen Betrieben, Oktober 1934 bis September 1935.

3111/10 Dsgl., Oktober 1935 bis September 1936.

3111/11 Dsgl., Oktober 1936 bis September 1937.

3111/12 Dsgl., Oktober 1937 bis September 1938.

3111/13 Dsgl., Oktober 1938 bis September 1939.

3114/5 Dsgl., Oktober 1940 bis September 1941.

3115/3 Dsgl., Oktober 1943 bis September 1944.

3115/4 Dsgl., Oktober 1945 bis September 1946.

3.2.2 Lohnwesen

5069 Diverse Lohnangelegenheiten von DHHV Werk Hörde bzw. Hüttenwerk Hörde AG.
1928–1951
Aufstellungen von Belegschaftsmitgliedern mit Gehaltszahlungen in Form eines monatlichen Fixums sowie fester Stundenlöhne; Rundschreiben der Lohnabteilung von VSt Dortmunder Union-Hoerder Verein bzw. DHHV Werk Hörde bzw. Hüttenwerk Hörde AG an die Betriebe sowie einzelne Schreiben zu arbeitsrechtlichen und arbeitsorganisatorischen Fragen, Entwicklung der Lohnhöhe und Arbeitszeiten, Überstunden- und sonstigen Zusatzzahlungen, Regelungen für ausländische Arbeitskräfte, innerbetrieblichen Umsetzungen von Belegschaftsmitgliedern, Beschäftigung von Frauen, Sonn- und Feiertagsregelungen sowie Versicherungsfragen; Zeitungsausschnitte zu arbeitsrechtlichen Fragen im Rahmen der Kriegswirtschaft; zwei Stechkarten, 1934.

5053/1 Lohnpfändungen bei DHHV Werk Hörde bzw. Hüttenwerk Hörde AG.
1936–1950
Monatliche Aufstellungen zur Höhe der gepfändeten Löhne, Oktober 1945 bis Mai 1948; einzelne Schreiben zwischen Lohnabteilung von DHHV Werk Hörde bzw. Hüttenwerk Hörde AG, Buchhaltung und Rechtsabteilung zu Rechtsvorschriften, Höhe und Durchführung der Pfändungen.

5062 Zahlung von Trennungs- und Hausstandsgeld durch DHHV bzw. Hüttenwerk Hörde AG.
1936, 1940–1950
Aufstellungen zu den Beziehern von Hausstandsgeld; Anträge von Belegschaftsmitgliedern zur Gewährung von Trennungsgeld; Rundschreiben der Lohnabteilung von DHHV bzw. Hüttenwerk Hörde AG an Abteilungen und Betriebe zur Organisation der Zahlungen sowie Schreiben an die Antragsteller.

5056 Verschiedene Lohn- und Tariffragen von DHHV bzw. Hüttenwerk Hörde AG.
1940–1951
Rundschreiben der Lohnabteilung der DHHV zur Organisation von Familienheimfahrten und Urlaub, 1940–1943, auch für ausländische Arbeitskräfte, sowie zur Besoldung von Werkschutz und Werkfeuerwehr; Merkblatt zur Lockerung des Lohnstopps in der Britischen Zone, o. D. (Typoskript); Rundschreiben der Lohnabteilung der Hüttenwerk Hörde AG zur Bildung von Lohngruppen und Einführung von Ecklöhnen; Aufstellungen zu Bruttoverdiensten der über 21jährigen Belegschaftsmitglieder; Zeitungsausschnitte und Ausschnitte aus dem Reichsarbeitsblatt zu Lohn- und Tariffragen.

5073 Organisation der Lohnabrechnung bei DHHV Werk Hörde bzw. Hüttenwerk Hörde AG.
1941–1951
Tätigkeitsbericht der Lohnrevision der DHHV Werk Hörde, November 1941; interne Rundschreiben und Rundschreiben der Bezirksgruppe Nordwest der Wirtschaftsgruppe Eisen schaffende Industrie; Zeitungsausschnitte; Aufstellung zur Lohngruppierung der Asphaltieranlage der DHHV Werk Hörde im Januar 1941; Aufstellung zur Berechnung der gesetzlichen Abzüge vom Lohn ab

Juni 1948; Schriftwechsel zwischen Lohnabteilung von DHHV bzw. Hüttenwerk Hörde AG und einzelnen Betrieben zu Organisation und Vereinfachung der Lohnberechnung, Aufgaben der Hollerith-Abteilung, Lohnberechnung in Sonderfällen, z. B. Abstellung von Mitarbeitern für Betriebsrat, Stadtverwaltung und andere Unternehmen sowie Aufräumarbeiten.

3.2.3 Betriebliche Berufsausbildung

2076 Berufsausbildung in der Lehrwerkstatt.
1922–1926, 1938–1939
Fragebögen zur Lehrlingsrolle der Industrie- und Handelskammern, mit Angaben zur Anzahl von Lehrlingen verschiedener Berufe in einzelnen Abteilungen und Betrieben der DHHV, April 1939; Arbeitszeugnisse für Lehrlinge der Bauabteilung (Abschriften); einzelne Schreiben zwischen DHHV Werk Hörde, Lehrwerkstatt, IHK Dortmund und Erziehungsberechtigten zu verschiedenen Ausbildungsfragen, Ausbildungsbeginn, An- und Abmeldungen zu Lehrgängen, Kündigungen und Prüfungen.
Darin auch: Einzelne Schreiben zwischen Deutsch-Lux Dortmunder Union, Provinzialabteilung für praktische Psychologie beim Landesarbeitsamt Westfalen und Lippe sowie Institut für praktische Psychologie, Dortmund, zur Durchführung der „psychotechnischen Lehrlingsauslese"; F. Dellwig: Die psychologische Begutachtungsstelle der GBAG (Ausschnitt aus der Deutschen Bergwerks-Zeitung vom 16.12.1924).

2049 Berufsausbildung in der Lehrwerkstatt.
1939–1943
Schriftwechsel zwischen DHHV Werk Hörde, Lehrwerkstatt, Deutscher Arbeitsfront, IHK Dortmund und Erziehungsberechtigten zu verschiedenen Ausbildungsfragen, Ausbildungsbeginn, An- und Abmeldungen zu Lehrgängen, Kündigungen und Prüfungen.

3.2.4 Betriebsrat

3330 Notizbuch des Betriebsratsmitglieds Karl Zenke der DHHV Werk Hörde.
[1944–1946]
Notizbuch, mit Einträgen zu Mitgliedern einzelner Zellen der Nationalsozialistischen Betriebszellenorganisation im Dortmunder Raum und Vermerken zur Mitgliedschaft in NSDAP und SS.

1486 Betriebsratswahlen und Betriebsratsangelegenheiten der DHHV Werk Hörde.
1945–1946
Bekanntmachung zum Wahlergebnis vom 16.12.1946; Vorschlagsliste zur Wahl; Wahlausschreibung des Wahlvorstands; Wahlaufruf von Alfred Berndsen vom 06.12.1946; Bericht über die Situation des Werks Hörde nach Kriegsende, mit Daten der Wiederinbetriebnahme von Anlagen und Belegschaftszahlen (Typoskript, 4 S.); einzelne Schreiben von Berndsen an Friedrich A. Springorum zu Einsprüchen der Betriebsvertretung gegen die Einstellung bzw. Weiterbeschäftigung von Personen aufgrund ihrer NS-Vergangenheit, mit internem Fragebogen und Stellungnahme von Franz Weinges, Betriebsdirektor des Hochofenwerks.

2608 Betriebsrat der DHHV.
1946
Niederschriften der Betriebsratssitzungen am 12.07.1946, 18.06.1946 und 19.07.1946; Abgrenzung der Rechte, Pflichten und Funktionen der Betriebsvertretungen auf den Zechen im Ruhrbergbau (Abschrift aus der „Rheinisch-Westfälischen Wirtschafts- und Industriekartei" vom 17.07.1946).

3.2.5 Werkswohnungen

5041 Eigenheimsiedlung Am Lohbach der Ruhrwohnungsbau-AG in Dortmund-Benninghofen.
1935–1949
Schriftwechsel zwischen DHHV Werk Hörde und VSt Grundstücksabteilung Dortmund über die Verpachtung des Gutshofes Büscher in Dortmund-Benninghofen; Erklärungen von Belegschaftsmitgliedern zur Gewährung von Arbeitgeberdarlehn durch die DHHV Werk Hörde; Aufstellungen zu den Bewerbern um Siedlungsplätze; Grundbuchauszüge; Aufstellung zu den Tilgungszahlungen, 1938–1945; Aktenvermerke und Schriftwechsel zwischen DHHV Werk Hörde, Buchhaltung des Unternehmens und Ruhrwohnungsbau-AG zu Bauplanung, Finanzierung, Hypotheken, Grundbuchangelegenheiten, Vergabe von Arbeitgeberdarlehn und Mietangelegenheiten der Siedlung.

5042 Abbruch der Siedlung Im Bickefeld zur Werkserweiterung und Bau der Werkswohnungssiedlung Neuer Klarenberg/Benninghofer Straße (Am Grimmelssiepen) der Ruhrwohnungsbau-AG in Dortmund-Benninghofen.
1936–1938
Lageplan der Notwohnungssiedlung auf dem Gelände der ehemaligen Zeche Vereinigte Bickefeld Tiefbau; Aufstellung zu den Mietern; Aktenvermerke zur Räumung der Siedlung; Lageplan, Gartenplan sowie Grund- und Aufrisszeichnungen der Häuser der neuen Siedlung; interne Mitteilungen der DHHV an einzelne Betriebe zur Zuteilung von Wohnungen in der Siedlung, mit Bitte um Vorschläge zur Vergabe; Aktenvermerke und Schriftwechsel zwischen DHHV Werk Hörde, Mietern und Ruhrwohnungsbau-AG zu Bauplanung, Finanzierung, Umsiedlung von Bewohnern der Notwohnungssiedlung und Mietangelegenheiten.

5043 Nutzung von Baracken ehemaliger Zwangsarbeiterlager als Notwohnungen nach Kriegsende.
1945–1948
Lagepläne der Lager Stuckmann, Hochofenstraße 47, und Hermannstraße 138 in Dortmund-Hörde; Schriftwechsel zwischen DHHV Werk Hörde, Betrieben, Stadt Dortmund und Westfälische Wohnstätten AG zu Bauarbeiten, Reparaturen, Beschlagnahme und Vergabe von Wohnungen und Mietangelegenheiten für die Lager Hochofenstraße 47, Hermannstraße 138 und Zeche Glückaufsegen.

3.2.6 Sonstiges

5067 Beschäftigung von Frauen sowie Dienstverpflichtungen von Belegschaftsmitgliedern.
1938–1951
Aufstellungen zu weiblichen Belegschaftsmitgliedern in verschiedenen Betrieben der Hüttenwerk

Hörde AG, mit Tätigkeitsbezeichnung; Aufstellungen zu weiblichen Belegschaftsmitgliedern in verschiedenen Betrieben der DHHV Werk Hörde am 01.01.1945 sowie jeweils zum 1. Januar und 1. Juli der Jahre 1940–1945, aufgegliedert nach Deutschen und Ausländerinnen, erstellt 1947; interne Rundschreiben sowie Behördenrundschreiben zur Organisation der Beschäftigung von Frauen und Dienstverpflichtungen während des Kriegs sowie rechtlichen Vorschriften; Stundennachweise und Lohnlisten von „beim Engländer" und bei der Stadt Hörde dienstverpflichteten Belegschaftsmitglieder; Zeitungsausschnitte zu arbeitsrechtlichen Fragen im Rahmen der Kriegswirtschaft; Rundschreiben und Bekanntmachungen der Stadt Dortmund zur Ausgabe neuer Meldekarten des Arbeitsamts und von Arbeitsbüchern nach Kriegsende; Plakat zur Abstempelung der Meldekarten sowie Aushang zur Meldepflicht beim Arbeitsamt, 1945.

1390 Belegschaftsstruktur.
1942
Meldungen über die Zusammensetzung der Belegschaft der DHHV Werk Hörde an das Arbeitsamt Dortmund für den Generalbevollmächtigten für den Arbeitseinsatz zum 15.11.1942, aufgegliedert nach Betrieben und Nationalität; Rundschreiben der DHHV an alle Betriebe sowie des Arbeitsamts Dortmund zum Ausfüllen der Formblätter; Aufstellung zur Gliederung der Ringe und Ausschüsse des Reichsministeriums für Bewaffnung und Munition, Stand Juli 1942 (Kopie).

5100 Personalangelegenheiten von DHHV Werk Hörde und Hüttenwerk Hörde AG.
1942–1948
Unterlagen, Rundschreiben und Berichte der Lohnabteilung der Hüttenwerk Hörde AG zur Regelung der Werksverpflegung und Abgabe von Sonderrationen; Aufstellungen der Inhaber von Leistungsbüchern der DHHV Werk Hörde, 1942 und 1943 sowie Mai und Juni 1946; Rundschreiben der VSt Rechtsabteilung Dortmund über Sperre und Beaufsichtigung von Vermögen, Inhaftierung von Belegschaftsmitgliedern und Gesetze der Militärregierung Deutschlands; Gesetze und Anweisungen der Militärregierung, o. D. (gedruckt); Rundschreiben der Landeszentralbank von NRW Nebenstelle Dortmund-Hörde zur Organisation der Währungsreform.

1491 Sozialberichte.
1945–1947
Berichte der Sozialabteilung der DHHV Werk Hörde, November/Dezember 1945 bis Februar 1947, mit Angaben zur Vermittlung von Wohnraum und Reparaturleistungen sowie zur Ausgabe von Baumaterialien, Möbeln und Haushaltsartikeln.

2643 Diverse Personalangelegenheiten.
1946
Aufstellungen zu gekündigten sowie betriebswichtigen, nicht zu kündigenden sowie gekündigten und wieder einzustellenden Mitarbeitern; Aufstellung gekündigter Mitarbeiter der „Abteilung Ausländer"; Aktenvermerke zu Kündigungen; Mitteilungen der DHHV Werk Hörde an Dortmunder Behörden zur Erläuterung von Kündigungen, Arbeitszeugnisse; Denunziationsschreiben an britische Behörden über „Verstöße gegen die Kontingentierungsbestimmungen", o. D. (Abschrift).

2639 Arbeiterfamilien bei DHHV Werk Hörde und Vorläufergesellschaften.
o. D.

Stammbäume von Mitgliedern der Familien Bromm, Brüggemann, Lessing und Meuler, die über vier Generationen bei Hoerder Verein, Phoenix AG Hoerder Verein, VSt Hoerder Verein und DHHV Werk Hörde tätig waren, o. D. (Auszüge und Andrucke aus der Werkszeitung).

XI. Hüttenwerk Hörde AG (1947-1951)

1. Entflechtung und Neuordnung

5897 Gründung der Hüttenwerk Hörde AG am 10.02.1947.
1947
Niederschrift der Gründungsversammlung der Hüttenwerk Hörde AG, mit Gesellschaftsvertrag.

5520 Betriebsnutzungsvertrag der Hüttenwerk Hörde AG.
1948-1949
Betriebsnutzungsvertrag zwischen VSt, DHHV sowie Hüttenwerk Hörde AG vom 15.04./05.05.1948 zur Nutzung der Hörder Werksanlagen mit Wirkung vom 01.03.1947 [!], dazu Anhang vom 10.05.1949; einzelne Schreiben zwischen Hüttenwerk Hörde AG, Treuhandverwaltung der NGISC und Heinrich Dinkelbach zum Vertrag.

5330 Übertragung der Aktien der Hüttenwerk Union AG auf die Hüttenwerk Hörde AG.
1948-1951
Besitzbestätigungen von Vorstand und Aufsichtsrat der Hüttenwerk Union AG über die insgesamt sechs Aktien des Unternehmens für die Treuhandverwaltung der NGISC (Anteil RM 95.000), Heinrich Meier, Gerhard Schröder, Godfried Schwarz, Curt Wilden und Ernst Witter (Anteile je RM 1.000) vom 18.04.1948 sowie deren Abtretungserklärungen zugunsten der Treuhandverwaltung vom 19.04.1948; Erklärung der Stahltreuhändervereinigung zur Abtretung der gesamten Aktien der Hüttenwerk Union AG an die Hüttenwerk Hörde AG vom 15.08.1951; einzelne Schreiben zwischen Stahltreuhändervereinigung, Hüttenwerk Union AG, Hüttenwerk Hörde AG und VSt i. L. zur Abtretung.

2620 Vorbereitungen zur Gründung der DHHU.
1951
Vereinbarung zwischen Stahltreuhändervereinigung und Hüttenwerk Hörde AG zur Einbringung von Vermögenswerten von VSt und DHHV an den Werken Dortmund und Hörde in die Hüttenwerk Hörde AG vom 28.08.1951; Aufstellungen der einzubringenden Werte von Hüttenwerk Hörde AG und DHHV auf Basis der Bilanzen zum 31.05.1951.

5903 Fusion der Hüttenwerk Union AG auf die Hüttenwerk Hörde AG.
1951
Niederschrift der außerordentlichen Hauptversammlung der Hüttenwerk Union AG am 28.08.1951 zur Genehmigung der Fusion auf die Hüttenwerk Hörde AG; Vertrag zwischen Hüttenwerk Hörde AG und Stahltreuhändervereinigung über die Einbringung von Vermögenswerten in die Hüttenwerk Hörde AG vom 28.08.1951; Fusionsvertrag zwischen Hüttenwerk Union AG und Hüttenwerk Hörde AG vom 28.08.1951.

2. Unternehmensleitung

2.1 Hauptversammlungen

5899 Hauptversammlung der Hüttenwerk Hörde AG am 15.06.1948.
1947-1948
Niederschrift; Jahresabschluss zum 30.09.1947; einzelne Schreiben zwischen Hüttenwerk Hörde AG und Treuhandverwaltung der NGISC zur Versammlung und Veröffentlichung des Jahresabschlusses.

5898 Hauptversammlung der Hüttenwerk Hörde AG am 03.02.1948.
1948
Niederschrift; einzelne Schreiben zwischen Hüttenwerk Hörde AG und Treuhandverwaltung der NGISC zur Versammlung, Bestellung von Aufsichtsratsmitgliedern und des Abschlussprüfers.

5900 Außerordentliche Hauptversammlung der Hüttenwerk Hörde AG am 05.01.1950.
1949-1950
Niederschrift der Hauptversammlung zur Änderung des Gesellschaftsvertrags; einzelne Schreiben zwischen Hüttenwerk Hörde AG und Stahltreuhändervereinigung zur Versammlung.

5901 Hauptversammlung der Hüttenwerk Hörde AG am 16.11.1950.
1950
Niederschrift; Gesellschaftsvertrag vom 05.01.1950; einzelne Schreiben zwischen Hüttenwerk Hörde AG und Stahltreuhändervereinigung zur Versammlung.

5902 Außerordentliche Hauptversammlung der Hüttenwerk Hörde AG am 05.06.1951.
1949-1951
Niederschrift; Geschäftsbericht 1949/50; einzelne Schreiben zwischen Hüttenwerk Hörde AG und Stahltreuhändervereinigung zur Versammlung.

2621 Außerordentliche Hauptversammlung der Hüttenwerk Hörde AG am 28.08.1951 zur Gründung der DHHU.
1951
Niederschrift der Versammlung zum Abschluss eines Fusionsvertrags zwischen Hüttenwerk Hörde AG und Hüttenwerk Union AG sowie Verabschiedung einer neuen Satzung und Umfirmierung des Unternehmens in DHHU (Kopie), mit Satzung der DHHU.

5904 Außerordentliche Hauptversammlung der Hüttenwerk Hörde AG am 28.08.1951.
1948-1951
Niederschrift der außerordentlichen Hauptversammlung der Hüttenwerk Hörde AG am 28.08.1951 zur Genehmigung des Abschlusses des Fusionsvertrags mit der Hüttenwerk Union AG und Änderung des Gesellschaftsvertrags; Aktienbuch der Hüttenwerk Union AG.

2.2 Aufsichtsrat

4385 Niederschrift zur 1. Aufsichtsratssitzung der Hüttenwerk Hörde AG am 06.02.1947.
4386 Dsgl. zur 2. Aufsichtsratssitzung am 27.02.1947.
4387 Dsgl. zur 3. Aufsichtsratssitzung am 07.05.1947.

4388 Niederschrift und Wortprotokoll zur 4. Aufsichtsratssitzung der Hüttenwerk Hörde AG am 13.08.1947.
4389 Dsgl. zur 5. Aufsichtsratssitzung am 01.12.1947.
4390 Dsgl. zur 6. Aufsichtsratssitzung am 10.05.1948.
4391 Dsgl. zur 7. Aufsichtsratssitzung am 15.06.1948.
4392 Dsgl. zur 8. Aufsichtsratssitzung am 03.09.1948.
4393 Dsgl. zur 9. Aufsichtsratssitzung am 03.11.1948.
4394 Dsgl. zur 10. Aufsichtsratssitzung am 13.01.1949.
4395 Dsgl. zur 11. Aufsichtsratssitzung am 15.03.1949.
4396 Dsgl. zur 12. Aufsichtsratssitzung am 29.07.1949.

4397 Niederschrift zur außerordentlichen Aufsichtsratssitzung der Hüttenwerk Hörde AG am 17.10.1949.

4398 Niederschrift und Wortprotokoll zur 13. Aufsichtsratssitzung der Hüttenwerk Hörde AG am 25.10.1949.

4399 Niederschrift zur 14. Aufsichtsratssitzung der Hüttenwerk Hörde AG am 05.01.1950.
4400 Dsgl. zur 15. Aufsichtsratssitzung am 05.01.1950.
[Die 14. und 15. Sitzung fanden am selben Tag statt.]

4401 Niederschrift und Wortprotokoll zur 16. Aufsichtsratssitzung der Hüttenwerk Hörde AG am 27.01.1950.
4402 Dsgl. zur 17. Aufsichtsratssitzung am 21.04.1950.
4403 Dsgl. zur 18. Aufsichtsratssitzung am 28.07.1950; Niederschrift der Sitzung der Bilanzkommission des Aufsichtsrats am 06.09.1950.

4404 Niederschrift zur 19. Aufsichtsratssitzung der Hüttenwerk Hörde AG am 29.09.1950.
4405 Dsgl. zur 20. Aufsichtsratssitzung am 16.11.1950.
4406 Dsgl. zur 21. Aufsichtsratssitzung am 16.11.1950.
4407 Dsgl. zur 22. Aufsichtsratssitzung am 16.11.1950.
[Die 20., 21. und 22. Sitzung fanden am selben Tag statt.]

4408 Niederschrift und Wortprotokoll zur 23. Aufsichtsratssitzung der Hüttenwerk Hörde AG am 22.02.1951.
4409 Dsgl. zur 24. Aufsichtsratssitzung am 15.05.1951.

4410 Niederschrift zur 25. Aufsichtsratssitzung der Hüttenwerk Hörde AG am 05.06.1951.

4411 26. und 27. Aufsichtsratssitzung der Hüttenwerk Hörde AG am 28.08.1951.
1951
Niederschriften und Wortprotokolle; Wortprotokoll über die außerordentliche Hauptversammlung der Hüttenwerk Hörde AG zur Fusion mit der Hüttenwerk Union AG zur DHHU am 28.08.1951. Die 26. und 27. Sitzung fanden vor bzw. nach der Hauptversammlung statt.

5301 Vorbereitende Unterlagen zur 26. und 27. Aufsichtsratssitzung der Hüttenwerk Hörde AG am 28.08.1951 anlässlich der Gründung der DHHU.

2.3 Unternehmensorganisation

2777 Unternehmensorganisation von DHHV Werk Hörde bzw. Hüttenwerk Hörde AG.
1946–1951
Organisationspläne zu technischer und kaufmännischer Unternehmensleitung sowie Vorstandsbereichen von DHHV Werk Hörde bzw. Hüttenwerk Hörde AG; Aufstellung zu Einkaufs- und Verkaufsbeziehungen zwischen DHHV Werk Hörde und Tochtergesellschaften der VSt für den Zeitraum 01.04.1946–30.09.1946, mit Fakturenwerten; Unterschriftenverzeichnis der Hüttenwerk Hörde AG vom 11.07.1947 (Kopie); vergleichende Aufstellung vom 23.07.1948 zur unterschiedlichen Unternehmensorganisation in den entflochtenen Unternehmen Rheinische Röhrenwerke AG, Hüttenwerk Oberhausen AG, Hüttenwerk Dortmund AG, Hüttenwerk Haspe AG, Hüttenwerk Rheinhausen AG, Eisenwerke Mülheim/Meiderich AG, Hüttenwerke Ruhrort-Meiderich AG, Hüttenwerke Ilsede-Peine AG, Hüttenwerk Huckingen AG, Georgsmarienhütte AG, Eisenwerke Gelsenkirchen AG, Stahlwerke Bochum AG, Hüttenwerk Geisweid AG, Hüttenwerk Niederrhein AG, Stahlwerk Osnabrück AG, Gussstahlwerk Witten AG, Stahl- und Röhrenwerke Reisholz AG, Stahlwerk Hagen AG, Gußstahlwerk Gelsenkirchen AG, Gussstahlwerk Oberkassel AG und Stahl- und Walzwerk Großenbaum AG; Organisationspläne von Hüttenwerk Oberhausen AG, Stand 15.03.1947, und Hüttenwerk Haspe AG, Stand 15.03.1947; einzelne Schreiben zwischen Hüttenwerk Hörde AG und Treuhandverwaltung der NGISC zur Übersendung von Organisationsplänen.

3. Revisionsberichte

5181 Jens Peter Magnussen: Bericht über die Prüfung des 1. Geschäftsjahres der Hüttenwerk Hörde AG, 01.03.1947–30.09.1947.

2663 Jens Peter Magnussen: Bericht über die wirtschaftlichen Grundlagen und die Prüfung der Wirtschaftlichkeitsberechnung für Wiederaufbau und Neuanlagen im 1. Geschäftsjahr vom 01.03.1947–30.09.1947.

5184 Jens Peter Magnussen: Bericht über die Prüfung des Reichsmarkabschlusses der Hüttenwerk Hörde AG zum 20.06.1948.

5185 Jens Peter Magnussen: Bericht über die Prüfung der DM-Eröffnungsbilanz der Hüttenwerk Hörde AG zum 21.06.1948.

5182 Jens Peter Magnussen: Bericht über die Prüfung des Jahresabschlusses der Hüttenwerk Hörde AG zum 30.09.1949.

5509/1 Revisionsbericht zur Hüttenwerk Hörde AG.
1949
Jens Peter Magnussen: Bericht vom November 1949 über die Prüfung der Anlagen-Aufnahme der Hüttenwerk Hörde AG zum 30.09.1949 im Zusammenhang mit der Übertragung der Vermögenswerte auf die Stahltreuhändervereinigung nach Gesetz Nr. 75 der Britischen Militärregierung.

5509/2 Revisionsbericht zur Hüttenwerk Hörde AG.
1947–1949
Erläuterndes Schreiben von Jens Peter Magnussen zum Bericht vom November 1949 über die Prüfung der Anlagen-Aufnahme der Hüttenwerk Hörde AG zum 30.09.1949 im Zusammenhang mit der Übertragung der Vermögenswerte auf die Stahltreuhändervereinigung nach Gesetz Nr. 75 der Britischen Militärregierung, mit Aufstellung der Hüttenwerk Hörde AG für die DHHV zur Behandlung von Patenten und Lizenzen nach Trennung der beiden Unternehmen vom 22.03.1947.

5183 Jens Peter Magnussen: Bericht über die Prüfung des Jahresabschlusses der Hüttenwerk Hörde AG zum 30.09.1950.

5186 Jens Peter Magnussen: Bericht über die Anlagen-Sonderprüfung (Ergänzungsauftrag Nr. 2/1 der Stahltreuhändervereinigung) der Hüttenwerk Hörde AG zum 01.07.1951, mit Lageplänen von Werk und Betrieben.

2564 Steuerprüfung bei der Hüttenwerk Hörde AG.
1948–1953
Konzernbetriebsprüfungsstelle Münster der Oberfinanzdirektion Münster: Bericht über die Prüfung verschiedener Steuern 1948–1953 vom 11.12.1957/26.02.1958.
3138 Dsgl., Teilbericht, o. D.

4. Produktions- und Betriebsstatistik

3115/7 Umsatz- und Betriebserfolgsstatistik von DHHV Werk Hörde bzw. Hüttenwerk Hörde AG.
1946–1947
Monatliche Aufstellungen zu Umsätzen und Betriebserfolg von Thomas-Stahlwerk, Walzwerken und Nebenprodukten, gegliedert nach einzelnen Produkten, Oktober 1946 bis September 1947.

3116/1 Produktions- und Betriebskostenstatistik von DHHV Werk Hörde bzw. Hüttenwerk Hörde AG.
1946–1947
Monatliche Aufstellungen zu Produktion, Kohlen-, Koks- und Erzverbrauch, Löhnen sowie sonstigen Produktions- und Betriebskosten von Hochöfen, Thomas-Stahlwerk, Siemens-Martin-Stahlwerk und Walzwerken, gegliedert nach einzelnen Betrieben, Kostenarten und Produkten, Oktober 1946 bis September 1947.
3116/2 Dsgl., Oktober 1948 bis September 1949.
3116/3 Dsgl., Oktober 1949 bis September 1950.

3115/8 Umsatz- und Betriebserfolgsstatistik der Hüttenwerk Hörde AG.
1947–1948
Monatliche Aufstellungen zu Umsätzen und Betriebserfolg von Thomas-Stahlwerk, Siemens-Martin-Stahlwerk, Walzwerken, Werkstätten, Nebenprodukten und Transporteinrichtungen, gegliedert nach einzelnen Produkten sowie mit Gewinn- und Verlustrechnung und Lohnstatistik, Oktober 1947 bis September 1948.

3116/5 Dsgl., Oktober 1948 bis September 1949.

3116/6 Dsgl., Oktober 1949 bis September 1950.

3115/2 Betriebskostenstatistik der Hüttenwerk Hörde AG.
1948–1949
Monatliche Aufstellungen zu Betriebskosten von betrieblicher Energiewirtschaft, Werkstätten, Nebenbetrieben, Transport- und Verkehrsanlagen, gegliedert nach Kostenarten, Oktober 1948 bis September 1949.

3116/4 Produktions- und Betriebskostenstatistik der Hüttenwerk Hörde AG.
1949–1950
Monatliche Aufstellungen zu Produktion, Kohlenverbrauch, Löhnen sowie sonstigen Produktions- und Betriebskosten der Walzwerke, gegliedert nach einzelnen Betrieben, Kostenarten und Produkten, Oktober 1949 bis September 1950.

5. Besatzung und Demontage

5341 Besatzung von DHHV Werk Hörde bzw. Hüttenwerk Hörde AG.
1945–1949
Military Government of Germany: Allgemeine Vorschrift Nr. 1 zur Ausführung des Gesetzes Nr. 52 der Militärregierung, o. D. (Abschrift); Rundschreiben der VSt Rechtsabteilung Dortmund zu alliierten Verordnungen und Anweisungen; Walter Rohland: Bericht vom 02.06.1945 zu Haltung von Arbeitern und Bevölkerung zum Krieg, Parteimitgliedschaft, Nahrungsmittelversorgung, Geldumlauf, wirtschaftlichen Verbindungen innerhalb des Ruhrgebiets und zur Zusammenarbeit mit alliierten Behörden (Typoskript, englisch, 6. S., Adressat unbekannt); Bekanntmachungen und Erlasse des Military Government of Germany zur Meldung von Parteimitgliedern und Rationierung des Strom- und Gasverbrauchs (Abschriften): Entnazifizierungsfragebogen (blanko); Aufstellung zu Managern und leitenden Angestellten von Unternehmen des Ruhrbergbaus und der Eisen- und Stahlindustrie, o. D. (Typoskript, 2 S.); Aufstellungen zu Maschinen und Anlagen von DHHV Werk Hörde bzw. Hüttenwerk Hörde AG, mit Angaben zu Zustand, Gesamtnutzungsdauer und jährlichem Abschreibungssatz; Personalfragebögen (blanko); Aktenvermerke, interne Rundschreiben und Schreiben der DHHV Werk Hörde an verschiedene alliierte Behörden zu Freigabe und Nutzung von Eisenbahnwaggons und deren Inhalt (deutsch und englisch), Reisegenehmigungen, Besuchen und Verhalten von Vertretern der Militärregierung in Werken und Betrieben, Beschlagnahmungen von Büromaterial und Schreibmaschinen, Erhebung von Personal- und Betriebsdaten durch die Alliierten, Anmeldung von Büroausstattung aus dem Besitz der ehemaligen Deutschen Arbeitsfront, Besatzungsschäden, Diebstählen und Zensur.

573 Demontage der 5-Meter-Grobblechstraße.
1947–1949
Bericht über die geplante Demontage der Grobblechstraße, ihre Bedeutung für den Werksbetrieb und ihre Rolle in der Kriegswirtschaft vom 02.10.1948, mit Entwurf [Vorstand der Hüttenwerk Hörde AG?]; Stofflussplan; gemeinsame Stellungnahme von Hüttenwerk Hörde AG, Betriebsvertretung der Hüttenwerk Hörde AG, Stadt Dortmund, IHK Dortmund und DGB mit Unterstützung von Verwaltungsamt für Stahl und Eisen, Wirtschaftsvereinigung Eisen- und Stahlindustrie und VDEh vom 28.07.1948 (Kopien, deutsch und englisch); Schreiben der Hüttenwerk Hörde AG an das NRW-Wirtschaftsministerium, Gruppe Demontage, zur Beantwortung eines Fragebogens zur Demontage, mit Aufstellungen über Betriebsanlagen, maschineller Ausrüstung, Produktionskapazitäten, Produktionsstatistiken und historischer Entwicklung des Werks vom 14.11.1947, dazu Entwürfe; Ansprache an die Belegschaft zur bevorstehenden Demontage, Anfang März 1949 [Betriebsratsvorsitzender Heinrich Stephan?]; Presseerklärungen, mit Entwürfen der Hüttenwerk Hörde AG und Aufstellung der anzuschreibenden Zeitungen; Zeitungsausschnitte; DGB und VDEh (Hg.): Demontage?, Oktober 1948 (Informationsheft, 20 S.).

572 Geplante Demontage des Siemens-Martin-Stahlwerks I.
1949
Memorandum des Vorstands der Hüttenwerk Hörde AG zur geplanten Demontage des Siemens-Martin-Stahlwerks I als Ausgleich für den Erhalt des Siemens-Martin-Stahlwerks der Ruhrstahl AG Henrichshütte in Hattingen vom 16.10.1949, mit grafischer Darstellung des Materialflusses; Entschließung und Resolution des Betriebsrats vom 15.10.1949; Beschluss des Aufsichtsrats vom 17.10.1949; Zeitungsausschnitte; Fotografien der Protestkundgebungen sowie des Betriebsratsvorsitzenden Heinrich Stephan und des Arbeitsdirektors Wilhelm Schäfer bei ihren Ansprachen; Flugblatt der Kommunistischen Partei Deutschlands.

6. Wiederaufbau und Neubau

3618 Bau eines Schornsteins für die neue Koksofenanlage des Hochofenwerks und Wiederaufbau nach dem Zweiten Weltkrieg.
1925, 1946–1947
Bauantrag der Phoenix AG Hoerder Verein vom 22.05.1925; Baugenehmigung des Regierungspräsidiums Arnsberg Bezirksausschuss vom 04.11.1925; Lageplan; Grund- und Aufrisszeichnungen sowie statische Berechnungen der Firmen Heinrich Koppers, Essen, und Ernst Eckardt, Dortmund; einzelne Schreiben zwischen Phoenix AG Hoerder Verein, Firma Heinrich Koppers und Bezirksausschuss zum Genehmigungsverfahren sowie zwischen DHHV Werk Hörde bzw. Hüttenwerk Hörde AG und Stadt Dortmund zum Wiederaufbau.

3667 Wiederaufbau von Eingangsgebäude und Markenkontrolle des Hochofenwerks, Hochofenstraße 39.
1947
Baugenehmigung der Stadt Dortmund vom 27.03.1947; Lageplan; Grund- und Aufrisszeichnungen; Bauabnahmeschein vom 22.11.1947 (Kopie).

3680 Bau eines Pförtnerhauses auf dem Gelände des ehemaligen Hoerder Kohlenwerks, Schacht Schleswig.

1947
Bauantrag der Hüttenwerk Hörde AG vom 03.10.1947; Baugenehmigung der Stadt Dortmund vom 30.12.1947; Lageplan; Grund- und Aufrisszeichnungen.

4141 Betrieb von sechs Acetylenentwicklern in der Hermannshütte.
1948
Abnahmebescheinigungen des TÜV Essen e. V.; Betriebsanzeigen der Hüttenwerk Hörde AG.

4142 Wiederaufbau des Waschkauen- und Verwaltungsgebäudes der Bauabteilung.
1948–1950
Lageplan; Grund- und Aufrisszeichnung; Bauantrag der Hüttenwerk Hörde AG vom 08.12.1947; Baugenehmigungen von Siedlungsverband Ruhrkohlenbezirk und Stadt Dortmund vom 08.11.1948; Bauabnahmeschein vom 01.06.1950; einzelne Schreiben zwischen Hüttenwerk Hörde AG und Stadt Dortmund zum Genehmigungsverfahren.

3386 Umbau der Gaststätte Wilmsmann in Dortmund-Hörde, Berghofer Straße 2, zum Werksgasthaus.
1948–1951
Bauantrag der Hüttenwerk Hörde AG vom 31.07.1948; Baugenehmigung der Stadt Dortmund vom 15.11.1948; Lagepläne; Grund- und Aufrisszeichnungen; einzelne Schreiben zwischen Hüttenwerk Hörde AG bzw. DHHU Werk Hörde und Stadt Dortmund zum Genehmigungsverfahren.

229 Erster Spatenstich zum Bau der 3-Meter-Grobblechstraße am 19.04.1951.
1951
Firmenbroschüre (deutsch, englisch); Sammlung von Zeitungsausschnitten.

2778 Erster Spatenstich zur 3-m-Grobblechstraße am 19.04.1951.
1951
Einladungsschreiben der Hüttenwerk Hörde AG zum Ersten Spatenstich sowie Antwortschreiben; Absageschreiben des persönlichen Referenten von Konrad Adenauer vom 21.04.1951 [!]; Programm und Programmentwürfe zur Feier; Teilnehmer- und Einladungslisten; Aufstellung der zum Bau der Anlage beauftragten Unternehmen, mit Angabe zum Auftragsvolumen vom 03.04.1951; Aktennotizen zu Planungsbesprechungen der Hüttenwerk Hörde AG; Tischordnungen; Redemanuskript von Friedrich Harders; Informationsbroschüre (deutsch und englisch), mit Zeichnung der Anlage.

3146 Erster Spatenstich zum Bau der 3-Meter-Grobblechstraße am 19.04.1951.
1951
Glückwunschadresse des Hörder Gewerbevereins.
5000 Dsgl., Glückwunschkarte der Bochumer Eisenhütte Heintzmann & Co. GmbH.

4143 Neubau eines Pförtnerhauses für die Hermannshütte, Keltenstraße.
1951
Lageplan; Grund- und Aufrisszeichnungen; Baugenehmigung der Stadt Dortmund vom 17.09.1951; Bauabnahmeschein vom 19.11.1951; einzelne Schreiben zwischen Hüttenwerk Hörde AG und Stadt Dortmund zum Genehmigungsverfahren.

7. Belegschafts- und Sozialwesen

5059/1 Arbeitszeitregelungen bei DHHV Werk Hörde bzw. Hüttenwerk Hörde AG.
1937-1943, 1947-1951, 1956-1957
Rundschreiben der Lohnabteilung von DHHV bzw. Hüttenwerk Hörde AG zu Arbeitszeit an Sonn- und Feiertagen, Wechsel- und Nachtschichten sowie Regelungen für Frauen, Minderjährige und Schwerbeschädigte.
Darin auch: Namentliche Aufstellungen und Aktenvermerke zur Auszahlung eines 3%igen Lohnausgleichs für Mitarbeiter der DHHU Werk Hörde mit einer Arbeitszeit von mehr als 53 Wochenstunden, 1956-1957.

5095/1 Belegschaftsstatistik von DHHV Werk Hörde bzw. Hüttenwerk Hörde AG.
1943-1951
Aufstellungen zu Werkszugehörigkeit und Altersstruktur der Belegschaften von DHHV Werk Hörde bzw. Hüttenwerk Hörde AG, 1943-1950, z. T. aufgeschlüsselt nach einzelnen Betrieben, Qualifikationen und Tätigkeiten; einzelne Schreiben zwischen Lohnabteilung und Statistik der Hüttenwerk Hörde AG zur Datenerhebung.

5095/2 Belegschaftsstatistik von DHHV Werk Hörde bzw. Hüttenwerk Hörde AG bzw. DHHU Werk Hörde.
1941-1952
Monatliche Aufstellungen zum Familienstand der Belegschaften, März 1944, Januar 1947 bis April 1952 (Lücken), z. T. aufgeschlüsselt nach einzelnen Betrieben; Lohnstatistik der Hüttenwerk Hörde AG, Oktober 1949 bis März 1950; Aufstellungen zu Wohnorten von verunglückten und über 65-jährigen Belegschaftsmitgliedern; einzelne Schreiben zwischen Lohnabteilung und Statistik der Hüttenwerk Hörde AG zur Datenerhebung.

5086 Belegschaftsbetreuung der Hüttenwerk Hörde AG.
1947-1949
Lagerordnung für das Gemeinschaftslager der Hüttenwerk Hörde AG vom 02.09.1947, mit Entwurf; namentliche Aufstellungen zu beschäftigten „Flüchtlingen"; Beitrittserklärungen von Belegschaftsmitgliedern zur Diebstahlversicherung; Aufstellung der Belegschaftsmitglieder ohne Diebstahlversicherung; Rundschreiben und Aushänge zur Diebstahlversicherung.

5084 Beschäftigung von Werkstudenten und Praktikanten.
1947-1950
Hinweise für die Ausbildung von Praktikanten vom 18.10.1950, mit Vertragsentwurf; Ausbildungsplan für Praktikanten im Bereich der Sozialwirtschaft vom 05.06.1950; namentliche Aufstellungen zu Werkstudenten; Richtlinien zur Praktikanteneinstellung vom 11.12.1947, mit Bewerbungsbogen; einzelne Rundschreiben des VDEh zur Beschäftigung von Werkstudenten; einzelne Aktenvermerke der Lohnabteilung der Hüttenwerk Hörde AG zur Beschäftigung von Werkstudenten.

890 Belegschaftswesen der Hüttenwerk Hörde AG.
1949
Bericht mit Angaben zu Belegschaftsentwicklung, Arbeitszeit, Krankenstand, Lohnentwicklung, Arbeitsunfällen, Altersstruktur und Sozialleistungen für den Zeitraum März 1947 bis November 1948, Januar 1949 (Typoskript).

5099/1 Lohnstatistik der Hüttenwerk Hörde AG für die Stahltreuhändervereinigung.
1949–1951
Aufstellungen der Stahltreuhändervereinigung zu den Durchschnittslöhnen der deutschen Eisen- und Stahlindustrie, Juni 1950 und Juni 1951; Fachlohnstatistik der Hüttenwerk Hörde AG, Dezember 1949, März, Juni, September und Dezember 1950; Erläuterungen der Stahltreuhändervereinigung zur Fachlohnstatistik, 1950 (Typoskript); einzelne Schreiben der Lohnabteilung der Hüttenwerk Hörde AG an die Betriebe zur Datenerhebung.

596 Sozialwirtschaft der Hüttenwerk Hörde AG.
1950
Arbeitsbericht der Sozialwirtschaft der Hüttenwerk Hörde AG für die Jahre 1947/48–1950 (Typoskript), mit Aufstellungen zu Belegschaftsentwicklung, Altersaufbau der Belegschaft, Löhnen, Fehlzeiten, Dauer der Werkszugehörigkeit, Arbeitsunfällen, Leistungen der BKK Hüttenwerk Hörde, Produktionsstatistik, Kostenentwicklung und Wohnungsbau; Fotografien von Siedlungshäusern, des Hüttenhospital Hörde und der dortigen Gärten.

5094/2 Lohnstatistik von Hüttenwerk Hörde AG bzw. DHHU Werk Hörde.
1950–1952
Monatliche Aufstellungen zu den durchschnittlichen Stundenlöhnen der Hüttenwerk Hörde AG, Januar bis Dezember 1950 sowie Juni und August 1951; Aufstellungen und ausgefüllte Erhebungsformulare von Hüttenwerk Hörde AG bzw. DHHU Werk Hörde zur „grünen Lohnstatistik" des Statistischen Landesamts NRW, März 1950 bis Februar 1952 (Lücken); vergleichende Aufstellung zu den Durchschnittslöhnen von Angestellten und Arbeitern von DHHV Werk Hörde bzw. Hüttenwerk Hörde AG in den Jahren 1938/39, 1947/48 und 1948/49 vom 06.01.1950.

8. Sonstiges

5318 Probenbuch des Laboratoriums von DHHV Werk Hörde bzw. Hüttenwerk Hörde AG.
1936–1950
Probenbuch, mit Angaben zu Eingang, Herkunft, Art und Ausgang der Proben, insbesondere von Hochofengas, Teer und Öl (keine Stahlproben).

2662 Zeitungsausschnitte zur Hüttenwerk Hörde AG.
1948–1951
Zeitungsausschnitte zu Demontage, Wiederaufbau und Gründung der DHHU, Mai 1948 bis August 1951.

1427 Verwaltungsgebäude und Wohnungswesen der Hüttenwerk Hörde AG.
1948–1953
Aufstellungen zur Nutzung der Büroräume, mit Angabe zu Größe, Stockwerk und Abteilungen bzw. Mitarbeitern; Grundrisszeichnungen der Gebäude II und III, mit Angaben zur Belegung; Gutachten zu Bauzustand bzw. Kriegsschäden von Werkswohnungen und Häusern, mit Lageplänen und Angaben zur Finanzierung der Reparaturen; einzelne Schreiben zwischen Hüttenwerk Hörde AG bzw. DHHU und Abteilungen zu Belegungsvorschlägen und Umzugsplänen.

XII. Stahltreuhändervereinigung, Sekretariat Friedrich Harders

1. Gesetze und Verordnungen zur Entflechtung der Eisen- und Stahlindustrie und des Kohlenbergbaus

5415 Verschiedene Gesetze und Verordnungen.
1947–1951
Aufstellungen zu in Anhang A des Gesetzes Nr. 75 aufgeführten Unternehmen der amerikanischen Zone sowie zu Vorschlägen verschiedener Fachausschüsse der Stahltreuhändervereinigung und von Friedrich Harders über die für eine Neuordnung infrage kommenden Gesellschaften (verschiedene Fassungen, deutsch und englisch, Typoskripte); Militärregierung Deutschland Britisches Kontrollgebiet/Military Government of Germany British Zone of Control: Allgemeine Verfügung Nr. 7 vom 17.11.1947 gemäß Gesetz Nr. 52 der Militärregierung zur Sperre und Kontrolle von Vermögen sowie Gesetz Nr. 75 zur Umgestaltung des deutschen Kohlenbergbaus und der deutschen Eisen- und Stahlindustrie vom 10.11.1948, mit Durchführungsverordnungen, hier auch Entwürfe (Typoskripte, Abschriften und Druckschriften, deutsch und englisch); Erich Kaufmann: Völkerrechtliche Bemerkungen zum Militärregierungsgesetz Nr. 75 vom 11.08.1949 (Typoskript, 26 S.); Washington Agreement über verbotene und beschränkte Industrien vom 13.04.1949 (Abschrift, deutsch); Militärregierung Deutschland Britisches Kontrollgebiet: Verordnung Nr. 200 vom 01.09.1949 zu Industrien, die Beschränkungen unterliegen (gedruckt), Gesetz Nr. 23 vom 12.09.1949 zur Überwachung der wissenschaftlichen Forschung (Kopie) und Gesetz Nr. 59 vom 28.05.1949 über Rückerstattung feststellbarer Vermögensgegenstände an Opfer der nationalsozialistischen Unterdrückungsmaßnahmen (gedruckt); Grundgesetz der Bundesrepublik Deutschland, in der vom Parlamentarischen Rat verabschiedeten Fassung (Hefte der Wirtschaftskartei für die Westgebiete vom 15.06.1949 und 21.06.1949); Besatzungsstatut für die Bundesrepublik Deutschland (Verordnungsblatt für die Britische Zone vom 07.09.1949); einzelne Schreiben und Aktenvermerke der Stahltreuhändervereinigung Rechtsabteilung zu Rechtsgutachten und Besatzungsstatut.

5416 Gesetze und Verordnungen der Allied High Commission for Germany.
1949–1951
Alliierte Hohe Kommission für Deutschland: Gesetz Nr. 24 zur Überwachung bestimmter Gegenstände, Erzeugnisse, Anlagen und Geräte, mit Durchführungsverordnungen, o. D. (Typoskripte), sowie Gesetz Nr. 61 vom 26.07.1951 zur Änderung des Gesetzes Nr. 24, mit Durchführungsverordnungen (Amtsblatt der Alliierten Hohen Kommission für Deutschland); CSG: Richtlinien Nr. 2 und Nr. 4 vom 14.10.1949; einzelne Schreiben und Aktenvermerke der VSt Rechtsabteilung zu den Gesetzen sowie Schreiben der Stahltreuhändervereinigung an die CSG vom 31.01.1950 zur Durchführung der Richtlinie Nr. 3.

5414 Gesetz Nr. 27 der Allied High Commission for Germany.
1950–1951
Verschiedene Fassungen sowie Durchführungsverordnungen (deutsch und englisch, Typoskripte und Druckschriften); einzelne Schreiben und Aktenvermerke der Stahltreuhändervereinigung Rechtsabteilung zum Gesetz.

2. Verwaltung der Stahltreuhändervereinigung

5422 Sitzungen der Stahltreuhändervereinigung.
1949–1950
Niederschriften zur 2.–50. Sitzung, September 1949 bis September 1950.
5423 Dsgl. zur 51.–100. Sitzung, September 1950 bis Oktober 1951.
5420 Dsgl. zur 101.–123. Sitzung, Oktober 1951 bis August 1952.

5417 Gemeinsame Sitzungen von CSG und Stahltreuhändervereinigung.
1949–1950
Niederschriften zur 1.–37. Sitzung, September 1949 bis Juni 1950, z. T. mit Anlagen sowie Anschreiben der Stahltreuhändervereinigung und einzelnen Aktenvermerken von Friedrich Harders und Herbert Monden.

5418 Gemeinsame Sitzungen von CSG und Stahltreuhändervereinigung.
1950–1951
Niederschriften zur 38.–73. Sitzung, Juni 1950 bis April 1951, z. T. mit Anschreiben der Stahltreuhändervereinigung.
5419 Dsgl. zur 74.–106. Sitzung, April bis Dezember 1951.
5421 Dsgl. zur 107.–140. Sitzung, Januar bis August 1952.

5439 Tätigkeitsberichte der Verwaltung der Stahltreuhändervereinigung.
1949–1952
Monatsberichte, September 1949 bis März 1952.

5440 Tätigkeitsberichte der Treuhandverwaltung der NGISC.
1949–1952
Monatsberichte, August 1949 und August 1950 bis November 1951.

5437 Tageskopien zur Korrespondenz von Friedrich Harders als Stahltreuhänder.
1949–1951
Tageskopien, November 1949 bis November 1950 und Mai 1951; Friedrich Harders [?]: Begründung zum geplanten Zusammenschluss von Hüttenwerk Hörde AG und DHHV vom 23.11.1950 (Typoskript, 3 S.); Übersicht zum Verfahrensweg für die Bearbeitung von Lizenzanträgen von Werken der Eisen- und Stahlindustrie unter Gesetz Nr. 75 aufgrund der Besprechung zwischen Stahltreuhändervereinigung, Bundesministerium für Wirtschaft und Wirtschaftsministerium des Landes NRW am 14.10.1949.

5495 Personalangelegenheiten von Friedrich Harders als Stahltreuhänder.
1949–1952
Bewerbungsunterlagen von Technikern, Wissenschaftlern und Kaufleuten sowie Schriftwechsel zwischen Harders, Bewerbern und Unternehmen der Eisen- und Stahlindustrie zur Vermittlung und Ausstellung von Referenzen.

5436 Rundschreiben der Stahltreuhändervereinigung an die Stahltreuhänder zu in- und ausländischer Stahlindustrie und Wirtschaftslage.

1950–1952
Rundschreiben, insbesondere mit Berichten und Indices des Statistischen Bundesamts zur industriellen Produktion der Bundesrepublik Deutschland, September 1951 bis Juli 1952; Abschriften aus Fachzeitschriften; G. Keiser: Steuerung der Rohstoffmärkte durch internationale Verteilungsmaßnahmen. Referat auf der achten Mitgliederversammlung der Arbeitsgemeinschaft deutscher wirtschaftswissenschaftlicher Forschungsinstitute e. V. am 18.09.1951; Deutsches Institut für Wirtschaftsforschung, IFO-Institut für Wirtschaftsforschung, Institut für Weltwirtschaft an der Universität Kiel und Rheinisch-Westfälisches Institut für Wirtschaftsforschung: Die Lage der Weltwirtschaft und der westdeutschen Wirtschaft an der Jahreswende 1951/52 (Hektografie).

3. Fachausschüsse der Stahltreuhändervereinigung

5438 Fachausschüsse der Stahltreuhändervereinigung.
1949–1951
Entwürfe zu einer Geschäftsordnung der Fachausschüsse; Terminpläne zu den Sitzungen, November 1949 bis November 1950 und Februar 1951 bis April 1951; Übersicht über die Aufgaben der einzelnen Fachausschüsse, o. D.; Bericht der Stahltreuhändervereinigung vom 12.04.1950 über die Tätigkeit der Fachausschüsse bis einschließlich Januar 1950 für die CSG sowie Monatsberichte Februar 1950 bis September 1951; Aufstellung zu den Mitgliedern der Fachausschüsse, Stand 01.03.1951.

5424 Fachausschuss 3 (Stahlerzeugung und warme Stahlverarbeitung).
1949–1951
Aktenvermerke, Schaubilder, statistische Aufstellungen und Berichte des Fachausschusses zu Entflechtung und Neuordnung, Kapazitäts- und Produktionsplanungen, Rohstoffbedarf und -versorgung, Produktion, z. T. in Gegenüberstellung der Soll- und Istwerte, Preisen und Selbstkosten der Eisen- und Stahlindustrie, z. T. aufgeschlüsselt nach einzelnen Unternehmen; monatliche Tätigkeitsberichte des Fachausschusses, Januar 1950 bis Oktober 1951; Sitzungsniederschriften des Fachausschusses.

5427 Fachausschuss 5 (Investierung und Rationalisierung).
1949–1950
Abschriften und Auszüge aus verschiedenen Gesetzen; Rundschreiben des Wirtschaftsministeriums des Landes NRW; Tätigkeitsbericht des Fachausschusses, November 1949; Musternachweisbogen zur Quartalsabrechnung der Investitionen für Wiederaufbau, Rationalisierung und Reparaturen; Merkblatt der Kreditanstalt für Wiederaufbau vom 15.03.1950 zur Finanzierung langfristiger Auslandsliefergeschäfte; vergleichende Aufstellung zu den Grobblechkapazitäten der Stahlerzeuger der Bizone, mit Angaben zur Maximalproduktion der Jahre 1938/44 sowie der Kapazitäten vor der Demontage und im August 1949, o. D.; Übersicht vom 05.07.1950 zum Produktionsprogramm von Werken, die im Übersichtsplan mit Vorschlägen zur Bildung von Einheitsgesellschaften aufgeführt sind; Aufstellung zur Finanzierung von Arbeitsbeschaffungsprogrammen in der Eisen- und Stahlindustrie vom 17.07.1950, mit Angaben zu Projekten und Finanzierungsvolumen; dritte Übersicht des Fachausschusses für die CSG vom 07.08.1950 über die zwischen 02.05.1950 und 06.08.1950 zur Genehmigung eingereichten Investitionsanträge, u. a. mit Angaben zu ATH, Bochumer Verein, DHHV, Georgsmarienhütte AG, Gußstahlwerk Gel-

senkirchen AG, Hüttenwerk Oberhausen AG, Hüttenwerk Rheinhausen AG, Rheinische Röhrenwerke AG, Stahlwerk Hagen AG, Stahlwerk Osnabrück AG, Stahlwerke Bochum AG, Westdeutsche Mannesmannröhren AG und Westfalenhütte AG; Rundschreiben, Besprechungsniederschriften, Berichte und Mitteilungen der Abteilung Technik/Investierung und Rationalisierung der Stahltreuhändervereinigung und des Fachausschusses an dessen Mitglieder und die Stahltreuhänder zur Investitionsplanung im Rahmen der alliierten Kontrollgesetze; Schriftwechsel zwischen Friedrich Harders, Ausschussmitgliedern und Stahltreuhändervereinigung zu Investitionsvorhaben, Investitionsrecht, Kreditaufnahme, Fragebögen der Verwaltung für Wirtschaft des Vereinigten Wirtschaftsgebiets, Genehmigungsverfahren der CSG, Lizenzierungspolitik, Produktions- und Kapazitätsbeschränkungen und Remontage.

5429 Fachausschuss 5 (Investierung und Rationalisierung).
1949–1951
Aufstellungen des Fachausschusses vom 22.02.1950 und 20.04.1950 über Objektvorschläge für die CSG zur Verteilungsplanung von Mitteln der Economic Cooperation Administration (ECA, Marshall-Plan) im Rahmen der zweiten Zuteilungstranche für Investitionsvorhaben, u. a. von Bochumer Verein, DHHV, Georgsmarienhütte AG, Gußstahlwerk Gelsenkirchen AG, Hüttenwerk Oberhausen AG, Hüttenwerk Rheinhausen AG, Rheinische Röhrenwerke AG, Stahlwerk Hagen AG, Stahlwerk Osnabrück AG, Stahlwerke Bochum AG, Westdeutsche Mannesmannröhren AG und Westfalenhütte AG; dsgl. vom 01.03.1951 für die dritte Tranche (englisch); Aufstellung des Fachausschusses vom 26.10.1950 über die von der CSG genehmigten Investitionen aus der zweiten Tranche; Rundschreiben, Besprechungsniederschriften, Berichte und Mitteilungen des Fachausschuss an dessen Mitglieder; Schriftwechsel von Friedrich Harders mit Ausschussmitgliedern, CSG, Verwaltung für Wirtschaft des Vereinigten Wirtschaftsgebiets und Stahltreuhändervereinigung zur Mittelverteilung aus der ersten bis dritten Tranche.

5428 Fachausschuss 5 (Investierung und Rationalisierung).
1950–1951
Aufstellungen des Fachausschusses vom 15.08.1950 und 30.08.1950 über die langfristige Investitionsplanung von Unternehmen der Eisen- und Stahlindustrie, u. a. Hüttenwerk Haspe AG, Hüttenwerk Hörde AG, Hüttenwerk Huckingen AG, Hüttenwerke Ilsede-Peine AG, Hüttenwerk Oberhausen AG, Hüttenwerk Rheinhausen AG und Westfalenhütte AG; Aufstellung des Fachausschusses vom 31.08.1950 über mögliche Investitionen, die in drei oder sechs Monaten durch Reparatur und Ergänzungsinvestitionen eine Kapazitätssteigerung bewirken, u. a. mit Angaben zu ATH, Bochumer Verein, Georgsmarienhütte AG, Hüttenwerk Huckingen AG und Westfalenhütte AG; Bericht des Fachausschusses vom 29.09.1950 über erforderliche Investitionen, die bei der Erhöhung der Stahlquote zur Engpassbeseitigung notwendig sind (Durchschlag, 20 S.); Aufstellungen des Fachausschusses vom 23.02.1951 zur voraussichtlichen Kapazitätssteigerung infolge bereits laufender und geplanter Investitionen sowie vom 30.03.1951 zum zukünftigen Bedarf an Remontagekrediten, u. a. von einigen der oben genannten Unternehmen und der Hüttenwerk Hörde AG; Rundschreiben, Besprechungsniederschriften, Berichte und Mitteilungen der Abteilung Technik/Investierung und Rationalisierung der Stahltreuhändervereinigung und des Fachausschusses an dessen Mitglieder zur Investitionsplanung im Rahmen der alliierten Kontrollgesetze; Schriftwechsel von Friedrich Harders mit Ausschussmitgliedern und Stahltreuhändervereinigung zu Investitionsvorhaben, Investitionsrecht, Kreditaufnahme, Genehmigungsverfahren der CSG, Produktions- und Kapazitätsbeschränkungen und Remontage.

5430 Fachausschuss 5 (Investierung und Rationalisierung).
1950–1951
Aufstellungen des Fachausschusses vom 05.05.1950, 01.06.1950 und 20.07.1950 über Objektvorschläge für die CSG zur Verteilungsplanung von Mitteln der Economic Cooperation Administration (ECA; Marshall-Plan) im Rahmen der zweiten Zuteilungstranche für Investitionsvorhaben, u. a. von Bochumer Verein, DHHV, Georgsmarienhütte AG, Gußstahlwerk Gelsenkirchen AG, Hüttenwerk Oberhausen AG, Hüttenwerk Rheinhausen AG, Rheinische Röhrenwerke AG, Stahlwerk Hagen AG, Stahlwerk Osnabrück AG, Stahlwerke Bochum AG, Westdeutsche Mannesmannröhren AG und Westfalenhütte AG; dsgl. vom 12.01.1951 und 27.02.1951 für die dritte Tranche, mit Beschreibung der Objekte und zahlreichen Lageplänen.

5426 Fachausschuss 6 (Forschung und Entwicklung).
1949–1951
Entwürfe zu Abkommen zwischen Hüttenwerk Haspe AG, Hüttenwerk Hörde AG, Hüttenwerk Huckingen AG, Hüttenwerke Ilsede-Peine AG, Hüttenwerk Oberhausen AG, Hüttenwerk Rheinhausen AG, Hüttenwerke Ruhrort-Meiderich AG, Maximilianshütte AG und Westfalenhütte AG über Entwicklungsarbeiten auf dem Gebiet des Windfrischens sowie der Erzeugung von Thomasstahl mit Siemens-Martin-Stahl-ähnlichen Eigenschaften, o. D.; Aufstellung zu den Betriebslaboratorien, Versuchsanstalten und Forschungsinstituten von Unternehmen der deutschen Eisen- und Stahlindustrie, Stand Januar 1950; Satzungsentwurf zur Hüttentechnischen Gesellschaft mbH, o. D.; Entwürfe zu Standard- Patentüberlassungsverträgen und Kooperationsverträgen im Forschungsbereich, u. a. unter Mitwirkung des Max-Planck-Instituts für Eisenforschung; Adolf Bäumker: „Führung in der deutschen Forschung" vom 19.01.1950 (Durchschlag, 20. S.); monatliche Tätigkeitsberichte des Fachausschusses, Oktober 1949 bis September 1951; Aktenvermerke, u. a. von Friedrich Harders, Besprechungsniederschriften und Berichte des Fachausschusses sowie Schriftwechsel zwischen Harders, Ausschussmitgliedern und verschiedenen Unternehmen zu technischer Gemeinschaftsarbeit in verschiedenen Bereichen, Betriebsbesichtigungen und Ausschusssitzungen.

4. Entflechtung und Neuordnung der Eisen- und Stahlindustrie

4.1 Branche und Konzerne

5441 Konzernentflechtung.
o. D.
Treuhandverwaltung der NGISC: Liste der Gesellschaften, die als Teil der Eisen- und Stahlindustrie angesehen werden und gemäß der allgemeinen Verfügungen Nr. 7 und Nr. 3 (Krupp) zum Gesetz Nr. 52 der Militärregierung unter Kontrolle stehen, alphabetisches Unternehmensverzeichnis und Teil 1: VSt und Tochtergesellschaften mit Angaben zu Grundkapital, gesellschaftsrechtlichen Beziehungen, Produktionsprogramm, Stand der Entflechtung, Demontage und Zugehörigkeit zur Branche.

5442 Konzernentflechtung.
o. D.
Treuhandverwaltung der NGISC: Liste der Gesellschaften, die als Teil der Eisen- und Stahlindustrie angesehen werden und gemäß der allgemeinen Verfügungen Nr. 7 und Nr. 3 (Krupp) zum Gesetz Nr. 52 der Militärregierung unter Kontrolle stehen – Teile 2–12: Flick-Gruppe, Fried. Krupp, Gute-

hoffnungshütte, Hoesch AG, Ilseder Hütte, Klöckner & Co. und Klöckner-Werke AG, Mannesmannröhren-Werke AG, Otto Wolff-Konzern, Preß- und Walzwerke AG, Reichswerke AG für Berg- und Hüttenbetriebe und Reichswerke AG für Erzbergbau und Eisenhütten sowie bereits entflochtene Unternehmen, mit Angaben zu Grundkapital, gesellschaftsrechtlichen Beziehungen, Produktionsprogramm, Stand der Entflechtung, Demontage und Zugehörigkeit zur Branche.

5459 Neuordnungsplanungen für den Eisenerzbergbau.
1947, 1950–1952
Schreiben von Ludwig Erhard an die Alliierte Hohe Kommission für Deutschland vom 02.05.1952, mit Stellungnahme zu Neuordnungsplänen (Abschrift); Übersichtsschema zur Neuordnung des Eisenerzbergbaus vom 15.04.1952 (Kopie); Stellungnahme der Deutschen Angestellten-Gewerkschaft vom April 1952 zu Neuordnungsplänen (Abschrift); Niederschriften zu Sitzungen von Vertretern von Bundesministerium für Wirtschaft, CSG, Stahltreuhändervereinigung sowie verschiedener Unternehmen und Gewerkschaften zur Neuordnung des Eisenerzbergbaus am 26.04.1950, 02.08.1950, 14.02.1952, 10.03.1952 und 01.04.1952 sowie über Richtlinien zu Anlagenbewertung am 28.09.1950; Vorschläge von Arbeitskreis Neuordnung der Stahltreuhändervereinigung vom 19.09.1950 und CSG vom 15.03.1952; Neuordnungsvorschläge der Stahltreuhändervereinigung für die CSG vom 25.07.1950, 29.07.1950 und 04.03.1952; Industriegewerkschaft Bergbau (Hg.): Memorandum über die Neuordnung des deutschen Eisenerzbergbaus, Bochum 1952; Stellungnahme der Stahltreuhändervereinigung vom 21.01.1952 zum Neuordnungsplan des Bundesministeriums für Wirtschaft vom 08.01.1952 (Kopie); gemeinsamer Vorschlag von Firma Fried Krupp, Gutehoffnungshütte Oberhausen AG, Hoesch AG, Klöckner-Werke AG und Mannesmannröhren-Werke AG vom 07.01.1952 zur Neuordnung des Eisenerzbergbaus; Betriebswirtschaftlicher Bericht der Stahltreuhändervereinigung vom September 1950 zur Neuordnung des Erzbergbaus, mit Aufstellungen zum Erzbedarf für die genehmigten Produktionskapazitäten der deutschen Eisen- und Stahlindustrie, aufgeschlüsselt nach einzelnen Unternehmen, Preisen, Erzqualitäten, Belegschaften und Ertragslage der Branche; Gutachten der Treuhandverwaltung der NGISC zur Neugliederung des Eisenerzbergbaus vom 14.07.1947 (deutsch und englisch); Stellungnahme der Treuhandverwaltung der NGISC vom 04.08.1947 zu den gutachtlichen Äußerungen über die organisatorische Neugliederung des Eisenerzbergbaus; Vorschläge des Arbeitskreises Neuordnung bei der Wirtschaftsvereinigung Eisen- und Stahlindustrie zur Neuordnung des Eisenerzbergbaus vom 19.04.1950 und 19.05.1950; Studie der Stahltreuhändervereinigung Abteilung Technik/Verbundwirtschaft zur Neuordnung vom 15.04.1950; Aktenvermerke und Besprechungsniederschriften der Stahltreuhändervereinigung zur Neuordnung, insbesondere der Eisenerzbergbau Ilsede AG.

5445 Neuordnungsplanung (verschiedene Unternehmen).
1950
Auszug aus einem Gutachten von Hans Ditges über die Verkehrsbetriebe der Reichswerke AG für Erzbergbau und Eisenhütten vom Januar 1950; Stellungnahme der Klöckner-Werke AG vom 02.10.1950 zu Neuordnungsplänen für das Unternehmen; Otto Schweitzer: Gutachten zum Neuordnungsplan der Hüttenwerk Niederrhein AG vom 31.07.1950, mit Fotografie eines Torpedopfannenwagens der Gutehoffnungshütte Oberhausen AG Werk Sterkrade und Energieflussplänen; Vorschlag der Stahltreuhändervereinigung vom 30.08.1950 zur Neuordnung der Reichswerke AG für Erzbergbau und Eisenhütten (Entwurf); Niederschrift einer Sitzung des Arbeitskreises für Fragen der Neuordnung bei der Wirtschaftsvereinigung Eisen- und Stahlindustrie am 14.08.1950 zu Neuordnungsplänen für die Gießereibetriebe der VSt; Herbert Monden: Stellungnahme zur

Behandlung der Hütte Watenstedt der Reichswerke AG für Erzbergbau und Eisenhütten vom 24.07.1950; Kurzberichte der Stahltreuhändervereinigung zur Neuordnung, u. a. von DHHV, Hüttenwerk Hörde AG, Hüttenwerke Ruhrort-Meiderich AG, HWS, Rheinische Röhrenwerke AG, Stahl- und Röhrenwerke Reisholz AG sowie Stahl- und Walzwerk Großenbaum AG; Aufstellungen der Stahltreuhändervereinigung über die Vorschläge zur Bildung von Einheitsgesellschaften vom März 1950, 27.04.1950, 27.05.1950 und 05.06.1950; Neuordnungs- und Reorganisationspläne Nr. 1 und 2 der Stahltreuhändervereinigung zum Mannesmann-Konzern, Nr. 3 zur Westfalenhütte AG sowie Nr. 4 zu Stahl- und Röhrenwerke Reisholz AG und Hüttenwerk Rheinhausen AG, alle vom März 1950; Niederschriften zu Besprechungen der Stahltreuhänder über den Gesamtplan Neuordnung in der 32.–35. Sitzung der Stahltreuhändervereinigung am 03.05.1950, 10.05.1950, 17.05.1950 und 31.05.1950; Niederschriften von Besprechungen zwischen Vertretern von Stahltreuhändervereinigung, Mannesmann-Konzern und Sachverständigen zur Neuordnung des Mannesmann-Konzerns am 13.04.1950, 22.04.1950 und 25.04.1950; Zwischenbericht der Stahltreuhändervereinigung vom 24.04.1950 zur Neuordnung von Hüttenwerk Huckingen AG und Hüttenwerk Rheinhausen AG, mit diversen Unterlagen, insbesondere zur Energiewirtschaft; Aktenvermerke und einzelne Schreiben zwischen Stahltreuhändervereinigung, insbesondere Friedrich Harders und Herbert Monden, und Gutachtern über Neuordnungspläne.

5446 Neuordnungsplanung (verschiedene Unternehmen).
1950
Begründungen der Stahltreuhändervereinigung zur geplanten Bildung von Einheitsgesellschaften aus Hüttenwerk Huckingen AG, Westdeutsche Mannesmannröhren AG, Hüttenwerk Niederrhein AG, Westfälische Union AG und anderen Unternehmen des Mannesmann-Konzerns vom 23.11.1950, sowie aus Hüttenwerk Ruhrort-Meiderich AG und Rheinische Röhrenwerke AG vom 21.11.1950 sowie zum Neuordnungsvorschlag für Stahlwerke Bochum AG, Gussstahlwerk Witten AG und Ruhrstahl AG Henrichshütte vom 21.11.1950; Satzungsentwurf der Stahltreuhändervereinigung für eine aus dem Komplex der Deutsche Edelstahlwerke AG gebildete Kerngesellschaft für die CSG vom 20.11.1950; Neuordnungspläne der Stahltreuhändervereinigung zur Bildung von 23 bzw. 22 Einheitsgesellschaften vom 03.11.1950 und 20.11.1950, mit Angaben zur Belegschaft zum 30.09.1950 sowie zur Produktion von Roheisen, Rohstahl und Walzerzeugnissen im dritten Quartal 1950; Gutachten der Rechtsabteilung der Stahltreuhändervereinigung vom 14.11.1950 zur Rechtmäßigkeit der Gründung von Kerngesellschaften aus ausgegliederten Gesellschaften laut Gesetz Nr. 27; Rheinische Röhrenwerke AG und Eisenwerke Mülheim/Meiderich AG: Untersuchung der technischen und wirtschaftlichen Vorteile eines Zusammenschlusses von Rheinische Röhrenwerke AG und Eisenwerke Mülheim/Meiderich AG vom 04.11.1950: Reorganisationsplan der CSG für die Eisen- und Stahlindustrie zur Bildung von 28 Einheitsgesellschaften vom 30.10.1950 (englisch), mit Aktenvermerk zur Vorstellung des Plans; Richard Oskar Gockel: Gutachten zur Zweckmäßigkeit einer Zusammenfassung von Gussstahlwerk Witten AG, Stahlwerke Bochum AG und Bergische Stahl-, Walz- und Hammerwerke Julius Lindenberg vom 15.09.1950; Aktenvermerke und einzelne Schreiben zwischen Stahltreuhändervereinigung, Gutachtern und Unternehmen über Neuordnungspläne.

5447 Neuordnungsplanung.
1950–1951
Ergänzung vom 21.12.1950 zum Neuordnungsplan der Stahltreuhändervereinigung zur Bildung von 22 Einheitsgesellschaften vom 20.11.1950; Schreiben von Hans-Günther Sohl und Siegfried

Seelig, als Liquidatoren der VSt, an das Bundesministerium für Wirtschaft vom 20.12.1950 zu Neuordnungsplänen (Durchschlag); Wolfgang Linz: Stellungnahme zur Mustersatzung für Kerngesellschaften vom 20.12.1950; vorbereitende Unterlagen zur 65. Sitzung der Stahltreuhändervereinigung am 20.12.1950; Stellungnahme zum Neuordnungsplan der Stahltreuhändervereinigung sowie Neuordnungsplan der CSG vom 30.11.1950 für die Bundesregierung.

5496 Kapazitätsfragebögen der CSG.
1950-1951
Vier Kapazitätsfragebögen (blanko, deutsch und englisch). Schriftwechsel zwischen CSG, Stahltreuhändervereinigung, Bundesministerium für Wirtschaft, Ministerium für Wirtschaft des Landes NRW und Unternehmen zu Entwicklung der Fragebögen, Vorgaben für die Bearbeitung und Auswirkungen auf die Entflechtung der Eisen- und Stahlindustrie.

5461 Behandlung der Hüttenzechen.
1950-1951
Memorandum der Westfalenhütte AG vom 30.01.1951 zur „eigentumsmäßigen Verbindung" der Zechen Dorstfeld, Kaiserstuhl und Oespel mit der Westfalenhütte (Abschrift) sowie entsprechender Bericht der Stahltreuhändervereinigung vom 29.01.1951; Stahltreuhändervereinigung Abteilung Technik/Verbundwirtschaft: Berichte zum Stand der deutsch-alliierten Verhandlungen zur Bindung von Kohle und Stahl vom 30.01.1951 sowie zur Bedarfsdeckung der Hütten durch Hüttenzechen gemäß Neuordnungsplan von DKBL und Stahltreuhändervereinigung vom 26.01.1951, mit Aufstellung zum prognostizierten Kohlenbedarf verschiedener Unternehmen der Eisen- und Stahlindustrie im Jahr 1953; Entwürfe einer Vereinbarung zwischen DKBL und Stahltreuhändervereinigung über die Abgrenzung von Bergbau- und Hüttenvermögen vom 29.11.1950, 15.01.1951 und 20.01.1951, mit Aufstellung zum Betriebsergebnis verschiedener Zechen im Zeitraum 01.01.1950 bis 30.09.1950; Vorschlag von Stahltreuhändervereinigung und DKBL vom 15./16.01.1951 zu einer Verbindung von Kohlenbergbau und Eisen- und Stahlindustrie im Rahmen des Gesetzes Nr. 27, mit Entwurf eines Anschreibens an Ludwig Erhard; Niederschrift einer Sitzung von Vertretern von Stahltreuhändervereinigung und DKBL am 15.01.1951 zur Entwicklung des Vorschlags.

5462 Behandlung der Hüttenzechen.
1950-1951
Bericht des Fachausschusses 2 (Abgrenzung Kohle und Stahl) der Stahltreuhändervereinigung vom 09.02.1950 über die Neuordnung des Duisburg-Hamborner Raums und die Verbindung der Werke von ATH und Hüttenwerke Ruhrort-Meiderich AG mit Zechen und Kokereien der GBAG Gruppe Hamborn, mit Lageplan und Energieflussbildern; Niederschriften der Sitzungen des Kohle-Eisen-Ausschusses von Stahltreuhändervereinigung und DKBL sowie weiterer Besprechungen, z. T. unter Beteiligung von Vertretern von Bundesregierung, Bundesministerium für Wirtschaft und verschiedenen Unternehmen; Vorschlag des Arbeitskreises Neuordnung bei der Wirtschaftsvereinigung Eisen- und Stahlindustrie vom 26.04.1950 zur Berücksichtigung der Lieferbeziehungen zwischen Steinkohlenbergbau und Eisen- und Stahlindustrie im Rahmen der Neuordnungsplanung, mit Erläuterung der rechtlichen Gestaltungsmöglichkeiten; Karte der Steinkohlenfelder des Ruhrgebiets und Stellungnahme der Stahltreuhändervereinigung vom 08.05.1950; Vorschlag des Fachausschusses 2 zur Neuordnung vom 30.08.1950; vergleichender Bericht der Stahltreuhändervereinigung Abteilung Technik/Verbundwirtschaft vom 05.09.1950 zu den vorliegenden Plänen; Zechenneuordnungsplan der DKBL vom 11.09.1950; F. Waech-

ter: Gutachten über die Kohlengrundlagen der Hüttenwerk Rheinhausen AG vom 11.11.1950 (Kopie), mit Stellungnahme von Fried. Krupp i. L., Fried. Krupp Bergwerke Essen und Hüttenwerk Rheinhausen AG vom 11.11.1950; Neuordnungsplan VI von Stahltreuhändervereinigung und DKBL vom 07.11.1950; Stahltreuhändervereinigung Abteilung Technik/Verbundwirtschaft: Pläne vom 23.11.1950 und 10.01.1951 zur Neuordnung von Kohlenbergbau und Stahlindustrie nach Gesetz Nr. 27 sowie Bericht vom 13.11.1950 zur Beanspruchung von Zechen zur Bedarfsdeckung der Hütten, mit Aufstellungen zu den Lieferbeziehungen verschiedener Unternehmen zu Zechen; Gerhard Schröder: Vorschlag für die Regelung der Eigentumsverhältnisse bei Kohle und Eisen im Rahmen der Neuordnung der Wirtschaft vom 01.12.1950 (Abschrift); Entwürfe einer Vereinbarung zwischen DKBL und Stahltreuhändervereinigung über die Abgrenzung von Bergbau- und Hüttenvermögen sowie einer „Rahmenvereinbarung Kohle/Eisen" vom 13.12.1950 und 18.12.1950; Memorandum der Bundesregierung vom 08.01.1951 über die Verbundwirtschaft von Kohlenbergbau und Eisenindustrie im Zusammenhang mit Gesetz Nr. 27 (Abschrift); Schreiben von H. A. Wagner an die CSG vom 11.01.1951 zur Aufgabe seiner Tätigkeit bei der Stahltreuhändervereinigung als Vorsitzender der Ausschüsse für die Neuordnung von Eisenerzbergbau und Verbundwirtschaft; Aktenvermerke und einzelne Schreiben zwischen Stahltreuhändervereinigung, insbesondere Heinrich Dinkelbach, und verschiedenen Unternehmen zu Neuordnungsplänen und Stellungnahmen der Unternehmen.

5463 Behandlung der Hüttenzechen.
1951–1952
Berichte der Stahltreuhändervereinigung Abteilung Technik/Verbundwirtschaft zur technischen und metallurgischen Notwendigkeit der Verbundwirtschaft von Kohle und Eisen vom 31.01.1951, zu den Gemeinschaftsbeteiligungen von Hoesch AG und Klöckner-Werke AG vom 26.10.1951, zur Verbundwirtschaft im Raum Oberhausen vom 17.10.1951, mit Angaben zu Hüttenwerk Oberhausen AG und Gutehoffnungshütte-Konzern, zu den Planungen für eine „Sondergesellschaft Koks, Energie und Verkehr im Raum Oberhausen" vom 30.10.1951, zum Stand der Neuordnung von Kohle und Stahl am 01.11.1951 vom 05.11.1951; Stellungnahmen der Abteilung zu alliierten Vorstellungen der Verbundwirtschaft vom 13.02.1951, zur Stellungnahme der Westfalenhütte AG zur Entflechtung des Hoesch-Bergbaus vom 07.01.1952 und zur Behandlung des Aktienkapitals der Ruhrgas AG vom 07.01.1952; Unterlagen der Stahltreuhändervereinigung zu den Berechnungsgrundlagen der Verbundwirtschaft; Begründung der Stahltreuhändervereinigung vom 01.03.1951 zum „eigentumsmäßigen Verbund" von Kohlenzechen und Eisenhütten; Entwürfe von Stahltreuhändervereinigung und DKBL zu Satzungen von Einheitsgesellschaften des Steinkohlenbergbaus und der Eisen- und Stahlindustrie sowie Verträgen zwischen Unternehmen beider Branchen; Niederschriften zu Sitzungen von Vertretern von Stahltreuhändervereinigung, DKBL, Bundesregierung, Bundesministerium für Wirtschaft und verschiedenen Unternehmen; Roland Wasmuth: Verbundprobleme der europäischen Montanindustrie, 25.08.1951 (Auszug aus einer Vorlesung an der Technischen Hochschule Aachen); Entwürfe zu den Durchführungsverordnungen Nr. 9 und Nr. 10 zum Gesetz Nr. 27 der Alliierten Hohen Kommission für Deutschland über die Bildung von Einheitsgesellschaften im Kohlenbergbau und deren Treuhänder; Aktenvermerke und Schriftwechsel zwischen Stahltreuhändervereinigung, Bundesministerium für Wirtschaft und verschiedenen Unternehmen zu Neuordnungsplänen, unternehmensrechtlichen Aspekten und Stellungnahmen der Unternehmen.

5460 Neuordnungsplanungen für die Kalk- und Feuerfestindustrie.
1950–1952
Neuordnungsvorschlag der Stahltreuhändervereinigung für die CSG vom 30.01.1952 zur Kalk- und Feuerfestindustrie; Stahltreuhändervereinigung Abteilung Technik/Rohstoffe: Technisch-wirtschaftlicher Bericht über die Neuordnung der Kalkindustrie vom 18.07.1951 sowie Vorschläge zur Neuordnung der Feuerfestindustrie vom 11.09.1950 und 12.10.1950, alle mit Aufstellungen und Angaben zu Kapazitäten und Kapazitätsauslastung, Produktion und Versand, Lieferbeziehungen zu Unternehmen der Eisen- und Stahlindustrie sowie Organigrammen, insbesondere zu RheinischWestfälische Kalkwerke AG und Rheinische Kalksteinwerke GmbH; Stahltreuhändervereinigung Betriebswirtschaft: Betriebswirtschaftlicher Bericht zur Neuordnung der Kalkindustrie vom 19.06.1951; Aktenvermerke der Stahltreuhändervereinigung zur Neuordnung.

5448 Bildung von Einheitsgesellschaften.
1950–1951
Aufträge der CSG an die Stahltreuhändervereinigung zur Gründung der Einheitsgesellschaften Gussstahlwerk Oberkassel AG, Gussstahlwerk Witten AG, Hüttenwerke Ruhrort-Meiderich AG, Rheinische Röhrenwerke AG und Stahlwerke Bochum AG vom 09.07.1951; Entwurf der Stahltreuhändervereinigung zu einer Mustersatzung für Einheitsgesellschaften vom 19.06.1951; Schreiben der Alliierten Hohen Kommission für Deutschland an Konrad Adenauer vom 08.11.1951 zu Mustersatzungen, mit vergleichender Aufstellung zu den von der CSG vorgenommenen Änderungen, sowie zwei Entwürfe zu einem Antwortschreiben vom 11.06.1951 (Abschriften); Schreiben des Arbeitskreises für Fragen der Neuordnung bei der Wirtschaftsvereinigung Eisen- und Stahlindustrie an das Bundesministerium für Wirtschaft zu Durchführungsverordnungen vom 06.06.1951; Schreiben von Ludwig Erhard an den Wirtschaftsausschuss der Alliierten Hohen Kommission vom 15.05.1951 zu Mustersatzungen (Abschrift); Begründung des Fachausschusses 4 (Kalte Stahlverarbeitung) der Stahltreuhändervereinigung vom 16.04.1951 zu Vorschlägen zur Einbeziehung der Werke mit kalter Stahlverarbeitung in den Neuordnungsplan der Bundesregierung; Entwürfe zu Durchführungsverordnungen über die Bildung von Einheitsgesellschaften nach Gesetz Nr. 27; Lageplan der Einheitsgesellschaften vom 01.03.1951 laut Plan der Stahltreuhändervereinigung vom 20.11.1950; Schreiben der Bundesregierung an die Alliierte Hohe Kommission vom 14.03.1951 sowie Memoranden der Bundesregierung zur Neuordnung vom 27.12.1950 und 14.01.1951 (Abschriften); Fritz Hilgenstock und Friedrich Lüth: Bericht über die Überprüfung des Zusammenschlusses von Rheinische Röhrenwerke AG und Eisenwerke Mülheim/Meiderich AG vom 30.01.1951; Aktenvermerke, Besprechungsniederschriften und Schriftwechsel zwischen Stahltreuhändervereinigung, Alliierter Hoher Kommission, Bundesministerium für Wirtschaft und verschiedenen Unternehmen zu Organisation der Entflechtung, Durchführungsverordnungen, Besetzung der Aufsichtsräte und Stellungnahmen einzelner Unternehmen.

5443 Bildung von Einheitsgesellschaften.
1951
Neuordnungsplan (Provenienz unbekannt), mit Aufstellungen zu 24 Einheitsgesellschaften, z. T. mit Angaben zu Unternehmensgeschichte, Lieferbeziehungen, Produktionsprogramm, Umsatz und Belegschaften.

5449 Bildung von Einheitsgesellschaften.
1951

Entwurf der Stahltreuhändervereinigung zu einer Mustersatzung für Einheitsgesellschaften vom 10.07.1951; Niederschrift einer Besprechung zwischen Vertretern von Stahltreuhändervereinigung, Altgesellschaften und DKBL über Steuerfragen der Neuordnung nach Gesetz Nr. 27 am 12.07.1951; Pressemitteilung der Office of the U. K. High Comissioner Germany Information Service Division Nr. 327 vom 17.07.1951 zur Umgestaltung der DKBL und Neuordnung der Eisen- und Stahlindustrie; Vorschlagliste der Stahltreuhändervereinigung vom 10.08.1951 zur Bestellung von Anwälten und Wirtschaftsprüfern zu Verwaltungstreuhändern; Schreiben von Berthold von Bohlen und Halbach als Vorsitzender des Familienrats der Firma Fried. Krupp an die Stahltreuhändervereinigung vom 17.08.1951 zur Neuordnung von Westfälische Drahtindustrie, Capito & Klein AG und Fried. Krupp Stahlbau Rheinhausen, mit Stellungnahmen der Unternehmen; Bericht der Stahltreuhändervereinigung vom 15.08.1951 zu technischen und wirtschaftlichen Gründen für die Angliederung der Bergbau- und Hütten-AG „Friedrichshütte" an die Einheitsgesellschaft HWS; Satzungsentwurf der Stahltreuhändervereinigung für die Stahlwerke Brüninghaus GmbH vom 24.08.1951; Schreiben des Deutschen Gewerkschaftsbunds an Konrad Adenauer vom 17.08.1951 zur Mitbestimmung (Abschrift) sowie Vorschlag zur Entschädigungsregelung für Altaktionäre nach Gesetzen Nr. 27 und Nr. 35 vom 11.09.1951; Schreiben der Stadt Gelsenkirchen an die Stahltreuhändervereinigung vom 31.08.1951 zur vorgesehenen Bildung einer Einheitsgesellschaft aus Eisenwerke Gelsenkirchen AG, Eisenwerke Mülheim/Meiderich AG sowie Kokerei Alma, Zeche Holland und Zeche Pluto der GBAG; Schreiben des Betriebsrats der Westdeutsche Mannesmannröhren AG an die Stahltreuhändervereinigung und verschiedene Gewerkschaften vom 06.09.1951 zur Neuordnung des Mannesmann-Konzerns; Niederschrift einer Besprechung zwischen Liquidatoren, Vertretern von Stahltreuhändervereinigung, Familienrat der Firma Fried Krupp und Konzerngesellschaften zur Neuordnung des Krupp-Konzerns am 10.09.1951; Niederschrift einer Besprechung zwischen Liquidatoren, Vertretern von Stahltreuhändervereinigung und Mannesmann-Konzern zu dessen Neuordnung am 10.09.1951; Niederschrift einer Besprechung zwischen Liquidatoren, Vertretern von Stahltreuhändervereinigung und Konzerngesellschaften der VSt. i. L. zur Konzernneuordnung am 12.09.1951; Genehmigung der CSG vom 15.09.1951 zum Vorschlag der Stahltreuhändervereinigung über die den Einheitsgesellschaften anzugliedernden weiterverarbeitenden Betriebe, mit Aufstellung; Anordnungen der CSG zur Gründung der Einheitsgesellschaften Stahlwerke Südwestfalen AG vom 20.09.1951, Deutsche Edelstahlwerke AG vom 24.09.1951 sowie von Einheitsgesellschaften aus Hüttenwerk Rheinhausen AG, Westfälische Drahtindustrie, Capito & Klein AG und Fried. Krupp Stahlbau Rheinhausen vom 21.09.1951, aus Unternehmen des Mannesmann-Konzerns vom 24.09.1951 sowie aus Westfalenhütte AG und anderen Unternehmen des Hoesch-Konzerns vom 25.09.1951; Aktenvermerke und einzelne Schreiben zwischen Stahltreuhändervereinigung und verschiedenen Unternehmen zu Organisation der Entflechtung, Bestellung von Aktionärtreuhändern, Durchführungsverordnungen, Besetzung der Aufsichtsräte und Stellungnahmen einzelner Unternehmen.

5450 Bildung von Einheitsgesellschaften.
1951–1952
Terminübersicht der Stahltreuhändervereinigung vom 02.10.1951 zur Bildung von Einheitsgesellschaften; Entwurf der Stahltreuhändervereinigung zu einer Mustersatzung für Einheitsgesellschaften vom 10.07.1951; Verfahrenspläne der Stahltreuhändervereinigung für die CSG zur Neuordnung von Klöckner-Werke AG i. L. vom 10.10.1951 und Mannesmannröhren-Werke AG i. L. vom 12.10.1951; Stellungnahme von Eisenwerke Gelsenkirchen AG, Eisenwerke Mülheim/Meiderich AG und Gussstahlwerk Gelsenkirchen AG vom Oktober 1951 zu Neuordnungsplänen für die Gießereigruppe der VSt, mit Materialflussplan der Gießereigruppe; Niederschrift einer

Besprechung zwischen Vertretern von Stahltreuhändervereinigung und CSG zu Handelsfragen am 25.10.1951; Niederschrift einer Besprechung zwischen Vertretern der Stahltreuhändervereinigung und der Treuhänder der Einheitsgesellschaften (Anwälte und Wirtschaftsprüfer) zu deren Aufgaben am 24.10.1951; Anordnungen der CSG zur Gründung der Einheitsgesellschaften Gußstahlwerk Bochumer Verein AG und Ruhrstahl AG vom 31.10.1951, Nordwestdeutscher Hütten- und Bergwerksverein AG vom 14.01.1952 (Ergänzungsauftrag) sowie einer Einheitsgesellschaft aus Georgsmarienhütte AG, Hüttenwerk Haspe AG, Klöckner-Werke AG Werk Troisdorf und Stahlwerk Osnabrück AG vom 02.11.1951; Entwurf einer Durchführungsverordnung zur steuerlichen Behandlung von Umgestaltungen und Liquidationen nach Gesetz Nr. 27 vom 10.11.1951; Denkschrift der Wirtschaftsvereinigung Eisen- und Stahlindustrie Gruppe Walzstahl vom 30.11.1950 zum Handelsmemorandum der CSG sowie Stellungnahmen verschiedener Unternehmen und Verbände des Eisenhandels vom 10.12.1951 und von Karl Barich (Stahltreuhändervereinigung) vom 11.12.1951; Bericht der Stahltreuhändervereinigung vom 18.03.1952 über die Verhandlungen mit der CSG zum Memorandum; Aufstellungen der Stahltreuhändervereinigung zur Besetzung der Aufsichtsräte der bereits gegründeten und der CSG zur Genehmigung vorgelegten Einheitsgesellschaften vom 18.12.1951; Bericht einer Arbeitskommission beim Bundesministerium für Wirtschaft zum Rabattsystem der deutschen Eisen- und Stahlindustrie vom 08.01.1952; Schreiben von Konrad Adenauer an die Alliierte Hohe Kommission für Deutschland vom 18.12.1951 zur Gründung einer Einheitsgesellschaft unter Beteiligung der Hüttenwerk Rheinhausen AG (Abschrift); Übersicht der Stahltreuhändervereinigung zur Neuordnung des Klöckner-Konzerns vom 17.03.1952; Niederschrift einer Besprechung zwischen Vertretern von Stahltreuhändervereinigung, VSt i. L. und ATH zur Bildung einer solchen Einheitsgesellschaft am 03.04.1952; Vorschlag der Stahltreuhändervereinigung vom 30.04.1952 zur Neuordnung der „Versorgungseinrichtungen" „Wehag" Westdeutsche Haushaltversorgung AG, Konsumanstalt der Firma Fried. Krupp, „WELEG" Westdeutsche Lebensmitteleinkaufsgesellschaft mbH und Verkaufsanstalten Oberhausen AG; Konzept zum Neuordnungsbericht der Stahltreuhändervereinigung vom 06.06.1952, mit Angabe der Autoren (1954 erschienen unter dem Titel „Die Neuordnung der Eisen- und Stahlindustrie im Gebiet der Bundesrepublik Deutschland"); Aktenvermerke, Besprechungsniederschriften und einzelne Schreiben zwischen Stahltreuhändervereinigung, Bundesministerium für Wirtschaft und verschiedenen Unternehmen zu Organisation der Entflechtung, Bildung weiterer Einheitsgesellschaften, Handels- und Rabattfragen, Durchführungsverordnungen, Besetzung der Aufsichtsräte und Stellungnahmen einzelner Unternehmen.

5451 Bildung von Einheitsgesellschaften.
1951–1952
Aufstellungen der Stahltreuhändervereinigung zur Besetzung der Vorstände und Aufsichtsräte der Hoesch AG und ihrer Tochtergesellschaften vom 20.06.1952 sowie zum Stand der Neuordnung am 01.12.1951 und 11.02.1952; Übersichten zu den 22 Einheitsgesellschaften, Stand 01.06.1952, mit Angaben zu Gründungsgesellschaften, Kapital, Vorständen und Aufsichtsräten; Aktenvermerke und einzelne Schreiben zwischen Stahltreuhändervereinigung und CSG zur Bildung weiterer Einheitsgesellschaften, Entflechtung des Flick-Konzern und Behandlung der Ruhrgas AG.

5444 Behandlung der Konzernhandelsgesellschaften.
1951
Karl Barich (Stahltreuhändervereinigung): Vorschlag vom 23.01.1951 zur Behandlung der un-

ter Gesetz Nr. 27 stehenden Konzernhandelsgesellschaften im Rahmen der Neuordnung, gegliedert nach Vertriebsorganisationen der für die Bildung von Einheitsgesellschaften vorgesehenen Unternehmen sowie Fried. Krupp, Gutehoffnungshütte, Hoesch AG, Klöckner-Werke AG, Mannesmannröhren-Werke AG und Otto Wolff-Konzern, mit Erläuterungen zu Einkaufs-, Inlands- und Auslandsverkaufsgesellschaften sowie Angaben zu Grundkapital, Niederlassungen, gesellschaftsrechtlichen Beziehungen und Handelsprogramm.

4.2 Unternehmen (Sortierung nach Unternehmen, A–Z)

5452 Neuordnungsplanung für die spätere Deutsche Edelstahlwerke AG.
1950
Neuordnungsvorschlag der Stahltreuhändervereinigung für die CSG vom 20.09.1950 zur Gründung einer Einheitsgesellschaft mit dem Namen Deutsche Edelstahlwerke AG; erläuternde Unterlagen, z. T. mit Materialflussbildern, Übersichten zu Betriebsanlagen, Verbundwirtschaft und Produktionsprogrammen von Magnetfabrik Dortmund sowie den Werken Hannover, Linn, Remscheid und Werdohl der Deutsche Edelstahlwerke AG, Elotherm GmbH, Metall-Diffusions GmbH, AG Vulkan und Hochfrequenz-Tiegelstahl GmbH; Satzungsentwürfe zur Deutsche Edelstahlwerke AG; Sozialbericht der Stahltreuhändervereinigung zur Deutsche Edelstahlwerke AG vom September 1950; Investitionsplan der Stahltreuhändervereinigung für die Deutsche Edelstahlwerke AG vom 31.07.1950; Gustav Wilke: Gutachten zu den durch die neue Pensionsordnung entstehenden Mehrbelastungen an Zuwendungen zur Versorgungsrückstellung am Beispiel der Deutsche Edelstahlwerke AG vom 12.09.1950; Aufstellung zu den Werks- und Witwenrenten der Deutsche Edelstahlwerke AG vom 05.09.1950; Bericht der Sozialabteilung der Stahltreuhändervereinigung zu Belegschaftsstrukturen, Sozialeinrichtungen und -aufwendungen, Altersversorgung, Betriebskrankenkassen, Lohn- und Gehaltsverhältnissen der Deutsche Edelstahlwerke AG sowie ihrer Tochtergesellschaften und Werke vom 14.08.1950; Aktenvermerke, Besprechungsniederschriften und einzelne Schreiben zwischen Stahltreuhändervereinigung und CSG zur Neuordnung der Deutsche Edelstahlwerke AG, Besetzung der Aufsichtsräte und Investitionsplanung.

5455 Neuordnungsplanung für die spätere DHHU.
1950–1951
Unterlagen zu einer „Zwischenlösung DHHU" vom 28.02.1950: Baufortschrittsbericht, Organigramm, Beteiligungsverzeichnis, Aufstellungen zu Vertragsverhältnissen von leitenden Angestellten und Vertretern, Miet- und Pachtverhältnissen, Gestattungsverträgen, Lieferungs- und Leistungsverträgen, Versicherungsverträgen sowie Bericht über Kennzahlen zu Transport- und Energiekosten der DHHU; Bericht der Hüttenwerk Hörde AG Versuchsanstalt vom 21.01.1951 zu den Planungen für eine „Werkstoffgruppe" in der neuen Einheitsgesellschaft; Werner Haack: Memorandum zu den Möglichkeiten einer Verbundwirtschaft zwischen GBAG Gruppe Dortmund und Hüttenwerk Hörde AG vom 10.04.1951 (Typoskript); erläuternde Unterlagen für eine Integration von Hüttenwerk Hörde AG und DHHU sowie von Schwerter Profileisenwalzwerk AG, Kettenwerke Schlieper GmbH, Eisenwerk Rothe Erde GmbH, Dortmunder Thomasschlackenmahlwerk GmbH, Dortmunder Union Brückenbau-AG, H. C. E Eggers & Co. GmbH sowie Kohle- und Eisenforschung GmbH, z. T. mit Betriebsbeschreibungen, Materialflussbildern, Organigrammen, Übersichten zu Betriebsanlagen und Produktionsprogrammen; Aktenvermerke, Besprechungsniederschriften

und einzelne Schreiben zwischen Stahltreuhändervereinigung, insbesondere Friedrich Harders, Wolfgang Linz, CSG und DHHU zu Neuordnung, Investitionsplanung, Lieferbeziehungen zwischen Hüttenwerk Hörde AG, HWS und DHHU sowie zur Integration der weiteren Unternehmen.

5454 Neuordnungsplanung für die spätere DHHU.
1950–1951
Niederlassungsverzeichnis von Münsterische Schiffahrts- und Lagerhaus-AG, Münster, und WTAG, Dortmund, o. D. (gedruckt); Stromliefervertrag zwischen VSt i. L., GBAG, als Lieferantin nach Ausbau des Kraftwerks Mengede, sowie VEW vom 06./21./30.12.1950 (Abschrift); Alfred Brüninghaus: Gutachten zum geplanten Zusammenschluss von Hüttenwerk Hörde AG und DHHV zu einer neuen Gesellschaft vom 13.01.1951, mit Übersichtsschemata zu Produktionsanlagen und Produktionsprogramm; Begründung der Stahltreuhändervereinigung vom 23.11.1950 für einen Zusammenschluss von Hüttenwerk Hörde AG und DHHV; Stahltreuhändervereinigung Abteilung Technik/Investierung und Rationalisierung: Untersuchung zur Zweckmäßigkeit eines Zusammenschlusses vom 30.10.1950; erläuternde Unterlagen für einen Zusammenschluss von Hüttenwerk Hörde AG und Kettenwerke Schlieper GmbH, mit Materialflussbildern, Organigrammen, Übersichten zu Betriebsanlagen und Produktionsprogrammen der beiden Unternehmen; Aktenvermerke, Besprechungsniederschriften und einzelne Schreiben zwischen Stahltreuhändervereinigung, insbesondere Friedrich Harders, Wolfgang Linz, CSG und GBAG zu Neuordnung, Investitionsplanung, Stromversorgung durch das Kraftwerk Mengede der GBAG Gruppe Dortmund sowie Integration von Münsterische Schiffahrts- und Lagerhaus-AG und WTAG sowie des Guts Königsmühle der DHHV in den neuen Komplex.

5458 Neuordnungsplanung für die spätere Georgsmarienhütte AG.
1950
Neuordnungsvorschlag der Stahltreuhändervereinigung für die CSG vom 22.11.1950 zur Gründung einer Einheitsgesellschaft mit dem Namen Georgsmarienhütte AG, mit Entwurf; erläuternde Unterlagen, z. T. mit Materialflussbildern, Organigrammen, Übersichten zu Betriebsanlagen, Prospekten und Produktionsprogrammen, von Georgsmarienhütte AG, Hüttenwerk Haspe AG und Stahlwerk Osnabrück AG sowie Klöckner-Werke AG Werk Troisdorf, Klöckner-Werke AG Werk Düsseldorf und Neuwalzwerk AG; Stahltreuhändervereinigung Abteilung Technik/Verbundwirtschaft: Verbundwirtschaftliche Studie zu verschiedenen Neuordnungsszenarien vom 15.09.1950; Richard Rotter: Gutachten über die Notwendigkeit einer Verbindung der Georgsmarienhütte AG mit einem Thomas-Stahlwerk vom 02.08.1950; Aktenvermerke und Besprechungsniederschriften der Stahltreuhändervereinigung zur Neuordnung.

5456 Neuordnungsplanung für die spätere Hüttenwerk Oberhausen AG.
1950
Begründung der Stahltreuhändervereinigung vom 23.11.1950 zum „Neuordnungsvorschlag Oberhausen/Sterkrade" [Gutehoffnungshütte Oberhausen AG Werk Sterkrade und Hüttenwerk Oberhausen AG]; Neuordnungsvorschlag der Stahltreuhändervereinigung für die CSG vom 12.09.1950 zur Gründung einer Einheitsgesellschaft mit dem Namen Hüttenwerk Oberhausen AG, mit Entwurf; erläuternde Unterlagen, z. T. mit Materialflussbildern, Organigrammen, Übersichten zu Betriebsanlagen und Produktionsprogrammen von Gutehoffnungshütte Oberhausen AG Abteilung Gelsenkirchen vorm. Boecker & Comp., Gutehoffnungshütte Oberhausen AG Abteilung Schwerte, Gutehoffnungshütte Oberhausen AG Werk Sterkrade, Hüttenwerk Oberhausen AG, Rheinischer Vulkan Chamotte- und Dinaswerke mbH, Schloemann AG sowie Zechen

und Kokereien Osterfeld und Jacobi; Investitionsplan der Stahltreuhändervereinigung für die Hüttenwerk Oberhausen AG vom 28.08.1950; Bericht der Sozialabteilung der Stahltreuhändervereinigung zu Belegschaftsstrukturen, Sozialeinrichtungen und -aufwendungen, Altersversorgung, Betriebskrankenkassen sowie Lohn- und Gehaltsverhältnissen von Hüttenwerk Oberhausen AG und genannten Altgesellschaften vom 30.10.1950; Aktenvermerke, Besprechungsniederschriften und einzelne Schreiben zwischen Stahltreuhändervereinigung und CSG zur Neuordnung der Hüttenwerk Oberhausen AG.

5453 Neuordnungsplanung für die spätere Stahl- und Walzwerke Rasselstein/Andernach AG.
1950
Neuordnungsvorschlag der Stahltreuhändervereinigung für die CSG vom 28.10.1950 zur Gründung einer Einheitsgesellschaft mit dem Namen Stahl- und Walzwerke Rasselstein/Andernach AG, mit Entwurf; erläuternde Unterlagen, z. T. mit Materialflussbildern, Organigrammen, Übersichten zu Betriebsanlagen und Produktionsprogrammen von Stahl- und Walzwerke Rasselstein/Andernach AG, deren Werken Andernach und Neuwied sowie Rhenania Fabrik feuerfester Produkte GmbH; Sozialbericht der Stahltreuhändervereinigung Sozialabteilung zur Stahl- und Walzwerke Rasselstein/Andernach AG vom September 1950; Investitionsplan der Stahltreuhändervereinigung für die Stahl- und Walzwerke Rasselstein/Andernach AG vom 24.08.1950; Bericht der Stahltreuhändervereinigung Sozialabteilung zu Belegschaftsstrukturen, Sozialeinrichtungen und -aufwendungen, Altersversorgung, Betriebskrankenkassen sowie Lohn- und Gehaltsverhältnissen der zu gründenden Stahl- und Walzwerke Rasselstein/Andernach AG sowie von Eisen- und Hüttenwerke AG, Rasselstein, Remy van der Zypen & Co. Bandstahlwerk Andernach und Rhenania Fabrik feuerfester Produkte GmbH vom 30.08.1950; Aktenvermerke, Besprechungsniederschriften und einzelne Schreiben zwischen Stahltreuhändervereinigung und CSG zur Neuordnung der Stahl- und Walzwerke Rasselstein/Andernach AG, Rohstoffversorgung und Investitionsplanung.

5457 Neuordnungsplanung für die spätere Stahlwerke Südwestfalen AG.
1950
Neuordnungsvorschlag der Stahltreuhändervereinigung für die CSG vom 27.07.1950 zur Gründung einer Einheitsgesellschaft „Geisweid/Hagen"; erläuternde Unterlagen, z. T. mit Materialflussbildern, Organigrammen, Übersichten zu Betriebsanlagen und Produktionsprogrammen, von Friedrich Thomée AG, Hüttenwerk Geisweid AG, Stahlwerk Hagen AG sowie der Werke Vorhalle, Werdohl und Westhofen der Stahlwerke Brüninghaus AG; Richard Oskar Gockel: Gutachten zur Zweckmäßigkeit eines Zusammenschlusses der genannten Unternehmen mit der Stahlwerke Röchling-Buderus AG vom 20.07.1950; Investitionsplan der Stahltreuhändervereinigung für den Komplex „Geisweid/Hagen" vom 14.08.1950; Bericht der Sozialabteilung der Stahltreuhändervereinigung zu Belegschaftsstrukturen, Sozialeinrichtungen und -aufwendungen, Altersversorgung, Betriebskrankenkassen sowie Lohn- und Gehaltsverhältnissen von geplanter Einheitsgesellschaft und genannten Altgesellschaften vom 11.10.1950; Aktenvermerke, Besprechungsniederschriften und einzelne Schreiben zwischen Stahltreuhändervereinigung, Hoesch AG und Klöckner-Werke AG zu Neuordnung, Rohstoffversorgung und betriebswirtschaftlichen Aspekten der geplanten Einheitsgesellschaft.

5. Investitionsplanung und Investitionsgenehmigungen

5.1 Investitionsplanung

5433 Genehmigte Investitionen der ausgegliederten Unternehmen.
1949–1950
Monatliche Tätigkeitsberichte der Stahltreuhändervereinigung Abteilung Technik/Investierung und Rationalisierung, Dezember 1949 bis Oktober 1950, mit Aufstellungen über die von Aufsichtsräten beteiligter Unternehmen sowie Treuhandverwaltung der NGISC und Stahltreuhändervereinigung genehmigten Investitionen, u. a. von Georgsmarienhütte AG, Gußstahlwerk Gelsenkirchen AG, Gussstahlwerk Oberkassel AG, Gussstahlwerk Witten AG, Hüttenwerk Geisweid AG, Hüttenwerk Haspe AG, Hüttenwerk Hörde AG, Hüttenwerk Huckingen AG, Hüttenwerke Ilsede-Peine AG, Hüttenwerk Niederrhein AG, Hüttenwerk Oberhausen AG, Hüttenwerk Rheinhausen AG, Rheinische Röhrenwerke AG, Stahlwerke Bochum AG, Westdeutsche Mannesmannröhren AG und Westfalenhütte AG; Aufstellungen der Investitionsvorschläge im Rahmen der 4. und 6. Eingabe der Stahltreuhändervereinigung Abteilung Technik/Investierung und Rationalisierung an die CSG für den Zeitraum August bis Oktober 1951.

5434 Genehmigte Investitionen der ausgegliederten Unternehmen und der Einheitsgesellschaften der Eisen- und Stahlindustrie.
1950–1952
Monatliche Tätigkeitsberichte der Stahltreuhändervereinigung Abteilung Technik/Investierung und Rationalisierung, November 1950 bis Februar 1952, mit Aufstellungen über die von Aufsichtsräten beteiligter Unternehmen sowie Treuhandverwaltung der NGISC und Stahltreuhändervereinigung genehmigten Investitionen, u. a. von ATH, Bochumer Verein, DHHU, Georgsmarienhütte AG, Gußstahlwerk Gelsenkirchen AG, Gussstahlwerk Oberkassel AG, Gussstahlwerk Witten AG, Hüttenwerk Geisweid AG, Hüttenwerk Haspe AG, Hüttenwerk Hörde AG, Hüttenwerk Huckingen AG, Hüttenwerke Ilsede-Peine AG, Hüttenwerk Niederrhein AG, Hüttenwerk Oberhausen AG, Hüttenwerk Rheinhausen AG, Rheinische Röhrenwerke AG, Stahlwerke Bochum AG, Westdeutsche Mannesmannröhren AG und Westfalenhütte AG.

5431 Investitionsplanung.
1950–1951
Rundschreiben der Wirtschaftsvereinigung Eisen- und Stahlindustrie an die Mitgliedsunternehmen und die Mitglieder der Investitionskommission; zahlreiche Aufstellungen der Stahltreuhändervereinigung Abteilung Technik/Investierung und Rationalisierung zur langfristigen Investitionsplanung und zum Investitionsbedarf der Eisen- und Stahlindustrie, u. a. mit Angaben zu ATH, Bochumer Verein, Georgsmarienhütte AG, Gußstahlwerk Gelsenkirchen AG, Hüttenwerk Haspe AG, Hüttenwerk Hörde AG, Hüttenwerk Huckingen AG, Hüttenwerke Ilsede-Peine AG, Hüttenwerk Niederrhein AG, Hüttenwerk Oberhausen AG, Hüttenwerk Rheinhausen AG, Rheinische Röhrenwerke AG und Westfalenhütte AG; Besprechungsniederschriften, Aktenvermerke und Schriftwechsel zwischen Friedrich Harders, verschiedenen Stellen der Wirtschaftsvereinigung Eisen- und Stahlindustrie, Bundesministerium für Wirtschaft sowie den Vorständen verschiedener Unternehmen, u. a. Hans-Günther Sohl und Bruno Fugmann, über Investitionsbedarf, Mittelbeschaffung und -verwendung.

5432 Investitionsplanung.
1951–1952
Rundschreiben der Wirtschaftsvereinigung Eisen- und Stahlindustrie an die Mitgliedsunternehmen und die Mitglieder der Investitionskommission; Niederschriften der Sitzungen der Investitionskommission der Wirtschaftsvereinigung am 22.11.1951, 04.01.1952, 07.01.1952, 26.01.1952, 08.02.1952, 19.02.1952 und 01.07.1952; Rundschreiben der Stahltreuhändervereinigung Abteilung Technik/Investierung und Rationalisierung an die Kommissionsmitglieder; zahlreiche Aufstellungen der Stahltreuhändervereinigung Abteilung Technik/Investierung und Rationalisierung zu bewilligten Krediten, langfristiger Investitionsplanung, laufenden und geplanten Projekten und Investitionsbedarf der Eisen- und Stahlindustrie, u. a. mit Angaben zu ATH, Bochumer Verein, DHHU, Georgsmarienhütte AG, Gußstahlwerk Gelsenkirchen AG, Hüttenwerk Haspe AG, Hüttenwerk Hörde AG, Hüttenwerk Huckingen AG, Hüttenwerke Ilsede-Peine AG, Hüttenwerk Niederrhein AG, Hüttenwerk Oberhausen AG, Hüttenwerk Rheinhausen AG, Rheinische Röhrenwerke AG und Westfalenhütte AG; Besprechungsniederschriften, Aktenvermerke und Schriftwechsel zwischen Friedrich Harders, verschiedenen Stellen der Wirtschaftsvereinigung Eisen- und Stahlindustrie, Bundesministerium für Wirtschaft sowie den Vorständen verschiedener Unternehmen über Investitionen, Investitionsbedarf, Mittelbeschaffung und -verwendung.

5.2 Investitionsbewilligungen (Sortierung nach Unternehmen, A–Z)

5486 Investitionsbewilligungen für die Eisenerzbergbau Ilsede AG.
1949–1951
Berichte der Stahltreuhändervereinigung Abteilung Technik/Investierung und Rationalisierung vom 03.11.1949, 13.03.1950, 31.05.1950, 21.09.1950 und 07.03.1951 über Werksbesuche bei der Eisenerzbergbau Ilsede AG anlässlich von Investitionsanträgen, mit detaillierter Aufstellung der Investitionsobjekte und -summen, Begründung des Unternehmens, Stellungnahme der Abteilung und Angaben zum Stand der bewilligten Investitionsprojekte.

5471 Investitionsbewilligungen für die Eisenwerke Gelsenkirchen AG.
1949–1952
Berichte der Stahltreuhändervereinigung Abteilung Technik/Investierung und Rationalisierung vom 19.10.1949, 31.01.1950, 29.04.1950, 27.07.1950, 02.11.1950, 09.02.1951, 04.05.1951, 30.07.1951, 03.11.1951 und 21.02.1952 über Besuche bei der Eisenwerke Gelsenkirchen AG anlässlich von Investitionsanträgen, mit detaillierter Aufstellung der Investitionsobjekte und -summen, Begründung des Unternehmens, Stellungnahme der Abteilung und Angaben zum Stand der bewilligten Investitionsprojekte; Aktenvermerke und einzelne Schreiben zwischen Stahltreuhändervereinigung und Eisenwerke Gelsenkirchen AG zu Besuchen und Wiederaufbau der Schleudergießerei; Aktenvermerke der Eisenwerke Gelsenkirchen AG zu Besuchen von Vertretern der CSG.

5474 Investitionsbewilligungen für die Eisenwerke Mülheim/Meiderich AG.
1949–1952
Berichte der Stahltreuhändervereinigung Abteilung Technik/Investierung und Rationalisierung vom 11.11.1949, 11.02.1950, 11.07.1950, 15.11.1950, 13.02.1951, 21.05.1951, 05.09.1951, 19.10.1951 und 22.04.1952 über Werksbesuche bei der Eisenwerke Mülheim/Meiderich AG anlässlich von Investitionsanträgen, mit detaillierter Aufstellung der Investitionsobjekte und -sum-

men, Begründung des Unternehmens, Stellungnahme der Abteilung und Angaben zum Stand der bewilligten Investitionsprojekte; Aktenvermerke und einzelne Schreiben zwischen Stahltreuhändervereinigung und Eisenwerke Mülheim/Meiderich AG zu Demontage von Elektroöfen, Verbindung des Unternehmens mit einer Zeche und Bau eines Kupolofens nach Lizenz der Compagnie Générale des Conduites d'Eau S. A.

5483 Investitionsbewilligungen für die Georgsmarienhütte AG.
1949–1951
Berichte der Stahltreuhändervereinigung Abteilung Technik/Investierung und Rationalisierung vom 09.09.1949, 25.02.1950, 24.05.1950, 12.09.1950, 31.03.1951, 02.07.1951 und 06.09.1951 über Werksbesuche bei der Georgsmarienhütte AG anlässlich von Investitionsanträgen, mit detaillierter Aufstellung der Investitionsobjekte und -summen, Begründung des Unternehmens, Stellungnahme der Abteilung und Angaben zum Stand der bewilligten Investitionsprojekte; einzelne Aktenvermerke und Schreiben zwischen Stahltreuhändervereinigung und Georgsmarienhütte AG zu den Besuchen und Investitionsvorhaben.

5472 Investitionsbewilligungen für die Gußstahlwerk Gelsenkirchen AG.
1949–1952
Berichte der Stahltreuhändervereinigung Abteilung Technik/Investierung und Rationalisierung vom 20.10.1949, 25.01.1950, 25.04.1950, 24.07.1950, 15.09.1950, 06.02.1951, 16.05.1951, 17.08.1951, 08.11.1951 und 18.02.1952 über Werksbesuche bei der Gußstahlwerk Gelsenkirchen AG anlässlich von Investitionsanträgen, mit detaillierter Aufstellung der Investitionsobjekte und -summen, Begründung des Unternehmens, Stellungnahme der Abteilung und Angaben zum Stand der bewilligten Investitionsprojekte; einzelne Aktenvermerke der Stahltreuhändervereinigung zu den Besuchen.

5470 Investitionsbewilligungen für die Gussstahlwerk Oberkassel AG.
1949–1951
Berichte der Stahltreuhändervereinigung Abteilung Technik/Investierung und Rationalisierung vom 03.11.1949, 04.02.1950, 10.05.1950, 25.08.1950, 01.02.1951, 18.05.1951, 10.09.1951 und 19.11.1951 über Werksbesuche bei der Gussstahlwerk Oberkassel AG anlässlich von Investitionsanträgen, mit detaillierter Aufstellung der Investitionsobjekte und -summen, Begründung des Unternehmens, Stellungnahme der Abteilung und Angaben zum Stand der bewilligten Investitionsprojekte; einzelne Aktenvermerke der Stahltreuhändervereinigung zu den Besuchen.

5485 Investitionsbewilligungen für die Gussstahlwerk Witten AG.
1949–1951
Berichte der Stahltreuhändervereinigung Abteilung Technik/Investierung und Rationalisierung vom 14.10.1949, 21.01.1950, 17.03.1950, 16.05.1950, 30.08.1950, 28.11.1950, 28.02.1951, 30.05.1951 und 05.11.1951 über Werksbesuche bei der Gussstahlwerk Witten AG anlässlich von Investitionsanträgen, mit detaillierter Aufstellung der Investitionsobjekte und -summen, Begründung des Unternehmens, Stellungnahme der Abteilung und Angaben zum Stand der bewilligten Investitionsprojekte; einzelne Aktenvermerke und Schreiben zwischen Stahltreuhändervereinigung und Gussstahlwerk Witten AG zu den Besuchen und Investitionsvorhaben.

5482 Investitionsbewilligungen für die Hüttenwerk Geisweid AG.
1949–1951
Berichte der Stahltreuhändervereinigung Abteilung Technik/Investierung und Rationalisierung vom 19.09.1949, 07.02.1950, 19.04.1950, 17.07.1950, 24.10.1950, 29.01.1951, 16.04.1951 und 23.07.1951 über Werksbesuche bei der Hüttenwerk Geisweid AG anlässlich von Investitionsanträgen, mit detaillierter Aufstellung der Investitionsobjekte und -summen, Begründung des Unternehmens, Stellungnahme der Abteilung und Angaben zum Stand der bewilligten Investitionsprojekte; Leitfäden zu Aufsichtsratssitzungen der Hüttenwerk Geisweid AG sowie zur zweiten Hauptversammlung, o. D.; einzelne Aktenvermerke und Schreiben zwischen Stahltreuhändervereinigung und Hüttenwerk Geisweid AG zu den Besuchen und Investitionsvorhaben.

5476 Investitionsbewilligungen für die Hüttenwerk Haspe AG.
1949–1951
Berichte der Stahltreuhändervereinigung Abteilung Technik/Investierung und Rationalisierung vom 09.09.1949, 14.12.1949, 08.03.1950, 28.06.1950, 25.10.1950, 06.03.1951, 05.06.1951 und 10.10.1951 über Werksbesuche bei der Hüttenwerk Haspe AG anlässlich von Investitionsanträgen, mit detaillierter Aufstellung der Investitionsobjekte und -summen, Begründung des Unternehmens, Stellungnahme der Abteilung und Angaben zum Stand der bewilligten Investitionsprojekte; einzelne Aktenvermerke und Schreiben zwischen Stahltreuhändervereinigung und Hüttenwerk Haspe AG zu den Besuchen und Investitionsvorhaben.

5465 Investitionsbewilligungen für die Hüttenwerk Hörde AG.
1949–1951
Berichte der Stahltreuhändervereinigung Abteilung Technik/Investierung und Rationalisierung vom 14.10.1949, 18.01.1950, 12.04.1950, 19.07.1950, 15.02.1951 und 17.08.1951 über Werksbesuche und Baukommissionssitzungen bei der Hüttenwerk Hörde AG anlässlich von Investitionsanträgen, mit detaillierter Aufstellung der Investitionsobjekte und -summen, Begründung des Unternehmens, Stellungnahme der Abteilung und Angaben zum Stand der bewilligten Investitionsprojekte; Handelsregisterauszug der Hüttenwerk Hörde AG, o. D.; Der Kampf um den Demontageausgleich (Sonderbeilage Nr. 1 zum Mitteilungsblatt der Hüttenwerk Hörde AG 1 (1949), H. 1); H. 1/1949 und 5/1950 (Eröffnung des Schwimmbads „Am Schallacker") des Mitteilungsblatts; Aktenvermerk zu Sitzungen des Energieausschusses der Wirtschaftsvereinigung Eisen- und Stahlindustrie mit Vertretern der gasverbrauchenden Werke am 08.02.1950 zu Gaspreiserhöhungen; Stahltreuhändervereinigung Abteilung Technik/Verbundwirtschaft: Kurzbetrachtung zur Wirtschaftlichkeit der „eigentumsmäßigen Verbindung" von Kohle und Stahl vom 31.07.1950 sowie Gedanken zu einer Verbindung von Hüttenwerk Hörde AG und DHHU vom 08.08.1950, mit Stellungnahmen der Hüttenwerk Hörde AG vom 14.08.1950, 16.09.1950 und 23.09.1950 sowie von Friedrich Harders vom 20.09.1950; Bericht der Wärmestelle der Hüttenwerk Hörde AG vom 23.01.1951 zur Frage einer ausreichenden Kohlenversorgung der geplanten Einheitsgesellschaft aus Hüttenwerk Hörde AG und DHHV durch die Zechen Adolf von Hansemann, Hansa und Westhausen der GBAG Gruppe Dortmund; Aktenvermerke, Besprechungsniederschriften und Schriftwechsel zwischen Stahltreuhändervereinigung, insbesondere Friedrich Harders, Wolfgang Linz, CSG, Wirtschaftsministerium des Landes NRW und Hüttenwerk Hörde AG zu Nutzung von Gebäuden und Anlagen der DHHV durch die Hüttenwerk Hörde AG, Investitionsplanung, Bildung einer Einheitsgesellschaft, Um- bzw. Ausbau von Kokerei und Teerdestillation sowie Kokereitechnik, Kapazitätsplanung, Versorgung mit Steinkohlen und feuerfes-

ten Produkten, Maschinenausstattung, Verbundwirtschaft, Verwendung des von der Deutsch-Lux Dortmunder Union 1917 eingeführten Warenzeichens der drei „U", Lieferbeziehungen zur HWS und Finanzierung des Hüttenhospitals Hörde.

5478 Investitionsbewilligungen für die Hüttenwerk Huckingen AG.
1949–1952
Berichte der Stahltreuhändervereinigung Abteilung Technik/Investierung und Rationalisierung vom 14.10.1949, 26.01.1950, 04.05.1950, 12.09.1950, 14.03.1951, 28.05.1951, 13.09.1951 und 08.01.1952 über Werksbesuche bei der Hüttenwerk Huckingen AG anlässlich von Investitionsanträgen, mit detaillierter Aufstellung der Investitionsobjekte und -summen, Begründung des Unternehmens, Stellungnahme der Abteilung und Angaben zum Stand der bewilligten Investitionsprojekte; Übersicht über die Rohstahlverteilung der Hüttenwerk Huckingen AG vom 24.08.1951; einzelne Aktenvermerke und Schreiben zwischen Stahltreuhändervereinigung und Hüttenwerk Huckingen AG zu den Besuchen und Investitionsvorhaben.

5467 Investitionsbewilligungen für die Hüttenwerk Niederrhein AG.
1949–1952
Berichte der Stahltreuhändervereinigung Abteilung Technik/Investierung und Rationalisierung vom 19.11.1949, 01.03.1950, 23.06.1950, 07.09.1950, 09.12.1950, 19.02.1951, 11.05.1951, 04.10.1951 und 04.02.1952 über Werksbesuche bei der Hüttenwerk Niederrhein AG anlässlich von Investitionsanträgen, mit detaillierter Aufstellung der Investitionsobjekte und -summen, Begründung des Unternehmens, Stellungnahme der Abteilung und Angaben zum Stand der bewilligten Investitionsprojekte; Einladung zur 100-Jahr-Feier der Hüttenwerke Niederrhein AG am 20.09.1951; Aktenvermerke und einzelne Schreiben zwischen Stahltreuhändervereinigung und Hüttenwerk Niederrhein AG zu Remontage bzw. Rückkauf der demontierten Grobblechstraße, Betriebsgenehmigung für Hochofen II, Umbau von Siemens-Martin-Öfen, Gewährung von Investitionskrediten und Übersendung der Berichte.

5464 Investitionsbewilligungen für die Hüttenwerk Oberhausen AG.
1949–1951
Berichte der Stahltreuhändervereinigung Abteilung Technik/Investierung und Rationalisierung vom 14.10.1949, 03.03.1950, 03.06.1950, 05.09.1950, 05.12.1950, 19.03.1951, 15.06.1951 und 08.10.1951 über Werksbesuche bei der Hüttenwerk Oberhausen AG anlässlich von Investitionsanträgen, mit detaillierter Aufstellung der Investitionsobjekte und -summen, Begründung des Unternehmens, Stellungnahme der Abteilung und Angaben zum Stand der bewilligten Investitionsprojekte; Bericht der Stahltreuhändervereinigung vom 22.12.1949 über die Besichtigung der Sauerstoffanlage der Hüttenwerk Oberhausen AG, mit Anlagenschema; einzelne Aktenvermerke und Schreiben zwischen Stahltreuhändervereinigung und Hüttenwerk Oberhausen AG zur Übersendung der Berichte.

5466 Investitionsbewilligungen für die Hüttenwerk Rheinhausen AG.
1949–1952
Berichte der Stahltreuhändervereinigung Abteilung Technik/Investierung und Rationalisierung vom 28.09.1949, 03.11.1949, 03.02.1950, 03.05.1950, 06.07.1950, 10.10.1950, 04.01.1951, 12.03.1951, 06.07.1951, 07.08.1951, 15.09.1951, 09.11.1951 und 12.02.1952 über Werksbesuche bei der Hüttenwerk Rheinhausen AG anlässlich von Investitionsanträgen, mit detaillierter

Aufstellung der Investitionsobjekte und -summen, Begründung des Unternehmens, Stellungnahme der Abteilung und Angaben zum Stand der bewilligten Investitionsprojekte; Berichte der Hüttenwerk Rheinhausen AG vom 10.11.1949 zur Mitbenutzung von Anlagen des Hüttenwerks durch den Bereich Stahlbau und eine mögliche Abtrennung des Bereichs sowie zur Brennstoffversorgung des Unternehmens; einzelne Aktenvermerke und Schreiben zwischen Stahltreuhändervereinigung und Hüttenwerk Rheinhausen AG zur Übersendung der Berichte.

5487 Investitionsbewilligungen für die Hüttenwerke Ilsede-Peine AG.
1949-1952
Berichte der Stahltreuhändervereinigung Abteilung Technik/Investierung und Rationalisierung vom 04.10.1949, 16.02.1950, 31.05.1950, 20.09.1950, 06.03.1951, 15.10.1951 und 31.01.1952 über Werksbesuche beim Hüttenwerk Ilsede-Peine anlässlich von Investitionsanträgen, mit detaillierter Aufstellung der Investitionsobjekte und -summen, Begründung des Unternehmens, Stellungnahme der Abteilung und Angaben zum Stand der bewilligten Investitionsprojekte.

5477 Investitionsbewilligungen für die Hüttenwerke Ruhrort-Meiderich AG.
1949-1951
Berichte der Stahltreuhändervereinigung Abteilung Technik/Investierung und Rationalisierung vom 15.09.1949, 19.11.1949, 14.03.1950, 30.06.1950, 15.01.1951, 23.04.1951 und 29.10.1951 über Werksbesuche bei der Hüttenwerke Ruhrort-Meiderich AG anlässlich von Investitionsanträgen, mit detaillierter Aufstellung der Investitionsobjekte und -summen, Begründung des Unternehmens, Stellungnahme der Abteilung und Angaben zum Stand der bewilligten Investitionsprojekte; einzelne Aktenvermerke und Schreiben zwischen Stahltreuhändervereinigung und Hüttenwerke Ruhrort-Meiderich AG zu Besuchen, Inventurergebnissen, Freistellung von 20 Schlackenwagen von der Demontage und Investitionsvorhaben.

5473 Investitionsbewilligungen der Stahltreuhändervereinigung für die Rheinische Röhrenwerke AG.
1949-1951
Berichte der Stahltreuhändervereinigung Abteilung Technik/Investierung und Rationalisierung vom 05.10.1949, 31.01.1950, 17.05.1950, 11.07.1950, 13.10.1950, 16.01.1951, 10.04.1951, 14.06.1951 und 26.11.1951 über Werksbesuche bei der Rheinische Röhrenwerke AG anlässlich von Investitionsanträgen, mit detaillierter Aufstellung der Investitionsobjekte und -summen, Begründung des Unternehmens, Stellungnahme der Abteilung und Angaben zum Stand der bewilligten Investitionsprojekte; Bericht der Rheinische Röhrenwerke AG vom 26.04.1950 über eine Besprechung mit Heinrich Dinkelbach zu Investitionsvorhaben; Schaubild zur Rohstahl- und Halbzeugversorgung der Rheinische Röhrenwerke AG; Stahltreuhändervereinigung Abteilung Technik/Investierung und Rationalisierung: Untersuchungsbericht zu Bandeisenstraßen vom 09.06.1950, mit vergleichenden Aufstellungen zu den Anlagen der deutschen Eisen- und Stahlindustrie; Aktenvermerke und einzelne Schreiben zwischen Stahltreuhändervereinigung und Rheinische Röhrenwerke AG zu Remontage der Fretz-Moon-Anlage III, Investitionsplänen für die Bandstahlstraße V und Erweiterung des Stahlwerks.

5468 Investitionsbewilligungen für die Stahl- und Röhrenwerke Reisholz AG.
1949-1951
Berichte der Stahltreuhändervereinigung Abteilung Technik/Investierung und Rationalisierung vom 27.09.1949, 06.03.1950, 10.06.1950, 22.09.1950, 15.02.1951 und 11.09.1951 über Werks-

besuche bei der Stahl- und Röhrenwerke Reisholz AG anlässlich von Investitionsanträgen, mit detaillierter Aufstellung der Investitionsobjekte und -summen, Begründung des Unternehmens, Stellungnahme der Abteilung und Angaben zum Stand der bewilligten Investitionsprojekte; Nachruf auf Wilhelm Martin (Sonderdruck aus der Zeitschrift „Stahl und Eisen" 71 (1951), S. 108); einzelne Aktenvermerke und Schreiben zwischen Stahltreuhändervereinigung und Stahl- und Röhrenwerke Reisholz AG zur Übersendung der Berichte.

5479 Investitionsbewilligungen für die Stahl- und Walzwerk Großenbaum AG.
1949–1951
Berichte der Stahltreuhändervereinigung Abteilung Technik/Investierung und Rationalisierung vom 04.10.1949, 14.02.1950, 16.05.1950, 04.09.1950, 29.01.1951 und 04.05.1951 über Werksbesuche bei der Stahl- und Walzwerk Großenbaum AG anlässlich von Investitionsanträgen, mit detaillierter Aufstellung der Investitionsobjekte und -summen, Begründung des Unternehmens, Stellungnahme der Abteilung und Angaben zum Stand der bewilligten Investitionsprojekte; einzelne Aktenvermerke der Stahltreuhändervereinigung zu den Besuchen.

5475 Investitionsbewilligungen für die Stahlwerk Hagen AG.
1949–1951
Berichte der Stahltreuhändervereinigung Abteilung Technik/Investierung und Rationalisierung vom 08.02.1950, 20.02.1950 und 23.02.1951 über Werksbesuche bei der Stahlwerk Hagen AG anlässlich von Investitionsanträgen, mit detaillierter Aufstellung der Investitionsobjekte und -summen, Begründung des Unternehmens, Stellungnahme der Abteilung und Angaben zum Stand der bewilligten Investitionsprojekte; Berichte der Stahltreuhändervereinigung vom 06.10.1949 über die wirtschaftlichen Grundlagen von Stahlwerk Hagen AG und Gussstahlwerk Witten AG sowie vom 14.10.1949 zu einem Werksbesuch; Übersicht der Stahltreuhändervereinigung vom 01.08.1949 zum Stand der Investitionsplanung der Eisen- und Stahlindustrie; Richard Oskar Gockel: Gutachten zu Erzeugungs- und Absatzgrundlagen der Stahlwerk Hagen AG vom 03.09.1949; Aktenvermerke und einzelne Schreiben zwischen Stahltreuhändervereinigung und Stahlwerk Hagen AG zu Qualitätsproblemen und Investitionen.

5484 Investitionsbewilligungen für die Stahlwerk Osnabrück AG.
1949–1951
Berichte der Stahltreuhändervereinigung Abteilung Technik/Investierung und Rationalisierung vom 12.09.1949, 24.02.1950, 24.05.1950, 14.09.1950, 12.12.1950, 02.04.1951, 02.07.1951 und 06.09.1951 über Werksbesuche bei der Stahlwerk Osnabrück AG anlässlich von Investitionsanträgen, mit detaillierter Aufstellung der Investitionsobjekte und -summen, Begründung des Unternehmens, Stellungnahme der Abteilung und Angaben zum Stand der bewilligten Investitionsprojekte; Aufstellungen der Stahlwerk Osnabrück AG zu Rohstahlbedarf und Produktion einzelner Anlagen, Stand 01.06.1950; einzelne Aktenvermerke und Schreiben zwischen Stahltreuhändervereinigung und Stahlwerk Osnabrück AG zu den Besuchen und Investitionsvorhaben.

5481 Investitionsbewilligungen für die Stahlwerke Bochum AG.
1949–1951
Berichte der Stahltreuhändervereinigung Abteilung Technik/Investierung und Rationalisierung vom 28.09.1949, 06.02.1950, 25.05.1950, 23.09.1950, 17.01.1951, 21.05.1951 und 15.11.1951

über Werksbesuche bei der Stahlwerke Bochum AG anlässlich von Investitionsanträgen, mit detaillierter Aufstellung der Investitionsobjekte und -summen, Begründung des Unternehmens, Stellungnahme der Abteilung und Angaben zum Stand der bewilligten Investitionsprojekte; einzelne Aktenvermerke und Schreiben zwischen Stahltreuhändervereinigung und Stahlwerke Bochum AG zu den Besuchen und Investitionsvorhaben.

5480 Investitionsbewilligungen für die Westdeutsche Mannesmannröhren AG.
1949–1952
Berichte der Stahltreuhändervereinigung Abteilung Technik/Investierung und Rationalisierung vom 05.09.1949, 08.12.1949, 15.03.1950, 19.06.1950, 29.09.1950, 09.03.1951, 25.05.1951, 17.09.1951 und 07.01.1952 über Werksbesuche bei der Westdeutsche Mannesmannröhren AG anlässlich von Investitionsanträgen, mit detaillierter Aufstellung der Investitionsobjekte und -summen, Begründung des Unternehmens, Stellungnahme der Abteilung und Angaben zum Stand der bewilligten Investitionsprojekte; einzelne Aktenvermerke und Schreiben zwischen Stahltreuhändervereinigung und Westdeutsche Mannesmannröhren AG zu Investitionsvorhaben und Demontage der Rohrpresse IV im Röhrenwerk Witten.

5469 Investitionsbewilligungen für die Westfalenhütte AG.
1949–1951
Berichte der Stahltreuhändervereinigung Abteilung Technik/Investierung und Rationalisierung vom 12.09.1949, 13.12.1949, 11.03.1950, 05.07.1950, 07.10.1950, 22.01.1951, 07.05.1951, 10.09.1951 und 13.12.1951 über Werksbesuche bei der Westfalenhütte AG anlässlich von Investitionsanträgen, mit detaillierter Aufstellung der Investitionsobjekte und -summen, Begründung des Unternehmens, Stellungnahme der Abteilung und Angaben zum Stand der bewilligten Investitionsprojekte; Leitfäden zu Aufsichtsratssitzungen der Westfalenhütte AG sowie zur Hauptversammlung am 23.11.1950, mit Manuskript zum Geschäftsbericht des Vorstands; Bericht der Westfalenhütte AG zur Notwendigkeit des Neubaus von Hochofen VII vom 01.10.1951; einzelne Aktenvermerke und Schreiben zwischen Stahltreuhändervereinigung und Westfalenhütte AG zu Besichtigung der Breitbandstraße und Investitionskrediten.

5.3 Investitionen (Sortierung nach Unternehmen, A–Z)

5491 Investitionen und Wiederinbetriebnahme von Anlagen beim Bochumer Verein.
1949–1951
Auszug aus einem Bericht der Stahltreuhändervereinigung zur Überprüfung der Investitionsplanung für die Siemens-Martin-Stahlwerke des Bochumer Vereins, o. D. (Abschrift); Niederschrift einer Besprechung von Vertretern von Stahltreuhändervereinigung, Bochumer Verein und ATH am 14.01.1950 zur Bildung einer Zwischengesellschaft; Bericht der Stahltreuhändervereinigung Abteilung Technik/Investierung und Rationalisierung vom 24.05.1950 zur technischen Ausstattung der Betriebe des Bochumer Vereins, mit Angaben zu Zustand und Ausbauplänen; Aktenvermerke, Besprechungsniederschriften und einzelne Schreiben zwischen Stahltreuhändervereinigung und Bochumer Verein zu Wiederaufbaukrediten für demontierte Betriebe und Investitionsplanung.

5493 Investitionen und verschiedene Angelegenheiten von DHHV und Hüttenwerk Hörde AG.
1950–1951

Bericht der Stahltreuhändervereinigung Abteilung Technik/Investierung und Rationalisierung vom 24.05.1950 zur technischen Ausstattung der Betriebe der Hüttenwerk Hörde AG, mit Angaben zu Zustand und Ausbauplänen; Bericht der Stahltreuhändervereinigung Abteilung Technik/Investierung und Rationalisierung vom 10.06.1950 über einen Werksbesuch bei der Hüttenwerk Hörde AG anlässlich von Investitionsanträgen, mit detaillierter Aufstellung der Investitionsobjekte und -summen, Begründung des Unternehmens, Stellungnahme der Abteilung und Angaben zum Stand der bewilligten Investitionsprojekte; interner technischer Bericht zur Aufsichtsratssitzung der DHHV am 08.02.1951; Aufstellung der DHHV über Werbegeschenke des Unternehmens vom Februar 1951; Niederschrift der Aufsichtsratssitzung der DHHV am 29.05.1951; Berichte der DHHV über die neuentwickelte maschinelle, autogene Stauchschmelzschweißung für Stahlflaschen vom 20.04.1951 und das Brennschweißen mit Propangas im Vergleich zu Autogengas vom März 1951 (beide mit Fotografien von Materialproben); Aktenvermerke und einzelne Schreiben zwischen Stahltreuhändervereinigung, insbesondere Friedrich Harders, Hüttenwerk Hörde AG und DHHV zu Investitionsplanung und betrieblicher Forschung.

5492 Investitionen und Wiederinbetriebnahme von Anlagen bei der Hochfrequenz-Tiegelstahl GmbH.
1950
Memorandum zur Remontage der Hochfrequenz-Tiegelstahl GmbH vom 03.10.1950 (Kopie, o. Autor); Karl Peter Harten: Report on the present dismantling and demilitarization actions in Germany and on further restrictions, which prevent the reconstruction of the German industry vom 29.08.1950; Aktenvermerke und einzelne Schreiben zwischen Stahltreuhändervereinigung, Wirtschaftsministerium des Landes NRW und Deutsche Edelstahlwerke AG zur Remontage von Anlagen bei der Hochfrequenz-Tiegelstahl GmbH.

5489 Demontage und Wiederaufbau von Werken der Reichswerke AG für Erzbergbau und Eisenhütten.
1949–1951
Oskar Gabel: Bericht über die wirtschaftliche Lage des Salzgitterer Erzbergbaus der Erzbergbau Salzgitter GmbH bei einer Roherzförderung von 75.000–200.000 t/a vom 09.03.1949, mit Aufstellungen zu Förder- und Stillstandskosten; Material- und Energieflussschemata zur Reichswerke AG für Erzbergbau und Eisenhütten Hütte Watenstedt; Berichte der Reichswerke AG über ihre Beziehungen zu Steine und Erden GmbH und Ferngas GmbH vom 17.11.1949; Aktenvermerke, Besprechungsniederschriften und einzelne Schreiben zwischen Stahltreuhändervereinigung, CSG und Reichswerke AG zur wirtschaftlichen Lage von Reichswerke-Konzern, Stahlwerke Braunschweig GmbH und Hüttenwerk Salzgitter-Watenstedt, zu Werksbesichtigungen, Investitionsplanung, Demontagen, Erhalt der Rennanlage der Firma Fried. Krupp und Produktionskapazitäten.

5490 Investitionen und Wiederinbetriebnahme von Anlagen bei der Ruhrstahl AG Henrichshütte.
1949–1951
Aufstellungen zu Lieferbeziehungen zwischen Ruhrstahl AG Henrichshütte und ehemaligen Konzerngesellschaften der VSt i. L., Personal und Raumbedarf sowie Beteiligungen des Unternehmens, Stand 31.01.1950; Organigramm der Ruhrstahl AG Henrichshütte, Stand 25.02.1950; Aufstellung zu Vertragsverhältnissen von leitenden Angestellten und Vertretern, Miet- und Pachtverhältnissen, Gestattungsverträgen, Lieferungs- und Leistungsverträgen, o. D.; Baufortschrittsbericht der Ruhrstahl AG Henrichshütte, Stand 31.01.1950, mit detaillierten Angaben zu Neubauten und Anlagen sowie Investitionssummen; Bericht der Stahltreuhändervereinigung Abteilung Technik/Investierung und Rationalisierung vom 24.05.1950 zur technischen Ausstattung der

Betriebe, mit Angaben zu Zustand und Ausbauplänen; Anträge der Ruhrstahl AG Henrichshütte zur Inbetriebnahme von Kokerei und Hochöfen vom 26.05.1950 und 05.06.1950 mit Auszug aus der Niederschrift der Aufsichtsratssitzung der Ruhrstahl AG am 31.08.1950 (Durchschläge); Wirtschaftlichkeitsbericht der Ruhrstahl AG Henrichshütte vom 31.05.1950 zur geplanten Wiederinbetriebnahme; Aktenvermerke, Besprechungsniederschriften und einzelne Schreiben zwischen Stahltreuhändervereinigung, Ruhrstahl AG Henrichshütte, Ruhrstahl AG und anderen Stellen zu Entflechtung, Investitionsplanung, Inbetriebnahme von Anlagen und Verlegung eines Elektroofens von der Gussstahlwerk Witten AG zur Ruhrstahl AG Henrichshütte.

5488 Entflechtung der VSt, Wiederaufbau der ATH und Investitionen bei ehemaligen Konzerngesellschaften der VSt.
1948–1952
Stenografische Niederschrift der Hauptversammlung der VSt am 21.09.1949; Vorschlag zur Neuordnung der Kapitalverhältnisse der VSt unter Heranziehung ausländischen Kapitals und einer Beteiligung der Öffentlichen Hand vom 18.11.1949; Aktenvermerke und Niederschriften von Besprechungen zwischen Vertretern von Stahltreuhändervereinigung Abteilung Technik/Verbundwirtschaft und entflochtenen Gesellschaften der VSt zur Behandlung der Stromlieferverträge zwischen VSt, RWE und VEW; Aktenvermerke der Stahltreuhändervereinigung Abteilung Technik/Investierung und Rationalisierung zu den Walzwerksanlagen der ATH vor und nach der Demontage, Investitionsvorhaben und Planung einer Verbundwirtschaft zwischen ATH und Rheinische Röhrenwerke AG, mit Übersicht über die Werksanlagen der Werke Düsseldorf und Mülheim/Ruhr der Rheinische Röhrenwerke AG; Typoskript zur Begrüßungsansprache von Eduard Herzog bei der Feierstunde der ATH anlässlich der Einstellung der Demontage am 22.12.1949; Entwürfe zu Anträgen der ATH zu Teilremontage von Werksanlagen und Bau einer Breitbandstraße; Bericht der Stahltreuhändervereinigung Abteilung Technik/Investierung und Rationalisierung vom 31.10.1950 über einen Werksbesuch bei der ATH wegen des Investitionsantrags zum Wiederaufbau der Hochöfen 6, 7 und 9, des Siemens-Martin-Stahlwerks und der Walzstraße 5; Aktenvermerke, insbesondere der Stahltreuhändervereinigung Abteilung Technik/Investierung und Rationalisierung, Besprechungsniederschriften und Schriftwechsel zwischen Stahltreuhändervereinigung, insbesondere Friedrich Harders, ATH, Wirtschaftsministerium des Landes NRW und CSG zu Demontagestopp, Wiederaufbau bzw. Wiederinbetriebnahme der Werksanlagen, Investitionen und Investitionsplanungen sowie Gründung einer Siporex-Gesellschaft durch die ATH; Investitionsantrag der HWS vom 22.10.1951 zum Bau einer Kaltbandtandemstraße bei der HWS Eichener Walzwerk, mit einzelnen Schreiben zwischen Stahltreuhändervereinigung und HWS zu diesem und anderen Investitionsprojekten; Bericht der Stahltreuhändervereinigung vom 13.10.1949 über die Besichtigung der Gebr. Böhler & Co. AG Edelstahlwerk, Düsseldorf; Niederschrift der Aufsichtsratssitzung der Ruhrstahl AG am 31.08.1950; Bericht der Ruhrstahl AG vom 20.07.1950 zur wirtschaftlichen Lage der Ruhrstahl AG Annener Gussstahlwerk, mit Lageplan des Werks; Aktenvermerke, Besprechungsniederschriften und einzelne Schreiben zwischen Stahltreuhändervereinigung und Ruhrstahl AG zur Produktion von Großrohren.

5494 Entflechtung und Investitionsplanung von Buderus'sche Eisenwerke, Eisenwerk-Gesellschaft Maximilianshütte AG, Hochofenwerk Lübeck AG und Mannesmannröhren-Werke AG Abteilung Grillo Funke.
1949–1951
Bericht der Stahltreuhändervereinigung Abteilung Technik/Investierung und Rationalisierung vom 20.06.1950 über einen Werksbesuch bei der Mannesmannröhren-Werke AG Abteilung Grillo

Funke anlässlich von Investitionsanträgen, mit detaillierter Aufstellung der Investitionsobjekte und -summen, Begründung des Unternehmens, Stellungnahme der Abteilung und Angaben zum Stand der bewilligten Investitionsprojekte; Einladung der Buderus'sche Eisenwerke zur Einweihung neuer Werksanlagen am 21.10.1950; Aktenvermerke und einzelne Schreiben zwischen Stahltreuhändervereinigung sowie Mannesmannröhren-Werke AG Abteilung Grillo Funke, Hochofenwerk Lübeck AG, Eisenwerk-Gesellschaft Maximilianshütte AG und Buderus'sche Eisenwerke zu Entflechtung und Investitionsplanung.

12.6 Sonstiges

5497 Schuman-Plan sowie Eisen- und Stahlindustrie Frankreichs.
1950–1952
Hans-Helmut Kuhnke: Der Schuman-Plan. Eine vorläufige Übersicht und Würdigung. Vortrag auf der Präsidialkonferenz der Vereinigung der Industrie- und Handelskammern von NRW am 06.05.1950 (Hektografie); Aufstellung der Wirtschaftsvereinigung Eisen- und Stahlindustrie vom 10.07.1950 zur Eisen- und Stahlindustrie Frankreichs, mit Angaben zu Unternehmen, Grundkapital, Anlagen, Produkten, Produktion und Leitungsgremien sowie Bemerkungen zur aktuellen Lage; British Iron and Steel Federation: Ergänzung zum monatlichen statistischen Bericht Frankreich, Dezember 1946, mit umfangreichen Erläuterungen zu Rohstoffbasis, technischer Ausstattung und Standortfragen (Übersetzung, 62 S.); Berichte der International Chamber of Commerce zur Durchführung des Schuman-Plans (Abschriften, deutsch); Günter Henle: Der Schuman-Plan vor seiner Verwirklichung. Vortrag bei der Volks- und Betriebswirtschaftlichen Vereinigung im rheinisch-westfälischen Industriegebiet am 09.01.1951 (Sonderdruck); Roland Wasmuth: Schuman-Plan und Neuordnung im Blickpunkt der geschichtlichen Entwicklung der europäischen Montanindustrie seit dem Jahr 1830 (Auszug aus einer Vorlesung an der Technischen Hochschule Aachen, Kopie); Karl Blankenagel: Der Schuman-Plan. Eine zusammenfassende Darstellung und Erläuterung der Pariser Verträge (Sonderdruck aus der Zeitschrift „Stahl und Eisen" 71 (1951), H. 10); Auszüge aus Commissariat Général du Plan de Modernisation et d'Equipment (Hg.): Quatre ans d'Exécution du Plan de Modernisation et d'Equipment de l'Union Française, Paris 1951, zu Koks und Gas, Hüttenwesen und Finanzierung (Übersetzung); Stellungnahme der Stahltreuhändervereinigung Betriebswirtschaft vom 23.10.1951 zum Bericht von Wasmuth über den Schuman-Plan und die Neuordnung im Blickpunkt der geschichtlichen Entwicklung der europäischen Montanindustrie; Auszug aus Commissariat Général du Plan de Modernisation et d'Equipment (Hg.): Etat des Opérations du Plan de Modernisation et d'Equipment à la fin de 1950, Paris 1951, zum Stand der Vorhaben zur Modernisierung der französischen Eisen- und Stahlindustrie (Übersetzung); einzelne Schreiben zwischen Stahltreuhändervereinigung, Wirtschaftsvereinigung Eisen- und Stahlindustrie und Bundesministerium für Wirtschaft zum Schuman-Plan.

5425 Wirtschaftslage der internationalen Erzmärkte.
1949–1952
Karl Thomasik (Rohstoffhandel GmbH): Die Lage auf den internationalen Erzmärkten, Nr. 32 und Nr. 34 bis Nr. 49, November 1949 bis März 1952 (Hektografien).
Darin auch: Karl Thomasik: Die Lage auf dem internationalen Seefrachtenmarkt, Nr. 15 bis Nr. 17, September 1950 bis Januar 1951 (Hektografien).

5435 Mitbestimmung in Bergbau und Eisen- und Stahlindustrie.
1950–1951
Gesetz über die Mitbestimmung der Arbeitnehmer in den Aufsichtsräten und Vorständen der Unternehmen des Bergbaus und der Eisen und Stahl erzeugenden Industrie vom 21.05.1951, veröffentlicht im Bundesgesetzblatt vom 23.05.1951, mit Entwürfen sowie Entwurf einer Rechtsverordnung (Hektografien); Abschrift einer Diskussion zwischen Vertretern verschiedener Parteien über Mitbestimmung im Nordwestdeutschen Rundfunk am 07.05.1950; Schreiben der Präsidenten von Bundesverband der Deutschen Industrie e. V. und Bundesvereinigung der Deutschen Arbeitgeberverbände, Walter Raymond und Fritz Berg, an Konrad Adenauer vom 04.01.1951 zur Streikdrohung der Gewerkschaften (Abschriften).

XIII. Dortmund-Hörder Hüttenunion AG (1951–1970)

1. Dortmund-Hörder Hüttenunion AG
1.1 Gründung und Satzung

2654 Anordnungen der CSG für die DHHU und ihre Vorläufergesellschaften.
1951–1953
CSG-Anordnung Nr. 7-A vom 21.08.1951 an DHHV, Hüttenwerk Hörde AG und VSt i. L. zur Beschlagnahmung aller Rechte und Ansprüche der Altgesellschaften, die in Verbindung mit der im Betriebsnutzungsvertrag von 15.04./05.05.1948 zwischen diesen und der Hüttenwerk Hörde AG festgelegten Nutzung der Anlagen und Übernahme der Vorräte und Werksgeräte bestehen, sowie deren Übertragung auf die Hüttenwerk Hörde AG; CSG-Anordnung Nr. 7-B vom 21.08.1951 an DHHV und Hüttenwerk Hörde AG zur Beschlagnahmung von Vorräten, Forderungen und Geldmitteln der DHHV und deren Übertragung auf die Hüttenwerk Hörde AG; CSG-Anordnung Nr. 7-C vom 21.08.1951 an DHHV und Hüttenwerk Hörde AG zur Beschlagnahmung von Patenten, Warenzeichen und Schutzrechten der DHHV und deren Übertragung auf die Hüttenwerk Hörde AG (alle Kopien); CSG-Anordnung Nr. 7-O vom 25.08.1953 an DHHV i. L. und DHHU zur Abänderung der CSG-Anordnung Nr. 7-B und Beschlagnahmung von Forderungen der DHHV aus der Zeit vor dem 08.05.1945, einschließlich Forderungen aus Kriegslieferungen, und deren Übertragung auf die DHHU (Abschrift); CSG-Anordnung Nr. 6-D vom 27.08.1953 an VSt i. L. sowie zahlreiche Unternehmen der Eisen- und Stahlindustrie und des Ruhrbergbaus zur Beschlagnahmung von Forderungen der VSt i. L. gegen das Deutsche Reich wegen Kriegsschäden sowie etwaigen Ansprüchen aus Reparationen, Demontagen und Restitutionen sowie deren Übertragung auf die anderen Unternehmen (Abschrift).

5907 Anordnungen der CSG für die DHHU und ihre Vorläufergesellschaften.
1951–1953
Inhaltsverzeichnis der Akte; Anordnungen Nr. 7-A bis 7-R zur Entflechtung von DHHV, Hüttenwerk Hörde AG und DHHU sowie von Tochtergesellschaften und VSt (Originale).

5517 Übertragung der Aktien von Hüttenwerk Hörde AG und DHHU von den Treuhändern auf die Unternehmen.
1951–1954
Zwischenscheine für die Treuhänder Wilhelm Dierks, Rudolf Heitmann, Klemens Kleine, Wilhelm Lützeler, Heinrich Meier, Werner Scholz, Franz Unkel und die Treuhandverwaltung der NGISC; einzelne Aktenvermerke und Schreiben zwischen DHHU und Treuhändern zur Übertragung.

3073 Satzungen der DHHU.
1951–1955, 1960, 1966–1967
Satzungen vom 28.08.1951 (Typoskript), Oktober 1953, April 1960 und April 1966 (gedruckt); vergleichende Übersichten zu geplanten Satzungsänderungen vom 07.01.1955 (Typoskript und gedruckt) und 16.01.1967 (Typoskript).

5518 Entflechtung von Hüttenwerk Hörde AG bzw. DHHU.
21.06.1952

Ergänzung vom 21.06.1952 zum Neuordnungsauftrag der CSG zur Bildung der Einheitsgesellschaft Hüttenwerk Hörde AG vom 16.01.1951 (deutsch und englisch, Abschrift und Durchschlag).

5521 Entflechtung der deutschen Eisen- und Stahlindustrie.
1953–1955
Sammlung von Anordnungen der CSG zur Entflechtung, insbesondere der VSt.

1.2 Geschäftsberichte (Entwürfe)

2857 Korrekturabzug des Geschäftsberichts der DHHU, 1951/52.
2858 Dsgl., 1952/53.

2859 Entwurf des Geschäftsberichts der DHHU, 1953/54.
2860 Dsgl., 1954/55.
2861 Dsgl., 1957/58.
2862 Dsgl., 1958/59.
2863 Dsgl., 1959/60.
2864 Dsgl., 1960/61.
2865 Dsgl., 1961/62.
2866 Dsgl., 1962/63.
2867 Dsgl., 1963/64.
2868 Dsgl., 1964/65.
2869 Dsgl., 1965/66.

1.3 Fusion mit der Hoesch AG

3357 Diverse Unterlagen im Rahmen der Fusion von DHHU und Hoesch AG.
1933, 1939, 1951–1968
Handelsregisterauszüge; Organisationspläne der DHHU, 1951/52; Entwürfe zu Geschäftsordnungen für Vorstand und Aufsichtsrat der DHHU vom 21.08.1964; Satzungen der DHHV vom 07.12.1933 und 21.03.1939 (gedruckt); Satzungsentwurf zur DHHU vom 10.07.1951 (Typoskript); Satzungen der DHHU vom 17.09.1951 (Typoskript), Oktober 1953, Juni 1955, März 1957, April 1960, April 1966 und Mai 1967 (gedruckt); Vertrag zwischen DHHU und Hoesch AG zu Übergang der Geschäfts- und Betriebsführung auf die Hoesch AG zum 01.10.1966 und Verpflichtung zum Aktienerwerb vom 22.02.1966 (Kopie); Vertrag zwischen DHHU und Hoesch AG über die Anpachtung des gesamten Anlagevermögens vom 22.02.1966 (Kopie); zwei Berichte zum Erwerb der Anteile der ATH an der HSW durch die DHHU, mit Begründung des Erwerbs, Rentabilitätsberechnungen, Betriebsbeschreibungen, Bilanzen und Beteiligungen sowie Angaben zu Produktionsstatistik der Geschäftsjahre 1955/56–1959/60 sowie der Monate Oktober 1960 bis Juni 1961, Investitionen, Belegschaft und Vermögens- und Kapitalverhältnissen, o. D.; Aufstellung der gemeinsamen Beteiligungen von DHHU und Hoesch AG vom 06.06.1968; Aktenvermerke und einzelne Schreiben zwischen DHHU und Hoesch AG zu unterschiedlichen Buchungsrichtlinien bei beiden Unternehmen und Zusammenfassung von Beteiligungen.

5525 Diverse Unterlagen im Rahmen der Fusion von DHHU und Hoesch AG.
1954–1956, 1963–1966
Niederschriften der Hauptversammlungen der DHHU am 30.03.1954 und 25.04.1956; Mitteilungen von Beteiligungsgesellschaften zur Feststellung der Beteiligungsverhältnisse zu den Jahresabschlüssen der DHHU zum 30.09.1963, 30.09.1964 und 30.09.1965; Unterlagen zur Beantwortung von Aktionärsfragen auf der Hauptversammlung der DHHU am 22.04.1966; Pressemitteilung der DHHU vom 15.01.1966 zur geplanten „Zusammenarbeit" von DHHU, Hoesch AG und Hoogovens; Einladung zur Hauptversammlung der DHHU am 22.04.1966, mit Begründung des Zusammenschlusses mit der Hoesch AG, Änderungsvorschlägen zur Satzung, Kooperationsvertrag und Anlagenpachtvertrag (gedruckt); Ausführungen von Friedrich Harders auf der Hauptversammlung der DHHU am 22.04.1966 (Kopie); Aktionärsbrief der Hoesch AG vom Februar 1966 zur geplanten Fusion (Kopie); einzelne Schreiben zwischen DHHU, Wirtschaftsprüfern, Beteiligungsgesellschaften und Tochtergesellschaften zu Beteiligungsverhältnissen und Jahresabschlüssen.

5524 Diverse Unterlagen im Rahmen der Fusion von DHHU und Hoesch AG.
1964–1967
Geschäftsberichte der DHHU, 1964/65 und 1965/66; Westdeutsche Industrie-Treuhandgesellschaft mbH: Berichte über die Prüfung des Jahresabschlusses der DHHU zum 30.09.1965 und 30.09.1966; Richtlinien der DHHU vom 28.09.1966 zur Erstellung und Prüfung des Jahresabschlusses von DHHU und Konzerngesellschaften, mit Aufstellungen der zum Konsolidierungskreis von DHHU und Hoesch AG gehörenden Unternehmen; Redemanuskript zur Bilanzpressekonferenz der Hoesch AG 1967; konsolidierter Jahresabschluss der DHHU zum 30.09.1966; Ausführungen von Willy Ochel und Josef Fischer auf der Hauptversammlung der Hoesch AG am 17.05.1967 (gedruckt) sowie von Friedrich Harders auf der Hauptversammlung der DHHU am 18.05.1967 (Typoskript); Bilanzunterlagen der DHHU zum 30.09.1966; einzelne Schreiben zwischen DHHU, Hoesch AG und Westdeutscher Industrie-Treuhandgesellschaft mbH zu Jahresabschlüssen.

2786 Aktientausch im Rahmen der Fusion von DHHU und Hoesch AG.
1965–1966
Frese, Hogeweg, Meyer & Hörchner, Deutsche Treuhand-Gesellschaft und Westdeutsche Industrie-Treuhandgesellschaft mbH: Gutachtliche Stellungnahme zum Umtausch von Aktien der DHHU in Aktien der Hoesch AG vom 28.06.1966.

5886 Fusion von DHHU und Hoesch AG.
1962, 1966–1967
Entwürfe zu Angeboten der DHHU an die Hoesch AG zur Übernahme sämtlicher Vorräte, Rohstoffe, Fertigprodukte und der Geschäftsausstattung sowie zum Eintritt in Konsortien zur Erzversorgung vom 30.09.1966; Richtlinien zum Musterorganvertrag des Hoesch-Konzerns vom 16.04.1962; Niederschrift der Sitzung des Betriebsrats der Hoesch AG Hüttenwerke am 20.04.1967 (Kopie); Beteiligungsverzeichnis der Hoesch AG zum 30.09.1966; Aktenvermerke und einzelne Schreiben zwischen DHHU, DHHU Rechtsabteilung und Tochtergesellschaften sowie Hoesch AG und EGKS Hohe Behörde zu Ausübung des Weisungsrechts der Hoesch AG, Preisen für verschiedene Produkte und Organisation der Verwaltung.

5887 Fusion von DHHU und Hoesch AG.
1966

Vertrag zwischen DHHU und Hoesch AG zum Übergang der Geschäfts- und Betriebsführung auf die Hoesch AG zum 01.10.1966 und die Verpflichtung zum Aktienerwerb vom 22.02.1966 (Original); Vertrag zwischen DHHU und Hoesch AG über die Anpachtung des gesamten Anlagevermögens vom 22.02.1966 (Original); Anmeldungen zum Handelsregister vom 05./07.09.1966; zahlreiche Vertragsentwürfe; Zeitungsausschnitte zu Publizitätspflichten laut „Aktiengesetz"; Investitionsplan der Hoesch AG Hüttenwerke für die Dortmunder Werke der DHHU, Stand 30.09.1966; Aktenvermerke und einzelne Schreiben zwischen DHHU, DHHU Rechtsabteilung, Hoesch AG, Amtsgericht Dortmund und Finanzministerium des Landes NRW zu Übernahme der langfristigen Kreditverbindlichkeiten der DHHU durch die Hoesch AG, Behandlung von Pensionsrückstellungen, Steuerfragen und Handelsregisterangelegenheiten.

5889 Genehmigung der Fusion von DHHU und Hoesch AG.
1952-1966
Sammlung von Organschafts-, Liefer- und Pachtverträgen zwischen DHHU, Tochtergesellschaften und Beteiligungsgesellschaften im Rahmen des Genehmigungsverfahrens der EGKS Hohe Behörde.

5888 Genehmigung der Fusion von DHHU und Hoesch AG.
1958, 1965-1966
Genehmigung der EGKS Hohe Behörde vom 13.07.1966 zur Fusion sowie zur Vereinbarung einer Kooperation von Hoogovens und Hoesch AG laut Verträgen vom 22.02.1966 und 22.04.1966; Vorbescheid vom 30.03.1966; Auszug aus der Anwesenheitsliste zur Hauptversammlung der Hoesch AG am 08.04.1965; Vereinbarung zwischen DHHU und Hoogovens zum technischen Erfahrungsaustausch zwischen beiden Unternehmen vom 06./16.09.1958; Aufstellungen zu den Aufsichtsratsmitgliedern von DHHU und Hoogovens, 1965; Beteiligungsverzeichnisse von DHHU und Hoesch AG, o. D.; Entwurf eines Schreibens der Hoesch AG an die EGKS Hohe Behörde zur Mitteilung über Großaktionäre der DHHU, Zusammensetzung des Aufsichtsrats, Verträge zwischen DHHU, Tochtergesellschaften und Beteiligungsgesellschaften sowie Produktionskennzahlen, o. D.; Aktenvermerke und einzelne Schreiben zwischen DHHU, DHHU Rechtsabteilung und Hoesch AG zu Genehmigungsverfahren, Bereitstellung von Informationen für die EGKS Hohe Behörde und rechtliche Auswirkungen der Bedingungen der Genehmigung.

5891 Kooperation von Hoogovens und Hoesch AG im Rahmen der Fusion von DHHU und Hoesch AG.
1965-1966
Niederschrift der 85. Aufsichtsratssitzung der DHHU am 14.01.1966; Richtlinien für die Zusammenarbeit von Hoogovens und Hoesch AG vom 06.12.1965 und 14.12.1965; Terminplan für die Vertragsvorbereitungen vom 10.12.1965; Entwürfe zum Kooperationsrahmenvertrag, Fassungen vom 25.03.1966 (nicht parafiertes Exemplar) und 22.04.1966; „Denkschrift" der Hoogovens zum Kooperationsvorhaben vom 06.01.1966 (Typoskript); Entwürfe zu Pressemitteilungen; Friedrich-Wilhelm Hümme: Steuerrechtliches Gutachten zur Frage Fusion oder Pachtvertrag vom 21.01.1966; Aktenvermerke und einzelne Schreiben zwischen DHHU, DHHU Rechtsabteilung, Hoesch AG und Hoogovens zu Vorbereitung der Kooperationsverträge und Steuerfragen.

5890 Kooperation von Hoogovens und Hoesch AG im Rahmen der Fusion von DHHU und Hoesch AG.
1966
Kooperationsrahmenvertrag, Fassungen vom 25.03.1966 (nicht parafiertes Exemplar) und 22.04.1966; Aktenvermerke und einzelne Schreiben zwischen DHHU, DHHU Rechtsabteilung,

Hoesch AG und EGKS Hohe Behörde zu Übersendung der Verträge und Modalitäten des Aktientauschs.

5939 Hoesch AG: Aufsichtsrat.
1966
Vorbereitende Unterlagen für die 54. Aufsichtsratssitzung der Hoesch AG über Zusammenarbeit zwischen Hoogovens, der DHHU und Hoesch AG am 14.01.1966; Rahmenvertrag vom 15.01.1966 (Entwurf) zwischen Hoogovens und der Hoesch AG.

1.4 Unternehmensleitung
1.4.1 Hauptversammlungen

5960 Außerordentliche Hauptversammlung der DHHU am 20.03.1952.
1952
Niederschrift (Original) mit Aktionärsverzeichnis u. a. Anlagen.

5961 Hauptversammlung der DHHU am 06.03.1953.
1951–1953
Niederschrift (Original); Geschäftsbericht 1950/51; Ablauf der Hauptversammlung; Einladung an die Stahltreuhändervereinigung. Fehler! Textmarke nicht definiert.

5962 Außerordentliche Hauptversammlung der DHHU am 10.09.1953.
1951–1953
Niederschrift (Original), mit Vereinbarung zwischen Stahltreuhändervereinigung und DHHU über die Einbringung von Vermögenswerten; Zeichnungsschein; Aktenvermerke hierzu. Fehler! Textmarke nicht definiert.

5963 Hauptversammlung der DHHU am 09.10.1953.
1951–1953
Niederschrift (Original); Geschäftsbericht 1951/52; Ablauf der Hauptversammlung; Aktenvermerke; Veröffentlichungen im Bundesanzeiger.Fehler! Textmarke nicht definiert.

5964 Hauptversammlung der DHHU am 30.03.1954.
1952–1954
Niederschrift (Original); Geschäftsbericht 1952/53.Fehler! Textmarke nicht definiert.

2798 Niederschrift zur Hauptversammlung der DHHU am 30.03.1954.

2799 Hauptversammlung der DHHU am 08.06.1955.
1953–1955
Niederschrift; Geschäftsbericht 1953/54.

2800 Hauptversammlung der DHHU am 25.04.1956.
1954–1956
Niederschrift; Geschäftsbericht 1954/55.

5967 Hauptversammlung der DHHU am 25.04.1956.
1954–1956
Niederschrift (Original); Geschäftsbericht 1954/55.

2801 Hauptversammlung der DHHU am 29.03.1957.
1955–1957
Niederschrift; Geschäftsbericht 1955/56.

5968 Hauptversammlung der DHHU am 29.03.1957.
1955–1957
Niederschrift (Original) mit Anwesenheitsliste; Geschäftsbericht 1955/56; Westdeutsche Industrie-Treuhandgesellschaft mbH: Bericht über die Prüfung des Jahresabschlusses der DHHU zum 30.09.1956.

2802 Hauptversammlung der DHHU am 02.04.1958.
1956–1958
Niederschrift mit Anwesenheitsliste; Geschäftsbericht 1956/57.

5969 Hauptversammlung der DHHU am 02.04.1958.
1956–1958
Niederschrift (Original) mit Anwesenheitsliste, Fragen und Antworten; Geschäftsbericht 1956/57; Aktenvermerke über die Ausübung von Stimmrechten für Aktien von Aufsichtsrats- und Vorstandsmitgliedern; Westdeutsche Industrie-Treuhandgesellschaft mbH: Bericht über die Prüfung des Jahresabschlusses der DHHU zum 30.09.1957.

2803 Hauptversammlung der DHHU am 28.04.1959.
1957–1959
Niederschrift mit Anwesenheitsliste; Geschäftsbericht 1957/58.

2757 Hauptversammlung der DHHU am 27.04.1960.
1958–1960
Niederschrift mit Anwesenheitsliste; Geschäftsbericht 1958/59.

2767 Hauptversammlungen der DHHU am 27.04.1960, 26.04.1961 und 26.04.1962.
1960–1962
Redemanuskripte von Hermann Josef Abs; einzelne Bilanzunterlagen; Antwortkatalog zu möglichen Aktionärsfragen für die Hauptversammlung am 26.04.1962; handschriftliche Notizen zu Aktionärsfragen und Antworten auf der Hauptversammlung der Phoenix-Rheinrohr am 15.03.1962.

2758 Hauptversammlung der DHHU am 26.04.1961.
1959–1961
Niederschrift mit Anwesenheitsliste; Geschäftsbericht 1959/60.

2759 Hauptversammlung der DHHU am 26.04.1962.
1960–1962
Niederschrift mit Anwesenheitsliste; Geschäftsbericht 1960/61.

2760 Hauptversammlung der DHHU am 23.04.1963.
1961–1963
Niederschrift mit Anwesenheitsliste; Geschäftsbericht 1961/62.

2766 Hauptversammlung der DHHU am 23.04.1963.
1963
Stenografische Niederschrift; Redemanuskript von Hermann Josef Abs; vergleichende Bilanzübersicht der DHHU, jeweils zum Ende der Geschäftsjahre, ab 30.09.1951–30.09.1962; vergleichende Aufstellung zu Erzeugung, Versand, Bruttoumsatz, Investitionen, Abschreibungen, Belegschaft sowie Löhnen und Gehältern für die Geschäftsjahre 1951/52–1961/62; Aufstellungen zur Roh- und Walzstahlproduktion der DHHU sowie zum Anteil der zehn größten Stahlerzeuger der BRD an der Rohstahlproduktion in den Geschäftsjahren 1956/57–1962/63 und in den Monaten Oktober 1961 bis März 1963; Antwortkatalog zu möglichen Aktionärsfragen; handschriftliche Notizen zur Beantwortung von Aktionärsfragen in einem Aktionärsbrief.

5970 Hauptversammlung der DHHU am 23.04.1963.
1963
Niederschrift mit Anwesenheitsliste und stenografische Niederschrift.

5971 Hauptversammlung der DHHU am 28.04.1964.
1964
Niederschrift (Original) mit Anwesenheitsliste; Ablauf der Hauptversammlung.

2761 Hauptversammlung der DHHU am 28.04.1964.
1962–1964
Niederschrift mit Anwesenheitsliste; Geschäftsbericht 1962/63.

2768 Hauptversammlung der DHHU am 28.04.1964.
1963–1964
Niederschriften von Präsidialsitzung des Aufsichtsrats am 15.01.1964, Sitzung der Bilanz- und Finanzkommission des Aufsichtsrats am 22.01.1964 sowie Aufsichtsratssitzung am 14.02.1964; stenografische Niederschriften von Hauptversammlung und Bilanz-Pressekonferenz am 25.03.1964; Bilanz und Bilanzunterlagen der DHHU zum 30.09.1963; Redemanuskript von Friedrich Harders zur Hauptversammlung.

2762 Hauptversammlung der DHHU am 30.04.1965.
1963–1965
Niederschrift mit Anwesenheitsliste; Geschäftsbericht 1963/64.

2769 Hauptversammlung der DHHU am 30.04.1965.
1964–1965
Niederschriften zur Sitzung der Bilanz- und Finanzkommission des Aufsichtsrats am 20.01.1965 und Aufsichtsratssitzung am 12.02.1965; Niederschrift einer Besprechung bei Hoogovens am 03.12.1964; Pressemitteilungen der DHHU zum Geschäftsjahr 1963/64; Unterlagen zu möglichen Aktionärsfragen sowie zur Vorbereitung der Hauptversammlung; Ablaufplan; Niederschrift zu Aktionärsfragen auf der Hauptversammlung und Antworten von Hermann Josef Abs und Friedrich

Harders; Bilanzunterlagen zum 30.09.1964; Redemanuskripte von Harders zu Hauptversammlung und Bilanzpressekonferenz am 02.04.1965.

2763 Hauptversammlung der DHHU am 22.04.1966.
1964-1966
Niederschrift mit Anwesenheitsliste; Geschäftsbericht 1964/65; Einladung mit Begründung des geplanten Zusammenschlusses mit der Hoesch AG und Entwürfen von Gewinnabführungsvertrag, Pachtvertrag und Satzung (gedruckt).

2770 Hauptversammlung der DHHU am 22.04.1966.
1965-1966
Niederschriften von Sitzung der Bilanz- und Finanzkommission des Aufsichtsrats am 25.01.1966, mit Redemanuskript von Hermann Josef Abs, und Aufsichtsratssitzung am 10.02.1966; Pressemitteilungen der DHHU zum Geschäftsjahr 1964/65; Unterlagen zu möglichen Aktionärsfragen sowie zur Vorbereitung der Hauptversammlung; Niederschriften zu Aktionärsfragen auf der Hauptversammlung der Hoesch AG am 07.04.1966, mit Antworten u. a. von Willy Ochel; Bilanzunterlagen zum 30.09.1965; Redemanuskripte von Friedrich Harders zu Hauptversammlung (auch gedruckt) und Bilanzpressekonferenz am 10.03.1966; Aufstellungen zu Produktion der DHHU an Roheisen, Roh- und Walzstahl und Halbzeug, Umsatz, Verkauf verschiedener Produkte ins In- und Ausland sowie Anteil der zehn größten Stahlerzeuger der BRD an der Rohstahlproduktion in den Geschäftsjahren 1963/64, 1964/65 und den Monaten Oktober 1965 bis März 1966; Westdeutsche Industrie-Treuhandgesellschaft mbH: Entwurf eines Berichts über die Prüfung des Jahresabschlusses der DHHU zum 30.09.1965; Zeitungsausschnitte zur Hauptversammlung (Kopien); Ablaufplan.

5972 Hauptversammlungen der DHHU, 1967-1969.
1965-1969
Niederschriften zu den Hauptversammlungen am 18.05.1967, 16.05.1968, 16.05.1969; Teilnehmerverzeichnisse; Geschäftsberichte, 1965/66, 1966/67, 1967/68.

2764 Hauptversammlung der DHHU am 18.05.1967.
1965-1967
Niederschrift mit Anwesenheitsliste; Geschäftsbericht 1965/66; Redemanuskript von Friedrich Harders.

2765/1 Hauptversammlung der DHHU am 16.05.1968.
1966-1968
Niederschrift mit Anwesenheitsliste; Geschäftsbericht 1966/67.

2771 Hauptversammlung der DHHU am 16.05.1969.
1969
Durchschläge von Präsenzscheinen der Aktionäre.

2772 Dsgl. von der Hauptversammlung der DHHU am 24.04.1970.

2773 Dsgl. von der außerordentliche Hauptversammlung der DHHU am 24.06.1970.

5005 Außerordentliche Hauptversammlung der DHHU am 24.06.1970 zur Umwandlung auf die Hoesch AG.
1970

Umwandlungsbilanz der DHHU; schriftliche Einverständniserklärungen von Felix Eckhardt, Josef Fischer und Friedrich Harders zur Beschlussfassung über die Umwandlung; Deutsche Treuhand-Gesellschaft und Westdeutsche Industrie-Treuhandgesellschaft mbH: Gutachtliche Stellungnahme zur Angemessenheit der Abfindung der ausscheidenden Aktionäre der DHHU bei der Umwandlung auf die Hoesch AG vom 12.05.1970 (Kopie); Tagesordnung mit Unterlagen; Ablaufplan; Redemanuskript von Friedrich Harders; Einsprüche von Aktionären; Zeitungsausschnitte; stenografische Niederschrift der Versammlung.

1.4.2 Aufsichtsrat

1.4.2.1 Sitzungen

5369 Register zu Themen und Entscheidungen der Aufsichtsratssitzungen von Hüttenwerk Hörde AG und DHHU.
1947–1968.
[Ledermappe mit Karteikarten; thematische Sortierung nach Tagesordnungspunkten.]

2804 Vorbereitende Unterlagen zur 28. Aufsichtsratssitzung der DHHU am 12.11.1951.
1951
[Weiterführende Zählung; Sitzungen 1–27 der Hüttenwerk Hörde AG.]

2809 Dsgl. zur 31. Aufsichtsratssitzung am 25.04.1952.
2810 Dsgl. zur 32. Aufsichtsratssitzung am 24.07.1952.
2811 Dsgl. zur 33. Aufsichtsratssitzung am 28.10.1952.
2812 Dsgl. zur 34. Aufsichtsratssitzung am 06.02.1953.
2813 Dsgl. zur 35. Aufsichtsratssitzung am 11.06.1953.
2814 Dsgl. zur 36. Aufsichtsratssitzung am 10.09.1953.
2815 Dsgl. zur 38. Aufsichtsratssitzung am 17.12.1953.
2816 Dsgl. zur 39. Aufsichtsratssitzung am 16.03.1954.
2817 Dsgl. zur 41. Aufsichtsratssitzung am 02.07.1954.
2818 Dsgl. zur 42. Aufsichtsratssitzung am 29.10.1954.
2819 Dsgl. zur 43. Aufsichtsratssitzung am 05.04.1955.
2820 Dsgl. zur 45. Aufsichtsratssitzung am 06.07.1955.
2821 Dsgl. zur 46. Aufsichtsratssitzung am 02.11.1955.
2822 Dsgl. zur 47. Aufsichtsratssitzung am 14.02.1956.
2823 Dsgl. zur 49. Aufsichtsratssitzung am 28.05.1956.
2824 Dsgl. zur 50. Aufsichtsratssitzung am 04.10.1956.
2825 Dsgl. zur 51. Aufsichtsratssitzung am 12.02.1957.
2826 Dsgl. zur 54. Aufsichtsratssitzung am 25.06.1957.
2827 Dsgl. zur 55. Aufsichtsratssitzung am 30.09.1957.
2828 Dsgl. zur 56. Aufsichtsratssitzung am 07.02.1958.
2829 Dsgl. zur 57. Aufsichtsratssitzung am 24.06.1958.
2830 Dsgl. zur 58. Aufsichtsratssitzung am 17.10.1958.
2831 Dsgl. zur 59. Aufsichtsratssitzung am 26.02.1959.
2832 Dsgl. zur 60. Aufsichtsratssitzung am 16.06.1959.
2833 Dsgl. zur 61. Aufsichtsratssitzung am 04.11.1959.
2834 Dsgl. zur 62. Aufsichtsratssitzung am 09.02.1960.

2835 Dsgl. zur 63. Aufsichtsratssitzung am 08.06.1960.
2836 Dsgl. zur 64. Aufsichtsratssitzung am 30.09.1960.
2837 Dsgl. zur 65. Aufsichtsratssitzung am 01.02.1961.
2838 Dsgl. zur 66. Aufsichtsratssitzung am 15.06.1961.
2839 Dsgl. zur 67. Aufsichtsratssitzung am 17.10.1961.
2840 Dsgl. zur 68. Aufsichtsratssitzung am 06.02.1962.
2841 Dsgl. zur 70. Aufsichtsratssitzung am 07.06.1962.
2842 Dsgl. zur 71. Aufsichtsratssitzung am 08.10.1962.
2843 Dsgl. zur 73. Aufsichtsratssitzung am 12.02.1963.
2844 Dsgl. zur 75. Aufsichtsratssitzung am 26.06.1963.
2845 Dsgl. zur 76. Aufsichtsratssitzung am 20.07.1963.
2846 Dsgl. zur 77. Aufsichtsratssitzung am 15.10.1963.
2847 Dsgl. zur 78. Aufsichtsratssitzung am 14.02.1964.
2848 Dsgl. zur 79. Aufsichtsratssitzung am 30.06.1964.
2849 Dsgl. zur 80. Aufsichtsratssitzung am 13.11.1964.
2850 Dsgl. zur 81. Aufsichtsratssitzung am 12.02.1965.
2851 Dsgl. zur 83. Aufsichtsratssitzung am 01.07.1965.
2852 Dsgl. zur 84. Aufsichtsratssitzung am 30.11.1965.
2853 Dsgl. zur 86. Aufsichtsratssitzung am 10.02.1966.
2854 Dsgl. zur 89. Aufsichtsratssitzung am 19.06.1966.
2855 Dsgl. zur 91. Aufsichtsratssitzung am 01.12.1966.
2856/1 Dsgl. zur 92. Aufsichtsratssitzung am 15.02.1967.
5231 Dsgl. zur 95. Aufsichtsratssitzung am 16.08.1967.
5232 Dsgl. zur 97. Aufsichtsratssitzung am 08.11.1967.
5233 Dsgl. zur 98. Aufsichtsratssitzung am 01.03.1968.
5234 Dsgl. zur 99. Aufsichtsratssitzung am 10.12.1968.
5294 Dsgl. zur 100. Aufsichtsratssitzung am 07.03.1969 mit Ablaufplan der Hauptversammlung am 16.05.1969.

4412 Niederschrift und Wortprotokoll zur 28. Aufsichtsratssitzung der DHHU am 12.11.1951.
4413 Dsgl. zur 29. Aufsichtsratssitzung am 20.03.1952.
[Die 29. und 30. Sitzung fanden am selben Tag statt.]
4414 Dsgl. zur 30. Aufsichtsratssitzung am 20.03.1952.
4415 Dsgl. zur 31. Aufsichtsratssitzung am 25.04.1952.
4416 Dsgl. zur 32. Aufsichtsratssitzung am 24.07.1952.
4417 Dsgl. zur 33. Aufsichtsratssitzung am 28.10.1952.
4418 Dsgl. zur 34. Aufsichtsratssitzung am 06.02.1953.
4419 Dsgl. zur außerordentlichen Aufsichtsratssitzung am 06.03.1953.
4420 Dsgl. zur 35. Aufsichtsratssitzung am 11.06.1953.
4421 Dsgl. zur 36. Aufsichtsratssitzung am 10.09.1953.
4422 Dsgl. zur 37. Aufsichtsratssitzung am 09.10.1953.
4423 Dsgl. zur 38. Aufsichtsratssitzung am 17.12.1953.
4424 Dsgl. zur 39. Aufsichtsratssitzung am 16.03.1954.
4425 Dsgl. zur 40. Aufsichtsratssitzung am 30.03.1954.
4426 Dsgl. zur 41. Aufsichtsratssitzung am 02.07.1954.
4427 Dsgl. zur 42. Aufsichtsratssitzung am 29.10.1954.

4428 Dsgl. zur 43. Aufsichtsratssitzung am 05.04.1955.
4429 Dsgl. zur 44. Aufsichtsratssitzung am 08.06.1955.
4430 Dsgl. zur 45. Aufsichtsratssitzung am 06.07.1955.
4431 Dsgl. zur 46. Aufsichtsratssitzung am 02.11.1955.
4432 Dsgl. zur 47. Aufsichtsratssitzung am 14.02.1956.
4433 Dsgl. zur 48. Aufsichtsratssitzung am 25.04.1956.
4434 Dsgl. zur 49. Aufsichtsratssitzung am 28.05.1956.
4435 Dsgl. zur 50. Aufsichtsratssitzung am 04.10.1956.
4436 Dsgl. zur 51. Aufsichtsratssitzung am 12.02.1957.
4437 Dsgl. zur 52. Aufsichtsratssitzung am 29.03.1957.
[Die 52. und 53. Sitzung fanden am selben Tag statt.]
4438 Dsgl. zur 53. Aufsichtsratssitzung am 29.03.1957.
4439 Dsgl. zur 54. Aufsichtsratssitzung am 25.06.1957.
4440 Dsgl. zur 55. Aufsichtsratssitzung am 30.09.1957.
4441 Dsgl. zur 56. Aufsichtsratssitzung am 07.02.1958.
4442 Dsgl. zur 57. Aufsichtsratssitzung am 24.06.1958.
4443 Dsgl. zur 58. Aufsichtsratssitzung am 17.10.1958.
4444 Dsgl. zur 59. Aufsichtsratssitzung am 26.02.1959.
4445 Dsgl. zur 60. Aufsichtsratssitzung am 16.06.1959.
4446 Dsgl. zur 61. Aufsichtsratssitzung am 04.11.1959.
4447 Dsgl. zur 62. Aufsichtsratssitzung am 09.02.1960.
4448 Dsgl. zur 63. Aufsichtsratssitzung am 08.06.1960.
4449 Dsgl. zur 64. Aufsichtsratssitzung am 30.09.1960.
4450 Dsgl. zur 65. Aufsichtsratssitzung am 01.02.1961.
4451 Dsgl. zur 66. Aufsichtsratssitzung am 15.06.1961.
4452 Dsgl. zur 67. Aufsichtsratssitzung am 17.10.1961.
4453 Dsgl. zur 68. Aufsichtsratssitzung am 06.02.1962.
4454 Dsgl. zur 69. Aufsichtsratssitzung am 26.04.1962.
4455 Dsgl. zur 70. Aufsichtsratssitzung am 07.06.1962.
4456 Dsgl. zur 71. Aufsichtsratssitzung am 08.10.1962.
4457 Dsgl. zur 72. Aufsichtsratssitzung am 16.11.1962.
4458 Dsgl. zur 73. Aufsichtsratssitzung am 12.02.1963.
4459 Dsgl. zur 74. Aufsichtsratssitzung am 23.04.1963.
4460 Dsgl. zur 75. Aufsichtsratssitzung am 26.06.1963.
4461 Dsgl. zur 76. Aufsichtsratssitzung am 20.07.1963.
4462 Dsgl. zur 77. Aufsichtsratssitzung am 15.10.1963.
4463 Dsgl. zur 78. Aufsichtsratssitzung am 14.02.1964.
4464 Dsgl. zur 79. Aufsichtsratssitzung am 30.06.1964.
4465 Dsgl. zur 80. Aufsichtsratssitzung am 13.11.1964.
4466 Dsgl. zur 81. Aufsichtsratssitzung am 12.02.1965.
4467 Dsgl. zur 82. Aufsichtsratssitzung am 11.03.1965.
4468 Dsgl. zur 83. Aufsichtsratssitzung am 01.07.1965.
4469 Dsgl. zur 84. Aufsichtsratssitzung am 30.11.1965.
4470 Dsgl. zur 85. Aufsichtsratssitzung am 14.01.1966.
4471 Dsgl. zur 86. Aufsichtsratssitzung am 10.02.1966.
4472 Dsgl. zur 87. Aufsichtsratssitzung am 15.02.1966.

4473 Dsgl. zur 88. Aufsichtsratssitzung am 22.04.1966.
4474 Dsgl. zur 89. Aufsichtsratssitzung am 19.07.1966.
4475 Dsgl. zur 90. Aufsichtsratssitzung am 08.08.1966.
4476 Dsgl. zur 91. Aufsichtsratssitzung am 01.12.1966.
4477 Dsgl. zur 92. Aufsichtsratssitzung am 15.02.1967.

5922 Bericht und Tagesordnung zur 67. Aufsichtsratssitzung der DHHU am 17.10.1961.
5923 Dsgl. zur 68. Aufsichtsratssitzung am 06.02.1962.
5924 Dsgl. zur 70. Aufsichtsratssitzung am 07.06.1962.
5925 Dsgl. zur 71. Aufsichtsratssitzung am 08.10.1962 mit Gesamt-Investitions- und Finanzplanung für die Zeit vom 01.07.1962-30.09.1965.
5926 Dsgl. zur 73. Aufsichtsratssitzung am 12.02.1963.
5927 Dsgl. zur 75. Aufsichtsratssitzung am 26.06.1963.
5928 Dsgl. zur 77. Aufsichtsratssitzung am 15.10.1963.
5929 Dsgl. zur 78. Aufsichtsratssitzung am 14.02.1964 mit Niederschrift über die Sitzung des Bilanz- und Finanzausschusses des Aufsichtsrats am 22.01.1964.
5930 Dsgl. zur 79. Aufsichtsratssitzung am 30.06.1964.mit Gesamt-Investitions- und Finanzplanung für die Zeit vom 01.10.1963-30.09.1966.
5931 Dsgl. zur 80. Aufsichtsratssitzung am 13.11.1964.
5932 Dsgl. zur 81. Aufsichtsratssitzung am 12.02.1965 mit Niederschrift über die Sitzung des Bilanz- und Finanzausschusses des Aufsichtsrats am 20.01.1965.
5933 Dsgl. zur 83. Aufsichtsratssitzung am 01.07.1965.
5934 Dsgl. zur 84. Aufsichtsratssitzung am 30.11.1965.

5935 86. Aufsichtsratssitzung der DHHU am 10.02.1966.
1966
Bericht; Finanzplan für die Zeit vom 01.10.1965-30.09.1966; Niederschrift über die Sitzung des Bilanz- und Finanzausschusses des Aufsichtsrats am 25.01.1966; Aktenvermerke über den Zusammenschluss der DHHU mit der Hoesch AG; Vertragsentwürfe hierzu.

5936 89. Aufsichtsratssitzung der DHHU am 19.07.1966.
1966
Bericht; Tagesordnung; Einladungen an die Aufsichtsratsmitglieder; Gesellschaftsvertrag des Walzstahl-Kontors Ruhr-Ost GmbH.

5937 Bericht und Tagesordnung zur 91. Aufsichtsratssitzung der DHHU am 01.12.1966.

5938 92. Aufsichtsratssitzung der DHHU am 15.02.1967.
1960-1967
Bericht; Tagesordnung; Niederschrift über die Sitzung des Bilanz- und Finanzausschusses am 09.02.1967; Satzungen der DHHU, April 1960, April 1966; Betriebsvereinbarung, 04.04.1967 (Entwurf) zwischen Geschäftsführung und Betriebsrat der Kettenwerke Schlieper GmbH über Beendigung der bisher angewandten Pensionsordnung und Barabfindung der erworbenen Ansprüche auf Werkspensionen an die Belegschaft der Kettenwerke Schlieper anlässlich des Ausscheidens aus dem Hoesch-Bereich.

2856/2 90.-92., 94. und 95. Aufsichtsratssitzung der DHHU am 08.08.1966, 01.12.1966, 15.02.1967, 26.06.1967 und 16.08.1967.
1966-1967
Niederschriften; Redemanuskript von Friedrich Harders zur letzten Sitzung des mit der Hauptversammlung am 18.05.1967 ausscheidenden Aufsichtsrats am 15.02.1967; einzelne Schreiben der DHHU an die Aufsichtsratsmitglieder.

5014 92.-101. Aufsichtsratssitzung der DHHU.
1967-1970
Unterzeichnete Beschlussvorlagen zu schriftlichen Abstimmungen des Aufsichtsrats, z. T. mit Entwürfen, u. a. über Verkauf der Kettenwerke Schlieper GmbH an die Firma August Thiele, Kalthof über Schwerte, 1967, Genehmigung von Investitionen, 1967, Verkauf von Anteilen an Barbara Erzbergbau GmbH und Frigga Beteiligungsgesellschaft mbH, 1969, sowie Umwandlung des Unternehmens auf die Hoesch AG, 1970; Niederschriften zur 92.-101. Sitzung am 15.02.1967, 18.05.1967, 26.06.1967, 16.08.1967, 07.09.1967, 08.11.1967, 01.03.1968, 10.12.1968, 07.03.1969 und 09.02.1970, z. T. mit Einladung und Anschreiben an Aufsichtsratsmitglieder.

1.4.2.2 Sonstiges

5012 Aufsichtsrat der DHHU.
1951, 1955-1967
Unterzeichnete Beschlussvorlagen zur schriftlichen Abstimmung, z. T. mit Entwürfen, u. a. über Aufnahme eines Kredits in Höhe von DM 7.500.000 am 15.10.1951, Neuwahl von Aufsichtsratsmitgliedern, Erteilung von Prokuren, Entlastung von Vorstand und Aufsichtsrat der Hansa Bergbau AG für das Geschäftsjahr 1955/56, Zeichnung der Entwicklungsanleihe der BRD 1961 in Höhe von DM 11.000.000, Errichtung des Oxygen-Stahlwerks, Erwerb der Anteile der ATH an der HWS, Feststellung des Jahresabschlusses der HWS, 1961/62, Stilllegung des Presswerks im Werk Dortmund der DHHU, 1964, Zusammenlegung von mechanischer Werkstatt, Schweißerei und Presswerk im Werk Hörde, 1964, Verkauf der Kettenwerke Schlieper GmbH an die Firma August Thiele, Kalthof über Schwerte, 1967; Vollmachten.

4478 Vorschussabrechnungen der Hauptkasse der DHHU zu Ausgaben für die Aufsichtsratssitzungen.
1951-1956
Abrechnungen, Quittungen und Ausgabebelege zur 28.-50. Sitzung.
4479 Dsgl. zur 50.-67. Sitzung, 1957-1961.

5013 Ausschüsse des Aufsichtsrats der DHHU.
1951-1967
Prüfbestätigungen des Investitionsausschusses des Aufsichtsrats für Investitionsanträge, 1951-1964; Niederschriften zu Sitzungen des Investitionsausschusses am 23.01.1963, 27.02.1964 und 16.06.1965; stenografische Niederschriften zur gemeinsamen Sitzung von Investitionsausschuss sowie Bilanz- und Finanzausschuss am 30.10.1964; Niederschriften (z. T. stenografisch) zu Sitzungen des Bilanz- und Finanzausschusses am 30.07.1953, 28.01.1958, 13.02.1959, 01.02.1960, 25.01.1961, 25.01.1962, 29.01.1963, 30.10.1964, 20.01.1965, 25.01.1966 und 09.02.1967.

4480 Einverständniserklärungen und Anmerkungen des Aufsichtsratsvorsitzenden Hermann Josef Abs zu den Niederschriften der Aufsichtsratssitzungen der DHHU.
1952-1967
Anschreiben an den Vorstand der DHHU sowie von Abs unterzeichnete Auszüge aus den Niederschriften.

5015 Aufsichtsrat und Vorstand der DHHU.
1967-1970
Aufstellung zu Aufsichtsratsvergütungen, 1966; Einzahlungsbelege und Quittungen; einzelne Schreiben zwischen Vorstand und Aufsichtsrat über Aufsichtsratsvergütungen, Steuern und diverse Unternehmensangelegenheiten; Satzung, Mai 1967; einzelne Niederschriften zu Vorstandssitzungen; Verträge zwischen HWS als Verkäuferin und DHHU über den Verkauf von Anteilen an der Barbara Erzbergbau GmbH vom 27.09.1967 sowie von Anteilen an der Westfälische Wohnstätten AG an die DHHU vom 25.09.1967 (Kopien).

1.4.3 Vorstand

3039 Vorstandssitzungen der DHHU.
1952-1960
Niederschriften zur 1.-280. Vorstandssitzung, 22.03.1952-21.10.1960, z. T. mit vorbereitenden Unterlagen.

3040 Dsgl. zur 281.-371. Vorstandssitzung, 28.10.1960-03.05.1963.

3041 Dsgl. zur 372.-419. Vorstandssitzung, 08.05.1963-05.02.1964.

3042 Dsgl. zur 420.-491. Vorstandssitzung, 06.02.1964-21.12.1964.

3059 Dsgl. zur 492.-560. Vorstandssitzung, 04.01.1965-08.11.1965.

3062 Dsgl. zur 561.-633. Vorstandssitzung, 12.11.1965-05.05.1967.

3069 Vorstand und Aufsichtsrat der DHHU.
1961-1962
Entwürfe zu Geschäftsordnungen für Vorstand und Aufsichtsrat der DHHU, o. D. (Typoskripte und Durchschläge).
Laufzeitangabe laut Versendungsnotiz.

1.4.4 Sonstiges

3067 Wirtschaftsausschuss der DHHU.
1958-1966
Niederschriften von Sitzungen von Vorstand und Betriebsrat der DHHU am 14.10.1958, 10.02.1959 und 04.03.1959 sowie der 2.-74. monatlichen Sitzung des Wirtschaftsausschusses von Vorstand und Betriebsrat, Mai 1960 bis September 1966; einzelne Aktenvermerke von Friedrich Harders über Besprechungen mit Betriebsratsmitgliedern.

2660 Trauerfeier für Friedrich Elshoff.
1959-1964

Zeitungsausschnitte zu Elshoffs 60. Geburtstag 1960, seiner Pensionierung 1963 und zur Trauerfeier im Januar 1964; Todesanzeigen; Textentwürfe zum Nachruf der DHHU; Fotografien von Elshoff und der Trauerfeier.

3033 Ausschüsse der EGKS Hohe Behörde.
1963
Entwurf eines Protokolls über die Sitzung des Ausschusses des Vorsitzenden für die allgemeinen Ziele Stahl am 30.05.1963; EGKS Hohe Behörde Generaldirektion Wirtschaft-Energie: Essai d'analyse de l'évolution de la consommation d'acier par rapport à l'expansion générale en R.F. d'Allemagne, o. D.; EGKS Hohe Behörde Generaldirektion Wirtschaft-Energie: Développement économique et consommation d'acier aux Etats-Unis 1947 à 1961/62 vom 28.05.1963; EGKS Hohe Behörde Generaldirektion Wirtschaft-Energie: Bericht über den Stahlverbrauch des Sektors „Kraftwagen, Fahrräder und sonstige Fahrzeuge" vom 20.02.1963 sowie Bericht über den Stahlverbrauch des Sektors „Schiffbau" vom 05.04.1963; EGKS Generaldirektion Wirtschaft-Energie: Niederschriften der Sitzungen des Ausschusses „Automobile" am 12.03.1963, des Ausschusses „Baugewerbe, Öffentliche Arbeiten, Stahlbau" am 21.02.1963 und des Ausschusses „Eisenwaren" am 01.03.1963 sowie Entwurf einer Niederschrift der Sitzung des Ausschusses „Schiffbau" am 15.05.1963, z. T. mit vorbereitenden Unterlagen.
Darin auch: Aktenvermerke und Aufstellungen zum Altersausbau der Belegschaft der DHHU.

1.5 Kaufmännische Verwaltung und Finanzen
1.5.1 Unternehmensfinanzierung
1.5.1.1 Dortmund-Hörder Hüttenunion AG

5230 Unternehmensfinanzierung von Hüttenwerk Hörde AG und DHHU.
1950–1955
Mitteilungen der Kreditanstalt für Wiederaufbau an die DHHU vom 14.02.1955, 08.11.1952 und 19.02.1952 über die Bereitstellung von zweckgebundenen Darlehen von DM 20.000.000 zur Umschuldung von Krediten aus Mitteln des ERP-Sondervermögens, von DM 22.000.000 aus Investitionshilfemitteln für verschiedene Zwecke und von DM 315.000 im Rahmen des „StEG-Jugendplans Lehrlingswerkstätten" [Staatliche Erfassungsgesellschaft für öffentliches Gut mbH]; Mitteilungen der Kreditanstalt für Wiederaufbau an die DHHV vom 01.06.1951 und 21.11.1950 über die Bereitstellung von zweckgebundenen Darlehen von DM 2.000.000 aus dem dritten ECA-Programm für Walzwerk I des Werks Hörde und von DM 2.500.000 aus dem zweiten ECA-Programm für verschiedene Zwecke; Mitteilungen der Kreditanstalt für Wiederaufbau an die Hüttenwerk Hörde AG vom 05.06.1950, 21.11.1950 und 13.10.1950 über die Bereitstellung von zweckgebundenen Darlehen von DM 22.000.000 aus dem dritten ECA-Programm für den Ausbau der Blechwalzwerke sowie von DM 10.000.000 und DM 2.500.000 aus dem zweiten ECA-Programm für verschiedene Zwecke; Kreditvertrag zwischen DHHU und Rheinisch-Westfälische Bank AG vom 20./29.07.1953 über einen zweckgebundenen Kredit von DM 3.000.000 zur Finanzierung des Blechwalzwerks im Werk Hörde, mit Nachtrag vom 29.01./13.02.1954; Mitteilung der Berliner Industriebank AG an die DHHU vom 27.07.1955 über die Bereitstellung eines zweckgebundenen Kredits von bis zu DM 6.000.000 zur Finanzierung des auf Berliner Unternehmen entfallenden Auftragsvolumens im Rahmen des Walzwerksausbaus; Schuldurkunde der DHHU für die Landesbank für Westfalen Girozentrale vom 11.10.1955 über ein Darlehen von DM 10.000.000 zum Wiederaufbau des Grob-

und Mittelblechwalzwerks; Abtretungserklärung der DHHU für die Bankverein Westdeutschland AG vom 14.07.1953 über Forderungen gegenüber Kunden für einen Exportfinanzierungskredit von DM 5.500.000; Mitteilung der Rheinisch-Westfälische Bank AG als Konsortialführerin an die DHHU vom 25.08.1953 über die Einräumung eines Dispositionskredits von DM 30.000.000 sowie entsprechende Mitteilungen von Bankverein Westdeutschland AG, Westfalenbank AG und Rhein-Ruhr Bank AG; Erklärung der DHHU für die Volkswagenwerk GmbH vom 24.04.1952 über den Erhalt eines Darlehens von DM 15.000.000; Vereinbarungen zwischen DHHU und Deutsche Werft AG als Darlehensgeberin vom 30./31.07.1952 und 17./20.09.1952 über Darlehen von DM 4.000.000 und DM 2.000.000 als Vorauszahlung für Lieferungen; Vereinbarung zwischen DHHU und Bremer Vulkan Schiffbau und Maschinenfabrik vom 28.07./12.08.1952 über ein Darlehen von DM 4.000.000 als Vorauszahlung für Lieferungen; Vereinbarung zwischen DHHU und Nordseewerke Emden GmbH vom 27.08./13.09.1952 über ein Darlehen von DM 4.000.000 als Vorauszahlung für Lieferungen; Vertrag zwischen DHHU und AG Weser als Darlehensgeberin vom 08./20.11.1952 über ein Darlehen von DM 2.000.000; Vereinbarung zwischen DHHU und Siemens-Schuckertwerke GmbH vom 05.08.1952 zur Erteilung von Aufträgen für Grobblech- und Duo-Brammenstraße in Höhe von DM 20.000.000 und Einräumung besonderer Zahlungsbedingungen; Sicherungsübereignungsvertrag über Erze zwischen DHHU und Gußstahlwerk Bochumer Verein AG vom 01./28.10.1954 zur Sicherung einer Darlehensforderung der DHHU; einzelne Schreiben zwischen DHHU, Kreditgebern und Vertragspartnern zu Krediten, Tilgung und Sicherheiten.

5226 Unternehmensfinanzierung von Hüttenwerk Hörde AG und DHHU.
1950–1961
Kreditverträge zwischen Hüttenwerk Hörde und Rhein-Ruhr Bank AG vom 28.04.1950 über DM 250.000 sowie vom 02.01.1950 über DM 500.000 aus Mitteln des Landes NRW zum Wiederaufbau demontierter Betriebe, mit zahlreichen Sicherungsübereignungsverträgen und Nachträgen aus den Jahren 1950–1953; Kreditvertrag zwischen DHHU und Rheinisch-Westfälische Bank AG vom 21.03.1952 über DM 1.000.000 aus Mitteln des Landes NRW zum Wiederaufbau demontierter Betriebe; Mitteilung der Dresdner Bank AG an die DHHU vom 20.01.1958 über die Bereitstellung eines Kredits von DM 4.000.000; allgemeine Kreditbedingungen der Industriekreditbank AG, o. D.; Sicherungsübereignungsvertrag über Erze zwischen DHHU und Industriekreditbank AG vom 31.10./03.11.1952 zu einem Kredit eines Bankenkonsortiums unter Führung der Industriekreditbank AG vom 17.12.1952 über DM 12.000.000, mit Nachtrag vom 01./06.04.1954; Schuldurkunden der DHHU vom 01.10.1959 über DM 2.000.000 und DM 8.000 000 für die Landesbank für Westfalen Girozentrale; Mitteilungen der Bank für Handel und Industrie an die DHHU vom 27.09.1955, 28.02.1957 und 20.09.1959 über die Bereitstellung von Krediten von DM 2.700.000, DM 3.300.000 und DM 3.700.000; Sicherungsübereignungsvertrag über Siemens-Martin-Schrott zwischen DHHU und Treuhandverwaltung für das Deutsch-Niederländische Finanzabkommen GmbH vom 18./24.12.1953, mit Nachträgen vom 11./16.04.1957 und 04.08.1961; Erklärung der Heinr. Aug. Schulte Eisen-AG, Dortmund, für die DHHU vom 15.11.1955 über die Vorauszahlung der am 15. eines jeden Monats fälligen Schuldentilgung zum 1. eines jeden Monats bis zur Höhe von insgesamt DM 6.000.000; einzelne Schreiben zwischen DHHU und Kreditgebern.

2788 Grundkapital der DHHU.
1952–1953
Unterlagen zur Ermittlung von Ertragswert und Anlagevermögen der DHHU für die endgültige Kapitalbemessung, mit konsolidierter Bilanz zum 30.09.1952 und 31.03.1953.

2899 Investitions- und Finanzplanung von DHHU und Tochtergesellschaften.
1952–1954, 1960–1964
Bilanzunterlagen der DHHU zum 31.10.1952 in Gegenüberstellung zum 30.09.1952; Berichte mit Aufstellungen zur Investitions- und Finanzplanung der DHHU für den Zeitraum 01.08.1954–30.09.1961 und 01.10.1964–30.09.1969, für die Zeiträume 01.10.1960–30.09.1965 und 01.10.1963–30.09.1966 für die DHHU und ihre Organgesellschaften Eisenwerk Rothe Erde GmbH, Gebrüder Credé & Co. GmbH, Kettenwerke Schlieper GmbH, Schwerter Profileisenwalzwerk AG, Celler & Co. GmbH und Hans Kaupmann GmbH sowie für den Zeitraum 01.10.1963–30.09.1968 für den gesamten Konzernbereich ohne Hansa Bergbau AG und HWS; Bericht mit Aufstellungen zur Investitions- und Finanzplanung für die Geschäftsjahre 1962/63 und 1963/64, o. D. (Typoskripte und Durchschläge).

5965 Einbeziehung der Tochtergesellschaften in die Finanzposition der DHHU.
1952–1960
Ergänzung der Organschaftsverträge mit der Eisenwerk Rothe Erde GmbH; Aktenvermerke hierzu.

5229 Unternehmensfinanzierung der DHHU.
1952–1960
Eintragungsbewilligung der DHHU vom 10.12.1954 über Grundschulden von insgesamt bis zu DM 150.000.000 bis zum 30.09.1955 sowie bis zu DM 175.000.000 nach dem 30.09.1955 in Dortmund und Dortmund-Hörde; Bestätigung der Westdeutschen Industrie-Treuhandgesellschaft mbH vom 08.03.1955 über die Gleichrangigkeit der an die Kreditanstalt für Wiederaufbau abgetretenen Grundschulden mit anderen Belastungen bis zur Höhe von DM 175.000.000; Mitteilungen der Kreditanstalt für Wiederaufbau an die DHHU vom 08.11.1960, 21.04.1959, 22.03.1956, 15.02.1955 und 11.12.1957 über die Bereitstellung von zweckgebundenen Darlehen von DM 5.000.000 für Investitionen, von DM 20.000.000 zur Umschuldung von Krediten aus Mitteln des ERP-Sondervermögens, von DM 4.000.000 zur „Berliner Auftragsfinanzierung", von DM 5.200.000 für Investitionen sowie von DM 4.500.000 zur Teilfinanzierung eines neuen Hochofens im Werk Hörde; Mitteilung der Industriekreditbank AG als Konsortialführerin an die DHHU vom 17.10.1952 über die Einräumung eines Kredits von DM 12.000.000; einzelne Schreiben zwischen DHHU, Landesbank für Westfalen Girozentrale und Kreditanstalt für Wiederaufbau zu Krediten, Sicherheiten und Ausweitung des Gleichrangrahmens auf DM 200.000.000.

5508 Kapitalausstattung der DHHU.
1953
Stahltreuhändervereinigung Bilanzausschuss: Gutachten über die Kapitalbemessung der DHHU vom Juni 1953.

2249 Kapitalausstattung der DHHU.
1953
Unterlagen zur endgültigen Kapitalbemessung der DHHU vom 15./16.06.1953.

5225 Unternehmensfinanzierung der DHHU.
1953
Darlehensvertrag zwischen DHHU sowie Allianz Lebensversicherungs-AG, Allianz Versicherungs-AG, Hamburg-Mannheimer Versicherungs-AG und Karlsruher Lebensversicherung AG über DM 12.500.000 vom 13./17./24.11./02./08.12.1953.

5224 Unternehmensfinanzierung und Mitarbeiterversicherung der DHHU.
1953–1958
Darlehensverträge zwischen DHHU sowie Aachener und Münchener Feuer-Versicherungs-Gesellschaft vom 12./26.03.1954 über DM 200.000, mit Zusatzvertrag vom 20.12.1957/14.01.1958, Concordia Lebensversicherungs-AG vom 12./22.03.1954 über DM 600.000, mit Zusatzvertrag vom 20.12.1957/08.01.1958, Aachener Rückversicherungs-Gesellschaft vom 12.03./06.04.1954 über DM 200.000, mit Zusatzvertrag vom 20.12.1957/07.01.1958, Aachener und Münchener Lebensversicherungs-AGvom12.03./14.04.1954überDM100.000,mitZusatzvertragvom20.12.1957/31.01.1958, Agrippina Lebensversicherungs-AG vom 12./26.03.1954 über DM 750.000, mit Zusatzvertrag vom 20.12.1957/16.01.1958, Berlinischer Feuer-Versicherungs-Anstalt vom 10./16.03.1954 über DM 250.000, mit Zusatzvertrag vom 20.12.1957/07.01.1958, Nürnberger Lebensversicherungs-AG vom 10./18.03.1954 über DM 2.300.000, mit Zusatzvertrag vom 20.12.1957/27.01.1958, Volkshilfe Lebensversicherungs-AG vom 12.03.1954 über DM 500.000, mit Zusatzvertrag vom 20.12.1957/08.01.1958, Nordstern Allgemeine Versicherungs-AG vom 12.03./14.04.1954 über DM 250.000, mit Zusatzvertrag vom 20.12.1957/09.01.1958, „Albingia" Versicherungs-AG vom 12./17.03.1954 über DM 250.000, mit Zusatzvertrag vom 20.12.1957/07.01.1958, Allgemeine Rentenanstalt Lebens- und Rentenversicherungs-AG vom 10./17.03.1954 über DM 1.000.000, mit Zusatzvertrag vom 20.12.1957/09.01.1958, Victoria Feuer-Versicherungs-AG vom 10./17.03.1954 über DM 250.000, mit Zusatzvertrag vom 20.12.1957/06.01.1958, Volkswohlbund Lebensversicherung AG vom 12.03.1954 über DM 1.500.000, mit Zusatzvertrag vom 20.12.1957/09.01.1958, Deutscher Herold Volks- und Lebensversicherungs-AG vom 12./18.03.1954 über DM 250.000, mit Zusatzvertrag vom 20./31.12.1957, Gerling-Konzern Allgemeine Versicherungs-AG und Friedrich Wilhelm Allgemeine Lebensversicherungs-AG und Magdeburger Lebensversicherungsgesellschaft vom 10./23.03.1954 über insgesamt DM 1.500.000, mit Zusatzvertrag vom 27./29.06.1955, Agrippina Allgemeine Versicherungs-AG vom 12./26.03.1954 über DM 100.000, mit Zusatzvertrag vom 20.12.1957/07.01.1958, Alte Leipziger Lebensversicherungsgesellschaft auf Gegenseitigkeit vom 10.03./03.04.1954 über DM 2.000.000 mit Zusatzverträgen vom 27.06./07.07.1955 und 20.12.1957/06.01.1958, Pensionskasse der Württembergischen Feuerversicherung AG vom 10./23.03.1954 über DM 250.000 mit Zusatzvertrag vom 20.12.1957/13.01.1958; Schuldschein der DHHU über DM 250.000 vom 18.12.1953 für die Beamtenversicherungsverein des Deutschen Bank- und Bankiersgewerbes eG, mit Zusatzvereinbarung vom 20.12.1957/09.01.1958; Gruppenversicherungsvertrag vom November/Dezember 1953 zur Versicherung der Betriebsangehörigen zwischen DHHU sowie Allianz Lebensversicherungs-AG, Nürnberger Lebensversicherungs-AG, Alte Leipziger Lebensversicherungsgesellschaft auf Gegenseitigkeit, Karlsruher Lebensversicherung AG, Volkswohl-Bund Allgemeiner Bestattungs- und Versicherungsverein auf Gegenseitigkeit, Allgemeine Rentenanstalt AG, Hamburg-Mannheimer Versicherungs-AG, Agrippina Lebensversicherungs-AG, Concordia Lebensversicherungs-AG und Volkshilfe Lebensversicherungs-AG.

5227 Unternehmensfinanzierung der DHHU.
1953–1966
Kreditvertrag zwischen DHHU und Eidgenössischer Finanzverwaltung, Bern, vom 07.12.1953 über einen Investitionskredit von sfr. 7.000.000, mit devisenrechtlichem Genehmigungsbescheid der Bank deutscher Länder vom 03.05.1954; Zusatzvertrag zwischen Eidgenössischer Finanzverwaltung sowie allen kreditnehmenden Unternehmen der deutschen Eisen- und Stahlindustrie, i. e. ATH, Bochumer Verein, DHHU, Maximilianshütte, Eisenwerke Mülheim/Meiderich AG, Hüttenwerke Phoenix AG, Stahlwerke Bochum AG, Stahlwerke Südwestfalen AG und Westfalenhütte AG, vom 07.12.1953

zur Festlegung von Eisen- und Stahlexporten in die Schweiz; Vertrag zwischen Bundesministerium der Finanzen und DHHU über die Bereitstellung des Gegenwerts von sfr. 7.000.000 in DM vom 23.02./07.04.1954; Vertrag der kreditnehmenden Unternehmen untereinander vom Juni und Juli 1954 zur Regelung der Lieferverpflichtungen; Darlehensvertrag zwischen DHHU und Landesbank für Westfalen Girozentrale vom 22./24.07.1958 über DM 20.000.000 sowie Sicherungsübereignungsvertrag über Erze vom 14./18.12.1961 in Durchführung durch die Deutsche Warentreuhand-AG, mit zahlreichen Nachträgen aus den Jahren 1962–1966 und Plänen von Lagerplätzen im Hafen Dortmund; Mitteilungen an die DHHU von Commerzbank AG vom 01.12.1958 über die Bereitstellung eines Barkredits von DM 9.000.000, Commerzbank-Bankverein AG vom 24.12.1957 über die Einräumung eines Darlehens von DM 10.000.000 und Deutscher Bank AG vom 30.09.1957 über einen Kredit von DM 9.800.000, u. a. zur Finanzierung der Kapitalerhöhung der Rheinisch-Westfälische Kalkwerke AG; Vertrag zwischen DHHU und Deutsche Bank AG als Konsortialführerin vom 15./20.04.1959 über ein 5,75-%-Schuldschein-Darlehen von DM 30.000.000; Schuldschein der Dortmunder Union-Brauerei AG für die DHHU vom 18.07.1961 über ein Darlehen von DM 5.000.000; Abtretungsbestätigung der Kreditanstalt für Wiederaufbau für die DHHU über Grundschulden von DM 5.600.000 in Dortmund und Dortmund-Hörde; Eintragungsbewilligung der DHHU vom 10.12.1954 über Grundschulden von DM 59.188.900 in Dortmund und Dortmund-Hörde; Zeichnungsschein der DHHU vom 03.01.1961 in Höhe von DM 13.000.000 auf die 5-%-Anleihe der Bundesrepublik Deutschland von 1961; Darlehensvertrag zwischen Deutsche Girozentrale-Deutsche Kommunalbank und DHHU vom 18./27.12.1961 über DM 10.000.000.

5222 Anlagevermögen der DHHU.
1965
DHHU Betriebsrechnungswesen: Bericht über Inventur und Bewertung der Betriebs- und Geschäftsausstattung, einschließlich Werksgeräte und Reserveteile, zum 30.09.1965.

2897 Finanzplanung der DHHU.
1966
Bericht mit Aufstellungen zur Finanzplanung für den Zeitraum 01.10.1965–30.09.1966 für die 86. Aufsichtsratssitzung am 10.02.1966.

5107 Absicherung des Kredits der DHHU bei der EGKS über US$ 4.000.000.
1966–1967
Grundbuchauszüge und Grundstücksverzeichnisse der Städte Dortmund und Lippstadt; notariell beglaubigter Antrag der Eisenwerk Rothe Erde GmbH auf Grundbuchbestellung von DM 10.000.000 Grundschulden vom 24.01.1966; notariell beglaubigte Erklärung der Eisenwerk Rothe Erde GmbH zur Abtretung von DM 8.500.000 Grundschulden an die EGKS vom 29.06.1966; einzelne Schreiben zwischen DHHU, Eisenwerk Rothe Erde GmbH und Rechtsanwälten zur Eintragung der Grundschulden als Kreditsicherheit.

1.5.1.2 Auslandsschulden der Vereinigte Stahlwerke AG

5512 Grundbuchauszüge im Rahmen der hypothekarischen Sicherung der Dollaranleihen der VSt.
1913, 1920–1930, 1939, 1952–1954

5332 Regelung der Auslandsschulden der VSt i. L.
1952
Entwurf eines Abkommens über die deutschen Auslandsschulden, ausgearbeitet von Deutscher Delegation für Auslandsschulden und Dreimächteausschuss für Deutsche Schulden, vom 09.12.1952 (deutsch und englisch); Aktenvermerke der DHHU Rechtsabteilung zu Besprechungen bei der Stahltreuhändervereinigung über den Plan für die Behandlung von Gläubigern der VSt i. L. am 25.11.1952 und 29.12.1952.

5519 Regelung der Auslandsanleiheschulden der VSt.
1952–1954
Anordnung der CSG vom 01.08.1954 an DHHU, Erin Bergbau AG, GBAG, Hamborner Bergbau AG, HWS, Hüttenwerke Phoenix AG, Rheinische Röhrenwerke AG, Rheinisch-Westfälische Eisen- und Stahlwerke AG, Rheinstahl-Union Maschinen- und Stahlbau AG, VSt i. L. und alle anderen Nachfolgegesellschaften sowie The National City Bank of New York, Irving Trust Company und Kreditanstalt für Wiederaufbau zur Umsetzung des Plans der Liquidatoren der VSt i. L., Walter Schwede und Siegfried Seelig, vom 10.12.1953 zur Behandlung der Gläubiger aus Dollar-Bond- und Debenture-Anleihen, mit Anlagen: Plan von 10.12.1953, Erklärungen einzelner Unternehmen zur finanziellen Untragbarkeit der Anleihelasten, Muster zu Verpflichtungsscheinen, Bürgschaften und Eintragungsbewilligungen, Aufstellungen zu den Lasten der einzelnen Unternehmen, Aufstellungen zu den Entflechtungsanordnungen sowie Verwahrungserklärung und -vereinbarung von The National City Bank of New York und Irving Trust Company als Verwahrer zur Liquidation der VSt i. L. auf Grund des Gesetzes Nr. 27 der Alliierten Hohen Kommission für Deutschland, datiert auf den 01.01.1953 (Typoskript).

5308 Abwicklung von Dollar-Anleihen der VSt i. L.
1953
Siegfried Seelig und Walter Schwede: Plan für die Behandlung von Gläubigern aus United States Dollar-Bond- und Debenture-Anleihen der VSt i. L. vom 10.08.1953, mit Anlagen (Entwurf).

5905 Abwicklung von Dollar-Anleihen der VSt i. L.
1953
Siegfried Seelig und Walter Schwede: Plan für die Behandlung von Gläubigern aus United States Dollar-Bond- und Debenture-Anleihen der VSt i. L. vom 01.03.1953 und 10.08.1953, mit Anlagen (Entwürfe, deutsche Fassung); Rundschreiben des Beratungsbüros für Dollar-Anleiheschulden von Nachfolgegesellschaften der VSt an die Nachfolgegesellschaften; Besprechungsniederschriften, Aktenvermerke und einzelne Schreiben zwischen DHHU Rechtsabteilung, Beratungsbüro und Nachfolgegesellschaften zu den Abwicklungsplänen.

5223 Abwicklung von Dollar-Anleihen der VSt i. L.
1953–1954
Siegfried Seelig und Walter Schwede: Plan für die Behandlung von Gläubigern aus United States Dollar-Bond- und Debenture-Anleihen der VSt i. L. vom 10.12.1953 (deutsche Fassung); Anschreiben der VSt i. L. an die CSG zur Übersendung des Plans vom 24.04.1954; Schreiben des United States Committee for German Corporate Dollar Bonds an die CSG zu Verpflichtungsscheinen der ehemaligen Konzerngesellschaften vom 06.02.1954; Schreiben von Hermann Josef Abs an das Committee for Dollar Bonds zur dem Londoner Schuldenabkommen widersprechenden Haltung

des Committee for Dollar Bonds bei der Bildung von Reserven und Tilgungsfonds vom 27.01.1954 (alle Abschriften, deutsch und englisch).

5333 Regelung der Auslandsschulden der VSt i. L.
1953-1955
Entwürfe zur Verwahrungserklärung und -vereinbarung von The National City Bank of New York und Irving Trust Company als Verwahrer zur Liquidation der VSt i. L. auf Grund des Gesetzes Nr. 27 der Alliierten Hohen Kommission für Deutschland, datiert auf den 01.01.1953, vom 29.05.1953 und 30.07.1953; Terminkalender wegen Verpflichtungen der sechs Schuldnergesellschaften der Eisenseite gegenüber The First National City Bank of New York und Irving Trust Company als Verwahrerbanken und Kreditanstalt für Wiederaufbau als Bürge in Auswirkung der in den Verpflichtungsscheinen, in der Verwahrungserklärung und in dem Aval-Krediteinräumungsschreiben enthaltenen Bestimmungen wegen der neuen fundierten Dollarschuld von US$ 21.500.000, aufgestellt für fünf Jahre (01.05.1955-30.04.1960).

5908 Regelung der Auslandsschulden der VSt AG i. L.
1953-1960
Terminkalender zu Verpflichtungen der sechs Schuldnergesellschaften der Eisenseite gegenüber The First National City Bank of New York und Irving Trust Company als Verwahrerbanken und Kreditanstalt für Wiederaufbau als Bürge in Auswirkung der in den Verpflichtungsscheinen, in der Verwahrungserklärung und in dem Aval-Krediteinräumungsschreiben enthaltenen Bestimmungen wegen der neuen fundierten Dollarschuld von US$ 21.500.000, aufgestellt für fünf Jahre (01.05.1955-30.04.1960); Siegfried Seelig und Walter Schwede: Plan für die Behandlung von Gläubigern aus United States Dollar-Bond- und Debenture-Anleihen der VSt i. L. vom 10.12.1953, mit Anlagen (Entwurf, deutsche Fassung); Muster der von den Schuldnergesellschaften auszufertigenden Verpflichtungsscheine; Rundschreiben des Beratungsbüros für Dollar-Anleiheschulden von Nachfolgegesellschaften der VSt an die Nachfolgegesellschaften sowie Schriftwechsel zwischen Beratungsbüro und DHHU Rechtsabteilung zu den Verpflichtungsscheinen.

5334 Regelung des Anteils der DHHU an den Auslandsschulden der VSt i. L.
1954
Bewilligung und Antrag der DHHU vom 01.10.1954 zur Eintragung einer Gesamtsicherungshypothek in Höhe von US$ 3.677.000 auf Grundbesitz zugunsten von The National City Bank of New York und Irving Trust Company, mit Aufstellung der Grundstücke (beglaubigte Abschrift); Vollmacht der DHHU für Fritz Wecker vom 06.10.1954 zur Unterzeichnung der Verwahrungserklärung und -vereinbarung von The National City Bank of New York und Irving Trust Company als Verwahrer zur Liquidation der VSt i. L. auf Grund des Gesetzes Nr. 27 der Alliierten Hohen Kommission für Deutschland, datiert auf den 01.01.1953 (deutsch und englisch); Verpflichtungsschein der DHHU vom 02./06.10.1954 zur Zahlung von US$ 3.161.900 an The National City Bank of New York und Irving Trust Company bis zum 01.01.1968 (gedruckt, englisch, und Typoskript, deutsch); Verwahrungserklärung und -vereinbarung von The National City Bank of New York und Irving Trust Company als Verwahrer zur Liquidation der VSt i. L. auf Grund des Gesetzes Nr. 27 der Alliierten Hohen Kommission für Deutschland, datiert auf den 01.01.1953 (gedruckt, englisch, Blankoversion, und Typoskript, deutsch).

5515 Liquidation der Vereinigte Stahlwerke AG.
1955
Siegfried Seelig und Walter Schwede: Bericht vom 01.03.1955 über die Umgestaltung und Liquidation der VSt aufgrund des Gesetzes Nr. 27 der Alliierten Hohen Kommission.

5906 Abwicklung von Dollar-Anleihen VSt i. L.
1955-1957
The Board for the Validation of German Bonds in the United States (Bereinigungsstelle für Deutsche Dollar Bonds): Entscheidung und Begründung in Sachen der Anmeldung des Richard H. Abrey über 245 United Steel Works Corporation US$ 1.000 6 1/2 % 20-Year Sinking Fund Debentures, Series A, due July 1, 1947 (deutsche Übersetzung, Entscheidung Nr. 4, Begründung Nr. 4 vom 26.03.1956); Schriftsatz zur Klage von Abrey gegen die Entscheidung des Boards, o. D. (Kopie, englisch, deutsche Übersetzung); Stellungnahme des United States District Court Southern District of New York vom 26.03.1957 zum Antrag der Anwälte der VSt i. L. auf Nichtansetzung eines Schwurgerichtsverfahrens (deutsche Übersetzung); Bericht der Bereinigungsstelle für das dritte Jahr der Anmeldefrist (01.09.1955-31.08.1956); monatliche Aufstellungen zu Nennwert der angemeldeten Bonds, September 1953 bis August 1956, und geografischer Verteilung der Anmelder laut Wohnsitz; einzelne Rundschreiben des Beratungsbüros für Dollar-Anleiheschulden von Nachfolgegesellschaften der VSt an die Nachfolgegesellschaften zur Übersendung der Dokumente.

5337/2 Amerika-Bilanzen der Kettenwerke Schlieper GmbH.
1955-1957
Bilanzunterlagen zum 30.09.1955, 30.09.1956 und 30.09.1957 zur Unterrichtung der Gläubiger der Dollaranleihen der früheren VSt.

5337/3 Amerika-Bilanzen der Eisenwerk Rothe Erde GmbH.
1955-1957
Bilanzunterlagen zum 30.09.1955, 30.09.1956 und 30.09.1957 zur Unterrichtung der Gläubiger der Dollaranleihen der früheren VSt.

5337/4 Amerika-Bilanzen der Schwerter Profileisenwalzwerk AG.
1955-1957
Bilanzunterlagen zum 30.09.1955, 30.09.1956 und 30.09.1957 zur Unterrichtung der Gläubiger der Dollaranleihen der früheren VSt.

5339 Steuerbilanzen von Eisenwerk Rothe Erde GmbH, Kettenwerke Schlieper GmbH und Schwerter Profileisenwalzwerk AG.
1955-1957
Steuerbilanzen zum 30.09.1955, 30.09.1956 und 30.09.1957.

5337/5 Unterlagen zur Aufstellung von Amerika-Bilanzen von Tochtergesellschaften der DHHU.
1955-1960
Formulare und Formblätter (blanko); Aktenvermerke der DHHU Beteiligungen zu Entwicklung und Ausfüllung der Formblätter.

5337/1 Amerika-Bilanz der Gebrüder Credé & Co. GmbH.
1957
Bilanzunterlagen zum 30.09.1957 zur Unterrichtung der Gläubiger der Dollaranleihen der früheren VSt.

5338/1 Amerika-Bilanz von Gebrüder Credé & Co. GmbH und Celler & Co. GmbH.
1958
Bilanzen zum 30.09.1958 zur Unterrichtung der Gläubiger der Dollaranleihen der früheren VSt.

5338/2 Amerika-Bilanz von Eisenwerk Rothe Erde GmbH, Kettenwerke Schlieper GmbH und Schwerter Profileisenwalzwerk AG.
1958
Bilanzen zum 30.09.1958 zur Unterrichtung der Gläubiger der Dollaranleihen der früheren VSt.

2727 Amerika-Bilanzen von DHHU und Tochtergesellschaften.
1959-1960
Jahresabschlüsse der DHHU zum 30.09.1959 und 30.09.1960; Bilanzen von Celler & Co. GmbH, Dortmund, Eisenwerk Rothe Erde GmbH, Dortmund, und Schwerter Profileisenwalzwerk AG Schwerte, zum 30.09.1959 und 30.09.1960.

5909 Regelung der Auslandsschulden der VSt i. L.
1962-1964
Löschungsbewilligungen von Gläubigerbanken zu Hypotheken zur Absicherung von Dollaranleihen der VSt i. L. (Kopien und Abschriften); einzelne Schreiben zwischen DHHU Rechtsabteilung, Banken und Rechtsanwälten zur Löschung.

1.5.2 Unternehmensorganisation und -planung

3068 Unternehmensorganisation der DHHU.
1952, 1961-1963
Organigramme bzw. Entwürfe von Organigrammen der DHHU, mit Angaben zu Vorstandsressorts sowie den Werken Dortmund und Hörde, Stand 24.10.1952, 01.10.1961, 01.01.1962, 01.06.1962 und 25.09.1962; Aufstellungen zu den Mitgliedern von Aufsichtsgremien und Ausschüssen der Tochtergesellschaften der DHHU, Stand 05.01.1962 und 04.10.1962; Aktenvermerk zum Aufgabenbereich der Stabstelle „Konzern-Zentralbüro" vom 16.09.1963.

5885 Beteiligungen der DHHU.
1952-1953, 1963
Aktenvermerke der DHHU Rechtsabteilung zur Bewertung von Beteiligungen im Rahmen der Neuordnung der Eisen- und Stahlindustrie; Organigramm des DHHU-Konzerns, Stand 01.12.1963.

2717 Konzernaufbau der DHHU.
1955
Schaubild zum Konzernaufbau der DHHU, Stand 15.01.1955.

2895 Umstrukturierung von Schmiedebetrieben und Bearbeitungswerkstätten der DHHU.
1960
Vorschläge zur Neuordnung im Bereich der Schmiedebetriebe und Bearbeitungswerkstätten, mit statistischen Angaben zu Produktion, Selbstverbrauch, Belegschaft, Löhnen, Anlagevermögen und Produktionskosten für die 64. Aufsichtsratssitzung am 30.09.1960.

5244 Booz, Allen & Hamilton International Inc.: Leitfaden zur Verbesserung der Büroarbeiten bei der DHHU, Februar 1963.

5243 Booz, Allen & Hamilton International Inc.: Bericht zur verwaltungsmäßigen Reorganisation der Maschinenbetriebe der DHHU, September 1963.

5239 Booz, Allen & Hamilton International Inc.: Bericht zum Organisations- und Kostensenkungsprogramm für die DHHU, November 1963.
5240 Dsgl., Anlagen zum Bericht.

5238 Booz, Allen & Hamilton International Inc.: Zusammengefasster Bericht zum Organisations- und Kostensenkungsprogramm für die DHHU, Dezember 1963.

5242 Booz, Allen & Hamilton International Inc.: Entwurf eines Kostensenkungsprogramms für die DHHU, März 1964.

5245 Booz, Allen & Hamilton International Inc.: Organisations- und Rationalisierungsprogramm für Gebrüder Credé & Co. GmbH, Eisenwerk Rothe Erde GmbH und Kettenwerke Schlieper GmbH, April 1964.

5949 Unternehmensorganisation der DHHU.
1964–1965
Ausarbeitung über die Grundstruktur der Konzernorganisation; Grundkonzept für Vorsitzerstab; Organisationspläne; Unternehmensziele der DHHU.

5950 Unternehmensorganisation der DHHU.
1965
Ausarbeitung über die Einführung einer Neuen Konzernorganisation; Organisationspläne; Mitteilungen an Aufsichtsratsmitglieder hierzu.

5948 Booz, Allen & Hamilton Internationaal N. V.: Bericht zur Konzernorganisation, Bd. I, Stand November 1965, und erforderliche Abschlussmaßnahmen der DHHU.
5954 Dsgl., Bd. II, Organisationspläne und Aufgabenbeschreibungen der DHHU.

3021 Booz, Allen & Hamilton Internationaal N.V.: Anlagen zu einem Berichtsentwurf über die Konzernorganisation der DHHU, mit Organisationsplänen und Aufgabenbeschreibung der einzelnen Vorstandsressorts, Stand 01.01.1965.

5241 Booz, Allen & Hamilton International Inc.: Zwischenbericht zum Organisationsprogramm für die DHHU, Januar 1965.

5246 Verwaltungsorganisation des zentralen Ersatzteillagers der DHHU.
o. D.
Booz, Allen & Hamilton International Inc. [?]: Handbuch für die zentrale Ersatzteillagerverwaltung.

5247 Verwaltungsorganisation der zentralen Reparaturwerkstatt der DHHU.
o. D.
Booz, Allen & Hamilton International Inc. [?]: Handbuch für die zentrale Reparaturwerkstatt.

1.5.3 Betriebsergebnis

2896 Wirtschaftliche Lage der DHHU.
1963
DHHU Volkswirtschaft/Statistik: Bericht über die Lage der DHHU im Rahmen der Gesamtlage der Eisen- und Stahlindustrie vom 07.10.1963, mit vergleichenden Betriebskennzahlen zu Produktion, Absatz, Umsatz und Produktionskosten, aufgeschlüsselt nach verschiedenen Produkten.

3022/1 Betriebsergebnis der DHHU.
1963
DHHU Rechnungswesen: Ergebnisbericht Oktober 1963, mit Gewinn- und Verlustrechnung sowie Aufwands- und Ertragsrechnung, Kennziffern und Erläuterungen zur Ergebnisentwicklung sowie Angaben zu Betriebskosten und Roherfolg nach Produktgruppen.
3022/2 Dsgl., November 1963.
3022/3 Dsgl., Dezember 1963.
3022/4 Dsgl., Januar 1964.
3022/5 Dsgl., Februar 1964.
3022/6 Dsgl., März 1964.
3022/7 Dsgl., Ergebnisbericht April 1964.
3022/8 Dsgl., Mai 1964.
3022/9 Dsgl., Juni 1964.
3022/10 Dsgl., Juli 1964.
3022/11 Dsgl., August 1964.
3022/12 Dsgl., September 1964.
3022/13 Dsgl., Oktober 1964.
3022/14 Dsgl., November 1964.
3022/15 Dsgl., Dezember 1964.
3022/16 Dsgl., Januar 1965.
3022/17 Dsgl., Februar 1965.
3023/1 Dsgl., März 1965.
3023/2 Dsgl., April 1965.
3023/3 Dsgl., Mai 1965.
3023/4 Dsgl., Juni 1965.
3023/5 Dsgl., Juli 1965.
3023/6 Dsgl., August 1965.
3023/7 Dsgl., September 1965.
3023/8 Dsgl., Oktober 1965.

3023/9 Dsgl., November 1965.
3023/10 Dsgl., Dezember 1965.
3023/11 Dsgl., Januar 1966.
3023/12 Dsgl., Februar 1966.
3023/13 Dsgl., März 1966.
3023/14 Dsgl., April 1966.
3023/15 Dsgl., Mai 1966.
3023/16 Dsgl., Juni 1966.
3023/17 Dsgl., Juli 1966.
3023/18 Dsgl., August 1966.
3023/19 Dsgl., September 1966.

5951 Betriebsergebnis der DHHU-Beteiligungen.
1966
Bericht über die Geschäftslage der Beteiligungen, mit Bilanzbericht und Angaben zu Ergebnisübersicht, Vermögens- und Kapitalaufbau u. a.

1.5.4 Betriebskosten

5310 Verwaltungs- und Betriebskosten der DHHU sowie der Werke Dortmund und Hörde, insbesondere der Sozialwirtschaftsbetriebe.
1951–1952
Aufstellungen zu den Verwaltungs- und Betriebskosten der Hauptverwaltung, aufgeschlüsselt nach Verwaltungsgebäuden und Verwaltungsstellen, sowie der Sozialwirtschaftsbetriebe wie Lehrwerkstatt, Versehrtenwerkstatt, Gärtnerei, Wohnheime, Wäscherei, Küchen, Kasinos, Druckerei und Erholungsheime, Oktober 1951 bis September 1952.
5311 Dsgl., Oktober 1952 bis September 1953.
5302 Dsgl., Oktober 1953 bis September 1954.

5306 Verwaltungs- und Betriebskosten der Sozialwirtschaftsbetriebe des Werks Dortmund der DHHU.
1952–1957
Aufstellungen zu den Verwaltungs- und Betriebskosten der Sozialwirtschaftsbetriebe wie Lehrwerkstatt, Versehrtenwerkstatt, Gärtnerei, Wohnheime, Wäscherei, Küchen, Kasinos, Druckerei und Erholungsheime sowie Werksfeuerwehr und Arbeitsschutz, Oktober 1952 bis September 1957.

5303 Verwaltungs- und Betriebskosten der Sozialwirtschaftsbetriebe der Werke Dortmund und Hörde der DHHU.
1954–1955
Aufstellungen zu den Verwaltungs- und Betriebskosten der Sozialwirtschaftsbetriebe wie Lehrwerkstatt, Versehrtenwerkstatt, Gärtnerei, Wohnheime, Wäscherei, Küchen, Kasinos, Druckerei, Erholungsheime, Schwimmbad und Sportplatz Schallacker, Oktober 1954 bis September 1955.
5309 Dsgl., Oktober 1955 bis September 1956.
5304 Dsgl., Oktober 1956 bis September 1957.

5322 Verwaltungs- und Betriebskosten der DHHU sowie der Werke Dortmund und Hörde.
1955–1956
Aufstellungen zu den Verwaltungs- und Betriebskosten der Hauptverwaltung, aufgeschlüsselt nach Verwaltungsgebäuden und Verwaltungsstellen, Oktober 1955 bis September 1956.
5323 Dsgl., Oktober 1957 bis September 1958.

5314 Verwaltungs- und Betriebskosten der DHHU sowie der Werke Dortmund und Hörde, insbesondere der Sozialwirtschaftsbetriebe.
1957–1958
Aufstellungen zu den Verwaltungs- und Betriebskosten der Hauptverwaltung, aufgeschlüsselt nach Verwaltungsgebäuden und Verwaltungsstellen, sowie der Sozialwirtschaftsbetriebe wie Lehrwerkstatt, Versehrtenwerkstatt, Gärtnerei, Wohnheime, Wäscherei, Küchen, Kasinos, Druckerei und Erholungsheime, Oktober 1957 bis September 1958.
5315 Dsgl., Oktober 1958 bis September 1959.

5326 Verwaltungs- und Betriebskosten des Technischen Sozialbetriebs der Werke Dortmund und Hörde der DHHU.
1957–1961
Aufstellungen zu den Verwaltungs- und Betriebskosten, insbesondere zu Arbeitsschutzstellen, Werksfeuerwehren und Werksschutz, Oktober 1957 bis September 1961.

5305 Verwaltungs- und Betriebskosten der Sozialwirtschaftsbetriebe der Werke Dortmund und Hörde der DHHU.
1959–1961
Aufstellungen zu den Verwaltungs- und Betriebskosten der Sozialwirtschaftsbetriebe wie Lehrwerkstatt, Versehrtenwerkstatt, Gärtnerei, Wohnheime, Wäscherei, Küchen, Kasinos, Druckerei, Erholungsheime, Schwimmbad und Sportplatz Schallacker, Oktober 1959 bis September 1960, sowie für das Werk Hörde zusätzlich Oktober 1960 bis September 1961.

5324 Verwaltungs- und Betriebskosten der DHHU sowie der Werke Dortmund und Hörde.
1960–1961
Aufstellungen zu den Verwaltungs- und Betriebskosten der Hauptverwaltung, aufgeschlüsselt nach Verwaltungsgebäuden und Verwaltungsstellen, Oktober 1960 bis September 1961.
5325 Dsgl., Oktober 1961 bis September 1962.

5312 Verwaltungs- und Betriebskosten der DHHU sowie der Werke Dortmund und Hörde, insbesondere der Sozialwirtschaftsbetriebe.
o. D.
Aufstellungen zu den Verwaltungs- und Betriebskosten der Hauptverwaltung, aufgeschlüsselt nach Verwaltungsgebäuden und Verwaltungsstellen, sowie der Sozialwirtschaftsbetriebe wie Lehrwerkstatt, Versehrtenwerkstatt, Gärtnerei, Wohnheime, Wäscherei, Küchen, Kasinos, Druckerei und Erholungsheime.
5313 Dsgl.

5126 Personal- und Verwaltungskosten der DHHU.
1958–1959

Aufstellungen zum Personal- und Verwaltungsaufwand der DHHU Sozialwirtschaftsbetriebe, aufgegliedert nach Funktionsbereichen, Oktober 1958 bis April 1959; vergleichende Aufstellung zum Einsatz der Angestellten in verschiedenen Funktionsbereichen im April 1954 und März 1959.

5127 Personal- und Verwaltungskosten der DHHU.
1958–1959
Aufstellungen zum Personal- und Verwaltungsaufwand von kaufmännischer und technischer Verwaltung sowie DHHU Sozialwirtschaftsbetriebe, aufgegliedert nach Funktionsbereichen, Oktober 1958 bis Mai 1959; Kostenstellenverzeichnis.
5128 Dsgl., Oktober 1958 bis Juni 1959.
5129 Dsgl., Oktober 1958 bis August 1959.
5130 Dsgl., Oktober 1958 bis September 1959.
5131 Dsgl., Oktober 1959 bis Mai 1960.
5132 Dsgl., Oktober 1959 bis September 1960; Kostenstellenverzeichnis.
5133 Dsgl., Oktober 1959 bis Januar 1960.
5134 Dsgl., Oktober 1960 bis Januar 1961.
5135 Dsgl., Oktober 1960 bis September 1961.

4376 Automobilkosten leitender Angestellter der DHHU.
1958
Fahrtkostenabrechnungen; Kontoauszüge; Buchungsbelege, Januar 1958.
4377 Dsgl., Juli 1958.
4378 Dsgl., Januar 1959.
4379 Dsgl., Juli 1959.
4374 Dsgl., Januar 1960.
4375 Dsgl., Juli 1960.

5002 Betriebskosten der Verwaltungsabteilung des Werks Dortmund der DHHU.
1958–1965
Verrechnungsschlüssel zur Kostenverteilung von Telekommunikation und Post, Vervielfältigung, Bürobedarf, Aktenverwaltung und Wäschereinigung auf einzelne Betriebe.

5136 Personal- und Verwaltungskosten der DHHU.
1961–1962
Aufstellungen zum Personal- und Verwaltungsaufwand der DHHU, aufgegliedert nach Verantwortungsbereichen der Vorstandsmitglieder, Stand 31.12.1961 im Vergleich zu den Monatsdurchschnitten der Geschäftsjahre 1958/59–1961/62.

5003 Kosten- und Belegschaftsentwicklung der Werke Dortmund und Hörde der DHHU im Geschäftsjahr 1963/64.
1963–1964
Monatliche Aufstellungen zu Betriebskosten, Betriebsergebnis und Anzahl der Mitarbeiter der Werke, aufgeschlüsselt nach Kostenstellen.

1.5.5 Bilanzen und Bilanzunterlagen

2898 Unterlagen zum Jahresabschluss der DHHU zum 30.09.1952.
1952

5214 Jahresabschluss der DHHU zum 30.09.1955.
1955
Zusätzliche Unterlagen zur Erläuterung des Jahresabschlusses.
5215 Dsgl., Jahresabschluss zum 30.09.1956.
5216 Dsgl., Jahresabschluss zum 30.09.1957.
5217 Dsgl., Jahresabschluss zum 30.09.1958.
5218 Dsgl., Jahresabschluss zum 30.09.1959.
Darin auch: Presseinformation der DHHU über das Geschäftsjahr 1958/59.
5219 Dsgl., Jahresabschluss zum 30.09.1960.
5220 Dsgl., Jahresabschluss zum 30.09.1961.
Darin auch: Presseinformation der DHHU über das Geschäftsjahr 1960/61; Rede des Aufsichtsratsvorsitzenden Hermann Josef Abs auf der Hauptversammlung am 26.04.1962.
5221 Dsgl., Jahresabschluss zum 30.09.1962.
Darin auch: Presseinformationen von DHHU und HWS über das Geschäftsjahr 1961/62; Rede des Aufsichtsratsvorsitzenden Hermann Josef Abs auf der Hauptversammlung am 23.04.1963.

2779 Jahresabschluss der DHHU zum 30.09.1963.
1963-1964
Bilanz, prüffertige Bilanz, konsolidierte Bilanz und Bilanzunterlagen sowie Gewinn- und Verlustrechnung; Termin- und Arbeitsplan zu Sitzungen von Aufsichtsräten und Beiräten, Hauptversammlungen sowie Revision; Bilanzvollständigkeitserklärung der DHHU für die Westdeutsche Industrie-Treuhandgesellschaft mbH vom 21.01.1964; Niederschrift der Sitzung der Bilanz- und Finanzkommission des Aufsichtsrats am 22.01.1964; Richtlinien der DHHU für die Aufstellung des Jahresabschlusses zum 30.09.1963 für das Unternehmen und die Tochtergesellschaften vom 04.09.1963 sowie Richtlinien für die Bewertung der Warenbestände und Festwertobjekte des Anlagevermögens vom 12.09.1963; Aktenvermerke und Schriftwechsel zwischen DHHU Rechnungswesen sowie deren Unterabteilungen zu steuerlichen Bewertungskriterien.

2780 Jahresabschluss der DHHU zum 30.09.1964.
1964-1965
Bilanz, prüffertige Bilanz, konsolidierte Bilanz und Bilanzunterlagen sowie Gewinn- und Verlustrechnung; Heinrich Mohr: Über die Zulässigkeit von Zuschreibungen und zur Ausschüttbarkeit von Zuschreibungsgewinnen, in: Die Wirtschaftsprüfung 17 (1964), S. 457-465 und 493-496 (Kopie); Richtlinien der DHHU für die Aufstellung des Jahresabschlusses zum 30.09.1964 für das Unternehmen und die Tochtergesellschaften vom 10.09.1964; Niederschrift der Besprechung von Vertretern von DHHU Revision und Tochtergesellschaften der DHHU sowie der Wirtschaftsprüfer Peter van Aubel und Wilhelm Tervooren am 20.07.1964 zum Prüfungsablauf; Aktenvermerk zur Besprechung des Arbeitskreises des Bilanzausschusses beim Betriebswirtschaftlichen Institut der Eisenhüttenindustrie am 31.10.1963.

2781 Jahresabschluss der DHHU zum 30.09.1965.
1963-1964
Bilanz, prüffertige Bilanz und Bilanzunterlagen sowie Gewinn- und Verlustrechnung; Termin- und Arbeitsplan zu Sitzungen von Aufsichtsräten und Beiräten, Hauptversammlungen sowie Revision.

2774 Jahresabschluss der DHHU zum 30.09.1968.
1967-1968
Geschäftsbericht, 1967/68; Bilanz sowie Gewinn- und Verlustrechnung.

2775 Jahresabschluss der DHHU zum 30.09.1969.
1968-1969
Geschäftsbericht, 1968/69; Bilanz sowie Gewinn- und Verlustrechnung.

2776 Umwandlungsbilanz der DHHU zum 30.09.1969.
1969

1.5.6 Revisionsberichte

5192 Westdeutsche Industrie-Treuhandgesellschaft mbH: Bericht über die Prüfung der Bewertung des Anlagevermögens der Werke Dortmund und Hörde der DHHU zum 01.09.1951.

2870/1 Jens Peter Magnussen: Bericht über die Prüfung des Jahresabschlusses der DHHU zum 30.09.1951.

5193 Westdeutsche Industrie-Treuhandgesellschaft mbH: Bericht über die Prüfung der Vermögenslage der DHHU vom Mai 1952.

2870/2 Westdeutsche Industrie-Treuhandgesellschaft mbH: Bericht über die Prüfung des Jahresabschlusses HU [Hüttenunion] zum 30.09.1952.

2870/3 Westdeutsche Industrie-Treuhandgesellschaft mbH: Bericht über die Prüfung des Jahresabschlusses der DHHU zum 30.09.1953, mit Entwurf.
2870/4 Dsgl. über die Prüfung des Jahresabschlusses zum 30.09.1954.
2870/5 Dsgl. über die Prüfung des Jahresabschlusses zum 30.09.1955.
2870/6 Dsgl. über die Prüfung des Jahresabschlusses zum 30.09.1956.
2870/7 Dsgl. über die Prüfung des Jahresabschlusses zum 30.09.1957.
2870/8 Dsgl. über die Prüfung des Jahresabschlusses zum 30.09.1958.
2870/9 Dsgl. über die Prüfung des Jahresabschlusses zum 30.09.1959.
2870/10 Dsgl. über die Prüfung des Jahresabschlusses zum 30.09.1960.
2870/11 Dsgl. über die Prüfung des Jahresabschlusses zum 30.09.1961.
2870/12 Dsgl. über die Prüfung des Jahresabschlusses zum 30.09.1962.
2870/13 Dsgl. über die Prüfung des Jahresabschlusses zum 30.09.1963.
2870/14 Dsgl. über die Prüfung des Jahresabschlusses zum 30.09.1964.
2870/15 Dsgl. über die Prüfung des Jahresabschlusses zum 30.09.1965 (Bericht).
2870/16 Dsgl. über die Prüfung des Jahresabschlusses zum 30.09.1965 (Entwurf).
2870/17 Dsgl. über die Prüfung des Jahresabschlusses zum 30.09.1966.

5297 Dsgl. über die Prüfung des Jahresabschlusses zum 30.09.1967.
5198 Dsgl. über die Prüfung des Jahresabschlusses zum 30.09.1968.
5298 Dsgl. über die Prüfung des Jahresabschlusses zum 30.09.1969 (Entwurf).

5194 Westdeutsche Industrie-Treuhandgesellschaft mbH: Bericht über die Prüfung der Verwendung von StEG-Krediten [Staatliche Erfassungsgesellschaft für öffentliches Gut mbH] durch die DHHU vom September 1954.

5195 Westdeutsche Industrie-Treuhandgesellschaft mbH: Bericht über die Prüfung der Verwendung von Investitionshilfe-Mitteln der Kreditanstalt für Wiederaufbau bei der DHHU zum 31.03.1954.
5196 Dsgl. zum 31.03.1955.

5199 Konzernbetriebsprüfungsstelle Münster der Oberfinanzdirektion Münster: Hauptbericht über die Betriebsprüfung bei der DHHU für den Zeitraum 01.09.1951–30.09.1955.
5200 Dsgl., Bericht.
5201 Dsgl., Anlagen zum Bericht.

5197 Westdeutsche Industrie-Treuhandgesellschaft mbH: Gutachtliche Stellungnahme zum Wert der dinglich belasteten Werksanlagen zum 30.09.1957.

5295 DHHU Revision: Bericht über die Delkredere-Prüfung der Forderungen und Anzahlungen zum 31.12.1957.

5202 Konzernbetriebsprüfungsstelle Münster für die Finanzämter im Oberfinanzbezirk Münster: Bericht über die Betriebsprüfung bei der DHHU für den Zeitraum 01.10.1955–30.09.1960.

5211 Konzernbetriebsprüfungsstelle Münster für die Finanzämter im Oberfinanzbezirk Münster: Bericht über die Betriebsprüfung für den Zeitraum 01.10.1960–30.09.1966.
5212 Dsgl. Berichte über die Betriebsprüfung bei Gebrüder Credé & Co. GmbH, Celler & Co. GmbH, Eisenwerk Rothe Erde GmbH, Establech, Düsseldorf, Hansa-Stahl GmbH, Düsseldorf, Hansa-Stahl GmbH, Frankfurt am Main, Hansa-Stahl GmbH, Berlin, Hansa-Stahl-Export GmbH, Dortmunder Eisenhandel GmbH, Hans Kaupmann GmbH, Kettenwerke Schlieper GmbH, und Schwerter Profileisenwalzwerk AG, Schwerte.
5213 Dsgl., Bericht über die Betriebsprüfung bei Blefa GmbH, Eisenhandel Stein GmbH, Friedrichshütte AG und HWS für den Zeitraum 01.10.1960–30.09.1966.

2787 Prüfungskosten von Jahresabschlüssen und Anlagenbewertung der DHHU.
1967–1970
Rechnungen der Westdeutsche Industrie-Treuhandgesellschaft mbH sowie Zahlungsanweisungen der DHHU.

3355 Revisionsberichte zur DHHU.
1968–1970
Westdeutsche Industrie-Treuhandgesellschaft mbH: Berichte über die Prüfung des Jahresabschlusses zum 30.09.1969 und 31.12.1969; Geschäftsbericht, 1968/69; Redemanuskript von

Friedrich Harders zur außerordentlichen Hauptversammlung der DHHU am 24.06.1970 zur Umwandlung auf die Hoesch AG.

1.5.7 Investitionen und Investitionsplanung

2872 Investitions- und Finanzplanung der DHHU.
1951-1952
Aufstellungen zur Investitions- und Finanzplanung für den Zeitraum 01.09.1951-30.09.1960.

2873 Investitions- und Finanzplanung der DHHU.
1952
Bericht mit Aufstellungen zur Investitions- und Finanzplanung für die Geschäftsjahre 1952/53 und 1953/54 im Zusammenhang mit dem Investitionshilfegesetz.

2874 Investitions- und Finanzplanung der DHHU.
1953
Bericht mit Aufstellungen zur Investitions- und Finanzplanung für den Zeitraum 01.10.1953-30.09.1960.

2876 Dsgl. für den Zeitraum 01.10.1954-30.09.1962.

2877 Dsgl. für den Zeitraum 01.06.1955-30.09.1963, mit handschriftlichen Anmerkungen von Friedrich Harders.

2878 Dsgl. für den Zeitraum 01.10.1955-30.09.1959, mit handschriftlichen Anmerkungen von Friedrich Harders.

2879 Investitions- und Finanzplanung der DHHU.
1956
Bericht mit Aufstellungen zur Investitions- und Finanzplanung der DHHU für den Zeitraum 01.04.1956-30.09.1959 für die 49. Aufsichtsratssitzung am 28.05.1956, mit handschriftlichen Anmerkungen von Friedrich Harders; einzelne Schreiben zwischen Harders, Friedrich Elshoff und Arnold H. Ingen Housz zum Bericht.

2880 Investitions- und Finanzplanung der DHHU.
1958
Bericht mit Aufstellungen zur Investitions- und Finanzplanung für den Zeitraum 01.06.1958-30.09.1962 für die 57. Aufsichtsratssitzung am 24.06.1958, mit erläuterndem Schreiben der DHHU Neubau- und Planungsabteilung für Friedrich Harders.

2881 Investitions- und Finanzplanung der DHHU.
1958
Bericht mit Aufstellungen zur Investitions- und Finanzplanung für den Zeitraum 01.10.1958-30.09.1962 für die 60. Aufsichtsratssitzung am 16.06.1959.

2882 Dsgl. für den Zeitraum 01.10.1959-30.09.1964 für die 61. Aufsichtsratssitzung am 04.11.1959.

2883 Dsgl. für den Zeitraum 01.10.1959-30.09.1964 für die 63. Aufsichtsratssitzung am 08.06.1960.

2884 Dsgl. für den Zeitraum 01.08.1960-30.09.1964 für die 64. Aufsichtsratssitzung am 30.09.1960.

2885 Dsgl. für den Zeitraum 01.10.1960-30.09.1965 für die 65. Aufsichtsratssitzung am 01.02.1961.

2886 Dsgl. für den Zeitraum 01.08.1960–30.09.1965 für die 67. Aufsichtsratssitzung am 17.10.1961.

2887 Dsgl. für den Zeitraum 01.10.1961–30.09.1965 für die 68. Aufsichtsratssitzung am 06.02.1962.

2888 Dsgl. für den Zeitraum 01.10.1961–30.09.1965 für die 70. Aufsichtsratssitzung am 07.06.1962.

2889 Dsgl. für den Zeitraum 01.07.1962–30.09.1965 für die 71. Aufsichtsratssitzung am 08.10.1962 mit Aktenvermerk zu den Ausführungen von Friedrich W. Schneider in einer Besprechung zur Investitionsplanung der DHHU am 18.06.1963.

2890 Dsgl. für den Zeitraum 01.10.1963–30.09.1966 für die 78. Aufsichtsratssitzung am 14.02.1964 (Vermerk „nicht verteilt").

2891 Dsgl. für den Zeitraum 01.10.1963–30.09.1966 für die 79. Aufsichtsratssitzung am 30.06.1964.

2892 Dsgl. für den Zeitraum 01.10.1964–30.09.1969 für die 80. Aufsichtsratssitzung am 13.11.1964.

3070 Investitionsmöglichkeiten der DHHU in Italien.
1961–1962, 1967
Schriftwechsel zwischen Friedrich Harders, Max Auwärter (Balzers AG) und Robert Jensch, Mailand, zu Verkauf des Vakuumverfahrens der DHHU an italienische Unternehmen und sonstigen Investitionsmöglichkeiten; Übersetzungen der Balzers AG zu Berichten [von Wirtschaftsauskunfteien?] über verschiedene italienische Unternehmen im Bereich des Anlagen- und Apparatebaus, mit Angaben zu rechtlichen und finanziellen Verhältnissen sowie Produktionsprogrammen; Aufstellung der McGraw-Edison Comp. Pennsylvania Transformer Division vom 18.07.1961 über US-amerikanische Unternehmen im Bereich des Anlagen- und Apparatebaus, mit Angaben zu rechtlichen und finanziellen Verhältnissen sowie Produktionsprogrammen; Prospekte von Honeywell GmbH, Ingenieurgemeinschaft Kernverfahrenstechnik Leybold-Lurgi-Uhde (IGK) und Hans J. Zimmer AG zum Anlagenbau; Zeitungsausschnitte zu steuerlichen Abschreibungsmöglichkeiten in Italien; Berichte der DHHU Metallurgische Abteilung Dortmund über Verfahren zur Luft- und Gefriertrocknung von Fruchtsäften vom 05.01.1962 und 12.01.1962.

2893 Investitions- und Finanzplanung der DHHU.
1964–1967
Niederschrift der gemeinsamen Sitzung von Investitionsausschuss sowie Bilanz- und Finanzausschuss des Aufsichtsrats der DHHU am 30.10.1964, mit Niederschrift der Ausführungen von Friedrich Harders zur technischen Gesamtkonzeption der DHHU auf der Sitzung des Investitionsausschusses am 30.10.1964; Niederschriften der Sitzungen des Bilanz- und Finanzausschusses am 25.01.1966 und 09.02.1967.

1.5.8 Reiseberichte

1642 Reisebericht von Heinz Pottgießer, DHHU Werk Dortmund, über die Besichtigung des Werks Mont St. Martin der Société des Aciéries de Longwy.
1952
Bericht des Besuchs zwischen 03.09.1952 und 25.09.1952 im Rahmen eines deutsch-französischen Ingenieuraustausches, mit detaillierter Beschreibung der Werksanlagen und Betriebseinrichtungen von Hochöfen, Stahlwerken und Walzwerken, zahlreichen Fotografien, Lageplänen und Grundrisszeichnungen.

2052 Reisebericht von Heinrich Rübmann, DHHU, zu einer Reise in die Vereinigten Staaten von Amerika.
1953
Bericht des Besuchs vom 27.01.1953-04.04.1953 als Reisetagebuch, mit zahlreichen allgemeinen Beschreibungen über Land und Leute (Typoskript, 64 S., mit Widmung des Verfassers).

553 Fritz Kruse: Bericht über den Besuch vom 08.04.1953-08.05.1953 beim Hochofenwerk der Appleby-Frodingham Steel Comp. Ltd. in Scunthorpe/Großbritannien.
1953
Reisebericht mit detaillierter Beschreibung des Reiseverlaufs, von Landschaften, Städten und Mentalitäten sowie der besuchten Hochofenanlagen; Konstruktionszeichnungen; zahlreiche Fotografien (nur zur Freizeitgestaltung).

591 Hans Wünnemann: Bericht über den Besuch bei der Guest Keen Baldwins Iron & Steel Company Ltd., Cardiff/Wales, vom 03.09.1953-30.09.1953.
1953
Reisebericht mit Beschreibung der Unternehmensentwicklung und der Werksanlagen, zahlreichen Fotografien der Werksanlagen und Lageplan.

598 Bericht über die Englandreise des Stahlwerksausschusses des VDEh vom 26.05.1957-01.06.1957.
1957
Beschreibung der Hochofenanlagen verschiedener Werke von The Steel Company of Wales Ltd. und The United Steel Companies Ltd. sowie Auszüge aus Berichten einzelner Teilnehmer mit Betriebsdaten.

1.5.9 Produktvertrieb

4233 Schlackenvertrieb des Hochofenwerks Hörde durch die Carl Risch GmbH.
1924-1959, 1964
Vertrag zwischen Phoenix AG Hoerder Verein und Carl Risch GmbH, Essen, über den Betrieb einer Schlackenverarbeitung auf der Halde bei Schacht Schleswig des Hoerder Kohlenwerks und den Schlackenvertrieb vom 29.10./12.11.1924 (Abschrift); Grundrisszeichnung und Lageplan einer Luftschutzanlage; Vertrag zwischen DHHU und Carl Risch GmbH & Co. über die Verpachtung von Flächen und Anlagen vom 01.08.1959, mit Lageplan (Kopie); Schriftwechsel zwischen VSt Hoerder Verein bzw. DHHV Werk Hörde bzw. DHHU Werk Hörde, VSt Verkauf Schlacken-Erzeugnisse und Carl Risch GmbH bzw. Carl Risch GmbH & Co. über Schlackenvertrieb, Makadamanlage, Steinerzeugung, Vertragsverlängerungen und -modalitäten, Betriebskosten, Transportfragen, Wasserversorgung, Bau einer Brecheranlage und eines Sandbunkers, Belegschaftsfragen, Wagenbenutzungsgebühren und Anmietung des Ziegeleimaschinenhauses.

5296 Warenausgangskontrolle der DHHU.
1955
DHHU Organisation: Richtlinien für die Warenausgangskontrolle vom 01.02.1955 (Typoskript).

5299 Warenschlüssel der DHHU.
1956

DHHU Organisation: Warenschlüssel, Bd. 7.

5300 Dsgl. Warenschlüssel, Bd. 8, 1956.

3351 Lieferungen der DHHU an die Handelsunion AG.
[1961], 1966–1968
Vertrag zwischen DHHU und Handelsunion AG über die Verpflichtung der Handelsunion AG zum Bezug von 43 % ihres Bedarfs an Stabstahl, Formstahl sowie Grob- und Mittelblechen von der DHHU vom 24./31.08.1961; Aufstellungen zu Lieferungen der DHHU an die Handelsunion AG für die Geschäftsjahre 1958/59–1965/66, z. T. mit Angaben zu Endabnehmern; Aktenvermerke und Besprechungsniederschriften der DHHU Rechtsabteilung zur Weiterführung des Vertrags und Organisation des Handels, u. a. über Heinr. Aug. Schulte Eisenhandlung GmbH und Stückblechkontor GmbH.

1.5.10 Öffentlichkeitsarbeit und Marketing

957 Vorbereitung eines Industriefilms über die DHHU.
[1952]
Entwurf eines Drehbuchs durch die Deutsche Industrie- und Dokumentarfilm GmbH, Autor: D[ieter] Werner (Typoskript, 40 S.).

228 Blechwalzwerk der DHHU Werk Hörde.
1956
Unternehmensschrift: Das Hörder Blechwalzwerk, überreicht anlässlich des Besuchs der EGKS Hohe Behörde am 29.10.1956 (gedruckt, deutsch und französisch).

5921 Zeitschriftenwerbung der DHHU
1963
Sammlung von Inseraten (Andrucke).

5947 DHHU: Marketingplanung.
1963
Booz, Allen & Hamilton Internationaal N. V.: Marketing-Plan Walzstahlfertigerzeugnisse der DHHU.

5945 DHHU: Marketingplanung.
1964–1965
Booz, Allen & Hamilton International Inc.: Langfristige Marketing-Planung der DHHU, 19.10.1964 mit Aktenvermerk vom 21.05.1965 über die Analyse der Organisation und des Marketing der HWS.

947 Presseinformation der DHHU zum neuen Oxygenstahlwerk.
1964
Typoskript (4 S.); Fotografie eines Konverters (Freigabe zum 01.04.1964).

5946 Ruhr-Universität Bochum.
1964
Booz, Allen & Hamilton Internationaal N. V.: Programmvorschlag zur Unterstützung der Ruhr-Universität Bochum bei der Ausarbeitung und Einführung eines PERT-Planungssystems.

1.5.11 Sonstiges

5987 Kraftfahrzeugbrief.
1938-1965
Lastwagen, Baujahr 1937, zugelassen auf DHHV im November 1938; Vermerke über Prüfungen und Änderungen am Fahrzeug, stillgelegt im Februar 1965.

2657 Aktienbuch von Hüttenwerk Hörde AG bzw. DHHU.
1947-1953.

5032 Bau-Darlehen für Wohnungsbau- und Siedlungsgesellschaften.
1949-1952
Schuldbekenntnisse und Hypothekenbestellungen von Dortmunder Gemeinnützige Wohnungsgesellschaft mbH, Ruhrwohnungsbau-AG, Gemeinnützige Wohnstättengenossenschaft Dortmund-Süd eGmbH und Siedlergemeinschaft Dortmund-Hombruch für Hüttenwerk Hörde AG bzw. DHHU.

3136 Altakten von DHHV und Vorläufergesellschaften
1952-1968
Aufstellung der DHHU zu Altakten von Hoerder Verein, Phoenix AG Hoerder Verein, VSt Dortmunder Union-Hoerder Verein und DHHV, mit Neusignaturen, Kassationsvermerken und Fehlliste der Pressestelle der Hoesch AG über die von dieser am 08.04.1968 übernommenen Akten.

3356 Diverse Unterlagen zur DHHU.
1952-1970
The National City Bank of New York und Irving Trust Company: Declaration and Agreement of Deposit for Liquidation of United Steel Works Corporation [VSt] under Law No. 27 of the Allied High Commission for Germany, dated as of 01.01.1953 (gedruckt); einzelne Schreiben zwischen DHHU, Walter Schwede, Hermann Josef Abs, Walter Hoene (W. J. Siedler AG, Zürich), Hans Korsch und verschiedenen Banken zur Regelung des Anteils der DHHU an den Auslandsschulden der VSt i. L.; Aktenvermerke, Besprechungsniederschriften, Vertragsentwürfe und Schriftwechsel zwischen DHHU und Esso AG zum Einsatz von schwerem Heizöl in Siemens-Martin-Stahlwerk und Hochofenwerk Hörde, mit Westdeutscher Wohnhäuser AG über Bau und Erwerb von Wohnhäusern und Bau-Darlehen, mit Hoogovens über Sinterbezug, unterschiedliche Abschreibungsmethoden in beiden Unternehmen und Steuerfragen, mit Stadt Dortmund über einen Wärmelieferungsvertrag sowie mit Hoesch AG über gemeinsame Beteiligungen und Umwandlung der DHHU auf die Hoesch AG; Unternehmensstammblatt, Stand 15.07.1970.

6004 Aktie über Hundert [100] Deutsche Mark der DHHU.
1960
[ungültig, Sammlerstück]

6005 Globalaktie über 10 Aktien zu je 100 [einhundert] Deutsche Mark sowie Tausend [1000] Deutsche Mark der DHHU.
1960
[ungültig, Sammlerstück]

3063 Kooperation zwischen DHHU und Luossavaara-Kiirunavaara Aktiebolag.
1962–1966
Darlehensvertrag zwischen DHHU und Luossavaara-Kiirunavaara Aktiebolag vom 16./22.01.1964 über skr 6.500.000 (Kopie); Karl Rüttiger: Bericht über Granalienauswurf und Lanzenhaltbarkeit am 150-t-LDAC-Konverter der DHHU Werk Hörde vom 18.11.1963; Berichte der DHHU über Produktion und Betrieb des Oxygenstahlwerks für Luossavaara-Kiirunavaara, Januar 1964 bis April 1965; Organigramm der Luossavaara-Kiirunavaara, mit Berichten zu Kalkulation von Investitionsprojekten, Budgetkontrolle und Rechnungswesen (deutsch); Arne S. Lundberg: Die wirtschaftliche Debatte in der Sowjetunion (Übersetzung eines Vortragsmanuskripts vom 07.12.1963); Ingemar Frixon: Gruppensoziologie-Untersuchungen über die Einstellung des Personals gegenüber dem Arbeitgeber als personaladministratives Hilfsmittel innerhalb der Luossavaara-Kiirunavaara vom 31.01.1963; Hans Nordmark: Gute Verwaltung als Basis für die technische und wirtschaftliche Expansion des Unternehmens. Bericht vom 01.10.1962; Hans Nordmark: Die Personalverwaltung in der Luossavaara-Kiirunavaara. Bericht vom 01.10.1962; Karl-Olof Faxén: Das Vertragssystem und die Lohnbindung (Sonderdruck aus dem Vierteljahresbericht der Sandinaviska Banken, o. D.); Schriftwechsel zwischen DHHU, insbesondere Friedrich Harders, und Luossavaara-Kiirunavaara, insbesondere Arne S. Lundberg, und Société Métallurgique Hainaut-Sambre S. A., zu Betrieb des Oxygenstahlwerks, Betriebsberichten, Darlehensaufnahme und Planung eines Oxygenstahlwerks durch französische Unternehmen.

1.6 Recht und Versicherungen
1.6.1 Steuern und Versicherungen

4370 Gewerbesteuer von DHHV bzw. DHHU.
1943–1953
Aufstellungen zum Gegenwert der Sachbezüge von Vorstandsmitgliedern und Leitenden Angestellten, Oktober 1943 bis Juni 1946; monatliche Aufstellungen zu den ausgezahlten Gehältern für die Lohnsummensteueranmeldung, aufgeschlüsselt nach Werken und Unternehmen, u. a. Dortmunder Union Brückenbau-AG, Dortmunder Union Brückenbau-AG Werk Orange, Lippstädter Eisen- und Metallwerke GmbH, Eisenwerk Rothe Erde GmbH, Stahlwerke Brüninghaus AG, Oktober 1943 bis März 1953.

4363 Versicherungen von leitenden Angestellten bei der Stahlunion-Schutz GmbH.
1947–1955
Aufstellungen zu den Prämien und Versicherungswerten von Feuer-, Wasserschaden, Haftpflicht-, Einbruch- und Hausratversicherungen; Schriftwechsel zwischen DHHV bzw. DHHU, Stahlunion-Schutz GmbH und Versicherten zur Zahlung von Prämien.

4369 Gewerbesteuer der DHHU.
1953–1956
Monatliche Aufstellungen zu den ausgezahlten Gehältern für die Lohnsummensteueranmeldung, aufgeschlüsselt nach Werken und Unternehmen, u. a. Schwerter Profileisenwalzwerk AG, Eisenwerk Rothe Erde GmbH und Kettenwerke Schlieper GmbH, März 1953 bis Dezember 1956.

2782 Besteuerung der DHHU.
1964-1966
Steuernachweise der DHHU für die Geschäftsjahre 1964/65 und 1965/66, aufgeschlüsselt nach einzelnen Steuerarten, mit Angaben zu Salden und Steuerzahlungen der Jahre 1951-1960 (kumuliert) und 1961-1966 (jährlich).

1.6.2 Patente

5413 Sammlung von Patenturkunden der DHHU.
1951-1954
Neuausgestellte Urkunden des Deutschen Patentamts für Patente der DHHU aus den Jahren 1939-1951 von DHHV und Hüttenwerk Hörde AG, insbesondere aus den Bereichen Stahlherstellungsverfahren und Walztechnik.

3052 Lizenzierung von Verfahren zur Vakuumbehandlung von Metallen der DHHU an die McGraw-Edison Comp. Lectromelt Furnace Division, Delaware.
1959-1967
Vertrag zwischen DHHU und McGraw-Edison Comp. vom 01.07.1959 über die Lizenzierung der durch die DHHU in den Vereinigten Staaten von Amerika angemeldeten Patente im Bereich der Vakuumbehandlung von Metallen (Kopie einer Abschrift); The Youngstown Sheet and Tube Comp.: Bericht über die Entwicklung neuer Produkte auf Basis des Stahlentgasungsverfahrens der DHHU vom 03.01.1961 (Kopie, englisch); Walter L. Finlay und Charles D. Preusch: The D-H (Degassing and Alloying) Process. Vortrag beim General Meeting of American Iron and Steel Institute am 24.05.1961 (Kopie); McGraw-Edison Comp.: Vorbereitende Unterlagen zum First Meeting of the Joint D-H Development Committee vom 15.02.1963; Aufstellung der DHHU vom 10.03.1964 über Liefertermine und Lizenzzahlungen für die bei der McGraw-Edison Comp. im Bau befindlichen Anlagen; Prospekt der Pennsylvania Engineering Corp. zu Hüttenanlagen und -einrichtungen; Organigramme zu technischen und kaufmännischen Abteilungen der McGraw-Edison Comp.; Aktenvermerke, Besprechungsniederschriften, Besichtigungsberichte und Schriftwechsel zwischen DHHU, insbesondere Friedrich Harders, McGraw-Edison Comp., insbesondere Fred H. Plank, Jones & Laughlin Steel Corp. und Hütteningenieur Helmut Knüppel zu den Modalitäten einer Kooperation zwischen DHHU und Lizenznehmern, Versuchsergebnissen, insbesondere zur Stahlentgasung, von Anlagen in den Vereinigten Staaten von Amerika, Gewinnung weiterer Interessenten sowie Vergabe von Unterlizenzen, auch nach Großbritannien.

3055 Vakuum-Stahlentgasungsverfahren der DHHU.
1966-1969
Aufstellungen zum Betrieb von Vakuumanlagen nach dem Verfahren der DHHU bei Lizenznehmern, Stand 01.07.1967, 01.12.1967 und 20.03.1968, mit Angaben zu Unternehmen, Datum der Inbetriebnahme, Pfannengröße, Anlagentyp, Ofentyp und Stahlqualitäten; [Horst] Kutscher und Karl Rüttiger: Bericht über die Anwendung des DH-Vakuumverfahrens in außereuropäischen Ländern [Australien, Japan und Vereinigte Staaten von Amerika], Stand Juni 1967; Entwurf einer Vereinbarung zwischen Fried. Krupp Hüttenwerke AG und Hoesch AG vom 10.06.1968 über die Fortführung des Kooperationsabkommens im Bereich der Vakuumbehandlung von Metallen

zwischen DHHU und Bochumer Verein vom 27.05.1958; einzelne Aktenvermerke zur Konkurrenz zwischen den Vakuumverfahren von DHHU und Rheinstahl Hüttenwerke AG.

1.6.3 Pachten

4228 Anpachtung eines Lagerplatzes für Roheisen, Kohle und Erze auf dem Gelände des Bahnhofs Dortmund-Hacheney.
1929, 1938–1957
Verträge zwischen DHHV und Reichsbahnbetriebsamt Dortmund über die Anpachtung eines Lagerplatzes vom 31.08./01.09.1938 und 25./30.10.1940 (Abschriften); Deutsche Reichsbahn-Gesellschaft: Allgemeine Bedingungen für die Vermietung von Lagerplätzen und Lagerräumen vom 01.07.1929 (gedruckt); Lageplan; Zahlungsanweisungen; einzelne Schreiben zwischen DHHV und DHHV Werk Hörde bzw. DHHU und DHHU Werk Hörde sowie Reichsbahnbetriebsamt Dortmund zur Zahlung der Pachten.

5030 „Hüttenschenke Hüttenwerk Hörde" in Dortmund-Hörde, Berghofer Straße 4.
1948–1958
Pachtvertrag zwischen Emil Wilmsmann und Familie als Verpächter und Hüttenwerk Hörde AG über die Gaststätte zur Nutzung als Werksgasthaus vom 11.06.1948 (Abschrift); Vertrag zwischen Hüttenwerk Hörde AG und Karl Eckermann vom 29.07.1948 zur Bestellung Eckermanns als Wirtschaftsstellvertreter (Abschrift); Schank- und Betriebsgenehmigungen; Aufstellungen zu Einnahmen aus vermieteten Wohnungen; Mietvertrag zwischen DHHU und den Erben Wilmsmann über die Anpachtung des Saales der Gaststätte vom 28.07.1956; Schriftwechsel zwischen Hüttenwerk Hörde AG bzw. DHHU, Vermietern, Mietern und Pächtern zur Abrechnung von Mieten und Pachten sowie verschiedenen Fragen der Mietverhältnisse.

5029 Verpachtung der Schlackensteinfabrik in Dortmund-Asseln durch die DHHU.
1959–1964
Pachtvertrag zwischen DHHU und Braselmann & Stamm GmbH, Dortmund, vom 11.03.1959, mit Bestandsverzeichnis der Maschinen und Anlagen der Schlackensteinfabrik, Lageplan sowie Liefervertrag über Schlackensand und Elektrizität (Kopie); einzelne Schreiben zwischen den Vertragspartnern zu Betrieb und Ende des Pachtverhältnisses.

1.7 Technik und Produktion
1.7.1 Betriebs- und Produktionsplanung

62 Werksbeschreibung der Werke Dortmund und Hörde der DHHU.
1951
Interner Bericht für den Vorstand der DHHU, mit Angaben zu Kokereien, Hochofenwerken, Thomas-Stahlwerken, Siemens-Martin-Stahlwerken, Stahlgießereien, Blockwalzwerken, Profilwalzwerken, Presswerken, Werkstätten, Blechverarbeitung, Energiebetrieben und Verkehrsbetrieben, mit Statistiken, Flurkarten, Aufrisszeichnungen und Lageplänen.

3064 Betriebsplanung und Rationalisierung bei der DHHU.
1963–1964
Finanzplan der DHHU, 1962/63, sowie Gesamtfinanzplan, 1962/63 und 1963/64, mit Bericht über die geplante Konzentration der Roheisen- und Thomasstahlerzeugung vom 01.03.1963; Auszüge aus Niederschriften der Vorstandssitzungen der DHHU; DHHU Abteilung Sonderaufgaben: Wirtschaftlichkeitsrechnung zur geplanten Konzentration der Roheisen- und Rohstahlerzeugung vom 23.04.1963 (vorläufiger Bericht) und 04.06.1963 (Abschlussbericht); Aktenvermerke, Besprechungsniederschriften und einzelne Schreiben zwischen verschiedenen Abteilungen der DHHU, Friedrich Harders und Hoogovens zu Rationalisierungsplanung, Betriebs- und Verwaltungskosten, Konzentration der Produktion bei der DHHU Werk Hörde im Rahmen der Stilllegungen von Thomas-Stahlwerk und Hochöfen der DHHU Werk Dortmund, Belegschaftsabbau, Produktionsentwicklung und Sozialmaßnahmen.

3029 Produktplanung und Marktforschung der DHHU.
1963–1966
Berichte der DHHU Abteilung Planung und Information über die Prüfung der Marktchancen verschiedener Produkte, mit Empfehlungen zur Fertigung, u. a. zu Wohnwagen- und Fahrzeugbau, Förderanlagen, Behälterbau, Kunststoffrohren, Autowaschanlagen, Luftfilterproduktion, Walzwerksausrüstung und Pressen, insbesondere für Eisenwerk Rothe Erde GmbH, Dortmund, und Gebrüder Credé & Co. GmbH, Kassel, z. T. mit Prospekten, Aktenvermerken und einzelnen Schreiben zwischen DHHU sowie Patent- und Lizenzinhabern zu einer Lizenznahme.

3031 Produktplanung und Marktforschung der DHHU.
1963–1966
Berichte und Aktenvermerke der DHHU Abteilung Planung und Information über die Prüfung der Marktchancen und Produktionskosten von Wärmetauschern; einzelne Schreiben zwischen DHHU, Blefa, Gebrüder Credé & Co. GmbH, und Siemens-Schuckertwerke AG zu Produktentwicklung und technischen Fragen.

3032 Produktplanung und Marktforschung der DHHU.
1964–1965
Sammlung verschiedener statistischer Unterlagen, u. a. zu Auftragseingang und Rohblockerzeugung der deutschen Eisen- und Stahlindustrie im internationalen Vergleich für die Jahre 1960–1964, Preisnachlässen der DHHU im März und April 1964, Löhnen und bezahlten Stunden der Werke Dortmund und Hörde der DHHU im April 1964 und Roheisenselbstkosten verschiedener deutscher Stahlproduzenten, Oktober 1963 bis Juni 1964; Monatsbericht April 1964 der DHHU Volkswirtschaft/Statistik; handschriftliche Aufstellungen zur Röhrenproduktion von Unternehmen der Eisen- und Stahlindustrie in BRD, Italien, Frankreich, Belgien, Niederlande, Luxemburg und Großbritannien; zahlreiche handschriftliche Notizen zur Produktplanung.

2871 Produktions- und Absatzstatistik der DHHU.
1964–1966
Monatliche Aufstellungen zur Produktion an Roheisen, Rohstahl, Halbzeugen und Walzstahlerzeugnissen, Oktober 1965 bis August 1966, sowie zu Durchschnittswerten der Geschäftsjahre 1963/64–1965/66; monatliche Aufstellungen zur Produktion der Walzwerke der Werke Dortmund und Hörde, Oktober 1965 bis Mai 1966, aufgeschlüsselt nach Walzwerken und Produkten, sowie

zu Durchschnittswerten der Geschäftsjahre 1961/62–1964/65; vergleichende monatliche Aufstellungen zur Rohstahlerzeugung der zehn größten Produzenten der BRD, Dezember 1965 bis April 1966 und Juni 1966, sowie zu deren Anteil an der Gesamtproduktion, Dezember 1965 bis September 1966, mit Durchschnittswerten der Geschäftsjahre 1963/64–1965/66; vergleichende monatliche Aufstellungen zur Walzstahlerzeugung der zehn größten Produzenten der BRD, Dezember 1965 bis März 1966; monatliche Aufstellungen zu Auftragseingang und Lieferungen der DHHU für den Schiffbau, aufgeschlüsselt nach Produkten, In- und Auslandslieferungen, Oktober 1965 bis September 1966, mit Durchschnittswerten der Geschäftsjahre 1963/64 und 1964/65; monatliche Aufstellungen zum Auftragseingang der deutschen Eisen- und Stahlindustrie sowie zum Anteil der DHHU, aufgeschlüsselt nach Produkten, Dezember 1965 bis Juli 1966; Quartalsaufstellungen zu Auftragseingang und Lieferungen der DHHU, aufgeschlüsselt nach Abnehmerbranchen bzw. Kundengruppen und Produkten, viertes Quartal 1965 bis zweites Quartal 1966; monatliche Aufstellungen zum Bruttoumsatz und Stahlversand der DHHU, aufgeschlüsselt nach Produkten, In- und Auslandslieferungen, Dezember 1965 bis August 1966, mit Durchschnittswerten der Geschäftsjahre 1963/64 und 1964/65; monatliche Aufstellungen zum Import von Walzstahlfertigerzeugnissen der BRD, August 1965 bis Juni 1966 (Lücken); monatliche Aufstellungen zum Export von Stahl- und Walzstahlprodukten der DHHU, aufgeschlüsselt nach Produkten und Zielländern, Dezember 1965 bis Juli 1966; Quartalsaufstellungen zum Export von Stahl- und Walzstahlprodukten aus der BRD und der DHHU, aufgeschlüsselt nach Produkten und Zielländern, viertes Quartal 1964 bis erstes Quartal 1965; Betriebskennzahlen der DHHU zu Selbstkosten, Belegschafts- und Lohnentwicklung, Oktober 1964 bis Januar 1966, sowie Durchschnittswerte der Geschäftsjahre 1958/59–1965/66; monatliche Aufstellungen zur Umlage der DHHU für die EGKS, Januar 1964 bis August 1966; monatliche Aufstellungen zum Anteil der auf Breitbandstraßen gewalzten Grob- und Mittelbleche an der Erzeugung der BRD, Januar bis Juli 1966, sowie Monatsdurchschnitte der Jahre 1961–1966; monatliche vergleichende Aufstellungen zu Stundenarten und Löhnen der DHHU und den Durchschnittswerten der Mitgliedsunternehmen der Wirtschaftsvereinigung Eisen- und Stahlindustrie, November 1965 bis Juli 1966; monatliche Aufstellungen zum Anteil der Schwerbehinderten an der Gesamtbelegschaft der DHHU, Januar bis September 1966; monatliche Aufstellungen zu Rohstahlerzeugung, durchschnittlicher Belegschaft, Lohnsumme, Gesamtarbeitsstunden und durchschnittlichen Arbeitsstunden pro Tonne Rohstahlproduktion der DHHU, Oktober 1965 bis Juli 1966, sowie Monatsdurchschnitte der Geschäftsjahre 1957/58–1964/65; vergleichende monatliche Aufstellungen zu Rohstahlerzeugung und Rohstahlerzeugungsplanung der DHHU, Dezember 1965 bis August 1966.

3030 Produktplanung und Marktforschung der DHHU.
1965–1966
Berichte und Aktenvermerke von DHHU Abteilung Planung und Information bzw. DHHU Neubau- und Planungsabteilung über die Prüfung der Marktchancen verschiedener Produkte mit Empfehlungen zur Fertigung, u. a. zu biologischen Kläranlagen und Wasseraufbereitungsanlagen, Luftfilterproduktion, Stahlbau und Baustahlproduktion, Stahlgerüstbau, Wärmetauschern, Entstaubungsanlagen, Förderanlagen und Pressen, insbesondere für Eisenwerk Rothe Erde GmbH, Schwerter Profileisenwalzwerk AG, und HWS, z. T. mit Zeitungsausschnitten und -kopien.

1702 Betriebsanlagen der DHHU.
1966
Beschreibung von Hochöfen, Stahlwerken, Walzwerken und Nebenbetrieben der Werke Dortmund und Hörde der DHHU, mit Organigramm am Beispiel einer Monatsproduktion, 1966 (Typoskript).

6001 Arbeitsvorbereitung bei der DHHU.
1966
Grundsatz-Entwurf für die Einrichtung einer Arbeitsvorbereitung innerhalb der DHHU; Grafik zum Auftragsdurchlauf innerhalb der Arbeitsvorbereitung; Studie über die Ausbaumöglichkeiten einer manuellen Arbeitsvorbereitung durch Einsatz konventioneller und elektronischer Datenverarbeitung; Anwendungsbeispiel, dargestellt an einem Betrieb des Maschinenbaus.

1.7.2 Werksbahnbetrieb

4214 Gleisanschluss des Westfälischen Landeskrankenhauses Dortmund an die Werksbahn zwischen Hermannshütte und ehemaligem Schacht Schleswig des Hoerder Kohlenwerks.
1896–1901, 1919–1922, 1941–1946, 1950–1964
Vertrag zwischen Hoerder Verein und Provinzial-Irrenanstalt Aplerbeck über Zustellung und Abholung von Waggons vom 11./25.07.1901, mit Anlage: Allgemeine Bedingungen für die Anlage, Bedienung und Unterhaltung von Anschlussgleisen, Ladebühnen usw. vom 01.10.1896; Nachträge zum Vertrag zwischen Phoenix AG Hoerder Verein und Landeshauptmann der Provinz Westfalen vom 22./26.09.1919 und 15.04./04.05.1920; Vertrag zwischen Phoenix AG Hoerder Verein, Reichsbahndirektion Essen und Landeshauptmann der Provinz Westfalen zu Kündigung und Neuabschluss des Vertrags sowie Beibehaltung des Gleisanschlusses vom 30.10./16./28.11.1922; Rechnungen der DHHV an die Provinzial-Heilanstalt Dortmund-Aplerbeck für die Lieferung von Waggons; einzelne Schreiben zwischen Hüttenwerk Hörde AG bzw. DHHU und Provinzialverband der Provinz Westfalen zu einem Unfall, zur Anlieferung von Kesseln, Begleichung von Rechnungen, Sicherungsmaßnahmen am Bahnanschluss und zum Weiterbetrieb des Anschlusses.

4170 Sicherungsanlagen an der Niveaukreuzung der Dortmunder Straßenbahn mit der Verbindungsbahn zwischen Hermannshütte und Schacht Schleswig des Hoerder Kohlenwerks an der Marsbruchstraße in Dortmund-Aplerbeck.
1910–1911, 1920–1929, 1953–1954, 1960
Berichte der Ortspolizei des Amts [Dortmund-]Aplerbeck über den Bahnbetrieb an der Kreuzung, 1910; Grundrisszeichnungen der Kreuzung; Beschreibung einer versuchsweise aufzustellenden elektrischen Signalanlage, 1922, sowie einer automatischen Warnanlage der Allgemeinen Elektro-Industrie Heinrich Winkler, Dortmund, 1925; Schriftwechsel zwischen Phoenix AG Hoerder Verein bzw. VSt Hoerder Verein, Regierungspräsidium Arnsberg Bezirksausschuss, Kreis Hörde, Städtischen Straßenbahnen Dortmund bzw. Dortmunder Straßenbahnen GmbH und VEW über den Bahnbetrieb, Unfälle, den Bau einer Schrankenanlage, Beaufsichtigung der Kreuzung durch Bahnwärter, Betriebserfahrungen zu den Signalanlagen, die Elektrifizierung der Kreuzung und Schäden an den Signalanlagen.

4168 Betrieb der Verbindungsbahn zwischen Hermannshütte und dem ehemaligen Schacht Schleswig des Hoerder Kohlenwerks.
1914–1916, 1929–1931, 1939–1945, 1950–1961
Schriftwechsel zwischen VSt Grundstücksabteilung Dortmund, DHHV Werk Hörde, DHHU, Stadt Dortmund und Bundesbahndirektion Essen über die Unterhaltspflicht und Sicherung der Buddinkstraße in Dortmund-Asseln und anderer Straßenkreuzungen sowie Unfälle und Verkehrssicherung, Instandhaltungen und Reparaturen; einzelne Schreiben zwischen DHHV Werk Hörde,

Reichsbevollmächtigtem für Bahnaufsicht, Stadt Dortmund und Werksabteilungen über den Personentransport auf der Strecke; einzelne Schreiben von Reichsbahndirektion Essen bzw. Bundesbahndirektion Essen zum Status der Bahn und zur Personenbeförderung; einzelne Schreiben zwischen VSt Rechtsabteilung Dortmund und VSt Hoerder Verein zur Bahnaufsicht.

4171 Schrankenanlage an der Niveaukreuzung der Dortmunder Straßenbahn mit der Verbindungsbahn zwischen Hermannshütte und Schacht Schleswig des ehemaligen Hoerder Kohlenwerks an der Marsbruchstraße in Dortmund-Aplerbeck.
1921, 1931–1934, 1938–1943, 1953–1958
Konstruktionszeichnung der Schienenkreuzung; Vertrag zwischen Phoenix AG Hoerder Verein und Dortmunder Straßenbahnen GmbH über den Kreuzungsbetrieb vom 11.04./25.07.1921; Lageplan der Kreuzung; Planfeststellungsbeschluss des Regierungspräsidiums Arnsberg Bezirksausschuss vom 17.12.1932; Vereidigungs- und Prüfungszeugnisse von Schrankenwärtern; Schriftwechsel zwischen VSt Hoerder Verein bzw. DHHV Werk Hörde bzw. DHHU, Stadt Dortmund, Reichsbahndirektion Essen bzw. Bundesbahndirektion Essen und Dortmunder Straßenbahnen GmbH über Bahnbetrieb, Bau der Schrankenanlage mit Wärterhäuschen, Reparaturen und Instandhaltungsarbeiten sowie die Einstellung und Prüfung von Schrankenwärtern.

4212 Betrieb der Kleinbahn zwischen Bahnhof Schüren und Dortmunder Hafenbahn.
1921–1927, 1932–1961
Schriftwechsel zwischen Phoenix AG Hoerder Verein bzw. VSt Hoerder Verein bzw. DHHV bzw. DHHU, Städtischer Hafenverwaltung Dortmund bzw. Dortmunder Hafen AG und Stadt Dortmund zu Betriebsorganisation von Bahnhof Schüren und Kleinbahn, Reparaturen, Inbetriebnahme neuer Wagen und Personalfragen.

4196 Gleisanschluss von Hermannshütte und Hochofenwerk Hörde an den Bahnhof Hörde.
1922–1953, 1958–1959
Dienstanweisung für die Bedienung des Privatgleisanschlusses der VSt Hoerder Verein durch den Bahnhof Hörde vom 29.10./06.11.1929; Lageplan des Gleisanschlusses; Aufstellungen zu Absolventen einer Lokführer- bzw. Heizerprüfung; Vertrag zwischen VSt Dortmunder Union-Hoerder Verein, VSt Abteilung Bergbau Gruppe Dortmund und Reichsbahndirektion Essen über die Aufhebung des Anschlussvertrages vom 05.10.1899/17.08.1900 zwischen Hoerder Verein und Königlicher Eisenbahndirektion Essen und Neuabschluss, 1927 (Entwurf); Vertrag zwischen VSt Dortmunder Union-Hoerder Verein und Reichsbahndirektion Essen über die Neufassung des Anschlussvertrags vom 21.10.1929; Schriftwechsel zwischen Phoenix AG Hoerder Verein, Phoenix AG, VSt Hoerder Verein bzw. DHHV Werk Hörde bzw. DHHU, Reichsbahndirektion Essen bzw. Bundesbahndirektion Essen und weiteren Bahnbehörden über Reparaturen und Instandhaltung, Umbauten an Gleisanlagen, Betriebskosten, die Erweiterung des Übergabebahnhofs Hörde, Vertragsfragen und die Zulassung von Belegschaftsmitgliedern zum Werksbahnbetrieb.

4163 Betrieb der Verbindungsbahn (Eliasbahn) zwischen Hermannshütte und Hochofenwerk Hörde.
1948–1963
Anfrage der Westdeutschen Getränke-Industrie, Dortmund, zur Anbringung einer Sinalco-Werbung an der Brücke Seekante vom 29.08.1953; statische Berechnungen, Grund- und Aufrisszeichnungen zu verschiedenen Brücken; Konstruktionszeichnungen und Lageplan zur Befestigung einer Sauerstoffleitung an Brücken und zur Verlegung eines Starkstromkabels; Schriftwechsel zwischen

Hüttenwerk Hörde AG bzw. DHHU Werk Hörde, Reichsbahndirektion Essen bzw. Bundesbahndirektion Essen, Eisenbahnbetriebsamt Dortmund und Stadt Dortmund zu Straßenverkehrsfragen, Revisionen, Reparaturen und Instandhaltungsarbeiten an Brücken und Gleisanlagen.

6000 Lokomotiv-Verzeichnisse.
1958-1961
Zeichnung Tender-Lokomotive Dienstnummer 18, 19 und 20 gebaut 1950 von Henschel & Sohn GmbH; Zeichnung Tender-Lokomotive Dienstnummer 1, 6, 13 und 17 gebaut von verschiedenen Herstellern zwischen 1913 und 1925; Zeichnung Lokomotive Dienstnummer 68-70 gebaut 1952 und 1953 von Henschel & Sohn GmbH; Zeichnungen Nassdampf-Tenderlokomotiven gebaut um 1952 von Henschel & Sohn GmbH; Hörder Lokomotiv-Verzeichnis, Stand 01.02.1958; Dortmunder Lokomotiv-Verzeichnis: Stand 01.02.1958 und 01.02.1959; Lokomotiv-Verzeichnis Werk Hörde: Stand 01.01.1961; Verzeichnis der Lokomotiven [sämtlich Kopien, keine näheren Angaben zu Quellen].

1.7.3 Energiewirtschaft

5027 Stromversorgung der stillgelegten Zeche Freie Vogel & Unverhofft.
1925-1929, 1936-1954
Vertrag zwischen Phoenix AG Hoerder Verein und Bergbau AG Lothringen zur Stromversorgung der Zeche vom 09.12.1925; einzelne Schreiben zwischen Phoenix AG Bergwerke, Phoenix AG Hoerder Verein bzw. DHHV bzw. DHHU, Bergbau AG Lothringen und VEW zu Vertragsmodalitäten, technischen Fragen, Reparaturen, Leitungsbetrieb, Preisen und Übernahme der Versorgung durch die VEW.

5344/1 Stromversorgung der DHHU.
1960-1965
Entwurf eines Strombezugsvertrags zwischen GBAG und VEW für das Kraftwerk Gustav Knepper vom März 1965; Kabelnetzplan der Dortmunder Bergbau AG vom 07.03.1960; schematischer Übersichtsplan der Hochspannungsanlagen der DHHU, mit Einzeichnung von Generatoren, Walzstraßenantrieben und Transformatoren, vom 25.04.1960; Kraftanlagen AG: Gutachten zur Energieplanung der DHHU vom 26.07.1962; Besprechungsniederschriften, Aktenvermerke und Schriftwechsel zwischen DHHU, GBAG, Gesellschaft für Stromwirtschaft mbH und VEW zu Energiebedarf, Bezugsmodalitäten und Preisentwicklung laut Reserve- und Zusatzstromvertrag zwischen VSt und VEW vom 26.07.1943 und Nachträgen.

5344/2 Stromversorgung der DHHU.
1963-1964
Entwurf eines Stromliefervertrags zwischen DHHU und VEW vom 01.12.1964; Besprechungsniederschriften, Aktenvermerke und Schriftwechsel zwischen DHHU, GBAG und VEW zu Energiebedarf, Demarkationen, Vertrags- und Bezugsmodalitäten sowie Preisentwicklung laut Reserve- und Zusatzstromvertrag zwischen VSt und VEW vom 26.07.1943 und Nachträgen.

5009 Stromversorgung der DHHU.
1963-1966
Niederschriften zu Sitzungen der „Ad-hoc-Kommission: Stromwirtschaft im Dortmunder Raum" von DHHU, GBAG, Gesellschaft für Stromwirtschaft mbH und Dortmunder Bergbau AG; Aktenno-

tizen und interne Berichte zu Stand und Entwicklung der Energieversorgung sowie Energiebedarf der DHHU; Schriftwechsel zwischen DHHU, Kommissionsmitgliedern, Stadt Dortmund und IHK Dortmund über Landesplanung, Ausweisung des Geländes bei Gut Königsmühle als Industriefläche, Planung einer 110-kV-Leitung zwischen Kraftwerk Mengede und DHHU Werk Hörde, Erweiterung des Kraftwerks Gustav Knepper und Einsatz von Kokereigas, Lieferpreise und allgemeine Versorgungsfragen.

5345/1 Stromversorgung der DHHU.
1965
Tarifpreisliste der VEW für die Versorgung mit elektrischer Energie, Stand 01.05.1965; Besprechungsniederschriften, Aktenvermerke und Schriftwechsel zwischen DHHU, Gesellschaft für Stromwirtschaft mbH und VEW zu Energiebedarf, Preisen, Vertrags- und Bezugsmodalitäten des Vertragsentwurfs zwischen DHHU und VEW vom 01.12.1964, Änderungsangeboten der VEW, Vertragsabschluss (Vertrag fehlt) und rückwirkender Geltung des Vertrags.

5345/2 Stromversorgung der DHHU.
1966–1968
Lageplan der Hochspannungskabel der Hoesch AG Hüttenwerke Werk Phoenix vom 31.07.1967; vergleichende Aufstellungen der Stromlieferverträge und -konditionen von Hoesch AG Hüttenwerke Werk Westfalenhütte und DHHU bzw. Hoesch AG Hüttenwerke Werk Phoenix; Besprechungsniederschriften, Aktenvermerke und Schriftwechsel zwischen DHHU, Gesellschaft für Stromwirtschaft mbH und VEW zu Energiebedarf, Preisentwicklung und Übertragung der Lieferverträge auf die Hoesch AG Hüttenwerke.

1.7.4 Forschung und Entwicklung

3051 Gemeinschaftsarbeit der Stahlindustrie bei der Entwicklung von Stranggussverfahren.
1951–1963
Aktennotizen von Friedrich Harders sowie der Versuchsanstalt des Werks Hörde der DHHU zu Stranggussversuchen, mit Fotografien von Gussproben und -schnitten, 1951/52; Otto Schaaber: Die neueren Entwicklungen auf dem Stranggussgebiet (Sonderdruck aus der Zeitschrift „Metallkunde" 43 (1952), S. 181–190); Niederschrift über die Sitzung der Entwicklungsgemeinschaft Stranggussverfahren beim VDEh am 15.06.1954; Berichte der ATH Versuchsanstalt vom 07.01.1955, 29.04.1957 und 03.01.1962 über Stranggießversuche, mit Fotografien von Kokillen und Strängen; Konstruktionszeichnungen einer Knüppelgießmaschine der DEMAG AG; Bericht der DHHU Metallurgische Abteilung Dortmund vom 26.03.1958 über Versuche zur Herstellung von Vakuumdruckguss, mit Fotografien von Gussproben und -schnitten und Konstruktionszeichnungen der Kokillen; Patentbeschreibungen der DHHU zu einer Vorrichtung zum Abdichten beim Stranggießen entgaster flüssiger Metalle, o. D., und einem Verfahren zum kontinuierlichen Gießen von Metallen vom 02.05.1963 (Typoskripte); Entwurf eines Vertrags zwischen DHHU und Benteler-Werke AG, Schloß Neuhaus, zur Know-how-Übertragung im Bereich der Entgasung von Metallen, o. D.; Bericht über die Nutzung des Vakuumheberverfahrens der DHHU in der Gießereiindustrie, o. D.; Satzung des Deutschen Arbeitskreises Vakuum, o. D.; Aktenvermerke, Besprechungsniederschriften und Schriftwechsel zwischen ATH, DHHU, VDEh und Benteler-Werke AG über Versuchsergebnisse, Einbeziehung der DEMAG AG in den „Stranggießvertrag" zwischen

ATH und DHHU, Bau einer Stranggussanlage bei der Benteler-Werke AG sowie Strangpressgussversuche bei der DHHU.

3054 Vakuum-Stahlentgasungsverfahren der DHHU.
1952, 1956–1959
Konstruktionszeichnungen zu verschiedenen Teilen einer Stahlentgasungsanlage; Friedrich Harders, Helmut Knüppel und Karl Brotzmann: Die großtechnische Behandlung von Stählen unter ver-mindertem Druck, o. D. (Typoskript für eine Veröffentlichung in der Zeitschrift „Stahl und Eisen", sowie englische Fassung); Patentschrift Nr. 832.903, Klasse 18b, Gruppe 20, des Deutschen Patentamts vom 03.03.1952 für Karl Daeves über ein „Verfahren zur Erzeugung sauerstoffarmer Stähle" (Kopie); Fotografien von Entgasungsgefäßen, der Stahlentgasungsanlage im Siemens-Martin-Stahlwerk II der DHHU Werk Hörde, vakuumbehandelten Schmelzen und Materialproben; Aufstellung zu vorgesehenen Patentanmeldungen der DHHU im Bereich des Entgasungsverfahrens vom 07.10.1957; Auslegeschrift des Deutschen Patentamts zur Patentanmeldung D 24.394 VI/31a der DHHU vom 29.11.1956 über ein „Verfahren zum Herstellen von Badbewegungen in flüssigen Metallen"; Beitrittserklärung, Geschäftsordnung und Rundschreiben der International Organisation for Vacuum Science and Technology; Bericht über Betriebserfahrungen bei der Vakuumbehandlung von Siemens-Martin-Stählen, o. D.; Besprechungsniederschriften, Aktenvermerke und Versuchsberichte der DHHU Metallurgische Abteilungen Hörde und Dortmund zu Vakuumstählen und Normalstählen für verschiedene Einsatzbereiche; Aufstellung von Knüppel über die bisherigen Einführungsversuche von Vakuumstählen bei Kunden vom 30.07.1959; einzelne Schreiben zwischen Harders, DHHU Metallurgische Abteilungen Hörde und Dortmund, Daeves sowie mit Unternehmen der Eisen- und Stahlindustrie zu Verletzung von Daeves' Patent durch das Vakuumverfahren der DHHU, Versuchsergebnissen und Veröffentlichung in der Zeitschrift „Stahl und Eisen".

3056 Vakuum-Stahlentgasungsverfahren der DHHU.
1956–1967
DHHU Metallurgische Abteilung Dortmund: Bericht über den gegenwärtigen Stand der Einführung von Vakuumstahl bei Kunden vom 02.02.1960; Alfred Randak und Robert Hentrich: Herstellung und Eigenschaften vakuumbehandelter und vakuumerschmolzener Stähle (Technische Berichte der Stahlwerke Südwestfalen AG, Juli 1963); Broschüre der Anlagenbaufirma Friedrich Kocks, Düsseldorf zum DH-Vakuumverfahren; Aktenvermerke, Besprechungsniederschriften und Schriftwechsel zwischen DHHU, insbesondere Friedrich Harders, und ATH, Bochumer Verein, Deutsche Edelstahlwerke AG, English Steel Rolling Mills Corp., Fried. Krupp Hüttenwerke AG, Hoesch AG, Klöckner-Werke AG Abteilung Georgsmarienhütte, McGraw-Edison Comp. Lectromelt Furnace Division und Stahlwerke Südwestfalen AG sowie Unternehmen aus Schweden, Japan und den USA zu Lizenzbedingungen, Kooperationsvorhaben, Erfahrungsaustausch, Versuchsergebnissen, Anlagenbetrieb und Anlagenbesichtigung.

5316 Festigkeit warmgewalzter Grobbleche.
[1958]
Max Haneke: Einfluss der Verformung und der thermischen Faktoren auf Streckgrenze, Festigkeit, Dehnung, Kerbschlagzähigkeit und Ausbildung des kristallinen Flecks von warmgewalzten Grobblechen. Ingenieurwissenschaftliche Dissertation an der Fakultät für Bergbau und Hüttenwesen

der Rheinisch-Westfälischen Technischen Hochschule Aachen, Textband. (Typoskript). [Anlagenband fehlt.]

5912 Betriebliche Forschung bei der DHHU.
1959–1963
Sammlung von Forschungsberichten verschiedener Abteilungen der DHHU zum Vakuumverfahren.

3053 Vakuum-Stahlentgasungsverfahren der DHHU.
1959–1966
Besprechungsniederschriften, Aktenvermerke und Versuchsberichte der DHHU Metallurgische Abteilungen Hörde und Dortmund zu Vakuumstählen und Normalstählen für verschiedene Einsatzbereiche sowie insbesondere zur Entschwefelung von Stählen; Konstruktionszeichnung zum Entwurf einer Stahlentgasungsanlage im Siemens-Martin-Stahlwerk II der DHHU Werk Hörde sowie Kostenvoranschläge und Kalkulationsunterlagen; Bericht der Metallurgischen Abteilungen über die Möglichkeiten des Einsatzes einer Vakuumanlage im Oxygenstahlwerk, auch im Hinblick auf die Übernahme der Siemens-Martin-Stahlproduktion, vom 21.11.1965.

3066 Geplante Gründung eines Gemeinschaftsinstituts der Eisen- und Stahlindustrie zur Dolomitforschung.
1962
Einzelne Schreiben zwischen Friedrich Harders, Karl Kaup und Hermann Th. Brandi zur Bildung eines Forschungsinstituts; K. Konopicky: Bericht über Arbeiten und Aufgaben des Forschungsinstituts der Feuerfest-Industrie vom 18.06.1962 (Kopie).

5317 Schrottanfall an einer Brammenstraße.
1962
Egon Thielert: Der Entfall an Kopf- und Fußschrott an einer Brammenstraße in Abhängigkeit der Ausgangsquerschnitte der Rohbrammen und Endquerschnitte der Vorbrammen für beruhigten und unberuhigten Siemens-Martin-Stahl. Diplomarbeit an der Bergakademie Clausthal vom 10.07.1962 (Typoskript).

5913 Betriebliche Forschung bei der DHHU.
1963–1965
Sammlung von Forschungsberichten verschiedener Abteilungen der DHHU zu Stahlerzeugungsverfahren und Stahlsorten.

3057 Betriebliche Forschung der DHHU.
1964–1968
Tätigkeitsbericht der DHHU Forschungsabteilung, 1965/66, Aktenvermerke, Besprechungsniederschriften und Berichte, insbesondere zur Entwicklung eines Sprühgussverfahrens, mit Fotografien von Materialproben und -schnitten, und eines Aluminiumaufdampfverfahrens, zu Forschungsausrichtung, -organisation und -vorhaben von HWS und DHHU sowie zum Aufbau einer Konzernforschung nach der Fusion auf die Hoesch AG.

5999 Stranggussverfahren.
1966

DHHU Forschung (Arnulf Diener) und Abteilung Betriebswirtschaft: Wirtschaftlichkeitsuntersuchung über den Betrieb einer Stranggussanlage, September 1966 (Typoskript, 34 S. und Anlagen).

1.7.5 Rohstoffversorgung

2756 Steinkohlenversorgung der DHHU.
1953, 1959, 1963-1964, 1968
Grundsatzvertrag zwischen DHHU und Dortmunder Bergbau AG als alleinige Aktionäre der Hansa Bergbau AG vom 22.07.1953 zur Regelung der gegenseitigen Beziehungen, „die sich aus dem Organschafts- bzw. Geschäfts- und Gewinnübernahmevertrag dieser mit der Hansa Bergbau AG ergeben"; Organschafts- bzw. Geschäfts- und Gewinnübernahmevertrag zwischen DHHU und Dortmunder Bergbau AG sowie Hansa Bergbau AG vom 22.07.1953; Vertrag zu Kohlenabnahme- und Lieferverpflichtungen zwischen DHHU und Dortmunder Bergbau AG vom 01.04.1959 in Anlehnung an den entsprechenden Liefervertrag zwischen DHHU und „Mausegatt" Ruhrkohlen-Verkaufsgesellschaft mbH vom 01.04.1959: Vertrag zwischen DHHU und „Mausegatt" vom 01.04.1959 über die Lieferung von Kohlen aus der Produktion der Dortmunder Bergbau AG; Verbundliefervertrag zwischen Hansa Bergbau AG, vertreten durch die Dortmunder Bergbau AG, und DHHU, zugleich handelnd für HWS und Friedrichshütte AG, vom 04.05/20.08.1963 über die Lieferung von Steinkohle durch die Hansa Bergbau AG gemäß Gesellschaftsvertrag der „Präsident" Ruhrkohlen-Verkaufsgesellschaft mbH; Vertrag zwischen DHHU sowie GBAG und Hansa Bergbau AG vom 01.07.1963 zur Verpflichtung der Hansa Bergbau AG zur Verlegung einer Gichtgasleitung zwischen den Werken Dortmund und Hörde der DHHU und einer Starkgasleitung zwischen Kokerei Hansa und Werk Hörde sowie zur Erweiterung des Koksumschlags im Werk Hörde, zur Verpflichtung der DHHU zur Stilllegung der Kokerei Hörde sowie zur Verpflichtung der GBAG, den Koksbedarf der DHHU vorrangig aus der Produktion der Hansa Bergbau AG zu decken (alle Kopien); Vereinbarung zwischen den drei Vertragspartnern vom 13.07.1964 zum Eigentum von Gasleitungen und Koksumschlag; einzelne Schreiben zwischen den Vertragspartnern sowie mit der Hoesch AG zu Abschluss, Änderung und Kündigung der Verträge.

2894 Erzversorgung der DHHU.
1961
Bericht zur Erzversorgung der DHHU für die 66. Aufsichtsratssitzung am 15.06.1961, mit Vermerk der DHHU Werk Hörde (Hochofenwerk und Kokerei) für Friedrich Harders.

1.7.6 Sonstiges

5292 Klemmplatten von DHHV Werk Hörde bzw. Hüttenwerk Hörde AG bzw. DHHU.
1937-1953
Aufstellung zum Werkzeugverbrauch bei der Klemmplattenproduktion der DHHU, April 1953; Aufstellung zum Produktionsprogramm, o. D.; handschriftliche Aufstellungen zur Klemmplattenproduktion, o. D.; Konstruktionszeichnungen und Walzprofile von Klemmplatten.

5307 Planung des Oxygen-Stahlwerks der DHHU.
1961

Arbeitsgemeinschaft Krupp/Vöest (Fried. Krupp Industriebau und Vereinigte Österreichische Eisen- und Stahlwerke AG): Stellungnahme zur Planung eines Sauerstoff-Blasstahlwerks für das Werk Hörde, August 1961 (Typoskript), mit Grund- und Aufrisszeichnungen von Hallen und Anlagen (Kopien).

5956 Heckett Schlackenaufbereitungs-GmbH: Aufbereitungsvertrag.
1963–1965
Annual report 1963/64 der Harsco Corp.; Vertrag mit handschriftlichen Änderungen zwischen DHHU und Harsco Corp. über die Errichtung einer Schlackenaufbereitungsanlage und einer Thomasmahlanlage auf dem Gelände von Hüttenunion in Dortmund-Hörde vom 15.06.1965 (Entwurf); Verträge mit Anlagen zwischen DHHU und Heckett Schlackenaufbereitungs-GmbH über Handhabung und Aufbereitung von verschiedenen Schlacken, Nebenprodukten und Hüttenschutt in den Betrieben der DHHU (Entwürfe, alle auch in englischer Fassung); vorbereitende Unterlagen zur schriftlichen Abstimmung im Aufsichtsrat über den mit der Heckett Schlackenaufbereitungs-GmbH abzuschließenden Vertrag; Genehmigungsantrag an die Stadt Dortmund zum Bau und Betrieb einer Schlackenverwertungsanlage auf dem Werksgelände an der Meinbergstraße in Dortmund-Schüren vom 07.07.1965 (Entwurf); Lageplan des Heckett-Geländes.

5957 Kooperation der DHHU im Bereich der Schlackenaufbereitung.
1958, 1964
Vertrag zwischen Hoogovens und der Heckett Engineering Co über die Anwendung des Heckett-Verfahrens zur Schlackenaufbereitung und Schrottrückgewinnung in Ijmuiden vom Oktober 1958 (Entwurf); Ausarbeitung der DHHU Neubau- und Planungsabteilung zur Schlackenaufbereitung und Schrottrückgewinnung in Hörde; Prearrangement and backing-up agreement between Harsco Corp. and Hoogovens, 11.10.1958 (Entwurf); Vertrag zwischen DHHU und der Deutsche Heckett GmbH über Handhabung und Aufbereitung verschiedener Schlacken, Nebenprodukte und Hüttenschutt in den Betrieben der DHHU, 1964 (Entwurf); Aktenvermerke.

5958 Kooperation der DHHU im Bereich der Schlackenaufbereitung.
1964–1965
Übersetzung des Vertrags zwischen DHHU und Deutsche Heckett GmbH über die Handhabung und Aufbereitung von Schlacken, Stahlwerks-Nebenprodukten und Hüttenschutt vom 13.10.1964 (Entwurf mit Anlagen); Kostenvergleiche; Vertrag zwischen DHHU und Heckett Schlackenaufbereitungs-GmbH über Handhabung und Aufbereitung verschiedener Schlacken, Nebenprodukte und Hüttenschutt, die in den Betrieben der Hüttenunion in Dortmund und Hörde anfallen, 20.07.1964, (Entwurf), hierzu englische Ausführung; Aktenvermerke zu den Verhandlungen.

5769 Kooperation der DHHU im Bereich der Schlackenaufbereitung.
1964–1965
Vertrag zwischen DHHU und Heckett Schlackenaufbereitungs-GmbH über Bau und Betrieb einer Schlackenaufbereitungsanlage auf dem Gelände des Hochofenwerks Hörde vom 12.06.1965 (Kopie); Aktenvermerke und einzelne Schreiben zwischen den Vertragspartnern.

5952 Kooperation der DHHU im Bereich der Schlackenaufbereitung.
1965
Vertrag zwischen DHHU und Heckett Schlackenaufbereitungs-GmbH über Aufbereitung von

verschiedenen Schlacken, Nebenprodukten und Hüttenschutt in den Betrieben der DHHU vom 12.06.1965, mit Anlagen.

5953 Kooperation der DHHU im Bereich der Schlackenaufbereitung.
1965
Agreement between DHHU and Heckett Schlackenaufbereitungs-GmbH with schedule B operating procedures vom 12.06.1965.

1.8 Belegschaft
1.8.1 Lohn- und Belegschaftsstatistik

2636 Belegschaftsstatistik der Vorläufergesellschaften der Werke Dortmund und Hörde der DHHU.
1952
Aufstellung zur Anzahl der Arbeiter von Hoerder Verein, Phoenix AG Hoerder Verein, VSt Hoerder Verein, DHHV Werk Hörde bzw. Hüttenwerk Hörde AG in den Geschäftsjahren 1855/56, 1891/92-1919/20 und 1925/26-1950/51, mit Angaben zu Kriegsgefangenen in den Geschäftsjahren 1939/40-1944/45, vom 04.07.1952; Aufstellung zur Anzahl der Arbeiter von Commanditgesellschaft Gustav Arndt & Co., Union AG, Deutsch-Lux Dortmunder Union, VSt Dortmunder Union bzw. DHHV Werk Dortmund in den Geschäftsjahren 1868/69-1869/70, 1872/73-1873/74 und 1900/01-1950/51, mit Angaben zu Kriegsgefangenen in den Geschäftsjahren 1914/15-1918/19 und 1939/40-1944/45, vom 04.07.1952.

5093/1 Belegschaftsstatistik von Hüttenwerk Hörde AG und der Werke Dortmund und Hörde der DHHU.
1947-1966
Aufstellungen zur Werkszugehörigkeit der Belegschaften von Hüttenwerk Hörde AG bzw. DHHU Werk Hörde, 1950-1955; Aufstellungen zur Altersstruktur der Belegschaften von Hüttenwerk Hörde AG bzw. DHHU Werk Hörde, 1947-1953, z. T. aufgeschlüsselt nach einzelnen Betrieben; Aufstellungen zu Werkszugehörigkeit, Altersstruktur und Familienstand der Belegschaften der Werke Dortmund und Hörde der DHHU sowie des Gesamtunternehmens, 1961-1964; einzelne Schreiben zwischen Lohnabteilung und Statistik der DHHU zur Datenerhebung.

4367 Gehaltsstatistik von DHHV bzw. DHHU.
1948-1953
Monatliche Aufstellungen zu Anzahl und Gehältern der von der Personalabteilung Dortmund geführten Angestellten von DHHV bzw. DHHU, Oktober 1949 bis Dezember 1953, ab März 1952 aufgeschlüsselt nach Gehaltsarten, ohne Vorstandsmitglieder und Technische Werksleitung; Aufstellungen zu Vorstandsgehältern, Tantiemen, Prämien und sonstigen Vergütungen leitender Angestellter; Aufstellungen zu den Gehältern der Kraftfahrer, Oktober 1950 bis September 1953.

5093/2 Belegschaftsstatistik der Werke Dortmund und Hörde der DHHU.
1951-1963
Tägliche Aufstellungen zum Krankenstand der Belegschaft der DHHU Werk Hörde, Februar 1952, aufgeschlüsselt nach einzelnen Betrieben; namentliche Aufstellungen zu Belegschaftsmitgliedern mit Erkrankungsdauer von mehr als sechs Monaten, 1952-1960; Aufstellungen zu Werkszugehörigkeit, Altersstruktur und Familienstand der Belegschaften der Werke Dortmund und Hörde

der DHHU sowie des Gesamtunternehmens, 1952; Aufstellungen zu Familienstand und Steuerklassen von Belegschaftsmitgliedern der DHHU Werk Hörde, 1952-1963; einzelne Schreiben zwischen Lohnabteilung und Statistik der DHHU Werk Hörde zur Datenerhebung.

4365 Gehaltsstatistik der DHHU.
1954-1959
Monatliche Aufstellungen zu Anzahl und Gehältern der von den Personalabteilungen Dortmund und Hörde geführten Angestellten, aufgeschlüsselt nach Gehaltsarten, ohne Vorstandsmitglieder und Technische Werksleitung, Januar 1955 bis Dezember 1959; monatliche Aufstellungen zu Anzahl und Gehältern der von der Personalabteilung Dortmund geführten Angestellten, aufgeschlüsselt nach Gehaltsarten, ohne Vorstandsmitglieder und Technische Werksleitung, Januar bis Dezember 1954; Aufstellungen zu Vorstandsgehältern, Tantiemen, Prämien und sonstigen Vergütungen leitender Angestellter; Aufstellung zu den Gehältern der Kraftfahrer, Oktober 1953 bis September 1954.

5098/1 Lohnstatistik der DHHU.
1955-1959, 1964-1965
Monatliche Aufstellungen zum Vergleich der Stundenarten und Löhne der Werke Dortmund und Hörde mit dem Durchschnitt der Mitgliedsunternehmen der Wirtschaftsvereinigung Eisen- und Stahlindustrie, Januar 1964 bis April 1965; monatliche Aufstellungen zur Anzahl der Lehrlinge und der Gesamtarbeitsstunden von Lehrlingen der DHHU Werk Hörde, Januar 1957 bis Oktober 1958; Lohnstatistik vergleichbarer Arbeitsplätze in der eisenschaffenden Industrie der DHHU Werk Hörde, Januar 1955 bis Oktober 1959.

5097/1 Lohnstatistik von DHHU bzw. Hoesch AG Hüttenwerke.
1957-1967
Aufstellungen zur durchschnittlichen monatlichen Belegschaft der DHHU Werk Hörde, Januar 1957 bis März 1964; monatliche Lohnstatistik der DHHU Werk Hörde, Januar 1965 bis Oktober 1966, der Werke Phoenix und Union der Hoesch AG Hüttenwerke, November 1966 und Dezember 1966, sowie der Hoesch AG Hüttenwerke Werk Phoenix, März 1967 bis Dezember 1967 aufgeschlüsselt nach einzelnen Betrieben, mit vergleichenden Aufstellungen zu den Durchschnittsstundenlöhnen der Werke Dortmund bzw. Union und Westfalenhütte sowie anderer Unternehmen der Eisen- und Stahlindustrie.

5097/2 Lohnstatistik der Hoesch AG Hüttenwerke.
1968
Monatliche Lohnstatistik der Werke Phoenix, Union und Westfalenhütte der Hoesch AG Hüttenwerke sowie des Gesamtunternehmens, Januar bis Oktober 1968, aufgeschlüsselt nach einzelnen Betrieben.

1.8.2 Lohnwesen

5995 Steuerkarten DHHU Werke Dortmund und Hörde [Angestellte und Leitende] A-F.
1930-1954
Darin auch: Verdienstkarten VSt Dortmunder Union sowie Angaben für den Essener Verband und Zusammenstellung der Gehälter 1942, 1944, 1946, 1948, 1950/51, 1952 und 1953.

5996 Dsgl., G–M.
5997 Dsgl., N–Z.
Darin auch: Sammelmappe Direktoren und Prokuristen Hüttenwerk Hörde AG 1951, 1954.

5994 Steuerkarten DHHU Werke Dortmund, Hörde und Hüttenhospital [Angestellte und Leitende] 1954/55, 1955/56, 1957.
1954–1957
[Nach Jahrgängen geordnet, alphabetische Sortierung nur rudimentär erhalten; nur wenige Karten zu den einzelnen Jahrgängen.]
5992 Dsgl., 1955/56.
5993 Dsgl., 1958/59.

5047/1 Organisation des Lohnwesens von DHHV bzw. DHHU.
1944–1966
Rundschreiben der Lohnabteilung von DHHV bzw. DHHU an Gruppen und Nebenstellen der Lohnabteilung in einzelnen Betrieben, insbesondere des Werks Hörde, zu Personal- und Arbeitsstellenänderungen; Niederschriften von Besprechungen zwischen Lohnabteilung und Gruppenleitern der Nebenstellen sowie den Rechnungsführern und Lohnsachbearbeitern der Betriebe, u. a. zu Verteilung von Zuständigkeiten, Organisation des Zahlungsverkehrs, Sonderzahlungen, Urlaubs- und Weihnachtsgeld, Arbeitszeiten, Werksrenten, Lohnfortzahlung im Krankheitsfall, Feiertagsregelungen und Gewährung von Sonderurlaub.

5045 Rundschreiben der Wirtschaftsvereinigung Eisen- und Stahlindustrie zu Rechts- und Steuerfragen des Lohnwesens.
1946–1966
Rundschreiben (größere Lücken); einzelne Hefte der Mitteilungen der IHK Dortmund, 1946 und 1947.
Darin auch: Informationsblatt der Werksportgemeinschaft der DHHV für neue Mitarbeiter, o. D. (gedruckt).

5051 Bearbeitung von Lohnsteuerkarten bei der DHHU.
1951–1958
Rundschreiben von DHHU Belegschaftsabteilung und Lohnabteilung an die Betriebe und Abteilungen der Werke Dortmund und Hörde der DHHU zur Zustellung der Lohnsteuerkarten an die Belegschaft; Aufstellungen zur Anzahl der an die Finanzämter übermittelten Steuerkarten, aufgeschlüsselt nach einzelnen Betrieben; Merkblätter der Lohnabteilung zum Lohnsteuerjahresausgleich 1951 und 1952 (gedruckt); Lohnsteuermerkblatt für Arbeitnehmer für 1956 (Beilage aus der Zeitschrift „Der Betrieb").

5044 Lohn- und Arbeitszeitregelungen bei der DHHU.
1951–1966
Rundschreiben von Arbeitsdirektor und Lohnabteilung der DHHU an die Betriebe, insbesondere des Werks Hörde, u. a. zu Organisation des Zahlungsverkehrs, Sonderzahlungen, Urlaubs- und Weihnachtsgeld, Werksrenten, Lohnfortzahlung im Krankheitsfall, Feiertagsregelungen, Gewährung von Sonderurlaub, Hausfrauentagen und Kindergeld.

5061/1 Lohnfortzahlung im Krankheitsfall und Überbrückungsgelder bei der DHHU.
1953-1965
Zeitungsausschnitte; Vereinbarung zwischen Vorstand der DHHU und Betriebsräten der Werke Dortmund und Hörde über das vorzeitige Ausscheiden nicht mehr voll einsatzfähiger Belegschaftsmitglieder vom 01.02.1965 (Abschrift); Rundschreiben und Aktenvermerke von Lohnabteilung sowie DHHU Sozialwirtschaftsbetriebe zur Zahlung von Überbrückungsbeihilfen in Sterbefällen und bei Invalidität; Aufstellung zu Einkommensvergleichen kranker Mitarbeiter, 1961.

5061/2 Lohnfortzahlung im Krankheitsfall und besondere Zuschussleistungen der DHHU.
1948-1967
Zeitungsausschnitte; Vereinbarungen zwischen Vorstand der DHHU und Betriebsräten der Werke Dortmund und Hörde über Umzugskostenzuschüsse vom 01.02.1952 sowie über Lohnfortzahlungen im Krankheitsfall vom 02.06.1956 (Abschriften); Geschäftsordnung des Beirats der Hüttenwerk Hörde Unterstützungskasse GmbH vom 02.04.1948; Gründungsvertrag der Hüttenwerk Hörde Unterstützungskasse GmbH vom 11.05.1948, mit Satzung (Abschrift); Aktenvermerke zur Gewährung von Beihilfen aus der Unterstützungskasse für Erholungsaufenthalte und Urlaube, Kommunion, Konfirmation und Schulentlassungen sowie von Vergütungen für das Werksorchester; Aufstellungen zu Belegschaftsmitgliedern mit Gehältern unterhalb gewisser Grenzen; Rundschreiben der DHHU Sozialwirtschaftsbetriebe und Lohnabteilung zu Betriebsvereinbarungen, Lohnfortzahlungen und Zuschüssen; Betriebsvereinbarung der Hoesch AG Westfalenhütte zum „Urlaubssparen" vom 04.06.1964 (Abschrift); Auszug aus der Erläuterung zum Gesetz zur Verbesserung der wirtschaftlichen Sicherung der Arbeiter im Krankheitsfalle, Fassung vom 01.08.1961 (Typoskript); Vereinbarung vom 26.10.1965 zwischen DHHU und Betriebsräten der Werke Dortmund und Hörde zur Durchführung des Gesetzes zur Verbesserung der wirtschaftlichen Sicherung der Arbeiter im Krankheitsfalle vom 12.07.1961 sowie des Gesetzes zur Änderung und Ergänzung des Mutterschutzgesetzes und der Reichsversicherungsordnung vom 28.07.1965.

5060 Organisation der Kindergeldauszahlung in der Eisen- und Stahlindustrie.
1956-1964
Rundschreiben der Familienausgleichskasse der Hütten- und Walzwerke zum Kindergeld; Verwaltungsbericht der Familienausgleichskasse, 1960; Zeitungsausschnitte; Formulare und Merkblätter zur Beantragung von Kindergeld und Ausbildungszulage (blanko); Satzung der Familienausgleichskasse vom 01.08.1958 (gedruckt); einzelne Schreiben zwischen Lohnabteilung der DHHU und Familienausgleichskasse zu Fragen der Kindergeldauszahlung.

5064 Lohngarantien der DHHU bei zwischen- und innerbetrieblichen Umsetzungen von Belegschaftsmitgliedern.
1961-1967
Mitteilungen von Arbeitsdirektor Günter Sieber an die Lohnabteilung zur Geltung von Betriebsvereinbarungen über die Vergütung des Lohns des Stammarbeitsplatzes für umgesetzte Belegschaftsmitglieder, mit Namenslisten.

5046 Zeitungsausschnitte und Sonderdrucke zu Rechts- und Steuerfragen des Lohnwesens.
1962-1966
Ausschnitte, insbesondere aus der Zeitschrift „Der Betrieb".

5054 Sammlung von Formularen und Vordrucken der Lohnabteilung der DHHU (blanko).
o. D.
Vordrucke aus den Bereichen Arbeitsvertrag, Einstellung, Entlassung, Lohnverrechnung und -auszahlung, gesetzliche und sonstige Abzüge für Versicherungen und sonstige Beitragszahlungen, inner- und außerbetrieblicher Schriftverkehr, Lohnstatistik, Belegschaftsbetreuung, Bescheinigungen und Erklärungen.

1.8.3 Arbeitszeit

5343 Arbeitszeitverkürzung bei der DHHU.
1954-1961, 1966
Aufstellung zu wiederzubesetzenden Arbeitsplätzen bei der DHHU vom 06.09.1954; Aufstellung zu Überstunden in einzelnen Betrieben der DHHU Werk Dortmund, Juni bis November 1954; interne Rundschreiben der DHHU und Aktenvermerke der DHHU Betriebswirtschaft zu Einführung von 48-Stunden-Woche, 45-Stunden-Woche, 44-Stunden-Woche und 42-Stunden-Woche, Neufassung der Schichtenpläne, Mehrbedarf an Arbeitskräften, Lohnsonderzahlungen und Arbeitsorganisation; vergleichende Aufstellung zur Thomasstahlproduktion pro Belegschaftsmitglied verschiedener Thomas-Stahlwerke im Ruhrgebiet und deren Arbeitszeitregelung für das erste Halbjahr 1955, laut Unternehmensbefragung von Albrecht Harr, Westfalenhütte AG (Kopie); Abkommen zwischen Arbeitgeberverband Eisen- und Stahlindustrie e. V. und IG Metall über die Arbeitszeit in Hochofenbetrieben und Hüttenkokereien vom 26.03.1955 (Kopien) sowie Arbeitszeit- und Lohnabkommen für das Land NRW vom 21.12.1956 (Abschrift); Vereinbarungen zwischen Vorstand der DHHU und Betriebsvertretungen der Werke Dortmund und Hörde zu den Abkommen vom 07.05.1956 sowie zur Arbeitszeit der Angestellten vom 09.04.1957 und 01.07.1966 und zur Entlohnung der Monatsfestlöhner vom 21.03.1958 (Durchschläge); Personallisten und Entlassungsvorschläge einzelner Betriebe im Rahmen des Entlassungsvorhabens bei der DHHU Werk Dortmund, 1958; Rundschreiben des Arbeitgeberverbands an die Mitgliedsunternehmen zu Arbeitszeitverkürzungen; einzelne Schreiben zwischen DHHU und Arbeitgeberverband zu Arbeitszeitverkürzungen.

5059/2 Arbeitszeitregelungen bei der DHHU.
1956-1961
Abkommen über die Arbeitszeit in Hochofenbetrieben und Hüttenkokereien zwischen Arbeitgeberverband Eisen- und Stahlindustrie e. V. und IG Metall vom 26.03.1956 (Abschriften); Vereinbarung zwischen Vorstand der DHHU und den Betriebsvertretungen der Werke Dortmund und Hörde zu den Arbeitszeitabkommen für Hochofenbetriebe und Hüttenkokereien vom 07.05.1956 zur Urlaubsregelung sowie vom 21.12.1956 zur Zahlung eines Sonderlohnausgleichs; Zeitschriftenausschnitte zur Arbeitszeit und Einführung der Fünf-Tage-Woche; Rundschreiben von Arbeitgeberverband und Wirtschaftsvereinigung Eisen- und Stahlindustrie zu Arbeitszeitabkommen und Arbeitszeitverkürzung; Vereinbarung zwischen Vorstand und Betriebsvertretung der DHHU zur Arbeitszeit im Thomas-Stahlwerk des Werks Hörde vom 22.08.1956 (Abschrift); Arbeitszeit- und Lohnabkommen zwischen Arbeitgeberverband und IG Metall vom 21.12.1956 (Abschrift); Aktennotizen und Besprechungsniederschriften zu Einführung der 48-Stunden-Woche und weiteren Arbeitszeitverkürzungen sowie Lohnfragen.

3060 Arbeitsordnung und Arbeitsorganisation bei der DHHU.
1958-1966
Vereinbarung zwischen Vorstand und Betriebsrat der DHHU zur Einführung der 40-Stunden-Woche vom 01.07.1966 (Kopie); Auszüge aus Niederschriften der Vorstandssitzungen der DHHU; Arbeitsordnung der DHHU vom 01.07.1958 (gedruckt), mit Entwurf; Anträge der DHHU an das Ministerium für Arbeit des Landes NRW zur Einführung eines kontinuierlichen Betriebs vom 03.05.1960, 12.05.1960 und 12.04.1961 (Durchschläge); Bericht zu Entwicklung und derzeitigem Stand der kontinuierlichen Betriebsweise in Stahlwerken, o. D.; Aktennotiz von Friedrich Harders über seine Besprechung mit NRW-Arbeitsminister Konrad Grundmann zu den Anträgen am 04.05.1961.

3072 Urlaubsregelung der DHHU.
1960-1962, 1965
Satzung der Ferienkasse der Hoesch AG Westfalenhütte vom 11.10.1960 (Abschrift); Aktenvermerke und Auszüge aus Niederschriften der Vorstandssitzungen der DHHU, u. a. zu Urlaubsgeldzahlungen anderer Unternehmen der Eisen- und Stahlindustrie; Betriebsvereinbarungen zwischen Vorstand und Betriebsrat über Weihnachtsgeld, Urlaubsgeld und Jubiläumsgeld vom 04.01.1961, zur Urlaubsregelung 1962 vom 19.12.1961 und zur Urlaubsregelung 1963 vom 10.12.1962 (Kopien).

1.8.4 Tarifverträge

5057/2 Tarifverträge und Lohnabkommen der Eisen- und Stahlindustrie.
1937-1942, 1949-1963, 1967-1969
Rundschreiben der Lohnabteilungen von DHHV, Hüttenwerk Hörde AG, DHHU und Hoesch AG Hüttenwerke an die einzelnen Betriebe sowie der Hüttenwerk Rheinhausen AG an die Vorstände der entflochtenen Unternehmen sowie des Arbeitgeberverbands Eisen- und Stahlindustrie e. V. an die Mitglieder zu Lohn- und Tariffragen; Lehrlingsabkommen und Abkommen über die Lehrlingsvergütung für die Eisen-, Metall- und Elektroindustrie von NRW vom 06.07.1953 (gedruckt); Lohnabkommen für die Eisen-, Metall- und Elektroindustrie von NRW vom 28.08.1954 (Kopie); Arbeitszeit- und Lohnabkommen von Arbeitgeberverband und IG Metall vom 08.12.1955, 16.04.1957, 23.05.1958 (gedruckt), 21.12.1956 (Abschrift), 04.09.1959, 26.06.1960, 16.04.1962 und 08.08.1963 (Kopien); Lohntafel für Zeitlohnarbeiter vom 01.04.1957 (Typoskript); Lehrlingsabkommen, u. a. zwischen Arbeitgeberverband und IG Metall, vom 23.02.1959 (Kopie); Lohnvertrag für das Elektrohandwerk im Wirtschaftsgebiet Westfalen-Lippe vom 03.09.1962 (gedruckt); Tarifabkommen über Lehrlingsvergütung vom 08.08.1963 (Kopie); Manteltarifvertrag für die Arbeiter der Eisen-, Metall- und Elektroindustrie von NRW vom 03.12.1969; einzelne Aktenvermerke der Lohnabteilung der DHHU und Niederschriften von Besprechungen zu den Verträgen.

5057/3 Tarifverträge und Lohnabkommen der Eisen- und Stahlindustrie.
1947-1952, 1956-1962, 1966
Rundschreiben der Lohnabteilungen von Hüttenwerk Hörde AG und DHHU an die einzelnen Betriebe sowie der Hüttenwerk Rheinhausen AG an die entflochtenen Unternehmen zu Lohn- und Tariffragen; Richtlinien für die Durchführung der analytischen Arbeitsbewertung, o. D. (Typoskript, Auszug aus: Wirtschaftsvereinigung Eisen- und Stahlindustrie, Ausschuss für Sozialwirtschaft (Hg.): Die analytische Arbeitsbewertung als Hilfsmittel zur Bestimmung der Arbeitsschwierigkeit); Gehaltsabkommen für die Eisen-, Metall- und Elektroindustrie von NRW

vom 26.07.1960 (gedruckt); Rahmentarifvertrag für die Eisen-, Metall- und Elektroindustrie von NRW vom 02.04.1952 (gedruckt); Sonderabkommen zum Manteltarifvertrag für Angestellte der Mitgliedsunternehmen des Arbeitgeberverbands Eisen- und Stahlindustrie e. V. vom 04.09.1959 (gedruckt) sowie vom 10.06.1966 für den Manteltarifvertrag vom 26.11.1965; Aufstellungen zu Durchschnittsstundenlöhnen für Arbeiter, Frauen und Jugendliche bei der Hüttenwerk Hörde AG.

5057/1 Manteltarifverträge der Eisen- und Stahlindustrie.
1951–1966
Aufstellungen der Lohnabteilung der DHHV zu den zusätzlichen Lohnkosten eines neuen Tarifvertrags vom 24.05.1951; Rahmentarifvertrag für die Arbeiter in der Eisen-, Metall- und Elektro-Industrie von NRW vom 12.01.1952 (gedruckt); Manteltarifvertrag für die Arbeiter in der Eisen-, Metall- und Elektro-Industrie von NRW vom 29.12.1958 (Typoskript und gedruckt sowie in der Fassung vom 26.11.1960); Gegenüberstellung des bisherigen Manteltarifvertrags vom 12.01.1952 und des neuen Manteltarifvertrags vom 29.12.1958 (Typoskript); Tarifabkommen für Arbeiter vom 16.07.1960 (gedruckt; Sonderabkommen zum Manteltarifvertrag für Arbeiter der Mitgliedsunternehmen des Arbeitgeberverbands Eisen- und Stahlindustrie e. V. vom 22.03.1965); einzelne Aktenvermerke der Lohnabteilung der DHHU und Niederschriften von Besprechungen zu Verträgen und Organisation der Lohnzahlung.

3061 Lohn- und Gehaltsentwicklung bei der DHHU.
1959–1966
Vereinbarung zwischen Vorstand und Betriebsrat der DHHU zur Tariflohnerhöhung vom 28.06.1966 (Kopie); Manteltarifverträge für Arbeiter und Angestellte in der Eisen-, Metall- und Elektro-Industrie von NRW vom 04.03.1965 und 28.08.1962 (gedruckt); Lohn- und Gehaltsabkommen für Mitgliedsunternehmen des Arbeitgeberverbands Eisen- und Stahlindustrie e. V. in NRW sowie Tarifabkommen über Lehrlingsvergütung vom 22.03.1965 (gedruckt); Gehaltsrahmenabkommen zwischen Arbeitgeberverband Eisen- und Stahlindustrie e. V. und Verband metallindustrieller Arbeitgeberverbände Nordrhein-Westfalens e. V. sowie Deutscher Angestellten-Gewerkschaft und IG Metall vom 31.07.1959 (gedruckt), mit Aktenvermerk über die Auswirkungen des Abkommens auf die DHHU; Betriebsvereinbarung zwischen Vorstand und Betriebsrat der DHHU zu Jahresabschlussvergütungen vom 29.12.1960.

1.8.5 Unfall- und Sozialversicherung

564 Organisation der Werksrenten der DHHU und ihrer Vorgängerunternehmen.
1919, 1925, 1959
Chronologische Aufstellung zur rechtlichen Entwicklung der Werkskrankenkassen und Werksrenten, 1959 (Typoskript, 8 S.); Aufnahmebescheinigung der Pensions-, Witwen- und Waisen-Kasse für die Beamten des „Phoenix" Aktien-Gesellschaft für Bergbau und Hüttenbetrieb für Ernst Ellinghaus vom 20.03.1919 (Kopie).
Darin auch: Grundsätze zur Neuregelung der Invaliditäts-, Alters-, Witwen- und Waisen-Versorgung der Phoenix AG vom 06.06.1925 (Typoskript, 5 S.).

5081 Pensionsordnung der DHHU.
1949–1966

Pensionsordnungen vom 01.10.1952 (gedruckt) und 02.10.1959 (Typoskript und gedruckt); Vereinbarungen zwischen Betriebsrat und Vorstand zur Änderung bzw. Ergänzung der Pensionsordnung vom 22.11.1960, 28.01.1961, 25.11.1965 und 13.06.1966; Geschäftsordnung des Pensionsausschusses der DHHU vom 17.10.1962 (Kopie); Drucksachen, Bescheide und Formulare zu Pensionen und Werksrenten (blanko); Verzeichnis der Mitglieder der Pensionsvereinigung der Eisen- und Stahlindustrie sowie ihrer Tochtergesellschaften und Rechtsvorgänger, Stand 01.10.1963 (Typoskript); Bericht zur Entwicklung der Werksrentenzahlung durch Pensionskassen der DHHU Werk Hörde und ihrer Vorgängerunternehmen vom 15.01.1959; Zeitungsausschnitte; Aufstellung der Mitglieder der Pensionsvereinigung der Eisen- und Stahlindustrie, die sich zur gegenseitigen Anrechnung von Dienstjahren verpflichtet haben, Stand 04.07.1955 (Abschrift); Schriftwechsel zwischen DHHU Sozialwirtschaftsbetriebe und Lohnabteilung zu Änderungen der Pensionsordnung, freiwilligen Zuwendungen des Unternehmens und Verwaltungsfragen.

5049 Informationen der Landesversicherungsanstalt Westfalen zur gesetzlichen Rentenversicherung.
1951–1966
Rundschreiben und Merkblätter der Landesversicherungsanstalt an die Versicherungskartenausgabestellen zu Verwaltungsorganisation und Rechtsvorschriften; Landesversicherungsanstalt (Hg.): Allgemeine Verwaltungsvorschrift zur Einführung einer Versicherungsnummer in den gesetzlichen Rentenversicherungen vom 15.02.1964 und Darstellung des Verfahrens zur Vergabe von Versicherungsnummern (gedruckt); Landesversicherungsanstalt (Hg.): Verordnung über die Überwachung der Entrichtung der Beiträge zu den gesetzlichen Rentenversicherungen (Beitragsüberwachungsverordnung) vom 28.06.1963 (gedruckt).
Darin auch: Bericht über die Betriebsprüfung der Landesversicherungsanstalt bei der BKK Werk Hörde der DHHU für das Geschäftsjahr 1964/65 vom 13.02.1966.

5082 Pensionsausschuss der Werke Dortmund und Hörde der DHHU sowie der Werke Phoenix und Union der Hoesch AG Hüttenwerke.
1955–1968
Niederschriften der Sitzungen des Pensionsausschusses, 1955–1967 (mit Lücken); Niederschriften der gemeinsamen Sitzungen des Pensionsausschusses und der Beschwerdestelle, 1965–1968.

1.8.6 Personalakten (A–Z, hier gelten besondere Sperrfristen)

4257 Personalakte Werner Asbeck.
1934–1955
Schreiben von Walter Rohland an Heinrich Dinkelbach zur Empfehlung von Werner Asbeck und Heinz Schumacher für die Stahltreuhändervereinigung; Arbeitszeugnisse von Leipziger Leichtmetall-Werk Rackwitz Bernhard Berghaus & Co. KG, VSt und Röchling'sche Eisen- und Stahlwerke GmbH (Kopien); Diplomprüfungszeugnis Dipl.-Ing. und Promotionsurkunde der Technischen Hochschule Aachen (Kopien); Lebenslauf; ausgefüllter Personalfragebogen; Gehaltsabrechnungen; Arbeitsvertrag zum Direktionsassistenten vom 04./10.02.1953; einzelne Schreiben zwischen DHHU und Asbeck zum Beschäftigungsverhältnis.

4260 Personalakte Eduard Beckhäuser.
1947–1954

Todesanzeigen; Glückwunschschreiben der DHHV zum 65. Geburtstag, mit Entwurf; einzelne Schreiben zwischen DHHV, dem Aufsichtsratsvorsitzenden Wolfgang Linz und Wagner & Co. Werkzeugmaschinenfabrik mbH zur Festlegung und Verrechnung des Gehalts von Beckhäuser als Vorstandsmitglied.

4261 Personalakte Karl Bretschneider.
1908-1910, 1920-1922, 1926-1948, 1952-1953
Auszüge der VSt zum Konto und Sonderkonto Bretschneiders beim Unternehmen zum 30.09.1931 und 30.09.1932; einzelne Schreiben zwischen Bretschneider und Nordstern Lebensversicherungsbank AG bzw. Nordstern Lebensversicherungs-AG zum Abschluss einer Versicherung; Geschäftsbericht der Nordstern Lebensversicherungsbank AG, 1930; Mitgliedsausweis der NS-Studentenkampfhilfe Altherrenbund der deutschen Studenten vom 15.12.1937; Begrüßungsanschreiben der Reichsstudentenführung für Neumitglieder (gedruckt); Ein- und Auszahlungsquittungen von Banken; einzelne Schreiben von Bretschneider an verschiedene Banken zur Eröffnung und Disposition von Konten; Nachrichtenblätter des Hausvereins der früheren Burschenschaft Alania e. V., Köln, und der Kameradschaft Langemarck, Aachen, Dezember 1942/Januar 1943 und Januar/Februar 1943; einzelne Schreiben zwischen Bretschneider und Fritz Hager, Hager & Weidmann AG, über die Zahlung von Mitgliedsbeiträgen für den Hausverein der A. B. Alania Köln e. V.; Bewerbungsschreiben Bretschneiders bei der Union AG vom 27.02.1908 als „volkswirtschaftlicher Sekretär", mit handschriftlichem Lebenslauf; Urlaubsanträge; Gesuch um Gehaltserhöhung; Kündigungsschreiben vom 07.11.1910; Arbeitszeugnis; Mitteilung der Deutsch-Lux zur Gehaltsfestsetzung vom 29.04.1920; Arbeitsvertrag der VSt Dortmunder Union-Hoerder Verein vom 30.06.1926 für die Stelle eines Verwaltungsdirektors, mit Erfinderklausel; einzelne Schreiben zwischen Bretschneider und VSt Dortmunder Union-Hoerder Verein bzw. DHHV zu Gehaltserhöhungen, Prämien und Tantiemen; Erfinderklausel, 1941; Generalvollmacht der Dortmunder Union Brückenbau-AG im Bereich Allgemeine Verwaltung, Sozialpolitik und Sozialversicherung vom 29.12.1933 (Abschrift); Glückwunschschreiben der DHHV zum 25jährigen Dienstjubiläum am 12.05.1944; Todesanzeige; einzelne Schreiben zwischen DHHV und Witwe Helene Bretschneider über finanzielle Fragen und die Zahlung von Versicherungsbeiträgen; einzelne Schreiben zwischen DHHU und Volks- und Betriebswirtschaftlicher Vereinigung im rheinisch-westfälischen Industriegebiet über die Bereitstellung eines Texts für die von der Vereinigung herausgegebenen Nekrologe aus dem rheinisch-westfälischen Industriegebiet.

4262 Personalakte Heinrich Bruckmann.
1913-1917, 1924-1929, 1933-1953, 1966
Zeugnisse (Abschriften); Bewerberfragebogen der Deutsche Edelstahlwerke AG vom 11.10.1927; Initiativbewerbung Bruckmanns bei der VSt vom 29.06.1927; Arbeitsvertrag der VSt vom 07.12.1929 zur Anstellung als Leiter der Abteilung Qualitätsstabeisen und Annahmeerklärung Bruckmanns vom 12.12.1929; Lohnzettel, Dezember 1929; einzelne Schreiben zwischen DHHV, Reichstreuhänder der Arbeit für das Wirtschaftsgebiet Westfalen-Niederrhein und Bruckmann zu Gehaltsfragen, Tantiemen und Urlaub als Verkaufsdirektor; Fragebogen zur Entnazifizierung; Tätigkeitsverbot der Militärregierung vom 29.07.1946 (Abschrift, deutsch und englisch); Einreihungsbescheid des Sonderbeauftragten für die Entnazifizierung im Lande NRW vom 01.10.1948; Schriftwechsel zwischen DHHV, VSt und Bruckmann zur Entlassung.

4263 Personalakte Ewald Busch.
1912-1913, 1926, 1937-1957

Personalfragebogen; Arbeitszeugnisse (Abschriften); Arbeitsvertrag der DHHV zur Anstellung als Betriebsingenieur vom 29.01.1938, mit Erfinderklausel; Urlaubsscheine; Prämienabrechnungen; Erfinderklausel 1941; Lohnzettel; Unfallanzeigen an den Unfallschadenverband für Werksbeamte e. V.; Fragebogen zur Entnazifizierung; Arbeitsvertrag der DHHU zur Anstellung als Betriebsleiter der Elektrobetriebe vom 28.02.1952; einzelne Schreiben zwischen Busch und den Arbeitgebern zu Gehalts- und Versicherungsfragen.

4266 Personalakte Paul Berrang.
1928, 1938, 1943–1955, 1961
Mitteilung der Rohstoffhandel der VSt zur Gehaltsfestsetzung als Direktor vom 13.01.1938; Unfallanzeige des Unfallschadenverbands für Werksbeamte e. V.; Glückwunschschreiben der DHHV zum 65., der Hüttenwerk Union AG zum 70. und der DHHU zum 75. Geburtstag; einzelne Schreiben zwischen DHHV, Unfallschadenverband, Rohstoffhandel der VSt und Berrang zur Festlegung von Pensionsleistungen; Zeitungsausschnitte und Todesanzeigen.

4267 Personalakte Hans Bühler.
1931–1950, 1963
Personalfragebogen; Arbeitsvertrag zwischen VSt Dortmunder Union-Hoerder Verein und Bühler zur Anstellung als Metallograf vom 26.11.1931, mit Erfinderklausel; Arbeitsvertrag zwischen DHHV und Bühler zur Anstellung als Betriebsassistent vom 14.12.1934, mit Erfinderklausel; Kündigungsschreiben Bühlers bei der Kohle- und Eisenforschung GmbH vom 21.12.1934; Urlaubsanträge; Schreiben der DHHV zur Ernennung Bühlers zum Betriebsvorsteher der Vergüterei vom 27.02.1937; Aufstellung der Gehälter der Meister der Vergüterei; Aktenvermerk zur Prämiengestaltung der Vergüterei vom 11.01.1940; Urkunde der Geheimen Staatspolizei zur Ernennung Bühlers zum „stellvertretenden Abwehr-Beauftragten" der DHHV Werk Hörde vom 21.09.1942 (Abschrift); Vermerke über die Ablehnung Bühlers zur Unterzeichnung der Erfinderklausel 1941 und 1944; Verfügung Adolf Hitlers zur Stiftung des „Dr. Fritz Todt-Preises" vom 08.02.1944, mit Durchführungsbestimmungen (gedruckt); einzelne Schreiben zwischen DHHV und Gaugeschäftsstelle Westfalen-Süd des Dr. Fritz-Todt-Preises zur geplanten Verleihung an Bühler und Betriebsvorsteher Heinrich Kornfeld; einzelne Schreiben zwischen DHHV, Rechtsanwalt Detmar Philippi und Bühler zu seiner Entlassung nach Verhaftung durch alliierte Truppen, Pensionsfragen und Ausstellung eines Arbeitszeugnisses; Erklärungen von Otto Därmann und Adolf Klinkenberg zur Verhaftung (Kopien); Aktenvermerk der DHHU zur Tätigkeit Bühlers, 1963.

4268 Personalakte Arthur Carrel
1928–1955
Arbeitszeugnisse (Abschriften); Bewerbungsschreiben Carrels vom 23.06.1934; Schreiben der DHHV vom 10.11.1934 zur Anstellung als Betriebsleiter von Hammer- und Presswerk der DHHV Werk Hörde und Annahmeerklärung Carrels vom 13.11.1934, mit Erfinderklausel; Urlaubsscheine; Erfinderklausel 1941; Personalfragebogen; Fragebogen zur Entnazifizierung; Schreiben der Hüttenwerk Hörde AG zur Anstellung Carrels als Betriebsleiter von Hammerwerk und Mechanischer Werkstatt vom 01.03.1947; Einreihungsbescheid des Sonderbeauftragten für die Entnazifizierung im Lande NRW; Schriftwechsel zwischen DHHV bzw. Hüttenwerk Hörde AG bzw. DHHU und Carrel zu Gehalts-, Renten- und Versicherungsfragen; Todesanzeige; Schriftwechsel zwischen DHHV, Hermann Eckardt jun. und Arbeitsgericht Dortmund zur Entlassung Eckardts wegen Verleumdung Carrels und zum folgenden Arbeitsgerichtsprozess.

4269 Personalakte Alfred Demmer.
1920–1955
Arbeitsvertrag zwischen VSt Dortmunder Union-Hoerder Verein und Demmer zur Anstellung als Buchhalter vom 21.06.1926; Krankmeldungen; Urlaubsscheine; Personalfragebogen; Einreihungsbescheid des Sonderbeauftragten für die Entnazifizierung im Lande NRW; Mitteilung der DHHV zur Entlassung infolge Anordnung zur Schließung der Hüttenbetriebe durch die Militärregierung vom 21.10.1946 (gedruckt); Schriftwechsel zwischen DHHV bzw. DHHU und Demmer zu Gehaltsfragen sowie zur Kündigung und Wiederanstellung nach dem Krieg sowie Berufung zum Abteilungsleiter der Verkaufsbuchhaltung.

4271 Personalakte Hans Ditges.
1941–1953
Arbeitszeugnisse (Abschriften); Foto; Lebenslauf vom 21.01.1941; Personalfragebogen; Schreiben der DHHV an Ditges, mit Angebot einer Anstellung als Betriebsdirektor der Maschinenbetriebe vom 23.01.1941 und Annahmeerklärung Ditges' vom 28.01.1941; Arbeitsvertrag vom 14.03.1941 Wehrpassinhaberkarte; Quittungen der Hotel „Zum römischen Kaiser" AG, Dortmund; Bericht von Ditges zu seiner Stellung in der SA vom 13.06.1945; Schriftwechsel zwischen DHHV und Ditges zu Gehalts- und Urlaubsfragen, Kündigung während Ditges' Internierung und Entschädigungsleistungen.

4272 Personalakte Otto Döpp.
1927–1960
Personalfragebogen; Arbeitsvertrag der VSt Dortmunder Union-Hoerder Verein zur Anstellung als Betriebsassistent im Siemens-Martin-Stahlwerk des Werks Hörde vom 11.07.1927, mit Erfinderklausel; Urlaubsscheine; interne Mitteilung der DHHV zur Ernennung Döpps zum Betriebsvorsteher vom 20.11.1940; Erfinderklausel, 1941 und 1950; Fragebogen zur Entnazifizierung; Arbeitsvertrag der Hüttenwerk Hörde AG zur Einstellung als Betriebsvorsteher des Siemens-Martin-Stahlwerks I und kommissarischem Betriebsvorsteher des Thomas-Stahlwerks vom 01.03.1947; Lohnzettel; Unfallanzeige der Hütten- und Walzwerks-Berufsgenossenschaft; Mitteilung zur Ernennung zum Oberingenieur und zur Unterstellung weiterer Betriebe; Personalstammkarten; Schriftwechsel zwischen DHHV bzw. DHHU und Döpp zu Gehaltsveränderungen und Prämienzahlungen.

4273 Personalakte Erich Dudziak.
1948–1951, 1974
Personalstammkarte; Unfallversicherungsschein des Haftpflichtverbands der deutschen Eisen- und Stahlindustrie Versicherungsverein auf Gegenseitigkeit vom 14.05.1948, mit Antragsformular; einzelne Schreiben zwischen DHHV bzw. Hüttenwerk Union AG und Dudziak zu Gehaltsfestsetzung als Arbeitsdirektor und Versicherungsfragen; Bescheinigung der Hoesch Hüttenwerke AG für Dudziak zu seinen Beschäftigungszeiten vom 21.05.1974.

4277 Personalakte Erwin Fischer.
1948–1957, 1973
Personalfragebogen; handschriftlicher Lebenslauf; Arbeitszeugnisse (Abschriften); Einreihungsbescheid der Militärregierung Deutschlands vom 12.08.1947; Personalstammkarte; Arbeitsvertrag zwischen DHHV und Fischer vom 13.12.1948 zur Anstellung als Betriebsassistent im Siemens-Martin-Stahlwerk des Werks Dortmund; Urlaubsscheine; Unfallanzeige des Unfallschadenverbands für Werksbeamte e. V.; Arbeitsvertrag zwischen DHHU und Fischer vom 28.02.1952 zur Anstellung

als Betriebsleiter im Siemens-Martin-Stahlwerk des Werks Dortmund; Lohnzettel; Bescheinigung der Hoesch Hüttenwerke AG für Fischer zu seinen Beschäftigungszeiten vom 27.03.1973; einzelne Schreiben zwischen DHHV bzw. DHHU und Fischer zu Gehaltsveränderungen und Beförderung.

4280 Personalakte Ferdinand Gödde.
1936–1939, 1948–1958, 1969
Personalfragebogen; handschriftlicher Lebenslauf; Arbeitszeugnisse (Kopien); Personalstammkarte; Arbeitsvertrag zwischen DHHU und Gödde vom 29.12.1951 zur Anstellung als stellvertretender Leiter der BKK Werk Hörde der DHHU; Urlaubsscheine; Werksausweis der DHHU; Lohnzettel; Arbeitszeugnis; einzelne Schreiben zwischen DHHU und Gödde zu Gehaltsveränderungen; Mitteilung der Hoesch Hüttenwerke AG zur Übersendung eines Gesundheitszeugnisses vom 04.12.1969.

4281 Personalakte Walter Greven.
1950–1956, 1973
Personalfragebogen; Personalstammkarte; einzelne Schreiben zwischen DHHU und Greven zu Weihnachtsgratifikationen und Reinigung der Dienstwohnung als stellvertretender Werksarzt; Schreiben der Hoesch Hüttenwerke AG zur Adressermittlung Grevens vom 05.11.1973.

4282 Personalakte Hubert Grewe.
1924–1958
Personalfragebogen; Arbeitszeugnisse (Abschriften); Arbeitsvertrag der VSt Dortmunder Union-Hoerder Verein zur Anstellung Grewes als Assistent in der Versuchsanstalt der VSt Hoerder Verein vom 30.06.1926, mit Erfinderklausel; Erfinderklausel, 1950; Personalstammblatt; Arbeitsvertrag der DHHU zur Anstellung Grewes als Abteilungsleiter der Versuchsanstalt vom 28.02.1952; Sonderdruck des Nachrufs in der Zeitschrift „Stahl und Eisen"; Schriftwechsel zwischen DHHV bzw. DHHU und Grewe zu Gehaltsveränderungen, Darlehen bzw. Gehaltsvorschüssen, Versicherungsfragen, Lohnfortzahlung während Krankheiten und Renovierungsarbeiten an Grewes Wohnung nach Bombenschäden.

4284 Personalakte Otto Hartmann.
1918–1956
Personalfragebogen; Arbeitszeugnisse (Abschriften); Bewerbungsschreiben Hartmanns bei der Deutsch-Lux Dortmunder Union als Büroangestellter vom 21.03.1922; Schreiben der Deutsch-Lux Dortmunder Union zur Einstellung Hartmanns als Lohnbuchhalter vom 02.08.1922; Urlaubsscheine; Arbeitsvertrag der VSt Dortmunder Union-Hoerder Verein zur Anstellung Hartmanns als Lohnrechnungsführer der VSt Hoerder Verein vom 21.06.1926, mit Erfinderklausel; Fragebogen zur Entnazifizierung; Personalstammblatt; Einreihungsbescheid der Militärregierung Deutschlands vom 22.10.1947 (Kopie); Arbeitsvertrag der DHHU zur Anstellung Hartmanns als Abteilungsleiter der Personalabteilung vom 28.02.1952; Schriftwechsel zwischen VSt Dortmunder Union-Hoerder Verein bzw. DHHV bzw. DHHU und Hartmann zu Gehaltsveränderungen, Darlehen und Versicherungsfragen.

4285 Personalakte Alfred Hasebrink.
1928–1940, 1959
Anweisungen zur Gutschrift von Prämien durch die VSt Rohstoffbetriebe; Bescheinigung der DHHV zu den Bezügen Hasebrinks für die Barbara Erzbergbau AG, 1959.

4286 Personalakte Carl Heimann.
1920–1958
Personalfragebogen; Bewerbungsschreiben Heimanns bei der Phoenix AG Hoerder Verein als Mitarbeiter im „Schreibmaschinenzimmer" vom 16.12.1920; Schreiben der Phoenix AG Hoerder Verein zur Einstellung Heimanns als Lohnbuchhalter vom 02.08.1922; Urlaubsscheine; Arbeitsvertrag der VSt Dortmunder Union-Hoerder Verein zur Anstellung Heimanns als Lohnrechnungsführer der VSt Hoerder Verein vom 21.06.1926, mit Erfinderklausel; Fragebogen zur Entnazifizierung; Personalstammblatt; Einreihungsbescheid der Militärregierung Deutschlands vom 22.10.1947 (Kopie); Arbeitsvertrag der DHHU zur Anstellung Heimanns als Abteilungsleiter der Verkaufsabteilung vom 28.02.1952; Schriftwechsel zwischen VSt Dortmunder Union-Hoerder Verein bzw. DHHV bzw. DHHU und Heimann zu Gehaltsveränderungen, Darlehen und Versicherungsfragen.

4287 Personalakte Heinrich Hellwig.
1914, 1921–1957
Personalfragebogen; Arbeitszeugnisse (Abschriften); Schreiben der Deutsch-Lux Dortmunder Union zur Einstellung Hellwigs als Mitarbeiter in der Frachtabteilung vom 15.02.1922; Urlaubsscheine; Arbeitsvertrag der VSt Dortmunder Union-Hoerder Verein zur Anstellung Hellwigs als Bürovorsteher der Frachtabteilung der VSt Dortmunder Union vom 21.06.1926; Mitteilung des Hauptausschusses Schiffbau beim Reichsminister für Rüstung und Kriegsproduktion an die DHHV zur Berufung Hellwigs zum Vertreter des Transportbeauftragten des Hauptausschusses im Rahmen des U-Boot-Bauprogramms vom 20.09.1944; Fragebogen zur Entnazifizierung; Lohnzettel; Personalstammblatt; Einreihungsbescheid der Militärregierung Deutschlands vom 22.10.1947 (Kopie); Arbeitsvertrag der DHHU zur Anstellung Hartmanns als Abteilungsleiter der Transportabteilung vom 28.02.1952; Schriftwechsel zwischen VSt Dortmunder Union-Hoerder Verein bzw. DHHV bzw. DHHU und Hellwig zu Gehaltsveränderungen, einem Verkehrsunfall und Versicherungsfragen.

4289 Personalakte Othmar Hila.
1956
Werkspsychologisches Gutachten; Personalfragebogen; Bewerbungsschreiben; Arbeitszeugnisse (Abschriften); Schreiben der DHHU zur Einstellung Hilas als Betriebsleiter der Gießereibetriebe des Siemens-Martin-Stahlwerks im Werk Dortmund vom 02.08.1956; Entlassungszeugnis vom 30.09.1956.

4292 Personalakte Josef Holtmeier.
1921–1958
Personalfragebogen; Arbeitszeugnisse (Abschriften); Urlaubsscheine; Krankmeldungen; Arbeitsvertrag der VSt Dortmunder Union-Hoerder Verein zur Anstellung Holtmeiers als Betriebsassistent der Abteilung Kleinbau der VSt Dortmunder Union vom 30.06.1926, mit Erfinderklausel; Mitteilung der DHHV zur Beförderung Holtmeiers zum Leiter der Abteilungen Kleinbau, Untersätze und Werkzeuge vom 16.11.1935; Erfinderklausel, 1941; Fragebogen zur Entnazifizierung; Lohnzettel; Personalstammblatt; Aufstellungen zu Prämienzahlungen; Unfallanzeige des Unfallschadenverbands für Werksbeamte e. V.; Arbeitsvertrag der DHHU zur Anstellung Holtmeiers als Betriebschef des Kleinbaus vom 28.02.1952; Abrechnungen zur Erfindervergütung; Schriftwechsel zwischen VSt Dortmunder Union-Hoerder Verein bzw. DHHV bzw. DHHU und Holtmeier zu Gehaltsveränderungen und Erfindervergütungen.

4293 Personalakte Mathieu Holzweiler.
1920–1951
Personalfragebogen; Arbeitszeugnisse (Abschriften); Urlaubsscheine; Krankmeldungen; Unfallanzeigen des Unfallschadenverbands für Werksbeamte e. V.; Erfinderklausel, 1941; Fragebogen zur Entnazifizierung; Lohnzettel; Personalstammblatt; Abrechnungen zu Prämienzahlungen und Erfindervergütungen; Lohnzettel; Nachruf (Entwurf); Schriftwechsel zwischen Phoenix AG, Phoenix AG Hoerder Verein und Holzweiler zu dessen Beschäftigung als Betriebsleiter von Stahlwalzwerk und Feinwalzwerk; Schriftwechsel zwischen VSt Hoerder Verein bzw. DHHV und Holzweiler zu Gehaltsveränderungen, Erfindervergütungen, Versicherungs- und Pensionsfragen.

4294 Personalakte Walter Hummel.
1938–1942, 1947–1955
Personalfragebogen; Zeugnis zur Diplomprüfung Eisenhüttenkunde der Preußischen Bergakademie Clausthal vom 10.01.1942 (Kopie); Bewerbungsschreiben; Arbeitsvertrag der DHHV zur Anstellung Hummels als Betriebsassistent des Hochofenwerks Dortmund vom 04.11.1948; Arbeitsvertrag der DHHU zur Anstellung Hummels als Betriebsleiter des Hochofenwerks Dortmund vom 28.02.1952; Schriftwechsel zwischen DHHV bzw. DHHU und Hummel zu Einstellung, Versicherungsfragen und Kündigung.

4295 Personalakte Sigismund Kienow.
1951–1960
Bewerbungsschreiben; Arbeitsvertrag der Hüttenwerk Hörde AG zur Anstellung Kienows als Mineraloge in der Versuchsanstalt vom 13.08.1951, mit Erfinderklausel; Urlaubsscheine; Kündigungsschreiben Kienows vom 12.04.1959; Arbeitsvertrag der DHHU zur Anstellung Kienows als Leiter der Versuchsanstalt vom 28.02.1952; Schriftwechsel zwischen DHHU und Kienow zu Gehaltserhöhungen, Darlehen und Versicherungsfragen.

4296 Personalakte Hans Klein.
1928–1958
Personalfragebogen; Arbeitsvertrag der VSt Dortmunder Union-Hoerder Verein zur Anstellung Kleins als Chef-Obermeister des Thomas-Stahlwerks der VSt Hoerder Verein vom 20.06.1928, mit Erfinderklausel; Lohnzettel; Arbeitsvertrag der Hüttenwerk Hörde AG zur Anstellung Kleins als Betriebsassistent des Thomas-Stahlwerks vom 01.03.1947; Arbeitsvertrag der DHHU zur Anstellung Kleins als Betriebsleiter des Thomas-Stahlwerks des Werks Hörde vom 28.02.1952; Personalstammkarte; Abrechnungen zur Erfindervergütung; Schriftwechsel zwischen VSt Dortmunder Union-Hoerder Verein bzw. DHHV bzw. DHHU und Klein zu Gehaltsveränderungen, Darlehen, Versicherungsfragen und Erfindervergütungen.

4297 Pensionierung Adolf Klinkenbergs.
1945–1958
Mitteilung Walter Rohlands zur Gehaltskürzung Klinkenbergs als Vorstandsvorsitzender der DHHV vom 04.06.1945; Aufstellung der jährlichen Aufsichtsrats- und Beiratsvergütungen für verschiedene Tochtergesellschaften der VSt, 1933–1944; Aufstellung der jährlichen Zahlungen an Gehalt, Dienstaufwand, Tantiemen, Sachleistungen und Lizenzvergütungen, 1933–1945; Zahlungsanweisungen für Beiträge zum Bochumer Verband der Bergwerke in Westfalen, im Rheinland und im Saargebiet; Kondolenzschreiben; einzelne Schreiben zwischen Julius Lamarche bzw. Wolfgang

Linz als Vorstandsvorsitzende der DHHV, Unternehmen, VSt Personalabteilung, DHHU und Klinkenberg zu dessen Pensionierung und Zahlung einer Werksrente.

4298 Personalakte Fritz Köhler.
1925-1957
Bewerbungsschreiben; Personalfragebogen; Schreiben der Phoenix AG Hoerder Verein zur Anstellung Köhlers als Betriebsassistent im Hochofenwerk vom 21.08.1925; Arbeitsvertrag der VSt Dortmunder Union-Hoerder Verein zur Anstellung Köhlers als Betriebsassistent der VSt Hoerder Verein vom 30.06.1926, mit Erfinderklausel; Schreiben Köhlers in seiner Funktion als Leiter eines Hüttenwerks in Krivoj Rog an Karl Bretschneider, mit Bericht über das Werk vom 31.10.1941; Mitteilung der DHHV zur Ernennung Köhlers zum Betriebsvorsteher vom 13.11.1943; Fragebogen zur Entnazifizierung, mit Erklärung Köhlers zu seiner Mitgliedschaft in SA und NSDAP; Lohnzettel; Unfallanzeigen des Unfallschadenverbands für Werksbeamte e. V.; Arbeitsvertrag der Hüttenwerk Hörde AG zur Anstellung Köhlers als Betriebsassistent des Hochofenwerks vom 19.11.1948; Arbeitsvertrag der DHHU zur Anstellung Köhlers als Betriebsleiter des Hochofenwerks Hörde vom 28.02.1952; Personalstammkarte; Schriftwechsel zwischen VSt Dortmunder Union-Hoerder Verein bzw. DHHV bzw. DHHU und Köhler zu Gehaltsveränderungen, Darlehen und Versicherungsfragen.

4299 Personalakte Hermann Krause.
1920-1958
Handschriftlicher Lebenslauf; Schreiben der Phoenix AG Hoerder Verein zur Anstellung Krauses als Bürogehilfe im Blechwalzwerk vom 23.03.1920; Urlaubsscheine; Arbeitsvertrag der VSt Dortmunder Union-Hoerder Verein zur Anstellung Krauses als Bürobeamter im Walzwerksbüro der VSt Hoerder Verein vom 21.06.1926; Mitteilung der DHHV zur Ernennung Köhlers zum Betriebsvorsteher vom 13.11.1943; Fragebogen zur Entnazifizierung; Lohnzettel; Unfallanzeigen des Unfallschadenverbands für Werksbeamte e. V.; Arbeitsvertrag der Hüttenwerk Hörde AG zur Anstellung Krauses als Bürovorsteher des Walzwerksbüros vom 01.03.1947; Einreihungsbescheid des Sonderbeauftragten für die Entnazifizierung im Lande NRW vom 27.10.1947; Arbeitsvertrag der DHHU zur Anstellung Krauses als Abteilungsleiter des Walzwerksbüros vom 28.02.1952; Personalstammkarte; Antrag auf Versichertenrente; Schriftwechsel zwischen Phoenix AG Hoerder Verein bzw. VSt Dortmunder Union-Hoerder Verein bzw. DHHV bzw. DHHU und Köhler zu Gehaltsveränderungen, Darlehen und Versicherungsfragen.

4300 Personalakte Fritz Kruse.
1950-1956
Personalstammkarte; Personalfragebogen; Zeugnis der Bergakademie Clausthal zur Diplomprüfung Eisenhüttenwesen (Kopie); Arbeitsvertrag der DHHV zur Anstellung Kruses als Werksassistent im Hochofenbetrieb vom 24.10.1950; Arbeitsvertrag der DHHU zur Anstellung Kruses als Betriebsingenieur im Hochofenwerk Dortmund vom 28.02.1952; Unfallanzeige des Unfallschadenverbands für Werksangestellte e. V.; Arbeitszeugnis; Urlaubsscheine; Krankmeldungen; einzelne Schreiben zwischen DHHU und Kruse zu Gehaltserhöhungen.

4301 Personalakte Friedrich Krusenbaum.
1954-1958
Personalfragebogen; Zeugnis der Rheinisch-Westfälischen Technische Hochschule Aachen zur Diplomprüfung Maschinenbau sowie Promotionsurkunde zum Dr.-Ing. vom 23.03.1954 (Kopi-

en); Lebenslauf; Arbeitsvertrag der DHHU zur Anstellung Krusenbaums als Betriebsingenieur für Qualitätswesen im Walzwerk Hörde vom 28.02.1952; Mitteilung der DHHU zur Ernennung Krusenbaums zum Betriebsleiter vom 20.11.1956; Arbeitszeugnis; Urlaubsscheine; einzelne Schreiben zwischen DHHU und Krusenbaum zu Gehaltserhöhungen.

4302 Personalakte August Kröger.
1911–1939, 1948–1953
Personalfragebogen; Bewerbungsschreiben; Arbeitszeugnisse (Abschriften); Mitteilung der Deutsch-Lux Dortmunder Union zur Ernennung Krögers zum Abteilungsleiter vom 22.12.1920; Arbeitsvertrag der VSt Dortmunder Union-Hoerder Verein zur Anstellung Krögers als Abteilungsleiter vom 30.06.1926; einzelne Schreiben zwischen Deutsch-Lux Dortmunder Union und Kröger zum Termin seines Eintritts; Todesanzeige der Lennewerk Altena GmbH; einzelne Schreiben zwischen Deutsch-Lux Dortmunder Union bzw. VSt Dortmunder Union-Hoerder Verein bzw. DHHV und Kröger zu Gehaltsveränderungen.

4303 Personalakte Adolf Kuhlewind.
1912–1913, 1925–1958
Personalfragebogen; Arbeitszeugnisse (Abschriften); Lebenslauf; Schreiben der Phoenix AG Hoerder Verein zur Anstellung Kuhlewinds als Betriebsassistent in der Maschinentechnischen Abteilung vom 21.04.1925; Schreiben von VSt Dortmunder Union-Hoerder Verein zur Anstellung Kuhlewinds als Betriebsassistent in der Hauptreparaturwerkstatt der VSt Hoerder Verein vom 30.06.1926; Urlaubsscheine; Krankmeldungen; Personalfragebogen; Mitteilung der DHHU zur Wiederanstellung Kuhlewinds als Betriebsleiter vom 09.05.1952; Schriftwechsel zwischen VSt Dortmunder Union-Hoerder Verein bzw. DHHV bzw. DHHU und Kuhlewind zu Gehaltsanpassungen sowie zur Entlassung, Wiederanstellung und Beförderung nach dem Zweiten Weltkrieg.

4305 Personalakte Werner Lange.
1933–1961
Personalfragebogen; Schulzeugnisse und Arbeitszeugnisse (Abschriften); Lebenslauf; Schreiben der DHHV zur Anstellung Langes als Betriebsassistent im Thomas-Stahlwerk Dortmund vom 18.03.1939, mit Erfinderklausel [Tätigkeit bereits 1940 im Siemens-Martin-Stahlwerk]; Erfinderklausel, 1941; Urlaubsscheine; Krankmeldungen; Personalfragebogen; Lohnzettel; Fragebogen zur Entnazifizierung; Schreiben der DHHV zur Bestellung Langes zum Betriebsingenieur des Hochofenwerks Dortmund sowie des stillliegenden Siemens-Martin-Stahlwerks vom 30.11.1946; Schreiben der DHHU zur Anstellung Langes als Betriebsleiter des Siemens-Martin-Stahlwerks Dortmund vom 28.02.1952; Arbeitszeugnis; Schriftwechsel zwischen DHHV bzw. DHHU und Lange zu Gehaltsanpassungen, Versicherungsfragen und zur Kündigung Langes.

4306 Personalakte Friedel Lehr.
1947–1958
Personalfragebogen; Arbeitszeugnisse (Kopien); Fotografie; Lebenslauf; Bewerbungsschreiben; Schreiben der DHHU zur Anstellung Lehrs als Sicherheitsingenieur des Werks Hörde vom 01.09.1954; Urlaubsscheine; Arbeitszeugnis; Schriftwechsel zwischen DHHU und Lehr zu Gehaltserhöhungen, Betriebsdarlehen, Versicherungs- und Steuerfragen sowie die Kündigung Lehrs durch das Unternehmen und die Formulierung des Arbeitszeugnisses.

4307 Personalakte Hartmut Lehr.
1951-1958
Personalfragebogen; Lebenslauf; Bewerbungsschreiben; Schreiben der DHHU zur Anstellung Lehrs als Betriebsingenieur im Feinwalzwerk des Werks Hörde vom 28.02.1952; Urlaubsscheine; Arbeitszeugnis; Schriftwechsel zwischen Hüttenwerk Hörde AG bzw. DHHU und Lehr zu Einstellung, Gehaltserhöhungen und dem deutsch-englischen Ingenieuraustausch 1954.

4309 Personalakte Rudolf Lensing.
1950, 1956-1957
Personalfragebogen (Abschrift); Schreiben der DHHU zum Abschluss eines Beratervertrags mit Lensing im Bereich der Kunststoffverarbeitung vom 27.10.1956; Schreiben der Gebrüder Credé & Co. GmbH zur Anstellung Lensings als Technischer Leiter der Abteilung Transportgeräte vom 16.11.1956; Lohnzettel; einzelne Schreiben zwischen DHHU, Gebrüder Credé und Lensing zu dessen Kündigung.

4310 Personalakte Hans Matthiae.
1924-1932, 1939-1955
Schreiben von Phoenix AG Hoerder Verein vom 01.10.1924 und VSt Dortmunder Union-Hoerder Verein vom 30.06.1926 zur Anstellung Matthiaes als Betriebsassistent im Hochofenwerk der VSt Hoerder Verein, mit Erfinderklausel; Personalfragebogen; Mitteilung der VSt Dortmunder Union-Hoerder Verein zur Bestellung Matthiaes zum Betriebsvorsteher der Maschinentechnischen Abteilung vom 17.12.1932; Einreihungsbescheid des Sonderbeauftragten für die Entnazifizierung im Lande NRW; Arbeitszeugnis; Schreiben des Hüttenwerk Hörde AG zu Anstellung Matthiaes als Betriebsingenieur der Maschinentechnischen Abteilung vom 29.10.1948; Schreiben der DHHU zur Anstellung Matthiaes als Betriebsleiter der Maschinentechnischen Abteilung des Werks Hörde vom 28.02.1952; Kondolenzschreiben; Schriftwechsel zwischen VSt Dortmunder Union-Hoerder Verein bzw. DHHU und Lange zu Gehaltsanpassungen und Versicherungsfragen.

4319 Personalakte Karl Meyer.
1914-1958
Personalfragebogen; Schreiben der Deutsch-Lux Dortmunder Union zur Anstellung Meyers als Techniker der Neubauabteilung vom 10.10.1914 und der Räderfabrik vom 19.12.1916 sowie als Betriebsassistent der Abteilung Kraftwerke vom 21.06.1917; Krankmeldungen; Urlaubsscheine; Schreiben der VSt Dortmunder Union-Hoerder Verein zur Anstellung Meyers als Betriebsassistent der Abteilung Kraftwerke der VSt Dortmunder Union vom 30.06.1926, mit Erfinderklausel; Erfinderklausel, 1941; Lohnzettel; Fragebogen zur Entnazifizierung; Unfallanzeigen des Unfallschadenverbands für Werksbeamte e. V.; Schreiben der DHHU zur Anstellung Meyers als Betriebsleiter der Gaskraftwerke des Werks Dortmund vom 28.02.1952; Personalstammblatt; Schriftwechsel zwischen Deutsch-Lux Dortmunder Union bzw. VSt Dortmunder Union-Hoerder Verein bzw. DHHV bzw. DHHU und Meyer zu Gehaltsanpassungen und Versicherungsfragen.

4321 Personalakte Helmut Möritz.
1949-1956
Personalfragebogen; Lebenslauf; Zeugnisse (Abschriften); Schreiben der DHHV zur Anstellung Möritz' als Hilfsassistent im Walzwerk vom 24.08.1949; Reisebericht über den Besuch der Appleby-Frodingham Steel Comp. Ltd., Scunthorpe, Großbritannien, 28.03.1951-28.04.1951, mit

Lageplänen, Skizzen und Beschreibung der Werksanlagen; Unfallanzeigen des Unfallschadenverbands für Werksbeamte e. V.; Schreiben der DHHU zur Anstellung Möritz' als Betriebsingenieur der Walzwerke im Werk Dortmund vom 28.02.1952 und Mitteilung zur Beförderung zum Betriebsleiter der Walzwerke II und III vom 02.06.1953; Arbeitszeugnis; einzelne Schreiben zwischen DHHU und Möritz zu Gehaltanpassungen und Ausstellung eines Zeugnisses.

4320 Personalakte Albert Müller.
1921–1956
Personalfragebogen; Schreiben der ATH, Gewerkschaft zur Anstellung Müllers als Beamter der Eisenverkaufsabteilung III vom 01.01.1924; Schreiben der VSt zur Anstellung Müllers als Gruppenführer der Verkaufsabteilung Qualitätsstabeisen vom 29.06.1926; Urlaubsscheine; Krankmeldungen; Lohnzettel; Fragebogen zur Entnazifizierung; Arbeitszeugnis; Personalfragebogen; Schreiben der Hüttenwerk Hörde AG zur Anstellung Müllers als Gruppenleiter der Abteilung Verkauf vom 01.03.1947; Schreiben der DHHU zur Anstellung Müllers als Abteilungsleiter der Abteilung Verkauf vom 28.02.1952; Personalstammblatt; Schriftwechsel zwischen DHHV bzw. Hüttenwerk Hörde AG bzw. DHHU und Müller zu Gehaltsanpassungen und Versicherungsfragen.

4322 Personalakte Bernhard Neubert.
1922–1956
Personalfragebogen; Schreiben der Deutsch-Lux Dortmunder Union zur Anstellung Neuberts als Gewerbelehrer in der Werkschule vom 27.02.1922; Schreiben der VSt Dortmunder Union-Hoerder Verein zur Anstellung Neuberts als Gewerbelehrer der Lehrwerkstatt der VSt Dortmunder Union vom 21.06.1926, mit Erfinderklausel; Krankmeldungen, Urlaubsscheine; Schreiben der DHHV zur Anstellung Neuberts als Leiter der Lehrwerkstatt des Werks Hörde vom 06.04.1937; Erfinderklausel, 1941; Einreihungsbescheid der Militärregierung Deutschlands; Personalstammblatt; Personalfragebogen; Schreiben der DHHU zur Anstellung Neuberts als Kalkulator in der Mechanischen Werkstatt des Werks Hörde vom 28.02.1952; Schriftwechsel zwischen Deutsch-Lux Dortmunder Union bzw. VSt Dortmunder Union-Hoerder Verein bzw. DHHV bzw. DHHU und Neubert zu Gehaltsanpassungen, Versicherungsfragen und Beschäftigung nach dem Zweiten Weltkrieg.

4313 Personalakte Alfred Oberhäuser.
1949–1957
Personalfragebogen; Lebenslauf; Bewerbungsschreiben; Schreiben der Hüttenwerk Hörde AG vom 23.08.1949 sowie der DHHU vom 28.02.1952 zur Anstellung Oberhäusers als Betriebsleiter des Hochofenbetriebs, mit Erfinderklausel; Schreiben der DHHU vom 29.12.1954 zur Bestellung Oberhäusers zum Oberingenieur der Abteilung Hochofenwerk und Kokerei des Werks Hörde; Urlaubsscheine; Arbeitszeugnis; einzelne Schreiben zwischen Hüttenwerk Hörde AG bzw. DHHU und Oberhäuser zu Gehaltserhöhungen.

4316 Personalakte Hans Pelser.
1922–1960
Personalfragebogen; Bewerbungsschreiben; Lebenslauf; Schreiben der Phoenix AG Hoerder Verein zur Anstellung Pelsers als Betriebsassistent im Thomas-Stahlwerk vom 10.06.1922; Schreiben der VSt Dortmunder Union-Hoerder Verein zur Anstellung Pelsers als Betriebsassistent im Blechwalzwerk der VSt Hoerder Verein vom 30.06.1926; Urlaubsscheine; Erfinderklausel, 1941; Unfallanzeigen der Hütten- und Walzwerks-Berufsgenossenschaft und des Unfallschadenverbands

für Werksangestellte e. V.; Mitteilung der DHHV zur Ernennung Pelsers zum Betriebsleiter des Blechwalzwerks vom 15.03.1943; Schreiben der Hüttenwerk Hörde AG zur Anstellung Pelsers als Betriebsassistent im Blechwalzwerk vom 01.03.1947; Einreihungsbescheid des Sonderbeauftragten für die Entnazifizierung im Lande NRW; Schreiben der DHHU zur Anstellung Pelsers als Betriebsleiter des Blechwalzwerks des Werks Hörde vom 28.02.1952; Lohnzettel, Krankmeldungen; Personalstammblatt; Schriftwechsel zwischen Phoenix AG Hoerder Verein bzw. VSt Dortmunder Union-Hoerder Verein bzw. DHHV bzw. Hüttenwerk Hörde AG bzw. DHHU und Pelser zu Gehaltsanpassungen, Darlehen, und Versicherungsfragen.

4315 Personalakte Heinz-Otto Peters.
1939–1959
Schreiben der DHHV zur Anstellung Peters' als Betriebsassistent der Asphaltieranlage des Werks Hörde vom 05.04.1939, mit Erfinderklausel; Personalfragebogen; Erfinderklausel, 1941; Schreiben der Hüttenwerk Hörde AG zur Anstellung Peters' als Betriebsassistent der Mechanischen Werkstatt III vom 01.03.1947; Schreiben der DHHU zur Anstellung Peters' als Betriebsleiter der Mechanischen Werkstatt III des Werks Hörde vom 28.02.1952; Reisebericht über den Ingenieur-Austausch mit Großbritannien, 01.06.1950–29.06.1950, mit Beschreibung der Nevill's Foundry and Engineering Works der Richard Thomas & Baldwin's Ltd.; Arbeitszeugnisse; Schriftwechsel zwischen DHHV bzw. Hüttenwerk Hörde AG bzw. DHHU und Peters zu Gehaltsanpassungen und Versicherungsfragen.

4318 Personalakte Walter Prielipp.
1943–1952
Schreiben der Stahlunion Ingenieurbau GmbH zur Bestellung Prielipps zum Geschäftsführer vom 01.03.1943 (Abschrift); Aufstellung der DHHV zum Einkommen Prielipps als Leiter der Spundwandabteilung, 1933–1944; Arbeitszeugnis; Kondolenzschreiben; einzelne Schreiben zwischen DHHV und Prielipp zu Gehaltsanpassungen und Ausstellung des Arbeitszeugnisses.

4324 Personalakte Walter Reichardt.
1918–1920, 1928–1929, 1935–1943, 1954–1955
Personalfragebogen; Schreiben der Deutsch-Lux Dortmunder Union zur Anstellung Reichardts als Betriebsassistent der Abteilung Maschinenbetrieb vom 24.08.1918; Arbeitszeugnisse; Personalfragebogen; Referenzschreiben; Arbeitsverträge zwischen Eisenwerk Rothe Erde GmbH und Reichardt zur Anstellung als leitender Betriebsingenieur vom 08.05.1936 sowie als Geschäftsführer vom 01.11.1940, mit Erfinderklausel; Unfallanzeige des Unfallschadenverbands für Werksbeamte e. V.; Arbeitszeugnis; einzelne Schreiben zwischen Deutsch-Lux Dortmunder Union bzw. DHHV bzw. DHHU und Reichardt zu Gehalts- und Tantiemefragen.

4330 Personalakte Otto A. Schneider-Lenné.
1940–1955, 1972
Personalfragebogen; Lebenslauf, mit Fotografie; Zeugnisse (Abschriften); Arbeitsvertrag zwischen DHHV und Schneider-Lenné zur Anstellung als Mitarbeiter im Technischen Büro Berlin vom 30.01.1940; Erfinderklausel, 1941; Lohnzettel; Urlaubsscheine; Fragebogen zur Entnazifizierung; Unfallanzeigen des Unfallschadenverbands für Werksbeamte e. V.; Arbeitszeugnisse; Schreiben der Hüttenwerk Hörde AG zur Anstellung Schneider-Lennés als Leiter der Abteilung Absatzwirtschaft vom 28.05.1947; Einreihungsbescheid des Sonderbeauftragten für die Entnazifizierung im Lande NRW; Schreiben der DHHU zur Anstellung Schneider-Lennés als Leiter der Abteilung Ver-

kauf II vom 28.02.1952; Schriftwechsel zwischen DHHV bzw. DHHU, Wittenauer Maschinenfabrik GmbH und Schneider-Lenné zur Freistellung für den neuen Arbeitsplatz, Gehaltsanpassungen, Versicherungsfragen und Ausstellung eines Zeugnisses.

4332 Personalakte Richard Schröer.
1926–1929, 1934–1935, 1940–1958
Personalfragebogen (Kopie); Mitteilung der DHHV zur Ernennung Schöers zum Direktor der Einkaufsabteilung des Werks Dortmund vom 09.04.1940; Beschreibung des Aufgabengebiets der Abteilung Einkauf; Schriftwechsel zwischen DHHV bzw. DHHU und Schröer zu Gehalts-, Tantieme- und Versicherungsfragen sowie zu Pensionierung und 75. Geburtstag.

4333 Personalakte Friedrich Schürstedt.
1910–1913, 1919–1949, 1964
Personalstammblatt; Zeugnisse (Abschriften); Personalfragebogen; Bewerbungsschreiben; Schreiben der Phoenix AG Hoerder Verein zur Anstellung Schürstedts als Bürogehilfe in der Materialverwaltung vom 07.12.1920; Urlaubsscheine; Krankmeldungen; Arbeitsvertrag zwischen VSt Dortmunder Union-Hoerder Verein und Schürstedt zur Anstellung als Bürovorsteher der Personal- und Verwaltungsabteilung vom 30.06.1926; Fragebogen zur Entnazifizierung; Arbeitszeugnis, mit Entwürfen; Einreihungsbescheide der Militärregierung Deutschlands und des Sonderbeauftragten für die Entnazifizierung im Lande NRW; Schriftwechsel zwischen DHHV bzw. DHHU und Schürstedt sowie einem Rechtsanwalt zu Gehalts-, Versicherungs- und Pensionsfragen sowie zu seiner Entlassung.
[Schürstedt war ab 1941 im Werk Dortmund für die Verwaltung der Zwangsarbeiterlager und ab Juni 1944 auch für die Lager des Werks Hörde zuständig.]

4334 Personalakte Ferdinand Soltau.
1938–1944, 1954–1959
Personalfragebogen, mit Fotografie; Lebenslauf; Zeugnisse (Abschriften); Bewerbungsschreiben; Schreiben der DHHU zur Anstellung Soltaus als Sicherheitsingenieur der Arbeitsschutzstelle des Werks Dortmund vom 13.03.1954; Arbeitszeugnis; einzelne Schreiben zwischen DHHU und Soltau zu Gehaltsanpassungen und Ausstellung eines Zeugnisses.

4335 Personalakte Ernst Sporleder.
1929–1936, 1948, 1953
Schreiben der VSt Dortmunder Union-Hoerder Verein zur Anstellung Sporleders als Prokurist vom 18.06.1929; Vertrag zwischen DHHV und Sporleder zur Anstellung als Leiter des Technischen Büros Berlin vom 18.12.1934; Gehaltsabrechnungen; Schriftwechsel zwischen VSt Dortmunder Union-Hoerder Verein bzw. DHHV und Sporleder zu Gehaltsanpassungen und Tantiemefragen.

4337 Personalakte Hugo Stöcker.
1918–1957
Personalstammblatt; Personalfragebogen; Schreiben der Phoenix AG Hoerder Verein zur Anstellung Stöckers als Bürogehilfe im Hauptbüro vom 24.01.1918; Urlaubsscheine; Krankmeldungen; Arbeitsvertrag zwischen VSt Dortmunder Union-Hoerder Verein und Stöcker zur Anstellung als Korrespondent in der Rohstoffeinkaufsabteilung vom 21.06.1926; Schreiben der Hüttenwerk Hörde AG zur Anstellung Stöckers als Büroleiter der Rohstoffabteilung vom 01.03.1947; Einreihungs-

bescheid des Sonderbeauftragten für die Entnazifizierung im Lande NRW; Lohnzettel; Schreiben der DHHU zur Anstellung Stöckers als Abteilungsleiter der Rohstoffabteilung vom 28.02.1952; Schriftwechsel zwischen Phoenix AG Hoerder Verein bzw. VSt Dortmunder Union-Hoerder Verein bzw. DHHV bzw. DHHU und Stöcker zu Gehalts-, Versicherungs- und Pensionsfragen.

4339 Personalakte Arnold Tewes.
1926, 1931, 1934–1936, 1940–1960
Personalfragebogen; Arbeitszeugnisse (Abschriften); Vertrag zwischen VSt Dortmunder Union-Hoerder Verein und Tewes zur Anstellung als Bürobeamter in der Verkaufsabteilung Schlackenerzeugnisse vom 31.05.1934; Personalfragebogen; Schreiben der Hüttenwerk Hörde AG zur Anstellung Tewes' als Einkäufer in der Rohstoffabteilung vom 01.03.1947; Lohnzettel; Schreiben der DHHU zur Anstellung Tewes' als Abteilungsleiter der Rohstoffabteilung des Werks Hörde vom 28.02.1952; Todesanzeigen; Schriftwechsel zwischen DHHV bzw. DHHU und Tewes zu Gehalts- und Versicherungsfragen.

4341 Personalakte Hans Thiel.
1923–1959
Personalfragebogen; Bewerbungsschreiben; Schreiben der Phoenix AG Hoerder Verein zur Anstellung Thiels als Betriebsassistent im Hochofenwerk Hörde vom 01.12.1924; Vertrag zwischen VSt Dortmunder Union-Hoerder Verein und Thiel zur Anstellung als Betriebsassistent bei der VSt Hoerder Verein, mit Erfinderklausel; Personalstammblatt; Lohnzettel, Urlaubsscheine, Krankmeldungen; Erfinderklausel, 1941; Fragebogen zur Entnazifizierung; Einreihungsbescheid des Sonderbeauftragten für die Entnazifizierung in NRW; Schreiben der DHHU zur Anstellung Thiels als Betriebsleiter der Hochofenanlage des Werks Dortmund vom 28.02.1952; Schriftwechsel zwischen Phoenix AG Hoerder Verein bzw. VSt Dortmunder Union-Hoerder Verein bzw. DHHV bzw. DHHU und Thiel zu Gehaltsanpassungen und Versicherungsfragen.

4343 Personalakte Ludwig E. Todsen.
1929–1954
Personalfragebogen; Verträge zwischen VSt Dortmunder Union-Hoerder Verein und Todsen zur Anstellung als Ingenieur im Technischen Büro Spundwandeisen der VSt Dortmunder Union vom 22.12.1928 und 25.04.1933, mit Erfinderklausel; Lohnzettel; Urlaubsscheine; Krankmeldungen; Fragebogen zur Entnazifizierung; Auszug aus dem Vertrag der DHHV zur Berufung Todsens in den Vorstand zum 02.04.1946; Schriftwechsel zwischen VSt Dortmunder Union-Hoerder Verein bzw. DHHV bzw. DHHU und Todsen zu Gehaltsanpassungen, Tantiemen, Versicherungs- und Steuerfragen.

4344 Personalakte Paul Ventur.
1911–1912, 1920–1960
Personalstammblatt; Personalfragebogen; Arbeitszeugnisse (Abschriften); Bewerbungsschreiben; Schreiben der Phoenix AG Hoerder Verein zur Anstellung Venturs als Buchhalter vom 20.05.1922; Vertrag zwischen VSt Dortmunder Union-Hoerder Verein und Ventur zur Anstellung als Buchhalter vom 21.06.1926; Lohnzettel; Urlaubsscheine; Krankmeldungen; Fragebogen zur Entnazifizierung; Schreiben der DHHU zur Anstellung Venturs als Abteilungsleiter der Bilanzbuchhaltung vom 28.02.1952; Schriftwechsel zwischen VSt Dortmunder Union-Hoerder Verein bzw. DHHV bzw. DHHU und Ventur zu Gehaltsanpassungen und Versicherungsfragen.

4345 Personalakte Paul Voltz.
1932-1941, 1946-1956
Personalfragebogen; Arbeitszeugnisse (Abschriften); Lebenslauf; Bewerbungsschreiben; Auszüge aus Vorträgen und Veröffentlichungen (Abschriften); Vertrag zwischen DHHV und Voltz zur Anstellung als Betriebsassistent in der Elektroabteilung des Werks Dortmund vom 10.10.1934; Personalfragebogen; Lebenslauf; Lohnzettel; Urlaubsscheine; Verträge zwischen DHHV bzw. Hüttenwerk Hörde AG bzw. DHHU und Voltz zur Anstellung als Oberingenieur der Maschinenbetriebe des Werks Hörde vom 04.04.1946, 01.03.1947 und 28.02.1952; Personalstammblätter; Schriftwechsel zwischen DHHV bzw. Hüttenwerk Hörde AG bzw. DHHU und Voltz zu Gehaltsanpassungen und Versicherungsfragen.

4346 Personalakte Emil Wahmann.
1920–1958
Personalstammblatt; Personalfragebogen; Arbeitszeugnisse (Abschriften); Bewerbungsschreiben; Schreiben der Phoenix AG Hoerder Verein zur Anstellung Wahmanns als Betriebsassistent in der Elektrotechnischen Abteilung vom 08.11.1921; Vertrag zwischen VSt Dortmunder Union-Hoerder Verein und Wahmann zur Anstellung als Betriebsassistent in der Elektrotechnischen Abteilung der VSt Hoerder Verein vom 30.06.1926; Lohnzettel; Urlaubsscheine; Krankmeldungen; Erfinderklausel, 1941; Unfallanzeige des Unfallschadenverbands für Werksbeamte e. V.; Fragebogen zur Entnazifizierung; Schreiben von Hüttenwerk Hörde AG und DHHU zur Anstellung Wahmanns als Betriebsleiter der Elektrotechnischen Abteilung vom 01.03.1947 und 28.02.1952; Schriftwechsel zwischen Phoenix AG Hoerder Verein bzw. VSt Dortmunder Union-Hoerder Verein bzw. DHHV bzw. Hüttenwerk Hörde AG bzw. DHHU und Wahmann zu Gehaltsanpassungen und Versicherungsfragen.

4348 Personalakte Heinz Weidemann.
1928-1937, 1949-1950, 1956-1959, 1976
Personalstammblatt; Personalfragebogen; Arbeitszeugnisse (Abschriften); Bewerbungsschreiben; Schreiben der DHHU zur Anstellung Weidemanns als Betriebsleiter des Blechwalzwerks des Werks Hörde vom 25.10.1956; Lohnzettel; Arbeitszeugnis; einzelne Schreiben zwischen DHHU und Weidemann zu Gehalts- und Versicherungsfragen.

4349 Personalakte Willem Weidemann.
1936-1944, 1948-1957
Personalstammblatt; Personalfragebogen; Schreiben der DHHV zur Anstellung Weidemanns als Ingenieur in der Betriebswirtschaftsstelle des Werks Hörde vom 09.10.1936; Einreihungsbescheid des Sonderbeauftragten für die Entnazifizierung im Lande NRW; Schreiben der Hüttenwerk Hörde AG zur Anstellung Weidemanns als Betriebsassistent in der Hauptreparaturwerkstatt vom 14.06.1948; Schreiben der DHHU zur Anstellung Weidemanns als Betriebsingenieur im Maschinenbetrieb Walzwerke des Werks Hörde vom 28.02.1952; Lohnzettel; Arbeitszeugnis; Schriftwechsel zwischen DHHU und Weidemann zu Gehalts- und Versicherungsfragen.

4350 Personalakte Erich Wigginghaus.
1929-1958
Personalstammblatt; Personalfragebogen; Ausbildungsvertrag für Ingenieurpraktikanten des Eisenhüttenfachs zwischen VSt Dortmunder Union-Hoerder Verein und Wigginghaus vom 29.01.1929; Schreiben der DHHV zur Anstellung Wigginghaus' als Ingenieur in der Betriebs-

wirtschaftsstelle vom 20.02.1934; Erfinderklausel, 1941; Fragebogen zur Entnazifizierung; Einreihungsbescheid des Sonderbeauftragten für die Entnazifizierung im Lande NRW; Schreiben der Hüttenwerk Hörde AG zur Anstellung Wigginghaus' als Betriebsassistent des Siemens-Martin-Stahlwerks II vom 01.03.1947; Schreiben der DHHU zur Anstellung Wigginghaus' als Betriebsingenieur Maschinenbetrieb Walzwerke des Werks Hörde vom 28.02.1952; Lohnzettel; Schriftwechsel zwischen DHHV bzw. Hüttenwerk Hörde AG bzw. DHHU und Wigginghaus zu Gehalts- und Versicherungsfragen.

1.8.7 Arbeitssicherheit

4961/2 Rechtliche Fragen der Arbeitssicherheit.
1943, 1953–1957
Rundschreiben der Hütten- und Walzwerks-Berufsgenossenschaft an die Mitglieder zu verschiedenen Themen der Arbeitssicherheit; Niederschriften von Besprechungen der Arbeitsschutzstelle der DHHU; Aktenvermerke der Rechtsabteilung und der Arbeitsschutzstelle der DHHU zu rechtlichen Fragen der Arbeitssicherheit, Haftungsfragen und Sanktionen bei Verstoß gegen die Unfallverhütungsvorschriften; Allgemeine Bedingungen der DHHU für Bauleistungen, als Anlage zu Bestellungen, mit Erklärungsformular für Mitarbeiter von Fremdunternehmen zur Belehrung über Unfallgefahren auf dem Werksgelände (gedruckt, blanko); Gerichtsurteile zu Verfahren gegen Mitarbeiter von Fremdfirmen wegen fahrlässiger Tötung von Werksmitarbeitern (Abschriften); Zeitungsausschnitte zu Arbeitsunfällen; Dienstanweisungen und Aushänge der DHHU an alle Betriebe zur Arbeitssicherheit.

4960/2 Unfallstatistik der Werke Dortmund und Hörde der DHHU.
1950–1962
Monatliche Aufstellungen zur Ermittlung der Unfallausfallstunden, mit Angaben zur Anzahl der geleisteten Gesamtarbeitsstunden und Arbeiter sowie gesonderter Ausweisung von „Putzfrauen", Januar 1958 bis Dezember 1962; vertrauliche Rundschreiben der Hütten- und Walzwerks-Berufsgenossenschaft an die Vorstände der Mitgliedsunternehmen zur Anzahl der gemeldeten Arbeitsunfälle und Berufskrankheiten, mit Angaben zu den absoluten und Durchschnittswerten der einzelnen Unternehmen pro 1.000 Arbeiter, Januar 1955 bis Dezember 1962; Rundschreiben der Berufsgenossenschaft zur Mitteilung der Durchschnittswerte, März 1952 bis Dezember 1954 (lückenhaft); Aufstellung zu den Durchschnittswerten des Werks Dortmund, 1950–1953; Zeitungsausschnitte zur Leistung der gewerblichen Berufsgenossenschaften.

4961/1 Allgemeine Informationen der Hütten- und Walzwerks-Berufsgenossenschaft zur Arbeitssicherheit.
1952–1958
Rundschreiben an die Mitglieder zu verschiedenen Themen der Arbeitssicherheit; Aufstellung der meldepflichtigen Berufskrankheiten, 1952; Hütten- und Walzwerks- Berufsgenossenschaft (Hg.): Die Berufsgenossenschaften. Wie sie wurden, was sie sind, was sie leisten, o. D. (Broschüre); Verwaltungsbericht für das Rechnungsjahr 1953; Bescheide der Berufsgenossenschaft zur Veranlagung verschiedener Betriebe der DHHU in Gefahrenklassen (Kopien); Arbeitsgemeinschaft der Eisen- und Metall-Berufsgenossenschaften (Hg.): Der Unfallvertrauensmann im Betrieb, o. D. (Broschüre).

4960/3 Arbeitsunfälle in der Eisen- und Stahlindustrie.
1952–1963
Sammlung und Abschriften von Aufsätzen aus Fachzeitschriften zu Arbeitssicherheit, Unfallstatistik, Unfallkosten, Rente und Bewertungskriterien von Arbeitsunfähigkeit, auch zum Vergleich der deutschen und der US-amerikanischen Eisen- und Stahlindustrie; monatliche Unfallstatistiken der Hüttenwerk Oberhausen AG, Januar 1958 bis August 1959; Unfallstatistik der Stahlwerke Südwestfalen AG Werk Geisweid, 1955–1960; Aufstellungen zu den Rentenfällen nach Arbeitsunfällen für die Werke Dortmund und Hörde der DHHU, 1952–1960.

4961/3 Arbeitssicherheitsüberprüfungen in den Werken Dortmund und Hörde der DHHU.
1953–1958
Mitteilungen der Arbeitsschutzstelle der DHHU an die Sozialwirtschaftsbetriebe zu Sicherheitsüberprüfungen und Ortsbegehungen in den Werken Dortmund und Hörde, mit Vorschlägen zu Änderungen im Betrieb; Rundschreiben von Hütten- und Walzwerks-Berufsgenossenschaft und Wirtschaftsvereinigung Eisen- und Stahlindustrie zu verschiedenen Themen der Arbeitssicherheit; Merkblatt der IHK Dortmund zum Arbeitsschutz Jugendlicher; Aufstellungen der DHHU für die Berufsgenossenschaft zu silikosegefährdeten Arbeitern.

5237 Arbeitssicherheit bei der DHHU.
1955
Heinz Gürtler: Bericht über die Unfallursachenforschung im Werk Hörde der DHHU vom 01.09.1955 (Typoskript, 149 S., mit Anlagen).
5236 Dsgl. vom 30.09.1955 (Durchschlag eines Typoskripts, 117 S.).

4966/1 Einführung eines Prämiensystems zur Unfallverhütung durch die DHHU.
1956–1958
Auszüge aus „Echo der Arbeit", Werkszeitung der Hüttenwerk Oberhausen AG, zum dortigen Prämienverfahren (Kopien); vertrauliche Rundschreiben der Hütten- und Walzwerks-Berufsgenossenschaft an die Vorstände der Mitgliedsunternehmen zur Anzahl der gemeldeten Arbeitsunfälle und Berufskrankheiten, mit Angaben zu den absoluten und Durchschnittswerten der einzelnen Unternehmen pro 1.000 Arbeiter; Aktenvermerke der DHHU Sozialwirtschaftsbetriebe zum Prämiensystem der Hüttenwerk Oberhausen AG und zur Entwicklung eines eigenen Konzepts; Rundschreiben an die Betriebe zur Einführung des Prämiensystems; Aufstellungen zur Ermittlung der Prämien, mit Angaben zu Anzahl und Schwere der Betriebsunfälle in den Werken Dortmund und Hörde 1957; Forschungsinstitut für Arbeitspsychologie und Personalwesen (Hg.): FORFA-Briefe zur Arbeitspsychologischen Information 5 (1956), H. 4.

4960/1 Unfallstatistik der Werke Dortmund und Hörde der DHHU.
1957–1961
Rundschreiben des Vereins Deutscher Sicherheits-Ingenieure zur Betriebsunfallstatistik der Industriegruppe Eisen und Stahl, 1956; Niederschriften von Besprechungen zwischen Vertretern der DHHU Sozialwirtschaftsbetriebe und der Arbeitsschutzstellen Dortmund und Hörde; Unfallstatistiken der Werke Hörde und Dortmund, aufgegliedert nach Betrieben und Verletzungsarten, z. T. erstellt für Wirtschaftsvereinigung Eisen- und Stahlindustrie bzw. EGKS Hohe Behörde; Bescheide der Hütten- und Walzwerks-Berufsgenossenschaft zur Veranlagung einzelner Betriebe in

Gefahrenklassen (Kopien); einzelne Schreiben zwischen DHHU und Wirtschaftsvereinigung zur Erstellung von Statistiken.

4963 Arbeitssicherheitsschulung bei der DHHU.
1960-1961
Teilnahmebescheinigungen für die entsendende Abteilung sowie Ausweis für den Teilnehmer; Anmeldebogen und Teilnahmebenachrichtigungen (blanko); Aufstellungen zu den Teilnehmern der Werke Dortmund und Hörde, aufgeschlüsselt nach Berufsgruppen, 1960; Bestellungen und Rechnungen für Unterrichtsmaterial und Verpflegung; Termin-, Stoffglieder- und Stundenpläne; einzelne Schreiben zwischen Zentrale Sozialleitung der DHHU und verschiedenen Tochtergesellschaften, u. a. Eisenwerk Rothe Erde GmbH, Kettenwerke Schlieper GmbH und Schwerter Profileisenwalzwerk AG, zur Anmeldung von deren Mitarbeitern.

4977 Arbeitssicherheitsschulung in den Werken Dortmund und Hörde der DHHU.
1960-1961
Lehrpläne; Stundenpläne; Teilnahmebescheinigungen und Teilnahmeausweise (blanko).

4964 Arbeitssicherheitsschulung bei der DHHU.
1960-1962
Teilnahmebescheinigungen und Teilnehmerlisten der Werke Dortmund und Hörde sowie von Eisenwerk Rothe Erde GmbH, Kettenwerke Schlieper GmbH und Schwerter Profileisenwalzwerk AG.

4962/2 Unterlagen verschiedener Verbände und Institutionen zur Arbeitssicherheit.
1960-1963
Rundschreiben der Wirtschaftsvereinigung Eisen- und Stahlindustrie an die Ausbildungsleiter der Mitgliedsunternehmen; Bundesinstitut für Arbeitsschutz (Hg.): Denk drüber nach, o. D. (Broschüre) sowie Bücherschau; Hütten- und Walzwerks-Berufsgenossenschaft (Hg.): Arbeite sicher an der Drehbank, 1961 (Broschüre), Merkblatt über Lukensicherungen, o. D., Plakat zur Unfallverhütung, o. D.; Rundschreiben der Berufsgenossenschaft, u. a. zur Wahl der Genossenschaftsorgane, 1962; Niederschrift über die Sitzung des Gefahrtarifausschusses der Berufsgenossenschaft am 08.06.1960 (Kopie); Entwurf einer Satzung des Vereins „Kraftwerker-Schule e. V.", mit Gründungsaufruf vom 26.02.1963; Hinweise zur Lehrlingsausbildung und Erwachsenenschulung bei der DHHU, Stand Oktober 1960 (Typoskript, 8 S.); einzelne Rundschreiben verschiedener Verbände sowie Werbematerial von Verlagen zu Publikationen über Arbeitssicherheit.

4962/1 Unterlagen von Verein Deutscher Sicherheits-Ingenieure und Wirtschaftsvereinigung Eisen- und Stahlindustrie zur Arbeitssicherheit.
1961-1962
E. H. Ritter: Komplex wie das Unfallgeschehen und seine Ursachen zeigen sich die Probleme der Unfallverhütung. Betrachtungen über die vielfältigen Bemühungen für die Förderung des Arbeitsschutzes und der Unfallverhütung, o. D. (Typoskript, 27 S.); Niederschrift der Vorstandssitzung des Vereins Deutscher Sicherheits-Ingenieure am 30.04.1962; einzelne Rundschreiben und Einladungen zu Veranstaltungen des Vereins; Vortrag von E. Zillmer, Leiter der Werksfeuerwehr der DHHU, zum „Brandschutz in der Industrie" am 01.02.1962 bei einer Veranstaltung des Vereins (Typoskript); Niederschrift der Hauptversammlung des Vereins 1961; Wirtschaftsvereinigung Eisen- und Stahlindustrie: Die Unfälle in der Eisen- und Stahlindustrie der Bundesrepublik Deutschland im Jahre 1961

(Typoskript, 19 S., mit Tabellen und Schaubildanhang), Arbeitssicherheit in der britischen Eisen- und Stahlindustrie, Februar 1962 (Typoskript, 19 S.) und Hinweise zur Erhöhung der Arbeitssicherheit in den Mitgliedswerken, Oktober 1961 (Typoskript, 20 S.); Wirtschaftsvereinigung: Rangreihen der Unfallhäufigkeiten bei Betriebsunfällen der Arbeiter, 1961; Niederschrift der Sitzung der Arbeitsgemeinschaft der Sicherheitsingenieure am 15.11.1961, mit Abdruck von Vorträgen; Rundschreiben der Wirtschaftsvereinigung an die Mitglieder verschiedener Ausschüsse, u. a. „Arbeitssicherheit", „Medizin und Psychologie" und „Unfallstatistik".

4955 Belohnungen für Mitarbeiter der Werke Hörde und Dortmund der DHHU, insbesondere im Bereich Unfallverhütung.
1962
Vorschläge verschiedener Abteilungen zur Belohnung; Berichte von Mitarbeitern über die Verhinderung von Unfällen und Rettung von Belegschaftsmitgliedern; Dankesschreiben des Vorstands der DHHU; einzelne Schreiben der Sozialwirtschaftsbetriebe an die Belegschaftsabteilungen der Werke Hörde und Dortmund zur Weiterleitung von Vorstandsschreiben.

4965 Broschüre zur Arbeitssicherheitsschulung 1960/61 der DHHU.
1962–1964
DHHU Sozialwirtschaftsbetriebe (Hg.): Grundlehrgang Arbeitssicherheitsschulung. Kurzfassung der Vorträge zur Arbeitssicherheitsschulung 1960/61, 1962 (Broschüre und Druckfahne); Arbeitsschutzmerkblätter und Unfallanzeigen der DHHU (blanko bzw. mit Beispieleinträgen); einzelne Schreiben zwischen DHHU, verschiedenen Unternehmen und Verbänden zu Bestellung und Versendung der Broschüre; Originalvorträge und Druckfassungen (Typoskripte).

4968 Preisausschreiben zur Unfallverhütung der DHHU zur Arbeitssicherheit.
1963
Ausgeloste Einsendungen der Gewinner.

4967 Preisausschreiben zur Unfallverhütung der DHHU.
1963–1964
Preisausschreiben (Probedrucke in verschiedenen Farben); Lösungsformular; Aufstellungen zur Auslosung der Gewinner; Anschreiben an die Gewinner; Fotografien der Preisverleihung durch Paul Noell, Leiter der DHHU Sozialwirtschaftsbetriebe; statistische Auswertung der Teilnahme; Auszüge aus Werkszeitungen; einzelne Schreiben der DHHU Sozialwirtschaftsbetriebe an Arbeitsdirektor Günter Sieber zum Preisausschreiben.

1.8.8 Betriebliche Berufsausbildung

5083 Beschäftigung von Lehrlingen durch DHHV bzw. Hüttenwerk Hörde AG bzw. DHHU.
1937–1955, 1963
Rundschreiben verschiedener Behörden zu kriegswirtschaftlichen Belangen der Lehrlingsbeschäftigung; Aktenvermerke zu Lehrlingslöhnen; Standardlehrvertrag der IHK Dortmund (blanko); Zeitungsausschnitte; IHK Dortmund: Richtlinien für die Berufsausbildung des kaufmännischen und gewerblichen Nachwuchses, o. D. (gedruckt); Niederschrift der Besprechung der Ausbilder der Kaufmannslehrlinge am 23.06.1950, mit Vortragsmanuskript: Planmäßige Ausbildung unserer Kauf-

mannslehrlinge; namentliche Aufstellungen zu Lehrlingen; Aufstellungen zu ausscheidenden Belegschaftsmitgliedern einzelner Betriebe und Lehrlingsbedarf; Vereinbarung über Erziehungsbeihilfen der DHHU vom 08.10.1951, 08.12.1955 und 28.08.1963 (Abschriften).

4972 Unterlagen zu verschiedenen Ausbildungsberufen.
1960–1961
Berufsbild und Prüfungsanforderungen der Arbeitsstelle für Betriebliche Berufsausbildung zum Beruf des Maschinenschlossers, des Drehers (Typoskripte) und des Mess- und Regelmechanikers (gedruckt); Entwürfe zu Prüfungsanforderungen für Hüttenfacharbeiter (Hochöfner, Stahlwerker, Walzwerker).

4971 Sammlung von Unterlagen zur Berufsausbildung.
1961–1962
Ferienordnung für Berufsbildende Schulen des Landes NRW; Lehrplan für den Staatsbürgerkundlichen Unterricht; Berufsbild und Prüfungsanforderungen der Arbeitsstelle für Betriebliche Berufsausbildung zum Beruf des Bibliotheksgehilfen (Typoskript); Hinweise zur Lehrlingsausbildung der DHHU (Typoskript); Beratungsstelle für Stahlverwendung (Hg.): Katalog der Schriften und Filme, Ausgabe 1961; einzelne Rundschreiben der Wirtschaftsvereinigung Eisen- und Stahlindustrie zu Prüfungen der Industriekaufleute.

3342 Betriebliches Berufsschulbuch der DHHU (blanko).
o. D.

1.8.9 Fortbildung

4976/1 Fortbildungslehrgänge der Wirtschaftsvereinigung Eisen- und Stahlindustrie für Meister.
1950–1952
Rundschreiben der Wirtschaftsvereinigung zu Organisation und Veranstaltung von Lehrgängen für Meister in verschiedenen Fachgebieten; Sitzungsniederschriften des Unterausschusses „Arbeitskräftelenkung, Nachwuchs-, Ausbildungs- und Umschulungsfragen" der Wirtschaftsvereinigung; Entwürfe der Wirtschaftsvereinigung sowie der Arbeitsstelle für gewerbliche Berufserziehung des Deutschen Industrie- und Handelstags zu Richtlinien für die Ausbildung und Prüfung der Industriemeister (Typoskripte); Richtlinien für die Ausbildung und Prüfung der Industriemeister der Arbeitsstelle für gewerbliche Berufserziehung; Stoffverteilungsplan der „Meisterlehrgemeinschaft Westfalenhütte" für vier Semester (Typoskript); Beurteilungsbogen für gewerbliche Lehrlinge (gedruckt, blanko) sowie für Lehrlinge der Hüttenwerk Hörde AG (blanko); Ausbildungsplan der Berufsschule Dortmund, Abteilung Metallgewerbe, für Industriemeister, 1952; Aktenvermerke zu Besprechungen über die Organisation der Meisterausbildung zwischen Vertretern von DHHU, Westfalenhütte AG, IHK Dortmund und Berufsschulen; vergleichende Grafik zu den Ausbildungsberufen und Ausbildungsfächern verschiedener Branchen; einzelne Schreiben zwischen DHHU und Wirtschaftsvereinigung zu Richtlinien und Lehrplänen.

4976/2 Fortbildungslehrgänge der Wirtschaftsvereinigung Eisen- und Stahlindustrie für Meister.
1953–1963
Rundschreiben der Wirtschaftsvereinigung zu Organisation und Veranstaltung von Lehrgängen für

Meister in verschiedenen Fachgebieten; Zeitungsausschnitte; Sonderdrucke aus Fachzeitschriften zur Meisterausbildung; Die Meisterpraxis. Lehrgang für Betriebspraktiker in Betriebs-, Menschen- und Sozialkunde der Gesellschaft für Arbeitstechnik, 1954 (Werbebroschüre); Muster-Prüfungsordnung für Industriemeisterprüfungen (Broschüre, blanko); Lehrplan der IHK Dortmund zu Industriemeisterprüfungen, 1954; Niederschriften zu Industriemeisterprüfungen der Fachrichtung Eisen- und Metallindustrie bei der IHK Dortmund im Frühjahr 1962 in verschiedenen Berufen; Verlag moderne Industrie (Hg.): Die Kosten-Fibel. Ein Ratgeber für Meister, München 1962; einzelne Schreiben zwischen DHHU Sozialwirtschaftsbetriebe, Wirtschaftsvereinigung und IHK Dortmund zur Teilnahme von Mitarbeitern und Organisation von Lehrgängen und Prüfungen.

4978 Erwachsenenbildung in den Werken Dortmund und Hörde der DHHU.
1953–1962
Stunden- und Raumbelegungspläne; Stoffpläne, mit Entwürfen; Teilnehmerlisten; Aus- und Fortbildungsprogramm, 2. Trimester 1956 (gedruckt) sowie Winterhalbjahr 1956/57 (Typoskript); Erfahrungsberichte der Lehrer über verschiedene Kurse, insbesondere „Rechnen"; Aktenvermerke zu Besprechungen von Vertretern der Lehrwerkstatt Hörde zur Organisation der Erwachsenenbildung in den Bereichen Rechnen, Bürgerkunde, Metallurgie und Berufsspezifische Fachkunde; Teilnahmebescheinigungen; Zeitungsausschnitte; Rundschreiben der Wirtschaftsvereinigung Eisen- und Stahlindustrie zu Lehrgängen der Erwachsenenschulung, u. a. mit Entwurf eines Ausbildungsplans der Westfalenhütte AG, 1955; Klassenbuch; Klassen- und Abschlussarbeiten sowie Beurteilungen der Teilnehmer des Aufbaukurses Erwachsenenschulung Walzwerk Hörde, Teil II, 1962.

4980/1 Erwachsenenbildung in den Werken Dortmund und Hörde der DHHU.
1951–1958
Unterlagen zu einer internen Umfrage in den Betrieben der DHHU über den Bildungsstand der Industriemeister, erfolgte Fortbildungsmaßnahmen und Fortbildungsbedarf von Meistern, 1951, nach Vorlage eines Erhebungsbogens der Forschungsstelle: Mensch und Arbeit im Betrieb (FMAB) e. V., Nürnberg; Stoffplan für Meisterlehrgänge und Arbeitspläne zu verschiedenen Kursen des Bildungswerks der Stadt Dortmund; Werbebroschüre zur Fortbildung „Arbeit und Leben" des Politischen Bildungswerks des DGB bzw. der Landesarbeitsgemeinschaft Arbeit und Leben; Teilnehmerlisten; „Klassenbücher" zu verschiedenen Kursen, mit Teilnehmerlisten und Angaben zum Unterrichtsstoff; Zahlungsanweisungen zur Vergütung von Lehrgängen.

4980/2 Erwachsenenbildung in den Werken Dortmund und Hörde der DHHU.
1956–1958
Zeitungsausschnitte; Zahlungsanweisungen und begleitender Schriftwechsel der DHHU Sozialwirtschaftsbetriebe zur Vergütung von Lehrgängen, auch für externe Lehrkräfte; Ausbildungs- und Fortbildungsprogramm der DHHU, Herbst 1955, 2. Trimester 1956 (gedruckt) und Winterhalbjahr 1956/57 (Typoskript), mit Entwürfen; einzelne Schreiben zwischen DHHU Sozialwirtschaftsbetrieben und Interessenten zum Kauf gebrauchter Schreibmaschinen sowie mit Betriebsabteilungen zur Organisation von Fortbildungskursen, u. a. zur „Einführung in das Lochkartenverfahren".

4975 Sprachunterricht für Mitarbeiter der DHHU.
1956–1962
Rechnungen der Sprachschule Octave Faligot, Dortmund, für Englisch- und Französischunterricht;

interne Zahlungsanweisungen; einzelne Schreiben zwischen DHHU und Faligot zur Anmeldung von Mitarbeitern.

4982 Fortbildung von Meistern in den Werken Dortmund und Hörde der DHHU, insbesondere im Bereich der Arbeitssicherheit.
1957-1958
Stoffpläne, Stundenpläne und Teilnehmerlisten für Kurse der Akademie für Führungskräfte der Wirtschaft, Bad Harzburg, und der Hütten- und Walzwerks-Berufsgenossenschaft Schulungsstätte für Arbeitsschutz, Gelsenkirchen; Schriftwechsel zwischen DHHU Sozialwirtschaftsbetriebe, Betrieben und Veranstaltern zur Organisation von Kursen und Lehrveranstaltern sowie Anmeldung von Teilnehmern.

4983 Fortbildung von Meistern der Werke Dortmund und Hörde der DHHU, insbesondere im Bereich der Arbeitssicherheit.
1957-1959
Prüfungsarbeiten, mit Musterlösungen; Aufstellungen zur Altersgliederung der Meister der Werke Dortmund und Hörde am 01.05.1957; Aufstellungen über die Bestellung von Kursteilnehmern der Akademie für Führungskräfte der Wirtschaft, Bad Harzburg, zur Eignungsuntersuchung bei der Psychologischen Untersuchungsstelle der DHHU Sozialwirtschaftsbetriebe; Lehrgangs- und Fahrtkostenabrechnungen; Teilnehmerlisten, Programme und Stundenpläne für Kurse der Akademie für Führungskräfte und der Hütten- und Walzwerks-Berufsgenossenschaft Schulungsstätte für Arbeitsschutz, Gelsenkirchen; Schriftwechsel zwischen DHHU Sozialwirtschaftsbetriebe, Deutsche Volkswirtschaftliche Gesellschaft, Betrieben und Veranstaltern zur Organisation von Kursen und Lehrveranstaltern sowie Anmeldung von Teilnehmern.

4985/1 Erwachsenenbildung in den Werken Dortmund und Hörde der DHHU.
1958-1960
Lehrgangsbücher für Grund- und Aufbaukurse, mit Teilnehmerlisten und Stoffverzeichnis; Seminararbeiten der Teilnehmer in den Bereichen Rechnen und Fachkunde; Aufstellungen zu Lehrgangsergebnissen, mit Angabe von Noten, Fehlzeiten und Empfehlungen.
4985/2 Dsgl., mit Aufstellungen zu den Unfallvertrauensmännern der einzelnen Betriebe.

4979 Erwachsenenbildung in den Werken Dortmund und Hörde der DHHU.
1958-1962
Stoffpläne; Teilnehmerlisten; Niederschriften zu Besprechungen der Ausbildungskommissionen der Werke Dortmund und Hörde zur Organisation der Erwachsenenbildung in den Bereichen Hochöfner, Walzwerker und Stahlwerker; Aufstellungen zu den Ergebnissen der psychologischen Eignungsprüfung der Bewerber für Fortbildungskurse; Aufstellungen zu Durchschnittsnoten und Fehltagen der Teilnehmer, mit Empfehlungen für eine weitere Ausbildung; Teilnahmebescheinigungen; Zeitungsausschnitte; Rundschreiben der Wirtschaftsvereinigung Eisen- und Stahlindustrie zu Lehrgängen der Erwachsenenschulung.

4984 Erwachsenenbildung in den Werken Dortmund und Hörde der DHHU.
1958-1962
Teilnehmerlisten; Aufstellungen zu Lehrgangsergebnissen, mit Angabe von Noten, Durchschnittsnoten und Fehlzeiten; Rundschreiben der Wirtschaftsvereinigung Eisen- und Stahlindustrie zu

Lehrgängen der Erwachsenenschulung; einzelne Schreiben zwischen DHHU Sozialwirtschaftsbetriebe und Betrieben zur Organisation von Kursen und Anmeldung von Teilnehmern.

4986 Erwachsenenbildung in den Werken Dortmund und Hörde der DHHU.
1959–1961
Lehrgangsbücher für Grund- und Aufbaukurse, mit Teilnehmerlisten und Stoffverzeichnis; Seminararbeiten der Teilnehmer in den Bereichen Rechnen und Fachkunde; Aufstellungen zu Lehrgangsergebnissen, mit Angabe von Noten, Fehlzeiten und Empfehlungen.
4987 Dsgl., 1960–1962.

4981 Erwachsenenbildung in den Werken Dortmund und Hörde der DHHU.
1959–1962
Stoffpläne; Teilnehmerlisten; Niederschriften zu Besprechungen der Ausbildungskommissionen der Werke Dortmund und Hörde zur Organisation der Erwachsenenbildung, insbesondere der Hochöfner, Walzwerker und Stahlwerker; Aufstellungen zu Durchschnittsnoten und Fehltagen der Teilnehmer, mit Empfehlungen für eine weitere Ausbildung; Teilnahmebescheinigungen; Aufstellungen zu den Ergebnissen der psychologischen Eignungsprüfung der Bewerber für Fortbildungskurse; Rundschreiben der Wirtschaftsvereinigung Eisen- und Stahlindustrie zu Lehrgängen der Erwachsenenschulung; einzelne Schreiben zwischen DHHU Sozialwirtschaftsbetriebe und Betrieben zur Anmeldung von Teilnehmern.

4974 Fortbildungslehrgänge der Wirtschaftsvereinigung Eisen- und Stahlindustrie.
1959–1962
Rundschreiben der Wirtschaftsvereinigung zu Lehrgängen für Meister, Ausbilder und Arbeiter in verschiedenen Fachgebieten, Exkursionen und Auslandsseminaren; Schriftwechsel zwischen DHHU und Wirtschaftsvereinigung zur Teilnahme von Mitarbeitern, Organisation und Kostenabrechnung.

4988 Erwachsenenbildung in den Werken Dortmund und Hörde der DHHU.
1962
Teilnehmerlisten und Aufstellungen zu den Ergebnissen von Aufbaulehrgängen, mit Angabe von Noten, Fehlzeiten und Empfehlungen.

4989 Erwachsenenbildung in den Werken Dortmund und Hörde der DHHU.
1962
Stoffpläne zu den Aufbaukursen für Walzwerker, Stahlwerker und Hochöfner.

4990 Erwachsenenbildung in den Werken Dortmund und Hörde der DHHU.
1962
Teilnehmerverzeichnisse und Anwesenheitslisten zu den Aufbaukursen für Walzwerker, Stahlwerker und Hochöfner; Beurteilungen und Empfehlungen der Lehrkräfte für die Teilnehmer.

4991/1 Erwachsenenbildung in den Werken Dortmund und Hörde der DHHU.
1962
Lehrgangsbuch eines Aufbaukurses, mit Teilnehmerliste und Stoffverzeichnis; Seminararbeiten der Teilnehmer in den Bereichen Rechnen und Fachkunde.

4991/2 Erwachsenenbildung in den Werken Dortmund und Hörde der DHHU.
1962
Lehrgangsbücher von Aufbaukursen, mit Teilnehmerlisten und Stoffverzeichnis; Seminararbeiten der Teilnehmer in den Bereichen Rechnen und Fachkunde; Beurteilungen und Empfehlungen der Lehrkräfte für die Teilnehmer.

1.8.10 Ausländische Arbeitnehmer

2561 Beschäftigung ausländischer Arbeitnehmer in Deutschland.
24.07.1952
Aushang der DHHU zur Verordnung über ausländische Arbeitnehmer vom 01.02.1952, mit Hinweis auf die Notwendigkeit von Beschäftigungsgenehmigung und Arbeitserlaubnis.

5066 Beschäftigung ausländischer Arbeitnehmer in Deutschland.
1952–1956, 1961
Bundesanstalt für Arbeitsvermittlung und Arbeitslosenversicherung (Hg.): Hinweise für Arbeitgeber ausländischer Beschäftigter über die Anwerbung, Beschäftigung und Betreuung italienischer, spanischer und griechischer Arbeitskräfte, o. D. (Broschüre); Beschäftigung von Ausländern. Ausgewähltes Material aus früheren Rundschreiben des Arbeitgeberverbands Eisen- und Stahlindustrie e. V., 1961 (Rundschreiben des Arbeitgeberverbands); VDEh: Richtlinien zur Unterbringung ausländischer Praktikanten und Fachkräfte in deutschen Betrieben vom März 1956 (Kopie); Deutscher Akademischer Austauschdienst: Richtlinien für die kurzfristige Beschäftigung ausländischer Studenten, Stand 1956 (Kopie); Bundesministerium für Arbeit: Merkblatt für die Unterbringung ausländischer Praktikanten und Stipendiaten in deutschen Betrieben zum Zwecke ihrer beruflichen Fortbildung, o. D. (deutsch und englisch, Kopie); einzelne Schreiben zwischen Lohnabteilung der DHHU und Arbeitsvermittlung der DHHU Werk Hörde zu devisenrechtlichen Bestimmungen, Erhebung von Gebühren zur Erteilung einer Arbeitskarte und verwaltungstechnischen Fragen.

3335 Beschäftigung von ausländischen Arbeitnehmern und Praktikanten bei der DHHU.
1954–1964
Rundschreiben der Wirtschaftsvereinigung Eisen- und Stahlindustrie sowie Zeitungsausschnitte zur Beschäftigung von Gastarbeitern; Internationaler Rat für Jugendselbsthilfe e. V.: Ausländische Praktikanten sprechen über Deutschland, 1954 (Broschüre); Merkblatt des Bundesministeriums für Arbeit für die Unterbringung ausländischer Praktikanten und Stipendiaten in deutschen Betrieben zum Zweck ihrer beruflichen Fortbildung, o. D. (deutsch und spanisch); Aufstellungen zu bei der DHHU beschäftigten ausländischen Arbeitern und Praktikanten; Bundesvereinigung der Deutschen Arbeitgeberverbände: Ausländische Praktikanten und Studenten in Betrieb und Wirtschaft, August 1960 (Broschüre); Schriftwechsel zwischen DHHU, Wirtschaftsvereinigung Eisen- und Stahlindustrie und Arbeitsamt Dortmund zur Vermittlung von Gastarbeitern und Praktikannten sowie zu rechtlichen Fragen.

1.8.11 Jubiläumsfeier 1952

2637 Sammlung von Unterlagen zum Sozialwesen von DHHV Werk Dortmund und Hüttenwerk Hörde AG anlässlich der Hundertjahrfeier der DHHU.

[1939], 1949-1952
Aktenvermerke, Berichte und Texte zu Betriebskrankenkassen, Unfallverhütung, Unterstützungskassen, Belegschaftsentwicklung, Altersheim, Schwerbeschädigtenbetreuung, Beschäftigung von Frauen, Werksgärtnerei, Lehrlingsausbildung, Wohnungsbau und Bücherei (Typoskripte); Sozialbericht der DHHV 1949/50 (Typoskript, mit handschriftlichen Korrekturen und eingeklebten Texten); Bericht zum betrieblichen Sozialwesen der DHHV, um 1939 (Typoskript); Aushang der DHHV Werk Dortmund zum Siedlungsbau der Westfälischen Heimstätte in Dortmund-Barop vom 15.03.1950 (gedruckt); Aufstellung zur Art der freiwilligen Sozialleistungen, o. D.; Aktenvermerk zu Prämien für die Einsparung von Rohstoffen vom 12.10.1949; Abschriften von Angaben zum Sozialwesen des Hoerder Vereins aus den Jahresberichten der Handelskammer des Kreises Dortmund, 1865-1868.

569 Hundertjahrfeier der DHHU am 05.09.1952.
1952
Einladungsliste; Begrüßungsansprachen (Kopien) von Wilhelm Schäfer (Vorstandsmitglied), Carl Ewers (Aufsichtsratsmitglied, Ministerialdirektor im Wirtschaftsministerium NRW) und Eduard Beckhäuser (IHK Dortmund); Festansprachen von Friedrich Elshoff (Vorstandsmitglied), Heinrich Stephan (Vorsitzender des Betriebsrats) und Friedrich Harders (Vorstandsmitglied).

2630 Hundertjahrfeier der DHHU am 05.09.1952.
1952
Andrucke zu Einladungskarten; Aufstellungen zu Geldgeschenken an Tochtergesellschaften der DHHU und Privatpersonen, mit Angabe des Verwendungszwecks; Glückwunsch- und Danksagungsschreiben sowie -telegramme für Einladung und Zusendung der Festschrift (alphabetisch sortiert); Aufstellung zu den am Empfang teilnehmenden leitenden Angestellten; Plakate und Aushänge zu Arbeitszeiten am Tag der Feier sowie Auszahlung von Jubiläumsprämien an die Mitarbeiter; Mitteilungsblatt der DHHU, Heft August 1952; Festansprache von Friedrich Harders [?]; Schriftwechsel zwischen Harders und Persönlichkeiten der Eisen- und Stahlindustrie zur Teilnahme an der Feier sowie verschiedenen Adressaten zur Beschaffung von Informationen zur Unternehmensgeschichte und Vorbereitung der Feier.

5006/1 Hundertjahrfeier der DHHU am 05.09.1952.
1952
Niederschriften zu Planungsbesprechungen; Programm und Programmentwürfe; Liedtexte; Schriftwechsel zwischen DHHU, Künstlern, Interpreten, Komponisten und Textschreibern zur Planung der Veranstaltung; Gutachten zu Kompositionen; Plakat zur Ankündigung der Feier, mit Angaben zur Höhe des Jubiläumsgeldes; Plakat und Rundschreiben zu Gesangsproben; Entwürfe zu Rundschreiben und Drucksachen.

5006/2 Hundertjahrfeier der DHHU am 05.09.1952.
1952
Plakat zur Ankündigung der Feier, mit Angaben zur Höhe des Jubiläumsgeldes; Kostenvoranschläge; Quittungen und Rechnungen von Künstlern, Interpreten und Komponisten sowie zur Fahrtkostenabrechnung für Mitglieder der Werkschöre; Mitteilungsblatt der DHHU, Heft August 1952; einzelne Schreiben zwischen DHHU und Chören zur Überlassung von Noten; Einladung zur Feier sowie zum Empfang; Speisekarte.

214 Hundertjahrfeier der DHHU am 05.09.1952.
1952
Festgabe zur Hundertjahrfeier der DHHU (Typoskript, mit handschriftlichen Korrekturen, 163 S.).

5380/1 Musik zur Hundertjahrfeier der DHHU am 05.09.1952.
1952
„Herz werde groß". Ein Hymnus der Arbeit für Männerchor und Blasorchester, Text: Fritz Ochsenfahrt, Noten: Hans Josef Wedig, Kompositionsauftrag der DHHU, „Kennwort Maja" (Kopie der handschriftlichen Komposition und gedruckte Exemplare zur Feier).
5380/2 Dsgl., Kopie der handschriftlichen Komposition.

5381 Musik zur Hundertjahrfeier der DHHU am 05.09.1952.
1952
„Lied der Hüttenleute", für Männerchor und Blasorchester ad libitum, Text: keine Angabe, Noten: keine Angabe, „Kennwort Jubilate" (Manuskript und Kopie).

5382 Musik zur Hundertjahrfeier der DHHU am 05.09.1952.
1952
„Glückauf", Arbeitsspruch für Männerchor und Blasorchester ad libitum, Text: keine Angabe, Noten: keine Angabe „Kennwort Jubilate" (Manuskript und Kopie).

5385 Musik zur Hundertjahrfeier der DHHU am 05.09.1952.
1952
„Spruch der Arbeit", für Männerchor und Blasorchester ad libitum, Text: Hans Ulrich Plath, Noten: keine Angabe, Komposition im Auftrag der DHHU, „Kennwort Maja" (Manuskript und Kopie).

5386 Musik zur Hundertjahrfeier der DHHU am 05.09.1952.
1952
„Werkspruch", für Männerchor, Trompeten, Posaunen und Pauken ad libitum, Text: Hans Ulrich Plath, Noten: Erich Sehlbach, Komposition im Auftrag der DHHU, „Kennwort Stradivari" (Kopie des Manuskripts und gedruckte Exemplare zur Feier).

5387 Musik zur Hundertjahrfeier der DHHU am 05.09.1952.
1952
„Schaffende Hände. Lied der Werkleute", Text: keine Angabe, Noten: keine Angabe, „Stichwort Stradivari" (Manuskript und Kopie).

1.8.12 Weihnachtsfeier 1957

5383 Musik zum Märchenspiel „Rübezahl" auf der Weihnachtsfeier der DHHU in der Westfalenhalle.
1957
„Pferdchen", Noten: keine Angabe (Kopie).
5384 Dsgl., „Ätsch-Musik. Muhme Rauhreif".
5388 Dsgl., „Troll-Szene".
5389 Dsgl., „Eis-Szene".

5390 Dsgl., „Blumenfee".
5391 Dsgl., „Märchenpantomime", Noten: keine Angabe (Originalmanuskript).
5392 Dsgl., „Rüben".
5393 Dsgl., „Eistreiben und Walzer".
5394 Dsgl., „Polonaise".
5395 Dsgl., „Rattenfänger".
5396 Dsgl., „Blumenballett".
5397 Dsgl., „Köche".
5398 Dsgl., „Troll-Lied".

1.8.13 Sonstiges

2626 Berichte von Arbeitern und Angestellten über ihre Tätigkeit auf den Werken Dortmund und Hörde der DHHU und ihrer Vorläuferunternehmen.
1942, [1951]
Wilhelm Sabelström: „Erinnerungen und Erlebnisse während meiner Berufstätigkeit beim DHHV Werk Hörde", 11.04.1942 (Typoskript), mit Erwähnung von DHHV Werk Hörde, Hoerder Verein, Phoenix AG Hoerder Verein und VSt Hoerder Verein; Ludwig Draude: „Lebenserinnerungen eines Arbeiters auf der Dortmund-Hörder Hüttenunion (Werk Dortmund)", o. D. (Typoskript), mit Erwähnung von Deutsch-Lux Dortmunder Union, DHHV Werk Dortmund, Hüttenwerk Union AG, Union AG und VSt Dortmunder Union.

5063 Zahlung von Fahrtkostenerstattungen und Einbehaltung von Geldstrafen durch Hüttenwerk Hörde AG bzw. DHHU.
1945–1961
Niederschriften zu Besprechungen zwischen Lohnabteilung von Hüttenwerk Hörde AG bzw. DHHU und Nebenstellen der Lohnabteilung zu verschiedenen Themen; Rundschreiben der DHHU Sozialwirtschaftsbetriebe zu Fahrtkostenzuschüssen; Aufstellungen zur Höhe der Zuschüsse; Vereinbarung über die Zahlung eines Fahrkostenzuschusses zwischen Vorstand und Betriebsvertretungen der DHHU vom 05.09.1957; monatliche Aufstellungen zur Höhe von Fahrtgelderstattungen und anderen Sonderzahlungen, gegliedert nach einzelnen Betrieben, 1951; Schreiben von Verwaltung und Betrieben der Hüttenwerk Hörde AG an Belegschaftsmitglieder zur Verhängung von Geldstrafen infolge verbotswidrigen Verhaltens, mit Mitteilung an das Lohnbüro zur entsprechenden Einbehaltung von Löhnen.

5085 Belegschaftsbetreuung von Hüttenwerk Hörde AG bzw. DHHU.
1948, 1952, 1956, 1961
Lagerordnung für das Gemeinschaftslager der Hüttenwerk Hörde AG vom 07.04.1948; einzelne Aktenvermerke der Lohnabteilung von Hüttenwerk Hörde AG bzw. DHHU zu Versicherungen gegen Fahrrad- und Waschkauendiebstahl, Kostenübernahme für Werksurlaubsfahrten und Geschenksparbücher.

5007 Gewerkschaftsjugendgruppe Dortmund-Hörde der IG Metall.
1949–1954
Monatliche Aufstellungen, Programme und Berichte zu Veranstaltungen, Aktivitäten, Gruppen-

treffen und Anzahl der Teilnehmer der Gewerkschaftsjugendgruppe (Kopien); Zeitungsausschnitte (Kopien).

5008 Dsgl., 1955-1957 (1957 nur fragmentarisch enthalten).

2638 Jubilare der DHHU.
1951
Urkunden zum 25-jährigen Dienstjubiläum für Anton Borowski vom 02.09.1951 und Fritz Nieksch vom 23.09.1951.
[Urkundenvordrucke der DHHV.]

4992 Umbau von Verwaltungsgebäuden der DHHU und Planung eines Gesundheitshauses.
1951-1955
Grundrisszeichnungen der einzelnen Etagen und Aufrisszeichnung von Verwaltungsgebäude II in Dortmund, Huckarder Straße; Aktenvermerke und Besprechungsniederschriften der DHHU Sozialwirtschaftsbetriebe zu Kostenvoranschlägen, Raumbedarf, Raumbelegungsplanung und Bauplanung des Gesundheitshauses, auch für Verwaltungsgebäude I, Rheinische Straße, und weitere Verwaltungsgebäude.

4993 Waschkauen der Werke Dortmund und Hörde der DHHU.
1951-1961
Lageplan der DHHU Werk Dortmund, mit Einzeichnung aller Waschkauen; Grund- und Aufrisszeichnungen von verschiedenen Waschkauen; Anschreiben der DHHU Sozialwirtschaftsbetriebe an die einzelnen Betriebe zur Ermittlung des Zustands von und Bedarfs an Waschkauen; Aktenvermerke und Besprechungsniederschriften zur Bedarfs- und Bauplanung, Waschkauenbetreuung und Belegungsermittlung; Werbematerialien verschiedener Anbieter zu Waschkauenbedarf und Spinden, u. a. der Firma Corzilius & Althoff, Dortmund, zu Duschanlagen.

4973 Versehrtenwerkstätten bzw. Technische Sozialbetriebe der Werke Dortmund und Hörde der DHHU.
1951-1963
Rundschreiben der Wirtschaftsvereinigung Eisen- und Stahlindustrie zu Beschäftigung Schwerbeschädigter und gesetzlichen Bestimmungen; Schriftwechsel zwischen DHHU Sozialwirtschaftsbetriebe, Arbeitsamt Dortmund, Landschaftsverband Westfalen-Lippe und Versehrtenwerkstätten zu Beschäftigungs- und Personalfragen, Lohneinstufung von Mitarbeitern, Organisation des Betriebs und Umbau des ehemaligen Kleinbaus im Werk Dortmund zu einer Versehrtenwerkstatt; Lageplan und Grundrisszeichnungen des Gebäudes, Kostenvoranschlag zu den Bauarbeiten; Wirtschaftsvereinigung (Hg.): Gedanken zum Versehrteneinsatz in der Eisen- und Stahlindustrie. Sonderveranstaltung des Fachausschusses „Betriebliche Sozialarbeit" am 21.11.1958, Düsseldorf (Broschüre, 28 S.).

3340 Sozialstruktur der Belegschaft der DHHU.
[1952]
Wirtschaftswissenschaftliches Institut der Gewerkschaften: Industriesoziologische Untersuchungen bei den Werken Dortmund und Hörde der DHHU, Bd. 1: DHHU Werk Hörde.

3341 Dsgl., Bd. 2: DHHU Werk Dortmund.

5087 Beschäftigung Schwerbeschädigter durch die DHHU.
1952–1956
Namentliche Aufstellungen zu Schwerbeschädigten, mit Angaben zur Grad und Grund der Schwerbeschädigung; Gesetz über die Beschäftigung Schwerbeschädigter vom 16.06.1953 (gedruckt); Zeitungsausschnitte und Zeitungsabschriften; Aktennotizen, Rundschreiben an die Betriebe sowie Schriftwechsel zwischen Lohnabteilung, Sozialwirtschaftsbetrieben, Betrieben und Behörden zur Beschäftigung Schwerbeschädigter.

5328 Stellungnahme zu sozialpolitischen Problemen der Gegenwart, o. D. (Typoskript, 47 S., o. Autor).
[1955]

5004 Abstellung von Mitarbeitern zu Luftschutzübungen.
1961–1967
Anträge sowie einzelne Schreiben zwischen DHHU AG bzw. Hoesch AG Hüttenwerke sowie Ordnungsamt der Stadt Dortmund bzw. Bundesluftschutzverband Ortsstelle Dortmund auf Erstattung von Lohnkosten.

1701 Barbarafeier 1963 bei der DHHU.
1963
Gedicht, mit Erwähnung von Vorstandsmitgliedern (Typoskript, o. Autor).

881 50-jähriges Dienstjubiläum bei der DHHU.
1965
Jubiläumszeitung.

1.9 Tochtergesellschaften und Beteiligungen
1.9.1 Beteiligungsverzeichnisse

5980 Beteiligungen der DHHU.
1953–1954
Aufstellung der Beteiligungen, alphabetisch.

5290 Beteiligungshandbuch der DHHU.
1966.

5340 Beteiligungen der DHHU.
1966
Beteiligungsverzeichnisse der DHHU, Januar und Februar 1966 (Typoskripte, mehrere Versionen).

1.9.2 Arbeitsgemeinschaft Exploration

2726/1 Tätigkeitsberichte der Arbeitsgemeinschaft Exploration.
1954–1957

1.-12. Tätigkeitsbericht, 1954, 1955, Januar bis April 1956, Mai bis August 1956, September bis Dezember 1956 und Januar bis April 1957.

2726/2 Tätigkeitsberichte der Arbeitsgemeinschaft Exploration.
1957-1958
13.-16. Tätigkeitsbericht, Mai bis August 1957, September bis Dezember 1957, Januar bis Juni 1958 und Juli bis Dezember 1958.

2726/3 Tätigkeitsberichte der Arbeitsgemeinschaft Exploration.
1959-1960
17. und 18. Tätigkeitsbericht, Januar bis Juni 1959 und Juli bis Dezember 1959; Aktenvermerk der Gewerkschaft Exploration zu Besprechungen über die Companhia Mineira de Moncorvo S. A., Portugal, vom 28.01.1960; Bericht über den Besuch einer deutschen Sachverständigengruppe bei der Sierra Leone Development Comp., Vorkommen Marampa und Tonkolili, vom 14.11.1959-21.11.1959, o. D.

2726/4 Tätigkeitsberichte der Arbeitsgemeinschaft Exploration.
1960-1963
19.-26. Tätigkeitsbericht, Januar bis Juni 1960, Juli bis Dezember 1960, Januar bis Juni 1961, Juli bis Dezember 1961, Januar bis Juni 1962, Juli bis Dezember 1962, Januar bis Juni 1963 und Juli bis Dezember 1963.

1.9.3 Barbara Erzbergbau AG bzw. GmbH, Siegen/Düsseldorf

Hauptversammlungen

2684 Hauptversammlungen der Barbara Erzbergbau AG.
1952-1960
Niederschriften der Hauptversammlungen am 19.09.1955, 26.01.1956, 30.04.1957, 10.01.1958, 05.05.1959 und 19.05.1960, mit Niederschriften der konstituierenden Sitzungen des Aufsichtsrats; Vertrag zwischen Barbara Erzbergbau AG und Stahltreuhändervereinigung vom 28.07.1954 über die Einbringung von Vermögenswerten, u. a. der Erzbergbau Siegerland AG, in die Barbara Erzbergbau AG auf Basis zahlreicher Anordnungen der CSG, mit Nachgründungbericht des Aufsichtsrats vom 28.07.1954 (Abschriften); Geschäftsberichte, 1952/53 und 1954/55-1958/59.

5144 Hauptversammlungen der Barbara Erzbergbau AG.
1954-1963
Niederschriften der außerordentlichen Hauptversammlungen der Barbara Erzbergbau AG am 28.07.1954 zur Erhöhung des Grundkapitals um DM 11.000.000 auf DM 15.000.000, 19.02.1955 zur Verlegung des Unternehmenssitzes von Siegen nach Düsseldorf (Kopie) und 10.01.1958 zu Aufsichtsratswahlen (Kopie), sowie der Hauptversammlungen am 30.04.1957 (Abschrift), 25.04.1958 (Kopie), 05.05.1959 (Kopie), 16.05.1960 (Abschrift), 25.05.1961, 21.05.1962 (Kopie) und 13.05.1963; einzelne Schreiben zwischen DHHU Rechtsabteilung und Barbara Erzbergbau AG zu den Hauptversammlungen.

5145 Gesellschafterversammlungen der Barbara Erzbergbau GmbH.
1964–1967
Niederschriften der Gesellschafterversammlungen am 27.05.1964 (Kopie) und 28.04.1965 (Kopie); einzelne Schreiben zwischen DHHU Rechtsabteilung bzw. Hoesch AG Rechtsabteilung und Barbara Erzbergbau GmbH zu den Gesellschafterversammlungen, auch 1966 und 1967.

Aufsichtsrat

2683/1 Aufsichtsrat der Barbara Erzbergbau AG.
1953–1954
Niederschriften und vorbereitende Unterlagen zur 2.–7. Sitzung des Aufsichtsrats sowie des Hauptausschusses des Aufsichtsrats am 30.04.1953, 30.06.1953, 03.11.1953, 05.02.1954, 10.05.1954 und 06.09.1954; Broschüre der Barbara Erzbergbau AG Verwaltung Wesergebirge zu Geologie und Abbauschemata der Gruben Nammen und Wohlverwahrt, Betriebskennzahlen, Sozialleistungen, Investitionen und Kostenstruktur der Wesergruben, mit Lageplan und Fotografien der Tagesanlagen und Hauptarbeiten im Untertagebetrieb der Gruben Nammen und Wohlverwahrt vom 30.04.1953 (Typoskript); Broschüre der Bergverwaltung Süddeutschland zu Betriebsbeschreibungen, Geologie und Abbauschemata der Gruben Kahlenberg, Schönberg und Teufelsgrund, Betriebskennzahlen, Sozialleistungen und Investitionen, mit Lageplan und Fotografien der Tagesanlagen, o. D. (Typoskript); Broschüre der Bergverwaltung Mitteldeutschland zu Betriebsbeschreibungen, Geologie und Abbauschemata der Gruben Barbecke, Fortuna, Ida und Morgenstern, Investitionen und Sozialleistungen, mit Lageplan und Fotografien von Tagesanlagen und Werkssiedlungen, Streckenschnitten, schematischen Darstellung von Abbauverfahren und Flussbildern der Aufbereitungsanlagen, o. D. (Typoskript).

2683/2 Aufsichtsrat der Barbara Erzbergbau AG.
1954–1956
Niederschriften und vorbereitende Unterlagen zur 8.–14. Sitzung des Aufsichtsrats sowie des Hauptausschusses des Aufsichtsrats am 13.12.1954, 28.03.1955, 27.06.1955 bzw. 30.06.1955, 19.09.1955 (nur Kurzvermerk), 28.11.1955, 06.01.1956 und 26.01.1956 (nur Kurzvermerk); Satzungsentwurf, o. D. (Typoskript); Geschäftsberichte, 1952/53 und 1953/54 (Entwürfe).

2683/3 Aufsichtsrat der Barbara Erzbergbau AG.
1956
Niederschriften und vorbereitende Unterlagen zur 15.–18. Sitzung des Aufsichtsrats sowie des Hauptausschusses des Aufsichtsrats am 16.04.1956, 09.07.1956, 10.08.1956 (nur Kurzvermerk) und 19.11.1956.

2683/4 Aufsichtsrat der Barbara Erzbergbau AG.
1957
Niederschriften und vorbereitende Unterlagen zur 19.–22. Sitzung des Aufsichtsrats sowie des Hauptausschusses des Aufsichtsrats am 18.03.1957, 30.04.1957 (nur Kurzvermerk), 05.07.1957 und 18.11.1957; Geschäftsbericht, 1955/56 (Entwurf).

2683/5 Aufsichtsrat der Barbara Erzbergbau AG.
1958
Niederschriften und vorbereitende Unterlagen zur 23.-25. Sitzung des Aufsichtsrats sowie des Hauptausschusses des Aufsichtsrats am 17.03.1958, 25.04.1958 (nur Kurzvermerk) und 11.08.1958; Geschäftsbericht, 1956/57 (Entwurf).

2683/6 Aufsichtsrat der Barbara Erzbergbau AG.
1958-1959
Niederschriften und vorbereitende Unterlagen zur 26.-28. Sitzung des Aufsichtsrats sowie des Hauptausschusses des Aufsichtsrats am 24.11.1958, 23.03.1959, 05.05.1959 (nur Kurzvermerk, ohne Zählung) und 12.06.1959; Geschäftsbericht, 1957/58 (Entwurf).

2683/7 Aufsichtsrat der Barbara Erzbergbau AG.
1959-1960
Niederschriften und vorbereitende Unterlagen zur 29.-31. Sitzung des Aufsichtsrats sowie des Hauptausschusses des Aufsichtsrats am 03.11.1959, 07.04.1960, 16.05.1960 (nur Kurzvermerk, ohne Zählung) und 31.08.1960; Geschäftsbericht, 1958/59 (Entwurf).

2683/8 Aufsichtsrat der Barbara Erzbergbau AG.
1960-1961
Niederschriften und vorbereitende Unterlagen zur 32.-35. Aufsichtsratssitzung am 12.12.1960, 07.04.1961, 25.05.1961 (nur Kurzvermerk, ohne Zählung), 14.07.1961 und 17.11.1961; Geschäftsbericht, 1959/60 (Entwurf).

2683/9 Aufsichtsrat der Barbara Erzbergbau AG.
1962
Niederschriften und vorbereitende Unterlagen zur 36.-38. Aufsichtsratssitzung am 10.04.1962, 21.05.1962 (nur Kurzvermerk, ohne Zählung), 19.07.1962 und 27.11.1962; Geschäftsbericht, 1960/61 (Entwurf).

2683/10 Aufsichtsrat der Barbara Erzbergbau AG.
1963
Niederschriften und vorbereitende Unterlagen zur 39.-41. Aufsichtsratssitzung am 02.04.1963, 13.05.1963 (nur Kurzvermerk, ohne Zählung), 17.07.1963 und 27.11.1962; Geschäftsbericht, 1961/62 (Entwurf); Untersuchung der Barbara Erzbergbau AG zu steuerlichen Gestaltungsmerkmalen im Eisenerzbergbau, o. D. (Typoskript); Konzept zur Auslegung des Diabas-Steinbruchs mit Brech- und Siebanlage in Uckersdorf/Westerwald, o. D. (Typoskript, mit geologischen Profilen und Lageplan).

2683/11 Aufsichtsrat der Barbara Erzbergbau AG.
1964
Niederschriften und vorbereitende Unterlagen zur 42.-44. Aufsichtsratssitzung am 03.03.1964, 15.07.1964 und 24.11.1964; Geschäftsbericht, 1962/63 (Entwurf).

2683/12 Aufsichtsrat der Barbara Erzbergbau AG.
1965
Niederschriften und vorbereitende Unterlagen zur 45.-47. Aufsichtsratssitzung am 24.03.1965,

21.07.1965 und 26.11.1965; Bericht zu Produktion und Produktionskosten, Betrieb, Absatz, Investitionen, Basaltqualitäten und -vorräten der Westdeutschen Hartstein Gesellschaft mbH, mit Lageplänen, geologischen Profilen und Schnitten des Tagebaus Beilstein sowie Flussbild der Siebanlage, o. D. (Typoskript).

Bilanzen und Revisionsberichte

2783 Jahresabschlüsse, Geschäftsberichte und Sozialberichte der Barbara Erzbergbau AG.
1952–1957
Geschäftsberichte, 1952/53–1956/57; Sozialberichte, 1952/53–1954/55; Bilanz zum 30.09.1953 sowie vergleichende Bilanz zum 30.09.1953 und 30.09.1954; vorbereitende Unterlagen zur Bilanzausschusssitzung des Aufsichtsrats am 27.06.1955 zum Geschäftsjahr 1952/53; einzelne Aktenvermerke der DHHU Beteiligungen zu Jahresabschlüssen der Barbara Erzbergbau AG.
Darin auch: Geschäftsbericht der Erzbergbau Siegerland AG, 1956/57.

2784 Revisionsberichte zur Barbara Erzbergbau AG, sowie Jahresabschlüsse und Geschäftsberichte von Barbara Erzbergbau AG, Erzbergbau Porta-Damme AG und Erzbergbau Siegerland AG.
1957–1959
Vorbereitende Unterlagen zur Bilanzausschusssitzung des Aufsichtsrats der Erzbergbau Porta-Damme AG am 26.01.1959 zum Geschäftsjahr 1957/58; Bilanz der Erzbergbau Siegerland AG, 1957/58; Geschäftsberichte von Erzbergbau Siegerland AG, 1957/58 (Entwurf), Erzbergbau Porta-Damme AG, 1957/58, und Barbara Erzbergbau AG, 1957/58 und 1958/59; Wilhelm Hilger: Berichte über die Prüfung des Jahresabschlusses der Barbara Erzbergbau AG zum 30.09.1958 und 30.09.1959; einzelne Aktenvermerke der DHHU Beteiligungen zu den Jahresabschlüssen von Barbara Erzbergbau AG, Erzbergbau Porta-Damme AG und Erzbergbau Siegerland AG.

2785 Revisionsbericht zur Barbara Erzbergbau AG, sowie Jahresabschlüsse und Geschäftsberichte von Barbara Erzbergbau AG, Erzbergbau Porta-Damme AG und Erzbergbau Siegerland AG.
1959–1961
Vorbereitende Unterlagen zur Bilanzausschusssitzung des Aufsichtsrats der Erzbergbau Porta-Damme AG am 16.03.1961 zum Geschäftsjahr 1959/60; Bilanz der Erzbergbau Siegerland AG, 1959/60; Geschäftsberichte der Erzbergbau Siegerland AG, 1959/60 (Entwurf), und der Barbara Erzbergbau AG, 1959/60; Wilhelm Hilger; Bericht über die Prüfung des Jahresabschlusses der Barbara Erzbergbau AG zum 30.09.1960; einzelne Aktenvermerke der DHHU Beteiligungen zu den Jahresabschlüssen von Barbara Erzbergbau AG, Erzbergbau Porta-Damme AG und Erzbergbau Siegerland AG.

2728/1 Revisionsberichte zur Barbara Erzbergbau AG.
1960–1963
Wilhelm Hilger: Berichte über die Prüfung der Jahresabschlüsse zum 30.09.1961, 30.09.1962 und 30.09.1963; Geschäftsberichte, 1960/61–1962/63; einzelne Aktenvermerke der DHHU Beteiligungen zu den Jahresabschlüssen.

2728/2 Revisionsberichte zur Barbara Erzbergbau AG.
1963–1966

Wilhelm Hilger: Berichte über die Prüfung der Jahresabschlüsse zum 30.09.1964, 30.09.1965 und 30.09.1966; Geschäftsberichte, 1963/64-1965/66.

Unternehmensorganisation und Beteiligungsverhältnis

2729 Neuordnung der Beteiligungsverhältnisse von Barbara Erzbergbau AG bzw. Barbara Erzbergbau GmbH.
1952-1970
Vertrag zwischen ATH, DHHU, Fried. Krupp Hüttenwerke AG, Rheinisch-Westfälische Kalkwerke AG, Rheinische Kalksteinwerke GmbH und Rheinischen Stahlwerken über den Verkauf der Geschäftsanteile der Stahlunternehmen an der Barbara Erzbergbau GmbH an die Kalkproduzenten vom 30.09.1969 (Kopie); Poolvertrag zwischen Rheinisch-Westfälische Kalkwerke AG und Rheinische Kalksteinwerke GmbH zur Regelung des Gesellschafterverhältnisses, September 1969 (Entwurf); Bilanzen und Bilanzunterlagen der Barbara Erzbergbau AG zum 30.09.1967 und 30.09.1968; CSG: Anordnung vom 28.04.1955 an die ehemaligen Tochtergesellschaften bzw. Nachfolgegesellschaften der VSt i. L. zum Übergang von Energielieferverträgen zwischen VSt und Thyssen'sche Gas- und Wasserwerke GmbH auf die Bergbau- und Industriewerte GmbH und Fortführung der Verträge (Abschrift); CSG: Anordnung vom 29.04.1955 an die ehemaligen Tochtergesellschaften bzw. Nachfolgegesellschaften der VSt i. L. zu deren Entschädigung für Vermögenswerte, die in Barbara Erzbergbau AG, Erzbergbau Porta-Damme AG und Erzbergbau Siegerland AG eingebracht wurden (Kopie); Schreiben von Ludwig Erhard an die Allied High Commission for Germany zur Neuordnung des Eisenerzbergbaus vom 02.05.1952 (Kopie einer Abschrift); Satzung der Barbara Erzbergbau GmbH, August 1963 (Entwurf); Besprechungsniederschriften und Aktenvermerke der DHHU Beteiligungen zu Neuordnung des Eisenerzbergbaus, vermögens- und steuerrechtlichen Fragen, Unternehmensbewertung und Entschädigungsleistungen unter den Anteilseignern; Schriftwechsel zwischen DHHU, Hoesch AG, HWS und Barbara Erzbergbau GmbH zu Umwandlung der Barbara Erzbergbau AG in die Barbara Erzbergbau GmbH, Bewertung der Barbara Erzbergbau GmbH, Übertragung der Anteile der HWS an der Barbara Erzbergbau GmbH auf die DHHU sowie Kaufvertrag mit den Kalkproduzenten.

5147 Barbara Erzbergbau AG bzw. Barbara Erzbergbau GmbH.
1953-1958, 1963-1966
Unternehmensstammblatt, Stand September 1964; vergleichende Satzungsentwürfe zur Barbara Erzbergbau AG, o. D. (Typoskripte); Aufstellung der Beteiligungsverhältnisse von Barbara Erzbergbau AG und Gewerkschaft Exploration am 12.07.1960; Satzungen von Barbara Erzbergbau AG vom 18.03.1953, 28.07.1954, 19.02.1955 und 26.01.1956 bzw. Barbara Erzbergbau GmbH vom 26.09.1963 und 20.05.1966 (gedruckt); einzelne Schreiben zwischen DHHU Rechtsabteilung und Barbara Erzbergbau AG bzw. Barbara Erzbergbau GmbH zu Neufassung der Satzungen, Sitzverlegung, Neuordnung des Erzbergbaus, Hauptversammlungen und Geschäftsergebnissen.

5148 Umwandlung der Barbara Erzbergbau AG in die Barbara Erzbergbau GmbH.
1963
Niederschrift der außerordentlichen Hauptversammlung der Barbara Erzbergbau AG am 20.09.1963 zur Umwandlung, mit Satzung der Barbara Erzbergbau GmbH; Satzungsentwürfe; einzelne Schreiben zwischen DHHU Rechtsabteilung und Barbara Erzbergbau AG zur Umwandlung.

5149 Gesellschaftsanteile der Barbara Erzbergbau GmbH.
1967–1969
Vertrag zwischen DHHU und HWS vom 27.09.1967 zum Verkauf des Geschäftsanteils der HWS an der Barbara Erzbergbau GmbH an die DHHU; Vertrag zwischen ATH, DHHU, Fried. Krupp Hüttenwerke AG, Rheinisch-Westfälische Kalkwerke AG, Rheinische Kalksteinwerke GmbH und Rheinischen Stahlwerken vom 30.09.1969 zum Verkauf der Geschäftsanteile der Unternehmen der Eisen- und Stahlindustrie an Rheinisch-Westfälische Kalkwerke AG und Rheinische Kalksteinwerke GmbH; Poolvertrag zwischen den Käufern zur Regelung ihrer Beziehungen als Anteilseigner, 02.09.1969 (Entwurf); einzelne Schreiben zwischen den beteiligten Unternehmen und Rechtsanwälten zu den Verträgen.

Sonstiges

5146 Grunderwerb der Barbara Erzbergbau AG in Schwaförden für Halden und die Schachtanlage Staffhorst.
1961–1962
Kaufverträge zwischen ATH, DHHU, Hoesch AG Westfalenhütte, Hüttenwerk Oberhausen AG und Phoenix-Rheinrohr für die Barbara Erzbergbau AG sowie Dietrich Lange vom 05.05.1961, Friedrich Behrmann vom 27.06.1961, Fritz Gerdes vom 26.09.1961, Heinrich Heinhorst vom 05.12.1961 und dem Land Niedersachsen vom 11.09.1962; Grundbuchauszüge; einzelne Schreiben zwischen DHHU Rechtsabteilung, Barbara Erzbergbau AG und Rechtsanwälten zu Verträgen und Grundbuchangelegenheiten.

1.9.4 Bergbau- und Industriewerte AG, Düsseldorf

2719 Geschäftsberichte und Bilanzen der Bergbau- und Industriewerte GmbH.
1954–1964
Eröffnungsbilanz zum 01.04.1954 sowie Bilanz zum 30.09.1954; Geschäftsberichte, 1954/55–1963/64 (Typoskripte); einzelne Aktenvermerke der DHHU Beteiligungen zu Beiratssitzungen und Jahresabschlüssen.

2675 Geplanter Verkauf der Gewerkschaft Hürtherberg an die Knapsack-Griesheim AG.
1959–1960
Bericht von Wilhelm Leysieffer an die Mitglieder des Grubenvorstands der Gewerkschaft Hürtherberg vom 03.12.1959 zur Ermittlung der Vermögenswerte der Gewerkschaft, mit Aufstellungen zu Grundbesitz, Anlagen und Maschinen sowie Lageplänen von Grundstücken und Brikettfabrik; Entwurf eines Vertrags zwischen Bergbau- und Industriewerte GmbH, Gewerkschaft Hürtherberg und einem potenziellen Käufer zum Verkauf der Gewerkschaft vom 07.12.1959; einzelne Schreiben zwischen Bergbau- und Industriewerte GmbH und DHHU zu Beiratssitzungen der Gewerkschaft und geplantem Verkauf.

1.9.5 Blefa, Blechwaren- und Faßfabrik GmbH, Kreuztal

Hauptversammlung und Aufsichtsrat

3026 Hauptversammlungen der Blefa.
1961-1969
Niederschriften der Hauptversammlungen am 27.03.1961, 22.03.1962, 25.03.1963, 14.04.1964, 14.04.1965, 24.04.1967, 11.04.1968 und 10.04.1969 (Originale, Kopien und Durchschläge).

2995 14.-17. Aufsichtsratssitzung der Blefa am 16.01.1961, 12.05.1961, 05.09.1961 und 08.12.1961.
1961
Vorbereitende Unterlagen und Niederschriften.
2996 Dsgl., 18.-20. Aufsichtsratssitzung am 19.01.1962, 11.05.1962 und 10.10.1962.
2997 Dsgl., 21.-23. Aufsichtsratssitzung am 18.01.1963, 31.05.1963 und 09.10.1963.
2998 Dsgl., 24.-26. Aufsichtsratssitzung am 27.01.1964, 01.06.1964 und 20.10.1964.
2999 Dsgl., 27.-29. Aufsichtsratssitzung am 20.01.1965, 03.05.1965 und 12.10.1965 (Sitzung am 20.01.1965 ohne Unterlagen).
3000 Dsgl., 30.-32. Aufsichtsratssitzung am 21.01.1966, 06.05.1966 und 11.10.1966.
3001 Dsgl., 33.-35. Aufsichtsratssitzung am 20.01.1967, 09.05.1967 und 29.09.1967.
3002 Dsgl., 36.-38. Aufsichtsratssitzung am 15.01.1968, 10.05.1968 und 23.10.1968.
3003 Dsgl., 39.-42. Aufsichtsratssitzung am 20.01.1969, 06.03.1969. 13.05.1969 und 03.11.1969 (Sitzung am 06.03.1969 ohne Unterlagen).

Revisionsberichte

2748/1 Revisionsbericht zur Blefa.
1961
Herbert Rätsch: Bericht über die Prüfung des Jahresabschlusses zum 30.09.1961.
2748/2 Dsgl., zum 30.09.1962.
2748/3 Dsgl., zum 30.09.1963.
2748/4 Dsgl., zum 30.09.1964.
2748/5 Dsgl., zum 30.09.1965.
2748/6 Dsgl., zum 30.09.1966.
2748/7 Dsgl., zum 30.09.1967 (Hauptbericht).
2748/8 Dsgl., zum 30.09.1967 (Anhang zum Hauptbericht).
2748/9 Dsgl., zum 30.09.1968 (Hauptbericht).
2748/10 Dsgl., zum 30.09.1968 (Anlagen zum Hauptbericht).

Sonstiges

5370 Fassfertigung der Blefa.
1963
Kienbaum Unternehmensberatung: Bericht über die Neugestaltung der Fassfertigung im Werk Attendorn der Blefa vom 09.12.1963, Textband.

5371 Fassfertigung der Blefa.
1963
Kienbaum Unternehmensberatung: Bericht über die Neugestaltung der Fassfertigung im Werk Attendorn der Blefa vom 09.12.1963, Anlagenband, mit Angeboten von Inpeerex N.V., Wormerveer (Niederlande) zu einer Fasslackieranlage der Controlled Heat and Air Ltd., Birmingham, mit Konstruktionszeichnungen und Fotografien der Anlage, von Moon Brothers Ltd., Birkenhead (Großbritannien), zu einer Fassfertigungsanlage, mit Konstruktionszeichnungen, von Hager & Weidmann AG, Bergisch-Gladbach, zu Trockenanlagen und Transportbändern, mit Konstruktionszeichnungen und Prospekten, sowie von A. Stotz AG, Stuttgart, zu einer Kreisförderanlage, mit Konstruktionszeichnungen und Prospekten.

5372 Fassfertigung der Blefa.
1963
Kienbaum Unternehmensberatung: Bericht über die Verbesserung der Fertigung von Falzfässern in der Leichtfassstraße vom 29.07.1963 als Teilbericht zur Neugestaltung der Fassfertigung im Werk Attendorn der Blefa.

1.9.6 Celler & Co. GmbH, Dortmund

Erwerb und Unternehmensorganisation

5838 Erwerb der Celler & Co. GmbH durch die DHHU.
1957-1959
Verträge zwischen DHHU, Wilhelm Celler und Walter Röser zu Gewährung von Darlehen gegen Verpfändung von deren Geschäftsanteilen vom 12.01.1957 sowie Verkauf der Geschäftsanteile vom 28.01.1958; Genehmigung der EGKS Hohe Behörde für die DHHU zum Erwerb vom 17.01.1958; einzelne Schreiben zwischen DHHU, DHHU Rechtsabteilung, Celler & Co. GmbH, Rechtsanwälten und EGKS Hohe Behörde zum Erwerb.

5836 Erwerb der Celler & Co. GmbH durch die DHHU.
1957-1967
Aufstellungen zu den Geschäftsanteilen der DHHU an der Celler & Co. GmbH; einzelne Schreiben zwischen DHHU, DHHU Rechtsabteilung, Celler & Co. GmbH, Wilhelm Celler und Walter Röser zu Gewährung von Darlehen gegen Verpfändung von deren Geschäftsanteilen, Erwerb des Unternehmens, Schrottlieferungen und Regelung des Rechnungsverkehrs.

5835 Organschaft von DHHU und Celler & Co. GmbH.
1958-1960
Organschaftsvertrag vom 09./11.12.1958; einzelne Schreiben zwischen DHHU Rechtsabteilung und Celler & Co. GmbH zum Organschaftsverhältnis.

Interne Geschäftsberichte

3016/1 Interner Geschäftsbericht der Celler & Co. GmbH, 1966/67.
1966-1967

3016/2 Dsgl., 1967/68.

3016/3 Dsgl., 1968/69.

Gesellschafterversammlung

5767 Gesellschafterversammlungen und Jahresabschlüsse der Celler Co. GmbH.
1958-1969
Niederschriften der Gesellschafterversammlungen am 31.01.1958, 06.07.1959, 08.05.1967, 10.05.1968 (mit Geschäftsbericht 1966/67) und 10.03.1969 (mit Geschäftsbericht 1967/68); Jahresabschlüsse zum 30.09.1959, 30.09.1960, 30.09.1961, 30.09.1962, 30.09.1963, 30.09.1964, 30.09.1965 und 30.09.1966; einzelne Schreiben zwischen DHHU, Celler & Co. GmbH und Wirtschaftsprüfer Harry Esser zur Feststellung und Prüfung der Jahresabschlüsse.

5840 Außerordentliche Gesellschafterversammlung der Celler & Co. GmbH am 06.07.1959.
1959
Niederschrift der außerordentlichen Gesellschafterversammlung zur Erhöhung des Grundkapitals um DM 900.000 auf DM 1.000.000, mit Gesellschaftsvertrag; einzelne Schreiben zwischen DHHU Rechtsabteilung, Celler & Co. GmbH, Rechtsanwälten und Amtsgericht Dortmund zu Kapitalerhöhung und Handelsregisterangelegenheiten.

Geschäftsführung und Beirat

5834 Geschäftsführung der Celler & Co. GmbH.
1957-1962
Geschäftsordnung vom 09.04.1962; Entwurf zum Gesellschaftsvertrag vom 06.07.1959; Vermögenssteuerbescheid des Finanzamts Dortmund-Nord zum 01.01.1957 (Kopie); einzelne Schreiben zwischen DHHU Rechtsabteilung und Celler & Co. GmbH zur Geschäftsordnung.

2704 Bilanz- und Finanzausschuss von Celler & Co. GmbH und Hans Kaupmann GmbH.
1960-1963
Niederschriften und vorbereitende Unterlagen zur 1.-4. Sitzung des Bilanz- und Finanzausschusses der Celler & Co. GmbH am 22.03.1960, 29.08.1960, 15.05.1961 und 01.02.1962; Niederschrift und vorbereitende Unterlagen zur 1. Sitzung des Bilanz- und Finanzausschusses der Hans Kaupmann GmbH am 01.02.1962; Niederschriften und vorbereitende Unterlagen zur 5.-7. Sitzung des gemeinsamen Bilanz- und Finanzausschusses am 28.08.1962, 22.01.1963 und 18.06.1963.

2676 Beirat sowie Bilanz- und Finanzausschuss von Celler & Co. GmbH und Hans Kaupmann GmbH.
1960-1967
Niederschriften zur 1.-4. Sitzung des Bilanz- und Finanzausschusses der Celler & Co. GmbH am 22.03.1960, 29.08.1960, 15.05.1961 und 01.02.1962; Niederschrift zur 1. Sitzung des Bilanz- und

Finanzausschusses der Hans Kaupmann GmbH am 01.02.1962; Niederschriften zur 5.-7. Sitzung des gemeinsamen Bilanz- und Finanzausschusses am 28.08.1962, 22.01.1963 und 18.06.1963; Niederschriften und vorbereitende Unterlagen zur 8.-16. Sitzung des gemeinsamen Bilanz- und Finanzausschusses am 04.10.1963, 16.01.1964, 15.06.1964, 26.11.1964, 02.02.1965, 22.06.1965, 25.10.1965, 20.01.1966 und 01.07.1966; Niederschriften und vorbereitende Unterlagen zur 17. und 18. Sitzung des gemeinsamen Beirats am 08.11.1966 und 25.01.1967.

5837 Geschäftsführung der Celler & Co. GmbH.
1961-1966
Handelsregisterauszüge; einzelne Schreiben zwischen DHHU Rechtsabteilung und Celler & Co. GmbH zu Bestellung von Geschäftsführern, Erteilung von Prokuren und Handelsregisterangelegenheiten.

5768 Gemeinsamer Bilanz- und Finanzausschuss von Celler & Co. GmbH und Hans Kaupmann GmbH.
1963-1966
Niederschriften und vorbereitende Unterlagen zur 8.-16. Sitzung am 04.10.1963, 16.01.1964, 15.06.1964, 26.11.1964, 02.02.1965, 22.06.1965, 25.10.1965 und 01.07.1966 (ohne Unterlagen).

3017 Beirat von Celler & Co. GmbH und Hans Kaupmann GmbH.
1966-1970
Niederschriften der 17. und 18. gemeinsamen Beiratssitzung am 08.11.1966 und 25.01.1967 sowie vorbereitende Unterlagen und Niederschriften zur 19.-22. Beiratssitzung der Celler & Co. GmbH am 29.06.1967, 06.12.1968, 13.03.1969 und 21.01.1970 (nur Niederschrift).

Bilanzen und Revisionsberichte

2702 Revisionsberichte zur Celler & Co. GmbH.
1957-1960
DHHU Revision: Prüfungsberichte zu den Jahresabschlüssen zum 31.12.1957, 31.12.1958 und 30.09.1959 sowie des Zwischenabschlusses zum 30.09.1958; Westdeutsche Industrie-Treuhandgesellschaft mbH: Prüfungsbericht zum Jahresabschluss zum 30.09.1960.

5839 Jahresabschlüsse der Celler & Co. GmbH.
1957-1966
Jahresabschlüsse zum 30.09.1957, 30.09.1958, 30.09.1959, 30.09.1960, 30.09.1961, 30.09.1962, 30.09.1963, 30.09.1964 und 30.09.1965; einzelne Schreiben zwischen DHHU Rechtsabteilung und Celler & Co. GmbH zu den Jahresabschlüssen.

5204 Steuerprüfung bei der Celler & Co. GmbH.
1960
Konzernbetriebsprüfungsstelle Münster für die Finanzämter im Oberfinanzbezirk Münster: Bericht über die Betriebsprüfung für den Zeitraum 01.10.1955-30.09.1960.

2703 Bilanzen und Revisionsberichte zur Celler & Co. GmbH.
1961-1966

Bilanzen zum 30.09.1961, 30.09.1962, 30.09.1963, 30.09.1964 und 30.09.1965; Harry Esser: Prüfungsberichte zu den Jahresabschlüssen zum 30.09.1961, 30.09.1963, 30.09.1964, 30.09.1965 und 30.09.1966; Westdeutsche Industrie-Treuhandgesellschaft mbH: Prüfungsbericht zum Jahresabschluss zum 30.09.1962.

2666 DHHU Revision: Bericht über die Prüfung der Lohnabrechnung für den Zeitraum Juli 1961 bis Mai 1962.

5764 Harry Esser: Bericht über die Prüfung des Jahresabschlusses zum 30.09.1967.

5765 Harry Esser: Zusammengefasster Bericht über die Prüfung des Jahresabschlusses zum 30.09.1967.

5766 Harry Esser: Bericht über die Prüfung des Jahresabschlusses zum 30.09.1968.

1.9.7 Dolomitwerke GmbH, Wülfrath

Gründung und Unternehmensorganisation

5122 Dolomitwerke GmbH.
1941, 1953-1957, 1961-1969
Niederschriften der außerordentlichen Gesellschafterversammlungen am 25.06.1941 zur Kapitalerhöhung von RM 21.000 auf RM 2.400.000 sowie am 16.07.1953 zur Liquidation und geplanten Umfirmierung in „Wülfrather Dolomitwerke GmbH"; Gründungsvertrag und Satzung vom 17.07.1953; Handelsregisterauszüge; Vertrag zwischen den Gesellschaftern ATH, DHHV, Hüttenwerke Phoenix AG und Westfalenhütte AG zur Bildung einer Vereinigung „zum Zweck der Herstellung einer einheitlichen Willensbildung gegenüber der Dolomitwerke GmbH" sowie Organschaftsvertrag, mit Gewinnausschlussvereinbarung, der Vereinigung als Organträger und der Dolomitwerke GmbH als Organgesellschaft vom 14./25.08./01./08.09.1954, mit Entwürfen; Niederschrift der Gesellschafterversammlung am 24.06.1961 zur Kapitalerhöhung von DM 5.000.000 auf DM 12.000.000 (Kopie); Aktenvermerke der DHHU Rechtsabteilung, Besprechungsniederschriften sowie Schriftwechsel der Gesellschafter zu Verträgen, Steuerfragen, Hauptversammlungen, Besetzung des Beirats der Dolomitwerke GmbH und Gesellschafterbeschlüssen.

5123 Dolomitwerke GmbH.
1953-1966
Unternehmensstammblatt, Stand Juni 1966; Gesellschaftsvertrag und Satzung vom 17.07.1953; notariell beglaubigte Erklärung von Ernst Coenen, Otto Jena und Hans Kempe, als Treuhänder der Gesellschaftsanteile der Dolomitwerke GmbH, zu deren Übertragung auf ATH, DHHV, Hüttenwerke Phoenix AG und Westfalenhütte AG vom 17.07.1953; Vertrag zwischen den neuen Gesellschaftern zur Bildung einer Vereinigung „zum Zweck der Herstellung einer einheitlichen Willensbildung gegenüber der Dolomitwerke GmbH"; Organschaftsvertrag mit Gewinnausschlussvereinbarung zwischen Vereinigung als Organträger und Dolomitwerke GmbH als Organgesellschaft vom 14./25.08./01./08.09.1954, mit Entwürfen; Niederschrift der Gesellschafterversammlungen am 19.04.1956, 24.06.1961 zur Kapitalerhöhung von DM 5.000.000 auf DM 12.000.000 und 06.07.1961 (Kopie); schriftliche Beschlüsse der Gesellschafter, insbesondere zur Entlastung von

Vorstand und Aufsichtsrat sowie Genehmigung der Bilanzen; Aktenvermerke der DHHU Rechtsabteilung sowie einzelne Schreiben der Gesellschafter zu Verträgen, Hauptversammlungen, Besetzung des Aufsichtsrats der Dolomitwerke GmbH und Gesellschafterbeschlüssen.

Aufsichtsrat

2692/1 Aufsichtsrat der Dolomitwerke GmbH.
1953-1954
Niederschriften und vorbereitende Unterlagen zur 1.-4. Aufsichtsratssitzung am 03.09.1953 (nur Niederschrift), 19.10.1953, 19.01.1954 und 06.05.1954.

2692/2 Dsgl. zur 5.-8. Aufsichtsratssitzung am 03.09.1954, 17.12.1954, 01.04.1955 und 08.07.1955.

2692/3 Dsgl. zur 9.-12. Aufsichtsratssitzung am 01.12.1955, 19.04.1956, 13.07.1956 und 16.11.1956.

2692/4 Dsgl. zur 13.-15. Aufsichtsratssitzung am 14.03.1957, 03.07.1957 und 22.11.1957.

2692/5 Dsgl. zur 16.-19. Aufsichtsratssitzung am 06.03.1958, 12.06.1958, 02.12.1958 und 20.05.1959.

2692/6 Dsgl. zur 20.-22. Aufsichtsratssitzung am 26.08.1959, 09.12.1959 und 21.04.1960.

2692/7 Dsgl. zur 23.-25. Aufsichtsratssitzung am 18.08.1960, 07.12.1960 und 29.03.1961.

2692/8 Dsgl. zur 26.-28. Aufsichtsratssitzung am 06.07.1961, 20.03.1962 und 04.07.1962.

Bilanzen und Revisionsberichte

2722/1 Revisionsberichte und Bilanzen zur Dolomitwerke GmbH.
1953-1957
Herbert Rätsch: Berichte über die Prüfung des Jahresabschlusses zum 30.09.1953, 30.09.1954, 30.09.1955 und 30.09.1956; Geschäftsberichte, 01.01.1953-30.09.1953 und 1953/54-1955/56, sowie der Sterchamolwerke GmbH, 1955/56; Bilanzen zum 31.12.1954 und 30.09.1956; Aktenvermerke der DHHU Beteiligungen zu den Bilanzen; schriftliche Beschlüsse der Gesellschafter der Dolomitwerke GmbH.

2722/2 Revisionsberichte und Bilanzen zu Dolomitwerke GmbH und Sterchamolwerke GmbH.
1957-1959
Herbert Rätsch: Berichte über die Prüfung des Jahresabschlusses von Dolomitwerke GmbH und Sterchamolwerke GmbH zum 30.09.1957 und 30.09.1958; Geschäftsberichte der Dolomitwerke GmbH, 1956/57 und 1957/58; Bilanzen der Dolomitwerke GmbH zum 31.12.1957 und 30.09.1958; Aktenvermerke der DHHU Beteiligungen zu den Bilanzen; schriftliche Beschlüsse der Gesellschafter der Dolomitwerke GmbH.

1.9.8 Dortmunder Eisenhandel GmbH, Dortmund

5976 Kilthau & Co. GmbH.
1954-1963
Niederschrift, mit Anlagen über den Verkauf von Grundstücken in Hockenheim-Schwetzingen an die König & Co. GmbH durch die Kilthau & Co. GmbH vom 21.10.1962; Niederschrift über die Beurkundung des Organschaftsvertrags mit Gewinnabführungsvereinbarung zwischen Dortmunder

Eisenhandel GmbH und Kilthau & Co. GmbH am 09.12.1958 (Entwurf); Niederschrift, mit Anlagen über die Gesellschafterversammlung der Kilthau & Co. GmbH am 09.03.1954, 09.12.1958, 20.02.1959, 05.06.1962, 09.09.1963 (teilweise Entwürfe); Gesellschaftsvertrag der Kilthau & Co. GmbH vom 09.03.1954; Handelsregisteranmeldungen; Umwandlung der Kiltau & Co. GmbH auf die Dortmunder Eisenhandel GmbH durch Übertragung des Vermögens; Aktenvermerke über die Neuordnung der Establech-/Hansa-Stahl-Gruppe.

2732 Umwandlung der Kilthau & Co. GmbH auf die Dortmunder Eisenhandel GmbH.
1962-1963
DHHU Revision: Bericht über die Prüfung des Jahresabschlusses der Kilthau & Co. GmbH zum 30.09.1962; Niederschrift der Gesellschafterversammlung der Kilthau & Co. GmbH am 03.09.1963 zur Umwandlung auf die Dortmunder Eisenhandel GmbH (Kopie); Aktenvermerk der DHHU Beteiligungen vom 18.10.1963 zu gesellschaftsrechtlichen Verhältnissen der beiden Unternehmen.

2079 Revisionsbericht zur Dortmunder Eisenhandel GmbH.
1962
DHHU Revision: Bericht über die Prüfung des Jahresabschlusses zum 31.12.1962.
1436 Dsgl. zum 30.09.1963.

5841 Gesellschafterversammlung der Dortmunder Eisenhandel GmbH am 29.08.1963.
1963-1966
Niederschrift der Gesellschafterversammlung zur Änderung des Gesellschaftsvertrags; Handelsregisterauszug; einzelne Schreiben zwischen DHHU Rechtsabteilung, Rechtsanwälten und Dortmunder Eisenhandel GmbH zu Gesellschaftsvertrag und Handelsregisterangelegenheiten.

2754 Revisionsberichte zur Dortmunder Eisenhandel GmbH.
1964-1967
Wilhelm Tervooren: Berichte über die Prüfung des Jahresabschlusses zum 30.09.1964, 30.09.1965, 30.09.1966 und 30.09.1967 (Kurzbericht, mit Erläuterungen).

1.9.9 Dortmunder Thomasschlackenmahlwerk GmbH, Dortmund

5180 Dortmunder Thomasschlackenmahlwerk GmbH.
1934, 1943, 1951-1966
Satzung der Dortmunder Thomasschlackenmahlwerk GmbH vom 30.11.1959 (Abschrift); Handelsregisterauszüge; GBAG Hauptrevision: Prüfungsberichte zu den Jahresabschlüssen zum 31.03.1958 und 31.03.1959; Organschaftsvertrag zwischen DHHU und Dortmunder Bergbau AG als alleinige Gesellschafter der Dortmunder Thomasschlackenmahlwerk GmbH vom 10./18.04.1956, mit Entwürfen; Niederschriften der Gesellschafterversammlungen am 02.12.1958 und 30.11.1959; Niederschriften der außerordentlichen Gesellschafterversammlungen am 10.07.1934 zur Änderung der Satzung (Abschrift) und 20.04.1951 zur Änderung der Satzung und Feststellung der DM-Eröffnungsbilanz; Handelsregisterauszug Dortmund, 08.10.1943; Beschlüsse von DHHU und Dortmunder Bergbau AG zur Feststellung der Jahresabschlüsse und Entlastung der Geschäftsführung zum 31.03.1954, 31.03.1955, 31.03.1956, 31.03.1957, 31.03.1958, 31.03.1959, 31.12.1959, 31.12.1960, 31.12.1961, 31.12.1962, 31.12.1963, 31.12.1964 und 31.12.1965; Aktenvermerke der DHHU Rechtsabteilung

sowie Schriftwechsel zwischen DHHU, Dortmunder Bergbau AG und Dortmunder Thomasschlackenmahlwerk GmbH zu Jahresabschlüssen, Organschaftsvertrag und Organschaftsabrechnungen sowie Geschäftsführungsangelegenheiten.

2796 Revisionsberichte zur Dortmunder Thomasschlackenmahlwerk GmbH.
1934–1952
VSt Hauptrevision bzw. VSt Revision I: Berichte über die Prüfung des Jahresabschlusses zum 31.12.1934, 30.09.1935, 30.09.1936, 30.09.1939, 30.09.1941, 30.09.1947, 30.09.1949 und 30.09.1950, der Bilanz und Ergebnisrechnung zum 30.09.1937, 30.09.1938, 30.09.1939, 30.09.1940 und 30.09.1941 sowie des Bargeldverkehrs vom 28.02.1939; Price, Waterhouse & Co.: Bericht über die Prüfung des Jahresabschlusses zum 31.12.1938; Peter van Aubel und Herbert Rätsch: Berichte über die Prüfung des Jahresabschlusses zum 31.12.1940, 30.09.1944 und 30.09.1945; Peter van Aubel: Berichte über die Prüfung des Reichsmarkabschlusses zum 20.06.1948 und der DM-Eröffnungsbilanz zum 21.06.1948; GBAG Hauptrevision: Berichte über die Prüfung des Jahresabschlusses zum 30.09.1951 und 30.09.1952; Jens Peter Magnussen: Prüfungsbericht über die Globalbeschreibung der Anlagen zum 01.06.1952, mit Lageplan; Bilanzen sowie Gewinn- und Verlustrechnungen zum 30.09.1942 und 30.09.1943.

2720 Revisionsberichte zur Dortmunder Thomasschlackenmahlwerk GmbH.
1951–1965
Jens Peter Magnussen: Prüfungsbericht über die Globalbeschreibung der Anlagen zum 01.06.1952, mit Lageplan; GBAG Hauptrevision: Berichte über die Prüfung des Jahresabschlusses zum 30.09.1951, 30.09.1952, 30.09.1953, 31.03.1954, 31.03.1955, 31.03.1956, 31.03.1957, 31.03.1958, 31.03.1959, 31.12.1959, 31.12.1960, 31.12.1961, 31.12.1962, 31.12.1963 und 31.12.1964; Beschlüsse von DHHU und Dortmunder Bergbau AG, als Gesellschafter der Dortmunder Thomasschlackenmahlwerk GmbH, sowie einzelne Aktenvermerke der DHHU zur Feststellung der Jahresabschlüsse und Entlastung der Geschäftsführung.

1.9.10 Dortmund-Hörder Hüttenunion Unterstützungskasse GmbH

5108 Hüttenwerk Hörde Unterstützungskasse GmbH bzw. DHHU Unterstützungskasse GmbH.
1948–1959
Geschäftsberichte der Hüttenwerk Hörde Unterstützungskasse GmbH, Rumpfgeschäftsjahr 1948, 1948/49 und 1949/50; DM-Eröffnungsbilanz zum 21.06.1948; Niederschrift der Gesellschafterversammlung am 09.05.1951; Geschäftsberichte der DHHU Unterstützungskasse GmbH, 1950/51–1958/59; einzelne Schreiben zwischen Unterstützungskasse und DHHU zu Beiratswahlen, Hauptversammlungen und Geschäftsergebnissen.

5110 Hüttenwerk Hörde Unterstützungskasse GmbH und DHHU Unterstützungskasse GmbH.
1948–1968
Niederschrift der Gründungsversammlung am 29.04.1948; notariell beglaubigte Erklärung von Wilhelm Schäfer zur Übertragung seines Geschäftsanteils auf die Hüttenwerk Hörde AG vom 11.06.1948; Niederschrift der Gesellschafterversammlungen der Hüttenwerk Hörde Unterstützungskasse GmbH am 29.11.1950 und 30.08.1951; Handelsregisterauszüge; Satzung der DHHU Unterstüt-

zungskasse GmbH vom 15.09.1953 (Typoskript); Geschäftsbericht, 1966/67; Niederschriften der Gesellschafterversammlung am 10.05.1968 sowie der außerordentlichen Gesellschafterversammlung am 17.09.1968 zur Übertragung des Vermögens der Kasse auf die Unterstützungseinrichtung Hoesch-Westfalenhütte GmbH; notariell beglaubigte Erklärung beider Kassen zur Übertragung des Vermögens vom 17.09.1968; Niederschrift der außerordentlichen Gesellschafterversammlung der Unterstützungseinrichtung Hoesch-Westfalenhütte GmbH am 20.09.1968 zur Umfirmierung in Unterstützungseinrichtung Hoesch-Hüttenwerke GmbH; Schriftwechsel zwischen DHHU Unterstützungskasse GmbH, DHHU Rechtsabteilung, Hoesch AG Rechtsabteilung, Amtsgericht Dortmund und Rechtsanwälten zu Beiratswahlen, Handelsregisterangelegenheiten, Hauptversammlungen, Geschäftsergebnissen und Zusammenführung der Gesellschaften.

2681 Prüfungsberichte zur Hüttenwerk Hörde Unterstützungskasse GmbH bzw. DHHU Unterstützungskasse GmbH.
1949–1968
Geschäftsbericht der Hüttenwerk Hörde Unterstützungskasse GmbH, 1949/50; Jens Peter Magnussen: Bericht über die Prüfung des Jahresabschlusses der DHHU Unterstützungskasse GmbH zum 30.09.1951; Geschäftsberichte der DHHU Unterstützungskasse, 1950/51–1960/61 und 1964/65–1966/67 (Typoskripte); Westdeutsche Industrie-Treuhandgesellschaft mbH: Berichte über die Prüfung der Jahresabschlüsse zum 30.09.1952, 30.09.1953, 30.09.1954, 30.09.1955, 30.09.1956, 30.09.1957, 30.09.1958, 30.09 1959, 30.09.1960 und 30.09.1961; Satzung vom 15.09.1953 (Abschrift); einzelne Schreiben zwischen DHHU und DHHU Unterstützungskasse zur Besetzung des Beirats.

5522 DHHU Unterstützungskasse GmbH.
1951–1953, 1963–1968
Unternehmensstammblatt, o. D.; Vertrag zwischen DHHU und Unterstützungseinrichtung Hoesch Westfalenhütte GmbH vom 17.09.1968 über den Verkauf der DHHU Unterstützungskasse GmbH an die Unterstützungseinrichtung Hoesch Westfalenhütte GmbH (Kopie); Niederschrift der außerordentlichen Gesellschafterversammlung der DHHU Unterstützungskasse am 17.09.1968 zur Genehmigung der Umwandlungsbilanz; Gesellschaftsvertrag der DHHU Unterstützungskasse vom 15.09.1953 (Abschrift); Niederschrift der Gesellschafterversammlung der Hüttenwerk Hörde AG Unterstützungskasse GmbH am 30.08.1951 zur Umfirmierung in DHHU Unterstützungskasse (Kopie); Niederschriften der Gesellschafterversammlungen der DHHU Unterstützungskasse am 10.05.1968; Geschäftsberichte, 1963/64–1966/67 (Originale); Westdeutsche Industrie-Treuhandgesellschaft mbH: Berichte über die Prüfung des Jahresabschlusses zum 30.09.1964, 30.09.1965, 30.09.1966 und 30.09.1967; einzelne Schreiben zwischen DHHU Unterstützungskasse, Westdeutsche Industrie-Treuhandgesellschaft mbH und verschiedenen Abteilungen der DHHU zu Handelsregisterangelegenheiten, Besetzung von Vorstand und Beirat, Gesellschafterversammlungen, Geschäftsberichten, Jahresabschlüssen, Mittelbedarf und Unterstützungszahlungen der DHHU.

5109 DHHU Unterstützungskasse GmbH.
1959–1966
Geschäftsberichte, 1959/60–1965/66; einzelne Schreiben zwischen Unterstützungskasse und DHHU zu Beiratswahlen, Hauptversammlungen und Geschäftsergebnissen.

5203 Steuerprüfung bei der DHHU Unterstützungskasse GmbH.
1960

Konzernbetriebsprüfungsstelle Münster für die Finanzämter im Oberfinanzbezirk Münster: Bericht über die Betriebsprüfung bei der Unterstützungskasse für den Zeitraum 01.10.1955–30.09.1960.

5523 DHHU Unterstützungskasse GmbH.
1961–1964
Geschäftsberichte, 1961/62 und 1962/63; Westdeutsche Industrie-Treuhandgesellschaft mbH: Berichte über die Prüfung des Jahresabschlusses zum 30.09.1962 und 30.09.1963; einzelne Schreiben zwischen DHHU Unterstützungskasse GmbH, Westdeutsche Industrie-Treuhandgesellschaft mbH und verschiedenen Abteilungen der DHHU zu Geschäftsberichten, Mittelbedarf und Unterstützungszahlungen der DHHU sowie Jahresabschlüssen.

5975 DHHU Unterstützungskasse GmbH.
1966–1968
Niederschrift über die Gesellschafterversammlung am 10.05.1968, mit Bericht über das Geschäftsjahr 1966/67.

1.9.11 Eisenwerk Rothe Erde GmbH, Dortmund

Gesellschafterversammlung

2618 „Hauptversammlung" der Eisenwerk Rothe Erde GmbH am 01.07.1952.
1934, 1952
Niederschrift der „Hauptversammlung", abgehalten vom alleinigen Gesellschafter DHHU am 01.07.1952 zur Änderung der Satzung und Wahl eines Beirats; Satzung der Eisenwerk Rothe Erde GmbH (Kopien); Niederschrift der Gründungsversammlung der Eisenwerk Rothe Erde am 12.01.1934 durch DHHV und VSt (Abschrift).
5974 Dsgl., Niederschrift zur „Hauptversammlung" (Original), mit Gesellschaftsvertrag.

5774 Gesellschafterversammlungen und Jahresabschlüsse der Eisenwerk Rothe Erde GmbH.
1949–1970
Niederschriften der Gesellschafterversammlungen am 25.09.1953, 03.02.1958, 05.02.1960, 26.01.1961, 01.02.1962, 06.02.1963, 07.02.1964, 08.02.1965, 07.02.1966, 08.05.1967, 10.05.1968, 10.03.1969 (mit Geschäftsbericht 1967/68) und 09.03.1970 (mit Geschäftsbericht 1968/69); Jahresabschlüsse zum 30.09.1949, 30.09.1950, 30.09.1951, 30.09.1955, 30.09.1956, 30.09.1957, 30.09.1958, 30.09.1959, 30.09.1960, 30.09.1961, 30.09.1962, 30.09.1963, 30.09.1964, 30.09.1965 und 30.09.1966; einzelne Schreiben zwischen DHHU und Eisenwerk Rothe Erde zur Feststellung der Jahresabschlüsse.

5973 Gesellschafterversammlung der Eisenwerk Rothe Erde GmbH am 03.02.1958.
1951–1959
Bilanz der Eisenwerk Rothe Erde GmbH zum 30.09.1952, 30.09.1955, 30.09.1957, 30.09.1958, mit Gewinn- und Verlustrechnungen; Niederschrift über die Gesellschafterversammlung, mit Anlagen; Einladungen; Schriftwechsel zwischen der DHHU und der Geschäftsführung der Eisenwerk Rothe Erde über die Feststellung von Jahresabschlüssen.

5775 Gesellschafterversammlungen, Gesellschaftsverträge und Kapitalbemessung der Eisenwerk Rothe Erde GmbH.
1952–1970
Niederschriften der Gesellschafterversammlungen am 01.07.1952, 05.07.1953, 16.07.1956, 06.07.1959, 25.06.1962, insbesondere zu Kapitalerhöhungen, und 23.07.1970 zur Umwandlung auf die DHHU sowie der außerordentlichen Gesellschafterversammlungen am 25.09.1968 und 26.09.1969 (Kopien); Gesellschaftsverträge vom 03.07.1952, 25.06.1962 und 07.02.1966 (Kopien); Unterlagen zur endgültigen Kapitalbemessung, 1952; Vertrag zwischen DHHU und Eisenwerk Rothe Erde vom 21./28.08.1952 zur Geschäfts- und Betriebsführung nach Eingliederung in die DHHU (Abschrift); Vertrag zwischen Schmiedag AG und Eisenwerk Rothe Erde vom 12.09.1968 über die Verpachtung des gesamten Anlagevermögens der Eisenwerk Rothe Erde an die Schmiedag AG (Kopie); Bilanzausschuss der Stahltreuhändervereinigung: Gutachten vom 08.05.1953 zur endgültigen Kapitalbemessung der Tochtergesellschaften der DHHU: Kettenwerke Schlieper GmbH, Eisenwerk Rothe Erde und Schwerter Profileisenwalzwerk AG (Kopie); einzelne Schreiben zwischen DHHU und Eisenwerk Rothe Erde zu den Gesellschafterversammlungen.

5790 Gesellschafterversammlung der Eisenwerk Rothe Erde GmbH am 05.06.1953.
1953
Niederschrift; Vertrag zwischen Stahltreuhändervereinigung und Eisenwerk Rothe Erde GmbH vom 06.06.1953 über die Erlassung von Forderungen aus Warenlieferungen nach Einbringung der Eisenwerk Rothe Erde GmbH in die DHHU; einzelne Schreiben zwischen DHHU Rechtsabteilung, Eisenwerk Rothe Erde, Stahltreuhändervereinigung und Amtsgericht Dortmund zu Feststellung des Grundkapitals der Eisenwerk Rothe Erde, Hauptversammlung und Handelsregisterangelegenheiten.

5791 Gesellschafterversammlung der Eisenwerk Rothe Erde GmbH am 25.09.1953.
1953
Niederschrift, mit Gesellschaftsvertrag; einzelne Schreiben zwischen DHHU Rechtsabteilung, Eisenwerk Rothe Erde und Amtsgericht Dortmund zu Handelsregisterangelegenheiten.

5792 Dsgl. am 16.07.1956.

5793 Dsgl. am 06.07.1959.

5794 Dsgl. am 05.02.1960.

5966 Gesellschafterversammlung der Eisenwerk Rothe Erde GmbH am 26.01.1961.
1960–1961
Niederschrift; Bilanz zum 30.09.1960, mit Gewinn- und Verlustrechnung für das Geschäftsjahr 1959/60.

5795 Gesellschafterversammlung der Eisenwerk Rothe Erde GmbH am 30.10.1961.
1961
Niederschrift; einzelne Schreiben zwischen DHHU Rechtsabteilung und Eisenwerk Rothe Erde zur Versammlung.

5796 Dsgl. am 01.02.1962.

5797 Außerordentliche Gesellschafterversammlung der Eisenwerk Rothe Erde GmbH am 25.06.1962.
1962
Niederschrift der Gesellschafterversammlung zur Kapitalerhöhung von DM 10.000.000 auf

DM 20.000.000; einzelne Schreiben zwischen DHHU Rechtsabteilung und Eisenwerk Rothe Erde zu Versammlung und Kapitalerhöhung.

5798 Gesellschafterversammlung der Eisenwerk Rothe Erde GmbH am 06.02.1963.
1963
Niederschrift; einzelne Schreiben zwischen DHHU Rechtsabteilung und Eisenwerk Rothe Erde zur Versammlung.

5799 Dsgl. am 07.02.1964.

5800 Außerordentliche Gesellschafterversammlung der Eisenwerk Rothe Erde GmbH am 20.10.1964.
1964
Niederschrift der Gesellschafterversammlung zu Ersatzwahlen zum Aufsichtsrat nach Ausscheiden von Heinz Barz; einzelne Schreiben zwischen DHHU Rechtsabteilung, Eisenwerk Rothe Erde und Amtsgericht Dortmund zu Versammlung und Handelsregisterangelegenheiten.

5801 Gesellschafterversammlung der Eisenwerk Rothe Erde GmbH am 08.02.1965.
1965
Niederschrift; einzelne Schreiben zwischen DHHU Rechtsabteilung und Eisenwerk Rothe Erde zur Versammlung.

5802 Gesellschafterversammlung der Eisenwerk Rothe Erde GmbH am 07.02.1966.
1966
Niederschrift, mit Gesellschaftsvertrag; Handelsregisterauszug; einzelne Schreiben zwischen DHHU Rechtsabteilung und Eisenwerk Rothe Erde zur Versammlung.

Beirat bzw. Aufsichtsrat

5787 Beirat der Eisenwerk Rothe Erde GmbH.
1952–1967
Entwurf einer Geschäftsordnung für die Geschäftsführer von Eisenwerk Rothe Erde GmbH und Kettenwerke Schlieper GmbH vom 30.10.1952; Aktenvermerke der DHHU Rechtsabteilung zu Vorschriften des „Aktiengesetzes" zu Aufsichtsräten, Anpassung der Satzungen an die Vorschriften, Arbeitnehmervertretern im Beirat und Vorbereitung einzelner Beiratssitzungen; einzelne Schreiben zwischen DHHU Rechtsabteilung, Eisenwerk Rothe Erde und Amtsgericht Dortmund zu Handelsregisterangelegenheiten.

2679/1 Beirat bzw. Aufsichtsrat der Eisenwerk Rothe Erde GmbH.
1952–1954
Niederschriften und vorbereitende Unterlagen zur 1.-3. Beiratssitzung am 19.01.1951 (ohne laufende Zählung), 18.07.1952 (nur Unterlagen), 14.01.1953 (nur Unterlagen), 13.05.1953 (nur Unterlagen) sowie zur 5.-8. Aufsichtsratssitzung am 22.01.1954 (nur Unterlagen), 26.03.1954, 28.06.1954 und 23.09.1954; Geschäftsbericht, 1952/53 (Typoskript); Satzung, o. D. (Typoskript); Vertrag zwischen DHHU und Eisenwerk Rothe Erde vom 21./28.08.1952 zum rechtlichen Verhältnis der beiden Unternehmen nach Eingliederung des Eisenwerks Rothe Erde in die DHHU zum 01.01.1952 auf Anordnung der CSG vom 20.12.1951 (Abschrift).

2679/2 Aufsichtsrat der Eisenwerk Rothe Erde GmbH.
1954–1956
Niederschriften und vorbereitende Unterlagen zur 8.–14. Aufsichtsratssitzung am 23.11.1954 (nur Niederschrift), 15.01.1955, 23.05.1955, 24.10.1955, 23.01.1956, 23.05.1956 und 26.09.1956.

2679/3 Dsgl. zur 15.–19. Aufsichtsratssitzung am 17.01.1957, 04.06.1957, 27.09.1957, 20.01.1958 und 18.06.1958.

2679/4 Dsgl. zur 20.–26. Aufsichtsratssitzung am 09.10.1958, 21.01.1959, 05.06.1959, 19.10.1959, 18.01.1960, 24.05.1960 und 24.08.1960.

2679/5 Dsgl. vorbereitende Unterlagen zur 27.–32. Aufsichtsratssitzung am 13.01.1961, 25.05.1961, 04.10.1961, 18.01.1962, 23.05.1962 und 31.08.1962 (mit Niederschrift).

2679/6 Dsgl. zur 33.–38. Aufsichtsratssitzung am 17.01.1963, 11.06.1963, 03.10.1963, 24.01.1964, 11.06.1964 und 26.11.1964.

2679/7 Dsgl. vorbereitende Unterlagen zur 39.–42. Aufsichtsratssitzung am 02.02.1965, 22.06.1965, 25.10.1965 und 17.01.1966.

2679/8 Dsgl. zur 43.–47. Aufsichtsratssitzung am 28.06.1966, 08.11.1966, 25.01.1967, 26.02.1968 (nur Unterlagen) und 10.09.1968 (nur Unterlagen); Geschäftsbericht, 1966/67 (Typoskript).

Revisionsberichte

2737/1 Revisionsberichte zur Eisenwerk Rothe Erde GmbH.
1949–1959
VSt Revision I: Berichte über die Prüfung des Jahresabschlusses zum 30.09.1949 und 30.09.1950; Peter van Aubel: Berichte über die Prüfung des Jahresabschlusses zum 30.09.1951 und des Zwischenabschlusses zum 31.12.1951 sowie der Bewertung der auf die Eisenwerk Rothe Erde GmbH übertragenen Sachanlagen vom 19.08.1952; Westdeutsche Industrie-Treuhandgesellschaft mbH: Berichte über die Prüfung des Jahresabschlusses zum 30.09.1952, 30.09.1953, 30.09.1954, 30.09.1955, 30.09.1956, 30.09.1957, 30.09.1958 und 30.09.1959.

2875 Steuerprüfung bei der Eisenwerk Rothe Erde GmbH.
1957
Konzernbetriebsprüfungsstelle Münster der Oberfinanzdirektion Münster: Bericht über die Betriebsprüfung für den Zeitraum 01.01.1952–30.09.1956.

5205 Dsgl. für den Zeitraum 01.10.1955–30.09.1960.

5785 Revisionsberichte zur Eisenwerk Rothe Erde GmbH.
1958–1966
DHHU Revision: Berichte über die Prüfung des Zahlungsverkehrs bzw. der Kasse vom 20.03.1958, 15.08.1958, 11.02.1959, 14.08.1959, 01.04.1960, 25.08.1960, 02.02.1962, 24.08.1962, 02.03.1964, 30.09.1964, 26.03.1965, 14.09.1965 und 27.04.1966; DHHU Revision: Berichte über die Prüfung des Lohnwesens und der Gehaltsabrechnung vom 01.08.1958, 14.10.1958, 06.03.1959, 10.05.1959, 19.04.1960, 21.09.1960, 22.03.1962, 19.11.1962, 18.07.1963, 26.02.1964, 16.06.1964, 22.04.1965 und 27.05.1966; DHHU Revision: Bericht über die Prüfung des Versicherungsschutzes vom 15.03.1965; DHHU Revision: Berichte über die Prüfung der Inventur vom 10.05.1965 sowie der Saldenanforderungen vom 27.10.1966; Westdeutsche Industrie-Treuhandgesellschaft mbH: Bericht über die Prüfung des Lohnwesens und der Gehaltsabrechnung vom August 1961.

2737/2 Revisionsberichte und Bilanzen zur Eisenwerk Rothe Erde GmbH.
1960–1964
DHHU Revision: Berichte über die Prüfung des Jahresabschlusses zum 30.09.1960, 30.09.1961, 30.09.1962, 30.09.1963 und 30.09.1964; Bilanzen zum 30.09.1961, 30.09.1962, 30.09.1963 und 30.09.1964.

5367 Westdeutsche Industrie-Treuhandgesellschaft mbH: Bericht über die Prüfung des Jahresabschlusses der Eisenwerk Rothe Erde GmbH zum 30.09.1963.

2739/1 DHHU Revision: Bericht über die Prüfung des Jahresabschlusses der Eisenwerk Rothe Erde GmbH zum 30.09.1965.

2739/2 Westdeutsche Industrie-Treuhandgesellschaft mbH: Bericht über die Prüfung des Jahresabschlusses der Eisenwerk Rothe Erde GmbH zum 30.09.1966.

5771/1 Revisionsbericht zur Eisenwerk Rothe Erde GmbH.
1967
Westdeutsche Industrie-Treuhandgesellschaft mbH: Zusammengefasster Bericht über die Prüfung des Jahresabschlusses zum 30.09.1967.
5771/2 Dsgl., Erläuterungen zum zusammengefassten Bericht.

5772 Westdeutsche Industrie-Treuhandgesellschaft mbH: Bericht über die Prüfung des Jahresabschlusses der Eisenwerk Rothe Erde GmbH zum 30.09.1968.
5773 Dsgl. zum 30.09.1969.

Tochtergesellschaften

5804 Vergabe einer Produktions- und Vertriebslizenz für Roballo-Lenkkränze durch die Eisenwerk Rothe Erde GmbH nach Frankreich.
1953–1957, 1960–1961
Lizenzvertrag zwischen Eisenwerk Rothe Erde und Firma La Précision Moderne, Paris, vom 10./14.04.1953, mit Nachträgen vom 31.05.1955 und 25.11.1957; einzelne Schreiben zwischen DHHU Rechtsabteilung, Eisenwerk Rothe Erde und Rechtsanwälten zur Aufhebung des Vertrags.

5805 Geplante Gründung einer Tochtergesellschaft zur Produktion von Drehverbindungen und Lenkkränzen in Frankreich durch die Eisenwerk Rothe Erde GmbH.
1960
Satzungsentwürfe vom 22.02.1960, 02.08.1960 und 14.09.1960; Aktenvermerke und Schriftwechsel zwischen DHHU Rechtsabteilung, Eisenwerk Rothe Erde und Rechtsanwälten zu Rechtsform, Satzung, französischem Wirtschaftsrecht und einer Kooperation mit der Firma Roulements et Buttées à Billes.

5806 Geplante Gründung einer Tochtergesellschaft zur Produktion von Drehverbindungen und Lenkkränzen in Frankreich durch die Eisenwerk Rothe Erde GmbH.
1960–1961

Aktenvermerke, Besprechungsniederschriften und Schriftwechsel zwischen DHHU Rechtsabteilung, Eisenwerk Rothe Erde und Rechtsanwälten zu Geschäftsführung, französischem Wirtschaftsrecht, Unternehmensfinanzierung und Scheitern der Kooperation mit der Firma Roulements et Buttées à Billes.

5807 Geplante Gründung einer Tochtergesellschaft zur Produktion von Drehverbindungen und Lenkkränzen in Frankreich durch die Eisenwerk Rothe Erde GmbH.
1961
Aktenvermerke der DHHU Rechtsabteilung und einzelne Schreiben der Wirtschaftsvereinigung Eisen- und Stahlindustrie zu Grundstücksangeboten in Frankreich.

5803 Gründung der Rotek Inc., Cleveland, durch Eisenwerk Rothe Erde GmbH und The Thew Shovel Comp.
1962-1963
Gründungsmemorandum zu einem Unternehmen [ohne Namensnennung], mit Angaben zu Unternehmenskonzept, Finanzierung und Aufgaben der beiden gleichberechtigten Teilhaber, o. D. (deutsch); Niederschriften der Direktoriums- und Verwaltungsratssitzungen der Rotek Inc. am 16.11.1962, 06.12.1962 und 18.03.1963 (deutsch und englisch); einzelne Schreiben zwischen DHHU Rechtsabteilung, Eisenwerk Rothe Erde GmbH und Rechtsanwälten zu den Sitzungen.

Sonstiges

5789 Diverse Rechtsangelegenheiten der Eisenwerk Rothe Erde GmbH.
1952-1967
Einzelne Schreiben zwischen DHHU Rechtsabteilung, Eisenwerk Rothe Erde, Rechtsanwälten und Amtsgericht Dortmund zu Eintragung von Prokuren und Änderungen in Geschäftsführung und Beirat ins Handelsregister, Vorbereitung von Gesellschafterversammlungen und gesellschaftsrechtlichen Änderungen.

2679/9 Geschäftsbericht der Eisenwerk Rothe Erde GmbH, 1952/53 (Typoskript).

5788 Handelsregisterangelegenheiten der Eisenwerk Rothe Erde GmbH.
1953, 1961-1967
Handelsregisterauszüge; Schriftwechsel zwischen DHHU Rechtsabteilung, Eisenwerk Rothe Erde, Rechtsanwälten und Amtsgericht Dortmund zur Eintragung von Prokuren sowie Änderungen in Geschäftsführung und Beirat ins Handelsregister.

5786 Satzungen der Eisenwerk Rothe Erde GmbH.
1953-1962, 1966-1967
Unternehmensstammblatt; Satzungen vom 25.09.1953, 16.07.1956, 06.07.1959, 25.02.1962 und 07.02.1966 (Kopien).

2904 Unterlagen zur Investitions-, Finanz- und Produktionsplanung der DHHU für die Eisenwerk Rothe Erde GmbH.
1960-1966

Vergleichende Aufwands- und Ertragsrechnungen, mit Angaben zu Betriebskosten, Löhnen, Belegschaftsentwicklung, Absatz, Erlösen und Steuern, sowie Gewinn- und Verlustrechnungen für die Geschäftsjahre 1960/61–1966/67, z. T. mit Angaben voraussichtlicher bzw. geschätzter Werte sowie zu Differenzen von tatsächlichen Betriebsergebnissen und Planungsdaten; einzelne Schreiben zwischen Friedrich Harders und Eisenwerk Rothe Erde GmbH zur Übersendung von Planungsunterlagen und Langfristplanung bis zum Geschäftsjahr 1969/70.

5331 Bilanz und Bilanzunterlagen der Eisenwerk Rothe Erde GmbH zum 30.09.1965.

1.9.12 Establech Export GmbH bzw. Hansa-Stahlexport GmbH, Düsseldorf

5830 Hansa-Stahl-Export GmbH.
1949, 1961–1967
Niederschrift der Gründungsversammlung am 29.12.1949 (Kopie); Niederschrift der außerordentlichen Gesellschafterversammlung am 21.09.1961, mit Gesellschaftsvertrag, und 20.04.1964; Aufstellung zu den Geschäftsanteilen der DHHU an der Hansa-Stahl-Export vom 08.01.1964; Handelsregisterauszüge; einzelne Schreiben zwischen DHHU Rechtsabteilung und Hansa-Stahl-Export zu Satzungen und Handelsregisterangelegenheiten.

2711 Wilhelm Tervooren: Berichte über die Prüfung des Jahresabschlusses der Establech Export GmbH zum 30.09.1961 und 30.09.1962

2753/1 Wilhelm Tervooren: Berichte über die Prüfung des Jahresabschlusses der Hansa-Stahl-Export GmbH zum 30.09.1961, 30.09.1962, 30.09.1963 und 30.09.1964.
2753/2 Dsgl. zum 30.09.1965, 30.09.1966 und 30.09.1967 (Kurzbericht, mit Erläuterungen) sowie des Argentinien-Geschäfts, Stand 31.03.1967.

5763 Gesellschafterversammlungen der Hansa-Stahl-Export GmbH.
1964–1967
Niederschriften der Gesellschafterversammlungen am 25.08.1964, 08.02.1965, 07.02.1966 und 08.05.1967 (Durchschläge).

1.9.13 Establech Gesellschaft für Eisen-, Stahl- und Blecherzeugnisse mbH bzw. Hansa-Stahl GmbH, Düsseldorf

Erwerb und Unternehmensorganisation

2686/3 Unternehmensstruktur von Establech und Tochtergesellschaften.
1953–1954, 1961–1964
DHHU Revision: Berichte über die Prüfung der Schlussbilanzen sowie Gewinn- und Verlustrechnungen von Establech, Hamburg, zum 17.07.1963, Establech Export GmbH, Düsseldorf, zum 29.07.1963, Kilthau & Co. GmbH, Hockenheim, zum 19.09.1963 und Betoneisen GmbH, Düsseldorf, zum 27.04.1964; Gesellschaftsvertrag der Betoneisen GmbH vom 25.05.1954, mit Satzung (Kopie); Niederschriften der Gesellschafterversammlungen der Betoneisen GmbH am 21.09.1961

zur Satzungsänderung sowie am 20.04.1964 zur Umwandlung auf die Hansa-Stahl GmbH; Vertrag zwischen Betoneisen GmbH und Industrieterrains Düsseldorf-Reisholz AG zur Aufhebung eines Erbbaurechts in Düsseldorf vom 19.02.1964; Niederschriften der Gesellschafterversammlungen der Establech, Hamburg, am 21.09.1961 und 11.01.1962 zur Satzungsänderung; Handelsregisterauszüge zur Establech, Hamburg, und Establech Export GmbH; Gesellschaftsvertrag der Establech Export vom 29.01.1953, mit Satzung (Kopie); Niederschriften der Gesellschafterversammlungen der Establech Export am 21.09.1961 zur Satzungsänderung sowie am 28.06.1963 zur Umwandlung der Establech Export auf die Establech, Düsseldorf; einzelne Schreiben zwischen DHHU und Hansa-Eisen GmbH bzw. Hansa-Stahl GmbH sowie Rechtsanwälten zu den Umstrukturierungen.

3104 Gesellschaftsrechtliche Neuordnung von Hansa-Stahl GmbH und Establech.
1953–1954, 1961–1965
Niederschrift der Gesellschafterversammlung der Hansa-Stahl am 28.09.1961 zur Änderung des Gesellschaftsvertrags; Organschaftsvertrag und Ergebnisabführungsvereinbarung zwischen Hansa-Stahl, Düsseldorf, und Hansa-Stahl, Frankfurt am Main, vom 14./20.08.1963; Satzung der Hansa-Stahl Hanswalter Trippe GmbH, Frankfurt am Main, vom 11.09.1954 (Kopie); Niederschrift der Gesellschafterversammlung der Hansa-Stahl, Frankfurt am Main, am 21.06.1961 zur Änderung des Gesellschaftsvertrags; Niederschrift der Gesellschafterversammlung der Hansa-Stahl, Frankfurt am Main, am 15.03.1965 zur Umwandlung auf die Hansa-Stahl, Düsseldorf; Gesellschaftsvertrag der Establech, Berlin, vom 16.01.1953 (Kopie); Niederschriften der Gesellschafterversammlungen der Establech, Berlin, am 21.09.1961 zur Änderung des Gesellschaftsvertrags sowie am 11.07.1963 zur Umfirmierung in Hansa-Stahl, Berlin (Kopie); Vertrag zwischen Establech, Düsseldorf, und Hansa-Stahl, Düsseldorf, vom 16.09.1964 zur Übertragung der Geschäftsanteile der Establech, Düsseldorf, an der Hansa-Stahl, Berlin, auf die Hansa-Stahl, Düsseldorf; Niederschrift der Gesellschafterversammlung der Hansa-Stahl, Berlin, am 15.03.1965 zur Umwandlung auf die Hansa-Stahl, Düsseldorf; Handelsregisterauszüge; einzelne Schreiben zwischen DHHU und Hansa-Stahl, Düsseldorf, zu Neuordnung und Handelsregisterangelegenheiten.

5499 Stammakte der DHHU Revision zu Hansa-Stahl GmbH und Establech.
1953–1954, 1961–1965
Gesellschaftsverträge; Organschaftsverträge, Miet- und Pachtverträge; Handelsregisterauszüge; Grundbuchauszüge; Sammlung von Niederschriften zu Gesellschafterversammlungen von Hansa-Stahl, Düsseldorf, Frankfurt am Main und Berlin, Establech, Düsseldorf, Berlin und Frankfurt am Main, und Betoneisen GmbH.

5833 Gesellschaftsrechtliche Neuordnung von Establech und Hansa-Eisen GmbH, Düsseldorf.
1954, 1961–1963
Handelsregisterauszüge; Niederschriften der Gesellschafterversammlungen von Hansa-Eisen Trippe & Co. GmbH am 11.09.1954 zur Kapitalerhöhung um DM 2.000.000 auf DM 4.000.000 sowie Hansa-Eisen am 21.09.1961 und 27.09.1961 zur Neufassung des Gesellschaftsvertrags; einzelne Schreiben zwischen DHHU Rechtsabteilung, Establech und Hansa-Eisen zu Neuordnung und Handelsregisterangelegenheiten.

5501 Stammakte der DHHU Revision zu Hansa-Stahl GmbH und Establech.
1960–1965
Organigramme; Niederschriften zur 2.–11. gemeinsamen Beiratssitzung von Hansa-Stahl und

Establech am 24.05.1962, 29.08.1962, 28.01.1963, 14.06.1963, 04.12.1963, 27.01.1964, 12.06.1964, 27.11.1964, 03.02.1965, 08.04.1965 und 23.06.1965; Karl Hess: Schätzgutachten über die Gebäude und Außenanlagen der Hansa-Stahl GmbH, Düsseldorf, im Hafen Duisburg, Krabbenkamp 15/17, vom 25.07.1963; Alfred Freudemann: Schätzgutachten über Grundstücke der Hansa-Eisen GmbH, Hamburg, in Hamburg, Wendenstraße 408, vom 10./16.07.1963; Vertrag zwischen Maximilianshütte und DHHU über den Erwerb der Establech vom 22.09.1961; Aktenvermerke, Besprechungsniederschriften und Schriftwechsel zwischen DHHU, DHHU Revision, DHHU Beteiligungen, Maximilianshütte, Friedrich Flick KG und Hansa-Stahl GmbH, Düsseldorf, zu Ankauf der Geschäftsanteile der Maximilianshütte an der Establech, Düsseldorf, durch die DHHU, Neuordnung der Unternehmen, Unternehmensfinanzierung, Bilanzen, Jahresabschlüssen, Auftragsbestand und Lieferverträgen von Hansa-Stahl und Establech im In- und Ausland.

2616 Erwerb der Establech.
1961
Kaufvertrag zwischen DHHU und Eisenwerk Maximilianshütte mbH als Verkäuferin vom 22.09.1961; Organigramm der Beteiligungen der Establech.

5502 Stammakte der DHHU Revision zu Hansa-Stahl GmbH, Fermeta Eisen- und Metallhandel GmbH, Establech Export GmbH, Establech sowie Dortmunder Eisenhandel GmbH.
1961–1965
Gesellschaftsverträge; Organschaftsverträge, Miet- und Pachtverträge; Handelsregisterauszüge; Grundbuchauszüge; Aktenvermerke, Besprechungsniederschriften und Schriftwechsel zwischen DHHU, DHHU Revision, DHHU Beteiligungen und Unternehmen zu gesellschaftsrechtlicher Neuordnung der Unternehmen, Hauptversammlungen, Gesellschaftsverträgen, Unternehmensfinanzierung, Bilanzen, Jahresabschlüssen, Auftragsbestand und Lieferverträgen.

2714 Gesellschaftsrechtliche Neuordnung von Establech, Düsseldorf, und Hansa-Stahl GmbH sowie Tochtergesellschaften.
1961–1965
Unternehmensstammblatt, o. D.; Niederschrift der Gesellschafterversammlung der Establech, Düsseldorf, am 19.09.1961 zur Änderung des Gesellschaftsvertrags; Niederschrift der Gesellschafterversammlung der Establech Export GmbH, Düsseldorf, am 28.06.1963 zur Umwandlung auf die Establech, Düsseldorf; Niederschrift der Gesellschafterversammlung der Establech, Hamburg, am 17.06.1963 zur Umwandlung auf die Establech, Düsseldorf; Niederschriften der Gesellschafterversammlungen der Establech, Hamburg und Berlin, am 21.09.1961 zur Änderung der Gesellschaftsverträge (alle Abschriften und Kopien); Bilanzen der Establech, Düsseldorf, zum 30.09.1961, 30.09.1962 und 30.09.1964; Schaubilder zur Neuordnung und zur Handelsorganisation der DHHU; Niederschrift der Gesellschafterversammlung der Hansa-Stahl GmbH am 24.02.1965 zur Erhöhung des Grundkapitals um DM 1.400.000 auf DM 5.400.000 und Änderung des Gesellschaftsvertrags (Kopie); Vertrag zwischen Establech, Düsseldorf, und Hansa-Stahl vom 24.02.1965 über die Übernahme des neuen Grundkapitals durch die Establech, Düsseldorf, und Einbringung ihres gesamten Vermögens in die Hansa-Stahl (Kopie); Vertrag zwischen Eisenwerk-Gesellschaft Maximilianshütte mbH und DHHU vom 22.01.1961 über den Erwerb der Establech, Düsseldorf, durch die DHHU (Kopie); Berichte der DHHU Revision zum Vermögen der Establech, Düsseldorf, und zur Abrechnung von Forderungen der Eisenwerk-Gesellschaft Maximilianshütte mbH vom 12.12.1963 und 28.01.1965; Besprechungsniederschriften, Aktenvermerke von DHHU Revision und Schriftwechsel zwischen

DHHU und Establech, Düsseldorf, zu Neuordnung, Gesellschaftsverträgen, Umfirmierung der Hansa-Eisen GmbH in Hansa-Stahl GmbH, Geschäftsergebnissen, Geschäftsführungsangelegenheiten, Unternehmensfinanzierung, Jahresabschlüssen und Anlagevermögen.

5826 Gesellschaftsrechtliche Neuordnung von Establech, Hansa-Eisen GmbH und Hansa-Stahl GmbH, Düsseldorf.
1961–1966
Unternehmensstammblatt, Stand Januar 1966; Geschäftsordnung für Establech und Hansa-Eisen vom 01.01.1961; Gesellschaftsvertrag der Hansa-Stahl vom 28.06.1963; Handelsregisterauszüge; einzelne Schreiben zwischen DHHU Rechtsabteilung, Amtsgericht Düsseldorf und beteiligten Gesellschaften zu Neuordnung, Bestellung von Geschäftsführern, Erteilung von Prokuren und Handelsregisterangelegenheiten.

5844 Erwerb der Dortmunder Eisenhandel GmbH durch die Hansa-Eisen GmbH, Düsseldorf.
1962–1963
Genehmigung der EGKS Hohe Behörde zum Erwerb vom 17.07.1963; einzelne Schreiben zwischen DHHU, DHHU Rechtsabteilung, Hansa-Eisen, Rechtsanwälten und EGKS Hohe Behörde zum Erwerb.

5842 Organschaft von Hansa-Stahl GmbH, Düsseldorf, und Dortmunder Eisenhandel GmbH.
1963
Organschaftsvertrag vom 27.08.1963 (Kopie); einzelne Schreiben zwischen DHHU Rechtsabteilung und Hansa-Stahl zum Organschaftsverhältnis.

5843 Erwerb der Dortmunder Eisenhandel GmbH durch die Hansa-Eisen GmbH, Düsseldorf.
1963–1964
Verträge zwischen Hansa-Eisen sowie Wilhelm Celler und Walter Röser über den Erwerb von jeweils 50 % der Geschäftsanteile der Dortmunder Eisenhandel vom 08.01.1963 und 19.03.1963 (Kopien); Vertragsentwürfe; Kaufvertrag zwischen Dortmunder Eisenhandel und Hans Stassen als Käufer über Grundstücke in Mannheim vom 28.03.1963 (Kopie); Aktenvermerke und Schriftwechsel zwischen DHHU, DHHU Rechtsabteilung und den Vertragspartnern zu Feststellung des Vermögens der Dortmunder Eisenhandel, Vertragsentwürfen und Verkaufsmodalitäten.

5498 Gesellschaftsrechtliche Neuordnung von Establech, Düsseldorf, und Hansa-Stahl GmbH, Düsseldorf.
1965
Handelsregisterauszüge; Grundbuchauszüge; DHHU Revision: Bericht über die Prüfung der Schlussbilanz der Establech, Düsseldorf, zum 28.02.1965 und der Gewinn- und Verlustrechnung für die Zeit vom 01.10.1964–28.02.1965, mit handschriftlicher Version und Unterlagen; Vertrag zwischen Hansa-Stahl, Düsseldorf, und Establech vom 24.02.1965 zur Übernahme der Kapitalerhöhung der Hansa-Stahl um DM 1.400.000 auf DM 5.400.000 durch die Establech gegen Einbringung des gesamten Vermögens der Establech in die Hansa-Stahl, Düsseldorf; Niederschrift der Hauptversammlung der Hansa-Stahl, Düsseldorf, am 24.02.1965 zur Erhöhung des Grundkapitals und Änderung der Satzung; Vertrag zwischen DHHU und Hansa-Stahl, Düsseldorf, vom 22.03.1965 zur Übertragung des neuen Geschäftsanteils von DM 1.400.000 auf die DHHU; Niederschrift der Gesellschafterversammlung der Hansa-Stahl, Berlin, am 15.03.1965 zur Umwandlung der Gesellschaft auf die Hansa-Stahl, Düsseldorf; Niederschrift der Gesellschafterversammlung der Hansa-Stahl, Frankfurt am Main, am 15.03.1965 zur Umwandlung der Gesellschaft auf die Hansa-Stahl, Düsseldorf.

5831 Liquidation der Establech, Düsseldorf.
1965-1966
Niederschrift der Gesellschafterversammlung der Hansa-Stahl GmbH am 24.02.1965 zur Kapitalerhöhung um DM 1.400.000 auf DM 5.400.000 und Übernahme des Geschäftsanteils durch die Establech (Abschrift); Handelsregisterauszüge; einzelne Schreiben zwischen DHHU Rechtsabteilung, Hansa-Stahl und Establech zur Liquidation.

5827 Organschaft von DHHU und Hansa-Stahl GmbH, Düsseldorf.
1965-1966
Organschaftsvertrag vom 12.08.1965; einzelne Schreiben zwischen DHHU Rechtsabteilung und Hansa-Stahl zum Organschaftsverhältnis.

5829 Stahlhandelsgesellschaften der DHHU.
1965-1966
Aktenvermerk der DHHU Rechtsabteilung zu Rechtsgrundlagen von Hansa-Stahl GmbH und Dortmunder Eisenhandel GmbH; Aufstellungen zu den Geschäftsanteilen der DHHU an Hansa-Stahl, Establech, Hausgrundstück Lohengrinstraße Düsseldorf GmbH, Dortmunder EisenhandelGmbH und Fermeta Eisen- und Metallhandel GmbH vom 10.01.1966; Niederschrift der außerordentlichen Gesellschafterversammlung der Hansa-Stahl am 06.02.1967 zu Änderungen im Beirat; einzelne Schreiben zwischen DHHU Rechtsabteilung und Gesellschaften zu Geschäftsführungs- und Handelsregisterangelegenheiten.

Gesellschafterversammlung

5776 Gesellschafterversammlungen der Hansa-Stahl GmbH.
1961, 1965, 1969-1970
Unternehmensstammblatt, Stand April 1970 und 20.07.1970; Niederschriften der Gesellschafterversammlungen am 21.09.1961, 24.02.1965, 26.09.1969 und 23.06.1970 zur Umwandlung auf die DHHU.

3347 Gesellschafterversammlungen und Geschäftsberichte der Hansa-Stahl GmbH.
1966-1970
Niederschriften der Gesellschafterversammlungen am 08.05.1967, 10.05.1968, 10.03.1969 und 06.03.1970; Geschäftsberichte, 1966/67-1968/69.

Geschäftsführung und Beirat

2687/1 Gemeinsamer Beirat von Establech und Hansa-Eisen GmbH bzw. Hansa-Stahl GmbH.
1962-1963
Niederschriften und vorbereitende Unterlagen zur 1.-6. Beiratssitzung am 26.03.1962, 24.05.1962, 29.08.1962, 28.01.1963, 14.06.1963 und 04.12.1963.

2687/2 Dsgl. zur 7.-10. Beiratssitzung am 27.01.1964, 12.06.1964, 27.11.1964 und 03.02.1965 sowie zur außerordentlichen Sitzung am 08.04.1965 (nur Niederschrift).

2713 Gemeinsamer Beirat von Establech und Hansa-Eisen GmbH.
1962–1965
Niederschriften und vorbereitende Unterlagen zur 3.–10. gemeinsamen Beiratssitzung am 29.08.1962 (nur Niederschrift), 28.01.1963 (nur Unterlagen), 14.06.1963, 04.12.1963, 27.01.1964, 12.06.1964, 27.11.1964 und 10.03.1965; Wilhelm Tervooren: Bilanz der Establech zum 30.09.1964; DHHU Revision: Bericht über die Prüfung des Jahresabschlusses der Establech zum 30.09.1964.

5832 Gemeinsamer Beirat von Establech und Hansa-Eisen GmbH bzw. Hansa Stahl GmbH.
1962–1967
Niederschriften der 1., 2. und 4.–15. gemeinsamen Beiratssitzung bzw. der Beiratssitzungen der Hansa-Stahl am 26.03.1962, 24.05.1962, 28.01.1963, 14.06.1963, 04.12.1963, 27.01.1964, 12.06.1964, 27.11.1964, 03.02.1965, 08.04.1965, 26.11.1965, 17.01.1966, 29.06.1966 und 11.11.1966; einzelne Schreiben zwischen DHHU, DHHU Rechtsabteilung, Gesellschaften und Beiratsmitgliedern zur Wahl von Beiratsmitgliedern und Feststellung der Jahresabschlüsse.

5828 Geschäftsführung der Hansa-Stahl GmbH, Düsseldorf.
1965–1966
Einzelne Schreiben zwischen DHHU Rechtsabteilung, Amtsgericht Düsseldorf und Hansa-Stahl zu Bestellung von Geschäftsführern, Erteilung von Prokuren und Handelsregisterangelegenheiten.

2687/3 Beirat der Hansa-Stahl GmbH.
1965–1967
Niederschriften und vorbereitende Unterlagen zur 11.–16. Beiratssitzung am 23.06.1965, 26.10.1965, 17.01.1966, 29.06.1966, 11.11.1966 und 01.02.1967.

2687/4 Beirat der Hansa-Stahl GmbH.
1969
Vorbereitende Unterlagen zur 18. Beiratssitzung am 13.03.1969.

Bilanzen und Revisionsberichte

2086 DHHU Revision: Bericht über die Prüfung des Jahresabschlusses der Hansa-Eisen GmbH, Frankfurt am Main, zum 30.09.1961.

2686/1 Revisionsberichte zur Establech, Düsseldorf, Berlin und Hamburg.
1961–1962
DHHU Revision: Berichte über die Prüfung des Jahresabschlusses der Establech, Berlin, zum 30.09.1961 und 30.09.1962 sowie des konsolidierten Jahresabschlusses der Establech, Düsseldorf, zum 30.09.1961; Wilhelm Tervooren: Berichte über die Prüfung des Jahresabschlusses von Establech, Düsseldorf, zum 30.09.1961 und 30.09.1962 und des konsolidierten Jahresabschlusses zum 30.09.1962 sowie des Jahresabschlusses von Establech, Hamburg, zum 30.09.1961 und Establech, Berlin, zum 30.09.1962.

2712 Bilanzen und Revisionsberichte zur Establech, Düsseldorf, Berlin und Hamburg.
1961–1963

Wilhelm Tervooren: Berichte über die Prüfung des Jahresabschlusses der Establech, Düsseldorf, zum 30.09.1961, 30.09.1962 und 30.09.1963 sowie des konsolidierten Jahresabschlusses zum 30.09.1962 und 30.09.1963; DHHU Revision: Berichte über die Prüfung des Jahresabschlusses der Establech, Berlin, zum 30.09.1961 und 30.09.1962; Wilhelm Tervooren: Bilanzen der Establech, Berlin und Hamburg, zum 30.09.1962.

3102 Bilanzen der Establech, Düsseldorf.
1961–1965
Bilanzen der Establech zum 30.09.1961, 30.09.1962, 30.09.1963 und 30.09.1964; DHHU Revision: Bericht über die Prüfung des Schlussbilanz der Establech zum 28.02.1965 sowie der Gewinn- und Verlustrechnung für den Zeitraum 01.10.1964–28.02.1965; einzelne Schreiben zwischen DHHU und Establech zur Feststellung von Bilanzen und Gewinn- und Verlustrechnungen.

2151 DHHU Revision: Bericht über die Prüfung des Jahresabschlusses der Hansa-Eisen GmbH, Düsseldorf, zum 30.09.1962.

2087 DHHU Revision: Bericht über die Prüfung des Jahresabschlusses der Hansa-Stahl GmbH, Düsseldorf, zum 30.09.1963.

2686/2 Revisionsberichte zur Establech, Düsseldorf und Hamburg.
1963–1964
DHHU Revision: Bericht über die Prüfung des Jahresabschlusses der Establech, Düsseldorf, zum 30.09.1964; DHHU Revision: Berichte über die Prüfung der Schlussbilanzen sowie Gewinn- und Verlustrechnungen von Establech, Hamburg, zum 17.07.1963, Establech Export GmbH, Düsseldorf, zum 29.07.1963, Kilthau & Co. GmbH, Hockenheim, zum 19.09.1963 und Betoneisen GmbH, Düsseldorf, zum 27.04.1964; Wilhelm Tervooren: Berichte über die Prüfung des Jahresabschlusses der Establech, Düsseldorf, zum 30.09.1963 und 30.09.1964 sowie des konsolidierten Jahresabschlusses zum 30.09.1963.

5752 Wilhelm Tervooren: Bericht über die Prüfung des konsolidierten Jahresabschlusses der Hansa-Stahl GmbH, Düsseldorf, zum 30.09.1963 und 30.09.1964.

2905 Unterlagen zur Investitions- und Finanzplanung der DHHU für die Hansa-Stahl GmbH, Düsseldorf.
1963–1966
Vergleichende Aufwands- und Ertragsrechnungen, mit Angaben zu Betriebskosten, Löhnen, Belegschaftsentwicklung, Absatz, Erlösen und Steuern, sowie Gewinn- und Verlustrechnungen, für die Geschäftsjahre 1963/64–1966/67, z. T. mit Angaben voraussichtlicher bzw. geschätzter Werte sowie zu Differenzen von tatsächlichen Betriebsergebnissen und Planungsdaten; einzelne Schreiben zwischen Friedrich Harders und Hansa-Stahl zur Übersendung von Planungsunterlagen und Langfristplanung bis zum Geschäftsjahr 1966/67.

5753 Wilhelm Tervooren: Bericht über die Prüfung des Jahresabschlusses der Hansa-Stahl GmbH, Düsseldorf, zum 30.09.1964.

3346 Westdeutsche Industrie-Treuhandgesellschaft mbH: Bericht über die Prüfung des Jahresabschlusses der Hansa-Stahl GmbH, Berlin, zum 30.09.1964.

2080 DHHU Revision: Bericht über die Prüfung des Jahresabschlusses der Hansa-Stahl GmbH, Frankfurt am Main, zum 30.09.1964.

5368 Wilhelm Tervooren: Bericht über die Prüfung des Jahresabschlusses der Hansa-Stahl GmbH, Düsseldorf, zum 30.09.1965.

2752 Revisionsberichte zur Hansa-Stahl GmbH, Düsseldorf.
1965-1967
Wilhelm Tervooren: Berichte über die Prüfung des konsolidierten Jahresabschlusses zum 30.09.1965 und 30.09.1966 sowie des Jahresabschlusses zum 30.09.1966 und 30.09.1967 (Kurzbericht mit Erläuterungen).

5754 Wilhelm Tervooren: Bericht über die Prüfung des Jahresabschlusses der Hansa-Stahl GmbH, Düsseldorf, zum 30.09.1968.
5755 Dsgl. zum 30.09.1969.

1.9.14 Friedrichshütte AG, Herdorf/Sieg

Hauptversammlung

3008 Hauptversammlungen der Friedrichshütte AG.
1961-1967
Niederschriften der Hauptversammlungen am 27.03.1961, 22.03.1962, 25.03.1963, 14.04.1964, 14.04.1965, 13.04.1966 und 24.04.1967 sowie der außerordentlichen Hauptversammlung am 23.05.1966 zur Genehmigung des Betriebspachtvertrags zwischen Friedrichshütte und HWS vom 20.05.1966; einzelne Schreiben zwischen Friedrich Harders und Friedrichshütte AG zu Entlastung von Vorstand und Aufsichtsrat sowie Zuwahlen zum Aufsichtsrat.

3004 Gesellschafterversammlungen der Friedrichshütte GmbH, am 11.04.1968 und 10.04.1969.
1968-1969
Niederschriften.

Aufsichtsrat

3010 26.-29. Aufsichtsratssitzung der Friedrichshütte AG am 16.01.1961, 30.05.1961, 31.08.1961 und 07.12.1961.
1961
Vorbereitende Unterlagen und Niederschriften.
3011 Dsgl. zur 30.-33. Aufsichtsratssitzung am 19.01.1962, 11.04.1962, 12.05.1962 (ohne Unterlagen) und 18.10.1962.
3012 Dsgl. zur 34.-36. Aufsichtsratssitzung am 18.01.1963, 30.05.1963 und 09.10.1963.
3013 Dsgl. zur 37.-39. Aufsichtsratssitzung am 24.01.1964, 29.05.1964 und 23.10.1964.
3035 Dsgl. zur 40.-43. Aufsichtsratssitzung am 20.01.1965, 05.05.1965, 20.07.1965 (ohne Unterlagen)

und 08.10.1965.

3036 Dsgl. zur 44.–47. Aufsichtsratssitzung am 21.01.1966, 05.05.1966, 07.10.1966 und 20.01.1967.

Revisionsberichte

2749/1 Herbert Rätsch: Bericht über die Prüfung des Jahresabschlusses der Friedrichshütte AG zum 30.09.1961.
2749/2 Dsgl. zum 30.09.1962.
2749/3 Dsgl. zum 30.09.1963.
2749/4 Dsgl. zum 30.09.1964.
2749/5 Dsgl. zum 30.09.1965.
2749/6 Dsgl. zum 30.09.1966.
2749/7 Dsgl. zum 30.09.1967 (Hauptbericht).
2749/8 Dsgl. zum 30.09.1967 (Anlage zum Hauptbericht).
2749/9 Dsgl. zum 30.09.1968 (Hauptbericht).
2749/10 Dsgl. zum 30.09.1968 (Anlage zum Hauptbericht).

Geplante Fusion mit der Hüttenwerke Siegerland AG

5782 Verpachtung des Anlagevermögens der Friedrichshütte AG an die HWS.
1961–1967
Niederschriften der Aufsichtsratssitzungen der Friedrichshütte am 16.01.1961, 18.10.1962, 21.01.1966 und 20.01.1967; Aktenvermerke der DHHU Beteiligungen zu Aufsichtsratssitzungen; Vertrag zwischen Friedrichshütte und HWS über die Verpachtung des Anlagevermögens der Friedrichshütte an die HWS (nicht parafiertes Exemplar); Niederschrift der Hauptversammlung der Friedrichshütte am 24.02.1967 zur Umwandlung der Friedrichshütte AG in eine Gesellschaft mit beschränkter Haftung; Handelsregisterauszug der Friedrichshütte GmbH vom 09.06.1967.

5120 Geplante Fusion von Friedrichshütte AG und HWS.
1962–1967
Niederschrift zur Hauptversammlung der Friedrichshütte AG am 13.04.1966; Geschäftsbericht, 1964/65; Vertrag zwischen Friedrichshütte AG und HWS zur Verpachtung aller Werksanlagen an die HWS, 07.03.1966 (Entwurf); Vertrag zwischen Klöckner-Bergbau Königsborn-Werne AG und Klöckner-Werke AG zur Verpachtung aller Werksanlagen der Klöckner-Bergbau Königsborn-Werne AG an die Klöckner-Werke AG vom 19.04.1962 (gedruckt, Kopie); Aktenvermerke der DHHU Rechtsabteilung zur Fusionsplanung; Vereinbarung zwischen HWS, DGB und IG Metall zu arbeitsrechtlichen Fragen von Verpachtung, Mitbestimmung und Wahrung sozialer Besitzstände vom 21.11.1966, mit Entwürfen; Schriftwechsel zwischen DHHU Rechtsabteilung, HWS und IG Metall zur geplanten Fusion und Anpachtung der Werksanlagen.

1.9.15 Gebrüder Credé & Co. GmbH, Kassel

Erwerb und Gesellschafterversammlung

2707 Erwerb der Gebrüder Credé & Co. GmbH.
1955–1971
Entwurf eines Gesellschaftsvertrags der Gebrüder Credé & Co. zwischen DHHU und Mitgliedern der Familie Credé, mit Genehmigungsantrag an die EGKS Hohe Behörde, vom 15.11.1955; Vertrag zwischen DHHU und Schwerter Profileisenwalzwerk AG über die Gründung der Waggon-, Geräte- und Eisenbau GmbH vom 13.07.1956 sowie Vertrag über die Abtretung der Geschäftsanteile der Schwerter Profileisenwalzwerk AG an die DHHU vom 27.07.1956 (Abschriften); Vertrag zwischen Gebrüder Credé & Co. und Waggon-, Geräte- und Eisenbau GmbH über den Verkauf der Gebrüder Credé & Co. an die Waggon-, Geräte- und Eisenbau GmbH vom 19.09.1956 (Abschrift); Niederschrift der Gesellschafterversammlung der Waggon-, Geräte- und Eisenbau GmbH am 27.09.1956 zur Erhöhung des Grundkapitals um DM 2.980.000 auf DM 3.000.000 und Änderung des Gesellschaftsvertrags, mit Gesellschaftsvertrag der Gebrüder Credé & Co. (Abschriften); Organschaftsvertrag zwischen DHHU und Gebrüder Credé & Co. vom 09./27.10.1956 und Nachtrag vom 30.12.1959 (Kopien); Niederschrift der Gesellschafterversammlung der Gebrüder Credé & Co. am 26.09.1969 zur Neufassung des Organschaftsvertrags, mit Vertrag vom 20.09.1969; Handelsregisterauszüge; Aufstellungen zu Krediten der Gebrüder Credé & Co. und Kreditverpflichtungen der DHHU; Prospekte der Gebrüder Credé & Co. zu Straßenbahnen, Schwerlastpaletten, Drehkränen, Gabelstaplern und Stahltüren; Aufstellungen zu den Waggonbauunternehmen in Deutschland und ihren Großaktionären sowie zu Kapitalausstattung, Forderungen und Verbindlichkeiten der Gebrüder Credé & Co.; Bilanz zum 30.09.1956; Vorläufige Schätzung des Jahresabschlusses zum 30.09.1959; Bericht der DHHU Revision vom Juli 1959 zum Entwurf eines Vertrags zwischen Gebrüder Credé & Co. sowie Transtürk Ankara Ticaret Ltd. und Dümeks TTAS über die Lieferung von Eisenbahnwaggons für die türkische Staatsbahn; Unternehmensstammblätter, Stand 30.09.1966 und 27.01.1971; Besprechungsniederschriften, Aktenvermerke und Schriftwechsel zwischen DHHU und Gebrüder Credé & Co. zu Gesellschaftsverträgen, Geschäftsergebnissen, Pensionsrückstellungen, Unternehmensfinanzierung, Steuern, Jahresabschlüssen, Investitionen und Anlagevermögen.

2617 Hauptversammlung der Waggon-, Geräte- und Eisenbau GmbH am 27.09.1956.
1956
Niederschrift der Hauptversammlung, abgehalten vom alleinigen Gesellschafter DHHU, zur Erhöhung des Grundkapitals von DM 20.000 auf DM 3.000.000, Aufrechnung der Darlehensforderung gegenüber der von der Waggon, Geräte- und Eisenbau GmbH übernommenen Gebrüder Credé & Co. GmbH in Höhe von DM 2.400.000 gegen den Kaufpreis und Entschuldung der Firma sowie Umfirmierung der Waggon-, Geräte- und Eisenbau GmbH in Gebrüder Credé & Co. GmbH durch Satzungsänderung; Satzung der Gebrüder Credé & Co., o. D. (Kopien).

5778 Gesellschafterversammlungen und Jahresabschlüsse der Gebrüder Credé & Co. GmbH.
1957–1965
Niederschriften der Gesellschafterversammlungen am 03.02.1958, 05.02.1960, 26.01.1961, 01.02.1962, 06.02.1963, 07.02.1964 und 08.02.1965 sowie der außerordentlichen Gesellschafterversammlungen am 30.10.1961, 28.02.1963 und 20.10.1964; Jahresabschlüsse zum 30.09.1957, 30.09.1958, 30.09.1959, 30.09.1960, 30.09.1961, 30.09.1962, 30.09.1963 und

30.09.1964; Bilanzunterlagen zum 30.09.1963 und 30.09.1964; einzelne Schreiben zwischen DHHU und Gebrüder Credé & Co. zur Feststellung der Jahresabschlüsse.

5779 Gesellschafterversammlungen und Jahresabschlüsse der Gebrüder Credé & Co. GmbH.
1965–1967
Niederschriften der Gesellschafterversammlungen am 07.02.1966 und 08.05.1967; Jahresabschlüsse zum 30.09.1965 und 30.09.1966; Bilanzunterlagen zum 30.09.1965 und 30.09.1966; einzelne Schreiben zwischen DHHU und Gebrüder Credé & Co. zur Feststellung der Jahresabschlüsse.

Beirat bzw. Aufsichtsrat

2953 Beiratssitzungen der Waggonfabrik und Fahrzeugbau Gebrüder Credé & Co. KG am 12.12.1955 und 18.05.1956.
1955–1956
Vorbereitende Unterlagen.

2689/1 Aufsichtsrat der Gebrüder Credé & Co. GmbH.
1956–1959
Niederschriften und vorbereitende Unterlagen zur 1.–7. Aufsichtsratssitzung am 20.12.1956 (nur Unterlagen), 21.06.1957, 26.11.1957, 20.01.1958, 09.06.1958, 08.10.1958 und 23.01.1959 (nur Unterlagen); Geschäftsberichte, 1956/57 und 1957/58 (Entwürfe).

1216 Aufsichtsrat der Gebrüder Credé & Co. GmbH.
1957–1959
Vorbereitende Unterlagen zur 3., 6. und 7. Aufsichtsratssitzung am 26.11.1957, 08.10.1958 und 23.01.1959, mit Anschreiben an Friedrich Harders.

2689/2 Aufsichtsrat der Gebrüder Credé & Co. GmbH.
1958–1961
Niederschriften und vorbereitende Unterlagen zur 7.–15. Aufsichtsratssitzung am 23.01.1959 (nur Niederschrift), 08.06.1959, 26.10.1959, 25.01.1960, 25.05.1960, 26.09.1960, 13.01.1961, 26.05.1961 und 04.10.1961; Geschäftsberichte, 1958/59 und 1959/60 (Entwürfe).

2689/3 Aufsichtsrat der Gebrüder Credé & Co. GmbH.
1960–1964
Niederschriften und vorbereitende Unterlagen zur 16.–22. Aufsichtsratssitzung am 17.01.1962, 23.05.1962, 31.08.1962, 17.01.1963 (nur Niederschrift), 11.06.1963, 03.10.1963 und 27.01.1964; Geschäftsberichte, 1960/61 und 1962/63 (Entwürfe).

2689/4 Aufsichtsrat der Gebrüder Credé & Co. GmbH.
1963–1966
Niederschriften und vorbereitende Unterlagen zur 23.–28. Aufsichtsratssitzung am 11.06.1964, 26.11.1964 (nur Unterlagen), 02.02.1965, 22.06.1965, 25.10.1965 und 17.01.1966; Geschäftsberichte, 1963/64 und 1964/65 (Entwürfe).

2954 Aufsichtsrat der Gebrüder Credé & Co. GmbH
1966–1967
Niederschriften und vorbereitende Unterlagen zur 29.–31. Aufsichtsratssitzung am 28.06.1966 (nur Unterlagen), 08.11.1966 und 25.01.1967.

Bilanzen und Revisionsberichte

2688 Jahresabschluss der Waggonfabrik und Fahrzeugbau Gebrüder Credé & Co. KG zum 31.12.1955.
1954–1956
Vorläufiger Jahresabschluss und Bilanz zum 31.12.1955 in Gegenüberstellung zum 31.12.1954, mit Bilanzbericht, Gewinn- und Verlustrechnung, Kapitalkonten, Lastenausgleichskonten, Aufwands- und Ertragsrechnung sowie Unterlagen zu Löhnen und Gehältern, Sozialabgaben, Zinszahlungen, Krediten, Verwaltungskosten und Abschreibungen; DHHU Revision: Bericht über die Prüfung der Inventur am 02.02.1956; einzelne Schreiben zwischen DHHU und Gebrüder Credé & Co. sowie Aktenvermerke und Besprechungsniederschriften zum Jahresabschluss 1955; Kontenplan der Gebrüder Credé & Co. vom 12.04.1956.

5777 DHHU Revision: Bericht über die Waggonfabrik und Fahrzeugbau Gebrüder Credé & Co. KG vom 29.08.1955, mit Angaben zu Geschäftsentwicklung, Bilanzen und Unternehmensfinanzierung der Jahre 1949–1954.

2705 Revisionsberichte zu Gebrüder Credé & Co. GmbH und Waggon-, Geräte- und Eisenbau GmbH.
1955–1956
Deutsche Revisions- und Treuhand-AG: Prüfungsberichte zu den Jahresabschlüssen der Gebrüder Credé & Co. zum 31.12.1955 und 30.09.1956; Deutsche Revisions- und Treuhand-AG: Prüfungsbericht zum Jahresabschluss der Waggon-, Geräte- und Eisenbau GmbH zum 30.09.1956.

2706 Bilanzen und Revisionsberichte zur Gebrüder Credé & Co. GmbH.
1957–1962
Westdeutsche Industrie-Treuhandgesellschaft mbH: Prüfungsberichte zu den Jahresabschlüssen zum 30.09.1957, 30.09.1960 und 30.09.1961; DHHU Revision: Prüfungsberichte zu den Jahresabschlüssen zum 30.09.1958, 30.09.1959 und 30.09.1962; Bilanzen zum 30.09.1961 und 30.09.1962.

2952 DHHU Revision: Bericht über die Prüfung der Investitionen und den Einsatz der finanziellen Mittel der Gebrüder Credé & Co. GmbH zum 31.03.1958.

5207 Steuerprüfung bei der Gebrüder Credé & Co. GmbH.
1960
Konzernbetriebsprüfungsstelle Münster für die Finanzämter im Oberfinanzbezirk Münster: Bericht über die Betriebsprüfung für den Zeitraum 01.10.1955–30.09.1960.

2950 DHHU Revision: Bericht über die Prüfung des Jahresabschlusses der Gebrüder Credé & Co. GmbH zum 30.09.1963.

2751/1 Westdeutsche Industrie-Treuhandgesellschaft mbH: Bericht über die Prüfung des Jahresabschlusses der Gebrüder Credé & Co. GmbH zum 30.09.1964.

2751/2 Dsgl. zum 30.09.1965.

2569 Bilanz der Gebrüder Credé & Co. GmbH zum 30.09.1965.

2951 DHHU Konzern-Revision: Bericht über die Prüfung des Jahresabschlusses der Gebrüder Credé & Co. GmbH zum 30.09.1966.

Sonstiges

2901 Investitions-, Finanz- und Produktionsplanung der DHHU für die Gebrüder Credé & Co. GmbH.
1960–1966
Vergleichende Aufwands- und Ertragsrechnungen, mit Angaben zu Betriebskosten, Löhnen, Belegschaftsentwicklung, Absatz, Erlösen und Steuern, sowie Gewinn- und Verlustrechnungen für die Geschäftsjahre 1960/61–1966/67, z. T. mit Angaben voraussichtlicher bzw. geschätzter Werte sowie zu Differenzen von tatsächlichen Betriebsergebnissen und Planungsdaten; einzelne Schreiben zwischen Friedrich Harders und Gebrüder Credé & Co. zur Übersendung von Planungsunterlagen und Langfristplanung bis zum Geschäftsjahr 1969/70.

34 Umstellung der Lohnkostenabrechnung der Gebrüder Credé & Co. GmbH auf elektronische Datenverarbeitung.
1962
DHHU Revision: Bericht über die organisatorischen Voraussetzungen für eine Umstellung der Bruttolohnerrechnung und Lohnkostenverteilung auf Lochkartenverfahren vom Juli 1962.

3028 Produktentwicklung für Eisenwerk Rothe Erde GmbH, Dortmund, und Gebrüder Credé & Co. GmbH.
1965–1966
Werbematerial von Kapazitätenvermittlung Dr. Raabe, Frankfurt am Main, und Unternehmensberatung Haldimann, Zürich und Stuttgart; Unternehmensberatung Haldimann: Problemübersicht neue Fertigungen für die Eisenwerk Rothe Erde GmbH und Zwischenbericht über das Projekt Kreisfördererproduktion vom 21.02.1966, mit Konstruktionszeichnungen; einzelne Schreiben zwischen DHHU, Eisenwerk Rothe Erde, Gebrüder Credé & Co. und Unternehmensberatung Haldimann zu deren Produktentwicklungskonzepten für verschiedene Förder- und Bahnanlagen.

1.9.16 Gesellschaft Hütten-Kasino, Dortmund

3358 DHHU Revision: Bericht über Prüfung des Jahresabschlusses der Gesellschaft Hütten-Kasino zum 31.12.1960.

210 Dsgl. zum 31.12.1961.

60 Dsgl. zum 31.12.1964.

561 Dsgl. zum 31.12.1965.

1.9.17 Gesellschaft zur Förderung der Spektrochemie und angewandten Spektroskopie e. V., Dortmund

3139 DHHU Revision: Bericht über die Prüfung des Jahresabschlusses der Gesellschaft zur Förderung der Spektrochemie und angewandten Spektroskopie e. V. zum 31.03.1956.
3140 Dsgl. zum 31.03.1957.
3141 Dsgl. zum 31.03.1958.
2195 Dsgl. zum 31.03.1959.
2695 Dsgl. zum 31.03.1960.
2746 Dsgl. für den Zeitraum 01.04.1960-31.12.1960.
2750 Dsgl. zum 31.12.1961.
2790 Dsgl. zum 31.12.1962.
2805 Dsgl. zum 31.12.1963.
2807 Dsgl. zum 31.12.1964.
2808 Dsgl. zum 31.12.1965.

1.9.18 Gewerkschaft Exploration, Düsseldorf

2755/1 Revisionsbericht zum Bergbauprojekt Bong Range, Liberia.
1961
DHHU Revision und Barbara Erzbergbau AG Revision: Bericht über die Prüfung des von der Gewerkschaft Exploration für das Bergbauprojekt ermittelten Kapitalbedarfs und der Betriebskosten vom 31.10.1961 (Textband).
2755/2 Dsgl., Anlagenband.

5335/1 Auslandspressedienst der Gewerkschaft Exploration, Nr. 1/1963 bis Nr. 16/1963.
5335/2 Dsgl., Nr. 1/1964 bis Nr. 13/1964 und Nr. 15/1964 bis Nr. 19/1964.
5335/3 Dsgl., Nr. 2/1965 bis Nr. 11/1965 und Nr. 13/1965 bis Nr. 20/1965.
5335/4 Dsgl., Nr. 2/1966 bis Nr. 7/1966 und Nr. 9/1966 bis Nr. 31/1966.
5336/1 Dsgl., Nr. 2/1967 bis Nr. 4/1967, Nr. 8/1967 bis Nr. 15/1967, Nr. 17/1967 bis Nr. 22/1967 und Nr. 24/1967 bis Nr. 27/1967.
5336/2 Dsgl., Nr. 1/1968 bis Nr. 11/1968, Nr. 13/1968 bis Nr. 26/1968 und Nr. 28/1968 bis Nr. 31/1968.
5336/3 Dsgl., Nr. 1/1969 bis Nr. 8/1969, Nr. 10/1969 bis Nr. 12/1969, Nr. 14/1969 bis Nr. 22/1969, Nr. 24/1969 bis Nr. 32/1969, Nr. 34/1969 bis Nr. 39/1969, Nr. 41/1969 bis Nr. 43/1969 und Nr. 45/1969 bis Nr. 47/1969.

1.9.19 Handelsunion AG, Düsseldorf

5892 Handelsunion AG.
1957-1961
Schreiben der EGKS Hohe Behörde an DHHU, HWS und Thyssen AG für Beteiligungen als Gesellschafter der Handelsunion mit Aufforderung zur Offenlegung der rechtlichen Verhältnisse anlässlich des Beitritts der Phoenix-Rheinrohr in den Gesellschafterkreis; einzelne Aufstellungen der Gesellschafter zur Lieferung von Produkten innerhalb der EGKS, gegliedert nach Konzerngesellschaften,

Handelsgesellschaften, Handelsunion und Fremdunternehmen; einzelne Schreiben zwischen Gesellschaftern, DHHU Rechtsabteilung und EGKS Hohe Behörde zur Bereitstellung von Informationen.

5893 Handelsunion AG.
1957–1961
Entwürfe zu Verträgen zwischen DHHU, HWS, Thyssen AG für Beteiligungen, Rheinstahl AG und Phoenix-Rheinrohr als Gesellschafter und der Handelsunion sowie untereinander zur Regelung von Lieferbeziehungen und Lieferverpflichtungen; Aktenvermerke der DHHU Rechtsabteilung sowie Niederschriften von Besprechungen und einzelne Schreiben zwischen Gesellschaftern und Handelsunion zu den Vertragsentwürfen.

1.9.20 Hans Kaupmann GmbH, Wanne-Eickel

Erwerb und Unternehmensorganisation

5811 Anpachtung bzw. Erwerb der Hans Kaupmann GmbH durch die DHHU.
1957, 1960
Harry Esser: Gutachten über die Ermittlung des angemessenen Pachtzinses für die Pachtung der Firma Hans Kaupmann vom 12.12.1957; Vertrag zwischen DHHU sowie Anton Kaupmann und Johann Joachim Feiter über Gewährung eines Darlehens gegen Verpfändung der Geschäftsanteile der Hans Kaupmann GmbH vom 16.09.1960 (Kopie); Sicherungsübereignungsvertrag zwischen Hans Kaupmann GmbH und DHHU über Schrottvorräte vom 17.10.1960; Pachtvertrag zwischen DHHU und Anna Gretchen Kaupmann über Grundstücke und Werksanlagen vom 16.09.1960 (Kopie); einzelne Schreiben zwischen DHHU Rechtsabteilung und Hans Kaupmann GmbH zu den Verträgen.

5812 Anpachtung bzw. Erwerb der Hans Kaupmann GmbH durch die DHHU.
1957–1967
Entwürfe zum Gesellschaftsvertrag der Hans Kaupmann GmbH (Abschrift); Entwürfe zum Pachtvertrag zwischen DHHU und Anna Gretchen Kaupmann über Grundstücke und Werksanlagen der Firma Hans Kaupmann (Kopie); Entwürfe zum Sicherungsübereignungsvertrag zwischen Hans Kaupmann GmbH und DHHU über Schrottvorräte; Gesellschafterlisten; Aktenvermerke, Besprechungsniederschriften und Schriftwechsel zwischen DHHU, DHHU Rechtsabteilung, Landeszentralbank in NRW sowie Firma Hans Kaupmann bzw. Hans Kaupmann GmbH zu Verträgen, Zusammenlegung der Verwaltung von Hans Kaupmann GmbH und Celler & Co. GmbH, Wertsicherung der Darlehens- und Pachtverträge, Grundkapital und Unternehmensfinanzierung.

5810 Erwerb der Hans Kaupmann GmbH durch die DHHU.
1960
Genehmigung der EGKS Hohe Behörde für die DHHU zum Erwerb sämtlicher Geschäftsanteile vom 27.10.1960; einzelne Schreiben zwischen DHHU Rechtsabteilung, Bundesministerium für Wirtschaft und EGKS Hohe Behörde zum Genehmigungsverfahren.

5809 Organschaft von DHHU und Hans Kaupmann GmbH.
1962

Organschaftsvertrag zwischen DHHU und Hans Kaupmann GmbH vom 19./24.07.1961; einzelne Schreiben zwischen DHHU Rechtsabteilung und Hans Kaupmann GmbH zum Vertrag.

Geschäftsführung und Beirat

3019 1. und 2. Sitzung des Bilanz- und Finanzausschusses der Hans Kaupmann GmbH am 01.02.1962 und 28.08.1962.
1961–1962
Vorbereitende Unterlagen.

5814 Geschäftsführung der Hans Kaupmann GmbH.
1961–1964
Einzelne Schreiben zwischen DHHU Rechtsabteilung, Amtsgericht Wanne-Eickel und Hans Kaupmann GmbH zu Bestellung von Geschäftsführern und Handelsregisterangelegenheiten.

5808 Geschäftsordnung der Hans Kaupmann GmbH.
1962
Geschäftsordnung vom 09.04.1962, mit Entwurf (Durchschlag); einzelne Schreiben zwischen DHHU Rechtsabteilung und Hans Kaupmann GmbH zur Geschäftsordnung.

3018 Interner Geschäftsbericht der Hans Kaupmann GmbH, 1966/67.

Bilanzen und Revisionsberichte

2701/1 Bilanzen und Revisionsberichte zur Hans Kaupmann GmbH.
1960–1964
Eröffnungsbilanz zum 01.10.1960 sowie Bilanzen zum 30.09.1961, 30.09.1962, 30.09.1963 und 30.09.1964; Harry Esser: Prüfungsberichte zu den Jahresabschlüssen zum 30.09.1961, 30.09.1962, 30.09.1963 und 30.09.1964.

5813 Jahresabschlüsse der Hans Kaupmann GmbH.
1961–1965
Jahresabschlüsse zum 30.09.1961, 30.09.1962, 30.09.1963, 30.09.1964 und 30.09.1965; einzelne Schreiben zwischen DHHU Beteiligungen, Wirtschaftsprüfer Harry Esser und Hans Kaupmann GmbH zu den Jahresabschlüssen.

2701/2 Harry Esser: Prüfungsbericht zum Jahresabschluss der Hans Kaupmann GmbH zum 30.09.1965.
2701/3 Dsgl. zum 30.09.1966.

1.9.21 Hansa Bergbau AG, Dortmund

Beteiligungsverhältnis und Neuordnung des Ruhrbergbaus

5153 Beteiligungsverhältnis der Hansa Bergbau AG.
1953–1955, 1960–1967
Satzungsentwürfe, 1953, 1955 und 1966 (Typoskripte); Anordnung Nr. GB-II-B der CCCG an VSt i. L., GBAG (alt) und Hansa Bergbau AG vom 01.07.1953, als Ergänzung zur Anordnung Nr. GB-II-A vom 17.06.1953, zur Beschlagnahmung des Vermögens von VSt i. L. und GBAG (alt) und Übertragung auf die Hansa Bergbau AG (Abschrift); Aktenvermerke und Schriftwechsel zwischen DHHU Rechtsabteilung, Hansa Bergbau AG, GBAG und Rechtsanwälten über Neuordnung des Ruhrbergbaus, Übertragung von Aktien der Hansa Bergbau AG auf die DHHU, Handelsregisterangelegenheiten sowie Überlegungen zur Kündigung von Organschaftsverhältnis und Geschäfts- und Gewinnabführungsvertrag zwischen DHHU, GBAG und Hansa Bergbau AG.

5152 Beteiligungsverhältnis der Hansa Bergbau AG.
1953–1967
Niederschriften der Hauptversammlungen der Hansa Bergbau AG am 13.12.1954 (Entwurf) und 29.11.1957 (Abschrift); Satzungsentwurf vom 06.10.1955; Aktenvermerke und Schriftwechsel zwischen DHHU Rechtsabteilung, Hansa Bergbau AG, GBAG und Rechtsanwälten über Neuordnung des Ruhrbergbaus, Übertragung von Aktien der Hansa Bergbau AG auf die DHHU, Steuerfragen, Neufassung der Satzung, rechtliche und wirtschaftliche Verhältnisse, Verwaltungskosten, Aufsichtsratsangelegenheiten, Stilllegung der Zeche Adolf von Hansemann sowie Umwandlung von Bochumer Bergbau AG, Dortmunder Bergbau AG, Erin Bergbau AG und Rheinelbe Bergbau AG auf die GBAG und Neugründung von Bochumer Bergbau AG, Dortmunder Bergbau AG und Rheinelbe Bergbau AG als Betriebsführungsgesellschaften.

Hauptversammlung

5759 Hauptversammlungen der Hansa Bergbau AG.
1955–1965
Niederschriften der Hauptversammlungen am 02.12.1955 (mit Geschäftsbericht 1954/55), 15.12.1956, 29.11.1957 (Abschriften), 02.12.1958, 30.11.1959, 05.07.1960, 27.07.1961, 27.07.1962 (Abschrift), 24.07.1963, 17.07.1964 (mit Geschäftsbericht 1963) und 14.07.1965; Vermögensaufstellung zum 01.01.1963.

5151 Hauptversammlungen der Hansa Bergbau AG.
1954–1964
Niederschriften der Hauptversammlungen am 24.07.1963, 17.07.1964 und 14.07.1965, mit Geschäftsberichten, 1962–1964; Einladungen und Tagesordnungen zu Hauptversammlungen; Satzungsentwurf vom 06.10.1955; Entwürfe zu Niederschriften der Hauptversammlungen am 02.12.1958, 30.11.1959, 05.07.1960 und 17.07.1964 (Abschriften); Schriftwechsel zwischen DHHU Rechtsabteilung, Hansa Bergbau AG, Aufsichtsratsmitgliedern und Rechtsanwälten zu den Hauptversammlungen.

5150 Hauptversammlungen der Hansa Bergbau AG.
1965-1967
Niederschrift der Hauptversammlung am 09.08.1966, mit Geschäftsbericht 1965; einzelne Schreiben zwischen DHHU Rechtsabteilung, Hoesch AG Rechtsabteilung und Hansa Bergbau AG zu den Hauptversammlungen 1966 und 1967.

5761 Hauptversammlungen der Hansa Bergbau AG.
1967-1969
Niederschriften der Hauptversammlungen am 07.08.1967, 22.08.1968 und 11.08.1969, mit Geschäftsberichten 1966-1968.

Aufsichtsrat

2685/1 Aufsichtsrat der Hansa Bergbau AG.
1953-1956
Vorbereitende Unterlagen zur 4.-6., 8., 9., 11. und 12. Aufsichtsratssitzung am 02.03.1954, 14.06.1954, 12.11.1954, 29.03.1955, 29.06.1955, 27.01.1956 und 29.05.1956; Niederschriften der 6. und 10. Aufsichtsratssitzung am 12.11.1954 und 11.10.1955; vorbereitende Unterlagen zu einer Besprechung zwischen DHHU und Dortmunder Bergbau AG zu Betriebsergebnissen, Absatz, Steuern, Investitionen und Wohnungsbau von Hansa Bergbau AG und Dortmunder Thomasschlackenmahlwerk GmbH am 28.10.1953.

2685/2 Aufsichtsrat der Hansa Bergbau AG.
1956-1958
Vorbereitende Unterlagen zur 13.-17. Aufsichtsratssitzung am 15.10.1956, 13.02.1957, 04.06.1957, 11.10.1957 und 19.02.1958.

2685/3 Aufsichtsrat der Hansa Bergbau AG.
1958-1961
Niederschriften (Kopien) und vorbereitende Unterlagen zur 19., 20. und 22.-25. Aufsichtsratssitzung am 10.10.1958, 24.02.1959, 09.10.1959, 10.05.1960 (nur Niederschrift), 09.11.1960 und 08.03.1961 (ohne Niederschrift); Geschäftsbericht, 1958/59 (Entwurf).

2685/4 Aufsichtsrat der Hansa Bergbau AG.
1961-1964
Niederschriften (z. T. Kopien) und vorbereitende Unterlagen zur 26.-34. Aufsichtsratssitzung am 16.05.1961, 21.11.1961, 20.02.1962 (nur Niederschrift), 17.05.1962, 22.11.1962, 07.03.1963 (ohne Niederschrift), 22.05.1963 (ohne Niederschrift), 13.11.1963 (ohne Niederschrift) und 04.03.1964; Geschäftsberichte, 1960-1962 (Entwürfe).

2685/5 Aufsichtsrat der Hansa Bergbau AG.
1964-1966
Niederschriften und vorbereitende Unterlagen zur 35.-42. Aufsichtsratssitzung am 15.05.1964, 20.11.1964 (ohne Niederschrift), 25.02.1965 (ohne Niederschrift), 19.05.1965 (ohne Niederschrift), 06.08.1965 (nur Niederschrift), 22.11.1965 (ohne Niederschrift), 03.06.1966 (nur Kurz-

vermerk) und 26.05.1966 (nur Niederschrift); Geschäftsberichte, 1963 und 1964 (Entwürfe); Bericht zu Altersaufbau und Belegschaftsentwicklung bei Dortmunder Bergbau AG und Hansa Bergbau AG im Zeitraum 27.06.1963-24.06.1964, o. D. (Typoskript); 25 Jahre Wohnungsbau von Dortmunder Bergbau AG und Hansa Bergbau AG, März 1966 (Typoskript, mit Schaubildern).

3129 Aufsichtsrat der Hansa Bergbau AG.
1966-1968
Vorbereitende Unterlagen zur 45. und 48. Aufsichtsratssitzung am 30.05.1967, mit Niederschrift, und 06.06.1968; Geschäftsberichte, 1966-1968 (Entwürfe); Geschäftsbericht des Vorstands der Hansa Bergbau AG für den Aufsichtsrat zum 2. Quartal 1968 (Kopie); Westdeutsche Industrie-Treuhandgesellschaft mbH: Berichte über die Prüfung des Jahresabschlusses der Hansa Bergbau AG zum 31.12.1966 und 31.12.1967.

Bilanzen und Revisionsberichte

2708 Bilanzunterlagen und Revisionsberichte zur Hansa Bergbau AG.
1953-1955
Unterlagen zur Eröffnungsbilanz zum 01.07.1953 sowie zu den Bilanzen zum 31.03.1954 und 31.03.1955; Jens Peter Magnussen: Bericht über die Prüfung des Jahresabschlusses zum 31.03.1954; Geschäftsberichte, 1953/54 und 1954/55 (Entwürfe); Westdeutsche Industrie-Treuhandgesellschaft mbH: Bericht über die Prüfung des Jahresabschlusses zum 31.03.1955; GBAG Hauptrevision: Erläuterungen zur Bilanz und Ergebnisrechnung zum 31.03.1955.

2709 Geschäftsberichte und Revisionsberichte zur Hansa Bergbau AG.
1955-1958
Geschäftsberichte der Hansa Bergbau AG, 1955/56-1957/58; Westdeutsche Industrie-Treuhandgesellschaft mbH: Berichte über die Prüfung des Jahresabschlusses zum 31.03.1956, 31.03.1957 und 31.03.1958; GBAG Hauptrevision: Erläuterungen zur Bilanz und Ergebnisrechnung zum 31.03.1956.

2710 Geschäftsberichte und Revisionsberichte zur Hansa Bergbau AG.
1958-1961
Geschäftsberichte, 1958/59, 01.04.1959-31.12.1959, 1960 und 1961; Westdeutsche Industrie-Treuhandgesellschaft mbH: Berichte über die Prüfung des Jahresabschlusses zum 31.03.1959, 31.12.1959, 31.12.1960 und 31.12.1961.

5756 Westdeutsche Industrie-Treuhandgesellschaft mbH: Bericht über die Prüfung des Jahresabschlusses der Hansa Bergbau AG zum 31.12.1962.

5757 Dsgl. zum 31.12.1963.

5758 Dsgl. zum 31.12.1964.

5760 Dsgl. zum 31.12.1965.

5762 Dsgl. zum 31.12.1968.

1.9.22 Hausgrundstück Lohengrinstraße Düsseldorf GmbH, Düsseldorf

5165 Hausgrundstück Lohengrinstraße Düsseldorf GmbH und Fermeta Eisen- und Metallhandel GmbH.
1961-1966
Aufstellungen zu den Gesellschaftern von Hausgrundstück GmbH und Fermeta, 1962-1965; Aktenvermerk der DHHU Rechtsabteilung zur Löschung des Mantels der Fermeta vom 14.06.1965; Niederschriften der Gesellschafterversammlungen der Fermeta am 07.02.1966 und 09 09.1966 sowie der Hausgrundstück GmbH am 02.12.1964, 07.02.1966 und 09.09.1966; Bilanzen der Hausgrundstück GmbH zum 31.12.1961, 31.12.1962, 31.12.1963, 31.12.1964 und 31.12.1965.

2698 Hausgrundstück Lohengrinstraße Düsseldorf GmbH.
1962-1970
Unternehmensstammblatt, Stand 18.06.1970; DHHU Revision: Berichte über die Prüfung der Jahresabschlüsse zum 31.12.1962, 31.12.1963, 31.12.1964 und 31.12.1965; Niederschriften der Gesellschafterversammlungen am 10.05.1968, 10.03.1969 und 06.03.1970 sowie der außerordentlichen Gesellschafterversammlung am 25.05.1970.

1.9.23 Hüttenwerke Siegerland AG, Siegen

Erwerb und Unternehmensorganisation

5873 Organschaft von DHHU und HWS.
1952-1953, 1962-1966
Organschaftsvertrag zwischen DHHU und HWS vom 25./27.09.1962 (Kopie); Organschaftsvertrag zwischen HWS und Friedrichshütte AG vom 11.04.1953 (Abschrift); Organschaftsvertrag zwischen Friedrichshütte AG und Eisenhandel Stein GmbH, Wehbach, vom 01.04.1952 (Durchschlag); Aktenvermerke und einzelne Schreiben zwischen DHHU, DHHU Rechtsabteilung und HWS zum Organschaftsverhältnis.

3044 Erweiterung der Beteiligung der DHHU an der HWS durch Erwerb der Anteile der ATH.
1953-1967
Genehmigung der EGKS Hohe Behörde vom 25.05.1960 zur Übernahme der Anteile der ATH an der HWS durch die DHHU (Kopie); Vertrag zwischen ATH als Lieferantin und HWS vom 04.03./03.06.1953 über die Lieferung von Warmband (Kopie); Verträge zwischen ATH und DHHU vom 19.09.1959 und 05.09.1961 über den Verkauf von Anteilen an der HWS und die weitere Verpflichtung der HWS zur Abnahme von Warmband der ATH (Kopien), mit mehreren Entwürfen; Verträge zwischen HWS als Lieferantin und Handelsunion AG vom 20.10.1959 und 26.07.1961 über die Lieferung von Feinblechen (Kopien), mit Entwürfen; interner Bericht der DHHU vom 01.06.1961 zum Aktienerwerb; Niederschrift einer Besprechung von Vertretern von DHHU und Hoogovens am 13.06.1961 zum geplanten Anteilserwerb; Organschaftsvertrag zwischen DHHU und HWS vom 25./27.09.1962 (Kopie); DHHU Volkswirtschaft/Statistik: Bericht vom 10.01.1963 zur Vorausschätzung des Feinblechbedarfs und der absetzbaren Produktion von Feinblechen im Bundesgebiet bis zum Jahr 1966; Entwürfe zu einem Pacht- und Geschäftsführungsvertrag zwischen Hoesch AG und HWS sowie zwischen Tochtergesellschaften der DHHU und Hoesch AG, 1966; Schriftwechsel zwischen DHHU, Hoesch AG, HWS, Oberfinanzdirektion Münster, verschie-

denen Finanzämtern, Aufsichtsratsmitgliedern der DHHU, EGKS Hohe Behörde Generaldirektion Wirtschaft-Energie, Hoogovens, ATH und Handelsunion AG zu Lieferverträgen, Genehmigung, Modalitäten und Abschluss des Organschaftsvertrags, steuerrechtlicher Behandlung von Organschaften sowie Behandlung von Aktionären im Rahmen des Aktienerwerbs.

3354 Lieferverträge im Rahmen der Erweiterung der Beteiligung der DHHU an der HWS durch Erwerb der Anteile der ATH.
1953, 1959-1960
Vertrag zwischen ATH und HWS über die Verpflichtung der HWS zur Abnahme von Warmband der ATH vom 04.03./03.06.1953 (Kopie); Entwürfe zur Vertragsänderung, 1959; Aktenvermerke der DHHU Rechtsabteilung zu Verträgen, geplantem Aktienerwerb und Maßnahmen zur Eingliederung der HWS in die DHHU.

5872 Satzungen von HWS, Friedrichshütte AG und Blefa.
1955, 1963-1966
Satzungen von HWS vom 21.04.1964 und 19.04.1966 (gedruckt), Friedrichshütte AG vom 24.10.1955 und 14.04.1964 (gedruckt) sowie Blefa vom 24.10.1955, o. D. (Typoskript und Entwurf); einzelne Schreiben zwischen DHHU Rechtsabteilung, Aufsichtsratsmitgliedern und Unternehmen zur Versendung von Satzungen und Bekanntmachung der Mehrheitsbeteiligung der DHHU an den Unternehmen.

3348 Erweiterung der Beteiligung der DHHU an der HWS durch Erwerb der Anteile der ATH.
1957-1960
Antragsschreiben der DHHU an die EGKS Hohe Behörde zur Genehmigung des Erwerbs einer Beteiligung von über 50 % des Grundkapitals der HWS vom 01.04.1957; Briefentwürfe, Aktenvermerke und Besprechungsniederschriften der DHHU Rechtsabteilung sowie Schriftwechsel zwischen DHHU, HWS, EGKS Hohe Behörde und Hoogovens zum Genehmigungsverfahren.

3352 Blechlieferungen von DHHU und HWS an die Handelsunion AG.
1959
Vertrag zwischen HWS und Handelsunion AG über die Verpflichtung der Handelsunion AG zum Bezug von mindestens 50 % ihres Bedarfs an Feinblechen von der HWS vom 20.10.1959, mit Nachtragsvertrag vom 09.11.1959 (Kopien); Vertrag zwischen DHHU und Handelsunion AG über die Verpflichtung der Handelsunion AG zum Bezug von 43 % ihres Bedarfs an Stabstahl, Formstahl sowie Grob- und Mittelblechen von der DHHU vom 19.10.1959, mit Nachtragsvertrag vom 09.11.1959.

5895/1 Erweiterung der Beteiligung der DHHU an der HWS.
1959-1961
Internes Gutachten der DHHU zu den rechtlichen, steuerlichen und produktionstechnischen Auswirkungen einer erweiterten Beteiligung an der HWS vom 13.05.1959; Aktenvermerke der DHHU Rechtsabteilung zu Vertragsentwürfen zwischen DHHU und ATH und Lieferverpflichtungen.

3349 Erweiterung der Beteiligung der DHHU an der HWS durch Erwerb der Anteile der ATH.
1960
Genehmigung der EGKS Hohe Behörde zur Übernahme der Anteile der ATH an der HWS durch die DHHU vom 25.05.1960; Aktenvermerke und Besprechungsniederschriften der DHHU Rechtsab-

teilung sowie einzelne Schreiben zwischen DHHU und EGKS Hohe Behörde zum Genehmigungsverfahren.

5896 Erwerb von Aktien der Handelsunion AG durch die ATH.
1960–1961
Mitteilung der EGKS Hohe Behörde vom 29.09.1961 an die DHHU über die Genehmigung für die ATH zum Aktienerwerb, mit Auflage zur Veräußerung ihres Gesellschaftsanteils an der HWS; Aktenvermerke der DHHU Rechtsabteilung sowie einzelne Schreiben zwischen DHHU und EGKS Hohe Behörde zu Genehmigung und Antrag der ATH zur Erweiterung ihrer Beteiligung an der Stahl- und Walzwerke Rasselstein/Andernach AG auf 50 % sowie wettbewerbsrechtlichen Auswirkungen.

5895/2 Erweiterung der Beteiligung der DHHU an der HWS.
1961
Interner Bericht der DHHU zu den rechtlichen, steuerlichen und produktionstechnischen Auswirkungen einer erweiterten Beteiligung an der HWS vom 01.06.1961; Entwurf eines Kaufvertrags zwischen DHHU und ATH zum Erwerb der Geschäftsanteile der ATH an der HWS vom 01.09.1959.

3350 Blechlieferungen der HWS an die Handelsunion AG.
1961
Vertrag zwischen HWS und Handelsunion AG über die Verpflichtung der Handelsunion AG zum ausschließlichen Bezug ihres Bedarfs an Feinblechen von der HWS vom 24.08./01.09.1961 (Kopie), mit Entwurf eines Nachtragsvertrags, o. D.

3043 Erweiterung der Beteiligung der DHHU an der HWS durch Erwerb der Anteile der ATH.
1961
Drei Berichte zum Erwerb der Anteile der ATH durch die DHHU, mit Begründung des Erwerbs, Rentabilitätsberechnungen, Betriebsbeschreibungen und Bilanzen sowie Angaben zu Beteiligungen und Produktionsstatistik der Geschäftsjahre 1955/56–1959/60 und der Monate Oktober 1960 bis Juni 1961, Investitionen, Belegschaft sowie Vermögens- und Kapitalverhältnissen.

5781 Erweiterung der Beteiligung der DHHU an der HWS.
1961–1964
Berichte der DHHU Beteiligungen zum geplanten Ankauf der Beteiligung der ATH an der HWS vom 01.06.1961 und o. D.
Darin auch: Monatliche Aufstellungen zu Produktion, Absatz, Betriebsergebnissen und Betriebskosten der Feinblecherzeugung der HWS, Januar 1962 bis Juni 1964; DHHU Volkswirtschaft/Statistik: Vorausschätzung des Feinblechbedarfs und der absetzbaren Produktion von Feinblechen im Bundesgebiet bis zum Jahr 1966 vom 10.01.1963.

3045 Warmbandliefervertrag zwischen HWS und ATH.
1961–1964
Vertrag zwischen ATH als Verkäuferin und DHHU vom 05.09.1961 über den Verkauf von Anteilen an der HWS und die weitere Verpflichtung der HWS zur Abnahme von Warmband der ATH (Kopie); Vertrag zwischen ATH und HWS vom 28.09.1961 über die Lieferung von 1.500.000 Tonnen Warmband im Zeitraum von zehn Jahren (Kopie); zwei Schreiben zwischen Hans-Günther Sohl und Willy

Ochel vom 03.05.1963 und 07.05.1963 zur Forderung Ochels nach Aufhebung des Liefervertrags wegen daraus resultierenden massiven Belastungen der HWS und auch der DHHU mit Nachteilen für die gesamte Stahlindustrie des Dortmunder Raums sowie zum Vorwurf, die ATH besäße dadurch einen ungebührlichen Einfluss auf das östliche Ruhrgebiet, der Hoesch AG und DHHU vorbehalten bleiben müsse; Mitteilung der EGKS Hohe Behörde an die HWS vom 18.07.1963 zur Auflage für die ATH, im Rahmen der Übernahme der Aktienmehrheit an der Phoenix-Rheinrohr AG den Liefervertrag zu ändern; Auszüge aus Niederschriften von Vorstandssitzungen der DHHU; Aktenvermerke sowie Schriftwechsel zwischen Friedrich Harders, Sohl und HWS zur Behandlung des Vertrag sowie Reduzierung von Laufzeit und Liefermenge.

3353 Lieferverträge im Rahmen der Erweiterung der Beteiligung der DHHU an der HWS durch Erwerb der Anteile der ATH.
1961-1966
Verträge zwischen ATH und DHHU vom 05.09.1961 über den Verkauf von Anteilen an der HWS sowie zwischen ATH und HWS über die weitere Verpflichtung der HWS zur Abnahme von Warmband der ATH vom 28.09.1961; Änderungsverträge vom 27.12.1963 (Kopien); Aktenvermerke und Briefentwürfe der DHHU Rechtsabteilung sowie einzelne Schreiben zwischen DHHU und ATH zur Änderung der Lieferverträge.

5894 Organschaft zwischen DHHU und HWS.
1962-1967
Aktenvermerke, Besprechungsniederschriften und Schriftwechsel zwischen DHHU, DHHU Rechtsabteilung, HWS und Aufsichtsratsmitgliedern der HWS zu Auswirkungen des Organschaftsverhältnisses auf Mitbestimmung, Behandlung von Kleinaktionären, Gewährung einer Dividendengarantie und Steuerfragen; Aktenvermerke und einzelne Schreiben zwischen DHHU, DHHU Rechtsabteilung und Hoesch AG zu Auswirkungen des Fusionsabkommens zwischen DHHU und Hoesch AG vom 22.02.1966 auf die Organschaft zwischen DHHU und HWS und Umwandlung der HWS auf die DHHU.

5955 Unternehmensorganisation der HWS.
1965
Booz, Allen & Hamilton International Inc.: Bericht über die Analyse der Organisation und des Marketings der HWS, Februar 1965.

Hauptversammlung

3049 Hauptversammlungen und Aufsichtsrat der HWS.
1957, 1961-1969
Satzungen vom 26.04.1957, 21.04.1964, 19.04.1966 und 03.05.1967 (gedruckt); Tagesordnungen zu Hauptversammlungen am 03.05.1967, 23.04.1968 und 29.04.1969 sowie zur außerordentlichen Hauptversammlung am 21.11.1969 zur Umwandlung der HWS auf die Hoesch AG; stenografische Niederschriften der Hauptversammlungen am 23.04.1968 und 21.11.1969; Niederschrift zur 58. Aufsichtsratssitzung am 23.04.1968; Redemanuskript von Friedrich Harders zur Hauptversammlung am 21.11.1969; Bericht über die Hochwasserkatastrophe am 15. und 16.06.1968 bei der HWS Werk Eichen; Niederschriften der Sitzungen des Finanzausschusses des

Aufsichtsrats am 19.01.1966, 19.01.1967, 12.01.1968 und 17.01.1969 sowie des Wirtschaftsausschusses am 03.06.1965, 30.08.1965, 17.12.1965, 18.03.1966, 27.08.1968 und 28.11.1969; Aktenvermerke sowie Schriftwechsel zwischen Friedrich Harders, Aufsichtsratsmitgliedern und HWS zu Aufsichtsratssitzungen und Hauptversammlungen.

2983 Hauptversammlungen der HWS am 20.04.1960 und 29.03.1961.
1959–1961
Niederschriften; Anwesenheitsliste sowie Redemanuskripte von Friedrich Harders und Rudolf Ganz zur Hauptversammlung am 29.03.1961; Geschäftsbericht, 1959/60; einzelne Schreiben zwischen HWS und Harders zur Hauptversammlung.

5877 Hauptversammlung der HWS am 29.03.1961.
1959–1961
Niederschrift; Redemanuskript von Friedrich Harders, mit Entwurf; Geschäftsbericht der HWS, 1959/60; einzelne Schreiben zwischen DHHU Rechtsabteilung und HWS zur Hauptversammlung.

5878 Hauptversammlung der HWS am 30.03.1962.
1960–1962
Niederschrift; Redemanuskript von Friedrich Harders, mit Entwurf; Geschäftsbericht, 1960/61; einzelne Schreiben zwischen DHHU Rechtsabteilung, Harders und HWS zur Hauptversammlung.

5879 Hauptversammlung der HWS am 29.03.1963.
1961–1963
Niederschrift und stenografische Niederschrift; Redemanuskript von Friedrich Harders, mit Entwurf; Geschäftsbericht, 1961/62; einzelne Schreiben zwischen DHHU Rechtsabteilung, Harders und HWS zur Hauptversammlung.

5880 Hauptversammlung der HWS am 21.04.1964.
1962–1964
Niederschrift; Redemanuskript von Friedrich Harders, mit Entwurf; Geschäftsbericht, 1962/63; einzelne Schreiben zwischen DHHU Rechtsabteilung, Harders und HWS zur Hauptversammlung.

3027 Hauptversammlungen der HWS.
1962–1965
Niederschriften der Versammlungen am 30.03.1962, mit Anwesenheitsliste, 29.03.1963, mit stenografischer Niederschrift, 21.04.1964, mit Geschäftsbericht, 1962/63, und stenografischer Niederschrift, sowie 23.04.1965, mit Geschäftsbericht, 1963/64, alle mit Redemanuskripten von Rudolf Ganz und Friedrich Harders und Schriftwechsel zwischen DHHU und HWS zu Vorbereitung der Versammlungen, Ablaufplänen und möglichen Aktionärsfragen.

5881 Hauptversammlung der HWS am 23.04.1965.
1963–1965
Niederschrift; Redemanuskript von Friedrich Harders, mit Entwurf; Geschäftsbericht, 1963/64; Niederschrift der Bilanzpressekonferenz der HWS am 02.04.1965; einzelne Schreiben zwischen DHHU Rechtsabteilung, Harders und HWS zur Hauptversammlung.

5882 Hauptversammlung der HWS am 19.04.1966.
1964–1966
Niederschrift; Redemanuskript von Friedrich Harders, mit Entwurf; Geschäftsbericht, 1964/65; Satzungen der HWS vom 21.04.1964 und 19.04.1966 (gedruckt), mit Entwürfen; einzelne Schreiben zwischen DHHU Rechtsabteilung, Harders und HWS zur Hauptversammlung.

2984 Hauptversammlungen der HWS am 03.05.1967, 23.04.1968 und 29.04.1969 sowie außerordentliche Hauptversammlung am 21.11.1969 zur Umwandlung auf die Hoesch AG.
1965–1969
Niederschriften sowie stenografische Niederschriften der Versammlungen am 03.05.1967 und 29.04.1969; Geschäftsberichte, 1965/66–1967/68.

3025 Hauptversammlung am 03.05.1967 und Aufsichtsrat der HWS.
1967–1968
Redemanuskript von Friedrich Harders zur Hauptversammlung; einzelne Schreiben zwischen Harders und HWS zu Hauptversammlung und Weisungen von Aktionären; Niederschriften der Sitzung des Wirtschaftsausschusses des Aufsichtsrats der HWS am 20.06.1967, des Finanzausschusses des Aufsichtsrats am 12.01.1968 und der 56. Aufsichtsratssitzung am 06.12.1967 (Entwurf).

Aufsichtsrat

2972 Aufsichtsratssitzung der HWS am 17.12.1959.
1959
Vorbereitende Unterlagen zum Tagesordnungspunkt Investitionen, mit Lageplan des Werks Wissen.

2973 Aufsichtsratssitzungen der HWS am 20.04.1960, 31.05.1960 und 05.10.1960.
1960
Vorbereitende Unterlagen (Unterlagen zum 20.04.1960 fehlen) und Niederschriften.

5876 Aufsichtsrat von HWS, Friedrichshütte AG und Blefa.
1961–1966
Aktenvermerke und Schriftwechsel zwischen DHHU, DHHU Rechtsabteilung, Aufsichtsratsmitgliedern, Amtsgericht Siegen und Unternehmen zu Wahl von Aufsichtsratsmitgliedern, Vorbereitung von Hauptversammlungen und Handelsregisterangelegenheiten.

2974/1 Niederschrift zur Aufsichtsratssitzung der HWS am 26.01.1961.
2974/3 Dsgl. zur Aufsichtsratssitzung am 19.05.1961.
2974/6 Dsgl. zur Aufsichtsratssitzung am 19.12.1961.
2975/1 Dsgl. zur 33. Aufsichtsratssitzung am 31.01.1962.
2974/8 Dsgl. zur Aufsichtsratssitzung am 29.03.1962.
2975/7 Dsgl. zur Aufsichtsratssitzung am 30.03.1962.
2975/3 Dsgl. zur 34. Aufsichtsratssitzung am 29.05.1962.
2976/1 Dsgl. zur 37. Aufsichtsratssitzung am 01.02.1963.
2976/5 Dsgl. zur Aufsichtsratssitzung am 29.03.1963.
2977/2 Dsgl. zur Aufsichtsratssitzung am 21.04.1964.

2978/5 Dsgl. zur Aufsichtsratssitzung am 23.04.1965.
2979/4 Dsgl. zur 50. Aufsichtsratssitzung am 29.07.1966.
2981/2 Dsgl. zur 58. Aufsichtsratssitzung am 23.04.1968.
2981/3 Dsgl. zur 60. Aufsichtsratssitzung am 20.06.1968.

2974/2 Vorbereitende Unterlagen zur Aufsichtsratssitzung der HWS am 26.01.1961.
2974/4 Dsgl. zur Aufsichtsratssitzung am 19.05.1961.
2974/7 Dsgl. zur Aufsichtsratssitzung am 19.12.1961.
2975/2 Dsgl. zur 33. Aufsichtsratssitzung am 31.01.1962.
2975/4 Dsgl. zur 34. Aufsichtsratssitzung am 29.05.1962.
2976/2 Dsgl. zur 37. Aufsichtsratssitzung am 01.02.1963.
2981/4 Dsgl. zur 60. Aufsichtsratssitzung am 20.06.1968.

2974/5 Vorbereitende Unterlagen und Niederschrift zur Aufsichtsratssitzung der HWS am 01.09.1961.
2975/5 Dsgl. zur 35. Aufsichtsratssitzung am 30.10.1962.
2975/6 Dsgl. zur 36. Aufsichtsratssitzung am 13.12.1962.
2976/3 Dsgl. zur 38. Aufsichtsratssitzung am 21.06.1963.
2976/4 Dsgl. zur 39. Aufsichtsratssitzung am 18.10.1963.
2977/1 Dsgl. zur 40. Aufsichtsratssitzung am 04.02.1964.
2977/3 Dsgl. zur 41. Aufsichtsratssitzung am 02.06.1964.
2977/4 Dsgl. zur 42. Aufsichtsratssitzung am 27.10.1964.
2978/1 Dsgl. zur 43. Aufsichtsratssitzung am 28.01.1965.
2978/2 Dsgl. zur 44. Aufsichtsratssitzung am 14.06.1965.
2978/3 Dsgl. zur 45. Aufsichtsratssitzung am 13.08.1965.
2978/4 Dsgl. zur 46. Aufsichtsratssitzung am 09.11.1965.
2979/1 Dsgl. zur 47. Aufsichtsratssitzung am 27.01.1966.
2979/2 Dsgl. zur 48. Aufsichtsratssitzung am 19.04.1966.
2979/3 Dsgl. zur 49. Aufsichtsratssitzung am 15.07.1966.
2979/5 Dsgl. zur 51. Aufsichtsratssitzung am 11.11.1966.
2980/1 Dsgl. zur 52. Aufsichtsratssitzung am 27.01.1967.
2980/2 Dsgl. zur 54. Aufsichtsratssitzung am 24.05.1967.
2980/3 Dsgl. zur 55. Aufsichtsratssitzung am 12.09.1967.
2980/4 Dsgl. zur 56. Aufsichtsratssitzung am 06.12.1967.
2981/1 Dsgl. zur 57. Aufsichtsratssitzung am 19.01.1968.
2981/5 Dsgl. zur 61. Aufsichtsratssitzung am 29.10.1968.
2982/1 Dsgl. zur 62. Aufsichtsratssitzung der HWS am 24.01.1969.
2982/2 Dsgl. zur 63. Aufsichtsratssitzung der HWS am 29.04.1969.
2982/3 Dsgl. zur 64. Aufsichtsratssitzung der HWS am 06.06.1969.
2982/4 Dsgl. zur 65. Aufsichtsratssitzung der HWS am 03.10.1969.

2691/1 Vorbereitende Unterlagen zur Finanzausschusssitzung des Aufsichtsrats der HWS am 17.01.1961.
2691/2 Dsgl. zur Finanzausschusssitzung am 15.01.1962.
2691/3 Dsgl. zur Finanzausschusssitzung am 15.01.1963.
2691/4 Dsgl. zur Finanzausschusssitzung am 20.01.1964.
2691/5 Dsgl. zur Finanzausschusssitzung am 15.01.1965.
2691/6 Dsgl. zur Finanzausschusssitzung am 19.01.1966.

2691/7 Dsgl. zur Finanzausschusssitzung am 19.01.1967.
2691/8 Dsgl. zur Finanzausschusssitzung am 12.01.1968.
2691/9 Dsgl. zur Finanzausschusssitzung am 17.01.1969.

Revisionsberichte

5780 Bilanz und Revisionsbericht zur HWS.
1959–1962
US-amerikanische Bilanz der HWS, mit Friedrichshütte AG und Blefa, zum 30.09.1959 (Kopie); Herbert Rätsch: Financial Statements for the HWS and Subsidiaries Consolidated, ended 30.09.1960; Niederschrift der Hauptversammlung der HWS am 30.03.1962 (Abschrift).

2955/1 Herbert Rätsch: Bericht über die Prüfung des konsolidierten Jahresabschlusses der HWS zum 30.09.1960.
2956/1 Dsgl. zum 30.09.1961.
2957/1 Dsgl. zum 30.09.1962.
2747/1 Dsgl. zum 30.09.1963.
2747/3 Dsgl. zum 30.09.1964.
2747/5 Dsgl. zum 30.09.1965.
2747/7 Dsgl. zum 30.09.1966.

2955/2 Herbert Rätsch: Bericht über die Prüfung des Jahresabschlusses der HWS zum 30.09.1960.
2956/2 Dsgl. zum 30.09.1961.
2957/2 Dsgl. zum 30.09.1962.
2747/2 Dsgl. zum 30.09.1963.
2747/4 Dsgl. zum 30.09.1964.
2747/6 Dsgl. zum 30.09.1965.
2747/8 Dsgl. zum 30.09.1966.
2958/1 Dsgl. zum 30.09.1967 (Hauptbericht).
2958/2 Dsgl. zum 30.09.1967 (Anlagen zum Hauptbericht).
2971/1 Dsgl. zum 30.09.1968 (Hauptbericht).
2971/2 Dsgl. zum 30.09.1968 (Anlagen zum Hauptbericht).

3015 Revisionsbericht zur HWS.
1969
Herbert Rätsch: Bericht über die Prüfung der Umwandlungsbilanz zum 31.05.1969.

Zweiter Weltkrieg

3132 Verlagerung der Weißblechproduktion der HWS Hochofenwerk und Weißblechwerk Wissen in „Betriebe der besetzten Gebiete".
1940–1941
Einzelne Schreiben zwischen HWS, HWS Hochofenwerk und Weißblechwerk Wissen, Wirtschaftsgruppe Eisen schaffende Industrie, Kommando des Rüstungsbereichs Koblenz, Carl Hübner (Firma

Otto Wolff) als Beauftragter des Oberkommandos des Heeres für die Bereitstellung von Blechen zu ernährungswirtschaftlichen Zwecken, und Rüstungsinspektion des Wehrkreises VII zur geplanten Produktionsverlagerung.

3332/1 Zuweisung von Facharbeitern, Zwangsarbeitern und Kriegsgefangenen an die HWS Hochofenwerk und Weißblechwerk Wissen.
1940–1944
Schriftwechsel zwischen HWS, HWS Hochofenwerk und Weißblechwerk Wissen, Wirtschaftsgruppe Eisen schaffende Industrie, Kommando des Rüstungsbereichs Koblenz, Carl Hübner (Firma Otto Wolff) als Beauftragter des Oberkommandos des Heeres für die Bereitstellung von Blechen zu ernährungswirtschaftlichen Zwecken, Arbeitsring Feinbleche und Bandstahl im Hauptring Eisenerzeugung beim Reichsminister für Bewaffnung und Munition, Arbeitsämtern und anderen Wirtschaftsstellen zur Ermittlung des Personalbedarfs und Zuweisung von Facharbeitern, Zwangsarbeitern und Kriegsgefangenen.

3332/2 Zuweisung von Facharbeitern, Zwangsarbeitern und Kriegsgefangenen an die HWS Hochofenwerk und Weißblechwerk Wissen.
1941–1944
Personalanforderungslisten; Schriftwechsel zwischen HWS, HWS Hochofenwerk und Weißblechwerk Wissen, Wirtschaftsgruppe Eisen schaffende Industrie, Arbeitsämtern und anderen Wirtschaftsstellen zur Ermittlung des Personalbedarfs und Zuweisung von Facharbeitern, Zwangsarbeitern und Kriegsgefangenen.

3333/2 Belegschaftsstatistik der HWS Hochofenwerk und Weißblechwerk Wissen.
1942–1945
Zahlreiche Aufstellungen zum Personalbestand der HWS Hochofenwerk und Weißblechwerk Wissen, aufgegliedert nach einzelnen Betrieben sowie deutschen Arbeitern, Zwangsarbeitern und Kriegsgefangenen, z. T. nach Nationalitäten; Schriftwechsel zwischen HWS, HWS Hochofenwerk und Weißblechwerk Wissen und Arbeitsämtern zur Ermittlung des Personalbedarfs für verschiedene Produktionsvorhaben und Dienstverpflichtung deutscher Arbeiter nach Kriegsende.

2673 Kriegsschäden im Hochofenwerk und Weißblechwerk Wissen der HWS.
1945
Bericht des Werks über die Schäden nach Fliegerangriffen, Februar bis April 1945, vom 21.08.1945; detaillierte Aufstellung der Anlagenschäden, mit Angaben der Wiederaufbaukosten, o. D. (Kopien).

Sonstiges

3133 Aufsichtsrat von Wissener Bergwerke und Hütten bzw. VSt van der Zypen.
1892–1907
Niederschriften zu den Sitzungen, Dezember 1892 bis Mai 1907 (Kopien).

3334/2 Belegschaftsstatistik von HWS Werk Wissen und Vorläufergesellschaften.
1926–1949
Monats-, Quartals- und Jahresbelegschaftsstatistiken von VSt Wissener Eisenhütten bzw. VSt

Weißblechwerk Wissen bzw. HWS Hochofenwerk und Weißblechwerk Wissen bzw. HWS Werk Wissen, aufgegliedert nach einzelnen Betrieben sowie während des Kriegs nach deutschen Arbeitern, Zwangsarbeitern und Kriegsgefangenen, April 1926 bis September 1949.

3048 Diverse Angelegenheiten der HWS.
1951–1965
Aktenvermerke verschiedener Abteilungen der DHHU sowie Schriftwechsel zwischen Friedrich Harders, auch aus seiner Tätigkeit bei der Stahltreuhändervereinigung, Friedrich Elshoff, verschiedenen Unternehmen und HWS zu den Lieferbeziehungen von Hüttenwerk Hörde AG und HWS, Liefer- und Einkaufsverträgen, Betriebs- und Produktionsplanung, Investitionsplanung, Betriebsbesichtigungen, Rohstoffversorgung, Bilanzen und Betriebsergebnissen, Betriebsprüfungen, Steuern und Belegschaftsfragen sowie zum geplanten Erwerb der Tankbau Weilheim AG und zur Kapitalerhöhung der „Wehag" Westdeutsche Haushaltversorgung AG, 1961.

5874 Rechtsstreit zwischen HWS und Wolfgang Küster wegen Honorarforderungen aus Beratungsverträgen.
1958–1965
Bestätigungsschreiben der HWS vom 10.02.1961 zum Abschluss eines Beratungsvertrags mit Wolfgang Küster zu kartellrechtlichen Fragen (Kopie); Aktenvermerke zu Besprechungen zwischen HWS und Küster zu Tarifentscheidungen der EGKS Hohe Behörde (Kopien); Aktenvermerke und Schriftwechsel zwischen DHHU, DHHU Rechtsabteilung, Rechtsanwälten, Küster und HWS zum Rechtsstreit.

3014 Bilanzpressekonferenz der HWS am 09.03.1961.
1961
Informationsheft für die Presse, mit Rede von Rudolf Ganz über Betriebsergebnis und Marktlage.

3046 Klage von Irmgard Meilicke auf Feststellung der Nichtigkeit des Hauptversammlungsbeschlusses der HWS vom 29.03.1963 zur Genehmigung des Organschaftsvertrags zwischen HWS und DHHU.
1961–1964
Klageschrift vom 18.04.1963; Hans Würdinger: Rechtsgutachten im Auftrag der HWS vom 02.08.1963 über die Rechtsgültigkeit des Organschaftsvertrags vom 25./27.09.1962; Beschluss des Oberlandesgerichts Hamm vom 13.04.1964 zur Streitwertfestlegung (Kopie); Urteil des Landgerichts Siegen vom 17.12.1964; Verfassungsbeschwerde von Irmgard Meilicke vom 02.11.1965; Schriftsätze der Prozessgegner zu Klage und Berufungsverfahren; Schriftwechsel zwischen HWS, DHHU und Rechtsanwälten zum Verfahren.
Darin auch: Schriftwechsel zwischen HWS, DHHU und Wolfgang Küster als ehemaligem Vertreter der freien Aktionäre der HWS im Aufsichtsrat wegen Differenzen über die Honorierung eines von Küster verfassten Rechtsgutachtens zum Prozess zwischen HWS und EGKS Hohe Behörde wegen Ausnahmetarifen für Brennstoffe und Erze.

2903 Investitions-, Finanz- und Produktionsplanung der DHHU für die HWS.
1961–1966
Vergleichende Aufwands- und Ertragsrechnungen, mit Angaben zu Betriebskosten, Löhnen, Belegschaftsentwicklung, Absatz, Erlösen und Steuern sowie Gewinn- und Verlustrechnungen für die Geschäftsjahre 1961/62–1966/67, z. T. mit Angaben voraussichtlicher bzw. geschätzter

Werte sowie zu Differenzen von tatsächlichen Betriebsergebnissen und Planungsdaten; einzelne Schreiben zwischen Friedrich Harders und HWS zur Übersendung von Planungsunterlagen und Langfristplanung bis zum Geschäftsjahr 1969/70.

3047 Betriebsplanung und Betriebsstilllegungen bei der HWS.
1961–1969
DHHU Abteilung Sonderaufgaben: Bericht vom 06.10.1965 über die Wirtschaftlichkeit der Warmbandzerteil- und Spaltanlage der HWS Werk Hüsten bei der Fertigung von Grob- und Mittelblechen; DHHU Konzern-Revision: Vermerk über den Zeitwert des Werks Hüsten im Februar 1966; Auszüge aus Niederschriften der Sitzungen des Vorstands der DHHU; HWS: Situationsbericht zum Werk Hüsten vom 21.06.1966 sowie Monatsbericht August 1966; Niederschrift einer Besprechung am 07.11.1966 zwischen Vertretern von HWS, Hoesch AG, International Operations, Hydraulic Research and Manufacturing Comp. (Burbank, Kalifornien) und Wirtschaftsförderungsgesellschaften Unna und Arnsberg über ein Joint Venture im Bereich pneumatischer Regelungssysteme; Aktenvermerke und Schriftwechsel zwischen Hoesch AG, Friedrich Harders, HWS, Makler Horst F. G. Angermann und Stadt Neheim-Hüsten über die Schließung des Werks, Sozialpläne und den geplanten Verkauf des Geländes an die Alcoa International S. A., Lausanne; DHHU Abteilung Sonderaufgaben: Untersuchung vom 22.11.1963 über eine Verlegung der Platinenerzeugung von HWS Werk Niederschelden und HWS Werk Wehbach zur DHHU; HWS: Situationsbericht zum Werk Niederschelden, o. D.; Aktenvermerke und Schriftwechsel zwischen Hoesch AG, Friedrich Harders und HWS über die Schließung des Werks Wehbach sowie mit der Stahlwerke Südwestfalen AG, Hüttental-Geisweid, über die Anpachtung von Werksanlagen in Niederschelden; Entwurf eines Pachtvertrags zwischen Friedrichshütte AG und HWS über das gesamte Anlagevermögen der Friedrichshütte AG, o. D.; Aktenvermerke und Schriftwechsel zwischen Hoesch AG, Friedrich Harders, Friedrichshütte AG und HWS zur geplanten Fusion der Friedrichshütte AG auf die HWS und Einstellung der Roheisenproduktion; Aktenvermerke und einzelne Schreiben zwischen Harders und HWS zu Entlassungen bei der HWS Werk Wissen, 1961; einzelne Schreiben zwischen Hermann Josef Abs, Pfarrer Kasperski (Wehbach), Franz-Josef Wuermeling (Bundesminister für Familien und Jugendfragen) und Paul Wingendorf (Kreisvorsitzender des Landkreises Aktenkirchen) zur Stilllegung des Werks Wehbach (Kopien).

5875 Vorstand der HWS.
09.01.1962
Aktenvermerk der DHHU Rechtsabteilung zur Vorstandsmitgliedschaft von Hans Cramer vom 09.01.1962.

3050 Wirtschaftslage der HWS.
1964–1966
Niederschriften der monatlichen „Siegerlandbesprechungen" zwischen den Vorständen von HWS und DHHU, August 1964 bis September 1966, über Absatzlage und Preisentwicklung, Investitionen und Situation einzelner Werke, z. T. mit vorbereitenden Unterlagen.

3037 Betriebskennzahlen der HWS.
1967
Monatliche Unterlagen der HWS, mit Angaben zu Betriebskennziffern, Betriebsergebnis, aufgeschlüsselt nach Produkten und Werken, Produktionskosten, Leistungszahlen der Belegschaft und Investitionen, Mai bis September 1967.

1.9.24 Kettenwerke Schlieper GmbH, Grüne bei Iserlohn bzw. Letmathe-Untergrüne

Gründung, Unternehmensorganisation und Verkauf

5819 Neugründung der Kettenwerke Schlieper GmbH.
1951
Anordnungen der CSG Nr. 7-H, 7-J und 7-K vom 20./21.12.1951 zur Beschlagnahme des Anlagevermögens der Kettenwerke Schlieper GmbH (alt) und Übertragung auf die Kettenwerke Schlieper GmbH (neu).

5823 Neugründung der Kettenwerke Schlieper GmbH.
1952
Niederschrift der Gründungsversammlung am 01.07.1952, mit Gesellschaftsvertrag; Anordnung der CSG Nr. 7-H vom 20.12.1951 zur Beschlagnahme des Anlagevermögens der Kettenwerke Schlieper GmbH (alt) und Übertragung auf die Kettenwerke Schlieper GmbH (neu); einzelne Schreiben zwischen DHHU Rechtsabteilung, Rechtsanwälten und Amtsgericht Iserlohn zu Gründung und Handelsregisterangelegenheiten.

5824 Neugründung der Kettenwerke Schlieper GmbH.
1952–1953
Niederschrift der außerordentlichen Gesellschafterversammlung am 05.06.1953 zur Kapitalerhöhung um DM 800.000 auf DM 1.800.000; Vertrag zwischen Stahltreuhändervereinigung und Kettenwerke Schlieper über die Einbringung von Anlagevermögen und Forderungen vom 05.05.1953 (Abschrift); Vertrag zwischen Stahltreuhändervereinigung, DHHU und Kettenwerke Schlieper zur Übertragung von Geschäftsanteilen auf die DHHU vom 22.09.1953; einzelne Schreiben zwischen DHHU Rechtsabteilung, Rechtsanwälten und Amtsgericht Iserlohn zu Verträgen und Handelsregisterangelegenheiten.

5815 Gesellschaftsverträge der Kettenwerke Schlieper GmbH.
1952–1959, 1965
Unternehmensstammblatt, Stand Dezember 1965; Gesellschaftsverträge vom 05.06.1953 und 06.07.1959, mit Entwürfen; Entwürfe zu Geschäftsordnungen für Geschäftsführung und Beirat, 1952; Vermögenssteuerbescheid des Finanzamts Dortmund-Nord zum 01.01.1958; einzelne Schreiben zwischen DHHU Rechtsabteilung und Kettenwerke Schlieper zu Satzungsänderungen.

5816 Organschaft von DHHU und Kettenwerke Schlieper GmbH.
1952, 1959–1961
Einzelne Schreiben zwischen DHHU Rechtsabteilung und Kettenwerke Schlieper zum Organschaftsverhältnis.

5784/1 Verkauf der Kettenwerke Schlieper GmbH durch die DHHU.
1967–1969
Vertrag zwischen DHHU und August Thiele vom 17.03.1967 über den Verkauf von DM 2.850.000 Geschäftsanteilen; Vertrag zwischen DHHU und Alfred Thiele vom 17.03.1967 über den Verkauf von DM 150.000 Geschäftsanteilen; Vertrag zwischen August Thiele und Kettenwerke Schlieper vom 17.03.1967 über den Verkauf von Grundstücken in Iserlohn; Bilanzunterlagen und Über-

gabebilanz zum 28.02.1967; Besprechungsniederschriften und Aktenvermerke der DHHU Beteiligungen zur Bilanz sowie einzelne Schreiben zwischen den Vertragspartnern zu Verkauf und Abrechnung des Kaufpreises.

5784/2 Verkauf der Kettenwerke Schlieper GmbH durch die DHHU.
1967-1971
Besprechungsniederschriften und Aktenvermerke der DHHU Beteiligungen sowie Schriftwechsel zwischen DHHU bzw. Hoesch AG, Kettenwerke Schlieper und August Thiele zu Verkauf und Abrechnung des Kaufpreises.

Geschäftsführung und Beirat

5820 Geschäftsführung der Kettenwerke Schlieper GmbH.
1952-1966
Eröffnungsbilanz zum 01.01.1952; Handelsregisterauszüge; einzelne Schreiben zwischen DHHU Rechtsabteilung, Amtsgericht Iserlohn und Kettenwerke Schlieper zu Bestellung von Geschäftsführern, Erteilung von Prokuren und Handelsregisterangelegenheiten.
Darin auch: Aktenvermerke und Satzungsentwürfe zu einem geplanten Gemeinschaftsunternehmen in Indien mit The Indian Link Chain Manufacturers Ltd., Bombay, 1960.

5818 Beirat der Kettenwerke Schlieper GmbH.
1952-1966
Niederschrift der Gesellschafterversammlung am 05.11.1952; Niederschrift der 4. Beiratssitzung am 15.01.1954; Aktenvermerke der DHHU Rechtsabteilung zu Vorschriften von „Aktiengesetz" und „Betriebsverfassungsgesetz"; einzelne Schreiben zwischen DHHU, DHHU Rechtsabteilung, Kettenwerke Schlieper, Stahltreuhändervereinigung und Beiratsmitgliedern zur Wahl von Beiratsmitgliedern.

2690/1 Beirat der Kettenwerke Schlieper GmbH.
1952-1954
Niederschriften und vorbereitende Unterlagen zur 1.-6. Beiratssitzung am 21.07.1952, mit Kurzüberblick zur Unternehmensgeschichte, 17.01.1953, 27.05.1953, 15.01.1954, 04.06.1954 und 22.10.1954.

2690/2 Dsgl. zur 7.-12. Beiratssitzung am 18.01.1955, 06.05.1955, 28.10.1955, 25.01.1956, 23.05.1956 und 24.09.1956.

2690/3 Dsgl. zur 13.-17. Beiratssitzung am 15.01.1957, 07.06.1957, 02.10.1957, 16.01.1958 und 19.06.1958.

2690/4 Dsgl. zur 18.-24. Beiratssitzung am 09.10.1958, 21.01.1959, 04.06.1959, 19.10.1959, 18.01.1960, 24.05.1960 und 26.09.1960.

2690/5 Dsgl. zur 25.-31. Beiratssitzung am 11.01.1961, 25.05.1961, 18.10.1961, 18.01.1962, 25.05.1962, 31.08.1962 und 25.01.1963.

2690/6 Dsgl. zur 32.-37. Beiratssitzung am 12.06.1963, 21.10.1963, 27.01.1964, 11.06.1964, 26.11.1964 und 02.02.1965.

5783 Dsgl. zur 38.-43. Beiratssitzung am 22.06.1965, 25.10.1965, 17.01.1966, 28.06.1966, 08.11.1966 und 25.01.1967.

5817 Geschäftsführung der Kettenwerke Schlieper GmbH.
1963–1966
Handelsregisterauszüge; einzelne Schreiben zwischen DHHU Rechtsabteilung, Amtsgericht Iserlohn und Kettenwerke Schlieper zu Bestellung von Geschäftsführern, Erteilung von Prokuren und Handelsregisterangelegenheiten.

Unternehmensfinanzierung und Investitionsplanung

2724 Gründung und Unternehmensfinanzierung der Kettenwerke Schlieper GmbH.
1952–1954, 1959–1962, 1966–1967
Unternehmensstammblatt, Stand November 1966; Niederschrift der Gründungsversammlung am 01.07.1952 (Entwurf); Vertrag zwischen DHHU und Kettenwerke Schlieper vom 08./20.08.1952 zur Regelung des Verhältnisses zwischen Mutter- und Tochtergesellschaft; Niederschriften der außerordentlichen Gesellschafterversammlungen am 05.06.1953 zur Erhöhung des Grundkapitals um DM 800.000 auf DM 1.800.0000, Einbringung von Vermögenswerten durch die Stahltreuhän-dervereinigung und Änderung des Gesellschaftsvertrags, am 06.07.1959 zur Erhöhung des Grundkapitals um DM 1.200.000 auf DM 3.000.000 und Änderung des Gesellschaftsvertrags sowie am 08.02.1967 zum Wechsel in der Geschäftsführung; Gesellschaftsvertrag vom 06.07.1959 (Abschrift); einzelne Aktenvermerke und Schreiben zwischen DHHU und Kettenwerke Schlieper zu Pensionsrückstellungen und -verpflichtungen.

3005 Rationalisierung und Betriebsorganisation der Werke Sichtigvor und Grüne I der Kettenwerke Schlieper GmbH.
1955
Anlagen zum Bericht der Geschäftsführung in der 8. Beiratssitzung am 06.05.1955 zum Rationalisierungsplan, mit Kostenvoranschlägen und Materialflussplan.

5825 Kapitalerhöhung der Kettenwerke Schlieper GmbH.
1959
Niederschrift der außerordentlichen Gesellschafterversammlung am 06.06.1959 zur Kapitalerhöhung um DM 1.200.000 auf DM 3.000.000; einzelne Schreiben zwischen DHHU Rechtsabteilung, Rechtsanwälten und Amtsgericht Iserlohn zu Kapitalerhöhung und Handelsregisterangelegenheiten.

2900 Investitions-, Finanz- und Produktionsplanung der DHHU für die Kettenwerke Schlieper GmbH.
1960–1966
Vergleichende Aufwands- und Ertragsrechnungen, mit Angaben zu Betriebskosten, Löhnen, Belegschaftsentwicklung, Absatz, Erlösen und Steuern, sowie Gewinn- und Verlustrechnungen der Kettenwerke Schlieper für die Geschäftsjahre 1960/61–1966/67, z. T. mit Angaben voraussichtlicher bzw. geschätzter Werte sowie zu Differenzen von tatsächlichen Betriebsergebnissen und Planungsdaten; einzelne Schreiben zwischen Friedrich Harders und Kettenwerke Schlieper zur Übersendung von Planungsunterlagen und Langfristplanung bis zum Geschäftsjahr 1969/70.

3006 Kunststoffkettenproduktion der Kettenwerke Schlieper GmbH.
[1962]

Bericht über die Kunststoffverarbeitung, mit Wirtschaftlichkeitsberechnung einer Erweiterung der Produktionsanlagen und Prospekten zu Verrit-Ketten, o. D.

3007 Rentabilität und Investitionsplanung der Kettenwerke Schlieper GmbH.
1965
Bericht zur Untersuchung der Möglichkeiten einer Ertragsverbesserung vom 30.08.1965, mit Beschreibung der vorhandenen Maschinenausstattung, Arbeitsabläufe sowie Angaben zu Investitionsvorhaben, Kostensenkung und Reduzierung der Belegschaft.

Bilanzen und Revisionsberichte

2725 Revisionsberichte zur sowie Bilanzen, Investitionen und Unternehmensfinanzierung der Kettenwerke Schlieper GmbH.
1950–1967
DHHU Revision: Berichte und Aktenvermerke über eine Betriebsanalyse des Werks Carl Schlieper, Sichtigvor, der Kettenwerke Schlieper vom 18.04.1955, über die Prüfung des Bargeldverkehrs sowie der Kasse und des Zahlungsverkehrs vom 08./09.04.1958, 06.02.1959, 07.09.1959, 28.09.1959, 06.02.1962, 23.07.1962, 27.07.1962 und 17.07.1963 sowie über die Prüfung der Angestelltengehälter, des Lohnwesens, der Gehaltsabrechnung und der außertariflichen Gehälter vom 30.10.1958, 13.03.1959, 15.05.1959 und 29.05.1959, 08.08.1962, 08.07.1963 und 26.02.1964; Aufstellungen zu Arbeitsgängen, Verrechnung und Bilanzierung von Erzeugnissen sowie zum Investitionsbedarf 1955–1957 und zur Anlagenbewertung zum 01.01.1952; Jens Peter Magnussen; Bericht über die Prüfung der Bewertung des Anlagevermögens zum 31.12.1951; Aktenvermerke der DHHU Beteiligungen zu Bewertung der Erzeugnisse zu den Bilanzstichtagen, Umstellung der Kostenrechnung 1958 und Betriebsergebnissen; Prospekte und Preislisten zu Ketten und Schmiedestücken; Unterlagen zur vorläufigen Kapitalbemessung vom April 1953; Anordnung der CSG vom 20.12.1951 an Kettenwerke Schlieper GmbH (alt) und Kettenwerke Schlieper GmbH (neu) zur Beschlagnahmung und Übertragung von Vermögenswerten (Kopie); Aufstellungen zum Anlagevermögen zum 01.10.1966; vorläufige Bilanz zum 01.01.1952; einzelne Schreiben zwischen DHHU und Kettenwerke Schlieper zu Investitionen, Bilanzen und Unternehmensfinanzierung.

2745 Revisionsbericht zur Kettenwerke Schlieper GmbH.
1951
Jens Peter Magnussen; Bericht über die Prüfung der Bewertung des Anlagevermögens zum 31.12.1951.

2723/1 Revisionsberichte und Bilanzen zur Kettenwerke Schlieper GmbH.
1951–1961
Peter van Aubel: Bericht über die Prüfung des Jahresabschlusses zum 31.12.1951; Westdeutsche Industrie-Treuhandgesellschaft mbH: Berichte über die Prüfung des Jahresabschlusses zum 30.09.1952, 30.09.1953, 30.09.1954, 30.09.1955, 30.09.1958 und 30.09.1959; DHHU Revision: Berichte über die Prüfung des Jahresabschlusses zum 30.09.1956, 30.09.1957, 30.09.1960 und 30.09.1961; Niederschrift der Gesellschafterversammlung am 25.09.1953; Bilanzen zum 30.09.1954, 30.09.1955, 30.09.1956, 30.09.1957, 30.09.1958, 30.09.1959 und 30.09.1960; einzelne Schreiben zwischen DHHU und Kettenwerke Schlieper zu den Jahresabschlüssen.

5821 Revisionsberichte zur und Jahresabschlüsse der Kettenwerke Schlieper GmbH.
1952–1960
Jahresabschlüsse zum 30.09.1952, 30.09.1953, 30.09.1954, 30.09.1955, 30.09.1956, 30.09.1957, 30.09.1958, 30.09.1959 und 30.09.1960; Westdeutsche Industrie-Treuhandgesellschaft mbH: Berichte über die Prüfung des Jahresabschlusses zum 30.09.1953, 30.09.1954 und 30.09.1958; DHHU Revision: Berichte über die Prüfung des Jahresabschlusses zum 30.09.1956 und 30.09.1957; einzelne Schreiben zwischen DHHU Rechtsabteilung und Kettenwerke Schlieper zu den Jahresabschlüssen.

5208 Betriebsprüfung bei der Kettenwerke Schlieper GmbH.
1955
Konzernbetriebsprüfungsstelle Münster der Oberfinanzdirektion Münster: Bericht über die Betriebsprüfung für den Zeitraum 01.01.1952–30.09.1955.

5209 Revisionsbericht zur Kettenwerke Schlieper GmbH.
1960
Konzernbetriebsprüfungsstelle Münster für die Finanzämter im Oberfinanzbezirk Münster: Bericht über die Betriebsprüfung für den Zeitraum 01.10.1955–30.09.1960.

5822 Jahresabschlüsse der Kettenwerke Schlieper GmbH.
1961–1966
Jahresabschlüsse zum 30.09.1961, 30.09.1962, 30.09.1963, 30.09.1964 und 30.09.1965; einzelne Schreiben zwischen DHHU Rechtsabteilung und Kettenwerke Schlieper GmbH zu den Jahresabschlüssen.

2723/2 Revisionsberichte und Bilanzen zur Kettenwerke Schlieper GmbH.
1961–1966
Westdeutsche Industrie-Treuhandgesellschaft mbH: Berichte über die Prüfung des Jahresabschlusses zum 30.09.1962 und 30.09.1966; DHHU Revision: Berichte über die Prüfung des Jahresabschlusses zum 30.09.1963, 30.09.1964 und 30.09.1965; Bilanzen und Bilanzunterlagen zum 30.09.1961, 30.09.1962, 30.09.1963, 30.09.1964, 30.09.1965 und 30.09.1966.

1.9.25 Konsortium Goa GbR, Düsseldorf, und Sesa Goa Limitada, Genua

2699 Konsortium Goa GbR und Sesa Goa Ltda.
1954–1970
Unternehmensstammblatt, Stand 17.09.1970; Vertrag zwischen Alessandro Vassallo (Compagnia Italiana Scambi Estero S. A.) und Gewerkschaft Exploration über die Übernahme von 51 % der Geschäftsanteile der Vassallo gehörenden Sesa Goa Ltda. durch die Gewerkschaft Exploration vom 20.06./21.07.1955 (Abschrift), mit mehreren Entwürfen; Vertrag zwischen ATH, DHHU, Niederrheinische Hütte AG, Rohstoffhandel GmbH und Ruhrstahl AG über die Gründung der Konsortium Goa GbR vom 26.03.1956 (Abschrift); Vereinbarung zwischen Società Finanziaria Siderurgica Finsider und Gewerkschaft Exploration über die gemeinsame Führung der Sesa Goa nach Erwerb von 49 % der Anteile durch die Finsider von der Margoa S. A. vom 05.06.1956 (Abschrift); Vertrag zwischen Finsider und Gewerkschaft Exploration über Übernahme von 1 % der Geschäftsanteile

an der Sesa Goa von der Gewerkschaft Exploration und gemeinsame Fortführung der nun beiden Unternehmen zu gleichen Teilen gehörenden Sesa Goa vom 09.04.1957; Entwurf eines Vertrags zwischen Gewerkschaft Exploration, Società Mineraria Siderurgica Ferromin und Finsider zur Übertragung der Geschäftsanteile der Gewerkschaft Exploration an der Sesa Goa auf die Ferromin vom 18.03.1964; Konzernbetriebsprüfungsstelle der Oberfinanzdirektion Düsseldorf: Bericht über die Betriebsprüfung bei der Konsortium Goa GbR am 22.09.1958 und 05.01.1960; Aktenvermerke der DHHU Rechtsabteilung, Besprechungsniederschriften und Schriftwechsel zwischen Gewerkschaft Exploration, DHHU, Finsider, Rohstoffhandel GmbH sowie den Konsorten des Konsortiums Goa zu Vertragsmodalitäten, Beteiligungsverhältnissen, Beteiligung des Konsortiums Goa an der Sesa Goa, Investitionsplanung, Umlage von Kosten des Konsortiums Goa auf die Konsorten, Erzlieferungen, Transportfragen, Bau von Verladeeinrichtungen, Steuerfragen, Unternehmensfinanzierung, Erzpreisen und Betriebsergebnissen.

2696 Beirat der Konsortium Goa GbR.
1954-1967
Niederschriften und z. T. vorbereitende Unterlagen zur 1.-18. Beiratssitzung am 13.11.1954, 14.12.1954, 24.10.1955, 31.01.1956, 17.04.1956, 04.08.1956, 02.10.1956, 22.03.1957, 04.02.1958, 20.01.1959, 07.04.1960, 20.01.1961, 23.01.1962, 07.03.1963, 03.04.1964, 29.01.1965, 31.01.1966 und 24.01.1967; Niederschriften zu Besprechungen der Konsorten des Konsortiums Goa zu Steuerfragen am 09.11.1955 und 25.01.1957.

2697 Reiseberichte über Goa und die Tätigkeit der Sesa Goa Ltda.
1955-1963
Konsortium Goa GbR: Bericht über die Tätigkeit der Sesa Goa seit der Besetzung Goas durch die Indische Union [18.01.1961] vom 16.01.1963 (Typoskript, 8 S.); Eugen B. Plotzki und [?] Textor: Bericht vom 30.05.1958 zur Goa-Reise zur Prüfung der wirtschaftlichen Lage der Sesa Goa zwischen 27.04.1958 und 10.05.1958 (Typoskript, 22 S., mit Anlagen); Plotzki: Bericht vom 15.12.1955 zur Goa-Reise zwischen 27.10.1955 und 26.11.1955, mit Beschreibung der eigenen und Vertragsgruben der Sesa Goa, der allgemeinen, rechtlichen und organisatorischen Aspekte des Bergbaus der Region, zahlreichen Fotografien zu Tagebauen, Abbau und Transporteinrichtungen sowie einer Übersichtskarte der auf Eisen- und Manganerz verliehenen Grubenfelder Goas (Typoskript, 27 S., mit Anlagen); Aktenvermerk der DHHU zu Folgerungen aus dem Bericht vom 15.12.1955; Hans Heinz Plankert: Bericht vom 28.11.1955 zur Goa-Reise zwischen 10.11.1955 und 22.11.1955 zur Abstimmung der Bedingungen der Erzlieferverträge der Sesa Goa mit den italienischen und deutschen Abnehmern; 1.-3. Tätigkeitsbericht der Konsortium Goa GbR vom 30.03.1955, 23.07.1955 und 18.10.1955.

2693 Revisionsberichte zur Konsortium Goa GbR.
1955-1966
Wilhelm Hilger: Berichte zur Prüfung der Jahresabschlüsse zum 30.09.1955, 30.09.1956, 30.09.1957, 30.09.1958, 30.09.1959, 30.09.1960, 30.09.1961, 30.09.1962, 30.09.1963, 30.09.1964, 30.09.1965 und 30.09.1966.

2694/1 Exekutivkomitee der Sesa Goa Ltda.
1956-1960
Niederschriften und vorbereitende Unterlagen zur 1.-5. Sitzung am 02.11.1956, 09.07.1957, 14.07.1958, 01.04.1959 und 16.02.1960.

2694/2 Exekutivkomitee der Sesa Goa Ltda.
1960–1963
Niederschriften und vorbereitende Unterlagen zur 6., 7. und 9. Sitzung am 18.10.1960, 18.12.1961 und 09.04.1963; Niederschrift einer Besprechung zwischen Vertretern von Gewerkschaft Exploration und Società Mineraria Siderurgica Ferromin am 06.06.1961 zur Lage der Sesa Goa.

1.9.26 MIFERMA und Konsortium Fort Gouraud, Fort Gouraud

2742 Konsortium Fort Gouraud und Société Anonyme des Mines de Fer de Mauretanie (MIFERMA).
1956–1962, 1967
Niederschriften der Beiratssitzungen des Konsortiums am 20.01.1959, 07.04.1960, 20.01.1961 und 23.02.1962; Rundschreiben der Gewerkschaft Exploration an ATH, Bochumer Verein, DHHU, Niederrheinische Hütte AG, Phoenix-Rheinrohr und Rheinische Stahlwerke als Konsorten des Konsortiums zu Darlehen und Investitionen zur Erschließung der Erzvorkommen und Kostenumlage auf die Konsorten; Rundschreiben der Gewerkschaft Exploration sowie einzelne Schreiben zwischen Hans-Günther Sohl und Bankhaus De Rothschild Frères, Paris, zur Übernahme von 3,4 % der Anteile an der MIFERMA durch die Konsorten; Bilanzen der MIFERMA zum 31.12.1956 und 31.12.1959; Niederschriften bzw. Auszüge und zusammenfassende Berichte der Verwaltungsratssitzungen der MIFERMA am 25.02.1959 und 13.10.1959 (deutsch); Beschlüsse der Hauptversammlungen der MIFERMA am 25.02.1958 und 23.06.1960 (Kopien, deutsch); Niederschriften der Hauptversammlungen der MIFERMA am 06.07.1959 und 23.06.1960 (Kopien, deutsch); Vertrag zwischen Staat Mauretanien und MIFERMA vom 13.11.1956 über die Ausbeutung der Erzlagerstätte bei Fort Gouraud (Abschrift, deutsch); Satzungsentwurf der MIFERMA vom November 1959 (französisch); Konzernbetriebsprüfungsstelle der Oberfinanzdirektion Düsseldorf: Bericht über die Betriebsprüfung beim Konsortium vom 25.08.1960; Unternehmensstammblatt des Konsortiums, o. D.; Besprechungsniederschriften und Aktenvermerke von Karl Kaup und DHHU Revision zu Erzvorkommen Fort Gouraud, Kapitalbedarf, Finanzierung, Investitionen und Verwaltungsratssitzungen der MIFERMA.

2743 Revisionsberichte zum Konsortium Fort Gouraud.
1958–1963
Wilhelm Hilger: Berichte über die Prüfung des Jahresabschlusses zum 30.09.1958, 30.09.1959, 30.09.1960, 30.09.1961 und 30.09.1962; einzelne Rundschreiben der Gewerkschaft Exploration an ATH, Bochumer Verein, DHHU, Niederrheinische Hütte AG, Phoenix-Rheinrohr und Rheinische Stahlwerke als Konsorten des Konsortiums zu den Jahresabschlüssen.

1.9.27 Rennanlage Salzgitter-Ruhr GmbH, Salzgitter

2718 Revisionsberichte zur Rennanlage Salzgitter-Ruhr GmbH.
1953–1964
Hüttenwerk Rheinhausen AG Revision bzw. Hütten- und Bergwerke Rheinhausen AG Hüttenwerk Rheinhausen Revisionsabteilung, z. T. unter Beteiligung der anderen Miteigentümer, u. a. ATH Revision, Klöckner-Werke AG Revision, Hüttenwerk Oberhausen AG Revisionsabteilung und DHHU Revision: Berichte über die Prüfung der Bücher und Belege zum 07.09.1953, 31.03.1954,

30.09.1954, der Jahresabschlüsse zum 30.09.1955, 30.09.1956, 31.12.1956, 31.12.1957, 31.12.1958, 31.12.1959, 31.12.1960, 31.12.1961 und 31.12.1962 sowie des Zwischenabschlusses zum 31.03.1956; Berichte der Rennanlage Salzgitter-Ruhr vom 31.03.1960, 15.02.1963 und 14.11.1963 zu technischen und wirtschaftlichen Betriebsergebnissen; Hütten- und Bergwerke Rheinhausen AG Hüttenwerk Rheinhausen Revisionsabteilung und DHHU Revision: Bericht über die Prüfung der Liquidationseröffnungsbilanz zum 30.06.1963, der Gewinn- und Verlustrechnung vom 01.01.1963–30.06.1963 sowie der Beistellungen von Erzen und Brennstoffen für die Zeit vom 01.01.1963–31.03.1963; Hütten- und Bergwerke Rheinhausen AG Hüttenwerk Rheinhausen Revisionsabteilung und DHHU Revision: Berichte über die Prüfung der Liquidationszwischenbilanz zum 25.09.1964, der Gewinn- und Verlustrechnung des Liquidationsjahres vom 01.07.1963–25.09.1964 sowie der Liquidationsschlussbilanz zum 10.12.1964.

5228 Finanzierung der Rennanlage Salzgitter-Ruhr GmbH.
1955–1960
Niederschrift der Gesellschafterversammlung am 20.09.1956 zur Erhöhung des Grundkapitals und Neufassung der Satzung; gemeinsame Erklärung von ATH, DHHU, Hüttenwerk Oberhausen AG, Hüttenwerk Rheinhausen AG, Klöckner-Hüttenwerk Haspe AG, Mannesmann Hüttenwerke AG, Phoenix-Rheinrohr und Westfalenhütte AG vom 18.03.1955 zur Gründung der Rennanlage Salzgitter-Ruhr GbR (unvollständig); Mitteilungen der Kreditanstalt für Wiederaufbau an die DHHU vom 29.12.1955, 25.09.1956, 21.12.1956, 29.07.1958, 29.07.1958, 19.12.1958 und 11.02.1960 über die Bereitstellung zweckgebundener Darlehen von DM 1.782.000, DM 891.000, DM 792.000, DM 605.000, DM 990.000, DM 72.600 und DM 148.872 als Anteil der DHHU; Mitteilungen der Niedersächsischen Landesbank Girozentrale an die DHHU vom 22.06.1955, 25.08.1956 und 26.09.1956 über die Bereitstellung eines landesverbürgten Kredits von bis zu DM 792.000 sowie zweckgebundener Darlehen von DM 64.300 und DM 133.700; Schuldurkunde der DHHU für die Niedersächsische Landesbank Girozentrale vom 30.06.1958 über DM 484.000 für den von der DHHU übernommenen Anteil der Hoesch Westfalenhütte AG; Mitteilung der Bank für Handel und Industrie an die DHHU vom 17.10.1955 über die Bereitstellung eines zweckgebundenen Darlehens von DM 297.000 zur Finanzierung des auf Berliner Unternehmen entfallenden Auftragsvolumens von 20 % an den Gesamtkosten der Rennanlage von DM 34.000.000; Werkförderverträge zwischen den Gesellschaftern der Rennanlage Salzgitter-Ruhr GmbH und der Freies Wohnungsunternehmen Munte & Co., Braunschweig, vom Januar bis März 1956 über DM 253.800 für den Bau von 54 Wohnungen in Salzgitter sowie vom Dezember 1955 bis März 1956 über DM 124.300 für den Bau von 30 Wohnungen.

2678/1 Gesellschafterversammlungen und Beirat von Rennanlage Salzgitter-Ruhr GbR und Rennanlage Salzgitter-Ruhr GmbH.
1956–1961
Niederschriften und vorbereitende Unterlagen zu den Beiratssitzungen am 12.12.1956, 10.02.1958, 11.03.1958, 12.02.1959, 11.10.1960 und 05.07.1961; Niederschriften der Gesellschafterversammlungen am 12.02.1959, 11.10.1960 und 05.07.1961; Schriftwechsel zwischen den Gesellschaftern ATH, DHHU, Hoesch AG Westfalenhütte, Hüttenwerk Oberhausen AG, Hütten- und Bergwerke Rheinhausen AG, Klöckner-Werke AG Werk Haspe, Mannesmann AG Hüttenwerk Huckingen und Phoenix-Rheinrohr sowie Rennanlage Salzgitter-Ruhr zu Hauptversammlungen, Beiratssitzungen, Betriebsergebnis, Investitionsplanung und schriftlicher Beschlussfassung der Gesellschafter; Vertrag zwischen den Gesellschaftern vom 05.07.1961 zum Verkauf von Anteilen der Hoesch AG Westfalenhütte und der Klöckner-Werke AG Werk Haspe an Mitgesellschafter (Abschrift).

2678/2 Gesellschafterversammlungen und Beirat von Rennanlage Salzgitter-Ruhr GbR und Rennanlage Salzgitter-Ruhr GmbH.
1961–1963
Gutachten des Betriebswirtschaftlichen Instituts der Eisenhüttenindustrie zu Betriebskosten und Kostensenkungsmaßnahmen bei der Rennanlage Salzgitter-Ruhr GmbH vom 18.10.1961 und 03.11.1961; Aufstellungen zu den Betriebskosten der Rennanlage; Niederschriften und vorbereitende Unterlagen zu den Beiratssitzungen von Rennanlage Salzgitter-Ruhr GbR am 27.11.1961, 27.03.1962 und 17.10.1962 sowie Rennanlage Salzgitter-Ruhr GmbH am 27.06.1962 und 17.10.1962; Niederschrift der Gesellschafterversammlung von Rennanlage Salzgitter-Ruhr GmbH und Rennanlage Salzgitter-Ruhr GbR am 27.06.1962; Schriftwechsel zwischen den Gesellschaftern ATH, Barbara Erzbergbau AG, DHHU, Hoesch AG Westfalenhütte, Hüttenwerk Oberhausen AG, Hütten- und Bergwerke Rheinhausen AG, Klöckner-Werke AG Werk Haspe, Mannesmann AG Hüttenwerk Huckingen und Phoenix-Rheinrohr sowie Erzbergbau Salzgitter AG und Rennanlage Salzgitter-Ruhr GmbH zu Hauptversammlungen, Beiratssitzungen, Betriebsergebnis, Betriebskosten, geplanter Stilllegung der Rennanlage, Auswirkungen auf die Lieferverträge, insbesondere mit der Erzbergbau Salzgitter AG, möglichen Klagen von Kunden und schriftlicher Beschlussfassung der Gesellschafter.

3009 Revisionsbericht zur Rennanlage Salzgitter-Ruhr GbR.
1961
ATH Revision und Hütten- und Bergwerke Rheinhausen AG Hüttenwerk Rheinhausen Revisionsabteilung: Bericht über die Investitionsprüfung Ofen IV der Rennanlage Salzgitter-Ruhr GbR vom 02.10.1961.

1.9.28 Rheinisch-Westfälische Kalkwerke AG, Dornap

Hauptversammlung

5167 Hauptversammlungen der Rheinisch-Westfälische Kalkwerke AG.
1953–1955
Niederschriften der Hauptversammlungen am 28.06.1954 (Abschrift) und 26.08.1955 (Kopie); Satzungsentwurf vom 08.07.1955, mit Gegenüberstellung der gültigen Satzung (Typoskript); Stellungnahme der Rheinstahl-Union Maschinen- und Stahlbau AG zur Tagesordnung der Hauptversammlung am 26.08.1955 (gedruckt); Bilanzen zum 31.12.1953 und 31.12.1954 (gedruckt); Stellungnahme der DHHU Rechtsabteilung [?] vom 12.07.1955 zur Besprechung der Tagesordnung der Hauptversammlung am 26.08.1955 auf der Aufsichtsratssitzung der Kalkwerke AG am 15.07.1955; vorbereitende Unterlagen zur Hauptversammlung am 26.08.1955, u. a. Ablaufplan, Unternehmensstammbaum, Tagesordnung, Sozialbericht und Geschäftsbericht des Vorstands für das Geschäftsjahr 1954 sowie Bericht des Aufsichtsrats.

2682 Hauptversammlungen der Rheinisch-Westfälische Kalkwerke AG.
1954–1964
Niederschriften der Hauptversammlungen am 28.06.1954 (Kopie), 26.08.1955, 06.07.1956 (Abschrift), 26.07.1957, 22.07.1958 (Abschrift), 23.06.1959, 10.06.1960, 30.06.1961, 11.07.1962 und 23.07.1963; Eintrittskarten, Stimmzettel und Ablaufpläne zu Hauptversammlungen; Rede-

manuskripte von Paul Ugowski für die Hautversammlungen 1961–1963; Satzung mit Entwurf zur Neufassung, o. D. (gedruckt); Geschäftsberichte, 1954, 1956, 1957, 1959, 1960 und 1962.

5168 Hauptversammlungen der Rheinisch-Westfälische Kalkwerke AG.
1956–1964
Niederschriften der Hauptversammlungen am 06.07.1956, 26.07.1957 (Abschriften), 22.07.1958 (Original), 23.06.1959, 10.06.1960, 30.06.1961 (Kopien), 11.07.1962, 23.07.1963 und 23.06.1964 (Abschriften), z. T. mit Ablaufplan; Geschäftsberichte, 1956 (nicht vollständig) und 1957.

Aufsichtsrat

5170 Aufsichtsrat der Rheinisch-Westfälische Kalkwerke AG.
1953–1966
Unternehmensstammblatt, Stand September 1964; Einladung zur Hauptversammlung der Dornaper Kalkwerke AG i. L. am 27.11.1953; Satzungen der Rheinisch-Westfälische Kalkwerke AG (Typoskript, o. D., sowie gedruckt vom 26.08.1955, mit Änderungen vom 26.07.1957); Niederschrift der Besprechung der Aufsichtsratskommission der Kalkwerke AG am 15.10.1956 zur Beurteilung der langfristigen Lieferverträge, mit Aufstellung der Verträge; Entwurf einer gemeinsamen Erklärung von Bochumer Verein, DHHU, Niederrheinische Hütte AG, Ruhrstahl AG und Westfalenhütte AG als Hauptaktionäre zu einer Aktienhaltepflicht und Einräumung von Vorkaufsrechten für die anderen Aktionäre im Falle einer Veräußerung, 1957 (Typoskript); Entwurf zu einer Geschäftsordnung für den Vorstand vom 26.07.1965; einzelne Schreiben zwischen DHHU und Kalkwerke AG zu verschiedenen Aufsichtsratsangelegenheiten und -sitzungen.

2928 Aufsichtsratssitzungen der Rheinisch-Westfälische Kalkwerke AG.
1953–1954
Niederschriften zu den Sitzungen am 10.08.1953, 15.10.1953 und 17.03.1954; vorbereitende Unterlagen zur Sitzung am 26.11.1954.

2929 Vorbereitende Unterlagen zur Aufsichtsratssitzung der Rheinisch-Westfälische Kalkwerke AG am 01.02.1955.
1955

2930 Dsgl. zur Aufsichtsratssitzung am 18.04.1955.
2931 Dsgl. zur Aufsichtsratssitzung am 15.07.1955.
2932 Dsgl. zur Aufsichtsratssitzung am 15.04.1957.
2933 Dsgl. zur 17. Aufsichtsratssitzung am 14.06.1957.
2934 Dsgl. zur 19. Aufsichtsratssitzung am 27.11.1957.
2935 Dsgl. zur 20. Aufsichtsratssitzung am 21.03.1958.
2936 Dsgl. zur 21. Aufsichtsratssitzung am 20.06.1958.
2959 Dsgl. zur 47. Aufsichtsratssitzung am 08.06.1966.
2960 Dsgl. zur 48. Aufsichtsratssitzung am 26.10.1966.
2961 Dsgl. zur 49. Aufsichtsratssitzung am 11.04.1967.

2962 Vorbereitende Unterlagen und Niederschrift zur 50. Aufsichtsratssitzung der Rheinisch-Westfälische Kalkwerke AG am 08.06.1967.
1967
2963 Dsgl. zur 51. Aufsichtsratssitzung am 25.10.1967.
2964 Dsgl. zur 52. Aufsichtsratssitzung am 13.03.1968.
2965 Dsgl. zur 53. Aufsichtsratssitzung am 05.06.1968.
2966 Dsgl. zur 54. Aufsichtsratssitzung am 30.10.1968.
2967 Dsgl. zur 55. Aufsichtsratssitzung am 21.03.1969.
2968 Dsgl. zur 56. Aufsichtsratssitzung am 27.05.1969.
2969 Dsgl. zur 57. Aufsichtsratssitzung am 02.10.1969.
2970 Dsgl. zur 59. Aufsichtsratssitzung am 15.05.1970.

2907 Vorbereitende Unterlagen zur Sitzung des Technischen Ausschusses des Aufsichtsrats der Rheinisch-Westfälische Kalkwerke AG am 20.12.1957.
1957
2908 Dsgl. zur Sitzung am 14.03.1958.
2909 Dsgl. zur Sitzung am 19.09.1958.
2910 Dsgl. zur Sitzung am 15.05.1959.
2911 Dsgl. zur Sitzung am 21.01.1960.
2912 Dsgl. zur Sitzung am 05.10.1960.
2913 Dsgl. zur Sitzung am 29.09.1961.
2914 Dsgl. zur Sitzung am 14.03.1962.
2915 Dsgl. zur Sitzung am 28.09.1962.
2916 Dsgl. zur Sitzung am 11.01.1963.
2917 Dsgl. zur Sitzung am 11.10.1963.
2919 Dsgl. zur Sitzung am 15.04.1965.
2921 Dsgl. zur Sitzung am 19.10.1966.
2922 Dsgl. zur Sitzung am 03.04.1967.
2923 Dsgl. zur Sitzung am 13.10.1967.
2924 Dsgl. zur Sitzung am 06.03.1968.
2925 Dsgl. zur Sitzung am 22.10.1968.

2918 Vorbereitende Unterlagen und Niederschrift zur Sitzung des Technischen Ausschusses des Aufsichtsrats der Rheinisch Westfälische Kalkwerke AG am 29.09.1964.
1964
2920 Dsgl. zur Sitzung am 13.10.1965.
1965
2926 Dsgl. zur Sitzung am 06.03.1969.
1969
2927 Dsgl. zur Sitzung am 24.09.1969.
1969

Revisionsberichte, Bilanzen und Geschäftsberichte

2738/1 Revisionsberichte, Bilanzen und Geschäftsberichte zur Rheinisch-Westfälische Kalkwerke AG.
1953–1954
Herbert Rätsch: Berichte über die Prüfung des Jahresabschlusses und des konsolidierten Jahresabschlusses zum 31.12.1953 und 31.12.1954; Bilanzen und Bilanzerläuterungen zum 31.12.1953 und 31.12.1954; Geschäftsberichte, 1953 und 1954.

2738/2 Revisionsberichte, Bilanzen und Geschäftsberichte zur Rheinisch-Westfälische Kalkwerke AG.
1955–1957
Herbert Rätsch: Berichte über die Prüfung des Jahresabschlusses zum 31.12.1955, 31.12.1956 und 31.12.1957; Bilanzen und Bilanzerläuterungen zum 31.12.1955 und 31.12.1957; Geschäftsberichte, 1955–1957.

2738/3 Revisionsberichte, Bilanzen und Geschäftsberichte zur Rheinisch-Westfälische Kalkwerke AG.
1958–1959
Herbert Rätsch: Berichte über die Prüfung des Jahresabschlusses zum 31.12.1958 und 31.12.1959; Bilanzen und Bilanzerläuterungen zum 31.12.1958 und 31.12.1959; Geschäftsberichte, 1958 und 1959.

2738/4 Revisionsberichte, Bilanzen und Geschäftsberichte zur Rheinisch-Westfälische Kalkwerke AG.
1960–1961
Herbert Rätsch: Berichte über die Prüfung des Jahresabschlusses zum 31.12.1960 und 31.12.1961; Bilanzen und Bilanzerläuterungen zum 31.12.1960 und 31.12.1961; Geschäftsberichte, 1960 und 1961.

2738/5 Revisionsberichte zur sowie Bilanzen, Hauptversammlungen und Geschäftsberichte der Rheinisch-Westfälische Kalkwerke AG.
1962–1964
Herbert Rätsch: Bericht über die Prüfung des Jahresabschlusses zum 31.12.1962; Bilanzen und Bilanzerläuterungen zum 31.12.1962 und 31.12.1963; Geschäftsberichte, 1962 und 1963; Redemanuskript von Paul Ugowski für die Hautversammlung am 23.07.1963 sowie Niederschrift und Ablaufplan der Hauptversammlung am 23.06.1964; Aktenvermerke der DHHU Beteiligungen zu Aufsichtsratssitzungen.

2941 Herbert Rätsch: Bericht über die Prüfung des Jahresabschlusses der Rheinisch-Westfälische Kalkwerke AG zum 31.12.1963.

2942 Dsgl. zum 31.12.1964.
2943 Dsgl. zum 31.12.1965.
2937 Dsgl. zum 31.12.1966.
2940 Dsgl. zum 31.12.1968.

2738/6 Hauptversammlungen, Bilanzen und Geschäftsberichte der Rheinisch-Westfälische Kalkwerke AG.
1964–1966
Bilanzen und Bilanzerläuterungen zum 31.12.1964 und 31.12.1965; Geschäftsberichte, 1964

und 1965; Niederschriften und Ablaufpläne der Hauptversammlungen am 02.07.1965 und 26.07.1966.

2938 Revisionsbericht zur Rheinisch-Westfälische Kalkwerke AG.
1966
Herbert Rätsch: Bericht über die Prüfung des vom Vorstand für das Geschäftsjahr 1966 erstellten Berichts über die Beziehungen zu verbundenen Unternehmen.
2945 Dsgl. für das Geschäftsjahr 1968.

2939 Revisionsberichte zur Rheinisch-Westfälische Kalkwerke AG.
1967
Herbert Rätsch: Berichte über die Prüfung des Jahresabschlusses zum 31.12.1967 sowie über die Prüfung des vom Vorstand für das Geschäftsjahr 1967 erstellten Berichts über die Beziehungen zu verbundenen Unternehmen.

2944 Revisionsbericht zur Rheinisch-Westfälische Kalkwerke AG.
1968
Herbert Rätsch: Bericht über die Prüfung des Konzernabschlusses zum 31.12.1968.

2946 Revisionsberichte zur Rheinisch-Westfälische Kalkwerke AG.
1969
Herbert Rätsch: Berichte über die Prüfung des Jahresabschlusses zum 31.12.1969, des Konzernabschlusses zum 31.12.1969 sowie über die Prüfung des vom Vorstand für das Geschäftsjahr 1969 erstellten Berichts über die Beziehungen zu verbundenen Unternehmen.

Sonstiges

2949 Eisenbahnbetrieb des Werks Hönnetal der Rheinisch-Westfälische Kalkwerke AG.
1958
Gustav Dilli: Gutachten über die Abwicklung, Ausgestaltung und Rationalisierung des Eisenbahnbetriebs des Werks Hönnetal vom 02.12.1958 (Kopie).

2906 Unterlagen zur Produktions-, Investitions- und Finanzplanung der Rheinisch-Westfälische Kalkwerke AG.
1964–1967
Vergleichende Aufwands- und Ertragsrechnungen, mit Angaben zu Betriebskosten, Absatz und Erlösen, sowie Gewinn- und Verlustrechnungen für die Geschäftsjahre 1966 und 1967, mit Angaben voraussichtlicher bzw. geschätzter Werte; Bericht der Kalkwerke AG über die Entwicklung der Geschäftsjahre 1960–1963 vom 28.01.1964; einzelne Schreiben zwischen Friedrich Harders und Kalkwerke AG zur Übersendung von Planungsunterlagen.

5169 Überbetriebliche Kooperation in der deutschen Dolomitindustrie.
1965–1966
Satzungsentwurf der Rheinisch-Westfälische Kalkwerke AG zur Hauptversammlung am 26.07.1966, mit Gegenüberstellung der gültigen Satzung (gedruckt); Niederschrift einer Sitzung von Vertretern

von Rheinisch-Westfälische Kalkwerke AG, Rheinischer Kalksteinwerke GmbH und Westdeutscher Kalk- und Portlandzement-Werke AG am 22.02.1965 zur Verabredung einer Zusammenarbeit „auf allen Gebieten" (Kopie); Entwurf eines Rückdeckungsabkommens zwischen den drei Unternehmen zur Sicherung der Kalkversorgung der Eisen- und Stahlindustrie im Inland vom 06.06.1966; Vereinbarung zwischen Rheinisch-Westfälische Kalkwerke AG und Westdeutsche Kalk- und Portlandzement-Werke AG sowie Rheinische Kalksteinwerke GmbH und Dolomitwerke GmbH vom 02.09.1966 zur Übergabe der Dolomitwerke der Westdeutsche Kalk- und Portlandzement-Werke AG an Rheinische Kalksteinwerke GmbH und Dolomitwerke GmbH im Rahmen der „großen Dolomitlösung" sowie zu einem umfassenden Informations- und Patentaustausch (Kopie), mit Entwürfen, hier unter Beteiligung der Grevenbrücker Kalkwerke GmbH; Gutachten von Karl Kaup (Barbara Erzbergbau GmbH) zu einem Zusammenschluss der deutschen Dolomitwerke vom 12.08.1965; einzelne Schreiben der Vertragspartner an Kaup zur „großen Dolomitlösung".

2948 Unternehmensbeschreibung der Rheinisch-Westfälische Kalkwerke AG.
1966
Rheinisch-Westfälische Kalkwerke AG: Entwicklung und derzeitiger technischer Stand am 01.01.1966. Bericht für die Aufsichtsratsmitglieder des Unternehmens, mit Angaben zu Kalkstein und Dolomitvorräten, Übersichtsplänen und Beschreibungen zu Kalkvorkommen, historischer Entwicklung des Unternehmens, Lage der Produktionsstätten, Preisen, Produktionsabläufen, Öfen und Anlagen der Werke Dornap, Hönnetal, Gruiten und Letmathe sowie Fotografien der Werke.

2947 Betriebsstatistik der Rheinisch-Westfälische Kalkwerke AG.
1968
Betriebsstatistik für den Zeitraum 1952–1968, mit Angaben zu Kalksteinförderung, Stückkalkerzeugung, Lohnkosten, Belegschaft, Arbeitsproduktivität und Investitionen.

1.9.29 Schwerter Profileisenwalzwerk AG, Schwerte

Gründung und Unternehmensorganisation

2619 Neugründung von Schwerter Profileisenwalzwerk AG und Kettenwerke Schlieper GmbH.
1934, 1951–1952
Niederschrift der Gründungsversammlung der Schwerter Profileisenwalzwerk AG (neu) am 01.07.1952, mit Satzung und Aufstellung der in die Gesellschaft aufgenommenen Werte zum 31.08.1951; notariell beglaubigte Abschrift der Anordnung CSG/J/2/1 vom 21.06.1952 zur Neugründung von Schwerter Profileisenwalzwerk und Kettenwerke Schlieper GmbH (neu) und Einbringung in die DHHU; Niederschrift der Gründungsversammlung der Kettenwerke Schlieper am 12.01.1934 durch Bochumer Verein und VSt.

5851 Neugründung der Schwerter Profileisenwalzwerk AG.
1951–1952
Peter van Aubel: Bericht über die Gründung vom 04.07.1952; Anordnung der CSG Nr. 7-L vom 20.12.1951 an die Schwerter Profileisenwalzwerk AG (alt) zur Übertragung des gesamten Anlagevermögens auf die Schwerter Profileisenwalzwerk AG (neu); Niederschrift der Gründungsversammlung am 01.07.1952, mit Gesellschaftsvertrag; Aktenvermerke und Schriftwechsel zwi-

schen DHHU, DHHU Rechtsabteilung, Rechtsanwälten, Stahltreuhändervereinigung und Schwerter Profileisenwalzwerk zu Gründung und Handelsregisterangelegenheiten.

5852 Neugründung der Schwerter Profileisenwalzwerk AG.
1951–1952
Anordnungen der CSG Nr. 7-L und 7-M vom 20.12.1951 an die Schwerter Profileisenwalzwerk AG (alt) zur Übertragung des gesamten Anlagevermögens auf die Schwerter Profileisenwalzwerk AG (neu); einzelne Schreiben zwischen DHHU Rechtsabteilung und Schwerter Profileisenwalzwerk zu den Anordnungen.

5848 Neugründung der Schwerter Profileisenwalzwerk AG.
1952–1954
Niederschrift der Hauptversammlung am 18.01.1952 zur Umfirmierung in „Eisen-Industrie Schwerte AG" [nicht umgesetzt] (Abschrift); Handelsregisterauszüge; Aktenvermerke und Schriftwechsel zwischen DHHU, DHHU Rechtsabteilung, Rechtsanwälten, Stahltreuhändervereinigung und Schwerter Profileisenwalzwerk zu endgültiger Kapitalbemessung, Konstituierung des Unternehmens, Kapitalerhöhung um DM 3.000.000 auf DM 4.500.000, Hauptversammlungen und Handelsregisterangelegenheiten.

5847 Übertragung der Aktien der Schwerter Profileisenwalzwerk AG von den Treuhändern auf die DHHU.
1952, 1961–1962
Zwischenscheine für die Treuhänder; Abtretungserklärungen von Hermann Döltgen, Carl Froböse, Hans Kirberg, Walter Röser und Stahltreuhändervereinigung vom 16./22.09.1952 (Abschrift); einzelne Schreiben zwischen DHHU, DHHU Rechtsabteilung und Schwerter Profileisenwalzwerk zur Übertragung.

5845 Satzungen der Schwerter Profileisenwalzwerk AG.
1952–1966
Unternehmensstammblätter, Stand Januar 1956 und Januar 1966; Satzungen vom 07.01.1955; 25.04.1957, 06.07.1959, 25.06.1962 und 07.02.1966 (Typoskripte und Durchschläge); Satzungsentwürfe; Entwürfe zu Geschäftsordnungen für Vorstand und Aufsichtsrat vom 30.10.1952; einzelne Schreiben zwischen DHHU, DHHU Rechtsabteilung, Amtsgericht Schwerte und Schwerter Profileisenwalzwerk zu Satzungsentwürfen und Handelsregisterangelegenheiten.

5846 Organschaft von DHHU und Schwerter Profileisenwalzwerk AG.
1952, 1959–1960, 1965
Einzelne Schreiben zwischen DHHU Rechtsabteilung und Schwerter Profileisenwalzwerk zum Organschaftsverhältnis.

Hauptversammlung

5854 Hauptversammlung der Schwerter Profileisenwalzwerk AG am 25.09.1953.
1952–1953
Niederschrift; Peter van Aubel: Bericht über die Prüfung des Jahresabschlusses zum 30.09.1952;

Geschäftsbericht für das Geschäftsjahr vom 01.01.1952 bis zum 30.09.1952 (Typoskript); einzelne Schreiben zwischen DHHU Rechtsabteilung und Schwerter Profileisenwalzwerk zur Hauptversammlung.

5855 Dsgl. zur Hauptversammlung am 05.02.1954, 1952-1954.

5856 Dsgl. zur Hauptversammlung am 04.02.1955, 1953-1955.

5857 Dsgl. zur Hauptversammlung am 02.03.1956, 1954-1956.

5858 Dsgl. zur Hauptversammlung am 04.03.1957, 1955-1957.

5860 Dsgl. zur Hauptversammlung am 03.02.1958, 1956-1958.

5861 Dsgl. zur Hauptversammlung am 05.02.1959, 1957-1959.

5853 Außerordentliche Hauptversammlung der Schwerter Profileisenwalzwerk AG am 05.06.1953.
1953
Niederschrift der Hauptversammlung zur Kapitalerhöhung um DM 1.500.000 auf DM 4.500.000; Peter van Aubel: Bericht über die Prüfung einer Nachgründung der Schwerter Profileisenwalzwerk AG vom 03.05.1953; Einladungen zur Hauptversammlung; Vertrag zwischen Stahltreuhändervereinigung und Schwerter Profileisenwalzwerk über die Einbringung von Vermögen in die Gesellschaft vom 05.06.1953; einzelne Schreiben zwischen DHHU Rechtsabteilung, Rechtsanwälten, Stahltreuhändervereinigung und Schwerter Profileisenwalzwerk zur Hauptversammlung.

5859 Außerordentliche Hauptversammlung der Schwerter Profileisenwalzwerk AG am 25.04.1957.
1957
Niederschrift der Hauptversammlung zur Änderung des Gesellschaftsvertrags; einzelne Schreiben zwischen DHHU Rechtsabteilung, Rechtsanwälten und Schwerter Profileisenwalzwerk zur Hauptversammlung.

5863 Hauptversammlung der Schwerter Profileisenwalzwerk AG am 05.02.1960.
1958-1960
Niederschrift; Geschäftsbericht, 1958/59 (Typoskript); einzelne Schreiben zwischen DHHU Rechtsabteilung, Rechtsanwälten und Schwerter Profileisenwalzwerk zur Hauptversammlung.

5864 Dsgl. zur Hauptversammlung am 26.01.1961, 1959-1961.

5866 Dsgl. zur Hauptversammlung am 01.02.1962, 1960-1962.

5862 Außerordentliche Hauptversammlung der Schwerter Profileisenwalzwerk AG am 06.07.1959.
1959
Niederschrift der Hauptversammlung zur Kapitalerhöhung um DM 7.500.000 auf DM 12.000.000 und Änderung des Gesellschaftsvertrags; einzelne Schreiben zwischen DHHU Rechtsabteilung, Rechtsanwälten, Amtsgericht Schwerte und Schwerter Profileisenwalzwerk zu Hauptversammlung und Handelsregisterangelegenheiten.

5865 Außerordentliche Hauptversammlung der Schwerter Profileisenwalzwerk AG am 13.11.1961.
1961
Niederschrift der Hauptversammlung zu Ersatzwahlen zum Aufsichtsrat; einzelne Schreiben zwischen DHHU Rechtsabteilung, Rechtsanwälten und Schwerter Profileisenwalzwerk zur Hauptversammlung.

5867 Außerordentliche Hauptversammlung der Schwerter Profileisenwalzwerk AG am 25.06.1962.
1962

Niederschrift der Hauptversammlung zur Kapitalerhöhung um DM 8.000.000 auf DM 20.000.000 und Änderung des Gesellschaftsvertrags; einzelne Schreiben zwischen DHHU Rechtsabteilung, Rechtsanwälten, Amtsgericht Schwerte und Schwerter Profileisenwalzwerk zu Hauptversammlung und Handelsregisterangelegenheiten.

5868 Hauptversammlung der Schwerter Profileisenwalzwerk AG am 06.02.1963.
1963
Niederschrift; einzelne Schreiben zwischen DHHU Rechtsabteilung, Rechtsanwälten und Schwerter Profileisenwalzwerk zur Hauptversammlung.

5883 Dsgl. zur Hauptversammlung am 07.02.1964.

5870 Dsgl. zur Hauptversammlung am 08.02.1965.

5871 Dsgl. zur Hauptversammlung am 07.02.1966.

5869 Außerordentliche Hauptversammlung der Schwerter Profileisenwalzwerk AG am 20.10.1964.
1964
Niederschrift der Hauptversammlung zu Ersatzwahlen zum Aufsichtsrat; einzelne Schreiben zwischen DHHU Rechtsabteilung, Rechtsanwälten und Schwerter Profileisenwalzwerk zur Hauptversammlung.

Aufsichtsrat

2677/1 Aufsichtsrat der Schwerter Profileisenwalzwerk AG.
1952–1954
Niederschriften und vorbereitende Unterlagen zur 1.–9. Aufsichtsratssitzung am 22.07.1952, 16.01.1953, 20.05.1953, 25.09.1953 (hier 4. und 5. Sitzung, zu Sitzung 5 nur Niederschrift), 18.01.1954, 05.02.1954 (nur Niederschrift), 31.05.1954 und 24.09.1954; Peter van Aubel: Bericht zur Prüfung des Jahresabschlusses der Schwerter Profileisenwalzwerk AG zum 30.09.1952.

5849 Aufsichtsrat und Vorstand der Schwerter Profileisenwalzwerk AG.
1952–1957, 1966
Aktenvermerke der DHHU Rechtsabteilung zu Vorschriften des „Aktiengesetzes" zu Aufsichtsräten, Anpassung der Satzungen an die Vorschriften, Arbeitnehmervertretern im Aufsichtsrat und Vorbereitung einzelner Aufsichtsratssitzungen; einzelne Schreiben zwischen DHHU Rechtsabteilung und Schwerter Profileisenwalzwerk zu Bestellung von Vorstandsmitgliedern und Handelsregisterangelegenheiten.

5850 Aufsichtsrat der Schwerter Profileisenwalzwerk AG.
1953–1955
Niederschriften zur 4.–11. Aufsichtsratssitzung am 25.09.1953, 18.01.1954, 05.02.1954, 31.05.1954, 24.09.1954, 22.01.1955, 14.02.1955 und 12.05.1955; einzelne Schreiben zwischen DHHU Rechtsabteilung und Schwerter Profileisenwalzwerk zu den Sitzungen.

2677/7 Aufsichtsrat der Schwerter Profileisenwalzwerk AG.
1953–1965
Anschreiben zur Versendung von Unterlagen zu den Aufsichtsratssitzungen an Friedrich Harders; einzelne Aktenvermerke zu den Sitzungen; Bilanzauszüge und Auszüge aus den

vorbereitenden Unterlagen.

2677/2 Aufsichtsrat der Schwerter Profileisenwalzwerk AG.
1955-1956
Niederschriften und vorbereitende Unterlagen zur 10.-15. Aufsichtsratssitzung am 22.01.1955, 14.02.1956 (außerordentliche Sitzung, nur Niederschrift), 12.05.1955, 27.10.1955, 24.01.1956, 23.05.1956 und 27.09.1956.

2677/3 Dsgl. zur 16.-21. Aufsichtsratssitzung am 16.01.1957, 03.06.1957, 11.10.1957, 20.01.1958, 16.06.1958 und 09.10.1958.

2677/4 Dsgl. zur 22.-28. Aufsichtsratssitzung am 21.01.1959, 09.06.1959, 20.10.1959, 20.01.1960, 23.05.1960, 24.08.1960 und 12.01.1961.

2677/5 Dsgl. zur 29.-35. Aufsichtsratssitzung am 24.05.1961, 02.10.1961, 23.01.1962, 25.05.1962, 31.08.1962, 25.01.1963 und 12.06.1963.

2677/6 Dsgl. zur 36.-40. Aufsichtsratssitzung am 02.10.1963, 20.01.1964, 12.06.1964, 27.11.1964 und 03.02.1965.

2985 Vorbereitende Unterlagen zur 41. Aufsichtsratssitzung der Schwerter Profileisenwalzwerk AG am 23.06.1965.
1965

2986 Dsgl. zur 43. Aufsichtsratssitzung am 20.01.1966.

2987 Dsgl. zur 44. Aufsichtsratssitzung am 01.07.1966.

3038 Dsgl. zur 45. Aufsichtsratssitzung am 10.11.1966.

2988 Dsgl. zur 46. Aufsichtsratssitzung am 01.02.1967.

2989 Dsgl. zur 47. Aufsichtsratssitzung am 26.02.1968.

2990 Dsgl. zur 48. Aufsichtsratssitzung am 25.06.1968.

2991 Dsgl. zur 49. Aufsichtsratssitzung am 04.12.1968.

2992 Dsgl. zur 50. Aufsichtsratssitzung am 26.02.1969.

2993 Dsgl. zur 51. Aufsichtsratssitzung am 26.09.1969.

5943 51. Aufsichtsratssitzung der Schwerter Profileisenwalzwerk AG am 26.09.1969.
1969
Bericht; Tagesordnung.

Unternehmensfinanzierung und Investitionsplanung

2994 Kapitalausstattung der Schwerter Profileisenwalzwerk AG.
1948-1953
Unterlagen zur vorläufigen Kapitalbemessung, mit Substanz- und Ertragswertrechnung, Aufstellungen zu Anlagen und Vermögen sowie Investitionsplanung.

2902 Unterlagen zur Investitions-, Finanz- und Produktionsplanung der DHHU für die Schwerter Profileisenwalzwerk AG.
1960-1966
Vergleichende Aufwands- und Ertragsrechnungen, mit Angaben zu Betriebskosten, Löhnen, Belegschaftsentwicklung, Absatz, Erlösen und Steuern sowie Gewinn- und Verlustrechnungen

für die Geschäftsjahre 1960/61–1966/67, z. T. mit Angaben voraussichtlicher bzw. geschätzter Werte sowie zu Differenzen von tatsächlichen Betriebsergebnissen und Planungsdaten; einzelne Schreiben zwischen Friedrich Harders und Schwerter Profileisenwalzwerk zur Übersendung von Planungsunterlagen und Langfristplanung bis zum Geschäftsjahr 1969/70.

Bilanzen und Revisionsberichte

2741 Revisionsberichte sowie Bilanzen, Investitionen und Unternehmensfinanzierung der Schwerter Profileisenwalzwerk AG.
1939, 1952–1968
Bilanz und Bilanzunterlagen zum 30.09.1939 (Kopien) und 01.01.1952; Bilanzausschuss der Stahltreuhändervereinigung: Gutachten zur endgültigen Kapitalbemessung von Eisenwerk Rothe Erde GmbH, Dortmund, Kettenwerke Schlieper GmbH und Schwerter Profileisenwalzwerk vom 08.05.1953; Unterlagen zur vorläufigen und endgültigen Kapitalbemessung der Schwerter Profileisenwalzwerk AG vom März 1953; DHHU Revision: Berichte und Aktenvermerke über die Prüfung des Bargeldverkehrs sowie der Kasse und des Zahlungsverkehrs vom 20.01.1958, 22.07.1958, 09.02.1959, 30.06.1959, 15.08.1960, 28.04.1961, 21.04.1964, 03.09.1964, 12.03.1965, 14.09.1965, 20.10.1965, 23.02.1966 und 11.10.1966, über die Prüfung der Angestelltengehälter und des Lohnwesens vom 13.03.1959, 31.07.1959, 25.08.1960, 13.09.1963, 23.04.1964, 15.03.1965 und 05.04.1966 sowie des Versicherungsschutzes am 02.02.1965; Hoesch AG Konzernrevision: Bericht über die Prüfung der Investitionsvorrechnung für die Profileisenstraße (neues Walzwerk) vom 03.09.1968; Wirtschaftlichkeitsberechnung der Schwerter Profileisenwalzwerk AG zur Investitionsplanung der Walzstraßen I–V vom 10.05.1960; Aufstellungen zu den Investitionsvorhaben der Jahre 1952–1957 für die EGKS Hohe Behörde; Richtlinien der Oberfinanzdirektion Düsseldorf Konzernbetriebsprüfungsstelle für die Bildung von Festwerten für Wirtschaftsgüter des Anlagevermögens in der eisenschaffenden Industrie vom 20.07.1956 (Kopie); DHHU Revision: Untersuchung des Betriebsergebnisses Walzwerke im Geschäftsjahr 1961/62; Peter van Aubel: Bericht über die Bewertung der auf die Schwerter Profileisenwalzwerk AG übertragenen Sachanlagen vom 27.08.1952.

2740/1 Revisionsberichte zur Schwerter Profileisenwalzwerk AG.
1951–1956
Peter van Aubel: Berichte über die Prüfung des Jahresabschlusses zum 30.09.1951, 30.09.1952, 30.09.1953, 30.09.1954, 30.09.1955 und 30.09.1956, die Prüfung des Übernahmestatus', in dem die von der Stahltreuhändervereinigung eingebrachten Vermögensgegenstände und Verbindlichkeiten zum 01.01.1952 bilanziert wurden, sowie der Bewertung der auf die Schwerter Profileisenwalzwerk AG übertragenen Sachanlagen vom 27.08.1952; Richtlinien der DHHU für den Jahresabschluss der Schwerter Profileisenwalzwerk AG zum 30.09.1953.

5210 Betriebsprüfung bei der Schwerter Profileisenwalzwerk AG.
1955
Konzernbetriebsprüfungsstelle Münster der Oberfinanzdirektion Münster: Bericht über die Betriebsprüfung für den Zeitraum 01.01.1952–30.09.1955.

2740/2 Revisionsberichte und Bilanzen zur Schwerter Profileisenwalzwerk AG.
1957-1961
Peter van Aubel: Berichte über die Prüfung des Jahresabschlusses zum 30.09.1957, 30.09.1958, 30.09.1959, 30.09.1960 und 30.09.1961; Bilanz und Bilanzunterlagen zum 30.09.1961.

5206 Betriebsprüfung bei der Schwerter Profileisenwalzwerk AG.
1960
Konzernbetriebsprüfungsstelle Münster für die Finanzämter im Oberfinanzbezirk Münster: Bericht über die Betriebsprüfung für den Zeitraum 01.10.1955-30.09.1960.

2740/3 Revisionsberichte und Bilanzen zur Schwerter Profileisenwalzwerk AG.
1962-1965
Peter van Aubel: Berichte über die Prüfung des Jahresabschlusses zum 30.09.1962 und 30.09.1963; Johannes Reichelt: Berichte über die Prüfung des Jahresabschlusses zum 30.09.1964 und 30.09.1965; Bilanzen und Bilanzunterlagen zum 30.09.1962, 30.09.1963, 30.09.1964 und 30.09.1965.

2740/4 Johannes Reichelt: Bericht über die Prüfung des Jahresabschlusses der Schwerter Profileisenwalzwerk AG zum 30.09.1966.

2740/5 Johannes Reichelt: Zusammengefasster Bericht sowie Erläuterungsbericht über die Prüfung des Jahresabschlusses der Schwerter Profileisenwalzwerk AG zum 30.09.1967.

2740/6 Johannes Reichelt: Bericht über die Prüfung des Jahresabschlusses der Schwerter Profileisenwalzwerk AG zum 30.09.1968.

1.9.30 Unifer S. A., Brüssel

5137 Unifer S. A.
1957, 1964-1967
Unternehmensstammblatt, Stand November 1965; Vertrag über die Gründung durch die DHHU vom 25.11.1964, mit Satzung (Typoskript, deutsch, sowie Auszug aus dem Belgisch Staatsblad vom 17.12.1964, gedruckt); Gründungsvertrag und Satzung der Hugo Stinnes-Bruxelles S. A. (Abschrift, o. D., deutsch, sowie Auszug aus dem Belgisch Staatsblad vom 31.03.1957, Kopie); Satzungsentwürfe (deutsch und französisch); Niederschrift der Verwaltungsratssitzung am 04.11.1965; Niederschriften der Hauptversammlung am 17.01.1966 (deutsch und französisch); Bericht des Verwaltungsrats zum Rumpfgeschäftsjahr vom 25.11.1964-30.09.1965 (Entwurf, Typoskript); Vertrag zwischen DHHU und Gaston van den Abbeele zu dessen Bestellung zum Geschäftsführer vom 18.12.1964 (Kopie); Aktenvermerk zu einer Besprechung zwischen Vertretern von DHHU, Hoesch AG, Hoesch Export GmbH und Unifer S. A. über einen zukünftigen gemeinsamen Vertrieb von Produkten in Belgien und Frankreich am 05.04.1966; Schriftwechsel zwischen DHHU Rechtsabteilung, van den Abbeele und belgischen Genehmigungsbehörden zu rechtlichen Vorschriften und Modalitäten der Gründung, Aufnahme eines Kredits, Unternehmensorganisation, Anstellung von Mitarbeitern sowie Liquidation der Unifer S. A. (deutsch und französisch).

5139 Unifer S. A.
1964–1965
Verträge zwischen DHHU, fünf Mitgliedern des Verwaltungsrats sowie Geschäftsführer Gaston van den Abbeele zum treuhänderischen Erwerb von jeweils einer Aktie der Unifer S. A. vom 30.12.1965/13.01.1966.

5138 Unifer S. A.
1964–1967
Niederschrift der Verwaltungsratssitzung am 10.11.1966 (französisch); Geschäftsbericht des Verwaltungsrats, 1965/66 (französisch, Typoskript); Auszüge der Bilanz zum 30.09.1966 (französisch); Niederschrift der Hauptversammlung am 16.01.1967 (französisch); Vertrag über die Gründung durch die DHHU, mit Satzung vom 25.11.1964 (deutsch, Typoskript); Aktenvermerke der Hoesch AG Rechtsabteilung zur beabsichtigten Umwandlung der Unifer S. A. in eine Hoesch-Gesellschaft; Bericht der Établissements R. Toussaint & M. Lengelé SPRL an die Hoesch AG zu rechtlichen Voraussetzungen der Gründung eines Büros der Hoesch Export GmbH in Brüssel vom Juli 1966.

58 DHHU Revision: Bericht über Prüfung des Jahresabschlusses der Unifer S. A. zum 30.09.1966.

1.9.31 Vereinigte Ton- und Quarzitbetriebe GmbH, Siegen

2680 Vereinigte Ton- und Quarzitbetriebe GmbH.
1944, 1951–1965
Otto Riepen: Berichte über die Prüfung des Jahresabschlusses der Ton- und Quarzitbetriebe zum 30.09.1962, 30.09.1963 und 30.09.1964; Geschäftsberichte, 1961/62–1963/64 (Typoskripte); Satzung vom 07./20./30.04.1956 (Kopie); Niederschrift der außerordentlichen Gesellschafterversammlung am 27.06.1951 zur Reduzierung des Grundkapitals um DM 100.000 auf DM 300.000 (Kopie); Niederschrift der Gesellschafterversammlung der Silamitwerke Dr. Strassmann & Co. Fabriken feuer- und säurefester Produkte mbH am 12.05.1944 zur Erhöhung des Grundkapitals um RM 320.000 auf RM 400.000, Zeichnung von Geschäftsanteilen durch Silika- und Schamotte-Fabriken Martin & Pagenstecher AG und VSt sowie Umfirmierung des Unternehmens in Vereinigte Ton- und Quarzitbetriebe GmbH (Kopie); Vertrag zwischen ATH, DHHU, Martin & Pagenstecher AG als Einbringer und Ton- und Quarzitbetriebe GmbH vom 16.04.1954 über die Einbringung von Vermögenswerten, die auf Anordnung der CSG Nr. 33-A, 33-B und 33-C vom 31.12.1952 aus dem Vermögen der VSt i. L. an die Ton- und Quarzitbetriebe GmbH übergehen (Abschrift); Niederschrift der Gesellschafterversammlung am 07.03.1957 zur Erhöhung des Grundkapitals um DM 400.000 auf DM 1.200.000 (Abschrift); „Denkschrift" der Ton- und Quarzitbetriebe GmbH „über die Aufgabenstellung für die Vereinigte Ton- und Quarzitbetriebe GmbH" vom 26.10.1956 (Typoskript); Sonderdrucke aus der Zeitschrift „Sprechsaal für Keramik Glas Email" zur Tonverarbeitung; Vertrag zwischen DHHU als Verkäufer und Silika- und Schamotte-Fabriken Martin & Pagenstecher AG über den Verkauf des Anteils der DHHU an der Ton- und Quarzitbetriebe GmbH vom 20.01.1965; Schriftwechsel zwischen Anteilseignern und Ton- und Quarzitbetriebe GmbH sowie Aktenvermerke der DHHU zu Kapitalerhöhungen, Betriebsergebnis, Investitionsplanung, Preisen, Zustand der Gruben, Analysen von Tonproben, schriftlichen Gesellschafterbeschlüssen, Anteilsverkauf und Gesellschafterversammlungen.

5978 Vereinigte Ton- und Quarzitbetriebe GmbH.
1944, 1951–1965
Erhöhung des Stammkapitals und Änderung des Gesellschaftsvertrags der Ton- und Quarzitbetriebe GmbH; Niederschrift, mit Anlagen über die Gesellschafterversammlung der Ton- und Quarzitbetriebe GmbH am 02.04.1954, 10.07.1956, 07.03.1957; Niederschrift über die außerordentliche Gesellschafterversammlung am 27.06.1951; Anordnungen der CSG; Gesellschaftsvertrag der Ton- und Quarzitbetriebe GmbH vom 07.04.1957/20.04.1956/30.04.1956; Niederschrift über die Gesellschafterversammlung der Silamit-Werke zur Änderung des Unternehmens in Vereinigte Ton- und Quarzit-Betriebe GmbH vom 12.05.1944; Niederschrift über Beurkundung des Pool- bzw. Optionsvertrags zwischen DHHU, Silika- und Schamotte-Fabriken Martin & Pagenstecher AG, ATH vom 10.05.1954; Vertrag zwischen ATH, DHHU, Silika- und Schamotte-Fabriken Martin & Pagenstecher AG (Sacheinbringer) und Ton- und Quarzitbetriebe GmbH vom 16.03.1954; Niederschrift über die Beurkundung des Kaufvertrags zur Übertragung von Geschäftsanteilen der Ton- und Quarzitbetriebe GmbH auf Silika- und Schamotte-Fabriken Martin & Pagenstecher AG durch die DHHU vom 20.01.1965.

5979 Vereinigte Ton- und Quarzitbetriebe GmbH.
1953–1965
Gesellschafterbeschlüsse; Poolvertrag zwischen den Gesellschaftern der Ton- und Quarzitbetriebe GmbH vom 18.03.1954 (Entwurf); Neuordnung der feuerfesten Industrie im Bereich der VSt; Gesellschaftsverträge der Ton- und Quarzitbetriebe GmbH (Entwürfe); Kapitalerhöhung; Auszug aus der Niederschrift über Beiratssitzung der Ton- und Quarzitbetriebe GmbH am 30.03.1955; Neuordnung des Beirats; Übertragung von Geschäftsanteilen der Ton- und Quarzitbetriebe; Vertragsentwürfe hierzu; Aktenvermerke; Schriftwechsel zwischen den Gesellschaftern.

3065 Geplanter Verkauf der Anteile der DHHU an der Vereinigte Ton- und Quarzitbetriebe GmbH.
1961–1964
Aufstellung der Ton- und Quarzitlieferungen der Ton- und Quarzitbetriebe GmbH an die Didier Werke GmbH, Oktober 1959 bis April 1961; Aktenvermerke der DHHU Revision zu Lage des Unternehmens und Verkaufsvorschlag; Auszüge aus Niederschriften der Vorstandssitzungen der DHHU.

1.9.32 Wohnungsbaugesellschaften

5124 Vereinigung Westdeutsche Wohnhäuser GbR und Westdeutsche Wohnhäuser AG.
1950–1967
Rundschreiben und Mitteilungen von Vereinigung Westdeutsche Wohnhäuser GbR und Westdeutsche Wohnhäuser AG an die Mitgliedsunternehmen zu Hauptversammlungen, Besetzung von Geschäftsführung und Aufsichtsrat sowie Gesellschafterbeschlüssen und Verträgen; Organschaftsvertrag, mit Gewinn- und Verlustübernahmeregelung, zwischen den in der Vereinigung Westdeutsche Wohnhäuser GbR zusammengeschlossenen Aktionären der Westdeutsche Wohnhäuser AG (u. a. DHHU) und Westdeutsche Wohnhäuser AG von August/September 1953 sowie Ergänzungsvertrag vom März/Mai 1960 (Kopien); Vereinbarung der Aktionäre der Westdeutsche Wohnhäuser AG zur Bildung einer Gesellschaft bürgerlichen Rechts zum „Zwecke der Herbeiführung eines einheitlichen Beherrschungswillens" in ihrem Organschaftsverhältnis zur Westdeutsche Wohnhäuser AG, Ausübung des Stimmrechts in der Hauptversammlung und Verfügung der Aktien vom August/Sep-

tember 1953 (Kopie); Bilanzen der Westdeutsche Wohnhäuser AG zum 30.09.1951 und 30.09.1952 (gedruckt); Geschäftsberichte, 1950/51 und 1951/52; Niederschrift der Hauptversammlung am 04.11.1953; Statistisches Heft der Westdeutsche Wohnhäuser AG 1953, mit Angaben zu Wohnungsbestand, kriegszerstörten Wohnungen, Alter und baulichem Zustand der Gebäude sowie Nutzungsrechten (gedruckt); einzelne Schreiben zwischen DHHU Rechtsabteilung und Westdeutsche Wohnhäuser AG, insbesondere zur Erteilung von Vollmachten.

2734 Geschäftsberichte der Westdeutsche Wohnhäuser AG.
1952–1965
Geschäftsberichte, 1952/53–1964/65; Niederschrift der Hauptversammlung am 12.04.1965 (Kopie).

5125 Westfälische Wohnstätten AG
1950–1967
Unternehmensstammblatt, Stand September 1967; Vereinbarung der elf Aktionäre, u. a. DHHU, über die Ausübung des Stimmrechts in den Hauptversammlungen und die Verfügung der Aktien (Stimm-Poolvertrag) vom August/September 1953 (Kopie und Entwurf); Niederschrift der Versammlung der Gesellschafter der durch den Stimm-Poolvertrag der Aktionäre gegründeten Gesellschaft bürgerlichen Rechts am 04.11.1953; Rundschreiben der Westfälische Wohnstätten GbR an die Gesellschafter zu Änderungen im Aktienbesitz einzelner Gesellschafter der Westfälische Wohnstätten AG, deren Hauptversammlungen und Besetzung der Geschäftsführung; Satzung der Westfälische Wohnstätten AG vom 05.11.1953 (gedruckt); Bilanz zum 30.09.1951 (gedruckt); Geschäftsbericht, 1950/51; Niederschrift der Hauptversammlung am 04.11.1953 (Abschrift); Aufstellung der Beteiligungen der Westfälische Wohnstätten AG an anderen Wohnungsbaugesellschaften und -genossenschaften am 30.09.1953; Rundschreiben und Einladungen zu Hauptversammlungen; Vollmachten; Aufstellung zu Aufsichtsratsmitgliedern am 26.05.1961; vergleichende Aufstellung zum Wohnungsbestand am 30.09.1955, 30.09.1958, 30.09.1961, 30.09.1963 und 30.09.1964; einzelne Schreiben zwischen DHHU Rechtsabteilung und Westfälische Wohnstätten AG zu Hauptversammlungen und Vollmachten.

2733 Geschäftsberichte der Westfälische Wohnstätten AG.
1951–1963
Geschäftsberichte, 1951/52–1961/62; Verband westfälischer und lippischer Wohnungsunternehmen e. V.: Kurzbericht über die Prüfung des Jahresabschlusses zum 30.09.1953; Aktenvermerke der DHHU Beteiligungen zu den Jahresabschlüssen; Rundschreiben der Westfälische Wohnstätten AG an die Aktionäre zu den Hauptversammlungen.

1.9.33 Weitere Beteiligungen

2721 Jahresabschlüsse von WTAG, Dortmund, und Münsterscher Schiffahrts- und Lagerhaus-AG, Münster.
1954–1962
Geschäftsberichte der WTAG, 1954–1961, sowie der Münstersche Schiffahrts- und Lagerhaus-AG, 1957, 1958, 1960 und 1961; Sozialbericht der WTAG, 1954 (Typoskript); Bilanzen der WTAG zum 31.12.1954, 31.12.1957, 31.12.1958 und 31.12.1961 sowie der Münstersche Schiffahrts- und Lagerhaus-AG zum 31.12.1957 und 31.12.1958; Berichte des Vorstands der Münstersche Schif-

fahrts- und Lagerhaus-AG für die Geschäftsjahre 1954 und 1957 sowie des Vorstands der WTAG für das Geschäftsjahr 1957, mit Zahlen und Erläuterungen (Typoskripte); Aktenvermerke der DHHU Beteiligungen sowie einzelne Schreiben zwischen DHHU und WTAG zu Feststellung der Jahresabschlüsse, Dividenden und Hauptversammlungen.

3058 Zusammenarbeit zwischen DHHU und Gerätebau-Anstalt Balzers bzw. Balzers AG, Liechtenstein, im Bereich der Vakuummetallurgie und Gründung der Balzers Union AG.
1955–1970
Vereinbarung zwischen DHHU und Gerätebau-Anstalt Balzers vom 26.11.1955 über eine Zusammenarbeit auf dem Gebiet der Vakuumtechnik, mit Entwurf; Niederschrift der konstituierenden Sitzung des Verwaltungsrats der Balzers Union AG am 26.02.1957; Tätigkeitsberichte der Balzers Union AG für den Zeitraum 26.02.1957–01.07.1957 sowie die Geschäftsjahre 1957/58, 1959/60, 1960/61, 1963/64 und 1964/65; Niederschriften der Verwaltungsratssitzungen am 01.08.1957, 30.09.1958, 30.09.1959, 01.09.1960, 24.11.1961, 10.02.1962, 21.11.1962 und 16.12.1963; Bilanzen zum 30.09.1957, 30.09.1959, 30.09.1960, 30.09.1964 und 30.09.1965; Niederschriften der Hauptversammlungen am 30.09.1958, 30.09.1959, 16.12.1963, 10.12.1964 und 26.01.1965; Fides Treuhand-Vereinigung: Berichte über die Prüfung des Jahresabschlusses zum 30.09.1960, 30.09.1964 und 30.09.1965; Program of the Second International D-H Vacuum Conference vom 04.05.1964–08.05.1964 in Puerto Rico; Vertrag zwischen DHHU und English Steel Corp. Ltd., handelnd für English Steel Rolling Mills Corp. Ltd., English Steel Castings Corp. Ltd., English Steel Forge and Engineering Corp. Ltd., Taylor Bros. & Comp. Ltd. und The Darlington Forge Ltd., zur Ausdehnung des am 05.07.1961 abgeschlossenen Lizenzvertrags über Verfahren zur Vakuumbehandlung von Metallen auf Australien, Neuseeland, Rhodesien und Südafrika vom 25.05.1964 (Kopie); DHHU Revision: Bericht über die Prüfung des Gesamtwerts der Gerätebau-Anstalt Balzers zum 30.06.1957; Vertrag zwischen DHHU und Balzers Patent- und Lizenz-Anstalt vom 12.04.1966 über den Verkauf der Anteile der DHHU an der Balzers Union AG an die Balzers Patent- und Lizenz-Anstalt und weiteren Erfahrungsaustausch (Kopie); Prospekt der Gerätebau-Anstalt Balzers zur Umfirmierung in Balzers AG vom Dezember 1959; Thadäus Kraus: „The Mechanism of Material Exchange Between a Highly Rarefied Gas and its Solution in a Molten Metal, with Special Reference to the Degassing of Metal Melts in a Vacuum", 1962 (Sonderdruck der Balzers AG); Bericht über die führenden Unternehmen der europäischen Vakuumanlagenbauer, 11.06.1958; DHHU Metallurgische Abteilung Dortmund: Funktionsbeschreibung und Konstruktionsanleitung zum Bau einer Stahlentgasungsanlage nach dem Vakuumheberprinzip vom 22.10.1959 (Kopie); Schreiben der Hoesch AG an die Balzers Union AG vom 09.04.1970 zur Kündigung des Erfahrungsaustauschvertrags vom 12.04.1966; Aktenvermerke, Besprechungsniederschriften und Schriftwechsel zwischen DHHU, insbesondere Friedrich Harders, Gerätebau-Anstalt Balzers, insbesondere Max Auwärter, und Balzers Union AG zu Modalitäten einer Zusammenarbeit und Gründung der Balzers Union AG, Plänen zur Übernahme der Gerätebau-Anstalt Balzers durch die DHHU, Verkauf der Balzers Union AG, Erfahrungsaustausch, Kooperationsplänen mit Firma F. Leybold's Nachfolger und Heraeus-Vacuumschmelze AG, Versuchsergebnissen und zur Planung eines Schmelzbetriebs bei der Balzers Union AG.

3071 Optionen der DHHU auf Aktien von GBAG und Didier-Werke AG.
1957, 1963–1968
Aktenvermerke, Besprechungsniederschriften und Schriftwechsel zwischen Friedrich Harders, Friedrich Funcke und Hermann Josef Abs zur weiteren Behandlung einer von der DHHU 1958 aus Gründen der Kurssicherung und des Überfremdungsschutzes aufgenommenen Kaufoption auf

7,69 % des Grundkapitals der GBAG, Entschädigungsleistungen der GBAG für die Optionskosten, zur prognostizierten Geschäfts- und Kursentwicklung von Unternehmen und Aktien sowie zur geplanten Übertragung der Option auf die Hansa Bergbau AG oder die Deutsche Bank AG; Aktenvermerke und einzelne Schreiben zwischen Harders und Abs zur Verlängerung und Übertragung einer 1961 erworbenen Kaufoption auf Aktien der Didier-Werke AG auf die Hoesch AG; Untersuchung der GBAG vom 22.11.1957 zur Sicherung der Brennstoffversorgung von ATH, DHHU und Phoenix-Rheinrohr durch die GBAG (Kopie).
Darin auch: Einzelne Schreiben und Vertragsentwurf zwischen DHHU und Hoesch AG zu gemeinsamen Beteiligungen an Rheinisch-Westfälische Kalkwerke AG und WTAG und Abstimmungsverhalten auf Hauptversammlungen.

2731 Revisionsberichte zur Betoneisen GmbH.
1961–1964
DHHU Revision: Bericht über die Prüfung des Jahresabschlusses zum 30.09.1961; Wilhelm Tervooren: Berichte über die Prüfung des Jahresabschlusses zum 30.09.1962 und 30.09.1963; Niederschrift der Gesellschafterversammlung am 25.08.1964 (Abschrift).

3130 Aufsichtsrat der GBAG.
1963–1965
Vorbereitende Unterlagen zur 51.–54. und 56.–59. Aufsichtsratssitzung am 11.10.1963, 04.12.1963, 01.04.1964, 26.05.1964, 15.10.1964, 02.12.1964, 26.03.1965 und 24.05.1965; interne Quartalsberichte, zweites Quartal 1963 bis viertes Quartal 1964.

3131 Raab Karcher GmbH, Karlsruhe.
1964–1968
Geschäftsberichte, 1964–1967; Hans-Ulrich Schaefer: Container, eine neue Aufgabe für Raab Karcher. Vortrag auf der Sitzung von Beirat und Arbeitskreis der Raab Karcher GmbH am 08.10.1968 (Typoskript); Heinz Huber: Bericht über Großhandelsprobleme aus Sicht von Raab Karcher. Vortrag auf der Sitzung von Beirat und Arbeitskreis am 08.10.1968 (Typoskript); Huber: Bericht über Absatzentwicklung und Geschäftslage der Raab Karcher GmbH im laufenden Geschäftsjahr. Vortrag auf der Sitzung von Beirat und Arbeitskreis am 08.10.1968 (Typoskript).

5884 Gründung der Walzstahlkontor Ruhr-Ost GmbH.
1966
Niederschrift der Sitzung des erweiterten 16er-Kreises am 10.05.1966; Gesellschaftsvertrag (Entwürfe); einzelne Schreiben zwischen DHHU, DHHU Rechtsabteilung, Hoesch AG, Rheinstahl Hüttenwerke AG und Wirtschaftsvereinigung Eisen- und Stahlindustrie zum Gründungsvorgang.

1.9.34 Sonstiges

2744 Behandlung von Lieferverträgen der Thyssen'sche Gas- und Wasserwerke GmbH im Rahmen der Neuordnung sowie Pläne zum Rückerwerb der vom Staat Argentinien beschlagnahmten Thyssen-Lametal, Buenos Aires.
1954–1958
CSG: Anordnungen vom 01.04.1955 an die ehemaligen Tochtergesellschaften bzw. Nachfolge-

gesellschaften der VSt i. L. zur Übertragung von Aktien von Gussstahlwerk Oberkassel AG vorm. Stahlwerk Krieger und Stahlwerke Südwestfalen AG auf die VSt i. L. sowie vom 28.04.1955 zu Übergang von Energielieferverträgen zwischen VSt und Thyssen'sche Gas- und Wasserwerke GmbH auf die Bergbau- und Industriewerte GmbH und Fortführung der Verträge (Kopien); Siegfried Seele und Walter Schwede: Plan für die Behandlung des Restvermögens der VSt i. L. und bestimmter rechtlicher Vermögensgegenstände und Verbindlichkeiten von Tochtergesellschaften vom 20.03.1954 (Kopie); Ausgleichsabkommen zwischen ATH, Eisenwerke Mülheim/Meiderich AG, Friedrich Thyssen Bergbau AG, Hamborner Bergbau AG, Hüttenwerke Phoenix AG, Rheinische Röhrenwerke AG, Rheinische Stahlwerke, Stahlwerke Südwestfalen AG und Westfälische Union sowie GBAG gegen die Bergbau- und Industriewerte GmbH über Ansprüche aus Energie- und Wasserliefer- sowie -abnahmeverträgen mit der Thyssen'sche Gas- und Wasserwerke GmbH, o. D. (Abschrift); Schreiben der Bergbau- und Industriewerte GmbH an die Vertragspartner sowie an DHHU und andere Unternehmen zu den Ausgleichsansprüchen (Kopien); Grundsatzbestimmungen für die Überführung der zum System der Dirección Nacional de Industrias del Estado (DINIE) gehörenden Unternehmen zwischen Staat Argentinien und deutschen Unternehmen, o. D. (Entwurf, Kopie, blanko) sowie Endversion zwischen Staat Argentinien und Studiengesellschaft für privatrechtliche Auslandsinteressen vom 25.08.1955 (nicht parafiert, deutsch und spanisch); zusammenfassende Aufstellungen der Bilanzen der DINIE-Unternehmen zum 30.06.1954; Übersetzungen der argentinischen Gesetze Nr. 15.364 und Nr. 15.365 vom 21.11.1957 über die Behandlung deutscher Warenzeichen und des deutschen Vermögens; einzelne Rundschreiben der Bergbau- und Industriewerte GmbH sowie Aktenvermerke der DHHU Beteiligungen zur ehemaligen Beteiligung der VSt an der Thyssen-Lametal, deren Beschlagnahmung durch den Staat Argentinien als deutsches Feindvermögen und Rückkaufplänen.

2730 Stilllegung von Siegerländer Eisenerzgruben.
1962–1966
DHHU Revision: Untersuchung vom 13.06.1962 über die Voraussetzungen und Auswirkungen einer Stilllegung zum 31.12.1962 bzw. eines langsamen Auslaufens bis zum 31.12.1965 für die Rennanlage Salzgitter-Ruhr und die Grube Fortuna der Barbara Erzbergbau AG; Fritz Wilhelm Hardach und Hans-Karl Vellguth: Berichte über die voraussichtlichen Kosten der Stilllegung der Gruben Pfannenberger Einigkeit und San Fernando von Harz-Lahn-Erzbergbau AG und Barbara Erzbergbau AG vom 15.11.1962 sowie der Stilllegung der Grube Damme der Erzbergbau Porta-Damme AG vom 31.01.1963; Hans Dichgans: Bericht zur Lage der Grube Damme vom 06.05.1963; Sozialpläne von Bergwerksgesellschaft Dahlbusch, o. D., und Steinkohlenbergwerk Graf Bismarck GmbH vom 10.03.1966 (Abschriften); vergleichende Übersicht der Sozialpläne von Industriegewerkschaft Bergbau, Bochumer Bergbau AG für Zeche Bruchstraße, Ewald-Kohle AG, Harpener Bergbau AG für Zeche Dorstfeld sowie Steinkohlenbergwerke Mathias Stinnes AG; Besprechungsniederschriften, Aktenvermerke und Schriftwechsel zwischen DHHU, Erzbergbau Porta-Damme AG, deren Aufsichtsratsvorsitzendem Karl Kaup und Barbara Erzbergbau AG bzw. Barbara Erzbergbau GmbH zu Stilllegungsplänen.

5500 Revisionsberichte zu Tochtergesellschaften der DHHU.
1963–1967
Sammlung von Prüfungsberichten der DHHU Revision zu Versicherungsschutz, Kassenbeständen, Lohn- und Gehaltsabrechnungen, Zahlungsverkehr und Tantiemevereinbarungen von Dortmunder Eisenhandel GmbH, Celler & Co. GmbH, Eisenwerk Rothe Erde GmbH, Gebrüder Credé & Co.

GmbH, Hans Kaupmann GmbH, Kettenwerke Schlieper GmbH, Gesellschaft Hütten-Kasino, Schwerter Profileisenwalzwerk AG, Hansa-Stahl-Export GmbH, Hansa-Stahl GmbH, Düsseldorf, Frankfurt am Main, Hamburg und Berlin, Establech, Düsseldorf, Berlin und Frankfurt am Main, und Hauptkasse der DHHU; DHHU Revision: Bericht über die Prüfung des Jahresabschlusses der Gesellschaft Hütten-Kasino zum 31.12.1966; Wolfgang Karras und Gustav Wilke: Versicherungsmathematisches Gutachten zu den Rückstellungen und Versorgungsverbindlichkeiten der Gebrüder Credé & Co. GmbH zum 30.09.1967; DHHU Revision: Bericht über die Prüfung der Inventur bei der Kettenwerke Schlieper GmbH zum 03.05.1965; DHHU Betriebswirtschaft: Untersuchung der kostenmäßigen Auswirkungen bei der Anschaffung eines RAW-Ringwalzwerks zum Aufwalzen von Ringrohlingen durch die Gebrüder Credé & Co. GmbH vom 23.09.1966 sowie Studie über die Ergebnissituation nach Aufgabe des Fertigungszweigs Waggonbau vom 30.09.1966 (alle Durchschläge oder Kopien).

1.10 Verbände, Vereinigungen und Verkaufsgesellschaften

1.10.1 BV-Aral AG bzw. Aral AG und Bochumer Verbände (Sortierung nach Verbänden, A–Z)

5161 BV-Aral AG bzw. Aral AG.
1954–1967
Unternehmensstammblatt, Stand August 1962; Satzung der BV-Aral AG, o. D. (Typoskript); Niederschriften der Mitgliederversammlungen am 22.07.1960 (Kopie), 14.07.1961 (Abschrift) und 05.07.1963; Aufstellung zu Treuhandansprüchen und Beteiligungsziffern der Gesellschafter zum 31.12.1961; Verträge zwischen DHHU und Scholven-Chemie AG über die Abtretung eines Treuhandanspruchs der DHHU an der BV-Aral in Höhe von 0,43133 % an die Scholven-Chemie vom 10.10./02.11.1962 (Kopie) sowie zum Verkauf von Aktien der Aral im Nominalwert von knapp DM 198.000 an die Scholven-Chemie vom 13.02.1967; Rundschreiben der Ruhr-Schwefelsäure GmbH zu Mitgliederversammlungen, insbesondere zur Festlegung von Stimmrechten, Ausschüssen und Freistellung von Mitgliedern von Verpflichtungen des Gesellschaftsvertrags; Aktenvermerke der DHHU Rechtsabteilung sowie Niederschriften von Besprechungen und einzelne Schreiben mit BV-Aral bzw. Aral und anderen Gesellschaftern, insbesondere GBAG, über die Beteiligung bzw. Aufgabe der Beteiligung der DHHU, Versammlungen, Beirat, Ausschüsse, Beteiligungsziffern, Kapitalausgleich für die Abtretung von Treuhandansprüchen und Abrechnung von Benzollieferungen.

5163 Geschäftsausschuss des Benzin-Benzol-Verbands.
1954–1967
Rundschreiben von BV-Aral AG bzw. Aral AG an die Mitglieder des Benzin-Benzol-Verbands zur Bildung des Geschäftsausschusses, mit Aufstellungen zu Absatzanspruch und Anzahl der Stimmen der einzelnen Mitglieder; einzelne Schreiben der DHHU Rechtsabteilung an BV-Aral bzw. Aral zur Benennung des Unternehmensvertreters im Geschäftsausschuss.

2715 Bilanzen, Geschäftsberichte und Mitgliederversammlungen von BV-Aral AG bzw. Aral AG und Benzin-Benzol-Verband.
1955–1965
Entwürfe zu Jahresabschlüssen von BV-Aral AG bzw. Aral AG, mit Erläuterungen, zum 31.12.1955, 31.12.1958, 31.12.1959, 31.12.1960, 31.12.1961, 31.12.1962, 31.12.1963, 31.12.1964 und 31.12.1965 (ab 1962 nur Erläuterungen); Entwürfe zu Geschäftsberichten der Aral, 1962–1965; Niederschriften der Mitgliederversammlungen des Benzin-Benzol-Verbands am 02.07.1959,

22.07.1960, 12.07.1962, 05.07.1963, 28.07.1964 und 16.07.1965; Niederschriften der Geschäftsausschusssitzungen der BV-Aral am 14.07.1961 und 12.07.1962; Aktenvermerke der DHHU Beteiligungen sowie einzelne Rundschreiben von BV-Aral bzw. Aral zu Geschäftsausschusssitzungen, Jahresabschlüssen und Mitgliederversammlungen.

2716 Interne Geschäftsberichte von BV-Aral AG bzw. Aral AG.
1957–1962
Interne Geschäftsberichte der Aral Nr. 33 vom 05.12.1957, Nr. 39 vom 10.09.1959, Nr. 41 vom 13.04.1960 für das Gesamtgeschäftsjahr 1959, Nr. 43 vom 21.12.1960, Nr. 47 vom 03.04.1962 für das Gesamtgeschäftsjahr 1961, Nr. 48 vom 16.10.1962 zum Tankstellengeschäft auf Autobahnen, Nr. 49 zum Schmierstoffgeschäft, mit Prospekten zu Motorölen, Nr. 50 vom 30.04.1963 zum Gesamtgeschäftsjahr 1962, z. T. mit zahlreichen Fotografien von Tankstellen und Werkstätten.

5164 Umorganisation der Aral AG.
1966–1967
Geschäftsbericht, 1966 (Typoskript); Vertrag zwischen DHHU und Scholven-Chemie AG über den Verkauf von Aktien der Aral AG im Nominalwert von knapp DM 198.000 an die Scholven-Chemie AG vom 13.02.1967 (Kopie); Niederschrift einer Besprechung von Vertretern der Benzin- und Kokereibenzolerzeuger zur Neuordnung der Aral und künftigen Stellung der Kokereibenzolerzeuger am 19.11.1966, mit Kostenverteilungsplan; Standardliefervertrag für Kokerei-Benzolkohlenwasserstoffe vom 10.01.1967 (Entwurf, blanko); Satzung der Aral AG (Typoskript, Entwurf); Gesellschaftsvertrag der Vereinigung der Aktionäre der Aral AG GbR (Typoskript, Entwurf); Konsortialvertrag zwischen Gelsenberg Benzin AG, GBAG, Hibernia AG, Mobil Oil AG, Scholven-Chemie AG und Wintershall AG als Benzinerzeuger sowie ATH, Bergbau AG Lothringen und Concordia Bergbau-Aktien-Gesellschaft als Benzolerzeuger zur Organisation von Belieferung, Absatz und Vertrieb der Aral (Typoskript, Entwurf).

5162 Vorbereitende Unterlagen zur Mitgliederversammlung von Benzin-Benzol-Verband und Vereinigung der Aktionäre der Aral AG GbR am 01.03.1967.
1967

5155 Deutsche Ammoniak-Vereinigung GbR.
1954–1960
Richtlinien zur Geschäftsführung vom 15.11.1954 (Typoskript); Aufstellungen zu den Anteilen und Stimmrechten der Mitglieder in den Geschäftsjahren 1954/55–1959/60; Niederschrift einer Besprechung zwischen Mitgliedern der Vereinigung und der Ruhr-Stickstoff AG zur Änderung der Kündigungsbestimmungen des Gesellschaftsvertrags am 28.05.1958; Rundschreiben der Ruhr-Stickstoff an die Mitglieder der Vereinigung zu Mitgliederversammlungen, Ausschüssen, Verlängerung der Vereinigung und kartellrechtlichen Fragen (z. T. Kopien); Antrag der Ruhr-Stickstoff an das Bundeskartellamt auf Erlaubnis zur Fortsetzung der Vereinigung für weitere sechs Jahre vom 28.06.1958 (Abschrift); Niederschriften der außerordentlichen Mitgliederversammlung am 05.07.1960 und der Mitgliederversammlungen am 25.11.1954 (Abschrift) und 07.12.1960 sowie Unterlagen zur Versammlung am 01.12.1958; vertraulicher Geschäftsbericht zur Mitgliederversammlung am 07.12.1960 (Typoskript).

5154 Deutsche Ammoniak-Vereinigung GbR.
1959–1964
Unternehmensstammblatt, Stand März 1963; Gesellschaftsvertrag und Satzung, o. D. (Typoskript); Richtlinien zur Geschäftsführung, April 1964 (Typoskript); Vertrag zwischen den Mitgliedern der Vereinigung untereinander und mit der Ruhr-Stickstoff AG über die Übernahme der Geschäftsführung der Vereinigung durch die Ruhr-Stickstoff vom 24.06.1959 (Abschrift); Rundschreiben der Ruhr-Stickstoff an die Mitglieder der Vereinigung zu Mitgliederversammlungen, Ausschüssen, Austritten von Mitgliedern und kartellrechtlichen Fragen (z. T. Kopien); Beschluss des Bundeskartellamts zum Antrag der Vereinigung auf Erteilung einer Erlaubnis zu einem Rationalisierungskartell vom 15.12.1960 (Abschrift); Niederschriften der außerordentlichen Mitgliederversammlungen am 17.07.1961, 15.07.1963 und 21.07.1964 sowie der Mitgliederversammlungen am 05.12.1961 und 12.12.1963; Aufstellung zu den Anteilen der Mitglieder zum 30.06.1963; einzelne Schreiben zwischen DHHU und Salzgitter Chemie GmbH zur Abgabe von Geschäftsanteilen an diese nach Ausscheiden der DHHU.

5157 Phenol-Verband GbR und Verkaufsvereinigung für Teererzeugnisse AG.
1955–1962
Niederschrift der Beiratssitzung der Phenol-Verband GbR am 21.06.1955; Niederschrift der gemeinsamen Mitgliederversammlung von Phenol-Verband und Verkaufsvereinigung für Teererzeugnisse AG am 12.01.1961 zur Aufnahme neuer Mitglieder (Kopie); einzelne Rundschreiben der Verkaufsvereinigung für Teererzeugnisse an die Mitglieder der Phenol-Verband GbR zu Beiratssitzungen und Änderung des Gesellschaftsvertrags.

5159 Ruhr-Schwefelsäure GmbH.
1954–1964
Vorbereitende Unterlagen zur Mitgliederversammlung der Schwefelsäure-Vereinigung GbR am 14.01.1955; Niederschriften der Mitgliederversammlungen der Vereinigung am 12.07.1955, 04.07.1956, 24.07.1956 und 24.07.1957; Niederschriften der Gesellschafterversammlungen der Ruhr-Schwefelsäure am 24.07.1956 und 24.07.1957 (Kopie); Erklärung von Wilhelm Busch, Hugo Krueger und Otto Kampf als Gründer der Ruhr-Schwefelsäure und Treuhänder der Gesellschafter der Vereinigung zur Abtretung ihrer Anteile an der Ruhr-Schwefelsäure an die Gesellschafter vom 30.12.1955; Richtlinien für die Ruhr-Schwefelsäure zur Führung der Geschäfte der Vereinigung vom 15.05.1956 (Typoskript); Vertrag zwischen den Mitgliedern der Vereinigung untereinander und mit der Ruhr-Schwefelsäure zur Fortführung der Vereinigung, mit Richtlinien zur Geschäftsführung und Mitglieder- bzw. Beteiligungsverzeichnis, 17.10.1962 (Entwurf); Rundschreiben der Ruhr-Schwefelsäure zu Mitglieder- und Gesellschafterversammlungen, insbesondere zur Festlegung von Stimmrechten, und Ausschüssen; Aktenvermerke der DHHU Rechtsabteilung sowie Niederschriften von Besprechungen und einzelne Schreiben mit der Ruhr-Schwefelsäure über die Beteiligung der DHHU, Versammlungen, Ausschüsse und Änderung des Gesellschaftsvertrags der Verkaufsvereinigung für Teererzeugnisse AG.

5160 Ruhr-Schwefelsäure GmbH.
1962–1966
Unternehmensstammblätter, Stand November 1964 und Juni 1965; vorbereitende Unterlagen zur Mitgliederversammlung der Schwefelsäure-Vereinigung GbR am 25.06.1965; Niederschrift der Mitgliederversammlungen der Vereinigung am 29.10.1962; Richtlinien für die Ruhr-Schwefelsäure GmbH zur Führung der Geschäfte der Vereinigung vom 17.10.1962 (Typoskript);

Allgemeine Bedingungen der Ruhr-Schwefelsäure für die Lieferung von Schwefelsäure an die Mitglieder der Vereinigung vom 17.10.1962 (Typoskript); Vertrag zwischen den Mitgliedern der Vereinigung untereinander und mit der Ruhr-Schwefelsäure zur Fortführung der Vereinigung, mit Mitglieder- bzw. Beteiligungsverzeichnis vom 17.10.1962; Vertrag zwischen Ruhr-Schwefelsäure und DHHU zur Lieferung von Schwefelsäure, o. D. (Entwurf); Rundschreiben der Ruhr-Schwefelsäure zu Mitglieder- und Gesellschafterversammlungen, insbesondere zur Festlegung von Stimmrechten, und Ausschüssen; Aktenvermerke der DHHU Rechtsabteilung sowie Niederschriften von Besprechungen und einzelne Schreiben mit der Ruhr-Schwefelsäure über die Beteiligung der DHHU, Versammlungen, Ausschüsse und Lieferverträge.

5156 Ruhr-Stickstoff AG.
1952–1964
Unternehmensstammblatt, Stand Januar 1964; Niederschriften der Hauptversammlungen am 30.10.1956 (Kopie), 04.12.1957, 11.12.1958, 09.12.1959 (Abschriften), 07.12.1960, 05.12.1961 (Kopien), 11.12.1962 und 12.12.1963 (Abschriften) sowie der außerordentlichen Hauptversammlungen am 21.01.1957 und 15.07.1963 (Abschriften); Bericht der Ruhr-Stickstoff zum deutschen Stickstoffmarkt im Düngejahr 1952/53 vom 14.08.1953; Rundschreiben zu Hauptversammlungen und Ausschüssen; Aufstellung zur geplanten Neuverteilung der Aktien der Ruhr-Stickstoff vom 03.12.1959 und Aktionärsverzeichnis, Stand 30.06.1960 (Kopie); Satzung des Vereins der Thomasphosphatfabrikanten GbR vom 27.06.1960 (Kopie); Aktenvermerke der DHHU Rechtsabteilung sowie Niederschriften von Besprechungen und einzelne Schreiben mit der Ruhrstickstoff über Organisation der Ruhrstickstoff, Neuordnung der Kohlenwertstoffverbände, Hauptversammlungen und die Beteiligung der DHHU.

2735 Jahresabschlüsse und Geschäftsberichte zu Kohlenwertstoff AG Gruppe Verkaufsvereinigung für Teererzeugnisse bzw. Verkaufsvereinigung für Teererzeugnisse AG.
1944–1962
Jahresrechnungen der in der Kohlenwertstoff AG Gruppe Verkaufsvereinigung für Teererzeugnisse vereinigten Mitglieder zum 31.12.1944, 31.12.1945, 31.12.1946, 31.12.1947, 20.06.1948 (RM-Schlussrechnung), 31.12.1948, 31.12.1949, 31.12.1950 und 31.12.1951 sowie DM-Eröffnungsbilanz zum 21.06.1948; Jahresrechnungen der in der Verkaufsvereinigung für Teererzeugnisse vereinigten Mitglieder zum 31.12.1952, 31.12.1953, 31.12.1954; Marktberichte und Jahresrechnungen der in Verkaufsvereinigung für Teererzeugnisse und Phenol-Verband GbR vereinigten Mitglieder zum 31.12.1956, 31.12.1957, 31.12.1958, 31.12.1959, 31.12.1960, 31.12.1961 und 31.12.1962; Geschäftsberichte der Verkaufsvereinigung für Teererzeugnisse, 1952–1954 und 1956–1962; Dr. Th. Runte Wirtschaftsprüfungsgesellschaft mbH: Bericht über die Prüfung des Jahresabschlusses der Verkaufsvereinigung für Teererzeugnisse zum 31.12.1957.

5158 Verkaufsvereinigung für Teererzeugnisse AG.
1954–1964
Unternehmensstammblätter, Stand August 1962 und Februar 1963; Satzung, o. D. (Typoskript); Rundschreiben zu Hauptversammlungen, insbesondere zur Festlegung von Stimmrechten, Ausschüssen und zum Gesetz gegen Wettbewerbsbeschränkungen; Antrag der Verkaufsvereinigung an das Bundeskartellamt auf Erlaubnis zur Fortsetzung der Verkaufsvereinigung für weitere fünf Jahre vom 25.06.1958 (Abschrift); Niederschriften der gemeinsamen Mitgliederversammlung von Phenol-Verband GbR und Verkaufsvereinigung für Teererzeugnisse am 12.01.1961 zur Auf-

nahme neuer Mitglieder (Kopien); Aktenvermerke der DHHU Rechtsabteilung sowie Niederschriften von Besprechungen und einzelne Schreiben mit der Verkaufsvereinigung über Beteiligung der DHHU, Hauptversammlungen, Ausschüsse und Änderung des Gesellschaftsvertrags aufgrund des Gesetzes gegen Wettbewerbsbeschränkungen.

2736 Gremien von Verkaufsvereinigung für Teererzeugnisse AG, Verkaufsvereinigung für Teererzeugnisse GbR und Phenol-Verband GbR.
1955–1964
Unternehmensstammblätter, Stand Juni 1957 und August 1963; Satzung der Verkaufsvereinigung für Teererzeugnisse AG, o. D. (Kopie); Gesellschaftsvertrag der Verkaufsvereinigung für Teererzeugnisse GbR vom 25.11.1958; Aktenvermerk der DHHU Revision vom 22.10.1963 zum Verkauf der Anteile der DHHU an Verkaufsvereinigung für Teererzeugnisse GbR und Verkaufsvereinigung für Teererzeugnisse AG; Niederschriften der Sitzungen des Geschäftsausschusses der Verkaufsvereinigung für Teererzeugnisse GbR am 29.07.1955, 21.06.1957, 12.06.1957 und 09.06.1960 (Kopie); Niederschriften der gemeinsamen Mitgliederversammlungen von Verkaufsvereinigung für Teererzeugnisse GbR und Phenol-Verband GbR am 09.12.1955, 09.06.1960 (Kopie), 20.06.1961 und 14.06.1962, mit Kurzfassungen von Marktberichten; Verrechnungsbestimmungen der Verkaufsvereinigung für Teererzeugnisse AG für das Jahr 1956, mit Verzeichnissen der Mitglieder von Gremien und Ausschüssen; Niederschriften der Beiratssitzung der Benzol-Verband GbR am 21.06.1956; Marktbericht Nr. 26 der Verkaufsvereinigung für Teererzeugnisse AG vom 19.01.1957; Rundschreiben der Verkaufsvereinigung für Teererzeugnisse AG an die Gesellschafter sowie einzelne Schreiben mit der DHHU zu Änderung der Gesellschaftsverträge von Verkaufsvereinigung für Teererzeugnisse GbR und Verkaufsvereinigung für Teererzeugnisse AG im Rahmen des Gesetzes gegen Wettbewerbsbeschränkungen, Neuverteilung der Aktien der Verkaufsvereinigung für Teererzeugnisse AG 1963, Zusammensetzung des Geschäftsausschusses der Verkaufsvereinigung für Teererzeugnisse GbR sowie deren Mitgliederversammlungen und Geschäftsausschussangelegenheiten.

1.10.2 Delkrederestelle (Eisen und Stahl)

5141 Delkrederestelle (Eisen und Stahl).
1964–1965
Rundschreiben, u. a. mit Satzungsentwürfen, April 1964 bis Februar 1965.

5140 Deutsche Revisions- und Treuhand-AG Treuarbeit: Bericht über die bei der Delkrederestelle (Eisen und Stahl) durchgeführte Prüfung der von dieser verwalteten Sicherheiten vom Mai 1965.

5142 Delkrederestelle (Eisen und Stahl).
1965
Niederschriften der Sitzungen der Rechts- und Finanzkommission am 13.07.1965, mit vorbereitenden Unterlagen, Satzung und Richtlinien der Delkrederestelle (Entwürfe), am 23.09.1965, mit vorbereitenden Unterlagen, am 15.10.1965 sowie am 11.11.1965, mit vorbereitenden Unterlagen; Entwurf einer Stellungnahme der Rechts- und Finanzkommission über die von der Deutsche Revisions- und Treuhand-AG Treuarbeit im Mai 1965 bei der Delkrederestelle durchgeführte Prüfung der von dieser verwalteten Sicherheiten vom 08.12.1965.

5143 Delkrederestelle (Eisen und Stahl).
1965–1967
Niederschriften der Sitzungen der Rechts- und Finanzkommission am 17.12.1965, 10.03.1966, mit Satzung und Richtlinien der Delkrederestelle (Entwürfe), 03.06.1966, 02.08.1966, mit vorbereitenden Unterlagen, 13.09.1966, 29.09.1966, mit Festrede von Horst Peckolt zur 100. Sitzung der Delkredere-Kommission (Typoskript) sowie am 16.01.1967, mit Satzungen, Richtlinien und Schiedsgerichtsordnung vom 03.05.1966 (Typoskripte); Vortrag von Peckolt vor dem Vorstand der Wirtschaftsvereinigung Eisen- und Stahlindustrie über die Arbeit der Delkrederestelle am 15.11.1966 (Typoskript).

1.10.3 Export-Gemeinschaft deutscher Schiffbaustahl-Hersteller bzw. Schiffbaustahl-Export-Kontor GmbH

2797 Gründung der Export-Gemeinschaft deutscher Schiffbaustahl-Hersteller.
27.04.1960
Vertrag über die Gründung vom 27.04.1960 zwischen Dillinger Hüttenwerke AG, DHHU, Hüttenwerk Oberhausen AG, Hüttenwerk Salzgitter AG, Klöckner-Werke AG, Mannesmann AG, Phoenix-Rheinrohr und Ruhrstahl AG.

5116 Export-Gemeinschaft deutscher Schiffbaustahl-Hersteller.
1960–1962
Gründungsvertrag vom 27.04.1960, mit Satzung (Kopie); Rundschreiben der Schiffbaustahl-Vereinigung an die Mitgliedsunternehmen zur Gründung; Aktenvermerke der DHHU Rechtsabteilung zu kartellrechtlichen Fragen.

5114 Schiffbaustahl-Export-Kontor GmbH.
1963–1967
Zahlreiche Satzungsentwürfe zur Schiffbaustahl-Export-Kontor GmbH, u. a. der Klöckner-Werke AG, mit Anmerkungen der DHHU Rechtsabteilung; Rundschreiben der Export-Gemeinschaft deutscher Schiffbaustahl-Hersteller an die Mitgliedsunternehmen zu Satzungsentwürfen und Gründung des Export-Kontors; Niederschrift der Beiratssitzung des Export-Kontors am 13.12.1966.

5115 Schiffbaustahl-Export-Kontor GmbH.
1965–1968
Entscheidungen der EGKS Hohe Behörde vom 02.03.1966 über das Verbot von Tätigkeiten, die im Widerspruch zu den Bestimmungen von Artikel 65 des Vertrags stehen und von der Stabstahl-Vereinigung in Düsseldorf ausgeübt wurden, sowie vom 04.05.1966 über die Anordnung einer Nachprüfung beim Export-Kontor und deren Mitgliedsunternehmen (Kopien); Arved Deringer und Claus Tessin: Rechtsgutachten zur Beurteilung von Arbeitsgemeinschaften nach Artikel 65 des EGKS-Vertrags vom 05.04.1966; Rundschreiben der Wirtschaftsvereinigung Eisen- und Stahlindustrie an die Mitglieder im Fachausschuss für Fragen des gemeinsamen Marktes des Rechtsausschusses zu Kontrollen der Hohen Behörde bei Verbänden; Niederschrift einer Sitzung von Vertretern der Kontormitglieder zu den Kontrollen am 16.08.1966; Fragebogen der Hohen Behörde zu Vereinbarungen der Kontormitglieder über den Verkauf von Schiffbaustahl in Drittländer vom 10.12.1966; Aufstellungen der DHHU zum Verkauf von Grobblechen, Mittelblechen,

Breitflachstahl und Profilen in den Jahren 1963–1965, gesamt und Anteile des Schiffbaus, im In- und Ausland; Entwurf eines Schreibens der Wirtschaftsvereinigung Eisen- und Stahlindustrie an die Hohe Behörde im Auftrag der Kontormitglieder vom 31.01.1967 zum Fragebogen, mit Auszügen aus Niederschriften der Beiratssitzungen des Export-Kontors, sowie Schreiben mehrerer Rechtsanwälte im Auftrag einzelner Kontormitglieder vom 03.03.1967; Niederschrift der Gesellschafterversammlung am 14.06.1968 sowie Erklärung von neun Gesellschaftern, darunter DHHU, über den Verkauf ihrer Anteile an Walzstahlkontor Nord GmbH, Walzstahlkontor West GmbH, Walzstahlkontor Westfalen GmbH und Walzstahlkontor Süd GmbH; einzelne Schreiben zwischen DHHU, Wirtschaftsvereinigung Eisen- und Stahlindustrie und Export-Kontor zu den Kontrollen.

3343 Schiffbaustähle der DHHU.
1957
Bericht über die Zulassungsprüfung von Alto-Stahl für den Schiffbau, durchgeführt in Gegenwart der Vertreter des Bureau Veritas am 12./19.10.1957 bei der DHHU.

3338 Schiffbaustähle der DHHU.
1963
Bericht über die Zulassungsprüfung für hochfeste Schiffbaustähle der Güten NV-F, NV-G und NV-H des Det Norske Veritas, durchgeführt in Gegenwart eines Vertreters dieser Gesellschaft am 06.02.1963 bei der DHHU.

3339 Schiffbaustähle der DHHU.
1963
Bericht über die Zulassungsprüfung von LDAC-Stahl für den Schiffbau, durchgeführt in Gegenwart der Vertreter von American Bureau of Shipping, Bureau Veritas, Det Norske Veritas, Germanischer Lloyd und Lloyds Register of British and Foreign Shipping am 23.04.1963 bei der DHHU.

1.10.4 Gesellschaft für Stromwirtschaft mbH

5102 Gesellschaft für Stromwirtschaft mbH.
1953–1956, 1963–1966
Niederschrift der Gründungsversammlung und Satzung der Gesellschaft für Strombewirtschaftung mbH vom 15.04.1953 (gedruckt) sowie Satzung der Gesellschaft für Stromwirtschaft mbH, o. D. (gedruckt); notariell beglaubigte Erklärung der Gesellschafter Georg Bremer und Wilhelm Link zur Umfirmierung der Gesellschaft für Strombewirtschaftung mbH in Gesellschaft für Stromwirtschaft mbH sowie zur Abtretung von Geschäftsanteilen an 42 Unternehmen vom 04.08.1953; einzelne Schreiben zwischen DHHU und Gesellschaft für Stromwirtschaft sowie Aktenvermerke über Zeichnung von Geschäftsanteilen durch DHHU, Kettenwerke Schlieper GmbH und Schwerter Profileisenwalzwerk AG, Organisation der Gesellschaft, Erweiterung des Gesellschafterkreises, Stimmrechtsfragen, die beabsichtigte Aufgabe des Geschäftsanteils der DHHU sowie die Planung einer 110-kV-Leitung zwischen Kraftwerk Mengede und DHHU Werk Hörde.

5103 Gesellschafterversammlungen und Sitzungen des Stromausschusses der Gesellschaft für Stromwirtschaft mbH.
1953–1964

Niederschriften der Gesellschafterversammlungen am 07.01.1954, 07.09.1955 und 05.09.1956, mit Anwesenheitslisten (z. T. Kopien); Niederschriften zu schriftlichen Abstimmungen der Gesellschafter anstelle von Gesellschafterversammlungen, mit vorbereitenden Unterlagen; Westdeutsche Industrie-Treuhandgesellschaft mbH: Berichte über die Prüfung des Jahresabschlusses zum 30.09.1955, 30.09.1957, 30.09.1958, 30.09.1959, 30.09.1960, 30.09.1961, 30.09.1962 und 30.09.1963 (Auszüge, gedruckt); Niederschriften der Sitzungen des Stromausschusses am 20.03.1957 und 08.12.1961; einzelne Rundschreiben der Gesellschaft; einzelne Schreiben zwischen DHHU und Gesellschaft für Stromwirtschaft zu Sitzungen und Jahresabschlüssen.

5010 Stromausschuss der Gesellschaft für Stromwirtschaft mbH.
1954–1964
Niederschrift des Arbeitskreises Energie des Bundesverbands der Deutschen Industrie e. V. am 26.03.1954; Niederschriften der 1., 2., 4., 7. und 8. Sitzung des Stromausschusses, 1954–1960; Unterlagen und Niederschriften der 11. und 13.–15. Sitzung, 1962–1964.

5104 Gesellschafterversammlungen der Gesellschaft für Stromwirtschaft mbH.
1964–1967
Niederschriften zu schriftlichen Abstimmungen der Gesellschafter an Stelle von Gesellschafterversammlungen, mit vorbereitenden Unterlagen; Westdeutsche Industrie-Treuhandgesellschaft mbH: Berichte über die Prüfung des Jahresabschlusses zum 30.09.1964 und 30.09.1966 (Auszüge, gedruckt); einzelne Rundschreiben der Gesellschaft; einzelne Schreiben zwischen DHHU und Gesellschaft zu Sitzungen und Jahresabschlüssen.

1.10.5 Gesellschaft für Wasserwirtschaft

5106 Gesellschaft für Wasserwirtschaft.
1954–1967
Entwurf einer Satzung vom 18.01.1954 (Typoskript); Niederschrift zur Gründungsversammlung am 26.03.1954, mit Satzung (Typoskript); Gesellschafterlisten vom 03.09.1958 (Kopie) und 20.02.1963; Rundschreiben an die Gesellschafter; Schriftwechsel zwischen DHHU und Gesellschaft über Aufnahme neuer Mitglieder, Besetzung von Ausschüssen, Jahresabschlüsse und Entlastung von Gremien.

2700 Gesellschaft für Wasserwirtschaft.
1954–1969
Geschäftsberichte, 1956/57–1968/69 (1958/59 Kopie); Brandt: Der Wasserpreis für Sonderabnehmer. Referat, gehalten auf der Sitzung des Wasserausschusses der Gesellschaft am 08.06.1967 (Typoskript); einzelne Schreiben zwischen DHHU und Gesellschaft zur Umlage der Kosten der Geschäftsjahre 1954 und 1955/56 auf die Gesellschafter.

1.10.6 Hütten- und Walzwerks-Berufsgenossenschaft

4994 Vorstand der Hütten- und Walzwerks-Berufsgenossenschaft.
1953–1955

Unterlagen und Niederschriften der 1.-7. Sitzung des Vorstands.

4995 Dsgl. zur 9. und 13.-16. Sitzung, 1956-1958.

4996 Dsgl. zur 17.-20., 22. und 23. Sitzung, 1958-1960.

4997 Dsgl. zur 25.-28. Sitzung, 1961-1962.

4998 Vertreterversammlung der Hütten- und Walzwerks-Berufsgenossenschaft.
1953-1961
Niederschriften der 2.-18. Sitzung der Vertreterversammlung; Verwaltungsberichte der Berufsgenossenschaft, 1955, 1956, 1958 und 1959.

4999 Vertreterversammlung der Hütten- und Walzwerks-Berufsgenossenschaft.
1955-1964
Niederschriften der 19.-26. Sitzung der Vertreterversammlung; Verwaltungsberichte der Berufsgenossenschaft, 1960 und 1961; Rundschreiben der Berufsgenossenschaft, 1955-1963; Gefahrentarife der Berufsgenossenschaft zum 01.01.1955 und 01.01.1960 (Broschüren).

5001 Diverse Angelegenheiten der Hütten- und Walzwerks-Berufsgenossenschaft.
1954-1963
Gefahrentarif der Berufsgenossenschaft zum 01.01.1955; Niederschriften der Sitzungen des Gefahrentarifausschusses der Berufsgenossenschaft am 08.06.1960 sowie der Sitzungen des Ausschusses zur Aufstellung des Voranschlags für die Verwaltungskosten am 02.06.1954 und 06.04.1955; Verwaltungsberichte, 1960 und 1961; einzelne Hefte der Zeitschrift „BG-Informationen" des Hauptverbands der gewerblichen Berufsgenossenschaften e. V., 1962; Die Berufsgenossenschaften: „Wie sie wurden - Was sie sind - Was sie leisten", 1962 (Broschüre); Niederschriften der 19., 21. und 24. Vorstandssitzung der Berufsgenossenschaft, 1958-1960; einzelne Schreiben zwischen Berufsgenossenschaft und Friedrich Elshoff bzw. DHHU über verschiedene Vorstands- und Ausschussfragen, Besetzung von Gremienstellen nach Pensionierung Elshoffs und Finanzierung erststelliger Hypotheken für Stahlarbeiterwohnungsbauprogramme, 1958-1962.

1.10.7 Konsortium für Kurssicherung

5121 Konsortium für Kurssicherung.
1953-1957, 1967
Konsortial- und Bankverträge unter Beteiligung der DHHU vom 10.11.1952 sowie zur Erweiterung des Konsortiums durch Beitritt weiterer Unternehmen, 1953-1956 (gedruckt); Konsortial- und Bankvertrag zum 01.01.1957, mit Entwürfen; vergleichende Konsortialliste, 1957 und 1967; Aktenvermerk der DHHU Rechtsabteilung zu vertragsrechtlichen Fragen vom 16.02.1967.

5166 Konsortium für Kurssicherung.
1953-1957
Unternehmensstammblatt, Stand 22.11.1956; Niederschriften der Konsortialausschusssitzungen am 01.07.1954, 05.08.1954, 06.01.1955, 07.06.1956 und 14.11.1956, z. T. mit Entwürfen; Niederschrift der Konsortialversammlung am 07.06.1956; Aufstellungen der Kosten und Risiken der Kurssicherung sowie der Ansprüche der DHHU an das Konsortium für das Geschäftsjahr 1953/54; Aufstellung zu den Anteilen und Stimmrechten von Unternehmen am Konsortium zum

30.09.1954; vorläufige Bilanz des Konsortiums zum 30.09.1955; Peter van Aubel: Bericht vom 20.03.1956 über die Prüfung der Wahrung der Treuhänderschaft der Sal. Oppenheim jr. & Cie. Gemäß Bankvertrag und die gleichmäßige Behandlung aller Konsorten bei der Kurssicherung im Rahmen des Jahresabschlusses zum 30.09.1955; Aktenvermerke der DHHU Rechtsabteilung; Besprechungsniederschriften und Schriftwechsel zwischen Konsortium, Mitgliedern des Konsortialausschusses, u. a. ATH, DHHU, Eisenwerke Gelsenkirchen AG und Stahlunion-Export GmbH, sowie Sal. Oppenheim und verschiedenen Unternehmen der Eisen- und Stahlindustrie über Organisation des Konsortiums, Änderung von Konsortialvertrag und Bankvertrag, Aufteilung der Auffangreserve im Konsortium und rechtliche Bedingungen der Kurssicherung.

1.10.8 Office Commun des Consommateurs de Ferraille und Caisse de Péréquation des Ferrailles Importées

5111 Office Commun des Consommateurs de Ferraille.
1953–1958
Unternehmensstammblatt, Stand Juli 1956; Satzung vom 24.04.1953, mit Änderungen 1954, 1955 und 1957 (Typoskript und gedruckt); Rundschreiben der Schrott-Vermittlungs-Gesellschaft mbH an die Verbraucherwerke zur Gründung des Office Commun; Einladungen und Tagesordnungen zu Hauptversammlungen (deutsch und französisch); Vertretungsvollmachten; Niederschriften der Hauptversammlungen am 12.05.1954, 11.05.1955 und 08.05.1957 (deutsch); Bilanz zum 31.12.1957; einzelne Schreiben zwischen DHHU Rechtsabteilung, Vorstand der DHHU und Office Commun zu Satzungsänderungen, Hauptversammlungen und Erteilung von Vollmachten.

5112 Office Commun des Consommateurs de Ferraille.
1958–1965
Satzungsentwurf vom 20.02.1959 (Typoskript); Einladungen und Tagesordnungen zu Hauptversammlungen (deutsch und französisch); Vertretungsvollmachten; Niederschrift der außerordentlichen Hauptversammlungen am 09.03.1960 zur Vorbereitung der Liquidation, 21.02.1961, 14.03.1963 und 07.04.1964 sowie der Hauptversammlung am 11.05.1960 (deutsch); Bilanzen zum 31.12.1958 und 31.12.1959; Mitteilungen des Liquidatorenausschusses für die Jahre 1962 und 1963; einzelne Schreiben zwischen DHHU Rechtsabteilung, Vorstand der DHHU und Office Commun zu Satzungsänderungen, Liquidation, Hauptversammlungen und Erteilung von Vollmachten.

5118 Caisse de Péréquation des Ferrailles Importées.
1953–1958, 1965
Unternehmensstammblatt, Stand Juli 1956; Satzung vom 10.04.1953, mit Änderungen 1954, 1955 und 1957 (Typoskript und gedruckt); Mitgliederliste vom 01.06.1953; Einladungen und Tagesordnungen zu Hauptversammlungen (deutsch und französisch); Vertretungsvollmachten; Niederschriften der Hauptversammlungen am 11.05.1955, 09.05.1956 und 08.05.1957 sowie der außerordentlichen Hauptversammlung des Office Commun des Consommateurs de Ferraille am 31.03.1965 zur Liquidation (deutsch); Aufstellung zum Stand der Ausgleichssalden zwischen den Mitgliedsunternehmen zum 31.12.1957, aufgeschlüsselt nach Nationen; Bilanz zum 31.12.1957; einzelne Schreiben zwischen DHHU Rechtsabteilung, Vorstand der DHHU und Caisse de Péréquation zu Gründung, Satzungsänderungen, Hauptversammlungen und Erteilung von Vollmachten.

5119 Caisse de Péréquation des Ferrailles Importées.
1958–1967
Einladungen und Tagesordnungen zu Hauptversammlungen (deutsch und französisch); Vertretungsvollmachten; Niederschriften der außerordentlichen Hauptversammlungen am 10.11.1959, 21.02.1961, 16.02.1962, 14.03.1963 und 07.04.1964 (deutsch); Aufstellung zum Stand der Ausgleichssalden zwischen den Mitgliedsunternehmen zum 31.12.1958, aufgeschlüsselt nach Nationen; Bilanz zum 31.12.1958; Jahresberichte des Liquidatorenausschusses, 1958/59, 1962, 1963, 1964 und 1966; Niederschrift der Sitzung des Liquidatorenausschusses am 10.02.1960; Mitteilung des Liquidatorenausschusses an die außerordentliche Hauptversammlung am 16.02.1962; einzelne Schreiben zwischen DHHU Rechtsabteilung, Vorstand der DHHU und Caisse de Péréquation zu Liquidation, Hauptversammlungen und Erteilung von Vollmachten.

1.10.9 Thomasschlackenvertriebsgesellschaften

5177 Thomasmehl-Gesellschaft mbH.
1926, 1950–1967
Unternehmensstammblatt, Stand August 1962; Gesellschaftsverträge und Satzungen vom 06.12.1926, 26.02.1950, 21.10.1953 und 15.07.1960 (gedruckt) mit Entwürfen (Typoskripte); Bilanz zum 31.12.1952; Aufstellung zu den Gesellschaftern vom 25.03.1953; Geschäftsberichte für den Zeitraum 01.01.1953–30.06.1953 sowie die Geschäftsjahre 1957, 1958, 1959, 1964 und 1965 (Typoskripte); Niederschriften der Gesellschafterversammlungen am 08.04.1953, 03.09.1953, 11.05.1954, 15.06.1955, 02.04.1957, 29.04.1958, 24.04.1959, 15.07.1960, 24.03.1961 und 13.06.1961; Schriftwechsel zwischen DHHU und Thomasmehl-Gesellschaft über Änderung des Gesellschaftsvertrags, Bilanzen, Gesellschafterversammlungen und Geschäftsführungsangelegenheiten.

5176 Thomasphosphatfabriken GmbH.
1953–1967
Unternehmensstammblatt, Stand November 1965; Entwurf eines Vertrags zwischen ATH, DHHU, Eisenwerk-Gesellschaft Maximilianshütte AG, Hüttenwerk Haspe AG, Hüttenwerk Oberhausen AG, Hüttenwerk Rheinhausen AG, Hüttenwerke Ilsede-Peine AG, Hüttenwerke Phoenix AG, Mannesmann Hüttenwerke AG und Westfalenhütte AG sowie Max-Planck-Institut für Eisenforschung über Forschungsarbeiten zum Thomasphosphat vom Oktober 1953; Aufstellungen zu den Gesellschaftern der Thomasphosphatfabriken GmbH, mit Angaben zu eingezahlten und nicht eingezahlten Anteilen vom 15.10.1958, 28.10.1959, 05.11.1963 und 30.04.1966; Niederschriften von Sitzungen der Gesellschafter zur Preisbildung von Thomasphosphat am 08.08.1963 und 27.02.1964; Niederschrift einer Besprechung von Vertretern des Bundesministeriums für Wirtschaft und der Thomasphosphatfabriken GmbH zur Preisbildung am 02.03.1964; Niederschrift der Mitgliederversammlung des Vereins der Thomasphosphatfabrikanten GbR am 19.06.1964; Rundschreiben von Thomasphosphat-Verteilungsstelle GmbH bzw. Thomasphosphatfabriken GmbH zur Wiedereinführung der Firmenbezeichnung „Thomasphosphatfabriken GmbH" sowie Schriftwechsel mit der DHHU Rechtsabteilung zu Jahresabschlüssen, Unternehmensfinanzierung, Preisbildung, Vollmachten, Erhöhung des Grundkapitals, Geschäftsführungsangelegenheiten, Pensionsregelung für leitende Angestellte sowie zur Drohung der Rhein-Sieg-Düngerhandel eGmbH, ein Missbrauchsverfahren bei Bundeskartellamt und Kommission der Europäischen Wirtschaftsgemeinschaft gegen die Thomasphosphatfabriken GmbH zu beantragen.

5175 Verein der Thomasphosphatfabrikanten GbR.
1957-1966
Unternehmensstammblatt, Stand August 1962; Bilanzen zum 30.04.1957, 30.04.1958, 30.04.1959, 30.04.1960, 30.04.1961, 30.04.1962, 30.04.1963, 30.04.1964, 30.04.1965 und 30.04.1966 (Abschriften und Kopien); Schriftsatz der im Centre International d'Information et de Documentation des Producteurs de Phosphate Thomas (CID) organisierten Verbände und Unternehmen vom 18.10.1962 zur Anmeldung von Vereinbarungen oder aufeinander abgestimmter Verhaltensweisen bei der Kommission der Europäischen Wirtschaftsgemeinschaft, mit Erläuterung der Arbeitsweise des CID sowie Entwurf; Schriftsatz der Thomasmehl-Gesellschaft mbH vom 19.10.1962 zur Anmeldung des Vereins bei der Kommission als Exportkartell; Niederschrift der Mitgliederversammlung des Vereins am 14.04.1964; Rundschreiben der Thomasphosphatfabriken GmbH an die Mitglieder des Vereins zu Jahresabschlüssen, Mitgliederversammlungen, Kartellamtsverfahren und Satzungsänderungen.

5171 Verlängerung des Rationalisierungskartells von Thomasphosphatfabriken GmbH und Verein der Thomasphosphatfabrikanten GbR.
1958-1962
Entwurf zu einem Antrag der Thomasphosphatfabriken GmbH an das Bundeskartellamt zur Genehmigung des Vereinsvertrags des Vereins der Thomasphosphatfabrikanten GbR und des Gesellschaftsvertrags der Thomasphosphatfabriken GmbH für weitere fünf Jahre, Juni 1958 (Typoskript); Beschluss des Bundeskartellamts vom 22.07.1960 zum Antrag auf Genehmigung eines Rationalisierungskartells (Abschrift); Niederschrift der Mitgliederversammlung des Vereins am 16.08.1960; Preisliste, Verkaufs- und Lieferbedingungen der Thomasphosphatfabriken GmbH für Thomasphosphat „Sternmarke" vom 01.04.1958; Schriftsätze vom 24.10.1960 und 14.01.1961 zum Einspruch des Vereins gegen die Entscheidung des Bundeskartellamts; Einspruchsbeschluss des Bundeskartellamts vom 01.11.1961; Schriftsatz vom 28.05.1962 zur Beschwerde des Vereins gegen den Einspruchsbeschluss vom 04.12.1961 [!]; Rundschreiben der Thomasphosphatfabriken GmbH an die Mitglieder des Vereins zum Kartellamtsverfahren.

5172 Verlängerung des Rationalisierungskartells von Thomasphosphatfabriken GmbH und Verein der Thomasphosphatfabrikanten GbR.
1962-1963
Schriftsatz vom 28.05.1962 zur Beschwerde des Vereins gegen den Einspruchsbeschluss des Bundeskartellamts auf Bildung eines Rationalisierungskartells vom 04.12.1961; Schriftsatz vom 22.05.1962 zur Beschwerde des Vereins gegen den Beschluss des Bundeskartellamts zum Verbot des Handels mit importiertem Thomasphosphat vom 22.05.1962; Antrag des Bundeskartellamts an das Kammergericht Berlin auf Zurückweisung der Untätigkeitsbeschwerde des Vereins vom 14.01.1963, mit Stellungnahmen des Vereins vom 12.03.1963 und 02.04.1963; erneute Verlängerungsanträge des Vereins für das Rationalisierungskartell vom 19.04.1963 und 08.05.1963; Beschlüsse des Kartellsenats des Kammergerichts Berlin vom 23.04.1963 und 05.06.1963 zu den Beschwerden des Vereins (Abschriften); Rundschreiben der Thomasphosphatfabriken GmbH an die Mitglieder des Vereins zum Kartellamtsverfahren.

5173 Verlängerung des Rationalisierungskartells von Thomasphosphatfabriken GmbH und Verein der Thomasphosphatfabrikanten GbR.
1963-1964

Schriftsatz des Vereins vom 09.07.1963 für das Bundeskartellamt zur Erläuterung von Rationalisierungserfolgen und -maßnahmen sowie der Arbeitsweise des Vereins; einstweiliger Beschluss des Bundeskartellamts vom 12.07.1963 zur Verlängerung des Rationalisierungskartells bis zum 31.07.1963 (Abschrift); Niederschrift einer Besprechung von Vertretern der Thomasphosphat erzeugenden Unternehmen am 24.10.1963; Stellungnahmen von Deutsche Landwirtschafts-Gesellschaft, Deutscher Bauernverband e. V., Deutscher Raiffeisenverband e. V. und Verband der Landwirtschaftskammern zur Kartellverlängerung (Abschriften); Schriftsatz vom 14.11.1963 zur Rechtsbeschwerde des Bundeskartellamts beim Bundesgerichtshof auf Aufhebung von einzelnen Punkten des Beschlusses des Kammergerichts Berlin vom 05.06.1963, mit entgegnenden Schriftsätzen des Vereins vom 13.02.1964 und 24.02.1964 zur Zurückweisung der Beschwerde; Rundschreiben der Thomasphosphatfabriken GmbH an die Mitglieder des Vereins zum Kartellamtsverfahren.

5174 Verlängerung des Rationalisierungskartells von Thomasphosphatfabriken GmbH und Verein der Thomasphosphatfabrikanten GbR.
1963–1965
Schriftsatz des Bundeskartellamts vom 14.04.1964 zur Erwiderung der entgegnenden Schriftsätze des Vereins vom 13.02.1964 und 24.02.1964 zur Zurückweisung der Rechtsbeschwerde des Bundeskartellamts beim Bundesgerichtshof auf Aufhebung von einzelnen Punkten des Beschlusses des Kammergerichts Berlin vom 05.06.1963; Beschluss des Bundeskartellamts vom 20.05.1964 zur Verlängerung des Rationalisierungskartells bis zum 31.07.1968 (Abschrift); Beschluss des Bundesgerichtshofs zur Rechtsbeschwerde des Bundeskartellamts auf Aufhebung von einzelnen Punkten des Beschlusses des Kammergerichts Berlin vom 05.06.1963 (Abschrift); Rundschreiben der Thomasphosphatfabriken GmbH an die Mitglieder des Vereins zum Kartellamtsverfahren.

5178 Thomas-Mischdünger GmbH.
1962–1966
Aktenvermerk der DHHU Rechtsabteilung zur beabsichtigten Gründung der Thomaskali GmbH vom 14.05.1962; Entwurf einer Satzung der Thomaskali GmbH vom 02.05.1962; Darlehnsvertrag zwischen DHHU als Gesellschafterin der Thomas-Mischdünger GmbH und Chemische Werke Rombach GmbH als Darlehensnehmerin vom 08.06.1966; Entwürfe zu einem Lohnveredelungsvertrag zwischen Thomas-Mischdünger GmbH und Chemische Werke Rombach GmbH zur Herstellung von Thomaskali aus Thomasmehl und Kali (Typoskripte); Kosten- und Erlösvoranschlag zu einer Thomaskaliproduktion von 100.000 Tonnen pro Jahr bei der Chemische Werke Rombach GmbH vom 20.04.1964; Angebot von Mannesmann AG und Phoenix-Rheinrohr als Mitbegründer der Thomas-Mischdünger GmbH an verschiedene Unternehmen der Eisen- und Stahlindustrie, u. a. AG der Dillinger Hüttenwerke, ATH, DHHU, Hoesch AG, Hüttenwerk Oberhausen AG, Hütten- und Bergwerke Rheinhausen AG, Klöckner-Werke AG, Neunkircher Eisenwerke AG und Röchling'sche Eisen- und Stahlwerke GmbH zur Übernahme von Geschäftsanteilen der Thomas-Mischdünger GmbH vom 08.05.1964; Niederschrift der Gesellschafterversammlung am 19.10.1964; Bilanz zum 31.12.1965; Aktenvermerke der DHHU Rechtsabteilung und Schriftwechsel zwischen DHHU, Mannesmann AG und Thomas-Mischdünger GmbH zu Darlehensvergabe an die Chemische Werke Rombach GmbH, Lohnveredelungsvertrag, Übernahme eines Gesellschaftsanteils und Jahresabschlüssen.

5179 Thomas-Mischdünger GmbH.
1964

Vertrag zwischen Mannesmann AG, Phoenix-Rheinrohr, Salzdetfurth AG und Wintershall AG über die Gründung der Thomas-Mischdünger GmbH vom 05.05.1964 (Abschrift); Gesellschaftsvertrag (Abschrift); Vollmachten; Vertrag zwischen den Gründungsgesellschaften und AG der Dillinger Hüttenwerke, ATH, DHHU, Hoesch AG, Hüttenwerk Oberhausen AG, Hütten- und Bergwerke Rheinhausen AG, Klöckner-Werke AG, Neunkircher Eisenwerke AG und Röchling'sche Eisen- und Stahlwerke GmbH zur Übernahme von Geschäftsanteilen der Gründer vom 19.10.1964.

1.10.10 Weitere Verbände und Vereinigungen (Sortierung nach Verbänden, A–Z)

5011 Bayerischer Wasserwirtschaftsverband e. V.
1962–1966
Rundschreiben und Mitteilungen des Verbands an die Mitglieder; Rechnungen für Mitgliedsbeiträge; Sonderdrucke und Abschriften aus Fachzeitschriften sowie Zeitungsausschnitte zur Wasserwirtschaft; Broschüre zur Ausstellung „Wasser", Berlin 1963; Niederschriften zu Mitgliederversammlungen des Verbands; „Biologisch Denken und Handeln. Festschrift", herausgegeben anlässlich der Einweihung des gemeinsamen Neubaus für das Zoologisch-Parasitologische Institut der Tierärztlichen Fakultät der Universität München und der Bayerischen Biologischen Versuchsanstalt (Demoll-Hofer-Institut) München [1963]; Geschäftsbericht des Deutschen Verbands für Wasserwirtschaft e. V. 1962/63; Josef Knauss: „Modellversuche über die Hochwasserentlastungsanlagen an kleinen Rückhaltespeichern in Südbayern", München 1963; Vijaysinh Mahida: „Mechanismus der Schnellsandfiltration", Diss. München 1963; Satzung des Deutschen Verbands für Wasserwirtschaft e. V., o. D.

5113 Deutsche Schrottverbraucher-Gemeinschaft GmbH.
1953–1966
Unternehmensstammblatt, Stand August 1962; Gründungsvertrag vom 06.11.1953, mit Satzung sowie Vereinbarung der Gesellschafter zur Bildung einer Schrottgemeinschaft (Abschriften); Gründungsvertrag der Westdeutschen Schrotteinkaufs-Gesellschaft mbH vom 09.03.1955, mit Satzung (Typoskript); Rundschreiben an die Mitgliedsunternehmen, insbesondere zur schriftlichen Bestätigung von Beschlüssen der Gesellschafterversammlungen und Entlastung von Vorstandsmitgliedern.

5117 Walzstahl-Import GmbH.
1961–1964
Unternehmensstammblatt, Stand Dezember 1962; Gründungsvertrag vom 19.03.1962, mit Satzung und zahlreichen Entwürfen sowie Geschäftsordnung für den Beirat (Kopie); Treuhand- und Konsortialvertrag der Mitgliedsunternehmen vom 30.09.1962; Niederschrift der Gesellschafterversammlung am 05.04.1963; einzelne Schreiben zwischen DHHU Rechtsabteilung, Walzstahl-Vereinigung und Walzstahl-Import GmbH zu Gründung, Satzung und Vertragsverlängerung.

5105 Westfälische Transport-Aktien-Gesellschaft (WTAG).
1954–1966
Unternehmensstammblatt, Stand Juni 1963; Anträge des Vorstands der WTAG zur Änderung der Satzungen von WTAG vom März 1954 sowie Münsterische Schiffahrts- und Lagerhaus-AG und WTAG vom April 1966 (Kopie); Niederschrift der gemeinsamen Aufsichtsratssitzung beider Un-

ternehmen am 19.07.1955 (Kopie); Aufstellung zu den Beteiligungen beider Unternehmen, o. D. (Kopie); einzelne Schreiben zwischen DHHU und WTAG zu Kapitalbedarf, Aufsichtsratssitzungen und Satzungsänderungen.

1.11 Sonstiges

1714 Flora der Schlackenhalde Dortmund-Brünninghausen der DHHU.
1952
Diether Koll: „Die Initialphase in der pflanzlichen Besiedlung der Hochofenschlackenhalde des Dortmund-Hörder Hüttenvereins in Dortmund-Brünninghausen", Jahresarbeit am Max-Plack-Gymnasium Dortmund, mit Fotografien der Halde und einzelner Pflanzen, Dezember 1952 (Typoskript, 27 S.).

3034 Statistische Erhebungen von Statistischem Bundesamt Außenstelle Düsseldorf und Wirtschaftsvereinigung Eisen- und Stahlindustrie.
1954, 1959–1966
Rundschreiben und Erhebungsbögen (blanko) zur Eisen- und Stahlstatistik; einzelne Schreiben zwischen DHHU und Erhebungsstellen zur Bereitstellung von Daten; Statistisches Bundesamt: Länderkurzbericht Griechenland, Stand 1966, und statistischer Bericht Eisenerzbergbau, eisenschaffende Industrie, Eisen-, Stahl- und Tempergießereien, Stand März 1962; Betriebswirtschaftliches Institut der Eisenhüttenindustrie: Ausarbeitung zur Reform der Eisen- und Stahlstatistik vom 21.04.1960 sowie Niederschriften von Sitzungen zum Reformvorhaben.

2. Dortmund-Hörder Hüttenunion AG Werk Dortmund

2.1 Technik, Produktion und Neubau
2.1.1 Produktions- und Betriebsstatistik

3096/6 Produktions- und Betriebskostenstatistik von DHHV bzw. DHHU Werk Dortmund.
1951–1952
Monatliche Aufstellungen zu Produktion und Betriebskosten von Hochöfen, Thomas-Stahlwerk, Siemens-Martin-Stahlwerk und Walzwerken, gegliedert nach Kostenarten und Produkten sowie mit Angabe monatlicher Durchschnittswerte, Oktober 1951 bis September 1952.

3096/7 Produktions-, Umsatz- und Betriebserfolgsstatistik der DHHU Werk Dortmund.
1952–1953
Monatliche Aufstellungen zu Produktion, Umsätzen und Betriebserfolg von Hochöfen, Thomas-Stahlwerk, Siemens-Martin-Stahlwerk, Walzwerken, Werkstätten und Nebenprodukten, gegliedert nach einzelnen Produkten, mit Lohn- und Belegschaftsstatistik sowie Gewinn- und Verlustrechnung, auch für die DHHU Werk Hörde, Oktober 1952 bis September 1953.
3097/1 Dsgl., Oktober 1953 bis September 1954.
3097/4 Dsgl., Oktober 1954 bis September 1955.

3096/8 Produktions- und Betriebskostenstatistik der DHHU Werk Dortmund.
1952–1953

Monatliche Aufstellungen zu Produktion und Betriebskosten von Hochöfen, Thomas-Stahlwerk, Siemens-Martin-Stahlwerk, Walzwerken und Nebenbetrieben, gegliedert nach Kostenarten und Produkten sowie mit Angabe monatlicher Durchschnittswerte, Oktober 1952 bis September 1953.

3097/2 Dsgl., Oktober 1953 bis September 1954.
3097/5 Dsgl., Oktober 1954 bis September 1955.
3097/7 Dsgl., Oktober 1955 bis September 1956.
3097/9 Dsgl., Oktober 1956 bis September 1957.
3098/1 Dsgl., Oktober 1957 bis September 1958.
3098/3 Dsgl., Oktober 1958 bis September 1959.
3098/5 Dsgl., Oktober 1959 bis September 1960.
3098/7 Dsgl., Oktober 1960 bis September 1961.
3098/9 Dsgl., Oktober 1961 bis September 1962.
3099/1 Dsgl., Oktober 1962 bis September 1963.
3099/3 Dsgl., Oktober 1963 bis September 1964.
3099/5 Dsgl., Oktober 1964 bis September 1965.

3096/9 Betriebskostenstatistik der DHHU Werk Dortmund.
1952–1953
Monatliche Aufstellungen zu Betriebskosten von betrieblicher Energiewirtschaft, Werkstätten, Lagern, Nebenbetrieben, Transport- und Verkehrseinrichtungen, gegliedert nach Kostenarten, Oktober 1952 bis September 1953.

3097/3 Dsgl., Oktober 1953 bis September 1954.
3097/6 Dsgl., Oktober 1954 bis September 1955.
3097/8 Dsgl., Oktober 1955 bis September 1956.
3098/2 Dsgl., Oktober 1957 bis September 1958.
3098/4 Dsgl., Oktober 1958 bis September 1959.
3098/6 Dsgl., Oktober 1959 bis September 1960.
3098/8 Dsgl., Oktober 1960 bis September 1961.
3098/10 Dsgl., Oktober 1961 bis September 1962.
3099/2 Dsgl., Oktober 1962 bis September 1963.
3099/4 Dsgl., Oktober 1963 bis September 1964.
3099/6 Dsgl., Oktober 1964 bis September 1965.

2.1.2 Betriebsbeschreibungen

5286 Betriebsbeschreibung und Produktionsstatistik der DHHU Werk Dortmund.
1951–1954
Betriebsstammblätter zu Hochöfen, Sinteranlage, Thomas-Stahlwerk, Siemens-Martin-Stahlwerk, Stahlgießerei, Blockwalzwerk, Profilwalzwerken, Presswerk, Trägerlager und Walzendreherei, Kleinbau, Energie- und Versorgungsbetrieben, Verkehrsbetrieben, Werkstätten, Lehrwerkstatt und Versuchsanstalt, mit Grund- und Aufrisszeichnungen, Lageplänen sowie detaillierten Aufstellungen zu vorhandenen Anlagen und Maschinen sowie Produktion, Produktions- und Betriebskosten von Roheisen, Rohstahl und Walzstahl, aufgeschlüsselt nach Monaten und Monatsdurchschnitten, September 1951 bis September 1954.

5287 Dsgl., aufgeschlüsselt nach Monaten, Oktober 1954 bis September 1957, und Monatsdurchschnitten, September 1951 bis September 1957.

5288 Dsgl., aufgeschlüsselt nach Monaten, Oktober 1957 bis September 1960, und Monatsdurchschnitten, September 1951 bis September 1960.

5289 Dsgl., aufgeschlüsselt nach Monaten, Oktober 1960 bis September 1963, und Monatsdurchschnitten, September 1954 bis September 1963.

3100/1 Betriebsbeschreibung und Produktionsstatistik der DHHU Werk Dortmund.
1957–1966
Betriebsstammblätter zu Hochöfen, Sinteranlage, Thomas-Stahlwerk, Siemens-Martin-Stahlwerk, Stahlgießerei, Blockwalzwerk, Profilwalzwerken, Presswerk, Trägerlager und Walzendreherei, Kleinbau, Energie- und Versorgungsbetrieben, Verkehrsbetrieben, Werkstätten, Lehrwerkstatt und Versuchsanstalt, mit Grund- und Aufrisszeichnungen sowie Lageplänen und detaillierten Aufstellungen zu vorhandenen Anlagen und Maschinen, Produktion, Produktions- und Betriebskosten von Roheisen, Rohstahl, Koks und Walzstahl, aufgeschlüsselt nach Monaten, Oktober 1963 bis September 1966 und Monatsdurchschnitten, September 1957 bis September 1963.

3100/2 Dsgl., aufgeschlüsselt nach Monaten, Oktober 1965 bis September 1968 und Monatsdurchschnitten, September 1960 bis September 1965.

2.1.3 Neubau

4947 Bau eines Pumpenhauses für die Hochofenrückkühlanlage.
1952–1954
Baugenehmigung der Stadt Dortmund vom 04.10.1952; Lageplan; Grund- und Aufrisszeichnungen; statische Berechnungen.

2.2 Belegschaft
2.2.1 Lohnentwicklung

5019 Lohnentwicklung bei DHHV und DHHU Werk Dortmund.
1948–1961
Anträge von Betriebsleitern auf Prämienauszahlung und Lohnerhöhungen, mit entsprechenden Anweisungen von Arbeitsdirektor Erich Dudziak und DHHU Sozialwirtschaftsbetrieben; einzelne Schreiben zwischen Betrieben, Lohnbüro, Dudziak sowie DHHU Sozialwirtschaftsbetrieben und Belegschaftsabteilung zu Anträgen, Arbeitsplatzbewertung, Einstufung von Mitarbeitern und allgemeinen Lohnfragen.

5018 Lohnentwicklung bei DHHV und DHHU Werk Dortmund.
1951–1956
Aufstellungen zur Arbeitsbewertung, Lohnhöhe und Lohnentwicklung für einzelne Tätigkeiten im Walzwerksbetrieb, 1951; Anträge von Betriebsleitern auf Prämienauszahlung und Lohnerhöhungen, mit entsprechenden Anweisungen von Arbeitsdirektor Erich Dudziak; einzelne Schreiben sowie Niederschriften von Besprechungen zwischen Betrieben, Lohnbüro, Dudziak sowie DHHU Sozialwirtschaftsbetrieben zu Anträgen, Arbeitsplatzbewertung und allgemeinen Lohnfragen,

insbesondere zu den Walzwerksbetrieben; Lohn- und Leistungsabkommen für „Putzfrauen", Eisenbahnbetrieb, Walzwerke und „außerordentliche Umgebungseinflüsse"; gemeinsame Rundschreiben von Betriebsrat und Sozialwirtschaftsbetrieben zu Lohnfragen.

5020 Lohnentwicklung bei der DHHU Werk Dortmund.
1955-1957
Schriftwechsel zwischen DHHU Sozialwirtschaftsbetrieben und Belegschaftsabteilung zu Arbeitsplatzbewertung, Lohnerhöhungen, Einstufung von Mitarbeitern und allgemeinen Lohnfragen in den Bereichen Kraftwerk und Hauptinstandhaltungswerkstatt.

5021 Lohnentwicklung bei der DHHU Werk Dortmund.
1955-1957
Schriftwechsel zwischen DHHU Sozialwirtschaftsbetrieben und Belegschaftsabteilung zu Arbeitsplatzbewertung, Lohnerhöhungen, Einstufung von Mitarbeitern und allgemeinen Lohnfragen in den Bereichen Hochofenbetrieb, Thomas-Stahlwerk, Grobwalzwerk und Feinwalzwerk.

5022 Lohnentwicklung bei der DHHU Werk Dortmund.
1960-1964
Schriftwechsel zwischen DHHU Sozialwirtschaftsbetrieben, Belegschaftsabteilung und Betrieben zu Arbeitsplatzbewertung, Lohnerhöhungen, Einstufung von Mitarbeitern und allgemeinen Lohnfragen in den Bereichen Technischer Sozialbetrieb und Elektrischer Betrieb.

5023 Lohnentwicklung bei der DHHU Werk Dortmund.
1960-1964
Schriftwechsel zwischen DHHU Sozialwirtschaftsbetrieben, Belegschaftsabteilung und Betrieben zu Arbeitsplatzbewertung, Lohnerhöhungen, Einstufung von Mitarbeitern und allgemeinen Lohnfragen in den Bereichen Kraftwerke, Rohrnetz, Gasreinigung, Wasserversorgung, Baubetrieb und Eisenbahnbetrieb.

2.2.2 Belegschaft des Laboratoriums

5350 Schichtenbuch des Laboratoriums, April 1954 bis Januar 1956.
1954-1956.
5320 Dsgl., Februar 1956 bis März 1957.
5351 Dsgl., Juni 1958 bis August 1959.
5327 Dsgl., März bis Mai 1961.

2.2.3 Sonstiges

5088 Beschäftigung Schwerbeschädigter durch die DHHU Werk Dortmund.
1951-1957
Monatliche Aufstellungen zur Anzahl der Schwerbeschädigten in einzelnen Betrieben, aufgegliedert nach kriegs- und unfallbedingter Schwerbeschädigung, Dezember 1951 bis Dezember 1957.

568 Werkswohnheim der DHHU Werk Dortmund.
1954
Arbeitsanweisung für die Organisation und Abrechnung von Kantinenverkauf, Gästebewirtung, Küche und Lagerhaltung vom 25.03.1954 (Typoskript), mit Berichts- und Rechnungsvordrucken.

5342 Arbeitszeitorganisation bei der DHHU Werk Dortmund.
1957
Standardschichtenpläne für einzelne Betriebe, mit Erläuterungen zur Einführung der 45-Stunden-Woche, o. D.

3. Dortmund-Hörder Hüttenunion AG Werk Hörde

3.1 Technik, Produktion und Neubau
3.1.1 Produktions- und Betriebsstatistik

3117/1 Produktions- und Betriebskostenstatistik von Hüttenwerk Hörde AG bzw. DHHU Werk Hörde.
1950–1951
Monatliche Aufstellungen zu Produktion, Kohlen-, Koks- und Erzverbrauch sowie sonstigen Produktions- und Betriebskosten von Kokerei, Hochöfen, Thomas-Stahlwerk und Siemens-Martin-Stahlwerk, gegliedert nach einzelnen Betrieben, Kostenarten und Produkten, Oktober 1950 bis September 1951.

3117/2 Produktions- und Betriebskostenstatistik von Hüttenwerk Hörde AG bzw. DHHU Werk Hörde.
1950–1951
Monatliche Aufstellungen zu Produktion, Kohlenverbrauch sowie sonstigen Produktions- und Betriebskosten der Walzwerke, gegliedert nach einzelnen Betrieben, Kostenarten und Produkten, Oktober 1950 bis September 1951.

3117/3 Betriebskostenstatistik von Hüttenwerk Hörde AG bzw. DHHU Werk Hörde.
1950–1951
Monatliche Aufstellungen zu Betriebskosten von betrieblicher Energiewirtschaft, Werkstätten, Lagern, Nebenbetrieben, Transport- und Verkehrseinrichtungen, gegliedert nach Kostenarten, Oktober 1950 bis September 1951.

3117/4 Betriebskostenstatistik von Hüttenwerk Hörde AG bzw. DHHU Werk Hörde.
1950–1951
Monatliche Aufstellungen zu Aufwendungen für Sozialwesen, Ausbildungswesen, Kantinen, Schwimmbad und Sportplatz „Am Schallacker" sowie Wohnheime, gegliedert nach Kostenarten, Oktober 1950 bis September 1951.

3117/9 Umsatz- und Betriebserfolgsstatistik von Hüttenwerk Hörde AG bzw. DHHU Werk Hörde.
1950–1951
Monatliche Aufstellungen zu Umsätzen und Betriebserfolg von Thomas-Stahlwerk, Siemens-Martin-Stahlwerk, Walzwerken, Werkstätten, Nebenprodukten und Transporteinrichtungen, geglie-

dert nach einzelnen Produkten sowie mit Gewinn- und Verlustrechnung und Lohnstatistik, Oktober 1950 bis September 1951.

3117/5 Produktions- und Betriebskostenstatistik der DHHU Werk Hörde.
1951–1952
Monatliche Aufstellungen zu Produktion, Kohlen-, Koks- und Erzverbrauch sowie sonstigen Produktions- und Betriebskosten von Kokerei, Hochöfen, Thomas-Stahlwerk und Siemens-Martin-Stahlwerk, gegliedert nach einzelnen Betrieben, Kostenarten und Produkten, Oktober 1951 bis September 1952.
3118/1 Dsgl., Oktober 1952 bis September 1953.
3118/4 Dsgl., Oktober 1953 bis September 1954.
3119/1 Dsgl., Oktober 1954 bis September 1955.
3119/3 Dsgl., Oktober 1955 bis September 1956.
3119/5 Dsgl., Oktober 1956 bis September 1957.
3120/1 Dsgl., Oktober 1957 bis September 1958.
3120/3 Dsgl., Oktober 1958 bis September 1959.
3120/5 Dsgl., Oktober 1959 bis September 1960.
3121/1 Dsgl., Oktober 1961 bis September 1962.
3121/3 Dsgl., Oktober 1962 bis September 1963.
3121/5 Dsgl., Oktober 1963 bis September 1964.
3121/7 Dsgl., Oktober 1964 bis September 1965.

3117/6 Produktions- und Betriebskostenstatistik der DHHU Werk Hörde.
1951–1952
Monatliche Aufstellungen zu Produktion, Kohlenverbrauch sowie sonstigen Produktions- und Betriebskosten der Walzwerke, gegliedert nach einzelnen Betrieben, Kostenarten und Produkten, Oktober 1951 bis September 1952.
3118/5 Dsgl., Oktober 1953 bis September 1954.

3117/7 Betriebskostenstatistik der DHHU Werk Hörde.
1951–1952
Monatliche Aufstellungen zu Betriebskosten von betrieblicher Energiewirtschaft, Werkstätten, Lagern, Nebenbetrieben, Transport- und Verkehrseinrichtungen, gegliedert nach Kostenarten, Oktober 1951 bis September 1952.
3118/2 Dsgl., Oktober 1952 bis September 1953.
3118/6 Dsgl., Oktober 1953 bis September 1954.

3117/8 Betriebskostenstatistik der DHHU Werk Hörde.
1951–1952
Monatliche Aufstellungen zu Betriebskosten von Verwaltung und Verwaltungsgebäuden sowie zu Aufwendungen für Sozialwesen, Ausbildungswesen, Kantinen, Schwimmbad und Sportplatz „Am Schallacker“ sowie Wohnheime, gegliedert nach Kostenarten, Oktober 1951 bis September 1952.
3118/3 Dsgl., Oktober 1952 bis September 1953.
3118/7 Dsgl., Oktober 1953 bis September 1954.

3118/8 Umsatz- und Betriebserfolgsstatistik der DHHU Werk Hörde.
1952–1953
Monatliche Aufstellungen zu Umsätzen und Betriebserfolg von Thomas-Stahlwerk, Siemens-Martin-Stahlwerk, Walzwerken, Werkstätten, Nebenprodukten und Transporteinrichtungen, gegliedert nach einzelnen Produkten sowie mit Gewinn- und Verlustrechnung und Belegschafts- und Lohnstatistik, Oktober 1952 bis September 1953.
3118/9 Dsgl., Oktober 1953 bis September 1954.
3119/7 Dsgl., Oktober 1954 bis September 1955.

3119/2 Betriebskostenstatistik der DHHU Werk Hörde.
1954–1955
Monatliche Aufstellungen zu Betriebskosten von betrieblicher Energiewirtschaft, Werkstätten, Lagern, Nebenbetrieben, Transport- und Verkehrseinrichtungen sowie zu Aufwendungen für Sozialwesen, Ausbildungswesen, Kantinen, Schwimmbad und Sportplatz „Am Schallacker" sowie Wohnheime, gegliedert nach Kostenarten, Oktober 1954 bis September 1955.
3119/4 Dsgl., Oktober 1955 bis September 1956.
3119/6 Dsgl., Oktober 1956 bis September 1957.
3120/2 Dsgl., Oktober 1957 bis September 1958.
3120/4 Dsgl., Oktober 1958 bis September 1959.
3120/6 Dsgl., Oktober 1959 bis September 1960.
3120/7 Dsgl., Oktober 1960 bis September 1961.
3121/2 Dsgl., Oktober 1961 bis September 1962.
3121/4 Dsgl., Oktober 1962 bis September 1963.
3121/6 Dsgl., Oktober 1963 bis September 1964.
3121/8 Dsgl., Oktober 1964 bis September 1965.

3.1.2 Betriebsbeschreibungen

5282 Betriebsbeschreibung und Produktionsstatistik der DHHU Werk Hörde.
1951–1954
Betriebsstammblätter zu Kokerei, Hochöfen, Thomas-Stahlwerk, Siemens-Martin-Stahlwerk, Stahlgießerei, Blockwalzwerk, Profilwalzwerk, Blechwalzwerk, Press- und Hammerwerk, Mechanischen Werkstätten, Blechverarbeitung, Fabrik feuerfester Steine, Energie- und Versorgungsbetrieben, Verkehrsbetrieben, Werkstätten, Lehrwerkstatt und Versuchsanstalt, mit Grund- und Aufrisszeichnungen, Lageplänen sowie detaillierten Aufstellungen zu vorhandenen Anlagen und Maschinen sowie Produktion, Produktions- und Betriebskosten von Roheisen, Rohstahl, Koks und Walzstahl, aufgeschlüsselt nach Monaten und Monatsdurchschnitten, September 1951 bis September 1954.
5283 Dsgl., aufgeschlüsselt nach Monaten, Oktober 1954 bis September 1957, und Monatsdurchschnitten, September 1951 bis September 1957.
5284 Dsgl., aufgeschlüsselt nach Monaten, Oktober 1957 bis September 1960, und Monatsdurchschnitten, September 1951 bis September 1960.
5285 Dsgl., aufgeschlüsselt nach Monaten, Oktober 1960 bis September 1963, und Monatsdurchschnitten, Oktober 1954 bis September 1963.

3100/3 Betriebsbeschreibung und Produktionsstatistik der DHHU Werk Hörde.
1957–1966
Betriebsstammblätter zu Hochöfen, Sinteranlage, Thomas-Stahlwerk, Siemens-Martin-Stahlwerk, Oxygen-Stahlwerk, Stahlgießerei, Blockwalzwerk, Profilwalzwerken, Presswerk, Trägerlager und Walzendreherei, Kleinbau, Energie- und Versorgungsbetrieben, Verkehrsbetrieben, Werkstätten, Lehrwerkstatt und Versuchsanstalt, mit Grund- und Aufrisszeichnungen sowie Lageplänen und detaillierten Aufstellungen zu vorhandenen Anlagen und Maschinen sowie Produktion, Produktions- und Betriebskosten von Roheisen, Rohstahl, Koks und Walzstahl, aufgeschlüsselt nach Monaten, Oktober 1963 bis September 1966 und Monatsdurchschnitten, September 1957 bis September 1963.

3100/4 Dsgl., aufgeschlüsselt nach Monaten, Oktober 1965 bis September 1968 und Monatsdurchschnitten, September 1960 bis September 1965.

3.1.3 Betriebsorganisation und -planung

894 Ausbau der Flachstahlerzeugung im Werk Hörde der DHHU.
1952
F. J. Hofmann: Betrachtung über den Ausbau der Erzeugung von Grob- und Mittelblechen sowie Breitbandstahl im Werk Hörde der DHHU unter Berücksichtigung der Erzeugungs- und Absatzverhältnisse vom 10.07.1952 (Typoskript, 22 S., 51 Anlagen, Exemplar Friedrich Harders); Aufstellungen und Diagramme zur Erzeugung von Walzprodukten, Anzahl der Walzstraßen für mittelbreiten Bandstahl und Blech sowie Breitbandstraßen, Preisentwicklung verschiedener Walzstahlsorten in den Vereinigten Staaten von Amerika, Erzeugung von Walzprodukten in Deutschland, Frankreich, Belgien, Luxemburg, Großbritannien und Österreich sowie zu den größten Verbraucherbranchen in diesen Ländern.

57 Walzwerk für Mitteleisen der DHHU Werk Hörde.
1957
Bericht über das neue Walzwerk, o. D. (Typoskript, 24 S., 25 Fotografien).

3.1.4 Neubau

3.1.4.1 Werksanlagen (Sortierung nach Datum des Bauantrags)

3382 Umbau der Pferdeställe unter der Brücke der Eliasbahn über die Seekante in Dortmund-Hörde zu Kraftfahrzeuggaragen.
1934, 1942, 1952–1961
Bauantrag der DHHV Werk Hörde vom 20.03.1934; Baugenehmigung der Stadt Dortmund vom 02.05.1934; Lageplan; Konstruktionszeichnung; einzelne Schreiben zwischen DHHV Werk Hörde bzw. DHHU Werk Hörde und Stadt Dortmund zur Verlängerung der Baugenehmigung und Schließung der Garagen.

3302 Bau einer Trinkhalle in Dortmund-Hörde, Seekante 8.
1951–1952

Baugenehmigung der Stadt Dortmund vom 13.08.1951; Lageplan; Grund- und Aufrisszeichnungen; einzelne Schreiben zwischen DHHU und Stadt Dortmund zum Genehmigungsverfahren.

4145 Bau eines bewachten Fahrradabstellplatzes für die Hermannshütte, Hermannstraße 138.
1951–1952
Bauantrag der Hüttenwerk Hörde AG vom 16.08.1951; Lageplan; Baugenehmigung der Stadt Dortmund vom 27.09.1951; Bauabnahmeschein vom 29.11.1951; einzelne Schreiben zwischen Hüttenwerk Hörde AG bzw. DHHU Werk Hörde und Stadt Dortmund zum Genehmigungsverfahren.

4144 Bau eines Siliziumschuppens im Siemens-Martin-Stahlwerk.
1951–1954
Bauantrag der DHHU Werk Hörde vom 08.09.1951; Lageplan; Grund- und Aufrisszeichnungen; Baugenehmigung der Stadt Dortmund vom 10.02.1952; Bauabnahmeschein vom 14.10.1954; einzelne Schreiben zwischen DHHU Werk Hörde und Stadt Dortmund zum Genehmigungsverfahren.

4146 Aufstockung des Anbaus der Zentralreparaturwerkstatt der Hermannshütte.
1951–1952
Bauantrag der DHHU Werk Hörde vom 13.12.1951; Lageplan; Grund- und Aufrisszeichnungen: statische Berechnungen; Baugenehmigung der Stadt Dortmund vom 06.02.1952; Bauabnahmeschein vom 16.07.1952; einzelne Schreiben zwischen DHHU Werk Hörde und Stadt Dortmund zum Genehmigungsverfahren.

3668 Umbau des Bürogebäudes der Elektrozentrale im Hochofenwerk Hörde.
1952
Bauantrag der DHHU Werk Hörde vom 11.02.1952; Baugenehmigung der Stadt Dortmund vom 06.01.1953; Lageplan; Grund- und Aufrisszeichnungen; einzelne Schreiben zwischen DHHU Werk Hörde und Stadt Dortmund zum Genehmigungsverfahren.

4147 Bau eines Analysegebäudes an der Gasmischanlage I der Hermannshütte.
1952
Bauantrag der DHHU Werk Hörde vom 26.02.1952; Lageplan; Grund- und Aufrisszeichnungen; statische Berechnungen; Baugenehmigung der Stadt Dortmund vom 09.09.1952; Bauabnahmeschein vom 14.11.1952; einzelne Schreiben zwischen DHHU Werk Hörde und Stadt Dortmund zum Genehmigungsverfahren.

4148 Bau eines Stellwerks mit Wiege- und Aufenthaltsgebäude sowie Ausziehgleis in Dortmund-Hörde, Röhrenstraße.
1952–1953
Bauantrag der DHHU Werk Hörde vom 08.08.1952; Lagepläne; Grund- und Aufrisszeichnungen, statische Berechnungen und Konstruktionszeichnungen der Firmen Carl Brand, Essen, und Garvens Waagen-Fabrik GmbH, Hannover; Baugenehmigung der Stadt Dortmund vom 03.10.1952; Bauabnahmeschein vom 14.11.1952; einzelne Schreiben zwischen DHHU Werk Hörde, Bundesbahndirektion Essen und Stadt Dortmund zum Genehmigungsverfahren.

3681 Bau eines Kanalanschlusses für das Zieglergebäude auf dem Gelände des ehemaligen Hoerder Kohlenwerks, Schacht Schleswig.
1952–1954

Bauantrag der DHHU Werk Hörde vom 14.10.1952; Baugenehmigung der Stadt Dortmund vom 09.12.1952; Lageplan; Grund- und Aufrisszeichnung; einzelne Schreiben zwischen DHHU Werk Hörde und Stadt Dortmund zum Genehmigungsverfahren.

4150 Erweiterung und Umbau des Probenlaboratoriums am Siemens-Martin-Stahlwerk II.
1953-1954
Bauantrag der DHHU Werk Hörde vom 26.01.1953; Lageplan; Grund- und Aufrisszeichnungen; statische Berechnungen; Baugenehmigung der Stadt Dortmund vom 13.01.1954; einzelne Schreiben zwischen DHHU Werk Hörde und Stadt Dortmund zum Genehmigungsverfahren.

4151 Umbau der Gasmischanlage I der Hermannshütte.
1953-1958
Bauantrag der DHHU Werk Hörde vom 25.06.1953; Lageplan; Grund- und Aufrisszeichnungen; statische Berechnungen; Baugenehmigung der Stadt Dortmund vom 09.09.1953; einzelne Schreiben zwischen DHHU Werk Hörde und Stadt Dortmund zum Genehmigungsverfahren.

4537 Umbau und Erweiterung der Gleisanlagen des Hochofenwerks Hörde.
1955-1959
Bauantrag der DHHU Werk Hörde vom 25.05.1955; Baugenehmigung des Regierungspräsidiums Arnsberg vom 03.08.1955; Bauabnahmeschein vom 08.07.1957; Lagepläne; einzelne Schreiben zwischen DHHU und Regierungspräsidium zum Genehmigungsverfahren.

4159/2 Bau und Höherlegung eines zweiten Gleises für die Verbindungsbahn (Eliasbahn) zwischen Hermannshütte und Hochofenwerk Hörde.
1897-1900, 1962-1965
Konstruktionszeichnung der eisernen Brücke über die Provinzialstraße zwischen Hörde und Dortmund; Querschnittzeichnung der Überführung an der Kluse; Gleisplan und Höhenplan der Verbindungsbahn; Grund- und Aufrisszeichnung der Brücke an der Seekante; Plan einer Straßenunterführung mit Viadukt; Gewichtsberechnung der Brücke über die Provinzialstraße; einzelne Schreiben zwischen Hoerder Verein, Stadt Hörde und Königlicher Eisenbahndirektion Essen über die Erhöhung der Bahn und Verkleidung der Unterführungen zum Schutz gegen Tropfwasser; Genehmigungsurkunde des Regierungspräsidiums Arnsberg zum Bau eines zweiten Gleises vom 16.10.1963 (Abschrift); Lageplan der Verbindungsbahn, 1963; einzelne Schreiben zwischen DHHU Werk Hörde und Regierungspräsidium Arnsberg zur Verlängerung der 1940 ausgelaufenen Baugenehmigung von 1890.

3.1.4.2 Wohnungsbau

4153 Geplanter Umbau der Kraftwagenhallen und Fahrradunterstände der Hermannshütte, Hermannstraße 183, zu Werkswohnungen.
1949-1961
Baugenehmigung der Stadt Dortmund für die Hüttenwerk Hörde AG vom 05.01.1949; einzelne Schreiben zwischen Hüttenwerk Hörde AG bzw. DHHU Werk Hörde und Stadt Dortmund zur Verlängerung der Baugenehmigung.

3303/1 Grunderwerb zum Bau von Wohnungen in Dortmund-Hörde, Metzerstraße und Vollmarsteiner Straße, durch die Westfälische Wohnstätten AG im Rahmen des Stahlarbeiterwohnungsbauprogramms.
1951-1952
Lagepläne; Johann Buddendiek; Wertgutachten zu Grundstücken an der Diedenhofer Straße vom 08.03.1951; Entwürfe eines Angebots der Westfälische Wohnstätten AG an die Stadt Dortmund zum Kauf von Grundstücken, o. D.; Grundbuchauszug; einzelne Schreiben zwischen Westfälischer Wohnstätten AG, DHHU und Stadt Dortmund zur Entwidmung von Kleingartengelände und Entschädigung der Pächter.

3303/2 Grunderwerb zum Bau von Wohnungen in Dortmund-Hörde, Metzerstraße und Vollmarsteiner Straße, durch die Westfälische Wohnstätten AG im Rahmen des Stahlarbeiterwohnungsbauprogramms.
1952-1955
Lagepläne; Grundbuchauszüge; Schriftwechsel zwischen Westfälische Wohnstätten AG, DHHU und Stadt Dortmund zur Entwidmung von Kleingartengelände und Entschädigung der Pächter.

4149 Bau einer Baracke als Ledigenwohnheim in Dortmund-Hörde, Neue Heimat 11.
1952-1959
Bauantrag der DHHU Werk Hörde vom 03.09.1952; Lageplan; Grund- und Aufrisszeichnungen; Baugenehmigung der Stadt Dortmund vom 12.09.1952; Bauabnahmeschein vom 10.03.1953; einzelne Schreiben zwischen DHHU Werk Hörde und Stadt Dortmund zum Genehmigungsverfahren und zur Verlängerung der Nutzung.

4152 Erweiterung des Ledigenwohnheims „Auf der Bicke" um Büro- und Lagerräume und Einbau einer Ölheizung.
1953-1957
Bauantrag der DHHU Werk Hörde vom 03.06.1953; Lageplan; Grund- und Aufrisszeichnungen; Baugenehmigungen der Stadt Dortmund vom 28.08.1953 und 30.11.1956; Bauabnahmeschein vom 15.10.1957; einzelne Schreiben zwischen DHHU Werk Hörde und Stadt Dortmund zu den Genehmigungsverfahren.

3.2 Belegschaft
3.2.1 Lohn- und Belegschaftsstatistik

5099/3 Belegschaftsstatistik von Hüttenwerk Hörde AG bzw. DHHU Werk Hörde.
1949-1956
Monatliche Aufstellungen zur Anzahl der Lehrlinge und der Gesamtarbeitsstunden von Lehrlingen, Oktober 1949 bis Dezember 1956 (Lücken).

5094/1 Lohnstatistik von Hüttenwerk Hörde AG bzw. DHHU Werk Hörde.
1951, 1957-1962
Monatliche Aufstellungen zu den durchschnittlichen Stundenlöhnen der Hüttenwerk Hörde AG, Januar bis Juli 1951; Aufstellungen und ausgefüllte Erhebungsformulare der DHHU Werk Hörde zur „grünen Lohnstatistik" des Statistischen Landesamts NRW, Mai 1957 bis Mai 1962 (Lücken); einzelne Schreiben zwischen Lohnabteilung und Statistik der DHHU Werk Hörde zur Datenerhebung.

5099/2 Lohnstatistik von Hüttenwerk Hörde AG bzw. DHHU Werk Hörde.
1951-1953
Monatliche Aufstellungen zur Zahlung von Schmutzzulagen, Staubzulagen, Gefahrenzulagen und sonstigen Gesundheitszulagen, Januar 1951 bis September 1953, aufgeschlüsselt nach einzelnen Betrieben.

5098/2 Lohnstatistik von DHHU Werk Hörde bzw. Hoesch AG Hüttenwerke Werk Phoenix.
1960-1969
Lohnstatistik vergleichbarer Arbeitsplätze in der eisenschaffenden Industrie, Januar 1960 bis April 1969 (Lücken).

5101/2 Belegschaftsstatistik der DHHU Werk Hörde.
1964-1966
Monatliche Aufstellungen zur Belegschaft, Januar 1964 bis Juni 1966, aufgeschlüsselt nach einzelnen Betrieben, mit vergleichenden Aufstellungen zu den Durchschnittswerten der DHHU sowie anderer Unternehmen der Eisen- und Stahlindustrie.

5101/1 Belegschaftsstatistik von DHHU Werk Hörde bzw. Hoesch AG Hüttenwerke Werk Phoenix.
1966-1967
Monatliche Aufstellungen zur Belegschaft, Juli 1966 bis Juli 1967, aufgeschlüsselt nach einzelnen Betrieben, mit vergleichenden Aufstellungen zu den Durchschnittswerten von DHHU und Hoesch AG Hüttenwerke sowie anderer Unternehmen der Eisen- und Stahlindustrie.

3.2.2 Lohnwesen

5053/2 Lohnpfändungen bei Hüttenwerk Hörde AG und DHHU Werk Hörde.
1947-1955
Anträge der Lohnabteilung von Hüttenwerk Hörde AG bzw. DHHU an die Rechtsabteilung zur Eintreibung von Außenständen.

5053/3 Lohnpfändungen bei der DHHU Werk Hörde.
1952-1967
Zeitungsausschnitte zu Rechtsfragen; Aufstellungen zu Belegschaftsmitgliedern mit mehreren Pfändungen; Berichte zur Entwicklung der Lohnpfändungen bei der DHHU Werk Hörde 1953-1958 und 1957-1966; Anträge der Lohnabteilung an die Rechtsabteilung zur Eintreibung von Außenständen.

5075 Organisation der Lohnauszahlung bei Hüttenwerk Hörde AG bzw. DHHU Werk Hörde.
1949-1961
Mitteilungen der Hüttenwerk Hörde AG an die Stadtsparkasse Dortmund zur Einzahlung von Löhnen auf nach Gesetz 52 der Militärregierung gesperrte Konten von Belegschaftsmitgliedern; Lohnauszahlungspläne (Typoskripte, Rundschreiben und gedruckte Aushänge); einzelne Schreiben zwischen Lohnabteilung von Hüttenwerk Hörde AG bzw. DHHU und einzelnen Betrieben sowie Rundschreiben zu Organisation und Ablaufplanung der Lohnauszahlung.

5071 Lohnabkommen zwischen Vorstand und Betriebsvertretung der DHHU Werk Hörde.
1951-1956
Lohnabkommen für die „Putzfrauen" (auch des Werks Dortmund) vom 22.01.1953; Vereinbarung zur Aufnahme eines „Kündigungszusatzes" in Arbeitsverträge vom 21.09.1951; Lohnregelung vom 14.01.1953; Prämienabkommen über Sprengkörperfunde im Schrott vom 15.04.1953 sowie Ergänzung vom 12.06.1953; Vereinbarungen über die Errechnung der „Mischprämie" vom 28.09.1954 und 25.05.1956.

5072 Verschiedene Lohnangelegenheiten der DHHU Werk Hörde.
1952
Schriftwechsel zwischen DHHU Lohnabteilung und einzelnen Betrieben des Werks Hörde zu Beförderungen, Prämienzahlungen und Lohnveränderungen.

5074 Organisation der Lohnabrechnung bei der DHHU Werk Hörde.
1952-1968
Berichte zur Überprüfung der Lohnunterlagen, Stechkarten und Schichtenblätter in verschiedenen Betrieben des Werks Hörde durch die Revision der Lohnabteilung der DHHU, 1954-1959; verschiedene Formulare des Lohn- und Belegschaftswesens (blanko); Aktenvermerke und Besprechungsniederschriften der Lohnabteilung sowie Schriftwechsel zwischen DHHU Sozialwirtschaftsbetriebe, Lohnabteilung und einzelnen Betrieben zu Organisation und Vereinfachung der Lohnberechnung, Aufgaben der Hollerith-Abteilung, insbesondere Einführung der maschinellen Lohabrechnung, Personal- und Zuständigkeitsangelegenheiten der Lohnabteilung, Systematisierung der Belegschaftskartei sowie Lohnberechnung in Sonderfällen.

5065 Urlaubsgeldkürzung wegen unerlaubten Fehlens von Belegschaftsmitgliedern der DHHU Werk Hörde am Arbeitsplatz.
1952-1968
Zahlungsanweisungen der Lohnabteilung von DHHU bzw. Hoesch AG Hüttenwerke zur Überweisung von einbehaltenen Urlaubsgeldern an BKK Werk Hörde der DHHU bzw. BKK DHHU; namentliche Aufstellungen zu Belegschaftsmitgliedern mit „Bummelschichten".

5070 Lohnabkommen zwischen Vorstand und Betriebsvertretung der DHHU Werk Hörde.
1954-1968
Leistungslohnabkommen für Kokerei vom 21.10.1963, Thomasschlackenmühle vom 01.11.1959 sowie Allgemeine Verwaltung vom 16.11.1956; Änderung des Prämienabkommens über Sprengkörperfunde im Schrott vom 01.08.1954; Sonderregelung für Praktikanten und Werksstudenten vom 02.03.1954, 22.05.1958 und 04.07.1960; Zeitlohnabkommen für Waschkauenwärter, Boten und „Putzfrauen" vom 29.09.1954, 20.11.1956, 01.11.1959 und 18.08.1963; Prämienabkommen über Buntmetallfunde vom 07.11.1956; Vereinbarung über Erziehungsbeihilfen vom 02.01.1957, 19.05.1958, 28.08.1963 und 17.03.1965; Vereinbarung über die Ermittlung von Prämien bei der Monatslöhnung vom 17.10.1957; Vereinbarung zur Entlohnung der Monatsfestlöhner vom 21.03.1958; Vereinbarungen vom 01.11.1959 über die Erhöhung der Wertzahlen für Prämienarbeiter um die tarifliche Sicherung von 15 % aufgrund des Tarifabkommens vom 04.09.1959 sowie zur Durchführung der Bestimmungen des § 3 des Tarifabkommens; Vereinbarung über die Entlohnung der Betriebsfacharbeiter der Maschinen-, Erhaltungs- und Versorgungsbetriebe vom 20.03.1962; Vereinbarungen vom 28.08.1963, 15.03.1965 und 28.06.1966 zur Durchführung der Tariflohnerhöhung vom

08.08.1963, 01.02.1965 und 01.07.1966; Vereinbarung über die Vergütung bei Meistervertretung vom 29.03.1965; Vereinbarungen über die Vereinheitlichung der Basiswerte für die Ermittlung der Stundenfestlöhne und die endgültige Regelung der Betriebsfacharbeiterentlohnung in den Werken Phoenix und Union der Hoesch AG Hüttenwerke vom 22.12.1967; Rundschreiben der DHHU Sozialwirtschaftsbetriebe an Abteilungen und Betriebe zu Abkommen und Lohnerhöhungen.

5055/1 Stechkartenkontrolle bei der DHHU Werk Hörde.
1955-1957
Berichte der DHHU Lohnabteilung, Bereich Arbeitszeitkontrolle, an die Leiter einzelner Betriebe über Unregelmäßigkeiten und Auffälligkeiten an Stechkarten.

5055/2 Dsgl., 1955-1961.

5096 Revision der Lohnabrechnungen einzelner Betriebe der DHHU Werk Hörde.
1961-1967
Sammlung von Prüfungsberichten der DHHU Revision.

5076 Organisation der Lohnauszahlung bei der DHHU Werk Hörde.
1962-1967
Lohnauszahlungspläne (Typoskripte, Rundschreiben und gedruckte Aushänge); monatliche Aufstellungen zur Ermittlung des Geldbedarfs für Lohnzahlungen; einzelne Schreiben zwischen Lohnabteilung der DHHU und einzelnen Betrieben sowie Rundschreiben zu Organisation und Ablaufplanung der Lohnauszahlung.

5047/2 Organisation des Lohnwesens der DHHU Werk Hörde.
1962-1967
Rundschreiben der Lohnabteilung der DHHU an Gruppen und Nebenstellen der Lohnabteilung in einzelnen Betrieben des Werks Hörde zu Personal- und Arbeitsstellenänderungen; Niederschriften von Besprechungen zwischen Lohnabteilung und Gruppenleitern der Nebenstellen sowie den Rechnungsführern und Lohnsachbearbeitern der Betriebe, u. a. zu Verteilung von Zuständigkeiten, Organisation des Zahlungsverkehrs, Sonderzahlungen, Urlaubs- und Weihnachtsgeld, Arbeitszeiten, Werksrenten, Krankengeld, Lohnfortzahlung im Krankheitsfall, Feiertagsregelungen und Gewährung von Sonderurlaub; Tarifabkommen über Lehrlingsvergütung und Lohnabkommen für Mitgliedsunternehmen des Arbeitgeberverbands Eisen- und Stahlindustrie e. V. vom 08.08.1963 (gedruckt); Aushang der Hoesch AG Hüttenwerke zu Lohnzahlungsterminen 1967.

3.2.3 Sozial- und Sonderleistungen

5090 Überbrückungsgelder, freiwillige Pensionsleistungen und Lohnausfallvergütung.
1932-1938, 1947-1956
Merkblatt für die mit laufender, widerruflicher Zuwendung ausgeschiedenen Gefolgschaftsmitglieder der DHHV, 1944 (Typoskript); Aktenvermerke der Lohnabteilung von VSt Dortmunder Union-Hoerder Verein bzw. DHHV bzw. Hüttenwerk Hörde AG zur Regelung von Pensions- und Unterstützungsleitungen bei Invalidität oder Tod; Vereinbarung zwischen Betriebsvertretung und Vorstand der DHHU über die Zahlung einer Lohnausfallvergütung infolge Krankheit oder durch Betriebsunfall verursachte Arbeitsunfähigkeit vom 25.05.1956 (Entwurf); Richtlinien der Deutsche

Edelstahlwerke AG zur Zahlung eines Lohnausgleichs bei Erkrankung vom 27.04.1956 (Kopie); Aktenvermerke und Besprechungsniederschriften der Lohnabteilung der DHHU zur Regelung der Zahlung von Lohnausfallvergütung, mit Aufstellungen über die prozentuale und Gesamthöhe der Leistungen in einzelnen Jahren; Abrechnungsbelege zur Auszahlung von Leistungen; Richtlinien zur Neuregelung der Vergütung von Ausfallstunden durch Krankheiten und Betriebsunfälle der DHHU Werk Hörde vom 01.01.1952.

5079 Jubiläumsgeld und Jubilarfeiern im Werksbereich Hörde.
1937, 1941–1955, 1960–1968
Aufstellungen und Mitteilungen zu Belegschaftsmitgliedern mit 25-, 40- und 50-jähriger Betriebszugehörigkeit; Zeitungsausschnitte; Rundschreiben der Lohnabteilung von DHHV bzw. Hüttenwerk Hörde AG bzw. DHHU sowie einzelne Schreiben an einzelne Betriebe zur Regelung der Zahlungen sowie zu Abrechnungen von Jubilarfeiern und -fahrten.

5089 Sondervergütungen und Beihilfen von DHHV Werk Hörde bzw. Hüttenwerk Hörde AG bzw. DHHU Werk Hörde.
1944–1953, 1959–1961
Aufstellungen und Auszahlungsquittungen zur Gewährung von Sonderleistungen bei Schulentlassung, Kommunion, Konfirmation sowie zur 100-Jahr-Feier der DHHU, 1952; Lohnvorschussscheine; Aufstellungen zu Zahlungen an die Werkskapelle.

5078 Sonderprämienzahlungen von Hüttenwerk Hörde AG bzw. DHHU Werk Hörde.
1947–1955
Aufstellungen zur Zahlung von Sonderprämien, insbesondere Weihnachtsgeld, für einzelne Betriebe; Zeitungsausschnitte; Zahlungsanweisungen der Lohnabteilung an die Hauptkasse; Namenslisten von Prämienempfängern; Rundschreiben der Lohnabteilung an einzelne Betriebe zur Regelung der Sonderzahlungen.

5091 Weihnachtsgeld der DHHU Werk Hörde.
1951
Aktenvermerke zur Zahlung von Weihnachtsgeld und zu Geschenken für Kinder auf der Weihnachtsfeier der DHHU Werk Hörde; Einladungskarte zur Weihnachtsfeier für Frauen und Kinder der gefallenen, vermissten und tödlich verunglückten Belegschaftsmitglieder.

5092 Jahresabschlussvergütung und Rentenversicherung von Belegschaftsmitgliedern der DHHU Werk Hörde.
1951–1966
Rundschreiben der DHHU Sozialwirtschaftsbetriebe an die Betriebe zur Auszahlung der Jahresabschlussprämien für die Geschäftsjahre 1954/55–1964/65 sowie Aktenvermerke und Aufstellungen der Lohnabteilung zu Organisation und Höhe der Zahlungen; Merkblätter über den Lohnsteuerjahresausgleich 1951 und 1952 (Typoskript und gedruckt); Zeitungsausschnitte und Rundschreiben der Landesversicherungsanstalt Westfalen zu Rentenversicherung und Werksrenten; Aktenvermerke und Berichte der Lohnabteilung der DHHU zu Verwaltungsfragen, Werksrenten und insbesondere zur Rentenversicherungsreform 1957.

5077 Sonderprämienzahlungen der DHHU Werk Hörde.
1955–1961
Monatliche Aufstellungen zur Zahlung von Sonderprämien, gegliedert nach einzelnen Betrieben, Januar 1955 bis Februar 1961.

3.2.4 Unfall- und Sozialversicherung

5048/1 Unfallversicherung von DHHV Werk Hörde bzw. DHHU Werk Hörde.
1938–1963
Rundschreiben der Hütten- und Walzwerks-Berufsgenossenschaft zur Unfallversicherung und Erhebung lohnstatistischer Daten, insbesondere auch von Zwangsarbeitern und Kriegsgefangenen; Lohnnachweise der DHHV Werke Hörde und Dortmund, 1942–1947, aufgeschlüsselt nach einzelnen Betrieben, mit Angaben zur durchschnittlichen Anzahl der Beschäftigten und Arbeitsstunden sowie zu Gefahrenklassen; Merkblätter und Anleitungen der Hütten- und Walzwerks- Berufsgenossenschaft zur Erstellung von Lohnnachweisen (gedruckt); Aufstellungen zu Gefahrenklassen und -tarifen einzelner Betriebe; Aufstellungen zu Weihnachtsgeldzahlungen, 1953–1960, und Jahresabschlussprämien, 1954/55–1958/59; Gefahrtarif der Berufsgenossenschaft am 01.01.1955 (gedruckt); Gesamtlohnnachweise einzelner Betriebe, 1960–1963; Schriftwechsel zwischen Lohnabteilungen und statistischen Abteilungen von DHHV bzw. Hüttenwerk Hörde AG bzw. DHHU Werk Hörde sowie Berufsgenossenschaft zur Erstellung von Lohnnachweisen, Versicherungspflichten und Einstufung von Betrieben in Gefahrenklassen.

5048/2 Invalidenversicherung von DHHV Werk Hörde bzw. DHHU Werk Hörde.
1937–1957
Rundschreiben der Landesversicherungsanstalt Westfalen über Ausgabe von Quittungskarten, Eintragung von Daten und Rechtsvorschriften; Quittungskarte der BKK Werk Hörde der DHHV (blanko); Aufstellungen zu versicherungspflichtigen Rentnern, 1946; Zeitungsausschnitte; einzelne Schreiben zwischen Lohnabteilung von DHHV bzw. DHHU, BKK und Landesversicherungsanstalt Westfalen zu verschiedenen Versicherungsfragen.

3.2.5 Verbesserungsvorschläge

4951 Verbesserungsvorschläge von Mitarbeitern der DHHU Werk Hörde, Buchstaben A–K, 1961.
1961–1963
Verbesserungsvorschläge, insbesondere zur Arbeitssicherheit, z. T. mit Plänen, Konstruktionszeichnungen und Fotografien; Dankesschreiben des Vorstands der DHHU an die Einreichenden; einzelne Schreiben der Sozialwirtschaftsbetriebe an die Belegschaftsabteilung des Werks Hörde zur Weiterleitung von Vorschlägen und Vorstandsschreiben.

4952 Dsgl., Buchstaben L–Z, 1961.

4953 Dsgl., Buchstaben A–K, 1962.

4954 Dsgl., Buchstaben L–Z, 1962.

3.2.6 Arbeitssicherheit

182 Unglücksfall auf Hochofen I der DHHU Werk Hörde am 25.11.1955.
1955
Kondolenzmappe, mit Erinnerungsbroschüre zur Trauerfeier, Fotografien der Gräber und Aufstellung der eingegangenen Kondolenzschreiben.

937 Unglücksfall auf Hochofen I der DHHU Werk Hörde am 25.11.1955.
1955
Todesanzeige; interne Mitteilungen an die Mitarbeiter der DHHU; Kondolenzliste; Fotografien von Grabstein und Grabstätte.

220 Explosionsunglück auf Hochofen I der DHHU Werk Hörde am 25.11.1955.
1928, 09.01.1956
Werner Feldmann (Betriebsdirektor Gussstahlwerk des Bochumer Vereins): Gutachten zum Unglück, mit Aufriss- und Grundrisszeichnungen des Hochofens sowie Fotografien, vom 09.01.1956.

3.2.7 Betriebliche Berufsausbildung

4969/1 Lehrwerkstatt Hörde der DHHU.
1951–1963
Aktenvermerke, psychologische Einstellungsgutachten und einzelne Schreiben zwischen DHHU Sozialwirtschaftsbetriebe und Lehrwerkstatt Hörde über Eignung von Lehrlingen, Krankheiten, Mitteilungen an Eltern, interne Bewerbungen von Mitarbeitern zu Lehrtätigkeiten und Verfehlungen von Mitarbeitern der Lehrwerkstatt; Antrag der DHHU an das Bundesministerium für Wirtschaft auf Gewährung eines Kredits zum Neubau der Lehrwerkstatt vom 08.09.1951; Organigramm der Lehrwerkstatt, 1952; Auszug aus der Zeitschrift „Betriebliche Ausbildungspraxis" 3 (1957), S. 158–161, mit Beitrag zum Ausbildungswesen bei der DHHU, sowie Typoskript des Textes (Kopie); Organigramm der Vorarbeiterbereiche Schlosserei; Maschinenaufstellungspläne von Dreherei, Schmiede, Säge, Werkzeugmacherei, Schleiferei, Abnahme und Fräserei; Niederschriften von Betriebsbesprechungen; Wilhelm Arnold: „Neue Methoden und Ergebnisse der Begabungsforschung. Rückgang der Fähigkeit zu sinnlogischem Denken – Zunahme technischer Fähigkeiten und Interessen", in: „Umschau" 1961, S. 321–324 (Kopie); Bericht der IHK Dortmund zur Berufsausbildung (Sonderdruck aus „Das Wirtschaftsjahr 1961"); einzelne Rundschreiben der Wirtschaftsvereinigung Eisen- und Stahlindustrie zu Ausbildungsfragen; Aufstellungen und Schriftwechsel zwischen Lehrwerkstatt, Sozialwirtschaftsbetrieben und Berufsschulen über Organisation der Lehre, Anzahl zusätzlicher Unterrichtsstunden, Bezahlung von Ausbildern und Prüfungen sowie Bereitstellung von Musterstücken.

4970/1 Lehrwerkstatt Hörde der DHHU.
1952–1960
Stoffpläne zum Staatsbürgerkundlichen Unterricht 1960/61; Abschriften aus dem Amtsblatt des Kultusministeriums NRW zur Ausbildung von Gewerbelehrern und Anerkennung von Zeugnissen „sowjetzonaler" und ausländischer Schulen; Informationen der Wirtschaftsvereinigung Eisen- und Stahlindustrie für Ausbildungsleiter; Niederschriften der Sitzungen und Jahresversammlungen der

Deutschen Gesellschaft für gewerbliches Bildungswesen (Kopien); Niederschriften der Sitzungen des Fachausschusses Ingenieurausbildung der Gesellschaft; einzelne Schreiben zwischen DHHU Sozialwirtschaftsbetriebe, Lehrwerkstatt und Stadt Dortmund über Reform der Organisation der Lehre, Gewerbelehrerausbildung, Wiedereinführung einer Werksberufsschule durch die Stadt Dortmund und Einrichtung einer Fachrichtung Hüttenwesen an der Ingenieurschule Dortmund.

4970/2 Lehrwerkstatt Hörde der DHHU.
1952-1961
Rundschreiben der Wirtschaftsvereinigung Eisen- und Stahlindustrie an die Mitglieder des Ausschusses für Arbeits- und Ausbildungsfragen sowie zur Neufassung von Berufsbildern; Deutsche Gesellschaft für gewerbliches Bildungswesen (Hg.): „Rahmenplan für die Ausbildung der Ausbilder; Gutachten des Fachausschusses für Betriebsausbildung", Braunschweig 1954; Berufsbildbeschreibungen der Lehrberufe Starkstromelektriker, Schmelzschweißer und Mess- und Regelmechaniker (Typoskripte); Handzettel, mit Kurzdarstellungen verschiedener Berufsbilder (gedruckt); einzelne Schreiben zwischen DHHU Sozialwirtschaftsbetriebe, Wirtschaftsvereinigung und Lehrwerkstatt zur Teilnahme von Mitarbeitern an Seminaren und Lehrgängen für Ausbilder in Lehrwerkstätten.

4970/3 Lehrwerkstatt Hörde der DHHU.
1952-1961
Aufstellungen zur Klassenaufteilung der Berufsschule, Oktober 1960; Fragebogen der Wirtschaftsvereinigung Eisen- und Stahlindustrie zur Berufsausbildung, mit Angaben der Lehrwerkstätten der DHHU zu Anzahl von Lehrlingen in einzelnen Berufen, Unterrichtsstunden, Lehrkräften und Räumlichkeiten, 1959; Berufsausbildung, Dortmund 1960 (Sonderdruck aus „Das Wirtschaftsjahr 1960". Bericht der IHK); Sammlung von Zeitungsausschnitten und -abschriften, Beiträgen aus Fachzeitschriften, Rundschreiben der Wirtschaftsvereinigung, Schreiben der IHK Dortmund und Tagungsvorträgen zu verschiedenen Fragen der betrieblichen Berufsausbildung.

4969/2 Lehrwerkstatt Hörde der DHHU.
1952-1963
Aufstellung der Hüttenwerk Salzgitter AG zu den Ausbildungskosten pro Lehrling und Jahr vom 05.09.1962 sowie „Katalog des arbeitswissenschaftlichen Teams für die Anlagen-Planung", Januar 1962 (Kopie); Aufstellung zu allen [?] Dortmunder Schulen, mit Angaben zu den Rektoren (Kopie); Rundschreiben der Wirtschaftsvereinigung Eisen- und Stahlindustrie zum Ausbildungswesen; verschiedene Zeitungsausschnitte zum Thema Schlaf und Ermüdung; Aufstellungen zur Anzahl der Auszubildenden; Lehrmittelverzeichnis Nr. 2 der Beratungsstelle für Stahlverwendung, Stand 15.03.1954 (gedruckt); gemeinsames Merkblatt verschiedener Unternehmer- und Arbeitgeberverbände zur Verwendung von Lehr- und Fortbildungsfilmen in der Berufsausbildung und Erwachsenenbildung; Aufstellung zu Anzahl und Art von Arbeitsplätzen und Stundenlöhnen in der Lehrwerkstatt 1956; Schriftwechsel zwischen DHHU Sozialwirtschaftsbetriebe und Lehrwerkstatt sowie IHK Dortmund, verschiedenen Unternehmen, Berufsschulen und Anbietern von Lehrmaterial über Anfertigung von Bastelarbeiten zu Weihnachten, Organisation von Lehre und Prüfungen sowie Vorträgen und Filmvorführungen, Werksbesichtigungen, Bereitstellung von Werkstücken und Fachliteratur, Teilnahme an der Internationalen Schulausstellung in Dortmund im November 1960 sowie Planungen zur Zusammenlegung der beiden Lehrwerkstätten Dortmund und Hörde zu einer Zentrallehrwerkstatt.

3.2.8 Sonstiges

5055/3 Eingangskontrollen und Diebstähle bei DHHV Werk Hörde bzw. Hüttenwerk Hörde AG bzw. DHHU Werk Hörde.
1936–1958
Rundschreiben der Hüttenwerk Hörde AG an alle Betriebe zu Diebstählen, u. a. von zur Demontage vorgesehenen Maschinen; Mitteilungen von Betrieben an die Verwaltung der Hüttenwerk Hörde AG über Diebstähle sowie unerlaubtes Entfernen von der Arbeit; Rundschreiben von DHHV Werk Hörde bzw. Hüttenwerk Hörde AG bzw. DHHU Werk Hörde sowie einzelne Schreiben an die Betriebe zur Durchführung von Torkontrollen, Ausstellung von Werksausweisen und Erkennungsmarken, Stechkartenkontrolle und Befreiung von der Stechpflicht.

3148 Schadensersatzansprüche von Arbeitern gegenüber DHHU und Vorläufergesellschaften.
1944–1962
Schriftwechsel zwischen verschiedenen Abteilungen von DHHV Werk Hörde bzw. Hüttenwerk Hörde AG bzw. DHHU Werk Hörde und Arbeitern zu Schadensersatzansprüchen, insbesondere zu beschädigten Kleidungsstücken.

5058 Gewährung von Hausarbeitstagen für Mitarbeiterinnen von Hüttenwerk Hörde AG bzw. DHHU.
1947–1959
Anträge von Mitarbeiterinnen auf Gewährung eines Hausarbeitstags; Aktenvermerke und Mitteilungen von einzelnen Betrieben an die Lohnabteilung von Hüttenwerk Hörde AG bzw. DHHU, mit Aufstellungen zu anspruchsberechtigten Mitarbeiterinnen; Zeitungsausschnitte, insbesondere zu rechtlichen Fragen; Arbeitsordnung der Hüttenwerk Hörde AG vom 15.12.1948 (Typoskript).

5080 Beschäftigung Schwerbeschädigter durch Hüttenwerk Hörde AG bzw. DHHU Werk Hörde.
1949–1951
Monatliche Aufstellungen zur Anzahl der Schwerbeschädigten in einzelnen Betrieben, aufgegliedert nach kriegs- und unfallbedingter Schwerbeschädigung, Januar 1949 bis November 1951; namentliche Aufstellungen zu Schwerbeschädigten, mit Angaben zu Grad und Grund der Schwerbeschädigung; Bescheinigungen des Obmanns für Schwerbeschädigte der Hüttenwerke zur Vorlage bei Betrieben und Ämtern sowie der Lohnabteilung zu Einstellung und Entlassung von Schwerbeschädigten; einzelne Schreiben zwischen Lohnabteilung, Betrieben und Behörden zur Beschäftigung Schwerbeschädigter.

5068 Beschäftigung von Frauen und Jugendlichen durch Hüttenwerk Hörde AG bzw. DHHU Werk Hörde sowie rechtliche Fragen der Wehrpflicht von Belegschaftsmitgliedern.
1950–1958
Aufstellungen zu weiblichen Belegschaftsmitgliedern in verschiedenen Betrieben von Hüttenwerk Hörde AG bzw. DHHU Werk Hörde, mit Tätigkeitsbezeichnung, sowie zu Arbeitern unter 21 Jahren und Lehrlingen; Zeitungsausschnitte und Rundschreiben des Arbeitgeberverbands Eisen- und Stahlindustrie e. V. zu arbeitsrechtlichen Fragen des Wehrdienstes.

XIV. Betriebskrankenkassen

1. Werksbereich Hörde

1.1 Satzungen

24 Satzung der Kranken- und Unterstützungskasse des Hoerder Vereins.
1853
Satzung vom 04.08.1853, mit Dienstanweisung für die Hüttenärzte, Verhaltensregeln für die Meister und Arbeiter in Erkrankungsfällen und allgemeinen Bestimmungen zur Aufrechterhaltung der Ordnung vom 01.07.1853 (gedruckt, mit handschriftlichen Ergänzungen); handschriftliche Zusammenstellung der Strafbestimmungen.

2669 Satzung der Krankenkasse des „Phoenix", Abteilung Hoerder Verein.
1913, 1920
Satzung vom 10.07.1920 (gedruckt), mit Wahlordnung und Krankenordnung vom 19.12.1913.

5721/1 Kassenbeiträge und Satzungen von BKK VSt Hoerder Verein und Vorläuferkassen.
1923–1927
Bekanntmachungen von Krankenkasse des „Phoenix", Abteilung Hoerder Verein zur für die Bemessung der Kassenleistungen berücksichtigten Grundlohnsumme, August 1923 bis Februar 1924; Niederschriften von Ausschusssitzungen der Kasse, auch BKK VSt Hoerder Verein, zur Änderung der Satzung; neun Satzungsnachträge, 1923–1927; Abschriften aus Gesetzen und Verordnungen zur gesetzlichen Krankenversicherung; Wahlordnung für die Vertreter der Versicherten der BKK VSt Hoerder Verein vom 30.09.1927 (gedrucktes Muster, mit handschriftlichen Änderungen); Schriftwechsel zwischen Krankenkassen, Phoenix AG, Phoenix AG Hoerder Verein bzw. VSt Hoerder Verein und Verwaltungsstellen der VSt sowie Oberversicherungsamt Dortmund zu Beitragsbemessung, Satzungsänderungen und Versicherungsrecht.

5721/2 Satzung der BKK VSt Hoerder Verein.
1927–1931
Niederschriften von Ausschusssitzungen der BKK zur Änderung der Satzung; vier Satzungsnachträge, 1927–1930; Satzung und Krankenordnung vom 23.05.1930 (gedruckte Muster, mit handschriftlichen Änderungen, sowie Entwürfe); Abschriften aus Gesetzen und Verordnungen zur gesetzlichen Krankenversicherung; Schriftwechsel zwischen BKK, VSt Hoerder Verein und Verwaltungsstellen der VSt sowie Oberversicherungsamt Dortmund zu Satzungsänderungen und Versicherungsrecht.

5727 Satzung und Krankenordnung der BKK DHHU.
1966–1967
Satzung vom 22./29.07.1966 (Kopie eines Typoskripts); Krankenordnung vom 03.05.1967 (Kopie eines Typoskripts); Richtlinien für die Gewährung von Maßnahmen zur Vorsorge und Verhütung von Gesundheitsschäden vom 26.04.1967 sowie für die Bewilligung von Zuschüssen für Zahnersatz und Kieferregulierungen, o. D. (Kopien).

1.2 Geschäftsberichte

5621 Geschäftsbericht von Krankenkasse des „Phoenix", Abteilung Hoerder Verein bzw. BKK VSt Hoerder Verein, 1926.
1926
Geschäftsbericht, mit Statistiken zu Krankheitsfällen und Kassenleistungen (Typoskript).

5642 Dsgl., 1927.

5643 Dsgl., 1928.

5644 Dsgl., 1929.

5645 Dsgl., 1930.

1.3 Kassenleitung

5600 Beirat und Ausschüsse von BKK Werk Hörde der DHHV und Vorläuferkrankenkassen.
1886–1946
Niederschriften zu Beirats- und Ausschusssitzungen von Krankenkasse des Hoerder Vereins bzw. Krankenkasse des „Phoenix", Abteilung Hoerder Verein bzw. BKK VSt Hoerder Verein bzw. BKK Werk Hörde der DHHV.

5616 Vorstand der Kranken- und Pensionskasse des Hoerder Vereins.
1894–1897
Niederschriften der Vorstandssitzungen, Dezember 1894 bis Oktober 1897.

5614 Vorstand von BKK Werk Hörde der DHHV und Vorläuferkassen.
1924–1934
Niederschriften der Vorstandssitzungen von Krankenkasse des „Phoenix", Abteilung Hoerder Verein bzw. BKK VSt Hoerder Verein bzw. BKK Werk Hörde der DHHV, April 1924 bis Dezember 1934.

5687 Beirat und Geschäftsführung von BKK Werk Hörde der DHHV bzw. BKK Hüttenwerk Hörde.
1935–1949
Ausschnitte aus der Zeitschrift „Die Betriebskrankenkasse"; innerbetriebliche Rundschreiben sowie einzelne Schreiben zwischen Kassen, Beiratsmitgliedern und Versicherungsamt Dortmund zur Besetzung von Beirat und Geschäftsführung.

5620 Beirat von BKK Werk Hörde der DHHU und Vorläuferkassen.
1935–1953
Niederschriften der Beiratssitzungen von BKK Werk Hörde der DHHV bzw. BKK Hüttenwerk Hörde bzw. BKK Werk Hörde der DHHU, Juli 1935 bis April 1953.

5984 Vertreterversammlung der BKK Werk Hörde der DHHU.
1953–1966
Niederschriften über die Sitzungen der Vertreterversammlungen; Beschluss über die Vereinigung der BKK Werk Dortmund der DHHU mit der BKK Werk Hörde der DHHU zum 01.07.1966; Niederschrift über die beim Versicherungsamt der Stadt Dortmund vorgelegten Vereinbarungen zum Zusammenschluss, u. a. auch über das Hüttenhospital, 11.05.1966.

5985 Vorstand der BKK Werk Hörde der DHHU.
1953-1966
Niederschriften der Vorstandssitzungen; Vorbereitungen zur Vereinigung der BKK Werk Hörde der DHHU mit BKK Werk Dortmund der DHHU und Satzungsänderung sowie über Auswirkungen auf das Hüttenhospital.

5713 Vorstand der BKK Werk Hörde der DHHU.
1959-1961
Niederschriften der Vorstandssitzungen, z. T. mit vorbereitenden Unterlagen; Voranschläge zu den Einnahmen und Ausgaben der Kasse und des Hüttenhospitals Hörde, 1960 und 1961, und Auszüge aus den Jahresabschlüssen von Kasse und Hüttenhospital, 1959 und 1960; Plakate zur Bekanntmachung der Wahlergebnisse zu den Organen der Kasse, 1961.

1.4 Bilanzunterlagen und Finanzen
1.4.1 Vermögen

3344 Vermögensentwicklung der Kranken- und Unterstützungskasse des Hoerder Vereins.
[1885]
Bericht über die Vermögensentwicklung bis zum 01.04.1885, o. D. (Typoskript).

5722/1 Vermögen von Krankenkasse des Hoerder Vereins bzw. Krankenkasse des „Phoenix", Abteilung Hoerder Verein.
1902-1919
Aufstellungen zu Einnahmen und Ausgaben, Anleihevermögen, Reservefonds, Bankguthaben, Kassenbeständen und Forderungen; Bilanz- und Kontoauszüge für die Geschäftsjahre 1902-1919; Schriftwechsel zwischen Kassen, Hoerder Verein bzw. Phoenix AG Hoerder Verein und Reichsschuldenverwaltung zur Abgleichung der Werte.

5722/2 Vermögen von Krankenkasse des „Phoenix" Abteilung Hoerder Verein bzw. BKK VSt Hoerder Verein.
1922-1929
Aufstellungen zu Einnahmen und Ausgaben, Anleihevermögen, Reservefonds, Bankguthaben, Kassenbeständen und Forderungen; Bilanz- und Kontoauszüge für die Geschäftsjahre 1920-1928; Schriftwechsel zwischen Kassen, Phoenix AG Hoerder Verein bzw. VSt Hoerder Verein zu Abgleichung der Werte, Kauf von Anleihen und Guthabenverzinsung.

5636 Vermögen von BKK VSt Hoerder Verein bzw. BKK Werk Hörde der DHHV.
1932-1936
Vermögensbuch, mit Aufstellungen zu Bankguthaben, Wertpapieren, Hypotheken, Rücklagen und Anlagevermögen.
5637 Dsgl. von BKK Werk Hörde der DHHV, 1937-1941.
5638 Dsgl. von BKK Werk Hörde der DHHV bzw. BKK Hüttenwerk Hörde, 1943-1947.
5639 Dsgl. von BKK Hüttenwerk Hörde bzw. BKK Werk Hörde der DHHU, 1949-1953.
5696 Dsgl. von BKK Werk Hörde der DHHU, 1954-1958.
5640 Dsgl. von BKK Werk Hörde der DHHU, 1959.

5647 Vermögen von BKK Werk Hörde der DHHU.
1952, 1960-1967
Vermögensbuch, mit Aufstellungen zu Schenkungen der DHHU für Baumaßnahmen am Hüttenhospital Hörde, Inventar und technische Ausstattung, 1960, sowie Angaben zu Abschreibungen seit 1952 und 1960-1967.

5641 Dsgl., 1963-1968.

1.4.2 Forderungen

5670 Forderungen der BKK Werk Hörde der DHHU.
1963
Hilfsliste zu Forderungen gegenüber Berufsgenossenschaften, Landesversicherungsanstalten, Ruhrknappschaft und sonstigen Versorgungsstellen.

5673 Dsgl., 1964.

5676 Dsgl., 1965.

5680 Dsgl., 1966.

5671 Hilfsliste zur Verbuchung von Forderungen der BKK Werk Hörde der DHHU.
1963

5674 Dsgl., 1964.

5677 Dsgl., 1965.

5730 Vorersatzforderungsbuch über Beihilfen zu größeren Heil- und Hilfsmitteln der BKK Werk Hörde der DHHU.
1964

5681 Zweifelhafte Forderungen der BKK Werk Hörde der DHHU.
1966
Hilfsliste zu Forderungen gegenüber Berufsgenossenschaften, Landesversicherungsanstalten, Ruhrknappschaft und sonstigen Versorgungsstellen.

1.4.3 Revisionsberichte

5728 Landesversicherungsanstalt Westfalen Abteilung Krankenversicherung: Bericht über die Prüfung der Geschäfts-, Rechnungs- und Betriebsführung der BKK Werk Hörde der DHHV im Geschäftsjahr 1939.

5729 VSt Hauptrevision: Bericht über die Prüfung des Bargeldverkehrs der BKK Werk Hörde der DHHV am 17.01.1940.

5723 Landesversicherungsanstalt Westfalen Abteilung Krankenversicherung: Bericht über die Prüfung der Geschäfts-, Rechnungs- und Betriebsführung der BKK Werk Hörde der DHHU im Geschäftsjahr 1956.

5704 Dsgl., 1959.

1.4.4 Mitglieder und Beiträge

18 Sammelbuch der jährlichen Bescheinigungen über die Endzahlen aus der Aufrechnung der Quittungskarten der Invaliditäts- und Altersversicherung von Jacob Mühling.
1889–1930
Sammelbuch der BKK VSt Hoerder Verein, mit Einträgen zur Anzahl der Beitragswochen und Angaben zur Dauer von Krankheiten, 1892–1930, mit Anhang: Besonders Beachtenswertes aus dem Reichsgesetz vom 22.06.1889 betreffend die Invaliditäts- und Alters-Versicherung oder: Die zwölf Gebote des Versicherten.

5598 Mitgliederbuch von Krankenkasse des Hoerder Vereins bzw. Krankenkasse des „Phoenix" Abteilung Hoerder Verein.
1900–1907
Buchstabe A–G.

205 Sammelbuch der jährlichen Bescheinigungen zur Invaliden- und Hinterbliebenenversicherung von Heinrich Mischker.
1913, 1923–1951, 1957
Sammelbuch der BKK Werk Hörde der DHHU, mit Einträgen zur Anzahl der Beitragswochen und Angaben zur Dauer von Krankheiten, 1925–1951; Abkehrscheine der Eisenwerk Willich AG.
Darin auch: Lohntüte der DHHU, 1957.

5653 Beitragsbuch und Mitgliederverzeichnis für Sterbegeld-Zusatzversicherte der BKK Werk Hörde der DHHU.
1962

5655 Beitragsbuch für freiwillig Versicherte der BKK Werk Hörde der DHHU.
1963

5656 Finanzielle Übersicht zu den Beitragsbüchern für freiwillig Versicherte der BKK Werk Hörde der DHHU.
1963
5657 Dsgl., 1964.
5658 Dsgl., 1966.

5659 Finanzielle Übersicht zu den Beitragsbüchern für versicherungspflichtige Rentner der BKK Werk Hörde der DHHU.
1963
5660 Dsgl., 1964.
5661 Dsgl., 1965.
5662 Dsgl., 1966.
5663 Dsgl., 1967.

5665 Beitragskarten für freiwillig Versicherte der BKK Werk Hörde der DHHU, Buchstaben G–L.
1965–1966
5664 Dsgl., Buchstaben L–R, 1965–1966.

5667 Dsgl., Buchstaben A-J, 1966.
5669 Dsgl., Buchstaben A-Z, 1966.
5668 Dsgl., Buchstaben A-H, 1967.

5666 Beitragskarten für versicherte Rentner der BKK Werk Hörde der DHHU, Buchstaben A-Z.
1965-1966

5706 Beitragsabrechnung der BKK Werk Hörde der DHHU.
1966
Monatliche Aufstellungen der Kasse zur Ermittlung von Beitragsrückständen und Unstimmigkeiten bei der Abrechnung von Beiträgen, Januar bis Dezember 1966.

1.4.5 Kassenleistungen

2008 Versicherungsleistungen für Arbeitsunfälle beim Hoerder Verein.
1885-1887
Aufstellungen, mit Lohnnachweisen von Arbeitern zur Ermittlung von Entschädigungsansprüchen; Schriftwechsel zwischen Krankenkasse des Hoerder Vereins und RWHWB Section VI Dortmund zu Leistungszusagen und Entschädigungszahlungen, insbesondere zu Unfällen mit mehr als 13-wöchiger Genesungszeit, Januar 1886 bis September 1887.

2017 Arbeitsunfälle beim Hoerder Verein.
1885-1888
Unfalluntersuchungsberichte der Stadt-Polizei-Verwaltung Hörde an die Krankenkasse des Hoerder Vereins, Dezember 1885 bis Oktober 1888.

2012 Versicherungsleistungen für Arbeitsunfälle beim Hoerder Verein.
1887-1888
Schriftwechsel zwischen Krankenkasse des Hoerder Vereins und RWHWB Section VI Dortmund zu Leistungszusagen und Entschädigungszahlungen, insbesondere zu Unfällen mit mehr als 13-wöchiger Genesungszeit, Oktober 1887 bis September 1888.
2026 Dsgl., Oktober 1888 bis Juli 1889.
2030 Dsgl., August 1889 bis Juni 1890.
2059 Dsgl., April 1891 bis September 1892.
2095 Dsgl., Oktober 1892 bis September 1894.

2048 Arbeitsunfälle beim Hoerder Verein.
1889-1892
Unfalluntersuchungsberichte der Stadt-Polizei-Verwaltung Hörde an die Krankenkasse des Hoerder Vereins, Januar 1889 bis Dezember 1892.

2058 Versicherungsleistungen für Arbeitsunfälle beim Hoerder Verein.
1891-1892
Abrechnungen der Krankenkasse des Hoerder Vereins (Durchschläge); Mitteilungen der RWHWB Section VI Dortmund an die Krankenkasse zu Leistungszusagen bzw. -aufforderungen und Ent-

schädigungszahlungen, insbesondere zu Unfällen mit mehr als 13-wöchiger Genesungszeit, April 1891 bis Dezember 1892.

5654 Hilfsliste der Verpflichtungen der BKK Werk Hörde der DHHU gegenüber Mitgliedern.
1962-1964

1.4.6 Sonstiges

2148 Finanzangelegenheiten der Krankenkasse des Hoerder Vereins.
1891-1901
Aufstellung der von Mitgliedern gegen die Krankenkasse in den Jahren 1891-1894 geführten Prozesse; Aufstellungen zu Vertragsärzten und zur Anzahl der zugewiesenen Mitglieder; Schriftwechsel zwischen Hoerder Verein und Krankenkasse zur Anweisung und Verrechnung von Mitgliedsbeiträgen und Leistungen, Zahlung von Arzthonoraren, Betriebs- und Medikamentenkosten, auch für das Hüttenhospital Hörde.

2164 Finanzangelegenheiten der Krankenkasse des Hoerder Vereins.
1901-1902
Aufstellungen zu Vertragsärzten und zur Anzahl der jeweils zugewiesenen Mitglieder der Krankenkasse; Werbeblatt der Firma Eduard Schneider, Hannover, zu einem Formaldehyd-Desinfektionsgerät; Schriftwechsel zwischen Hoerder Verein und Krankenkasse zur Anweisung und Verrechnung von Mitgliedsbeiträgen und Leistungen, Zahlung von Arzthonoraren, Betriebs- und Medikamentenkosten, auch für das Hüttenhospital Hörde, Juli 1901-Juli 1902.

2330 Finanzierung der Krankenkasse des „Phoenix", Abteilung Hoerder Verein.
1909-1917
Monatliche Aufstellungen und Zahlungsanweisungen zu den Werksbeiträgen von Hermannshütte und Hochofenwerk Hörde zur Krankenkasse des „Phoenix", Abteilung Hoerder Verein und Versorgungskasse des „Phoenix" Abteilung Hoerder Verein, Dezember 1909 bis April 1917; Mitteilungen zu Bauarbeiten und Lieferungen der Phoenix AG Hoerder Verein für das Hüttenhospital Hörde und die Krankenkasse.

2546 Rechnungswesen der Krankenkasse des „Phoenix", Abteilung Hoerder Verein.
1923-1924
Sammlung von Belegen der Buchhaltung der Phoenix AG Hoerder Verein über Ein- und Auszahlungen der Krankenkasse, Juni 1923 bis November 1924.

6002 Sammlungsgut zur BKK DHHV, BKK DHHU und BKK VSt Dortmunder Union.
1930-1953
Informationen zu Beiträgen und Leistungen, Krankenordnung und Satzung der Betriebskrankenkasse (gedruckt oder Abschriften; teilweise auch gültig für Dortmunder Union Brückenbau AG und Eisenwerk Rothe Erde GmbH); Bekanntmachung zur Regelung der Krankmeldung, 1943; Bekanntmachung zu neuen Beitragssätzen für Krankenkassen, 1946.

5709 Jahresabschlüsse von BKK Hüttenwerk Hörde bzw. BKK Werk Hörde der DHHU.
1949-1956
Jahresabschlüsse; Landesverband der Betriebskrankenkassen NRW: „Die Betriebskrankenkassen in NRW im Jahre 1955"; einzelne Schreiben zwischen Kasse und Versicherungsamt der Stadt Dortmund zu den Jahresabschlüssen.

5712 Voranschläge von BKK Hüttenwerk Hörde bzw. BKK Werk Hörde der DHHU.
1950-1960
Voranschläge zu den Einnahmen und Ausgaben der Kassen und des Hüttenhospitals Hörde, 1950-1960; einzelne Schreiben zwischen Kasse und Versicherungsamt der Stadt Dortmund zur Übersendung der Voranschläge.

5711 Geschäftsentwicklung von BKK Werk Hörde der DHHU und anderen Krankenkassen.
1954-1960
Vergleichende Aufstellungen zu Mitgliederentwicklung, Einnahmen und Ausgaben der BKK, 1954-1957, 1958 und 1959; Rundschreiben von Landesverband der Betriebskrankenkassen NRW und Versicherungsamt der Stadt Dortmund zur Erhebung von Daten: Vergleichende Aufstellungen von Arbeitsgemeinschaft der Betriebskrankenkassen von Dortmund und Umgegend sowie Betriebskrankenkasse der Hüttenwerke Oberhausen AG zu Mitglieder- und Krankenstand, Einnahmen und Ausgaben sowie Leistungen der Mitgliedskassen, 1957-1959; einzelne Schreiben zwischen BKK, Betriebskrankenkasse der Hüttenwerke Oberhausen AG und Versicherungsamt zur Datenerhebung.

1.5 Hüttenhospital Hörde

3316 Erweiterung des Stalls des Hüttenhospitals Hörde.
1896
Bauantrag des Hoerder Vereins vom 04.07.1896; Baugenehmigung des Amts [Dortmund-]Brackel vom 09.07.1896, mit Auszug aus der Baupolizeiverordnung.

3080 Erweiterung des Hüttenhospitals Hörde.
1905-1906
Bauantrag des Hoerder Vereins vom 07.03.1905; Baugenehmigung der Stadt [Dortmund-]Hörde vom 10.03.1905, mit Auszug aus der Baupolizeiverordnung; Lageplan; Grund- und Aufrisszeichnungen des Anbaus.

565 Neubau des Hüttenhospitals Hörde.
1909-1911, 1915-1917
Bericht der Krankenkasse des „Phoenix", Abteilung Hoerder Verein an das Königliche Regierungspräsidium Arnsberg Bezirksausschuss über die Beseitigung von bei der behördlichen Revision des Hüttenhospitals festgestellten Mängeln vom 17.05.1909; Schriftwechsel zwischen Krankenkasse und Firma Louis Opländer Gesundheitstechnische Anlagen, Dortmund, über den Umbau der Toiletten, mit Kostenvoranschlägen und Werbeblättern von Toiletten; Grundrisszeichnungen und Kostenvoranschlag des projektierten Neubaus der Architekten Beuckelmann & Jöhren; Schriftwechsel zwischen Krankenkasse, Phoenix AG und Phoenix AG Hoerder Verein über die Baupläne

sowie mit der Emschergenossenschaft über Entwässerungspläne, mit der Stahlwerksverband AG über Vor- und Nachteile von Eisenbetondecken, mit der Gewerkschaft Admiral über den Bau der neuen Schachtanlage und einer Anschlussbahn in Nähe des Krankenhauses, mit Bezirksausschuss, Stadt [Dortmund-]Hörde, Kreisausschuss des Kreises Hörde und Amt [Dortmund-]Wellinghofen über Bauvorschriften, Genehmigung der Baupläne und Baugenehmigung, Eingemeindung des vorgesehenen Baugrundstücks von [Dortmund-]Benninghofen nach Hörde und Wasserversorgung des Krankenhauses; Bewerbungsschreiben verschiedener Architekten; Angebote und Rechnungen verschiedener Unternehmen über Bau- und Erdarbeiten sowie die Lieferung der technischen Ausstattung des Hauses; Bauantrag der Phoenix AG Hoerder Verein vom 02.03.1911 und Baugenehmigung der Stadt Hörde vom 22.03.1911; statische Berechnung des Neubaus; Vorschriften des Preußischen Innenministeriums über Anlage, Bau und Einrichtung von Kranken-, Heil- und Pflegeanstalten sowie von Entbindungsanstalten und Säuglingsheimen vom 08.07.1911 (Abschrift); Einsprüche gegen die Ansiedlung des Krankenhauses in Benninghofen, u. a. von Amt Wellinghofen und Gewerkschaft des Steinkohlenbergwerks Graf Bismarck wegen Wertminderung des unter dem Gelände liegenden Grubenfelds Clarenberg der stillliegenden Zeche Ver. Bickefeld Tiefbau; Gestattungsvertrag zwischen Phoenix AG und Krankenkasse zur unentgeltlichen Nutzung des Grundstücks in Benninghofen zum Bau des Krankenhauses vom 31.07.1911 (Abschrift), mit Entwürfen; Zeitungsausschnitte.
Darin auch: Beschlagnahmung von aus Nickel bestehenden Innenkochkesseln der Krankenhausküche durch den Reichsmilitärfiskus; Schriftwechsel mit der Senkingwerk AG, Hildesheim, über die Lieferung von schmiedeeisernen Ersatzkesseln und Entschädigungsleistungen.

566 Neubau des Hüttenhospitals Hörde.
1908-1912
Angebote und Rechnungen verschiedener Unternehmen über Bauarbeiten sowie die Lieferung von technischen Einrichtungen; Schriftwechsel zwischen Krankenkasse des „Phoenix", Abteilung Hoerder Verein, Phoenix AG Hoerder Verein, den Architekten Beuckelmann & Jöhren und Bauunternehmen über den Baufortschritt, die Begleichung von Rechnungen, Gewährleistungsfragen, Bürgschaften und Sicherheiten der Bauunternehmen; Protokolle von Baubesichtigungen; Aufstellung der Baukosten nach weitgehender Fertigstellung des Krankenhauses vom Oktober 1912; Bestimmungen für die Benutzung der Fernsprechanschlüsse des Reichs-Postamts vom 01.06.1908, Berlin 1910; Betriebsgenehmigung des Königlichen Regierungspräsidiums Arnsberg Bezirksausschuss nach medizinalpolizeilicher Abnahme vom 20.12.1912; Bilanz der Albingia Versicherungs-AG, Hamburg, 1909/1910; Geschäftsbericht der Leipziger Feuer-Versicherungs-Anstalt, 1910; Lageplan der über das Krankenhausgelände führenden Wasserleitung für den benachbarten Friedhof der israelitischen Gemeinde.

3158 Umbau des alten Hüttenhospitals Hörde in ein Arbeiterwohnheim.
1912-1913
Bauantrag der Phoenix AG Hoerder Verein vom 16.10.1912; Baugenehmigung der Stadt [Dortmund-]Hörde vom 23.10.1912, mit Auszug aus der Baupolizeiverordnung; Bauabnahmeschein vom 09.10.1913; statische Berechnungen; Lageplan; Grundriss- und Querschnittzeichnungen; einzelne Schreiben zwischen Phoenix AG Hoerder Verein und Stadt Hörde zum Genehmigungsverfahren.

538 Einweihung und Jubiläen des Hüttenhospitals Hörde.
1913, 1932-1933, 1938

Einladungsschreiben und Antworten zur Einweihungsfeier des neuen Hüttenhospitals Hörde der Krankenkasse des „Phoenix", Abteilung Hoerder Verein am 18.01.1913; Clemens Birkenfeld: „75 Jahre Hörder Hüttenhospital", Januar 1933 (Typoskript, 3 S.); Schriftwechsel zwischen Krankenkasse und Verband zur Wahrung der Interessen der deutschen Betriebskrankenkassen über die Veröffentlichung des Texts in der Zeitschrift „Die Betriebskrankenkasse" und Produktion von Sonderdrucken; Zeitungsausschnitte, Glückwunschschreiben; 25-jähriges Jubiläum des Hüttenhospitals, 1938 (Typoskript, 3 S.).

4956/1 Bau und Betrieb des Hüttenhospitals Hörde.
1911, 1949–1956
Vertrag zwischen Phoenix AG Hoerder Verein und Krankenkasse des „Phoenix" Abteilung Hoerder Verein vom 31.07.1911 zur Gestattung des Krankenhausbaus auf Grundstücken des Unternehmens (Abschrift); Aufstellungen zur Kostenübersicht; Kostenvoranschläge; Aufstellungen zum Angebotsvergleich; Aktenvermerke; Sitzungsniederschriften zur Bauplanung; Schriftwechsel zwischen Hüttenwerk Hörde AG bzw. DHHU Sozialwirtschaftsbetriebe, Ärzten und Verwaltung des Hüttenhospitals, BKK Werk Hörde der DHHU, Architekten, Bauunternehmen Handwerkern und Lieferanten von Krankenhausausstattung über Bauplanung, Renovierung und Bestellungen sowie die Eigentumsverhältnisse des Krankenhauses.

4956/2 Bau und Betrieb des Hüttenhospitals Hörde.
1947–1963
Aufstellungen zur Kostenübersicht; Kostenvoranschläge; Aufstellungen zu den verausgabten Mitteln; Aktenvermerke; Sitzungsniederschriften zur Bauplanung; Grund- und Aufrisszeichnungen zum Umbau des Dachgeschosses des Altbaus; Schriftwechsel zwischen Hüttenwerk Hörde AG bzw. DHHU Sozialwirtschaftsbetriebe, Ärzten und Verwaltung des Hüttenhospitals, BKK Werk Hörde der DHHU, Architekten, Bauunternehmen, Handwerkern und Lieferanten von Krankenhausausstattung über Bauplanung, Renovierung und Bestellungen, Verlegung von Hochspannungskabeln vom Werksgelände zum Krankenhaus und Regelung der Eigentumsverhältnisse des Krankenhauses.

4957/1 Betriebsergebnis des Hüttenhospitals Hörde.
1951–1957
Einnahmenüberschussrechnungen sowie detaillierte Aufstellungen zu Leistungen, Einnahmen und Ausgaben im Krankenhausbetrieb sowie Investitionen für die Jahresrechnungsabschlüsse, 1951–1957, jeweils kumulierte Quartale.

4957/2 Dsgl. für die Jahresrechnungsabschlüsse, 1958–1962.

4958 Belegschaft und Betrieb des Hüttenhospitals Hörde.
1951–1959
Entwurf eines Stellen- und Belegschaftsorganisationsplans; Vertrag zwischen BKK Werk Hörde der DHHU und Ärzten zur Zulassung für das Hüttenhospital (blanko); Dienstverträge der Chefärzte von Innerer Abteilung und Chirurgie, Hermann Mittemeyer und E. Zernecke (Abschriften, nicht parafiert); Hausordnung (gedruckt); Mitteilungen der BKK an Wilhelm Schäfer, Vorstand der DHHU, u. a. über Diebstähle, Renovierungsarbeiten, Feuerversicherung, Organisation von Weihnachtsfeiern, Leistungen der Bäderabteilung im Jahr 1953, Installation einer Rundfunkübertragungsanlage mit „Kissensprecher", Dienstanweisungen zur Materialbeschaffung, Hausordnung, Personalangelegenheiten, Abrechnungsfragen und Betriebskosten.

4959 Gesundheitswesen der DHHU.
1952-1960
Prospekte zu Röntgengeräten der Siemens-Reiniger-Werke AG, Erlangen; „Röntgenreihenuntersuchungen in der Eisen- und Stahlindustrie 1949-1953" (Sonderdruck aus „Fortschritte auf dem Gebiet der Röntgenstrahlen vereinigt mit Röntgenpraxis", H. 3/1954); Aushang zu Röntgenreihenuntersuchungen im Werk Hörde der DHHU, 1954 und 1960, sowie im Werk Dortmund, 1958; „Die Röntgenreihenuntersuchung in der Eisen- und Stahlindustrie", o. D. (Broschüre der Röntgen-Reihenbildstelle der Eisen- und Stahlindustrie); Rundschreiben der DHHU Sozialwirtschaftsbetriebe an die Betriebe zu den Untersuchungen; Stellungnahme des Chefarztes der Chirurgie des Hüttenhospitals, E. Zernecke, zur möglichen Gesundheitsschädlichkeit von Coca Cola vom 09.11.1953 anlässlich einer Werksbesichtigung; Bestellungen von Geräten und Utensilien für den werksärztlichen Dienst; Fotografien des Verbandsraums Emschertor des Werks Hörde; Krankenordnung der BKK Werk Dortmund der DHHU vom 05.01.1953 (gedruckt); Aufstellungen zur Anzahl von Fahrten der Werksambulanz 1953 und 1954; Aktennotizen und Besprechungsniederschriften zu Kosten, Organisationsfragen und Leistungen der BKK Werk Dortmund der DHHU.

5714 Diverse Unterlagen zum Hüttenhospital Hörde.
1950-1960
Aufstellungen zu den Leistungen der Bäderabteilung, 1953-1957; Entwurf zur Änderung der Gebührenordnung vom 20.07.1957; Lohn- und Tarifvertrag zwischen BKK Werk Hörde der DHHU und Gewerkschaft Öffentliche Dienste, Transport und Verkehr vom 24.04.1957 (Abschrift); Rahmentarifvertrag für die Arbeitnehmer des Hüttenhospitals vom 24.07.1957 (Abschrift); Schriftwechsel zwischen BKK und Hüttenhospital über Investitionen, Reparaturen, Ausstellung von Behandlungs- und Kurscheinen, Personalangelegenheiten, Betriebskosten, Pflegesätze, Arbeitszeit und Löhne.

5716 Spenden und Zuwendungen der DHHU an die BKK Werk Hörde der DHHU, insbesondere für das Hüttenhospital Hörde.
1952-1963
Schriftwechsel zwischen DHHU und BKK über Auszahlung und Verwendung von Spenden und Zuwendungen, Investitionspläne und rechtliche Belange von Spenden an Körperschaften öffentlichen Rechts.

5708 Kassenärztliche Zulassung der Chefärzte des Hüttenhospitals Hörde, E. Zernecke und Hermann Mittemeyer.
1954-1955
Beschluss des Zulassungsausschusses für Ärzte und Krankenkassen der Kassenärztlichen Vereinigung Westfalens Verwaltungsstelle Dortmund vom 16.06.1954 zur Kassenzulassung; Urteil des Landessozialgerichts Essen vom 18.10.1955 in der Streitsache von Zernecke, Mittemeyer und BKK Werk Hörde der DHHU gegen den Zulassungsausschuss um Kassenzulassung; einzelne Schreiben zwischen BKK und Zulassungsstelle zum Verfahren.

5710 Einnahmen- und Ausgabenrechnung des Hüttenhospitals Hörde.
1956-1958
Monatliche sowie kumulierte Aufstellungen des Hüttenhospitals für die BKK Werk Hörde der DHHU zu Einnahmen und Ausgaben, Januar 1956 bis Dezember 1958.

5705 Spenden der DHHU an die BKK Werk Hörde der DHHU für das Hüttenhospital Hörde.
1956–1960, 1964
Kontierungspläne und Nachweise zur Mittelverwendung der BKK.

5715 Energiekosten des Hüttenhospitals Hörde.
1958–1961
Monatliche Abrechnungen der DHHU über den Stromverbrauch von Hüttenhospital und angeschlossenen Wohnhäusern, November 1959 bis Dezember 1960; monatliche Abrechnungen der BKK Werk Hörde der DHHU über den Stromverbrauch der Mieter (Ärzte und Geschäftsführung), insbesondere Alemannenstraße, Juli 1958 bis Dezember 1960.

1641 Materialien zur Festschrift zum 100-jährigen Bestehen des Hüttenhospitals Hörde.
1858, 1913, 1947–1957
Aufstellung zu Akten und Fotografien aus dem Archiv der DHHU; Zeitungsausschnitte; Abschriften aus Publikationen zum Hüttenhospital, o. D.; Aufstellungen zu Belegungszahlen, Höhe der Pflegesätze und durchgeführten Untersuchungen, 1947–1956; Urkunde zur Grundsteinlegung des Umbaus am 28.07.1950 (Kopie und Fotografie); Vertrag zwischen Hoerder Verein und dem „Mutterhaus der barmherzigen Schwestern" in Paderborn über die Abstellung von zwei Schwestern für das Hospital vom 13.01.1858 (Kopie).

1.6 Sonstiges

1841 Kranken- und Unterstützungskasse des Hoerder Vereins und Spenden des Hoerder Vereins für wohltätige Zwecke.
1851–1858
Aufstellung der Einnahmen und Ausgaben der Krankenkasse zwischen 01.07.1851 und 30.09.1852; Auszüge aus den Niederschriften der Sitzungen des Verwaltungsrats des Hoerder Vereins; Satzungsentwurf; Dienstanweisung für die Ärzte des Hoerder Vereins (Entwurf); Satzung der Kinder-Bewahr-Anstalt des Hoerder Vereins vom 08.05.1854; Hilfeaufruf des Central-Comités zur Unterstützung der Überschwemmten am Niederrhein vom 12.03.1855; Satzung der Töchter-Freischule Hörde, 1856 (Zeitungsausschnitt); Satzung der Unterstützungskasse für die Arbeiter des Blechwalzwerks auf der Hermannshütte, o. D. (Entwurf); Spendenaufruf des Comités zur Errichtung eines Denkmals für Friedrich List in Reutlingen vom 31.03.1857 (gedruckt); Bericht zum Vergleich der Satzung der Krankenkasse mit den Anforderungen des neuen Knappschaftsgesetzes vom 05.08.1855; Satzungsentwurf zu einer Arbeiter-Pensions- und Invalidenkasse des Hoerder Vereins, September 1856; Schriftwechsel zwischen Hoerder Verein, dem Hörder Bürgermeister Friedrich Wilhelm Vahlkamp, dem „städtischen Armen-Vorstand", Landratsamt Dortmund, Unternehmen, Vereinen, Kirchengemeinden und Arbeitern über verschiedene Krankenkassenangelegenheiten, Unfälle, Krankheiten, Ausbildungs- und Schulfragen sowie Spendengesuche.

3345 Sammlung von Unterlagen zu BKK Werk Hörde der DHHU und Vorläuferkassen.
1858–1868, 1895–1902, 1919–1921, 1965–1966
Vertrag zwischen „Congregation der barmherzigen Schwestern", Paderborn, und Hoerder Verein über die Abstellung von zwei Schwestern für das Hüttenhospital Hörde vom 13.01.1858; Verträge zwischen Kranken- und Unterstützungskasse des Hoerder Vereins und Eduard Vahlkamp zur Ge-

währung von Darlehn über jeweils 200 Taler vom 10.01.1868 und 10.07.1868; einzelne Schreiben zwischen Krankenkasse des Hoerder Vereins und verschiedenen Krankenhäusern zur Behandlung von Arbeitern; Martin: „Versicherungsmathematische Gutachten zur Versorgungskasse des Phoenix Abteilung Hoerder Verein vom 31.12.1919 und 31.01.1921" (Abschriften); Sparbuch der BKK Werk Hörde der DHHU bei der Stadtsparkasse zu Dortmund (aufgelöst 1965); Entscheidung des Oberversicherungsamts NRW zur Fusion von BKK Werk Hörde der DHHU und BKK Werk Dortmund der DHHU vom 26.05.1966.

1906 Kranken- und Unterstützungskasse des Hoerder Vereins und Spenden des Hoerder Vereins für wohltätige Zwecke.
1858–1871
Schriftwechsel zwischen Hoerder Verein, Stadt [Dortmund-]Hörde, Landratsamt Dortmund, Unternehmen, Vereinen, Kirchengemeinden und Arbeitern über verschiedene Krankenkassenangelegenheiten, Unfälle, Invalidität, Krankheiten, Knappschaftsangelegenheiten, Ausbildungs- und Schulfragen sowie Spendengesuche; Spendenaufruf des Hülfleistungs-Comités für die nach Süd-Russland ausgewanderten Bergleute vom 23.10.1860 sowie Rechenschaftsbericht vom 29.08.1861 (gedruckt).

1985 Kranken- und Unterstützungskasse des Hoerder Vereins und Spenden des Hoerder Vereins für wohltätige Zwecke.
1859, 1869–1885
Schriftwechsel zwischen Hoerder Verein, Stadt [Dortmund-]Hörde, Landratsamt Dortmund, Unternehmen, Vereinen, Kirchengemeinden und Arbeitern über verschiedene Krankenkassenangelegenheiten, Unfälle, Invalidität, Krankheiten, Knappschaftsangelegenheiten, Ausbildungs- und Schulfragen sowie Spendengesuche; Satzung der Krankenkasse vom 01.01.1885 (gedruckt); Entwurf des Statuts einer Ortskrankenkasse nach dem Reichsgesetz vom 15.06.1883, nebst Erläuterungen, Arnsberg 1884 (Broschüre, 36 S., mit handschriftlichen Anmerkungen); Abkehrschein des Hoerder Vereins für einen Puddler vom 01.07.1859.

5050 Betriebskrankenkasse des Werks Hörde von DHHV bzw. DHHU.
1936–1967
Aufstellungen und Schlüsselzahlen der BKK Werk Hörde der DHHU zur Berechnung der Beiträge zu Kranken- und Arbeitslosenversicherung bzw. Reichsstock für Arbeitseinsatz; zweiter Nachtrag zur Satzung der BKK Hüttenwerk Hörde vom 27.01.1950; dritter Nachtrag zur Satzung der BKK Werk Hörde der DHHU vom 30.04./07.06.1963; Rundschreiben der BKK Werk Hörde der DHHV an Verwaltung und einzelne Betriebe der DHHV Werk Hörde zu versicherungsrechtlichen und Verwaltungsfragen; Bericht zur Kassenprüfung der BKK Hüttenwerk Hörde am 17.05.1947; Aufstellungen zur Krankenversicherung für beschäftigte Rentner und Zuschüsse der Unternehmen; Niederschrift der Sitzung der Vertreterversammlung des Landesverbands der Betriebskrankenkassen NRW am 05.06.1961; Übersicht über die Leistungen und Beiträge der Betriebskrankenkassen der Werke Dortmund und Hörde der DHHU, Stand 01.06.1959 (gedruckt); Aufruf der BKK Werk Hörde der DHHU vom 16.03.1960 an die Mitglieder zur Kostenvermeidung nach Beitragserhöhungen auf den Höchstsatz (gedruckt); Sonderheft der Zeitschrift „Die Betriebskrankenkasse" vom 25.07.1961 zu gesetzlichen Änderungen und Beitragserhöhungen; Rundschreiben des Landesverbands an die Kassen; Krankenschein für kassenärztliche Zahnbehandlung der BKK Werk Hörde der DHHU sowie weitere Formulare (blanko); Landesversicherungsanstalt Westfalen (Hg.): „Allgemeine Verwaltungsvor-

schrift über Versicherungsnummern in den gesetzlichen Rentenversicherungen vom 27.12.1967"; Zeitungsausschnitte; Rundschreiben von BKK Werk Hörde der DHHU bzw. BKK DHHU an Lohn- und Personalabteilungen; einzelne Schreiben zwischen Krankenkassen, Betrieben und Verbänden zu versicherungsrechtlichen Fragen.

5707 Erholungskuren im St. Josefshaus, Oberkirchen.
1949-1952
Einzelne Schreiben zwischen BKK DHHV bzw. BKK Werk Dortmund der DHHU und St. Josefshaus über Kuren und Kohlenlieferungen.

5373 Zwei Mietverträge der BKK Hüttenwerk Hörde für das Haus in Dortmund-Hörde, Alemannenstraße 1.
1950-1953

5695 Prozessregister der BKK Werk Hörde der DHHU [?].
1954-1957

5977 Liquidation der Unterstützungseinrichtung Thomas GmbH.
1953-1955
Gesellschaftsvertrag der Unterstützungseinrichtung Thomas GmbH, o. D.; Bilanz zum 31.03.1953; Schlussbilanz zum 01.02.1954; Liquidations-Eröffnungsbilanz zum 02.02.1954; Mitteilungen bzw. Rundschreiben an die DHHU zur Liquidationsabwicklung.

2. Werksbereich Dortmund

2.1 Satzungen

5689 Satzung der BFK Aplerbeck der „Union".
1884-1886, 1891
Mustersatzung einer Betriebs- (Fabrik-)Krankenkasse nach dem Reichsgesetz vom 15.06.1883, Arnsberg 1884, mit handschriftlichen Änderungen zur Satzung der BFK Aplerbeck der „Union" vom 01.01.1885, genehmigt von Kranken- und Unterstützungskasse für die Meister und Arbeiter des Walzwerks zu Aplerbeck und Union AG, und Nachträgen vom 26.06.1886 (gedruckt) und 01./18.06.1891.

5690 Satzung der BFK Aplerbeck der „Union".
1892-1893
Mustersatzung einer Betriebs- (Fabrik-)Krankenkasse nach dem Krankenversicherungsgesetz vom 10.04.1892 (gedruckt), mit handschriftlichen Änderungen zur Satzung der BFK Aplerbeck der „Union" vom 11.11.1892/10.02.1893.

5691 Satzung der BFK Horst der „Union".
1884-1886, 1891
Mustersatzung einer Betriebs- (Fabrik-)Krankenkasse nach dem Reichsgesetz vom 15.06.1883, Arnsberg 1884, mit handschriftlichen Änderungen zur Satzung der BFK Horst der „Union" vom

01.01.1885, genehmigt von Kranken- und Unterstützungskasse für die Meister und Arbeiter der Horster Eisen- und Stahlwerke der Union und Union AG, und Nachträgen vom 26.06.1886 (gedruckt) und 04.04./06.05.1891.

5692 Satzung der BFK Horst der „Union".
1892, 1900, 1903, 1907
Mustersatzung einer Betriebs- (Fabrik-)Krankenkasse nach dem Krankenversicherungsgesetz vom 10.04.1892 (gedruckt), mit handschriftlichen Änderungen zur BFK Horst der „Union" vom 12.11./16.12.1892 (Manuskript und gedruckt) und Nachträgen vom 10.08./10.10.1900, 09.10./28.11.1903 und 04./23.11.1907.

5693 Satzung der BFK Henrichshütte der „Union".
1884–1886, 1891
Mustersatzung einer Betriebs- (Fabrik-)Krankenkasse nach dem Reichsgesetz vom 15.06.1883, Arnsberg 1884, mit handschriftlichen Änderungen zur Satzung der BFK Henrichshütte der „Union" vom 01.01.1885, genehmigt von Kranken- und Unterstützungskasse für die Meister und Arbeiter der Henrichshütte Eisen- und Stahlwerke der Union und Union AG, und Nachträgen vom 26.06./24.08.1886 (gedruckt) und 04.04./25.05.1891.

5694 Satzung der BFK Henrichshütte der „Union".
1892, 1900
Mustersatzung einer Betriebs- (Fabrik-)Krankenkasse nach dem Krankenversicherungsgesetz vom 10.04.1892 (gedruckt), mit handschriftlichen Änderungen zur BFK Henrichshütte der „Union" vom 12.11./13.12.1892 und Nachtrag vom 13.08./16.10.1900.

512 Betriebskrankenkassen der Union AG.
1892–1897
Unterlagen zur Novellierung der Satzungen von Krankenkasse der Dortmunder Eisen- und Stahlwerke der „Union" AG bzw. BFK Dortmund der „Union", BFK Aplerbeck der „Union", BFK Horst der „Union" und BFK Henrichshütte der „Union" nach den Vorgaben des neuen preußischen Krankenversicherungsgesetzes von 1892; Schriftwechsel zwischen Union AG, Union AG Horst, Union AG Henrichshütte, Union AG Aplerbeck, Stadt Dortmund, Königlichem Regierungspräsidium Arnsberg Bezirksausschuss, den Krankenkassen und anderen Unternehmen wie Westfälische Union AG und Phoenix AG über Auslegung des Gesetzes, Änderungsnotwendigkeiten, Entwürfe zu einzelnen Paragrafen, zwangsweise oder freiwillige Mitgliedschaft, Einbeziehung von Familienmitgliedern, Höhe der Beitragssätze und Beerdigungskosten; Aktenvermerke; Niederschriften von Sitzungen mit Vertretern der Kassenmitglieder.

5682 Satzungen von BKK Deutsch-Lux Dortmunder Union bzw. BKK VSt Dortmunder Union.
1921–1928
Krankenordnung und Satzung vom 15.06.1921 bzw. 27.04./23.06.1921 (gedruckt); 14 Satzungsnachträge, 1921–1928 (beglaubigte Typoskripte); Wahlordnung für die Versichertenvertreter der BKK VSt Dortmunder Union vom 13.08./05.09.1927 (gedruckt, mit handschriftlichen Änderungen).

5683 Satzungen von BKK VSt Dortmunder Union bzw. BKK Werk Dortmund der DHHV.
1929–1936

Satzung vom 28.01./09.02.1929 (gedruckt); 13 Satzungsnachträge, 1929-1936 (beglaubigte Typoskripte); Nachträge zur Krankenordnung vom 13.09./03.11.1930 und 17./23.01.1934 (beglaubigte Typoskripte).

2.2 Geschäftsberichte

2571 Jahresberichte der BFK Dortmund der Deutsch-Lux, 1911 und 1912 (Typoskripte).
1911-1912

5619 Geschäftsbericht der BKK Deutsch-Lux Dortmunder Union, 1922.
1922
Geschäftsbericht, mit zahlreichen Statistiken zu Krankheitsfällen und Kassenleistungen (Typoskript).
5615 Dsgl., 1923.
5613 Dsgl., 1924.
5686 Dsgl., 1925.

5684 Geschäftsberichte von BKK Deutsch-Lux Dortmunder Union bzw. BKK VSt Dortmunder Union.
1922-1928
Geschäftsberichte, 1922 (Typoskript, nur Textteil) und 1926 (Durchschlag, nur Textteil); Mitglieder- und Krankenstatistik, 1924-1928 (Durchschlag).

5617 Geschäftsbericht von BKK Deutsch-Lux Dortmunder Union bzw. BKK VSt Dortmunder Union, 1926.
1926
Geschäftsbericht, mit zahlreichen Statistiken zu Krankheitsfällen und Kassenleistungen (Typoskript).

5646 Geschäftsbericht der BKK VSt Dortmunder Union, 1930 (Typoskript).
1930

2572 Geschäftsberichte der BKK Werk Dortmund der DHHU, 1952-1954 (Typoskripte).
1952-1954

2.3 Kassenleitung

891 Vorstandswahlen der Betriebskrankenkassen von Union AG bzw. Deutsch-Lux Dortmunder Union.
1897-1912
Schriftwechsel zwischen Union AG bzw. Deutsch-Lux Dortmunder Union, BFK Dortmund der „Union", BFK Horst der „Union", BFK Henrichshütte der „Union" sowie kommunalen Behörden zur Ernennung von Vorstandsmitgliedern und Wahl von Vertretern der Kassenmitglieder in die Vorstände.

5618 Vorstand und Ausschuss von BKK Werk Dortmund der DHHV und Vorläuferkrankenkassen.
1924-1936

Niederschriften zu Vorstands- und Ausschusssitzungen von BKK Deutsch-Lux Dortmunder Union bzw. BKK VSt Dortmunder Union bzw. BKK Werk Dortmund der DHHV, März 1924 bis Mai 1936.

2.4 Bilanzunterlagen und Finanzen

2.4.1 Bilanzen und Bilanzunterlagen

5685 Geschäftsentwicklung der BKK VSt Dortmunder Union.
1927
Aufstellungen zu Mitglieder- und Krankenstand, Kassenleistungen Rechnungsabschluss und Betriebsergebnis des Geschäftsjahrs 1927.

5635 Vermögensbuch von BKK DHHV bzw. BKK Werk Dortmund der DHHU.
1950–1954
Vermögensbuch, mit Aufstellungen zu Bankguthaben, Wertpapieren, Hypotheken, Rücklagen und Anlagevermögen.

5734 Bilanz der BKK Werk Dortmund der DHHU.
1952
Bilanz und Bilanzunterlagen zum 31.12.1952.

5732 Bilanz der BKK Werk Dortmund der DHHU.
1953
Bilanz und Bilanzunterlagen zum 31.12.1953 für die Landesversicherungsanstalt Westfalen Abteilung Krankenversicherung.
5735 Dsgl., 1954.
5733 Dsgl., 1955.

5736 Voranschlag der BKK Werk Dortmund der DHHU.
1954
Voranschlag der Einnahmen und Ausgaben für das Geschäftsjahr 1955.
5737 Lagerbuch des sonstigen Vermögens von BKK Werk Dortmund der DHHU bzw. BKK DHHU.
1960–1967
Aufstellungen der BKK zum Anlagevermögen.

5731 Verzeichnis der Gebrauchsgegenstände von BKK Werk Dortmund der DHHU bzw. BKK DHHU.
1960–1968
Aufstellungen der BKK zum Anlagevermögen.

2.4.2 Beiträge und Forderungen

5724 Gestundete Kassenbeiträge der BKK Werk Dortmund der DHHU.
1961–1964
Aufstellungen der BKK zu den gestundeten Kassenbeiträgen von Rentnern.
5725 Dsgl., 1965–1966.

5726 Dsgl., 1967.

5648 Beitragserstattungsbuch von BKK Werk Dortmund der DHHU bzw. BKK DHHU.
1961–1967

5672 Hilfsliste zu Forderungen der BKK Werk Dortmund der DHHU.
1963
Hilfsliste zu Forderungen gegenüber Berufsgenossenschaften, Landesversicherungsanstalten, Ruhrknappschaft und sonstigen Versorgungsstellen.
5675 Dsgl., 1964.
5678 Dsgl., 1965.
5679 Dsgl., 1966.

2.4.3 Kassenleistungen

5622 Leistungsbuch für Wochenhilfe der BKK DHHV.
1950

5623 Leistungsbuch für Wochenhilfe von BKK DHHV bzw. BKK Werk Dortmund der DHHU.
1951

5624 Leistungsbuch für Wochenhilfe der BKK Werk Dortmund der DHHU.
1952
5625 Dsgl., 1953.
5626 Dsgl., 1954.
5627 Dsgl., 1955.
5628 Dsgl., 1956.
5629 Dsgl., 1957.
5630 Dsgl., 1958.
5631 Dsgl., 1959.
5632 Dsgl., 1960.
5633 Dsgl., 1961.
5634 Dsgl., 1962.

5738 Ausgaben von BKK Werk Dortmund der DHHU bzw. BKK DHHU nach § 13 des Mutterschutzgesetzes.
1960–1968
Aufstellungen der BKK zu den gesetzlichen Mehrausgaben.

5649 Leistungsbuch für Wochenhilfe von BKK Werk Dortmund der DHHU und BKK DHHU.
1963–1967

5650 Buch der berufsgenossenschaftlichen Ersatzleistungen der BKK Werk Dortmund der DHHU.
1963
Ersatzleistungsbuch, Juli bis Dezember 1963.

5651 Dsgl., Januar bis Juni 1964.
5652 Dsgl., Juli bis Dezember 1964.

2.5 Mitglieder- und Krankenstatistik

5596 Mitgliederbuch von BKK Deutsch-Lux Dortmunder Union und Vorläuferkassen [?].
1865, 1871-1916
Mitgliederbuch von Kranken- und Unterstützungskasse für die Meister und Arbeiter des Walzwerks zu Aplerbeck bzw. BFK Aplerbeck der „Union" bzw. BKK Deutsch-Lux Dortmunder Union [?].

5597 Mitgliederbuch von BKK Deutsch-Lux Dortmunder Union und Vorläuferkassen [?].
1871-1926
Mitgliederbuch von Kranken- und Unterstützungskasse für die Meister und Arbeiter des Walzwerks zu Aplerbeck bzw. BFK Aplerbeck der „Union" bzw. BKK Deutsch-Lux Dortmunder Union [?].

5601 Mitglieder- und Krankenstatistik der BKK DHHV.
1950
Tägliche Aufstellungen zu Mitglieder- und Krankenstand, 01.01.1950-31.12.1950.

5602 Mitglieder- und Krankenstatistik von BKK DHHV bzw. BKK Werk Dortmund der DHHU.
1951
Tägliche Aufstellungen zu Mitglieder- und Krankenstand, 01.01.1951-11.12.1951.

5603 Mitglieder- und Krankenstatistik der BKK Werk Dortmund der DHHU.
1951-1952
Tägliche Aufstellungen zu Mitglieder- und Krankenstand, 12.12.1951-12.12.1952.
5604 Dsgl., 12.12.1952-15.06.1953.
5605 Dsgl., 12.12.1952-31.12.1953.
5606 Dsgl., 31.12.1953-31.12.1955.
5607 Dsgl., 31.12.1955-30.11.1958.
5608 Dsgl., 30.11.1958-18.07.1960.
5609 Dsgl., 18.07.1960-23.02.1962.
5610 Dsgl., 23.02.1962-14.02.1966.

5611 Versicherungspflichtige Rentner der BKK Werk Dortmund der DHHU.
1960-1963
Liste der Versicherten bei der Landesversicherungsanstalt Westfalen, Buchstaben A-Z.

5612 Versicherungspflichtige Rentner der BKK Werk Dortmund der DHHU.
1960-1963
Liste der Versicherten bei der Bundesversicherungsanstalt für Angestellte, Buchstaben A-Z.

2.6 Sonstiges

157 BFK Dortmund der „Union".
1874, 1881–1887, 1907
Schriftwechsel zwischen Union AG und u. a. Altona-Kieler Eisenbahn-Gesellschaft, Actien-Gesellschaft Isselburger Hütte vormals Johann Nering Bögel & Comp., Stettiner Maschinenbau Actien-Gesellschaft „Vulcan", Hoesch AG, Maschinenfabrik Deutschland AG, VDES, Hoerder Verein, Phoenix AG, Gutehoffnungshütte und Eisen- und Stahlwerk Osnabrück zur Zusendung einer Satzung der Krankenkasse und Klärung verschiedener Sachfragen; Bilanz der Kranken-Unterstützungs- und Invaliden-Kasse für Meister und Arbeiter der Dortmunder Werke der Union, 1881; Satzung der Krankenkasse für das Stahlwerk zu Osnabrück der Aktien-Gesellschaft Eisen- und Stahlwerk zu Osnabrück vom 12.12.1884 (gedruckt); Schriftwechsel zwischen Kranken-Unterstützungs- und Invaliden-Kasse, Union AG und Stadt Dortmund über einen erkrankten Arbeiter, 1874.

936 Auflösung der Krankenkasse für das Eisenwerk Rothe Erde durch die Deutsch-Lux Dortmunder Union.
1898, 1911, 1916
Genehmigungsbescheid des Königlichen Oberversicherungsamts Dortmund zur Auflösung zum 01.04.1917; Bilanz der Krankenkasse der Deutsch-Lux Dortmunder Union für das erste Halbjahr 1916; Rechnungsabschluss für die Jahre 1915 und 1916, mit Nachweis von Versicherungsleistungen der Krankenkasse für das Eisenwerk Rothe Erde; Vertrag zwischen Krankenkasse für das Eisenwerk Rothe Erde und zwei Ärzten zur Versorgung der Kassenmitglieder vom 01.04.1898 (Abschrift); einzelne Schreiben zwischen Krankenkasse der Deutsch-Lux Dortmunder Union und Ärzten zur Versorgung von Kassenmitgliedern nach der Auflösung und Angebot eines Änderungsvertrags; Zeitungsausschnitt.

1461 Klage eines Arbeiters gegen die Krankenkasse Deutsch-Lux Dortmunder Union auf Rückerstattung seiner Beiträge zur Invalidenkasse nach Kündigung.
1913
Schriftsätze der Prozessgegner zur Klage von Leo Krzemienski auf Rechtsunwirksamkeit des in der Satzung der Invaliden-, Witwen- und Waisenkasse Deutsch-Lux Dortmunder Union vermerkten Rückzahlungsverbots; Schriftwechsel zwischen Deutsch-Lux Dortmunder Union, Invalidenkasse, Rechtsanwälten, Amtsgericht zu Dortmund und Gewerkschaft Dorstfeld als neuem Arbeitgeber Krzemienskis zu Verfahren und Zwangsvollstreckung der Gerichtskosten durch Lohnpfändung; Vollstreckungsprotokoll eines Gerichtsvollziehers, mit Angaben zum Wohnungsmobiliar; Pfändungsbeschlüsse.

5698 „RdB-Mitteilungen" des Reichsverbands der Betriebskrankenkassen.
1943–1945
Zeitschrift „Die Ortskrankenkasse" 30 (1943), Ausgabe A, Hefte 1–3; Zeitschrift „Die Betriebskrankenkasse" 36 (1943), Hefte 1–6 und Inhaltsverzeichnis zu den Heften 1–3; „RdB-Mitteilungen", Nr. 1–8/1943 und Inhaltsverzeichnis 1943, Nr. 1–16/1944 und Nr. 1/1945, mit Inhaltsverzeichnis 1944/45 (gedruckt).

3. Verband der Betriebskrankenkassen von Dortmund und Umgegend

5697/1 Geschäftsberichte des Verbands der Betriebskrankenkassen von Dortmund und Umgegend.
1919–1932
Geschäftsberichte des Vorstands auf den Verbandsversammlungen, 1919, 1920, 1923–1928 und 1930–1932 (Typoskripte, mit handschriftlichen Anmerkungen), mit handschriftlichen Aufstellungen zur Mitglieder- und Krankenstatistik der Verbandskassen.

5697/2 Rundschreiben des Verbands der Betriebskrankenkassen von Dortmund und Umgegend an die Verbandskassen.
1921–1935

4. BKK der Schwerter Profileisenwalzwerk AG

5703 Standesrechtlicher Prozess gegen den Arzt Dithmer, Schwerte.
1898–1900
Urteil der Ärztekammer Westfalen gegen Dithmer vom 04.11.1898; Schreiben von Rechtsanwälten im Auftrag Dithmers an das Ministerium der geistlichen, Unterrichts- und Medizinalangelegenheiten vom 18.02.1900 (Abschrift); Stellungnahme Dithmers an Generaldirektor Heinrich Berckemeyer, Eisen-Industrie zu Menden und Schwerte AG, vom 27.03.1900.

5982 Vertreterversammlung der BKK Schwerter Profileisenwalzwerk AG.
1953–1992
Niederschriften über die Sitzungen der Vertreterversammlungen; Beschluss zur Vereinigung der BKK Schwerter Profileisenwalzwerk AG mit der BKK Hoesch Dortmund vom 02.12.1992; Beschluss über Rechtsbeziehung zu Dritten zwischen der BKK Hoesch Dortmund und der BKK Schwerter Profil und über die ab 01.01.1993 gültige Satzung der freiwillig vereinigten Betriebskrankenkassen vom 07.12.1992.

5983 Vorstand der BKK Schwerter Profileisenwalzwerk AG.
1953–1992
Niederschriften über die Vorstandssitzungen; Empfehlung zur freiwilligen Vereinigung mit der BKK Hoesch Dortmund vom 27.11.1992.

5701 Satzung der BKK der Schwerter Profileisenwalzwerk AG.
1954–1970
Mustersatzungen einer Betriebskrankenkasse des Hauptverbands der Betriebskrankenkassen, mit Änderungen zur Satzung der BKK der Schwerter Profileisenwalzwerk AG vom 01.01.1956, 01.07.1958, 17.07.1961, 25.02.1963 und 01.09.1970 (Kopie); Richtlinien zur Gewährung verschiedener Kassenleistungen; einzelne Schreiben zwischen BKK, Oberversicherungsamt NRW und Versicherungsamt des Landkreises Iserlohn zu Satzungsänderungen und Beitragserhöhungen.

5702 Richtfest zum neuen Verwaltungsgebäude der BKK der Schwerter Profileisenwalzwerk AG am 14.09.1956.

1956
Richtspruch; Teilnehmerliste; Abrechnung der Bewirtungskosten.

5700 80 Jahre BKK der Schwerter Profileisenwalzwerk AG.
1963
Geschichte der BKK (Hektografie, unpaginiert).

5699 80 Jahre BKK der Schwerter Profileisenwalzwerk AG.
1963
Entwürfe zu einer Geschichte der BKK (Durchschläge, mit zahlreichen Korrekturen); handschriftliche Aufstellungen zu Mitglieder- und Krankenstatistik sowie Kassenleistungen.

XV. Geschichtliche Ausarbeitungen und Materialien

1. Gesamtunternehmen

2624 Geschichte der DHHV und ihrer Vorläuferunternehmen.
1935
„Aus der Geschichte der DHHV", Sonderdruck aus der Zeitschrift „Stahl und Eisen" 55 (1935), mit Erwähnung von Deutsch-Lux Dortmunder Union, DHHV, Hoerder Verein, Phoenix AG Hoerder Verein, Union AG, VSt Dortmunder Union und VSt Hoerder Verein.

2622/1 Geschichte der DHHV und ihrer Vorläuferunternehmen.
1938
„Die Entwicklung der DHHV", Vortrag von Karl Bretschneider anlässlich der Vertretertagung von DHHV und Dortmunder Brückenbau AG am 06.12.1937 (Sonderdruck aus der Hüttenzeitung der DHHV vom 03.02.1938), mit Erwähnung von Deutsch-Lux Dortmunder Union, DHHV, DHHV Werk Dortmund, DHHV Werk Hörde, Dortmunder Union Brückenbau-AG, Hoerder Verein, Phoenix AG Hoerder Verein, Union AG, VSt Dortmunder Union und VSt Hoerder Verein.

2622/2 Geschichte der DHHV und ihrer Vorläuferunternehmen.
1937
„Die Entwicklung der DHHV", Vortrag von Karl Bretschneider anlässlich der Vertretertagung von DHHV und Dortmunder Brückenbau AG am 06.12.1937 (Typoskript), mit Erwähnung von Deutsch-Lux Dortmunder Union, DHHV, DHHV Werk Dortmund, DHHV Werk Hörde, Dortmunder Union Brückenbau-AG, Hoerder Verein, Phoenix AG Hoerder Verein, Union AG, VSt Dortmunder Union und VSt Hoerder Verein.

2640 Paul Hermann Mertes: „Hundert Jahre Eisen schaffende Industrie im Dortmunder Raum. Zum Jubiläum der DHHU" (Sonderdruck aus den Miteilungen der IHK Dortmund vom 15.09.1952).
1952

908 Geschichte der DHHU.
1963
Karl-Heinz Hüser (Betriebsdirektor): „Der Weg der Dortmunder Union oder das ewige Auf und Ab in der Stahlindustrie" (Typoskript, 85 S.).
218 Dsgl., Typoskript, 85 S., mit handschriftlichen Unterstreichungen.

815/1 Geschichte der DHHU.
[1965]
Walter Volmer: „Vom Werden der DHHU" (Typoskript, 268 S., mit handschriftlichen Korrekturen, bearbeitet von Theis und Karl Veit).
815/2 Dsgl., Durchschlag des Typoskripts.
815/3 Dsgl., Durchschlag des Typoskripts.

883 Daten- und Faktensammlung zu DHHU und Vorläuferunternehmen.
1970

Belegschaftszahlen von DHHV, Hüttenwerk Hörde AG und DHHU, 1947–1966; Investitionstätigkeit von VSt Dortmunder Union, VSt Hoerder Verein und DHHV, 1926–1938; Bilanzen, Versand- und Umsatzzahlen, Investitionen, Abschreibungen und Produktion der DHHU, 1951–1966; Bilanzen der Hüttenwerk Hörde AG, 1947–1950; Bilanzen, Löhne, Belegschaftszahlen und Produktion der DHHV, 1934–1940; Investitionstätigkeit, Produktion, Kohlenförderung und Belegschaftszahlen der Phoenix AG Hoerder Verein, 1906–1924; Bilanzen, Produktion, Kohlenförderung, Belegschaftszahlen und Löhne des Hoerder Vereins, 1890–1906; Investitionen, Produktion, Kohlenförderung und Versand der Deutsch-Lux Dortmunder Union, 1910–1925; Bilanzen, Investitionen, Produktion, Bruttogewinne und Belegschaftszahlen der Dortmunder Werke der Union AG, 1875–1910.
Die Unterlagen wurden 1970 anlässlich der Vorbereitungen zur Feier des 100. Bestehens der Hoesch AG 1971 zusammengestellt.

1018 Unternehmensgeschichte der DHHU.
1970
Hans Möhring: Kurze Chronik der DHHU und ihrer Gründerwerke, Teil I, bis 1926, mit Angaben zur Hoesch AG und allgemeinen Entwicklung der Eisen- und Stahlindustrie (Typoskript, 74 S.).
Die Chronik wurde 1970 anlässlich der Vorbereitungen zur Feier des 100. Bestehens der Hoesch AG 1971 erstellt. Teil 2 ist im Bestand nicht vorhanden.

2. Werksbereich Dortmund

2614 Sammlung von Dokumenten, Zeitungsausschnitten und Beiträgen aus Zeitschriften zu Vorläuferunternehmen der Union AG, insbesondere zur Dortmunder Bergbau- und Hütten-Gesellschaft.
1855–1872, 1884–1900, 1929, 1938–1939
Die DHHV in Vergangenheit und Gegenwart, 1938 (Typoskript); Aufstellung der VSt Grundstücksabteilung Dortmund zu Daten der Unternehmensgeschichte von Dortmunder Bergbau- und Hütten-Gesellschaft, Commanditgesellschaft Gustav Arndt & Co. und Dr. Strousberg's Dortmunder Hütte vom 12.07.1938; einzelne Schreiben zwischen Königlichem Regierungspräsidium Arnsberg, Handelsministerium und Justizministerium zur Genehmigung der Satzung der Dortmunder Bergbau- und Hütten-Gesellschaft, 1855–1856 (Kopien und Abschriften von „Originalen des Handelsministeriums"); Bestätigungsurkunde zur Satzung vom 26.03.1856 (Extrabeiblatt des Amtsblatts der Königlichen Regierung zu Arnsberg vom 19.04.1856, Kopie); Konzessionsgesuch der Dortmunder Bergbau- und Hütten-Gesellschaft zum Bau einer Gießerei, eines Dampfkessels und mechanischer Werkstätten vom 07.08.1856, mit Beschreibung der Anlagen, und Konzession des Regierungspräsidiums Arnsberg vom 18.10.1856 (Kopie); Konzessionsgesuch zur Errichtung eines Puddel- und Walzwerks unter dem Namen „Dortmunder Hütte" vom 18.08.1856, mit Beschreibung der Anlagen und Konzession des Königlichen Oberbergamts für die westfälischen Provinzen vom 01.08.1857 (Kopien); Bericht des Regierungspräsidiums Arnsberg an das Handelsministerium vom 07.12.1856 zum Antrag der Dortmunder Bergbau- und Hütten-Gesellschaft auf Kapitalerhöhung um 1.000.000 Taler auf 2.000.000 Taler und Antwortschreiben des Ministeriums vom 16.01.1857 (Kopien); einzelne Schreiben von Dortmunder Bergbau- und Hütten-Gesellschaft und Stadt Dortmund zur öffentlichen Bekanntmachung der Baupläne und Genehmigung von Dampfkesseln (Kopien); Fritz W. Lürmann: „Mittheilungen über die Haßlinghauser Hütte", in: Zeitschrift des Vereins Deutscher Ingenieure 1 (1858), S. 296–301 (Kopie); Mitteilung des Königlichen Kreisgerichts Dortmund vom 20.04.1864 zur Überschreibung von Immobilien auf die

Commanditgesellschaft Gustav Arndt & Co.; notariell beglaubigte Erklärung der Commanditgesellschaft Gustav Arndt & Co. vom 04.08.1865 zur Eintragung von Hypotheken auf Grundstücke als Sicherheit für die Kaufgeldrestschuld von 70.000 Talern gegenüber der Commerzbank zu Lübeck (Kopie); Vertrag zwischen Commanditgesellschaft Gustav Arndt & Co. und Preußischer Bergwerks- und Hütten-Aktiengesellschaft vom 04.07.1866 zum Verkauf der Zeche Hansa (Kopie); gemeinsame Erklärungen von Bethel Henry Strousberg und Heinrich Gottfried Gustav Arndt zum Übergang aller Immobilienbesitztitel an Strousberg vom 15.10.1869 und Ausscheiden von Arndt aus der Firma Gustav Arndt & Co. vom 11.10.1869 (unvollständig); Abnahmebescheinigungen für Dampfkessel (Kopien); Ausschnitte aus den Zeitschriften „Der Aktionär", 1855, „Dortmunder Amtliches Kreisblatt", 1856, und „Berggeist", 1857–1870, zu Generalversammlungen, Unternehmensfinanzierung, Werksanlagen, Konkurs und Liquidation der Dortmunder Bergbau- und Hütten-Gesellschaft, auch der Paulinenhütte, Gründung der Commanditgesellschaft Gustav Arndt & Co. und beabsichtigter Fusion auf die neu gegründete Preußische Bergwerks- und Hütten-Aktiengesellschaft, Inbetriebnahme der Hochofenanlage von Carl von Born, Übergang der Dortmunder Hütte der Commanditgesellschaft Gustav Arndt & Co. auf die Dr. Strousberg's Dortmunder Hütte sowie einzelne Ausschnitte zur Union AG (sämtlich Kopien).
Darin auch: Verträge Neu-Schottland und Gewerkschaft der Zeche Wodan, [Hattingen-]Bredenscheid, über die Übernahme des Kohlen- und Materialtransports der Grube Neu-Stüter und der Zeche Zufälligglück von Neu-Schottland zum Bahnhof Nierenhof der Prinz-Wilhelm-Eisenbahn vom 10.04.1862 und 01.05.1862 (Kopien und Mikrofilme).

541 Geschichte des Räderbaus der Deutsch-Lux Dortmunder Union.
1928, 1933
E. Perker: „Entwicklungsgeschichte der Räderwerkstätten der Abteilung Dortmunder Union der Deutsch-Lux, Bochum", 1933 (Manuskript, 93 S.); Schreiben der VSt Dortmunder Union-Hoerder Verein an Perker zur Möglichkeit einer Drucklegung, 1928 [!].

961 Geschichte der Dortmunder Union Brückenbau-AG und ihrer Vorläufer.
[1935]
Typoskript zur Unternehmensgeschichte (22 S.).

54 Geschichte des Werks Dortmund der DHHV.
1950
„Die Geschichte der Union in den letzten 60 Jahren" (Typoskript, 41 S., mit Unterstreichungen).

55 Geschichte des Werks Dortmund der DHHU.
1952
„Die Dortmunder Union" (Typoskript, 82 S.); Textfragment über die Kriegs- und Nachkriegszeit (12 S.).

227 Geschichte von DHHU Werk Dortmund und Vorläuferunternehmen.
[1952]
Typoskript, mit handschriftlichen Anmerkungen (o. Autor).

53 Geschichte des Werks Dortmund der DHHU, 1854–1962.
1962

„Geschichte der Dortmunder Union. Dortmunder Bergbau- und Hütten- Aktiengesellschaft, genannt Dortmunder Union 1854-1962" (Typoskript, 76 S., mit Unterstreichungen, o. Autor).

66 Geschichte des Hochofenwerks Union der DHHU.
1979
O. Winzer: „Das Hochofenwerk Union. Eine zusammenfassende Beschreibung vorhandener Anlagen" (Typoskript, 6 S., mehrere Anlagen, 11 Fotografien).

3. Werksbereich Hörde

2612 Sammlung von Dokumenten zur Vorgeschichte, Gründung und Entwicklung des Hoerder Vereins.
1840-1862, 1889, 1939
Aktenvermerke zur Gründung der Hermannshütte, 1939; Vertrag zwischen Hermann Diedrich Piepenstock und Verkäuferin Johanne Elisabeth Caroline Spemann über den Erwerb der Hörder Burg vom 23.10.1840 (Kopie); Genehmigung von Königlicher Regierung zu Arnsberg und Königlichem Oberbergamt für die westfälischen Provinzen an Piepenstock zum Bau eines Puddel- und Walzwerks vom 17./23.11.1841 in [Dortmund-]Hörde (Kopie); Briefkopf der Hermannshütte, 1847 (Kopie); einzelne Schreiben zwischen Departement des Staatsschatzes und Münzwesens, Landratsamt Dortmund, Regierung zu Arnsberg, Sophie Piepenstock und Carl Dietzsch über die finanzielle Lage von Hermannshütte bzw. Piepenstock & Comp. und die Fähigkeit der Firma Caspar Diedrich Piepenstock, das 1843 vom Preußischen Staat aufgenommene Darlehn über 60.000 Reichstaler zurückzuzahlen, 1847-1856 (Kopien aus dem Landesarchiv NRW Abteilung Westfalen); Rückzahlungsquittungen (Kopien); Bericht eines Fabrikinspektors an das Königliche Regierungspräsidium Arnsberg über die Beschäftigung jugendlicher Arbeiter beim Hoerder Verein vom 21.09.1855 (Kopie aus dem Landesarchiv NRW Abteilung Westfalen); Börsenprospekt zur Gründung des Hoerder Vereins vom März 1852 (Kopie); notariell beglaubigte Erklärung von Gustav Mevissen, Wilhelm Joest, Carl Dietzsch, Carl Overweg und Johann Friedrich Wiesehahn über die Einbringung der Hermannshütte in den Hoerder Verein und die Auflösung der Firma Piepenstock & Comp. vom 24.06.1852 (Kopie); Entwürfe des Oberbergamts für das Handelsministerium zu einer Verleihungsurkunde für das Hoerder Eisenwerk vom 31.03.1853 und 23.04.1853 (Kopien unbekannter Provenienz, 1930er-Jahre); Vertrag zwischen Hoerder Verein und Rheinischer Metallwaaren- und Maschinenfabrik, Düsseldorf, zur Abtretung des Liefervertrags zwischen Hoerder Verein und Königlichem Kriegsministerium über die Lieferung von 60.000.000 Geschossen an diese vom 13./20.06.1889; Aufstellung zu den Eisenerzgruben des Hoerder Vereins, 1939 (Typoskript); einzelne Schreiben zwischen Dietzsch, Overweg, Regierungspräsidium Arnsberg, Handelsministerium sowie Justizministerium zur Gründung und Genehmigung der Satzung des Hoerder Vereins, 1851-1852 (Abschriften von „Originalen des Handelsministeriums"); Bestätigungsurkunde zur Satzung vom 16.02.1852 (Abschrift); Bericht des Königlichen Regierungspräsidiums Arnsberg an das Ministerium der geistlichen, Unterrichts- und Medizinalangelegenheiten zur Veranlagung des Hoerder Vereins zu Schulgeldern der evangelischen und katholischen Schulgemeinde Hörde vom 12.11.1861 und 15.02.1862, mit Antwortschreiben des Ministeriums (Abschriften von „Originalen des Handelsministeriums").

1356 Aktennotiz zu einer Akte im Landesarchiv NRW Abteilung Westfalen über eine Reise von Oberberghauptmann Ernst August Graf von Beust, mit Erwähnung der geplanten Hermannshütte, 22.03.1841.
o. D.

2613 Sammlung von Zeitungsausschnitten und Beiträgen aus Zeitschriften zu Gründung und Entwicklung des Hoerder Vereins.
1849-1874, 1893-1899, 1918-1926, 1937
Bestätigungsurkunde zur Satzung vom 16.02.1852 (Extrabeiblatt des Amtsblatts der Königlichen Regierung zu Arnsberg vom 06.03.1852); August Huyssen: „Beiträge zur Kenntnis der Lage der Berg- und Hüttenleute, besonders in Bezug auf die Knappschaftsvereine", in: Zeitschrift für das Berg-, Hütten- und Salinenwesen in dem Preußischen Staate 8 (1860), S. 205-225; amtlicher Bericht über die Allgemeine Pariser Ausstellung von Erzeugnissen der Landwirthschaft, des Gewerbfleißes und der schönen Kunst im Jahre 1855, Berlin 1856, S. 66, 78, 156, 332, 774 und 779; Ausschnitte aus den Zeitschriften „Der Aktionär", 1854-1855, „Berg- und Hüttenmännische Zeitung", 1849-1855, „Berggeist", 1856-1870, „Elberfelder Zeitung", 1893, „Kölnische Zeitung", 1874 und 1899, und Berliner Börsenzeitung", 1899, zu Generalversammlungen, Unternehmensfinanzierung, Werksanlagen und Produkten (alle Kopie); Rheinisch-Westfälisches Archiv vom 11.01.1937, mit Bericht über die Gründung der Hermannshütte im Jahr 1837 [!].
Darin auch: Zeitungsausschnitt zur Gründung der Dortmund-Hörder Eisenhütten-Gesellschaft am 09.09.1856; einzelne handschriftliche Berichte zu Grunderwerb der Phoenix AG Hoerder Verein von Freiherr Clemens von Romberg im Januar 1918, Ruhrbesetzung und vorübergehender Stilllegung des Thomas-Stahlwerks der VSt Hoerder Verein im Juni 1926.

5911 Geschichte der Lehrwerkstatt der Phoenix AG Hoerder Verein.
1925, 1930
Chronik der Lehrwerkstatt, mit Angaben zur Gestaltung der Räumlichkeiten und Ausbildungsinhalte sowie Namenslisten der Lehrlinge, 1920-1922.
Darin auch: Psychotechnisches Gutachten und Unterlagen zur Einstellungsprüfung, 1925.

2625 Geschichte der Vorläuferunternehmen der DHHV Werk Hörde bis 1926.
[1939]
Werksgeschichte von Hoerder Verein und Phoenix AG Hoerder Verein, um 1939 (Typoskript).

10 Panzerfertigung bei der DHHV Werk Hörde.
o. D.
Bericht von Wilhelm Heiderhoff über die Panzerfertigung in der „Asphaltieranlage", mit Erwähnung der Beschäftigung von Kriegsgefangenen und Zwangsarbeitern (Manuskript, 3 S., Kopie); Fotografie von Mitarbeitern und Leitung der „Asphaltieranlage", mit Angabe einiger Namen auf der Rückseite (Kopie).

51 Geschichte des Werks Hörde der DHHU 1852-1952.
1952
DHHU (Hg.): „Das Hörder Hüttenwerk. Entstehen und Werden in einem Jahrhundert 1852-1952" (Typoskript, 224 S., vier Anlagen, mit Korrekturen, o. Autor).

224 Geschichte der Blecherzeugung bei DHHU Werk Hörde und Vorläuferunternehmen.
[1952]
Typoskript, mit Fotografien (20 S.).

4. Biografische Unterlagen

5998 Zeitschriftenartikel von Reiner Daelen und über Daelen'sche Konstruktionen.
1858–1878
Reiner Daelen: „Über Puddelprocess mit Cupolofen-Betrieb", 1861; Vortrag von Daelen über gemauerte Dampfhammerfundamente, gehalten am 14.10.1866; „Der Daelen'sche Dampfhammer", 1858; „Daelens Dampferzeugung durch directe Einwirkung der Feuergase auf das zu verdampfende Wasser", 1866; Auszug aus einem Sitzungsprotokoll vom 17.03.1862 über Scheibenräder für Eisenbahnwagen, konstruiert von Daelen; Daelen: „Über eine neue Konstruktion eiserner Telegraphenstangen", 1861; Daelen: „Entlastetes Schachtpumpenventil", 1878 (Deutsches Reichspatent Nr. 199); Konstruktionszeichnungen (sämtlich Kontophote, überwiegend aus Zeitschrift des VDI).

2628 Biografische Unterlagen zu Gustav Hilgenstock.
1913, 1932–1937
Josef Rücker: „Gustav Hilgenstock", August 1937 (Typoskript); „Gustav Hilgenstock", in: Das Werk 12 (1932), S. 520 (Kopie); „Gustav Hilgenstock", in: Stahl und Eisen 33 (1913), S. 884 (Kopie); Kopie eines Zeitschriftenartikels unbekannter Herkunft.

2602 Biografische Unterlagen zu Joseph Massenez.
1909, 1938
„Joseph Massenez, ein Pionier der Thomasstahlerzeugung", in: Das Werk 18 (1938), S. 503 (Kopie); „30 Jahre Thomasverfahren in Deutschland", in: Stahl und Eisen 29 (1909), S. 1465–1477 (Kopie); „Joseph Massenez", o. D. (Typoskript, 15 S.).

2665 Biografische Unterlagen zu Hermann Diedrich Piepenstock.
o. D.
Sammlung von Zeitungsausschnitten und Buchauszügen zu Hermann Diedrich Piepenstock (Originale und Kopien).

2674 Biografische Unterlagen zu Richard Pink.
1906, 1938
„Richard Pink", in: Stahl und Eisen 26 (1906), S. 1355 (Kopie); „Die früheren Männer. Zur Wiederkehr des Todestags von Richard Pink am 23. September", in: Das Werk 18 (1938), S. 379 (Kopie); Zeitungsausschnitt, o. D.

2667 Biografische Unterlagen zu Willem van Vloten.
1925, 1935
„Willem van Vloten", in: Stahl und Eisen 45 (1925), S. 2072, und 55 (1935), S. 1378; Auszug aus „einer Akte der Stadt Hörde" zum Vorschlag einer Ordensverleihung an van Vloten, o. D.

(Abschrift); „Willem van Vloten zum Gedenken", o. D. (Typoskript, 9 S.); Ausschnitt aus einer niederländischen Zeitung (1925).

5. Sonstiges

2655 Sammlung von Zeitungsausschnitten zu Neu-Schottland.
1858
Einzelne Ausschnitte aus der Zeitschrift „Der Berggeist", insbesondere zur Generalversammlung von Neu-Schottland sowie zur Haßlinghauser Hütte, 1858 (Kopien).

5361 Sammlung von Briefköpfen.
1861, 1888–1903, 1912
Einzelne Briefe von Hoerder Verein, Banken, Zechen, Maschinenbauunternehmen und Behörden.

2652 Sammlung von Briefköpfen und Briefbögen.
1886–1920
Briefbögen und Briefköpfe von Deutsch-Lux Dortmunder Union und Union AG; Formulare der Luxemburger Bergwerks- und Saarbrücker Eisenhütten-Actien-Gesellschaft zu Schuldscheinen und Darlehnsgesuchen sowie des Knappschaftsvereins der Burbacher Hütte zu Rechnungsauszug und Pensionsermittlung.

5024 Rheinisch-Westfälisches Wirtschaftsarchiv zu Köln e. V.
1899–1903, 1907–1912, 1922–1924
Satzung des Archivs, o. D. (gedruckt); Schriftwechsel zwischen Phoenix AG Hoerder Verein und Wirtschaftsarchiv zur Ausleihe und Deponierung von Akten, u. a. im Rahmen von Forschungsprojekten; beispielhafte Beschreibung zur Behandlung von Arbeitern zwischen Anstellung und Abkehr, mit zahlreichen Formularen, u. a. Satzungen der Krankenkasse des „Phoenix", Abteilung Hoerder Verein für die Hermannshütte und das Hörder Hochofenwerk vom 23.09.1907 (mit Nachträgen) und der Versorgungs-Kasse für die Hüttenwerke des Hoerder Bergwerks- und Hütten-Vereins vom 17.09.1903 (gedruckt); Arbeitsordnung für die auf den Werken des „Phoenix" Aktien-Gesellschaft für Bergbau und Hüttenbetrieb Abteilung Hoerder Verein beschäftigten Meister und Arbeiter vom 28.12.1899, Neudruck 1907; Auszug aus den abgeänderten Unfallverhütungsvorschriften der RWHWB nebst Anhang über elektrische Betriebe vom 26.02.1902; Auszüge aus Schichtenbüchern; Lohntüten des Blechwalzwerks und für Hilfsarbeiter; Kündigungsschein, Abkehrschein und Quittungskarte der Versicherungsanstalt Westfalen.

5376 Altakten der Phoenix AG Hoerder Verein.
[1910]
Verzeichnis zu Akten von Hoerder Verein bzw. Phoenix AG Hoerder Verein für das Rheinisch-Westfälische Wirtschaftsarchiv, insbesondere zu Lieferungen von Eisenbahnoberbaumaterial und rollendem Eisenbahnmaterial, Bilanzen, Unternehmensfinanzierung, Generalversammlungen sowie Verkaufsvereinigungen und Kartellen.

2651 Sammlung von Briefköpfen und Briefbögen.
1903, [1934], 1949–1950, 1958

Briefbögen von Eisenwerk Rothe Erde AG, 1903, DHHU, 1958, DHHV, 1950, DHHV Werk Dortmund, o. D., DHHV Werk Hörde, o. D., und Hüttenwerk Hörde AG, 1949.

2635 Geschichte der Deutsche Edelstahlwerke AG Magnetfabrik Dortmund.
[1951]
Geschichte der Magnetfabrik sowie der Magnetfertigung der Deutsch-Lux Dortmunder Union, o. D. (Typoskript)

3020 Karl Grosse: „Die Geschichte des Weißblechwerks in Wissen/Sieg 1910–1945".
1945
Hektografie, 116 S. und Anlagen.

C

Sammlungen

I. Filme

Dortmund-Hörder Hüttenunion AG (Auftraggeber)

106 100 Jahre Dortmund-Hörder Hüttenunion AG.
1952
Film über das 100-jährige Bestehen der DHHU 1952: Einleitung anhand der Jubiläumsschrift; Ansicht der Westfalenhalle in Dortmund; Eintreffen des Publikums; Vorfahrt der Ehrengäste; Publikum im Foyer; Festredner; Blumen vor dem Eingang der Hauptverwaltung der DHHU; Glückwunschsendungen; Überblendung in die Chronik, in den Festsaal; Kameraschwenk über das Publikum in der Westfalenhalle; Festreden und Jubiläumskonzert; Umblende auf die Werkanlagen am Hafen; Produktionsprozesse: Koksausstoß, Hochofenabstich, Thomaskonverter, Siemens-Martin-Ofen, Tiegelguss; Detailaufnahmen einer Ankerspule; Kaliberwalzen; Rückblende auf den Festsaal in der Westfalenhalle; historischer Rückblick mit Fotografien verschiedener Bauzustände des Werks und der Hauptverwaltung; Werkssiedlungen; Standaufnahmen vom Hüttenhospital, vom Freibad Schallacker, von den Jubilaren des Jahres 1952 und von Kriegsschäden aus dem Zweiten Weltkrieg; Aufnahmen der neuen Werkseinrichtungen.
[16 mm; Schwarz-Weiß; Stumm; 206,3 m; 18'48"]

122 Mitteleisen- und Formstahl-Walzwerk der Dortmund-Hörder Hüttenunion AG.
1958
Regie: Hubert Kruchen; Kamera: Willi Peter Bloch; Musik: Rolf Spangenberg; Produzent: Hubert Kruchen.
Film über den Bau des Mitteleisenwalzwerks der DHHU durch die SIEMAG Siegener Maschinenbau GmbH mit ausführliche Darstellung des Produktionsablaufs: Weg der Knüppel bzw. Brammen durch die Stoßöfen, verschiedene Walzgerüste und Adjustagen bis hin zum Endprodukt (Real- und Trickaufnahmen); Arbeiter an einer Schalttafel; Kameraschwenk über das Mitteleisenwerk von außen; Kameraschwenk über die Maschinen der SIEMAG Siegener Maschinenbau GmbH; Vorstellung des Profileisenwerks (Trick- und Realaufnahmen): Entstapelung; Stoßöfen 1 und 2; Ofensteuermann; Knüppeldrücker 1 und 2; Abspritzeinrichtung; Vorstraße; Zick-Zack- Fertigstraße; Kantvorrichtung; kontinuierliche Mittelstraße 1 und 2; Verformung des Walzgutes; Querschlepper; doppelseitiges Rollenkühlbett; Kaltsägen und -scheren; Stapeleinrichtungen; Walzenwechsel; Profilvielfalt.
[16-mm-Lichtton; Schwarz-Weiß; Deutsch; 336,3 m; 30'39"; weitere Kopie im Archiv des Stahlinstituts VDEh überliefert, die zusätzlich im Vorspann die SIEMAG Siegener Maschinenbau GmbH als Auftraggeber nennt]

109 Hüttenunion Dortmund – Konzentration – Rationalisierung. Zwei Werke wachsen zusammen.
1965
Der Film zeigt die Rationalisierungs- und Modernisierungsmaßnahmen der DHHU: Texteinblendungen zur 110-jährigen Geschichte und zu den Gründen für die Konzentrations- und Rationalisierungsmaßnahmen; Plan eines Werks; Abbrucharbeiten in Dortmund; Siemens-Martin-Werk; Torpedopfanne mit flüssigem Roheisen; Werk Hörde; letzte Schmelze im Hörder Thomas-Stahlwerk 1964; Konverter; Pfanne; Messgeräte; Schmelzer; Probenahme; Abstechen der Schlacke; Gießpfanne; Gießgrube; Kokillen; Abriss Thomas-Stahlwerk; Bau des neuen Werks in Hörde; Schaubild

des Thomas-, LD-, LDAC-Konverters; LDAC-Konverter (Trick- und Realaufnahmen); Transport der Blöcke zum Walzwerk; neue Abgasreinigung und weißer Rauch; Schaubilder zur Verringerung der Anzahl der Hochöfen, Konverter, Siemens-Martin-Öfen, Gasmaschinen, Lokomotiven und Waggons; Gichtgasleitung; Abbruch der elektrischen Kraftzentrale und Kokerei in Hörde; Diagramm über die Entwicklung der Stahlproduktion, Belegschaft, Produktivität.
[16-mm-Magnetton; Farbe; Deutsch; 212,2 m; 19'20"; Tonschwankungen]

195 Hüttenunion Dortmund – Larssen Stahlspundwände.
1965
Der Film zeigt die Herstellung und Einsatzmöglichkeiten von Larssen-Stahlspundwänden der DHHU: Stapel von Spundwänden; Zwischentitel: „Die Stahlspundwand ist in der Bautechnik zu einem unentbehrlichen Bauelement geworden. Die Vorteile der Spundwandbauweise sind seit Jahrzehnten erprobt und heute noch immer entscheidend und ausschlaggebend"; „Die Spundwandbauweise ist eine moderne Fertigbauweise: Sofortiger Baubeginn, einfacher Geräteeinsatz, geringer Personaleinsatz, hohe Rammleistung, Unabhängigkeit von der Witterung, kurze Bauzeit, sofortige Belastung"; „Die Spundwandbauweise ist wirtschaftlich: Ersparnis an Erdaushub, Ersparnis an Kosten für die Wasserhaltung, Ersparnis durch mehrmaligen Einsatz der Rammelemente"; Entwicklung der Larssen-Spundwand (Trickaufnahmen); Globus; Hochofen; Blasstahlwerk; Konverter; Kokillenguss; Blöcke nach dem Strippen; Walzstraße; Walzvorgang von der Bramme bis zur Spundwand (Trickaufnahmen); Spundwandaußenlager; Verladung per Kran auf Lkw und Eisenbahn; Beladung von Schiffen im Hafen Dortmund; Dortmund-Ems-Kanal; Karten von Europa, Nord- und Südamerika, Afrika und Asien mit den Abnehmerländern für Spundwände; Schleuse und Schleusensteueranlage Friedrichsfeld; Tieferbau der Schleuse mithilfe von Spundwänden (Trickaufnahmen); Schleuse Hünxe; Bau der zweiten Schleuse in Hünxe; Rhein; Rammhammer; Molenkopf eines Rheinhafens; Sicherung des Molenkopfs (Trick- und Realaufnahmen); Schnellschlaghammer auf einem Schiff; Einsatz von MV-Pfählen; neue Verankerung durch MV-Pfähle im Außenhafen Duisburg (Trickaufnahmen); Bau einer Bundesstraße; Einsatz des Schallschutzmantels bei der Rammung; Ruhrschnellweg / B 1 in Bochum; Reuterstraße / B 9 in Bonn; Ingenieur bei der Planung; neuartige Profile der Spundwand; Einsatzmöglichkeiten als Spundwandpfahl; Larssen-Handbücher der DHHU in verschiedenen Sprachen.
[16-mm-Magnetton; Farbe; Deutsch mit Zwischentitel; 265,9 m; 24'14"; Datierung von der Filmdosenbeschriftung übernommen]

188 Umbau Walzwerk I [A].
ca. 1966
Der Film zeigt den Umbau des Walzwerks I der DHHU innerhalb von 28 Tagen. Kameraschwenk durch das Walzwerk; Walzgerüste; Arbeiter beim Walzenausbau; Kameraschwenk auf ein Schild mit Aufschrift „1. Tag"; Sprengung und Abriss der Walzgerüste; Abriss des Fundaments; Ausschachtungen; Fundamentneuguss; Neubau von Hallenteilen; Einbau der Walzstraße der SIEMAG Siegener Maschinenbau GmbH; Kameraschwenk auf einen handgeschriebenen Text: „Viel Schweiß ist hier geflossen, in kalter Winterzeit, wir schafften unverdrossen, das Werk ist nun bereit. Doch eh' sich dreh'n die Räder, vergesst die ‚Schmierung' nicht, denn dieses weiß ein jeder, trocken geht es nicht! Viel Öl und Fett dem Lager, der Diva ihr Odeur, dem Boxer seinen Manager, das ‚Pils' für den Monteur!"; Kameraschwenk zum Schild „28. Tag"; Walzstraße; Walzen von Knüppeln.
[16 mm; Schwarz-Weiß; Stumm; 201,9 m; 18'21"; Datierung, Titel und Auftraggeber von der Filmdosenbeschriftung übernommen]

II. Firmenschriften

1. Hoerder Bergwerks- und Hütten-Verein

Geschäftsberichte / Generalversammlungen für die Jahre 1852–1863, 1880–1906 (z. T. Kopien)

Hoerde in Westfalen. 50 Jahre seines Bestehens als Actien-Gesellschaft, 1852/1902, Aachen 1902

Industrie- und Gewerbe-Ausstellung Düsseldorf 1902, Hoerde 1902

Preis-Scala für Stab- und Fluss-Eisen, Bessemer-, Martin- und Flusstahl, Ausgabe Juli 1885

Preis-Scala für Kessel-, Fein- und Riffelbleche, Ausgabe Januar 1888

Profilzeichnungen, Ausgaben 1888 [unvollst.], 1898, 1901, 1906

Rillenschienen – Strassenbahnen und Patent-Achsen des Hoerder Bergwerks- und Hütten-Vereins in Hoerde Westfalen, Ausgabe 1892

Statut des Hoerder Vereins, Stand: 1873, 1891, 1894, 1900

2. Union AG für Bergbau, Eisen- und Stahl-Industrie

Arbeitsordnung, Stand: 01.02.1892, 26.01.1893

[Fässer] Geschweisst und hart gelötet, Dortmund o. D.

Geschäftsberichte / Generalversammlungen für die Jahre 1873–1919 (z. T. Kopien)

Härte-Scala für Thomas- und Martin-Material, Dortmund o. D.

[Katalog für Schrauben und Muttern], Ausgabe 1899, Dortmund 1899

Nachtrag zu den Profil-Zeichnungen, Ausgabe 1906, Aachen 1906

Preisliste für I-, U- und Zores-Eisen, Ausgabe März 1900, Dortmund 1900

Profil-Zeichnungen der Union AG für Bergbau, Eisen- und Stahlindustrie Dortmund, Ausgabe 1880, Dortmund 1880

Profil-Zeichnungen. Unter Aufhebung aller früheren Ausgaben, Ausgabe 1886, Dortmund 1886

Profil-Zeichnungen. Unter Aufhebung aller früheren Ausgaben, Ausgabe 1900, Aachen 1900

Revidirtes Statut, Stand: 1887, 05.12.1885/23.11.1889, 16.09.1899/09.06. und 11.10.1902

Stahlformguss. Acier coulé. Cast Steel, Aachen o. D.
Statut, Stand: 1872

Union, Actien-Gesellschaft für Bergbau, Eisen- und Stahl-Industrie, Dortmund, am 11. August 1899, Dortmund 1899 [Bericht zu Besuch von Wilhelm II. im Dortmunder Werk anlässlich der Einweihung des Hafens Dortmund]

Union AG für Bergbau, Eisen- und Stahl-Industrie zu Dortmund, Berlin 1894, 1897

Union Dortmund, Dortmund 1899

3. Phoenix AG für Bergbau und Hüttenbetrieb

Arbeitsordnung der Phoenix AG Düsseldorfer Röhren- und Eisenwalzwerke, Witten/Ruhr 1921

Arbeitsordnung für die Abteilung Westfälische Union Hamm, gültig ab 1921; Westfälische Union Nachrodt, gültig ab 1922; Hoerder Verein, gültig ab 1921; Düsseldorfer Röhren- und Eisenwalzwerke, gültig ab 1921

Arbeits-Ordnung für die Arbeiter des Phoenix AG Hoerder Verein, Hörde 1921

Erzeugnis-Liste, Ausgabe 1922, Dortmund 1922

Geschäftsberichte / Generalversammlungen für die Jahre 1855–1931/32 (z. T. Kopien)

Grubenschienen-Album. Profilzeichnungen der Eisenhütte zu Duisburg-Ruhrort, Rheinpreussen, Ausgabe 1906

Lehrzeugnis. Zeugnisvordruck zur bestandenen Gesellenprüfung, o. D.

Phoenix Aktien-Gesellschaft für Bergbau und Hüttenbetrieb zu Hoerde in Westfalen, 1908

Profilbuch. Profilzeichnungen und Tabellen Phoenix AG Hoerder Verein, Ausgabe 1912, Hoerde/Westf. 1912

Profilzeichnungen der Eisenhütte zu Eschweiler, Aue bei Aachen, Ausgabe 1897

Profilzeichnungen der Eisenhütten zu Laar, Ausgabe 1897

Rillenschienen-Profile [Einzelne Blätter in drei Bindemappen, eine mit 1908 datiert, zwei o. D.]

Rillenschienen-Profile der Phoenix AG in Duisburg-Ruhrort, Duisburg [1914]

Rillenschienen-Profile der Actien-Gesellschaft Phoenix in Laar bei Ruhrort. D.R.P. 10221, Ausgabe 1894–1895, Duisburg 1895

Rillenschienen-Profile der Aktien-Gesellschaft Phoenix in Ruhrort am Rhein, Duisburg o. D.

Satzung der Pensions-, Witwen- und Waisen-Kasse für die Angestellten und Beamten der Phoenix AG zu Hoerde, Stand: 1920/21, Dortmund 1920–1921

Satzungen der Versorgungs-Kasse der Phoenix AG Hoerder Verein, Dortmund 1917, 1920

Schwere Schmiedestücke, Dortmund o. D.

Statut der Versicherungskasse gegen Arbeitslosigkeit für die Arbeiter des „Phoenix", Abteilung Hoerder Verein, Dortmund 1908

Statuten, Stand: [1907], 1910, 1919, o. D.

Unterschriftenverzeichnis Phoenix AG: Hauptverwaltung Hörde, Abteilung Hoerder Verein, Abteilung Ruhrort in Duisburg-Ruhrort, Abteilung Düsseldorfer Röhren- und Eisenwalzwerke in Düsseldorf, Abteilung Westfälische Union in Hamm und Nachrodt, Abteilung Bergwerksverwaltung in Gelsenkirchen, 1917

Werksfernsprecher-Anschlüsse Phoenix AG Hoerder Verein, Dortmund o. D.

4. Vereinigte Stahlwerke AG Dortmunder Union

Anker und Ketten, Ausgabe 1929, Dortmund 1929

Arbeitsordnung der VSt AG Dortmunder Union – Hoerder Verein Werk Dortmund, Dortmund o. D.

Das Rammen von Stahlspundbohlen LARSSEN, Dortmund o. D.

[Eiserne Spundwand System Larssen. Japanisch], Dortmund 1930

Kupferstahl, Dortmund 1926

Nietlose Spundwandeisen. Bauart: Larssen, o. D.

Spundwandeisen – Bauart: Larssen. Union-Kastenprofile, DEMAG-Union-Pfahlzieher, Autogenes Unterwasserschneiden, Dortmund 1929

Steel Sheet Piling „Larssen". Union Box Sections, DEMAG Union Pile Extractor, Autogenous Cutting Under Water, Dortmund 1929

Union Baustahl. Seine Anwendung im Hoch- und Brückenbau, Dortmund 1930

Union-Stahlriemenscheiben. Alleinverkauf ab Lager Hannover durch Otto F. Seitz, Dortmund o. D.

5. Vereinigte Stahlwerke AG Hoerder Verein

Arbeitsordnung für die Arbeiter der Vereinigte Stahlwerke AG Hoerder Verein als Rechtsnachfolgerin der „Phönix" AG, Abteilung Hoerder Verein, Dortmund 1929

VT-Stahl. Verschleißfester Stahl. Seine Anwendung im Eisenbahnbetrieb und Maschinenbau. Patente im In- und Ausland erteilt bzw. angemeldet, Dortmund o. D.

6. Dortmund-Hoerder Hüttenverein AG

Betriebsordnung der Dortmund-Hoerder Hüttenverein Aktiengesellschaft, Stand: 01.10.1934 (mit Datum vom 17.09.1934), 13.06.1939, Dortmund 1934, 1939

Betriebsvereinbarung (mit Datum vom 06.12.1947), Dortmund 1947

Der Spundpfahl. Merkmale und Vorteile, [1940–1945]

Die Union-Kanal-Diele, kurz U-K-D, beseitigt alle Mißstände der bisher im Tiefbau üblichen Holzdielen, Dortmund 1945

Dortmund-Hoerder Hüttenverein AG Dortmund, 1. Ausgabe Oktober 1937, Dortmund 1937

Erzeugung der Walz- und Preßwerke. Jahreszahlen ab 1900, Monatszahlen ab Oktober 1926, Dortmund 1948

Fernsprech-Teilnehmer-Verzeichnis Werk Hoerde, Ausgabe November 1941

Geschäftsberichte über die Jahre 1934, 1943/44, 1945/46, 1946/47, 1948/49 und 1949/50, 1951/52 und 1952/53

Gründungsurkunde und Satzung nebst Anlagen, Dortmund 1933

Järnspant system Larssen. Lesezeichen mit Anschrift der schwedischen Vertretung für Stahlspundbohlen in Schweden/Stockholm, Dortmund o. D.

Kontenplan 1938/39 [Werk Dortmund und Werk Hörde], Dortmund 1938

Kontenplan gültig ab 01.10.1944 [Werk Dortmund und Werk Hörde], Dortmund 1944

Kostenstellen-Verzeichnis und Kostenartenplan, Dortmund o. D.

Stahlspundbohlen Larssen, Dortmund o. D.

Stahlspundbohlen LARSSEN. Rammen und Ziehen, Dortmund 1943

Stahlspundbohlen Larssen. Seit 35 Jahren bewährt, Dortmund 1941
Steel Sheet Piling Larssen, Dortmund [1931]

Steel Sheet Piling Larssen (englisch, chinesisch), Dortmund o. D.

Tarifordnung für die Eisen-, Metall- und Elektroindustrie des Wirtschaftsgebietes Westfalen vom 28.05.1937 unter Berücksichtigung der Abänderung vom 22.02.1938, Essen 1938

Übungsvorschrift für die Werkfeuerwehr. Anhang: 1. Schlauchbehandlung, 2. Handfeuerlöscher, Dortmund-Hörde 1939

Union-Flachprofil FL 23. Verkauf Spundwandeisen, Dortmund 1942

Union-Gelenkscheiben für Verankerungen von Bohlwerken zur Vermeidung unzulässiger Nebenspannungen infolge von Bodensenkungen, [1940–1950]

Unterschriften-Verzeichnis, Stand: 01.11.1935, 01.05.1938

Walzliste für Halbzeug-, Form-, Stab- und Universaleisenabmessungen, Dortmund 1937

Werks-Kontenplan gültig ab Geschäftsjahr 1940/41 [Werk Dortmund und Werk Hörde], Dortmund 1940

7. Hüttenwerk Hörde AG

4 Jahre betriebliche Sozialarbeit, Dortmund 1951

Bericht über das 1. Geschäftsjahr vom 01.03.1947–30.09.1947, 2. und 3. Geschäftsjahr vom 01.10.1947–20.06.1948 und DM-Eröffnungsbilanz zum 21.06.1948 und 21.06.1948–30.09.1949, 4. Geschäftsjahr vom 01.10.1949–30.09.1950

Der Kampf um den Demontageausgleich. Sonderbeilage Nr. 1 zum Mitteilungsblatt der Hüttenwerk Hörde AG, Dortmund 1949

Erster Spatenstich zum Bau der 3 m-Grobblechstrasse. The first spadeful of earth for the erection of the 3 meter plate mill, Dortmund 1951

Hörde – das Mekka der deutschen Technik. Sonderdruck des Hörder Volksblatts aus Anlaß des Spatenstichs der 3 Meter Grobblechstraße am 19. April 1951, Dortmund 1951

Hüttenwerk Hoerde AG Dortmund-Hörde: Sammlung von Produktblättern und Unternehmensbeschreibungen, [1950]

Unser derzeitiges Fertigungsgebiet, Dortmund 1947

Zur Geschichte der Hüttenwerk Hörde Aktien-Gesellschaft, Dortmund o. D.

8. Dortmund-Hörder Hüttenunion AG

100 Jahre Hüttenhospital der DHHU, Dortmund 1957

10 Jahre Selbstverwaltung der Betriebskrankenkasse des Werkes Dortmund, Dortmund 1963

Allgemeine Sicherheitsvorschriften und Verhaltensmaßregeln für die Belegschaftsmitglieder der DHHU, Dortmund o. D.

Betriebsvorschriften / Vorschriften für den Eisenbahnbetrieb, Ausgaben 1959, 1960

Das Hörder Blechwalzwerk. Le laminoir à tôles „Hörder Blechwalzwerk". Überreicht anläßlich des Besuchs der Europäischen Gemeinschaft für Kohle und Stahl Hohe Behörde am 29.10.1956. Remis à l'occasion de la visite de la Haute autorité de la Communauté européenne du Charbon et de l'Acier le 29 octobre 1956, Dortmund 1956

Die deutsche Blecherzeugung und das neue Hörder Grob- und Mittelblechwalzwerk. Ein Bericht der DHHU, Dortmund 1951

Dienstanweisung für die Werksfeuerwehren der DHHU, Dortmund 1952

Dortmund-Hörder Hüttenunion AG. 1852–1952. Hundert Jahre. (Mitteilungsblatt Nr. 3, Ausgabe 1952), Dortmund 1952

Festfolge der Hundertjahrfeier [der Dortmund-Hörder Hüttenunion] am 5. September 1952 in der Westfalenhalle Dortmund, Dortmund 1952

Forgings. We supply forgings, rough and machined, Dortmund o. D.

Freiform-Schmiedestücke, Dortmund o. D.

Für den Schiffbau. Wir liefern Schiffsbleche nach den Bedingungen sämtlicher Klassifikationsgesellschaften, Dortmund o. D.

Geschäftsberichte über die Jahre 1950–1969

Geschichtlich-technische Beiträge aus Anlaß des 100-jährigen Bestehens der Dortmund-Hörder Hüttenunion AG, Dortmund 1952

Grobblech-Walzprogramm. Verzeichnis der größten Abmessungen, Dortmund o. D.

Hannover-Messe 1962, Dortmund 1962

Hüttenunion Dortmund, Ausgabe 1962, 1965, 1966 (dt.), 1966 (engl.), 1966 (franz.)

Hüttenunion Dortmund: Sammlung Produktblätter, Dortmund 1962–1965

Hüttenunion [Werks- und Produktbeschreibung], [1952]

L'acier de construction spécial. Union 36, Dortmund o. D.

Larssen. Larssen-Stahlwände. Larssen-Stahlpfähle. Larssen-Rammhauben, Dortmund 1962

Larssen. Rammen und Ziehen, Dortmund 1952

Larssen-Stahlwände im Straßenbau. Tiefstraße Bonn, Dortmund 1963

Larssen Stahlwände und Pfähle. Entwurfsgrundlagen, Dortmund 1959

Mittelblech-Walzprogramm, Dortmund o. D.

Pièces matricées, Pièces estampées, Pièces embouties, Dortmund o. D.

Preisliste. Preise und Verkaufsbedingungen für die Lieferung von Halbzeug, Oberbau, Formstahl, Stabstahl, Grob- und Mittelblech, Breitflachstahl, Schiffbaumaterial, Baustahl (Edelstahl), Ausgabe Oktober 1959.

Press-, Stanz- und Zieh-Teile, Dortmund o. D.

Pressings Stampings and Deep Drawn Parts, Dortmund o. D.

Prospekt für die Zulassung zum Börsenhandel von DM 184.000.000 auf den Namen lautenden Aktien und von DM 40.000.000 7 % Order- Teilschuldverschreibungen von 1954, Dortmund 1954

Qualitäts-, Mittel- und Grobbleche, Dortmund o. D.

Satzung, Stand: Oktober 1953, Juni 1955, März 1957, April 1960, April 1966

Satzungsauszug BKK, Betriebskrankenkassen der Dortmund-Hörder Hüttenunion AG, Werk Hörde, Stand: 01.07.1963, Werk Dortmund, Stand: 01.02.1963

Schweißkonstruktionen aller Art – bis zu den größten Abmessungen für den Maschinenbau, Schiffbau, Chemische Industrie, Bergbau, Dortmund o. D.

Signalbuch, Dortmund 1958.

Stätten deutscher Arbeit. DHHU, Dortmund, Sonderdruck aus: Stätten Deutscher Arbeit, Berlin 1953

Stahlguss, Dortmund o. D.

Stahlspundwände Larssen. Seit 50 Jahren bewährt, Dortmund 1955

Steel Castings, Dortmund o. D.

Unfallverhütung in den Werkseisenbahnbetrieben der DHHU, Dortmund o. D.

Union Anchors. Anchors made by Dortmund-Hörder Hüttenunion AG, Dortmund o. D.

Union Anker, Ausgabe 1966 und o. D.

Union Anker. Die Anker der DHHU, Dortmund o. D.

Union Kanaldiele UKD II, Dortmund o. D.

Union Sonderbaustahl. Lieferbar in Grobblech und Breitflachstahl. Alterungsbeständige Feinkornstähle höchster Sprödbruch- und Schweißsicherheit für: Druckrohrleitungen, Stollenpanzerungen, Druckbehälter, Großmaschinenteile, Brückenbau und Schiffbau, Dortmund o. D.

Union Sonderbaustahl. Special Structural Steel. Acier Special de Construction. Referenzliste. Reference List, Liste de Références, Dortmund o. D.

Unser Verwaltungssitz. Unser Werdegang. Unsere Werksanlagen, o. O. 1955

Unterirdische Verkehrswege. Eine wirtschaftliche Bauweise mit Larssen-Stahlwänden, Dortmund o. D.

VT Stahl. Der hochverschleißfeste Stahl für Massenfertigung, Dortmund o. D.

Walzliste für Halbzeug, Stab- und Formstahl, Dortmund 1966

Walzprogramm. Grob- und Mittelblech, Dortmund o. D.

Walzprogramm. Riffelblech, Raupenblech, Warzenblech, Dortmund o. D.

Welded fabrications of every description up to the largest dimensions for mechanical engineering, shipbuilding, chemical industry, mining industry, Dortmund o. D.

Werksfernsprechverzeichnis, Stand: Mai 1953, Oktober 1959

Werkstoffblätter UNION-Sonderstähle, Dortmund 1966

Zur Geschichte des Werkes Hörde, Dortmund [1952]

III. Fotoalben

1. Hoerder Bergwerks- und Hütten-Verein

144 „Hoerder Bergwerks- und Hütten-Verein vor 1910 (Mappe IV)".
[1900–1910]
1922
Generatorenanlage Siemens-Martin-Stahlwerk; Eisenwerk; Eisengießerei; Stahlwalzwerk; Mischer im Eisenwerk; Siemens-Martin-Ofen; Blechwalzwerk; Feinwalzwerk; Blockwalzwerk; Elektrische Zentrale im Eisenwerk; Kokerei; Hoerder Kohlenwerk Zeche Schleswig; Krankenhaus [altes Hüttenhospital am Remberg]; Casinosaal; Casino; vier Panoramaaufnahmen von Werkssiedlungen; Gruppe vor Werksgebäuden; Thomas-Stahlwerk; zwei Aufnahmen Mischer Hörde.
Darin auch: Gruppenaufnahme Lehrwerkstatt Phoenix AG von 1922; Schmiedepresse DHHV, Werk Dortmund, o. D.
[stark beschädigte Mappe mit 24 Fotografien überwiegend 39 x 29 cm, Schwarz-Weiß]

2. Union AG für Bergbau, Eisen- und Stahl-Industrie

7 „Erinnerung an gemeinsames Wirken, Dortmund 26. Mai 1897".
1875
1897
Porträtaufnahmen mehrerer Direktoren (?) der Union AG; Außenansichten Union-Verwaltungsgebäude um 1875; Henrichshütte mit Werkssiedlung um 1875; drei Zechen-/Grubengebäude: Carl Friedrich in [Bochum-]Weitmar, Glückauf Tiefbau in Dortmund, Roteisensteingrube bei Bredelar/ Diemeltal.
[Leder; 42 x 31 cm; 17 Fotografien, Schwarz-Weiß]

26 Produkte der Dortmunder Union.
1898
Aufnahmen verschiedener Produkte wie Radsätze – diese zum Teil beschädigt, Anker, Kammwalzen, Kurbelwellen, Kurbellager, Steven, Ruder.
[Leder; 21,5 x 18 cm; 29 Fotografien, Schwarz-Weiß]

3. Deutsch-Luxemburgische Bergwerks- und Hütten-AG

5 Deutsch-Lux Dortmunder Union.
1913
Innen- und Außenansichten aus dem Werk Dortmunder Union und der Abteilung Horst: Überbrückungen Huckarderstraße, Hafen- Verladeanlagen, Erzlager, Elektrohängebahn, Koksbahn, Hochofenanlage, alte und neue Gaszentrale, Siemens-Martin- und Elektrostahlwerk, alte und neue Blockstraße, verschiedene Walzwerke, altes und neues Laboratorium, Presswerk, Geschosspressen und -dreherei, alte und neue Bearbeitungswerkstatt (letztere im Bau), Räder-, Weichen- und Waggonbau, Brückenbau, Federnfabrik.
[Textilgewebe auf Pappe aufgezogen; 31 x 45 cm; 92 Fotografien, Schwarz-Weiß]

4 Deutsch-Lux Dortmunder Union.
1913–1915
Innen- und Außenansichten des Werks Dortmunder Union: Hochofenanlage, Thomas-, Siemens-Martin- und Elektrostahlwerk, Koksbahn, Koksbunker, Presswerk, Schienenwalzwerk, Bearbeitungswerkstatt, Radsatzbau, Wagenbau, verschiedene Abteilungen der Versuchsanstalt.
[Textilgewebe auf Pappe aufgezogen; 31 x 45 cm; 115 fortlaufend nummerierte Fotografien, Schwarz-Weiß]

1 Konzern Deutsch-Lux 1920. Band I.
1920
Texttafeln, Lagepläne, Grafiken und Bilanzübersichten zu Werken und Tochtergesellschaften der Deutsch-Lux und Union AG Dortmunder Union: Innen- und Außenansichten von Hochofenanlage, Thomas-, Siemens-Martin- und Elektrostahlwerk, Walzwerken, Schienenlager, Walzendreherei und -lager, Hammerwerk, Presswerk, Radsatzbau, Wagenbau, Weichenbau, Stahlformgießerei mit Ansichten von Produkten auch aus dem Schiffbau wie Hintersteven, Wellenbock, Anker und Schiffswelle, Bearbeitungswerkstatt, Brückenbau, Versuchsanstalt, Geschosspressen und Geschossdreherei, Lager für kriegsgefangene Arbeiter; Brücke Charleville-Givet; Thomasschlackenmahlwerk GmbH; Späneblockschrott-Gesellschaft mbH.
[Leder; 50 x 35 cm; 108 Fotografien, Schwarz-Weiß; Album zusammengestellt auch aus älteren Aufnahmen]

2 Konzern Deutsch-Lux 1920. Band II.
1920
Texttafeln, Lagepläne, Grafiken u. a. zu Beschäftigtenzahlen, Produktion und Umsätzen zu Werken der Deutsch-Lux und Union AG Dortmunder Union: Außenansichten der Erzgruben Friedrich bei Niederhövels, Siegerland, Wohlverwahrt in Kleinenbremen, Weserbergland und Haidweiher, Oberpfalz; Rothe Erde: Innen- und Außenansichten von Puddel- und Walzwerk sowie Bearbeitungswerkstatt; Abteilung Horst: Innen- und Außenansichten u. a. der Schrauben- und der Federnfabrik, von Gewächshaus für Kohlensäurebegasungsversuche und Freifeldanlage; Carl Schlieper: Innen- und Außenansichten der Kettenfabriken in Grüne und Sichtigvor [heute Iserlohn]; Friedrich Wilhelms-Hütte: Historische Innen- und Außenansichten der Hochofenanlage mit Kokerei, Eisen- und Stahlgießerei, Kläranlage, Gasreinigung und Bearbeitungswerkstatt; Nordseewerke Emden, einschließlich Hohenzollernhütte: Ansichten der Werftanlagen, große Helling im Bau und nach Fertigstellung, Minensuchboote in der Bauphase, Stapellauf 1919, Innenansicht Maschinenbauhalle, Bark im Dock.
[Leder; 50 x 35 cm; 53 Fotografien, Schwarz-Weiß; Album zusammengestellt auch aus älteren Aufnahmen]

3 Konzern Deutsch-Lux 1920. Band III.
1920
Texttafeln, Lagepläne und Grafiken von Werken und Tochtergesellschaften der Deutsch-Lux und Union AG; Werk Meggener Walzwerk: Außenansichten der Werke in Meggen und Langenei; Zweigniederlassung Philipp Weber, Brandenburg/Havel, vormals Ph. Weber GmbH: Innen- und Außenansichten von Martin- und Blechwalzwerk, Geschosspresse und Maschinenfabrik; Werk Gebr. Knipping, Altena, vormals Gebrüder Knipping KG: Innen- und Außenaufnahmen - älteste von 1860 - der Nietenfabrik und der Drahtzieherei nebst -härterei; Beteiligung Wagner & Co. GmbH,

Dortmund: Außenansicht und Innenansichten der Bearbeitungswerkstatt; Werk Differdingen: Innen- und Außenansichten von Hochofenanlage, Thomaswerk, Walzwerken und vom Casino; Rümelinger und St. Ingberter Hohöfen [!] und Stahlwerke AG: Außenansichten der Hochofenanlagen Öttingen und Rümelingen, Innenansichten von Thomaswerk, verschiedenen Walzwerken, Hammerwerk und Gießerei.
[Leder; 50 x 35 cm; 60 Fotografien, Schwarz-Weiß; Album zusammengestellt auch aus älteren Aufnahmen]

96 Konzern Deutsch-Lux 1920.
1920
Texttafeln zu Werken der Deutsch-Lux und der Union AG.
[Leder; 40,5 x 32,3 cm; 24 Blätter]

33 Siedlung Tremonia.
1920
Bilder vom Bau der Zechensiedlung Tremonia in Dortmund nebst Planzeichnung.
[Karton; 32 x 23 cm; 11 Fotografien, Schwarz-Weiß; eine Planzeichnung, Schwarz-Weiß]

16 Der Vorstand der GBAG, der Deutsch-Lux und des Bochumer Vereins am 09.12.1926, dem Tage der Fusion [zur VSt].
1926
Porträtfotos der Vorstandsmitglieder, mit Unterschriften der Porträtierten und kurzen beruflich-biographischen Angaben: u. a. Hans Baare, Max Berthold, Walter Borbet, Ernst Brandi, Franz Burgers, Theodor Dach, Karl Degive, Hans Eichler, Adolf Francke, Friedrich Funcke, Hans Fusban, Alfred Häcker, Karl Heintzmann, Arthur Hennecke, Ludwig Holle, Johann Holthaus, Adolf Hueck, Herbert Kauert, Heinrich Kaußen, Emil Kirdorf, Adolf Klinkenberg, Gustav Knepper, Carl Knupe, Carl Köttgen, Hans Krueger, Wilhelm Lind, Wilhelm Loh, Karl Müller-Klönne, Hermann Olfe, Ferdinand Reuter, Karl Schirner, Adam Schreiber, Anton Schruff, Max Schumann, Rudolf Seidel, Oskar Sempell, Albert Vögler, Hermann Wenzel, Adolf Wirtz.
[genarbter Kunststoff; 32 x 37 cm; 41 Fotografien, Schwarz-Weiß]

4. Vereinigte Stahlwerke AG Dortmunder Union-Hoerder Verein

122 Bau Walzendreherei und Walzwerk IV der VSt Dortmunder Union.
1924–1927
Fotografien zur Dokumentation des Baus der neuen Walzendreherei und des Walzwerks IV des Werks VSt Dortmunder Union.
[Leinenband; 34,5 x 51 cm; 54 Fotografien, Schwarz-Weiß; nicht identisch mit F/Alb/Hoe/123]

123 Bau Walzendreherei und Walzwerk IV der VSt Dortmunder Union.
1924–1927
Fotografien zur Dokumentation des Baus der neuen Walzendreherei und des Walzwerks IV des Werks VSt Dortmunder Union.
[Leinenband; 34,5 x 51 cm; 66 Fotografien, Schwarz-Weiß; nicht identisch mit F/Alb/Hoe/122]

12 Bilder zur Pressebesichtigungsfahrt vom 20.05.1930, veranstaltet von VSt, Siemens & Halske AG, Siemens-Schuckertwerke AG.
1930
Letzte Abteufarbeiten Schacht „Emil Kirdorf" Zeche Minister Stein, Dortmund-Eving: elektrische Schüttelrutsche mit stationärer elektrischer Beleuchtung, durch Gleichstrommotor angetriebene Treibscheiben-Turmfördermaschine, Hängebank und registrierender Schachtsignalanzeiger an der Fördermaschine, Außenaufnahme mit Förderturm; Kohlenturm der Kokerei Bruckstraße, Bochum-Langendreer, und Innenaufnahme der dortigen Benzolfabrik; Vorderseite Pilgerstraße, großes Schrägwalzwerk und Adjustagehalle des Bochumer Vereins, Stahl- und Röhrenwalzwerke; August-Thyssen-Hütte, Duisburg-Hamborn: Außenansicht von Hochofen VIII, Walzmotor der 925er-Fertigstraße, Hafen Schwelgern; Dampfturbinen-Prüfstand der Siemens-Schuckertwerke, Werk Mülheim; Schaltzentrale in Brauweiler; Generatorständer im Kraftwerk Fortuna II; Außen- und innenansichten der neuen Institute der Technischen Hochschule Aachen: Maschinenhalle im Elektrotechnischen Institut, Hochspannungslaboratorium, Hauptbedienungstafel der Stromverteilungs- und Experimentieranlage im Physikalischen Institut.
[grau-bräunlicher Pappband; 40 x 31 cm; 21 Fotografien, Schwarz-Weiß]

5. Dortmund-Hoerder Hüttenverein AG

104 DHHV Werk Dortmund: Neue Agglomerieranlage am Südhafen, Dortmund, Kohlenweg 10.
[1930er-Jahre]
Fotografien vom 1. Bauabschnitt der neuen Agglomerieranlage am Dortmunder Südhafen, Bauausführung: Karl Brandt Bauunternehmung, Essen, und Hochtief AG vorm. Gebrüder Helfmann.
[Kunstleder, schwarz; 34 x 24 cm; 53 Fotografien, Schwarz-Weiß]

49 Produktion im Stahl- und Presswerk des DHHV Werk Dortmund.
1940
Aufnahmen vom Abstich im Siemens-Martinwerk, von der Produktion im Elektrostahlwerk, Transport und Weiterverarbeitung von Schmiedeblöcken an der 15.000-t-Schmiedepresse.
[Pappband; 23 x 29,5 cm; 23 Fotografien, Schwarz-Weiß]

58 „Am 25. Oktober 1941 wurde der 250. Hochdruckhohlkörper geliefert".
1941
Werksansicht des DHHV Werk Dortmund, Fotografien aus verschiedenen Stationen – u. a. im Presswerk – der Produktion von Hochdruckhohlkörpern; enthält auch eine Fotografie von Adolf Hitler bei einem Messe- oder Ausstellungsbesuch.
[Leinenband; 15,5 x 9 cm; 19 Fotografien, Schwarz-Weiß]

35 Stahlwerke des DHHV Werk Dortmund.
1943
Außen- und Innenaufnahmen aus den Stahlwerken des DHHV Werk Dortmund; zahlreiche Personenaufnahmen.
[Pappalbum; 30 x 30 cm; 68 Fotografien, Schwarz-Weiß; handschriftliche Widmung für „Herr Direktor Hackert" anlässlich dessen Ausscheiden aus dem Dienst]

6. Hüttenwerk Hörde AG

127 Präsent zum 65. Geburtstag von Hüttendirektor Otto Därmann.
1949
Porträtfotografien von Arbeitskollegen von Hüttendirektor und Technischem Vorstand des DHHV Otto Därmann, Fotografien und Aquarelle mit Innen- und Außenansichten des Werkes Hörde, u. a. Hochofen- und Siemens-Martinwerk, Grobblechwalzwerk, Hammerwerk, Kokerei, Mechanische Werkstätten.
[Pappband; 32 x 39,5 cm; 54 Fotografien, Schwarz-Weiß, 4 Originalaquarelle, farbig; mit Widmung des Vorstandes der Hüttenwerk Hörde AG]

55 „Erster Spatenstich zur Errichtung einer 3m-Grobblechstraße der Hüttenwerk Hörde AG Dortmund-Hörde am 19.04.1951".
1951
Bilddokumentation zur Grundsteinlegung der 3-m-Grobblechstraße der Hüttenwerk Hörde AG: Anmarsch der Teilnehmer, Festversammlung, Festansprachen, Grundsteinlegung; auf den Aufnahmen sind u. a. zu sehen: Frank Miller, Vertreter des Hohen Komissars McCloy, Friedrich Harders, Friedrich Elshoff.
[Kunstleder; 33,5 x 31 cm; 40 Fotografien, Schwarz-Weiß; 13 Seiten mit Zeitungsausschnitten, nicht identisch mit F/Alb/Hoe/103]

7. Dortmund-Hörder Hüttenunion AG

56 „Bilder aus der Geschichte: Hermannshütte, Hörde".
[1852]-1952
Porträts u. a. von Persönlichkeiten aus der Geschichte des Werks: Wilhelm Beukenberg, Reiner Daelen, Karl Harr, Gustav Hilgenstock, Joseph Massenez, Gustav Mevissen, Hermann Diedrich Piepenstock, Richard Pink, Sidney Gilchrist Thomas, Matthias Tull, Willem van Vloten, Johann Friedrich Wiesehahn; Fotografien von Werksansichten inklusive Verwaltungsgebäuden und von Urkunden, Verträgen, Lageplänen, technischen Zeichnungen.
[Archivbindemappe, 28,5 x 35 cm; 36 Fotografien, Schwarz-Weiß; 20 Grafiken]

87 „Technische Direktoren, Oberingenieure und Betriebschefs in 5 Jahrzehnten".
[1905]-1962
Porträts der Mitglieder des Technischen Vorstands, der Technischen Werksleitung, des Technischen Zentralbüros, von Betriebsleitern folgender Werke und Betriebe der DHHU bzw. DHHV: Hochofenbetrieb, Hafen, Thomaswerk, Martinwerk, Walzwerke, Stahlformgießerei, Presswerk, Presswerk-Werkstatt, Abteilung M, MB Hochofen, MB Hochofen-Hafen, MB Stahl-Walzwerke und Presswerk, Versorgungsbetriebe, Wärme- und Energiestelle, Hauptinstandsetzungswerkstatt, Elektrobetrieb, Baubetrieb, Verkehrsbetriebe.
[Kunstleder; 27,5 x 32,8 cm; 87 Fotografien, Schwarz-Weiß]

79 Passfotos aus der Personalabteilung DHHV bzw. DHHU.
1937–1964

Passfotografien (teilweise auch Kontaktabzüge) von Angestellten auf Formblättern aus den Jahren 1937 bis 1964, darunter auch eine Aufnahme von Albert Vögler.
[Archiv-Klappschachtel; 25,5 x 35 cm; 797 Fotografien, Schwarz-Weiß]

29 Geschichte des Werks Hörde der DHHU.
1948–1952
Bilder aus der Werksgeschichte anlässlich des 25-jährigen Dienstjubiläums (?) des Betriebsratsvorsitzenden Heinrich Stephan, u. a. Protestkundgebungen gegen Demontage der 5-m-Grobblechstraße und des Siemens-Martin-Stahlwerks I, Lehrlingseinweisungsfeier 1950, Grundsteinlegung zur 3-m-Grobblechstraße 1951, verschiedene Dienstjubiläen 1952, Weihnachtsfeier Gewerkschafts-Jugendgruppe 1950, Einweihung Jugendheim am Emschertor 1951, 25-jähriges Dienstjubiläum Heinrich Stephan, Rheinfahrt 1951.
[Lederalbum; 33,5 x 23,5 cm; 82 Fotografien, Schwarz-Weiß; eine zweifarbige Zeichnung und Texte]

94 Dienstjubiläen Elektrotechnischer Betrieb DHHU Werk Hörde, 1948–1959.
1948–1959
1963
Fotografien von Dienstjubiläen, Einzel- und Gruppenaufnahmen des Elektrotechnischen Betriebs des Werks Hörde der DHHU; darin auch: eine Aufnahme von September 1963.
[Kunststoffringordner; 25,5 x 32 cm; 176 Fotografien, Schwarz-Weiß, enthält zwei handschriftliche Listen der Dienstjubiläen von 1948 bis 1953 und von 1954 bis 1959]

92 Fotoalbum für in Ruhestand tretende Belegschaftsmitglieder DHHU Werk Hörde.
[1949]–1966
1975
Musterbildmappe für Arbeitnehmer des M/Elektrotechnischer Betriebs mit Innen- und Außenaufnahmen der Verwaltung Burgtor und Hörder Burg, Hochofenwerk mit Luftaufnahme, Kokerei, Oxygenstahlwerk, Gaszentrale, Walzwerk.
[DIN A 4-Aktenordner; 26 x 31,5 cm; 53 Fotografien, 1 Farbe, 52 Schwarz-Weiß]

93 Fotoalbum für in Ruhestand tretende Belegschaftsmitglieder DHHU Werk Hörde.
[1949]–1966
Musterbildmappe für Arbeitnehmer des M/Elektrotechnischen Betriebs mit Außenaufnahmen der Verwaltungsgebäude der DHHU Werk Hörde, Betriebe u. a. Oxygenstahlwerk, Hochofenanlage, Gaszentrale, Siemens-Martin-Stahlwerk, Schaltzentrale, Walzwerk, Prüffeld, Produktion von Induktionsspulen; darin auch: Farbdruck eines Brunnens aus der Dortmunder Innenstadt.
[DIN A 4-Aktenordner; 25 x 32 cm; 75 Fotografien, 13 Farbe, 62 Schwarz-Weiß, 1 farbiger Druck, Negative von Passfotos von Arbeitnehmern und aus der Produktion]

143 Hundertjahrfeier der DHHU am 05.09.1952.
1952
Beschreibung der Vorbereitungen und der Festveranstaltung sowie die Festreden von Friedrich Elshoff (Vorstand), Wilhelm Schäfer (Vorstand), Friedrich Harders (Vorstand), Eduard Beckhäuser (Industrie- und Handelskammer Dortmund), Heinrich Stephan (Vorsitzender Betriebsrat), Carl Ewers (Ministerialdirektor und Aufsichtsrat), Joseph Scherer (Bürgermeister Dortmund), und Bruno Fugmann (Wirtschaftsvereinigung Eisen- und Stahlindustrie); Fotografien eingestreut in

die Texte: beleuchtete Westfalenhalle bei Dunkelheit; Chorproben; drei Druckschriften der Dortmund-Hörder Hüttenunion AG aus Anlass des Jubiläums; Titelseiten von Zeitungen; Kranzniederlegung am Grab von Hermann Diedrich Piepenstock mit Elshoff, Harders, Schäfer und Wilhelm Janaschek; Eintreffen der Gäste zum 1. Teil des Programms; Friedrich Elshoff; Gäste an den Tischen im Goldsaal; Eintreffen der Belegschaft an der Westfalenhalle; Blick von oben in die voll besetzte Halle; Chöre; Notenblätter; Wilhelm Schäfer; Friedrich Harders; Porträt Piepenstock; Zeichnung der Hörder Burg von 1840, transparent darüber die Quittung über den Kaufbetrag für die Burg; Porträt von zwei Arbeitern; Arbeiter im Stahlwerk, transparent darüber der Vertrag über die Generallizenz für das Thomasverfahren; 5-m-Quarto-Grobblechstraße, 1938; durch Bomben zerstörte Werksanlagen; Demontage, Protest gegen die Demontage der 5-m-Quarto-Grobblechstraße; Gründungsurkunde Hoerder Verein; 15.000-t-Schmiedepresse (Radierung); Eduard Beckhäuser; Heinrich Stephan; Chöre; Bruno Fugmann; DHHU Mitteilungsblatt, August 1952, Festfolge und Einladung; verschiedene Aufnahmen zum 2. Teil des Festprogramms u. a. Artisten und Musiker.
[Schatulle für Album und Gästebuch: 36 x 48 x 18,5; Album: Leder; 20,5 x 28,5; Gästebuch „100-Jahrfeier. Unsere Gäste": Leder]

77 Streik um Mitbestimmung / Jubilarfeiern.
1952
Aufmarsch zur und aus der Streikveranstaltung in der Dortmunder Westfalenhalle am 24.05.1952; Jubilarfeiern in der Alexanderhöhe, Iserlohn, einschließlich Anfahrt und Anmarsch.
[Aktenordner; 29,7 x 32 cm; 71 Fotografien, Schwarz-Weiß]

19 Rheinfahrt der Werksjubilare DHHU Werk Hörde, 1952.
1952
Anfahrt der Werksjubilare zur Rheinfahrt ab Bahnhof Dortmund-Hörde; Schifffahrt mit dem Rheindampfer „Kaiser Wilhelm" von Köln nach Königswinter.
[Karton; 28 x 41 cm; 74 Fotografien, Schwarz-Weiß]

11 Ausbau der 3m-Quarto-Straße im Grobblechwalzwerk DHHU Werk Hörde.
1952–1953
Innen-, Außen- und Detailaufnahmen vom Ausbau der 3m-Quarto-Straße im Grobblechwalzwerk, u. a. 3m-Gerüst-Antriebsmotor mit Getriebe, Ilgner Umformersatz, Tiefofenanlage.
[Pappalbum; 39,5 x 30 cm; 62 Fotografien, Schwarz-Weiß; siehe auch Bericht in: DHHU Mitteilungsblatt 3 (1952)]

18 Weihnachtsfeier der DHHU in der Westfalenhalle Dortmund, 1953.
1953
Teilnehmer auf dem Weg zur Feier und in der Halle; Szenen der verschiedenen Darbietungen, darunter auch Kinderballett des Stadttheaters, Ausgabe von Weihnachtspäckchen an Schwerbeschädigte und Weihnachtstüten an Kinder.
[Pappband; 34,5 x 31 cm; 37 Fotografien, Schwarz-Weiß; 8 Seiten Text; siehe auch Bericht in: DHHU Mitteilungsblatt 3 (1954), 1]

20 Rheinfahrt der Werksjubilare DHHU Werk Hörde, 16. Juli 1955.
16.07.1955

Schifffahrt mit einem Rheindampfer von Köln nach Königswinter.
[Pappband; 30,5 x 22 cm; 112 Fotografien, Schwarz-Weiß]

120 Rheinfahrt der Werksjubilare DHHU Werk Hörde, 1956.
1956
Rheinfahrt mit den Motorschiffen „Cecilie" und „Barbarossa".
[Pappband; 30,5 x 22 cm; 75 Fotografien, Schwarz-Weiß]

17 Weihnachtsfeier der DHHU in der Westfalenhalle Dortmund, 1956.
1956
Verschiedene Szenen und Bühnenbilder der Weihnachtsfeier.
[Fotograf Hermann Harz; Leinenband; 42 x 38 cm; 19 Fotografien, Farbe; siehe auch Bericht in: DHHU Mitteilungsblatt 6 (1957), 1]

27 Lehrabschlussfeier DHHU, 1957.
1957
Kaffeetrinken in Haus Waldfrieden, Cappenberg; Zoobesuch in Münster, Feier im Saal des „Freischütz" in Schwerte mit Darbietungen des Jugendchors Hörde, Ansprache von Direktor Wilhelm Schäfer und Varietéprogramm.
[Pappe; 35 x 24,5 cm; 56 Fotografien, Schwarz-Weiß; siehe auch Bericht in: DHHU Mitteilungsblatt, 6 (1957), 4]

47 Kettenwerke Schlieper GmbH: Bildbericht über Rationalisierung im Werk I.
1957
Innen- und Außenaufnahmen aus verschiedenen Werksteilen des Kettenwerks sowie aus Sozialräumen.
[Karton; 21,2 x 29,1 cm; 41 Fotografien, Schwarz-Weiß, sechs Lagepläne]

22 Rheinfahrt der Werksjubilare DHHU Werk Hörde, 1960.
1960
Schifffahrt mit dem Rheindampfer „Berlin" von Königswinter nach Kamp-Bornhofen.
[Pappband; 30,5 x 21,6 cm; 132 Fotografien, Schwarz-Weiß; siehe auch Bericht in: Unser Werksbild 9 (1960), Nr. 4, S. 14 f.]

114 Rheinfahrt der Werksjubilare DHHU, 23. Juni 1961.
1961
Rheinfahrt mit dem Fahrgastschiff „Berlin" von Königswinter nach Kamp-Bornhofen.
[Pappband; 30,2 x 22,2 cm; 211 Fotografien, Schwarz-Weiß; siehe auch Bericht in: Unser Werksbild 10 (1961), Nr. 3, S. 32 f.]

21 Rheinfahrt der Werksjubilare DHHU Werk Hörde, 21. Juli 1961.
1961
Schifffahrt mit dem Rheindampfer „Berlin" von Königswinter nach Kamp-Bornhofen.
[Pappband; 30,5 x 22 cm; 198 Fotografien, Schwarz-Weiß; siehe auch Bericht in: Unser Werksbild 10 (1961), Nr. 3, S. 32 f.]

115 Lehrabschlussfeier DHHU, 1962.
1962
Ausflugsfahrt zum Gelsenkirchener Zoo und zum Halterner Stausee; offizielle Feierstunde im Goldsaal der Westfalenhalle mit Festansprachen, Freisprechung mit Übergabe von Buchpräsenten, u. a. durch Arbeitsdirektor Günter Sieber, musikalischer Darbietung und Varietéprogramm.
[Leinenalbum; 30,5 x 25,8 cm; 126 Fotografien, Schwarz-Weiß; siehe auch Bericht in: Unser Werksbild 11 (1962), Nr. 3, S. 14–17]

116 Rheinfahrt der Werksjubilare DHHU, 1962.
1962
Zuganreise und Rheinfahrt der Jubilare der DHHU Werke Dortmund und Hörde mit dem Fahrgastschiff „Berlin" von Königswinter nach Kamp-Bornhofen.
[Leinenband; 31 x 25,8 cm; 116 Fotografien, Schwarz-Weiß; siehe auch Bericht in: Unser Werksbild 11 (1962), Nr. 3, S. 12 f.]

118 Abschiedsgeschenk für Heinrich Stephan, Betriebsratsvorsitzender der DHHU.
1963
Fotografien und Abbildungen zu den beruflichen Stationen des späteren Betriebsratsvorsitzenden Heinrich Stephan.
[Kunstleder; 32,2 x 34 cm; 46 Fotografien, 45 Schwarz-Weiß, eine Farbe]

107 Lehrabschlussfeier DHHU, 1963.
1963
Ausflug zum Kino Universum in Gelsenkirchen-Buer; Besuch des Halterner Stausees; offizielle Feierstunde im Restaurant Krone am Markt, Dortmund, mit Festansprachen, musikalischer Darbietung des Dortmunder Mozartchors, Freisprechung mit Übergabe von Buchpräsenten, Varietéprogramm und musikalischen Darbietungen u. a. des Trompeters Billy Mo.
[Pappalbum; 29,7 x 21 cm; 130 Fotografien, Schwarz-Weiß; siehe auch Bericht in: Unser Werksbild 12 (1963), September/Oktober 1963, S. 44–47]

108 Rheinfahrt der Werksjubilare DHHU, 1964.
1964
Rheinfahrt der Jubilare der DHHU Werke Dortmund und Hörde mit dem Fahrgastschiff „Berlin" von Königswinter nach Kamp-Bornhofen.
[Pappband; 29,7 x 25 cm; 112 Fotografien, Schwarz-Weiß; siehe auch Bericht in: Unser Werksbild 13 (1964), Nr. 3, S. 26–29]

109 Lehrabschlussfeier DHHU, 1964.
1964
Ausflug am 22.05.1964 zum Ruhr-Zoo, Gelsenkirchen; Besuch des Halterner Stausees; offizielle Feierstunde im Restaurant Krone am Markt, Dortmund, mit Festansprachen, u. a. von Arbeitsdirektor Günter Sieber, musikalischen Darbietungen, Freisprechung mit Übergabe von Buchpräsenten und Varietéprogramm.
[Pappalbum; 29,5 x 24,8 cm; 99 Fotografien, Schwarz-Weiß; siehe auch Beitrag in: Unser Werksbild 13 (1964), Nr. 3, S. 22–25]

110 Lehrabschlussfeier DHHU, 1965.
1965
Ausflug; offizielle Feierstunde mit Festansprachen, u. a. von Arbeitsdirektor Günter Sieber, Freisprechung mit Übergabe von Buchpräsenten, Varieteprogramm und musikalischer Darbietung.
[Pappalbum; 31 x 24,8 cm; 54 Fotografien, Schwarz-Weiß; siehe auch Beitrag in: Unser Werksbild 14 (1965), Nr. 3, S. 14–17]

111 Rheinfahrt der Werksjubilare DHHU, 18. Juni 1965.
1965
Rheinfahrt der Jubilare DHHU Werke Dortmund und Hörde mit dem Fahrgastschiff „Berlin" von Oberlahnstein nach Geisenheim.
[Pappband; 30,2 x 21,9 cm; 214 Fotografien, Schwarz-Weiß; siehe auch Beitrag in: Unser Werksbild 14 (1965), Nr. 3, S. 11–13]

112 Lehrabschlussfeier DHHU, 1966.
1966
Offizielle Feierstunde am 30.03.1966 mit Festansprachen, u. a. von Arbeitsdirektor Günter Sieber, Freisprechung mit Übergabe von Buchpräsenten und musikalischer Darbietung.
[Pappalbum; 29,3 x 24,8 cm; 38 Fotografien, Schwarz-Weiß; siehe auch Beitrag in: Unser Werksbild 15 (1966), Nr. 2, S. 22 f.]

113 Rheinfahrt der Werksjubilare DHHU, 1966.
1966
Rheinfahrt der Jubilare der Werke Dortmund und Hörde mit dem Fahrgastschiff „Berlin" von Niederlahnstein nach Geisenheim; Ansprache u. a. von Arbeitsdirektor Günter Sieber.
[Pappband; 29,2 x 24,9 cm; 98 Fotografien, Schwarz-Weiß; siehe auch Beitrag in: Unser Werkbild 15 (1966), Nr. 3, S. 14–17]

IV. Karten und Konstruktionszeichnungen

1. Hoerder Bergwerks- und Hütten-Verein

201 Kesselanlage mit Glühöfen Hoerder Verein (?): Aufrisszeichnung der Kesselanlage im Längen- und Querprofil, Grundrisszeichnung und Lageplan der Anlage.
1862
[Maßstab unbekannt; 63 x 54 cm; Pergament; teilweise farbig]

200 Lageplan Hermannshütte: Farbige Hervorhebung der Betriebsgebäude, u. a. Schienen-Walzwerk, Blech-Walzwerk, Stabeisen-Walzwerk und Räderfabrik sowie Hoerder Burg und der umliegenden Gewässer Hoerder Bach und Emscher.
1862
[1:1.250; 64 x 57 cm; Pergament; teilweise farbig]

258/1 Dispositions-Plan Hermannshütte: Grundrisse Schienenwalzwerk (Anbau), Räderfabrik, Gasanstalt, Stahlschmelze (teilweise farbig markiert); Revisionsvermerk des Kreisbaumeisters vom 15.08.1863; Stempel und Vermerk (Arnsberg) über die Zugehörigkeit des Plans zur Genehmigungsurkunde vom 12.10.1863.
1863
[Maßstab unbekannt; 30,5 x 41,5 cm; Pergament; Farbkopie verzeichnet als K/DHHU/258/2]

259/1 Dispositions-Plan Hermannshütte: Grundrisse Schienenwalzwerk (Anbau), Räderfabrik, Gasanstalt, Stahlschmelze (teilweise farbig markiert); Revisionsvermerk des Kreisbaumeisters vom 14.04.1964; Vermerk (Arnsberg) über die Zugehörigkeit des Plans zur Genehmigungsurkunde vom 22.04.1864.
1864
[Maßstab unbekannt; 30,5 x 41,5 cm; Pergament; Restaurierungsspuren; Ausschnittvergrößerung zum Revisionsvermerk liegt bei; Farbkopie verzeichnet als K/DHHU/259/2]

30 Gasometer von 600 cbm für die Hochofenanlage Hörde: Aufriss-, Architektur- und Grundrisszeichnung durch Firma Aug. Klönne.
1881
[Maßstab unbekannt; 59 x 96 cm; beschichtetes Leinen]

275 Rohrleitungen für die neue Speisepumpe der „Gußstahl-Fabrik" Hoerder Verein.
1889
[1:20; 102 x 72 cm; Karton]

56 Umbau der Hörder Burg: Architektur-, Grund- und Aufrisszeichnungen zu Umbauplänen.
1894
[1:100; 98 x 92 cm; Kopie]

45 Wohnhaus für P. Pellinghoff: Architektur-, Aufriss- und Grundrisszeichnungen von Keller, Erdgeschoss und 1. Etage.
30.06.1897; 12.07.1897; 03.06.1912
[1:50; 80 x 59 cm; Papier]

98 Hüttenkrankenhaus des Hoerder Vereins, Treppenanlage.
1897
[Maßstab unbekannt; 92 x 85 cm; Blaupause]

59 Lageplan Hörder Burg und umliegende Gebäude für Pferdestall und Wagenremise am „Burgthor" mit farbiger Hervorhebung u. a. von „Burg", „Wohnhaus", „Caserne", „Adjustage".
1897
[1:1.000; 41 x 32 cm; Papier]

271 Senkring zum Brunnen im Blechwalzwerk.
[1898]
[1:10; 58 x 59 cm; Transparentpapier]

32 Wechselstrom-Gleichstrom-Umformer und Akkumulatoren: Grundrisszeichnung mit Konstruktionszeichnung für die Zentralerregung im Eisenwerk Hörde.
1899
[1:100; 48 x 42 cm; Papier]

63 Vertrags-Zeichnung über die Anschluss-Änderungen an die Bahnhöfe Hörde und Hörde-Hacheney: Flurkarte der Gemeinde Hacheney, Flur 1 zu Änderungen der Gleisanschlüsse mit farbiger Hervorhebung der „Gleise der Eisenbahn-Verwaltung", „Gleise des Hoerder Bergwerks u. Hütten-Vereins", „jetzige Grundeigentumsgrenze", „spätere Grundeigentumsgrenze"; Gebäude des Hoerder Vereins sind eingezeichnet und beschriftet, u. a. „Beamten-Wohnungen", „Empfangsgebäude" und „Güterschuppen".
1899
[1:1.000; 146 x 33 cm; Transparentpapier]

54 Arbeiter-Wohnhaus für vier Familien: Architekturzeichnung, Aufrisszeichnungen und Grundrisszeichnung.
1899
[1:100; 60 x 47 cm; Papier]

272 Blechwalzwerk: Aufstellung einer Pumpe, Konstruktionszeichnungen.
1899
[1:100; 76 x 58 cm; Transparentpapier]

268 Entwurf eines Bessemer-Gebläses: Konstruktionszeichnungen (Kopie).
[1899]
[1:40; 63 x 49 cm; Kunststoff (transparent)]

38 Maschinenhaus für die elektrische Centrale: Aufriss- und Grundrisszeichnung mit Stempeln und Vermerken zur Genehmigung des Bauvorhabens.
1899–1900
[1:100; 81 x 86 cm; Papier]

51 Dsgl., Architektur- und Grundrisszeichnung mit farbiger Hervorhebung zu geplanten Anbau eines Maschinenhauses, Stempel zur Genehmigung des Bauvorhabens.
[1:100; 85 x 82 cm; Papier]

2. Phoenix AG für Bergbau und Hüttenbetrieb Abteilung Hoerder Verein

2.1 Hoerder Verein

267 Anbau zur Grobblechadjustage: Konstruktion der Fassade mit Maßen und Angaben zu Straßenniveau und Hüttenflur.
1908
[1:50; 122 x 46 cm; Transparentpapier]

55 Umbau und Einrichtung eines Schalterraums im Verwaltungsgebäude: Grundrisszeichnung „Alter Grundriss", Grundrisszeichnung „Neuer Grundriss", Aufrisszeichnungen zum Umbau.
1908
[1:50; 124 x 92 cm; Kopie]

2 Kokerei mit 60 Koksöfen mit Gewinnung der Nebenprodukte: Lageplan von Koksöfen mit farbiger Markierung der von Dr. C. Otto & Comp. GmbH geplanten Koksöfen.
1909
[1:250; 90 x 74 cm; beschichtetes Leinen]

22 Dsgl., Grund- und Aufrisszeichnungen der Ammoniakgewinnungsanlage mit farbiger Hervorhebung von Fundament, Kesselanlagen und Rohrleitungen.
[1:50; 104 x 72 cm; beschichtetes Leinen]

23 Dsgl., Grundriss- und Aufrisszeichnungen der neu geplanten Koksöfen.
[1:100; 96 x 64 cm; beschichtetes Leinen]

87 Dsgl., Konstruktionszeichnung zur Abzugsvorrichtung für die beim Füllen von Nebenprodukten-Koksöfen entweichenden Gase.
[1:25; 93 x 52 cm; beschichtetes Leinen]

57 Dsgl., Lageplan mit farbiger Hervorhebung der geplanten Koksöfen.
[1:2.500; 44 x 33 cm; Leinen]

88 Entwurf zu einem Gleisanschluss der Werke Phoenix AG Hoerder Verein und Eisen- und Stahlwerk Hoesch AG bei Klusenstein an die Klönnetalbahn: Karte der Gemarkungen Volkrinhgausen und Brockhausen im Kreis Iserlohn und der Gemarkung Eisborn im Kreis Arnsberg mit Hervorhebung der Eisenbahn-Schienen nach Beilinghofen, nach Menden und nach Binolen.
[1909–1910]
[1:1.000; 148 x 75 cm; Papier]

60 Abortanlage im Hause Am Remberg 4: Aufriss- und Grundrisszeichnung von Erdgeschoss und Keller; Lageplan mit farbiger Hervorhebung „Neues Mauerwerk" und „Abbruch".
1914
[Aufrisszeichnung und Grundrisszeichnungen 1:100; Lageplan 1:500; 36 x 39 cm; Papier]

47 Abortanlage im Hause Weingartenstraße 38: Aufriss- und Grundrisszeichnung des Kellers; Lageplan mit Hervorhebung von Abwasserrohren.
1914
[Maßstab Aufrisszeichnung und Grundrisszeichnung unbekannt; Maßstab Lageplan 1:500; 49 x 50 cm; Papier]

40 Entwässerung des Hauses Am Remberg 2: Aufriss- und Grundrisszeichnung des Kellers mit farbiger Hervorhebung von Dachwasser-Ablauf und Wasserleitungen; Lageplan.
1914
[1:100; 46 x 42 cm; Papier]

48 Entwässerung des Hauses Am Remberg 4: Aufriss- und Grundrisszeichnung von Erdgeschosses und Keller; Lageplan mit farbiger Hervorhebung von Abwasser- und Entlüftungsrohren.
1914
[Aufriss- und Grundrisszeichnungen 1:100; Lageplan 1: 500; 38 x 39 cm; Papier]

41 Entwässerung des Hauses Benninghoferstraße 34: Architektur-, Aufriss-, Grundrisszeichnungen; Lageplan von Keller-, Erd-, und Obergeschoss mit farbiger Hervorhebung von Entlüftungsrohren, Abfallrohren und Regenrohren.
1915
[Architektur-, Aufriss,- und Grundrisszeichnungen 1:100; Lageplan 1:500; 81 x 52 cm; Papier]

46 Entwässerung des Hauses Bickefeldstr. 75: Aufriss- und Grundrisszeichnung von Kellergeschoss; Lageplan mit farbiger Hervorhebung von Wasserrohren und Entlüftungsrohren.
1915
[1:100; 56 x 49 cm; Papier auf Leinen]

42 Entwässerung des Beamtenwohnhauses Sedanstraße 4: Aufriss- und Grundrisszeichnungen; Lageplan des Kellergeschosses mit farbiger Hervorhebung von Entlüftungsrohren, Regenrohren und Wasserleitungen.
[1915]
[1:100; Lageplan 1:500; 67 x 58 cm; Papier]

266 Beamtenhaus-Gruppe Sedanstraße: Architekturzeichnung (Architekt Karl Pohl) zum Konzessionsgesuch vom 14.07.1916.
1916
[Maßstab unbekannt; 56 x 38 cm; Leinen; Sedanstraße in Dortmund-Hörde heißt später Burgunderstraße]
279 Dsgl., Ansicht Sedanstraße; Gartenansicht Haus 2, 3 und 4; Seitenansicht Haus 1; Einfriedungen.
[1:100; 56 x 38 cm; Leinen]

274 Arbeiter-Aufenthaltshaus Thomaswerk: Architekturzeichnung: Längsseite, Kopfseite, Eingangsseite; Grundriss und Aufriss.
1917
[1:50; 77 x 89 cm; Papier]

35 Kolonie Steinkühlerweg 13, Wohnung 86-72: Architekturzeichnungen der Vorder- und Rückseite sowie Aufrisszeichnungen.
1918
[1:50; 93 x 63 cm; Papier]

269 Kalkschachtöfen für die Steinbrüche im Hönnetal bei Klusenstein: Hauptausfertigung der Zeichnungen (verschiedene Längs- und Querschnitte) zum Konzessionsgesuch vom 13.09.1919 mit Prüfungsvermerk des Kreisarzts aus Iserlohn vom 13.10.1919.
1919
[1:100; 76 x 54 cm; Leinen]

277 Wirtschaft auf dem Kaiserberg (ehemalige Besitzung Mork), Umbau der Wirtschaft zu Wohnungen: Architekturzeichnung zur Baukonzession mit Ansicht der Südseite und der Nordseite; Querschnitt; Grundriss Kellergeschoss, Erdgeschoss, Dachgeschoss.
1919–1920
[Maßstab unbekannt; 93 x 44 cm]

52 Anbau an die Gaszentrale Hochofenwerk Hörde: Architekturzeichnung, Aufrisszeichnung und Lageplan.
1920
[Architekturzeichnungen und Aufrisszeichnung 1:100; Lageplan1:1.000; 85 x 63 cm; Papier]
53 Dsgl., Grundrisszeichnungen mit farbiger Markierung der alten und neuen Gebäudeteile.
[1:100; 102 x 55 cm; Papier]

276 Elf Kalkschachtöfen für die Steinbrüche im Hönnetal bei Klusenstein: Längs- und Querschnitte; Längenansicht; Ofenaufsicht; Entleerungsgrube; Grundriss.
1920
[1:100; 117 x 86 cm; Papier]

49 Kolonie Steinkühlerweg, Eisenbetonkellerdecken: Grundrisszeichnung mit diversen Maßangaben und Berechnungen zu geplantem Ausbau der Kolonie Steinkühlerweg.
1920
[1:50; 69 x 45 cm; Papier]

34 Kolonie Steinkühlerweg 15, Wohnung 77–81: Grundrisszeichnungen von Ober-, Erd- und Kellergeschoss mit Beschriftung der einzelnen Räumlichkeiten.
1920
[1:50; 88 x 117 cm; Papier]
36 Dsgl., Architekturzeichnungen von Vorder- und Rückseite sowie Aufrisszeichnung mit farbiger Hervorhebung von Fundament.
[1:50; 91 x 85 cm; Papier]

43 Kolonie Steinkühlerweg 16, Wohnung 82–85: Grundrisszeichnungen von Ober-, Erd-, und Kellergeschoss sowie Zeichnung zur Sparrenlage, mit beschrifteten Räumlichkeiten und farbiger Hervorhebung von Wänden.
1920
[1:50; 128 x 82 cm; Papier]

273 Arbeiter-Aufenthaltshaus Thomaswerk: Architekturzeichnung mit Ansicht vom Mischervorplatz und Seitenansichten; Aufrisse; Hinweise zu verwendeten Baumaterialien; Lageplan des geplanten Gebäudes zwischen Mischer und Kesselanlage.

[1920]
[1:100; 1:1.000; 84 x 84 cm; Papier]

50 Kleinwohnhäuserbauten für die Beamten- und Arbeiter-Versorgungskasse: Architektur- und Aufrisszeichnung zu geplanten Wohnhäusern mit farbiger Hervorhebung von Fundament und Eingangsbereich.
1920–1921
[1:50; 98 x 88 cm; Papier]

270 Maschinenhaus mit Lokomotivschuppen an der Hönnetalbahn beim Rittergut Klusenstein: Architekturzeichnung mit Vorderansicht und Seitenansichten links und rechts; Aufrisse; Grundrisse von Erdgeschoss und Kellergeschoss.
1921
[1:100; 96 x 76 cm; Papier]

37 Anbau einer Schmiede an das Maschinenhaus der Ziegelei Schleswig: Architekturzeichnungen, Grundriss- und Aufrisszeichnung und Lageplan.
1922
[Architekturzeichnung und Grundrisszeichnung 1:50; Aufrisszeichnung Maßstab unbekannt; Lageplan 1:1.000; 64 x 63 cm; Papier]

4 Blockwalzwerk: Lageplan von Ilgner-Anlagen, Tieföfen des Blockwalzwerks; Beschriftung der Gebäude und Maschinen mit Baujahr und Leistungsdaten.
1922
[1:100; 171 x 94 cm; Blaupause]

278 Bebauung des Grundstücks nordöstlich vom Schlosspark Brünninghausen: Lage von 19 Einfamilienhäusern an der Straße Neuer Weg sowie 18 Einfamilienhäusern nordöstlich des Schlossparks, östlich der Chaussee nach Brünninghausen.
1923
[1:500; 72 x 40 cm; Papier]

33 Lageplan des Feinblechwalzwerks Hermannshütte.
1924
[1:100; 186 x 96 cm; Leinen]

44 Ziegelei Schleswig, Erweiterung des Zieglerwohnhauses: Architekturzeichnung, Grundrisszeichnung mit Beschriftung der einzelnen Räume, Aufrisszeichnung und Lageplan.
1924
[Maßstab Architektur- und Grundrisszeichnung unbekannt; Maßstab Lageplan 1:1.000; 109 x 45 cm; Kopie]

3 Lageplan Hermannshütte: Feinwalzwerk mit beschrifteten Gebäuden; Baujahre der Maschinen sowie deren Leistungsdaten in PS und Newton.
1925
[1:200; 125 x 89 cm; Leinen]

2.2 Hüttenhospital

9 Hospitalneubau für Krankenkasse des „Phoenix", Abteilung Hoerder Verein: Aufrisszeichnung aus westlicher Ansicht von Hüttenhospital; Architekturzeichnung aus östlicher Ansicht.
1910
[1:100 80 x 56 cm Leinen]

10 Dsgl., Grundrisszeichnung des Erdgeschosses mit farbiger Markierung von tragenden Elementen.
[1:100; 80 x 56 cm; Leinen]

110 Dsgl., Grundrisszeichnung des 1. Obergeschosses, handschriftliche Ergänzung „Berichtigt: Jan. 1939". [1:50; 113 x 95 cm; Leinen]

109 Dsgl., Grundrisszeichnung des 2. Obergeschosses, handschriftliche Ergänzung „Berichtigt: Jan. 1939". [1:50; 113 x 95 cm; Leinen]

97 Dsgl., Grundrisszeichnung des Dachgeschosses mit Bezeichnung der Zimmer.
[1:100; 63 x 54 cm; Kopie]

111 Dsgl., Grundrisszeichnung des Kellergeschosses.
[1:50; 57 x 90 cm; Blaupause]

112 Dsgl., Grundrisszeichnung des Kellergeschosses.
[1: 50; 117 x 91 cm; Papier]

99 Dsgl., Grundrisszeichnung des Kellergeschosses mit handschriftlichen Berechnungen und Maßangaben, handschriftliche Ergänzung „Berichtigt: Jan. 1939".
[1:100; 113 x 86 cm; Leinen]

105 Dsgl., Lagepläne zum Neubau, „Projectierter Neubau" und das dazugehörige Gelände sind farbig hervorgehoben.
[1:500; 1:2.000; 82 x 56 cm; Papier]

113 Dsgl., Grundrisszeichnung von Erdgeschoss und Keller eines Nebengebäudes des Hüttenhospitals mit handschriftlicher Bezeichnung der Räumlichkeiten, u. a. „Sezierraum", „Leichenraum", „Waschküche".
[1:50; 83 x 57 cm; Papier]

95 Hüttenhospital der Krankenkasse des „Phoenix", Abteilung Hoerder Verein: Architektur-, Grundriss- und Aufrisszeichnung zu Dach-Aufbau und Lageplan vom Hüttenhospital.
1917
[Architektur-, Aufriss- und Grundrisszeichnung 1:100; Lageplan 1:500; 38 x 48 cm; Pergament]

89 Dsgl., Architektur- und Aufrisszeichnungen mit farbiger Hervorhebung von Dach-Aufbau.
[Architektur- und Aufrisszeichnungen 1:100; Lageplan 1:500; 39 x 49 cm; Papier]

90 Hüttenhospital der Krankenkasse des „Phoenix", Abteilung Hoerder Verein, Anbau einer Glashalle für Sonnen- und Quarzlicht-Bestrahlung: Grundrisszeichnung des Erdgeschosses mit farbiger Markierung der neu geplanten Glashalle.
1919
[1:100; 33 x 59 cm; Papier]

91 Dsgl., Blaupause.

92 Dsgl., Architekturzeichnungen mit farbiger Hervorhebung der neu geplanten Glashalle und des neu geplanten Kartoffelkellers.
[1:100; 34 x 52 cm; Leinen]

93 Dsgl., Grundrisszeichnung des Erdgeschosses.
[1:100; 33 x 59 cm; Pergament]

94 Dsgl., Grundrisszeichnung des Kellergeschosses mit Markierung „Ausbau des Kartoffelkellers".
[1:100; 28 x 38 cm; Pergament]

96 Dsgl., Architekturzeichnungen zu Anbau.
[1:100; 44 x 52 cm; Pergament]

106 Hüttenhospital der Krankenkasse des „Phoenix" Abteilung Hoerder Verein, Stallgebäude und Gewächshaus: Architektur-, Grundriss- und Aufrisszeichnungen zu Erweiterungsbau.
10.07.1925; 22.07.1925; 12.07.1927
[1:100; 98 x 64 cm; Papier]

107 Dsgl., Architekturzeichnungen des gesamten Gebäudes und Grundrisszeichnungen von Keller- und Erdgeschoss.
[1:100; 97 x 65 cm; Papier]

3. Vereinigte Stahlwerke AG Dortmunder Union-Hoerder Verein

262 Lageplan der Kokerei und des Hochofenwerks der VSt Hoerder Verein.
[1926]
[1:1.000; 84 x 232 cm; Papier]

108 Hüttenhospital der BKK VSt Hoerder Verein, Autogarage: Architektur-, Aufriss- und Grundrisszeichnung sowie Lageplan.
1928
[Architektur-, Aufriss- und Grundrisszeichnung 1:50; Lageplan 1:500; 75 x 73 cm; Papier]

184 Lageplan von einem Teil der VSt Dortmunder Union: Bereich zwischen Rheinische Straße, Huckarder Straße und der Emscher.
1928
[1:1.000; 134 x 100 cm; Papier]

185 Dsgl., Bereich nordöstlich des Verwaltungsgebäudes Rheinische Straße, u. a. „Mechanische Werkstatt" und „Martinwerk", 1928-1929.
[1:1.000; 134 x 100 cm; Papier]

191 Dsgl., Bereich zwischen Königsberger Straße, Rheinische Straße und Unionstraße, u. a. „Verwaltungsgebäude I", „Mechanische Werkstatt" und „Martinwerk", 1928-1929.
[1:1.000; 130 x 102 cm; Papier]

1 VSt Hoerder Verein Hermannshütte, Lageplan für die Feuerversicherung: Öfen, Pressen und Leitungen farbig hervorgehoben; Gleise, Gemeindegrenzen und elektrische Bogenlampen in Legende angeführt und gesondert markiert; Gebäude sind benannt und nummeriert.
1930
[1:1.000; 211 x 40 cm; Papier]

261 Übersichtsplan der VSt Dortmunder Union.
1930
[1:2.000; 83 x 88,5 cm; Papier]

4. Dortmund-Hoerder Hüttenverein AG

4.1 Werk Dortmund

252 Luftschutzraum Koksbunker: Treppenaufgang am Koksbunker, Grundriss Schutzraum und Koksbunker; Schnittzeichnung Treppenaufgang.
1934
[1:100; 49 x 95 cm; Papier]

225 Luftschutzraum Nr. 205: Schnitte und Einzelheiten u. a. zum Luftschacht; Grubenausbau u. a. mit Pokaleisen und Union Kanaldielen.
1934
[1:2,5; 1:5; 1:20; 1:50; 1:100; 90 x 137 cm; Papier]

237 Luftschutzraum Tunnel Köln-Mindener Bahn: Schutzraum für maximal 60 Personen; Lageplan; Längsschnitt; Grundriss.
1934
[1:100; 1:1.000; 47,5 x 71 cm; Papier]

246 Schutzräume 1 und 2 Hochofen und zugehörige Betriebe: Schutzräume für insgesamt 103 Personen; Lage Möllerflur am Hochofen IV und V; Grundrisse und Schnitte.
1934
[1:100; 61,5 x 68 cm; Papier]

247 Schutzraum 4 Hochofen und zugehörige Betriebe: Schutzräume für 30 Personen; Lage Möllerflur am Hochofen I; Grundriss und Schnittzeichnung.
1934
[1:100; 41 x 58 cm; Papier]

208 Schutzraum Erzlagerhafen: Lageplan mit Schutzraum, Südhafen, Hafenbrücke, Konsumgesellschaft Eintracht, Mallinckrodtstraße und Steinfabrik.
1934
[1:1.000; 29 x 87 cm; Papier]

209 Dsgl., Ausführung in Spundwandbohlen Larssen: Schnittzeichnungen: Schutzraum, Südhafen, Erzaufschüttung; Grundriss u. a. Schutzraum und Sanitätsraum.
[1:50; 72 x 128 cm; Papier]

210 Dsgl., Einzelheiten: Grundrisse und Schnittzeichnung insbesondere zu der Ausführung in Spundwandbohlen.
[1:10; 1:20; 72 x 128 cm; Papier]

211 Dsgl., Einzelheiten: Grundrisse und Schnittzeichnung insbesondere zu der Ausführung in Spundwandbohlen; Vermerk: zum Baugesuch vom 24.08.1934 gehörig.

[1:10; 1:20; 73 x 85 cm; Papier]

212 Dsgl. Entwurf zu einem Schutzraum Erzlager Hafen: Grundrisse und Schnittzeichnungen.
[1:100; 50 x 68 cm; Papier]

213 Dsgl., Grundrisse und Schnittzeichnungen.
[1:100; 50 x 63 cm; Papier]

215 Dsgl., Ansicht vom Südhafen.
[1:50; 28,5 x 44,5 cm; Papier]

216 Dsgl., Schnittzeichnung und Lageplan für Schutzraum für 100 Personen.
[1:100; 51 x 97 cm; Papier]

217 Dsgl., Schnittzeichnung und Lageplan für Schutzraum für 100 Personen.
[1:100; 48 x 71 cm; Papier]

219 Schutzraum für den Brückenbau in der Schlackenhalde am Stein- und Trägerlager: Lageplan; Profile der Schlackenhalde (ohne Luftschacht).
1934
[1:200; 72 x 125 cm; Papier]

220 Dsgl., Schutzraum für 450 beziehungsweise 600 Personen; Ausführung in Pokaleisen [Pokalstahl] Grubenausbau; Grundriss mit Luftschacht und Schnittzeichnungen.
[1:200; 72 x 125 cm; Papier]

235 Schutzraum Kleinbau, Invaliden- und Lehrwerkstatt: Zwei Schutzräume für insgesamt 350 Personen; Grundriss Kellergeschoss des Kleinbaugebäudes.
1934
[1:100; 51 x 76 cm; Papier]

239 Untertreträume und Sanitätsraum im Kellergeschoss des Wagenbaubüros: Untertretraum Wiechenbau für 95 Personen und Wagenbau für 115 Personen; Grundriss und Schnittzeichnung; Kennzeichnung u. a. von Walzendreherei, Walzwerksbüro, Rollgang und Richtmaschine.
1934
[1:100; 44 x 75 cm; Papier]

256 Projektierter Schutzraum Walzwerk I, Schutzraum für 350 Personen; Kellergrundriss und Schnittzeichnung.
[1934]
[1:100; 29,5 x 82 cm; Papier]

240 Untertreträume im Kellergeschoss des Wagenbaubüros vor dem Umbau: Grundriss.
[1934]
[1:100; 31 x 50 cm; Papier]

241 Dsgl., Grundriss.
[1:100; 31 x 46,5 cm; Papier]

258 Belegschaftsschutz gesamt: Lageskizze sämtlicher Schutzbauten für insgesamt 3.895 Personen, 2.600 Personen ohne Schutz, Reserve für 45 Personen (bezogen auf die Frühschicht).
1935
[Maßstab unbekannt; 32 x 49,5 cm; Papier]

250 Luftschutzraum Koksbunker, Schutzraum für 400 Personen: Grundriss und Schnittzeichnungen.
1935
[1:100; 52,5 x 83,5 cm; Papier]
251 Dsgl., Grundriss und Schnittzeichnungen; Lageplan.
[1:200; 1:1.000; 30 x 66 cm; Papier]

224 Luftschutzraum Nr. 205 Trägerlager: Übersichtszeichnung Luftschutzraum, Grundriss und Schnittzeichnung.
1935
[1:200; 64 x 93 cm; Papier]

248 Luftschutzraum unter der Gießhalle am Hochofen I, Schutzräume für 60 Personen: Grundriss und Schnittzeichnung; Lageplan Hochofenanlage.
1935
[1:100; 1:1.000; 49 x 62,5 cm; Papier]
249 Dsgl.
[1:200; 1:1.000; 30 x 54 cm; Papier]

253 Luftschutzstollen Verwaltungsgebäude Rheinische Straße: Grundrisse und Schnittzeichnungen; Lageplan u. a. mit Kennzeichnung der Räume für Büromaschinen und Akten und Stollenanschluss für die Stadt Dortmund.
1935
[1:20; 1:500; 93 x 114 cm; Papier]

214 Schutzraum Erzlagerhafen: Schutzraum mit einer Gesamtfläche von 75 Quadratmetern für maximal 60 Personen; Lageplan, Schnittzeichnungen, Grundriss und Vorderansicht.
1935
[1:200; 30 x 57,5 cm; Papier]

218 Schutzraum für den Brückenbau in der Schlackenhalde am Stein- und Trägerlager: Lageplan, insbesondere Lage der Eingänge Nähe Gaszentrale I, Trägerlager und Brückenbau (2 Eingänge).
1935
[1:1.000; 50 x 72 cm; Papier]

236 Schutzraum Kleinbau, Schachtabdeckung für den Notausgang: Aufsicht; Schnitt; Einzelheiten.
1935
[1:1; 1:5; 49,5 x 76,5 cm; Papier]

245 Schutzraum Walzwerk I Schienenadjustage: Schutzraum für 140 Personen; Lage nördlich der Straße neuer Mühlenweg; Grundriss und Schnitte.
1935
[1:50; 1:200; 67 x 95 cm; Papier]
242 Dsgl., Schutzraum für 500 Personen: Grundriss und Schnitte.
[1:200; 67 x 113 cm; Papier]
243 Dsgl., Schutzraum für 400 Personen; Übersichtszeichnung, Grundrisse und Schnitte.
[1:200; 68 x 138; Papier]

226 Schutz- und Geräteraum für die Reparaturkolonne Hochofen IV, Schutzraum am für maximal 55 Personen: Lageplan, Grundrisse, Schnittzeichnungen.
1935
[1:100; 64 x 90 cm; Papier]

227 Dsgl., Grundrisse, Schnittzeichnungen.
[1:100; 64 x 92 cm; Papier]

228 Dsgl., Konstruktionsplan; Schnittzeichnungen; Grundriss
[1:20; 75 x 103 cm; Papier]

230 Schutz- und Geräteraum für die Reparaturkolonne Hochofen V: Schnittzeichnungen; Grundrisse.
1935
[1:100; 67 x 82 cm; Papier]

229 Schutz- und Geräteraum für die Reparaturkolonne Hochofen VI: Bewehrungsplan (Ausführung in Eisenbeton); Grundriss.
[1935]
[1:20; 80 x 140 cm; Papier]

253 Luftschutzstollen Verwaltungsgebäude Rheinische Straße: Grundrisse und Schnittzeichnungen; Lageplan u. a. mit Kennzeichnung der Räume für Büromaschinen und Akten und Stollenanschluss für die Stadt Dortmund.
1935
[1:20; 1:500; 93 x 114 cm; Papier]

221 Luftschutzraum Nr. 205 Trägerlager: Übersichtszeichnung Luftschutzraum für maximal 630 Personen; Eingang I (bis Brückenbauhalle), Eingang II (Meisterstube Steinlager), Eingang III (Nähe Gaszentrale II), Eingang IV (Ein- und Aussteigschacht Trägerlager).
1936
[1:200; 72 x 103 cm; Papier]

222 Bunkeranlage Trägerlager: Grundriss mit handschriftlichen Zusätzen.
[1936]
[Maßstab unbekannt; 63 x 92 cm; Papier]

238 Schutzraum Walzwerk I, Zurichterei: Lage Nähe Huckarder Straße; Grundriss und Schnitte; Kennzeichnung u. a. von Walzendreherei, Walzwerksbüro, Rollgang und Richtmaschine.
1937
[1:200; 83 x 131 cm; Papier]

257 Zwei Schutzräume für je 50 Personen; Grundriss und Schnittzeichnung; Vermerke zur Ausführung der Bankette, Wix & Liesenhoff Gesellschaft für Bauunternehmungen.
1938
[Maßstab unbekannt; 30 x 45,5 cm; Papier]

186 Übersichtsplan der Luftschutzräume: Lageplan mit farbiger Hervorhebung der Luftschutzräume auf dem Werksgelände.

[1938]
[1:2.000; 92 x 92 cm; Leinen]

231 Schutzraum am Reserveteillager für 420 Personen: Längsschnitt; Grundriss.
1939
[1:200; 49 x 114 cm; Papier]

232 Schutzraum an der Emscher, Gewölbeuntersuchung: Längsschnitt; Berechnungen.
[1939]
[1:20; 66 x 100 cm; Papier]

233 Luftschutz-Stollen Tor Westfalia-Hüttenverein: Lageplan (Sunderweg) und Schnittzeichnung durch den Stollen mit Luftschacht Zeche Tremonia.
1947
[1:500; 26,5 x 32 cm; Papier]

234 Wetterschacht Westfalia Zeche Tremonia: Längsschnitt und Grundriss.
[o. D.]
[1:100; 28,5 x 40 cm; Papier]

4.2 Werk Hörde

31 Umbau des Wohnhauses Hörder Burgstraße 18 zum Abnahmegebäude mit Anbau von Werkstätten: Architekturzeichnungen, Aufriss- und Grundrisszeichnung.
1938
[Maßstab Architekturzeichnungen und Aufrisszeichnung 1:100; Maßstab Grundrisszeichnung 1:1.000; 79 x 61 cm; Papier]

83 Dsgl., Architektur- und Aufrisszeichnung zum Umbau.
[1:100; 79 x 61 cm; Pergament]

61 Dsgl., Grundrisszeichnung mit farbiger Hervorhebung von vorherigem Mauerwerk, Abbruchstellen und neu geplantem Mauerwerk.
[1:100; 61x 45 cm; Papier]

64 Dsgl., Grundrisszeichnungen von Erdgeschoss und Obergeschoss.
[1:100; 62 x 73 cm; Pergament]

205 Vergüterei 1 und 2 Hörde, Vorschlag Waschkaue und Luftschutzraum: Grundrisse u. a. Schutzräume, Sanitätsraum, Frühstücks- und Versammlungsraum, Umkleideräume für Frauen und für Männer.
13.02.1939
[1:100; 82 x 84 cm; Papier]

207 Dsgl., 10.03.1939.
[1:100; 82 x 84 cm; Papier]

62 Beobachtungsstand Hörder Burgstraße 17: Architektur-, Aufriss- und Grundrisszeichnungen des 1. und 2. Dachgeschosses.

1941
[1:100; 36 x 52 cm; Kopie]

39 Beamtenwohnhaus Hochofenstraße 37: Zeichnungen zum Umbau des Gebäudes mit Architekturzeichnungen zu Vorder- und Seitenansicht vor und nach dem geplanten Umbau; Grundrisszeichnungen von Kellergeschoss, Erdgeschoss und Obergeschoss vor dem Umbau sowie des Dachgeschoss vor und nach dem Umbau; Aufrisszeichnung des gesamten Gebäudes.
1942
[1:100; 126 x 54 cm; Pergament]

58 Dsgl., Bombenschäden: Grundrisszeichnung vom Dachgeschoss sowie Architektur- und Aufrisszeichnungen des Hauses zur Behebung der Bombenschäden durch die Firma August Weber Bauunternehmung.
[1:100; 66 x 54 cm; Pergament]

260 Eingang zum Luftschutzstollen Hochofenwerk: Stolleneingang, Laboratorium, Pförtner-Tor I (Hochofenstraße), Büro, Werkstatt, Kamin-Hochbehälter, Hochofen I, Brikettierung, Badehaus, Lufterhitzer und Kamin; Querschnitt durch den Stolleneingang.
20.10.1943
[1:500; 42,5 x 42,5 cm]

206 Dsgl., 14.04.1944.
[1:500; 1:100; 60 x 60 cm]

203 Luftschutzstollen Mechanische Werkstatt: Lageplan des Luftschutzstollens an der Hermannstraße, Grundriss und Schnittzeichnung.
1943
[1:1.000; 43 x 60 cm; Papier]

204 Luftschutzstollen Emschertor: Lageplan Bürogebäude und Schalthaus Mechanische Werkstatt II, Bürogebäude Vergüterei I und II, Pförtnergebäude, Fahrradstand, Garagenstand, Entwässerung, Ruhrwasserleitung; Schnittzeichnungen Stollen.
1944
[1:200; 82 x 84 cm; Papier]

5. Dortmund-Hörder Hüttenunion AG

5.1 Werk Dortmund

189 Lageplan Werk Dortmund.
[1951-1966]
[1:5.000; 40 x 63 cm; Pergament]

223 Lageplan des Luftschutzstollens in der Schlackenhalde.
1954
[1:1.000; 30 x 62 cm; Papier]

254 Lageplan zum Stollenbau Rheinische Straße.
1954
[1:500; 29,5 x 42 cm; Papier]

195 Lageplan mit Hervorhebung der Sauerstoffleitungen und -verteiler im Betriebsgelände.
[1960]
[1:1.000; 150 x 98 cm; Pergament]

188 Lageplan mit Hervorhebung von Wasservorratsbecken und [verm.] von Feuerbekämpfungsanlagen.
[1960]
[1:2.000; 104 x 137 cm; Papier]

187 Übersichtsplan mit Markierung des Betriebsgeländes nördlich der Rheinischen Straße.
[1960]
[1:2.000; 104 x 137 cm; Papier]

5.2 Werk Hörde

182 Lageplan der „Hermannshütte".
[1950]
[1:1.000; 220 x 96 cm; Papier]

20 Hochofenwerk Hörde mit farbiger Markierung der Betriebsgebäude.
1951
[1:1.000; 87 x 60 cm; Papier]

21 Lageplan der „Hermannshütte" (Stahlwerk, Walzwerk).
15.11.1952
[1:1.000; 228 x 95 cm; Pergament]

265 Lageplan der „Hermannshütte".
01.03.1955
[1:1.000; 71 x 139 cm; Papier]

24 Verlegung der Rheinischen Bahn: Fußgängerunterführung „Am Segen": Lagepläne, Aufriss- und Architekturzeichnungen.
1955
[Lageplan 1:500; Aufrisszeichnung 1:100; 88 x 52 cm; Pergament]
25 Dsgl.
[Lageplan 1:500; Aufrisszeichnung 1:200; Architekturzeichnung 1:50; 80 x 64 cm; Pergament]

73 Aufrisszeichnungen zu Gleisen westlich der Ruhrwaldstraße mit späterem Anschluss an den Bahnhof Brünninhausen.
1958
[1:200; 105 x 115 cm; Pergament]

26 Kraftwagenhalle: Bewehrungsplan.
20.03.1960
[1:25; 116 x 72 cm; Pergament]

29 Dsgl., Grundriss- und Aufrisszeichnungen zu Ausbau von Fundament und Fußboden; vorhandenes Mauerwerk, neues Mauerwerk, Stahlbetonstützen und geschnittener Stahlbeton sind farbig hervorgehoben, 25.03.1960.
[1:50; 1:25; 1:12,5; 106 x 78 cm; Pergament]

27 Dsgl., Grundrisszeichnungen zur Deckenbewehrung, 28.03.1960.
[1:50; 97 x 72 cm; Pergament]

72 Dsgl., Aufrisszeichnung mit diversen Berechnungen zur Rahmenbewehrung, 1960.
[1:25; 97 x 79 cm; Pergament]

78 Dsgl., Aufriss- und Grundrisszeichnungen,1960.
[1:50; 115 x 87 cm; Pergament]

81 Aufrisszeichnung und diverse Berechnungen zur Rahmenbewehrung.
1960
[1:25; 103 x 66 cm; Pergament]

82 Dsgl.
[1:25; 113 x 82 cm; Pergament]

84 Fahrbetrieb, Büro und Kraftwagenhalle, DHHU Werk Hörde: Grundrisszeichnung.
1960
[1:100; 67 x 53 cm; Pergament]

85 Dsgl., Architekturzeichnung vom Fahrbetrieb.
[1:100; 68 x 30 cm; Pergament]

86 Dsgl., Grundrisszeichnung vom Fahrbetrieb mit farbiger Hervorhebung von Wasserleitungen und Markierung von „Hörder Bach" und „Kanal zur Wasser-Rückgewinnung".
[1:100; 67 x 53 cm; Pergament]

74 Umbau der alten Modellschreinerei zur neuen Zahlstelle: Architektur-, Aufriss- und Grundrisszeichnung nach dem Umbau der Modellschreinerei.
1960
[1:100; 92 x 33 cm; Pergament]

75 Dsgl., Architektur-, Aufriss- und Grundrisszeichnung der Modellschreinerei vor dem Umbau.
[1:100; 92 x 33 cm; Pergament]

79 Dsgl., Konstruktions- und Aufrisszeichnung „Genagelte Parallelbinder in Pfettenebene".
[Maßstab unbekannt; 89 x 70 cm; Pergament]

80 Dsgl., Architekturzeichnung, Aufrisszeichnungen und Grundrisszeichnung.
[1:100; 92 x 33 cm; Pergament]

194 Lageplan Hermannshütte mit farbiger Hervorhebung der Betriebsgebäude.
[1960]
[Maßstab unbekannt; 122 x 95 cm; Papier]

196 Lageplan Hochofenwerk.
[1960]
[1:5.000; 62 x 39 cm; Pergament]

190 Lageplan Hochofenwerk mit gesonderter Hervorhebung von diversen Bereichen auf dem Betriebsgelände, die von „601" bis „628" durchnummeriert sind.
[1960]
[1:2.500; 114 x 68 cm; Pergament]

183 Lageplan Werk Hörde und der umliegenden Industrie- und Wohngebiete mit farbiger Hervorhebung von „Gi-Gebiet", „Mi-Gebiet" und „W-Gebiet" [Gewerbe- und Industriegebiet, Mischgebiet und Wohngebiet].
[1960]
[Maßstab unbekannt; 57 x 50 cm; Papier]

202 Übersichtsplan Löschwasserversorgung mit farbigen Hervorhebungen u. a. von Wasservorratsbecken und der Emscher Saugstelle.
[1960]
[1:2.000; 61 x 122 cm; Papier]

76 Fußgängertunnel Rembergtor: Schalungs- und Bewehrungsplan mit Grundriss- und Aufrisszeichnungen.
1965
[1:50 u. 1:25; 128 x 73 cm; Pergament]
77 Dsgl., Grundriss- und Aufrisszeichnungen von Fundament und Deckenplatte, 1965.
[1:50; 82 x 39 cm; Pergament]

263 Übersichtsplan Hermannshütte mit besonderer Kennzeichnung ehemaliger Luftschutzräume.
1965
[1:2.000; 61 x 122,5 cm; Papier]

264 Übersichtsplan Hochofenwerk mit besonderer Kennzeichnung ehemaliger Luftschutzräume.
[1965]
[1:2.000; 81 x 138,5 cm; Papier]

65 Überquerung der Röhrenstraße: Aufrisszeichnungen zu Überquerung der Röhrenstraße, Schnitt durch Flügelmauer, Querschnitt und Längsschnitt in der Mittelachse.
1965–1966
[1:50; 86 x 61 cm; Pergament]
66 Dsgl., Grundriss und Ansicht der Flügelmauer.
[1:50; 122 x 86 cm; Pergament]

67 Dsgl., Rohrböcke Schal- und Bewehrungsplan.
[1:20; 86 x 62 cm; Pergament]

68 Dsgl., Grundriss Sohle, 1966.
[1:50; 121 x 87 cm; Pergament]

69 Dsgl., Bewehrung der Randeisen, Konstruktionszeichnungen und Berechnungen, 1966.
[1:50; 121 x 87 cm; Pergament]

70 Dsgl., Mittlere Längsrippe in der Sohle mit Stützen und Mittelunterzug oben, 1966.
[1:50; 121 x 87 cm; Pergament]

71 Dsgl., Ansicht Brückenbauwerk mit seitlichen Flügelmauern, 1966.
[1:50; 121 x 87 cm; Pergament]

5.3 Hüttenhospital

141 Aufriss- und Grundrisszeichnungen: Fundamentplatte.
1950
[1:50; 69 x 44 cm; Papier]

142 Dsgl., Mauerwerk und Fundamentplatte, angefertigt von HUTA Hoch- und Tiefbau AG.
[1:50; 61 x 43 cm; Papier]

143 Grundrisszeichnung: Tiefkeller.
1950
[1:50; 74 x 50 cm; Papier]

140 Dsgl., Kellergeschoss.

149 Dsgl., Erdgeschoss.
[1:50; 66 x 53 cm; Papier]

119 Dsgl., Erdgeschoss mit Hervorhebung von abzubrechenden Gebäudeteilen.
[1:100; 91 x 52 cm; Papier]

131 Dsgl., 1. und 2. Obergeschoss mit Hervorhebung von 2. und 3. Bauabschnitt.
[1:100; 92 x 52 cm; Papier]

120 Dsgl., Dachgeschoss.
[1:100; 92 x 52 cm; Papier]

115 Grundrisszeichnung 2. (?) Etage, 3. Bauabschnitt.
1951
[1:50; 91 x 55 cm; Papier]

13 Altbau Erdgeschoss-Grundriss mit beschrifteten Räumlichkeiten.
1951
[1:100; 92 x 65 cm; Papier]

117 Dachausbau: Architektur-, Aufriss- und Grundrisszeichnung.
1951
[Architektur- und Aufrisszeichnung Maßstab 1:10; Grundrisszeichnung Maßstab unbekannt; 100 x 66 cm; Papier]

118 Dsgl., Aufriss- und Grundrisszeichnungen zum Bau einer Aufzugsanlage.
[1:50; 68 x 57 cm; Papier]

126 Dsgl., Aufriss- und Grundrisszeichnungen Dachgiebel.
[1:50; 92 x 70 cm; Papier]

127 Grundrisszeichnung, 1., 2., 3. und 4. Bauabschnitt sind farbig hervorgehoben: Kellergeschoss.
1951
[1:100; 108 x 55 cm; Papier]

159 Dsgl., Kellergeschoss.
[1:100; 91 x 51 cm; Papier]

128 Dsgl., Erdgeschoss.
[1:100; 97 x 55 cm; Papier]

129 Dsgl., 1. und 2. Obergeschoss.
[1:100; 108 x 55 cm; Papier]

150 Grundrisszeichnung, 2. Bauabschnitt: Tiefkeller.
1951
[Maßstab unbekannt; 46 x 52 cm; Papier]

151 Dsgl., Kellergeschoss.
[Maßstab unbekannt; 46 x 52 cm; Papier]

152 Dsgl., Erdgeschoss.
[Maßstab unbekannt; 46 x 52 cm; Papier]

130 Grundrisszeichnung, 3. Bauabschnitt: Dachgeschoss.
1951
[1:50; 90 x 54 cm; Papier]

139 Dsgl., 1. und 2. Obergeschosses.
[1:50; 92 x 55 cm; Papier]

114 Grundriss- und Aufrisszeichnung Kokskeller.
1952
[Grundriss 1:50; Aufriss 1:25; 97 x 59 cm; Papier]

11 Grundrisszeichnung 2. Obergeschoss mit Hervorhebung von „Altbau" und mit Markierung der geplanten Erweiterung.
1952
[1:100; 73 x 51 cm; Papier]

12 Dsgl. vom 1. Obergeschoss.
[1:100; 73 x 50 cm; Papier]

116 Grundrisszeichnung Dachgeschoss mit Hervorhebung von „Altbau" und „Neubau-Erweiterung Altbau, Dachgeschoss".
1952
[1:100; 72 x 50 cm; Papier]

175 Angeschnittene Architekturzeichnung vom Altbau, Erweiterung und umgebenden Gebäuden und Gelände.
1953
[Maßstab unbekannt; 60 x 60 cm; Pergament]

178 Angeschnittene Architekturzeichnung vom Altbau samt umgebenden Gebäuden und Hospital-Gelände.
1953
[Maßstab unbekannt; 60 x 60 cm; Pergament]

132 Architekturzeichnung der „Gartenseite".
1953
[1:100; 97 x 55 cm; Papier]

133 Dsgl. der „Eingangsseite".
[1:100; 110 x 55 cm; Papier]

125 Aufrisszeichnung von Tiefkeller bis Dachgeschoss und Architekturzeichnung der Seitenansicht.
1953
[1:100; 94 x 55 cm; Papier]

121 Grundrisszeichnung: Kellergeschoss.
1953
[1:100; 84 x 46 cm; Papier]

122 Dsgl., Kellergeschoss
[1: 100; 110 x 56 cm; Papier]

123 Dsgl., Erdgeschoss.
[1:100; 110 x 56 cm; Papier]

124 Dsgl., Erdgeschoss.
[1:100; 84 x 46 cm; Papier]

134 Dsgl., 2. Obergeschoss.
[1:100; 110 x 55 cm; Papier]

135 Dsgl. 1. und 2. Obergeschoss (handschriftliche Bemerkungen „ungültig").
[1:100; 96 x 45 cm; Papier]

136 Dsgl., 1. und 2. Obergeschosses.
[1:100; 94 x 45 cm; Papier]

137 Dsgl. der „Privatstation" in der 1. Etage; farbige handschriftliche Anmerkungen zur Nutzung der Räumlichkeiten, z. B. „Küche" und „Obst".
[1:100; 110 x 55 cm; Papier]

138 Dsgl. der „Mädchenstation" im Dachgeschoss.
[1:100; 110 x 55 cm; Papier]

154 Dsgl. Tiefkeller mit hervorgehobenem Mauerwerk.
[1:100; 109 x 60 cm; Papier]

179 Aufriss- und Grundrisszeichnungen zum Bau von „Hilko-Ofen T2" durch Feuerungsbau-Gesellschaft Fritz Hillmann & Co. mit farbiger Hervorhebung von Fundamenten sowie Beschriftung der Ofenanlage, u. a. „Gebläse", „Gassicherheitseinheit" und „Absorber".
1954
[1:50; 61 x 42 cm; Papier]

168 Grundrisszeichnung: Kellergeschoss.
1954
[1:100; 66 x 47 cm; Papier]
167 Dsgl., Erdgeschoss.
166 Dsgl., 1. Obergeschoss.
165 Dsgl., 2. Obergeschoss.
164 Dsgl., Dachgeschoss.

145 Architekturzeichnung der Eingangsseite des Erweiterungsbaus.
1955
[1:100; 104 x 56 cm; Papier]

153 Grundrisszeichnung zum Erweiterungsbau: Kellergeschoss.
1955
[1:100; 109 x 61 cm; Papier]
148 Dsgl., Erdgeschoss.
[1:100; 109 x 60 cm; Papier]
147 Dsgl. 1. Obergeschoss.
[1:100; 104 x 56 cm; Papier]
146 Dsgl., 2. Obergeschoss.
[1:100; 104 x 56 cm; Papier]
144 Dsgl., Dachgeschoss.
[1:100; 108 x 61 cm; Papier]

101 Grundrisszeichnung zum Wäschereigebäude: Unter- und Erdgeschoss.
1955
[1:200; 43 x 47 cm; Papier]
100 Dsgl., Keller- und Erdgeschoss und Aufrisszeichnung mit Markierung von „Wäscheweg Wäschereigebäude" (Vorentwurf).
[1:200; 52 x 40 cm; Papier]
169 Dsgl., Keller- und Erdgeschoss und Aufrisszeichnung, 26.05.1955.
[1:200; 52 x 39 cm; Papier]

7 Neuer Haupteingang, Architekturzeichnung vom Hüttenhospital mit Hervorhebung des geplanten neuen Haupteingangs.
1955
[1:200; 110 x 54 cm; Papier]

176 Architektur-, Aufriss- und Grundrisszeichnung der Fenster im 2. Obergeschoss.
[1955-1965]
[1:20; 66 x 47 cm; Pergament]

102 Wäschereigebäude: Grundrisszeichnung Untergeschoss.
1956; 30.07.1957
[1:100; 68 x 36 cm; Papier]
103 Dsgl., Aufrisszeichnung des Wäschereigebäudes, Grundrisszeichnung Erdgeschoss.
[1:100; 70 x 35 cm; Papier]

158 Lageplan an den Straßen „Am Marksbach" und „Alemannenstraße"; mit Markierungen „Festzulegende Höhen" und „Vorherige Geländehöhen" des Hospital-Geländes unter Angabe von Höhenmaßen.
1957
[1:500; 48 x 55 cm; Papier]

180 Umbau des Haupteingangs: Aufriss-, Architektur- und Grundrisszeichnung.
1957
[1:100; 102 x 75 cm; Papier]
15 Dsgl., Architekturzeichnung des Haupteingangs.
1957
[Maßstab unbekannt; 85 x 74 cm; Papier]
5 Dsgl., Grundriss-, Aufriss- und Architekturzeichnung des Treppenhauses.
[1:100; 100 x 73 cm; Papier]
14 Dsgl., Grundrisszeichnung Kellergeschoss mit Markierungen von „Altbestand", „Abbruch" und „Neu" zu errichtenden Gebäudeteilen.
[1:100; 85 x 73 cm; Papier]
157 Dsgl., Grundrisszeichnung Kellergeschoss mit Markierungen „Altbestand", „Abbruch" und „Neu" zu errichtende Gebäudeteile, 06.02.1957.
[1:100; 84 x 74 cm; Papier]
155 Dsgl., Grundrisszeichnung des Erdgeschosses.
1957
[1:100; 88 x 75 cm; Papier]
8 Dsgl., Grundrisszeichnung des Erdgeschosses mit beschrifteten Räumlichkeiten; Teile des Fundaments farbig hervorgehoben.
[1:200; 110 x 54 cm; Papier]
156 Dsgl., Grundrisszeichnung 1. Obergeschoss, 06.02.1957.
[1:100; 74 x 85 cm; Papier]

163 Grundrisszeichnung: Kellergeschoss mit Bezeichnung der Räumlichkeiten, u. a. „Ruheraum", „Sauna" und „Gymnastik".
1957
[1:100; 77 x 45 cm; Papier]
162 Dsgl., Erdgeschoss mit Bezeichnung der Räumlichkeiten, u. a. „Röntgen Diagnostik", „Oberarzt Chirurg" und „Zentrallabor".
[1:100; 68 x 48 cm; Papier]

161 Dsgl., 1. Obergeschoss mit Unterteilung der Etage in „Krankenstation" und „Privatstation".
[1:100; 77 x 47 cm; Papier]

160 Dsgl., 2. Obergeschoss mit Bezeichnung der Räumlichkeiten, u. a. „Arzt", „Tagesraum" und „Personal".
[1:100; 76 x 48 cm; Papier]

170 Ausbau einer Backstube: Grundriss- und Aufrisszeichnung.
1960
[1:50; 60 x 40 cm; Pergament]

171 Grundrisszeichnung: Kellergeschoss zur Ölfeuerung mit Markierung von Öltanks, Boiler, Frischluft- und Abluftleitungen.
1960
[Maßstab unbekannt; 45 x 42 cm; Pergament]

19 Flurkarte von Gemarkung Benninghofen, Flur 1 mit Grundrisszeichnung vom Parkplatz an der Straße „Am Marksbach".
1960
[1:100; 120 x 75 cm; Papier]

174 Grundrisszeichnung von der neuen Apotheke mit Vorschlägen zur Einrichtung.
1961
[1:25; 37 x 53 cm; Pergament]

177 Architektur- und Aufrisszeichnung vom Einfahrtstor an der Alemannenstraße.
1961
[Maßstab unbekannt; 57 x 35 cm; Pergament]

173 Grundrisszeichnung von vier Krankenzimmern im Dachgeschoss mit Vorschlägen zur Ausrichtung der Krankenbetten und Installation der Beleuchtung.
1961
[1:25; 94 x 45 cm; Pergament]

181 Aufriss- und Grundrisszeichnung zum Lastenaufzug.
1961
[1:25; 62 x 44 cm; Papier]

17 Architekturzeichnung zu östlichem Flügel.
1961
[1:100; 78 x 58 cm; Pergament]

16 Neuer Kamin: Architekturzeichnung, Grundrisszeichung in Höhe des 2. Obergeschosses mit Hervorhebung von neu geplanten Kamin; Aufrisszeichnung „Kamin-Querschnitt".
1961
[Architekturzeichnungen und Grundrisszeichung 1:100; Kamin-Querschnitt 1: 250; 93 x 57 cm; Pergament]

6 Umbau Dachgeschoss: Grundrisszeichnung vom Dachgeschoss mit farbig hervorgehobenen Wänden; Architekturzeichnungen mit farbig hervorgehobenen Abbruch-Stellen des Kapellen- Turms und des Giebels.
1961
[1:100; 110 x 64 cm; Papier]

18 Architekturzeichnungen zur Erneuerung des Dachgeschosses mit Hervorhebung des Kapellen-Turms.
1963
[1:100; 63 x 63 cm; Pergament]

6. Sonstiges

198 Dr. Strousberg's Dortmunder Hütte [Kopie]: Grundrisszeichnung der Dortmunder Hütte mit beschrifteten und nummerierten Betriebsgebäuden, u. a. „Mechanische Werkstatt", „Lokomotivräderfabrik" und „Brückenbau".
[1870]
[1:2.000; 60 x 60 cm; Papier]

197 Union AG Dortmunder Eisen- und Stahlwerke: Lageplan im Bereich zwischen den Schienensträngen der Bergisch-Märkischen Eisenbahn und der Mendener Eisenbahn.
[1878]
[Maßstab unbekannt; 64 x 84 cm; Papier]

192 Deutsch-Lux Dortmunder Union: Lageplan der Dortmunder Union im Bereich nördlich der Rheinischen Straße mit farbiger Hervorhebung von Siemens-Martinwerk; Lageplan wurde durch den zuständigen Gewerbeinspektor und Stadtbauinspektor geprüft.
1912
[1:1.000; 102 x 87 cm; Papier]

199 Deutsch-Lux Dortmunder Union: Grundrisszeichnung; einzelne Gebäude auf dem Werksgelände sind mit Ziffern versehen.
1920
[Maßstab unbekannt; 55 x 60 cm; Papier]

D

Anhang

I. Aufsichtsräte und Vorstände der behandelten Unternehmen

1. Hoerder Bergwerks- und Hütten-Verein

Verwaltungsrat / Aufsichtsrat	
Blau, Siegfried	1892-1895
Deichmann, Theodor	1873-1883, 1892-1895
Deichmann, Wilhelm Ludwig	1852-1872
Deichmann, Wilhelm Theodor (von)	1895-1906 (ab 1906 Phoenix AG)
Dietzsch, Carl	1852-1861
Eynern, Otto von	1896-1906 (ab 1906 Phoenix AG)
Hagen, Louis	1899-1906 (ab 1906 Phoenix AG)
Hegener, August	1894-1898
Heiliger, Arthur	1892-1906 (ab 1906 Phoenix AG)
Hollandt, Hermann	1861-1877
Hüffer, Eduard	1886[1]
Jarislowsky, Adolf	1891[2]
Joest, Wilhelm	1852-1877
Königs, Franz Wilhelm	1874-1881 (Vorsitzender)
Langen, Eugen	1877-1895 (1891-1895 stellv. Vorsitzender)
Langen, Gottfried von	1896-1906 (ab 1906 Phoenix AG)
Ludwig, Wilhelm	1891-1906 (ab 1906 Phoenix AG)
Mevissen, Gustav (von)	1852-1877 (Vorsitzender bis 1874)
Mosengeil, Carl von	1893-1899
Movius, Theodor	1874-1892
Neuhoff, Robert	1885-1906 (ab 1906 Phoenix AG)
Overweg, Adolph	1874-1906 (1895-1906 stellv. Vorsitzender, ab 1906 Phoenix AG)
Overweg, Carl	1852-1874
Pfeiffer, Valentin	1882-1890
Rechberg, Ferdinand	1891-1895
Schilling, Carl	1900-1906 (ab 1906 Phoenix AG)
Schimmelbusch, Julius	1877-1881
Schröder, Heinrich	1891-1906 (Vorsitzender, ab 1906 Phoenix AG)
Schulze-Dellwig, Theodor	1877-1894
Stein, Heinrich jr.	1874-1886
Tull, Mathias	1889-1891, 1903-1906 (1891 kommissarischer Vorsitzender, ab 1906 Phoenix AG)
Wiesehahn, Johann Friedrich	1852-1874 (zugleich Spezialdirektor)
Zypen, Julius van der	1881-1891 (Vorsitzender)

1 Wahl nachträglich nicht angenommen.
2 Rücktritt während des Geschäftsjahres.

Direktion / Vorstand

Beitter, Hermann	1873–1875
Beukenberg, Wilhelm	1903–1906 (Generaldirektor, ab 1906 Phoenix AG)
Hilgenstock, Daniel	1880–1891
Klostermann, Rudolf	1891–1892
Laue, Wilhelm	1891–1896?
Leopold, Friedrich Wilhelm	1896–1906 (ab 1906 Phoenix AG)
Massenez, Joseph	1874–1891
Meier, Eduard	1875–1880 (stellv. Mitglied)
Schmidt, Paul	1893–1895 (stellv. Mitglied)
Tull, Ludwig	1899–1906 (bis 1903 stellv. Mitglied, ab 1906 Phoenix AG)
Tull, Matthias	1891–1903 (Generaldirektor, zunächst als Delegierter des Aufsichtsrats)
Vloten, Willem van	1897–1906 (ab 1906 Phoenix AG)
Wiesehahn, Johann Friedrich	1852–1873 (Spezialdirektor, zugleich Mitglied des Verwaltungsrats)

2. Phoenix AG für Bergbau und Hüttenbetrieb

Aufsichtsrat

Aalst, C. J. K. van	1920–1926
Andreae, Otto	1906–1909
Bernhard, Paul	1918–1926
Beukenberg, Wilhelm	1922–1923 (stellv. Vorsitzender)
Bürhaus, Walter	1920–1922
Carp, Werner	1922–1926 (Vorsitzender)
Cramer, Gustav	1920–1926
Deichmann, Wilhelm Theodor	1906–1924
Dernburg, Bernhard	1906
Esser, Robert	1906–1920 (stellv. Vorsitzender)
Eynern, Otto von	1906–1917
Farwick, Wilhelm	1911–1917
Fentener van Vlissingen, Frederik H.	1920–1926 (ab 1922 stellv. Vorsitzender)
Fleischer, Richard	1920–1924
Gabriel, Ferdinand	1906–1918
Gaedicke, Franz	1906–1926
Glässel, E.	1923–1926
Goldschmidt, Jakob	1923–1932
Hagen, Louis	1906–1926 (bis 1922 stellv. Vorsitzender)
Haniel, Alfred	1921–1926
Hardt, Engelbert	1906–1919
Hartung, H.	1906–1923
Heiliger, Arthur	1906–1922
Heineken, Ph.	1923–1933
Hirschland, Kurt Martin	1926
Jahr, Karl	1923–1926

Kamp, Heinrich	1908-1926
Kappel, Markus	1906-1920
Kessler, Geldolph Adriaan	1920-1926
Klitzing, von	1907-1918
Koch, Rudolf von	1906-1920
Königs, Franz	1921-1926
Kost, Heinrich	1906-1926
Langen, Gottlieb von	1906-1926
Lent, Alfred	1906-1908
Ludwig, Wilhelm	1906-1914
Magnus, Ernst	1907-1910
Müller, W.	1907-1924
Muysken, J.	1925-1926
Nathan, Henry	1924-1926
Neuhoff, Robert	1906-1909
Oeder, Hans G.	1920-1926
Oppenheim, Albert Freiherr von	1906-1912 (Vorsitzender)
Oppenheim, S. Alfred Freiherr von	1912-1922 (Vorsitzender)
Oppenheim, Waldemar Freiherr von	1923-1926
Overweg, Adolph	1906-1918
Pattberg, Heinrich	1920-1926
Peill, A.	1924-1926
Pferdmenges, Robert	1924-1926
Poensgen, Albert	1911-1926
Poensgen, C. Rudolf	1911-1926
Russel, Ernst Enno	1906-1926
Schacht, Hjalmar	1917-1924
Schilling, C.	1906-1918
Schinckel, Max von	1920-1926
Schlitter, Oskar	1920-1926
Schnautz, Wilhelm	1922-1926 (Arbeitnehmervertreter)
Schoeller, Alexander	1906-1911
Schroeder, Heinrich	1906-1910 (stellv. Vorsitzender)
Schulte, Hermann	1907-1924
Servaes, August	1906-1921
Sevenheck, Dietrich	1922-1926 (Arbeitnehmervertreter)
Solmssen, Georg	1917-1926
Stern, Julius	1911-1914
Stinnes, Hugo	1907-1908
Stork, C. F.	1920-1926
Strauß, Ottmar	1924-1926
Tull, Matthias	1906-1913
Vloten, Willem van	1920-1925
Wenckebach, H. J. E.	1920-1924
Winterfeldt, Hans	1915-1917
Witting, Richard	1907-1911

Wolff, Otto	1920-1926 (ab 1922 stellv. Vorsitzender)
Wuppermann, Carl	1922-1926

Vorstand

Becker, Theodor	1917-1925 (Abt. Lierenfeld)
Beukenberg, Wilhelm	1906-1921 (Generaldirektor)
Coupette, Gustav	1908-1926 (Abt. Ruhrort)
Dütting, Christian	1907-1921 (Abt. Bergbau, Gelsenkirchen)
Fahrenhorst, Walther	1906-1926 (1921-1926 Generaldirektor)
Flaccus, Adalbert	1922-1926 (Konzern)
Graebner, Karl Richard	1914-1922 (Abt. Hamm)
Harlinghausen, Franz	1903-1921 (Abt. Hamm)
Harr, Karl	1908-1925 (1908-1917 Abt. Ruhrort; 1917-1925 Abt. Hörde)
Helmuth Poensgen	1925-1926 (Konzern)
Kamp, Heinrich	1906-1908 (Konzern)
Lamarche, Julius	1915-1926 (Abt. Lierenfeld)
Lantz, Adolf	1903-1914 (Abt. Hamm)
Leopold, Friedrich Wilhelm	1906-1911 (Abt. Hörde)
Poensgen, Ernst	1910-1926 (1910-1916 Abt Lierenfeld; 1916-1926 Konzern)
Schaewen, Richard von	1919-1922 (Konzern)
Schreiber, Johannes	1917-1926 (Abt. Ruhrort)
Schulze-Buxloh, Friedrich Wilhelm	1922-1926 (Abt. Bergbau, Gelsenkirchen)
Tull, Ludwig	1906-1922 (Abt. Hörde)
Vloten, Willem van	1906-1917 (Abt. Hörde)
Weigel, Hans	1922-1926 (Abt. Hörde; Abt. Hamm)

3. Union AG für Bergbau, Eisen- und Stahl-Industrie

Verwaltungsrat / Aufsichtsrat

Bail, Friedrich	1881-1908
Bauendahl, Walther	1872-1877
Bernuth, von (Staatsminister a. D.)	1872-1889
Beukenberg, Wilhelm	1901-1903
Bingel, Rudolf	1903-1909
Böcker, Wilhelm	1873-1877
Böninger, Moritz	1889-1902
Born, Carl von	1872-1888
Born, Wilhelm von	1872-1884 (stellv. Vorsitzender)
Busch, L.	1874-1881
Franken, Carl	1876-1897
Frensdorff, M. J.	1872-1874
Frentzen, Georg	1902-1910
Funke, Friedrich	1875-1884
Gericke, H.	1872-?
Grillo, Friedrich	1872-1887

Gülpen, E. van (Aachen)	1872-1876
Hansemann, Adolph von	1872-1903 (Vorsitzender)
Hansemann, Gustav	1872-1897
Hoeter, Joseph	1900-1910
Kauffmann, J. (Berlin)	1872-1888?
Kirchhoff,	1909-1910
Kremser, Hermann	1900-1906
Lent, Alfred	1874-1910
Lent, Hugo	1883-1907
Lindemann, Ernst Heinrich	1874-1878
Lippelt, Adolf	1876-1894
Löb, Jacob (Haus Kaldenhof Hamm)	1872-1890
Magnus, Emil	1902-1910
Melchior, Victor	1891-1902
Meyer, Paul	1897-1910
Miquel, Johannes	1872-1876
Oppenheim, Abraham Freiherr von	1872-1874
Oppenheim, Albert Freiherr von	1874-1906
Ottermann, Moritz	1903-1908
Peters, Wilhelm	1872-1879
Randebrock, Paul	1908?-1910
Ravené, Louis	1908-1910
Rothschild, Freiherr Carl von	1872-1874
Russel, Emil	1872-1874, 1880-1904
Salomonsohn, Adolph	1889-1910
Scheele,	1872-1873; 1877-1883
Scheller,	1877-1883
Schmieding, Theodor	1892-1910
Schoeller, Alexander	1904-1910 (Vorsitzender)
Schüchtermann, Heinrich	1876-1895
Schuhmann, von	1883-1886
Schulte, Robert	1872-1877
Schweling, Heinrich	1894-1905
Staberow,	1877-1895
Teichen,	1874-1901
Tewaag, Carl	1905-1910
Tomson, Eugen	1901-1905
Waldthausen, Carl	1872-1874
Wehrmann, (WGR)	1873-1876
Zix, Heinrich	1905-1910

Direktion / Vorstand

Bail, Friedrich (Generaldirektor)	1881
Bazant,	1875
Bosse, Hugo	1901-1910
Braumüller, Wilhelm	1903-1909

Brauns, Hermann	1877–1903 (ab 1885 Generaldirektor)
Grassmann,	1902–1905
Gutheil, Georg	1902–1910
Häcker, Ewald gen. Alfred	1909–1910
Heinrichs,	1875–1903
Hethey,	1875–1877
Jaeger, Heinrich	1875–1902
Kremser, Hermann	1875–1900
Lent, Karl	1909–1910
Lindenberg,	1875–1882
Michler, Alfred	1897–1902?
Müller,	1872–1875
Müller,	1887–1894
Netcke,	1872–1876
Ottermann, Moritz	1875–1902
Pastor,	1901–1904
Philipp,	1876–1879
Pieler,	1883–1885
Rosendahl, Wilhelm	1872–1874
Russel, Emil	1874–1880 (delegiert vom AR, Generaldirektor)
Schmermund,	1891–1902
Schmitt,	1879–1887
Schott,	1872–1875
Schweckendieck,	1879
Seebold,	1881–1885 (Generaldirektor)
Siemsen,	1901–1909
Sommerwerck	1901–1902?
Springer, Otto	1909–1910
Tappe,	1872–1873?
Tiemann, Wilhelm	1891–1902
Wanke,	1894–1897
Weidenhaupt,	1877–1897
Wex, Otto	1909–1910

4. Deutsch-Luxemburgische Bergwerks- und Hütten-AG

Aufsichtsrat

Baare, Wilhelm	1920–1926
Becker, Gerhard	1922–1925 (Arbeitnehmervertreter)
Beheim-Schwarzbach, Karl	1920–1926
Behr, Chr.	1925–1926 (Arbeitnehmervertreter)
Braconier, Maurice	1911–1912
Castiglioni, Camillo	1922–1923
Chandelon, Henri	1911–1913
Deichmann, Carl Theodor	1912–1926

Dickmann, Wilhelm	1922–1926 (Arbeitnehmervertreter)
Effertz, Reinhard	1910–1926
Eigenbrodt, Reinhard	1917–1926
Esser, Robert	1910–1920
Fischer, Hermann	1911–1926
Flick, Friedrich	1924–1926
Frentzen, Georg	1910–1924
Goldschmidt, Jakob	1920–1926
Hauck, Max	1911–1926
Heymann, Hermann	1910–1921
Hilgenberg, Gustav	1910–1913
Hoegarden-Braconier, Paul van	1911–1915
Hoeter, Joseph	1910–1924
Hugenberg, Alfred	1920–1926
Jötten, Wilhelm	1910–1926
Kauert, Heinrich	1920–1926
Kempner, Maximilian	1910–1926
Kirchhoff,	1910–1926
Kirdorf, Adolf	1920–1924
Kirdorf, Emil	1920–1926
Klitzing, Maximilian von	1910–1920 (stellv. Vorsitzender)
Kraemer, Henri	1911–1912
Laloux, Adolphe	1911–1915
Langen, W.	1910–1911
Laveleye, G. de	1911–1915
Marx, Wilhelm	1911–1925
Mathies, Hermann	1910–1926
Meyer, Paul	1910–1926
Monnom, Hector	1911–1912
Müller, Carl	1910–1920
Müller, Fritz von	1911–1918
Mueller, Waldemar	1910–1925
Nathan, Henry	1925–1926
Ophoven, Armand	1911–1915
Oppenheim, Eberhard Freiherr von	1925–1926
Oppenheim, Emil Freiherr von	1911–1925
Pöhlmann, Adolf	1921–1926
Randebrock, Paul	1910–1912
Ravené, Louis	1910–1926
Rischard, Josef	1912–1920?
Salomonsohn, Arthur	1920–1926
Schacht, Hjalmar	1916–1918
Schiff, Martin	1910–1916
Schlitter, Oskar	1925–1926
Schmieding, Theodor	1910–1918
Schoeller, Alexander	1910–1911

Schuchardt, Arthur	1910–1921
Schultze, Moritz	1920–1926
Servais, Emile	1911–1918?
Siemens, Carl Friedrich von	1920–1926
Simons, Charles	1910–1913 (stellv. Vorsitzender)
Simson, Georg von	1910–1926 (ab 1920 stellv. Vorsitzender)
Stahmer, Ernst	1920–1926
Steinthal, Leopold	1910–1918
Stinnes, Edmund	1924–1925
Stinnes, Hugo	1910–1924 (Vorsitzender)
Stinnes, Hugo jr.	1924–1926
Tewaag, Carl	1910–1926
Urbig, Franz	1910–1926 (ab 1913 stellv. Vorsitzender)
Vögler, Albert	1924–1926 (Vorsitzender)
Weber, Rudolf	1920–1925
Weidtmann, Victor	1910–1926
Weil, Victor	1911–1926
Wiener, Samuel	1911–1914
Woltze, Franz	1910–1926
Würth, Paul	1910–1918
Zix, Heinrich	1910–1916

Vorstand

Berthold, Max	1921–1926
Borbet, Walter	1921–1926
Bosse, Hugo	1910–1916
Burgers, Franz	1920–1926
Eigenbrodt, Reinhard	1910–1917
Franke, Adolf	1922–1926
Funcke, Friedrich	1920–1926
Häcker, Ewald gen. Alfred	1910–1926
Hennecke, Arthur	1920–1926
Klinkenberg, Adolf	1920–1926
Knepper, Gustav	1910–1926
Knupe, Carl	1910–1926
Köttgen, Carl	1923–1926
Kraemer, Oskar	1911–1916
Krueger, Hermann	1920–1926
Schirner, Karl	1922–1926
Schmidt, Carl	1913–1918
Sellge, Fritz	1911–1918
Sempell, Oskar	1916–1926
Springer, Otto	1910–1918
Vögler, Albert	1910–1924
Wenzel, Hermann	1916–1926
Wirtz, Adolf	1910–1926

5. Dortmund-Hoerder Hüttenverein AG

Aufsichtsrat

Bartscherer, Franz	1933–1946
Buol, Heinrich von	1935–1945
Borbet, Walter	1933–1942
Deleurant, Erich	1945–1953
Draude, Ludwig	1947–1951 (Arbeitnehmervertreter)
Fahrenhorst, Walther	1933–1938
Flotow, Hans von	1933–1947
Grosse, Karl	1933–1953
Herzog, Eduard	1946
Heyer, Paul	1947–1951 (Arbeitnehmervertreter)
Klein, Hugo	1933–1942
Lamarche Julius	1933–1953 (1945–1947 Vorsitzender)
Linz, Wolfgang	1945–1952 (ab 1945 stellv. Vorsitzender; ab 1947 Vorsitzender)
Mauterer, Arthur	1945–1953
Poensgen, Ernst	1933–1946 (1941–1944 stellv. Vorsitzender)
Poensgen, Helmuth	1933–1945
Rabes, Carl	1937–1942
Riester, Wilhelm	1950–1953
Rohland, Walter	1943–1945 (Vorsitzender)
Scheifhacken, Wilhelm	1933–1953
Schulze-Buxloh, Friedrich Wilhelm	1942–1953
Schwede, Walter	1948–1953 (stellv. Vorsitzender, ab 01.10.1952 Vorsitzender)
Seelig, Siegfried	1945–1948
Sempell, Oskar	1933–1942
Sohl, Hans-Günther	1944–1945; 1948–1953 (1944–1945 stellv. Vorsitzender)
Springorum, Otto	1943–1945
Steinbrinck, Otto	1941–1945
Tegtmeyer, Fritz	1944–1945
Thyssen, Fritz	1933–1939 (stellv. Vorsitzender)
Vögler, Albert	1933–1945 (bis 1943 Vorsitzender)

Vorstand

Beckhäuser, Eduard	1947–1952
Därmann, Otto	1942–1946 (stellv. Mitglied)
Harders, Friedrich	1946–1947 (stellv. Mitglied)
Herzog, Eduard	1946–1947 (Vorsitzender)
Janaschek, Wilhelm	1950–1952
Klinkenberg, Adolf	1933–1946 (Vorsitzender)
Knepper, Gustav	1933–1946
Leidolf, Heinrich	1942–1946 (stellv. Mitglied); 1948–1952
Meier, Max Paul	1933–1946
Todsen, Ludwig	1946–1950
Wenzel, Hermann	1933–1946

6. Hüttenwerk Hörde AG

Aufsichtsrat

Beckhäuser, Eduard	1947-1951 (stellv. Vorsitzender)
Berndsen, Alfred	1947-1948
Dinkelbach, Heinrich	1947-1949 (Vorsitzender)
Füßmann, Wilhelm	1947-1951
Harders, Friedrich	1950-1951 (Vorsitzender)
Henßler, Fritz	1947-1951 (stellv. Vorsitzender)
Kraiczek, Roman	1947-1951
Kropp, Wilhelm	1948-1951
Linz, Wolfgang	1947-1951
Potthoff, Heinz	1947-1951
Rott, Michael	1947
Seelig, Siegfried	1947 -1951
Stephan, Heinrich	1948-1951
Sträter, Heinrich	1947-1951

Vorstand

Harders, Friedrich	1947-1949
Elshoff, Friedrich	1948-1951
Jaissle, Wilhelm J.	1947-1948
Röser, Walter	1949-1951
Schäfer, Wilhelm	1947-1951

7. Dortmund-Hörder Hüttenunion AG

Aufsichtsrat

Abs, Hermann Josef	1951-1967 (1952-1976 Vorsitzender)
Becker, Heinrich	1951-1967
Beckhäuser, Eduard	1951-1953 (stellv. Vorsitzender)
Bentz van den Berg, Pieter R.	1962-1967
Därmann, Otto	1953-1957
Delden, Pieter van	1957-1965
Dieckerhoff, Karl Ludwig	1965-1967
Doesschate, Johan Frederik ten	1959-1963
Drijver, Alexander	1965-1967
Eckhardt, Felix	1951-1970
Ewers, Carl	1951-1967
Fischer, Josef	1967-1970 (stellv. Vorsitzender)
Gleitze, Bruno	1954-1962
Gottmann, Wilhelm	1962-1967
Haack, Werner	1951-1962
Harders, Friedrich	1967-1970 (Vorsitzender)
Henßler, Fritz	1951-1953 (stellv. Vorsitzender)

Ingen Housz, Arnold H.	1951-1967 (1953-1967 stellv. Vorsitzender)
Justman Jacob, Paul L.	1963-1967
Kelders, Theodor	1951-1955
Keuning, Dietrich	1951-1961
Michels, Willi	1962-1967
Monden Herbert	1951-1952 (Vorsitzender)
Odenthal, Willi	1953-1962
Ostrop, Hermann	1953-1962
Rosentreter, Siegfried	1965-1967
Schlichting, Josef	1951-1957
Steinhauer, Friedrich	1961-1965
Stephan, Heinrich	1951-1963
Stiegler, Friedrich	1955-1959
Sträter, Heinrich	1951-1967 (1953-1967 stellv. Vorsitzender)
Tebbe, Walter	1963-1967
Wagenführ, Rolf	1951-1953
Wehrmann, Josef	1957-1965
Winkhaus, Gerd Paul	1962-1967

Vorstand

Barz, Heinz	1959-1964
Elshoff, Friedrich	1951-1963
Harders, Friedrich	1951-1967 (1962-1967 Vorsitzender)
Hufnagel, Franz-Josef	1965-1967
Janaschek, Wilhelm	1951-1959
Mösta, Erich	1967-1970
Schäfer, Wilhelm	1951-1961
Scheer-Hennings, Reinhard	1964-1966
Schneider, Friedrich W.	1962-1970
Sieber, Günter	1961-1967

II. Abkürzungen

[A]	Archivtitel
Arbeit Nordwest	Arbeitgeberverband für den Bezirk der nordwestlichen Gruppe des Vereins deutscher Eisen- und Stahlindustrieller
ATH	August Thyssen-Hütte AG
Bergbau-Verein	Verein für die bergbaulichen Interessen im Oberbergamtsbezirk Dortmund
Bezirksausschuss	Regierungspräsidium Arnsberg Bezirksausschuss
BFK Aplerbeck der „Union"	Betriebs- (Fabrik-) Krankenkasse für das Puddel- und Walzwerk Aplerbeck der „Union" AG für Bergbau, Eisen- und Stahl-Industrie
BFK Dortmund der „Union"	Betriebs- (Fabrik-)Krankenkasse für die Dortmunder Eisen- und Stahlwerke der „Union" AG für Bergbau, Eisen- und Stahl-Industrie
BFK Dortmund der Deutsch-Lux	Betriebs- (Fabrik-)Krankenkasse für die Dortmunder Eisen- und Stahlwerke der „Union" der Deutsch-Luxemburgischen Bergwerks- und Hütten-AG
BFK Henrichshütte der „Union"	Betriebs- (Fabrik-)Krankenkasse für die Henrichshütte, Eisen- und Stahlwerke der „Union" AG für Bergbau, Eisen- und Stahl-Industrie
BFK Horst der „Union"	Betriebs- (Fabrik-)Krankenkasse für die Horster Eisen- und Stahlwerke der „Union" AG für Bergbau, Eisen- und Stahl-Industrie
BKK Deutsch-Lux Dortmunder Union	Betriebskrankenkasse für die Deutsch-Luxemburgische Bergwerks- und Hütten-AG Abteilung Dortmunder Union
BKK DHHU	Betriebskrankenkasse der Dortmund-Hörder Hüttenunion AG
BKK DHHV	Betriebskrankenkasse der Dortmund-Hoerder Hüttenverein AG
BKK Hüttenwerk Hörde	Betriebskrankenkasse der Hüttenwerk Hörde AG
Blefa	Blefa Blechwaren- und Faßfabrik GmbH
Bochumer Verein	Bochumer Verein für Bergbau und Gussstahlfabrikation
Böhmische Montangesellschaft	Böhmische Montangesellschaft vormals Fürstl. Fürstenberg'sche Montanwerke
BRD	Bundesrepublik Deutschland
CCCG	Allied High Commission for Germany, Combined Coal Control Group
CDI	Central-Verband Deutscher Industrieller
CSG	Allied High Commission for Germany, Combined Steel Group
de Wendel	Les Petits-Fils de François de Wendel & Cie.
Deutsch-Lux	Deutsch-Luxemburgische Bergwerks- und Hütten-AG
Deutsch-Lux Bochum	Deutsch-Luxemburgische Bergwerks- und Hütten-AG Abteilung Bochum
Deutsch-Lux Carl Schlieper	Deutsch-Luxemburgische Bergwerks- und Hütten-AG Abteilung Carl Schlieper
Deutsch-Lux Differdingen	Deutsch-Luxemburgische Bergwerks- und Hütten-AG Abteilung Differdingen
Deutsch-Lux Dortmunder Union	Deutsch-Luxemburgische Bergwerks- und Hütten-AG Abteilung Dortmunder Union

Deutsch-Lux FWH	Deutsch-Luxemburgische Bergwerks- und Hütten-AG Abteilung Friedrich Wilhelms-Hütte
Deutsch-Lux Horst	Deutsch-Luxemburgische Bergwerks- und Hütten-AG Abteilung Horst
Deutsch-Lux Gebrüder Knipping	Deutsch-Luxemburgische Bergwerks- und Hütten-AG Abteilung Gebrüder Knipping
Deutsch-Lux Mülheim	Deutsch-Luxemburgische Bergwerks- und Hütten-AG Abteilung Mülheim
Deutsch-Lux Nordseewerke	Deutsch-Luxemburgische Bergwerks- und Hütten-AG Abteilung Nordseewerke
Deutsch-Lux Öttingen-Rümelingen	Deutsch-Luxemburgische Bergwerks- und Hütten-AG Abteilung Öttingen-Rümelingen
Deutsch-Lux St. Ingbert	Deutsch-Luxemburgische Bergwerks- und Hütten-AG Abteilung St. Ingbert
Deutsch-Lux Weber	Deutsch-Luxemburgische Bergwerks- und Hütten-AG Abteilung Weber
DGB	Deutscher Gewerkschaftsbund
DHHU	Dortmund-Hörder Hüttenunion AG
DHHV	Dortmund-Hoerder Hüttenverein AG
DKBL	Deutsche Kohlenbergbau-Leitung
D.R.P.	Deutsches Reichspatent
EGKS	Europäische Gemeinschaft für Kohle und Stahl
Establech	Establech Gesellschaft für Eisen, Stahl und Blecherzeugnisse mbH
Firma Carl von Born	Hütten-Actiengesellschaft vorm. Carl von Born
GBAG	Gelsenkirchener Bergwerks-AG
GBAG Aachener Hüttenverein Esch	Gelsenkirchener Bergwerks-AG Abteilung Aachener Hüttenverein Esch
Georgsmarienhütte	Georgs-Marien-Bergwerks- und Hütten-Verein AG
Gustav Arndt & Co	Commanditgesellschaft Gustav Arndt & Co
Gutehoffnungshütte	Gutehoffnungshütte Aktienverein für Bergbau und Hüttenbetrieb
Handelsministerium	Ministerium für Handel (und) Gewerbe (und öffentliche Arbeiten)
Henrichshütte	Administration der Henrichshütte Aktiengesellschaft für Bergbau und Hüttenbetrieb
Hermannshütte	Hoerder Bergwerks- und Hütten-Verein Hermannshütte
Hochofenwerk Dortmund	Hoerder Bergwerks- und Hütten-Verein Hochofenwerk Dortmund
Hochofenwerk Hörde	Hoerder Bergwerks- und Hütten-Verein Hochofenwerk Hörde
Hoerder Eisenwerk	Hoerder Bergwerks- und Hütten-Verein Hoerder Eisenwerk
Hoerder Kohlenwerk	Hoerder Bergwerks- und Hütten-Verein Hoerder Kohlenwerk
Hoerder Verein	Hoerder Bergwerks- und Hütten-Verein
Hoesch AG	Eisen- und Stahlwerk Hoesch AG (jetzt Actiengesellschaft in Dortmund)
Hoesch AG	Hoesch-KölnNeuessen AG für Bergbau und Hüttenbetrieb
Hoogovens	Koninklijke Nederlandsche Hoogovens en Staalfabrieken N.V.
HWS	Hüttenwerke Siegerland AG
IG Metall	Industriegewerkschaft Metall
IHK	Industrie und Handelskammer

Königs- und Laurahütte	Vereinigte Königs- und Laurahütte AG für Bergbau und Hüttenbetrieb
Langnamverein	Verein zur Wahrung der gemeinsamen wirtschaftlichen Interessen in Rheinland und Westfalen
Maxilihanshütte	Eisenwerk-Gesellschaft Maximilianshütte AG
MICUM	Mission Interalliée de Contrôle des Usines et des Mines
NDB	Neue Deutsche Biographie
Neu-Schottland	Neu-Schottland Berg- und Hütten-Actien-Verein
NGISC	North German Iron and Steel Control
NRW	Nordrhein-Westfalen
NSDAP	Nationalsozialistische Deutsche Arbeiterpartei
Phoenix AG	Phoenix AG für Bergbau und Hüttenbetrieb
Phoenix AG Bergwerke	Phoenix AG für Bergbau und Hüttenbetrieb Abteilung Bergwerke
Phoenix AG Hermannshütte	Phoenix AG für Bergbau und Hüttenbetrieb Abteilung Hoerder Verein Hermannshütte
Phoenix AG Hochofenwerk Dortmund	Phoenix AG für Bergbau und Hüttenbetrieb Abteilung Hoerder Verein Hochofenwerk Dortmund
Phoenix AG Hochofenwerk Hörde	Phoenix AG für Bergbau und Hüttenbetrieb Abteilung Hoerder Verein Hochofenwerk Hörde
Phoenix AG Hoerder Kohlenwerk	Phoenix AG für Bergbau und Hüttenbetrieb Abteilung Hoerder Verein Hoerder Kohlenwerk
Phoenix AG Hoerder Verein	Phoenix AG für Bergbau und Hüttenbetrieb Abteilung Hoerder Verein
Phoenix AG Ruhrort	Phoenix AG für Bergbau und Hüttenbetrieb Abteilung Ruhrort
Phoenix AG Westfälische Union	Phoenix AG für Bergbau und Hüttenbetrieb Abteilung Westfälische Union
Phoenix-Rheinrohr	Phoenix-Rheinrohr AG Vereinigte Hütten- und Röhrenwerke
Preußisches Handelsministerium	Preußisches Ministerium für Handel und Gewerbe
RDI	Reichsverband der Deutschen Industrie
Rheinelbe-Union	Siemens-Rheinelbe-Schuckert-Union GmbH
Rohstoffbetriebe der VSt	Rohstoffbetriebe der Vereinigten Stahlwerke GmbH
RWE	Rheinisch-Westfälisches Elektrizitätswerk AG
RWHWB	Rheinisch-Westfälische Hütten- und Walzwerks-Berufsgenossenschaft
RWKS	Rheinisch-Westfälisches Kohlen-Syndikat
RWWB	Rheinisch-Westfälische Wirtschaftsbiographien
Treuhandverwaltung der NGISC	Treuhandverwaltung im Auftrage der North German Iron and Steel Control
Union AG	Union AG für Bergbau, Eisen- und Stahl-Industrie
Union AG Aplerbeck	Union AG für Bergbau, Eisen- und Stahl-Industrie Abteilung Aplerbeck Puddel- und Walzwerk
Union AG Bergbau (2)	Union AG für Bergbau, Eisen- und Stahl-Industrie Abteilung Bergbau bzw. Bergbau 2
Union AG Eisenerzbergbau (Eisensteinbergbau)	Union AG für Bergbau, Eisen- und Stahl-Industrie Abteilung Eisenerzbergbau (Eisensteinbergbau)

Union AG Gruben- und Hüttenverwaltung Bredelar	Union AG für Bergbau, Eisen- und Stahl-Industrie Abteilung Gruben- und Hüttenverwaltung Bredelar
Union AG Grubenverwaltung	Union AG für Bergbau, Eisen- und Stahl-Industrie Abteilung Grubenverwaltung
Union AG Grubenverwaltung Hattingen	Union AG für Bergbau, Eisen- und Stahl-Industrie Abteilung Grubenverwaltung Hattingen
Union AG Henrichshütte	Union AG für Bergbau, Eisen- und Stahl-Industrie Abteilung Henrichshütte
Union AG Hochofenanlage Haßlinghausen	Union AG für Bergbau, Eisen- und Stahl-Industrie Abteilung Hochofenanlage Haßlinghausen
Union AG Hochofenanlage Othfresen	Union AG für Bergbau, Eisen- und Stahl-Industrie Abteilung Hochofenanlage Othfresen
Union AG Horst	Union AG für Bergbau, Eisen- und Stahl-Industrie Abteilung Horster Eisen- und Stahlwerke bzw. Horst
VDEh	Verein Deutscher Eisenhüttenleute
VDES	Verein Deutscher Eisen- und Stahlindustrieller
VDI	Verein Deutscher Ingenieure
VEW	Vereinigte Elektrizitätswerke Westfalen AG
VSt	Vereinigte Stahlwerke AG
VSt van der Zypen	Vereinigte Stahlwerke van der Zypen und Wissener Eisenhütten AG
Westfälische Union	Westfälische Union AG für Bergbau, Eisen- und Drahtindustrie/ Westfälische Union AG für Eisen- und Drahtindustrie
WTAG	Westfälische Transport-Aktien-Gesellschaft

Register

A

Aachener Hütten-Aktien-Verein 165, 184, 196, 335, 542
Aachener Hütten-Aktien-Verein Rothe Erde 25, 35
Aachener Rückversicherungs-Gesellschaft 957
Aachener und Münchener Feuer-Versicherungs-Gesellschaft 177, 179, 388, 616, 665, 701, 957
Aachener und Münchener Lebensversicherungs-AG 957
Aachen-Leipziger Versicherungs-Aktien-Gesellschaft 402
Aalst, C. J. K. van 1213
Abbeele, Gaston van den 1095 f.
Abel, Charles Denton 218
AB Gellivare Malmfält 582
A. B. Otto Wolff 378
Abrey, Richard H. 961
Abs, Hermann Josef 66, 945–947, 953, 960, 968, 975, 1075, 1100
Achter, Wilhelm 711
Actiengesellschaft Bergwerksverein Friedrich Wilhelms-Hütte 259
Actien-Gesellschaft der vereinigten Bau-Unternehmer 165
Actien-Gesellschaft Görlitzer Maschinenbau-Anstalt und Eisengießerei 153
Actien-Gesellschaft Paulinenhütte 339
Actien-Gesellschaft Peiner Walzwerk 182, 184 f., 195 f., 206, 663
Actiengesellschaft Wittener Walzwerk 254
Adalberthütte 193
Adelsward, G. de 195
Adenauer, Konrad 910, 922–924, 939
Adlard, Albert Evan 216
Adler-Brauerei 408
Administration der Henrichshütte 41, 339, 571, 623
Administration der Henrichshütte AG für Bergbau und Hüttenbetrieb 8, 40, 82, 89, 623, 627, 633
Älteste der Berliner Kaufmannschaft 134
Ärztekammer Westfalen 1155
Agartz, Viktor 828
AG Bergwerksverein Friedrich Wilhelms-Hütte 35, 49, 344
AG der Dillinger Hüttenwerke 182, 184, 196, 198, 222, 1114 f.
AG der Hohöfen [!] und Stahlwerke Rümelingen-St. Ingbert 50
AG der Maschinenfabrik, Eisengießerei und Kesselschmiede von Richard Pohle 180
AG Eisenwerk zu Salzgitter 281, 625
Agentur Alex M. Petersen & Co. 634
Agentur Deutscher Grobblech-Walzwerke GmbH 173
AG für Bergbau, Blei- und Zinkfabrikation zu Stolberg und in Westfalen 546
AG für Betonbau Diss & Co. 439
AG für Einrichtung und Betrieb von Grubenbahnen 635
AG für Eisen- und Kohlenindustrie Differdingen-Dannenbaum 49
AG für Eisenbahn- und Militärbedarf 176
AG für Eisenindustrie zu Styrum 153
AG für Verzinkerei und Eisenconstruction vormals Jacob Hilgers 256
AG Grafenberger Gussstahlfabrik 202
AG Hasper Eisen- und Stahlwerk 199
AG Hohenzollern für Lokomotivbau 323
AG Hugo Stinnes für Seeschiffahrt und Überseehandel 695
AG Isselburger Hütte vormals Johann Nering Bögel & Comp. 1154
AG Mix & Genest 298
Agrippina Allgemeine Versicherungs-AG 957
Agrippina Lebensversicherung AG 957
AG Steinkohlenbergwerk Nordstern 38
AG Teplitzer Walzwerk und Bessemerhütte 201
AG vormals Versicherungs-Anstalten der Bayer. Hypotheken- und Wechselbank 705
AG Vulkan 925
AG Weser 955
Ahlem 691
Akademie für Führungskräfte der Wirtschaft e. V. 1017
Åkerman, Richard 204
Aktie 572 f., 586–588, 632, 757, 975
Aktiengesellschaft Charlottenhütte 680 f., 684–688
Aktien-Gesellschaft Eisen- und Stahlwerk zu Osnabrück 192 f., 197, 200, 203, 216, 616, 1154
Aktiengesellschaft für Hüttenbetrieb 756, 764, 775
Aktiengesellschaft für Verzinkerei und Eisenkonstruktion vorm. Jacob Hilgers 729
Aktionär 117–122, 137–141, 144, 146 f., 152, 158 f., 176, 352, 354, 359, 573, 577–582, 584, 586, 654–657, 660, 664, 668, 819, 829, 903 f., 942 f., 945, 947 f., 975, 1066, 1068, 1070, 1074, 1096, 1105
Albert, Wilhelmine 241
Alberti, Franz 281
Alberts, Franz 122, 266–273, 278, 346
Albingia Hamburg-Düsseldorfer Versicherungs-Aktiengesellschaft 388, 400
Albingia Versicherungs-AG 400, 707, 957, 1143

Albshausen 207
Alcoa International S. A. 1075
Aldenhoven, 624
Algerien 277
Allgemeine Brikettierungsgesellschaft mbH 395
Allgemeine Deutsche Creditanstalt Abteilung Becker & Co. 657, 658
Allgemeine Eisenbahnbau-Gesellschaft 626
Allgemeine Electricitäts-Gesellschaft 298, 648, 799, 801
Allgemeine Elektro-Industrie Heinrich Winkler 981
Allgemeine Hochbau-Gesellschaft mbH 443
Allgemeine Lokal- und Straßenbahn-Gesellschaft 258, 396
Allgemeine Rentenanstalt AG 957
Allgemeiner Berg- und Hüttenarbeiter-Verband 331
Allgemeiner Deutscher Knappschaftsverband 652
Allgemeiner Deutscher Versicherungs-Verein 181, 705
Allgemeine Rentenanstalt Lebens- und Rentenversicherungs-AG 957
Allgemeine Spiegelglas-Versicherungs-Gesellschaft 387
Allgemeine Straßenbahn-Gesellschaft in Berlin 342
Allgemeine Versicherungs-Actien-Gesellschaft 404
Allgemeine Versicherungs-Gesellschaft für See-, Fluss- & Landtransport 179
Allgemeiner Knappschafts-Verein zu Bochum 652, 713
Allianz Lebensversicherungs-AG 956, 957
Allianz und Stuttgarter Verein Versicherungs-Aktien-Gesellschaft 772
Allianz Versicherungs-AG 181, 387, 399, 956
Allied High Commission for Germany 913, 922, 960, 1029
Allied High Commission for Germany, Combined Coal Control Group 1062
Allied High Commission for Germany, Combined Steel Group 1097
Alliierte Hohe Kommission für Deutschland 65 f., 913, 918, 921 f., 924, 960
Alpine Montangesellschaft 51, 677
Alsing, Emil 236, 248
Alte Leipziger Lebensversicherung a. G. 957
Alteisen- und Metallhandel Karl Fest 698
Altena 763, 769, 786
Altendorf 276
Altenhundem 346
Altenkirchen 339, 589, 633, 648, 717, 779, 786
Altenseelbach 698
Althaus & Liebrecht Puddlings- und Walzwerk 612
Altona 568
Altona-Kieler Eisenbahn-Gesellschaft 1154
Amberg 202
Amecke, Adolf 698
Ameren, Johann van 671 f.
American Bureau of Shipping 1108
American Exchange Irving Trust Company 759
American Iron and Steel Institute 977
Amt der Stettiner Kaufmannsschaft 133
Amtsgericht Dortmund 778
Andreae, Otto 1213
Andree, Emil 195
Angermann, Horst F. G. 1075
Anlagenbau 168, 254, 286, 299, 314, 320, 353, 429, 473 f., 610, 690, 716, 788, 793, 972, 978 f., 985 f., 1099
Anlagevermögen 117, 122, 126 f., 136, 144, 147–159, 172, 177–179, 234, 251, 259 f., 266–270, 340 f., 366 f., 372, 390, 532, 538 f., 556 f., 577, 582 f., 588, 615, 623, 633, 658, 665 f., 677, 701, 755 f., 798, 818, 903, 907–909, 925–927, 936, 940–943, 955 f., 958, 968–970, 978, 1030, 1038, 1041, 1043, 1048 f., 1054 f., 1060, 1062, 1075 f., 1079, 1089–1091, 1093 f., 1099, 1117 f., 1122 f., 1137 f., 1145, 1151, 1158
Anstalt für Epileptische „Bethel" 131
Antwerpen 352
Anwaltskammer Hamm 698
Aplerbeck 126, 161, 170, 236, 246, 249, 257, 289, 293–295, 309, 311, 316, 361, 370, 379, 407, 409, 412, 435, 437 f., 453, 458, 466, 468, 485, 496, 506, 515, 526, 544, 777, 806–808, 867, 981 f.
Aplerbecker Aktien-Verein für Bergbau 412
Aplerbecker Hütte 561, 767, 777
Aplerbecker Hütte Brügmann, Weyland & Co 281, 312, 636 f.
Appleby-Frodingham Steel Comp. Ltd. 973, 1006
Aral AG 1102 f.
Arbeiter-Pensionskasse für die Gußstahlfabrik Fried. Krupp AG 538
Arbeitgeberverband Eisen- und Stahlindustrie e. V. 993–995, 1019, 1129, 1134
Arbeitgeber-Verband für das Maler- und Anstreichergewerbe etc. in Dortmund und Umgegend 652
Arbeitgeberverband für den Bezirk der nordwestlichen Gruppe des Vereins deutscher Eisen- und Stahlindustrieller 88, 533 f., 540, 542, 546 f., 652, 696, 797, 843
Arbeitgeberverband für Dortmund und Umgegend 392, 412, 534, 546, 652, 665, 715, 796 f.
Arbeitgeberverband für Düsseldorf und Umgegend 547
Arbeitnehmer 121, 126–131, 137, 147 f., 154–158, 160, 168 f., 174, 180 f., 188, 251 f., 258–262, 267–272, 279, 294–296, 304, 316, 320, 324–335, 339, 342–344, 347 f., 353, 357, 362–371, 380–382, 385, 387, 413, 418, 433, 439, 445, 447–461, 467, 494 f., 520–524, 527, 532–546, 554 f., 562–565, 577, 582, 611 f., 616, 627, 637 f., 644, 647–652, 656, 665, 668, 675, 678, 696, 698, 700 f., 715,

724, 734-740, 748-750, 772, 786 f., 794-797, 812-830, 833, 835-867, 869, 878-880, 891-902, 908, 910-912, 914, 918 f., 922, 925-927, 937, 941, 946, 954, 963, 967, 973, 976, 979 f., 982, 989-1024, 1042, 1046, 1052, 1058, 1064, 1067, 1073-1075, 1078 f., 1089, 1092, 1094 f., 1112, 1116, 1118-1122, 1124, 1126-1134, 1136, 1139-1141, 1144 f., 1147, 1149-1151, 1153, 1158, 1160 f., 1163, 1172, 1177, 1180-1182
Arbeitsamt Dortmund 826 f., 844 f., 901, 1019, 1023
Arbeitsforschung 899, 976, 981, 995, 1012
Arbeitsgemeinschaft der Betriebskrankenkassen von Dortmund und Umgegend 1142
Arbeitsgemeinschaft der Eisen- und Metall-Berufsgenossenschaften 1011
Arbeitsgemeinschaft der industriellen und gewerblichen Arbeit 564
Arbeitsgemeinschaft deutscher wirtschaftswissenschaftlicher Forschungsinstitute e. V. 915
Arbeitsgemeinschaft Exploration 1025
Arbeitsgemeinschaft freier Angestellten-Verbände 534
Arbeitsgemeinschaft rheinisch-westfälischer Hüttenwerke über die Erschließung deutscher Eisenerzvorkommen im Raum Salzgitter 779
Arbeitsgericht Dortmund 772
Arbeitskampf 330 f., 335, 347 f., 350, 412, 545, 546, 563 f., 652, 696, 698, 772, 814, 1182
Arbeitsmedizin 136 f., 619, 652, 787, 826, 858 f., 1011, 1023, 1143-1146, 1154
Arbeitsnachweis für den rheinisch-westfälischen Steinkohlenbergbau 564
Arbeitsordnung 136, 168 f., 251, 331, 347, 381, 527, 542, 552, 637, 829, 994, 1134 f., 1146, 1163, 1168-1171
Arbeitsrecht 174, 534, 537, 540, 542, 545, 612, 772, 787, 812 f., 824, 898, 901, 991 f., 1011, 1019, 1023, 1054, 1127, 1134, 1145
Arbeitssicherheit 126-129, 162 f., 168 f., 174, 252, 260, 267, 321-323, 325-327, 329 f., 342 f., 365, 368, 374, 381 f., 385, 394, 524 f., 527, 530, 542, 544, 554 f., 560, 562, 564, 612, 635, 637, 649, 745, 772, 794, 798, 801, 815, 911 f., 965 f., 1011-1014, 1017, 1020, 1131 f., 1140 f., 1163, 1175
Arbeitszeit 168 f., 336, 344, 381 f., 533 f., 545, 557, 564, 582, 649, 663, 715, 772, 797, 863, 867, 898, 901, 911 f., 980 f., 990 f., 993-995, 1119 f., 1126, 1129, 1131, 1134, 1145, 1163
Architekten Beuckelmann & Jöhren 1143
Archiv für Rheinisch-Westfälische Wirtschaftsgeschichte 77-81
Argentinien 336, 349, 373, 674, 695, 1046, 1101
Arica-La Paz-Railway 597
Armaments Sub-Commission Düsseldorf 389
Arndt, Caecilie 571
Arndt, Emmeline 571
Arndt, Gustav 39
Arndt, Heinrich Gottfried Gustav 571, 1159
Gustav Arndt & Co. 4, 571, 1159
Arnold, Karl (Politiker) 828
Arnold, Wilhelm 1132
Arnsberg 122, 284, 700 f., 717, 1188
Arolsen 627
Aronheim, Amalie 246
Aronheim, Levi Abraham 246
Asbeck, Georg August 246
Asbeck, Werner 996
Ashauer, Christian 627
Asselmann, Gottfried 234
Asseln 160, 170, 172, 231, 249, 269, 274, 282, 309 f., 369, 409, 412, 526
Association pour la Surveillance des Chaudières a Vapeur 323
F. Asthöwer & Co. 255
Attlee, Clemens 828
Aubel, Cornelius 672
Aubel, Peter van 777, 968, 1038, 1043, 1079, 1090-1092, 1094 f., 1111
Auer von Welsbach, Carl 217
Aufsichtsrat 114, 117 f., 121-124, 126, 130, 137 f., 142, 147-159, 167, 176, 199, 231 f., 234-242, 246 f., 251, 253, 257f., 266, 269, 275-281, 299, 305 f., 309 f., 324, 339, 352, 359, 380, 382, 575, 577, 581-588, 630, 654, 656, 662, 754, 780, 782-785, 815 f., 829, 903-906, 909, 923-925, 927, 931, 935-937, 941, 943-953, 958, 962 f., 968, 971 f., 987 f., 998, 1020, 1025-1028, 1031, 1034, 1036, 1042-1045, 1053 f., 1056 f., 1062-1064, 1066, 1068-1073, 1081 f., 1084-1087, 1090-1093, 1095 f., 1098-1100, 1103, 1109, 1116, 1146, 1147
Aumüller, Adalbert 837
Auskunfts- und Rechtsschutzstelle für Frauen [Dortmund] 369
Ausschuß für Kleingartenbau in Dortmund 707
Ausschuss zur Förderung der Deutschen Kulturarbeit in China 133
Außenhandelsstelle für die Eisenwirtschaft 377
Ausstand-Versicherungs-Verband 331, 348
Australien 978, 1099
Auswärtiges Amt 412
Auto Union GmbH 823
Autogenwerk Sirius GmbH 469, 739
Automobilindustrie 700, 954, 979 f.
Auwärter, Max 972, 1099

B

Baare, Bernhard 197, 352
Baare, Hans 1178
Baare, Wilhelm 1217
Backhaus, Emil 777
Backhaus, Wilhelm 402, 406
Badische Landeselektrizitätsversorgung AG 539
Badische Staatseisenbahnen 679
Bäumker, Adolf 917
Baeumler, Ernst 193
Bail, Friedrich 1215 f.
Balcke & Co. 300, 315
Ballot 141
Balster, Elfriede 618
Balster, Heinrich 247
Balve 347, 700, 711
Balzers AG 972, 1099
Balzers Patent- und Lizenz-Anstalt 1099
Balzers Union AG 1099
Bandeisenwalzwerke AG 776
Bangert & Groskurth Fabrik in Ketten aller Art für technische und landwirtschaftliche Zwecke 675
Bank deutscher Länder 958
Bank für deutsche Industrie-Obligationen 756 f.
Bank für Handel und Industrie 49, 180, 299, 657, 677, 681, 955, 1083
Bankhaus
- Barmer Bankverein Hinsberg, Fischer & Comp. 668, 671
- S. Bleichröder 23, 41, 138
- Droste & Tewes 675
- Duisburg-Ruhrorter Bank 141
- Essener Credit-Anstalt 34, 632 f., 675
- Gebrüder Metz 233
- Joh. Dav. Herstadt 615
- von der Heydt-Kersten & Söhne 586
- Simon Hirschland 675
- Lübecker Commerzbank 39
- Carl Neuburger 657
- Rhein-Ruhr Bank AG 955
- De Rothschild Frères 1082
- J. H. Stein 21, 138, 142, 144, 182
- The American Exchange-Pacific National Bank 659
- The National City Bank of New York 759, 959 f., 975
- M. M. Warburg & Co. 675
Bank- und Sparkassengeschäfte 119, 121, 126, 130, 137–146, 162, 165, 168, 176, 234, 246, 257, 281, 362, 368–370, 389, 533, 537–540, 568, 581, 586, 615, 620, 624, 629 f., 634, 658, 675, 681, 695, 702, 812, 815, 825, 843, 900, 955–958, 975 f., 1032, 1060, 1079, 1083, 1100, 1110 f., 1114, 1137, 1147
Bankverein Westdeutschland AG 955
J. Banning, Firma 641
J. Banning AG 428
Bansen, Wilhelm 225
Barbara Erzbergbau AG 67, 1000, 1025–1030, 1059, 1084, 1101
Barbara Erzbergbau GmbH 952 f., 1026, 1029 f., 1089, 1101
Barg, Christian 772
Barich, Karl 924 f.
Barkhausen, Georg 330
Barnstorf, F. 192 f.
Barop 275, 396, 706, 767, 1020
Baroper Maschinenbau-Actien-Gesellschaft 646
Barschall, Hermann 837
Bartscherer, Franz 1220
Barz, Heinz 1222, 1042
Base, Otto 708
Basse & Selve 256
Bauamt für den Pregelausbau 692, 791
Bauendahl, Walther 1215
Siegfried Bauer, Firma 164
Bauermann, Familie 672
Baukenkroth, Rudolf 835
Baum, A. 220
Baumann, 552
Baustoffe und Bauverfahren 811
Bayerische Biologische Versuchsanstalt (Demoll-Hofer-Institut) 1115
Bayerische Hypotheken- und Wechselbank 178
Bayerischer Revisions-Verein 805
Bayerischer Wasserwirtschaftsverband e. V. 1115
Bayerische Staatseisenbahnen Maschinenkonstruktionsamt 679
Bayern 202, 631, 1115
Bazant, 1216
Beamtenversicherungsverein des Deutschen Bank- und Bankiersgewerbes eG 957
Beamten-Wohnungsverein Hörde eGmbH 568
Beauftragter für die Eisenerzgewinnung Gruppe I Luxemburg-Longwy 780
Becherer, M. 230, 392
Beck, Wilhelm 823
Becker, Gerhard 1217
Becker, Heinrich 1221
Becker, Hermann 631, 648
Becker, Reinhold 403
Becker, Theodor 1215
Becker, Walter 403
Becker, Wilhelm 231

Wilh. Becker & Co. 748
Beckerode 122
Beckeroder Eisenhütte 11 f., 122
Beckhäuser, Eduard 997, 1020 f., 1182
Beckmann, Diedrich 232
Beckmann, Wilhelm 621
Beckmann genannt Schulte-Stoppenberg genannt Schaefer, Wilhelm 574
Befehlshaber des Ersatzheeres 826
Behälter- und Apparatebau 108, 126, 225, 228, 253–257, 259, 269 f., 273, 286, 290, 300–302, 321–323, 340, 344, 354, 363, 377, 417, 421, 427, 466–468, 470–472, 474 f., 477, 479, 524 f., 562, 614, 635, 639, 643, 646 f., 722, 730, 732, 738–740, 794 f., 805, 877, 884, 936, 979, 1031 f., 1100, 1168
Beheim-Schwarzbach, Karl 1217
Behr, Chr. 1217
Behrens, Hedwig 81 f.
Behrmann, Friedrich 1030
Beiker, Ludwig 835
Carl Beissel & Cie. 253
Beitter, Fritz 802
Beitter, Hermann 17, 261 f., 278
Belecke 675, 769, 783
Belgien 128, 167, 188, 191, 208, 211, 213–215, 217, 219–221, 223 f., 226, 323, 326, 377 f., 385 f., 390, 543, 561, 662, 688, 699, 822, 826, 828, 979, 1095 f., 1123
Benardos, Nicolai von 224
Benninghofen 275, 282, 298, 372, 396, 405, 408, 463 f., 808, 1143, 1208
Benrather Maschinenfabrik AG 418
Bensch, August 221
Benteler-Werke AG 985
Bentz van den Berg, Pieter R. 1221
Benzin-Benzol-Verband 1102 f.
Beratungsbüro für Dollar-Anleiheschulden der Nachfolgegesellschaften der VSt 959–961
Beratungsstelle für heimkehrende Kriegsteilnehmer [Dortmund] 370
Beratungsstelle für Stahlverwendung 1015, 1133
Beratungsstelle für Werksarchive der Vereinige Stahlwerke AG 81
Berchum 763
Berckemeyer, Hermann 1155
Berckenkamp, Heinrich 275
Bereinigungsstelle für Deutsche Dollar Bonds 961
Berg, Carl 784
Berg, Fritz 939
Carl Berg AG 50, 784
Bergakademie Clausthal 986
Bergamt Bayreuth 633
Bergamt Bochum 126, 232, 245, 251, 259, 276, 282, 574
Bergamt Saalfeld 278
Bergbau- & Eisenhütten-Gewerkschaft Witkowitz 222
Bergbau-Actien-Gesellschaft Mark 162, 266, 274, 283
Bergbau-Actiengesellschaft Massen 274
Bergbau AG Lothringen 379, 384, 800, 806, 820, 983, 1103
Bergbau AG Massen 258, 317
Bergbauausrüstung 166, 168, 254, 267–273, 279, 339, 395, 607–609, 638
Bergbau- und Hütten-AG Friedrichshütte 820, 923
Bergbau- und Industriewerte GmbH 1029 f., 1101
Berger, M. 219
Heinrich Berghaus, Firma 728
Berg-Heckmann-Selve AG 784
Berghofen 170, 257, 275, 282, 370, 372, 396–398, 403 f., 408, 815
Bergischer Dampfkessel-Revisions-Verein 323
Bergische Stahl-, Walz- und Hammerwerke Julius Lindenberg 919
Bergisch-Märkische Eisenbahn 283, 298, 313, 355, 621 f., 644, 709, 1209
Bergisch-Märkische Eisenbahn-Gesellschaft 153, 161, 305–307, 309–312, 314, 325, 403, 495, 529, 620–623, 643 f., 801
Bergrevier Dortmund I 264
Bergrevier Dortmund II 331, 385
Bergrevier Goslar 651
Bergrevier Metz 676
Bergrevier Nord-Dortmund 347
Bergrevier Ost-Dortmund 309 f., 347, 526
Bergrevier Süd-Dortmund 347
Bergrevier Witten 347
Berg- und Flurschäden 108, 170 f., 264, 379, 383 f., 409, 506, 511, 613 f., 618, 625, 633, 658, 678, 702, 761, 773, 806
Berg- und Hütten-Actien-Verein Deutsch-Holland 268
Berg- und Hütten-Maschinen GmbH 421
Bergwerk Martini 542
Bergwerks-Actiengesellschaft Courl 171
Bergwerksdirektion Saarbrücken Bergfaktorei 607–609
Bergwerksgesellschaft Dahlbusch 782, 1101
Bergwerksgesellschaft Glückaufsegen mbH 383 f., 412, 493, 800, 807, 868 f.
Berl, D. 226
Berlin 163, 214, 336, 387, 689, 762, 786, 955 f., 1083
Berlin-Anhaltische Maschinenbau-AG 257, 299 f.
Berlin Brückenbauamt 689
Berlin-Dresdener Eisenbahn-Gesellschaft 165
Berliner Börse 758 f.

Berliner Elektricitäts-Werke 168
Berliner Handelsgesellschaft 39
Berliner Industriebank AG 955
Berlinische Feuer-Versicherungs-Anstalt 702, 957
Berlin Tiefbauamt III 689
Bern 535
Berndsen, Alfred 899, 1221
Bernhard, Ludwig 696
Bernhard, Paul 1213
Friedr. Bernhardt, Firma 175
Bernuth, von 1215
Berrang, Paul 998
Berthold, Max 1178
Bertram, Eugen 357 f.
Bertram, Walter 822
Bertram & Graf, Firma 597, 614
Bertrand, Ernst 224
Besatzung 377, 389–392, 568, 827, 829, 865 f., 901, 908, 913
Beschlagteil-Verband 778
Beschnidt, Gottlob Eduard 278
Besouw, A. van 841
Bessemer, Henry 14, 222
Bessemer & Longsdon 14, 222
Betoneisen GmbH 1047, 1052, 1100
Betriebliche Altersversorgung 181, 317, 385, 537–540, 612, 650, 700, 925, 927, 951, 989–992, 995 f., 1012, 1020, 1055, 1078, 1102, 1112, 1129 f., 1136
Betriebliche Berufsausbildung 343, 547, 556, 750, 824, 839, 864, 897, 899, 911, 965 f., 990, 1013, 1015, 1020, 1117 f., 1120–1123, 1126, 1132 f., 1161, 1176, 1184 f.
Betriebliche Bildungsarbeit 560, 824, 844, 911, 1013–1019, 1133
Betriebliche Energiewirtschaft und Wasserwirtschaft 126, 134, 170, 172, 251, 257–260, 264, 269, 274, 289, 294, 299–304, 321, 353–364, 374 f., 379, 396, 410–412, 415, 418, 420–424, 438, 444, 463–479, 481, 525, 549, 553 f., 560, 585, 613, 621, 624, 629, 631, 635, 638–640, 642 f., 648, 664–666, 668, 671, 706, 715 f., 732, 734, 738–740, 747 f., 771, 773, 794 f., 802–806, 826, 833, 845 f., 853 f., 856, 859, 865–869, 872–874, 877, 883–886, 908, 910, 919–921, 926, 932, 936 f., 973, 975, 978, 980, 983 f., 987, 1029, 1100 f., 1108 f., 1117–1125, 1144, 1146, 1167, 1176, 1181, 1186 f., 1190, 1193, 1200, 1202, 1204, 1208
Betriebliche Forschung 133, 159, 193, 195, 199, 207 f., 222, 229, 293, 299, 324, 344, 360, 362, 365, 393, 444 f., 525, 561 f., 746, 802, 820, 863, 886 f., 917, 936, 972, 977 f., 981, 985 f., 1099, 1117–1119, 1122 f., 1177
Betriebliches Sicherheitswesen 129, 137, 252, 294, 320, 334, 387, 445–447, 457, 461–464, 544, 611, 637, 701, 734, 736, 742, 745 f., 796, 809, 825, 827, 854–856, 859, 868, 879 f., 887 f., 890, 896, 898, 909 f., 965 f., 1014, 1134, 1172 f.
Betriebliches Sozialwesen 136 f., 297, 327–329, 344, 366 f., 369, 385, 387, 408, 540, 543 f., 577, 633, 649 f., 678, 712, 787, 812, 836, 843 f., 863, 900 f., 910–912, 925, 927, 965–967, 980, 992, 994, 1015, 1020, 1022 f., 1026, 1028, 1038–1040, 1084, 1099, 1119–1122, 1130, 1144, 1146, 1166, 1170, 1172 f., 1187, 1192 f., 1203–1209
Betriebliches Transport- und Verkehrswesen 125, 144, 167, 172, 235–238, 241, 246–249, 251 f., 258–263, 266–270, 272 f., 281, 283, 290, 293 f., 302, 305–317, 323–326, 329, 356 f., 361, 363, 367 f., 374 f., 377–380, 384, 386–398, 403, 410, 424–426, 437, 441 f., 457, 458, 463, 480–499, 521, 525–532, 555 f., 564, 571, 576, 626, 629, 631–633, 636 f., 643, 644, 649, 672, 698, 706, 709, 711, 715, 732, 741 f., 744 f., 761, 786, 799–801, 803, 806 f., 810 f., 817, 821, 833, 835, 845 f., 851–853, 856 f., 865, 867–870, 872, 875, 880–884, 896, 908, 919, 926, 933, 967, 973, 975, 978, 981–983, 1088, 1117–1125, 1159, 1166, 1173–1177, 1179, 1187 f., 1191, 1193, 1201 f., 1208
Betriebliches Wohnungswesen 124, 137, 160, 168 f., 172, 178, 231, 249 f., 253, 259, 269, 283 f., 302, 316–320, 329–331, 355, 362, 366 f., 381, 383, 385, 402, 409, 441, 445, 460, 464, 500–524, 532, 534 f., 565, 568–570, 575, 577, 613 f., 624, 648 f., 653, 670–672, 705, 713, 725, 729, 748, 751, 777, 781–783, 787, 809–811, 813, 815, 832, 843, 879, 887, 892, 895 f., 900–912, 965 f., 975, 1020, 1022, 1026, 1063 f., 1083, 1098, 1110, 1120–1122, 1125 f., 1143, 1146, 1148, 1166, 1172, 1176, 1178, 1186 f., 1188–1191, 1198 f., 1202
Betriebs- (Fabrik-)Krankenkasse für das Puddel- und Walzwerk Aplerbeck der Union AG für Bergbau, Eisen- und Stahl-Industrie 1148, 1153
Betriebs- (Fabrik-)Krankenkasse für die Dortmunder Eisen- & Stahlwerke der Union AG 619
Betriebs- (Fabrik-)Krankenkasse für die Dortmunder Eisen-Stahlwerke der Union AG für Bergbau, Eisen- und Stahlindustrie 1149 f., 1154
Betriebs- (Fabrik-)Krankenkasse für die Henrichshütte, Eisen- und Stahlwerke der Union AG für Bergbau, Eisen und Stahl-Industrie 623, 1149 f.
Betriebs- (Fabrik-)Krankenkasse für die Horster Eisen- und Stahlwerke der Union AG für Bergbau, Eisen- und Stahl-Industrie 648, 1149 f.
Betriebsgenehmigungen 108, 128, 251, 258, 285, 301,

306 f., 309, 320-323, 355, 357, 408, 425, 435, 445, 460, 495, 585, 635, 637, 667, 727, 739, 744, 796, 797, 823, 830, 865-867, 870, 978, 1143, 1159 f.
Betriebskosten 108, 128, 133 f., 145-160, 214, 221, 250-253, 256, 259-273, 279, 286, 302, 308, 310 f., 313-315, 325 f., 336, 344, 366 f., 372, 379, 390, 410, 412, 458 f., 483, 487, 489 f., 526-532, 559, 629, 632, 637, 663, 672, 681, 713-715, 749 f., 761, 793 f., 798-801, 812, 833-835, 845 f., 862, 864 f., 867-870, 897 f., 907 f., 912, 915, 936, 952, 963-967, 970, 973, 979 f., 982, 989, 1026, 1028, 1046, 1052, 1057-1059, 1062, 1067, 1075, 1078 f., 1084, 1088, 1094, 1102 f., 1110, 1116-1118, 1120-1123, 1137, 1141 f., 1144-1146, 1151
Betriebskrankenkasse 136, 151 f., 160, 246, 335 f., 363, 366 f., 540, 547, 577, 619, 623, 633, 651, 787, 925, 927, 995, 1000, 1020, 1135-1142, 1145-1156, 1163, 1172, 1174
Betriebskrankenkasse der Dortmund-Hörder Hüttenunion AG 1128, 1135, 1139 f., 1148, 1151 f., 1173, 1203-1208
Betriebskrankenkasse der Dortmund-Hörder Hüttenunion AG Werk Dortmund 93
Betriebskrankenkasse der Dortmund-Hörder Hüttenunion AG Werk Hörde 93
Betriebskrankenkasse der Dortmund-Hoerder Hüttenverein AG 1141, 1148, 1151-1153
Betriebskrankenkasse der Hüttenwerk Hörde AG 912, 1136 f., 1142, 1148
Betriebskrankenkasse der Hüttenwerk Oberhausen AG 1142
Betriebskrankenkasse der Schwerter Profileisenwalzwerk AG 1155 f.
Betriebskrankenkasse der Vereinigte Stahlwerke AG Dortmunder Union 1141, 1149-1151
Betriebskrankenkasse der Vereinigte Stahlwerke AG Hoerder Verein 1135-1137, 1139, 1151, 1193
Betriebskrankenkasse des Werkes Dortmund der Dortmund-Hörder Hüttenunion AG 1136, 1141, 1145, 1147 f., 1150-1153
Betriebskrankenkasse des Werkes Dortmund der Dortmund-Hoerder Hüttenverein AG 1141, 1150 f.
Betriebskrankenkasse des Werkes Hörde der Dortmund-Hörder Hüttenunion AG 996, 1000, 1128, 1136-1142, 1144-1148, 1203 f., 1206-1209
Betriebskrankenkasse des Werkes Hörde der Dortmund-Hoerder Hüttenverein AG 1131, 1136-1138, 1148
Betriebskrankenkasse für die Deutsch-Luxemburgische Bergwerks- und Hütten-AG Dortmunder Union 1149-1151, 1153
Betriebskrankenkasse Hoesch Dortmund 1155
Betriebsrat 542, 545, 547, 772, 796 f., 828, 843, 864, 899 f., 909, 923, 942, 951, 953, 992-996, 1020, 1022, 1119, 1128-1130, 1181 f., 1184
Betriebssportgemeinschaft Dortmund-Hoerder Hüttenverein AG Werk Dortmund 863
Betriebsstatistik 126-129, 147-158, 250-253, 259-262, 264 f., 270-272, 286, 313, 315 f., 325 f., 330 f., 335 f., 340-342, 347 f., 361, 363-367, 371 f., 375, 380 f., 389-391, 410, 412 f., 527, 532 f., 535 f., 538-540, 543 f., 547, 551, 555 f., 565, 577, 629, 632, 649 f., 662 f., 674 f., 713-715, 749 f., 772, 783, 793 f., 796-798, 812, 814, 816, 819, 826-828, 833-836, 845 f., 862-867, 897 f., 901, 907-909, 911 f., 946, 954, 963, 965-967, 976-980, 987, 989 f., 993, 1011-1013, 1015, 1017, 1024, 1046, 1052, 1058, 1064, 1067, 1073-1075, 1078, 1088 f., 1094, 1098, 1108, 1116-1123, 1126 f., 1131, 1133 f., 1136 f., 1141 f., 1148, 1150-1153, 1155 f., 1158
Betriebsstilllegungen 363, 585, 801, 845, 952, 979, 987, 1062, 1075, 1084, 1101, 1161, 1166
Betriebswirtschaftliches Institut der Eisenhüttenindustrie 968, 1084, 1116
Beukenberg, Wilhelm 33, 53-55, 80, 78 f., 258, 557, 559, 766, 1180
Beust, Ernst August Graf von 1161
Beuth, Christian Peter Wilhelm 350
Bezirksgruppe Nordwest der Wirtschaftsgruppe Eisen schaffende Industrie 825, 827, 830 f., 899
Bezirks-Haupt-Casse Forsten Hannover 249
Bezirksverband der Werkvereine von Dortmund, Hamm und Umgegend 371
Bezirksverwaltungsgericht Arnsberg 871 f.
Bibliothekswesen 149-151, 560
Bietz, Carl August 630
Biewendt, Adele 711
Bilanz 115-121, 126 f., 136 f., 146-159, 176, 178 f., 199, 327-329, 535, 365, 536-539, 569, 577 f., 581, 585, 588, 615, 632, 654-656, 658, 660-662, 673, 675, 677, 715, 770, 776, 778-780, 782, 785, 815-818, 820, 829, 832, 903, 906, 945-948, 952, 955 f., 958, 961 f., 964 f., 968 f., 1028-1030, 1035 f., 1038, 1040 f., 1044, 1046-1049, 1051 f., 1055-1058, 1061, 1064 f., 1067, 1072, 1077, 1079 f., 1082-1084, 1087-1089, 1093-1096, 1098, 1099, 1101, 1103, 1105, 1111-1114, 1137, 1143 f., 1148, 1151, 1154, 1158, 1163
Bildung und Erziehung 126 f., 131 f., 169, 334, 353, 535, 649, 670, 1015, 1116, 1133, 1146 f., 1160
Billeter & Klunz AG 428 f., 722, 727
Billups, Jonathan Edwin 216
Bingel, Rudolf 1215
Binolen 284
Bippen, Arnold von 133, 324

Birkemeier, Fritz 398
Birkemeier, Lisette 398
Birkenfeld, Clemens 1144
Birlenbach 633
Birnenbach, Anton 199
Gottfried Bischoff, Firma 871
Bishop, Richard 216
Bismarck, Otto von 230, 345, 351
Bismarckhütte Abteilung Bochum 685
Bizy, Perrin de 165
Blanke, August 765
Blanke, Robert 765
Blankenagel, Karl 938
Blass, Eduard 226, 344, 643
Blau, Siegfried 1212
Blefa Blechwaren- und Faßfabrik GmbH 70, 979, 1031 f., 1066, 1070, 1072
Blefa GmbH 970, 1031
Bleichert, Adolf 644
Adolf Bleichert & Co. 254, 495, 498, 718, 743
Blickhauserhöhe 629, 700, 710 f., 767
Blohm & Voss 324
Bochum 275, 280, 583, 637, 670, 700, 777, 782
Bochumer Bergbau AG 1062, 1101
Bochumer Eisenhütte Heintzmann & Co. GmbH 910
Bochumer Eisenhütte Heintzmann & Dreyer 255, 273
Bochumer Verband der Bergwerke in Westfalen, im Rheinland und im Saargebiet 1003
Bochumer Verein für Bergbau und Gussstahlfabrikation 11, 51, 53 f., 57, 90, 153, 161 f., 182, 184, 186–189, 192 f., 195, 197, 200, 211, 280, 350, 395, 568, 596, 616, 659 f., 675, 677, 680 f., 684–688, 695, 708, 755–758, 764, 773–775, 1178
Bochumer Verein für Gussstahlfabrikation AG 776, 916 f., 928 f., 935, 958, 978, 985, 1082, 1085, 1089, 1132
Bock, Hermann 884
Bodelschwingh 752, 753
Bodelschwingh, Ernst von 108
Boeck, Dorothea von der 109
Böcker, Wilhelm 1215
Boecker & Haver GmbH 53, 365, 763
Rud. Böcking & Cie. 395
Boehm, Heinrich 631
Böhmen 201, 544
Böhmen-Mähren (Protektorat) 831, 832
Böhmer, Joseph 238
Böhmische Montangesellschaft vormals Fürstl. Fürstenberg'sche Montanwerke 201, 203
Bölling, Gustav 239
Böninger, Moritz 1215
Börse zu Düsseldorf 352, 759
Börsen-Verein zu Düsseldorf 352
Boetius, H. 225
Boettcher, Hans 694
Bövinghausen 751
Bohe, D. 314
Bohlen und Halbach, Berthold von 923
Bolckow, Vaughan & Co. Ltd. 209, 213
Bolivien 597
Bolze, Louis 625
Bomheuer, Wilhelm 617
Bonbaden 280
Booz, Allen & Hamilton Internationaal N. V. 963, 974, 1068
Booz, Allen & Hamilton International Inc. 963 f., 974
Borbet, Walter 1219, 1178
Borch, Rudolf Freiherr von der 618
Born, Carl von 32, 87, 312, 357 f., 411, 529, 572 f., 629, 1159
Born, Henriette von 572, 629
Born, Ludwig von 572 f., 629
Born, Ludwig von (Versicherungsmakler) 180
Born, Theodor von 42, 572–574
Born, Wilhelm von 32, 42, 248, 572, 573
Born, von Familie 41
Carl von Born, Firma 83, 296, 312, 354–358, 411, 521, 529
Borner, H. 208
Bornhaupt, Reinhold von 829
Borowski, Anton 1023
A. Borsig 133, 206, 306, 322, 555, 684 f.
A. Borsig Berg- und Hüttenverwaltung 194, 680, 685
Borsigwerk AG 681, 684–688
Borssum 670
Bosik, Ludwig 835
Bosse, Hugo 1216, 1219
Bosselmann, Johann Heinrich 630
Bottrop 310
Bracht, Friedrich 672
Brackel 134, 160, 168–172, 231–233, 249, 266, 274 f., 282, 295, 309 f., 317, 331, 361, 371, 409, 412, 458–460, 499, 526, 535, 545, 811, 1142
Brackeler Bohrgesellschaft 10, 116, 266, 282
Braconier, Maurice 1217
Braconnier, Alfred 195
Carl Brand, Firma 415, 498, 847, 871, 1124
Brand & Sohn 443, 477, 667, 810
Brandenburger Spiegelglas-Versicherungs-Aktien-Gesellschaft 387
Brandi, Ernst 1178
Brandon & Fils 212
Brandt, 558, 1109

Brandt, Otto 567
Karl Brandt Bauunternehmung 1179
Braselmann & Stamm GmbH 978
Brasilien 377, 695, 837
Brassert, Gustav 282
Braumüller, Wilhelm 676, 1216
Braun, Adolph 163
Braunfels 650
Braunlage 633
Brauns, Hermann 43, 200, 586, 616, 635, 676
Braunschweig 349, 694
Bredelaer Hütte 628
Bredelar 589, 626–628, 632
Bredow, Rose von 823
W. Breitenbach, Firma 254
Breme, H. 652
Bremen 349
Bremen Deputation für Häfen und Eisenbahnen 595 f.
Bremen Hafenbauamt 684, 693
Bremer, Georg 1108
Bremer Vulkan Schiffbau und Maschinenfabrik 955
Bremerhaven 595 f.
Bretschneider, Helene 997
Bretschneider, Karl 715, 772, 819, 844, 997, 1003, 1157
Breuer, Ludwig 761
Briey 550, 831 f.
Brilon 585, 589, 626–628
Brinck & Hübner 256
Brinkmann, Alfred 705
Brinkmann, Heinrich 835
Gustav Brinkmann & Co. 254 f., 421
Britische Besatzungszone 865
British Iron and Steel Federation 938
Brockhaus, Frieda 707
Brölthaler Eisenbahn-Aktiengesellschaft 580
Bromm, Familie 902
Brotzmann, Karl 985
Brownhill, William 215
Bruckmann, Heinrich 997
Brücher, Emil 797
Brücher, Helene 623
Brücher, Luise 797
Brücher, Wilhelm Moritz 623
Brücher, Familie 623
Brückenbau 247, 298, 302, 305, 307–311, 344, 480 f., 483 f., 526, 571, 596, 610 f., 641–643, 661, 671, 689–691, 696, 741–743, 774, 787–793, 795, 806 f., 870, 872, 880 f., 1125, 1176 f., 1209
Brückenbau Flender AG 418, 422, 425, 431, 470, 494
Brückmann, G. L. 204
Brüder Paget, Firma 187 f.
Brüggemann, Familie 902
Brünger, Hermann 399
Brüning, Ludwig 837
Brüninghaus, Adolf 167
Brüninghaus, Alfred 829, 926
Brünn 764
Brünninghausen 700, 1191
Brüser, Maria Elisabeth 627
Brüssel 132
Brunck, Franz 285
Brunner, Martin 378
Brydges & Co. 204
Buch, Julius 199
Buddendiek, Johann 1126
Buderus'sche Eisenwerke 938
Bueb, J. 230
Büchte, Friedrich 234
Bueck, Henry Axel 337, 352, 548, 567
Büddemann, Gottfried Heinrich 231
Bühler, Hans 998
Bülow, Adolf von 837
Buenos Aires 373, 674
Bürger, H. 546
Bürhaus, W. 1213
Büsch, Heinrich 244
Büscher, H. 244
Buhl, Friedrich Wilhelm 306
Buhl, Heinrich 403
Bulgarien 129
Bund der Industriellen 551
Bund vaterländischer Arbeitervereine 133
Bundesanstalt für Arbeitsvermittlung und Arbeitslosenversicherung 1019
Bundesbahndirektion Essen 526, 528, 982 f., 1124
Bundesgerichtshof 1114
Bundesinstitut für Arbeitsschutz 1013
Bundeskartellamt 1103 f., 1106, 1112–1114
Bundesluftschutzverband Ortsstelle Dortmund 1024
Bundesministerium s. Ministerien
Bundesrat 336, 351, 381, 649
Bundesregierung 920–922
Bundesrepublik Deutschland 958
Bundesverband der Deutschen Industrie e. V. 939, 1109
Bundesvereinigung der Deutschen Arbeitgeberverbände 939, 1019
Bundesversicherungsanstalt für Angestellte 1153
Buol, Heinrich von 1220
Burbach 698
Bureau Veritas 1108

Bureau Veritas Internationale Gesellschaft für Schiffsclassification 324
Burgemeister, Otto 567
Burgers, Franz 1178
Burgwinkel, Peter 772
Busch, Ewald 998
Busch, L. 1215
Busch, Wilhelm 1104
Buserath, Richard 708
Heinrich Butzer, Firma 470
BV-Aral AG 1102, 1103

C

Cahen, S. 661
Caisse de Péréquation des Ferrailles Importées 1111 f.
Cantzler, Carl Fredrik August 585
Cantzler, Carl Henrik 585
Cantzler, Henrik Wilhelm 585
Capito & Klein AG 923
Carl XIV. Johann, König (Schweden) 585
Carnegie Brothers & Comp. Ltd. 208, 211, 213
Carp, Werner 54
Carrel, Arthur 998
Cartledge, A. 173
Castiglioni, Camillo 677, 1217
Castrop 751
Castrop-Rauxel 769, 782
Celler, Wilhelm 1032, 1049
Celler & Co. GmbH 68, 956, 962, 970, 989, 1032–1035, 1060, 1102
Central-Bureau für den Bau von Secundärbahnen 214
Centralbureau für Wassergas 299
Centralstelle für Arbeiter-Wohlfahrtseinrichtungen 544
Centralstelle für Vorbereitung von Handelsverträgen 548
Central Union Trust Company of New York 659
Centralverband des Deutschen Bank- und Bankiergewerbes 551
Centralverband Deutscher Industrieller 87, 263, 335–337, 345, 351, 547–551, 560, 567
Central-Verein für das Wohl der arbeitenden Klassen 353
Centre International d'Information et de Documentation des Producteurs de Phosphate Thomas 1113
Chandelon, Henri 1217
Charbonnages et Hauts Fourneaux d'Ougrée 326
Charles & Jules Collart 185
Chef der Zivilverwaltung in Luxemburg 780
Chelius, F. 259 f.
Chemische Werke Rombach GmbH 1114 f.
Chicago 163
China 131–133, 335, 678, 695, 1172
Christlicher Metallarbeiterverband 534, 542
Ciliax, Walter 700
Clarke, William 223
Claus, Carl Friedrich 187, 195, 204
Clauss, W. 301
Clausthal-Zellerfeld 712
Cleveland Institution of Engineers 186, 229
Carl Cloos, Firma 886
Cludius, Carl 708
Cölnische Maschinenfabrik in Ehrenfeld Carl Beissel & Cie. 646
Coenen, Ernst 1036
F. J. Collin, Firma 255, 285 f., 416 f., 664
F. J. Collin AG 287
Collin & Brandt GmbH 475
Colonia Kölnische Feuer-Versicherungs-Gesellschaft 177
Combined Coal Control Group 65
Combined Steel Group 62, 65 f., 91 f., 913–929, 932, 937, 940 f., 959 f., 1025, 1029, 1042, 1076, 1079, 1089 f., 1096, 1101
Commanditgesellschaft Gebrüder Kraemer 673
Commanditgesellschaft Gustav Arndt & Co. 4, 39 f., 89, 570 f., 989, 1159
Commerzbank AG 958
Commerzbank-Bankverein AG 958
Commerzbank zu Lübeck 1159
Commissariat Général du Plan de Modernisation et d'Equipment 938
Compagnia Italiana Scambi Estero S. A. 1081
Compagnie Anonyme des Hauts-Fourneaux de Hourpes-sur Sambre 258
Compagnie Commerciale d'Exportateurs et d'Importateurs Réunie 177
Compagnie Générale des Conduites d'Eau S. A. 930
Companhia Brasileira de Electricidade Siemens-Schuckertwerke 695
Companhia Mineira de Moncorvo S. A. 1025
Concordia Bergbau-Aktien-Gesellschaft 1103
Concordia Lebensversicherungs-AG 957
Congregation der barmherzigen Schwestern Paderborn 1147
Control-Commission for Germany British Element 828
Controlled Heat and Air Ltd. 1032
Corsten, Joseph 143
Corzilius & Althoff 1023
Cotton & Franklin 758
Coupette, Gustav 1215
Coutinho, Caro & Co. 865
Couvé, 830
Cramer, Gustav 1213

Cramer, Hans 1075
Credé, Familie 1055
Crengeldanzer Hammerwerk Klutmann & Co. 463
Crone, August von der 572, 573
Crone, Henriette 238
Cuntz, Heinrich 830

D

Dach, Theodor 1178
Daelen, Reiner 12 f., 147–152, 225, 236 f., 251, 275, 339, 344, 1162, 1180
Daelen, Reiner M. 204, 223 f.
Daelen, Reiner V. 204
Dänemark 590 f., 662, 682, 686–688, 699, 792
Därmann, Otto 63, 998, 1180
Daeves, Karl 985
Dahl 763
Dahlhausen 266, 268, 271 f., 276, 280, 700
Dahlmann, Louis 700
F. W. Dahlström & Co. 669
Dahm, Georg 277
Daimler-Benz Motoren GmbH 823
Dalm, Adam 838
Dampfkessel- & Gasometer-Fabrik vormals A. Wilke & Co. 254 f.
Dampfkessel-Überwachungs-Verein der Zechen im Oberbergamtsbezirk Dortmund 635
Dampfkessel-Überwachungs-Verein Dortmund e. V. 424–426, 469, 474 f., 477, 739, 749, 804, 807
Dampfkessel-Überwachungsverein Frankfurt a. M. 805
Dampfkessel-Überwachungs-Verein Halle/Saale 805
Dampfkessel-Überwachungsverein Siegen 805
Dampfkessel-Überwachungs-Verein zu Siegen 322
G. M. Daneker & Söhne 763
Dango & Dienenthal 226
Darmstädter und Nationalbank KGaA 675, 758 f., 780
Datenverarbeitung und Prozesssteuerung 899, 981, 1016, 1058, 1128
Datteln 789, 791
Davis, James 186
Dawes-Plan 758
De Danske Statsbaner 682, 686–688
De Dietrich & Cie. 182, 197
Degive, Karl 1178
Deichmann, Carl Theodor 1217
Deichmann, Ludwig 110
Deichmann, Theodor 1212
Deichmann, Wilhelm Ludwig 7, 112 f., 122, 142
Deichmann, Wilhelm Theodor (von) 1212 f.
Deichmann & Co. 5, 21, 137 f., 142, 144 f., 182
Deilmann, Julius 614
Delbrück, Leo & Co. 23, 138
Delden, Pieter van 1221
Deleurant, Erich 1220
Delkrederestelle (Eisen und Stahl) 1106 f.
Dellwig 752
Dellwig, F. 899
DEMAG AG 782, 805, 871, 985
Demelius, Adolf 133
Victor Demerbe & Co. 214
Demmer, Alfred 999
Demontage 717 f., 828 f., 909, 912 f., 916–918, 930, 932 f., 935–937, 955, 1134, 1172, 1181
Departement des Staatsschatzes und Münzwesens von Preußen 1160
Dering, George Edward 195
Deringer, Arved 1108
Dernburg, Bernhard 1213
Det Norske Veritas 1108
Deusen 710, 752
Deutsche AG für Bergbau, Eisen- und Stahl-Industrie 626
Deutsche Allgemeine Ausstellung für Unfallverhütung [Berlin] 162
Deutsche Ammoniak-Vereinigung 1103 f.
Deutsche Ammoniak-Verkaufs-Vereinigung GmbH 566
Deutsche Angestellten-Gewerkschaft 918, 995
Deutsche Arbeitsfront 91, 824 f., 863, 899, 908
Deutsche Arbeitsfront Gau Westfalen-Süd Kreiswaltung Dortmund 844
Deutsche Asbestzement-AG 849
Deutsche Bank 54, 69, 141, 180
Deutsche Bank AG 958, 1100
Deutsche Benzol-Vereinigung GmbH 417
Deutsche Bodenschätze GmbH 819
Deutsche Delegation für Auslandsschulden 959
Deutsche Edelstahlwerke AG 759, 919, 923, 925, 936, 985, 997, 1130, 1164
Deutsche Eisenfass-Gesellschaft Drösse & Co. 227
Deutsche Gesellschaft für gewerbliches Bildungswesen 1133
Deutsche Gesellschaft für öffentliche Arbeiten AG 771
Deutsche Gesellschaft zur Rettung Schiffbrüchiger 565
Deutsche Gesellschaft zur Verbreitung guter Jugendschriften und Bücher 543
Deutsche Girozentrale - Deutsche Kommunalbank 958
Deutsche Handelskammer für Rumänien 566
Deutsche Heckett GmbH 988
Deutsche Industrie- und Dokumentarfilm GmbH 974
Deutsche Kohlenbergbau-Leitung 65, 920 f., 923
Deutsche Kreditsicherung AG 659, 759

Deutsche Kreditsicherung Lagerei GmbH 762
Deutsche Krieger-Fechtanstalt 369
Deutsche Landwirtschaftliche Gesellschaft 1114
Deutsche Lokal- und Straßenbahn- Gesellschaft 618
Deutsche Lufthansa AG 785
Deutsche Luftschiffahrts-Aktiengesellschaft 784
Deutsche Maschinenfabrik AG 493, 699, 803
Deutsche Nationalversammlung 383, 551
Deutsche Notgemeinschaft Ortsgruppe Hörde 370
Deutsche Patentguhr-Gesellschaft mbH 375
Deutsche Patent-Wärmeschutz AG 375, 412, 807, 820, 868 f.
Deutsche Radreifen-Gemeinschaft 679, 681
Deutsche Radsatz-Gemeinschaft 679 f., 694
Deutscher Akademischer Austauschdienst 1019
Deutscher Anker Pensions- und Lebensversicherungs-AG 181
Deutscher Arbeitskreis Vakuum 985
Deutscher Bauernverband e. V. 1114
Deutscher Beton-Verein e. V. 376
Deutscher Braunkohlen-Industrie-Verein e. V. 353
Deutscher Burenhilfsbund 132
Deutscher Creditverein AG 675
Deutsche Reichsbahn 527 f., 679, 681 f., 684–688, 690, 790 f., 799, 865
Deutsche Reichsbahn-Gesellschaft 375, 403, 531 f., 690, 791 f., 799–801, 868 f., 978
Deutscher Eigenheim- und Heimstättenverband gGmbH Ortsgruppe Aplerbeck 370
Deutscher Eisenbau-Verband 790
Deutsche Revisions- und Treuhand-AG 1057
Deutsche Revisions- und Treuhand-AG Treuarbeit 1106
Deutscher Gewerkschaftsbund 909, 923, 1054
Deutscher Gewerkschaftsbund Politisches Bildungswerk 1016
Deutscher Gläubigerschutzverein für das feindliche Ausland 386
Deutscher Handelstag 341, 551, 557, 566
Deutscher Handwerks- und Gewerbekammertag 551
Deutscher Herold Volks- und Lebensversicherungs-AG 957
Deutscher Industrie- und Handelstag 551, 558, 1015
Deutscher Kalkbund GmbH 551 f.
Deutscher Landwirtschaftsrat 551
Deutscher Lloyd Transport-Versicherungs-Actien-Gesellschaft 179, 388
Deutscher Metallarbeiter-Verband 534, 542, 797
Deutsche Röhrenwerke AG 776
Deutscher Phoenix Versicherungs-Gesellschaft 178
Deutscher Raiffeisenverband e. V. 1114
Deutscher Schulverein in Brüssel 132
Deutscher Stahlbau-Verband 774
Deutscher Stahlbund 383
Deutscher Straßen- und Kleinbahn-Verein 348
Deutscher Verband für Wasserwirtschaft e. V. 1115
Deutscher Verein für den Schutz des gewerblichen Eigentums 348, 353, 551
Deutscher Verein für Knabenhandarbeit 132
Deutscher Verein für Volks-Hygiene 353
Deutsche Schiffbau-Ausstellung [Berlin 1908] 373
Deutsche Schrottverbraucher-Gemeinschaft GmbH 1115
Deutsches Hilfscomité für Ostasien 132
Deutsches Institut für ärztliche Mission 369
Deutsches Institut für Wirtschaftsforschung 915
Deutsches Patentamt 977, 985
Deutsche Stahlgemeinschaft GmbH 679–681
Deutsche Treuhand-Gesellschaft 942, 948
Deutsche Verbindungsstelle der Heeres-Friedens-Kommission 389
Deutsche Vereinigung 797
Deutsche Volksbaugesellschaft eGmbH 319
Deutsche Volkswirtschaftliche Gesellschaft 1017
Deutsche Warentreuhand-AG 958
Deutsche Werft AG 955
Deutsche Werkzeugmaschinen- Fabrik vormals Sondermann & Stier 255
Deutsch-Holländischer Actien-Verein für Hüttenbetrieb und Bergbau 280
Deutsch-Luxemburgische Bergwerks- und Hütten-AG 3 f., 35, 38, 48–53, 57 f., 81 f., 89, 361, 406, 568, 582, 654–664, 666–680, 681, 693 f., 696–700, 702–713, 717, 749, 756–759, 761 f., 764, 766 f., 770 f., 773–775, 779–782, 785, 821, 824, 997, 1177 f.
- Abt. Bergverwaltung Siegerland 696, 698, 711, 716
- Abt. Bochum 660–662, 675, 682
- Abt. Carl Schlieper 681, 711
- Abt. Differdingen 49, 53, 90, 656, 660–663, 673–675, 680, 695, 697, 718, 1178
- Abt. Dortmunder Union 3, 4, 49, 51 f., 55, 82, 84, 89 f., 393, 406, 412, 489, 529–531, 561, 614, 616, 619 f., 631, 635, 646–648, 650 f., 654, 656–658, 660–750, 757, 761 f., 780, 784 f., 788, 790, 794, 796, 821, 839–842, 861, 868 f., 899, 932, 989, 1000 f., 1004–1006, 1007, 1022, 1150, 1154, 1157–1160, 1163 f.
- Abt. Dortmunder Union Bergverwaltung Bayern 759
- Abt. Dortmunder Union Bergverwaltung Siegerland 676, 779
- Abt. Dortmunder Union Eisensteinbergbau 710
- Abt. Dortmunder Union Werk Rothe Erde 90, 489, 530 f., 664 f., 701
- Abt. Dortmunder Union 1176 f., 1209
- Abt. Friedrich Wilhelms-Hütte 666 f., 687

- Abt. Gebr. Knipping 769, 786, 1178
- Abt. Horst 90, 660 f., 666-668, 695, 701, 713, 1177
- Abt. Meggener Walzwerk 1178
- Abt. Mülheim 660-662
- Abt. Nordseewerke 50, 90, 660-662, 668-670, 671 f., 762 f., 824, 1177 f.
- Abt. Öttingen-Rümelingen 718
- Abt. St. Ingbert 680
- Abt. Weber 660, 1178
- Kalkwerk Sanssouci 711

Deutsch-Osteuropäischer Wirtschaftsverband e. V. 771
Deutsch-Russischer Verein zur Pflege und Förderung der gegenseitigen Handelsbeziehungen 353
Deutschwehr e. V 369
J. Devos & Baugniet Frères 385
Dichgans, Hans 1101
Dicke, Hugo 230
Dickmann, Wilhelm 1218
Didier-Kogag-Hinselmann GmbH 880
Didier-Kogag Koksofenbau und Gasverwertung AG 872 f.
Didier-Werke AG 1100
Didier Werke GmbH 1097
Diebel, Carl 838
Dieckerhoff, Karl Ludwig 1221
Dieckmann, Karl Paul 567
Dieckföfer, Ignatz 778
Diedenhofen 279, 676
Dielitz, Paul 626
Diener, Arnulf 987
Diepes, Friedrich 361
Dierks, Wilhelm 940
Dietlein, 649
Dietrich, Albert 676
Dietz, E. 229
Dietzsch, Carl 5-8, 12, 108-113, 121 f., 141 f., 147-149, 275, 276, 1160
Diez 633
Dillenburg 277, 632
Dilli, Gustav 1088
Dillinger Hütte 339
Dillinger Hüttenwerke AG 1107
Dillon, Read & Co. 659, 759
Dingler'sche Maschinenfabrik AG 299 f., 395
Dinkelbach, Heinrich 779, 782, 921, 933, 996, 1221
Dinnendahl, Johann 575, 621
Dinslage, Carl 621
Dinslage, Johanna 621
Dipl. Ing. Stock Betonbau GmbH 804
Dirckes, Johann 626
Dirección Nacional de Industrias del Estado (DINIE) 1101
Direction der Disconto-Gesellschaft 571, 577-582, 585 f., 587-590, 615 f., 618, 623, 627, 634, 657 f., 667, 675, 677, 681
Dirks, Anni 762
Disconto-Gesellschaft 38, 41, 46-49, 779
Ditges, Hans 919, 999
Dithmer, 1155
G. Dittmar, Firma 204
Dobbe, Hermann von 621
Doedter, Friedrich 246
Döltgen, Hermann 1090
Döpp, Otto 999
Dörken, August 704
Johannes Dörnen Brückenbauanstalt 315
Doesschate, Johan Frederik ten 1221
Doll, Carl 619
Dolomitwerke GmbH 67, 1035 f., 1089
Dornaper Kalkwerke AG 1085
Dorsten 691, 790
Dorstfeld 631, 752
Dorstfeld, Ferdinand Friedrich von 357 f.
Dortmund 108, 126-129, 131 f., 134, 136 f., 144, 160, 170, 233, 244, 248 f., 257 f., 285, 287, 293 f., 296 f., 301, 304-307, 310, 312, 315-317, 319, 321 f., 330, 334, 347, 354-357, 361, 371 f., 389, 396, 398 f., 402, 405-407, 409, 412, 415, 426, 428 f., 439, 457, 459 f., 462-464, 469, 478-480, 486, 488-491, 498, 506-508, 511 f., 520 f., 530 f., 532, 536, 553 f., 565, 570 f., 583, 585, 596, 612 f., 617-620, 631, 635-650, 652, 664 f., 670, 690, 697 f., 700, 702-713, 716, 718-748, 751, 760-762, 765-767, 770, 777 f., 781 f., 794-796, 799, 805-813, 823 f., 828, 834, 843-863, 868 f., 871 f., 874-897, 899-901, 909 f., 956, 958, 982-984, 1118, 1123-1126, 1133, 1136, 1142, 1146 f., 1157, 1159, 1166 f.
- Aplerbeck 762, 777, 867, 894, 981 f.
- Asseln 485, 978, 982
- Benninghofen 843, 892, 900
- Berghofen 893
- Brackel 868
- Brünninghausen 700, 1116, 1191
- Hörde 483, 809, 811 f., 827, 843, 879 f., 882, 891-893, 896, 900, 910, 956, 958, 1123 f., 1126, 1148
- Huckarde 853, 857, 859
- Kirchhörde 894
- Kirchlinde 858
- Lücklemberg 893
- Oespel 766
- Rahm 857
- Schüren 894

- Wellinghofen 766
Dortmund-Ems-Kanal 340, 349, 352, 388, 559, 671, 690, 1167
Dortmund-Ems-Kanal-Verwaltung 349, 371, 690
Dortmunder Actien-Brauerei 488 f., 529-531, 704, 711, 868 f.
Dortmunder AG für Gasbeleuchtung 740
Dortmunder Bankverein 145, 705
Dortmunder Behälterbau Wilh. Claaßen 805, 884
Dortmunder Bergbau AG 983 f., 987, 1038, 1062-1064
Dortmunder Bergbau-Gesellschaft 588
Dortmunder Bergbau- und Hütten-AG 339
Dortmunder Bergbau- und Hütten-Gesellschaft 4, 39, 82, 88, 570, 1159
Dortmunder Betonbau GmbH 474
Dortmunder Brückenbau C. H. Jucho 414, 416, 419, 422, 429 f., 472, 474, 478 f., 485, 497, 724, 803
Dortmunder Eisenhandel GmbH 71, 970, 989, 1037, 1048-1050, 1102
Dortmunder gemeinnützige Bau-Aktiengesellschaft Hellweg 709
Dortmunder gemeinnützige Gesellschaft für Krieger-Hausrat mbH 370
Dortmunder Gemeinnützige Wohnungsgesellschaft mbH 569, 975
Dortmunder Hafen AG 823, 982
Dortmunder Straßenbahnen GmbH 526, 742, 867, 869, 981 f.
Dortmunder Thomasschlackenmahlwerk GmbH 67, 650, 716, 781, 926, 1038, 1063, 1177
Dortmunder Treuhand AG 820
Dortmunder Union-Brauerei AG 488 f., 529-531, 823, 868 f., 958
Dortmunder Union Brückenbau-AG 60, 81, 83, 477, 774, 776, 787, 821, 835 f., 849, 853, 861 f., 870-872, 874-876, 880-885, 890, 896, 926, 976, 997, 1141, 1157, 1159
Werk Orange 835 f., 871, 976
Dortmunder Vulkan AG 379, 409
Dortmunder Wasserwerks-Gesellschaft mbH 384, 412, 777
Dortmunder Werkzeugmaschinenfabrik Wagner & Co. 172, 546, 652
Dortmund-Hörder Eisenhütten-Gesellschaft 1161
Dortmund-Hörder Hüttenunion AG 3, 4, 50, 63, 65-77, 81-84, 88, 91 f., 95, 284, 320, 526, 528, 799, 819, 828 f., 835, 840, 844, 864, 870, 898 f., 903 f., 906, 911 f., 926, 928-1026, 1028-1030, 1032-1052, 1054-1070, 1074-1092, 1094-1112, 1114-1116, 1118 f., 1123 f., 1126-1134, 1138 f., 1144-1146, 1148, 1157 f., 1160 f., 1164, 1166 f., 1173-1175, 1180-1185, 1199 f.
- Revision 968, 970, 989, 1034 f., 1037, 1043 f., 1047-1049, 1051-1053, 1055, 1057-1059, 1065, 1079 f., 1082 f., 1094, 1096 f., 1099-1102, 1106, 1129
- Werk Dortmund 4, 67, 73, 83, 92, 952, 962, 965-967, 969, 972, 978-980, 987, 989-993, 996, 1001, 1003-1006, 1008-1014, 1016-1019, 1023, 1110, 1116-1120, 1128, 1145, 1159 f., 1180, 1184, 1199 f.
- Werk Hörde 4, 67, 72 f., 83, 826, 870, 910-912, 952, 955 f., 958, 962, 965-967, 969, 973, 976, 978-980, 983-993, 996, 1004-1007, 1009-1014, 1016-1019, 1023, 1108, 1110, 1116, 1120-1134, 1145, 1161 f., 1180-1184, 1198, 1200-1203
Dortmund-Hörder Hüttenunion Unterstützungskasse GmbH 1038-1040
Dortmund-Hoerder Hüttenverein AG AG 3 f., 56, 60 f., 63, 65 f., 75, 81-83, 91, 284, 320, 483, 493, 526, 569, 761, 765 f., 773, 776, 783 f., 787, 800, 813, 816-830, 832-849, 853, 856, 859, 861-864, 866, 869 f., 872 f., 882, 884-886, 889, 891, 893, 896, 898-901, 903, 907, 909, 911, 914, 916 f., 919, 926, 932, 936, 940 f., 955, 975 f., 977 f., 981-983, 989, 991, 994 f., 997-1011, 1015, 1020, 1023, 1040, 1073, 1116, 1118 f., 1130 f., 1134, 1144, 1157-1159, 1164, 1171 f., 1176, 1179, 1181, 1194, 1196 f.
- Werk Dortmund 4, 60 f., 63, 83, 91, 817 f., 825, 827-829, 833-835, 842, 844-864, 989, 1000, 1002, 1004-1006, 1008, 1010, 1020, 1022, 1131, 1157, 1159 f., 1164, 1171 f., 1179, 1194-1196, 1197 f.
- Werk Hörde 4, 60, 61, 63, 83, 91 f., 464, 469, 474, 506, 511, 801, 805, 809, 817 f., 823 f., 826-829, 833-835, 842-845, 863-902, 906-909, 911 f., 973, 978, 982, 987, 989, 991, 998 f., 1007 f., 1010, 1022, 1123, 1127, 1130 f., 1134, 1148, 1157, 1161 f., 1164, 1171 f., 1198 f.
Dowideit, Julius 771
Dr. Alexander Wacker GmbH 805
Dr. C. Otto & Comp. 29, 182, 197, 199, 285-287, 416 f.
Dr. C. Otto & Comp. GmbH 1188
Dr. Strousberg's Dortmunder Hütte 4, 40, 88 f., 571, 631, 643, 648, 1159, 1209
Dr. Strousberg'sche Concursverwaltung 626
Dr. Th. Runte Wirtschaftsprüfungsgesellschaft mbH 1105
Draude, Ludwig 1022, 1220
Drerup, Bernhard 314
Dresdner Bank 218, 658
Dresdner Bank AG 955
Drevermann, August 204, 208
Dreyer, A. 254
Drijver, Alexander 1221
Dröge & Schetter 166
Dubuisson, A. 258
Dudziak, Erich 836, 999, 1118 f.
Dücker, Franz-Fritz Freiherr von 225

Düdder, Wilhelm 397
Düllmann, Josef 629
Dümeks TTAS 1055
Gustav Dürholt, Firma 647
Düsseldorf 594 f.
Düsseldorfer Allgemeine Versicherungs-Gesellschaft für See-, Fluss- & Landtransport 179, 388
Düsseldorfer Röhren- und Eisenwalzwerke-AG 53
Dütting, Christian 1215
Dützen 773
Düwel, Wilhelm 175
Duisburg 559, 691 f., 789,1048, 1167
Duisburger Maschinenbau-Actien-Gesellschaft vorm. Bechem & Keetmann 254
Duisburg-Ruhrorter Häfen AG 790
Duisburg-Ruhrorter Häfenverwaltung 683, 788
Dupuis, Désiré 225
Dusánek, Johann 201
Duttenstedt 717
Dyson, George Walter 392

E

Ebbinghaus, Emil 116, 121, 160, 266, 275, 282
Ebers, Georg 659
Ebers, Heinrich 110
Ebert, Walter 419
Eckardt, Heinrich 240
Eckardt, Hermann 394
Eckardt, Hermann (jun.) 998
Ernst Eckardt, Firma 430, 720, 746, 909
Eckermann, Karl 978
Eckhardt, Felix 948, 1221
Economic Cooperation Administration 916 f.
Effertz, Reinhard 1218
H. C. E. Eggers & Co. GmbH 926
Ehrenberg, Richard 546
Ehrenwerth, Josef Gängl von 205
Ehrhardt, Heinrich 256
Heinr. Ehrhardt, Firma 255
Eich 754
Eichacker, Eugen 838
Eichelberg, E. 760
Eichhoff, Ernst 569
Eichler, Hans 1178
Eichungs-Inspektion für die Provinz Westfalen 748
Eicken, Wilhelmine 617
Eidgenössische Finanzverwaltung 958
Eidgenössisches Amt für geistiges Eigentum 217
Eigenbrodt, Bertha 838
Eigenbrodt, Maria 838
Eigenbrodt, Max 838
Eigenbrodt, Reinhard 656, 838, 1218 f.
Eikmeyer, Carl 704
Louis Eilers, Firma 430
Einwächter, Arthur 838
Eisenbahnbau 144, 235–238, 241, 246, 248 f., 266, 268 f., 283, 305–314, 346 f., 349, 352, 361, 379, 480, 482–485, 487–490, 526, 529–532, 571, 576, 596 f., 610, 620, 622 f., 631, 636 f., 643 f., 653, 672, 674, 690 f., 706, 741 f., 786, 790, 792, 799, 807, 880 f., 1125, 1200
Eisenbahnbetrieb 128, 167, 270, 306 f., 309–314, 324–326, 336, 341 f., 348, 352, 379, 457, 483, 486 f., 490, 492, 494 f., 526–532, 609, 631, 637, 672, 697, 702, 799–801, 867–870, 880, 981–983, 1125
Eisenbahnbetriebsamt Altena 314
Eisenbahnbetriebsamt Dortmund 274, 308, 310 f., 483, 486 f., 526, 528, 531, 690, 741, 799, 801, 806, 868 f., 978, 983
Eisenbahnbetriebsamt Essen 311, 526
Eisenbahnbetriebsamt Hagen 308, 311, 325, 646
Eisenbahnbetriebsamt Stralsund 609
Eisenbahndirektion Altona 133, 594, 600, 606, 609
Eisenbahndirektion Berlin 133, 592 f., 599–606, 609, 611
Eisenbahndirektion Breslau 133, 594, 599
Eisenbahndirektion des Saargebietes 683, 685–687, 689
Eisenbahndirektion Elberfeld 126, 128, 133, 161, 238, 248, 283, 286, 300, 305–308, 310–314, 346, 355, 386, 483, 487, 529, 576, 622 f., 636 f., 643, 644, 711, 806
Eisenbahndirektion Essen 133, 167, 308 f., 312 f., 315, 322 f., 326, 349, 371, 375, 379, 401, 418, 458, 483 f., 487–489, 494, 497, 525–531, 596, 606, 610, 621, 637 f., 643, 667, 690, 740–742, 801, 1125
Eisenbahndirektion Frankfurt am Main 161
Eisenbahndirektion Hannover 591, 593, 598–600
Eisenbahndirektion Kassel 606
Eisenbahndirektion Köln 233, 306, 310 f., 338, 531, 592, 600, 602–604, 606, 610
Eisenbahndirektion Königsberg 690, 790
Eisenbahndirektion Magdeburg 598 f., 610 f.
Eisenbahndirektion Münster 671 f., 792
Eisenbahndirektion Oldenburg 680
Eisenbahndirektion Schwerin 694
Eisenbahndirektion St. Johann-Saarbrücken 610
Eisenbahndirektion Stettin 791
Eisenbahndirektion Wiesbaden 161
Eisenbahnfiskus Preußen 174
Eisenbahnkommissariat Koblenz 127 f., 305 f., 309, 637
Eisenbahn-Maschinen-Inspektion Aachen 610
Eisenbahn-Maschinen-Inspektion Dortmund 527, 610
Eisenbahnoberbaumaterial 122, 135, 147, 149, 163,

165 f., 168, 174, 197, 214-220, 225, 230, 253, 306 f., 309, 323-325, 339, 341 f., 344, 348 f., 363 f., 389, 392, 395, 410, 590-597, 614, 621, 641, 661, 682-684, 687, 693-695, 788, 819, 846, 987, 1163, 1168 f., 1177
Eisenbahn- und Postdirektion Braunschweig 137
Eisenbahnwesen 127, 129, 133, 161, 219, 336-338, 344 f., 347-349, 352, 377 f., 386, 548-550, 552, 556 f., 562 f.
Eisenbahnzentralamt Berlin 375
Eisenbeton-Baugesellschaft mbH Otto Flügel 424, 434, 510
Eisenerzbergbau Ilsede AG 918, 929
Eisenerz-Gesellschaft mbH 634
Eisengießerei, Maschinenbauanstalt und Schiffwerft in Firma Aron & Gollnow 133
Eisenhandel Stein GmbH 970, 1065
Eisenhoch- und Brückenbau Storp & Co. 873
Eisenhütte Düsseldorf 562
Eisenhütten-Actien-Gesellschaft Blücher 636
Eisenhütten-Aktien-Verein Düdelingen 185, 209, 213
Eisenhüttenwerk Keula bei Muskau AG 773
Eisenhütte Westphalia 41
Eisen-Industrie zu Menden und Schwerte AG 83, 180, 776, 1155
Eisen- und Hüttenwerke AG 927
Eisen- und Stahlindustrie/Ausland 336 f., 548-550, 561, 826, 915, 938, 973, 979, 1012, 1014, 1123
Eisen- und Stahlindustrie/Inland 127, 336 f., 344, 525, 534, 546-551, 559, 562, 652, 814, 828, 831 f., 908, 912-925, 928 f., 933 f., 938, 940 f., 947, 958, 964, 979 f., 993, 1011-1014
Eisen- und Stahlstatistik 547, 549-551, 560, 561, 814, 831 f., 979 f., 1116, 1171
Eisen- und Stahlwaren-Industriebund 389
Eisen- und Stahlwerke Steinfort AG 674
Eisen- und Stahlwerk Hoesch AG 31, 172, 284, 312, 335, 361, 369, 380, 393 f., 412, 493, 542, 559 f., 568, 615, 634, 663, 677, 695, 716, 782-785, 995, 1158, 1188
Eisen- und Stahlwerk Hoesch jetzt Actiengesellschaft in Dortmund 182, 192 f., 197, 199 f., 210, 213, 279, 347, 380, 582, 616, 629, 637, 1154
Eisen- und Stahlwerksgemeinschaft in der Reichsvereinigung Eisen 827
Eisenwerke Gelsenkirchen AG 906, 923 f., 929, 1111
Eisenwerke Mülheim/Meiderich AG 81, 906, 919, 922-924, 930, 958, 1101
Eisenwerk-Gesellschaft Maximilianshütte 153, 182, 198, 211, 213
Eisenwerk-Gesellschaft Maximilianshütte AG 938, 958, 1112
Eisenwerk-Gesellschaft Maximilianshütte mbH 1048 f.
Eisenwerk Kraft Abteilung Niederrheinische Hütte 769
Eisenwerk Rothe Erde AG 50, 81, 83 f., 90, 312, 326, 350, 488 f., 529 f., 663-665, 742, 766, 1164
Eisenwerk Rothe Erde GmbH 60, 67, 766, 829, 835-837, 926, 956, 958, 961-963, 970, 976, 979 f., 989, 1007, 1013, 1040-1046, 1058, 1094, 1102, 1141
Eisenwerk Wanheim GmbH 776
Eisenwerk Willich AG 477, 1139
Eiserfeld 277, 653, 696, 767 f.
Eisern 767 f.
Eisern-Siegener Eisenbahn-Gesellschaft 180
Elander, Alexander 585
Elba 282
Elbers, Eduard 343
Elektrizitäts-AG vorm. Schuckert & Co. 51, 257, 299 f., 774
Elektrizitäts-AG vorm. W. Lahmeyer & Co. 286
Elektrizitätswerk Mark 664
Elektrizitätswerk Siegerland GmbH 716
Elektrotechnischer Verein des rheinisch-westfälischen Industriebezirks 525
Elfers, Bernhard 762
Elias, Simon 242
Ellinghaus, Ernst 995
Ellinghausen 751
Elotherm GmbH 925
Elsässische Maschinenbau-Gesellschaft Grafenstaden 256
Elsaß-Lothringen 677, 831 f.
Elsaß-Lothringischer Knappschaftsverein 279
Elshoff, Friedrich 63, 66, 908, 954, 971, 1020, 1074, 1110, 1180, 1182
Emden 349, 352, 493, 668-672, 718, 762 f., 778, 824
Emder Hafenumschlagsgesellschaft mbH 493
Emder Heringsfischerei AG 763
Emscher 126, 164, 170 f., 236, 240, 244, 248, 257, 259, 302, 305, 307, 350, 356 f., 396, 406 f., 411 f., 434, 460, 463, 466, 474, 510, 552-554, 706 f., 743, 795, 1186, 1193, 1202
Emschergenossenschaft 88, 396, 404, 407 f., 412, 434, 460, 463, 474, 538, 552-554, 652, 706, 713, 740, 794, 1143
Enders, Helmut 839
Energietechnik und Energieumwandlung 108, 219, 227 f., 230, 257-259, 285, 299-305, 321, 354, 356 f., 414 f., 417 f., 420 f., 423-425, 444 f., 465-480, 496, 525, 635, 638-640, 642 f., 648, 664, 666, 715 f., 734 f., 738-740, 749, 785, 795, 803, 805 f., 853 f., 859, 869, 872, 874, 883-886, 910, 983, 1118, 1124 f.
Energiewirtschaft 375, 664 f., 716, 983 f., 1101, 1108 f.
Engel, Konrad 331
Engelbert Isphording Fabrik in Messinggusswaaren, Atten-

dorn 612
Engelhardt, Anne 713
Engelhardt, Elisabeth 713
Engelhardt, Heribert 713
Engelhardt, Hildegard 713
Engelhardt, Moritz 713
Engels, Heinrich 650
Englert, Constantin 227
English Steel Castings Corp. Ltd. 1099
English Steel Corp. Ltd. 1099
English Steel Forge and Engineering Corp. Ltd. 1099
English Steel Rolling Mills Corp. Ltd. 985, 1099
Entflechtung und Neuordnung 828 f., 903 f., 906 f., 913-941, 956, 959-962, 1025, 1029, 1035, 1040-1043, 1062, 1076, 1089-1091, 1094, 1096, 1101, 1105
Eppenstein, Siegmund 218
Erbschafts-Steuer-Amt und Stempel-Fiskalat II zu Münster 161 f.
Erdmenger, 192
Erhard, Ludwig 918, 920, 922, 1029
Erholungs-, Alters- und Invalidenheim für Jäger und Schützen des deutschen Heeres in Marburg an der Lahn 370
Erin Bergbau AG 959, 1062
Ermegassen, Emil 627 f.
Erz 122, 250 f., 259-263, 267-272, 275-282, 293, 315, 336, 371, 410, 412 f., 493, 547, 549, 561, 566, 572, 582, 585, 589, 632-634, 676, 681, 697, 713-715, 793, 798 f., 826, 864 f., 907, 918, 938, 955, 987, 1025, 1059, 1081, 1120 f.
Erzaufbereitung 221, 268, 270, 272, 281, 414, 560, 630, 773, 826, 936, 1026, 1083
Erzbergbau 108, 112 f., 121 f., 136, 141, 145, 147-158, 202, 245, 248 f., 266-273, 275-282, 315, 326, 380, 530, 548, 566, 572-574, 577, 582 f., 585, 589, 620, 623, 625-633, 646, 648, 650 f., 653, 673 f., 676, 696, 701, 710 f., 716 f., 765, 767 f., 773, 779 f., 820, 918, 936, 1025-1027, 1029 f., 1059, 1081 f., 1101, 1116, 1160, 1177
Erzbergbau Porta-Damme AG 1028 f., 1101
Erzbergbau Salzgitter AG 1084
Erzbergbau Salzgitter GmbH 936
Erzbergbau Siegerland AG 1025, 1028 f., 1101
Erzherzoglich Albert'sche Hütte 201
Erzherzogliche Cameral-Direction in Teschen 201
Erzherzogliche Industrial-Verwaltung in Teschen 201
Erzvertriebsgesellschaft mbH 634
Esborn 575, 624
Eschweiler Bergwerks-Verein 83, 84, 754
Essen 553, 575, 583, 614, 620, 621, 631, 666, 667, 668, 700, 772
Essener Bergwerks-Verein König Wilhelm Aktiengesellschaft 799
Essener Credit-Anstalt 34, 632 f., 675
Essener Verband 990 f.
Esser, Harry 1033, 1035, 1060 f.
Esser, Robert 1213, 1218
Esso AG 975
Establech Export GmbH 1046-1049, 1052
Establech Gesellschaft für Eisen, Stahl und Blecherzeugnisse 71, 970, 989, 1047-1052, 1102
ESTEL N. V. 76
Otto Estner, Firma 884
Otto Estner Kühlwerksbau GmbH 417, 476-479
Établissements R. Toussaint & M. Lengelé SPRL 1096
Eulenberg, Monting & Co. GmbH 722
Euphrosyne Erbstollen 779
Europäische Gemeinschaft für Kohle und Stahl 69 f., 72, 958, 980, 1060
Europäische Gemeinschaft für Kohle und Stahl Hohe Behörde 69-71, 75, 942-944, 954, 974, 1013, 1032, 1049, 1055, 1060, 1066-1068, 1074, 1094, 1108, 1173
Europäischer Verband zur Versicherung von Besuchern der Weltausstellung in Chicago gegen Transport- und Unfallgefahren 180 f.
Europäische Wirtschaftsgemeinschaft Kommission 1112 f.
Evangelische Armen- und Waisenschule zu Moskau 131
Evangelische Kirchengemeinde Asseln 231
Evangelische Kirchengemeinde Hörde 399
Evangelischer Gefängnis-Hilfs-Verein Dortmund und Umgegend 369
Evangelische Schulgemeinde Brackel 171
Evangelische Schulkommission Dortmund 619, 649
Evangelisches Diakonissenhaus für die Grafschaft Mark und das Siegerland 131-133, 168, 369
Evans, Evan D. 208, 212 f.
Eving 700
Ewald-Kohle AG 1101
Ewers, Carl 1020, 1182
Exploration AG für Beteiligungen 785
Exploration Boden-Untersuchungs- und Verwertungs-GmbH 785
Export-Gemeinschaft deutscher Schiffbaustahl-Hersteller 1107
Eynern, Otto von 1212 f.

F

Fachgruppe der Eisen schaffenden Industrie beim Reichsverband der Deutschen Industrie 377, 551 f.
Fachschule mit Lehrwerkstätten für die Kleineisen- und Stahlwaren-Industrie des Bergischen Landes 334
Fahnenstich, Theodor 619

Fahrenhorst, Walther 55, 57, 80, 1215, 1220
Faligot, Octave 1017
Falkenberg & Büsing 165
Falkenroth, Kocher & Co. 165
Familienausgleichskasse der Hütten- und Walzwerke 992
Familienkrankenkasse des Hoerder Kohlenwerks 540
Familien-Krankenkasse für die Eisenhütte Phoenix zu Bergeborbeck 540
Farwick, Wilhelm 1213
Faxén, Karl-Olof 976
Fehlen, A. 185
Feiter, Johann Joachim 1060
Feldheim, Meyer 236
Feldmann, Werner 1132
Fentener van Vlissingen, Frederik Hendrik 55, 1213
Fermeta Eisen- und Metallhandel GmbH 1048, 1050, 1065
Fernbach, Otto 780
Ferngas GmbH 936
Ferry, Curicque & Cie. Hauts-Fourneaux Fonderies & Aciéries de Micheville 209, 213
Fertilitas AG 25–27
Fertilitas AG für Düngerfabrikation 167
Festor, Emil 835
Ant. Fetu & Deliège 254
Feuerfeste Erzeugnisse 182, 189–191, 194 f., 197–200, 205 f., 252–254, 259, 292, 410, 430–432, 645, 715, 811, 876, 922, 932, 1117 f., 1122 f.
Feuerversicherungs-Aktien-Gesellschaft Rhein-Mosel 387
Feuerversicherungsbank für Deutschland 178
Feuerversicherungs-Verband deutscher Fabriken 178
Fides Treuhand-Vereinigung 1099
Film, Funk, Fernsehen 974, 1015, 1133, 1166
Finanzamt Breslau 161
Finanzamt Dortmund 161 f., 382, 669, 697, 711, 763, 781, 819, 1033, 1076
Finanzamt Düsseldorf-Nord 372
Finanzamt Düsseldorf-Süd 372
Finanzamt Hörde 372, 405
Finanzdeputation Hamburg 591, 683
Finanz-Direction Abteilung für Forsten Hannover 249
Finanz-Direction Hannover 249
Fink, J. 230
Finlay, Walter L. 977
Finnland 684
Fischer, Erwin 1000
Fischer, Eugen 814
Fischer, Ferdinand 205
Fischer, Gerhard August 236
Fischer, Hermann 1218
Fischer, Josef 942, 948, 1221
Fischer, Kurt 698
Gustav Fischer, Firma 254
Fischer & Stiehl, Firma 225
Fix, Friedrich 780
Fix, Peter 780
Flaccus, Adalbert 785, 1215
Flachprodukte 147–149, 166, 173, 176, 222, 252 f., 256, 323, 339, 344, 363, 373, 377, 410, 549, 562, 675, 692 f., 699, 792 f., 802, 819, 833, 865 f., 910, 916, 947, 974, 980, 986, 1066–1068, 1073, 1075, 1108, 1117 f., 1122 f., 1162, 1164, 1170, 1173–1175
Flaesheim 693, 789, 791
Flasche, Wilhelmine 617
Fleischer, Richard 1213
Flender AG für Eisen-, Brücken- und Schiffbau 496
Flick, Friedrich 60
Friedrich Flick KG 1048
Flick-Konzern 918, 924
Flotow, Hans von 1220
Flugzeugbau 369, 784
Förder- und Transportanlagen 134, 253 f., 266, 269, 273 f., 286 f., 304, 315, 344, 356, 374, 409, 414 f., 418, 434, 473, 475, 483 f., 494–498, 629, 638 f., 644, 646, 648, 715, 719, 728, 743 f., 803 f., 807, 862, 871–873, 880, 979 f., 1032, 1055, 1058
Förenado Grufinteressenter Aktiebolag 582
Folkwang-Museum 565
Foller, Richard 712
Formsandwerke Hahnerhof GmbH 780
Forschungsinstitut der Feuerfest-Industrie 986
Forschungsinstitut für Arbeitspsychologie und Personalwesen 1012
Forwick, Carl 331
Fotografien 125, 255 f., 360, 363, 365, 378, 394, 543 f., 561, 646, 762, 794, 802, 816, 822, 839, 841, 870, 909, 919, 936, 954, 972–974, 985 f., 999, 1004, 1008, 1014, 1026, 1032, 1081, 1089, 1103, 1123, 1131 f., 1145 f., 1160–1162, 1176–1185
Fox, Samson 216
Francke, Adolf 1178
Frank, Jos. 859
Franke, Adolf 1219
Franke, Otto Max 629
Franke, Wilhelm 243
Franken, Carl 1215
Frankenberg und Ludwigsdorf, Albrecht von 816
Frankfurt/Main 163, 347
Frankfurter Allgemeine Versicherungs-Aktien-Gesellschaft 665, 697, 868
Frankfurter Transport-, Unfall- und Glas-Versicherungs-Akti-

en-Gesellschaft 387
Frankreich 131, 177, 188, 191, 208 f., 212–215, 219, 221, 223 f., 226, 351, 375, 377, 386, 393, 550, 557, 662, 699, 780, 822, 826, 828, 938, 972, 979, 1044 f., 1095, 1123
Frantzen, Friedrich Wilhelm 242
Franzius, 646
Frau 131, 132, 269, 333, 353, 369, 381 f., 450–452, 456, 533, 542 f., 649, 668, 835, 839, 878–880, 898, 901, 911, 991, 993, 995, 1020, 1119, 1128, 1134, 1152
Freiendiez 633
Freier Grunder Eisen- und Metallwerke 805
Freies Wohnungsunternehmen Munte & Co. 958
Freiherrlich von Romberg'sche Rentei-Verwaltung 286, 402, 407, 417, 512
Freiherrlich von Rothschild'sche Eisenwerks-Direction Witkowitz 202
Freisen, Franz 626
Freisenbruch 583, 613 f., 621 f., 666, 700
Freisenbrucher Hütte 583
French Search and Tracing Section 828
S. Frenkel oHG 773
Frenking genannt Röttgersmann, Johann Diedrich 232
Frensdorff, M. J. 1215
Frentzen, Georg 1215, 1218
Frerich, Rudolf 822, 835
Frese, Hogeweg, Meyer & Hörchner 942
Freudemann, Alfred 1048
Freundenberg 387
J. Freundlieb, Firma 875, 883
Freymark, Hans-Ulrich 835
Friede, Arthur 398
Friedländer & Josephson 218
Friedländer, Max 218
Friedrich, Wilhelm 762
Friedrich Wilhelm Allgemeine Lebensversicherungs-AG 957
Friedrich Wilhelm IV., König (Preußen) 11
Friedrich Wilhelm Preußische Lebens- und Garantie-Versicherungs-Actien-Gesellschaft 181
Friedrichshütte AG 70, 970, 987, 1053 f., 1065 f., 1070, 1072, 1075
Friedrichshütte GmbH 1053 f.
Frielinghaus, Friedrich 570
Friese, 538
Frigga Beteiligungsgesellschaft mbH 952
Frixon, Ingemar 976
Froböse, Carl 1090
Froitzheim, Hubert 839
Froning, Ludwig 399
Fürstlich Hatzfeld-Wildenburg'sche Rentei 629, 676
Füßmann, Wilhelm 1221
Fugmann, Bruno 928, 1182
Fuhse, Franz 615
Funcke, Friedrich 1100, 1178
Funke, Friedrich 1215
Fusban, Hans 659, 755, 1178

G

Gabel, Oskar 936
Gabriel, Ferdinand 1213
Gaedicke, Franz 1213
Ganz, Rudolf 1069, 1074
Gareis, Carl 193, 198
Garnier, J. 195
Gartenstadt Dortmund eGmbH 698, 711, 782
Gartenstadt Hüttenau eGmbH 568
Garvens-Waagen-Fabrik GmbH 1124
Gasch, Hermann 394
Gasmotoren-Fabrik Deutz 257, 299 f.
Gasmotorenfabrik Deutz AG 31
Gasters, Ferdinand 818
Gaswerk Hörde 126, 260, 262, 301
Gater, Fritz 708
Fritz Gater & Comp. GmbH 708
Gautzsch, H. 217
Gauwirtschaftskammer Westfalen-Süd 998
Gebietsbeauftragter für die Regelung der Bauwirtschaft 891
Gebr. Böhler & Co. AG Edelstahlwerk 937
Gebr. Bolzani 255
Gebr. Eppinghausen 703
Gebr. Gienanth 182, 184, 198
Gebr. Himmelsbach AG 780
Gebr. Hinselmann, Firma 417
Gebr. Kamp 339
Gebr. Körting 352
Gebr. Kraemer 339
Gebr. Pfeiffer Maschinenfabrik und Eisengießerei 361
Gebr. Ramdohr 194, 207
Gebr. Röchling 185, 198, 211, 213
Gebr. Stumm 182, 184 f., 195, 198, 209, 213, 339
Gebr. Stumm GmbH 395
Gebr. Sulzer AG 412
Gebr. Ueckermann Brauerei Felsenkeller 823
Gebrüder Credé & Co. 1055
Gebrüder Credé & Co. GmbH 68, 956, 962 f., 970, 979, 989, 1005, 1055–1058, 1102
Gebrüder Kieler, Firma 804
Gebrüder Klein 255
Gebrüder Knipping Nieten- und Schraubenfabrik GmbH

769
Gebrüder Schöndorff AG 676
Gebrüder Schuss, Firma 394
Gebrüder Siemens & Co. 229
Gebrüder Stipeldey 648
Gebrüder Vonhausen, Firma 207
Geisweid 176
Geisweider Eisenwerke AG 632
Gellhaus, Friedrich 243
Gelsenberg Benzin AG 1103
Gelsenkirchen 782, 923
Gelsenkirchener Bergwerks-AG 35, 50 f., 53, 57, 60, 83 f., 90, 171, 568, 635, 659 f., 675, 677, 695, 708, 751–759, 761 f., 764–779, 783–796, 899, 923, 926, 959, 983 f., 987, 1062, 1100–1103, 1178
Gelsenkirchener Bergwerks-AG Abt. Aachener Hüttenverein 674
Gelsenkirchener Bergwerks-AG Gruppe Dortmund 761, 800, 868–870, 926, 932
Gelsenkirchener Bergwerks-AG Gruppe Hamborn 921
Gelsenkirchener Gussstahl- und Eisenwerke vorm. Munscheid & Co. 638
Gemeinnützige Aktien-Gesellschaft für Angestellten-Heimstätten 568 f., 815
Gemeinnützige Heimstätten-AG 568
Gemeinnützige Heimstätten-AG Altona 568
Gemeinnützige Heimstätten-AG Hörde 405, 507, 568 f., 815
Gemeinnützige Wohnstättengenossenschaft Dortmund-Süd eGmbH 975
General-Bau-Bank 165
Generalbevollmächtigter für den Arbeitseinsatz 901
Generalbevollmächtigter für die Eisen- und Stahlbewirtschaftung 826
Generalbevollmächtigter für die Regelung der Bauwirtschaft 886, 891
General-Commission für die Provinzen Hannover und Schleswig-Holstein Preußen 626
General-Commission für die Provinz Westfalen Preußen 628
General-Direction der Telegraphen des Norddeutschen Bundes 571
Generalgouvernement 831 f.
Generalgouvernement Belgien, Bankabteilung, Abteilung III Industrielle Kontrolle, Hauptstelle Schwerindustrie 386
Genna 283
Gennebreck 630
Gentz, Ludwig 839
Genzmer, R. 126, 299, 314
Geologie 122, 126, 266, 278 f., 282, 676, 785, 1026–1028
Georg V. König (Hannover) 12, 115
Georgs-Marien-Bergwerks- und Hütten-Verein 12
Georgs-Marien-Bergwerks- und Hütten-Verein AG 122, 218, 339, 350, 779
Georgsmarienhütte AG 906, 916 f., 924, 926, 928–930
Gerätebau-Anstalt Balzers 1099
Gerdes, Fritz 1030
Gericke, H. 1215
Gericke, M. 537
Gerke, Anton 247
Gerling-Konzern Allgemeine Versicherungs-AG 957
Germania Brauerei AG 361, 488 f., 529 f., 704, 712
Germanischer Lloyd 324, 344, 561, 1108
Gernlein, August H. 122
Gerstein, Karl 554
Gerstein, Max 778
Gerstner, Karl 205
Gesamtverband deutscher Angestelltengewerkschaften 534
Gesamtverband Deutscher Metallindustrieller 542
Gesangsverein Deutsche Eiche zu Neu-Asseln 369
Gesellschaft des ächten Naxos-Schmiergels Naxos-Union 255
Gesellschaft für Arbeitstechnik 1016
Gesellschaft für den Betrieb von Niederländischen Staats-Eisenbahnen 219
Gesellschaft für Stahlindustrie 168, 215, 217
Gesellschaft für Strombewirtschaftung mbH 1108
Gesellschaft für Stromwirtschaft mbH 983 f., 1108 f.
Gesellschaft für Verbreitung von Volksbildung 353
Gesellschaft für Wasserwirtschaft 1109
Gesellschaft Hütten-Kasino 989, 1058, 1102
Gesellschaftliche Vereinigung Cercle Français Hörde 369
Gesellschaft Seemannshaus für Unteroffiziere und Mannschaften der Kaiserlichen Marine eGmbH 133
Gesellschaft zur Förderung der Spektrochemie und angewandten Spektroskopie e. V. 1059
Gustav Gestring, Firma 875
Gevelsberger Nietenfabrik Weinbrenner & Kummerhoff 176
Gewehrfabrik Danzig 166
Gewehrfabrik Erfurt 166
Gewehrfabrik Spandau 166
Gewerbeaufsichtsamt Dortmund 168 f., 172, 174, 298, 321 f., 381 f., 418, 535, 542
Gewerbeaufsichtsamt Hörde in Dortmund 381 f.
Gewerkschaft..., s. a. Zeche...
Gewerkschaft Admiral 396, 405, 506, 511, 1143
Gewerkschaft Alter Flußberg 653
Gewerkschaft Braunschweig I 768

Gewerkschaft Braunschweig II 768
Gewerkschaft der Mengeder Steinkohlengruben 171
Gewerkschaft der Tonzeche Guter Trunk Marie 786
Gewerkschaft der Zeche Crone 313, 383 f., 497, 799
Gewerkschaft der Zeche Tremonia 312, 326, 357 f., 488 f., 529 f., 618, 647
Gewerkschaft der Zeche ver. Westphalia 618, 647
Gewerkschaft der Zeche Wodan 1159
Gewerkschaft des Steinkohlenbergwerks Graf Bismarck 1143
Gewerkschaft des Steinkohlenbergwerks Graf Schwerin 800, 869
Gewerkschaft Deutscher Kaiser 34, 162, 209, 213, 677
Gewerkschaft Deutschland 630
Gewerkschaft Dorstfeld 412, 1154
Gewerkschaft Eintracht Tiefbau 613 f.
Gewerkschaft Eisenberg 277
Gewerkschaft Eisengarten 676
Gewerkschaft Eisenhütte Westfalia 572
Gewerkschaft Eisensteingrube Morgenröthe 820
Gewerkschaft Eisenzecher Zug 820
Gewerkschaft Exploration 68, 1025, 1029, 1059, 1081 f.
Gewerkschaft Friedrich der Große 554
Gewerkschaft Friedrich Thyssen 756, 758
Gewerkschaft Gottessegen 760
Gewerkschaft Haverlah 765, 779
Gewerkschaft Heinrich 676
Gewerkschaft Herkules 768
Gewerkschaft Hibernia 780
Gewerkschaft Hürtherberg 1030
Gewerkschaft Kaiser Friedrich 655
Gewerkschaft Lohberg 756, 758, 775
Gewerkschaft Lohmannsfeld 698
Gewerkschaft Lothringen 379
Gewerkschaft Lückestall 676
Gewerkschaft Lützelburg 780
Gewerkschaft Neu-Wohlverwahrt 632
Gewerkschaft Öffentliche Dienste, Transport und Verkehr 1145
Gewerkschaft Pfannenberger Einigkeit 820
Gewerkschaft Porta 773
Gewerkschaft Pützhorn 821
Gewerkschaft Reckhammer 777
Gewerkschaft Reichsland 279
Gewerkschaft Reichsland 31
Gewerkschaft Rhein I 756, 758, 775
Gewerkschaft Roland 785
Gewerkschaft Salzgitter 779
Gewerkschaft Schalker Eisenhütte 286 f.
Gewerkschaft Schandelah 768
Gewerkschaft Scharnhorst 172
Gewerkschaft Schüchtermann & Kremer 804
Gewerkschaft Steinkohlenbergwerk Zollverein 54
Gewerkschaft Tremonia 614, 656
Gewerkschaft ver. Bickefeld Tiefbau 302
Gewerkschaft ver. Constantin der Große 348, 782
Gewerkschaft Ver. Felicitas 264, 383
Gewerkschaft ver. Helene & Amalie 553
Gewerkschaft Ver. Wiendahlsbank 760
Gewerkschaft Vereinigte Empel 676
Gewerkschaft Vereinigte Westphalia 172
Gewerkschaft von Born, Lehrkind & Comp. 41, 83, 89, 572–574, 629 f.
Gewerkschaft Wasserjungfer 613
Gewerkschaft Wilhelmine 820
Gewerkschaft Zollverein 756
Gewerkschaften 546, 939
Gewerkschaftsbund der Angestellten 534
Gewerkschaftsbund kaufmännischer Angestellten-Verbände 534
Gewerkverein christlicher Bergarbeiter 331, 542, 545
Gewerkverein der Fabrik- und Handarbeiter 542
Gewerkverein Deutscher Metallarbeiter H. D. 534, 542
Giebeler, Ewald 676
Ernst Giebeler, Firma 676
Gienanth, Ludwig von 198
Giershagen 585, 589, 626–628
Giesbers, Friedrich 222
Gieße, Franz 352
Gilchrist, Percy Carlyle 184, 186, 229, 334
Gildemeister & Kamp 205
Gillhausen, Gisbert 559
Gitter 765
Gjers, John 223
Gjers Mills & Co. 223
Gladbacher Feuerversicherungs-Gesellschaft 178 f., 616
Glässel, E. 1213
Glässing & Schollwer, Firma 174
Glaser, Friedrich Carl 191, 208, 216, 221, 224–226, 228 f.
Glaser, L. 215
Glebsattel, R. 194
Gleitze, Bruno 1221
Glier, L. 349
Glückauf-Bau-AG 847, 872, 881
Glum, Cäcilie 704
Gmelin, H. 207
Goa 1081, 1082
Gockel, Richard Oskar 919, 927, 934
Göbel, Diederich 231
Goecke, Feodor 184 f., 195–197, 199 f.
Goeckmann, Caspar Wilhelm 231

Gödde, Ferdinand 1000
Göhmann & Einhorn GmbH 424
Goerens, Paul 786
Görgel, Carl 214
Görler, Karl 567
Goers, Heinrich 404 f.
Goessing, Diedrich Friedrich Rudolph 232
Götte, Werner 400
Goldschmidt, Albert 707
Goldschmidt, Jakob 1213, 1218
Goldschmidt, Salomon 705
J. Gollnow & Sohn KG 787
Gontier, Guillaume 394
Goose, Sophus 203
Goslar 711, 765, 769
Goslarscher Knappschafts-Verein 651
Gossel & Son Ltd. 788, 793
Gotha 369
Gothaer Feuerversicherungsbank auf Gegenseitigkeit 388
Gotthardbahngesellschaft 590–592, 599 f.
Gottmann, Wilhelm 1221
Gottschalk, Gustav 586
Gottschalk, Leopold 773
Graebner, Karl Richard 1215
Gräff, Leo 628
Gräfinghoff, Heinrich 110
Gräfliche von Wedel'sche Rentei-Verwaltung 397, 823
Gräflich Stolbergsche Berg- und Hüttenadministration 41
Gräflich Stolberg-Wernigerödische Kammer 623
Grafschaft Stollberg-Rossla 281
Grafschaft Stollberg-Stollberg 281
Gramme, Zénobe 348
Grassmann, 1217
Graswinkel, Arand 632
Greenwood & Batley Ltd. 256
Gregor, Georg 225
Grevel, Paul 398
Greven, Walter 1000
Grevenbrücker Kalkwerke GmbH 1089
Grewe, Hubert 1000
Griechenland 1019, 1116
Grillo, Friedrich 38, 42 f., 635
Gritze, Carl 170
Grob- und Mittelblechkontor GmbH 830
Groenenberg, Kruithof & Sloet, Voorburg 690
Groeneveld, Ubbo Engelkes 670
Groote, Alexander 706
Groskurth, Heinrich 675
Großbritannien 150, 173, 186, 191, 204, 208 f., 212–215, 218 f., 221–226, 281, 344, 386, 548, 557, 561, 662, 793, 819, 822, 973, 977, 979, 985, 1006 f., 1014, 1123
Groß-Döhren 280, 625 f., 700
Große Ausstellung für Gesundheitspflege, soziale Fürsorge und Leibesübungen [Gesolei] Düsseldorf 1926 563
Grosse, Karl 1164, 1220
Grote, Heinrich 109
Grube Abel 277
Grube Adele 245, 248, 266–273
Grube Adele II 245
Grube Adolph II 276
Grube Adolphine 277
Grube Alte Hoffnung 277
Grube Amandus 276
Grube Ameise 768
Grube Angelica 277
Grube Apollo 266–268, 271
Grube Arand 632
Grube Argus 266–273, 276
Grube Auguste Moll 696
Grube Barbecke 1026
Grube Bautenberg 768
Grube Berge III 275
Grube Bismarck 2 779
Grube Buntes Haenchen 277
Grube Caroline 277
Grube Carolus 710
Grube Christiane 628
Grube Christinenruhe 632
Grube Consolidiertes Umweg 696
Grube Coralle 632
Grube Cordula 275
Grube Dagobert 276
Grube Dahlhausen 280
Grube Damme 1101
Grube Dauersberg 633
Grube Dorothea 626
Grube Eisenberg 768
Grube Eisenhardter Tiefbau 768
Grube Eiserne Union 767
Grube Emilie 276, 280
Grube Erkenberg 632
Grube Ernestine 820
Grube Espe 278
Grube Essinghausen III 710
Grube Florentine 650
Grube Fortuna 626, 632, 711, 765, 769, 1026, 1101
Grube Franziska 631
Grube Freiergrund 768
Grube Friedenszeche 281
Grube Friedrich 276, 629, 648, 650, 716, 767

Grube Gegenthal 278
Grube Georg Friedrich 280
Grube Glücksborn 625
Grube Glücksstern 280
Grube Gotthardt 280
Grube Große Burg 717
Grube Grottenberg 632, 646
Grube Hammerthal II 574
Grube Haus Güthing 270, 277
Grube Heidenberg 277
Grube Heinrich 631
Grube Heinrichsgrund 768
Grube Herenterberg 780
Grube Hermine 276, 633
Grube Herzkamp 630
Grube Hillerhaus 631
Grube Hochfeld 632
Grube Höchste 277
Grube Hoffnung 281
Grube Hoffnungshütte 275
Grube Holstein 276
Grube Holstein II 276
Grube Hubertus 276, 628
Grube Iberge 278, 280
Grube Ida 771, 1026
Grube Iserbecke 574
Grube Jacob 632
Grube Joest II 275
Grube Joest's Erbstollen 266–268, 271, 275
Grube Johann 710
Grube Johanna 277
Grube Josephine 266–272
Grube Julius 276
Grube Junkernberg 779
Grube Kader 633
Grube Kahlenberg 1026
Grube Kirchhörde 266–268, 271, 277
Grube Knappschaftsglück 768
Grube Liebig I 276
Grube Linden 280
Grube Lohmannsfeld 698
Grube Martini 159
Grube Max III 633
Grube Mittelstes Rennseifen 277
Grube Morgenröthe 281, 779
Grube Morgenstern 1026
Grube Morsberg I 632
Grube Morsberg II 632
Grube Müsen III 649
Grube Nammen 1026
Grube Neu Altstädde III 279
Grube Neusprockhövel 701
Grube Neu-Stüter 575, 623, 1159
Grube Oberer Schwarzberg 249
Grube Odilo 278
Grube Pauline Jung III 275
Grube Perchesberg 673
Grube Perm 279
Grube Pfannenberger Einigkeit 1101
Grube Pfeifferszeche 711
Grube Quäck 650
Grube Reh 633
Grube Reichsland 279, 366, 380
Grube Reifenberg 277
Grube Reinhard 628
Grube Rex 277
Grube Rothe Rose 626
Grube Sand 632
Grube San Fernando 1101
Grube Schönberg 1026
Grube Sebald 277
Grube Segen Gottes 281, 779
Grube Sicherheit 277
Grube Stangenwage 767
Grube Steinberg 780 f.
Grube Teufelsgrund 1026
Grube Thalsbach 768
Grube Themis 710
Grube Theodor 276
Grube Tremonia 632
Grube Triangel 632
Grube Union 266–273
Grube Union I 269, 276
Grube ver. Neuherzkamp 701
Grube ver. Neu-Hiddinghausen 575
Grube Vereinigtes Bergmannsglück 696
Grube Verlass mich nicht 632
Grube Victoria 270, 632
Grube Wiesehahn 276
Grube Wilsmicker Gemeinschaft 628
Grube Wohlverwahrt 582, 624 f., 650, 701, 710, 1026
Grün & Bilfinger AG 696
Grünhut, L. 205
Fritz Grünwald, Firma 777
Grüter, L. 770
Grundmann, Konrad 994
Grundstückswesen 108–110, 117, 126 f., 141 f., 144, 153, 160 f., 231–263, 266–270, 276, 278 f., 281, 283 f., 299, 305 f., 308–311, 314, 317, 347, 357, 361 f., 372 f., 382, 384, 396–409, 411, 483, 493, 495, 512, 528, 532, 535,

538 f., 568–571, 574 f., 583, 585 f., 589 f., 613, 615, 617–631, 633, 638, 643, 647–649, 653, 660, 663 f., 666–668, 670–673, 676 f., 696–698, 700, 702–713, 717 f., 751–771, 773, 775, 777, 779, 783, 786, 797, 800 f., 812, 815, 818 f., 821, 823 f., 843 f., 869 f., 937, 956, 958, 960, 962, 973, 978, 1030, 1037, 1045, 1047–1060, 1077, 1126, 1143, 1160 f.
Gülpen, E. van 1216
Günnemann, Philipp 243
Gürtler, Heinz 1012
Guest Keen Baldwins Iron & Steel Company Ltd. 973
Güthing, Anna Margaretha 277
Güthing, Tillmann 277
Gundlach, Hermann 663 f., 766
Gußstahlwerk Bochumer Verein AG 924, 955
Gußstahlwerk Gelsenkirchen AG 906, 916 f., 924, 928–930
Gussstahlwerk Oberkassel AG 906, 922, 928, 930
Gussstahlwerk Oberkassel AG vorm. Stahlwerk Krieger 1101
Gussstahl-Werk Witten 748
Gussstahlwerk Witten AG 906, 919, 922, 928, 930, 934, 937
Gut Benninghofen 372
Gut Berghofen 397
Gutehoffnungshütte Aktienverein für Bergbau und Hüttenbetrieb 35, 133, 153, 161, 173, 180, 182, 188 f., 192–195, 197 f., 200, 208 f., 215 f., 225, 270, 350, 395, 542, 568, 596, 616, 679, 695, 786, 918, 921, 924 f., 1154
Gutehoffnungshütte Oberhausen AG 659, 774, 780 f., 797, 820, 918
Gutehoffnungshütte Oberhausen AG Werk Gelsenkirchen vorm. Boecker & Comp. 927
Gutehoffnungshütte Oberhausen AG Werk Sterkrade 919, 927
Guth, Christian 235–238, 242, 327 f.
Gutheil, Georg 680, 1217
Guttempler-Loge „So fast as Dürpem“ 133, 369

H

Haack, Werner 926, 1221
Haarmann, August 135, 203, 220
Haarmann, L. 194
Haase, Ferdinand 711
Haass, Clemens 170
Haberäcker, Karl 835
Hachenberg, Ernst 374
Hacheney 144, 160, 170, 246, 295, 318, 372, 396, 402, 407, 416, 700, 823
Hackert, Robert 822, 1179
Hackmann, Anna Maria 622
Häcker, Alfred 676, 839, 1178
Häcker, Ewald gen. Alfred 1217, 1219
Häfen 823, 1166 f.
Hämmer und Pressen 228, 253–255, 288, 290 f., 394, 420 f., 426, 428 f., 444 f., 542, 641, 645, 667, 702, 722, 727 f., 747, 810, 824, 828, 847, 935, 978–980, 1117 f., 1122 f., 1176–1178
Härle, Carl 755
Hafen Dortmund 312, 379, 490, 493, 532, 641, 644, 729–734, 736, 739, 744, 747, 762, 858, 958, 982, 1169, 1194–1196
Hafen Düsseldorf 594 f.
Hafen Duisburg 179, 683, 788–790, 1048
Hafen Emden 349, 352, 670 f.
Hafen Hamburg 591, 683, 790
Hafen Köln 683
Hafen Ruhrort 595
Hafenverwaltung Dortmund 379, 490, 493, 532, 982
Haftpflichtverband der deutschen Eisen- und Stahlindustrie Versicherungsverein auf Gegenseitigkeit 373, 379, 387 f., 555, 820, 999
Hagen 763, 782
Hagen, Louis 54, 1212
Hagens, Carl von 585, 589, 628
Hagens, Franz von 585, 589, 626 f.
Hagens, Ottilie von 585, 589, 626
Hagens, Theodor von 628
Hager & Weidmann AG 997, 1032
Hager, Fritz 997
Haiger 767
Haikmann, Bernhard 622
Louis Halbach, Firma 335, 543
Halbzeug 147 f., 166, 173, 253, 323 f., 339, 344, 361–363, 376 f., 409 f., 557, 561, 615, 674 f., 793, 833, 865 f., 933, 947, 974, 980, 1066, 1117 f., 1122 f., 1167, 1172, 1174 f.
Halle/Saale 611
Hallermann, Dietrich 707
Hamborner Bergbau AG 959, 1101
Hamburg 163, 787, 1048
Hamburg-Bremer Feuer-Versicherungs-Gesellschaft 178
Hamburger, Carl 199
Hamburg-Mannheimer Versicherungs-AG 956 f.
Hamm 373, 633, 769 f., 782 f.
Hamm (Sieg) 768
Hammacher, Wilhelm 632
Hammerschmidt 353
Handelskammer
- Bielefeld 128
- Bochum 566, 589, 750

- Breslau 566
- Dortmund 87 f., 340 f., 347, 389 f., 556–558, 566, 750, 1020
- Duisburg 559, 566
- Duisburg-Wesel 566
- für den Kreis Essen 566
- für die Kreise Essen, Mülheim-Ruhr und Oberhausen 566
- Münster 79, 390
- Ruhrort 566
- Saarbrücken 559, 566

Handels- und Gewerbe- Verein für Rheinland und Westphalen 351
Handelsunion AG 70, 71, 974, 1060, 1066 f.
Handlungshaus Carl Joest & Söhne 108, 122, 141 f., 276
Hanebeck, August 706
Carl Hanebeck, Firma 706, 709
Haneke, Max 986
Haniel, Alfred 1213
Haniel, Familie 54 f.
Haniel & Lueg 394, 646
Hanisch, Ludwig 163, 180, 227, 349
Hankele, Walter 825
Hannover 115, 122, 210, 213, 694
Hannover-Messe 1173
Hannoversche Bergwerks-Actien-Gesellschaft 283
Hannoversche Bodenkredit-Bank 762
Hannoversche Staatsbahn 591
Hansa Automobilgesellschaft mbH 670
Hansa Bergbau AG 67 f., 952, 956, 987, 1062–1064, 1100
Hansa-Bund für Gewerbe, Handel und Industrie 567
Hansa-Eisen GmbH 71, 1047–1052
Hansa-Eisen Trippe & Co. GmbH 1047
Hansa-Stahl GmbH 71, 970, 1047–1053
Hansa-Stahl Hanswalter Trippe GmbH 1047
Hansa-Stahl-Export GmbH 970, 989, 1046, 1102
Hansemann, Adolph (von) 38, 41–43, 585 f., 1216
Hansemann, Gustav 1216
Happe, H. 283, 314
Hardach, Fritz Wilhelm 1101
Hardenberg-Neviges 769
Harders, Friedrich 63, 66, 83, 91, 910, 913 f., 916 f., 919, 926, 928 f., 932, 936 f., 942, 946–948, 952 f., 971 f., 976 f., 985–987, 994, 1020, 1046, 1052 f., 1056, 1058, 1068–1070, 1074 f., 1078, 1088, 1093 f., 1099, 1100, 1123, 1180, 1182
Hardt, Engelbert 1213
F. Hardtmuth & Co. 229
Harkort, Christian 41
Harkort, Friedrich 5, 275
Harkort, Johann Kaspar 41
Harkort, Louise Elisabeth 574, 629
Harkort, Luise Elisabeth 41 f.
Harlinghausen, Franz 1215
Harmet, Henri 183 f., 187
Harpener Bergbau AG 153, 171–173, 335, 348, 374, 499, 560, 677, 1101
Harr, Albrecht 993
Harr, Karl 80, 393, 1180
Harsco Corp. 988
Harten, Karl Peter 936
Harting, Daniel 624
Harting, Friedrich 710, 712
Hartmann, Charlotte 585, 589, 626
Hartmann, Otto 1000
Hartung, H. 1213
Hartweck, Giesbert Wilhelm 234
Harz 249, 272, 278, 280 f., 283, 625
Harz, Hermann 1183
Harzer Union Actien-Gesellschaft für Bergbau und Hüttenbetrieb 280
Harz-Lahn-Erzbergbau AG 1101
Hasebrink, Alfred 1000
W. Hasenclever Söhne 274
F. Hasenkamp & Cie. 385
Hasper Eisen- und Stahlwerk 185, 199
Haßlinghausen 275, 346, 629, 630, 700
Haßlinghauser Hütte 583, 1159, 1163
Hattingen 361, 571, 575, 623 f., 631, 637, 644, 667, 700, 1159
Hauck, Max 1218
Hauenschild, Hans von 195
Haumann, Friedrich 681
Haupt & Lange 292
Hauptausschuß nationaler Arbeiter- und Berufsverbände Deutschlands 547
Hauptausschuß Waffen beim Reichsministerium für Rüstung und Kriegsproduktion 826
Hauptgemeinschaft des deutschen Einzelhandels 551
Hauptring Eisenerzeugung beim Reichsminister für Bewaffnung und Munition Arbeitsring Feinbleche und Bandstahl 1073
Hauptstelle Deutscher Arbeitgeberverbände 546
Hauptverband der Betriebskrankenkassen 1155
Hauptverband der gewerblichen Berufsgenossenschaften e. V. 1110
Hauptverband Deutscher Baugenossenschaften e. V. 832
Hauptverwaltung der Staatsschulden Berlin 234, 236 f.
Haurtmann, Theodor 703
Haus der Abgeordneten 128, 133, 160, 340, 346, 349–352, 548, 559 f., 566, 678

Haus- und Grundbesitzer-Verein zu Hoerde 399
Hausberge 710
Hausgrundstück Lohengrinstraße Düsseldorf GmbH 1050, 1065
Havel 689
Havenstein, Rudolf 557
Haxthausen, von 137
Heckett Engineering Co. 988
Heckett Schlackenaufbereitungs-GmbH 988 f.
Heckmann, Karl 635
C. Heckmann AG 784
Heeresabwicklungsamt Preußen 389
Heess, Wilhelm 839
Hefner-Alteneck, Friedrich von 230
Hegener, August 1212
Heidelberg Gold Mines Ltd. 168
Heiderhoff, Wilhelm 1161
Heidtmann, August 327
Heiliger, Arthur 1212 f.
Heiling, Eduard 240
Heiling, Gottfried 109
Heiling, Gustav 240
Heiling, Johann Friedrich 239
Heiling, Johann Gottfried 240
Heiling, Paul 397
Heimann, Carl 1001
Heimsoth, Dietrich 399
Heim- und Scholle GmbH Gemeinnützige Gesellschaft für den Bau von Kleinsiedlungen und Eigenheimen 843
Hein, Lehmann & Co. AG 164, 288, 291, 302, 417, 421, 426, 433, 479, 493, 495, 774
Heine, Heinrich (Arbeiter) 710
Heineken, Ph. 1213
Heinemann, Carl von 585
Heinhorst, Heinrich 1030
Heinrich, Karl 704
Heinrichs, 1217
Heintzmann, Karl 1178
Heinzelmann & Sparmberg 496
Heisig, J. 225
Heitmann, Friedrich 241
Heitmann, Rudolf 940
Helbing, Heinrich 554
Hellmann, Anna Henrine 238
Hellmann, Christian 238
Hellmann, Friedrich 317
Hellmann, Heinrich Wilhelm 238
Hellwig, Heinrich 1001
Helms, Richard 822
Helmus, Jean 705
Hemer 409
Wilh. Hemsoth, Firma 312, 597, 614
Hengsbach, Klemens 650
Henkel, Eduard 408
Henle, Günter 938
Hennecke, Arthur 1178
Hennecke, Rudolf 839
Henschel & Sohn 44, 322 f., 524 f., 581, 612, 646
Henschel & Sohn Abteilung Henrichshütte 571, 646, 680 f., 684–688
Henschel & Sohn GmbH 820, 823, 983
Henßler, Fritz 1221
Hentrich, Robert 985
Heraeus-Vacuumschmelze AG 1099
Herdorf 281
Herkelmann, Ludwig 405
Herlinghaus, Johann Heinrich 242
Hermann, Gerhard Heinrich 110
Hermannshütte 4–6, 15, 83 f., 108 f., 113 f., 122, 136 f., 170, 234, 251, 321, 1160 f., 1180
Herne 700
Herrenhaus [Preußen] 340, 350 f., 559, 566
Hersfeld 346
Herzkamp 630
Herzog, Eduard 63, 937, 1220
Hess, Karl 1048
Hesse, Paul 229
Hessen 339
Hessen-Darmstadt 631
Hessen-Nassau 207, 631
Hessische Ludwigs-Eisenbahn-Gesellschaft 592
Hessler, Emil 709
Hessmann, Emil 615, 629, 634
Hethey, 1217
Heyden-Rynsch, Hermann Freiherr von der 618
Heydt, August von der 7 f., 112, 258
Heyer, Paul 1220
Heymann, Hermann 1218
A. & C. Heymann, Firma 777
Carl Heymann's Verlag 206
Oscar Heymann & Co. 34
Hibernia AG 1103
Hidding, Wilhelm 233
Hidding genannt Segering, Carl 232
Hiddinghausen 346, 575, 629, 700
High Commissioner of India 788, 793
Hila, Othmar 1001
Hilbck, Alexander 618
Hilbck, Georg Friedrich Alexander 134
Hilbenz, 551

Hilfsausschuß für die notleidenden Deutschen Russlands 132
Hilfsverein deutscher Reichsangehöriger zu Prag 131, 132
Hilgenberg, Gustav 1218
Hilgenstock, Daniel 22, 24-30, 28, 124, 130, 133, 138, 151, 184, 195 f., 201, 244, 266-270, 278, 316
Hilgenstock, Fritz 922
Hilgenstock, Gustav 28 f., 32, 134, 188, 208, 211, 223, 226, 255, 262 f., 1162, 1180
Hilger, Wilhelm 1028 f., 1081 f.
Hiltenkamp, Wilhelm 113
Himmelreich, Theodor 439, 480, 497 f.
Himmelreich & Schröder 494
Hinselmann Koksofenbaugesellschaft mbH 873
Hirschland, Kurt Martin 1213
Historischer Verein für Dortmund und die Grafschaft Mark 133, 369
Hitler, Adolf 998, 1179
Hitlerjugend 860
Hitzigrath, 796
Hobert, Elisa 617
Hobert, Heinrich 617
Hobrecker, Christian 275
Hochfelder Walzwerk Actien-Verein 350
Hochfrequenz-Tiegelstahl GmbH 925, 936
Hochofen 136, 147-149, 156, 226, 230, 258-263, 284 f., 304, 344, 354 f., 384, 394 f., 413-415, 472, 474-476, 498, 560 f., 586, 626, 638 f., 667, 672, 715, 718 f., 803, 817, 823, 826, 835 f., 869, 871 f., 932, 935, 937, 956, 972 f., 980, 1117-1119, 1122 f., 1132, 1159 f., 1166 f., 1172, 1176-1179, 1181, 1193, 1200, 1202
Hochofenwerk Lübeck AG 938
Hochtief AG für Hoch- und Tiefbauten vorm. Gebr. Helfmann 807, 871
Hochtief AG vorm. Gebr. Helfmann 1179
Hoegarden-Braconier, Paul van 1218
Höhere Handelsschule zu Dortmund 838
Höhle, Heinrich 840
Hoelmer genannt Meyerling, Diedrich Friedrich 232
Hoene, Walter 975
Hönigswald, Josef 222
Hönnethaler Kalkwerke 347, 615, 629, 634
Heinrich Höppe, Firma 884
Hörde 108-110, 112, 125-130, 132, 134, 144, 160, 164, 168-170, 172 f., 181, 221, 234-244, 246-250, 258, 284, 287-304, 307, 309, 315-323, 327, 329-331, 334, 347, 361, 368-372, 375, 381-383, 389, 391, 397, 399-409, 411 f., 414-478, 480 f., 486, 490-496, 498-526, 532, 535-537, 540, 542, 544 f., 552-554, 568 f., 716, 803, 805, 807, 809-812, 815, 890, 978, 981, 1125, 1142 f., 1147, 1160, 1172
Hördemann, Heinrich 778
Hörder Bach 170, 236, 257, 302, 400, 412, 460, 463, 1186
Hoerder Bergwerks- und Hütten-Verein 3 f., 6-38, 40, 43, 46, 49, 53, 55, 58, 63, 75, 77-79, 81-90, 93, 109 f., 112-353, 361, 365, 367-369, 371, 374, 376, 379 f., 382-384, 386-388, 392, 399, 403, 406-413, 416, 420, 430 f., 441, 445, 458, 463-465, 471, 480, 482 f., 485-487, 490, 495, 497, 500, 505, 508, 524-529, 531, 534-536, 540, 542, 544, 547 f., 552, 559 f., 563, 565-567, 582, 596, 616, 629, 634, 649, 799, 801, 804, 806, 832, 838, 841, 867, 902, 975, 981 f., 989, 1020, 1022, 1125, 1137, 1140-1142, 1146 f., 1154, 1157 f., 1160-1163, 1168, 1173, 1176, 1182, 1186 f.
- Bergwerks-Verwaltung 124, 130, 145, 146, 236, 249, 266-274, 276-278, 287 f., 303, 308, 317, 330, 347
- Hermannshütte 8-12, 15, 17, 21, 26 f., 31, 33, 55, 85-87, 126-128, 134, 136, 144-159, 164, 171, 173, 177-180, 235-238, 241, 246 f., 250-253, 256-259, 262 f., 266, 287-303, 305-313, 315-317, 320-322, 324 f., 329, 331-335, 339-342, 352, 383, 410, 420, 430, 431, 441, 445, 463-465, 482, 487, 526, 528, 541 f., 555, 560, 867, 1125, 1186
- Hochofenwerk Dortmund 32, 55, 75, 87, 153, 159, 179, 250 f., 284 f., 287, 293 f., 296 f., 301, 304 f., 312, 315 f., 318, 326, 335, 410, 529, 542, 555
- Hochofenwerk Hörde 32, 55, 153, 159, 179, 241, 250 f., 259, 264, 284-287, 293-295, 300-302, 304, 306-308, 315, 318, 320, 331 f., 334 f., 340, 374, 381, 383, 410 f., 413, 416, 464, 471, 483, 487, 497, 526, 528, 541 f., 555, 1125, 1186
- Hoerder Eisenwerk 8-10, 12, 15, 17, 31 f., 85-87, 126-128, 136, 142, 144-160, 171, 177-180, 195, 222, 237 f., 243 f., 246 f., 250, 257-265, 285-287, 298-300, 305-308, 310 f., 313, 316 f., 321 f., 325, 329, 333-335, 340, 352, 381, 483, 487, 541, 1160, 1187
- Hoerder Kohlenwerk 9, 13, 15, 17, 22, 27, 31, 33, 38, 86 f., 116, 136, 144-146, 150-160, 167-172, 175, 178-180, 231-233, 235 f., 249-251, 253-255, 257 f., 266-274, 282-284, 296, 298, 309-313, 315-317, 326, 329-331, 335, 340 f., 344, 347 f., 374, 383, 387, 410, 458, 485, 526, 531, 540, 542, 555, 867
Hörder Burg 109, 292, 319 f., 440, 441, 508, 890, 1160, 1180, 1186 f.
Hoerder Dampfkesselfabrik W. Willich 244
Hörder Gewerbeverein 910
Hörder Warenhaus GmbH 175
Hoesch, Albert 199, 262
Hoesch, Eberhard 5
Hoesch, Leopold 12, 122, 339
Eberhard Hoesch & Söhne 165, 339
Hoesch AG 57, 70, 74-77, 82 f., 92, 95, 823, 918, 921, 924 f., 927, 941-944, 947 f., 951 f., 971, 975, 978, 985-987,

1029, 1066, 1068, 1070, 1077, 1095 f., 1099 f., 1114 f.
- Hüttenwerke 75, 83, 827, 942 f., 984, 990, 994, 1024, 1127 f.
- Hüttenwerke Werk Phoenix 984, 990, 996, 1127, 1129
- Hüttenwerke Werk Union 990, 996, 1129
- Hüttenwerke Werk Westfalenhütte 984, 990
- Westfalenhütte 992, 1030, 1083 f.
- Westfalenhütte Ferienkasse 994

Hoesch Export GmbH 1095 f.
Hoesch Hüttenwerke AG 83, 999 f.
Hoesch-Köln Neuessen AG für Bergbau und Hüttenbetrieb 779, 782
Hoesch Werke AG 83
Hoesch Westfalenhütte AG 1083
Hoeter, Joseph 1216, 1218
Hoevel, Wilhelm Freiherr von 124, 233
Hoevemann, Fritz 172
Hoff, Ernst 547
Hoff, Heinrich von 13, 258–261
Hoffmann, E. 229 f.
Hofmann, F. J. 1123
Hofmeister, Otto 765
Hohenegger, Wenzel 214
Hohenlimburg 663, 760, 763, 770, 821
Hohensyburg 131
Hohenzollernhütte 50
Hohenzollernhütte AG 668 f., 671 f., 717 f., 763, 778
Hohenzollernhütte, Roer, König & Co. AG 671
Hohl, Wilhelm 764
Hollandt, Hermann 1212
Holle, Ludwig 1178
Hollericher Hohöfen-AG [!} 185
Holthaus, Johann 1178
Holthausen 752
Holtmeier, Josef 1001
Holz, Emil 201
Holzbau Kübler Nachf. Phil. Hambach 873
Holz- und kunststoffverarbeitende Industrie 979, 1079
Holzweiler, Mathieu 1002
Holzwickede 275
Hommrichhausen, Heinrich 820
Heinrich Hommrichhausen Bergwerks- und Hüttenprodukte 820
Honeywell GmbH 972
Honsel-Werke AG 782
Horn, Franz 174
Horst 574 f., 583, 620–622, 631, 648, 666 f., 700
Hotel Zum Römischen Kaiser AG 999
Hottop, August 635
Hove, Wilhelm von 172, 383
Howaldtswerke AG 70
J. & F. Howard 225
Hoyer, Wilhelm 702
Hoyer, Wilhelmine 702
Huber, Heinz 1100
Huckarde 571, 631, 713, 762, 766
Huckarder Ringofenziegelei GmbH 778
Hübner, Carl 1073
Hueck, Adolf 1178
Hueck, Adolph 234
Hueck, Eugenie 237
Hueck, Friedrich genannt Hympendahl 234, 240, 247
Hueck, Heinrich Friedrich genannt Hympendahl 241, 244
Hueck, Hermann 259, 264, 266, 275 f.
Hüffer, Eduard 1212
Hülsebus, Mense Heeren 670
Hültenschmidt, Walter 705, 707
Hümme, Friedrich-Wilhelm 943
Hüntel 690
Hüser, Karl-Heinz 1157
Hüstener Gewerkschaft AG 754
Hütten-Actiengesellschaft vorm. Carl von Born 32, 83, 87, 119, 162, 312, 354 f., 357
Hüttenamt Altenau 280
Hüttenamt Clausthal 280
Hüttenamt Wasseralfingen 207
Hüttenhospital Hörde 93, 137, 407, 516 f., 543, 895 f., 912, 932, 937, 991, 1136–1138, 1141–1147, 1176, 1187, 1192 f., 1203–1209
Hüttenschule zu Bochum 334
Hüttentechnische Gesellschaft mbH 917
Hütten- und Bergwerke Rheinhausen AG 1083 f., 1114 f.
Hütten- und Walzwerks-Berufsgenossenschaft 567, 815, 830, 841, 999, 1007, 1011–1013, 1017, 1110, 1131
Hüttenwerk Dortmund AG 906, 1007
Hüttenwerke Ilsede-Peine AG 906, 916 f., 928 f., 933, 1112
Hüttenwerke Phoenix AG 67, 958 f., 1035 f., 1101, 1112
Hüttenwerke Ruhrort-Meiderich AG 906, 917, 919, 921 f., 933
Hüttenwerke Siegerland AG 69 f., 74, 83, 768, 776, 919, 923, 926, 932, 937, 941, 952 f., 956, 959, 968, 970, 974, 980, 986 f., 1029 f., 1053 f., 1060, 1065–1075
Hüttenwerk Geisweid AG 906, 927 f., 931
Hüttenwerk Haspe AG 906, 916 f., 924, 926, 928 f., 931, 1112
Hüttenwerk Hörde AG 4, 63, 65 f., 81, 83, 91, 818 f., 826–829, 844, 864, 867–870, 895 f., 898 f., 901, 903–914, 916 f., 919, 926, 928 f., 932, 936, 940 f., 948, 955, 975, 977 f., 981, 983, 987, 989, 994 f., 998 f., 1002 f., 1005 f., 1008–1011, 1015, 1020, 1022, 1039, 1074, 1120 f.,

1124–1127, 1130 f., 1134, 1144, 1158, 1164, 1172, 1180
Hüttenwerk Hörde Unterstützungskasse GmbH 992, 1038 f.
Hüttenwerk Huckingen AG 906, 916 f., 919, 928 f., 932
Hüttenwerk Niederrhein AG 906, 919, 928 f., 932
Hüttenwerk Oberhausen AG 906, 916 f., 921, 927–929, 932, 1012, 1030, 1083 f., 1107, 1112, 1114 f.
Hüttenwerk Öttingen 203
Hüttenwerk Rheinhausen AG 906, 916 f., 919, 921, 923 f., 928 f., 933–995, 1083, 1112
Hüttenwerk Salzgitter AG 1107, 1133
Hüttenwerk Salzgitter-Watenstedt 936
Hüttenwerk Union AG 4, 63, 66, 818, 829, 839, 903 f., 906, 998 f., 1022
Hüttenzement-Verband GmbH 781
Hütter, Elisabeth 110
Hufnagel, Franz-Josef 1222
Hugenberg, Alfred 677, 1218
Humbert, Louis Edmond 216
Hummel, Walter 1002
Hummelbeck, Heinrich 243
Hummeltenberg, Louise Elisabeth 573 f.
Hummeltenberg, Rudolph 573 f.
Hunolstein, Vogt Graf von 203
Hunte-Ems-Kanal 692
Husen 173
Huster, Gustav 619
Huster, Heinrich Wilhelm 235
Huyssen, August 1161
Hympendahl, Friedrich 246
Hympendahl, Friedrich Wilhelm 8

I

Ibbenbüren 279
Iffland, Karl 525
IFO-Institut für Wirtschaftsforschung 915
IG Farbenindustrie AG 57, 823
Ilsede 561
Ilseder Hütte 182, 184 f., 196, 205 f., 918
India Store Department 788, 793
Indian State Railways 793
Indien 548, 788, 793, 1077, 1081 f.
Indonesien 694
Industriegewerkschaft Bergbau 918, 1101
Industriegewerkschaft Metall 828, 993 f., 1023, 1054
Industriekreditbank AG 955 f.
Industrieofen und Industrieofenbau 195, 202, 204, 206, 221, 223, 225, 228, 230, 251, 256, 281, 287–289, 291 f., 295, 361, 364, 376, 393–395, 419, 421, 430, 495, 560, 631, 639, 645, 721, 821, 823, 930, 932, 937, 1084, 1089, 1186, 1190
Industrieterrains Düsseldorf-Reisholz AG 1047
Industrie- und Gewerbe-Ausstellung für Rheinland, Westfalen und benachbarte Bezirke, verbunden mit einer deutsch-nationalen Kunstausstellung [Düsseldorf 1902] 163 f., 227, 349, 653
Industrie- und Handelskammer Dortmund 392, 558, 899, 909, 984, 991, 1012, 1015 f., 1020, 1132 f., 1182
Industrie- und Handelskammer Düsseldorf 566
Industrieverband Metall 995
Ingen Housz, Arnold H. 971, 1222
Ingenieurbüro C. A. Jüngst 690
Ingenieurbüro Professor W. Kreis 690
Ingenieurgemeinschaft Kernverfahrenstechnik Leybold-Lurgi-Uhde (IGK) 972
Inpeerex N.V. 1032
Insterburg 692, 791
Institut für praktische Psychologie Dortmund 899
Institut für Weltwirtschaft an der Universität Kiel 915
Institut zur Bekämpfung der Volkskrankheiten im Ruhrkohlengebiet 353
Inter-Allied Military Mission of Control Westphalian District 389
International Chamber of Commerce 938
Internationale Kommission zum Schutz des gewerblichen Eigentums 230
Internationaler Permanenter Straßenbahn-Verein 341 f.
Internationaler See-Verein 353
Internationaler Straßenbahn- und Kleinbahn-Verein 348
Internationaler Verband für Materialprüfung der Technik 350
International Operations, Hydraulic Research and Manufacturing Comp. 1075
International Organisation for Vacuum Science and Technology 985
Invaliden-, Witwen- und Waisenkasse für die Eisen- und Stahlwerke der Union, Actiengesellschaft für Bergbau, Eisen- und Stahl-Industrie zu Dortmund, Horst und Henrichshütte und für das Puddel- und Walzwerk zu Aplerbeck 612, 650, 1154
Investitionen 128, 136, 144–159, 163 f., 173, 222, 251–264, 266–274, 279, 284–308, 310–317, 319 f., 325 f., 354–357, 361, 363, 375, 413–499, 508, 510, 521–523, 530, 531, 553, 560, 571, 620, 623, 637–649, 664–671, 715, 718–748, 765, 781, 783, 794–796, 799, 803–811, 818, 846–862, 869, 871–897, 906, 909 f., 916 f., 928–938, 941, 946, 952, 955 f., 988, 1023, 1026, 1028, 1055, 1057, 1063, 1067, 1070, 1075, 1079, 1084, 1089, 1094, 1118, 1123–1126, 1132, 1142–1146, 1156, 1158 f.
Investitionsplanung 115, 122, 136, 145 f., 164, 207, 251,

259, 266, 268–270, 311 f., 363 f., 380, 488, 490, 568 f., 571, 586, 648, 672, 681, 718, 777, 782 f., 803, 832, 835, 850, 85 f., 869, 882 f., 887 f., 895, 916 f., 925–938, 943, 951 f., 956, 971 f., 976, 984, 986, 988 f., 1023, 1031, 1046, 1052, 1058, 1063, 1074 f., 1078 f., 1081, 1083, 1088, 1093 f., 1096, 1102, 1123, 1145, 1159
Irland 173
Iron and Steel Institute 192, 345, 352, 560
Irving Trust Company 959 f., 975
Iserlohn 175, 250, 283, 314, 347, 361, 628, 763, 1077, 1188
Iserlohner Kalkwerke GbR 779
Ispingrath, Christian 629
Italien 129, 135, 165, 208, 213, 219, 221, 223 f., 377, 386, 557, 662, 827, 972, 979, 1019

J

Jacobi, Carl Friedrich Wilhelm 237
Jacobi, Ludwig Hermann Wilhelm 122
Jacobi, Haniel & Huyssen 165, 339
Jacoby, Jacob Salomon 617 f.
Jaeger, Heinrich 1217
Jaeger genannt Spielmanns, Johann 626
Louis Jäger, Firma 205
Jahr, Karl 1213
Jaissle, Wilhelm 63
Jaissle, Wilhelm J. 1221
Janaschek, Wilhelm 1182, 66
Janke, W. 165
Japan 132, 163, 165, 978, 985, 1170
Japanische Rote Kreuz-Gesellschaft für Betroffene des Rußisch-Japanischen Krieges 132
Jarislowsky, Adolf 1212
Java 610
Jena, Otto 1036
Jensch, Robert 972
Jöhrens, E. 560
Joest, Carl 110, 113, 123
Joest, Eduard 110, 113
Joest, Julius 11, 110, 113, 275
Joest, Wilhelm 108, 110, 112 f., 141 f., 149–151, 275 f., 1160, 1212
Joest, Wilhelmine 110, 113
Carl Joest & Söhne 6, 12
Jötten, Wilhelm 1218
Johannsen, Otto 561
Jules Joly, Firma 177
Jones, William Richard 28, 208, 212
Jones & Laughlin Steel Corp. 977
C. H. Jucho, Firma 774
Juengst, C. A. 694
Jugoslawien 687
Jung, Cäcilie 839
Jung, Carl Theobald 230
Junghann, Otto 194
Jungholt, Friedrich 309
Junius, Adolf 835
Junius, H. W. 25, 26
Junkers Flugzeug- und Motorenwerke AG 823
Justman Jacob, Paul L. 1222

K

Fritz Kaeferle, Firma 296
Kahlert, Julius 404
Kahlert, Minna 404
Kaiser, August 704
Kaiser Franz Josef-Hütte 201
Kaiserliches Patentamt 19, 28
Kaiserliche Werft Kiel 610
Kaiserliche Werft Wilhelmshaven 344
Kaiser-Wilhelm-Institut für Eisenforschung 562
Kaiser-Wilhelm-Kanal 792
Kaiser Wilhelm-Privat-Beamten-Waisenstiftung 133
Kalker Maschinenbau-Actien-Gesellschaft vormals Wippermann & Cie. 253
Kalker Werkzeugmaschinenfabrik Breuer, Schumacher & Co. AG 421
Kallen, Eduard 707
Kalthoff, Carl 575
Kalweit, Herbert 700
Kameradschaft der Inhaber des Preußischen Goldenen Militär-Verdienst-Kreuzes e. V. 825
Kammergericht Berlin 174, 229, 1113 f.
Kammern 298, 340 f., 349, 392, 556–559, 566, 769
Kamp, 369
Kamp, Heinrich 1214 f.
Kamp, Hermann Adam von 275
Kamper, Theodor 169, 274
Kampf, Otto 1104
Kanada 122
Kanalbauamt Datteln 789, 791
Kanalbauamt Dorsten 691
Kanalbauamt Duisburg 691 f., 790
Kanalbaudirektion Essen 691 f., 788
Kapazitätenvermittlung Dr. Raabe 1058
Kappel, Eduard 242
Kappel, Markus 1214
Karlsruher Lebensversicherung AG 956 f.
Karnap 552
Karras, Wolfgang 989, 1102

Rudolph Karstadt AG 757
Kartelle und Syndikate 130, 134, 168, 173, 339, 352 f., 363, 371, 376, 548, 551 f., 651 f., 662, 674, 678-681, 696, 774, 778, 781, 793, 820, 1089, 1102-1108, 1112-1114, 1163
Karten und Pläne 122, 124, 128, 163 f., 167 f., 171, 173, 177 f., 231, 233, 236-240, 242-244, 246-249, 253-255, 258, 263 f., 266, 270, 273 f., 277, 279 f., 282-320, 322, 324 f., 336, 341, 345-347, 350, 352, 354-357, 361, 363 f., 370, 373-375, 379 f., 383 f., 387, 396-409, 411-524, 526-528, 531, 535, 552-554, 560, 562, 566, 568-570, 574 f., 585, 589, 613, 617-619, 621-623, 625-631, 633, 636-649, 653, 663-672, 676, 683 f., 689, 692, 696, 701-713, 715, 719-748, 760, 762-767, 771, 777, 779, 782, 786, 790 f., 794-797, 799-801, 803-812, 818, 821, 823 f., 830, 843, 846-862, 867-897, 900, 907, 909 f., 912, 917, 919, 921 f., 924, 932 f., 936 f., 958, 972 f., 978, 981-984, 988, 1006, 1023, 1026-1028, 1030, 1038, 1070, 1081, 1089, 1117 f., 1122-1126, 1131 f. 1142 f., 1186-1209
Kasperski, 1075
Kassenärztliche Vereinigung Westfalen Verwaltungsstelle Dortmund Zulassungsausschuß für Ärzte und Krankenkassen 1145
Kastning genannt Obermüller, Friedrich 625
Katholischer Schulvorstand Dortmund 649
Kauert, Heinrich 1218
Kauert, Herbert 822, 1178
Kauffmann, J. 1216
Kaufmännischer Hülfsverein Essen a. d. Ruhr 131
Kaufmann, Erich 913
Kaufmann & Lipmann 777
Kaune, Alexander 762
Kaup, Karl 783, 986, 1082, 1089, 1101
Kaupmann, Anna Gretchen 1060
Kaupmann, Anton 1060
Hans Kaupmann GmbH 68, 956, 970, 989, 1033 f., 1060 f., 1102
Hans Kaupmann, Firma 1060
Kaußen, Heinrich 1178
Kayser, Michel 673
Keiser, G. 915
Kelders, Theodor 1222
Kellermann genannt Heuner, Heinrich Wilhelm 232
Kellermann, Friedrich 245
Kellermann, Heinrich 404
Kellermann, Ludwig 249
Kellermeier, Heinrich 625
Kempe, Hans 1036
Kempner, Maximilian 1218
Kern, Christian 237
Kerpely, Anton Ritter von 194
Kesseler, C. 214, 222, 230
Kessler, Geldolph Adriaan 1214
Kettenwerke Schlieper GmbH 66, 926, 951 f., 956, 961-963, 970, 976, 989, 1013, 1041 f., 1076-1080, 1089, 1094, 1102, 1108
Keuning, Dietrich 828, 1222
Kiautschou 596
Kiel 131
Kielhorn, Carl 324, 345
Kienbaum Unternehmensberatung 1031 f.
Kienow, Sigismund 1002
Kilmer, Adam 534
Kilthau & Co. GmbH 1037, 1047, 1052
Kind, Robert 561
Kinzen, Carl 280
Kinzen, Friedrich 280
Kinzenbach, Carl 278
Kipp, Friedrich 109
Kipp, Ludwig 109
Kirberg, Hans 1090
Kirchderne 752
Kirche 131-133, 169, 231, 233, 238, 246 f., 250, 309, 317, 364, 369, 370, 399, 401, 585, 618, 652, 670, 1146 f., 1160
Kirchhörde 144, 245, 267, 275, 583, 700, 706, 713, 760, 767
Kirchhoff, 1216, 1218
Kirchlinde 752
Kirdorf, Adolph 196, 1218
Kirdorf, Emil 339, 635, 1178
Kissing & Schmöle 339
Klappert, Wilhelm 240
Klasmann & Lentze 718
Kleff, Franz 241
Kleff, Friedrich 241
Klein, Hans 1002
Klein, Hugo 826, 1220
Klein, Salomon 243
Kleine, Klemens 940
Kleineisen- und Schraubenfabrik Steele GmbH 776
Kleinenbremen 270, 624 f., 632, 650, 710, 712
Kleinlogel, A. 480
Kleinwort, Georg 165
Kletke, G. M. 127
Klewitz, Adolph 275, 282
Klewitz, Christian 282
Klewitz, Friedrich 282
Klewitz, Helene 282
Kley 753
Karl Klingelhöffer, Firma 254
Klinkenberg, Adolf 57, 60, 656, 715, 794, 798, 821, 998,

1003, 1178
Klinkmann, Emil 216
Klitzing, Maximilian von 656, 1218
Klitzing, Philipp von 656
Klitzing, von 1214
Klöckner & Co. 918
Klöckner & Weber, Firma 374, 645
Klöckner-Bergbau Königsborn-Werne AG 1054
Klöckner-Hüttenwerk Haspe AG 1083
Klöckner-Werke AG 568, 695, 782 f., 918 f., 921, 924–927, 1054, 1107, 1114 f.
- Werk Georgsmarienhütte 779, 985
- Werk Düsseldorf 926
- Werk Haspe 1083 f.
- Werk Troisdorf 924, 926
Klönne, August 300, 408
Aug. Klönne, Firma 168, 284, 287, 290, 291, 413, 414, 415, 417, 419, 420, 421, 427, 430, 466, 467, 470, 472, 473, 477, 479, 483, 774, 1186
Klöwer, Heinrich 172
Klostermann, Rudolf 27, 182, 192, 221, 225 f.
Knappschafts-Berufsgenossenschaft 651
Knappschafts-Krankenkasse des Werkes der Aktien-Gesellschaft Phoenix in Eschweiler-Aue 363
Knappschaftsverein der Burbacher Hütte 1163
Knapsack-Griesheim AG 1030
Knaup, Franz 247
Knauss, Josef 1115
Knepper, Gustav 60, 1178
Kniestedt 765
Knüppel, Helmut 977, 985
Knuettel, F. 230, 392
Knupe, Carl 1178
Koch, Emma 765
Koch, Karl 672
Koch, Rudolf von 1214
Friedrich Kocks, Firma 985
Köddermann, Friedrich Wilhelm 239, 242
Köffler, Johann 622
Köhler, Fritz 1003
Köller, Ida 397
Köln 170, 683, 696
Kölnische Feuer-Versicherungs-Gesellschaft „Colonia" 178 f., 620
Kölnische Maschinenbau AG 306
Kölnische Unfall-Versicherungs-Actien-Gesellschaft 180 f.
Köln-Mindener Eisenbahn 570, 642 f., 741, 1194
Köln-Mindener Eisenbahn-Gesellschaft 127, 137, 161, 570 f., 631, 643
Köln-Neuessener Bergwerksverein 783
Koelsch-Fölzer-Werke AG 414, 872
König & Co. GmbH 1037
König, Heinrich 763
Königin Marienhütte AG 189 f., 195, 203, 217
Königliche Eisenbahndirektion Köln 87
Königliche Regierung zu Arnsberg 5, 7
Königliche Regierung zu Hannover 12
Königreich der Serben, Kroaten und Slowenen 687
Koenigs (Königs), Franz Wilhelm 17, 22, 1212, 1214
Königsberg 690, 790
Königsberger Zellstoff-Fabriken und Chemische Werke Koholyt AG 771
Königsborn Aktiengesellschaft für Bergbau, Salinen- und Soolbad-Betrieb 560
Königssteele 575, 583, 621, 666–668, 700
Königswinter 813
Körne 144, 246, 711
Körnebach 172
Körner & Schulte 256
Köster, Anna 399
Köster, Elisabeth 234
Köttgen, Carl 1178
Kohlenhandelsgesellschaft Schürbank mbH 868
Kohlenwertstoff AG Gruppe Verkaufsvereinigung für Teererzeugnisse 1105
Kohle- und Eisenforschung GmbH 821 f., 837, 926, 998
Kohlhaas, Agnes 400 f.
Kohlhaas, Johann 406
Kohlpoth, Henriette 708
Kohlpoth, Wilhelm 697
Kokerei Alma 923
Kokerei Berneck 348
Kokerei Bruchstraße 1179
Kokerei Hansa 794 f., 987
Kokerei Henrichshütte 937
Kokerei Hörde 259–262, 285–287, 334, 375, 384, 416–418, 455 f., 473–475, 478, 496 f., 526, 541, 804, 807, 828, 872–874, 880, 909, 932, 987, 1122
Kokerei Jacobi 927
Kokerei Osterfeld 927
Kokereien und Kokereiproduktion 269, 287, 355, 417, 826, 937, 978, 1122, 1166 f., 1181, 1188, 1193
Kokereitechnik 255, 259 f., 262, 285–287, 416–418, 480, 562, 802, 804, 872 f., 932, 1120 f.
Kolbow, Karl Friedrich 829
Koll, Diether 1116
Kollmann, F. 344
Kolonial-Wirtschaftliches Komitee 548
Komitee der deutschen Armenschulen in Paris 131
Komitee für Errichtung eines Kaiser-Wilhelm-Denkmals der

Provinz Westfalen auf Hohensyburg 131
Kommission zur Gewährung von Familien-Unterstützung aus Anlass der Mobilmachung 1914 409
Kommunistische Partei Deutschlands 797, 909
Koninklijke Nederlandsche Hoogovens en Staalfabrieken N.V. 54 f., 67, 74–76, 92, 942–944, 947, 975, 979, 988, 1066
Konsortium Finkenkuhle 779
Konsortium Fort Gouraud 1082
Konsortium Fortuna 779
Konsortium für Kurssicherung 1110 f.
Konsortium Goa 1081
Konstruktionszeichnungen 126, 151, 163, 165, 183, 190, 197, 202, 213–223, 225–229, 253–256, 279, 284 f., 287 f., 290 f., 294, 296, 299–301, 304–307, 309 f., 314 f., 321–323, 325, 341, 354 f., 360, 363, 392, 394 f., 413–421, 424., 427, 429 f., 434, 436, 443, 459, 463, 466–468, 472–475, 477–481, 484 f., 490, 492, 494, 497–499, 526, 528, 532, 590–607, 609–611, 631, 640, 642 f., 646, 648, 663, 665, 667, 682–686, 688–693, 696, 720 f., 729, 741, 743, 749, 789–791, 795, 802–807, 811, 822, 846, 853, 867–869, 871–873, 877, 880, 882, 884 f., 973, 982 f., 985–987, 1032, 1058, 1123, 1131, 1162, 1186 f., 1190, 1194, 1197, 1201
Konsumverein des Hoerder Bergwerks- und Hütten-Vereins 127, 327–329
Konzernbetriebsprüfungsstelle der Oberfinanzdirektion Düsseldorf 1081
Konzernbetriebsprüfungsstelle der Oberfinanzdirektion Münster 818, 907, 970, 1034, 1040, 1043, 1057, 1080, 1094 f.
Koolen, Adr. 177
Kopparbergs & Hofors Sågverks AB 585
Arthur Koppel, Firma 132, 616
Heinrich Koppers, Firma 418, 804, 909
Kornfeld, Heinrich 998
Korsch, Hans 975
Kossack, Hedwig 403
Kost, Franz 109
Kost, Heinrich 1214
Kost, Heinrich [Hörde] 109, 235, 237, 242
Kost, Henrine 237
Kracht, Friedrich 277
Kraemer, Adolph 339
Kraemer, Henri 1218
Kraemer, Oscar 656
Kraemer, Oskar 1219
Kraftanlagen AG 983
Kraft durch Freude 824
Kraftmaschinen 108, 126, 163, 251, 253–257, 259, 269 f., 273, 279, 321, 340, 394, 635 f., 646, 648, 739, 854, 1159, 1179, 1186
Kraftverkehrs AG Westfalen 558, 829
Kraftwerk Gustav Knepper 983, 984
Kraftwerk Mengede 926, 984, 1108
Kraiczek, Roman 1221
Kramberg, Louis 707
Krane und Hebezeuge 227, 255, 325, 415, 419, 421, 427, 432, 493, 496, 528, 665, 667, 715, 724, 728, 743 f., 794, 808, 874, 881–883, 1055, 1167
Kranefeld, Christian 243
Krankenhaus Bethanien, Hörde 809
Krankenkasse der Deutsch-Luxemburgische Bergwerks- und Hütten-AG Abteilung Dortmunder Union 1150, 1154
Krankenkasse der Dortmunder Eisen- und Stahlwerke der Union AG für Bergbau, Eisen- und Stahl-Industrie 640, 1149
Krankenkasse des Phoenix, Abteilung Hoerder Verein 1136, 1192 f.
Krankenkasse des Phoenix, Abteilung Hoerder Verein für die Hermannshütte und das Hörder Hochofenwerk 366 f., 384, 1135–1137, 1139, 1141, 1143 f., 1147, 1163
Krankenkasse des Puddel- und Walzwerks Aplerbeck der Union AG für Bergbau, Eisen- und Stahl-Industrie 1149
Krankenkasse für das Eisenwerk Rothe Erde 1154
Krankenkasse für das Stahlwerk zu Osnabrück 1154
Krankenkasse für die Hüttenwerke des Hoerder Bergwerks- und Hütten-Vereins 160, 174, 327, 343, 1136 f., 1139–1141, 1147
Kranken- und Pensionskasse für die Hüttenwerke des Hoerder Bergwerks- und Hütten-Verein 537, 1136
Kranken- und Unterstützungskasse der Meister und Arbeiter des Walzwerks zu Horst und der Hochofen-Anlage zu Freisenbruch 575, 621
Kranken- und Unterstützungskasse für die Meister und Arbeiter der Henrichshütte Eisen- und Stahlwerke der Union AG 623 f., 1149
Kranken- und Unterstützungskasse für die Meister und Arbeiter der Horster Eisen- und Stahlwerke der Union 1149
Kranken- und Unterstützungskasse für die Meister und Arbeiter des Hoerder Bergwerks- und Hütten-Vereins 136 f., 147–149, 151 f., 160, 246, 342, 1135, 1137, 1146 f.
Kranken- und Unterstützungskasse für die Meister und Arbeiter des Walzwerks zu Aplerbeck 1148, 1153
Kranken-Unterstützungs- und Invaliden-Kasse für Meister und Arbeiter der Dortmunder Werke der Union AG 1154
Kraus, Thadäus 1099

Krause, Hermann 1003
Kreditanstalt für Wiederaufbau 916 f., 956, 958–960, 970, 1083
Krefeld 774
Kreft, Ida 404
Krefter, Hermann 618
Kreis, W. 694
Kreisbaudirektion Dortmund 308
Kreisgericht Bochum 575
Kreisgericht Brilon 626
Kreisgericht Hagen 575, 624
Kreisgericht Iserlohn 628
Kremser, Hermann 1216 f.
Kress, Bernhard 708
Kriegsausschuß der deutschen Industrie 551, 678
Kriegshilfsverein des Regierungsbezirks Arnsberg für den Kreis Sensburg (Ostpreußen) 369
Kriegsmarine 763
Kriegswesen 269, 368–370, 375, 386, 409, 511, 533, 540, 544, 549–551, 557, 677, 739, 748, 825, 827–830, 836–838, 861, 869, 889 f., 892 f., 899, 901, 908, 911 f., 999, 1002 f., 1010, 1073, 1101, 1166, 1182, 1194–1200
Kriegswirtschaft 363, 366–368, 381 f., 386, 389, 393, 411 f., 414, 417, 421, 450–452, 456, 520–524, 533, 543, 546, 549–551, 555, 557 f., 561 f., 664, 668, 678, 748, 780, 819, 823–828, 830–832, 838, 841 f., 844, 846, 851, 855, 857–859, 862, 869, 878–880, 887, 891–895, 898–901, 908 f., 989, 1001, 1003, 1008, 1015, 1073 f., 1131, 1143, 1161, 1177
Kröger, August 1004
Kromayer, August 109 f., 170, 235
Kropf, Caspar 632
Kropp, August 239
Kropp, Wilhelm 1221
Krueger, Hans 1178
Krueger (Krüger), Hermann 214, 1219
Krueger, Hugo 1104
Krüsselberg, Karl 764
Krupp, Alfred 194, 225
Krupp, Friedrich Alfred 128
Fried. Krupp 14, 76, 128, 180, 183, 186–189, 192–194, 197, 200, 203, 205, 208 f., 222, 281, 324, 343, 350, 596, 616, 918, 921, 923, 925, 936
- Bergwerke Essen 921
- Industriebau 988
- Konsumanstalt 924
- Stahlbau Rheinhausen 923
Fried. Krupp AG 34, 50, 53, 76, 82, 349, 377, 385, 553, 559, 568, 650, 677, 679–681, 684–688, 695, 779 f., 782, 793, 821
- Friedrich-Alfred-Hütte 376, 774, 789
Fried. Krupp AG Hoesch-Krupp 76, 82
Fried. Krupp Hüttenwerke AG 978, 985, 1029 f.
Kruse, Fritz 973, 1003
Krusenbaum, Friedrich 1004
Krzemienski, Leo 1154
Kuczkowsky, Friedrich von 236
Kudlicz, Josef 175, 226
Kudlicz, L. 221
J. Kudlicz, Firma 175
Kühlwerksbau-Gesellschaft mbH 470
Kühne & Comp. 254
Küper, Carl Daniel 282
Küster, Clemens 575, 621
Küster, Wolfgang 1074
Kufstein 132
Kuhlewind, Adolf 1004
Kuhlmann, Maria 704
Kuhlmann, Wilhelm 704
Kuhn & Co. Brucher Maschinenfabrik 285
Kuhnke, Hans-Helmut 938
Kukuk, Paul 678
Kunsch, Rudolf 701
Kunze, Carl 238
Kunze, Carl Adolph 237
Kunze, Maria 242
Kupelwieser, Paul 202
Kuske, Bruno 81
Kutscher, Horst 978
Kutscher, Wilhelm 761
Kyllmann, Gerhard 840
S. Kyriazides & Co. 697

L

Ladé, Eduard 122
Ladewig, Max 195
Lahn 633, 710
Laloux, Adolphe 1218
Lamarche, Julius 1003, 1215, 1220
Lamprecht, 552
Landesarbeitsamt Westfalen und Lippe Provinzialabteilung für praktische Psychologie 899
Landesarbeitsgericht Dortmund 772
Landesbank der Provinz Westfalen 539
Landesbank für Westfalen Girozentrale 955 f., 958
Landesbaudirektion Soest-Lippstadt der Provinz Westfalen 258, 288
Landesdirektion der Provinz Westfalen 799
Landeshauptmann der Provinz Westfalen 167, 350, 379, 481, 527, 813

Landeskulturamt Dortmund 713
Landessozialgericht Essen 1145
Landesverband der Betriebskrankenkassen Nordrhein-Westfalen 1142, 1148
Landesversicherungsanstalt Rheinprovinz 701
Landesversicherungsanstalt Westfalen 701, 996, 1130 f., 1138, 1148, 1151, 1153
Landeszentralbank in Nordrhein-Westfalen 1060
Landeszentralbank von Nordrhein-Westfalen Nebenstelle Dortmund-Hörde 901
Landgericht
- Berlin 174, 175, 382, 780
- Bochum 698
- Dortmund 109, 114, 141, 171 f., 174, 245 f., 246, 385 f., 402, 588, 612–614, 696, 698, 773, 820 f.
- Düsseldorf 698
- Duisburg 198, 201
- Elberfeld 385
- Essen 174, 564, 613, 623
- Hagen 175, 760
- Halle 819
- Hamburg 669
- Hamm 161
- Hattingen 623
- Köln 127, 161, 169
- Siegen 1074
- Unna 234
- Wuppertal 771
Landgesellschaft Westmark GmbH 677
Landrat des Landkreises Dortmund 8
Landratsamt Dortmund 331, 347, 1160
Landschaftsverband Westfalen-Lippe 1023
Landwirtschaft 161, 167, 298, 353, 409, 463, 667, 769, 821, 1105, 1177
Landwirtschaftliche Berufsgenossenschaft der Provinz Westfalen 769
Landwirtschaftskammer Münster 769
Lange, Carl Friedrich 572
Lange, Dietrich 1030
Lange, Ludwig 572
Lange, Werner 1004
Langen, Eugen 25–27, 31, 145, 167
Langen, Gottfried von 1212
Langen, Gottlieb von 1214
Langen, W. 1218
Langenkämper, Heinrich 398
Langer, Richard (Dortmund) 761
Langheim, Wilhelm 672
Lantz, Adolf 1215
Lantz, Heinrich 585, 589, 626 f.
Lantz, Mathilde 585, 589, 626–628
Heinrich Lanz, Firma 350
La Précision Moderne, Firma 1044
Robert Latowski, Firma 325
Lau, Hugo 221
Laue, Wilhelm 29
Lauten, Heinrich 246
Lautenthal 249, 272, 278
Laveleye, G. de 1218
Lazarus, Julius 705
Lebenstedt 783
Lebensversicherungsverein für die Angehörigen der Firma Fried. Krupp 180
Leeds Forge Co. 220
Winand Leffin, Firma 648
E. Legénisel Acier Coulé & Fonte Malléable 223
Lehnkering & Cie. 312
Lehr, Friedel 1004
Lehr, Hartmut 1005
Lehrkind, Gustav 41, 572 f.
Lehrkind & Falkenroth 339
Leidolf, Heinrich 63
Leinweber, Caecilie 571
Leipziger Feuer-Versicherungs-Anstalt 1143
Leipziger Leichtmetall-Werk Rackwitz Bernhard Berghaus & Co. 996
Rud. Leistner, Firma 257
Lemaitre, Richard 840
A. C. Lemvigh-Müller, Firma 688, 792
Lencauchez, M. 204
Lend & Co. GmbH 402 f.
Lenke, Hermann 676
Lennep 633
Lennewerk Altena GmbH Schrauben- und Nietenfabrik 1004
Lenninghaus, Anne Wilhelmine Sophie 257
Lenninghaus, Heinrich Friedrich Wilhelm 170, 236
Lenninghaus genannt Schulte, Eduard 408
Lensing, Rudolf 1005
Lent, Alfred 1214, 1216
Lent, Hugo 1216
Lent, Karl 1217
Leonhardt, Robert 132
Leopold, Friedrich 369
Leopold, Friedrich Wilhelm 78 f., 565
Lersner, Freiherr Kurt von 551
Gustav Leser, Firma 634
Les Petits-Fils de François de Wendel & Cie. 184, 197, 209, 213
Lessing, Familie 902

Letmathe 175, 283, 314, 347
Leube, Fritz 807
Leuckfeld, 558
F. Leybold's Nachfolger 1099
Leysieffer, Wilhelm 1030
Liberia 1059
Liebesgaben-Abnahmestelle der Inspektion der Eisenbahntruppen 369
Liebrecht & Comp. 339
Liechtenstein 1099
Lierfeld, Th. 180 f.
Liese, Wilhelm 612
Liesenhoff, Friedrich 234
Liesenhoff, J. 283
Lind, Wilhelm 1178
Linde, Jakobus von der 672
Lindemann, Carl 408
Lindemann, Ernst Heinrich 1216
Lindemann, Friedrich 309
Linden 700
S. Lindenbaum Söhne 575
Lindenberg, 1217
Lindenberg, Richard 699
Lindenhorst 751, 753
Lindig, Gustav 763
Lindken, Bernhard 621
Lindken, Elisabeth 621
Link, Wilhelm 1108
Linnigmann, Diedrich Heinrich 245
Linz, Wolfgang 920, 926, 932, 997, 1003, 1220 f.
Lippe 350, 554, 559, 691
Lippelt, Adolf 1216
Lipphardt, Peter 711
Lippstädter Eisen- und Metallwerke GmbH 829 f., 837, 976
Lippstadt 764, 783, 958
Liss, Georg 525, 785
List, Friedrich 132, 1146
Liverpool 122
F. H. Lloyd, Firma 226
Lloyd & Lloyd 226
Lloyds Register of British and Foreign Shipping 324, 1108
Herm. Löhnert, Firma 254
Loeseke, Lisette 404
Loh, Wilhelm 1178
Lohmann, August 709
Lohmann, Wilhelm 630
Lohn und Gehalt 108, 127–130, 145–152, 168, 170, 174 f., 188, 250–253, 260, 262, 271, 315, 319, 325–327, 332, 339, 344, 347 f., 351, 362, 364, 366 f., 372, 377, 380, 382, 392, 410, 412, 527, 533 f., 542, 544, 546, 554, 564, 585, 612, 616, 627, 648–650, 652, 698, 700, 713–715, 749 f., 772, 786, 790, 793 f., 796, 798, 812 f., 819, 821, 824–826, 828, 833, 835–843, 846, 862–865, 867, 897–899, 901, 907 f., 911 f., 925, 927, 946, 953, 963, 965 f., 976, 979, 980, 989–995, 998–1012, 1014 f., 1020, 1022, 1024, 1035, 1043, 1046, 1052, 1057 f., 1075, 1078 f., 1089, 1094, 1101 f., 1116, 1118–1122, 1126–1131, 1133–1135, 1139 f., 1145, 1158, 1163, 1172
Lokomotivbau und Lokomotiven 216, 228, 322 f., 375, 524 f., 799, 801, 870, 983
Lolat-Eisenbeton AG 423
Longwy 550, 831 f.
Loo, Heinrich van de 816
Loof, Hans 771
Lothringen 203, 279, 376, 380, 550, 559, 566, 676 f., 826
Lothringer Eisenwerke 153, 182, 199
Lothringer Hütten- und Bergwerks-Verein AG 676
Lothringer Hüttenverein Aumetz-Friede 210, 676 f.
Lothringisch-Luxemburgisches Comptoir für den Verkauf von Roheisen in Luxemburg 651
L'Oxydrique International Société Anonyme 699
Ludwig, Wilhelm 264, 271, 274, 279, 1212, 1214
Lueg, Adolf 400
Lueg, Carl 198
Lürmann, Fritz W[ilhelm] 225, 256, 285, 344, 1159
Lütgendortmund 753, 765
Lüth, Friedrich 922
Lüthgen, F. J. 283
Lützeler, Wilhelm 940
Luftgaukommando VI [Münster] 895
Luftverkehr 369, 785
Luftverkehrs Aktiengesellschaft Westfalen 370, 785
Lundberg, Arne S. 976
Luossavaara-Kiirunavaara Aktiebolag 976
Lutter, Paul 706
Luxemburg 182–186, 202, 208, 214 f., 219, 223 f., 226, 344, 395, 547, 549 f., 559, 566, 673 f., 680, 699, 718, 754, 780 f., 822, 826, 831 f., 979, 1123
Luxemburger Bergwerks- und Saarbrücker Eisenhütten-Actien-Gesellschaft 182, 199, 210, 213, 1163
Luxemburgische Generaldirektion der Finanzen 673

M

Maas, Friedrich 403
Maatschappij tot Exploitatie van Staatssporwegen, 690
Mähren 202
Männer-Gesang-Verein der Firma Arthur Koppel 132
Märkische Maschinenbau-Anstalt vorm. Kamp & Comp. 153, 207
Märkisch-Westfälischer Bergwerks-Verein 314, 347

Märklin, Adolf 217, 255
Magdalenen-Verein zu Dortmund 132
Magdeburg-Buckauer Maschinenfabrik und Eisengießerei Hermann Gruson 212
Magdeburger Feuerversicherungs-Gesellschaft 665
Magdeburger Lebensversicherungsgesellschaft 957
Magdeburger Verein für Dampfkesselbetrieb 323
Magdeburg-Halberstädter Eisenbahn-Gesellschaft 249
C. D. Magirus, Firma 252
Magnus, Emil 1216
Magnus, Ernst 1214
Magnussen, Jens Peter 818, 906 f., 969, 1038 f., 1064, 1079
Mahida, Vijaysinh 1115
Lauritz Mahler, Firma 773
Maiworm, Anna Maria 627
Mallmann, Jacob 621
Malmö 373
Malz, Hermann 245
Mannesmann AG 1107, 1114 f.
Mannesmann AG Hüttenwerk Huckingen 1083 f.
Mannesmann Hüttenwerke AG 1083, 1112
Mannesmann-Konzern 919, 923
Mannesmannröhren-Werke AG 395, 568, 695, 783, 820, 918, 924 f.
Mannesmannröhren-Werke AG Abteilung Grillo Funke 938
Mannheim 1049
Mannheimer Maschinen-Fabrik Mohr & Federhaff 254 f.
Mannheimer Maschinenfabrik Mohr & Federhaff AG 862
Mara Heimstätte für Alkoholkranke Frauen 132
Marburg 370, 597
Margoa S. A. 1081
Markana-Hütte 41
Marktforschung 979 f., 1066
Marsberg 628
Marshall-Plan 916 f., 955 f.
Marten 753, 765
Martens, Adolf 323
Martin, Wilhelm 934
Martini, Wilhelm 835
Martini & Hünecke Maschinenbau-Aktien-Gesellschaft 795
Martiny, Hans 840
Marx, August 199
Marx, Emil 164
Marx, Ernst 163, 319
Marx, Wilhelm 1218
Maschinen- & Armaturenfabrik vorm. Klein, Schanzlin & Becker 256
Maschinenbau-Actien-Gesellschaft Humboldt vormals Sievers & Comp. 225
Maschinenbau-Actien-Gesellschaft „Union" 255
Maschinenbau-Actiengesellschaft vorm. Gebrüder Klein 255
Maschinenbau-AG Balcke 420, 636, 872
Maschinenbau-Aktiengesellschaft Tigler 493, 722, 743
Maschinenbauindustrie 254, 263, 337, 395
Maschinenbauschulen zu Dortmund 334
Maschinenfabrik Augsburg-Nürnberg AG 774
Maschinenfabrik Augsburg-Nürnberg AG Werk Gustavsburg 696, 787
Maschinenfabrik Baum AG 804
Maschinenfabrik Deutschland AG 1154
Maschinen-Fabrik Rheydt 314
Massen 409
Massener Gesellschaft für Kohlenbergbau 10, 116, 130, 266 f., 282 f.
Massenez, Joseph 17 f., 24–30, 85 f., 124, 134, 167, 183–189, 191, 193, 195–213, 220, 222 f., 223, 225 f., 230, 280, 334, 344, 352, 616, 1162, 1180
Massmann, Friederike 397
Massmann, Wilhelm 277
Materialprüfungsamt Berlin 324
Mathée & Scheibler, Firma 254
Mathies, Hermann 582, 620, 652, 676, 707, 1218
Matthiae, Hans 1005
Matthias, Adolf 785
Maurer, Ernst 835
Mauretanien 1082
Mausegatt-Ruhrkohlen-Verkaufsgesellschaft mbH 987
Mauterer, Arthur 1220
Maximilianshütte AG 71, 917
Max-Planck-Institut für Eisenforschung 917, 1112
Maxrath, Jean 755
May, W. 327
Mayer & Kühne 11
Richard Mayerhofer, Firma 889
McGraw-Edison Comp. Lectromelt Furnace Division 977, 985
McGraw-Edison Comp. Pennsylvania Transformer Division 972
Mechanische Leinenweberei Salzgitter AG 765
Mechanisch-technische Versuchsanstalt Berlin 324
Mecklinghäuser Marmor- und Kalkindustrie GmbH 634
Meer, Gustav ter 565
Meguin AG 695
Mehler, H. 180
C. Mehler, Firma 254
Meiborg, Jakob 670
Meiderich 553
Meidericher Steinkohlenbergwerke AG 35
Meier, Eduard 29, 60, 124, 200, 251
Meier, Heinrich [Treuhandverwaltung] 903, 940
Meier, Hermann Heinrich 280

Meier, Max Paul 60, 91, 780, 839 f.
Meilicke, Irmgard 1074
Meinberg, Adolph 245
Meinberg, Dietrich 398
Meinberg, Dietrich Adolf 399
Meininghaus, Walter 708
Meiser, Adeline 840
Meiser, Franz 206
Meiser, Josef 840
Meissner Eisengießerei und Maschinenbau-Anstalt vorm. F. L. & E. Jacobi 254
Melaun, Franz 195, 206
Melcher, Gottlieb 618
Melchior, Victor 586, 1216
Melchior, Victor
Menck & Hambrock 646
Menden 266, 347, 629, 782
Mendheim, Georg 292
Mengede 552, 583, 652, 700, 713
Menglinghausen 706
Mensch und Arbeit im Betrieb (FMAB) e. V. 1016
Mertes, Paul Hermann 1157
Mertmann, Adolph 248
Mertmann genannt Hidding, Bernhard Diedrich 232
Meschede 782
Messen und Ausstellungen 162–165, 180, 227, 271, 336, 341, 349, 352, 373, 387, 544, 563, 565, 653, 786 f., 860 f., 1115, 1133, 1161, 1173
Messer & Co. GmbH 469, 475, 749, 805, 886
Messinghausen 626
Metall-Diffusions-Gesellschaft mbH 925
Mettmann 764
Meuler, Familie 902
Meurer, Wilhelm 277
Meurthe et Moselle 831 f.
Mevissen, Gustav (von) 6 f., 10 f., 15–17, 78, 108, 112 f., 123, 141–143, 147 f., 275, 1160, 1180, 1212
Meyer, Carl Julius 660–662
Meyer, Daniel Wilhelm 122
Meyer, Gerhard Lucas 196, 206
Meyer, Julius 12, 122
Meyer, Karl 1005
Meyer, Paul 1216, 1218
Meyer, Wilhelm Hermann 779
Michelmann, 552
Michels, Willi 1222
Michler, Alfred 1217
Middeldorf, Ernst 171
Middeldorf, Wilhelm 652
Militärregierung 830, 839, 842, 901, 913, 997, 1000 f., 1006, 1008, 1127
Military Government of Germany 865, 908, 913
Miller, Frank 1180
Minden 625, 650, 710, 765, 773
Mindener Kreisbahnen GmbH 1209
Ministerien
- Baden
  Ministerium des Innern des Landes Baden 221
- Bayern
  Ministerium des Handels und der öffentlichen Arbeiten des Staates Bayern 221
  Ministerium für Verkehrsangelegenheiten des Königreichs Bayern 679
- Belgien
  Ministerium der Eisenbahnen, Marine, Post und Telegrafie von Belgien 688
- Bundesrepublik Deutschland
  Bundesministerium der Finanzen 958
  Bundesministerium für Arbeit 1019
  Bundesministerium für Wirtschaft 914, 918, 920–922, 924, 928 f., 938, 1029, 1060, 1112, 1132
- Dänemark
  Ministeriet for offentlige Arbejder 682, 688, 792
- Deutsches Reich
  Reichsarbeitsministerium 537, 542
  Reichsjustizministerium 821
  Reichsministerium der Finanzen 389, 677 f., 757 f., 825
  Reichsministerium für Bewaffnung und Munition 826, 895, 901, 1073
  Reichsministerium für die besetzten Gebiete 391, 568
  Reichsministerium für Rüstung und Kriegsproduktion 826, 886, 895, 1001
  Reichsministerium für Verkehr 557, 566
  Reichsministerium für Wirtschaft 669
  Reichs- und Preußisches Arbeitsministerium 690
  Reichs- und Preußisches Ministerium für Ernährung und Landwirtschaft 825
  Reichs- und Preußisches Wirtschaftsministerium 896
- Hannover
  Ministerium für Finanzen des Königreichs Hannover 122
- Hessen
  Ministerium des Innern des Kurfürstentums Hessen 221
- Niederlande
  Minister van Kolonien (Niederlande) 610
  Ministerie van Waterstaat, Handel en Nijverheid 165
- Nordrhein-Westfalen
  Kultusministerium des Landes Nordrhein-Westfalen 1133
  Ministerium der Finanzen des Landes Nordrhein-Westfalen 943
  Ministerium für Arbeit des Landes Nordrhein-Westfalen

994
Ministerium für Wirtschaft des Landes Nordrhein-Westfalen 828, 909, 914, 916, 920, 932, 936 f., 1020
- Österreich-Ungarn
Ministerium für Handel der Kaiserlich-Königlichen Monarchie Österreich 219
- Preußen
Kriegsministerium des Landes Preußen 256, 412, 546, 1160
Ministerium der Finanzen des Landes Preußen 108, 236, 563, 673
Ministerium der geistlichen, Unterrichts- und Medizinal-Angelegenheite des Landes Preußen 560, 1155, 1160
Ministerium der öffentlichen Arbeiten 128, 133, 165, 307 f., 312, 341, 347, 352, 412, 490, 559, 566, 867
Ministerium des Innern des Landes Preußen 130, 134, 544, 563, 1143
Ministerium für Handel, Gewerbe und öffentliche Arbeiten des Landes Preußen 112–114, 127–129, 136 f., 207, 221, 225, 258, 280, 309, 311, 322, 345, 351, 867, 1159 f.
Ministerium für Handel und Gewerbe des Landes Preußen 7, 173, 307, 381, 420, 427, 525, 548, 560, 562, 564, 720, 757 f., 794
Ministerium für Justiz des Landes Preußen 758, 1159 f.
Staatsministerium des Landes Preußen 350
- Russland
Ministerium der Wege-Communication von Rußland 682
Mintrop, Ludger 785
Miquel, Johannes (von) 585, 1216
Mische, Anton 628
Mischker, Heinrich 1139
Mission Interallié de Contrôle des Usines et des Mines (MICUM) 389–391
Mitbestimmung 545, 547, 551, 564, 900, 939, 1068, 1182
Mittel- und Westdeutsche Treuhand AG 829
Mitteldeutsche Bodenkreditanstalt 704, 757
Mitteldeutsche Stahlwerke AG 759
Mitteleuropäischer Wirtschaftsverein (Verein zur Förderung der gemeinsamen wirtschaftlichen Interessen der mitteleuropäischen Staaten) 349
Mittelland-Kanal 340
Mittemeyer, Hermann 1144 f.
Mobil Oil AG 1103
Modersohn, Diedrich 626, 628
Möhring, Hans 1158
J. Möhring, Firma 805
Moeller, Bruno 844
Möller, Julius 275
K. & Th. Möller 300
K. & Th. Möller GmbH 459
Moeller & Schreiber 225
Möllmann, Heinrich Christian Friedrich 239
Möllrich, S. 244
Möllrich, Simon 239
Möncheberger Gewerkschaft 206
Mönkebüscher, Bernard 703
Ludwig Mönnich Bauunternehmung GmbH 795
Möritz, Helmut 1006
Mösta, Erich 1222
Mohr, Caspar Heinrich 111
Mohr, Friedrich 111
Mohr, Heinrich 968
Mohr, Wilhelm 275
Moll, Peter 236
Mologa-Holzindustrie AG 771, 780
Monden, Herbert 914, 919, 1222
Monin, J. 212
Monnom, Hector 1218
Moon Brothers Ltd. 1032
Morck, Heinrich Wilhelm 403, 493
Morguet, M. 677
Morsbach, 653
Mosel 349, 559, 566
Mosengeil, Carl von 1212
Moskau 131
Mossler, Heinrich 764
Motorluftschiff-Studiengesellschaft mbH 369, 784
Movius, Theodor 141, 182, 206, 276, 1212
Mühlig, M. 206
Mühling, Jacob 1139
Mülheim an der Ruhr 277
Müllensiefen, Gustav 275
Müller, 1217
Müller, Albert 1006
Müller, Bernhard 704
Müller, Carl 1218
Müller, Friedrich Carl Georg 206
Müller, Fritz von 1218
Mueller, Hugo 585
Müller, Karl 778
Müller, W. 1214
Mueller, Waldemar 1218
Müller, Wilhelm Heinrich 575, 583, 621
H. Müller & Co. 634
Müller-Klönne, Karl 1178
München 163, 221
Münster 347
Münsterische Schiffahrts- und Lagerhaus-AG 926, 1099, 1116

Münstermann, Diedrich 243
Muller, C. E. 183
Munitionsfabrik Spandau 256
Mushet, David 258
Mutzenbach, Ludwig 236
Muysken, J. 1214

N

N. V. Nedeximpo Nederlandsche Export- en Import Maatschappij 392
Nachrodt 763
Nassau 268, 633
Nassauer Farbengruben-Gewerkschaft Joseph & Co. 631
Nathan, H. 1214
Nathan, Henry 1218
Nationaal-Socialistische Beweging in Nederland 838
Nationaler Werkverein Union 712
Nationalliberale Partei Geschäftsstelle für Westfalen 134
Nationalsozialismus 797, 817, 824 f., 838, 843, 860, 863, 899, 908, 997, 999, 1003
Nationalsozialistische Betriebszellenorganisation 91, 821, 824, 825, 899
Nationalsozialistische Deutsche Arbeiterpartei 824, 899, 908, 1003
Nationalsozialistische Kriegsopferversorgung 813
Naylor, Vickers & Co. 122
Nebenprodukte 167, 204, 208, 286, 314, 320, 324, 374 f., 393, 395, 414, 417 f., 475, 547, 549, 561 f., 566, 585, 645, 693, 697, 777, 793, 802, 822 f., 835, 848, 861 f., 869 f., 872 f., 932, 973, 978, 988 f., 1038, 1102–1106, 1112–1115
Neckar 691, 791
Neckarbauamt Heidelberg 691
Neckarbaudirektion Stuttgart 791
Nedderhut, Heinrich 765
Nederlandsche Zuid-Afrikaansche Spoorweg-Maatschappij 593 f.
Neeland, R. J. 670
Neheim-Hüsten 1075
Netcke, 1217
Netcke, Rudolf 206
Nette 753
Neubert, Bernhard 1006
Neue Berliner Messingwerke Wilh. Borchert jr. 256
Neue Frankfurter Allgemeine Versicherungs-AG 772
Neuendorf, Hermann 230
Neuenrade 347
Neufang, Erich 840
Neuhoff, R. 145
Neuhoff, Robert 1212, 1214
Neuman, Joseph 673
Neunkirchen 277, 717, 768
Neunkircher Eisenwerke AG 1114 f.
Neunkircher Eisenwerk AG, vormals Gebr. Stumm 793
Neu-Schottland Berg- und Hütten-Actien-Verein 41., 83, 89, 339, 572–577, 583 f., 586, 620 f., 623 f., 629 f., 1159, 1163
Neuseeland 1099
Neuwalzwerk AG 926
Neuwied 633
New York 758, 759
Niederhövels 629, 648, 650, 676, 716
Niederhonnefeld 676
Niederländische Rhein-Eisenbahn-Gesellschaft 282
Niederländisch-Indien 694
Niederlande 132, 165 f., 177, 219, 282, 549, 557, 593 f., 610, 662, 690, 692 f., 789, 791, 831 f., 838, 841, 979
Niederösterreich Statthalterei 188
Niederrheinische Hütte AG 1081 f., 1085
Niederrheinischer Verein für öffentliche Gesundheitspflege 131 f., 352 f.
Niedersachsen 1030
Niedersächsische Landesbank Girozentrale 1083
Niederschönweide 792
Niehörster, Joseph Christoph 620
Nieksch, Fritz 1023
Nieland genannt Schulte-Schrepping, Heinrich Wilhelm 623
Niermann genannt Wilmsmann, Gerhard 245
Nies genannt Balster, Franz Heinrich 232
Noell, Paul 1014
Noelle genannt Brüggemann, Diedrich 245
Nonne, Julius 124, 269 f., 272 f.
Norddeutsche Bank 581 f., 657 f.
Norddeutsche Gruppe des Vereins Deutscher Eisen- und Stahlindustrieller 552
Norddeutscher Lloyd von Bary & Co. 165
Norddeutsche Versicherungs-Gesellschaft 666
Norddeutsche Verwertungs-Gesellschaft mbH 717
Otto Nordhaus, Firma 799
Nordmark, Hans 976
Nordrhein-Westfalen 955, 993–995, 1015
Nordseewerke Emden GmbH 763, 771, 776, 844, 955
Nordseewerke Emder Werft und Dock AG 668
Nordstern Allgemeine Versicherungs-AG 957
Nordstern Arbeiter-Versicherungs-Actien-Gesellschaft 180
Nordstern Lebens-Versicherungs-Actien-Gesellschaft 181, 387
Nordstern Lebensversicherungs-AG 997
Nordstern Lebensversicherungsbank AG 837, 997

Nordstern Unfall- und Alters-Versicherungs-Actien-Gesellschaft 174, 385, 387, 616
Nordstern Versicherungs-Aktiengesellschaft 405
Nordwestdeutscher Hütten- und Bergwerksverein AG 924
Nordwestdeutscher Rundfunk 841, 939
Nordwestliche Gruppe des Vereins Deutscher Eisen- und Stahlindustrieller 162 f., 335–337, 346, 351, 377, 383, 389, 392, 527, 533, 542, 548–552, 563, 678 f., 800, 815, 825, 843
Normen 323 f., 344 f., 351, 375, 560, 562
North & Co. Phoenix Foundry & Engineering Ltd. 225
North British and Mercantile Insurance Company 178
North Eastern Steel Co. Ltd. 212 f., 229
North German Coal Distribution Office 866
North German Iron and Steel Control 62
Norwegen 219, 277, 662
NS-Studentenkampfhilfe Altherrenbund der deutschen Studenten 997
Nürnberger Lebensversicherungs AG 957
Nussbaum, Adolf 396
Nussbaum, Erich 396
Nussbaum, Nathan 241

O

Oberbergamt Bonn 628, 632, 717
Oberbergamt Clausthal 278, 280, 651, 711
Oberbergamt Clausthal-Zellerfeld 717
Oberbergamt Dortmund 5, 7, 108, 112, 126, 264, 282, 348, 554, 1159, 1160
Oberbilker Stahlwerk vorm. Poensgen, Giesbers & Co. 203
Oberbredenscheid 575, 623
Oberdreis 786
Oberemsische Deichacht 670
Oberfinanzdirektion Düsseldorf Konzernbetriebsprüfungsstelle 1082, 1094
Oberfinanzdirektion Münster 1066
Oberhäuser, Alfred 1006
Oberhausen 921
Oberkommando der Marine 844
Oberkommando des Heeres 837
Oberkommando des Heeres Beauftragter für die Bereitstellung von Blechen zu ernährungswirtschaftlichen Zwecken 1073
Oberlandesgericht Hamm 161, 165, 172, 201, 612 f., 698, 770, 773, 799, 1074
Oberlandesgericht Köln 383
Oberlandesgericht Naumburg 819
Oberlandeskulturgericht Berlin 404
Oberpostdirektion Arnsberg 298, 637
Oberpostdirektion Dortmund 458 f., 618, 646
Oberpostdirektion Düsseldorf 298
Oberpräsident der Provinz Westfalen 340, 553, 748
Oberpräsident der Provinz Westfalen Wasserbaudirektion Münster 684, 790
Oberrhein AG für Industriewerte 677
Oberrheinische Versicherungs-Gesellschaft 387
Oberschlesien 210, 213, 551, 566, 831, 832
Oberschlesische Eisenbahn-Bedarfs-AG 29, 133, 182, 185, 200, 210, 213
Oberschlesische Eisenindustrie Aktien-Gesellschaft für Bergbau 395
Oberschlesischer Berg- und Hüttenmännischer Verein 352
Obersprockhövel 700
Oberstadt, Clemens 233
Oberversicherungsamt Dortmund 1135, 1154
Oberversicherungsamt Nordrhein-Westfalen 1147, 1155
Oberverwaltungsgericht Berlin 170, 361, 382, 748
Ochel, Willy 70, 942, 947, 1068
Ochsenfahrt, Fritz 1021
Odenthal, Willi 1222
Oder 791 f.
A. & H. Oechelhäuser Eisengießerei und Maschinenfabrik 646
Oeder, Hans G. 1214
Oertmann, Paul 563
Oesede 122
Oespel 753, 767
Österreich 122, 131 f., 183, 186–188, 193, 201–203, 205 f., 208, 211–215, 217, 219, 223 f., 226, 277, 349, 544, 561, 662, 1123
Österreichisch-Alpine Montangesellschaft 219
Oestrich 250, 583, 628, 700, 713, 762
Office Commun des Consommateurs de Ferraille 1111
Office of the U. K. High Comissioner Germany Information Service Division 923
Ohlenbostel, Erich 844
Olfe, Hermann 1178
Olpe 339, 589, 627, 633, 700
Olszewsky, Stanislaus 224
Ophoven, Armand 1218
Louis Opländer Gesundheitstechnische Anlagen, Firma 1143
Oppenheim, Albert von 1214
Oppenheim, Eberhard von 1218
Oppenheim, Emil von 1218
Oppenheim, S. Alfred von 54, 1214
Oppenheim, Waldemar von 1214
Sal. Oppenheim jr. & Cie. 579, 581, 657, 1111
Oppermann, Gustav 278
Ortmann, Hermann 394
Wilhelm Ortmann, Firma 877
Ortmeyer, Heinrich 797

Osaka 163, 165
Osann, Friedrich 189, 194, 206, 225
Oskar II. König (Schweden) 585
Osnabrück 115, 122, 783
Osnabrücker Bergwerks- und Hütten-Verein 12
Ostmark 831 f.
Ostpreußen 369, 692, 791
Ostrop, Hermann 1222
Oswald, Willy 279
Othfresen 280, 625 f., 632, 651, 700, 711, 771
Ottermann, Moritz 585, 1216 f.
Over, A. 786
Overhoff, A. 379
Overweg, Adolph (auch Adolf) 34, 145, 565, 1212, 1214
Overweg, Carl 5-8, 12, 34, 108, 110, 112 f., 121-123, 141 f., 147-152, 275 f., 283, 1160

P

Padberg 628
Paget & Moeller, Firma 187 f., 208, 226
Paget, Moeller & Hardy, Firma 188, 223
Pahl, W. 566
Paraguay 695
Paris 131, 163
Parnitzke, Heinrich 705
Pastor, 1217
Pastor, Gustave Léon 183
Patente und Lizenzen 124, 146, 158, 175, 182-231, 256, 299, 392-395, 525, 548, 614, 616, 663, 697, 699 f., 755 f., 772, 787, 802, 820-823, 840, 907, 917, 930, 932, 940, 972, 977-979, 978 f., 985, 1044, 1089, 1099, 1162
Patentrecht 183, 186, 189, 193, 229 f., 663, 697 f., 916
Patent Steam Boiler Company 225
Pattberg, H. 1214
Pattinson & Stead 229
Paulinenhütte 39, 1159
Peckolt, Horst 1107
Peill, A. 1214
Peine 561, 717
Peis, Franz 702
Pelat, Adolfo 165
Pellenz & Co. 305, 306
Pellenz & Reuleaux 305 f.
Pellinghoff, P. 1186
Pelser, Hans 1007
Peltzer-Teacher, G. 225
Pelzer, Friedrich 254
Pennsylvania Engineering Corp. 977
Pensions-, Witwen- und Waisen-Kasse für die Beamten des Hoerder Bergwerks- und Hütten-Vereins 539 f.
Pensions-, Witwen- und Waisen-Kasse für die Beamten des Phoenix, Aktien-Gesellschaft für Bergbau und Hüttenbetrieb 366 f., 540, 995
Pensionskasse der Henrichshütte 623
Pensionskasse der Württembergischen Feuerversicherung AG 957
Pensionskasse für die Friedrich Alfred-Hütte der Firma Fried. Krupp AG 385
Pensionsverband für obere Werksbeamte der zur Hütten- und Walzwerks-Berufsgenossenschaft in Essen gehörenden Werke 567
Pensionsvereinigung der Eisen- und Stahlindustrie 996
Perker, E. 1159
Pescatore, A. 185
Peters, Friedrich 629 f.
Peters, Heinz-Otto 1007
Peters, Wilhelm 1216
Petersen, Otto 774
Petersmann, Max 399
Petry, Walter 835
Pfalz 831 f.
Pfeiffer, Valentin 24, 145
Pferdmenges, Robert 1214
Phenol-Verband GbR 1104-1106
Philipp, 1217
Philippi, Detmar 659, 758 f., 782 f., 829, 998
Philipson, Adolf 672
Phoenix AG für Bergbau und Hüttenbetrieb 3 f., 13, 35-38, 49 f., 53-55, 57 f., 60, 78, 88, 120 f., 140, 162, 165, 182 f., 187, 189 f., 192 f., 197, 200, 210, 213, 215-217, 219 f., 223, 225, 255, 339, 350, 359-367, 369, 372 f., 376-378, 380, 383 f., 386-393, 398, 401 f., 404 f., 407-409, 413, 493, 495, 527, 530 f., 533, 535, 539 f., 544, 549-551, 553 f., 559, 567 f., 582, 616, 663, 677, 695, 756, 758, 764, 766, 769, 773, 779, 781, 785 f., 793, 800, 816, 982, 1135, 1143 f., 1149, 1154, 1169 f., 1175 f.
- Abteilung Bergwerke 55, 360, 362 f., 365, 372, 376-378, 380, 389 f., 412, 554, 560, 867, 983
- Abteilung Düsseldorf 364 f., 372 f., 376-378, 380, 389-391, 413, 533
- Abteilung Düsseldorfer Röhren- und Eisenwalzwerke zu Düsseldorf 1169
- Abteilung Eisenhütte Bergeborbeck 363
- Abteilung Hoerder Verein 3 f., 53, 77-84, 88, 125, 130 f., 133, 140 f., 169 f., 174, 177, 219, 224, 231, 244, 258, 271, 279, 313 f., 322, 324, 335, 341, 345, 348 f., 359-569, 678, 680 f., 684-688, 760 f., 766, 784, 793, 798-801, 803 f., 806, 809 f., 812, 814 f., 832, 838, 841, 867-869, 890, 902, 909, 973, 975, 981-983, 989, 1001-1005, 1007-1010, 1022, 1135, 1137, 1141, 1143 f.,

1157 f., 1161-1163, 1169 f., 1188-1191
- Abteilung Hoerder Verein Hermannshütte 56, 322, 332 f., 341, 366 f., 381, 383, 386, 408, 410, 412 f., 418-428, 430-438, 440-454, 459-470, 480-482, 485-487, 490-499, 510 f., 521-524, 526, 528, 532 f., 541-544, 553-557, 799, 806, 810, 867 f., 981 f., 1141, 1191
- Abteilung Hoerder Verein Hochofenwerk Dortmund 55, 366 f., 371, 375, 381, 398, 410, 415, 426, 429, 439, 457, 460, 462, 478-480, 486, 488 f., 491, 498, 507 f., 520, 529-531, 533, 542 f., 551, 553-557, 766, 806
- Abteilung Hoerder Verein Hochofenwerk Hörde 55, 322, 332, 341, 360, 366 f., 371, 374 f., 381, 383 f., 396, 403, 410-418, 425 f., 429, 438-440, 446 f., 454-457, 459-462, 464, 471-478, 480-484, 486 f., 490-498, 512, 520, 522-524, 526, 528, 532 f., 541-544, 551, 553-557, 561, 799 f., 803 f., 806, 868, 890, 909, 973, 1009, 1190, 1141
- Abteilung Hoerder Verein Hoerder Kohlenwerk 55 f., 271, 341, 366 f., 371, 374 f., 379, 381, 383, 385, 387, 409-412, 458-460, 481, 485, 499, 525-527, 531-533, 535, 542 f., 545, 554-557, 564, 567, 800, 867, 973, 981 f.
- Abteilung Räderfabrik, Eisen- und Stahlwerk zu Eschweiler-Aue 363
- Abteilung Ruhrort 36066, 372 f., 376, 378, 380, 389-391, 410, 413, 533, 553 f.
- Abteilung Westfälische Drahtindustrie 362
- Abteilung Westfälische Union 36, 360-365, 372 f., 376-378, 380, 389-391, 393, 413, 533, 540, 566, 769
- Hochofenwerk Bergeborbeck 363
Phoenix-Rheinrohr AG Vereinigte Hütten- und Röhrenwerke 70, 945, 1030, 1060, 1068, 1082-1084, 1100, 1107, 1114 f.
Piedboeuf, Jacques 253
Piedboeuf, Jean Louis 225
Pieler, 1217
Piepenstock, Friedrich 248
Piepenstock, Hermann Diedrich 5, 108 f., 1160, 1162, 1180, 1182
Piepenstock, Sophie 5, 108-111, 113, 234, 246, 1160
Piepenstock & Comp. 4-7, 83-85, 108-111, 113 f., 122 f., 126, 136, 141, 147, 177, 221, 234, 251, 275, 321, 1160
Caspar Diedrich Piepenstock, Firma 108, 110 f., 1160
Pieper, Carl 208, 215-220, 222 f., 227 f., 230, 348, 394
Pieper, Wilhelm 709
Piette, W. 216
Pilsener Bau- und Grundstücksgesellschaft 586
Pink, Richard 14, 1162, 1180
Julius Pintsch, Firma 224
Plaas genannt Pütthoff, Heinrich 761
Plaas, Johann Heinrich Hermann 710
Plank, Fred H. 977
Plankert, Hans-Heinz 1081
Plath, Hans Ulrich 1021
John Platt & Co. 282
Plessmann, Heinrich 623
Plessner, F. 346
Plock, C. 324
Plotzki, Eugen B. 1081
Pöhlmann, Adolf 1218
Poensgen, Albert 1214
Poensgen, C. Rudolf 1214
Poensgen, Carl 225
Poensgen, Ernst 386, 1215, 1220
Poensgen, Helmuth 755, 1215, 1220
Poensgen, Reinhard 339
Pöppinghaus, Felix 361
Poetter, Heinrich 230
Pohl, Karl 1189
J. Pohlig AG 286 f., 315, 414, 494, 497 f., 528, 803 f.
Polen 543
Polensky & Zöllner Baugesellschaft mbH & Co. 861
Polnische Berufsvereinigung (Zjenoczenie Zawodowe Polskie) 542, 545
Polscher, Adalbert 179, 388
Popp, Carl 841
Portland Cement-Fabrik Gössnitz 192 f.
Portugal 1025
Post, Johan Willem 219
Postamt Dortmund 298, 695
Postamt Hörde 458 f.
Pottgießer, Heinrich 833
Pottgießer, Heinz 972
Potthoff, H. 247
Potthoff, Heinz 1221
Präsident Ruhrkohlen-Verkaufsgesellschaft mbH 987
Prag 131 f.
Prager Eisen-Industrie-Gesellschaft 183, 193, 212, 215, 219, 229
Pregel 690, 692, 790, 791
Preise 122, 133, 148 f., 152, 164-166, 256-258, 276 f., 281-283, 337, 339, 341, 349, 351, 361, 363-365, 374, 376-378, 408, 412 f., 548-550, 556, 564, 600, 632, 634, 652, 664 f., 668, 673 f., 678-682, 684-688, 716, 770, 774, 791, 793, 915, 918, 938, 942, 979, 983 f., 1075, 1079, 1081, 1089, 1096, 1109, 1112 f., 1123, 1174
Preß- und Walzwerke AG 918
Preusch, Charles D. 977
Preußen 237, 280 f., 349, 493, 532, 668, 671 f.
Preußische Bergwerks- und Hütten-AG 39, 632, 1159
Preußische Central-Bodenkredit-AG 704
Preußische Feuer-Versicherungs-AG 399

Preußische National-Versicherungs-Gesellschaft 616, 666
Preußischer Beamten-Verein 353
Preußischer Beamten-Verein zu Hannover 705
Preußische Staatsbank (Seehandlung) 108
Preußische Staatseisenbahn 128, 596 f., 601–607, 683, 685–687, 689, 693
Preußische Staatseisenbahn Ostbahn 161
Price, Waterhouse & Co. 1038
Prielipp, Walter 1007
Prietzsch, Gustav 249
Prignitzer Eisenbahn- Gesellschaft 595
Prinz-Wilhelm-Eisenbahn 1159
Privy Council 186
Prochaska, Julius 203
Produktion und Produktionsstatistik 122, 126–129, 135, 147–158, 224, 250–253, 264 f., 267, 270–272, 286, 315, 336 f., 339, 341, 344, 351, 361, 365–367, 371 f., 380, 389, 410, 413, 548–551, 554, 556 f., 567, 577 f., 585, 632, 663, 713–715, 793 f., 798, 814, 816, 831–835, 845 f., 864 f., 867, 907 f., 912, 915–918, 922, 925–927, 934, 938, 941, 946 f., 963 f., 979 f., 987, 993, 1028, 1046, 1058, 1067, 1075, 1078, 1088 f., 1094, 1116–1118, 1120–1123, 1158, 1164, 1168 f., 1172–1175
Profilstahl 135, 147–149, 166, 216–220, 231, 253, 323 f., 339, 344 f., 363, 373, 377, 410, 562, 611, 656, 662, 674 f., 690–694, 788–793, 820 f., 833, 840, 846, 865 f., 947, 974, 980, 987, 1066, 1108, 1117 f., 1122 f., 1167–1172, 1174 f.
Promontana AG 677
Providentia Allgemeine Versicherungsgesellschaft 697
Providentia Frankfurter Versicherungs-Gesellschaft 180
Provinzial-Comite für die Errichtung eines Kaiser-Wilhelm-Denkmales in Westfalen 131
Provinzial-Heilanstalt Dortmund-Aplerbeck 379, 481, 527, 801, 870, 981
Provinzial-Irrenanstalt Aplerbeck 167, 311, 981
Provinziallandtag der Provinz Westfalen 350
Provinzial-Steuerdirection Köln 161, 169
Provinzial-Steuerdirection Münster 161
Provinzialsteuerdirektor für Westfalen 382
Provinzialverband der Provinz Westfalen 829, 981
Prozesse und Prozessakten 127, 161, 169–177, 192 f., 201, 207, 221, 229, 239, 242, 331, 361, 382–386, 392, 396–398, 419 f., 427, 542, 545, 555, 564, 575, 611–614, 625 f., 647, 652, 663 f., 669, 674, 696–699, 710, 748, 760, 770–773, 777, 780, 783, 799, 819–821, 961, 998, 1011, 1074, 1113 f., 1141, 1145, 1148, 1154 f.
Prüssmann, Wilhelm 761
Pumpen und Armaturen 267, 282, 303, 466 f., 469 f., 474, 642, 646, 715, 803, 1118
Puppe, Johann 561
Puttrich, Heinrich 225

Q

Quaatz, Reinhold 552
Qualitätswesen 135, 159, 165 f., 173 f., 193, 195, 207, 209 f., 212, 222, 251, 258–263, 267–269, 270, 280, 282, 292 f., 323 f., 344, 362, 364 f., 375 f., 429, 443–445, 525, 561 f., 633, 727, 746, 802, 835, 862 f., 886 f., 912, 917, 934, 973, 1096, 1108, 1117–1119, 1122 f., 1125, 1198
Quambusch, Abraham 239
Quarzitbetriebe Hof-Theis GmbH 770, 819
Quellmalz & Adler 118
Quitmann, Richard 133, 218, 227, 324, 373, 392
Quitmann, Rudolf 166, 227
Quitmann & Lintz 375

R

Raab Karcher GmbH 838, 1100
Heinr. Raacke Eisen- und Stahlbau-GmbH 883
Rabes, Carl 758 f., 1220
Rademacher, Albert 235
Rademacher, Heinrich 575
Rademacher, Johann Stephan Bernhard Josef 235
Rademacher, Joseph 235
Radoux, Louis 176
Radsatz-Gemeinschaft für das Ausland 652
Rätsch, Herbert 777, 1031, 1036, 1038, 1054, 1072, 1087 f.
Rahm 753
Rahmann, Johann Heinrich Wilhelm 575
Rahrbach 627
Anton Raky Tiefbohrungen 768
Ramdohr, Blumenthal & Co. 195
Randak, Alfred 985
Randebrock, Paul 348, 1216, 1218
Gustav Rannenberg, Firma 252
Rapard, Georg von 331
Rappard, Friedrich Wilhelm Franz von 234
Rappard, Max von 676
Rasch, Ewald 324
Rasch, J. 305 f.
Rasenerz-Gesellschaft Muurlink & Co. 282
Raskop, Heinrich (Heinz) 841
M. Raspe & Co. 165
Rat der Volkskommissare der R.S.F.S.R. Bevollmächtigter für Eisenbahnmaterial-Bestellungen 682
Rath, M. 546
Ravené, Louis 1216, 1218
Raymond, Walter 939
Rechberg, Ferdinand 1212
Recklinghausen 782

H. Redecker & Nauss 255, 325 f.
Reden, Ph. 255
Rediger, Wilhelm 623
Reese, Friedrich 716
Regierungs-Haupt-Kasse des Landes Preußen 236
Regierungspräsidium Arnsberg 108, 112 f., 126 f., 130, 136 f., 234–236, 239, 241, 246, 250 f., 259, 284, 299, 301, 306, 314, 318, 321, 346, 354–356, 382, 500, 535, 571, 620, 628, 649, 786, 794 f., 821, 870–872, 890 f., 1125, 1159 f., 1186
Regierungspräsidium Arnsberg Bezirksausschuss 127–129, 160, 164, 170, 284–286, 300, 302, 304, 307–309, 311 f., 317, 321, 354 f., 361, 382, 407, 413–418, 429, 471–473, 475, 477 f., 480, 482–485, 487, 496 f., 524, 526, 538 f., 542, 554, 561, 637–639, 643 f., 666 f., 697, 718 f., 722, 727, 738–741, 744, 803–805, 807, 867, 880, 909, 981 f., 1143, 1149
Regierungspräsidium Arnsberg Gewerbe-Inspektion 635
Regierungspräsidium Aurich 672
Regierungspräsidium Düsseldorf 571, 789
Regierungspräsidium Düsseldorf Feststellungsbehörde Barmen 392
Regierungspräsidium Düsseldorf Feststellungsbehörde Ruhrgebiet in Essen 391 f.
Regierungspräsidium Hildesheim 712
Reichardt, Walter 1007
Reichelt, Johannes 1095
Reichert, Jakob Wilhelm 550
Reichsamt des Innern 134, 337, 372, 412, 556, 678
Reichsamt für Wirtschaftsausbau 885
Reichsauschuß der deutschen Landwirtschaft 551
Reichsausgleichsamt Zweigstelle Düsseldorf 386
Reichsautobahnen Oberste Bauleitung Frankfurt am Main 787
Reichsbahndirektion Essen 386, 403, 483–485, 487, 495, 526, 528, 530, 532, 794, 799–801, 806 f., 868–870, 884, 981–983
Reichsbank 389, 412
Reichsbank Hauptstelle Dortmund 129
Reichsbank Nachrichtenbüro für die Kriegsanleihen 557
Reichsbank Nebenstelle Hörde 368
Reichsbankdirektorium 389
Reichsbeauftragter für Eisen und Stahl 91, 830
Reichsbevollmächtigter für Bahnaufsicht 870, 881, 982
Reichsbund deutscher Diplomlandwirte e. V. 839
Reichsdruckerei 207
Reichseisenbahnen [Elsaß-]Lothringen 590 f., 598, 605–607, 611
Reichsgericht 19, 172, 192, 229, 385, 555, 770, 773
Reichsgesundheitsamt 830
Reichsgruppe Industrie 830
Reichsjustizamt 337, 340
Reichskommissar für die Eisenwirtschaft 377
Reichs-Kommissar für die Welt-Ausstellung in Chicago 1893 163
Reichs-Kredit-Gesellschaft mbH 568, 695
Reichskuratorium für Wirtschaftlichkeit 814
Reichsmilitärfiskus 1143
Reichsministerien s. u. Ministerien
Reichspatentamt 182 f., 186–195, 197, 207 f., 214–218, 222–230, 392–395, 699, 787, 821 f.
Reichs-Postamt Berlin 458, 695
Reichsregierung 162, 564
Reichsschuldenverwaltung 538, 1137
Reichstag 336, 340, 351, 377
Reichstreuhänder der Arbeit für das Wirtschaftsgebiet Westfalen-Niederrhein 825, 997
Reichstreuhänder der Arbeit für den Gau Westfalen-Süd 825
Reichs- und Staatskommissar für gewerbliche Fragen 542
Reichsverband der Betriebskrankenkassen 1154
Reichsverband der Deutschen Industrie 363 f., 386, 551 f., 799, 814
Reichsverband der Deutschen Industrie Fachgruppe der Eisen schaffenden Industrie 377, 551 f.
Reichsverband deutscher Angestellter der christlichen Gewerkschaften 534
Reichsverband gegen die Sozialdemokratie 132, 567
Reichsvereinigung Eisen 832
Reichsvereinigung Eisen Außenstelle Nordwest 827
Reichsversicherungsamt 162
Reichsversicherungsanstalt für Angestellte 842
Reichswerke AG, Konzern 936
Reichswerke AG für Berg- und Hüttenbetriebe 918
Reichswerke AG für Erzbergbau und Eisenhütten 918 f., 936
Reichswirtschaftsamt 562
Reichswirtschaftsgericht 392
Reichswirtschaftsrat 377
Reiff, 827
Reinhardt, Fritz 825
Reinke, Adalbert 822
Reinoldi-Gemeinde 233
Reiseberichte 259, 376, 561, 585, 972 f., 1006 f., 1025, 1081
Reisert, Hans 226
Reitz, Conrad 309
Rémaury, Henri 212
Remy, Erwin 400
Remy, Ferdinand 5, 615
Remy, Hermann 615

Remy, Wilhelm 615
Ferdinand Remy, Firma 613, 615, 635
Fried. Remy Nachfolger AG 849
Remy van der Zypen & Co. 927
Remy van der Zypen & Co. Bandstahlwerk Andernach 927
Rendel, Palmer & Tritton 793
Rengier, H. 785
Rennanlage Salzgitter-Ruhr GbR 1083 f.
Rennanlage Salzgitter-Ruhr GmbH 1083 f., 1101
Reparationen und Reparationspläne 389–391, 687, 778, 780, 828
Rethe 790
Rettberg, Caroline 702
Reuleaux, Franz 221
Reuling, W. 207
Reuter, Ferdinand 1178
Reuther, Walter P. 828
Revisionswesen 148, 160, 279, 536 f., 585, 899, 968–970, 1106
Revision Treuhand-Gesellschaft mbH 667
Rhein 179, 388, 691, 696, 774, 789, 1167, 1182–1185
Rheinbauamt Mannheim 789
Rheinelbe Bergbau AG 1062
Rheinelbe-Union GmbH 51, 677, 757
Rhein-Herne-Kanal 340, 691 f.
Rheinische Bahngesellschaft AG 1200
Rheinische Bergbau- und Hüttenwesen-AG 352
Rheinische Cementstein-Fabrik GmbH 164
Rheinische Dr. Penschuck-Schilling-Gesellschaft mbH 892
Rheinische Eisenbahn-Gesellschaft 78, 161, 233, 311, 313, 325, 486, 528, 576, 643, 799
Rheinische Fabrik für elektrische Bogenlichtkohle W. Grüdelbach 229
Rheinische Heimstätte GmbH 782
Rheinische Kalksteinwerke GmbH 780, 922, 1029 f., 1089
Rheinische Metallwaaren- und Maschinenfabrik 256, 1160
Rheinischer Apparate- und Kühlwerksbau GmbH 476
Rheinischer Dampfkessel-Überwachungs-Verein 323
Rheinische Röhrendampfkessel-Fabrik A. Büttner & Co. 254
Rheinische Röhrenwerke AG 906, 916 f., 919, 922, 928 f., 933, 937, 959, 1101
- Röhrenwerke AG Werk Düsseldorf 937
- Röhrenwerke AG Werk Mülheim 937
Rheinischer Verein zur Förderung des Arbeiterwohnungswesens 565
Rheinischer Vulkan Chamotte- und Dinaswerke mbH 927
Rheinisches Diakonissenhaus zu Sobernheim-Kreuznach 131
Rheinische Stahlwerke 18–20, 53–55, 57, 86, 135, 161, 182–200, 202 f., 212, 223, 390, 553, 568, 616, 677, 679, 695, 755 f., 763 f., 775, 785, 1029 f., 1082, 1101
- Abteilung Brassert 782
- Abteilung Wurag 763, 769
Rheinisch-Westfälische Bank AG 955
Rheinisch-Westfälische Boden-Credit-Bank 704
Rheinisch-Westfälische Disconto-Gesellschaft 668, 671
Rheinisch-Westfälische Eisen- und Stahlwerke AG 959
Rheinisch-Westfälische Heimstättenbau GmbH 781
Rheinisch-Westfälische Hütten- und Walzwerks-Berufsgenossenschaft 162, 342 f., 387, 544, 554 f., 650, 696, 1140 f., 1163
Rheinisch-Westfälische Kalkwerke 283, 314, 347, 615, 634
Rheinisch-Westfälische Kalkwerke AG 67, 780, 922, 958, 1029 f., 1084–1089, 1100
Rheinisch-Westfälische Margarine-Gesellschaft A. Wilde 613
Rheinisch-Westfälisches Comité zur Förderung der Antwerpener Weltausstellung 352
Rheinisch-Westfälisches Elektrizitätswerk AG 258, 668, 937
Rheinisch-Westfälisches Institut für Wirtschaftsforschung 915
Rheinisch-Westfälisches Kohlen-Syndikat 33, 36, 38, 134, 168, 371, 566, 651, 680, 755, 757, 780
Rheinisch-Westfälische Stahl- und Walzwerke AG 776
Rheinisch-Westfälisches Wirtschaftsarchiv zu Köln e. V. 1163
Rheinisch-Westfälisches Ziegelsyndikat 353
Rheinisch-Westfälische Thomasphosphatfabriken AG 314
Rheinisch-Westfälische Thomas-Phosphat-Mühlen Actien-Gesellschaft 25
Rheinland 226, 563, 566, 831 f.
Rhein-Main-Donau AG 539
Rhein-Sieg-Düngerhandel eGmbH 1112
Rheinstahl AG 1060
Rheinstahl Hüttenwerke AG 978, 1100
Rheinstahl-Union Maschinen- und Stahlbau AG 959, 1084
Rhenania Fabrik feuerfester Produkte GmbH 927
Rhenania Versicherungs-Actien-Gesellschaft 180
Rhodesien 1099
Rhodius, Carl 12, 122
Richter, Carl 199
Riedel, Gerhard (Schankwirt Dortmund) 797
Riemer, Julius 224
Riepen, Otto 1096
Riester, Wilhelm 1220
Rietz, 660
Riga-Dünaburger Eisenbahn-Gesellschaft 590
Riley, Edward 183, 188, 191
Rima-Murány Salgó Tarjáner Eisenwerks-Actien-Gesellschaft 202, 212

Rimbach, Hermann 214
Rimpler, Vilmat & Co. 373
Risch, Carl 374
Carl Risch GmbH 374 f., 973
Rischard, Josef 1218
Ritter, E. H. 1014
Rittergut Klusenstein 361, 1191
Rittershaus, W 283
Robinows & Marjoribanks 122
Rode, Eduard 399
Heinrich Rode, Firma 483
Röchling'sche Eisen- und Stahlwerke GmbH 395 f., 1114 f.
Rödder Steckenstein, Hermann 711
Rödder Steckenstein, Matthias 711
Rödder, Mathias 629
Rödder, Peter 629, 710
Röder, Heinrich Georg 242
Röhrig, Karl 717
Röllecke & Co. 875, 878, 882 f., 886 f.
Röllinghoff, Paul 400
Römershagen 627
Röntgen-Reihenbildstelle der Eisen- und Stahlindustrie 1145
Röser, Walter 1032, 1049, 1090, 1221
Rötger, Max 349
Röttger, Caspar Heinrich 283
Roheisenherstellungsverfahren und Roheisensorten 208-213, 223
Roheisenkontor GmbH 776
Roheisenproduktion 122, 126, 147-152, 154-158, 250f., 259-265, 337, 344, 371, 390, 410, 547-551, 559, 566, 585, 713-715, 793 f., 798, 814, 831-835, 845 f., 864f., 907, 919, 947, 980, 1116-1118, 1120-1123
Roheisen-Syndikat GmbH 651
Roheisen-Verband GmbH 383, 679 f.
Roheisen-Verkaufsvereinigung Luxemburg 679
Rohkämper, Hugo 332
Rohland, Walter 908, 996, 1003, 1220
Rohre und Rohrproduktion 420 f., 433, 810, 935, 937, 979, 1202f.
Rohstahlproduktion 147, 149-152, 154, 157, 250-253, 262, 264, 337, 410, 547-551, 663, 713-715, 793 f., 798, 814, 831-835, 845 f., 864 f., 867, 907 f., 919, 932, 946 f., 979 f., 993, 1116-1118, 1120-1123
Rohstoffbetriebe der Vereinigten Stahlwerke GmbH 83, 765, 767, 771, 773, 775 f., 779-781, 783, 820 f., 840-842
Rohstoffbetriebe der Vereinigten Stahlwerke GmbH Bergverwaltung Siegerland 779, 821
Rohstoffbetriebe der Vereinigten Stahlwerke GmbH Bergverwaltung Westerwald 786
Rohstoffe und Rohstoffversorgung 126, 128, 130, 136, 141, 162, 175, 258-263, 266, 270 f., 275 f., 279-284, 314, 336, 347, 361, 363 f., 366, 371, 412 f., 429, 432, 434 f., 437-439, 483, 493, 549-552, 561 f., 582, 585, 615, 625, 629, 631, 634, 667, 681, 697, 731, 747, 780 f., 793, 799, 826, 833, 866, 877, 915-922, 927, 932 f., 938, 975, 978, 986 f., 1085, 1089, 1096 f., 1100, 1111 f., 1115, 1124
Rohstoffhandel der Vereinigten Stahlwerke GmbH 776, 837, 998
Rohstoffhandel GmbH 938, 1081
Rollendes Eisenbahnmaterial 122, 147 f., 151, 165 f., 216, 221., 252, 339, 341 f., 344, 348, 363, 373, 375, 377 f., 389, 391, 550 f., 557, 598-609, 611, 638, 652, 679-682, 684-688, 694 f., 697-699, 722 f., 793, 821, 1159, 1163, 1176 f.
Rollet, Antoine 195
Rombacher Hüttenwerke 210, 213, 561, 663, 568, 677
Rombacher Hüttenwerke Abteilung Westfälische Stahlwerke 681, 684, 686-688
Romberg, Clemens Freiherr von 172, 244, 249, 402, 407, 411, 417, 1161
Romberg, Giesbert Freiherr von 40, 110, 126, 170, 237, 247, 301, 411
Roos, Ernst 402
Rosbach-Dattenfeld 768
Rose, Paul 705
Rose, Willy 705
Rose & Co. 705
Rosenberg, Louis 707
Rosenberg, Moritz 707
Rosenberg, Seligmann 707
Rosendahl, Wilhelm 582 f., 623, 1217
Paul Rosenkranz, Firma 821
Rosentreter, Siegfried 1222
Roser, Edmund 562
Ross, Carl 124
Roth, Carl 623
Rothschild, Carl von 1216
Rott, Michael 1221
Rotter, Richard 926
Rotterdam 132, 566
Roulements et Buttées à Billes 1044 f.
Rubach, Gerard 841
Rubbert, Johannes 619
A. Rübenkamp, Firma 173, 532, 872
Rübmann, Heinrich 973
Rücker, Josef 1162
Rüdinghausen 275
Rühe, Karl 625

Rühl, Wilhelm 110
Rühl, Wilhelmine 240
Rümelingen 780 f.
Rümelinger und St. Ingberter Hohöfen (!) und Stahlwerke AG 662, 673 f., 1178
Rüping genannt Schoof, Diedrich Heinrich 237
Rüstungsindustrie 133 f., 166, 222, 226, 256, 389, 557, 561 f., 714, 722 f., 746, 828, 830–832, 844, 854, 866, 890 f., 896, 1160 f., 1176–1178
Rüstungskommando Koblenz 1073
Ruetter, Paul 219
Rüttiger, Karl 976, 978
Rützkausen 764
Ruëtz, Carl 12, 122, 275
C. Ruëtz & Co. 42, 165, 339
L. Ruhenstroth, Firma 306
Ruhl, Friedrich Wilhelm 241
Ruhmann, Theodor 574
Ruhr 646, 691 f.
Ruhrbesetzung 377, 389–392, 568, 780, 1161
Ruhrgas AG 921, 924
Ruhrgebiet 276 f., 576, 759
Ruhrknappschaft 1138, 1152
Ruhrkohlen-Centrale 866
Ruhr-Lippe-Siedlungs-Gesellschaft mbH 781 f.
Ruhrort 128, 553, 559
Ruhr-Schwefelsäure GmbH 1102, 1104, 1105
Ruhr-Sieg-Bahn 10
Ruhrstahl AG 776, 924, 937, 1081, 1085, 1107
- Annener Gussstahlwerk 937
- Henrichshütte 63, 909, 919, 937
Ruhr-Stickstoff AG 1103–1105
Ruhr-Universität Bochum 974
Ruhrwohnungsbau-AG 782 f., 843, 900, 975
Rumänien 129, 377
Rumänische Eisenbahn-Actien-Gesellschaft 626
Rummel, Kurt 675
Rump, 216
Hein. Rumpf Nagelfabrik 392
Runkel 710
Russel, Emil 578, 1216 f.
Russel, Ernst 616
Russel, Ernst Enno 1214
Russland 124, 131 f., 226, 363, 543 f., 590, 682, 1147
Rykswaterstaat 692 f., 789, 791

S

Saar 349, 559, 566, 831 f.
Saarbrücker Eisenhütten-Gesellschaft 339
Saargebiet und Saarland 259, 376, 395, 559
Saar- und Mosel-Bergwerks-Gesellschaft 50, 655 f., 660, 662, 677
Sabelström, Wilhelm 841, 1022
Sachsen 831 f.
SA des Hauts Fourneaux de Differdange 49
Sächsische Bankgesellschaft Quellmalz & Adler 145
Sächsische Staatseisenbahn 679
Heinrich Säck, Firma 890
Saelzer genannt Poth, Diedrich 111
Salomonsohn, Adolph 1216
Salomonsohn, Arthur 1218
Salzdetfurth AG 1115
Salzgitter 281, 765, 779, 783, 936, 1083
Salzgitter Chemie GmbH 1104
Sandberg, C. P. 225
Julius Sander, Firma 407
Sauerstoffbetrieb GmbH 718
Sauerwald, Friedrich 395
Sayner Hütte 6
Schaaber, Otto 985
A. Schaaffhausen'scher Bankverein 6, 12, 21 f., 29, 34, 36 f., 78 f., 108, 113, 122, 137 f., 140–145, 182, 206, 246, 276, 406 f., 409, 538 f., 586, 760
Schacht, Hjalmar 1214, 1218
Schade, Gustav 709
Gustav Schade, Firma 874
Gustav Schade Maschinenfabrik für Aufbereitung und Bergbau 709
Schäfer, Auguste 707
Schäfer, Carl 615, 702
Schaefer, Hans-Ulrich 1100
Schäfer, Wilhelm 63, 66, 909, 1020, 1039, 1144, 1182, 1183
Carl Schaefer, Firma 615
Schaeffer, Hermann 707
Schaeffer, Mathilde 618
Schaeffer, Wilhelm 618
Schaewen, Richard von 1215
Schalker Gruben- und Hüttenverein 35
Schallex Apparatebau GmbH 821
Schamottewerke Klönne GmbH 782
Schantung-Bergbau-Gesellschaft 596
Schantung-Eisenbahn-Gesellschaft 596
Schee 630
Scheele, 1216
Scheer-Hennings, Reinhard 1222
Scheibler, Carl 25 f.
C. Scheibler & Co. 26
Scheifhacken, Wilhelm 1220
Max Schellberg & Co. GmbH 700

Scheller, 1216
Schenck, Hermann 802
Carl Schenck, Firma 254
Scherer, Joseph 1182
F. Schichau, Firma 524
Schiff, Martin 1218
938
Schiffbau 133 f., 227, 324, 344 f., 349, 373, 377, 561 f., 610, 669, 723, 771, 954, 980, 1107 f., 1173, 1175–1177
Schiffbaustahl-Export-Kontor GmbH 1107 f.
Schiffbaustahl-Kontor GmbH 345
Schiffbaustahl-Vereinigung 345, 1107
Schiffbautechnische Gesellschaft 349
Schifffahrt 130–133, 163, 168, 179, 337, 340, 350, 352, 369, 388, 559, 565 f., 717 f.,
Schilling, C. 1214
Schilling, Carl 1212
Schilling, Ernst 176
Schilling, Ignatz 778
Schimmelbusch, Julius 12, 122
Schinckel, Max von 1214
Schindler, Christoph 246
Carl Schirmeyer KG 805
Schirner, Karl 1178
Schlattmann, Heinrich 384, 779
Schleicher, Carl 619
Schlenker, Max 814
Schlenkhoff, H. 314
H. Schlenkhoff, Firma 175
Schlesien 128, 199, 412
Schlesische Boden-Credit-Actien-Bank 762
Schlesische Feuerversicherungs-Gesellschaft 178
Schleswig-Holsteinische Kokswerke Actien-Gesellschaft 177
Schlichting, Josef 1222
Carl Schlieper, Firma 50, 250, 793 f.
H. Schlieper & Sohn GmbH 793, 794
Schlingmann, Willy 797
Schlitter, Oskar 1214, 1218
Eduard Schloemann, Firma 542
Schloemann AG 927
Schloss Brünninghausen 402, 512
Schlüter, Adam 622
Franz Schlüter, Firma 480, 484
Franz Schlüter AG 478
Schmermund, 1217
Schmetz, M. 229
Schmidt, 646
Schmidt, August Ludwig 227
Schmidt, Carl 402, 1219
Schmidt, Christoph 630
Schmidt, Eduard 339
Schmidt, Emil 709
Schmidt, Friedrich 630
Schmidt, Johann Heinrich 245
Schmidt, Karl 656
Schmidt, Paul 1213
Schmidt genannt Sirgen, Wilhelm 626
Eduard Schmidt, Firma 122
Th. Schmidt, Firma 218
Schmidt-Ernsthausen, R 381
Schmiedag AG 1041
Schmieding, Henrine 239
Schmieding, Theodor 349, 1216, 1218
Schmieding, Wilhelm 619
Schmitt, 1217
Schmitt-Degenhardt, Hubert 825
Schmitz, Mathias 275
Rudolf Schmitz, Firma 299
R. & G. Schmöle Metallwerke 782
Schmuck, Wilhelm 277
Schnautz, Wilhelm 1214
Schneider, Adolf 841
Schneider, Bruno 873
Schneider, Friedrich W. 972, 1222
Schneider, Wilhelm 612
Eduard Schneider, Firma 1141
Schneider-Lenné, Otto A. 866, 1008
Schnell 134
Schneppendahl, Karolina Wilhelmine 630
Schoeller, Alexander 1214, 1216, 1218
Schöne, Bruno 842
Schoffer, Albert 225
Scholven-Chemie AG 1102 f.
Scholz, Werner 940
Schott, 1217
Schott, Carl 357 f., 583, 628
Schottland 122, 173
Schreiber, Adam 1178
Schreiber, Johannes 1215
Schriftenvertriebsanstalt GmbH 543
Schröder, Gerhard 903, 921
Schröder (auch Schroeder), Heinrich 29, 78 f., 1214
Schroeder, J. 328
Schroeder, Kurt 772
Schröder, Hölken & Fischer 669
Schroedter, Emil 344 f., 560
Schröer, Richard 1008
Karl Schroers, Firma 179
Schrott-Vermittlungs-Gesellschaft mbH 1111

Schrotzberger, Christian 246
Schruff, Anton 1178
Schubeis, Friedrich Wilhelm 632
Schuchardt, Arthur 1219
Schübbe, Heinrich 234, 242
Schüchtermann, Heinrich 618, 1216
Schüchtermann & Kremer 585
Schüchtermann & Kremer Maschinenfabrik 296, 416, 418, 585
Schüchtermann & Kremer Thomasphosphatfabrik 650
Schüren 236, 245, 248 f., 309, 361, 372, 397, 403–405, 407 f., 458, 490, 492 f., 506, 515, 526
Schürmann, Elisabeth 617
Schürmann, Johann Wilhelm 622
Schürmann, Ludwig 617
Schürstedt, Friedrich 1008
Schuhmann, von 1216
Schuler, Louis 394
Schullenberg, Adolph 301
Schulte, Christine 238
Schulte, Friedrich Wilhelm 240
Schulte, Heinrich 706
Schulte, Hermann 1214
Schulte, Peter Caspar 572 f.
Schulte, Robert 1216
Heinr. Aug. Schulte Eisen-AG 50, 777, 955
Heinr. Aug. Schulte Eisenhandlung GmbH 974
Schulte-Böing, H. 408
Schulte-Kohleppel, Johann Wilhelm 234 f., 238, 240, 246, 248, 327 f.
Schulte-Kohleppel, Wilhelm 306
Schulte-Witten, Heinrich 705
H. Schulte-Witten'sche Rentei-Verwaltung 705
Schultz, Wilhelm 629
Schultze, Carl Wilhelm 585, 626
Schultze, Moritz 1219
Schultze, Walter 163
Schulz, Franz 572 f.
Schulz, Hermann 357 f.
Schulz, Knaudt & Cie. 339
Schulz, Knaudt & Co. 225
Gustav Schulz GmbH 566
Schulz-Briesen, Bruno 553
Schulze-Buxloh, Friedrich Wilhelm 1215, 1220
Schulze-Dellwig, Theodor 24, 27
Schulze-Dellwig, Theodor sen. 145, 266, 283
Schumacher, Heinz 996
Schumacher, Wilhelm 395
Schumann, Max 1178
Schupp, Fritz 887, 895
Schutzbau 469, 824, 828, 860 f., 878, 888–890, 973, 1194–1200, 1202
Schutzgemeinschaft für fremdländische Wertpapiere 353
Schutzverband für deutsche Auslandsforderungen 386
Schutzverband gegen agrarische Übergriffe 353
Schwaförden 1030
Schwanke, August 405
Schwann, Mathieu 77–81
Schwartzkopff, Georg 215
Schwarz, Godfried 903
Schwarz, Otto 231
Schwarz, Goldschmidt & Co. 755
L. Schwarz, Firma 795
Louis Schwarz & Co. AG 379, 466, 472, 636
Schwarzblech-Vereinigung GmbH 376
Schwarze, Bernhard Heinrich 234
Schwarze, Paul 585
Schweckendieck, 1217
Schwede, Walter 959–961, 975, 1101, 1220
Schweden 219, 226, 277, 349, 373, 377, 582, 585, 662, 681, 985
Schwefelsäure-Vereinigung GbR 1104 f.
Schweighoffer, Ferdinand 548
Schweißen und Schweißtechnik 226 f., 290, 425 f., 475, 477, 561, 699, 739, 749, 805, 822, 936, 1174 f.
Schweitzer, Otto 919
Schweitzer & Oppler 717
Schweiz 135, 217, 219, 221, 377 f., 412, 535, 590–592, 598–600, 662, 677, 682, 687, 958
Schweizerische Bundesbahnen 682, 687
Schweizerische Unfall-Actiengesellschaft 180
Schweizerische Unfallversicherungs-AG 180
Schweling, Heinrich 1216
Schwellen-Gemeinschaft 79
Schwelm 281, 630
Schwelmer Eisenwerk Müller & Co. AG 614
Schwengers, Carl 357, 358
Schwerin 611
Schwerte 347, 409
Schwerter Profileisenwalzwerk AG 66, 68, 926, 956, 961 f., 970, 976, 980, 989, 1013, 1041, 1055, 1089–1095, 1102, 1108
Schwirkmann, Fritz 715
Scunthorpe 973
Searle, H. J. 819
Sechshelden 767
Securitas Syndikat für Lagerung feuergefährlicher Flüssigkeiten GmbH 424
Sedler, Carl 240
Seebacher, W. 402
Seebohm, Hans-Rudolf 199

Seebold, 1217
Seehandlungs-Societät 146
Seeländische Eisenbahngesellschaft 590f.
Seelig, Siegfried 920, 959–961, 1101, 1220 f.
Seemannshaus für Unteroffiziere und Mannschaften der Kaiserlichen Marine eGmbH 369
Seereederei Frigga AG 771
Seeschiffbau-Leistungsverband e. V. 669
Sehlbach, Erich 1021
Seidel, Rudolf 1178
Seismos GmbH 785
Selbach, Gustav 624
Sellge, Fritz 656, 1219
Selve AG 784
Sempell, Oskar 758, 1178, 1219,
Senkingwerk AG 1143
Séquestre Général des Mines de Fer de Lorraine 676
Servaes, August 135, 200, 1214
Servais, Emile 1219
Sesa Goa Ltda. 1081 f.
Seseke 560
Sesekegenossenschaft 560
Sevenheck, Dietrich 1214
Sieber, Günter 992, 1014, 1184–1185
W. J. Siedler AG 975
Siedlergemeinschaft Benninghofen 843
Siedlergemeinschaft Dortmund-Hombruch 975
Siedlungsgesellschaft Mark mbH 781 f.
Siedlungsverband Ruhrkohlenbezirk 512, 782, 910
Siegen 176, 339, 653, 676, 696, 768, 779
Siegener Eisenindustrie AG 820
Sieger, Victor 243
Siegerländer Eisensteinverein GmbH 697, 820
Siegerland 266, 268–270, 272, 276–278, 280 f., 369, 530, 561, 576, 583, 632, 646, 653, 759, 767 f., 773, 779, 821, 1101, 1164
Sieg-Lahn-Bergbau GmbH 820
Sieg-Rhein Fabrik Feuerfester Produkte GmbH 697
SIEMAG Siegener Maschinenbau GmbH 1166 f.
Siemens, C. William (Wilhelm) 225
Siemens, Carl Friedrich von 1219
Siemens, Werner von 225
Siemens & Halske 168
Siemens & Halske AG 51, 659, 677, 774, 1179
Siemens Bauunion GmbH KG 720
Friedrich Siemens KG 721
Siemens-Reiniger-Werke AG 1145
Siemens-Rheinelbe-Schuckert-Union GmbH 51, 57, 774
Siemens-Schuckertwerke AG 979, 1179
Siemens-Schuckertwerke GmbH 68, 258 f., 677, 695, 955
Siemsen, 1217
Sierra Leone 1025
Sierra Leone Development Comp. 1025
Sievers, Kuno 765
Siewert, Friedrich 332
Signalbauanstalt Willmann & Co. 490
Silamitwerke Dr. Strassmann & Co. Fabriken feuer- und säurefester Produkte mbH 1096
Silamitwerke Dr. Strassmann & Co. GmbH 376
Silika- und Schamotte-Fabriken Martin & Pagenstecher AG 1096 f.
Silschede 275
Simons, Charles 1219
Simson, Georg von 1219
Simundt, Percy 175
Sindern, Louis 402
Skandinavisk Staalremskive-Fabrik Aktieselskab 699
Slavianoff, Nicolai Gawrilowitsch 224
Smith, Thomas Henry 215
Sobiray, Josefa 612
Società Finanziaria Siderurgica Finsider 1081
Società Mineraria Siderurgica Ferromin 1081 f.
Société Anonyme des Aciéries d'Angleur 211, 213, 220, 223
Société Anonyme des Aciéries de Longwy 213
Société Anonyme des Hauts-Fourneaux de Hollerich 185
Société Anonyme des Hauts-Fourneaux et Aciéries de Rumelange-St. Ingbert 655, 660 f., 673
Société Anonyme des Hauts-Fourneaux et Forges de Dudelange 185, 209, 213
Société Anonyme des Hauts-Fourneaux et Forges de Rumelange et Ottange A. Pescatore, Louis Zoude & Cie. 185
Société Anonyme des Mines de Fer de Mauretanie (MIFERMA) 1082
Société Anonyme des Mines et Usines du Nord et de L'Est de la France 216
Société Anonyme des Usines de Thy-le-Chateau et Marcinelle 213
Société Anonyme d'Ougrée 217 f., 220
Société Anonyme d'Ougrée-Marihaye Abteilung Rodingen 674
Société Anonyme Électrométallurgique 393
Société Anonyme John Cockerill 211, 213
Société Anonyme pour l'Exploitation des Établissements de John Cockerill 326
Société des Aciéries de Longwy 972
Société des Mines de Moutiers 677
Société des mines et fonderies du Rhin Charles Détillieux & Cie. 258
Société Électro-Métallurgique Francaise 393

Société Métallurgique Hainaut-Sambre S. A. 976
Söchting, Heinrich 711
Soeding, Julius 237
Jul. Soeding & v. d. Heyde 309, 379
Söhngen, Johann Peter 630
Sölde 275
Sohl, Hans-Günther 70, 920, 928, 1068, 1082
Arthur Solmitz, Firma 795
Solmssen, Georg 1214
Soltau, Ferdinand 1008
Somborn 751
Sommer, Hermann 352
Sommerwerck, 1217
Sommerwerck, August 612
Sonderbeauftragter für die Entnazifizierung im Lande Nordrhein-Westfalen 843, 997–999, 1003, 1005, 1007–1011
Sonnenschein, Wilhelm 357 f.
Sowjetunion 378, 828, 976, 1003
Sozialdemokratische Partei Deutschlands 567, 815
Sozialversicherung 127, 134, 181, 330, 343, 345, 535–539, 548 f., 555, 567, 650–652, 701, 787, 815, 846–848, 850, 853, 857 f., 861 f., 874–890, 896 f., 996, 999 f., 1112, 1130 f., 1138 f., 1148 f., 1152, 1154, 1163, 1172
Späneblockschrott-Gesellschaft mbH 1177
Spaeter, Carl 279, 380, 676
Carl Später, Firma 279
Spahn, Martin 550
Spanien 162, 165, 282, 377, 1019
Spar- und Bauverein Dortmund-Hörde eGmbH 832
Spar- und Bauverein eGmbH zu Hörde 538 f., 832
Sparkasse Dortmund 619 f., 702 f., 705, 707–709, 761, 825, 1127, 1147
Sparkasse Hörde 238, 703
Sparkasse Kamen 702
Sparkasse Körbecke 709
Sparkasse Mengede 709
Sparkasse Remscheid 168
Sparkasse Soest 630
Specht, Hermann 765
Spemann, Elisabeth 170, 234, 236
Spemann, Heinrich 232
Spemann, Heinrich Wilhelm 234
Spemann, Johanna Elisabeth 5
Spemann, Johanne Elisabeth Caroline 109 f., 235, 1160
Spemann, Wilhelm 240
Spende für deutsche Soldaten- und Marineheime 369
Spengler, Heinrich 246
Spennemann, August 630
Spennemann, Carl 703
Spennemann, Friedrich Wilhelm 703
Spennemann, Fritz 619
Spennemann, Heinrich 630
Spennemann, Rudolf 619
Speyer 168
Spiegel, J. 239
Sporleder, Ernst 1008
Sprau, Jakob 835
Sprenger, Max 195
Springer, Otto 676, 1217, 1219
Springorum, Friedrich 393, 559
Springorum, Friedrich A. 835, 842, 845, 864 f., 899
Springorum, Otto 1220
F. & M. Springorum, Firma 385
Sprockhövel 275, 346, 575, 629 f., 650, 701
Sprockhöveler Bach 646
St. Josephs-Hospital Hörde 248, 317, 369
Staatliche Erfassungs-Gesellschaft für öffentliches Gut mbH 955, 970
Staatlicher Schlichtungsausschuss Dortmund 545, 797
Staatsarchiv Münster 1160 f.
Staatsbauverwaltung Preußen 668, 671
Staberow, 1216
Staberow, R. 347
Stabstahl-Vereinigung [Fachvereinigung in der Walzstahl-Vereinigung] 1108
Stadt-Polizei-Verwaltung Hörde 1140
Städtische Gas- & Wasserwerke Unna 258
Städtisches Elektrizitätswerk Dortmund 620, 635, 664 f., 716, 748
Städtisches Gas- und Wasserwerk in Hoerde 302, 375
Städtische Straßenbahnen Dortmund 867, 981
Städtisches Wasserwerk Dortmund 257 f., 411, 635, 716, 761
Städtische Werke Hörde für Gas- Wasser- und Strom- Versorgung 375
Ständige Ausstellung für Arbeiterwohlfahrt 544
Ständischer Verwaltungsausschuss der Provinz Westfalen Kommission für Wegebau 247
Stahlbau 335, 344, 611, 690, 694, 792, 954, 980, 1172
Stahl-Finanzierungs-Gesellschaft mbH 391, 568, 695
Stahlherstellungsverfahren und Stahlsorten 124, 135, 182–208, 211 f., 222–225, 228 f., 344, 360, 365, 393, 616, 699, 802, 821, 822, 866, 917, 976–978, 985 f., 986, 1099, 1108, 1168–1171, 1174 f.
Stahltreuhändervereinigung 62 f., 65 f., 83, 91, 818, 903 f., 907, 912–938, 944, 959, 996, 1025, 1041, 1074, 1077 f., 1090 f., 1094
Stahl- und Eisen Actien-Gesellschaft vorm. Jul. Soeding & v. d. Heyde 379
Stahl- und Röhrenwerke Reisholz AG 906, 919, 934
Stahl- und Walzwerke Rasselstein/Andernach AG 927, 1067

Stahl- und Walzwerke Rasselstein/Andernach AG Werk Andernach 927
Stahl- und Walzwerke Rasselstein/Andernach AG Werk Neuwied 927
Stahl- und Walzwerk Großenbaum AG 906, 919, 934
Stahl- und Walzwerk Hennigsdorf AG 688
Stahlunion-Export GmbH 837, 1111
Stahlunion Ingenieurbau GmbH 1007
Stahlunion-Schutz GmbH 388, 798, 801, 820 f., 839, 976
Stahlverein GmbH für Bergbau- und Industriewerte 785
Stahlwerk 108, 115, 122, 128, 134, 152, 207, 222, 251, 254, 287, 330, 354, 380, 418–420, 491, 495, 585, 612, 626 f., 641, 665, 715, 720, 817, 826, 828, 833, 836, 846, 864, 874, 880, 909, 933, 935, 937, 952, 972–974, 976, 978, 980, 986, 988, 1117–1119, 1122–1124, 1161, 1166 f., 1176–1179, 1181, 1187, 1189, 1191, 1193, 1200, 1209
Stahlwerke Bochum AG 906, 916, 919, 922, 928, 935, 958
Stahlwerke Braunschweig GmbH 936
Stahlwerke Brüninghaus AG 50, 675, 771, 778, 927, 976
Stahlwerke Brüninghaus GmbH 923
Stahlwerke Harkort-Eicken GmbH 782
Stahlwerke Richard Lindenberg AG 699
Stahlwerke Röchling-Buderus AG 927
Stahlwerke Südwestfalen AG 923, 927, 958, 985, 1012, 1075, 1101
Stahlwerk Hagen AG 906, 916, 927, 934
Stahlwerk Osnabrück AG 906, 916, 924, 926, 934
Stahlwerks-Verband AG 36, 363, 373, 376–378, 383, 527, 531, 556, 597, 614, 662 f., 674, 678, 680, 696, 793, 799 f., 830, 1143
Stahmer, Ernst 1219
Stamm, Bernhard 612
Standesherrlich Fürstlich Hatzfeld-Wildenburg'sche Rentei 773
Stassen, Hans 1049
Statistik 322, 331, 336 f., 343 f., 348, 351, 371 f., 532, 544–547, 549–551, 561, 566, 814 f., 831 f., 899, 912, 915, 938, 979, 1011 f., 1014, 1116, 1131, 1142
Statistisches Bundesamt 915, 1116
Statistisches Bundesamt Außenstelle Düsseldorf 1116
Statistisches Landesamt Nordrhein-Westfalen 912, 1126
Statistisches Reichsamt 341, 371, 372, 556
Staudt & Co. 695
Steele 575 f., 622, 631
Steffe, Wilhelm 176
Steffe & Junker 176
A. Steffen, Firma 255
Stein, Heinrich jr. 1212
Stein, Siegfried 189
Steinbach, Hugo 620
Steinbrinck, Otto 1220
Steine und Erden GmbH 936
Steine und Erden-Industrie 110 f., 164, 207, 249, 254, 283, 292, 295 f., 309, 330, 339, 353, 430, 443, 459, 483, 493, 615, 631, 634, 645, 697, 723, 795, 864, 876, 922, 973, 978, 1027 f., 1096, 1190
Steinfabrik Hans Rübenkamp 532
Steinhauer, Friedrich 1222
Steinhauser Hütte 254, 339
Steinkohlenbergwerke Mathias Stinnes AG 1101
Steinkohlenbergwerk Graf Bismarck GmbH 1101
Steinmann, Friedrich 244
L. & C. Steinmüller 253 f., 468, 473
Steinthal, Leopold 1219
Steinwachs & Schöpper GmbH 807
Stellvertretendes Generalkommando des VII. Armeekorps Münster 368
Stephan, Heinrich 909, 1020, 1181, 1182, 1184
Theodor Stephan, Firma 693
Sterbegeldkasse der Beamten der Aktiengesellschaft Phoenix, Abteilung Hoerder Verein 369
Sterchamolwerke GmbH 820, 1036
Stern, Julius 1214
M. Stern, Firma 717
M. Stern AG 777
Stettin 133, 792
Stettiner Maschinenbau Actien-Gesellschaft „Vulcan" 133, 324, 1154
Stettiner Maschinenbau-Anstalt und Schiffbauwerft Actien-Gesellschaft vorm. Möller und Hollberg 133
Steuer 113, 126–130, 134, 160–162, 169 f., 231, 233–235, 237–240, 243 f., 246 f., 249 f., 283, 286, 317, 340, 345, 351, 361, 363 f., 366 f., 372 f., 382 f., 396–405, 407 f., 412, 551, 557 f., 563, 567, 569, 575, 613, 617–622, 625 f., 630 f., 663 f., 666 f., 669–673, 675, 696 f., 700, 702–711, 713, 740, 751–753, 758 f., 761, 763–770, 776–778, 780 f., 783, 786, 818 f., 822 f., 829, 844, 907, 923 f., 943, 953, 961, 968, 970, 972, 976 f., 990–992, 1027, 1029, 1033–1035, 1040, 1043, 1046, 1052, 1055, 1057 f., 1062 f., 1066–1068, 1074–1076, 1078, 1080–1082, 1094 f., 1130
Stiegler, Friedrich 1222
Stiepel 583, 700
Stiftsbrauerei AG 412, 449
Stifts-Brauerei Aktiengesellschaft vormals Eduard Frantzen und Bürgerliches Brauhaus 402, 408
Stiftung der deutschen Industrie aus Veranlassung der hundertjährigen Jubelfeier der Königlichen Technischen Hochschule zu Berlin 131

Stiftungen 131–133, 168, 334, 348, 364, 369 f., 552, 565, 1146 f.
Stillich, Oskar 46
Stinnes, Edmund 1219
Stinnes, Hugo 49–51, 57 258, 656, 663, 668, 671, 677
Stinnes, Hugo jr. 674, 678, 1219
Hugo Stinnes-Bruxelles S. A. 1095
Hugo Stinnes GmbH 656, 771
Stinnes-Konzern 57
Stock genannt Schroer, Johann Diedrich 628
Stockholm 349
Stodt, Adolf 842
Stöcker, Hugo 1009
Stöckmann, Caspar 185, 195, 197
Stolberger Actien-Gesellschaft für feuerfeste Produkte 182, 199 f.
Stolberg-Wernigerode, Henrich zu 8, 40, 623
Stora Kopparbergs Bergslags AB 585
Storch & Schöneberg AG für Bergbau und Hüttenbetrieb 820
Storck, Johann Friedrich 401
Stork, C. F. 1214
A. Stotz AG 1032
Sträter, Heinrich 1221 f.
Strangguss 977, 985–987
Straßburg 168, 677
Straßen- und Wegebau 110, 161, 246, 250, 259, 267 f., 306 f., 309, 315, 317, 382, 402, 406 f., 495, 507 f., 526, 570 f., 629, 666, 787, 869, 1167, 1174 f.
Straßenverkehr 341 f., 348
Strauss, Joh. Julius 221
Strauß, Ottmar 1214
Stresemann, Gustav 389
Striewe, Josef 703
Striewe, Minna 703
Strobel, Hans 565
Stroehler, Carl 214
Strommenger, Gottfried 829
Strotkötter, G. 559
Strottkamp, Carl 397
Strousberg, Bethel Henry 4, 40, 43, 89, 205, 571, 625 f., 643, 1159
Strukel, M. 684
Strunk, Heinrich 621
Stubbe und Schibli Norddeutsche Betonbaugesellschaft mbH 479, 498, 724, 861
Stuckmann, G. 401
Studiengesellschaft für privatrechtliche Auslandsinteressen 1101
Stückblechkontor GmbH 974
Stürmann, Friedrich 676
Stumm, Carl 198
Stumm-Konzern 57
Stumm-Konzern GmbH 568, 695
Stutz & Isert 283
Sudetenland 831 f.
Sudhaus, Wilhelm 256
Südafrika 168, 337, 378, 593 f., 1099
Südamerika 695
Südbahn-Gesellschaft 203
Süddeutsche Drahtindustrie AG 546
Süddeutsche Union-Stahlgesellschaft mbH 677
Südwestliche Gruppe des Vereins Deutscher Eisen- und Stahlindustrieller 559
Sumatra 229
Svabensverk 42, 45, 89, 585
Sydow, Curt von 618
Sydow, Jenny von 618
Richard Sykes & Son Ltd. 227
Sylter Dampfspurbahn, Firma 597, 614
Sympher, 350

T

Tätigkeitsausschuß für Kriegsbeschädigtenfürsorge in der Rheinprovinz 540
Gustav Talbot & Co. 305, 532
Tankbau Weilheim AG 1074
Tappe, Hermann 583, 1217
Taylor Bros. & Comp. Ltd. 1099
Tebbe, Walter 1222
Technische Hochschule Aachen 921, 938, 986, 996, 1179
Technische Hochschule Berlin 131
Technischer Überwachungsverein Essen e. V. 886, 890, 910
Technischer Überwachungsverein Frankfurt am Main 886
Technischer Verein für Berg und Mark 351
Technischer Verein für Eisenhüttenwesen 206, 343, 344
Tegtmeyer, Fritz 1220
Teichen, 1216
Teichler, Friedrich 755
Teigeler, Wilhelm 773
Telegraphenamt Dortmund 298, 458 f., 571, 695
Telegraphen-Bau-Anstalt Wiesenthal & Cie. 306
Telegraphen-Direction Köln 571
Tenge, Carl Ernst Friedrich 632
Tenhaeff, Friedrich 773
Tepel, Wilhelm 574
Teplitzer Chamottewaarenfabrik 202
Tervooren, Wilhelm 968, 1037, 1046, 1051–1053, 1100
Tessin, Claus 1108
Tetingen 754

Tetmajer, L. von 135
Tewaag, Carl 1216, 1219
Tewes, Arnold 1009
Textor, 1081
The American Exchange-Pacific National Bank 659
The Board for the Validation of German Bonds in the United States 961
The British Metal Expansion Co. Ltd. 229
The Darlington Forge Ltd. 1099
The Indian Link Chain Manufacturers Ltd. 1077
The Madras and Southern Mahratta Railway Company Ltd. 793
The Metal & General Agency Weager & Funck 173
The Metal Mixer Syndicate Ltd. 208–211, 213
The National City Bank of New York 759, 959 f., 975
The Steel Company of Wales Ltd. 973
The Thew Shovel Comp. 1045
The United Steel Companies Ltd. 973
The Youngstown Sheet and Tube Comp. 977
Theis 1157
Theodorshütte 42, 45, 89, 585, 589, 626–628
Thiel, Hans 1009
Thiel, Otto 224
Thiele, Alfred 1077
Thiele, August 1077
August Thiele, Firma 952
Thiele & Maiwald GmbH 882
Thielert, Egon 986
Thieme, Gustav 399
Thissen, H. J. 568
F. Edmund Thode & Knoop, Firma 183, 187
Tholander, Fredrik 585
Thomas, Lilian 184, 186
Thomas, Sidney Gilchrist 18, 182–193, 208, 616, 1180
Richard Thomas & Baldwin's Ltd. 1007
Thomasik, Karl 938
Thomaskali GmbH 1114
Thomasmehl-Gesellschaft mbH 67, 1112 f.
Thomasmehlkontor GmbH 838–841
Thomas-Mischdünger GmbH 1114 f.
Thomasphosphatfabriken GmbH 1112–1114
Thomasphosphat-Verteilungsstelle GmbH 67, 1112
Thomasschlackenmahlwerk GmbH 1177
Friedrich Thomée AG 50, 675, 927
Thompson, Lilian 186
Thonwaarenfabrik Schwandorf 195, 206
Thümmel, Paul 842
Thüringer Hand-Weber-Verein in Gotha 369
Thüringer Weber-Verein 131
Thüringische Eisenbahngesellschaft 146
Thyssen, August 209, 559
Thyssen, Fritz 57
Thyssen & Cie. 209, 310
Thyssen & Co. AG 755 f., 775
Thyssen AG 82
Thyssen AG für Beteiligungen 1060
Friedrich Thyssen Bergbau AG 1101
August Thyssen-Hütte, Gewerkschaft 695, 756, 758, 764, 768, 1006
August Thyssen-Hütte AG 67, 69 f., 568, 776, 785, 820, 823, 916, 921, 928 f., 935, 937, 941, 952, 958, 985, 1029 f., 1035 f., 1066–1068, 1081–1084, 1096 f., 1100 f., 1103, 1111 f., 1114 f.
Thyssen-Konzern 57
Thyssen-Lametal Compañia Industrial y Mercantil Thyssen Ltda. 1101
Thyssen'sche Gas- und Wasserwerke GmbH 1029, 1101
Tiele-Winckler'sche General-Direction 203
Tiemann, Wilhelm 1217
Tiggemann, Heinrich 624
Tiggemann, Julius 624
Tille, Alexander 546, 559
Tilmann, Emil 357 f.
Timme, Paul 842
Tirole 302, 307, 412
Todsen, Ludwig E. 63, 1009
Tölle, Fritz 696
Tohse zu Beule, Johann Theodor 574
Tomson, Eugen 1216
Trachtenach, Levi 622
Transport-Comptoir der Hüttenwerke Phoenix, Hoerde und Hoesch 179
Transport- und Unfall-Versicherungs-Actiengesellschaft „Zürich" 180
Transport und Verkehr 125, 127–129, 133 f., 151, 163, 165, 167, 179, 229, 281 f., 305, 310–314, 325, 336–338, 340, 344 f., 347–350, 352, 362, 367 f., 371, 375–379, 387–392, 403, 410, 412, 487, 490, 493, 495, 526–528, 530–532, 548–550, 556–559, 563, 566, 568, 597, 632, 637, 648, 653, 678, 743, 786, 793, 799–801, 806, 817, 820, 830, 835, 867–870, 938, 981 f., 1022, 1081, 1100, 1103, 1124, 1159, 1167
Transtürk Ankara Ticaret Ltd. 1055
A. Trapmann, Firma 375
Trappen, Alfred 207
Trappmann, W. 172
Trappmann, Wilhelm 231
Treuhandverwaltung für das Deutsch-Niederländische Finanzabkommen 955
Treuhandverwaltung im Auftrage der North German Iron and Steel Control 62, 828 f., 903 f., 906, 914, 917 f., 928, 940

Trzeciok, 169
Tschechoslowakei 377
Tuch, Carl 281
Türkei 1055
Tull, Ludwig 163, 1213, 1215
Tull, Matthias 24, 27, 29, 124 f., 134, 167, 180, 279, 1180, 1212

U

Uckersdorf 1027
Ugowski, Paul 1085, 1087
Uhrmacher, Johannes 676
UK/US-Steel Group 62
Ulferts, Djürke 671, 672
Ulrich, Theodor 585, 589, 626–628
Umweltschutz und Umwelttechnik 126, 170–173, 244, 260, 269, 286, 301 f., 357 f., 379, 383, 394, 398, 401, 408, 412, 417, 419 f., 427 f., 463, 480, 512, 526, 528, 548 f., 552–554, 560, 633, 644, 646, 652, 702, 706, 727 f., 761, 773, 794, 799, 803 f., 980, 1069, 1116, 1167
Unfallschadenverband für Werksangestellte e. V. 1003, 1007
Unfallschadenverband für Werksbeamte e. V. 567, 840, 998, 1000–1003, 1005–1008, 1010
Unfallversicherungsgenossenschaft zu Chemnitz 180
Ungarische Staatshüttenwerke 204
Ungarn 183, 186–188, 193, 201 f., 204, 206, 211–214, 217, 219, 223 f., 226, 349, 544, 662
Unifer S. A. 71, 1095 f.
Union AG für Bergbau, Eisen- und Stahl-Industrie 3 f., 22, 30, 32, 38–43, 45–49, 51, 53, 75, 83, 88 f., 133, 153, 161, 166, 171, 184, 187, 189, 192 f., 197, 200, 211, 213, 226, 284, 335, 347, 350, 354, 369, 385, 571, 573–653, 655, 657–659, 676, 679, 701 f., 710–712, 716, 718, 721, 748, 750, 784, 840, 842, 989, 997, 1022, 1148–1150, 1154, 1157–1160, 1163, 1168 f., 1176, 1178
- Abteilung Aplerbeck Puddel- und Walzwerk 42, 45, 612, 637, 1149
- Abteilung Bergbau 588, 625, 627–630, 632 f., 638, 646, 650, 652, 701
- Abteilung Dortmunder Eisen- und Stahlwerke 42–45, 542, 748
- Abteilung Dortmunder Hütten- und Walzwerke 582, 588, 616, 632, 701, 713, 749, 1176, 1209
- Abteilung Eisensteinbergbau 43, 575, 582, 611, 623–628, 630–633, 646, 649, 651, 701
- Abteilung Gruben- und Hüttenverwaltung 623, 630, 633
- Abteilung Gruben- und Hüttenverwaltung Bredelar 627 f., 632, 653
- Abteilung Grubenverwaltung 43, 627, 633
- Abteilung Grubenverwaltung Hattingen 589, 628
- Abteilung Henrichshütte 42–45, 165, 581 f., 589, 612, 623 f., 626 f., 631, 637, 644, 646, 649, 1149, 1176
- Abteilung Hochofenanlage Haßlinghausen 41, 89, 629 f.
- Abteilung Hochofenanlage Othfresen 40, 45, 625 f., 632
- Abteilung Horst 588, 614, 632, 666, 701, 750
- Abteilung Horster Eisen- und Stahlwerke 41, 43–45, 89, 574 f., 582, 588 f., 612 f., 621 f., 624, 628, 630 f., 634, 638, 646, 648, 748, 1149
- Abteilung Kohlenbergbau 582
- Abteilung Steinkohlenzeche Glückauf Tiefbau 611
- Abteilung Zeche Adolf von Hansemann 653
Union Allgemeine Versicherungs-AG 178 f.
Union Internationale de Tramways et de Chemins de Fer d'Intérêt Local 348
Union Internationale Permanente de Tramways 341 f.2
Union Rheinisch-Westfälisches Drahtkontor GmbH 775 f.
United Automobile Aircraft Agricultural Implement Workers of America 828
United States Committee for German Corporate Dollar Bonds 960
United States of America Consulate General, Berlin 659
United States Strategic Bombing Survey 828
Universität München 1115
Unkel, Franz 940
Unkraut, Familie 632
Unna 782
Unternehmensberatung Haldimann 1058
Unternehmensfinanzierung 108, 112–114, 119 f., 122 f., 126, 130, 136–146, 160, 162, 168, 182, 188, 206, 276, 279, 281, 310 f., 350, 353, 359, 362, 372, 389, 412, 538–540, 568 f., 572 f., 578–580, 586–590, 615, 627, 629, 634, 654–660, 662, 667–669, 675, 677, 681, 695, 708, 713, 755–762, 771, 774 f., 779–783, 785, 815, 823, 829, 900, 916–918, 928–935, 938, 940 f., 943, 952, 955–962, 970–972, 975 f., 979, 1025, 1033, 1035 f., 1039–1042, 1045–1047, 1049 f., 1052, 1055, 1057–1061, 1067, 1069–1072, 1074–1076, 1078 f., 1081, 1083, 1088, 1090–1097, 1101, 1111 f. 1114, 1116, 1137 f., 1145, 1151, 1160 f., 1163
Unternehmensgeschichte 787, 909, 922, 1020–1022, 1077, 1089, 1156–1162, 1164, 1166, 1169, 1172–1175, 1182
Unternehmensorganisation 125, 251, 259, 266, 367 f., 376, 577, 658, 715, 759, 775, 817, 829, 906, 917 f., 922, 926, 937, 941–943, 962–964, 974, 976 f., 1024, 1029, 1032, 1037, 1047–1050, 1054, 1061 f., 1065 f., 1068, 1076, 1079, 1088, 1090, 1095, 1111
Unterschützen 768
Unterstützungseinrichtung Hoesch-Hüttenwerke GmbH 1039
Unterstützungseinrichtung Hoesch-Westfalenhütte GmbH 1039

Unterstützungseinrichtung Thomas GmbH 1148
Uppenhorn, Friedrich 229
Urbaniak, Ignatz 697–699, 821
Urbig, Franz 1219
Urkunden 975
Uruguay 695
US Steel Corp. 57

V

v. d. Becke & Co. 299
Vaerst, L. E. F. 225
Vaerst, Louis 399, 401
Vahlkamp, (Amtmann) 137
Vahlkamp, Eduard 1147
Vahlkamp, Friedrich Wilhelm 1146
Van der Zypen & Charlier 305 f., 325
Van der Zypen & Charlier GmbH 490
van Wageningen & Keyser 166
Vassallo, Alessandro 1081
Vaterländische Feuerversicherungs-Actien-Gesellschaft 178 f., 388, 616, 666, 701
Vaterländische Lebensversicherungs-Actien-Gesellschaft 181
Vaterländischer Frauen-Verein für den Kreis Hörde 131, 353, 369
Vaterländische und Rhenania Vereinigte Versicherungs-Gesellschaften AG 665, 701, 703
VDM-Luftfahrtwerke Steiermark GmbH 821
Veit, Karl 1157
Velbert 771
Vellguth, Hans-Karl 1101
Velsen, Engelbert von 237
Velsen, Wilhelm von 237
Ventur, Paul 1009
Verband der Bergarbeiter Deutschlands 542, 545
Verband der Betriebskrankenkassen von Dortmund und Umgegend 1155
Verband der Dampfkessel-Überwachungs-Vereine 323, 344
Verband der deutschen Eisen- und Stahl-Berufsgenossenschaften 815
Verband der Landwirtschaftskammern 1114
Verband deutscher Architekten- und Ingenieur-Vereine 319, 344
Verband deutscher Cementfabrikanten 352
Verband Deutscher Draht-Walzwerke 180
Verband deutscher Elektrotechniker 525
Verband Deutscher Kraftverkehrsgesellschaften 829
Verband deutscher Lastwagen-Achsenwerke GmbH 376
Verband evangelischer Arbeiter-Vereine 353
Verband für Jugendpflege in Hörde 370
Verband für Kanalisirung (!) der Mosel und der Saar 349, 559
Verband metallindustrieller Arbeitgeberverbände Nordrhein-Westfalen 995
Verband oberschlesischer Walzwerke 353
Verband reisender Kaufleute Deutschlands 353
Verbandsanstalt evangelischer Arbeiter-Vereine für Rheinland und Westfalen 131
Verband westfälischer Arbeitsnachweise 537
Verband westfälischer und lippischer Wohnungsunternehmen e. V. 1098
Verband zur Sicherung deutscher Forderungen an das feindliche Ausland 386
Verband zur Wahrung der Interessen der deutschen Betriebskrankenkassen 1144
Verein analytischer Chemiker 352
Verein der Thomasphosphatfabrikanten GbR 1105, 1112–1114
Verein der Westfalen und Rheinländer zum Schutze der Heimat 557
Verein deutscher Chemiker 548, 832
Verein Deutscher Eisenbahnverwaltungen 219, 323
Verein Deutscher Eisengießereien 352
Verein Deutscher Eisengießereien, Gießereiverband 567
Verein Deutscher Eisenhüttenleute 87 f., 135, 163, 167, 323 f., 334, 344, 345, 371, 381, 393, 525, 542, 550, 560–562, 567, 715, 720, 778, 786, 909, 911, 985, 1019
- Ausschuß für Betriebswirtschaft 715
- Chemikerausschuß 561
- Hochofenausschuß 561
- Stahlwerksausschuß 561 f., 973
- Walzwerksausschuß 561
- Wärmestelle 715
Verein Deutscher Eisen- und Stahlindustrieller 88, 133, 163, 335–337, 351, 377, 547–552, 559, 562, 678, 814, 1154
Verein Deutscher Ingenieure 352 f., 565, 1162
Verein Deutscher Maschinenbau-Anstalten 353
Verein Deutscher Schiffswerften 324, 352, 669
Verein Deutscher Sicherheits-Ingenieure 1013 f.
Verein Deutscher Stahlformgießereien e.V. 527
Verein Deutscher Straßenbahn- und Kleinbahn-Verwaltungen 163
Verein für den Schutz des gewerblichen Eigentums 120
Verein für den Verkauf von Siegerländer Roheisen GmbH 651
Verein für die Auswandererwohlfahrt 353
Verein für die bergbaulichen Interessen im Oberbergamtsbezirk Dortmund 163, 298, 330 f., 346 f., 352, 372, 383, 527, 531, 546, 556, 560, 563 f., 567, 653, 678, 800, 815
Verein für die bergbaulichen Interessen Lothringens 567

Verein für die Förderung des Local- und Straßenbahnwesens 349
Verein für Handlungs-Commis von 1858 353
Verein für Schiffbarmachung der Lippe 350, 559
Verein gegen das Bestechungswesen e. V. 367
Verein Hamburger Exporteure 865
Verein Kinderheim in Lippspringe 369
Verein Kohlen-Club 339, 352
Verein Reichs-Wohnungsgesetz 353
Verein rheinisch-westfälischer Eisen- und Stahlwerke zur Verhütung von Arbeitseinstellungen 350
Verein Wittener Haus- und Grundbesitzer 346
Verein zur Beförderung des Gewerbefleißes 350, 352 f.
Verein zur Beschaffung eigener Wohnungen mit Grundbesitz für die deutschen Fabrikarbeiter (Arbeiterheim) 317
Verein zur Errichtung eines Kaiser-Wilhelm-Hains 131
Verein zur Förderung der Erbauung eines Kanals von Herne nach dem Rheine 559
Verein zur Hebung der Fluß- und Kanalschifffahrt für Süd- und Westdeutschland 352
Verein zur Verbreitung guter volkstümlicher Schriften 543, 563
Verein zur Wahrung der gemeinsamen wirtschaftlichen Interessen der Saarindustrie 559
Verein zur Wahrung der gemeinsamen wirtschaftlichen Interessen in Rheinland und Westfalen 87, 336, 345 f., 351, 377, 383, 389, 392, 527, 548, 563, 799 f., 814 f.
Verein zur Wahrung der wirtschaftlichen Interessen von Handel und Gewerbe 351
Vereinigte Aluminium-Werke AG 784
Vereinigte Deutsche Radsatzwerke 679
Vereinigte Edelstahlwerke GmbH 677
Vereinigte Eisenbahn-Signal-Werke GmbH 868
Vereinigte Elektrizitätswerke Westfalen AG 926, 937, 983 f.
Vereinigte Elektrizitätswerke Westfalen GmbH 981
Vereinigte Hüttenwerke Burbach-Eich-Düdelingen 395
Vereinigte Kesselwerke AG 795
Vereinigte Königs- und Laurahütte AG für Bergbau und Hüttenbetrieb 183–185, 187–190, 192 f., 197, 199 f., 208, 210, 582, 596
Vereinigte Maschinenbauschulen Elberfeld-Barmen 130
Vereinigte Maschinenbauschulen zu Dortmund 334
Vereinigte Österreichische Eisen- und Stahlwerke AG 988
Vereinigte Preußische und Hessische Staatseisenbahnverwaltung 693 f.
Vereinigte Staaten von Amerika 122, 163, 213, 220–223, 337, 349, 360, 376, 562, 659, 758 f., 815, 823, 954, 958–962, 972 f., 977 f., 985, 1012, 1045, 1072, 1123
Vereinigte Stahlwerke AG 3 f., 51, 56–58, 60, 63, 66–68, 70, 75, 81, 95, 539, 656, 698, 753, 755–771, 773–787, 800, 802, 812, 816, 819–824, 827–829, 835 f., 840, 843, 870, 903, 917, 919, 923 f., 926, 937, 940 f., 958–962, 975, 983, 996 f., 1003, 1006, 1029, 1040, 1062, 1089, 1096 f., 1101, 1135
- Abteilung Bergbau Gruppe Bochum 58, 759
- Abteilung Bergbau Gruppe Dortmund 58, 761, 778, 806, 868 f., 1179
- Abteilung Bergbau Gruppe Gelsenkirchen 58, 800
- Abteilung Bergbau Gruppe Hamborn 57
- Bergverwaltung Siegerland 767 f., 773, 786, 820, 841
- Bilanzstelle bei der Dortmund-Hoerder Hüttenverein AG 817 f.
- Bochumer Verein 1179
- Dortmunder Union 4, 58 f., 83, 90, 719, 729, 742, 750, 762, 772–774, 788–797, 807, 818, 820, 837, 839 f., 842, 845, 847, 861, 863, 989–991, 1001, 1005 f., 1009, 1022, 1157–1160, 1170, 1178, 1193 f.
- Dortmunder Union Abteilung Brückenbau 772, 808, 811
- Dortmunder Union Beschlagteilfabrik Rothe Erde 766, 797
- Dortmunder Union-Hoerder Verein 3, 56–58, 60, 82 f., 90, 715, 761, 766, 772 f., 778, 796 f., 800, 813, 818, 820, 823, 838–842, 863, 869, 898, 975, 982, 997–1011, 1130, 1159, 1170, 1193
- Drahtwerke Langendreer 777
- Gebrüder Knipping 769, 786
- Grundstücksabteilung Dortmund 83, 90, 702–704, 706 f., 759–770, 777 f., 786, 800 f., 843, 868–870, 900, 982, 1159
- Hauptfinanzverwaltung 780 f., 837
- Hauptgrundstücksabteilung 756 f., 759 f., 763–767, 769, 777, 786
- Hauptneubauabteilung 783, 835
- Hauptrechtsabteilung 759, 775–777, 781, 829
- Hauptrevision 777 f., 783, 817, 1038, 1138
- Hauptsteuerabteilung 759, 775
- Hoerder Verein 4, 58 f., 81, 83, 90, 368, 374 f., 377, 381 f., 387–389, 412, 418, 459, 474, 477, 481, 483, 493, 506, 508–511, 517 f., 526, 528, 536 f., 540 f., 565, 704, 715, 762, 786, 793, 797–815, 818, 824, 832, 864, 867–870, 890, 895, 897, 902, 973, 981 f., 989, 1000–1005, 1007, 1009 f., 1022, 1130, 1135, 1137, 1157 f., 1161, 1193
- Hütte Ruhrort-Meiderich 786, 811
- Hüttenbetrieb Meiderich 820
- Metallweberei Brünn 764
- Niederrheinische Hütte 769
- Nordseewerke 669–671, 762 f., 778
- Patentabteilung 772, 802
- Pensionsabteilung 539
- Personalsekretariat 813, 822
- Rechtsabteilung Dortmund 83, 90, 619, 658, 670 f.,

756-761, 763, 770-787, 794, 797, 799, 819-821, 829, 901, 908, 913, 982
- Rohstoffbetriebe 58, 83, 90, 764, 767-770, 780 f., 819, 841, 1000
- Rohstoffbetriebe Bergverwaltung Westerwald 770, 786, 819
- Sozialpolitische Abteilung 797
- Sozialwirtschaftliche Abteilung 787, 825
- Stahl- und Walzwerk Weber 759
- Stahlwerke AG Thomasschlackenmühlen 840
- August Thyssen-Hütte 58, 1179
- Verkauf Schlacken-Erzeugnisse 973
- Volkswirtschaftliche Abteilung 793, 799
- Weiß- und Feinblechwalzwerk Hüsten 808
- Werk Stahlindustrie Bochum 759
- Wanheim 811
- Westfälische Union 763, 769, 770, 783, 786
- Westfälische Union Nachrodt 763
- Wissener Eisenhütten 773, 1074
- Wuragwerk 760, 763, 769
- Wuragwerk Hohenlimburg 783
- Wuragwerk Wickede 783
- Zentralstelle für Betriebskrankenkassen 787

Vereinigte Stahlwerke van der Zypen und Wissener Eisenhütten AG 55, 365, 568, 679, 764, 773, 779, 820, 1073
Vereinigte Ton- und Quarzitbetriebe GmbH 67, 1096 f.
Vereinigte Walz- und Röhrenwerke AG vorm. Friedrich Boecker Philipp's Sohn & Co. und Friedrich Koenig 663, 764
Vereinigung der Aktionäre der Aral AG GbR 1103
Vereinigung der Deutsche Arbeiter Ortsgruppe Dortmund 796
Vereinigung der Deutschen Arbeitgeberverbände 540, 551, 557
Vereinigung der Elektrizitätswerke 525
Vereinigung der Fettkohlenzechen des Oberbergamtsbezirks Dortmund 339
Vereinigung der Industrie- und Handelskammern von Nordrhein-Westfalen 938
Vereinigung deutscher Privatbeamten- und Angestellten-Verbände 534
Vereinigung von Handelskammern des niederrheinisch-westfälischen Industriebezirks 556 f., 563, 566
Vereinigung Westdeutsche Wohnhäuser GbR 1098
Vereinigung zur Errichtung deutscher technischer Schulen in China 678
Verkauf/Ausland 122, 124, 130, 150, 163, 165 f., 173, 177, 212, 214, 219, 221, 226, 323, 336 f., 339, 341, 351, 362 f., 367, 376 f., 385 f., 390-392, 395, 547-550, 556, 558, 566, 590-594, 596-600, 610, 616, 651 f., 656, 662, 674, 680, 682, 685-690, 692-695, 788 f., 791-793, 819, 837 f., 865, 916, 947, 955, 958, 974, 980, 1048, 1055, 1060, 1075, 1095 f., 1107 f., 1110 f.
Verkauf/Inland 161, 165-167, 170, 174, 176 f., 199, 214, 219, 221, 226, 252, 260-263, 267-272, 286, 315, 323, 336 f., 339, 351, 363, 374-377, 385, 390 f., 395, 409, 547-550, 558, 568, 590-611, 614-616, 621, 651, 656, 674, 679-694, 718, 788-792, 819, 865 f., 869, 926, 947, 955, 974, 980, 1028, 1048, 1060, 1063, 1066 f., 1075, 1108
Verkaufsanstalten Oberhausen AG 924
Verkaufsvereinigung für Teererzeugnisse AG 1104-1106
Verkaufsvereinigung für Teererzeugnisse GbR 1106
Verlag nationaler Schriften eGmbH 371
Vermessungs-Büro Buch 384
Versammlung zur Feststellung von Normalprofilen für Schiffbaustahle 324
Versand und Versandstatistik 122, 219, 336, 363, 366 f., 377 f., 380, 390 f., 547, 549, 559, 566, 674, 793, 833, 922, 974, 980, 1060, 1158
Versicherungsamt des Landkreises Iserlohn 1155
Versicherungsanstalt Westfalen 134, 1163
Versicherungs-Kasse gegen Arbeitslosigkeit für die Arbeiter des Hoerder Bergwerks- und Hütten-Vereins zu Hörde 535 f.
Versicherungskasse gegen Arbeitslosigkeit für die Arbeiter des Phoenix Abteilung Hoerder Verein zu Hörde 535-537
Versicherungskasse gegen Arbeitslosigkeit in der Gemeinde Bern 535
Versicherungswesen 125, 168, 177-181, 279, 337, 361, 367 f., 373, 387 f., 399 f., 402, 404, 555, 616, 619 f., 665 f., 697, 700-703, 705, 707 f., 713, 769, 778, 798, 801, 820, 837, 839, 868, 898, 911, 926, 957, 976, 989, 1022, 1094, 1102, 1144, 1147
Versorgungskasse des Phoenix, Abteilung Hoerder Verein 366 f., 539, 543, 1141, 1147
Versorgungskasse für die Hüttenwerke des Hoerder Bergwerks- und Hütten-Vereins 537 f., 1163
Versuchsanstalt für Kurzschlußwirkungen e. V. 785
Verwaltung des Armenwesens Dortmund 617-620, 664
Verwaltung für Wirtschaft des Vereinigten Wirtschaftsgebietes 916
Verwaltungsamt für Stahl und Eisen 866, 872, 909
Verwaltungsamt für Wirtschaft des amerikanischen und britischen Besatzungsgebietes 866
Verwaltungs- und Wirtschaftsakademie, Essen 1121
Verwaltung und Verwaltungsgebäude 125, 154-157, 168, 270, 292 f., 319 f., 362-368, 390 f., 414, 438-445, 452, 455, 460, 508, 551, 560, 562, 571, 582, 639-641, 647, 724, 733 f., 765, 775, 817, 860 f., 897, 910, 912, 914,

942, 962–967, 976, 979, 996, 1023, 1062, 1110, 1124, 1128, 1130, 1156
Victoria Feuer-Versicherungs-AG 957
Victoria zu Berlin Allgemeine Versicherungs-Actien-Gesellschaft 180, 703
Vincke, Friedrich Freiherr von 632
Vincke, Ludwig von 632
Vincke, von, Familie 632
Vitry, C. 220
Vloten, Willem van 32, 279, 282, 393, 1163, 1180
Vögler, Albert 51, 57, 89, 663, 675, 677, 699, 707, 716, 776, 833, 835 f., 1178, 1181
Vögler & Harras 777
Voeste, Ludwig 630
Voigt, Wilhelm 708, 761
Volkshilfe Lebensversicherungs-AG 957
Volks- und Betriebswirtschaftliche Vereinigung im rheinisch-westfälischen Industriegebiet 938, 997
Volkswagenwerk GmbH 68, 955
Volkswirtschaftlicher Verein für den Deutschen Zollverband 351
Volkswohl-Bund Allgemeiner Bestattungs- und Versicherungsverein auf Gegenseitigkeit 957
Volkswohlbund Lebensversicherung AG 957
Volk und Reich Verlag GmbH 377
Volmarstein 132 f., 369
Volmer, Walter 1157
Voltz, Paul 1010
Vonderbrügge, Heinrich 799
Von Sydow'sche Rentei-Verwaltung 618
Vormbrock, Heinrich 783
Fritz Voss GmbH 807
Vygen, Heinrich Josef 199
H. J. Vygen & Co. 182, 199

W

Waechter, F. 921
Wagenführ, Rolf 1222
Wageningen & Keyser, 165
Waggonbau 228, 305, 325, 341, 377, 490, 532, 611, 616, 688 f., 695, 989, 1055, 1102, 1176 f.
Waggonfabrik und Fahrzeugbau Gebrüder Credé & Co. KG 68, 1056 f.
Waggon-Fabrik-Weimar AG 176
Waggon-, Geräte- und Eisenbau GmbH 68, 1055, 1057
Waggon- und Lokomotiv-Beschlagteil-Lieferungsgesellschaft mbH 778
Waggon- und Maschinenbau Aktiengesellschaft 823
Wagner & Co Werkzeugmaschinenfabrik mbH 1178
Wagner & Co. 50
Wagner & Co. Werkzeugmaschinenfabrik mbH 819, 997
Wagner, H. A. 921
Wahmann, Wilhelm 1010
Waldgirmes 280
Waldmann, Josef 310
Waldthausen, Carl 1216
Wallrabe, C. 243
Wallrabe, Carl 242
Wallrabe, Otto 242
Wallrabe, Wilhelm 240
Walsum 552
Walther & Cie. 255
Walther & Co. Actien-Commandit-Gesellschaft 253 f.
Walzeisenkontor GmbH 776
Walzstahl-Import GmbH 1115
Walzstahlkontor Nord GmbH 1108
Walzstahlkontor Ruhr-Ost GmbH 951, 1100
Walzstahlkontor Süd GmbH 1108
Walzstahlkontor West GmbH 1108
Walzstahlkontor Westfalen GmbH 1108
Walzstahlproduktion 147, 151, 250–253, 337, 360, 371, 410, 549–551, 713–715, 793 f., 798, 814, 831–835, 845 f., 864–867, 907 f., 919, 946 f., 980, 1067, 1108, 1116–1118, 1120–1123
Walzstahl-Vereinigung 1115
Walztechnik und Walzverfahren 215–221, 225, 228, 344, 360, 395, 525, 561–663, 977, 986, 1162, 1166
Walzwerk 108, 134, 148, 215, 217–220, 229, 251, 253, 255, 288, 364, 380, 410, 420–422, 496, 586, 636 f., 701, 721, 724, 817, 826, 835, 844, 874, 910, 955, 972, 974, 978, 980, 1094, 1117–1119, 1122 f., 1159, 1167, 1172 f., 1176–1182, 1186 f., 1191, 1200
Wambel 144, 246
Wanke, 1217
Wanne 700
Warburg 626
Warstein 769, 783
Warsteiner Gruben- und Hütten-Werke 180
Warthe 611
Wasilewsky, Johann 624
Wasmuth, Roland 843, 921, 938
Wasserbau 164, 168, 302, 307, 340, 349 f., 357, 412, 460, 463, 552–554, 559, 566, 571, 631, 646, 670 f., 690–693, 706, 788–792, 1167, 1170, 1172, 1174
Wasserbauamt Duisburg-Meiderich 691
Wasserbauamt Emden 670–672, 778
Wasserbauamt Hannover 691
Wasserbauamt Harburg 790
Wasserbauamt Kiel 788
Wasserbauamt Meppen 690
Wasserbaudirektion Kopenhagen 792

Wasserbaudirektion Münster Kanalbauabteilung Essen 789, 791
Wasserbau-Inspektion Ruhrort 571, 595, 644
Wasserstraßenamt Kiel/Holtenau 792
Wasserstraßenamt Oldenburg 692
Wasserwerk der Stadt Hörde 329
Wasserwerk des Kreises Hörde 411 f.
Wasserwerke 635, 702, 716
Wasserwerk für das nördliche westfälische Kohlenrevier 258, 621, 635, 670, 716
Wasserwerk Unna-Königsborn 258
Wasserwirtschaft 170, 236, 244, 248, 257 f., 302, 357, 411 f., 463, 548, 552–554, 560, 585, 652, 716, 773, 821, 980, 1101, 1109, 1115
Wasserwirtschaftlicher Verband 549
Webeling, Carl 237
Weber, Rudolf 1219
Weber & Stephan GmbH 697
August Weber, Firma 470, 475–478, 1199
Johann Weber & Co. GmbH 472
Ph. Weber GmbH 770
Wilhelm Weber, Firma 374, 693, 697
Weberwerke GmbH 749, 805, 886
Wecker, Fritz 960
Wedding, Hermann 207, 350
Wedel, Adolf Graf von 397
Wedig, Hans Josef 1021
Weegmann, Carl 246
Weegmann, Henriette 246
Wehag Westdeutsche Haushaltversorgung AG 825, 924, 1074
Wehrmann, 1216
Wehrmann, Josef 1222
Weidemann, Heinz 1010
Weidemann, Willem 1010
Weidenhaupt, 1217
Weidtmann, Victor 1219
Weig, J. 618
Weigel, Hans 1215
Weil, Victor 1219
Weilburg 633
Weinberg, Herz 399
Weinberg, Johanna 399
Weinges, Franz 835, 899
Weise & Monski 256, 646
Adolf Weishaar Industriebau 872
Weismüller, Bernhard Goswin 572
Weiterbildung 1015–1018
Weitmar 276, 583, 700
WELEG Westdeutsche Lebensmitteleinkaufsgesellschaft mbH 924
Wellinghofen 168, 285 f., 298, 304, 315, 318, 361, 396, 413 f., 416–418, 429, 439 f., 446 f., 454–457, 461–464, 471–476, 478, 490–494, 496–498, 568, 766, 803–805, 1143
Welper 568, 623 f., 631
Welter, Louis 298
Wenckebach, H. J. E. 1214
Wendelstadt, Victor 7, 112 f., 141, 276
Wenden 627 f., 700
Wenker, August 238, 240
Wenner, Friedrich 375
Wenner, Heinrich Theodor 623
Wenzel, Hermann 58, 676, 786, 841, 1178,
Werkmeister-Bezirksverein Dortmund 133
Werkstoffe 786, 802
Werkverein Phoenix Schacht Holstein und Schleswig 371
Werkzeug-Maschinen-Fabrik Carl Josef Hermann 254
Werkzeugmaschinen und Werkzeugmaschinenbau 254, 1178
Werner, Dieter 974
F. Werotte & Cie. en commandite 573
H. Werth Brückenbauanstalt 294
Wesel 783
Wesel-Datteln-Kanal 693, 788–791
Weser 349, 792
Westdeutsche Eisenbahn-Gesellschaft 284, 347
Westdeutsche Getränke-Industrie 983
Westdeutsche Hartstein Gesellschaft mbH 1028
Westdeutsche Industrie-Treuhandgesellschaft mbH 818, 942, 947 f., 956, 968–971, 1034 f., 1039 f., 1043 f., 1052, 1057 f., 1064, 1079 f., 1109
Westdeutsche Kalk- und Portlandzement-Werke AG 1089
Westdeutsche Kalkwerke AG 781, 842
Westdeutsche Mannesmannröhren AG 916 f., 919, 923, 928, 935
Westdeutsche Mannesmannröhren AG Röhrenwerk Witten 935
Westdeutscher Zement-Verband GmbH 781
Westdeutsches Bandeisenkontor GmbH 776
Westdeutsche Schrotteinkaufs-Gesellschaft mbH 1115
Westdeutsches Feinblechkontor GmbH 776, 830
Westdeutsche Thomasphosphat-Werke GmbH 314, 466
Westdeutsche Versicherungs-Aktien-Bank 178 f., 405
Westdeutsche Wirtschaftskorrespondenz für die deutsche Montanindustrie, Nachrichtendienst für Eisenindustrie und Eisengroßhandel 372
Westdeutsche Wohnhäuser AG 843, 975, 1098
Westdeutsche Wohnhäuser GmbH 67
Westerfilde 751, 753
Westermann, Friedrich 232
Westermann, Geerd 670
Westermann, Hinderk 670

Westermann, Wilhelm (Landwirt) 173
Westerwald 1027
Westfälische Bank-Commandite Ohm, Hernekamp & Co. 613
Westfälische Baugewerkschafts-Berufsgenossenschaft, Sektion Dortmund 880
Westfälische Bergbau-Actien-Gesellschaft 153
Westfälische Drahtindustrie 923
Westfälische Eisenbahn 161, 309, 311, 531
Westfälische Eisen- und Drahtwerke AG 412, 776 f.
Westfälische Eisen- und Drahtwerke AG Aplerbecker Hütte 767
Westfälische Ferngas AG 829
Westfälische Flughäfen AG 785
Westfälische Heimstätte GmbH Provinzielle Treuhandstelle für Wohnungs- und Kleinsiedlungswesen 783, 843, 1020
Westfälische Heimstätte Wohnungsfürsorgegesellschaft mbH 567 f., 782 f., 815
Westfälische Kalk-Industrie A. Wicking & Cie. 314
Westfälische Kalkwerke AG 634
Westfälische Kleinbahnen AG 786
Westfälische landwirtschaftliche Berufsgenossenschaft für die Provinz Westfalen 844, 864
Westfälische Provinzial-Feuersozietät 404 f., 619, 713
Westfälischer Bankverein Münster 675
Westfälischer Verein zur Förderung des Kleinwohnungswesens 565
Westfälisches Landeskrankenhaus Dortmund 981
Westfälisches Nickelwalzwerk vormals Fleitmann & Witte 256
Westfälisches Pfandbriefamt für Hausgrundstücke 539
Westfälische Stahlwerke AG 204, 680, 684 f., 759
Westfälisches Verbands-Elektrizitätswerk AG 258, 481, 526, 664, 716
Westfälische Transport-Aktien-Gesellschaft 67, 312, 349, 352, 493, 926, 1099 f., 1116
Westfälische Union AG 919
Westfälische Union AG für Bergbau, Eisen- und Drahtindustrie 35, 153, 350, 612, 1149
Westfälische Union AG für Eisen- und Drahtindustrie 769 f., 776, 1101
Westfälische Union AG für Eisen- und Drahtindustrie Metallweberei Brünn 764
Westfälische Werkswohnungs-AG 766, 770, 843
Westfälische Wohnstätten AG 767, 843, 895, 900, 953, 1098, 1126
Westfälische Wohnstätten GbR 1098
Westfälische Wohnstätten GmbH 67
Westfalen 226, 559, 566, 759, 831 f.
Westfalen, Werkzeug- und Maschinengesellschaft mbH 700
Westfalenbank AG 955
Westfalenhütte 74
Westfalenhütte AG 916 f., 919 f., 923, 928 f., 935, 958, 1015 f., 1035 f., 1083, 1085, 1112
Westhausen 753
Westrich 751, 753
Wethen 627
Wetter 275, 575, 624, 782
Wetzlar 277 f., 280, 650
Wex, Otto 1217
While, James Morgan 215
Wibbeling, Friedrich 231
Wickede 317, 763
Widenmann, 363
Franz Wiechers, Firma 387
Wiedenfeld, Kurt 80
Wiederaufbau 828, 835, 844, 872, 895 f., 899, 906, 909 f., 912, 914–917, 928 f., 935–937, 955, 1166
Wiemer & Trachte Eisenbeton- und Tiefbau 871 f., 884–886
Wiemer & Trachte Eisenbetonbau 804, 811
Wiemer & Trachte Ingenieure GmbH 418, 803 f.
Wiener, Samuel 1219
Wiesebrock, Gustav Adolph 632
Wiesehahn, Johann Friedrich 5–8, 10, 12, 17, 85, 108, 110, 112 f., 121–124, 137, 141 f., 147–152, 160, 232 f., 236 f., 241 f., 251, 258–262, 264, 266–270, 275–278, 281, 328, 339, 1160, 1180
Wigginghaus, Erich 1011
Wilde, Arwed 613
Wilden, Curt 903
Wilhelm I., Kaiser (Deutschland) 131
Wilhelm II., Kaiser (Deutschland) 1169
Wilhelma in Magdeburg Allgemeine Versicherungs-Actien-Gesellschaft 168
Wilhelmshaven 131 f.
Wilhelmshütte AG für Maschinenbau und Eisengießerei 254
Wilke, Gustav 925, 989, 1102
Willans, Jacob Geoghegan 223
Willich, W. 176
F. Willich, Firma 820
E. Willmann, Firma 546, 652
Willner, Kurt 821
Wilms, Carl 704
Wilmsmann, Emil 978
Wilmsmann, Heinrich 396 f.
Wilmsmann, Wilhelm 226
Wind, Louis 174
Windthorst, Karl 778

Wingendorf, Paul 1075
Winkhaus, Gerd Paul 1222
Winterfeldt, Hans 1214
Winterkamp, Richard 707
Wintershall AG 1103, 1115
Winzer, O. 1160
Wirtschaftsausschuß der deutschen Werften 669
Wirtschaftsausschuß für die besetzten Gebiete 392
Wirtschaftsgruppe Eisen schaffende Industrie 91, 830–832, 884–887, 891, 1073
Wirtschaftsvereinigung Eisen- und Stahlindustrie 909, 918 f., 921 f., 924, 928 f., 932, 938, 980, 990 f., 993, 995, 1012–1019, 1023, 1045, 1100, 1107 f., 1116, 1132 f., 1182
Wirtschaftswissenschaftliches Institut der Gewerkschaften 1023
Wirtz, Adolf 816, 1178
Wischlingen 753, 765
Wissen 629, 653, 700 f., 717, 764, 773
Wissener Bergwerke und Hütten 1073
Wissenschaft und Forschung 131, 207, 323 f., 346, 525, 546, 560–562, 567, 785, 917, 985 f., 1112, 1115, 1179
Wißmann, Peter 823
Wisthoff, Ferdinand 621
Witkowitzer Bergbau- & Eisenhüttengewerkschaft 182, 201 f., 208, 211, 219, 223, 226
Witten 275, 277, 346, 759
Wittenauer Maschinenfabrik GmbH 1008
Wittenhagen, Gustav 835
Witter, Ernst 903
Wittgenstein, Karl 201
Witting, Richard 1214
Wix & Liesenhoff AG 884
Wix & Liesenhoff Gesellschaft für Bauunternehmungen 885, 888, 1197
Wodan Handelmaatschappij N. V. 675
Woermann, Adolph 134
Wösthoff, Johann 408
Wohltätigkeits-Verein „Königin Wilhelmina" zu Dortmund 132
Wohnungsbaugesellschaft mbH Salzgitter 783
Wohnungswesen 353, 370, 565, 568 f., 698, 711, 781 f., 801, 815, 832, 843, 900, 975, 1098, 1110
Wolf, Julius 349
O. Wolf, Firma 305
Wolff, Eduard 625
Wolff, Otto 54 f., 57
Ferdinand Wolff, Firma 254
Otto Wolff-Konzern 918, 925, 1073
Woltze, Franz 1219
Worms, Caspar 143
Wortmann, Emilie 243
Wortmann, Giesbert 617
Wortmann, Gustav Wilhelm 243
Wortmann, H. 357
Wrede, Elise von 585, 589, 626–628
Wrede, Joseph Freiherr von 585, 589, 626 f.
Wrotnovsky, 220
Wülbern, Otto 278
Wülfrather Dolomitwerke GmbH 1035 f.
Wünnemann, Hans 973
Würdinger, Hans 1074
Wuermeling, Franz-Josef 1075
Würtenberger, Franz 188 f., 194
Würth, Paul 1219
Wüst 480
Wulff, August 251
J. T. Wulf Kühlwerksbau 873
Robert Wulff, Firma 255
WUMAG Waggon- und Maschinenbau AG 821
Wuppermann, Carl 1215
Wurag Eisen- und Stahlwerke AG 775, 821
Wurstemberger, von 353

Z

Zahn, Carl 570
Zangen, Wilhelm 830
Zeche s. a. Gewerkschaft...
Zeche Abendstern 276
Zeche Adele 10
Zeche Adolf von Hansemann 46, 48, 67, 646, 658, 670, 701, 713, 932, 1062
Zeche Alstaden 348
Zeche Alte Geschwister 275
Zeche Alwine 276
Zeche Amalia 348
Zeche Am Schwaben 167, 242, 248, 258, 310
Zeche Argus 6, 10, 151
Zeche Asseln 10, 116
Zeche Belle Alliance 276
Zeche Bickefeld 521, 522–524
Zeche Blankenburg 637
Zeche Brockhauser Tiefbau 45, 616
Zeche Brockhauser Tiefbau
Zeche Bruchstraße 670, 1101
Zeche Carl Friedrich's Erbstolln 46, 581, 616, 637, 649, 658, 701
Zeche Christina 276
Zeche Christoph 276
Zeche Clarenberg 234

Zeche Cöln 276
Zeche Courl 173, 283, 374, 499
Zeche Crone 33, 120, 259, 313, 384, 799
Zeche Dachs & Grevelsloch 275
Zeche Dahlbusch 331
Zeche Dannenbaum 49, 657
Zeche Dorstfeld 920, 1101
Zeche Elisabeth 275, 282
Zeche Erin 635, 751, 761, 769
Zeche Ewald 331
Zeche Felicitas 8, 807
Zeche Franz 33
Zeche Freiberg & Augustenshoffnung 283
Zeche Freie Vogel & Unverhofft 10, 244, 267, 271, 275, 280, 309, 311, 313, 379, 384, 400, 407–409, 461, 806, 983
Zeche Friedlicher Nachbar 670
Zeche Friedrich 10
Zeche Friedrich der Große 331
Zeche Fürst Hardenberg 637
Zeche Germania 753, 761, 765, 766
Zeche Glückauf Tiefbau 40, 46, 646, 658, 701, 715, 766
Zeche Glückaufsegen 33, 384, 799 f., 868 f., 895
Zeche Graf Moltke 553 f.
Zeche Hansa 39, 67, 740, 742, 761, 766, 932, 1159
Zeche Hasenwinkel 280
Zeche Hermanns gesegnete Schiffahrt 623
Zeche Holland 553 f., 923
Zeche Hugo 331
Zeche Jacobi 927
Zeche Joests Erbstollen 10
Zeche Josefine 10
Zeche Kaiser Friedrich 49, 52, 706, 715
Zeche Kaiserstuhl 637, 782, 920
Zeche Kirchhörde 10, 277
Zeche Leipzig 169, 274
Zeche Louise 259, 276
Zeche Louise & Erbstollen 260
Zeche Magdeburg 169, 274
Zeche Magnus 276
Zeche Maria 276
Zeche Maria Anna & Steinbank 330
Zeche Marianne 33
Zeche Marie 276
Zeche Massener Tiefbau 258
Zeche Mina 276
Zeche Minister Achenbach 33
Zeche Minister Stein 637, 1179
Zeche Müsen III 624
Zeche Neu Herzkamp 652
Zeche Nordstern 274, 553 f., 566
Zeche Oespel 920
Zeche Osterfeld 927
Zeche Pluto 283, 923
Zeche Radbod 782
Zeche Rheinelbe 275
Zeche Schleswig 232, 1176
Zeche Schwelm 281
Zeche Siebenplaneten 542
Zeche Söhngen 630
Zeche St. Georg 276
Zeche Steinberg (Erz) 35
Zeche Stock & Scherenberg 42
Zeche Stolberg I 624
Zeche Storksbank 126
Zeche Tremonia 49, 52, 323, 357 f., 531, 702, 715 f., 736, 1178, 1198
Zeche Union I 10
Zeche Venus 259
Zeche Ver. Bickefeld Tiefbau 259, 302, 403, 809, 900, 1143
Zeche ver. Dorstfeld 283
Zeche Ver. Felicitas 33
Zeche ver. General und Erbstolln 588
Zeche ver. Neuherzkamp 630, 650
Zeche ver. Neu-Hiddinghausen 575
Zeche Ver. Schürbank & Charlottenburg 259, 313, 806, 867
Zeche Ver. Stein und Hardenberg 753, 761
Zeche Ver. Stock & Scherenberg 275
Zeche Ver. Trappe 346
Zeche ver. Westpahlia 330, 631, 637
Zeche Vergissmeinnicht 276
Zeche Verlaßmichnicht 276
Zeche Victoria (Erz) 45
Zeche Westende 35, 38, 553 f.
Zeche Westhausen 67, 752, 932
Zeche Westphalia 1/2 647
Zeche Wilhelmine 126
Zeche Wohlverwahrt (Erz) 45
Zeche Zollern 761
Zeche Zollern I 752
Zeche Zollern II 751
Zeche Zufälligglück 1159
Zechen-Verband 348, 542, 545, 563 f., 678, 796
Zeidler, August 357 f.
Heinrich Zeiss, Firma 821
Zenke, Karl 899
Zentini, Heinrich 620
Zentralamt für Wirtschaft der britischen Zone 828
Zentral-Einkaufs-Gesellschaft mbH 678
Zentralverband des Deutschen Großhandels 551

Zerkleinerungstechnik 173, 253 f., 256, 292, 314, 375, 428 f., 585, 632, 645, 667, 727–729, 860
Zernecke, E. 1144 f.
Ziegel- und Kalkkohlen-Vereinigung 339
Ziegelei-Berufsgenossenschaft 330
Ziegenzucht-Verband Dortmund-Hörde 132 f., 369
Zilleken, Theodor 204
Zillmer, E. 1014
Hans J. Zimmer AG 972
Zimmermann, Gottfried Adolph 110
Zimmermann, J. 176
August Zimmermann oHG 780
Zix, Heinrich 1216, 1219
Zoepke, Fritz 835
Zollvereinsländischer Eisenhütten- und Bergwerks-Verein 351
Zschocke's Maschinenfabrik 300
Zschocke-Werke Kaiserslautern AG 473
Zürich Allgemeine Unfall- und Haftpflicht-Versicherungs-Aktiengesellschaft 181
Zweckverband Deutscher Stahlgießereien 383
Zweckverband nordwestdeutscher Wirtschaftsvertretungen 378
E. Zwilchenbart & Co. 281
Zwolle 690
Zypen, Julius van der 22, 24, 145, 1212